Dennis Rühmer, Daniel van Soest

Synology NAS

Das umfassende Handbuch

Rheinwerk
Computing

Liebe Leserin, lieber Leser,

es ist wirklich faszinierend, was inzwischen in einem einfachen NAS steckt. Wenn Sie diese Gerate noch als simple Datengräber kennen, dann werden Sie überrascht sein, welche Funktionen moderne Geräte von Synology mitbringen. Sie können inzwischen viele Aufgaben professioneller Server übernehmen und neben einfachem Speicherplatz auch zahlreiche Dienste bereitstellen. Vom unternehmensweiten Chat über das eigene Cloud-Angebot bis zum AD-Controller: Mit diesem umfassenden Handbuch zu Ihrer Synology DiskStation holen Sie alles aus Ihrem NAS raus.

Aber es ist wie immer in der IT: Viele Möglichkeiten und tolle Features sorgen auch für zusätzliche Komplexität. Damit auch in anspruchsvollen Szenarien alles zuverlässig funktioniert, müssen Sie beispielsweise die passende RAID-Konfiguration und die Freigaben in Ihrem Netzwerk gut planen.

Und wenn Ihr Setup lauft und Sie überhaupt nicht mehr auf Ihren zentralen Datenspeicher verzichten wollen, stehen Sie vor dem nächsten Problem: Wie sichern Sie sich vor Datenverlust ab und sorgen dafür, dass Sie sich langfristig auf Ihr NAS verlassen können?

Bei all diesen Fragen stehen Ihnen mit Dennis Rühmer und Daniel van Soest zwei Fachleute zur Seite, die auf jahrelange Erfahrung in der IT-Administration zurückgreifen können. Sie begleiten Sie auf allen Konfigurationsschritten und erläutern Ihnen auch fortgeschrittene Aufgaben.

Und noch ein Wort in eigener Sache: Dieses Werk wurde mit großer Sorgfalt geschrieben, geprüft und produziert. Sollte dennoch einmal etwas nicht so funktionieren, wie Sie es erwarten, freue ich mich, wenn Sie sich mit mir in Verbindung setzen. Ihre Kritik und konstruktiven Anregungen sind uns jederzeit willkommen.

Ihr Christoph Meister
Lektorat Rheinwerk Computing

christoph.meister@rheinwerk-verlag.de
www.rheinwerk-verlag.de
Rheinwerk Verlag · Rheinwerkallee 4 · 53227 Bonn

Auf einen Blick

Wir hoffen, dass Sie Freude an diesem Buch haben und sich Ihre Erwartungen erfüllen. Ihre Anregungen und Kommentare sind uns jederzeit willkommen. Bitte bewerten Sie doch das Buch auf unserer Website unter **www.rheinwerk-verlag.de/feedback**.

An diesem Buch haben viele mitgewirkt, insbesondere:

Lektorat Christoph Meister
Korrektorat Petra Bromand, Düsseldorf
Herstellung Stefanie Meyer
Typografie und Layout Vera Brauner
Einbandgestaltung Bastian Illerhaus
Coverbilder NAS-Gerät: © Synology; iStock: 944464896 © shapecharge
Satz SatzPro, Krefeld
Druck Beltz Grafische Betriebe, Bad Langensalza

FSC www.fsc.org MIX Papier | Fördert gute Waldnutzung FSC® C089473

Dieses Buch wurde gesetzt aus der TheAntiquaB (9,35/13,7 pt) in FrameMaker.

Gedruckt wurde es mit mineralölfreien Farben auf chlorfrei gebleichtem und FSC®-zertifiziertem Offsetpapier (90 g/m²).

Hergestellt in Deutschland.

Bibliografische Information der Deutschen Nationalbibliothek:
Die Deutsche Nationalbibliothek verzeichnet diese Publikation in der Deutschen Nationalbibliografie; detaillierte bibliografische Daten sind im Internet über *http://dnb.dnb.de* abrufbar.

ISBN 978-3-367-10244-0

2., aktualisierte Auflage 2024

Informationen zu unserem Verlag und Kontaktmöglichkeiten finden Sie auf unserer Verlagswebsite **www.rheinwerk-verlag.de**. Dort können Sie sich auch umfassend über unser aktuelles Programm informieren und unsere Bücher und E-Books bestellen.

Inhalt

3 Die DiskStation als Multimediazentrale 131

9 Die Funktion der DiskStation mit Hardware erweitern 559

10 Virtuelle Maschinen und Entwicklungsplattformen 589

Vorwort

Willkommen bei »Synology NAS – Das umfassende Handbuch«! Sie finden diesem Nachschlagewerk nicht nur eine Anleitung zu Ihrem NAS-System von Synology, sondern lernen auch die Konzepte hinter den vorgestellten Technologien, Funktionen und Verfahren kennen, damit Sie das Maximum aus Ihrem Gerät und Ihrem Netzwerk schöpfen können.

Dieses Buch hat uns lange begleitet; erste Überlegungen zum Konzept fanden schon 2019 statt. Seitdem haben uns neue Versionen des Synology-Betriebssystems, Änderungen im Autorenteam und auch die Corona-Pandemie auf Trab gehalten. Da Sie das fertige Werk nun in den Händen halten, verraten wir aber vermutlich nicht zu viel, wenn wir sagen, dass die Arbeiten am Buch trotz aller Umstände ein gutes Ende gefunden haben.

Für wen haben wir dieses Buch geschrieben?

Sie möchten Ihr NAS intensiv nutzen und professionelle Funktionen verwenden? Dann sind Sie hier richtig! Dieses Buch richtet sich nämlich genauso an ambitionierte Heimanwender wie an Administratoren in kleinen und mittelständischen Unternehmen.

Aber auch, wenn wir Ihnen stets die Theorie hinter den Funktionen erläutern, ist ein gewisses Maß an Vorkenntnissen erforderlich, damit Sie effektiv mit diesem Buch arbeiten können. So setzen einige Funktionen voraus, dass bereits gewisse Infrastrukturen vorhanden sind und Sie sich ein wenig mit Netzwerktechnik, Serversystemen etc. auskennen.

Wie bereits erwähnt, möchten wir Ihnen nicht nur die einzelnen Funktionen und Programme eines NAS von Synology erläutern, sondern stets auch die dahinterliegenden Konzepte und Theorien erklären, sodass Sie Ihr NAS selbstständig weiterentwickeln und ausbauen können. Es geht nicht nur darum, stumpf einer Schritt-für-Schritt-Anleitung zu folgen, sondern wirklich die beste Konfiguration für Ihr individuelles Szenario zu finden.

Wie können Sie mit dem Buch arbeiten?

Die Kapitel dieses Buchs folgen (grob) dem Gang von grundlegenden Funktionen über fortgeschrittene Werkzeuge und Szenarien hin zu Tricks und Konfigurationen für Profis: Zunächst geht es um die Einrichtung des Geräts, damit Sie die Grundfunktionen sicher nutzen können. Ab Kapitel 4 besprechen wir, wie Sie über das Internet auf Ihre Daten zugreifen können und unterschiedliche RAID-Konfigurationen nutzen, damit Sie alles aus Ihrer DiskStation herausholen. Ab Kapitel 10 stellen wir Ihnen Features vor, die besonders in Firmen nützlich sind – die DiskStations bringen nämlich eine Menge Funktionen mit, die Ihren Arbeitsalltag deutlich einfacher machen können. Und schließlich besprechen wir sogar, wie Sie eine DiskStation zu einem AD-, LDAP- oder DNS-Server machen können.

Alle Kapitel sind in sich geschlossen und stellen das jeweilige Thema umfassend vor. Vereinzelt verweisen wir Sie auf weitere Kapitel und Abschnitte, um Sie auf weitere Möglichkeiten, Ausbaustufen, Hintergründe oder Details hinzuweisen. Auch wenn Sie das Buch durchaus von Anfang bis Ende durcharbeiten können, so sind die Kapitel so gestaltet, dass Sie sie bei einer entsprechenden Problemstellung direkt anspringen und dort einen vollständigen Lösungsansatz vorfinden – nutzen Sie es also zum Nachschlagen und Vertiefen.

Was dieses Buch nicht ist

Dieses Buch ist kein Lehrbuch, um Synology-NAS-Systeme, Netzwerke oder Netzwerkdienste von Grund auf zu erlernen. Viele der komplexen Funktionen und Dienste konnten wir im Rahmen dieses Buches nur kurz vorstellen – im Rheinwerk Verlag finden Sie aber zu (fast) allen Themen Bücher, die Ihnen die einzelnen Disziplinen von A bis Z mit allen Hintergründen und Ausprägungen vorstellen. Wenn ein Thema Sie also besonders interessiert, werfen Sie einen Blick in das umfangreiche Angebot des Rheinwerk Verlags unter *https://rheinwerk-verlag.de*.

Formales

Damit Sie den Erläuterungen in diesem Buch besser folgen können, möchten wir Ihnen noch ganz kurz vorstellen, was die einzelnen Formatierungen und Auszeichnungen bedeuten und wie wir welche Begriffe verwendet haben.

Kommandos und Eingaben

Einzeilige Kommandos oder Eingaben haben wir Ihnen im Fließtext in einer `nicht-proportionalen Schriftart` dargestellt. Mehrzeilige Kommandos, die im Terminal eingegeben werden müssen, haben wir Ihnen in Listings ausgezeichnet:

```
daniel@ds920:~$ echo "Hello World!"
Hello World!
```

Listing 1 Beispiel eines mehrzeiligen Listings

Screenshots, Grafiken und Symbole

Es heißt nicht zu Unrecht, dass manchmal ein Bild mehr sagt als tausend Worte! Daher haben wir an vielen Stellen im Buch die unterschiedlichen Menüs des Synology-NAS als Screenshot bereitgestellt, erläuternde Grafiken erstellt oder im Fließtext Symbole zur besseren Orientierung eingebunden.

Formatierungen

Die Formatierungen in diesem Buch haben nachstehende Bedeutung:

- *Fremdwort*

  Zur Hervorhebung von besonderen Begriffen haben wir diese so ausgezeichnet.
- *C:\hello.txt*

  Sowohl lokale Pfade und Dateinamen (also auf Ihrem Computer) als auch entfernte (auf Ihrem NAS-System) haben wir so gekennzeichnet.
- *https://rheinwerk-verlag.de*

  Internetadressen oder URLs haben wir stets so formatiert.
- MENÜPUNKT • UNTERMENÜPUNKT • WEITERE MENÜPUNKTE

  Die Navigation in und über Menüs haben wir Ihnen als Kapitälchen mit einem Trennpunkt zwischen den einzelnen Menüpunkten dargestellt.
- `Strg`+`Alt`+`Entf`

  Tastenkürzel oder -kombinationen haben wir als Tastenkappen mit den entsprechenden Tasten gekennzeichnet.

Begriffsdefinitionen und Syntax

Zur Vereinfachung haben wir im gesamten Buch durchgängig ein paar Regeln befolgt:

- Bezeichnung: *DiskStation*

  Die Produktbezeichnung *DiskStation* wird von uns analog für die *DiskStation* und die *RackStation* verwendet, da sich die beiden Systeme in der Regel hundertprozentig identisch verhalten und nur in der Bauart (Formfaktor: Tischgerät bzw. 19"-Rack-Gerät) unterscheiden. Bei Abweichungen haben wir Ihnen diese entsprechend im Text erläutert und darauf hingewiesen.

- `<PLATZHALTER>`

  Immer wenn Sie Angaben oder Eingaben an Ihre Umgebung anpassen müssen (wie IP-Adressen, System- oder Benutzernamen), sind diese in spitzen Klammern in einer nichtproportionalen Schriftart dargestellt. An einigen Stellen wäre dies aber unübersichtlich geworden – dort haben wir auf die spitzen Klammern verzichtet und entsprechend im Text darauf hingewiesen.

- Internetverweise: *synology.com*

  An einigen Stellen müssen Sie unter Umständen überprüfen, ob Ihre DiskStation in der Lage ist, einige Funktionen oder Konfigurationen bereitzustellen. Dort verweisen wir zum Teil auf die technischen Dokumentationen und Kompatibilitätslisten der Synology-Website.

Vorwort von Daniel van Soest

Für mich begann die Reise zu diesem Buch mit der Anfrage nach einer Fachkorrektur: Der Verlag wollte wissen, ob ich nicht die inhaltliche Qualität des Manuskripts prüfen könnte. Da ich privat bereits seit Jahren Synology-Systeme einsetze und diese besten Gewissens an Freunde und Verwandte weiterempfohlen habe, mir zudem fachlich der Linux-Unterbau sehr entgegenkommt und ich beruflich ständig mit Netzwerk- und Sicherheitstechnik zu tun habe, habe ich schnell zugesagt.

Ein paar Komplikationen und zwei Jahre später bin ich dann – auf mir bis heute eigentlich schleierhafte Weise – zu einem Co-Autor dieses Buches geworden und habe mit der Arbeit an diesem Text begonnen. Und ich denke, dass sie sich gelohnt hat.

Beim Schreiben ist mir der Praxisbezug sehr wichtig, ebenso wie das Aufbauen von Hintergrundwissen. Während meiner nun bald 20-jährigen Berufserfahrung als Systemtechniker habe ich gelernt, dass es nicht reicht, nur die Technik zu erläutern, sondern dass es eher darauf ankommt, den Anwenderinnen und Anwendern das nötige Hintergrundwissen zu vermitteln, damit sie Probleme in Zukunft selbstständig lösen können.

Wie oft in meinen Werken war daher auch bei der Arbeit an diesem Buch mein Leitsatz, dass man nur Technik beherrschen kann, die man versteht. Ich hoffe, diesem Motto erneut gerecht geworden zu sein. Trotz alledem steht der Praxisbezug im Vordergrund, schnell etwas einzurichten, aufzusetzen oder umzusetzen: Das können Sie mit diesem Buch.

Danksagung

Vorab möchte ich mich bei meinem Co-Autor an diesem Buch bedanken – Dennis, vielen Dank für die tolle Arbeit, die du geleistet hast, und dafür, dass du trotz aller Widrigkeiten die Bereitschaft an den Tag gelegt hast, den Löwenanteil zu übernehmen. Neue Themengebiete konnten dich nicht schrecken, und die Zusammenarbeit war immer konstruktiv und gut. Danke!

Anschließend darf ich mich erneut bei meinem langjährigen Lektor Christoph Meister bedanken – ohne dein erneut hervorragendes Lektorat, deine Organisation und Betreuung drumherum wären wir jetzt nicht da, wo wir sind. Nicht vergessen werden dürfen auch die Menschen im Hintergrund: Mein Dank geht an Arkin Keskin und die Herstellung für die schönen Bilder und die schöne Umsetzung. Ebenso möchte ich mich bei Frau Daenecke bedanken, nicht nur für die hervorragende Korrektur, sondern (und vor allem) für den Humor.

Zu guter Letzt möchte ich mich unendlich bei meiner Familie bedanken: Ohne euch wäre das hier nicht möglich gewesen. Vielen Dank, dass Ihr mir die vielen, vielen Stunden, Tage, Wochen und Monate Unterstützung gegeben habt, dieses Buch zu schreiben, dass ihr mir den Rücken freigehalten habt – und das alles ohne ein Wort der Klage! Vielen Dank dafür, Nicole, Tom und Linda!

Vorwort von Dennis Rühmer

Für mich begann die Reise zu diesem Buch mit einer Rezension zu meinem Einsteigerbuch über Synology-NAS-Geräte, das ebenfalls im Rheinwerk Verlag erschienen ist. Der Rezensent fand das Buch recht spannend, hätte sich aber über mehr Tiefgang und einen insgesamt größeren Umfang gefreut. So habe ich mich mit dem Rheinwerk Verlag zusammengesetzt und überlegt, wie ein solch umfangreiches Buch wohl aussehen könnte.

Schnell wurde deutlich, dass dies doch ein größeres Projekt werden würde. Wie es der Zufall wollte, gab es noch einen weiteren Interessenten, der ein Buch über Synology-NAS-Geräte schreiben wollte. Schnell bildeten wir ein Team und arbeiteten die zu schreibenden Inhalte aus. Leider musste dieser Co-Autor das Projekt aus privaten Gründen verlassen, aber zum Glück ist Daniel van Soest, ein erfahrener Netzwerk-

und Server-Profi, bereitwillig eingesprungen, und wir konnten mit einem leicht veränderten Konzept die Manuskripterstellung beginnen. Danke dir, Daniel! Zu zweit ließ sich dieses dann doch etwas größere Projekt recht gut stemmen.

Inhaltlich gehen wir mit diesem Buch weit über die üblichen Erfordernisse von Privatpersonen hinaus und möchten – wie Daniel schon erwähnt hat – auch Administratoren in kleinen und mittelständischen Unternehmen ansprechen. Beim Verfassen des Manuskripts war ich an vielen Stellen erstaunt darüber, was für einen großen Funktionsumfang ein NAS-Gerät bietet, dessen Kernaufgabe ja zunächst das Bereitstellen von Speicherplatz in einer Netzwerkumgebung ist.

Für den Einstieg mag das vielleicht zunächst etwas überwältigend sein, aber dennoch möchte ich alle Leserinnen und Leser ermutigen, sich auch die etwas komplexeren Kapitel im hinteren Bereich des Buches in Ruhe anzusehen und vielleicht das eine oder andere auszuprobieren. Denn selbst dann, wenn Sie die dort besprochenen Funktionen im Alltag nicht einsetzen werden, können Sie mit ihrer Hilfe doch einiges an neuen Dingen lernen und haben vielleicht auch Spaß am Tüfteln und Experimentieren. Nur tun Sie mir bitte einen Gefallen: Vergessen Sie nicht, ein Backup Ihrer Daten anzulegen. Mit einem NAS-Gerät besitzen Sie ja nun schließlich eine Lösung, die sich dafür bestens eignet.

Danksagung

Ich möchte mich den Worten meines Co-Autors anschließen und mich an dieser Stelle zusammenfassend bei allen Personen bedanken, die an diesem Buch mitgewirkt haben. Wenn Sie einmal einen Blick auf das Kleingedruckte im Vorspann werfen, dann werden Sie sehen, dass zahlreiche Personen auf ihrem jeweiligen Spezialgebiet etwas beigetragen haben, und bei diesen Personen möchte auch ich mich bedanken.

Danke auch nochmals an Daniel, sowohl für dein Mitwirken am Manuskript als auch für die Übernahme des Fachlektorats und für die stets völlig unkomplizierte und reibungslose Zusammenarbeit.

Nun aber genug der einleitenden Worte. Wir beide wünschen Ihnen jetzt viel Spaß beim Lesen des Buches und beim Umsetzen der Erklärungen, und wir hoffen, dass Ihnen dieses Buch eine Hilfe sein wird.

Kapitel 1
Die Einrichtung des Geräts

Auf die Plätze ... fertig ... los! Bauen Sie die Festplatten ein, stellen Sie das Gerät an den gewünschten Platz, und schalten Sie es ein.

In diesem ersten Kapitel geht es um die Einrichtung und Inbetriebnahme Ihres NAS-Gerätes. Wir zeigen Ihnen, wie Sie das Gerät mit Festplatten bestücken und in Betrieb nehmen. Sie lernen, das Betriebssystem zu installieren und Benutzerkonten anzulegen. Wir führen Sie auch einmal kurz durch das System und stellen Ihnen die wichtigsten Bedienelemente vor.

Dieses Kapitel richtet sich an Einsteiger, die bislang noch keine DiskStation in Betrieb genommen haben. Wir werden übrigens in diesem Buch fast ausschließlich den Begriff *DiskStation* verwenden. Alle Anleitungen gelten aber ebenso für die RackStations, die in ein 19"-Rack eingebaut werden.

1.1 Die Ersteinrichtung Ihres NAS-Geräts

Bevor Sie Ihr NAS-Gerät in Betrieb nehmen und es einrichten können, müssen Sie es erst einmal auspacken, den Lieferumfang kontrollieren und gegebenenfalls die Festplatten einbauen, ohne die bei einem NAS-Gerät ja nicht so richtig Spaß aufkommen mag.

Der Lieferumfang

Die DiskStations von Synology werden (vom entsprechenden Händler) entweder als leere Geräte ohne eingebaute Festplatten oder als Komplettpaket mit bereits installierten Festplatten angeboten. Wenn Sie sich für die erste Variante entschieden haben, müssen Sie vor der Inbetriebnahme des Gerätes zunächst die Festplatten einbauen. Ansonsten ist eine Inbetriebnahme nicht erfolgreich möglich.

Die DiskStations besitzen einen internen Arbeitsspeicher sowie einen (dem Benutzer nicht zugänglichen) nichtflüchtigen Speicher für das Betriebssystem. Einige Komponenten des Betriebssystems, vorrangig alle Anwendungen, werden auf den Festplatten des Gerätes installiert, die Sie erst bereitstellen müssen. Zur Abspeicherung dieser Daten nutzt das System einen Teil der Festplattenkapazität. Sie können also nicht den gesamten Speicherplatz für Ihre eigenen Daten verwenden.

SSD-Speicher wird automatisch verwaltet

Sollten Sie ein höherwertiges Modell einsetzen, das SSDs als Zwischenspeicher nutzt, so stehen auch diese nicht dem Nutzer zur Verfügung, sondern werden ausschließlich durch das System selbst verwaltet.

Sollten Sie also noch keine Festplatten erworben haben, so müssen Sie dies zunächst nachholen, bevor Sie die DiskStation zum ersten Mal (sinnvoll) einschalten können.

Bei den Tischgeräten, also den klassischen DiskStations, befindet sich im Lieferumfang neben dem eigentlichen (Kern-)Gerät noch ein externes Netzteil, wie Sie es eventuell vom Notebook her kennen. Je nach Ausführung der DiskStation gibt es noch einige Schrauben für die Montage der Festplatten sowie gegebenenfalls einen Schlüssel für die Laufwerkseinschübe. Ansonsten befindet sich im Lieferumfang zumeist nur noch ein einfaches Netzwerkkabel.

Die Festplatten

Bei den Einsteigermodellen aus der J-Serie werden die Festplatten im Inneren des Gerätes verschraubt. Zunächst müssen Sie also das Gehäuse der DiskStation öffnen. Es besteht aus zwei Halbschalen, die einfach auseinandergeschoben werden können.

Abbildung 1.1 Bei höherwertigen Disk- und RackStations werden die Festplatten in Halterahmen eingebaut, die an der Vorderseite des Gerätes zugänglich sind. (Quelle: Synology)

Nach der Montage der Festplatten kann das Gehäuse auf der Rückseite mit zwei Schrauben vor versehentlichem Öffnen geschützt werden. Die Festplatten werden einfach in den Halterahmen eingeschoben und jeweils mit vier Schrauben gesichert.

Sollten Sie Festplatten einsetzen, die über keine mittig angeordneten Schrauböffnungen verfügen, so finden Sie im Lieferumfang der DiskStation ein kleines Halteblech. Wenn Sie dieses im Gehäuse der DiskStation anbringen, dann können Sie die Festplatten über die hinteren Schrauböffnungen befestigen.

Falls Sie nur eine Festplatte einbauen möchten, dann verwenden Sie am besten den unteren Einschub, denn so können Sie ein weiteres Laufwerk einfach ergänzen. Die elektrische Verbindung der Festplatte wird durch einfaches Einschieben hergestellt, entsprechende Anschlüsse befinden sich am Ende des Einschubs. Sie müssen keine Kabel anschließen. Achten Sie aber darauf, dass Sie die Festplatte richtig herum einschieben, sodass ihre Anschlüsse mit denen der DiskStation übereinstimmen.

Nutzerdaten können leider nicht übernommen werden

Beim Kauf einer neuen DiskStation mag man womöglich auf die Idee kommen, dass Sie die bereits auf den Festplatten vorhandenen Daten einfach mit der DiskStation weiterverwenden können. Das funktioniert aber leider nicht.

Bei der Installation werden die Daten auf allen Festplatten gelöscht, denn es wird eine vollständig neue Dateisystemstruktur erzeugt. Vorhandene Dateien gehen dabei unweigerlich verloren. Sollten sich auf Ihren Festplatten schon Daten befinden, dann müssen Sie diese zunächst anderweitig sichern und sie später auf das Dateisystem der DiskStation zurückschreiben.

Bei höherwertigen Geräten gibt es getrennte Laufwerkskäfige, die von der Vorderseite des Gerätes zugänglich sind. Eventuell müssen Sie zunächst eine Zierabdeckung an der Frontseite entfernen. Öffnen Sie anschließend den Laufwerkskäfig (je nach Modell müssen Sie diesen erst am unteren Ende drücken), und entnehmen Sie den Halterahmen.

Wenn Sie Festplatten der Baugröße 3,5" verwenden, dann erfolgt die Montage schraubenlos. An den Längsseiten des Halterahmens befinden sich lange Plastikclips. Lösen Sie diese, und legen Sie die Festplatte in den Halterahmen. Beginnen Sie mit dem Rahmen Nummer eins. Achten Sie darauf, dass die Anschlüsse der Festplatte mit denen der DiskStation hinten am Gehäuse fluchten.

Kontrollieren Sie, dass die Schrauböffnungen der Festplatte mit den Löchern des Halterahmens übereinstimmen und dass sie nicht durch die kleinen Gummipuffer des Rahmens verdeckt werden. Bringen Sie anschließend den Plastikclip durch einfaches Eindrücken wieder an (siehe Abbildung 1.2). Das kann mitunter etwas fummelig sein – achten Sie darauf, dass Sie sich das Nagelbett am Finger nicht verletzen.

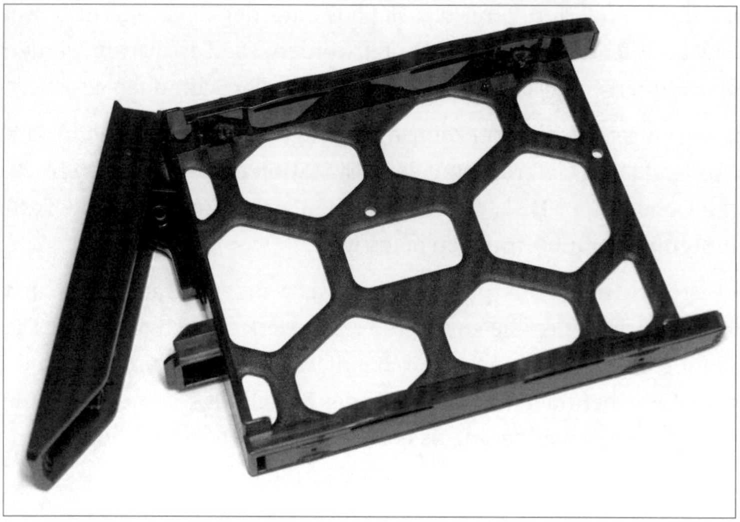

Abbildung 1.2 Für jede Festplatte wird ein eigener Halterahmen verwendet.

Abbildung 1.3 Achten Sie beim Einbau darauf, dass die Schraublöcher der Festplatte mit den Pins der Clipleisten übereinstimmen.

Anschließend wird der Halterahmen einfach in die DiskStation geschoben und an der Vorderseite verriegelt. Gegen unbefugtes Entfernen können Sie ihn (bei entsprechend ausgerüsteten Geräten) mit dem Schlüssel aus dem Lieferumfang verriegeln.

Falls Sie Festplatten im 2,5"-Format einbauen möchten, dann müssen Sie diese über die Schraublöcher am Boden mit dem Halterahmen verschrauben (so wie es Abbildung 1.4 zeigt). Passende Schrauben befinden sich im Lieferumfang der DiskStation.

Abbildung 1.4 Festplatten im 2,5"-Format müssen mit Schrauben befestigt werden.

Sie können die DiskStation schon jetzt mit der gewünschten Anzahl an Festplatten bestücken.

Der richtige Ort für die neue DiskStation

Nachdem Sie alle Festplatten eingebaut haben, stellen Sie die DiskStation am gewünschten Ort auf. Wählen Sie diesen sorgfältig. Er muss auf alle Fälle trocken und mechanisch stabil sein. Achten Sie zudem auf ausreichende Belüftung und einen genügend großen Wandabstand zum Lüfter des Gerätes.

Bedenken Sie, dass das Gerät im Betrieb Geräusche erzeugt. Im Privathaushalt ist der Einsatz im Wohnzimmer und erst recht im Schlafzimmer nicht ratsam. Wählen Sie lieber einen Abstellraum oder den Flur. Im geschäftlichen Umfeld mögen die Arbeitsgeräusche des Gerätes zwar vielleicht nicht störend wirken, dennoch ist das Aufstellen in einem Büro keine gute Idee. Besser ist die Installation in einem Technikraum, in dem auch Ihr Router oder – wenn Sie bereits ein größeres Netzwerk haben – Ihr Switch steht.

Verbinden Sie den Netzwerkanschluss mithilfe eines üblichen Netzwerkkabels (Cat 5e oder besser) mit einem Netzwerk-Port Ihres Routers, Switchs bzw. mit einer entsprechend verbundenen Netzwerksteckdose.

Wenn Ihre DiskStation mit zwei Netzwerkanschlüssen ausgestattet ist, dann verwenden Sie zunächst nur den ersten Netzwerkanschluss. Die zweite Netzwerkschnittstelle müssen Sie nach der Installation passend konfigurieren. Erst danach sollte sie mit einem Kabel verbunden werden.

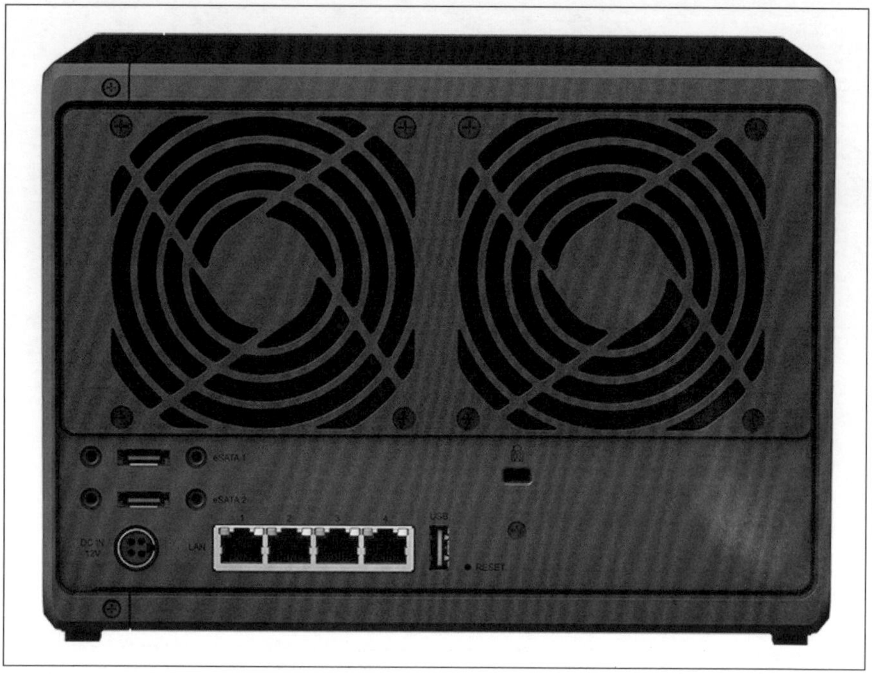

Abbildung 1.5 Sollte das Gerät mehrere Netzwerkanschlüsse haben, dann verbinden Sie zunächst nur den ersten Anschluss. Eventuelle Zusatzgeräte können direkt verbunden werden. (Quelle: Synology)

Schließen Sie dann das Netzteil an die DiskStation und eine Wandsteckdose an. Da das Netzteil recht warm werden kann, achten Sie bitte auf ausreichende Belüftung.

RackStations

Sollten Sie ein NAS-Gerät für den Einbau in ein 19"-Rack verwenden (eine sogenannte *RackStation*), so erfolgt der Einbau der Festplatten ebenfalls über Halterahmen. RackStations verwenden ein eingebautes Netzteil (siehe Abbildung 1.6). Achten Sie auch hier auf eine ausreichende Belüftung: Lassen Sie vorzugsweise (mindestens) eine Höheneinheit Platz zum nächsten Rack-Gerät, damit eine gute Lüftung gewährleistet ist.

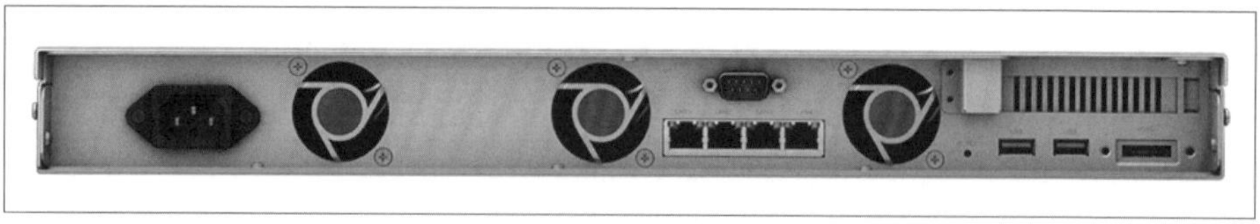

Abbildung 1.6 Eine RackStation verwendet ein eingebautes Netzteil und wird in einem Rack montiert. Es muss für ausreichend Frischluftzufuhr gesorgt werden. (Quelle: Synology)

Damit ist der mechanische Teil der Inbetriebnahme schon abgeschlossen. Sie können das Gerät jetzt einschalten. Dabei wird der Lüfter des Gerätes anlaufen und nacheinander werden die eingebauten Festplatten gestartet. Die DiskStation gibt einen Piepton von sich, wenn der Startvorgang abgeschlossen ist. Sie können jetzt mit der Einrichtung der Software beginnen.

Die DiskStation wieder ausschalten

Was schon beim normalen Computer gilt, ist bei einer DiskStation ganz besonders wichtig: Das Gerät sollte niemals durch Ziehen des Netzsteckers ausgeschaltet werden. Schalten Sie das Gerät entweder über die entsprechende Softwarefunktion ab (dazu später mehr) oder drücken Sie mindestens vier Sekunden lang auf den Netzschalter am Gerät, bis Sie einen Piepton hören. Das Gerät wird dann heruntergefahren. Dabei werden auch alle noch ausstehenden Schreibvorgänge auf die Festplatten abgeschlossen.

Würden Sie die Stromverbindung einfach hart trennen (was bei einem Stromausfall passieren kann), kommt es wahrscheinlich zu einem Datenverlust, wenn Schreibvorgänge noch nicht abgeschlossen sind. In ganz schlimmen Fällen kann es zu einer Beschädigung der Datenstruktur kommen, wenn die Daten noch nicht konsistent geschrieben sind. Dann muss das Dateisystem überprüft und repariert werden, was einige Zeit dauert und die Leistung des Gerätes vorübergehend einschränkt. Auch wenn in den meisten Fällen alles gut geht und so ein Fehler nicht auftritt, ist das ordnungsgemäße Herunterfahren in jedem Fall die bessere Wahl.

Die DiskStation einrichten

Die Einrichtung der DiskStation erfolgt im Webbrowser über ein Webinterface. Sollten Sie die IP-Adresse des Gerätes schon in Erfahrung gebracht haben, dann bauen Sie im Browser eine HTTP-Verbindung zu Port 5000 auf.

Ansonsten öffnen Sie im Browser die Seite *find.synology.com*. Diese Seite startet im Browser eine kleine Anwendung, die im lokalen Netzwerk nach DiskStation-Geräten sucht. Wird sie fündig, dann werden Ihnen einige Geräteinformationen angezeigt. Klicken Sie auf die Schaltfläche VERBINDEN.

Sollte das Programm nicht fündig werden und können Sie die IP-Adresse des Gerätes im lokalen Netzwerk nicht anderweitig in Erfahrung bringen, dann laden Sie den *Synology Assistant* aus dem Internet herunter. Sie finden ihn unter der Adresse *https://find.synology.com/helpers/assistant.php*. Tragen Sie dort in die Eingabemasken die Modellnummer Ihres NAS-Gerätes ein, und wechseln Sie auf den Reiter DESKTOP-DIENSTPROGRAMME. Dort können Sie das Programm auf Ihren Rechner herunterladen.

Installieren Sie das Programm auf Ihrem Rechner, und führen Sie es aus. Es wird ebenfalls im lokalen Netzwerk nach Synology-Geräten suchen und einen Verbindungsaufbau ermöglichen (siehe Abbildung 1.7). Wird auch dieses Programm nicht fündig, dann müssen Sie die Verkabelung der DiskStation und die Funktionsfähigkeit der Netzwerkverbindung Ihres Computers überprüfen.

Abbildung 1.7 Der Assistent sucht im lokalen Netzwerk nach einer DiskStation, die noch nicht eingerichtet wurde.

Sobald Sie sich mit Ihrer DiskStation verbunden haben, wird Sie ein Assistent zur Installation des Betriebssystems begrüßen. Ihnen werden auf den ersten Seiten Informationen zum Datenschutz und allgemeine Daten angezeigt. Danach geht es an die Installation des Betriebssystems auf der DiskStation. Das Betriebssystem heißt *DiskStation Manager*. Per Voreinstellung wird die jeweils aktuelle Fassung des Betriebssystems passend zur jeweiligen DiskStation aus dem Internet geladen – Sie benötigen also einen funktionierenden Internetzugang. Klicken Sie anschließend auf WEITER.

Installation ohne Internet

Alternativ können Sie das Betriebssystem auch manuell in Form einer *.pat*-Datei zum Gerät hochladen. Eine solche Datei können Sie händisch von der Synology-Website im *Download-Zentrum* herunterladen. Achten Sie aber darauf, die zum Gerät passende Fassung zu wählen.

Ihnen wird jetzt eine Warnung angezeigt, die darüber informiert, dass bei der Installation des Betriebssystems alle Daten auf den Festplatten gelöscht werden. Dieser Hinweis erscheint auch dann, wenn die Festplatten fabrikneu sind und noch keine Daten enthalten.

Dieser Löschvorgang ist unvermeidlich. Sollten Ihre Festplatten also noch wichtige Daten beinhalten, dann brechen Sie die Installation jetzt ab und sichern Sie die Daten zunächst auf andere Speichermedien. Ansonsten bestätigen Sie einfach die Warnung und fahren Sie mit der Installation fort.

Nun wird das Betriebssystem in einem automatischen Vorgang aus dem Internet heruntergeladen und auf der DiskStation installiert (siehe Abbildung 1.8). Sie können diesen Vorgang, der etwa zehn Minuten dauern wird, nicht weiter konfigurieren.

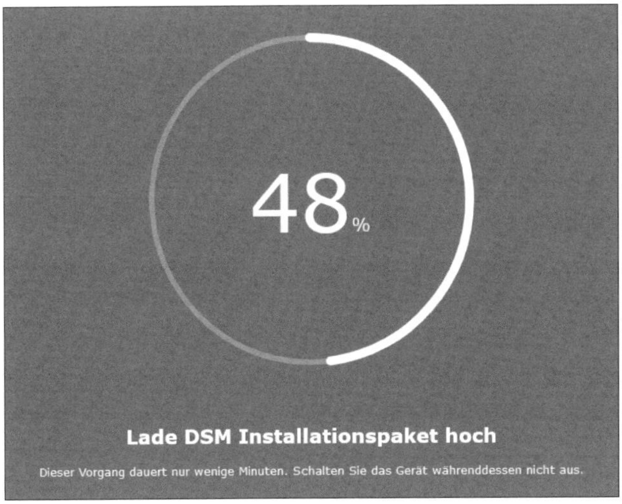

Abbildung 1.8 Das Betriebssystem wird automatisch aus dem Internet heruntergeladen und zur DiskStation übertragen.

Partitionen und RAID

Während der Installation werden auf den Festplatten mehrere Partitionen angelegt. Sollten Sie in der DiskStation mehrere Festplatten eingebaut haben, dann legt der Installationsassistent einen RAID-Verbund des Typs *Synology Hybrid Raid* an. Viel mehr zu den RAID-Optionen erfahren Sie in Abschnitt 5.1, »Die verschiedenen RAID-Modi«. Wir möchten Ihnen aber an dieser Stelle schon eine kurze Einführung geben.

Bei *Synology Hybrid Raid* (SHR) handelt es sich um ein Synology-eigenes System. Bei zwei gleichen Festplatten legt es im Prinzip einen RAID-1-Verbund an, bei dem alle Daten parallel auf beide Festplatten gespeichert werden. Es kann also eine der beiden Festplatten ausfallen, ohne dass es zu einem Datenverlust kommt. Sind drei oder mehr Festplatten eingebaut, dann wählt das System einen RAID-5-Verbund, der mit Paritätsdaten arbeitet. Auch hier kann eine Festplatte ohne Datenverlust ausfallen.

Gegenüber den klassischen RAID-Modi bietet das SHR-System Vorteile, wenn die Festplatten nicht dieselbe Speicherkapazität bieten. Während beim normalen RAID-System die kleinste Festplatte über die nutzbare Speicherkapazität entscheidet, versucht SHR möglichst einen großen Teil des Speicherbereiches zu nutzen. Das SHR-System ist am besten für den Einstieg geeignet, wenn Sie sich um RAID-Systeme noch keine Gedanken machen möchten, denn SHR wählt tatsächlich sehr praxistaugliche Einstellungen mit einem hohen Datenschutz.

Falls Sie doch lieber eine eigene Konfiguration bevorzugen, bleibt Ihnen bei der Installation zunächst keine andere Wahl, denn SHR wird automatisch angelegt. Erst nach der Installation kann auf eine eigene Konfiguration gewechselt werden. Die DiskStation wird es Ihnen später erlauben, die Festplatten zu beliebigen Speicherpools zusammenzufassen und dabei eine gewünschte RAID-Konfiguration zu berücksichtigen. Anschließend lässt sich dann auf den Speicherpools eine gewünschte Anzahl von Volumes erzeugen. So können bei einem Gerät mit drei Festplatten beispielsweise zwei zu einem RAID-1-Verbund kombiniert werden, während die dritte Festplatte einzeln arbeitet.

Bei der Installation werden die Festplatten zunächst zu einem Speicherpool zusammengefasst, auf dem ein Volume angelegt wird. Das bedeutet, dass der gesamte Speicherplatz zusammenhängend verwaltet wird. Mehrere Volumes würden eine Aufteilung des Speicherplatzes erlauben. Dadurch könnte im Privathaushalt etwa der Nachwuchs über ein festes, unveränderliches Kontingent an Speicherplatz verfügen, das getrennt vom übrigen Speicherplatz verwaltet wird.

Eine Änderung der Konfiguration ist direkt nach der Installation ohne Datenverlust möglich, auch muss das Betriebssystem nicht erneut installiert werden. Sie sollten eine Änderung (sofern Sie eine solche wünschen) allerdings direkt nach der Installation und noch vor dem Abspeichern der ersten Benutzerdaten ausführen, da beim Änderungsvorgang alle Nutzerdaten gelöscht werden müssen. Mehr zu Speicherpools und Volumes und deren Änderung finden Sie in Abschnitt 5.2, »Volumes und Speicherpools«.

Warten Sie zunächst die Installation ab. Statusmeldungen werden Sie wie in Abbildung 1.9 über den Fortschritt informieren.

Abbildung 1.9 Die Installation des DiskStation Managers startet automatisch und dauert einige Minuten.

Nach der Installation wird die DiskStation automatisch neu gestartet. Danach findet eine automatische Konfiguration des Systems statt. Auf dem Bildschirm erscheint währenddessen ein (zumeist großzügig ausgelegter) Countdown.

Die Grundeinrichtung

Wenn die automatische Installation abgeschlossen ist, begrüßt Sie ein Assistent zur Grundeinrichtung (siehe Abbildung 1.10). Sollten Sie zwischenzeitlich die Verbindung zur DiskStation verloren haben, etwa weil Sie den Rechner neu gestartet oder den Browser geschlossen haben, so ist das kein Problem. Die DiskStation ist nach der Installation des Betriebssystems unter dem Hostnamen `diskstation` zu erreichen, der Einrichtungsassistent antwortet unter Port 5000. Sie müssen also lediglich die Seite *http://diskstation:5000/* in Ihrem Browser aufrufen. Später, nach der Grundeinrichtung, wird das Hauptsystem der DiskStation ebenfalls unter diesem Port zu erreichen sein.

Abbildung 1.10 Nach dem Neustart begrüßt Sie ein Assistent zur Einrichtung des Systems.

Beginnen Sie die Grundeinrichtung mit einem Klick auf die blaue Schaltfläche START.

Zunächst müssen Sie den Hostnamen vergeben und ein Administratorenkonto anlegen. Den Hostnamen geben Sie in das Feld GERÄTENAME ein. Unter diesem Namen können Sie später die DiskStation im lokalen Netzwerk ansprechen.

Der Hostname ist keine Domain

Der Hostname darf nicht mit einer Domain verwechselt werden, wie Sie sie aus dem Internet kennen. Aber genau wie eine Domain erleichtert auch der Hostname das Ansprechen eines Gerätes im lokalen Netzwerk, denn er erspart Ihnen das Merken und Eingeben einer IP-Adresse.

IP-Adressen und DHCP

Die DiskStation ist ab Werk so konfiguriert, dass sie ihre IP-Adresse dynamisch über DHCP beispielsweise von einem Router bezieht. Selbst wenn sich diese IP-Adresse ändern sollte, bleibt das Gerät über den gleichbleibenden Hostnamen unverändert erreichbar. Es ist für diverse Dienste allerdings vorteilhaft, wenn das Gerät mit einer festen IP-Adresse betrieben wird. Daher werden wir Ihnen in Abschnitt 5.4, »Netzwerkkonfiguration«, auch zeigen, wie Sie Ihrer DiskStation im lokalen Netzwerk eine feste IP-Adresse geben.

Für den Anfang genügt es aber vollkommen, es beim dynamischen Bezug zu belassen. Der Hostname sollte zweifelsfrei auf das verwendete Gerät hinweisen, »Versteckspiele« mit Fantasiebezeichnungen sind nicht nötig. Sie können beispielsweise die Typennummer des Gerätes oder schlicht den Namen »diskstation« verwenden. Auch die kurze Bezeichnung »nas« ist möglich. Zulässige Zeichen für den Hostnamen sind die Buchstaben a bis z (Klein- und Großschreibung wird nicht unterschieden), die Ziffern 0 bis 9 sowie der Bindestrich. Manche Systeme akzeptieren auch andere Zeichen wie etwa den Unterstrich, aber streng genommen ist dies nicht zulässig und kann zu Problemen führen. Der Hostname kann bis zu 63 Zeichen lang sein, sollte für den praktischen Einsatz aber eher kurz gehalten werden.

Konten und Gruppen

Als Nächstes legen Sie ein Administratorkonto an. Die DiskStation arbeitet mit Benutzerkonten. Jede Person, die zukünftig eine beliebige Funktion der DiskStation nutzen wird, sollte über ein eigenes Benutzerkonto verfügen. Benutzerkonten müssen aber nicht nur an Personen gebunden werden, sondern können auch durch Geräte, etwa ein Mediacenter, verwendet werden. Eine Person kann auch über mehrere Benutzerkonten verfügen.

Benutzerkonten können zudem zu Gruppen zusammengefasst werden. So können etwa verschiedene Abteilungen eines Unternehmens zu verschiedenen Gruppen zusammengefasst werden. Die DiskStation erlaubt es dann, einzelnen Benutzern oder aber (als weitere Ebene) den Benutzergruppen Rechte für den Zugriff auf ihre Daten, Dienste und Funktionen zu gewähren. Normale Benutzerkonten werden also so konfiguriert, dass sie nur auf die jeweils erforderlichen (bzw. gewünschten) Funktionen der DiskStation zugreifen können. Der Zugang zu weiteren Funktionen bleibt ihnen verwehrt. Auf diese Weise wird die Privatsphäre der Nutzer sichergestellt und ein sicherer Betrieb des Gerätes ermöglicht.

Eine Sonderrolle kommt den Administratoren zu. Ein *Administrator* (es kann davon durchaus mehrere geben) hat grundsätzlich vollen Zugriff auf alle Funktionen und alle (!) Dateien, die auf dem Gerät verfügbar sind. Ein Administrator kümmert sich um die Einrichtung des Gerätes und dessen Funktionen. Beispielsweise installiert er

Programme, konfiguriert diese, legt Benutzerkonten an und stattet diese mit den notwendigen Rechten aus. Für diese Tätigkeit verwendet er ein Administratorkonto. Da dieses einen Vollzugriff auf das System bietet, wird es nur zu dessen Konfiguration und keinesfalls für die normale Nutzung verwendet. Die Person, die die Rolle eines Administrators übernimmt, sollte also für ihre normale Nutzung des Systems ein weiteres, eigenes Benutzerkonto besitzen, das – wie alle anderen normalen Benutzerkonten auch – nur mit eingeschränkten Rechten ausgestattet ist.

Die Nutzung des Administratorkontos wäre zwar theoretisch auch für normale Aufgaben möglich, aber das wäre aus Gründen der Sicherheit des Systems nicht zu empfehlen. Es könnte zum einen schnell passieren, dass man versehentlich etwas an den Grundeinstellungen verstellt und das System anschließend nicht mehr funktioniert. Zum anderen birgt der uneingeschränkte Zugriff auf alle Daten, also auch auf die persönlichen Daten der anderen Benutzer, Risiken bezüglich des Datenschutzes: Aufgrund des Vollzugriffs auf das System ist ein Administratorkonto offensichtlich ein begehrtes Angriffsziel. Käme ein Angreifer in den Besitz der Zugangsdaten eines solchen Kontos, wäre es für ihn ein leichtes Unterfangen, alle Daten nach Belieben auszulesen. Daher ist das Administratorkonto besonders schützenswert. Es muss auf alle Fälle mit einem besonders sicheren Passwort ausgestattet sein, das sich nicht erraten lässt. Für das Administratorkennwort können wir eigentlich nur eine Regel empfehlen: lieber längere, dafür weniger komplexe Kennwörter verwenden und jedes Kennwort nur einmal nutzen! Das Kennwort darf auf gar keinen Fall in einem Wörterbuch enthalten sein.

Wählen Sie also ein Kennwort, das mindestens 12 Zeichen lang ist und mindestens aus einer Kombination von drei der vier Zeichenarten Groß- und Kleinbuchstaben, Ziffern und Sonderzeichen besteht. Der Eingabeassistent nimmt eine Bewertung des Kennworts vor. Wir empfehlen Ihnen, das Passwort in einem Passwortmanager wie etwa *KeePass* abzulegen. Denken Sie daran, dass Sie es nur für die Konfiguration und daher nicht allzu oft eingeben müssen. Der Umweg über einen Passwortmanager führt daher nicht zu starken Komforteinbußen.

Sie können später zur Anmeldung eine Zwei-Faktor-Methode einrichten. Ist diese aktiv, dann müssen Sie zusätzlich zum Passwort auch noch einen einmalig gültigen Code eingeben, den Ihnen eine App auf einem Mobilgerät erzeugt. Dieses Verfahren erhöht die Sicherheit und ist gerade für Administratorenkonten zu empfehlen. Aber dazu später mehr (in Abschnitt 7.9, »Die 2-Faktor-Authentifizierung verwenden«).

Sollte ein potenzieller Angreifer Zugang zum System bekommen, dann wird er mit großer Wahrscheinlichkeit probieren, sich als ein Administrator anzumelden. Er wird dazu verschiedene Benutzernamen ausprobieren. Beginnen wird er logischerweise mit naheliegenden Benutzernamen, die oft verwendet werden. Es ist daher keine gute Idee, das Administratorkonto etwa »Admin« oder auch »administrator« oder »root« zu nennen, denn diese Begriffe wird ein Angreifer als erste probieren.

Wir raten Ihnen daher dazu, für ein Administratorkonto eine Fantasiebezeichnung zu nehmen. Es muss nicht unbedingt eine rein zufällige Kombination wie bei einem Passwort sein; Sie können auch reale Namen und Begriffe nutzen, denn es geht hier einzig darum, offensichtliche Bezeichnungen zu vermeiden.

Wenn Ihnen nichts einfällt, dann nutzen Sie einfach einen Generator für Namen im Internet. Sie könnten beispielsweise den Namen »Blatttulpe«, »Atavachron« oder »Lampenschirm« nehmen. In diesem Buch nennen wir unser Standard-Administratorkonto »meridian« (siehe Abbildung 1.11).

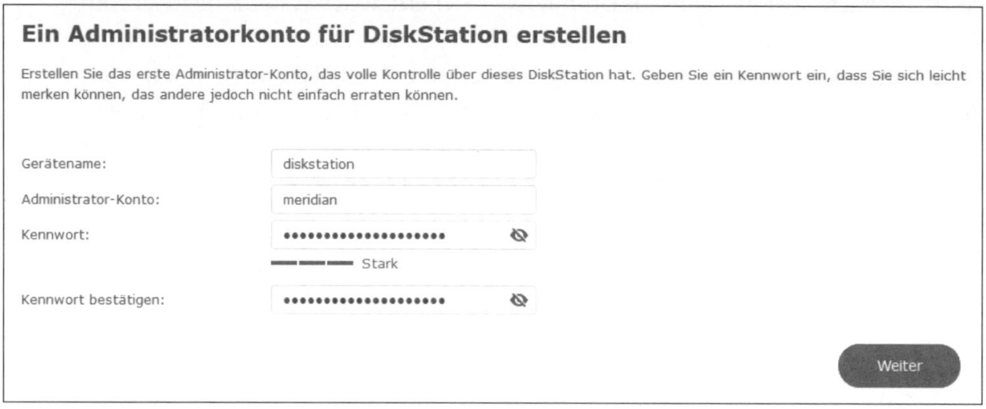

Abbildung 1.11 Vergeben Sie einen Hostnamen und sichere Zugangsdaten für das (erste) Administratorkonto.

Vergeben Sie also Ihren Wunschnamen, und klicken Sie dann auf WEITER. Sie können später jederzeit zusätzliche Administratorenkonten anlegen.

Aktualisierungen

Auf der zweiten Seite des Assistenten geht es darum, wie die DiskStation bei Aktualisierungen des Betriebssystems verfahren soll. Das Betriebssystem der DiskStation wird durch Synology fortlaufend weiterentwickelt. Es basiert auf einem Linux-System, für das ebenfalls aktualisierte Versionen entwickelt werden.

Diese Aktualisierungen umfassen nicht nur neue oder geänderte Funktionen, sondern vor allem auch sogenannte Sicherheits-Patches. Software wird (meistens) von Menschen geschrieben und entwickelt. Und Irren ist menschlich, und so passieren auch bei größtmöglicher Sorgfalt gelegentlich Fehler. Daher kann es vorkommen, dass ein Programm nicht so arbeitet wie angedacht und dass ein Angreifer einen Weg findet, eine Zugangssperre zu umgehen. Wir sprechen dabei gar nicht einmal von offensichtlichen Flüchtigkeitsfehlern. Sicherheitslücken entstehen oft aus sehr komplexen Zusammenhängen, und auch ihre Ausnutzung ist nicht immer ein leichtes Unterfangen.

Eine mögliche Sicherheitslücke könnte z. B. so aussehen, dass ein Angreifer durch das Absenden einer speziellen Zeichenkette im Arbeitsspeicher des Systems bestimmte Bereiche überschreibt, die an anderer Stelle des Programms als ausführbarer Code interpretiert werden. Somit ist es einem Angreifer möglich, eigene Befehle auf dem System auszuführen und es letztendlich zu übernehmen. So eine Art von Sicherheitslücke kommt durchaus vor und ist eher noch ein Beispiel mit geringer Komplexität.

Letztendlich sollten Sicherheitsaktualisierungen für ein System, bei dem ein Angriff lohnenswert erscheint, möglichst schnell eingespielt werden, damit bekannte Lücken geschlossen werden und sich nicht mehr ausnutzen lassen.

Beim Einspielen der Updates verfolgt die DiskStation drei unterschiedliche Strategien, die Sie in Abbildung 1.12 sehen.

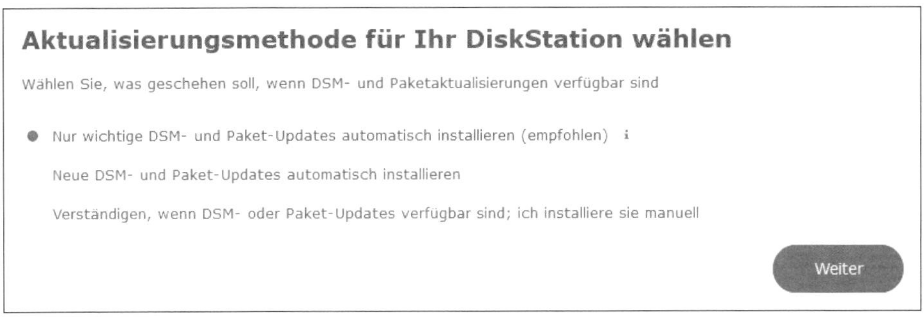

Abbildung 1.12 Wählen Sie aus, wie die DiskStation bei verfügbaren Systemaktualisierungen verfahren soll.

In der Standardeinstellung installiert die DiskStation wichtige Aktualisierungen, die kritische Sicherheitslücken schließen, automatisch selbsttätig, ohne dass ein Administrator eingreifen muss. Durch diese Maßnahme könnte es – je nach Art der Aktualisierung – erforderlich sein, den betreffenden Dienst kurzzeitig zu unterbrechen und ihn neu zu starten. Möglicherweise ist auch der Neustart des Gesamtsystems erforderlich.

Wenn das Update mitten zur Geschäftszeit eingespielt wird, ist dies möglicherweise für den Routinebetrieb hinderlich. Deswegen gibt es die Option, dass der Administrator bei jeder Art von Update nur benachrichtigt wird und dass nichts automatisch installiert wird. Der Administrator sollte nun diese Benachrichtigungen sowie Art und Umfang der Aktualisierung schnellstmöglich überprüfen und selbst entscheiden, wann er die Aktualisierung manuell vornehmen möchte. Wenn es sich um einen Dienst handelt, der die Produktivität des Unternehmens nicht oder nur unerheblich einschränkt, kann er die Aktualisierung sofort vornehmen bzw. sie andernfalls zu einem geeigneteren Zeitpunkt durchführen.

Falls Sie mit dem Einspielen von Updates generell nur wenig zu tun haben möchten, können Sie als dritte Option auch alle Arten von Updates, also auch weniger kritische, komplett automatisch installieren lassen. Somit bleibt die DiskStation automatisch stets auf dem aktuellen Stand und auch Updates, die »nur« neue Funktionen nachrüsten, sind schnell und ohne manuellen Eingriff verfügbar.

Diese Option bietet sich vor allem für den privaten Einsatz der DiskStation an, wo ein Neustart eines Dienstes beispielsweise lediglich die Filmwiedergabe beim Filmabend kurzzeitig unterbricht.

Treffen Sie Ihre Wahl gemäß den Anforderungen an das Gerät: Wägen Sie die Parameter Sicherheit, kontinuierlicher Betrieb und Bequemlichkeit gegeneinander ab, und klicken Sie anschließend auf WEITER.

Das Synology-Konto

Als Nächstes erhalten Sie wie in Abbildung 1.13 das Angebot, ein Synology-Konto anzulegen.

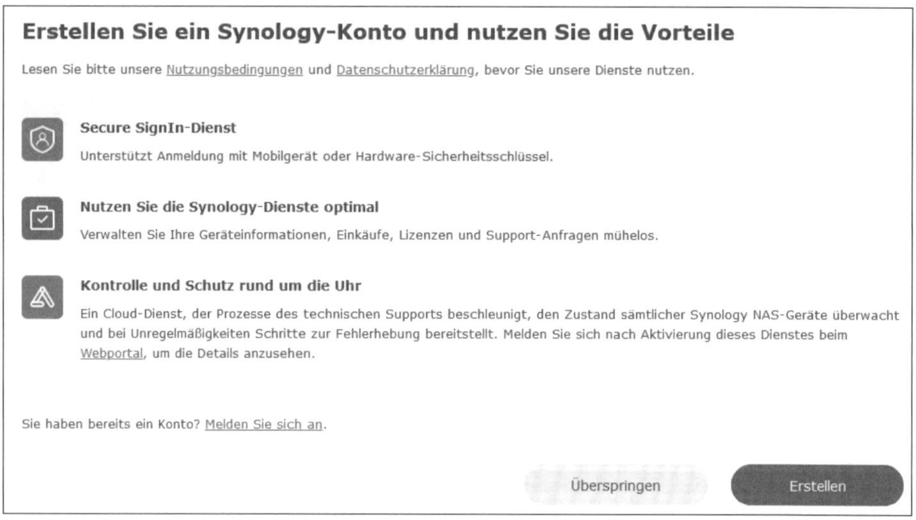

Abbildung 1.13 Optional können Sie ein kostenloses Synology-Konto einrichten, das einige Cloud-Funktionen bietet.

Verwechseln Sie das Synology-Konto nicht mit einem normalen Benutzerkonto! Das Synology-Konto bietet mehrere Dienste, die der Hersteller über ein Cloud-Angebot über das Internet realisiert. Sie können beispielsweise mit dem Synology-Konto eine eigene Domain für Ihre DiskStation erhalten, über die Sie das Gerät über das Internet ansprechen können. Das Synology-Konto umfasst dafür die Funktion eines dynamischen DNS-Anbieters, wie sie auch von zahlreichen anderen Anbietern im Internet bereitgestellt wird.

Eine weitere Funktion nennt sich *QuickConnect*. Sie dient zum einfachen Zugriff auf die DiskStation über das Internet und kann alternativ zu einer direkten manuellen Freigabe verwendet werden. Auch Funktionen zur Überwachung des Systemzustands und zur Fehlerbehebung werden geboten. Wenn Sie absehen können, dass Sie solche Dienste einmal ausprobieren möchten, dann können Sie jetzt schon ein Synology-Konto anlegen. Die Nutzung ist kostenlos.

Zum Anlegen öffnet sich ein weiterer Assistent, der eine E-Mail-Adresse und ein Passwort abfragt. Alternativ kann das Konto auch über die Anmeldedienste von Google und Apple eingerichtet werden. Vergeben Sie sichere Zugangsdaten, und bewahren Sie diese für die spätere Nutzung auf.

Das Anlegen eines Synology-Kontos ist aber zum gegenwärtigen Zeitpunkt nicht erforderlich. Auch ohne dieses Konto können Sie alle Dienste der DiskStation uneingeschränkt nutzen. Ein Synology-Konto kann auch später jederzeit neu angelegt werden. Das Betriebssystem der DiskStation bietet dazu an mehreren Stellen Gelegenheit. Wir klicken in unserem Beispielsetup daher in diesem Fall auf ÜBERSPRINGEN.

Die Geräteanalyse

Es folgt eine Seite zur Geräteanalyse durch den Hersteller. Sie können auswählen, ob Sie der Übermittlung von nicht personenbezogenen Daten an den Hersteller zustimmen, der diese Daten zur Verbesserung seiner Produkte einsetzen möchte.

Hiernach haben Sie die Möglichkeit, eine 2-Faktor-Absicherung zu aktivieren. Diese Funktion kennen Sie vielleicht schon vom Online-Banking. Neben einem Passwort, das Sie sich gemerkt haben, müssen Sie bei diesem Verfahren bei der Anmeldung noch einen zweiten Code eingeben, den ein Generator erzeugt hat. Nur dann ist ein Einloggen möglich. Ein Angreifer muss folglich sowohl das Passwort wissen als auch den Generator in Besitz nehmen (oder zumindest das Verfahren zur Code-Generierung exakt kennen bzw. den Code bei der Übertragung abfangen). Dieses Verfahren kann einen wertvollen Beitrag zum Schutz vor unbefugter Nutzung des Gerätes leisten und bietet sich vor allem für Administratorenkonten an. Wir empfehlen, es nach der Einrichtung zu aktivieren, wenn die DiskStation in den Regelbetrieb übergeht. Während der Einrichtungsphase – bedingt durch die häufig auftretenden Anmeldevorgänge – kann es jedoch schnell stören. Daher können Sie die Einrichtung der 2-Faktor-Absicherung an dieser Stelle überspringen. Im Detail gehen wir in Abschnitt 7.9 auf diese Funktion ein. Lassen Sie sich jetzt am besten an die spätere Einrichtung erinnern, und nutzen Sie dazu den angezeigten Link.

Als Nächstes werden Sie (insbesondere, wenn Sie die 2-Faktor-Absicherung zunächst übersprungen haben) wie in Abbildung 1.14 dazu aufgefordert, die *adaptive MFA* einzurichten. Hierbei handelt es sich ebenfalls um eine Funktion zur Erhöhung der Sicherheit bei Anmeldevorgängen. Die *adaptive mehrstufige Authentifizierung* führt gewissermaßen Buch über Ihr bisheriges Anmeldeverhalten. Sofern Sie sich immer auf dieselbe Weise an Ihrer DiskStation anmelden, tritt die Funktion nicht in Erscheinung. Sollte der Anmeldevorgang einmal anders ablaufen, wird die Funktion aktiv. Das kann zum Beispiel dann der Fall sein, wenn Sie einen anderen Computer verwenden oder sich von einem anderen Standort aus anmelden. Die Funktion wird dann von Ihnen verlangen, dass Sie sich nicht nur mit Ihrem Passwort, sondern mit einem weiteren Faktor an Ihrer DiskStation anmelden. Der Faktor kann ein nur einmal gültiger Code sein, den Sie automatisch über Ihre DiskStation (und von einem Server von Synology) per E-Mail erhalten. Alternativ kann als zweiter Faktor auch eine Genehmigung über eine Synology App auf dem Smartphone erfolgen. So ein Verfahren kennen Sie vermutlich bereits von diversen Online-Portalen, beispielsweise großen Versandhäusern. Da diese Funktion weder im Alltag noch bei der Einrichtung der DiskStation stört, dafür aber die Sicherheit verbessert, empfehlen wir ihre Aktivierung. Geben Sie also Ihre E-Mail-Adresse in das Eingabefeld ein, und klicken Sie auf VERIFIZIEREN. Sie bekommen dann eine E-Mail von Synology. In der Nachricht ist ein Link zur Verifikation Ihrer E-Mail-Adresse enthalten, den Sie anklicken müssen. Danach öffnet sich im Browser eine neue Seite, die die Verifikation bestätigt. Schließen Sie diese Seite, und kehren Sie danach zum DSM zurück. Dort erhalten Sie die Meldung, dass Sie nun durch die adaptive MFA geschützt sind. Mehr zu dieser Funktion (deren Einrichtung Sie auf expliziten Wunsch auch überspringen können) finden Sie in Abschnitt 7.10. Klicken Sie auf FERTIG.

Abbildung 1.14 Die adaptive MFA erkennt unübliche Anmeldevorgänge und erzwingt die Eingabe eines temporär gültigen Codes.

Damit ist die Grundeinrichtung schon abgeschlossen. Ihre DiskStation verfügt nun über einen eigenen Hostnamen und über ein erstes Administratorkonto. Der Assistent wird geschlossen, und Sie sehen jetzt im Browser den sogenannten Desktop des *DiskStation Managers*. Dieses System dient der Konfiguration (und Nutzung) Ihres

NAS-Gerätes und wird über den Browser bedient, die Bedienung erfolgt also in einem Webinterface. Ihnen wird zu Anfang eine kleine Tour angeboten. Wenn Sie möchten, können Sie diese schnell durchführen, denn sie dauert nicht lang. Ansonsten werden wir Ihnen im nächsten Abschnitt alle wichtigen Anlaufstellen des Systems einmal vorstellen.

Zukünftig erreichen Sie den DiskStation Manager über den Hostnamen Ihrer DiskStation und den Port 5000 (wobei Sie später den Port verändern können). Geben Sie also in den Browser *http://<Hostname>:5000* ein. Anschließend müssen Sie sich mit einem Benutzerkonto anmelden. Hier geben Sie zunächst die Zugangsdaten des Administratorkontos ein. Ein eventuell vorhandenes Synology-Konto bleibt erst einmal außen vor.

1.2 Die ersten Schritte im System

Auf der DiskStation arbeitet, wie zuvor erwähnt, das Betriebssystem *DiskStation Manager* (DSM), das Sie wie oben beschrieben auf Ihrem Gerät installiert haben. Es ist darauf ausgelegt, über eine grafische Benutzeroberfläche konfiguriert zu werden, die in Form eines Webinterfaces im Browser dargestellt wird. Der DSM bildet dabei den Desktop eines klassischen PC-Betriebssystems nach und verwendet eine bekannte Fensterdarstellung (siehe Abbildung 1.15).

Abbildung 1.15 Der Desktop des DSM kurz nach der Erstinstallation

Die Inhalte werden in Fenstern angezeigt, die sich wie am klassischen Computer mit der Maus verschieben und vergrößern/verkleinern lassen. Am oberen Bildschirmrand gibt es auch eine Taskleiste, in der alle geöffneten Fenster angezeigt werden. Ein Wechsel zwischen den Fenstern ist per Mausklick möglich.

Der DSM basiert auf einem Linux-Basissystem, das den Anwendern (und auch dem Administrator) zunächst verborgen bleibt. Ein Zugriff auf dieses System über die grafische Oberfläche ist nicht vorgesehen, vor allem bleibt die Dateistruktur unzugänglich.

Ein alternativer Zugang über eine SSH-Sitzung (*Secure Shell*, engl. für »sichere Konsole«) bietet Ihnen allerdings die fortgeschrittene Möglichkeit, auf dieses Basissystem zuzugreifen und eigene Anpassungen vorzunehmen. Empfehlenswert ist dies nicht immer, da selbst sorgsam und gewissenhaft vorgenommene Änderungen bei einem System-Update möglicherweise überschrieben werden. Außerdem hat Synology zahlreiche Eigenlösungen eingebaut, die erst einmal nachvollzogen werden müssen: Sie können Ihr DSM also nicht einfach wie eine Linux-Distribution verwenden, auch wenn dort ein Linux-Kernel arbeitet. Terminalzugriffe mittels SSH werden daher eher die Ausnahme sein. Verwalten Sie das System besser über das grafische Interface, und nutzen Sie den SSH-Zugang nur dann, wenn Sie wirklich wissen, was Sie tun.

Ihre Funktion bietet die DiskStation über zwei Arten von Schnittstellen an:

- Die DiskStation unterstützt zahlreiche standardisierte und bekannte Protokolle, die zumeist in den modernen Betriebssystemen integriert sind oder die sich durch zusätzliche Programme ergänzen lassen. Dabei erfolgt die Einbindung mehr oder weniger transparent; Sie können diese Dienste also direkt in Ihren Windows-Bürorechner, Ihren Linux-Server oder Ihr Android-Smartphone integrieren. Beispiele sind das SMB-Protokoll für Dateifreigaben oder die Möglichkeit, per WebDAV auf Dateien zugreifen zu können. Auch ein offenes Datenbankmanagementsystem (MariaDB wird hier geboten) kann zu diesen Diensten gezählt werden.
- Daneben bietet die DiskStation eine Reihe von Diensten, für die Synology proprietäre Schnittstellen entwickelt hat und die sich nicht (oder nur in Teilen) durch andere Programme nutzen lassen. Hierzu zählen etwa viele Anwendungen im Multimediabereich, wie etwa die *Audio Station*, deren Musik (vornehmlich) über eine eigene Software abgespielt wird.

Synology-Apps

Alle Anwendungen, für die Synology eigene Schnittstellen entwickelt hat, werden im Browser bedient. In einigen Fällen gibt es zusätzlich auch eigenständige Programme für die großen Betriebssysteme. Dazu zählt etwa ein Client für den Zugriff auf den Cloud-Service und dessen Dateisynchronisation.

Für zahlreiche Anwendungsfälle bietet Synology auch Apps für Mobilgeräte an, die Sie kostenlos über die üblichen App-Bezugspunkte wie den Google Play Store oder den Apple App Store laden können. Die Apps erlauben den Zugriff auf Dienste der

DiskStation auch vom Smartphone aus. Das App-Angebot umfasst nicht nur Anwendungen für den Multimediabereich, sondern auch solche für Produktiv- und Verwaltungsaufgaben.

Während der Installation haben Sie ein Benutzerkonto für einen Administrator angelegt, und wenn Sie diesem Tutorial so weit gefolgt sind, werden Sie sich auch zunächst mit diesem Konto eingeloggt haben.

Das Administrationskonto

Ein Administrator hat Zugriff auf alle Einstellungen und alle Daten des Systems, insbesondere auch auf alle Daten, die die übrigen Nutzerinnen und Nutzer auf der DiskStation abgespeichert haben. Das Benutzerkonto für den Administrator sollte (wie zuvor schon bei der Erstinstallation erwähnt) nur zur Verwaltung und Konfiguration der DiskStation genutzt werden.

Zwar hat es Zugriff auf alle Anwendungen und man könnte es auch für den Alltagsgebrauch verwenden, aber dies ist aus sicherheitstechnischer Sicht nicht ratsam:

- Unbeabsichtigte Falscheingaben könnten zu einer fehlerhaften Konfiguration führen, sodass die DiskStation nicht mehr ordnungsgemäß arbeitet.
- Es besteht das Risiko, dass das Konto missbräuchlich verwendet wird, wenn der Zugang auf einem Rechner ungeschützt bleibt.
- Durch das Ablegen eigener Daten wird das Konto vielleicht auch etwas unübersichtlich, was bei Verwaltungsaufgaben hinderlich sein kann.
- Der uneingeschränkte Zugriff auf die Daten der anderen Benutzer kann auch Probleme im Bereich der Sicherung der Privatsphäre mit sich bringen.

Diese Liste ist keinesfalls abschließend, zeigt aber schon recht deutlich, dass jede Person für die eigene Arbeit ein normales Benutzerkonto verwenden sollte, das nur Zugang zu den erforderlichen Bereichen, insbesondere nur zu den eigenen und den gemeinsam verwendeten Dateien bietet. Gleich im Anschluss an diesen Abschnitt erfahren Sie daher, wie Sie auf der DiskStation zusätzliche Benutzerkonten anlegen. Zu Beginn sollten Sie sich aber erst einmal mit dem Administratorkonto und dem Aufbau des DSM vertraut machen.

Das Webinterface des DSM

Das Webinterface des DSM ist im Browser unter der IP-Adresse oder dem Hostnamen der DiskStation auf Port 5000 erreichbar. In der Grundeinstellung wird eine unverschlüsselte Variante über ein normales HTTP verwendet. Auf Wunsch lässt sich auch eine verschlüsselte HTTPS-Verbindung nutzen, diese verwendet Port 5001. Beim Aufruf wird es derzeit unweigerlich zu einer Zertifikatswarnung kommen. Diese können

Sie später vermeiden, indem Sie für die DiskStation eine eigene Domain einrichten und dann beispielsweise über den *Let's Encrypt*-Service ein beglaubigtes Zertifikat hinterlegen, das für die Kommunikation mit dem Browser verwendet wird. Wie das geht, zeigen wir Ihnen in Abschnitt 4.1, »Über das Internet sicher auf die DiskStation zugreifen«.

Wenn Sie sich mit den Zugangsdaten des Administratorkontos anmelden, dann wird Ihnen der Desktop des DSM-Systems angezeigt, den wir Ihnen in Abbildung 1.15 bereits gezeigt haben. Ganz oben finden Sie die Taskleiste (siehe Abbildung 1.16):

Abbildung 1.16 Am oberen Bildschirmrand gibt es eine Taskleiste, mit einem Symbol für das Hauptmenü (links) und einem Bereich mit Informationssymbolen (rechts).

Sie sehen dort:

- ganz oben links eine Schaltfläche mit vier Quadraten, die Zugang zum Hauptmenü des Systems bietet. Von dort aus werden alle Programme aufgerufen. Ganz links ist eine weitere kleinere Schaltfläche, die alle Fenster ausblendet.
- einen breiten transparenten Bereich. Hier werden (wie am Desktop-PC) alle geöffneten Fenster mit einem kleinen Symbol dargestellt.
- oben rechts einen Infobereich mit mehreren kleinen Symbolen. Dort enthalten sind eine Sprechblase, die über Systemmeldungen informiert, eine Personensilhouette, die Zugang zu einem Menü mit persönlichen Einstellungen bietet, ein Schalter, um sogenannte *Widgets* ein- und auszublenden, sowie eine Lupe, die Zugang zu einer selbsterklärenden Suchfunktion bietet.

Auf dem Desktop sehen Sie wie in Abbildung 1.15 links vier Icons, die Zugang zu zentralen Anwendungen der DiskStation bieten, die sich aber alle auch über das Hauptmenü aufrufen lassen. Die Icons können ebenfalls mit denen eines Desktop-Betriebssystems verglichen werden.

Unten rechts gibt es zudem zwei schwebende Fenster, die über den Hardwarezustand informieren. Dabei handelt es sich um die zuvor genannten Widgets, die man vielleicht mit Mini-Anwendungen auf dem Desktop-PC vergleichen könnte.

Das Hauptmenü öffnet sich bildschirmfüllend im Programmbereich des Browsers, wie beispielsweise in Abbildung 1.17 gezeigt. Es enthält Icons, über die sich alle Programme und Konfigurationsoptionen der DiskStation aufrufen lassen, mit Ausnahme des persönlichen Menüs.

Zusätzlich gibt es am oberen Rand ein Suchfeld. Der Inhalt des Hauptmenüs ist an das jeweilige Benutzerkonto angepasst. Wenn ein Nutzer keine Berechtigung für ein bestimmtes Programm oder einen bestimmten Dienst hat, wird ihm das zugehörige

Symbol nicht in seinem Hauptmenü angezeigt. Lediglich mit einem Administrationskonto haben Sie Zugriff auf alle Programme und daher stets das umfangreichste Hauptmenü.

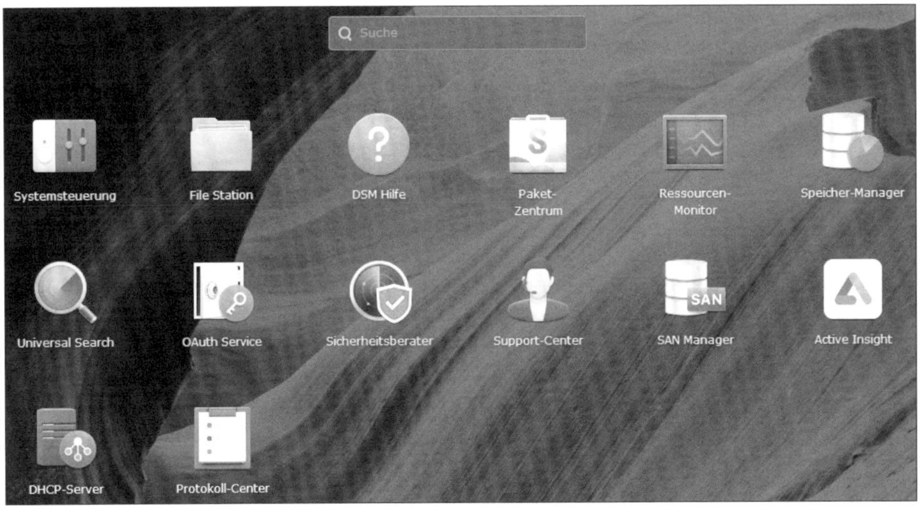

Abbildung 1.17 Das Hauptmenü eines Administrators bietet Zugang zu allen installierten Programmen und den verfügbaren Konfigurationsoptionen.

Die vier Icons auf dem Desktop für die SYSTEMSTEUERUNG, die FILE STATION, die DSM HILFE und das PAKET-ZENTRUM finden sich auch im Hauptmenü wieder. Über das Kontextmenü eines Icons (Sie erreichen es zumeist über einen Rechtsklick) können Sie dieses mit dem Desktop verknüpfen und sich so einen Schnellzugriff anlegen. Wenn Sie ein Icon normal anklicken, wird das zugehörige Programm geöffnet. Dieses erscheint entweder als neues Fenster im aktuellen Tab oder in Form eines neuen Tabs im Browser.

Diese wichtigsten Links sind schnell erklärt:

- Die SYSTEMSTEUERUNG enthält eine Vielzahl von Konfigurationsschnittstellen für die DiskStation und ist der erste Anlaufpunkt für grundlegende administrative Tätigkeiten.
- Über die FILE STATION besteht Zugriff auf die auf der DiskStation abgelegten Dateien – sie ist mit einem Datei-Explorer unter einem Desktop-Betriebssystem vergleichbar. Dateien können über sie kopiert, verschoben, hoch- und heruntergeladen sowie (für viele Dateitypen) in einem Vorschaufenster betrachtet werden.
- Das PAKET-ZENTRUM ermöglicht es neue Funktionen über Zusatzprogramme zu ergänzen, die aus dem Internet heruntergeladen werden. Im Grundzustand ist der Funktionsumfang des DSM überschaubar und das System sieht es quasi vor, dass Sie das Paket-Zentrum zur Ergänzung der jeweils benötigten Funktionen verwenden. Es ist mit einem App-Bezugspunkt aus der Mobilwelt vergleichbar.

Diese drei Dienste sind für die Benutzung der DiskStation essenziell und werden im folgenden Kapitel im Detail betrachtet.

- Die DSM-HILFE ist ein Dienst, der knappe Beschreibungen zu den Funktionen der DiskStation bietet. Sie ist zum einen über die Icons auf dem Desktop und im Hauptmenü erreichbar, kann jedoch häufig auch kontextbezogen über ein Fragezeichen-Symbol [?] in einem Programmfenster aufgerufen werden. Ihre Bedienung ist selbsterklärend und soll hier nicht weiter erläutert werden.

Oben rechts lässt sich über das Symbol mit der Sprechblase der Benachrichtigungsbereich aufrufen (siehe Abbildung 1.18). Hier wird jeder Benutzer über für ihn zutreffende Ereignisse informiert. Dies können beispielsweise Erfolgsmeldungen von Programmen über abgeschlossene Aufgaben sein. Wenn Sie sich mit Administrationsrechten anmelden, erhalten Sie hier auch Warnmeldungen zu kritischen Systemereignissen oder Informationen über verfügbare Updates.

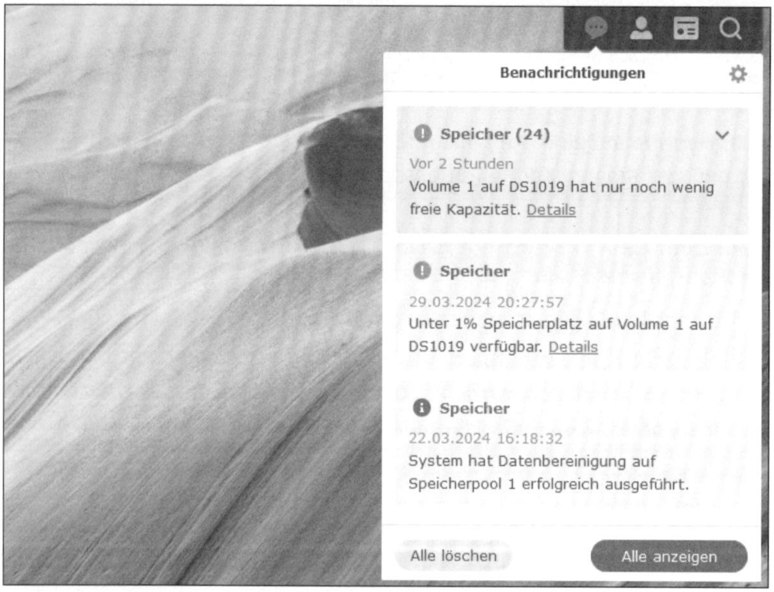

Abbildung 1.18 Im Benachrichtigungsbereich werden aktuelle Systemereignisse zusammengefasst.

Das persönliche Menü

Über das Symbol mit der Personensilhouette wird ein persönliches Menü aufgerufen, das Sie in Abbildung 1.19 sehen.

Ein Administrator findet hier die Möglichkeit, die gesamte DiskStation abzuschalten oder das Gerät neu zu starten. Andere Nutzer können das Gerät nicht neu starten oder abschalten. Bei ihnen enthält das Menü nur einen Zugang zu den persönlichen Einstellungen, die Option, sich vom DSM abzumelden, und die Möglichkeit, eine kleine Infokarte mit der aktuellen DSM-Version aufzurufen. Die drei letztgenannten Optionen stehen dem Administrator ebenfalls zur Verfügung.

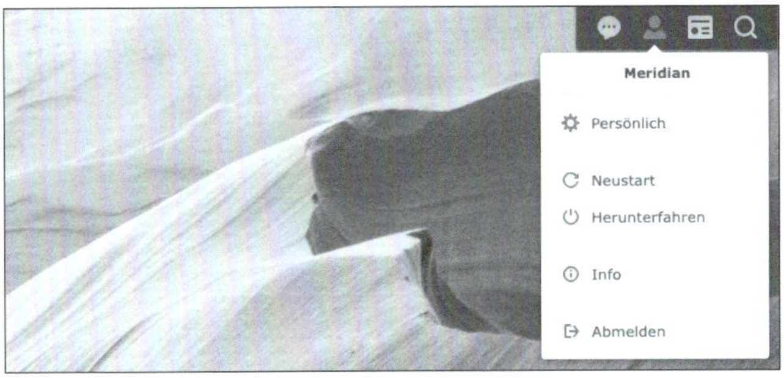

Abbildung 1.19 Das persönliche Menü eines Administrators erlaubt unter anderem das Abschalten des Gerätes.

Melden Sie sich ab, wenn Sie die Oberfläche der DiskStation nicht nutzen

Denken Sie daran, dass sich jeder Benutzer nach getaner Arbeit vom DSM abmelden sollte, damit sein Zugang nicht eventuell missbräuchlich genutzt werden kann. Dies gilt nicht nur für Administratoren. Falls dies einmal vergessen werden sollte, schützt zumindest ein Time-Out, der den Zugang nach einer Zeit der Inaktivität sperrt. Er ist im Modul SICHERHEIT der Systemsteuerung anpassbar.

Der persönliche Einstellungsdialog bietet Optionen zur Anpassung des eigenen Benutzerkontos, zur Darstellung des DSM und zur Verwaltung der E-Mail-Benachrichtigung. Er informiert auch über den Speicherplatz, der dem jeweiligen Nutzer zur Verfügung steht. Bevor Sie Ihre Arbeit mit dem DSM richtig beginnen, sollten Sie dieses Menü aufrufen und die Einstellungen Ihren persönlichen Vorlieben entsprechend vornehmen.

Auf der Registerkarte KONTO lassen sich etwa Informationen zum Namen und zur eigenen E-Mail-Adresse angeben, über die man kontaktiert werden kann. Außerdem können Sie dort Ihr Kennwort ändern und die Sprache des DSM einstellen. Benutzerkonten lassen sich auf der Registerkarte SICHERHEIT auch mit einer 2-Faktor-Authentifizierung einrichten. Bei dieser Art der Authentifizierung muss bei der Anmeldung ein zusätzlicher, nur einmal gültiger Code eingegeben werden, der von einem Codegenerator auf einem Mobilgerät geliefert wird. Dazu lesen Sie mehr in Abschnitt 7.9, »Die 2-Faktor-Authentifizierung verwenden«. Diese Registerkarte zeigt Ihnen über die Schaltflächen ANMELDEVERLAUF und KONTOAKTIVITÄT an, wie und wann Sie sich zuletzt mit Ihrer DiskStation verbunden haben.

Die Registerkarte ANZEIGEEINSTELLUNGEN (siehe Abbildung 1.20) erlaubt es beispielsweise, das Hintergrundbild des DSM-Desktops zu verändern, und dort kann auch das Datumsformat eingestellt werden.

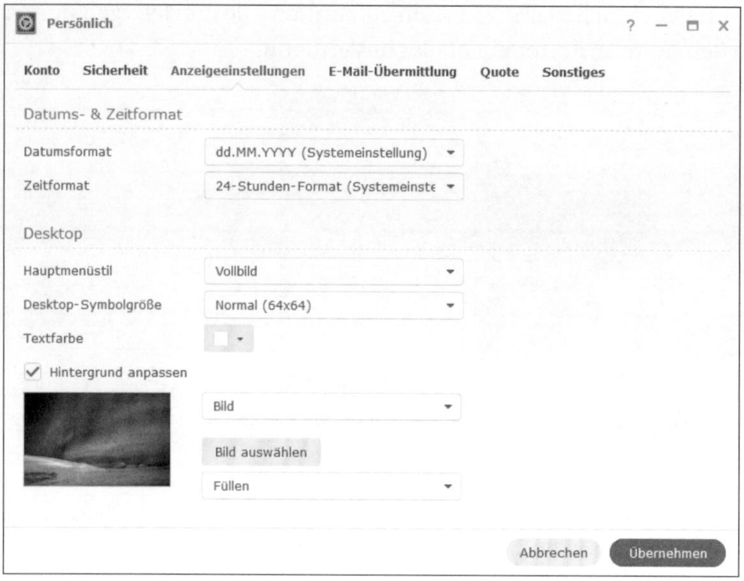

Abbildung 1.20 In den persönlichen Einstellungen lässt sich unter anderem die Darstellung des DSM anpassen.

Auf der Registerkarte E-MAIL-ÜBERMITTLUNG können Sie ein E-Mail-Konto eintragen, das durch die DiskStation zum Versenden von E-Mails benutzt wird. Beispielsweise lassen sich in den Anwendungen der DiskStation Links zum Teilen von Dateien direkt per Mail versenden. Sie sollten hier also ein persönliches Konto eintragen (siehe Abbildung 1.21); selbstredend kann ein Zweitkonto genutzt werden.

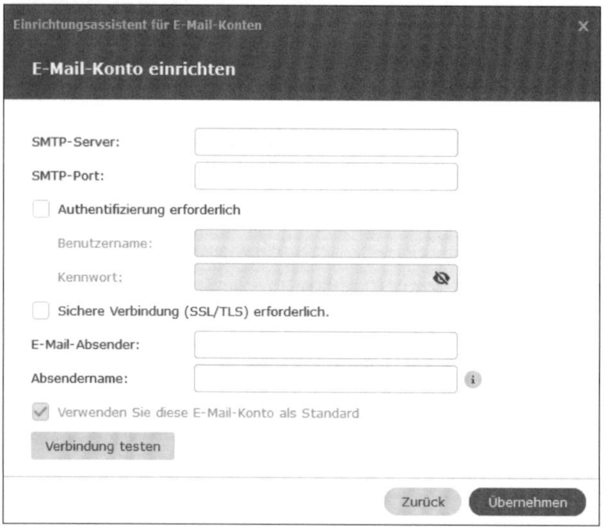

Abbildung 1.21 Für den Versand von E-Mails müssen Sie ein bestehendes E-Mail-Konto eintragen.

Da die E-Mail-Funktion im Alltag recht praktisch ist, sollte hier vorzugsweise jeder Benutzer eine individuelle Konfiguration vornehmen, damit alle Personen über wichtige Informationen benachrichtigt werden können.

Widgets

Auf dem Desktop eines Administrators informieren Widgets über den aktuellen Systemzustand (siehe Abbildung 1.22).

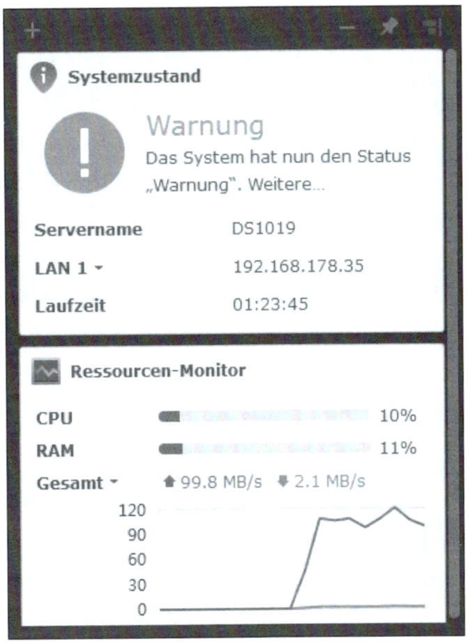

Abbildung 1.22 Widgets informieren den Administrator über den Systemzustand und warnen, wenn etwas überprüft werden sollte.

Diese Minianwendungen stehen normalen Benutzern nicht zur Verfügung; ihnen wird die entsprechende Schaltfläche oben rechts auch nicht angezeigt.

Ein Administrator kann mit ihr die Widgets ein- und ausblenden. In der Grundkonfiguration informieren zwei Widgets über den allgemeinen Zustand und die Systemauslastung.

Über die Schaltfläche mit dem +-Symbol lassen sich weitere Widgets ergänzen, die etwa Daten zu den derzeit verbundenen Nutzern oder der aktuellen Auslastung des Festplattenspeichers präsentieren. Der Widgets-Bereich kann mit der Maus in der Größe angepasst und auf dem Bildschirm verschoben werden.

Jetzt wäre ein guter Zeitpunkt zur Anpassung des Speichersystems

Denken Sie bitte daran, dass bei einer Änderung der Konfiguration des Speichersystems alle Benutzerdaten gelöscht werden müssen!

Wenn Sie mit dem bei der Installation angelegten SHR-System nicht einverstanden sind, dann ist jetzt ein guter Zeitpunkt, um das zu ändern, denn derzeit gibt es noch keine eigenen Daten auf der DiskStation, die bei einer Änderung gelöscht werden müssen. Wie man die Speicherplatzkonfiguration ändert, erklären wir Ihnen in Abschnitt 5.2, »Volumes und Speicherpools«. Möchten Sie zunächst einmal lernen, welche Möglichkeiten Ihnen die DiskStation hier überhaupt bietet, erfahren Sie alles Nötige in Abschnitt 5.1, »Die verschiedenen RAID-Modi«.

1.3 Benutzerkonten einrichten und Rechte verwalten

Wie zuvor erwähnt, solle das Administratorkonto, das Sie während der Erstinstallation eingerichtet haben, nur zur Verwaltung und Konfiguration der DiskStation verwendet werden. Für die Alltagsnutzung sollten Sie unbedingt ein normales Benutzerkonto mit eingeschränkten Rechten verwenden. Alle Benutzer und Benutzerinnen der DiskStation sollten ein eigenes, persönliches Benutzerkonto haben. Wenn Sie sich die Administration des Gerätes mit anderen Personen teilen, können auch mehrere Administratorkonten eingerichtet werden. Dieser Abschnitt zeigt Ihnen, wie Sie zusätzliche lokale Benutzerkonten auf der DiskStation einrichten und wie Sie diese zu Gruppen zusammenfassen. Falls Sie zusätzlich an einem Verzeichnisdienst interessiert sind, dann erfahren Sie alles dazu in Kapitel 13, »Verzeichnisdienste«.

Für die Verwaltung und Einrichtung von Benutzerkonten ist das Modul BENUTZER UND GRUPPE zuständig (siehe Abbildung 1.23), das ein Administrator über die Systemsteuerung aufrufen kann. Sie sehen auf der Registerkarte BENUTZER alle Nutzerkonten, die derzeit angelegt sind.

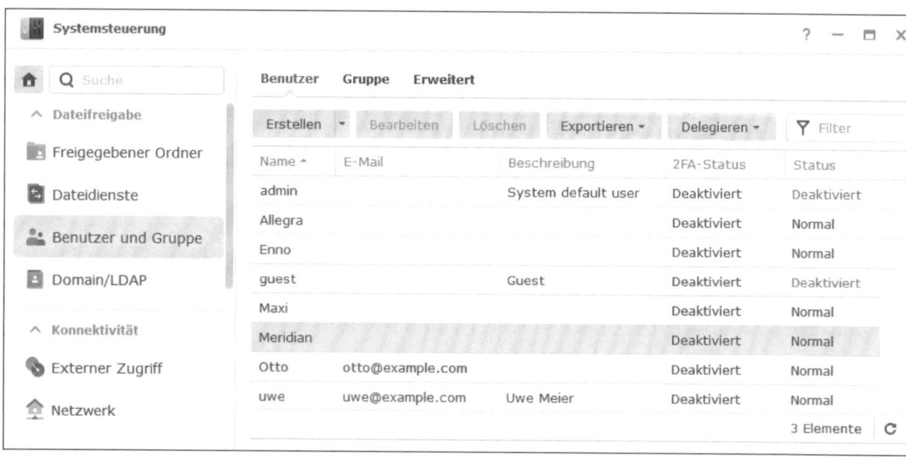

Abbildung 1.23 Benutzerkonten werden über das Modul »Benutzer und Gruppe« in der Systemsteuerung verwaltet.

Neben Ihrem Administratorkonto finden Sie zwei weitere Konten, die zu Beginn jedoch deaktiviert sind und nicht benutzt werden können: ein Administratorkonto mit dem Namen `admin` und ein Gastkonto mit dem Namen `guest`. Das genannte Administratorkonto sollten Sie nicht verwenden: Es ist nur für den Einsatz in Notfallsituationen gedacht (beispielsweise, wenn man das Kennwort vergessen hat) und bleibt normalerweise stets deaktiviert. Das Gastkonto ist ebenfalls nicht für den routinemäßigen Einsatz gedacht, sondern wird in speziellen Situationen freigeschaltet, wenn Anwendungen explizit die Nutzung eines Gastkontos erfordern.

Über die Schaltfläche ERSTELLEN in der Symbolleiste können Sie weitere Benutzerkonten ergänzen. Benutzer lassen sich (bei größeren Listen) auch kopieren oder aus einer Datei importieren, was jedoch für den Alltag und erst recht für die Grundeinstellung nicht erforderlich ist.

Nach einem Klick auf ERSTELLEN zeigt sich Ihnen der ASSISTENT BENUTZERERSTELLUNG, der ein Formular mit einigen Eingabefeldern bietet, das Sie in Abbildung 1.24 sehen.

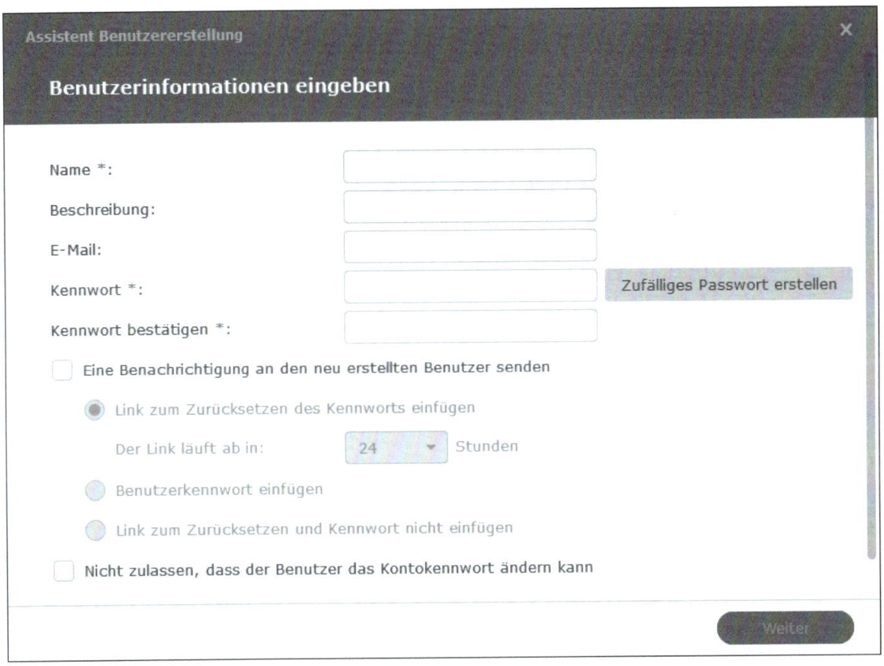

Abbildung 1.24 Füllen Sie zunächst die Basisinformationen aus, wenn Sie ein neues Benutzerkonto anlegen.

Sie müssen zunächst einen Benutzernamen eingeben, der von dem Benutzer zur Anmeldung am DSM und an allen Anwendungen eingegeben werden muss. Die üblichen althergebrachten Regeln – etwa die ausschließliche Nutzung von Kleinbuchstaben oder die tunlichste Nichtnutzung des Leerzeichens – gelten hier nicht. Der DSM ist mittlerweile darauf ausgelegt, mit einer Vielzahl von Nutzernamen zurechtzukommen. So lässt sich auch der Name »Max Mustermann« verwenden. Wer auf Nummer sicher gehen möchte, kann trotzdem Namen verwenden, die nur alphanumerische Zeichen beinhalten.

Im Feld BESCHREIBUNG kann der Nutzer weiter charakterisiert werden, was etwa bei einem Nutzerkonto für ein automatisch betriebenes Gerät (wie etwa ein Mediacenter) sinnvoll ist. Wenn Sie eine E-Mail-Adresse eintragen, kann der jeweilige Nutzer gleich über sein neues Benutzerkonto informiert werden. Dafür muss das entsprechende Kontrollkästchen weiter unten aktiviert werden.

Die DiskStation nutzt zum Versand das für die E-Mail-Benachrichtigung konfigurierte Konto. Dafür wird aber nicht das Konto des Administrators verwendet, das über das persönliche Menü auf dem DSM-Desktop konfiguriert wird. Stattdessen wird der Benachrichtigungsdienst des DSM verwendet – schließlich handelt es ja auch um eine Nachricht des Systems. Dieser Dienst wird in der Systemsteuerung im Modul BENACHRICHTIGUNG konfiguriert. Wenn das noch nicht erfolgt ist, wird der Assistent zur Benutzerkontenerstellung Sie automatisch dorthin leiten.

Tragen Sie dann als Nächstes das Kennwort des Benutzers ein. Sie können ruhig ein temporäres (aber sicheres) Kennwort verwenden und den Nutzer anweisen, es nach der erstmaligen Nutzung zu ändern. Dazu können Sie direkt die Benachrichtigungsfunktion nutzen. In der Benachrichtigungs-E-Mail können Sie einen Link einschließen, der die Änderung des Kennworts ermöglicht. Sie können auch das Kennwort im Klartext einfügen, was allerdings weniger sicher ist. Über das unterste Kontrollkästchen können Sie hingegen erreichen, dass der Nutzer das Kennwort nicht verändern darf. Das ist dann sinnvoll, wenn die Gefahr groß ist, dass der Nutzer das Kennwort vergisst (etwa bei kleinen Kindern) oder dass er sich selbst ein unsicheres Kennwort einstellt, das Angriffsversuchen nicht lange standhält. Wechseln Sie, wenn alle Eingaben vollständig sind, auf die zweite Seite des Assistenten.

Dort können Sie das Benutzerkonto einer Benutzergruppe hinzufügen. Gruppen können Ihnen viel Arbeitsaufwand sparen, wenn Sie sehr viele Benutzerkonten mit ähnlichen Berechtigungen verwalten müssen, z. B. bei der Nutzung in einer Firma oder in einem Verein. Sie müssen dann gleichartige Privilegien nur einmal für die gesamte Gruppe und nicht für jeden Benutzer einzeln definieren.

Im Auslieferungszustand sind zunächst drei spezielle Benutzergruppen angelegt. Das sind die Gruppen `administrators`, `http` und `users` (siehe Abbildung 1.25).

Die erstgenannte Gruppe umfasst alle Administratoren. Möchten Sie ein neues Benutzerkonto mit Administratorrechten versehen, etwa weil Sie sich die Verwaltungsarbeit mit einer anderen Person teilen möchten, dann fügen Sie deren Benutzerkonto zur Gruppe `administrators` hinzu. Dadurch wird die Person, der das Benutzerkonto gehört, ebenfalls zu einem Administrator.

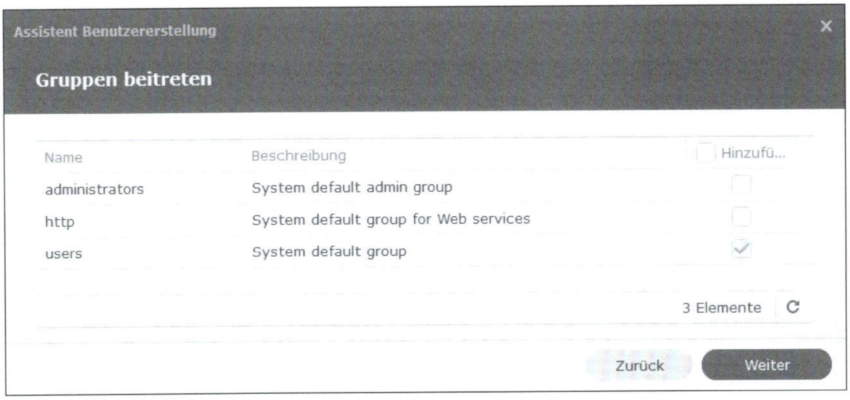

Abbildung 1.25 Ein Benutzerkonto kann zu einer oder mehreren Gruppen hinzugefügt werden.

Die Gruppe `http` ist für maschinelle Nutzer gedacht. In dieser Gruppe werden Dienste zusammengefasst, die Webdienste auf der DiskStation anbieten und die Zugriff auf die entsprechenden Ressourcen benötigen. Die Anwendungen werden während der Installation automatisch zu dieser Gruppe hinzugefügt.

Die Gruppe `users` ist ebenfalls eine spezielle Gruppe, die alle Anwender der DiskStation enthält. Nutzer werden automatisch hinzugefügt, Sie können keine Mitglieder manuell ergänzen oder löschen. Mit anderen Worten: Solange Sie noch keine eigenen Gruppen definiert haben und solange niemand ein zusätzlicher Administrator werden soll, fügen Sie ein neues Benutzerkonto zu keiner der drei Gruppen hinzu.

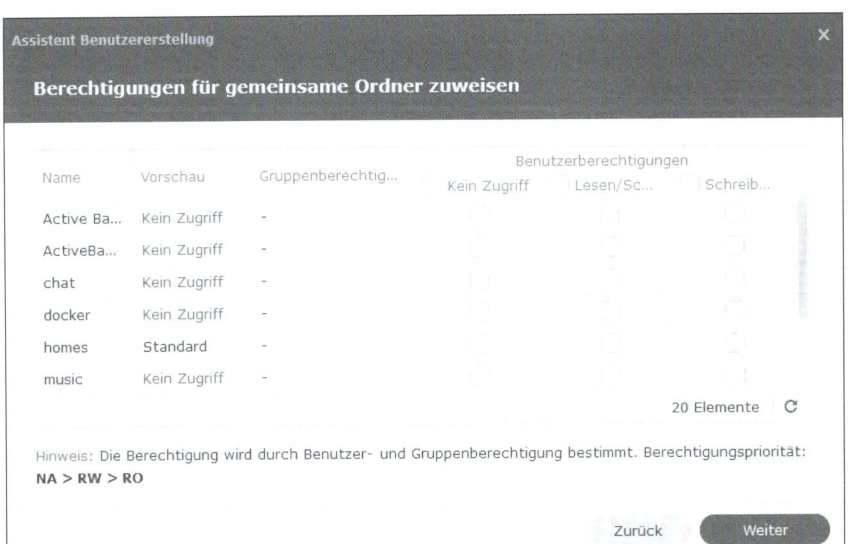

Abbildung 1.26 Zu Beginn noch ganz leer, später meist gut gefüllt: die Liste der gemeinsamen Ordner, auf die ein Benutzerkonto Zugriffsrechte erhalten kann

Auf den folgenden Seiten des Assistenten geht es um das Zuweisen von Berechtigungen (siehe Abbildung 1.26).

Zunächst legen Sie die Rechte beim Zugriff auf *gemeinsame Ordner* fest. Das sind normale Datenverzeichnisse, die jedoch (im Unterschied zu den persönlichen *home*-Verzeichnissen) von mehreren Personen gemeinsam genutzt werden können und die auch über eine Netzwerkfreigabe zur Verfügung stehen.

Sie können für jeden dieser Ordner individuell einstellen, welcher Benutzer welche Zugriffsrechte hat. Je nach Softwareausstattung Ihrer DiskStation sieht diese Liste anders aus und ist möglicherweise derzeit noch komplett leer. Im folgenden Kapitel wird es detailliert um diese Ordner gehen, dabei wird auch die Rechteverwaltung genau betrachtet.

Anschließend können Sie wie in Abbildung 1.27 *Benutzerquoten* zuweisen. Dabei geht es um den Speicherplatz, den das neue Benutzerkonto jeweils in einem gemeinsamen Ordner belegen darf. Während Sie zuvor nur die grundsätzlichen Zugriffsrechte erstellt haben, geht es jetzt also um die Intensität der Nutzung. In der Standardeinstellung sind keine Begrenzungen gesetzt. Zu Beginn ist die Liste komplett leer.

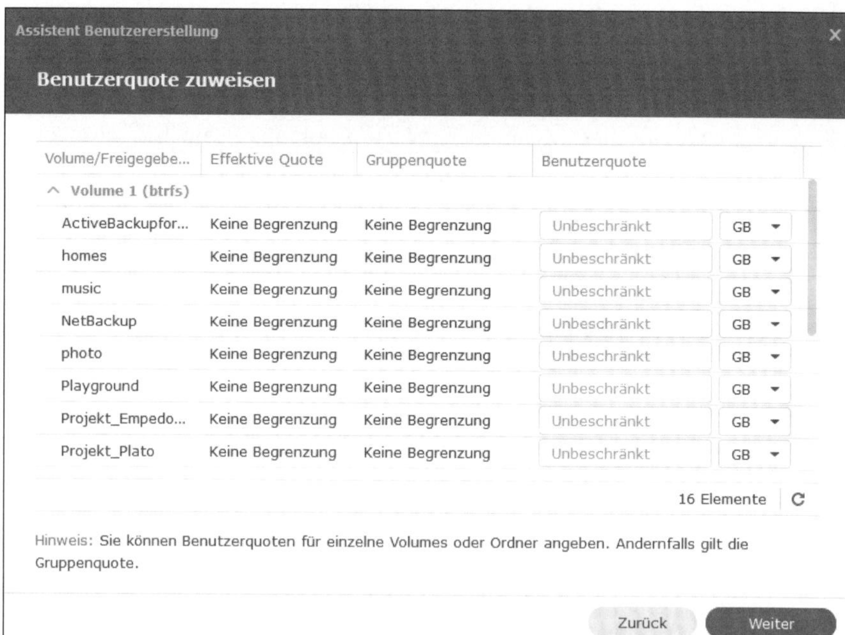

Abbildung 1.27 Sie können mithilfe von Quoten festlegen, über wie viel Speicherplatz das Benutzerkonto verfügen darf.

Auf der nächsten Seite legen Sie fest, auf welche Dienste und Anwendungen das Benutzerkonto zugreifen darf (siehe Abbildung 1.28). Auch hier gilt, dass Sie die Zugriffsrechte für jede Anwendung einzeln festlegen können. Sie können sowohl die Nutzung von Systemdiensten (wie FTP oder AFP) als auch die Nutzung von Anwendungen (wie der Audio Station) beschränken. Die Standardeinstellungen sind uneinheitlich, weswegen es sich empfiehlt, die Berechtigungen einzeln zu kontrollieren.

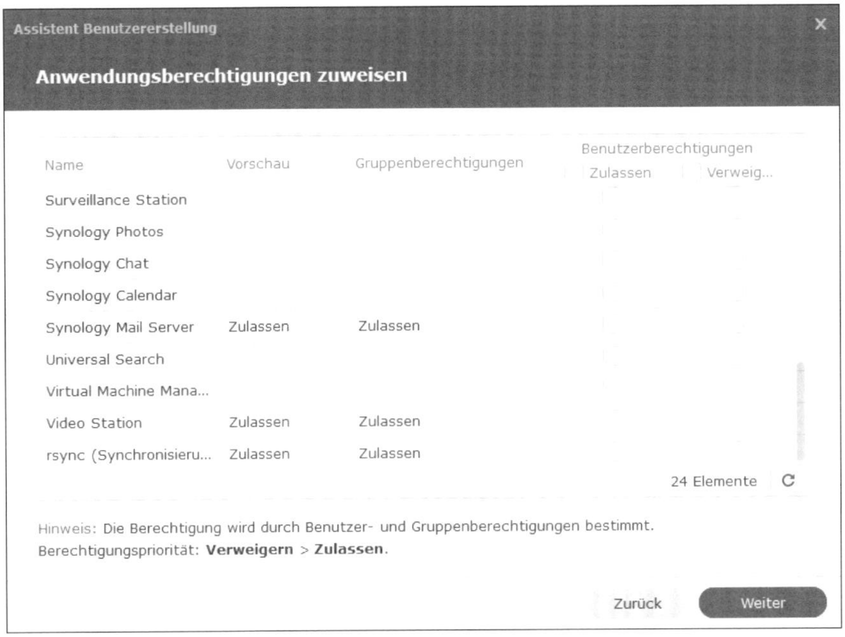

Abbildung 1.28 Sie können genau festlegen, auf welche Anwendungen der DiskStation der neue Benutzer zugreifen darf.

Danach geht es um Geschwindigkeitseinschränkungen (siehe Abbildung 1.29). Sie können hier eine Maximalgeschwindigkeit für die Datenübertragung der Dateidienste einstellen. Dies empfiehlt sich vor allem bei automatisch arbeitenden Benutzerkonten, die etwa ein zeitunkritisches Backup anlegen und die den Datentransfer von menschlichen Nutzern nicht unnötig ausbremsen sollen.

Abschließend sehen Sie eine Zusammenfassung aller Einstellungen und können das Benutzerkonto mit einem Klick auf die Schaltfläche FERTIG erstellen. Sie kehren dann zur Liste aller Nutzer zurück und werden dort das neue Konto finden. Wenn Sie dieses doppelt anklicken (oder die Schaltfläche BEARBEITEN nutzen), dann gelangen Sie zu einer Eigenschaftenseite, auf der Sie alle zuvor getätigten Einstellungen jederzeit verändern können. Das Benutzerkonto kann insbesondere auch neuen Gruppen zugewiesen werden und lässt sich auch deaktivieren. Das ist sinnvoll, wenn ein Nutzerkonto etwa nur für eine sporadische Nutzung durch Gäste über das Internet freigeschaltet werden soll.

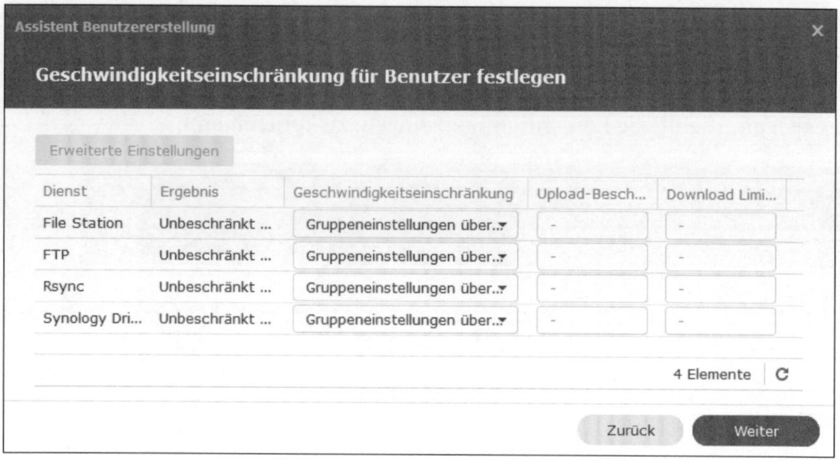

Abbildung 1.29 Für ein Benutzerkonto können auch Geschwindigkeitseinschränkungen gesetzt werden.

Im Reiter GRUPPE (siehe Abbildung 1.23) können Sie neue Benutzergruppen anlegen. Klicken Sie dazu auf ERSTELLEN. In einem Assistenten müssen Sie zunächst die Gruppe benennen und eine Beschreibung eingeben. Danach können Sie die bereits vorhandenen Benutzer wie in Abbildung 1.30 der neuen Gruppe hinzufügen.

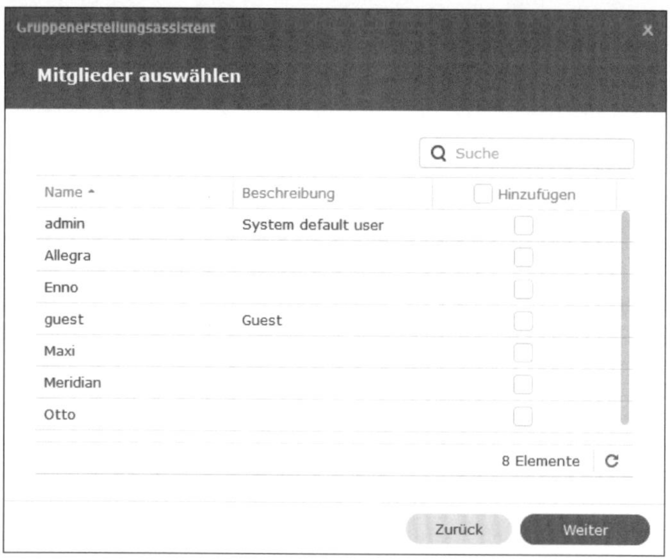

Abbildung 1.30 Fügen Sie die gewünschten vorhandenen Benutzer der neuen Gruppe hinzu.

Anschließend definieren Sie auf jeweils einer eigenen Seite im Assistenten die Berechtigungen für den Zugriff auf gemeinsame Ordner, eine Gruppenquote für die

Nutzung des Speicherplatzes sowie die Rechte für den Zugriff auf Anwendungen und legen die Geschwindigkeitsbeschränkungen für Datentransfers fest. Auch die Einstellungen für die Gruppen können im Nachhinein beliebig verändert werden.

Sollten Sie Rechte konfiguriert haben, die sich überschneiden, so gibt es eine Prioritätenliste für die effektiven Berechtigungen. Es gilt:

- Die höchste Priorität hat das Zugriffsverbot. Fällt ein Nutzer oder eine Gruppe darunter, ist der Zugriff in jedem Fall untersagt.
- Das Recht für den Schreibzugriff hat höhere Priorität als die alleinige Leseberechtigung. Ist dem Nutzer oder der Gruppe der Schreibzugriff gestattet, so gilt dieser automatisch als effektive Berechtigung. Es ist dann nicht möglich, eine reine Leseberechtigung zu erzwingen. Möglich ist nur das Verbot des kompletten Zugriffs.
- Das Recht für die alleinige Leseberechtigung hat die niedrigste Priorität. Über eine individuelle Einstellung beim Nutzer können Sie diesem ein Schreibrecht geben oder den Zugriff komplett untersagen.
- Achten Sie beim Vergeben der Berechtigungen auf die Spalte VORSCHAU beim jeweiligen Benutzerkonto (siehe Abbildung 1.31). Dort finden Sie die effektive Berechtigung, die der Nutzer letztendlich verwenden kann.

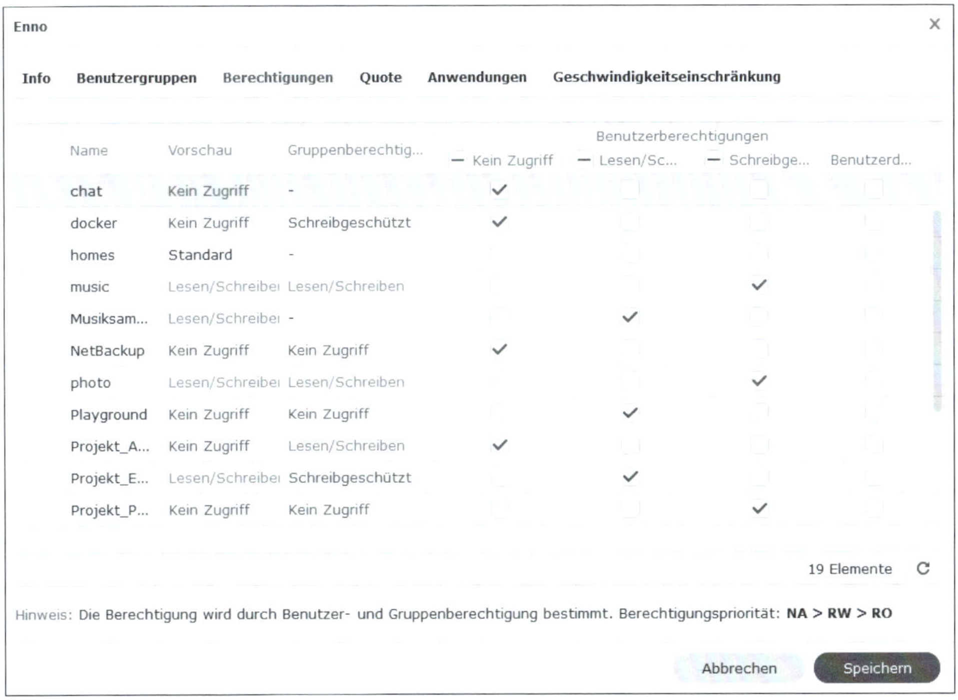

Abbildung 1.31 Wenn mit Gruppen gearbeitet wird, können sich überschneidende Berechtigungen ergeben. Die Spalte »Vorschau« zeigt die resultierende Berechtigung an.

- Bei den Quotas haben die Angaben im Benutzerkonto eine höhere Priorität als die einer Gruppe. Sie können dem Nutzer also eine höhere oder auch eine niedrigere Quote zuweisen als der Gruppe. Sobald in der Gruppe eine Beschränkung aktiviert wurde, ist es aber nicht mehr möglich, einem Benutzer eine unbeschränkte Nutzung zu gewähren. Sie müssten für diesen Fall manuell den maximal verfügbaren Speicherplatz als festen Wert eintragen. Ansonsten gilt die niedrigste Quote als effektiver Wert.
- Bei den Anwendungsberechtigungen überbietet das Verbot die Erlaubnis.
- Auf der Registerkarte Erweitert (siehe Abbildung 1.32) können Sie im Modul Benutzer und Gruppe Richtlinien für die Kennwortsicherheit vergeben. Dort können Sie festlegen, welche Zeichen ein Kennwort beinhalten muss und wie lang es mindestens sein muss. Sie können auch einstellen, dass Kennwörter nur eine begrenzte Gültigkeit haben und dass sie nach dem Ablauf dieser Frist durch neue Kennwörter ersetzt werden müssen. Beachten Sie, dass die Meinungen über die Effektivität dieser Maßnahme auseinandergehen.

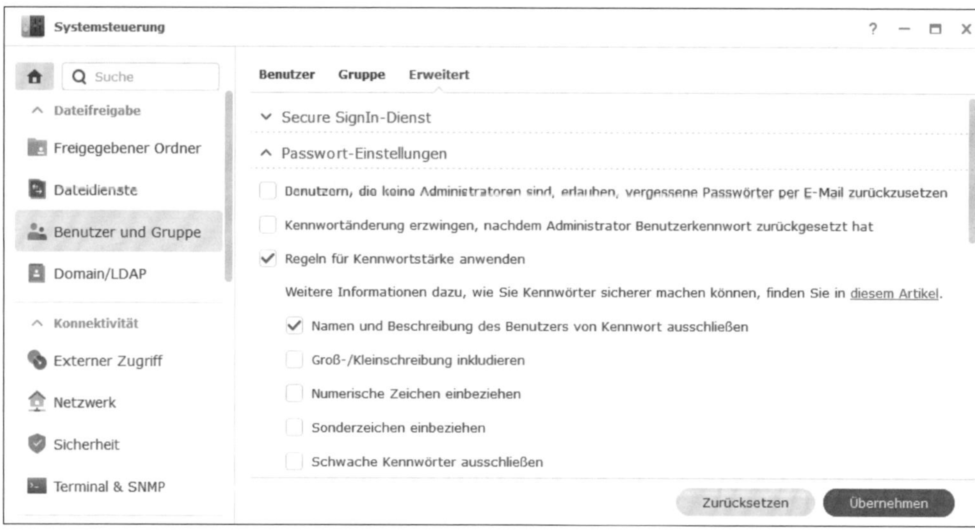

Abbildung 1.32 Bei den erweiterten Einstellungen können Sie unter anderem Kriterien für die Kennwortstärke festlegen.

Administratorrechte können delegiert werden

Möchten Sie anderen Personen einige Rechte zur Verwaltung geben, sie aber nicht mit allen Rechten eines Administratorkontos ausstatten, dann hilft Ihnen (auf den Registerkarten Benutzer und Gruppe) die Schaltfläche Delegieren, über die Sie ausgewählte Rechte sowohl an einzelne Nutzer als auch an Gruppen vergeben können. Sie sehen eine Liste mit Berechtigungen, z. B. die Erlaubnis zur Verwaltung freigegebener

Ordner, und können diese einzeln vergeben. Die entsprechenden Nutzer sehen dann in ihrem DSM eine »Mini-Systemsteuerung« wie in Abbildung 1.33, die nur die freigeschalteten Module enthält.

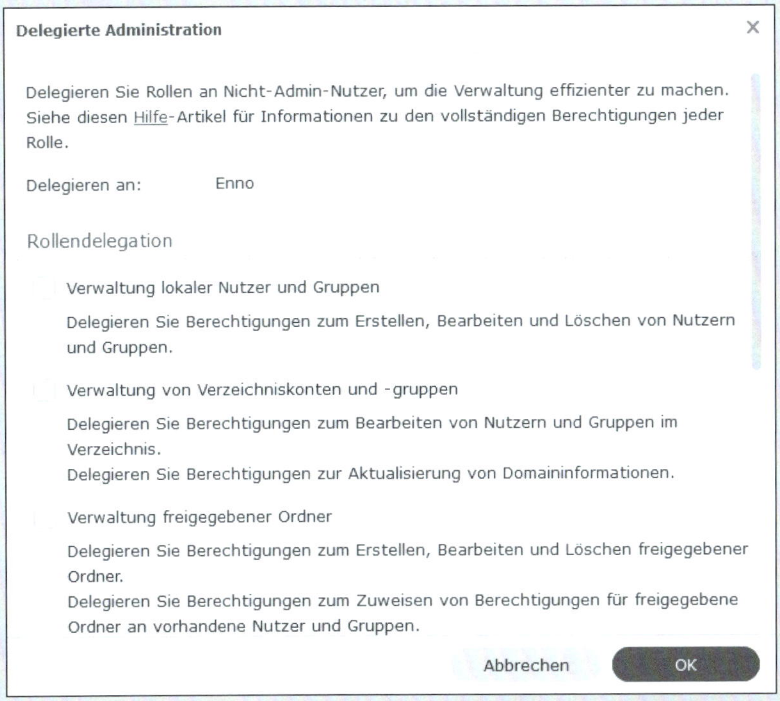

Abbildung 1.33 Einzelne Einstellungen können vom Administrator an normale Benutzer delegiert werden.

- Abschließend können Sie den Benutzer-Home-Dienst aktivieren. Im folgenden Kapitel wird dieser noch detaillierter behandelt. Der Dienst stellt allen Benutzern der DiskStation ein persönliches Datenverzeichnis zur Verfügung, das der Aufnahme privater Dateien dient. Es bleibt (mit Ausnahme der Administratoren) den übrigen Benutzern verborgen. Ein Teilen ausgewählter Dateien ist auf Wunsch aber über eine Freigabe möglich.
- Sie können festlegen, auf welchem Volume diese »home« genannten Verzeichnisse aller Nutzer abgespeichert werden sollen. Auf Wunsch erhalten die *home*-Verzeichnisse auch einen Papierkorb, der gelöschte Dateien aufbewahrt und vor versehentlichem unwiderruflichen Löschen schützt. Im aktuellen Dialogfenster können Sie die Papierkörbe manuell leeren. Alternativ bietet es sich an, später über die Systemsteuerung einen Zeitplan zu erstellen, nach dem die Papierkörbe automatisch geleert werden. Wie das geht, zeigen wir Ihnen in Abschnitt 7.5, »Den Aufgabenplaner für Tasks konfigurieren«.

Kapitel 2
Grundlegende Funktionen

Ihre DiskStation ist ausgepackt und angeschlossen? Dann sollten Sie sich zunächst mit den wichtigsten Einstellungen und Funktionen vertraut machen, damit einem reibungslosen Betrieb nichts im Wege steht.

Dieses Kapitel zeigt Ihnen die grundlegende (Erst-)Einrichtung Ihrer DiskStation und kann von fortgeschrittenen Nutzern übersprungen werden. Sie lernen hier, an welchen Orten Sie im System welche Einstelloptionen finden, wie Sie die DiskStation um zusätzliche Programmpakete und Anwendungen ergänzen und wie Sie das Betriebssystem aktuell halten.

Die übrigen Abschnitte zeigen die Möglichkeiten, die das System zum Umgang mit Dateien bietet. Insbesondere geht es aber um die Nutzung von Dateifreigaben über die Protokolle SMB/CIFS, AFP und NFS und damit um eine der wichtigsten Kernaufgaben eines NAS-Gerätes.

2.1 Die Systemsteuerung

Die Systemsteuerung ist die zentrale Anlaufstelle für fast alle Konfigurationsaufgaben. Sie ist vergleichbar mit der Systemsteuerung etwa im Windows-Betriebssystem, die ebenfalls einen Großteil der Einstellungsoptionen zusammenfasst. Da hier weitreichende Systemeinstellungen vorgenommen werden können, ist sie (in Gänze) nur der Benutzergruppe der Administratoren zugänglich. Die Systemsteuerung kann über einen Shortcut auf dem Desktop oder über das Hauptmenü aufgerufen werden.

In der Systemsteuerung kümmern sich einzelne Module um bestimmte Funktionen, die wiederum für eine bessere Übersichtlichkeit zu Gruppen zusammengefasst sind.

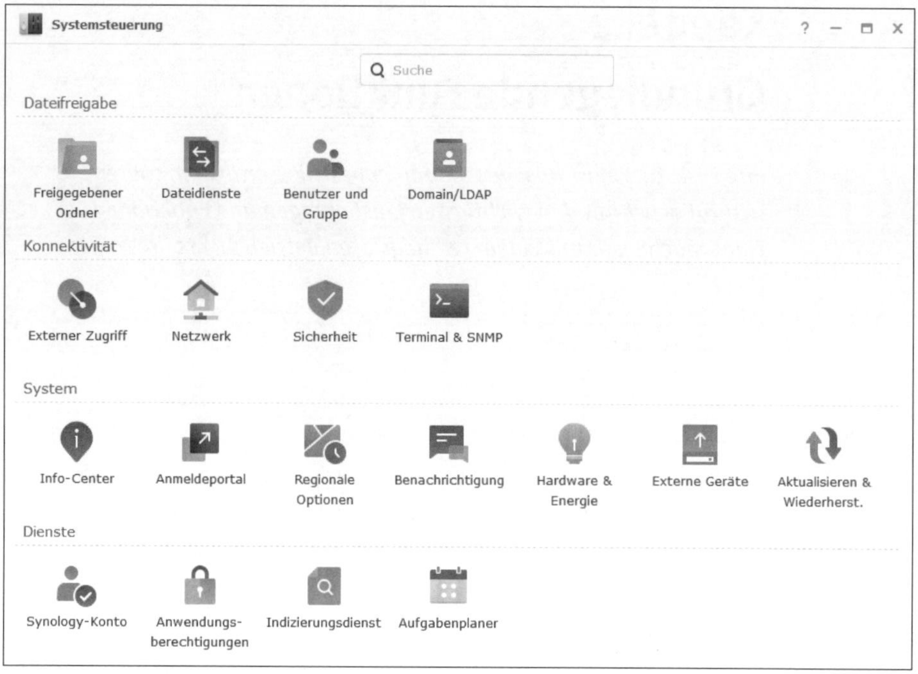

Abbildung 2.1 In der Systemsteuerung werden die einzelnen Aufgaben Modulen zugeordnet, die zu Gruppen zusammengefasst sind.

Die Gruppe DATEIFREIGABE kümmert sich um Netzwerkfreigaben und deren Protokolle sowie um die Steuerung von Benutzerkonten und deren Rechteverwaltung. Außerdem können Einstellungen zur Domänenzugehörigkeit vorgenommen werden.

- Das Modul FREIGEGEBENER ORDNER kümmert sich um die Verwaltung von Dateiverzeichnissen, die im Unterschied zum persönlichen Home-Verzeichnis von mehreren Benutzern verwendet werden können. Wenn Sie eine Dateifreigabe erstellen möchten, auf die über das Netzwerk zugegriffen werden kann, dann müssen Sie zunächst einen freigegebenen Ordner anlegen und konfigurieren. Ab und zu wird Ihnen auch der Begriff *gemeinsamer Ordner* begegnen; die Begriffe werden zumeist synonym verwendet. In diesem Modul werden solche Verzeichnisse angelegt und beispielsweise bezüglich des maximal belegbaren Speicherplatzes oder einer optionalen Verschlüsselung konfiguriert. Auch Berechtigungen für den Zugriff können hier eingestellt werden.
- DATEIDIENSTE bietet Zugriff auf die grundlegenden Optionen für Protokolle, die Dateifreigaben im Netzwerk ermöglichen. Hier konfigurieren Sie also beispielsweise das SMB-Protokoll, das AFP oder das aus der Linux-Welt bekannte NFS (siehe Abschnitt 2.3). Es geht jedoch nicht direkt um die eigentlichen Freigaben, sondern stets um Protokollkonfigurationen, die sich auf alle Freigaben auswirken. Es wird auch ein Zugriff auf den FTP-Dienst und den rsync-Service geboten.

- BENUTZER UND GRUPPE ist ein sehr wichtiges Modul, das im Alltag häufig benötigt wird. Über dieses Modul werden Benutzerkonten verwaltet und deren Berechtigungen konfiguriert. Sie können neue Benutzer für die DiskStation anlegen, diese in Gruppen zusammenfassen und steuern Berechtigungen für den Zugriff auf freigegebene Ordner und Anwendungen. Hier lassen sich auch Beschränkungen für den nutzbaren Speicherplatz setzen. Ferner können Regeln für Passwörter festgelegt werden. Beachten Sie, dass sich zahlreiche Berechtigungen auch an anderer Stelle konfigurieren lassen. So bietet etwa auch das Modul FREIGEGEBENER ORDNER die Möglichkeit, den Zugriff auf Benutzerebene zu steuern. Es ist irrelevant, an welcher Stelle diese Berechtigungen konfiguriert werden.
- Das Modul DOMAIN/LDAP ist eher für Unternehmensumgebungen oder größere Benutzergruppen interessant. Es steuert den Client der DiskStation für die Integration in eine Domäne oder den Zugriff auf einen LDAP-Dienst. Auch Synologys Single Sign-On (SSO) kann hier clientseitig konfiguriert werden.

Die Gruppe KONNEKTIVITÄT kümmert sich um den Zugriff auf die DiskStation über die Netzwerkverbindung. Die hier angebotenen Funktionen richten sich sowohl an den Heimnutzer ohne größere Netzwerkkenntnisse als auch an den Anwender in einer Unternehmensumgebung. Geboten werden neben essenziellen Optionen zur Konfiguration der Netzwerkschnittstellen teilweise auch solche Dienste, die auch ein üblicher Heim-Router bietet, der dank der direkten Internetanbindung einige dieser Aufgaben aber zumeist besser ausführen kann als die DiskStation.

- Über das Modul EXTERNER ZUGRIFF lässt sich beispielsweise Synologys QuickConnect-Funktion konfigurieren, die einen vereinfachten Zugriff auf Anwendungen der DiskStation über das Internet bieten soll (siehe Abbildung 2.2).

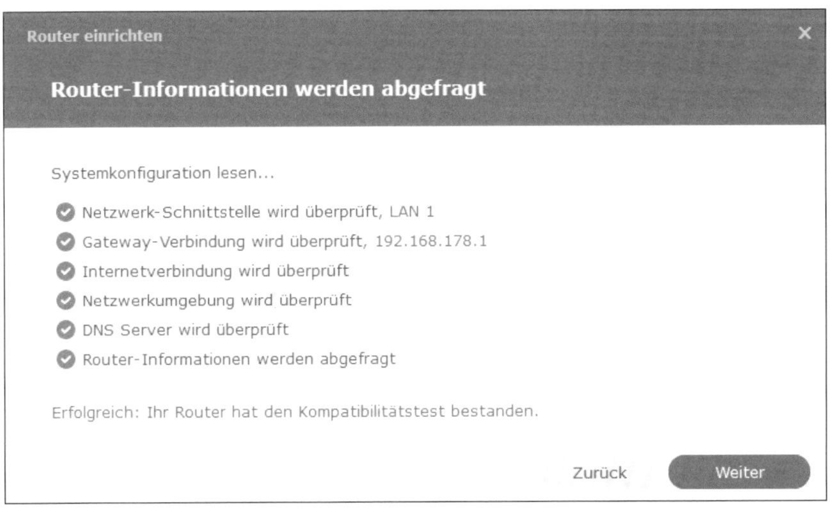

Abbildung 2.2 Im Modul »Externer Zugriff« können Heim-Router automatisch für Internetfreigaben konfiguriert werden.

Auch lässt sich ein DDNS auf der DiskStation clientseitig konfigurieren, wobei wie gesagt eine solche Funktion auch etwa von Heim-Routern geboten wird. Darüber hinaus kann ein solches Gerät über das UPnP mit benötigten (Firewall-)Freigaben konfiguriert werden, wobei diese Methode aus Sicherheitsgründen nicht bevorzugt werden sollte.

- Das Modul NETZWERK konfiguriert die Netzwerkschnittstelle(n) der DiskStation und bietet die üblichen Optionen für IP-Adressen. Hier sind Sie richtig, wenn Sie Ihre DiskStation mit einer festen IP-Adresse betreiben möchten. Ferner steuern Sie hier die Nutzung eines Proxy-Servers für den Internetzugriff. Sie können über eine einfache Datenfluss-Steuerung den Netzwerkverkehr der Anwendungen auf der DiskStation priorisieren oder einschränken. Wenn Sie mit verschiedenen Subnetzen im gesamten Netzwerk arbeiten, können Sie hier eine statische Routingtabelle konfigurieren, damit die DiskStation etwa hinter einem VPN-Server liegende Netzwerke erreichen kann.
- Wesentliche Einstellungen zum Thema SICHERHEIT werden im gleichnamigen Modul konfiguriert, das nach der erstmaligen Installation einer DiskStation zunächst passend konfiguriert werden sollte. Sie steuern hierüber bestimmte Sicherheitsmerkmale wie die eingebaute Firewall, den Kontoschutz (Begrenzung von Login-Versuchen), die 2-Faktor-Authentifizierung sowie die Zertifikatsverwaltung (besonders wichtig für den Zugriff über das Internet). Der Funktionsumfang ist relativ umfangreich und die Konfiguration sollte sorgfältig überdacht erfolgen.
- Deutlich kompakter ist das Modul TERMINAL & SNMP, mit dem Sie den Zugriff auf die DiskStation über SSH oder über Telnet konfigurieren können. Im Zuge einer SSH-Sitzung können Sie als Administrator auf das zugrunde liegende Linux-System zugreifen und haben Zugriff auf das Dateisystem. Sie können außerdem den SNMP-Service aktivieren und diesen zur Überwachung mit geeigneter Software verwenden.

Die Gruppe SYSTEM steuert unmittelbare Hardwarefunktionen wie die Helligkeit der Leuchtdioden und Softwaredienste wie Hintergrundbilder beim Anmeldebildschirm.

- Das INFO-CENTER zeigt zahlreiche Informationen rund um die Hardware der DiskStation und informiert Sie über Temperaturen, Hardwarekonfigurationen, Netzwerkkonfigurationen und Speicherbelegungen. Es sollte vom Administrator routinemäßig aufgerufen und analysiert werden, da sich damit der gesamte Gerätezustand relativ einfach überwachen lässt.
- Im ANMELDEPORTAL steuern Sie den Zugriff auf die DiskStation. Sie legen fest, wie der Anmeldebildschirm aussieht, unter welchem Port er aufgerufen werden kann und ob eine erweiterte Zugangskontrolle erforderlich ist. Außerdem können Sie Schnellzugriffe für die Anwendungen der DiskStation konfigurieren und auf diese Weise etwa über einen Alias oder einen reservierten Port besonders schnell auf eine bestimmte Anwendung zugreifen.

- Das Modul REGIONALE OPTIONEN kümmert sich um die Regionalisierung der DiskStation (siehe Abbildung 2.3). Sie legen hier fest, in welchem Format Datum und Uhrzeit angezeigt werden. Außerdem steuern Sie die Sprache und den NTP-Dienst sowohl client- als auch serverseitig.

Abbildung 2.3 Unter anderem Datums- und Zeitformate können im Modul »Regionale Optionen« eingestellt werden.

- Die DiskStation kann bei bestimmten Ereignissen automatisch über verschiedene Kommunikationswege die jeweiligen Benutzer und Administratoren informieren. Im Modul BENACHRICHTIGUNG legen Sie fest, bei welchen Ereignissen welche Person auf welche Weise informiert werden soll. Neben E-Mail- und SMS-Benachrichtigungen können auch Push-Nachrichten an Browser und Mobilgeräte versendet werden.
- HARDWARE & ENERGIE bietet Zugriff auf Hardwareeinstellungen. Sie steuern hier die Lüftergeschwindigkeit, die Helligkeit der LED-Anzeigen und das Ertönen und vor allem das Verstummen von Signaltönen. Außerdem können hier der Ruhezustand der Festplatten und ein Energiesparplan konfiguriert werden. Insbesondere im Heimnetzwerk bei moderater Gerätenutzung kann dieses Modul einen wertvollen Beitrag zur allgemeinen Energieeinsparung und Kostensenkung leisten.
- Seit Einführung von DSM 7 hat die Bedeutung externer USB-Geräte etwas abgenommen, da zahlreiche Treiber aus dem Linux-Basissystem entfernt wurden. So ist es etwa nicht mehr möglich, USB-DVB-Tuner an der DiskStation zu betreiben. Das Modul EXTERNE GERÄTE kümmert sich daher hauptsächlich um den Betrieb

von Speichergeräten wie externen Festplatten und USB-Sticks, die mit der DiskStation verbunden sind. Auch Drucker (insbesondere Netzwerkdrucker) können hier konfiguriert werden.

- Das Modul AKTUALISIEREN & WIEDERHERST. kümmert sich um die Aktualisierung des DSM-Systems. Außerdem können Sicherheitskopien der Einstellungen der DiskStation angelegt werden. Das automatisierte Update-Verhalten kann konfiguriert werden, auch lässt sich das System in den Grundzustand zurückversetzen. Wenn keine Datenschutzbedenken bestehen, lässt sich die Systemkonfiguration auch automatisiert auf Synology-Servern über ein Synology-Konto sichern.

Die Gruppe DIENSTE fasst einige Funktionen der DiskStation zusammen, die hauptsächlich im Hintergrund Unterstützungsaufgaben übernehmen, und steuert beispielsweise den Indizierungsdienst, der für Multimedia-Server-Dienste den Dateibestand überwacht und Metadaten zu einer Datenbank hinzufügt.

- Synology bietet einen eigenen Konto-Dienst an, der neben Verwaltungsmöglichkeiten auch die Funktion eines DDNS enthält. Über das Modul SYNOLOGY-KONTO können Sie ein solches Konto bei Synology registrieren und anschließend verwenden. Ein Synology-Konto ist für den Betrieb der DiskStation nicht erforderlich, bietet aber an der einen oder anderen Stelle einen angenehmen Komfortgewinn und kann daher bei Interesse einmal ausprobiert werden.
- Das Modul ANWENDUNGSBERECHTIGUNGEN kümmert sich als Alternative zu etwa dem Modul BENUTZER UND GRUPPE um die Steuerung von Berechtigungen für den Zugriff auf die Dienste und Anwendungen der DiskStation. Wie der Name vermuten lässt, arbeitet dieses Modul anwendungsbezogen. Sie können hier direkt für eine bestimmte Anwendung die Zugriffsrechte setzen (siehe Abbildung 2.4). Außerdem können Standardberechtigungen festgelegt werden, die für den gesamten Benutzerkreis gelten. Nach der Neuinstallation einer Anwendung bietet es sich an, die Zugriffsrechte über dieses Modul zu konfigurieren, da sich mit ihm die Aufgabe am schnellsten erledigen lässt.
- Der INDIZIERUNGSDIENST überwacht den Datenbestand der DiskStation in entsprechend konfigurierten Verzeichnissen und kümmert sich um Multimediaanwendungen, hauptsächlich für Freizeitanwendungen im Heimnetzwerk. Er liest die Metadaten aus Multimediadateien ein und fügt diese zur zentralen Datenbank hinzu. Sie konfigurieren hier, welche Verzeichnisse überwacht werden sollen, und können die Datenbank bei fehlerhaftem Verhalten neu erstellen lassen. Auch lässt sich eine Konvertierungsoption für Thumbnails konfigurieren.
- Im Modul AUFGABENPLANER kann ein Zeitplan für automatisch ablaufende Aufgaben konfiguriert werden. Sie können hier etwa den Zeitpunkt festlegen, zu dem

der Papierkorb mit gelöschten Dateien (wiederkehrend) geleert werden soll, oder bestimmen, wann Datensicherungsaufgaben (beispielsweise ein LUN-Schnappschuss) ausgeführt werden sollen. Einträge müssen hier nicht manuell vorgenommen werden, denn die Anwendungen der DiskStation haben Zugriff auf den Aufgabenplaner und fügen entsprechende Aufgaben selbstständig zu. Das Modul bietet aber einen sehr guten Überblick über die anstehenden Aufgaben.

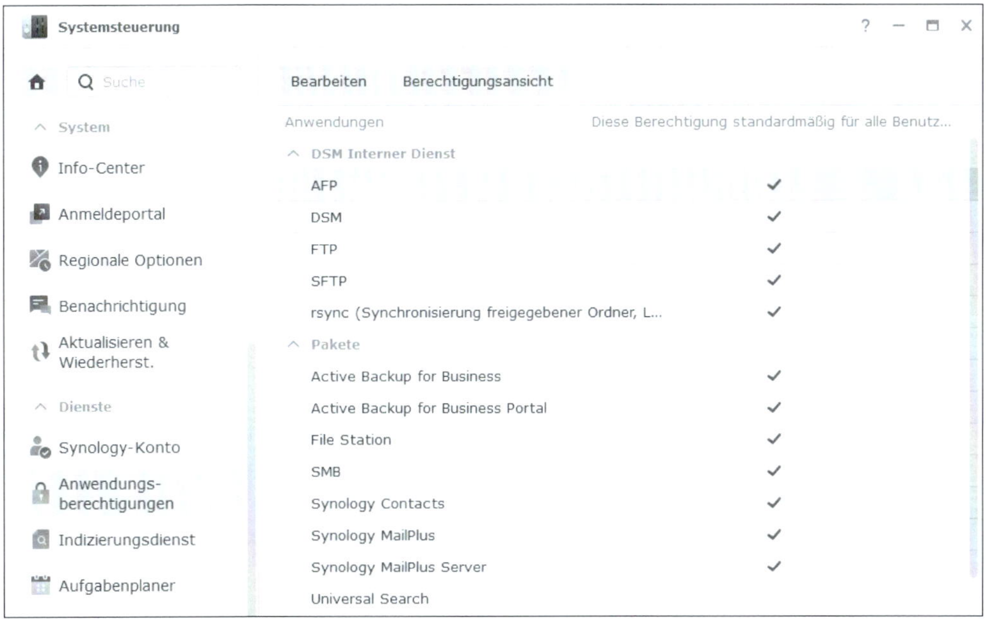

Abbildung 2.4 Regelt den Zugriff auf Dienste und Programme: das Modul »Anwendungsberechtigungen«.

Neben der Systemsteuerung gibt es im DSM noch weitere Stellen, an denen die DiskStation konfiguriert werden kann. Alle Einstellungen rund um die Festplatten (dazu zählen auch die Konfigurationen des RAID-Verbands sowie die von Volumes und Speicherpools) werden im *Speicher-Manager* vorgenommen, der nicht über die Systemsteuerung, sondern über das Hauptmenü des Administrators aufgerufen wird. Auch weitere Konfigurationsstellen finden sich über das Hauptmenü, etwa die Steuerung von SAN-Instanzen. Sie finden dort auch das Protokoll-Center.

Persönliche Einstellungen etwa zum Erscheinungsbild von DSM werden wiederum an anderer Stelle konfiguriert. Sie finden diese Optionen über das persönliche Menü oben rechts in der Taskleiste (die Schaltfläche mit der Personensilhouette ). Abbildung 2.5 zeigt den Dialog dieses Menüs.

Abbildung 2.5 Erlaubt diverse persönliche Einstellungen etwa zum Hintergrundbild des Desktops: das persönliche Menü.

2.2 Die File Station

Die File Station ist die zentrale Anlaufstelle für Dateiaufgaben. Sie ist mit dem Datei-Explorer eines Windows-Systems vergleichbar und bietet Zugriff auf alle Daten-Verzeichnisse, auf die der jeweilige Nutzer Zugriff hat. Verzeichnisse, auf die keine Zugriffsrechte bestehen, werden erst gar nicht angezeigt. Ein Administrator hat Zugriff auf alle Benutzerdaten und kann auch ohne Einschränkungen die privaten Daten aller anderen Benutzer einsehen und verändern. Ein Zugriff auf das Linux-Grundsystem sowie die Datenstruktur der Systempartitionen ist jedoch über die File Station nicht möglich. Hierfür muss eine SSH-Verbindung über ein Terminal verwendet werden.

Alle Nutzer haben zunächst Zugang zu einer File Station, die über das Hauptmenü oder über den Shortcut auf dem DSM-Desktop aufgerufen werden kann. Die File Station erscheint als Fenster unterhalb des DSM und kann mehrfach aufgerufen werden. Links zeigt eine Baumstruktur die auf der obersten Ebene verfügbaren Verzeichnisse. Zu Beginn ist dort aber (je nach installierter Software) noch nichts zu sehen. Wenn Sie möchten, dann können Sie jetzt zuerst die persönlichen Home-Verzeichnisse aktivieren und anschließend erste Dateioperationen ausprobieren.

2.2.1 Die persönlichen Home-Verzeichnisse aktivieren

Vom Desktop-PC kennen Sie bestimmt persönliche Home-Verzeichnisse. Diese gibt es unter Linux (dort heißt das Verzeichnis auch explizit so) genauso wie unter Windows. Ein solches Verzeichnis nimmt Ihre eigenen, persönlichen Dateien auf. Je nach Einstellungen des Betriebssystems bleiben diese Dateien privat und können von den übrigen Benutzern nicht eingesehen werden. Sie können auch auf der DiskStation persönliche Home-Verzeichnisse einrichten. Damit erhält dann jeder Benutzer sein eigenes Verzeichnis, über das er frei verfügen und in dem er seine eigenen Daten ablegen kann. Das Home-Verzeichnis muss von den sogenannten *gemeinsamen Ordnern* unterschieden werden. Diese Ordner können (müssen aber nicht) von mehreren Benutzern gleichzeitig verwendet werden und dienen zur Verwaltung eines gemeinsamen Datenbestands.

Verschiedene Anwendungen der DiskStation erwarten die Existenz von Home-Verzeichnissen. Ohne solche Verzeichnisse können Sie beispielsweise später keine individuellen Websites aktivieren und auch keine persönliche Musiksammlung verwalten. Ohne Home-Verzeichnis wird es auch Probleme (oder zumindest Fehlermeldungen) geben, wenn Sie auf die DiskStation über eine SSH-Sitzung zugreifen möchten. Im Privathaushalt wird man daher die Home-Verzeichnisse üblicherweise einschalten. Auch wenn sie in einer Firmenumgebung nicht nötig sind, so helfen sie zumindest anfangs, die Funktionen der DiskStation kennenzulernen.

Die Home-Verzeichnisse aktivieren Sie als Administrator auf der Registerkarte ERWEITERT im Modul BENUTZER UND GRUPPE der Systemsteuerung. Dort finden Sie die Sektion BENUTZERBASIS (siehe Abbildung 2.6).

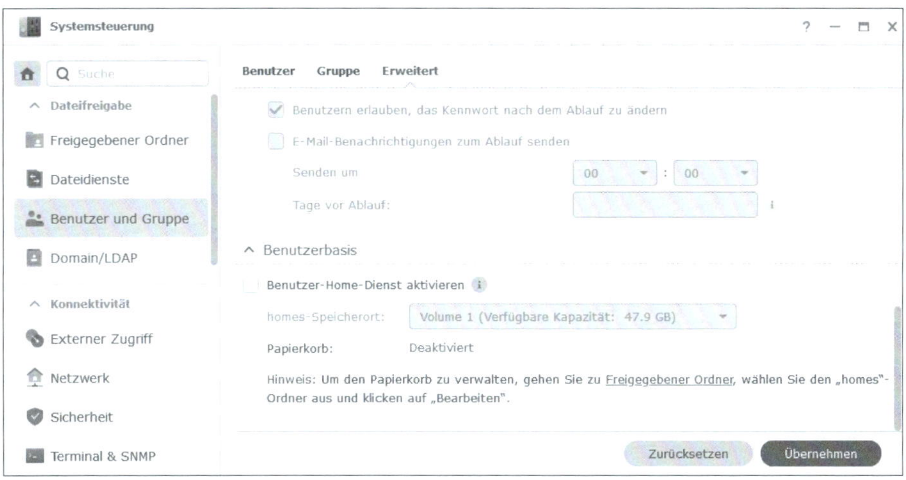

Abbildung 2.6 Aktivieren Sie den Benutzer-Home-Dienst, um persönliche Datenverzeichnisse zu erhalten.

Setzen Sie einen Haken in das Kontrollkästchen BENUTZER-HOME-DIENST AKTIVIEREN. Sie können das Volume auswählen, auf dem die Home-Verzeichnisse abgespeichert werden. Klicken Sie danach auf ÜBERNEHMEN. Organisiert wird das Ganze über ein übergeordnetes Verzeichnis mit dem Namen *homes*, unter dem für jeden Benutzer ein eigenes Verzeichnis angelegt wird, das mit dem jeweiligen Benutzernamen benannt ist.

Der Administrator hat auf alle Verzeichnisse Zugriff und kann auch den Hauptordner *homes* betrachten. Normale Benutzer sehen nur ihr jeweiliges persönliches Verzeichnis, das den Name *home* (ohne ein Plural-s) trägt. Auf Wunsch können Sie eine Papierkorbfunktion aktivieren. Im Papierkorb werden wie beim Desktop-Betriebssystem gelöschte Dateien aufbewahrt. Wenn Sie den Papierkorb benutzen möchten, dann klicken Sie auf die blau unterlegte Schaltfläche FREIGEGEBENER ORDNER oder wechseln Sie manuell zu diesem Modul der Systemsteuerung. Dort sehen Sie (wenn Sie zuvor auf ÜBERNEHMEN geklickt haben) einen Eintrag mit dem Namen *homes*. Klicken Sie diesen an und anschließend in der Symbolleiste auf BEARBEITEN. Auf der Registerkarte ALLGEMEIN finden Sie die Option PAPIERKORB AKTIVIEREN. Setzen Sie dort einen Haken. Auf Wunsch können Sie den Zugriff auf die Papierkörbe auf Administratoren beschränken. Über die entsprechende Schaltfläche kann der Administrator die Papierkörbe aller Benutzer leeren. Alternativ kann dies auch nach einem Zeitplan geschehen und der Vorgang kann mit einer Aufbewahrungsrichtlinie kombiniert werden. Dazu dient der Aufgabenplaner der DiskStation, auf den wir in Abschnitt 7.5, »Den Aufgabenplaner für Tasks konfigurieren«, noch näher eingehen. Klicken Sie abschließend auf SPEICHERN.

Wenn Sie nach der Aktivierung zur File Station zurückkehren, dann werden Sie dort in der linken Spalte wie in Abbildung 2.7 Ihr persönliches Home-Verzeichnis sehen.

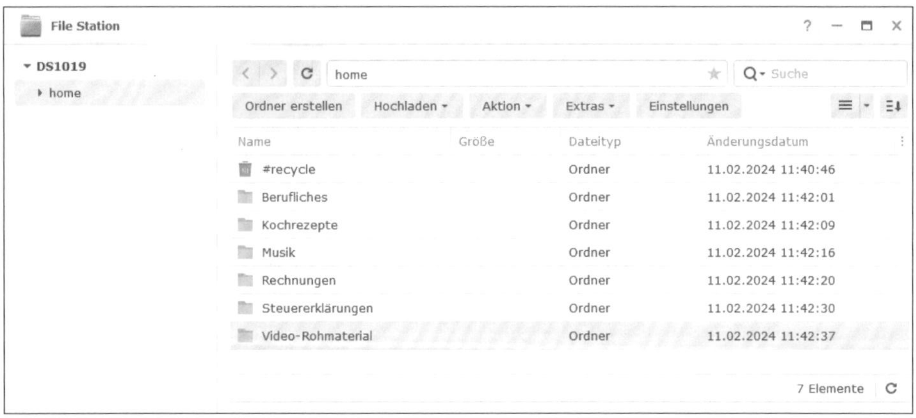

Abbildung 2.7 Das »home«-Verzeichnis nimmt die privaten Daten eines Benutzers auf. Es wird individuell für jeden Benutzer erstellt.

2.2.2 Die Standardfunktionen der File Station nutzen

In der linken Spalte zeigt die File Station alle gemeinsamen Verzeichnisse, auf die der aktuelle Benutzer Zugriff hat. Je nach Konfiguration und je nach installierten Programmen umfasst die Liste beispielsweise auch Basisordner von spezialisierten Anwendungen wie der Web Station, die sich um die Verwaltung eigener Webseiten kümmert. Zumindest ist dort aber das persönliche Home-Verzeichnis zu sehen, und der

Administrator kann über den Ordner *homes* auf alle Home-Verzeichnisse zugreifen. Die File Station erlaubt die üblichen Dateioperationen, die man von einem Desktop-PC her kennt. Dateien und Verzeichnisse können mit der Maus bewegt und so kopiert oder verschoben werden. Wer mag, kann auch das Kontextmenü der rechten Maustaste verwenden. Auch die üblichen Tastaturbefehle lassen sich nutzen. Bei der Arbeit mit Dateien und Verzeichnissen verwenden Sie beispielsweise:

- Strg+C zum Kopieren (über die Zwischenablage)
- Strg+X zum Ausschneiden (über die Zwischenablage)
- Strg+V zum Einfügen (aus der Zwischenablage)
- Strg+A um alle Einträge zu markieren
- Entf zum Löschen
- F2 zum Umbenennen

Über die Drag-and-drop-Funktion können Dateien und Verzeichnisse direkt vom aktuellen Computer aus auf die DiskStation kopiert werden. Ziehen Sie einfach die gewünschten Dateien aus dem Datei-Manager des aktuellen Betriebssystems in das jeweilige Verzeichnis auf der File Station. Sie sehen die Einblendung DATEIEN HIER ABLEGEN bzw. KOPIEREN und starten beim Loslassen der Maustaste den Kopiervorgang, vor dessen Beginn Sie noch auswählen müssen, wie mit eventuell bereits vorhandenen Dateien verfahren werden soll.

Alternativ können Sie auch die Schaltfläche HOCHLADEN in der File Station benutzen. Hier werden Ihnen ebenfalls Optionen angeboten, die den Umgang mit Dateien regeln, die bereits auf der DiskStation vorhanden sind. Diese können beim Kopieren übersprungen oder überschrieben werden. Wenn Sie umfangreiche Datenmengen kopieren, dann informiert oben rechts im Benachrichtigungsbereich des DSM der Dateiaufgaben-Monitor mit dem Symbol über den Fortschritt beim Hochladen (siehe Abbildung 2.8).

Hochgeladene Dateien können später durch einen einfachen Doppelklick auf den aktuellen Rechner heruntergeladen werden (bei einigen Dateitypen wie etwa Fotos wird durch einen Doppelklick allerdings zunächst eine Vorschau angezeigt). Alternativ findet sich eine Download-Funktion im Menü AKTION. Wenn Sie einen ganzen Ordner herunterladen, dann wird der Inhalt auf der DiskStation zunächst in ein Zip-Archiv gepackt.

Auch zwischen zwei DiskStations lassen sich Dateien einfach kopieren

Wenn Sie über die Schaltfläche EINSTELLUNGEN und dann im neuen Fenster auf der Registerkarte ALLGEMEIN die Option ZIEHEN UND ABLEGEN ZWISCHEN BROWSERN ZULASSEN aktivieren, dann können Sie sogar Dateien zwischen zwei DiskStations über deren jeweilige File Station per Drag-and-drop kopieren.

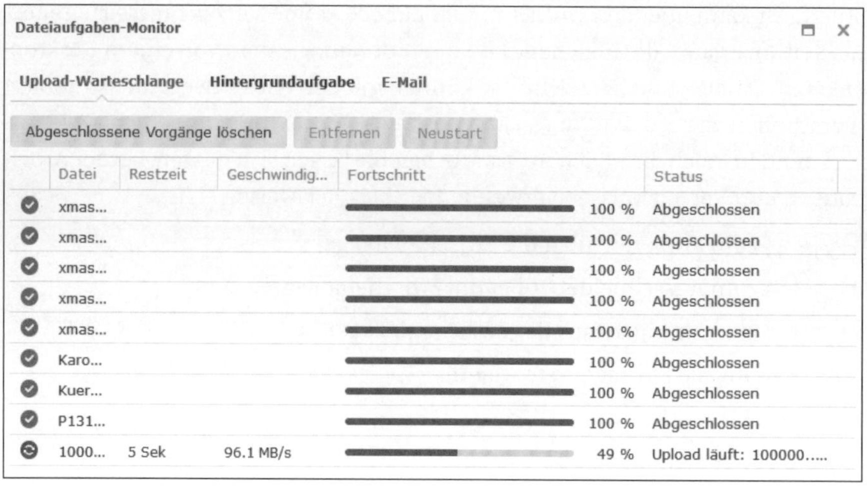

Abbildung 2.8 Der Dateiaufgaben-Monitor informiert Sie über den Fortschritt von Dateibewegungen.

2.2.3 Über die File Station auf andere Datenquellen zugreifen

Die File Station kann jedoch nicht nur den Datenbestand der DiskStation anzeigen, sondern (was in der Grundeinstellung erst einmal nur Administratoren möglich ist) auch auf andere Datenquellen zugreifen. Zunächst einmal können Sie *.iso*-Dateien (also Datenträgerabbilder) als virtuelles Laufwerk in ein Wunschverzeichnis einbinden und anschließend lesend auf die enthaltene Datenstruktur zugreifen. Hierfür genügt es, im Kontextmenü der gewünschten *.iso*-Datei (aufzurufen über die rechte Maustaste) die Option VIRTUELLES LAUFWERK BEREITSTELLEN anzuklicken. Dies ist praktisch, wenn Sie etwa von DVDs oder CDs *.iso*-Dateien haben und hiervon einige Daten benötigen. Wenn die Arbeit mit der *.iso*-Datei beendet ist, können Sie über das Kontextmenü und die Option TRENNEN die Bereitstellung des virtuellen Laufwerks wieder aufheben. Alternativ finden sich entsprechende Einträge (auch zum Anzeigen aller verbundenen Datenträger) im Menü EXTRAS.

Sie können auch SMB- bzw. NFS-Freigaben von anderen (Datei-)Servern in die File Station einbinden und Dateien und Verzeichnisse kopieren. Klicken Sie hierzu in der Symbolleiste auf EXTRAS • REMOTE-ORDNER BEREITSTELLEN • FREIGEGEBENER CIFS-ORDNER (bzw. FREIGEGEBENER NFS-ORDNER).

Sie sehen wie in Abbildung 2.9 dann ein Fenster mit den üblichen Eingabemasken für den Zugriff auf Dateifreigaben. Spezifizieren Sie den Ordner-Pfad für SMB-Freigaben im Format *<Remote_Server>**<Remote_Ordner>* bzw. im Format *<Remote_Server>:/<Remote_Ordnerpfad>* für NFS-Freigaben.

Es können auch diverse Protokolle für den Dateitransfer in der File Station genutzt werden. Sie können FTP- und SFTP-Server einbinden sowie auf WebDAV-Quellen zugreifen. Auch eine Verbindung zu öffentlichen Cloud-Diensten ist möglich. Hierzu zählen die Anbieter Box, Dropbox, Google Drive und Microsoft OneDrive. Eine solche Verbindung können Sie über EXTRAS • REMOTE-VERBINDUNG • VERBINDUNGSEINRICHTUNG anlegen.

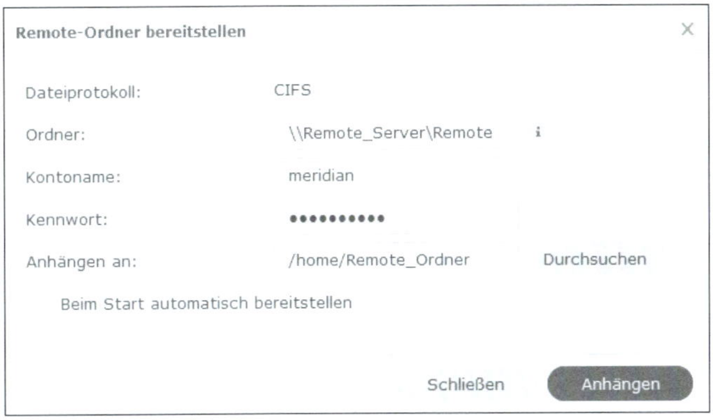

Abbildung 2.9 Externe SMB- und NFS-Freigaben können direkt in der File Station eingebunden werden.

Der Assistent aus Abbildung 2.10 unterstützt Sie bei diesem Vorgang.

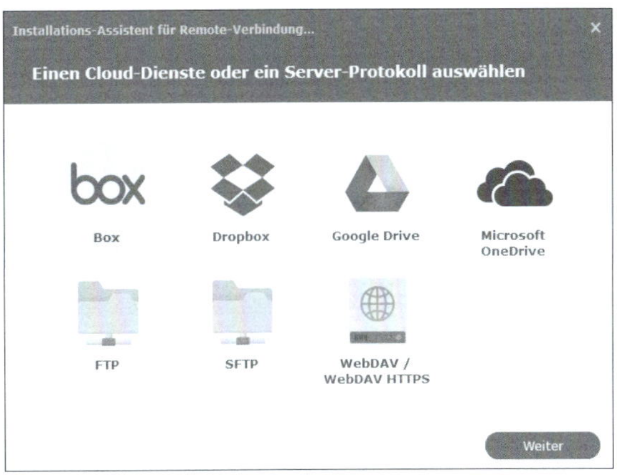

Abbildung 2.10 Externe Datenquellen können zum Datentransfer in die File Station eingebunden werden.

Beachten Sie, dass wie zuvor erwähnt die drei genannten Möglichkeiten, (externe) Datenquellen einzubinden, zunächst nur Administratoren vorbehalten bleiben. Bei den übrigen Benutzern sind die entsprechenden Funktionen nicht verfügbar. Als Administrator können Sie diese Funktionen aber auch den übrigen Benutzern erlauben. Dazu klicken Sie in der File Station auf die Schaltfläche EINSTELLUNGEN. Auf der Registerkarte ANHÄNGEN/VERBINDUNGEN können die genannten Optionen getrennt erlaubt oder verboten werden.

Dateioperationen in der File Station sind aber nicht nur auf das Kopieren und Verschieben von Dateien und Verzeichnissen beschränkt. Es sind noch diverse Komfortfunktionen eingebaut, die die Arbeit mit solchen Daten vereinfachen. Zum Beispiel ermöglicht die File Station direkt die Arbeit mit Dateiarchiven: Daten und Verzeichnisse können auf Wunsch in ein Archiv komprimiert werden und Inhalte können aus Archiven extrahiert werden. Unterstützt werden die Archivformate *Zip* und *7z*. Ein Archiv muss allerdings zuerst entpackt werden, ein direktes Navigieren im Datenbestand, wie man es mittlerweile von modernen Betriebssystemen gewohnt ist, wird nicht geboten. Die entsprechenden Optionen finden sich im Kontextmenü einer Datei oder sind gleichrangig über die Schaltfläche AKTION zugänglich.

2.2.4 Die Vorschau-Funktion der File Station verwenden

In die File Station sind für wichtige Dateitypen Vorschaufunktionen eingebaut. Musikdateien können etwa direkt abgespielt werden. Dafür öffnet sich eine Minianwendung, die den Funktionsumfang eines einfachen Musik-players bietet und sogar mit Wiedergabelisten umgehen kann. Die Wiedergabe erfolgt direkt im Browser. Die Funktion eignet sich also gut zum Vorhören und Aussortieren von Musikstücken.

Mehr noch: Bei Dateien im *.mp3*- oder im *.ogg*-Format können Sie über das Kontext- oder das Aktionsmenü die Musikinformationen bearbeiten. Sie sehen dann einen kleinen Editor, in dem Sie die Metadaten wie etwa Titel und Interpret bearbeiten können. Wenn in Datei-Tags von Bildern Vorschaubilder enthalten sind oder diese über die Anwendung *Synology Photos* oder den *Media Server* erstellt wurden, dann sehen Sie bei Bild-Dateien anstelle des Dateisymbols ein Thumbnail mit dem Bildinhalt – wie Sie es etwa vom Desktop-PC gewohnt sind. Die Thumbnails werden aber nur dargestellt, wenn Sie über die Schaltfläche  oben rechts im Fenster der File Station entsprechende Symbole für die Darstellung auswählen.

Über das Kontext- oder das Aktionsmenü können Sie auch eine Vorschau starten. Dann öffnet sich ein kleiner Bildbetrachter, der auch Diashows und Exif-Informationen anzeigen kann und zur schnellen Sichtung einer Bildsammlung allemal ausreicht. Auch Videodateien lassen sich auf diese Weise anzeigen. Ferner ist die Betrachtung von Office-Dateien möglich.

Es stehen drei Optionen zur Wahl: Übliche Office-Dateien können über die Kontext- und Aktionsmenüs entweder mit dem auf der DiskStation installierten *Synology Office* oder online mit *Google Docs* oder *Microsoft Office Online* angezeigt werden.

Am besten kopieren Sie einen beliebigen Datenbestand in ein Verzeichnis Ihrer Wahl und probieren die Funktionen zur Arbeit mit Dateien einmal in Ruhe aus. So können Sie schnell entscheiden, ob die angebotenen Funktionen für Sie im Alltag eine Bereicherung sein werden.

2.2.5 Dateien als E-Mail-Anhänge versenden

Einzelne Dateien können Sie sogar direkt aus der File Station als Anhang einer E-Mail versenden. In die File Station ist dazu ein E-Mail-Client eingebaut, der auch Felder zur Eingabe eines Textes bietet und durchaus mit einer üblichen einfachen Webmail-Oberfläche vergleichbar ist.

Die Funktion finden Sie (wie üblich) im Kontextmenü oder im Ausklappmenü über die Schaltfläche Aktion. Vor der erstmaligen Nutzung (und sofern im System noch nichts anderes hinterlegt ist) müssen Sie zuerst ein E-Mail-Konto eintragen, das für den Versand verwendet wird. Dafür benötigen Sie die entsprechenden Konfigurationsdaten (Adresse vom SMTP-Server, Benutzername, Kennwort, zusätzliche Konfigurationsangaben).

Ihnen zeigt sich dann eine Eingabemaske, in die Sie die Daten eingeben. Daraufhin findet sogleich eine Prüfung statt, ob die Verbindung zum Mailserver einwandfrei aufgebaut werden kann. Sollte der Test fehlschlagen, dann schauen Sie beim jeweiligen E-Mail-Anbieter nach, ob eventuell eine Sicherheitsfunktion den Versand über die DiskStation (als Programm eines Drittanbieters) verbietet, und konfigurieren die Einstellungen entsprechend. Wenn der Test erfolgreich verläuft, sehen Sie wie in Abbildung 2.11 die Eingabemaske eines E-Mail-Editors, in dem die gewünschte Datei bereits als Anhang eingetragen ist.

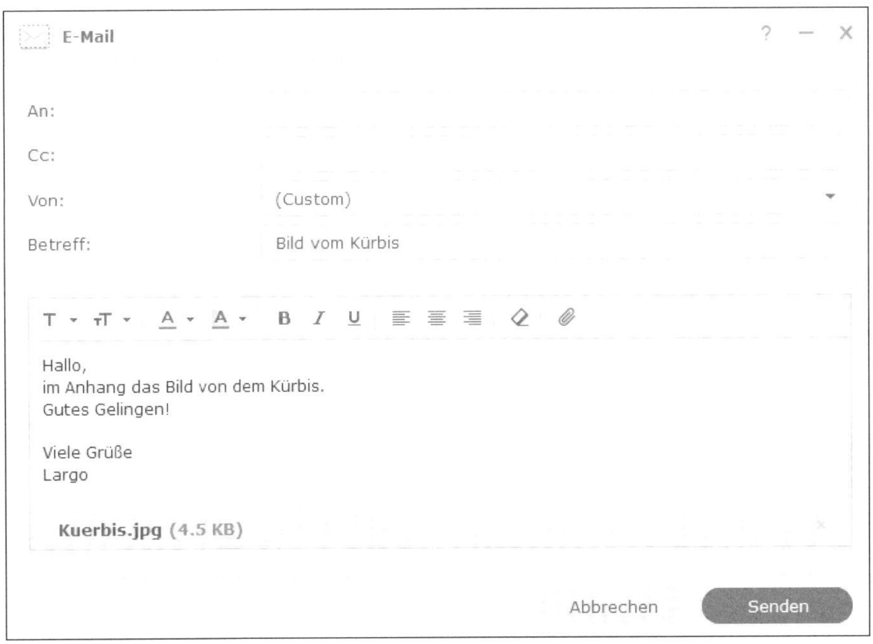

Abbildung 2.11 Dateien können direkt aus der File Station per E-Mail versendet werden.

Sie können einen Text und vor allem die Adresse des Empfängers ergänzen und die Mail versenden. Eine Pop-up-Benachrichtigung wird Sie oben rechts im DSM auf den erfolgreichen Versand hinweisen.

2.2.6 Dateien über Freigaben mit anderen Benutzern teilen

Die aus der Mobilwelt bekannten Funktionen zum Teilen von Dateien mit anderen Personen stehen (mit zahlreichen Funktionen versehen) auch auf der DiskStation zur Verfügung. Einzelne Dateien und ganze Verzeichnisse können aus der File Station anderen Personen zugänglich gemacht werden. Dabei muss man verschiedene Arten der Freigabe unterscheiden, die im Prinzip diverse Sicherheitsstufen widerspiegeln.

Zum einen lassen sich Dateien nur mit einem anderen Benutzer der DiskStation teilen; die Zielperson muss also über ein Benutzerkonto auf der DiskStation verfügen. Eine andere Art der Freigabe erfolgt über einen Link, der – wenn die DiskStation entsprechend konfiguriert ist – auch über das Internet gültig ist. Somit können Dateien mit einer beliebigen Person geteilt werden, die nicht über ein Nutzerkonto auf der DiskStation verfügt. Ein solcher Link kann beispielsweise per E-Mail versendet werden. Er ist auch als QR-Code verfügbar und kann so auf Mobilgeräten genutzt werden. Eine Freigabe über einen Link lässt sich zusätzlich vor unberechtigtem Zugriff schützen. Zunächst einmal kann die Datenübertragung verschlüsselt werden. Für den Zugriff können aber auch ein Passwortschutz, eine Gültigkeitsdauer und eine Höchstzahl an Zugriffen definiert werden.

Bitte beachten Sie, dass das Teilen von Dateien in den Einstellungen der File Station durch einen Administrator eingeschränkt sein kann. Einzelne Benutzer lassen sich von der Funktion nämlich ausschließen.

Möchten Sie eine Datei oder einen Ordner mit einer anderen Person teilen, so klicken Sie das Element zunächst mit der rechten Maustaste an, oder Sie markieren das Element und öffnen dann das Menü AKTION. Klicken Sie dann auf FREIGEBEN (siehe Abbildung 2.12). Sie können auch einen Ordner (die Bezeichnung wird synonym zum Begriff *Verzeichnis* genutzt) oder mehrere Dateien gleichzeitig auswählen.

Nun öffnet sich ein neues Fenster mit dem Titel MIT ANDEREN TEILEN (siehe Abbildung 2.13) – im DSM 7 werden die Bezeichnungen *Teilen* und *Freigeben* bisweilen synonym verwendet. Sie sehen dort den FREIGABE-LINK, der direkt mit dem gewünschten Element verbunden ist. Wenn Sie im Browser einen privaten Tab und den Freigabe-Link darin öffnen, bekommen Sie ein Download-Angebot für die gewählte Datei. Falls es sich um einen Ordner handelt, sehen Sie die Liste der enthaltenen Elemente. Sie können diese einzeln herunterladen. Alternativ gibt es oben eine Schaltfläche, über die Sie den gesamten Ordner als Zip-Archiv laden können.

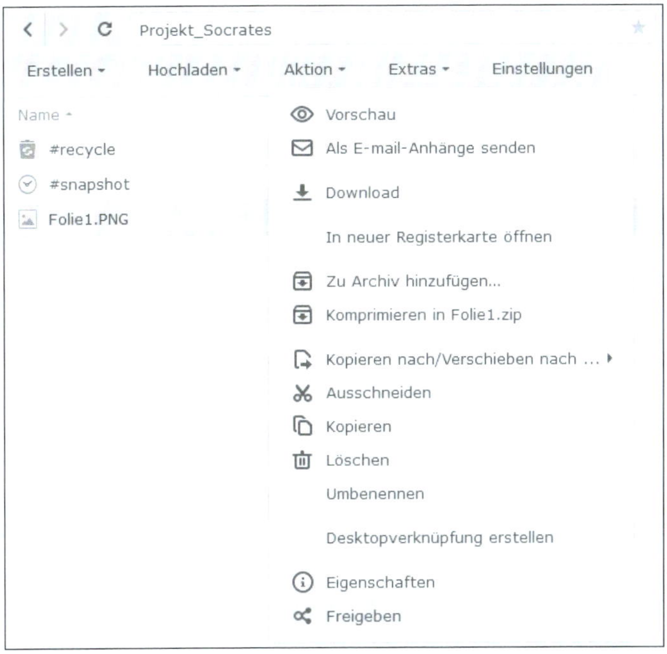

Abbildung 2.12 Über den Eintrag »Freigeben« lassen sich einzelne oder mehrere Dateien und ganze Ordner mit anderen Personen teilen.

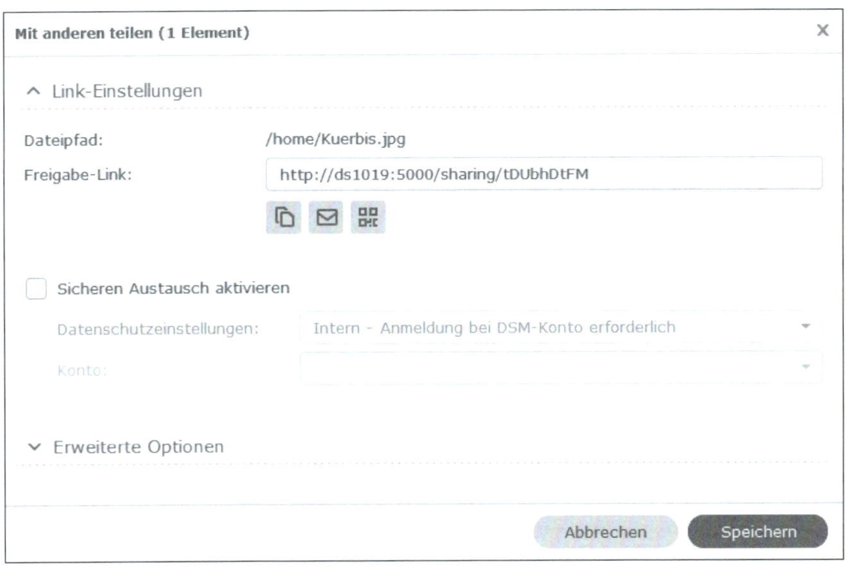

Abbildung 2.13 Der Freigabe-Link kann direkt im Fenster in die Zwischenablage kopiert oder per Mail versendet werden.

Wenn Sie die DiskStation noch nicht für den Zugriff über das Internet eingerichtet haben, dann wird der Freigabe-Link zur Adressierung der Freigabe den Hostnamen der DiskStation (bzw. deren IP-Adresse) nutzen und damit nur im lokalen Netzwerk gültig sein. Für die Freigabe wird (in der unverschlüsselten Version) der TCP-Port 5000 genutzt. Dies ist derselbe Port, über den auch das DSM angesprochen wird. Haben Sie hingegen die DiskStation schon für den Zugriff über das Internet konfiguriert und eine Domain im DSM hinterlegt, so wird diese Domain im Freigabe-Link verwendet. In jedem Fall sehen Sie unter dem Link drei Schaltflächen.

Mit der ersten Schaltfläche (siehe Abbildung 2.13) kopieren Sie den Freigabe-Link in die Zwischenablage und können ihn in einer beliebigen anderen Anwendung einfügen. Über die mittlere Schaltfläche öffnet sich das E-Mail-Programm der DiskStation. Sie können hierüber den Freigabe-Link per E-Mail versenden und in einem Editor-Fenster einen eigenen Text ergänzen. Zum Versand wird das persönliche E-Mail-Konto verwendet, das Sie im persönlichen Einstellungsfenster (zugänglich über das Icon mit der Personensilhouette ganz oben rechts auf dem Desktop) auf der Registerkarte E-MAIL-ÜBERMITTLUNG konfigurieren können. Die dritte Schaltfläche zeigt einen QR-Code an, der für die Nutzung mit Mobilgeräten praktisch ist und der als Bilddatei heruntergeladen werden kann.

Mit den aktuellen Einstellungen ist die Freigabe allerdings noch relativ ungeschützt. Alle, die den Link erhalten, haben Zugriff auf die hinterlegten Daten. Das gilt zumindest innerhalb des lokalen Netzwerks. Über das Internet besteht nur Zugriff, wenn der TCP-Port 5000 von außen zugänglich ist. Die Datenübertragung über den Port 5000 erfolgt unverschlüsselt und kann (wenn entsprechende Maßnahmen eingesetzt werden) abgehört werden.

Sie können einige Sicherheitsmechanismen aktivieren, die vor unberechtigtem Zugriff schützen. Setzen Sie dazu zuerst einen Haken in das Kontrollkästchen SICHEREN AUSTAUSCH AKTIVIEREN. Sie können jetzt entweder einen Kennwortschutz hinzufügen oder die Freigabe auf Personen mit einem Nutzerkonto auf der DiskStation beschränken.

Wenn Sie die zweitgenannte Option aktivieren, dann sehen Sie unterhalb das Eingabefeld KONTO. Hier tragen Sie den Benutzernamen der Person ein, mit der Sie die Datei teilen möchten. Ausklappende Einträge unterstützen Sie bei der Eingabe. Sie können nacheinander auch mehrere Personen eintragen; klicken Sie nach jeder Person einmal mit der Maustaste. Wenn Sie die Eingaben speichern, wird die Freigabe aktiv. Der Freigabe-Link behält nach wie vor seine Gültigkeit und kann über die genannten Wege verteilt werden. Wenn Sie ihn aufrufen, sehen Sie nun aber zunächst eine Aufforderung zur Eingabe seiner DSM-Anmeldedaten wie in Abbildung 2.14.

Nur ein in den Freigabe-Einstellungen hinterlegtes Konto erhält Zugriff auf die Freigabe. Offensichtlich ist diese Form der Freigabe – obwohl sie auch über das Internet abrufbar ist – nur dann sinnvoll, wenn die Zielperson auch über ein DSM-Benutzerkonto verfügt. Wenn dem so ist, dann sieht die Person alle erhaltenen Freigaben in der File Station links in der Verzeichnisstruktur unter dem Eintrag SHARE LINKS. Alternativ werden alle Freigaben, sowohl die erteilten als auch die erhaltenen, in der File Station unter EXTRAS • VERWALTUNG FREIGEGEBENER LINKS angezeigt (siehe Abbildung 2.15).

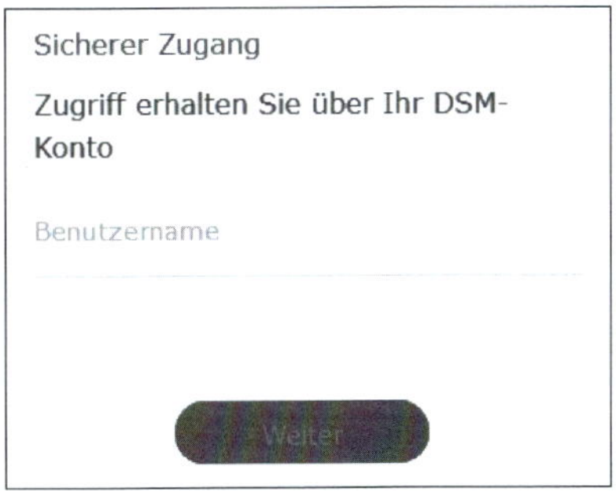

Abbildung 2.14 Bei entsprechender Konfiguration muss man sich zuerst am DSM anmelden, bevor man auf die Freigabe zugreifen kann.

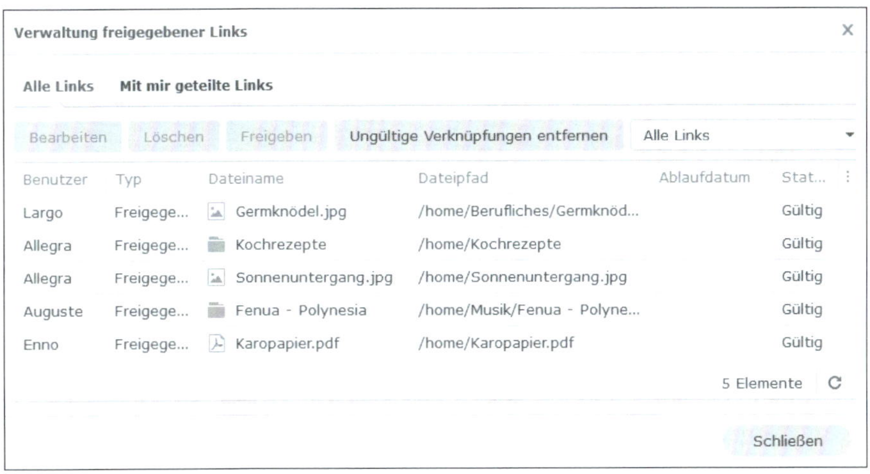

Abbildung 2.15 Über »Extras • Verwaltung freigegebener Links« können Sie alle erteilten und (per DSM-Konto) erhaltenen Freigaben auflisten lassen.

Falls die betreffende Person nicht über ein DSM-Nutzerkonto verfügt, dann kann die Freigabe mit einem Passwort vor unberechtigtem Zugriff geschützt werden. In diesem Fall wird das Passwort im Feld KENNWORT hinterlegt und muss (nach dem Abspeichern) bei jedem Zugriff auf die Freigabe eingegeben werden.

Wenn Sie die erweiterten Optionen ausklappen, dann haben Sie zusätzlich die Möglichkeit, den Gültigkeitszeitraum für die Freigabe einzuschränken. Sie können die

Freigabe also etwa nach drei Tagen automatisch deaktivieren lassen. Außerdem können Sie die mögliche Anzahl an Zugriffen limitieren.

Wenn Sie den Link (sofern es die DSM-Einstellungen nicht automatisch tun) jetzt noch manuell so anpassen, dass statt »http« das »https« und statt Port 5000 Port 5001 verwendet wird, dann erfolgt die Datenübertragung verschlüsselt und kann durch keine unberechtigte Person mehr eingesehen werden. Insbesondere bei Übertragungen über das Internet ist dies höchst ratsam!

Beachten Sie aber, dass es unweigerlich zu einer Zertifikatswarnung im Browser kommen wird, sofern Sie den Hostnamen, die interne oder externe IP-Adresse der DiskStation oder ein unbeglaubigtes, selbst erstelltes Zertifikat verwenden (siehe Abbildung 2.16). Nur wer die Freigabe über einen Domainnamen aufruft, zu dem die DiskStation ein beglaubigtes passendes Zertifikat vorweist, wird (wie im Internet sonst üblich) ohne eine solche Warnung Zugriff erhalten.

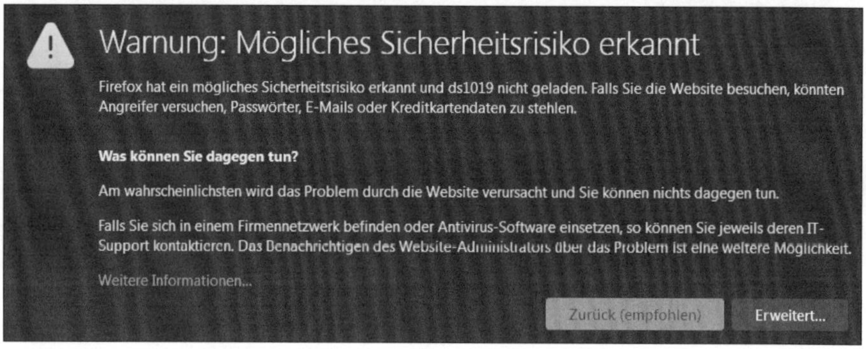

Abbildung 2.16 Beim Zugriff über das an sich verschlüsselte HTTPS kommt es möglicherweise zu einer Zertifikatswarnung, die den zugreifenden Benutzer verunsichern kann.

Wenn Sie mögen, können Sie die Vorschaltseite, die beim Aufruf einer Freigabe erscheint und die zur Anmeldung oder zum Download auffordert, nach eigenen Wünschen anpassen. Klicken Sie dazu in der File Station auf Einstellungen und dort auf die Registerkarte Freigegebene Links. In der Sektion Benutzerdefiniert können Sie das Erscheinungsbild der Vorschaltseite anpassen und das Hintergrundbild tauschen, ein Logo oben rechts einblenden lassen und einen Fußzeilentext eingeben. Dies können Sie jedoch nur als Administrator tun, und die Einstellungen gelten global für alle Freigaben aller Benutzer.

2.2.7 Anderen Personen das Hochladen von Dateien gestatten

Die Freigabe-Funktion der File Station lässt sich quasi auch in umgekehrter Weise verwenden: Sie können einer anderen Person einen Link zukommen lassen, über den eine Datei auf Ihre DiskStation hochgeladen wird. Dies lässt sich praktisch nutzen, wenn die Person über keine eigenen Möglichkeiten zum Teilen von Dateien verfügt und die Datei beispielsweise für einen Versand via E-Mail zu groß ist.

Die Funktion nennt sich »Link für Dateianforderung« und ist in der Grundkonfiguration Administratoren vorbehalten. Ein Administrator kann die Dateianforderung aber auch ausgewählten oder allen Benutzern der File Station freischalten. Öffnen Sie dazu als Administrator in der File Station die EINSTELLUNGEN und die Registerkarte FREIGEGEBENE LINKS. Sie können die Funktion in der Rubrik LINKS FÜR DATEIANFORDERUNG für ausgewählte Nutzer freischalten.

Ein freigeschalteter Nutzer findet sodann in seiner File Station im Menü AKTION den Eintrag DATEIANFORDERUNG ERSTELLEN. Dieser kann auf einen Ordner angewendet werden. Es öffnet sich ein Fenster, das Ähnlichkeit mit dem Fenster zur Konfiguration normaler Freigaben hat (siehe Abbildung 2.17). Sie sehen dort den Link für die Dateianforderung und können diesen mit einem Passwort schützen sowie ihn in seiner Gültigkeit einschränken.

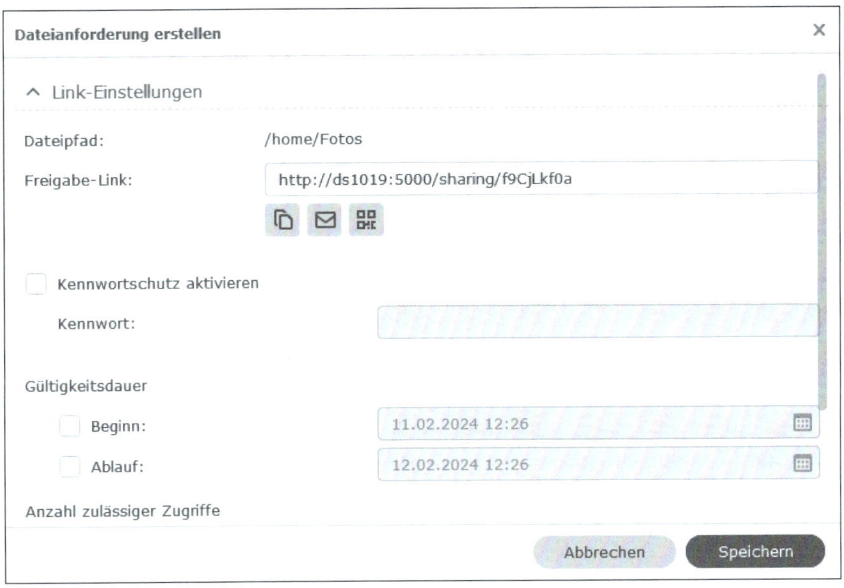

Abbildung 2.17 Die Optionen für Dateianforderungs-Links ähneln denen für normale Freigabe-Links.

Wenn die Zielperson den Link öffnet, dann sieht sie im Browser einen Dialog zum Hochladen von Dateien und kann Drag-and-drop oder die Auswahlschaltfläche nutzen (siehe Abbildung 2.18).

Es ist aber nicht möglich, ganze Ordner hochzuladen. Diese müssen vorher per Hand beispielsweise in ein Zip-Archiv gepackt werden. Außerdem kann der eigene Name eingetragen werden.

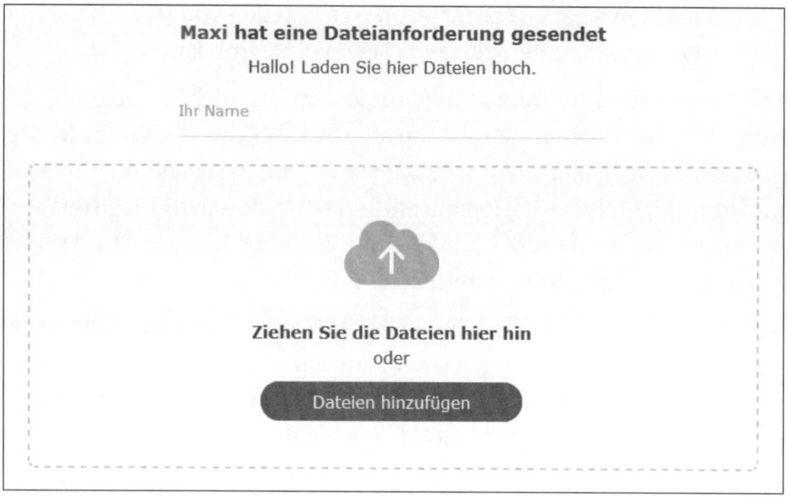

Abbildung 2.18 Per Drag-and-drop oder per Auswahlfenster können Dateien hochgeladen werden.

Die hochgeladenen Dateien erscheinen beim Anfordernden im entsprechenden Ordner, außerdem erhält dieser eine Benachrichtigung durch die DiskStation.

Wenn Sie diese Funktion nutzen, dann könnte es sinnvoll sein, auf der DiskStation einen Virenscanner laufen zu lassen, der Dateien bei deren Erstellung scannt.

Bitte nicht über einen langsamen Datentransfer wundern

Egal ob Sie eine Datei für eine andere Person freigeben oder eine Datei von einer anderen Person erhalten, für diesen Vorgang wird stets der Upload der Internetverbindung verwendet. Vergessen Sie bitte nicht, dass der Upload – insbesondere bei Privat-Anschlüssen – oftmals deutlich langsamer ist als der Download. Die Datenübertragung kann daher entsprechend länger dauern. Dies gilt oft auch für günstige Firmenanschlüsse, allerdings nicht unbedingt für die Internetverbindungen größerer Institutionen, die über symmetrische Anschlüsse verfügen, bei denen die Download- und Upload-Geschwindigkeiten gleich sind.

2.2.8 Weitere Einstelloptionen für die File Station

In der File Station gibt es für jeden Benutzer einen eigenen Einstellungsdialog, der über die Schaltfläche EINSTELLUNGEN aufgerufen werden kann. Ein normaler Benutzer findet hier nur Optionen zur Aktivierung grundlegender Funktionen. Er kann etwa entscheiden, ob HTML-Dateien zur Sicherheit stets im Klartext (ohne Interpretation) angezeigt werden sollen.

Ein Administrator kann erweiterte Funktionen der File Station aktivieren oder verbieten und verfügt über deutlich mehr Registerkarten (siehe Abbildung 2.19). So kann er etwa auf der Registerkarte ALLGEMEIN ein Protokoll für die Ereignisse der File Station aktivieren und so Fehlfunktionen oder Fehlkonfigurationen aufspüren.

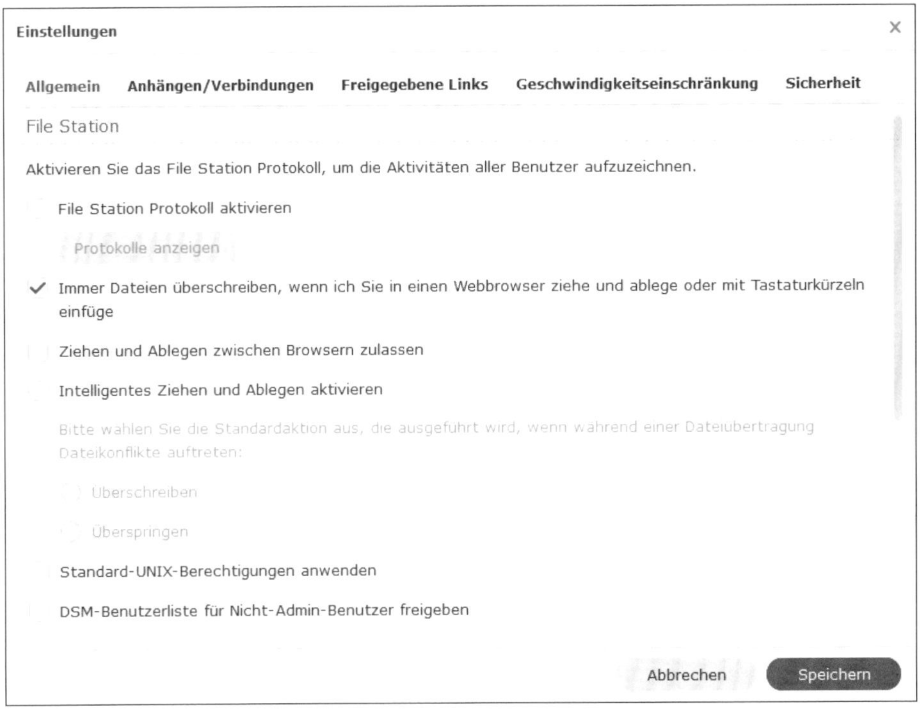

Abbildung 2.19 Der Administrator kann im »Einstellungen«-Dialog einzelne Funktionen der File Station zulassen oder verbieten.

Auf der Registerkarte ANHÄNGEN/VERBINDUNGEN lässt sich konfigurieren, ob Nutzer externe Datenspeicher (dazu zählen auch Datei-Images) in die eigene File Station einbinden können.

Wie im vorigen Abschnitt beschrieben, lassen sich auf der Registerkarte FREIGEGEBENE LINKS die Funktionen zum Teilen und Anfordern von Dateien konfigurieren, und es kann festgelegt werden, welche Benutzer jeweils welche Funktion verwenden dürfen. Dabei können auch Höchstgrenzen für die Anzahl an verwalteten Links gesetzt werden.

Abschließend lassen sich auf der gleichnamigen Registerkarte Geschwindigkeitsbeschränkungen setzen. Für einzelne Nutzer kann bei der Verwendung der File Station ein Geschwindigkeitslimit eingetragen werden, damit diese die Netzwerkverbindung nicht durch übermäßige Dateitransfers auslasten.

2.2.9 Die mobile App der File Station verwenden

Für die Nutzung der File Station bietet Synology die mobile App *DS File* an, die den Funktionsumfang der File Station auch mobilen Endgeräten zugänglich macht. Sie ist in den großen App-Bezugspunkten der jeweiligen mobilen Betriebssysteme kostenlos erhältlich. Zwar lässt sich auch auf Mobilgeräten über den Browser das DSM-Webinterface aufrufen, die Benutzung ist auf den relativ kleinen Bildschirmen jedoch eher umständlich und wenig komfortabel. Die Nutzung der File Station ist über die App DS File daher wesentlich angenehmer.

Der Funktionsumfang der mobilen App ist jedoch im Vergleich zur »richtigen« File Station im Browser etwas eingeschränkter. Grundsätzlich besteht Zugriff auf alle Dateien, und diese können auch auf das Mobilgerät heruntergeladen werden (siehe Abbildung 2.20). Beim Thema Freigaben lassen sich Dateien auch direkt über die Freigabe-Schnittstelle des Betriebssystems Ihres Mobilgeräts teilen. So ist es etwa möglich, eine Datei schnell über einen Messenger an eine andere Person zu senden. Über das Menü lässt sich aber auch eine Link-Freigabe anlegen, wie man es von der File Station am Desktop-PC gewohnt ist. Diese lässt sich auch in der Gültigkeit einschränken; es ist aber nicht möglich, eine Datei nur mit andern Benutzern der DiskStation zu teilen. Freigaben werden in der App immer global gültig angelegt. Außerdem besteht kein Zugriff auf die Funktion zum Anfordern von Dateien, diese bleibt der Desktop-Nutzung vorbehalten. Problemlos gelingt hingegen das Kopieren und Verschieben von Dateien innerhalb von DS File im Dateisystem der DiskStation.

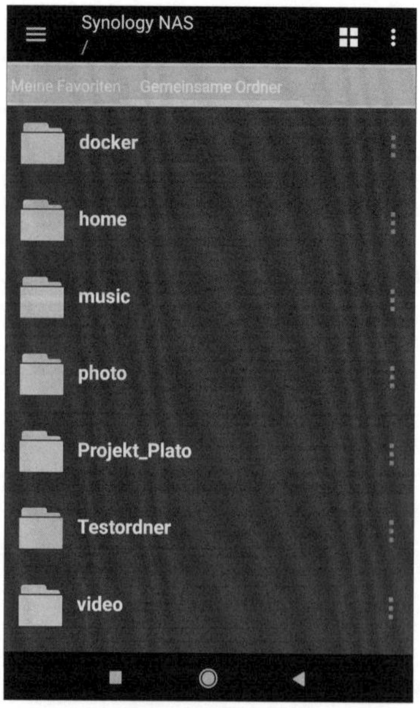

Abbildung 2.20 Die mobile App »DS File« bietet Zugriff auf die grundlegenden Funktionen der File Station.

Eine praktische Zusatzfunktion ist das automatische Backup von Fotos und Videos, die mit dem Mobilgerät aufgenommen wurden. Diese lassen sich als Backup auf der DiskStation ablegen und werden automatisch hochgeladen. Dazu ist eine separate Anmeldung erforderlich. Sie müssen einen Zielordner auf der DiskStation und einen Quellordner auf dem Mobilgerät festlegen. Wenn Sie nur über ein begrenztes mobiles Datenvolumen verfügen, möchten Sie vielleicht die Sicherung auf WLAN-Verbindungen beschränken. Das Backup läuft anschließend im Hintergrund ab.

Die Funktion *Offline-Dateien* ermöglicht es, einzelne Dateien von der DiskStation auf das Mobilgerät herunterzuladen und sie im Speicherort der App abzulegen. Sie werden anschließend im Menü OFFLINE-DATEIEN angezeigt. Man kann dann auch ohne eine Netzwerkverbindung auf die hinterlegte Version der Datei zugreifen. Eine Synchronisierung geänderter Inhalte erfolgt jedoch nicht.

2.3 Die Datendienste und Ordnerfreigaben

Das Verwalten von Speicherplatz für Netzwerkbenutzer ist die Kernaufgabe eines NAS-Gerätes. Speicherplatz wird häufig in Form einer Freigabe bereitgestellt, auf die andere Geräte im Netzwerk zugreifen können. Der Zugriff ist für menschliche und für automatisierte Nutzer möglich.

Bei der DiskStation werden Freigaben auf freigegebenen Ordnern aktiviert, die auch *gemeinsame Ordner* genannt werden. Das sind Dateiverzeichnisse auf der obersten Ebene der File Station außerhalb der eigenen privaten Home-Verzeichnisse. Die Freigaben lassen sich umfangreich konfigurieren, etwa hinsichtlich der Rechteverwaltung und des Zugriffsschutzes. Freigegebene Ordner können auch verschlüsselt werden, und es lassen sich Höchstgrenzen für den nutzbaren Speicherplatz setzen.

Die Bezeichnung *gemeinsamer Ordner* sollte aber nicht falsch verstanden werden: Ein solcher Ordner kann nämlich auch nur durch einen einzelnen Benutzer verwendet werden. Zusätzlich lassen sich auch die privaten Home-Verzeichnisse für die exklusive Nutzung durch die Besitzer für eine Nutzung über eine Netzwerkfreigabe konfigurieren.

Die DiskStation unterstützt mehrere bekannte Protokolle für Freigaben:

- das aus der Windows-Welt bekannte SMB
- das von Apple-Geräten bekannte AFP
- das aus der Unix-Welt stammende NFS
- das FTP

Zudem wird *rsync* für den Zugriff auf den (Datei-)Speicherplatz unterstützt, was allerdings kein richtiges Freigabeformat ist. Weitere Informationen finden Sie im gleichnamigen Abschnitt nach der Vorstellung der Protokolle sowie in Abschnitt 8.3, »Der Dateidienst rsync«.

SMB

Das Protokoll *SMB* (die Abkürzung steht für *Server Message Block*) ist vor allem von Windows-Systemen bekannt. Es ist dort das Standardprotokoll für Netzwerkfreigaben und nicht nur auf Dateifreigaben beschränkt, sondern kann beispielsweise auch Drucker und Druckdienste über das Netzwerk bereitstellen. In älterer Literatur findet sich synonym die Bezeichnung *CIFS* (*Common Internet File System*), die bis in die aktuelle Zeit Verwendung findet. Wenn vom SMB gesprochen wird (das so direkt unter Windows zumindest dem Endnutzer namentlich kaum genannt wird), wird einem früher oder später der Name *Samba* begegnen, und man könnte oft vermuten, dass SMB und Samba dasselbe sind.

Tatsächlich ist Samba aber ein Softwareprojekt, das unter anderem Linux-Systemen den Umgang mit SMB-Freigaben ermöglicht. SMB-Freigaben auf einem Linux-System (etwa unter Ubuntu oder Debian) werden häufig über Samba erstellt.

Dank der weiten Verbreitung von Windows wird auch SMB häufig benutzt und hat entsprechenden Bekanntheitsstatus. Salopp gesagt könnte man schon fast von dem Klassiker für Dateifreigaben sprechen, denn SMB wird (zumindest durch zusätzliche Softwarekomponenten) mittlerweile von sehr vielen Betriebssystemen und Netzwerkgeräten unterstützt.

Da viele Geräte – etwa im Home-Entertainment-Bereich – Linux als Betriebssystemunterbau nutzen, können diese (etwa über Samba) auch mit SMB-Freigaben umgehen. So können gerade auch Mediacenter-PCs über eine SMB-Freigabe auf die Mediensammlung auf einem NAS-Gerät zugreifen.

SMB bietet eine Rechteverwaltung und damit einen Zugriffsschutz. Im Laufe der Zeit wurden mit neueren Protokollversionen auch Möglichkeiten zur verschlüsselten Datenübertragung ergänzt. Mit aktiviertem SMB-Dienst werden freigegebene Ordner von allen Geräten in Ihrem Netzwerk automatisch gefunden.

Mit entsprechenden Dateimanager-Apps können auch Mobilgeräte auf SMB-Freigaben zugreifen. Bei Unsicherheiten bezüglich der Wahl des geeigneten Protokolls für eine Netzwerkfreigabe machen Sie mit SMB daher nichts verkehrt. Technisch gesehen arbeitet SMB mit TCP und nutzt Port 445, der nicht mit dem HTTPS-Standardport 443 verwechselt werden darf.

Das Protokoll SMB ist für die Anwendung in lokalen Netzen gedacht. Eine direkte Nutzung über das Internet mag zwar technisch möglich sein, ist aber auf keinen Fall ratsam, denn Sicherheitsgründe sprechen dagegen. Häufig wird man sogar kompletten Schiffbruch erleiden, weil viele Internetprovider eine Datenkommunikation auf Port 445 blockieren, denn in der Vergangenheit wurde SMB für zahlreiche Angriffe verwendet und bietet darüber hinaus erst seit wenigen Jahren die heutzutage unbedingt ratsame Datenverschlüsselung. Für den Datenaustausch über das Internet müssen daher andere Protokolle verwendet werden.

SMB nutzt ein eigenes Netzwerkdateisystem, das unabhängig vom Dateisystem des Servers arbeitet. Es verwendet also unter anderem auch eine eigene Form der Rechteverwaltung, und bei der Vergabe von Dateinamen gibt es entsprechende Regeln.

AFP

AFP ist die Abkürzung für das *Apple Filing Protocol* (und steht also nicht, wie man zunächst vermuten könnte, für »Apple File Protocol«). Es ist ein Protokoll für Dateifreigaben zwischen Apple-Geräten im Netzwerk und wird nicht mehr aktiv weiterentwickelt.

Auf modernen Geräten, die unter macOS arbeiten, ist das AFP nur eine von mehreren Optionen für den Zugriff auf Dateifreigaben, und es wird keinesfalls zwangsweise benötigt. macOS-Geräte können problemlos mit SMB- oder auch mit NFS-Freigaben umgehen, sodass sich auch heterogene Netzwerke einfach betreiben lassen. Wenn Sie das AFP für ältere Geräte, besondere Rahmenbedingungen oder aus historischen Gründen benutzen möchten, können Sie dies auf der DiskStation aber ebenso problemlos tun, da es dort eingebaut ist. Und auch wenn die Weiterentwicklung ruht, darf das AFP noch nicht als antiquiert gelten, denn es genügt bis heute modernen Anforderungen etwa hinsichtlich der maximal zulässigen Länge der Dateinamen oder dem benutzbaren Zeichensatz.

Auf technischer Ebene arbeitet AFP mit TCP und nutzt Port 548. Wie SMB sollte auch AFP tunlichst nicht für Dateifreigaben direkt über das Internet verwendet, sondern stets nur im lokalen Netzwerk genutzt werden. Unter Windows ist der Zugriff auf AFP-Freigaben mit Bordmitteln nicht möglich, anders herum gelingt wie schon erwähnt der Zugriff auf SMB-Freigaben unter macOS-Geräten problemlos.

NFS

Das *NFS* ist das *Network File System*, das insbesondere in der Linux-Welt genutzt wird. Man sollte es aber nicht als »Linux-Protokoll« bezeichnen, denn ursprünglich stammt es aus der Unix-Welt und hat auch schon ein entsprechendes Alter, auch wenn es fortlaufend aktualisiert wurde. Wie SMB und AFP ermöglicht es den Zugriff auf Dateifreigaben unter Linux-Systemen. macOS-Geräte können ebenfalls auf NFS-Freigaben zugreifen, unter Windows-Systemen gelingt dieser Zugriff mit Bordmitteln nicht. Es gilt jedoch das schon zu SMB Gesagte: Da viele Geräte, wie etwa Mediacenter-PCs, unter Linux arbeiten, können diese häufig auf NFS-Freigaben zugreifen.

Auch wenn Linux als Unterbau in vielen Home-Entertainment-Geräten genutzt wird, ist der Umgang mit NFS in den Benutzerschnittstellen der Geräte häufig nicht implementiert. Es ist daher nicht so universell einsetzbar wie SMB, das insgesamt von einer größeren Anzahl an Geräten bzw. Gerätetypen genutzt werden kann. NFS eignet sich also nicht als alleiniges Protokoll für Netzwerke, wobei ein Mischbetrieb neben anderen Protokollen aber problemlos möglich ist. Spezifische Vorteile von NFS gegenüber den anderen Protokollen lassen sich also sehr wohl nutzen. NFS arbeitet in der neuesten Version ebenfalls mit TCP und nutzt Port 2049.

FTP

Allen drei bisher genannten Protokollen ist gemeinsam, dass der Speicherplatz im Netzwerk (zumindest scheinbar) nahtlos in das Dateisystem des Betriebssystems eingebunden wird. Der Zugriff erfolgt (fast) wie auf ein lokales Laufwerk. Dateien können sofort abgerufen werden, selbst die Installation von Programmen ist auf einer solchen Freigabe möglich (auch wenn es dafür wesentlich bessere Möglichkeiten gibt, die wir Ihnen später im Buch beschreiben werden). Mediendateien können unmittelbar wiedergegeben werden. Das ist beim *FTP*, dem *File Transfer Protocol*, nicht so.

Bei diesem Urgestein für Dateiübertragungen zwischen (entfernten) Rechnern über Netzwerkverbindungen müssen Dateien zunächst vollständig übertragen werden, bevor auf sie zugegriffen werden kann (das gilt zumindest für den Alltag und soll keine Bastellösungen mit einbeziehen). FTP-Server werden daher auch üblicherweise nicht wie ein Netzwerklaufwerk in das Dateisystem eingebunden, sondern zumeist über ein FTP-Client-Programm angesprochen, das sich um die Datenübertragung kümmert. Man kann also sagen, dass quasi unter SMB, AFP und auch NFS zwischen verschiedenen Dateisystemen (dem Dateisystem auf dem Server und dem auf dem Client) für den Anwender transparent vermittelt wird, was beim FTP aber nicht geschieht. Der Funktionsumfang von FTP ist also nicht mit dem anderer Protokolle vergleichbar. Aufgrund seines aus heutiger Sicht schlanken Aufbaus (FTP bietet an sich noch nicht einmal eine Verschlüsselung) kann FTP gerade auf leistungsschwachen Geräten aber sehr schnell arbeiten und wird daher (auch wegen der einfachen Implementierung) heute nach wie vor noch genutzt.

Die fehlende Verschlüsselung bei der Datenübertragung kann durch zusätzliche Protokolle nachgerüstet werden. Moderne FTP-Systeme erreichen mit einer Absicherung über TLS und die damit verbundene Authentifizierung über SSL-Zertifikate eine sehr hohe Sicherheit. Daher sind mit verschlüsselten FTPS-Verbindungen auch Datentransfers direkt über das Internet auf sichere Weise möglich, auch wenn die Konfiguration bisweilen etwas aufwendiger ist. Für die Datenübertragung im lokalen Netzwerk ist die Nutzung von FTP nicht erforderlich. Aber wie gesagt kann es für Sonderfälle sehr nützlich sein, weswegen es auch auf der DiskStation zur Verfügung steht und einen unkomplizierten Datentransfer zwischen verschiedenen Parteien ermöglicht.

rsync

Bei den Datendiensten für Netzwerkfreigaben listet die DiskStation im Konfigurationsbereich auch noch das Protokoll *rsync* auf. Diesem kommt jedoch eine noch speziellere Rolle zu als dem Protokoll FTP. rsync bedient nämlich einen anderen Anwendungsfall als etwa FTP und weicht noch viel weiter von den übrigen Protokollen ab.

rsync dient hauptsächlich dazu, den Datenbestand eines Verzeichnisses mit dem eines anderen Verzeichnisses auf einem per Netzwerk verbundenen Gerät in eine Richtung abzugleichen. Man könnte jetzt an eine Synchronisierung des Datenbestands denken, sollte aber das Wörtchen »einseitig« ergänzen, denn für die zweiseitige Synchronisierung ist rsync in seiner ursprünglichen »Reinstfassung« nicht gedacht.

Vielleicht wundern Sie sich jetzt über die Relevanz eines Programms mit einem derart geringen Funktionsumfang, aber rsync bietet eine Vielzahl von Vorteilen. Gerade wenn die Angleichung des Datenbestands wiederholt durchgeführt wird, ergibt sich mit rsync ein erheblicher Zeitvorteil: Nicht nur müssen unveränderte Dateien gar nicht erst übertragen werden, sondern selbst bei Dateiveränderungen müssen (nahezu) nur die jeweils geänderten Anteile über die Netzwerkverbindung gesendet werden. rsync ist also ideal geeignet, wenn man mit Netzwerkverbindungen geringer Geschwindigkeit arbeitet.

Wenn man jetzt noch unter Linux-Dateisystemen bekannte harte Verknüpfungen einbezieht, dann kann rsync auch für inkrementelle Backup-Aufgaben verwendet werden. Als »Minimallösung« eines Backups ohne Aufbewahrung älterer Dateifassungen, also wirklich nur als Erstellung einer aktuellen Sicherheitskopie, kann rsync sogar ohne große Konfigurationsarbeiten direkt genutzt werden. Beim Einsatz in einem Heimnetzwerk kann es geeignet sein, um zum Beispiel die Mediensammlung auf einem entfernten Gerät an die Sammlung auf dem zentralen NAS-Gerät anzugleichen.

rsync kann als eigenständiger Dienst betrieben werden und arbeitet dann mit TCP unter Port 873. Aus Gründen der Sicherheit sollte dies so nicht direkt über das Internet genutzt werden. Normalerweise bietet sich daher die Kommunikation über ein VPN an. rsync kann aber auch direkt über das SSH kommunizieren. So kann dieses auch auf sichere Weise direkt über das Internet genutzt werden. Mehr zu rsync und dessen Benutzung auf der DiskStation erfahren Sie in Abschnitt 8.3, »Der Dateidienst rsync«.

2.3.1 Gemeinsame Ordner als Basis für Dateifreigaben

Wie schon erwähnt wurde, arbeiten Netzwerkfreigaben auf der DiskStation auf freigegebenen Ordnern. Bevor Sie mit Freigaben arbeiten können, müssen Sie einen freigegebenen Ordner oder auch mehrere erstellen. Das funktioniert nur über die Systemsteuerung und das gleichnamige Modul und bleibt generell Administratoren vorbehalten. In der File Station gibt es in der Symbolleiste unter Erstellen • Neuen gemeinsamen Ordner erstellen allerdings eine Verknüpfung zum Modul in der Systemsteuerung, die gleich den Assistenten zum Anlegen eines Ordners öffnet.

Direkt in der Systemsteuerung müssen Sie zunächst die Schaltfläche Erstellen bemühen (siehe Abbildung 2.21). Bevor Sie einen freigegebenen Ordner anlegen, müssen Sie sich zunächst die Randbedingungen überlegen:

- Wie soll der Ordner heißen? Gibt es Einschränkungen beim Zeichensatz?
- Auf welchem Volume soll der Ordner im Speichersystem erstellt werden?
- Welche Benutzer erhalten welche Zugriffsberechtigungen?
- Ist eine Verschlüsselung erforderlich?
- Soll der Ordner in Freigabelisten angezeigt oder versteckt werden?
- Soll der maximal nutzbare Speicherplatz eingeschränkt werden?
- Sollen gelöschte Dateien über einen Papierkorb verwaltet werden?

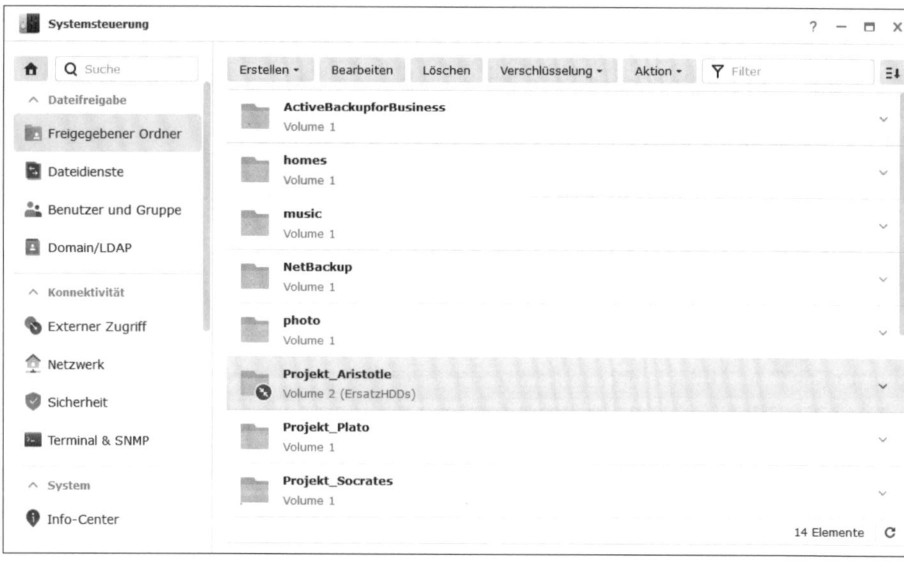

Abbildung 2.21 Die Liste der freigegebenen Ordner in der Systemsteuerung

Wenden Sie sich anschließend dem Assistenten Erstellungsassistent freigegebener Ordner zu. Zu Beginn müssen Sie die Basisinformationen einrichten (siehe Abbildung 2.22).

Geben Sie den gewünschten Namen ein, ergänzen Sie gegebenenfalls eine Beschreibung als Freitext, und legen Sie den Ort (also das Volume) fest, an dem der Ordner auf der DiskStation abgespeichert wird. Zu Beginn ist die DiskStation möglicherweise nur mit einem einzelnen Volume konfiguriert. Wenn es der jeweilige Einsatz erfordert, kann dies problemlos geändert werden. Mehr zu diesem Thema erfahren Sie in Abschnitt 5.2, »Volumes und Speicherpools«.

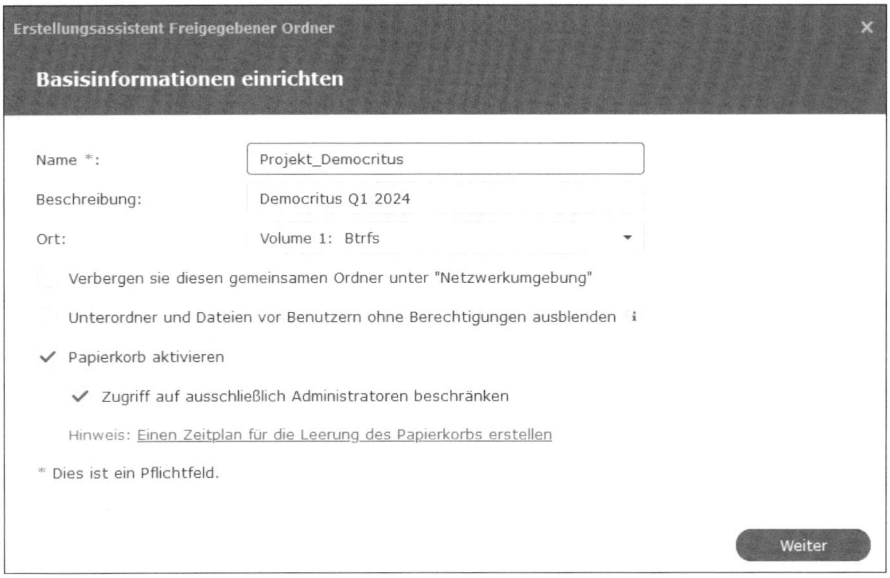

Abbildung 2.22 Ein Assistent hilft beim Erstellen freigegebener Ordner.

Aktivieren Sie danach die gewünschten Funktionen über die Kontrollkästchen. Moderne Protokolle wie das SMB ermöglichen es, Freigaben in den Listen der verfügbaren Freigaben zu verstecken. Vermutlich ist Ihnen bekannt, dass Sie etwa unter Windows mit einer Art von Browser in der Netzwerkumgebung eine Liste aller verfügbarer Freigaben anzeigen lassen können. Die Anzeige des freigegebenen Ordners kann in dieser Liste unterdrückt werden. Dadurch wird der Zugriff auf die Freigabe in keiner Weise eingeschränkt, es geht nur um die Anzeige. Sie können durch direkte Adresseingabe nach wie vor auf die Daten zugreifen. Das Verstecken bietet sich für selten benötigte Freigaben an oder macht Sinn bei Freigaben, auf die nur oder überwiegend automatisierte Nutzer zugreifen, etwa bei der Ablage von Konfigurationsdaten.

Die DiskStation kann darüber hinaus sowohl für SMB als auch bei AFP und bei NFS erwirken, dass Freigaben Benutzern ohne Zugriffsberechtigung gar nicht erst angezeigt werden. Mit dieser Option werden Listen verfügbarer Freigaben übersichtlicher dargestellt und enthalten nur die relevanten Elemente.

Netzwerkprotokolle bieten üblicherweise keine eingebaute Papierkorb-Funktion. Diese kann aber durch die DiskStation bereitgestellt werden. Die DiskStation verschiebt durch die Nutzer gelöschte Dateien in ein spezielles Verzeichnis mit dem Namen *Papierkorb*, in dem die Dateien noch für einige Zeit aufbewahrt bleiben. Versehentlich gelöschte Dateien lassen sich aus dem Papierkorb ohne Datenverlust wiederherstellen. Damit nicht benötigter Speicherplatz letztendlich aber doch freigegeben wird, empfiehlt es sich über den Aufgabenplaner einen Zeitplan zur Leerung der Papierkörbe zu erstellen. Ein solcher Zeitplan kann zum Beispiel solche Dateien löschen, die länger als eine Woche im Papierkorb liegen. Den Aufgabenplaner stellen wir Ihnen in Abschnitt 7.5, »Den Aufgabenplaner für Tasks konfigurieren«, vor.

Auf der nächsten Seite des Assistenten kann der freigegebene Ordner im Dateisystem der DiskStation verschlüsselt werden. Damit liegt der Inhalt auf den Festplatten nicht mehr in lesbarer Form vor und bei einem Diebstahl des physischen Datenträgers besteht kein Zugriff. Verschlüsselung und Entschlüsselung werden in Echtzeit durchgeführt, nach Möglichkeit werden dazu Hardware-Funktionen des Prozessors genutzt. Dennoch kann insbesondere auf leistungsschwächeren Geräten die erzielbare Datentransferrate reduziert sein. Außerdem müssen verschlüsselte Ordner mit einem Passwort geschützt werden. An dieser Stelle soll die Verschlüsselung zunächst unberücksichtigt bleiben, weitere Informationen finden Sie in Abschnitt 7.12, »Mit verschlüsselten Ordnern arbeiten«. Einige moderne DiskStation-Geräte können, wenn das Dateisystem Btrfs genutzt wird, auch einen WriteOnce-Modus aktivieren. So eingerichtete freigegebene Ordner nehmen Dateien nur einmalig an und gestatten keine spätere Veränderung. Die Benutzung dieser Funktion erklären wir in Abschnitt 7.13.

Je nach verwendetem Dateisystem können Sie nachfolgend spezifische Funktionen aktivieren. Btrfs-Umgebungen bieten beispielsweise die Möglichkeit, Datenprüfsummen zu verwenden, mit denen Beschädigungen der Datenstruktur behoben werden können, was Datenverlust vermeidet. Auch lässt sich der nutzbare Speicherplatz direkt begrenzen.

Nach einer Zusammenfassung der bisherigen Einstellungen wird der Ordner angelegt und Sie können die Rechte für den Zugriff auf Benutzer- und Gruppenebene festlegen (siehe Abbildung 2.23).

Sie haben die Wahl, ob Sie den Zugriff komplett verbieten, ohne Einschränkung erlauben oder nur lesend ermöglichen wollen. Über das Feld BENUTZERDEFINIERT stehen noch weitere Optionen zur Verfügung. Hierüber können Sie beispielsweise verhindern, dass Dateiattribute wie das Zugriffsdatum verändert werden können. Über das Ausklappfeld LOKALE BENUTZER sind nicht nur Gruppen, sondern auch Systembenutzer zugänglich. Programme, wie etwa die *Video Station*, treten als eigenständiger Systembenutzer auf, und auf Wunsch können Sie den Zugriff auf freigegebene Ordner für solche Benutzer einschränken.

Wenn Sie die Rechtevergabe übernehmen, ist die Erstellung des gemeinsamen Ordners abgeschlossen. Er steht jetzt allen berechtigten Nutzern in deren File Station zur Verfügung und kann dort auch mit Daten gefüllt werden. Ein Administrator hat grundsätzlich Zugang zu freigegebenen Ordern. Ein Zugriff über eine Netzwerkfreigabe ist derzeit noch nicht möglich, hierfür müssen zunächst die gewünschten Protokolle aktiviert werden.

Abbildung 2.23 Die Zugriffsrechte auf die freigegebenen Ordner können feingranular vergeben werden.

Freigegebene Ordner können im gleichnamigen Modul der Systemsteuerung über die Schaltfläche LÖSCHEN wieder von der DiskStation entfernt werden.

Cloud Speicher von Synology als Hybrid Share einbinden

Eng verwandt mit den in Kapitel 4, »Die DiskStation über das Internet nutzen: Ihre private Cloud«, besprochenen Cloud-Funktionen ist das Hybrid Share von Synology. Sie können im Modul FREIGEGEBENER ORDNER in der Systemsteuerung über die Schaltfläche ERSTELLEN einen sogenannten *Hybrid Share-Ordner* einbinden (siehe Abbildung 2.24). Dieser spiegelt den Inhalt des *C2* genannten Cloud-Speichers von Synology wieder und verwendet einen Teil des Datenspeichers der DiskStation als schnellen lokalen Zwischenspeicher. Dateien, auf die häufig zugegriffen wird, werden im Cache gespeichert und stehen so besonders schnell zur Verfügung. Dateien, die zum C2-Speicher hochgeladen werden sollen, werden zunächst im Cache zwischengespeichert.

Der Datenschutz bleibt bei der Nutzung gewahrt, denn alle Dateien werden zunächst auf der DiskStation clientseitig verschlüsselt, bevor sie in den Cloud-Speicher geladen werden. Bitte beachten Sie, dass die Nutzung des C2-Speichers gebührenpflichtig ist. Synology bietet unterschiedliche Tarife für Privatkunden und für die geschäftliche Nutzung an.

Abbildung 2.24 »Hybrid Share« erlaubt die Einbindung von Cloud-Speicher in das Dateisystem der DiskStation und nutzt deren Speicherplatz als schnellen Zwischenspeicher.

2.3.2 Freigabe von »home«-Ordnern bzw. privaten Daten

Zusätzlich zu den freigegebenen, gemeinsam genutzten Ordnern können die Benutzer der DiskStation über eine Netzwerkfreigabe auch auf ihr jeweiliges Home-Verzeichnis zugreifen. Ein jeder Nutzer wird beim Abruf der Liste der Freigaben von der DiskStation nach seinen Nutzerdaten gefragt. Er sieht nach deren Eingabe in der Liste der Freigaben auch das dazu passende *home*-Verzeichnis und kann so auf seine eigenen, nicht jedoch auf die fremden privaten Daten zugfreien.

Der Administrator kann auch über die Netzwerkfreigabe auf alle *home*-Verzeichnisse über den Ordner *homes* zugreifen. Die Nutzung der *home*-Verzeichnisse geht einher mit ihrer Freigabe über das Netzwerk. Es ist nicht möglich, *home*-Verzeichnisse zu nutzen, ohne sie gleichzeitig über eine Netzwerkfreigabe anzubieten.

Die Verfügbarkeit von privaten *home*-Verzeichnissen regelt der Benutzer-Home-Dienst, den Sie im Modul BENUTZER UND GRUPPE, Registerkarte ERWEITERT, in der Systemsteuerung konfigurieren.

2.3.3 Dateifreigaben mit dem Small Message Block (SMB)

Netzwerkfreigaben über das SMB-Protokoll aktivieren Sie auf der Registerkarte SMB im Modul DATEIDIENSTE der Systemsteuerung. Dort können Sie SMB-Freigaben global über das Kontrollkästchen SMB-DIENST AKTIVIEREN an- und abschalten. Es ist generell nicht vorgesehen, Freigaben jeglicher Art nur auf bestimmte gemeinsame Ordner anzuwenden. Die Freigabe erfolgt stets global anhand der vergebenen Zugriffsrechte.

Beim SMB gibt es zur Strukturierung größerer Netzwerke die sogenannten *Arbeitsgruppen*. Nur solche Rechner, die derselben Arbeitsgruppe angehören, finden gegenseitig automatisch ihre Freigaben und können auf diese zugreifen. Sie müssen also dafür sorgen, dass alle Computer, die auf die Freigaben der DiskStation zugreifen sollen, Mitglied derselben Arbeitsgruppe sind wie die DiskStation. Der Standardname lautet *WORKGROUP* und ist so auch auf Windows-Systemen voreingestellt (siehe Abbildung 2.25).

Abbildung 2.25 Die Basiseinstellungen für den SMB-Dienst finden Sie im Modul »Dateidienste«.

Ein sehr interessantes Feature (nicht nur) der DiskStation sind Schnappschüsse, auf Englisch *snapshot* genannt. In einem *Snapshot* speichern Sie den aktuellen Datenbestand und können nach einer Veränderung auf Wunsch wieder auf den Inhalt bei der Erstellung des Snapshots zurückgreifen. Dies ist ein praktischer Schutz vor versehentlichen Dateiänderungen. Bei SMB-Freigaben können Sie direkt über den Windows-Explorer auf Snapshots zugreifen und sich frühere Dateiversionen anzeigen lassen (und diese auch abspeichern). Sie finden diese Optionen im Windows-Explorer, wenn Sie die Eigenschaften einer Datei aufrufen und dort die Registerkarte VORGÄNGERVERSIONEN öffnen. Damit dort ein Inhalt angezeigt wird, muss es offensichtlich Schnappschüsse geben.

Die Erstellung von Schnappschüssen ist im Auslieferungszustand der DiskStation nicht konfiguriert, folglich wird die Liste anfangs leer sein. Wie Sie Schnappschüsse erstellen (auch automatisiert nach einem Zeitplan), zeigen wir Ihnen in Abschnitt 14.4, »Keine Schnapsidee: Snapshots« im Textkasten »Snapshots können auch von freigegebenen Ordnern erstellt werden«. An dieser Stelle soll es darum gehen, dass Sie den Benutzern der DiskStation den Zugriff auf Schnappschüsse über SMB-Freigaben erlauben oder verbieten können. Das regelt das Kontrollkästchen ZUGRIFF AUF FRÜHERE VERSIONEN NICHT ZULASSEN (siehe Abbildung 2.23). Im Auslieferungszustand ist es deaktiviert und Nutzer haben daher uneingeschränkten Zugriff auf Vorgängerversionen einer Datei über Schnappschüsse.

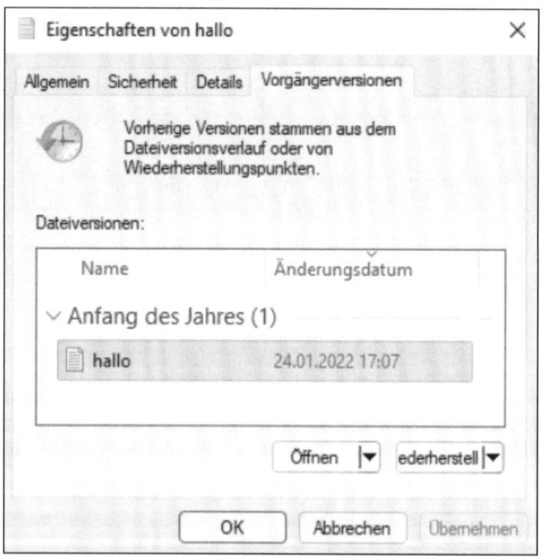

Abbildung 2.26 Wenn Sie Schnappschüsse nutzen, dann können Sie in Windows auf »Vorgängerversionen« zugreifen.

Sie können die generelle Einbindung von gemeinsamen Ordnern in den SMB-Dienst zwar nicht individuell beeinflussen, aber zumindest verhindern, dass Ordner Personen ohne eine Zugriffsberechtigung angezeigt werden. Personen, denen der Zugriff auf eine Freigabe untersagt wurde, brauchen diese eigentlich auch nicht beim Durchsuchen der Freigabeliste zu sehen. Möchten Sie die Anzeige solcher Freigaben also unterdrücken, dann aktivieren Sie das Kontrollkästchen FREIGEGEBENE ORDNER FÜR BENUTZER OHNE BERECHTIGUNG AUSBLENDEN. Wichtig ist in diesem Zusammenhang zu erwähnen, dass es hier wirklich nur um die Anzeige der betreffenden Freigaben geht. Sie werden also nicht als Verzeichnis angezeigt. Die Nutzer können, wenn sie den Namen der Freigabe kennen, aber nach wie vor über eine direkte manuelle Adresseingabe auf die Freigabe zugreifen. Ihnen wird dann eine Passwortabfrage gezeigt und ihr übliches Benutzerkonto wird keinen Zugriff erlangen.

Bei Dateibearbeitungsvorgängen über den SMB-Dienst kann auf Wunsch ein Protokoll angefertigt werden, das Sie in Abbildung 2.27 sehen.

Abbildung 2.27 Im Protokoll-Center werden Dateibearbeitungen über das SMB-Protokoll (standardmäßig nur für Löschvorgänge) angezeigt.

Im Auslieferungszustand ist diese Protokollierungsfunktion für SMB-Freigaben aktiv, erfasst jedoch nur Löschvorgänge. Die Protokollierung steuert das Kontrollkästchen ÜBERTRAGUNGSPROTOKOLL AKTIVIEREN (siehe Abbildung 2.25). Sie erreichen das Protokoll entweder über die darunter liegende Schaltfläche PROTOKOLLE ANZEIGEN oder über das Protokoll-Center, das der Administrator über sein Hauptmenü aufrufen kann.

Über die Schaltfläche PROTOKOLLEINSTELLUNGEN können Sie weitere Dateizugriffsarten protokollieren und beispielsweise auch das Umbenennen oder sogar den Lesevorgang erfassen. Bei detaillierten Protokollierungen steigt naturgemäß die Belegung von Systemressourcen auf der DiskStation, und vor der Aktivierung einer Option sollten Sie sich auch Gedanken darüber machen, wie Sie die Privatsphäre der Nutzer wahren.

Über die Schaltfläche ERWEITERTE EINSTELLUNGEN öffnet sich ein neues Fenster, das Zugriff auf selten benötigte Funktionen und auf Sicherheitseinstellungen bietet (siehe Abbildung 2.28).

Unter Sicherheitsaspekten ist besonders der Eintrag MINDEST-SMB-PROTOKOLL interessant. Von SMB gibt es verschiedene Versionen, derzeit ist beispielsweise Version 3.1.1 aktuell. Frühere Versionen, insbesondere Version 1, sind aus sicherheitstechnischer Sicht bedenklich und sollten nicht mehr eingesetzt werden.

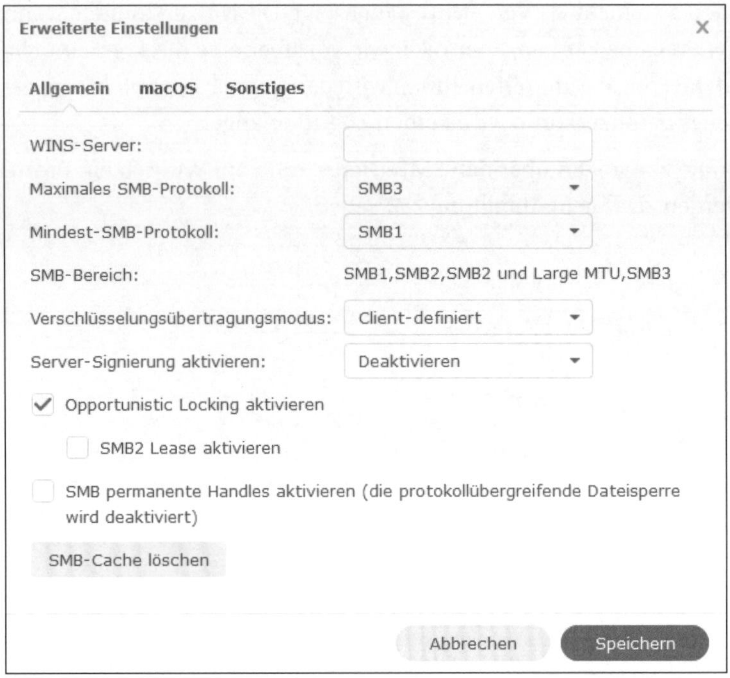

Abbildung 2.28 Die Optionen unter »SMB • Erweiterte Einstellungen • Allgemein«

Über das genannte Ausklappfeld können Sie die DiskStation anweisen, ältere Protokollversionen vom SMB nicht zu verwenden. Wenn Sie auf die Nutzung solcher Versionen nicht angewiesen sind, etwa, weil Ihr Gerätepark nur aus modernen Geräten besteht, denn sollten Sie hier entsprechend moderne Protokollversionen einstellen. Eine Beschränkung der maximalen Protokollversion macht normalerweise keinen Sinn, es sei denn, Sie setzen einen alten oder exotischen Gerätebestand ein, der auf eine spezifische Version angewiesen ist und ansonsten nicht zur Zusammenarbeit überredet werden kann.

Unterhalb der beiden Felder wird angezeigt, welche Protokollversionen für den Zugriff verwendet werden können. Beachten Sie, dass nur das moderne SMB 3, das ab Windows 8 verwendet wird, die Möglichkeit zur Verschlüsselung der Datenübertragung mit dem *AES* unterstützt. (AES ist der *Advanced Encryption Standard*, ein modernes, sehr sicheres Verfahren zur Datenverschlüsselung.)

Die Verschlüsselung bei der Nutzung von SMB 3 steuert das Auswahlfeld VERSCHLÜSSELUNGSÜBERTRAGUNGSMODUS. Die Standardeinstellung lautet CLIENT-DEFINIERT. Hierbei werden die Daten nur dann verschlüsselt, wenn der Client diese Funktion unterstützt. Die Verschlüsselung ist nämlich auch bei SMB 3 optional. Mit den anderen Optionen kann die Verschlüsselung gänzlich abgeschaltet oder erzwungen werden. Clients, die die Verschlüsselung nicht unterstützen, bleiben dann außen vor. Außerdem ist es bei erzwungener Verschlüsselung nicht mehr möglich, anonym als Gast auf eine Freigabe zuzugreifen. Wer in einem Netzwerk Gäste empfängt, die auch auf Freigaben zugreifen können sollen, muss in diesem Fall entsprechende Konten mit Passwörtern definieren.

Die übrigen Optionen werden nur selten und nur in größeren Netzwerken mit spezifischen Anforderungen benötigt. In größeren (Firmen-)Netzwerken wurde früher beispielsweise ein *WINS*-Server (*Windows Internet Name Service*) betrieben, der bei der Namensauflösung bzw. der Zuordnung von Freigabenamen zu IP-Adressen der Rechner half – Microsoft empfiehlt aber schon lange, darauf zu verzichten und ausschließlich DNS zur Namensauflösung zu verwenden. In kleineren Netzwerken war dieser Dienst eher nicht üblich. Falls in Ihrem Netzwerk noch ein WINS-Server betrieben wird, dann können Sie im Eingabefeld die Adresse des WINS-Servers spezifizieren.

Das SMB bietet mit der sogenannten *Server-Signierung* ein weiteres Sicherheitsfeature, das Datenverfälschungen durch Man-in-the-Middle-Attacken zu erschweren oder sogar zu verhindern sucht. Die Datenpakete werden durch eine digitale Signatur geschützt, die schwer zu fälschen ist. Die Server-Signierung ist optional und im Auslieferungszustand deaktiviert. Sollte jedoch ein Client diese erzwingen, dann führt die DiskStation diese Signierung trotzdem durch, damit eine Verbindung aufgebaut werden kann – dies ist sicherlich im Sinne der Nutzer. Über die anderen Optionen kann die Signierung erzwungen werden. Für ein Heimnetzwerk sollte diese Funktion nicht benötigt werden, in großen Netzwerken mit zahlreichen Schnittstellen nach außen kann sie jedoch einen Beitrag zur Datensicherheit leisten.

Beim OPPORTUNISTIC LOCKING, dem SMB2 LEASE und den PERMANENT HANDLES handelt es sich um Spezialfunktionen, die nur bei einer überschaubaren Anzahl an Anwendungsfällen relevant sind. Im Regelfall müssen die Standardeinstellungen nicht verändert werden.

Das OPPORTUNISTIC LOCKING kümmert sich beispielsweise darum, dass ein Client eine Datei zwischenspeichern kann (in Form eines Caches), und ermöglicht eine Sperrung auf dem Server, sodass ein einheitlicher Datenbestand aufrechterhalten werden kann. Es ist dann interessant, wenn mehrere Clients konkurrierend auf dieselbe Datei zugreifen und diese verändern möchten, sodass insgesamt auf einheitliche Daten zugegriffen werden kann. Allerdings müssen auch die Client-Anwendungen dies unterstützen.

PERMANENT HANDLES sind dann interessant, wenn ein Client eine Datei geöffnet und verändert hat und es dann zu einem Abbruch der (Netzwerk-)Verbindung kommt. In diesem Fall sind seine Änderungen noch nicht auf den (SMB-)Server übertragen worden und andere Clients würden nicht auf aktuelle Daten zugreifen.

Abschließend können Sie – was aber normalerweise selten nötig sein sollte – Cache-Dateien rund um das SMB-System auf der DiskStation löschen. Dieser Vorgang macht vielleicht nach längerer Betriebszeit mit nachlassender Leistung oder im Problemfall Sinn, wenn im Cache noch Konfigurationen vorhanden sind, die sich widersprechen.

Wenn im Netzwerk auch macOS-Geräte vorhanden sind, dann gibt es auf der entsprechenden Registerkarte zwei Optionen von mittlerer Relevanz. Mithilfe eines sogenannten VFS-Moduls können Sie in Dateinamen automatisch diejenigen Sonderzeichen konvertieren lassen, die im jeweiligen Zielsystem nicht zulässig sind. Um Problemen vorzubeugen, sollten Sie diese Option aktivieren. Falls Sie mit mehreren Benutzern (bzw. mehreren Freigabeprotokollen) auf dieselben Dateien zugreifen müssen, dann können Sie eine protokollübergreifende Sperre mit dem AFP aktivieren, sodass eine gegenseitige Übermittlung des Zugriffsstatus besser gegeben ist.

Auf der Registerkarte SONSTIGES finden sich noch weitere Optionen, die das Verhalten von SMB-Freigaben steuern (siehe Abbildung 2.29).

Abbildung 2.29 Selten benötigte Sonderfunktionen finden Sie auf der Registerkarte »Sonstiges«.

Bei diesen handelt es sich um spezielle Funktionen, die hauptsächlich in Unternehmensnetzwerken interessant sind und die nur im begründeten Bedarfsfall aktiviert werden sollten. Mehrere Optionen kümmern sich um Verknüpfungen, genauer gesagt um symbolische Links zwischen Dateien in demselben Ordner oder über Ordner- oder sogar über Gerätegrenzen hinweg. Wenn Sie mit solchen symbolischen

Links arbeiten müssen, weil die Datenorganisation dies erfordert, können Sie die entsprechenden Optionen aktivieren.

Das DIRSORT VFS-MODUL sortiert die Elemente in einem Verzeichnis zunächst alphabetisch, bevor die gesamte Liste an einen Client gesendet wird. Dies erhöht die Auslastung der DiskStation und verringert möglicherweise die Arbeit auf dem Client. Da dieser oftmals die Daten aber ohnehin für eine Nutzeransicht neu sortiert, bietet dieses Modul nur in wenigen Fällen deutliche Vorteile.

Sie können optional auch sogenannte VETO-DATEIEN spezifizieren. Damit legen Sie (und zwar auch über Platzhalter) Dateinamen fest, die so nicht in Freigaben vergeben werden dürfen. Bereits vorhandene Dateien, die den Kriterien entsprechen, werden in den Freigaben ausgeblendet.

Ab und zu kann es erforderlich sein, die DiskStation zu einem sogenannten LOCAL MASTER BROWSER zu machen, der Listen mit Freigaben aller Geräte im Netzwerk verwaltet. Sollten Sie auf einem Windows-Gerät beim Abruf der Liste mit den Freigaben auf Probleme stoßen, weil etwa die DiskStation nicht angezeigt wird, dann können Sie diese Option aktivieren. Allerdings deaktiviert sie den Ruhemodus der Festplatten (diese laufen dann ständig), außerdem wird ein Gastkonto für den Zugriff ohne Passwort aktiviert.

Erwähnenswert ist noch, dass die DiskStation so konfiguriert ist, dass sie zunächst von einer IP-Adresse nur eine einzelne SMB-Verbindung akzeptiert. Sollten Sie von einer IP-Adresse aus mit mehreren Clients auf SMB-Freigaben zugreifen wollen, dann entfernen Sie das Häkchen vor der Option MEHRERE VERBINDUNGEN VON DERSELBEN IP-ADRESSE DEAKTIVIEREN.

Falls Sie häufig sehr kleine Datenblöcke aus zufälligen Datenbereichen lesen müssen, können Sie das in diesem Fall schnellere asynchrone Lesen aktivieren, das jedoch mehr Rechenleistung vom Prozessor erfordert.

Zurück auf der Registerkarte SMB können Sie noch ein Aggregationsportal und die WS-Discovery-Funktion aktivieren. Ersteres ist in Unternehmensumgebungen interessant, wenn Sie mit Domänen arbeiten. Sie können hier quasi diverse SMB-Freigaben in einem sogenannten Portal gemeinsam verfügbar machen, was der Übersichtlichkeit dient. Die zweitgenannte Funktion kümmert sich darum, dass SMB-Freigaben in der Netzwerkumgebung von Windows automatisch angezeigt werden. Diese Komfortfunktion sollte für einen schnellen Zugriff auf die Freigaben üblicherweise eingeschaltet bleiben.

2.3.4 Freigaben mit dem Apple Filing Protocol (AFP)

Für das *Apple Filing Protocol* (AFP) gibt es deutlich weniger Einstelloptionen als für SMB. Auf der Registerkarte AFP können Sie den AFP-Dienst zunächst global für alle freigegebenen Ordner gemäß den vergebenen Zugriffsrechten aktivieren oder abschalten (siehe Abbildung 2.30). Damit ist das AFP entsprechend in Funktion und kann durch die Mac-Geräte im Netzwerk verwendet werden.

Abbildung 2.30 Die Basiseinstellungen für AFP bieten weniger Optionen als für SMB.

Sollte es Probleme geben, können Sie das Übertragungsprotokoll aktivieren und es sich anzeigen lassen. Eine feingranulare Steuerung der zu protokollierenden Ereignisse wie etwa bei SMB gibt es bei AFP aber nicht.

Über ERWEITERTE EINSTELLUNGEN können Sie zunächst einmal STANDARD-UNIX-BERECHTIGUNGEN ANWENDEN. Solche Berechtigungen werden vor allem Linux-Nutzern bekannt sein. Sie legen fest, was ein Besitzer, was die besitzende Gruppe und was die Allgemeinheit mit einer Datei oder einem Ordner anstellen darf. Dabei werden die Rechte *Lesen*, *Ausführen* und *Verändern/Schreiben* unterschieden. Normalerweise werden die Rechte so gesetzt, dass alle Nutzer im Dateisystem eine Datei lesen und verändern dürfen sowie Verzeichnisinhalte zusätzlich auflisten dürfen. Wenn die genannte Option aktiviert wird, dann darf dies jeweils nur noch der Besitzer einer Datei. Alle anderen haben nur das Recht zum Lesen bzw. zum Auflisten, aber nicht mehr zum Verändern. Eine Aktivierung der Funktion dürfte – da über das Netzwerk ja schon die Rechtevergabe der DiskStation genutzt wird – aber nur in Sondersituationen erforderlich sein. Mit der zweiten Option namens RESSOURCEN SOFORT NACH TRENNUNG FREIGEBEN werden Ressourcen, auf die zugegriffen wird, auch bei einer plötzlichen, unerwarteten Trennung der Verbindung sofort für den Zugriff durch andere Clients wieder freigegeben. Dies kann für bestimmte Dienste erforderlich sein, die ansonsten (etwa wegen träge reagierender Änderungen) gesperrte Dateien oder ganze Volumes monieren.

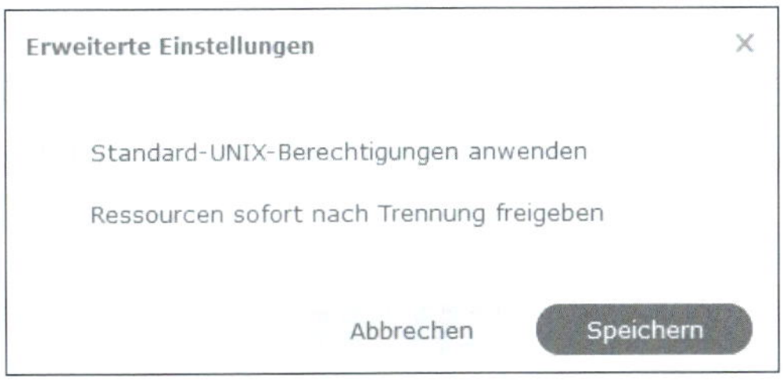

Abbildung 2.31 Zwei Optionen gibt es bei »Erweiterte Einstellungen« für AFP.

2.3.5 Das Network File System (NFS) nutzen

Auch die Konfiguration des *Network File System* (NFS) ist eher übersichtlich (siehe Abbildung 2.32). Auf der Registerkarte NFS können Sie den NFS-Dienst global aktivieren oder abschalten. Zwar arbeitet dieser wie auch SMB und AFP zunächst mit der Liste aller freigegebenen Ordner, Sie können jedoch zusätzlich für jeden freigegebenen Ordner NFS-Berechtigungen für den Zugriff setzen.

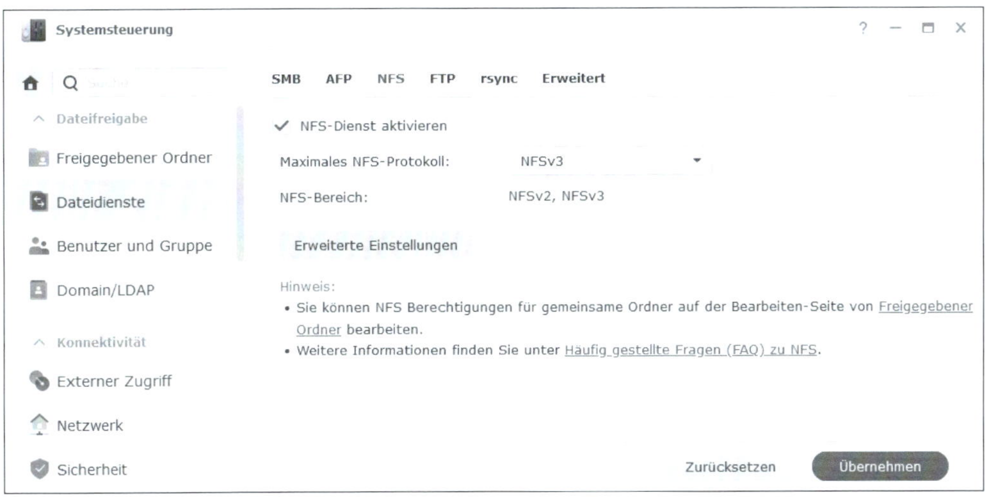

Abbildung 2.32 Für NFS gibt es nicht allzu viele Einstelloptionen.

Um eine NFS-Berechtigung zu setzen, wechseln Sie zum Modul FREIGEGEBENER ORDNER in der Systemsteuerung (siehe Abbildung 2.33). Klicken Sie den gewünschten Ordner mit der Maus an, und betätigen Sie anschließend die Schaltfläche BEARBEITEN. Auf der Registerkarte NFS-BERECHTIGUNGEN können Sie über ERSTELLEN die gewünschten Rechte zuweisen. Dabei selektieren Sie nach Hostnamen, IP-Adresse oder IP-Adressbereich. Sie können dabei auch Kerberos-Authentifizierungen nutzen, müssen dafür aber zunächst einen Kerberos-Schlüssel auf die DiskStation importieren. Treffen Sie also zuvor die nötigen Vorbereitungen.

Bei der Konfiguration des Dateidienstes können Sie noch die maximale Protokollversion definieren, die die DiskStation benutzen darf. Ab Version 4 hat es grundlegende Änderungen gegeben und die DiskStation ist in den Grundeinstellungen auf die Nutzung bis Version 3 beschränkt. Falls Sie in entsprechend modernen Umgebungen arbeiten und die Vorteile von Protokollfassung 4 zu schätzen wissen (unter anderem die vereinfachte TCP-Kommunikation), sollten Sie hier eine Änderung vornehmen.

Abbildung 2.33 Für jeden freigegebenen Ordner können zusätzliche NFS-Berechtigungen gesetzt werden.

In den erweiterten Einstellungen lassen sich für die Protokollversionen bis Version 3 die zu nutzenden Ports für den Status-Daemon und den Lockmanager einstellen. Außerdem lassen sich die Paketgrößen verändern. Sollten Sie zur Authentifizierung auf den Kerberos-Dienst zurückgreifen, dann können Sie zuunterst über dessen Einstellungen einen Schlüssel hinterlegen.

2.3.6 Die Arbeit mit dem File Transfer Protocol (FTP)

Über das *File Transfer Protocol* können sich die Benutzer mit der DiskStation verbinden und auf die dortigen Dateien zugreifen. Normale Nutzer erhalten dabei Zugriff auf ihren jeweiligen *home*-Ordner sowie auf alle gemeinsamen Ordner, für die sie über Zugriffsberechtigungen verfügen. Ein Administrator kann auf alle home-Verzeichnisse und alle gemeinsamen Ordner zugreifen. Ein Zugang zum Linux-Grundsystem der DiskStation besteht über das FTP nicht. Auf Wunsch lässt sich aber das root-Verzeichnis auf dem FTP-Server anpassen und auf einen beliebigen gemeinsamen Ordner festlegen, in dem die Nutzer dann über die FTP-Verbindung gefangen bleiben. Ein Wechsel in andere gemeinsame Ordner ist dann nicht mehr möglich.

Die Aktivierung erfolgt auf der Registerkarte FTP im Modul DATEIDIENSTE der Systemsteuerung (siehe Abbildung 2.34).

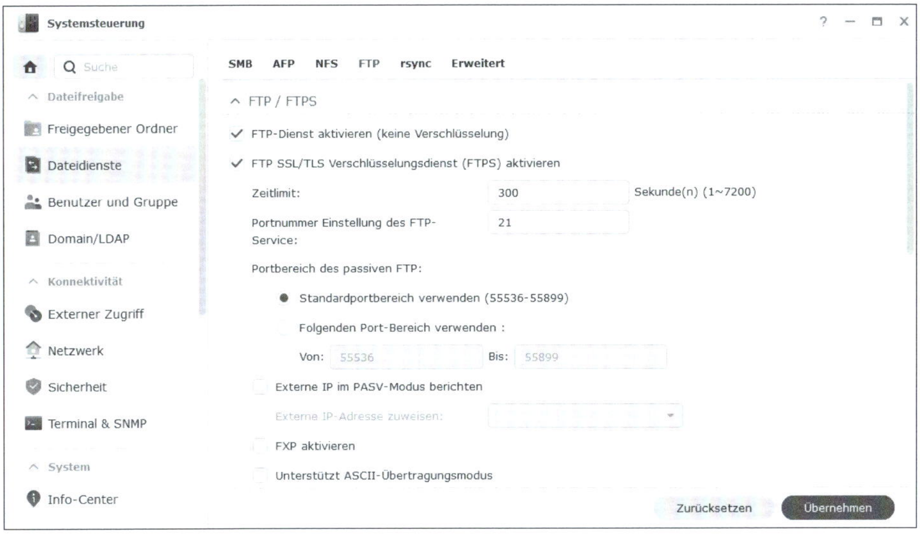

Abbildung 2.34 Die grundlegenden FTP-Einstellungen sind schnell erledigt.

Zunächst haben Sie die Wahl zwischen dem klassischen FTP, das keinerlei Verschlüsselung verwendet, und der Variante FTPS, bei der Authentifizierung, Befehlsübertragung und Datentransfer TLS-verschlüsselt sind und (neben Nutzernamen und Passwort) SSL-Zertifikate zur Authentifizierung des Servers genutzt werden. Im vertrauenswürdigen Heimnetzwerk mag die unverschlüsselte Variante ausreichen und sie mag eventuell auch für kleinere Firmennetzwerke geeignet sein, eine höhere Sicherheit verspricht jedoch in jedem Fall die verschlüsselte Version.

Auf der DiskStation wird (wenn man nicht gerade sehr alte Modelle einsetzt) die Verschlüsselung kaum zu Geschwindigkeitseinbußen führen, und Sie sollten auf sie keinesfalls verzichten, wenn Sie das FTP nicht nur im lokalen Netzwerk (oder über eine VPN-Verbindung), sondern direkt über das Internet nutzen möchten. Dank der modernen TLS-Verschlüsselung spricht hier erst einmal nichts dagegen. Sie können ein Timeout (ein ZEITLIMIT) für die Verbindungen definieren, nach dem diese bei fehlender Aktivität geschlossen werden, und die PORTNUMER einstellen. Der Standardwert lautet 21 (FTP arbeitet auf TCP-Ebene). Eine Änderung kann im Bereich der *Security through obscurity* geringe Vorteile hinsichtlich möglicher geskripteter ungerichteter Angriffe erreichen.

Nutzt das FTP nicht noch viel mehr Ports?

Ja, das ist richtig. Anfragen zum Verbindungsaufbau werden über Port 21 (TCP) entgegengenommen. Über diesen Port werden Steuerdaten übertragen. Je nachdem, ob das passive oder aktive Übertragungsverfahren genutzt wird, gibt entweder der Client oder der Server die Ports für den Datentransfer vor.

Beim *aktiven FTP* nutzt der Server Port 20 für die Datenverbindung. Der Client sucht sich einen zufälligen Port über 1023 aus und erwartet, dass der Server eine TCP-Verbindung über diesen Port aufbaut. Der Server kann aber eventuell einen Client hinter einer Firewall nicht auf einem beliebigen Port erreichen. Daher gibt es das *passive FTP*, bei dem der Server den Port für die Datenverbindung aussucht und diesen dem Client mitteilt, der dann die Verbindung entsprechend aufbaut.

Wenn die DiskStation über *NAT* (*Network Address Translation*, der Begriff beschreibt eine Adressübersetzung von IP-Adressen, die in Heimnetzwerken üblicherweise verwendet wird) mit dem Internet verbunden ist, dann bietet es sich an, den passiven FTP-Übertragungsmodus zu wählen, bei dem der Server die für die Datenübertragung zu nutzenden Ports festlegt. Dies betrifft allerdings nur FTP-Verbindungen, die über das Internet genutzt werden. Wenn Sie hinter einer NAT arbeiten, müssen Sie am entsprechenden Router Portweiterleitungsregeln für die zu nutzenden Ports einrichten.

Die Datenübertragung geschieht bei FTP auch über TCP, und die DiskStation sieht in der Grundkonfiguration den Portbereich 55536 bis 55899 vor. Wenn Ihnen dieser Portbereich zu groß bzw. zu weit ist oder wenn Sie den Portbereich bereits anderweitig nutzen, dann können Sie hier eine Änderung vornehmen und den Portbereich manuell festlegen. Falls Sie nur mit einer kleinen Anzahl an Clients arbeiten, etwa bei der privaten Nutzung durch die Familie, genügen einige wenige einzelne Ports. Ein großer Bereich ist nur bei einer großen, gleichzeitig aktiven Nutzerschaft erforderlich.

Bei der Nutzung von NAT kann es gegebenenfalls zu Problemen bei der Erreichbarkeit des FTP-Servers kommen. Das passiert dann, wenn ein Client über das Internet versucht, die interne IP-Adresse des FTP-Servers in dessen Subnetz zu kontaktieren. Moderne FTP-Clients ignorieren zumeist eventuelle Nachrichten des Servers, sollte es bei Ihnen aber zu Problemen beim Verbindungsaufbau kommen, dann können Sie versuchsweise erzwingen, dass der FTP-Server auf der DiskStation seine externe IP-Adresse (es geht hier wohlgemerkt um das IPv4) übermittelt. Aktivieren Sie dazu die Option EXTERNE IP IM PASV-MODUS BERICHTEN, öffnen Sie das Ausklappfeld, und prüfen Sie die dortige Anzeige. Anschließend können Sie die Adresse übernehmen.

Wenn Sie Dateien nicht nur zwischen Clients und dem Server, sondern auch zwischen zwei FTP-Servern austauschen möchten, dann aktivieren Sie das *File eXchange Protocol*, abgekürzt *FXP*. Über die entsprechenden Optionen können Sie den ASCII-Übertragungsmodus für entsprechende Textdateien und die UTF-8-Kodierung für den Zeichensatz einstellen. Hier sind normalerweise keine Änderungen nötig, und die meisten FTP-Clients werden mit den Standardeinstellungen problemlos zusammenarbeiten.

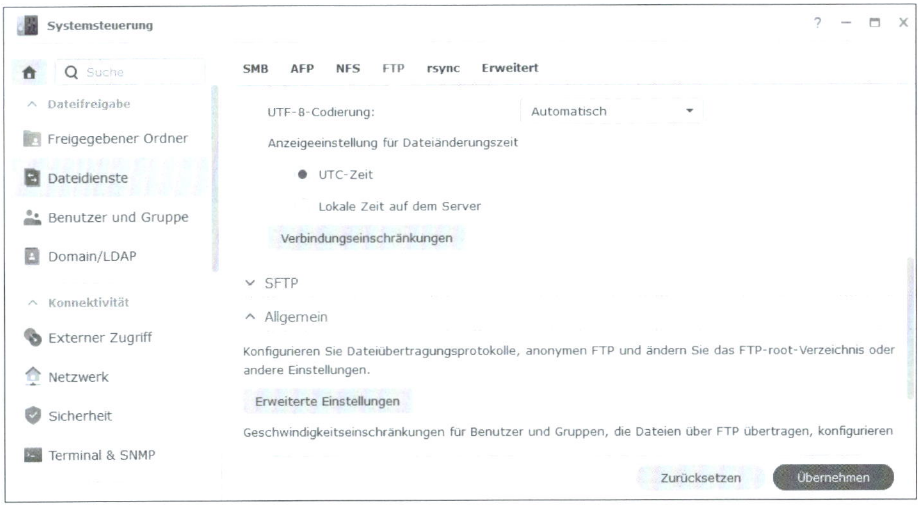

Abbildung 2.35 Weitere Optionen werden im unteren Teil des Fensters geboten.

Wenn Sie nicht möchten, dass der FTP-Dienst unnötig Ressourcen auf der DiskStation in Anspruch nimmt, dann können Sie über die Schaltfläche VERBINDUNGSEINSCHRÄNKUNGEN die Anzahl an gleichzeitigen Verbindungen und die maximale Datentransferrate limitieren. Insbesondere wenn FTP durch automatisierte Nutzer, zum Beispiel für ein Backup, genutzt wird, kann eine Beschränkung sinnvoll sein, damit für kritischere Datenübertragungen genügend Reserven bereitstehen. Wenn Sie diese Beschränkung nicht nur global für jede Verbindung, sondern spezifisch pro Benutzer setzen möchten, dann konfigurieren Sie diese über die Sektion ALLGEMEIN. Dort können Sie Geschwindigkeitsbeschränkungen für die Benutzer der DiskStation definieren und auch einen Zeitplan eingeben.

Über die Schaltfläche ERWEITERTE EINSTELLUNGEN werden zusätzliche Optionen zugänglich, die nur selten benötigt werden. Sie können hier etwa ein Übertragungsprotokoll aktivieren, das bei der Fehlersuche weiterhilft. Hierbei schadet es nicht, wenn man sich mit der FTP-Syntax ein wenig auskennt.

Für Sondersituationen können Sie hier auch das root-Verzeichnis für gewünschte Clients ändern. Dies ist sozusagen das oberste (Wurzel-)Verzeichnis, das im FTP-Programm angezeigt wird. Sie können auf Unterverzeichnisse unterhalb dieses Verzeichnis wechseln, jedoch nicht auf andere Verzeichnisse, die sich außerhalb des root-Verzeichnisses befinden. Der Nutzer wird sozusagen innerhalb dieses Verzeichnisses eingesperrt. Für das root-Verzeichnis kann ein gemeinsamer Ordner verwendet werden, auf den der jeweilige Nutzer Zugriffsrechte hat.

Die DiskStation bietet auch die Möglichkeit, anonym (also ohne Benutzerkonto) auf Dateiressourcen zuzugreifen. Legen Sie dazu einen gemeinsamen Ordner an, und konfigurieren Sie dann die Zugriffsrechte für den Nutzer *Anonymous FTP/WebDAV* wie gewünscht. Beachten Sie, dass Sie diesen Nutzer nicht in der Liste der normalen Benutzer finden. Sie müssen zuerst die Ansicht über das Ausklappfeld von Lokale Benutzer auf Interner Systembenutzer einstellen. Machen Sie sich bewusst, dass Sie hiermit allerdings den Zugriff auf den jeweiligen Ordner für Nutzer ohne Authentifikation freigeben. Insbesondere der schreibende Zugriff kann hier gefährlich werden, weil sich jede Art von Datei ablegen lässt. Der Zugang sollte aus Sicherheitsgründen nicht über das Internet erfolgen. Es bietet sich in jedem Fall eher an, ein separates Gastkonto anzulegen, das über einen Passwortschutz verfügt.

Abbildung 2.36 Selten benötigte FTP-Funktionen sind über »Erweiterte Einstellungen« zugänglich.

Beim Thema FTP gibt es noch eine weitere Variante für den Datentransfer mit dem Namen *SFTP* (*Secure File Transfer Protocol*), die aber keinesfalls mit dem Protokoll FTPS verwechselt werden darf. SFTP dient zwar auch der Datenübertragung und arbeitet auf den ersten Blick ähnlich wie FTP(S), wird aber über das SSH-Protokoll abgewickelt und arbeitet daher auch üblicherweise auf Port 22. Durch die Nutzung von SSH ist es stark verschlüsselt und daher auch zur Übertragung über das Internet geeignet.

Auch wenn ein SSH-Terminalzugriff ebenfalls über Port 22 abgewickelt wird, bedeutet eine Aktivierung von SFTP nicht, dass auch gleichzeitig ein Terminal-Zugriff ermöglicht wird. Wenn Sie die Option bei den FTP-Einstellungen aktivieren, ermöglichen Sie damit einzig den Datentransfer. Es besteht Zugriff auf dieselben Verzeichnisse wie beim normalen FTP. Die Aktivierung von SFTP ermöglicht also keinen Zugang zum Linux-Grundsystem der DiskStation. Es ist auch bei SFTP möglich, den Zugangsport zu ändern und damit die Nutzung von SFTP zu verschleiern. Falls Sie mit einer FTPS-Variante Probleme haben, zum Beispiel bei der Kommunikation über eine NAT, so haben Sie mit SFTP aufgrund der anderen Protokollstruktur oftmals deutlich weniger Probleme.

2.3.7 Erweiterte Einstellungen rund um die Dateidienste

Auf der Registerkarte ERWEITERT gibt es im Modul DATEIDIENSTE noch einige Einstellungsoptionen für Sonderfunktionen (siehe Abbildung 2.37).

Abbildung 2.37 Einige Sonderfunktionen können auf der Registerkarte »Erweitert« konfiguriert werden.

Sie können dort ein DATEI-SCHNELLKLONEN AKTIVIEREN. Diese Funktion kann dann genutzt werden, wenn Sie das moderne Btrfs-Dateisystem nutzen. Wenn Sie von einer Datei eine Kopie erstellen, dann wird nur ein entsprechender Verweis in der Dateistruktur angelegt, ohne dass die eigentliche Datei kopiert wird und Speicherplatz belegt. Auf diese Weise können Sie also beliebige Dateiduplikate erzeugen und belegen nur einmal den Speicherplatz. Sinngemäß kann dies mit harten Verknüpfungen unter einem ext-Linux-Dateisystem verglichen werden.

Wenn Sie mit Mac-Geräten arbeiten, können Sie die BONJOUR-Diensterkennung nutzen und darüber die DiskStation beispielsweise mit der Time Machine schnell und unkompliziert im Netzwerk finden. Aktivieren Sie einfach die Funktionen, für die Sie Bonjour nutzen möchten. Falls Sie die Funktionen nicht benötigen, können Sie den Bonjour-Dienst auch komplett abschalten.

Bei den im folgenden Kapitel vorgestellten Multimediafunktionen wird Ihnen beim Mediaserver das SSDP, das *Simple Service Discovery Protocol*, begegnen, über das sich Mediaserver und die zugehörigen Clients automatisch finden. Über das SSDP kann auch die DiskStation in der Netzwerkumgebung von Windows in der Rubrik ANDERE GERÄTE aufgeführt werden. Ein Doppelklick auf das Icon stellt eine Verbindung zum DSM-Webinterface her, das Sie aber auch einfach per Hand über seine normale Adresse aufrufen können. Falls Sie diese Funktion nicht benötigen, schalten Sie sie in der Sektion SSDP einfach aus.

Für Sonderfunktionen können Dateifreigaben mit dem TFTP, dem *Trivial File Transfer Protocol*, verbunden werden. Auf diese Weise können aufgabenbezogene Dateien schnell an entsprechende Endgeräte verteilt werden. Dies wird zum Beispiel für Konfigurations- oder Firmware-Dateien verwendet. In der Sektion TFTP kann die Funktion aktiviert und konfiguriert werden.

Abschließend haben Sie die Möglichkeit, freigegebene Ordner zwischen zwei Synology-NAS-Geräten zu synchronisieren, um beispielsweise standortübergreifend auf denselben Datenbestand zuzugreifen. Wir werden in Abschnitt 8.2, »Auslagerungssicherung«, noch andere Funktionen besprechen, die es erlauben, den Datenbestand zwischen verschiedenen NAS-Geräten synchron zu halten.

2.4 Das Paket-Zentrum

Das *Paket-Zentrum* ist die zentrale Anlaufstelle für die Erweiterung des Funktionsumfangs der DiskStation. Es ist mit einem App-Bezugspunkt für Mobilgeräte vergleichbar, wobei ein solcher mittlerweile auch längst in Desktop-Betriebssysteme Einzug gehalten hat. Das Paket-Zentrum ermöglicht den Download von Programmpaketen aus dem Internet und deren Installation auf der DiskStation (siehe Abbildung 2.38). Diese Programmpakete rüsten grundlegende und erweiterte Funktionen auf der DiskStation nach und sind zunächst allesamt kostenlos.

Das Paket-Zentrum steht ausschließlich Administrator-Benutzern zur Verfügung und kann über deren Hauptmenü oder die Verknüpfung auf dem Desktop aufgerufen werden.

Links unterscheiden drei Reiter zwischen Listen mit allen installierten Programmen, Paketen, die für die Installation verfügbar sind, sowie Beta-Paketen, deren Entwicklung noch nicht so weit abgeschlossen ist, um sie produktiv einzusetzen. Im rechten

Bereich werden die einzelnen Programmpakete aufgelistet. Zunächst gibt es eine relativ lange Liste mit Paketen, die direkt von Synology entwickelt wurden. Darauf weist eine graue Überschrift hin.

Unter dieser Liste finden Sie eine Gruppe bekannter Programme aus dem Open-Source-Bereich, die also nicht von Synology selbst stammen. Diese Programme wurden für den Einsatz auf der DiskStation angepasst. Abschließend gibt es eine Sektion mit Programmen von Fremdentwicklern. Zu Beginn sollten Sie sich die Liste kurz anschauen, um ein Gefühl für die zur Verfügung stehende Software zu bekommen.

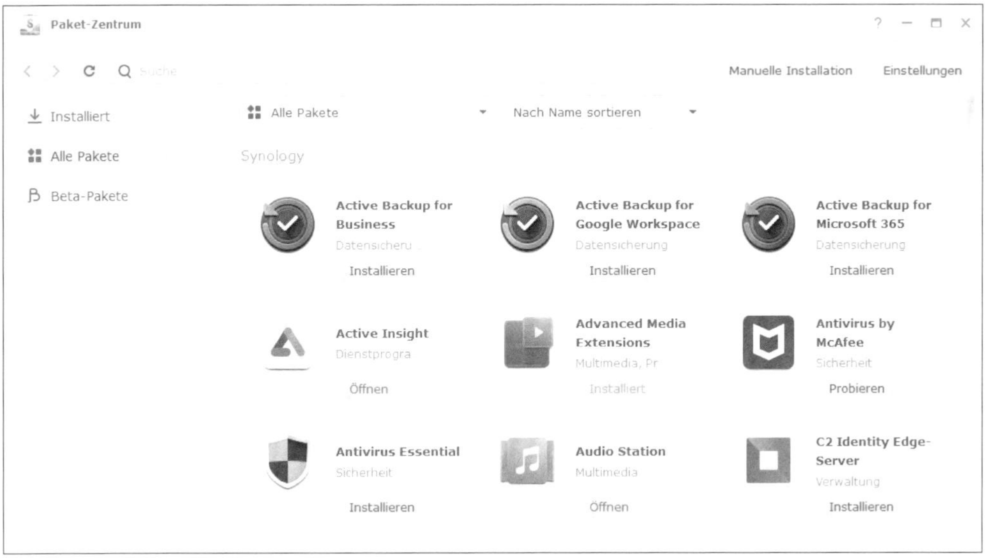

Abbildung 2.38 Über das Paket-Zentrum kann die DiskStation mit neuen Funktionen ausgestattet werden.

Das Paket-Zentrum ermöglicht eine schnelle Installation und erreicht nahezu den Komfort einer »Ein-Klick-Lösung«. Es werden grundsätzlich nur wenige Benutzereingaben erforderlich sein.

2.4.1 Pakete installieren

Wenn Sie ein bestimmtes Paket im Paket-Zentrum suchen, dann können Sie es über verschiedene Wege finden:

- Sie suchen manuell nach dem Paket. Da der Gesamtumfang überschaubar ist, kann dies zügig zum Ziel führen.
- Sie lassen die Liste nach Kategorien filtern. Dazu dient das linke der beiden Ausklappfelder. Hier stehen beispielsweise die Kategorien MULTIMEDIA, SICHERHEIT oder DATENSICHERUNG zur Verfügung.

- Sie nutzen das Suchfeld oben im Paket-Zentrum. Geben Sie einfach einen Teil des Paketnamens ein. Auch nach Kategorien kann hier gesucht werden.

Haben Sie das gewünschte Paket gefunden, dann können Sie direkt beim entsprechenden Eintrag auf die Schaltfläche INSTALLIEREN klicken. Alternativ klicken Sie auf seinen Titel oder sein Vorschaubild und sehen eine Vorschaltseite wie in Abbildung 2.39, die einige zusätzliche Informationen bietet und auch über eine Schaltfläche zur Installation verfügt.

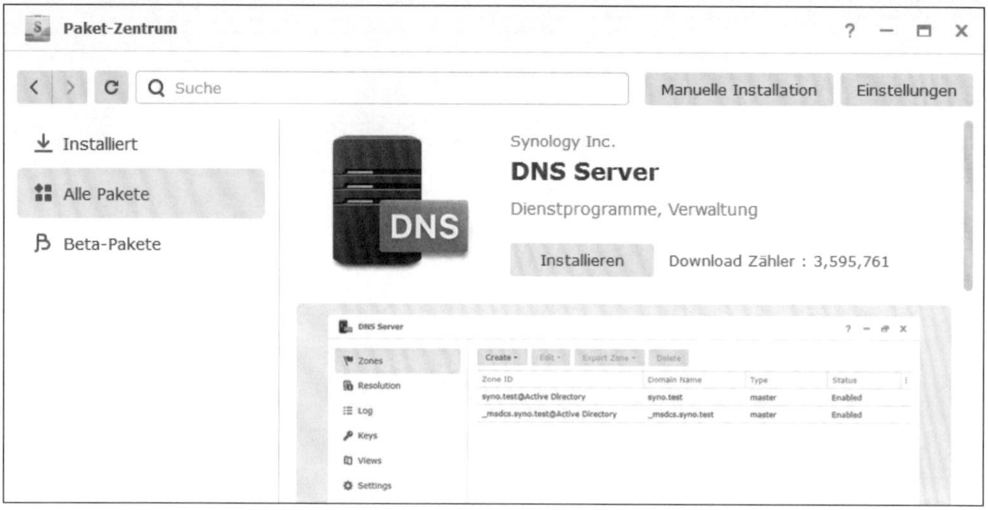

Abbildung 2.39 Pakete können gleich in der Übersicht oder – wie hier gezeigt – über eine Detailseite installiert werden.

Bei entsprechend konfigurierten DiskStations müssen Sie zunächst das Volume im Speichersystem wählen, auf dem das Paket installiert werden soll. Installierte Pakete reduzieren also unmittelbar den auf der DiskStation verfügbaren Speicherplatz. Sie können die Pakete nach Belieben über die verfügbaren Volumes verteilen oder alternativ auf einem Volume konzentrieren. Dabei hilft das Kontrollkästchen ganz unten, das die Abfrage des Ziel-Volumes bei zukünftigen Installationen unterdrückt (siehe Abbildung 2.40).

Bei umfangreichen Paketen erhalten Sie gegebenenfalls noch eine Vorschaltseite, die darüber informiert, dass das gewünschte Paket von zusätzlichen Paketen (wie etwa einem PHP-Interpreter) abhängt. Die zusätzlichen Pakete werden automatisch mitinstalliert.

Nachdem Sie einen Zusammenfassungsdialog bestätigt haben (siehe Abbildung 2.41), läuft die eigentliche Installation automatisiert ab. Dabei wird stets die aktuelle Version aus dem Internet geladen.

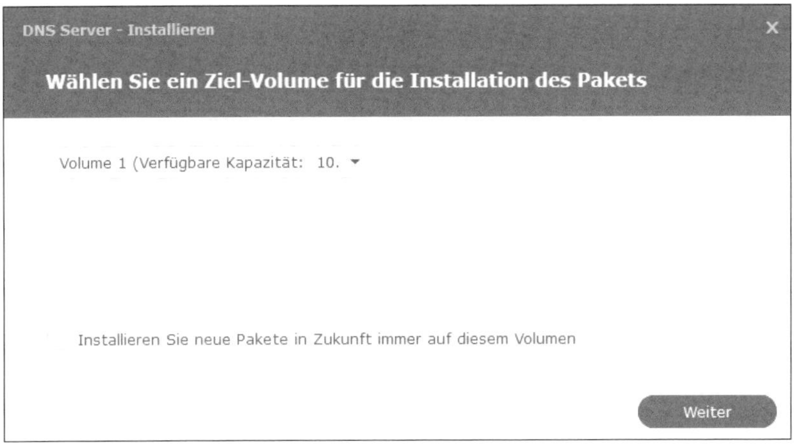

Abbildung 2.40 Verfügt die DiskStation über mehrere Volumes, so muss das gewünschte Volume für die Installation ausgewählt werden.

Abbildung 2.41 Vor der Installation werden wesentliche Daten zusammengefasst.

Wenn die Option NACH DER INSTALLATION STARTEN auf der Zusammenfassung aktiviert wurde (was der Standardeinstellung entspricht), wird das gewünschte Programm nach der Installation automatisch gestartet und nimmt (sofern es seine Basiskonfiguration erlaubt) direkt den Betrieb auf.

Im Paket-Zentrum wechselt die Schaltfläche, die zuvor die Installation gestartet hat, dann zu ÖFFNEN (siehe Abbildung 2.42).

Abbildung 2.42 Das Programm ist fertig installiert und hat seinen Dienst aufgenommen.

Hierüber erreichen Sie entweder das neu installierte Programm oder dessen Konfigurationsdialog. Alternativ kann das Programm über ein Symbol im Hauptmenü des DSM aufgerufen werden. Es steht nur berechtigten Nutzern zur Verfügung. Nach einer Installation sollte der Administrator also stets die Berechtigungen in der Systemsteuerung (beispielsweise im Modul ANWENDUNGSBERECHTIGUNGEN) festlegen.

Denken Sie daran, dass Sie auf Wunsch eine Verknüpfung auf den Desktop erstellen können und dass Sie über das Modul ANMELDEPORTAL in der Systemsteuerung URL- oder Port-Shortcuts anlegen können.

2.4.2 Pakete aktualisieren

Während der DSM selbst über das Modul AKTUALISIEREN UND WIEDERHERST. der Systemsteuerung aktualisiert wird, erfolgt die Aktualisierung der übrigen Pakete über das Paket-Zentrum (sofern sie auch über es installiert wurden).

Wenn Updates verfügbar sind, werden diese im Paket-Zentrum auf der Registerkarte INSTALLIERT angezeigt und können einzeln (über die jeweilige Schaltfläche AKTUALISIERUNG) oder gemeinsam (über den Eintrag ALLE AKTUALISIEREN) installiert werden. Abbildung 2.43 zeigt ein Beispiel.

Sie erhalten auch eine Information im Benachrichtigungsbereich oben rechts in der Taskleiste und können darüber hinaus eine Benachrichtigung per E-Mail aktivieren. Eine kleine Zusammenfassung informiert im Paket-Zentrum (auch auf der Detail-Seite) darüber, was im Rahmen des Updates aktualisiert bzw. verbessert wird. In Umgebungen, in denen Sicherheit und Verfügbarkeit eine besonders große Rolle spielen, sollten Sie diese Texte und die Updates zuerst auf Relevanz überprüfen. Vergessen Sie dabei aber nicht, dass Updates auch eventuelle Sicherheitslücken schließen können und eine baldige Installation daher oft ratsam ist.

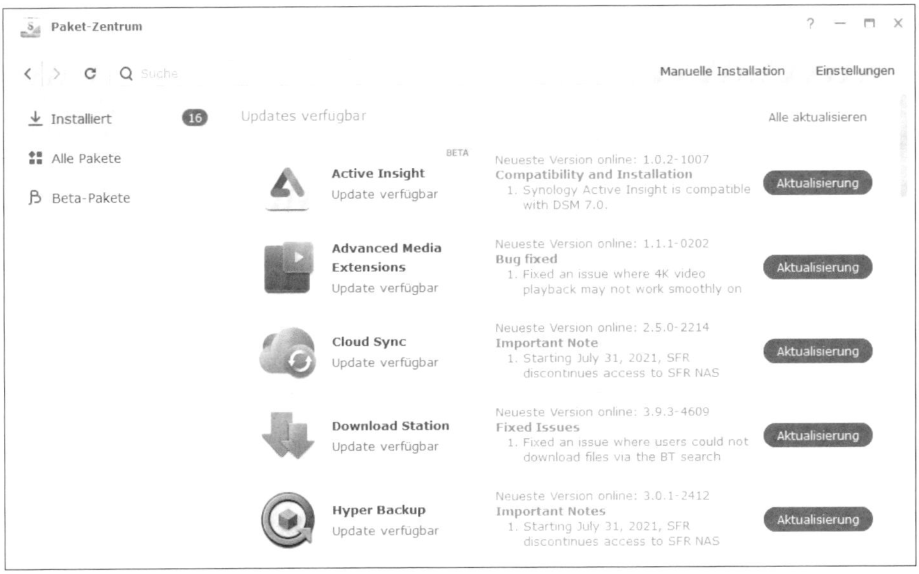

Abbildung 2.43 Updates sind verfügbar und können einzeln oder gemeinsam installiert werden.

Sollten andere Pakete vom zu aktualisierenden Paket abhängen, dann erhalten Sie wie in Abbildung 2.44 eine Information, dass die abhängigen Pakete während der Aktualisierung angehalten werden und nicht zur Verfügung stehen. Dies gilt es in Produktivumgebungen zu berücksichtigen: Die Aktualisierungen sollten dann zu einem passenden Zeitpunkt vorgenommen werden. Im Heimnetzwerk ist dies hingegen meist nicht kritisch, weswegen eine komplett automatisierte Aktualisierung, wie sie nachfolgend beschrieben wird, eine Alternative darstellt.

Abbildung 2.44 Gegebenenfalls müssen einige Dienste während des Update-Vorgangs vorübergehend angehalten werden.

2.4.3 Pakete deinstallieren

Auch die Deinstallation von Paketen kann über das Paket-Zentrum durchgeführt werden. Das Paket-Zentrum verhält sich also auch hier wie ein vorinstallierter App-Bezugspunkt auf einem Mobilgerät. Auf der Registerkarte INSTALLIERT werden alle installierten Pakete angezeigt. Bei jedem Eintrag gibt es die Schaltfläche ÖFFNEN, die zum jeweiligen Programm führt. Klickt man außerhalb dieser Schaltfläche auf ein Programm, öffnet sich die Detailseite. Neben der dortigen Schaltfläche ÖFFNEN gibt es ein Ausklappmenü (siehe Abbildung 2.45). Mit seiner Hilfe können Sie ein Paket vorübergehend anhalten (etwa um Systemressourcen für andere Dienste freizumachen). Sie können auch eine automatische Aktualisierung für kritische Pakete aktivieren oder das Paket deinstallieren.

Abbildung 2.45 Über das Ausklappmenü kann jedes Paket automatisch deinstalliert werden.

Die Deinstallation läuft automatisch ab. Gegebenenfalls erhalten Sie noch eine Rückfrage, ob auch Konfigurationsdaten mit entfernt werden sollen. Falls Sie eine zukünftige Re-Installation in Erwägung ziehen, können Sie diese Daten beibehalten oder sie für ein schlankes Gesamtsystem gleich mit löschen lassen.

2.4.4 Die Einstelloptionen des Paket-Zentrums

Das Paket-Zentrum bietet einen eigenen EINSTELLUNGEN-Dialog, den Sie über die gleichnamige Schaltfläche oben rechts aufrufen. Über ihn kann das Verhalten bei der Installation und bei verfügbaren Updates angepasst werden (siehe Abbildung 2.46).

Auf der Registerkarte ALLGEMEIN können Sie das Standard-Ziel-Volume für die Installation von Paketen festlegen oder verändern. Sie können außerdem eine E-Mail-Benachrichtigung anschalten, die Sie über verfügbare Updates informiert. Dabei wird das Standard-E-Mail-Konto verwendet. Zusätzlich können Sie auch Desktop-Benachrichtigungen nutzen, die Ihnen direkt im DSM angezeigt werden. Wenn Sie auf einem Produktivsystem nicht mit Beta-Paketen arbeiten möchten, können Sie deren Auflistung im Paket-Zentrum abschalten.

Abbildung 2.46 Für das Paket-Zentrum sind einige Einstelloptionen verfügbar, zum Beispiel zu automatischen Updates.

Ein automatisiertes Update kann auf der Registerkarte AUTOMATISCH AKTUALISIEREN aktiviert werden. Dort können Sie noch detaillierter konfigurieren, ob stets alle Pakete komplett oder ob nur wichtige Versionen automatisch installiert werden sollen. Dies kann auf Wunsch sogar für jedes Paket einzeln eingestellt werden. Im Privathaushalt werden Sie üblicherweise eine komplett automatische Aktualisierung vornehmen, um den Verwaltungsaufwand zu minimieren.

Sollte durch ein automatisches Update etwas schieflaufen, ist es im Privathaushalt nicht so schlimm. In Produktivumgebungen sollte man hierauf möglicherweise verzichten oder nur wichtige (sicherheitskritische) Updates automatisch einspielen lassen. Der Administrator muss hierbei jedoch offensichtlich Nachrichten zu Updates überwachen und selbst über den Zeitpunkt der Installation entscheiden.

Zuletzt wird auf der dritten Registerkarte die Option geboten, alternative PAKETQUELLEN zum Paket-Zentrum hinzuzufügen. Dies ist vergleichbar mit dem Hinzufügen von weiteren Paketquellen unter einem Linux-System mithilfe eines Paketmanagers. Wie dort gilt auch hier bei der DiskStation, dass Sie nur vertrauenswürdige Paketquellen hinzufügen sollten.

Schließlich können Sie auch einzelne Pakete, wenn sie als Datei vorliegen, über die Schaltfläche MANUELLE INSTALLATION auf der Hauptseite des Paket-Zentrums installieren. Selbstredend sollten auch hier solche Pakete nur aus einer vertrauenswürdigen Quelle bezogen werden.

2.4.5 Weitere Paketquellen hinzufügen

Wie im vorigen Abschnitt erwähnt, können Sie im Paket-Zentrum externe Paketquellen eintragen. Externe Paketquellen lassen sich im Internet rasch finden. Sie fügen zusätzliche Programme und Dienste zum Paket-Zentrum hinzu und vergrößern damit den Funktionsumfang der DiskStation.

Eine bekannte externe Paketquelle ist beispielsweise die *SynoCommunity*, die unter der Website *https://synocommunity.com/* zu erreichen ist. Wenn Sie zum Paket-Zentrum eine externe Paketquelle hinzufügen möchten, dann öffnen Sie das Einstellungsfenster und dort die Registerkarte PAKETQUELLEN.

Ein Klick auf die Schaltfläche HINZUFÜGEN zeigt ein Fenster, in dem für die neue Paketquelle als Freitext ein Name eingegeben werden kann (siehe Abbildung 2.47). Im Feld ORT geben Sie die Internetadresse der Paketquelle an. Sie erhalten den korrekten Wert auf der Internetpräsenz der jeweiligen Paketquelle.

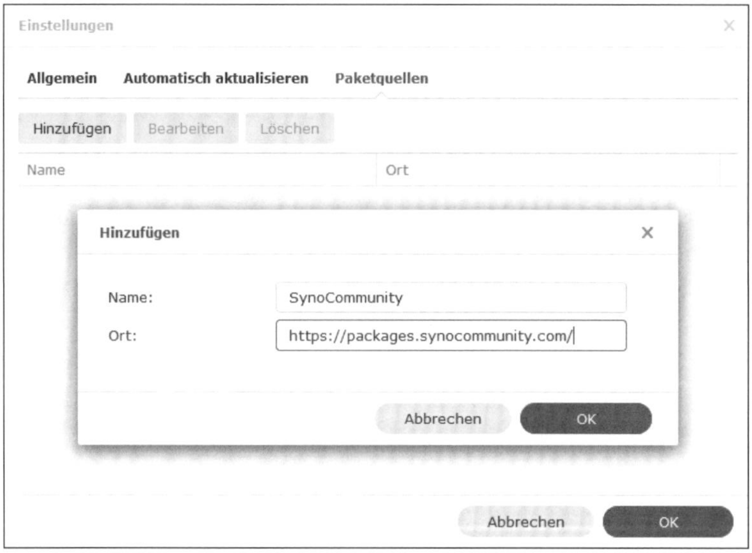

Abbildung 2.47 In den »Einstellungen« des Paket-Zentrums lassen sich externe Paketquellen hinzufügen.

Externe Paketquellen

Eine sehr gute Auflistung externer Angebote finden Sie im Synology-Wiki:

https://www.synology-wiki.de/index.php/Paketzentrum_Quellen

Da diese Pakete von der Community gepflegt werden, können Sie von einem guten Qualitätsstandard ausgehen. Trotzdem bleibt bei externen Quellen immer ein etwas schlechtes Gefühl: Wollen Sie der Software wirklich vertrauen? Während beim privaten Einsatz die Vorteile überwiegen werden, sollten Sie sehr vorsichtig sein, wenn Sie mit Ihrer DiskStation fremde Daten verwalten müssen. Spätestens bei einem Sicherheitsaudit wird man Sie wieder auf die Risiken hinweisen.

Nach dem Hinzufügen einer externen Paketquelle wird im Paket-Zentrum eine neue Registerkarte COMMUNITY mit den verfügbaren Paketen sichtbar. Auf dieser können Sie sich wie in Abbildung 2.48 den Inhalt ansehen und einzelne Pakete genauso installieren wie bei der Standardquelle.

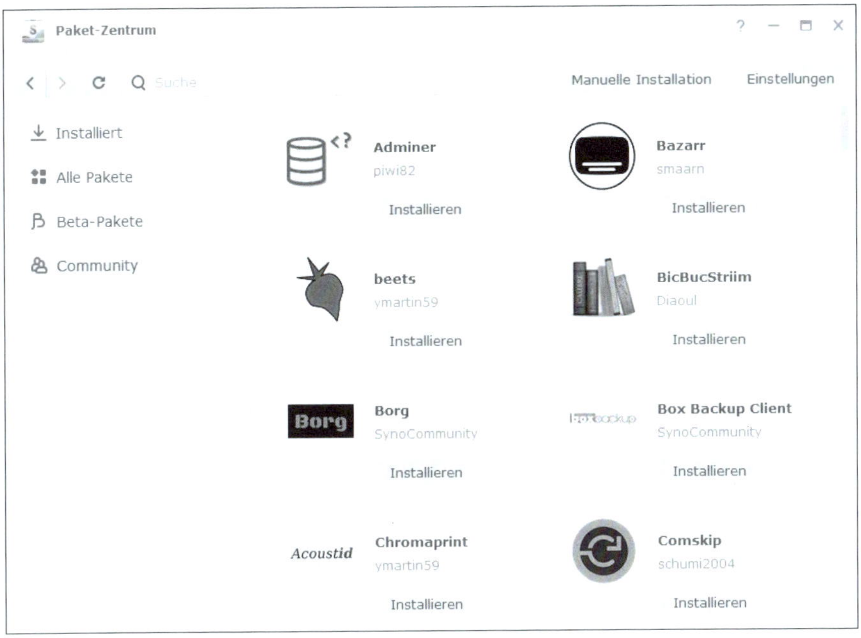

Abbildung 2.48 Die verfügbaren Anwendungen werden im Paket-Zentrum aufgelistet.

Seien Sie aber bitte stets vorsichtig, wenn Sie dem Paket-Zentrum externe Paketquellen hinzufügen. Bedenken Sie, dass Sie über das Paket-Zentrum neue Anwendungsprogramme auf der DiskStation installieren, die unter Umständen Zugriff auf den gesamten Datenbestand erhalten können. Falls Sie auf Ihrer DiskStation sensible Daten speichern, sollten Sie vom Hinzufügen externer Paketquellen aus Sicherheitsgründen Abstand nehmen. Prüfen Sie in jedem Fall die enthaltene Software sorgfältig.

2.5 Das DSM-System aktualisieren, sichern und zurücksetzen

In diesem Abschnitt beschreiben wir Ihnen, wie Sie das Betriebssystem DiskStation Manager (kurz: DSM) Ihres NAS-Gerätes auf dem aktuellen Stand halten, seine Einstellungen sichern und gegebenenfalls wiederherstellen. Wir erläutern auch den Reset-Vorgang, der das System auf die Werkseinstellungen zurücksetzt.

2.5.1 DSM aktualisieren

Die DiskStation überprüft über die Internetverbindung automatisch in regelmäßigen Abständen, ob Aktualisierungen des DSM verfügbar sind. Dabei werden kritische Updates (die Sicherheitslücken schließen) von weniger kritischen Updates (die nur Funktionen nachrüsten) unterschieden.

Wie das Gerät bei verfügbaren Updates verfährt, hängt von den Einstellungen ab, die Sie bei der Installation vorgenommen haben.

Wenn Sie Updates automatisch installieren lassen, dann müssen Sie sich um nichts weiter kümmern. Ihre DiskStation wird das Update automatisch einspielen und Sie per Benachrichtigung über das erfolgte Update informieren. Dasselbe passiert, wenn Sie wichtige Updates automatisch installieren lassen.

Ist das Update weniger wichtig oder möchten Sie generell alle Updates vor der Installation prüfen, dann erhalten Sie zunächst nur eine Benachrichtigung über ein verfügbares Update. Sie können Art und Umfang dieser Benachrichtigung auf der Registerkarte REGELN im Modul BENACHRICHTIGUNG der Systemsteuerung konfigurieren (siehe Abbildung 2.49). Bitte beachten Sie, dass diese Benachrichtigungen in der Standardeinstellung nicht aktiviert sind.

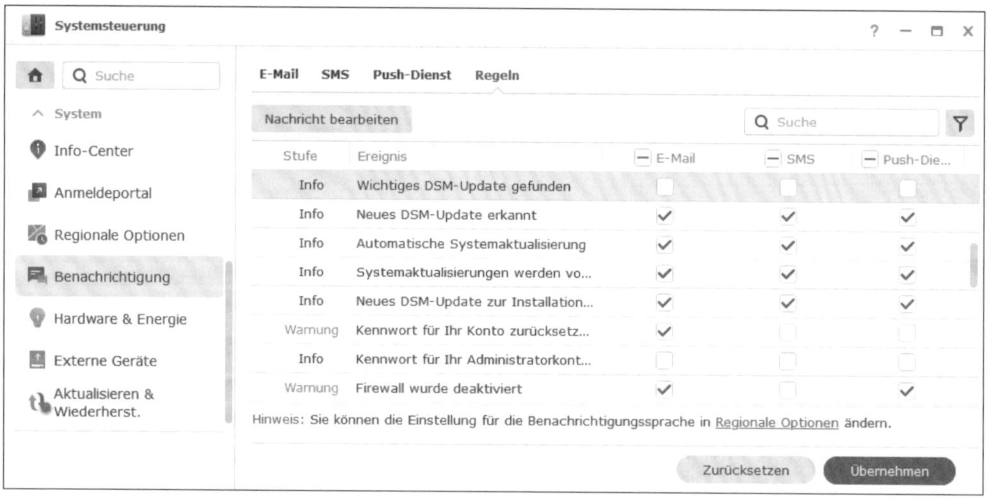

Abbildung 2.49 Für die Update-Funktion des DSM können verschiedene Benachrichtigungen in der Systemsteuerung konfiguriert werden.

In jedem Fall erscheint am Symbol AKTUALISIEREN & WIEDERHERST. der Systemsteuerung ein roter Kreis, der auf ein verfügbares Update hinweist (siehe Abbildung 2.50).

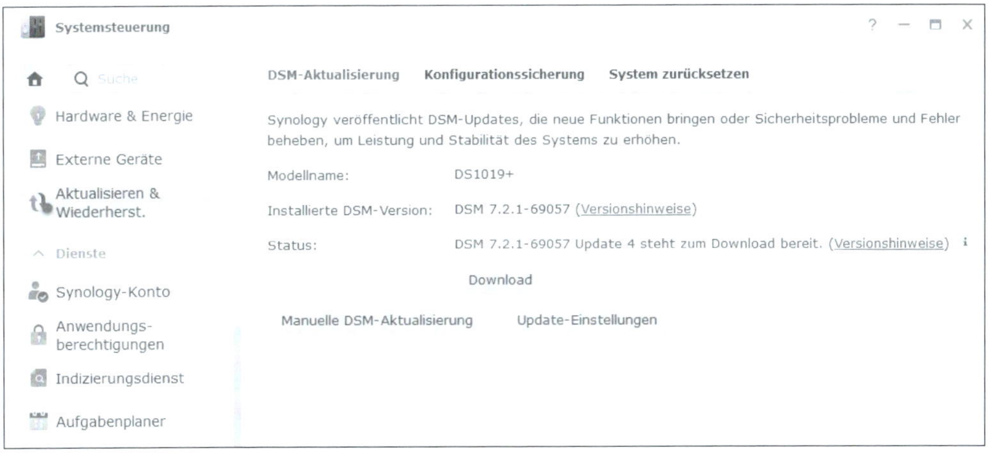

Abbildung 2.50 Ein Update für das DSM ist verfügbar.

Wenn Sie sich über ein verfügbares Update informieren oder dieses installieren möchten, dann öffnen Sie die Registerkarte DSM-AKTUALISIERUNG des Moduls AKTUALISIEREN & WIEDERHERST. in der Systemsteuerung. Dort wird Ihnen die Versionsnummer der aktuellen DSM-Fassung und die des verfügbaren Updates angezeigt.

Ein Klick auf den Eintrag VERSIONSHINWEISE zeigt Ihnen wie in Abbildung 2.51 die Release Notes mit den Änderungen, die das Update mit sich bringt.

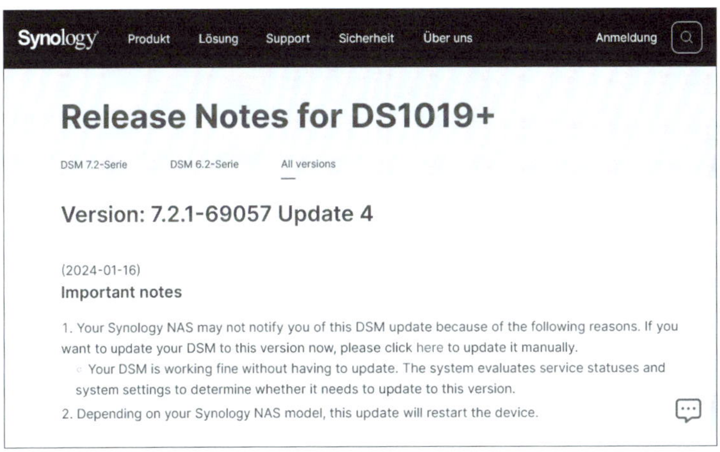

Abbildung 2.51 Die Release Notes informieren über Art und Umfang des Updates und eventuelle Unterbrechungen durch notwendige Neustarts.

Auf einem produktiv genutzten System sollten Sie prüfen, ob das Update kritische Sicherheitslücken schließt, die auf Ihrem System ausgenutzt werden könnten. Prüfen Sie auch, ob das Update einen Neustart einzelner Anwendungen oder des gesamten

Systems erfordert. Entscheiden Sie dann, ob Sie das Update unverzüglich einspielen möchten oder den Zeitpunkt dafür verschieben wollen.

Updates aufschieben und trotzdem weiterarbeiten

Als Alternative ist es bei Sicherheitslücken (je nach deren Art) eventuell auch möglich, den Dienst oder das gesamte System vorübergehend vom Internet zu trennen, sodass zumindest im lokalen Netzwerk weitergearbeitet werden kann, bis das Update installiert wurde.

Falls Sie das Update installieren möchten, dann klicken Sie zunächst auf die Schaltfläche DOWNLOAD (siehe Abbildung 2.50). Damit wird das Update aus dem Internet heruntergeladen. Den Vorgang müssen Sie beim manuellen Update stets selbst anstoßen. Sobald der Download abgeschlossen ist, erhalten Sie eine Benachrichtigung im Infobereich in der Taskleiste. Sie können den Download jederzeit durchführen und die eigentliche Installation erst später vornehmen.

Wenn der Download abgeschlossen ist, können Sie die Installation durch einen Klick auf die Schaltfläche JETZT AKTUALISIEREN starten. Je nach Umfang des Updates erhalten Sie eine Hinweismeldung, die zum Beispiel auf notwendige Neustarts hinweist (siehe Abbildung 2.52).

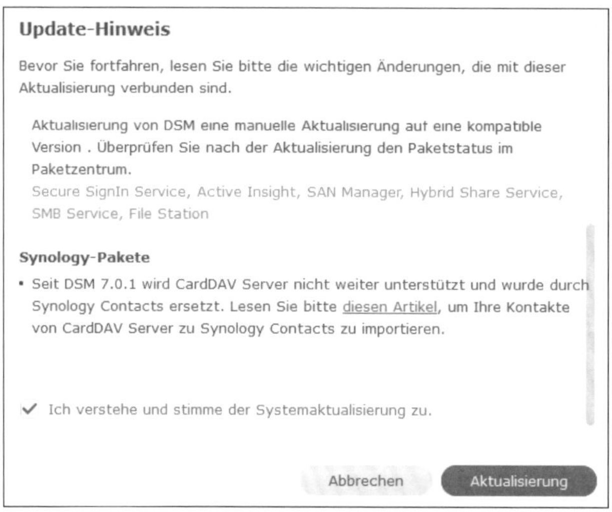

Abbildung 2.52 Überprüfen Sie gegebenenfalls die Update-Hinweise, die nicht bei jedem Update angezeigt werden.

Nachdem Sie diese noch mal bestätigt haben, beginnt die automatische Installation, während der das System gegebenenfalls nur teilweise zur Verfügung steht.

Updates werden je nach Umfang auch inkrementell vorgenommen, daher lässt sich der Zeitbedarf der Installation schlecht abschätzen. Spätestens nach zehn Minuten sollte der Vorgang aber abgeschlossen sein (siehe Abbildung 2.53). Je nach Art des Updates ist dann ein Neustart der DiskStation erforderlich. Sollte der Neustart nicht obligatorisch sein, dann werden Sie gegebenenfalls kurz vom DSM ab- und wieder angemeldet und können die Arbeit mit der DiskStation normal fortsetzen.

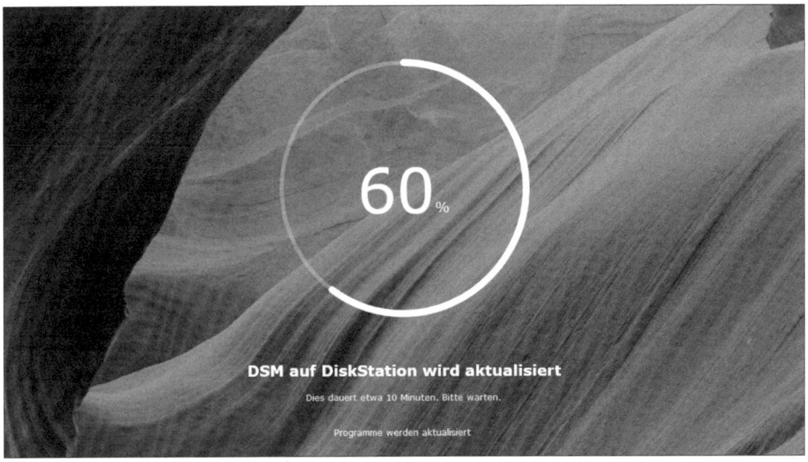

Abbildung 2.53 Der Update-Vorgang läuft und sollte nach spätestens zehn Minuten abgeschlossen sein.

Wenn Ihre DiskStation über keinen Internetzugang verfügt oder Sie eine besondere Fassung des DSM-Systems installieren möchten, dann können Sie die Aktualisierung auch manuell vornehmen. Sie benötigen dafür das DSM-System als *.pat*-Datei, die Sie zum Beispiel von Synology aus dem Internet herunterladen können. Achten Sie dabei unbedingt darauf, dass die Version zur Ihrem DiskStation-Modell passt.

Klicken Sie auf der Registerkarte DSM-AKTUALISIERUNG (siehe Abbildung 2.50) auf die Schaltfläche MANUELLE DSM-AKTUALISIERUNG. Sie erhalten dann den Dialog aus Abbildung 2.54.

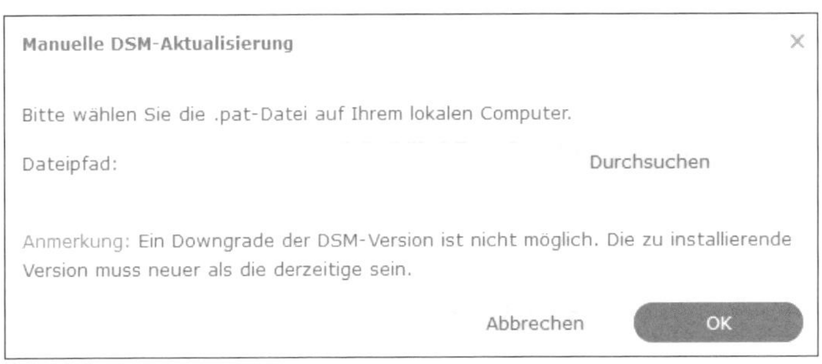

Abbildung 2.54 Ein Update des DSM können Sie auch manuell vornehmen.

Geben Sie dort den Pfad zur *.pat*-Datei an, und starten Sie anschließend den Update-Vorgang. Bitte beachten Sie, dass die Update-Funktion stets nur dazu verwendet werden kann, den DSM auf eine neuere Fassung zu aktualisieren. Ein sogenanntes Downgrade auf eine frühere Version ist nicht möglich. Wenn Sie sich bei einem Update unsicher sind, ob es in Ihrer Umgebung zu Problemen führen kann, dann bietet es sich an, das Update gegebenenfalls in einer virtuellen DSM-Maschine zu testen, bevor es auf der eigentlichen DiskStation installiert wird. Mehr zum Thema virtueller DSM finden Sie in Abschnitt 10.1, »Virtuelle Maschinen mit dem Virtual Machine Manager betreiben«.

Auf der Registerkarte DSM-Aktualisierung können Sie auch das Verhalten der DiskStation bei verfügbaren DSM-Updates einstellen. Klicken Sie dazu auf die Schaltfläche Update-Einstellungen. In einem neuen Fenster (siehe Abbildung 2.55) können Sie auswählen, ob verfügbare Updates stets automatisch installiert werden sollen, ob dies nur bei kritischen Updates erfolgen soll oder ob Sie stets lediglich benachrichtigt werden möchten. Sie können auch den Zeitpunkt einstellen, zu dem die Prüfung auf verfügbare Updates vorgenommen werden soll. Wie immer bietet es sich an, so eine Prüfung zu einer Zeit durchzuführen, zu der die DiskStation nur wenig genutzt wird.

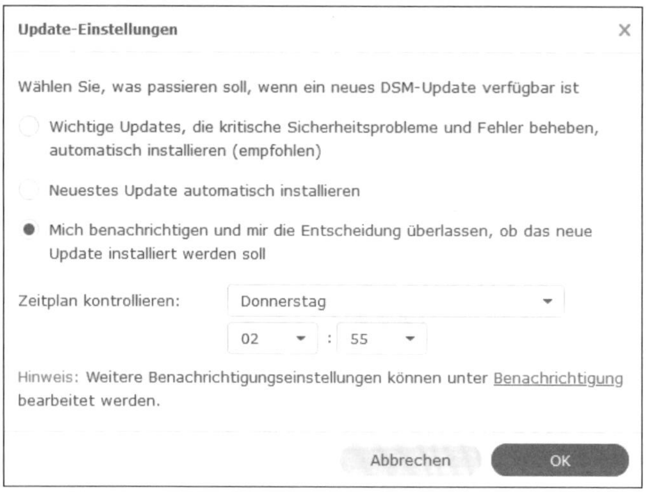

Abbildung 2.55 Legen Sie fest, wie die DiskStation bei verfügbaren Updates verfahren soll.

2.5.2 DSM-Einstellungen sichern und wiederherstellen

Alle Einstellungen, die direkt das DSM-System betreffen, können Sie automatisch oder manuell sichern lassen. Bevor wir Ihnen zeigen, wie das geht, möchten wir Sie noch darauf hinweisen, dass auch das Programm *Hyper Backup*, das wir Ihnen in Abschnitt 8.1, »Daten der DiskStation mit Hyper Backup sichern«, vorstellen, eine Sicherung der Systemkonfiguration vornimmt und diese im Bedarfsfall auch wiederherstellen kann. An dieser Stelle soll es um die Möglichkeiten gehen, die vom DSM selbst geboten werden.

Die DSM-Konfiguration wird auf der Registerkarte KONFIGURATIONSSICHERUNG im Modul AKTUALISIEREN UND WIEDERHERST. der Systemsteuerung vorgenommen (siehe Abbildung 2.56). Dort können Sie die Konfiguration regelmäßig automatisch sichern lassen oder die Sicherung manuell vornehmen.

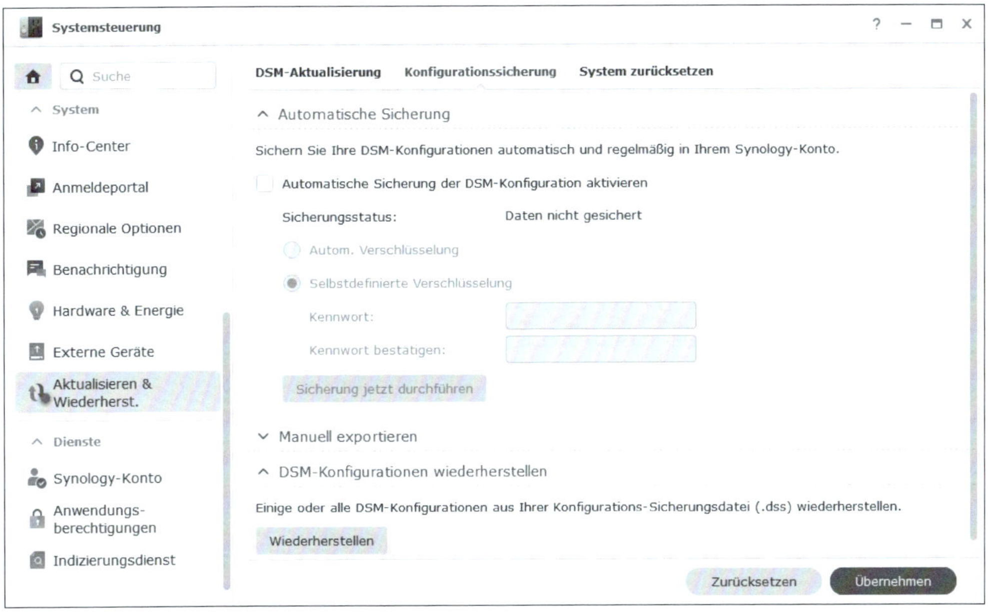

Abbildung 2.56 Die Sicherung der Einstellungen kann automatisiert erfolgen oder manuell angestoßen werden.

Bei der automatischen Sicherung werden die Daten in der Synology Cloud gespeichert. Dieser Dienst ist kostenlos, erfordert aber, dass Sie über ein Synology-Konto verfügen. Bereits bei der Installation des DSM hatten Sie die Gelegenheit, ein Synology-Konto anzulegen. Dieses bietet Zugang zu diversen Diensten von Synology, die rund um die DiskStation angeboten werden. Dazu zählt auch eine dynamische DNS-Funktion, die Ihrer DiskStation eine feste Domain für den Zugriff über das Internet zuweist. Dazu lesen Sie mehr in Abschnitt 4.1, »Über das Internet sicher auf die DiskStation zugreifen«.

Die Sicherung über das Synology-Konto ist insofern interessant, als die Daten außerhalb der DiskStation aufbewahrt werden. Sollte es einen Fehler im Speichersystem geben, so können die DSM-Einstellungen relativ schnell wieder zurückgespielt werden. Falls Sie Bedenken bezüglich des Datenschutzes haben, können Sie die Sicherung mit einem Kennwort verschlüsseln, sodass die Daten nicht von unbefugten Personen eingesehen werden können.

Um die Konfiguration automatisch regelmäßig zu sichern, setzen Sie einen Haken in das Kontrollkästchen AUTOMATISCHE SICHERUNG DER DSM-KONFIGURATION AKTI-

VIEREN. Sie werden darauf hingewiesen, dass ein Synology-Konto erforderlich ist. Sofern Sie schon eines besitzen, können Sie die Zugangsdaten eingeben. Alternativ bietet der Assistent auch an, ein neues Synology-Konto zu erstellen. Dafür müssen Sie sich mit einer E-Mail-Adresse und einem Passwort beim Anbieter registrieren.

Nachdem Sie sich mit einem Synology-Konto angemeldet haben, können Sie auswählen, ob der Datensatz mit einem automatisch gewählten Kennwort oder einem von Ihnen definierten Kennwort verschlüsselt werden soll. Es ist sicherer, wenn Sie ein eigenes Kennwort definieren. Heben Sie dieses gut auf, zum Beispiel in einem Passwort-Manager. Der DSM wird Ihnen anbieten, das Kennwort in Form einer Schlüsseldatei herunterzuladen. Sie sollten diese Datei gut aufbewahren, denn sie kann alternativ zur Kennworteingabe verwendet werden. Da sie nur sehr klein ist, kann sie auch sehr gut mit einem geeigneten Passwort-Manager gespeichert werden. Da Sie bei der Arbeit mit der DiskStation noch häufiger auf solche Dateien stoßen werden, sollten Sie aber darauf achten, diese eindeutig zu benennen.

Klicken Sie dann auf die Schaltfläche SICHERUNG JETZT DURCHFÜHREN. Dabei werden alle Einstellungen auf der Cloud von Synology in verschlüsselter Form abgelegt. Bei der automatischen Sicherung mit dem Synology-Konto gibt es einiges zu beachten: Die regelmäßige Sicherung erfolgt automatisch immer dann, wenn die Systemkonfiguration über die Systemsteuerung geändert wurde. Es wird stets nur die aktuelle Konfiguration gesichert, die Anzahl an Backups ist auf 1 begrenzt. Eine Versionsverwaltung wird nicht geboten. Jedes neue Backup überschreibt die bisherige Sicherungsdatei. Zusätzlich bleibt diese nur für 180 Tage auf der Synology-Cloud gespeichert und wird dann automatisch gelöscht.

Wenn Sie mit den Einschränkungen der automatischen Sicherung nicht recht glücklich werden oder falls Sie Cloud-Speicherungen generell skeptisch gegenüberstehen, dann können Sie alternativ eine manuelle Sicherung vornehmen. Dabei werden alle Konfigurationseinstellungen in eine Datei abgespeichert, die im Browser heruntergeladen wird. Diese Datei kann anschließend an einem sicheren Ort verwahrt werden. Mit dieser Methode lassen sich beliebig viele Sicherungen erstellen und verwalten, sodass das System auch auf einen weit zurückliegenden Stand zurückgesetzt werden kann.

Klicken Sie für die manuelle Sicherung in der Sektion MANUELL EXPORTIEREN auf die Schaltfläche EXPORTIEREN. Darauf erfolgt der Download der Konfigurationen in Form einer *.dss*-Datei. In einem neuen Fenster wird Ihnen der Umfang der Sicherung angezeigt (siehe Abbildung 2.57). Die heruntergeladene Datei ist allerdings nicht verschlüsselt und enthält möglicherweise vertrauliche Daten. Sie sollten sie daher vor fremdem Zugriff geschützt aufbewahren.

Möchten Sie eine Systemkonfiguration im Bedarfsfall wiederherstellen, dann klicken Sie in der Rubrik DSM-KONFIGURATIONEN WIEDERHERSTELLEN auf die Schaltfläche WIEDERHERSTELLEN. Sie können dann zunächst auswählen, ob Sie die Konfiguration über das Synology-Konto oder aus einer manuell erstellten Sicherungsdatei wiederherstellen möchten.

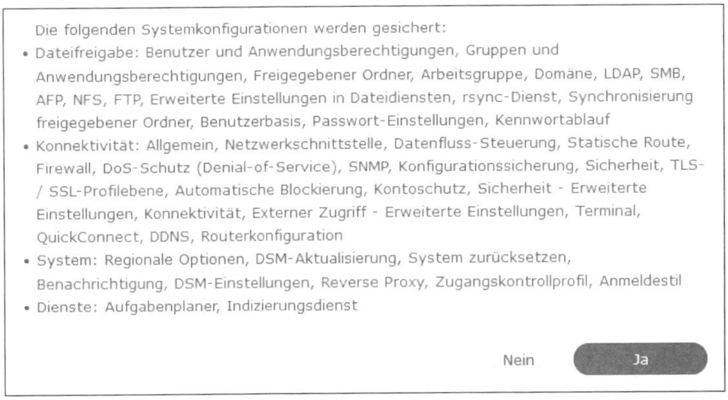

Abbildung 2.57 Ihnen wird angezeigt, welche Einstellungen die Sicherung umfassen wird.

Wenn Sie die Sicherung aus dem Synology-Konto wiederherstellen möchten, dann wird Ihnen zuerst die verfügbare Version angezeigt. Anschließend müssen Sie (je nach Art der Verschlüsselung) das Kennwort eingeben oder die Schlüsseldatei hochladen. Danach können Sie auswählen, welche Elemente Sie wiederherstellen möchten. Setzen Sie dazu einfach einen Haken in das gewünschte Kontrollkästchen. Nachdem Sie einen Warnhinweis bestätigt haben, werden Ihre Einstellungen wiederhergestellt.

Wenn Sie die Einstellungen aus einer Datei wiederherstellen möchten, dann wählen Sie die gewünschte Datei im *.dss*-Format aus und laden sie zur DiskStation hoch. Sie können anschließend wie in Abbildung 2.58 auswählen, welche Elemente Sie aus der Sicherungsdatei wiederherstellen möchten.

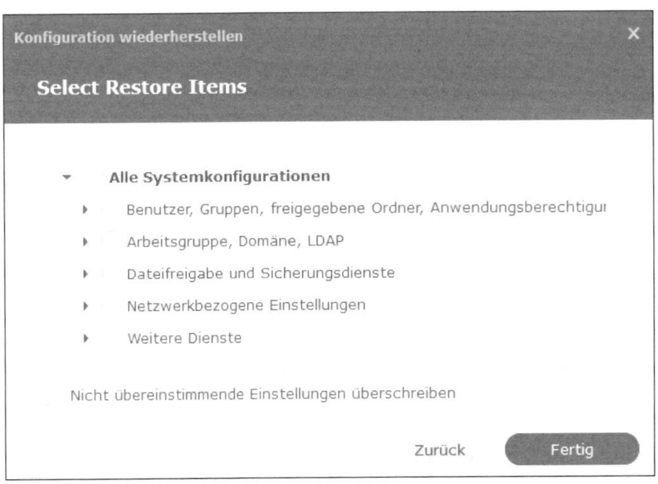

Abbildung 2.58 Sie können detailliert auswählen, welche Einstellungsoptionen Sie wiederherstellen möchten.

2.5.3 Das System per Software auf die Grundeinstellungen zurücksetzen

Wenn Sie noch einmal ganz von vorne beginnen möchten oder Ihre DiskStation verkaufen wollen, dann können Sie das System auf die Werkseinstellungen zurücksetzen. Klicken Sie dazu auf der Registerkarte SYSTEM ZURÜCKSETZEN auf die Schaltfläche ALLE DATEN LÖSCHEN (siehe Abbildung 2.59).

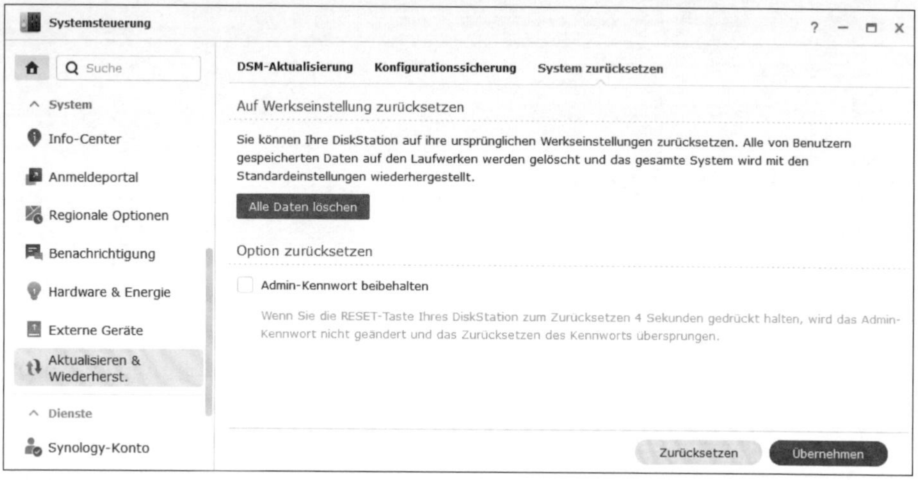

Abbildung 2.59 Wenn Sie das System auf die Werkseinstellungen zurücksetzen, werden alle Daten von den Festplatten entfernt.

Dadurch werden alle Daten, die auf den Festplatten gespeichert wurden, entfernt und das System wird auf die ursprünglichen Einstellungen zurückgesetzt.

Sicheres Löschen

Beachten Sie aber, dass die Daten dabei nur aus der Dateisystemstruktur entfernt werden. Das bedeutet, sie werden nicht sicher von den Festplatten gelöscht und können unter Umständen wiederhergestellt werden. Hatten Sie auf den Festplatten vertrauliche Daten gespeichert, dann sollten Sie diese unbedingt sicher löschen, bevor Sie die Festplatten verkaufen. Die DiskStation bietet im Speicher-Manager dafür die Option *Secure Erase*. Sollte diese auf dem System-Volume nicht verfügbar sein, dann müssen Sie die Festplatten beispielsweise an einen Desktop-Rechner anschließen und dort mit geeigneten Programmen sicher löschen.

2.5.4 Einen Hardware-Reset durchführen

Die meisten DiskStation-Modelle haben an der Rückseite einen Reset-Schalter, den Sie vorsichtig mit einem spitzen Gegenstand wie einem Zahnstocher oder einer aufgebogenen Büroklammer betätigen können. Dieser Schalter kann zwei Funktionen starten.

Wenn Sie den Schalter im laufenden Betrieb für etwa vier Sekunden betätigen, dann hören Sie einen einzelnen Piepton. Dadurch werden die Anmeldedaten des Administratorkontos und die Netzwerkeinstellungen der DiskStation zurückgesetzt. Sie sollten diese Funktion benutzen, wenn Sie die Zugangsdaten des Administratorkontos vergessen haben oder die DiskStation durch eine fehlerhafte Netzwerkkonfiguration nicht mehr erreichen können.

Nachdem Sie diesen Reset durchgeführt haben, benutzen Sie am besten den *Synology Web Assistant*, den Sie über die Adresse *find.synology.com* erreichen. Alternativ können Sie auch die Desktop-Applikation *Synology Assistant* verwenden. Beide Programme ermöglichen es Ihnen, Kontakt zur DiskStation aufzunehmen. Sie werden dann mit Ihrer DiskStation verbunden und müssen sich dort anmelden. Verwenden Sie dazu den Benutzernamen `admin`, und lassen Sie das Kennwortfeld leer. Anschließend können Sie dem bisherigen Admin-Konto ein neues Passwort zuweisen (siehe Abbildung 2.60). Danach wird Ihnen der Anmeldebildschirm angezeigt und Sie können sich an Ihrer DiskStation anmelden.

Abbildung 2.60 Bei der ersten Anmeldung nach dem Reset müssen Sie für das Administratorkonto ein neues Passwort vergeben.

Dieser Reset-Vorgang setzt nicht nur das Administratorkennwort zurück, sondern ändert auch die folgenden Dinge:

- Der Netzwerk-Port für das DSM-Webinterface wird auf 5000 bzw. 5001 zurückgesetzt.
- Die Netzwerkkonfiguration wird per DHCP bezogen.
- PPPoE und automatisches Blockieren werden abgeschaltet.
- Die Firewall wird deaktiviert.

- Die DiskStation wird aus einem Cluster im Virtual Machine Manager entfernt (falls sie so konfiguriert war).
- Verschlüsselte Ordner werden ausgehängt und nicht mehr beim Startvorgang eingehängt.

Durch diese Maßnahmen können Sie die DiskStation bei fehlerhafter Konfiguration oder vergessenen Zugangsdaten jederzeit auf einen definierten Zustand zurücksetzen, müssen dann aber die oben genannten Einstellungen gegebenenfalls wieder manuell rekonfigurieren.

Sie können das System mit dem Reset-Schalter auch komplett so zurücksetzen, dass Sie das DSM neu installieren müssen. Dabei werden alle Einstellungen im DSM entfernt. Alle Nutzerdaten, also alle Dateien, bleiben aber erhalten. Diese Option sollten Sie dann nutzen, wenn Sie im System etwas stark verstellt haben und noch einmal von vorne beginnen möchten, ohne dabei alle Daten zu löschen.

Betätigen Sie dazu für etwa vier Sekunden den Reset-Schalter, und lassen Sie ihn los, sobald Sie einen Piepton hören. Betätigen Sie unmittelbar danach den Reset-Schalter erneut für mindestens vier Sekunden, bis Sie drei Pieptöne hören. Dies wird den Reset-Vorgang einleiten. Warten Sie mindestens zwei Minuten, bis die Status-LED an der Vorderseite des Geräts blinkt. Sie müssen das System jetzt neu einrichten, so wie wir es bei der erstmaligen Inbetriebnahme in Abschnitt 1.1, »Die Ersteinrichtung Ihres NAS-Geräts«, beschrieben haben.

Kapitel 3
Die DiskStation als Multimedia-zentrale

3

Haben Sie Interesse daran, Multimediadateien auf Ihrer DiskStation zu verwalten, sie im Browser abzuspielen oder auf mobile Endgeräte zu streamen? Hier zeigen wir Ihnen, wie so etwas eingerichtet wird.

Dieses Kapitel bringt Ihnen die Multimedia-Fähigkeiten Ihrer DiskStation näher, denn als zentrales NAS-Gerät kann die DiskStation selbstredend auch die Mediensammlung aufnehmen. Sie können Ihre Fotos, Ihre Musik und Ihre Videos auf dem Gerät abspeichern.

Beim Thema Multimedia unterstützt die DiskStation Sie darüber hinaus mit diversen Programmen, die die Verwaltung und die Wiedergabe der Medien erlauben. Es gibt eigenständige Applikationen für die Wiedergabe von Musik, Fotos und Videos. Alle bieten die Möglichkeit, die Medien in einer Bibliothek zu verwalten und um Metadaten oder Schlagwörter zu ergänzen, sodass Sie eine gewünschte Datei zügig finden. Wiedergeben lassen sich die Medien entweder über eine DSM-Anwendung im Browser, über eine Synology-eigene App auf Smartphone und Tablet oder über einheitliche Schnittstellen auf externen Geräten oder Mediacentern.

In Sachen Multimedia konzentriert sich die DiskStation eher auf den Einsatz zu Hause im Heimnetzwerk, wobei aber beispielsweise die Anwendung *Synology Photos* auch etwa im freiberuflichen Kontext interessant sein kann, weil sie Werkzeuge bietet, um Fotos mit anderen Personen zu teilen. Das Thema *Teilen von Medien* wird generell von den Hauptapplikationen der DiskStation unterstützt, sodass Sie Fotos, Musikstücke und Videofilme schnell und unkompliziert mit anderen Nutzern der DiskStation oder aber auch mit Freunden und Bekannten über eine allgemeine Dateifreigabe via Internet austauschen können. Freigaben lassen sich vor unerwünschtem Zugriff per Passwort schützen, und der Datentransfer kann verschlüsselt werden.

Darüber hinaus kann die DiskStation mit den jeweiligen Anwendungen nicht nur eine zentrale Medienbibliothek verwalten, sondern sie kann (mit Ausnahme des Media Servers) auch jeweils eine persönliche Bibliothek für die einzelnen Familienmitglieder anbieten, die sich teilweise auch durch gemeinsame Inhalte ergänzen lässt.

Entsprechend ausgerüstete DiskStations bieten zusätzlich die *Medienkonvertierung* in Echtzeit. Dabei können Mediendateien in ein anderes Format konvertiert werden. So lässt sich nicht nur das Datenformat ändern, sondern es sind auch Anpassungen möglich, etwa an der Videoauflösung oder an der Datenrate. Damit lassen sich die Medien nicht nur auf leistungsschwächeren Geräten abspielen, sondern auch sparsam von unterwegs über eine mobile Datenverbindung abrufen. Über die üblichen Schnittstellen der DiskStation besteht nämlich auf Wunsch auch ein geschützter externer Zugriff auf die Mediensammlung, sodass man auch auf Reisen über das Internet auf Filme, Musikstücke und Fotos zugreifen kann.

3.1 Mediendateien mit dem UPnP/DLNA-kompatiblen Media Server streamen

Dieses Kapitel beschreibt den Funktionsumfang und die Nutzung des Media Servers der DiskStation, über den Sie Ihre Mediendateien mit geeigneten Wiedergabegeräten ohne manuelle Konfiguration sehr komfortabel über die Suche in einer Bibliothek wiedergeben können.

3.1.1 Grundlegendes zum Thema UPnP und zum Media Server der DiskStation

Die DiskStation kann im lokalen Netzwerk einen mit UPnP (*Universal Plug and Play*) kompatiblen bzw. einen den DLNA-Richtlinien entsprechenden Media Server betreiben, der durch kompatible Endgeräte genutzt werden kann. Dieser Media Server, der im DSM-System auch (derzeit) als *Medienserver* bezeichnet wird, kann auf der DiskStation abgespeicherte Mediendateien bereitstellen, die durch geeignete Endgeräte wiedergegeben werden können. Das umfasst Fotos, Videos und Musiktitel in verschiedenen Formaten.

Der Media Server beschränkt sich aber nicht auf das Anbieten von Mediendateien, sondern verwaltet diese in einer eigenen Datenbank, die zahlreiche *Metadaten* umfasst. Kompatible Endgeräte können auf diese Datenbank wie auf eine Bibliothek zugreifen und den gesamten Medienbestand anhand der Metadaten durchsuchen. Zu einem Musikstück werden beispielsweise Informationen zum Titel, zum Interpreten, zum Album oder zum Erscheinungsjahr abgespeichert. Bei Fotos sind Informationen etwa zum Aufnahmedatum oder zur verwendeten Kamera verfügbar. Über einen Suchvorgang nach den gewünschten Informationen lassen sich Mediendaten schnell auffinden und wiedergeben. Der beliebte *VLC media player* unterstützt dies beispielsweise so, wie Sie es in Abbildung 3.1 sehen.

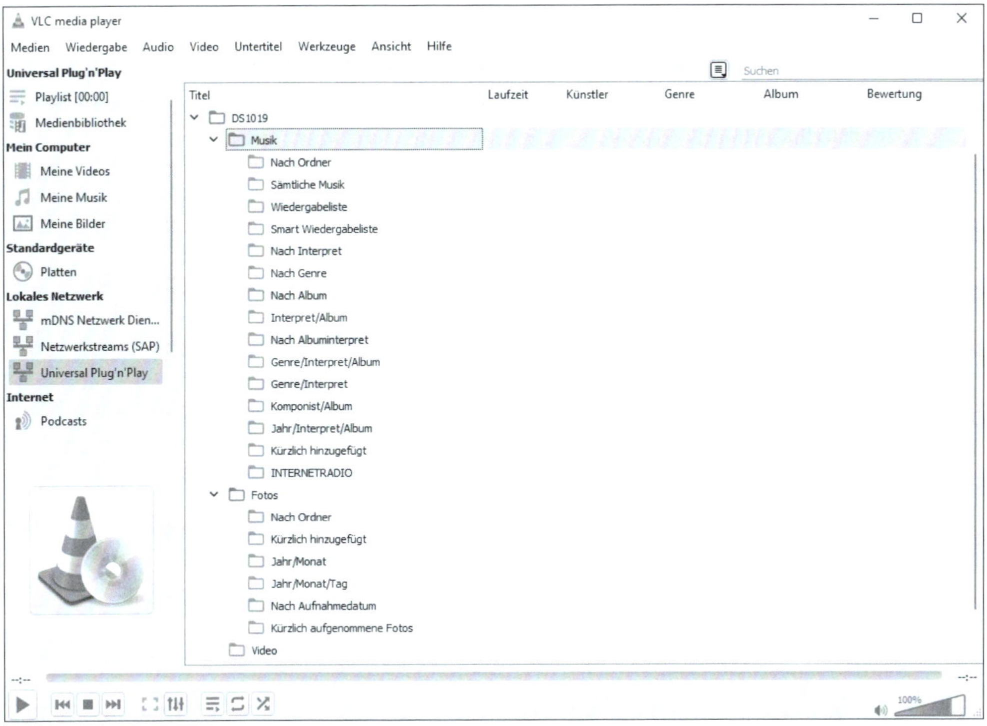

Abbildung 3.1 Der Media Server verwaltet Metadaten in einer Bibliothek. Ein Abspielprogramm ermöglicht es Ihnen, in verschiedensten Kategorien zu stöbern.

DLNA und UPnP

Geeignete Wiedergabegeräte müssen dazu entweder (als Mindestanforderung) dem UPnP-Standard genügen oder von der DLNA zertifiziert sein.

Die Abkürzung UPnP steht für *Universal Plug and Play* und beschreibt ein (Netzwerk-) Protokoll, über das sich Media Server und Wiedergabegerät konfigurationsfrei finden und verbinden. Die Konfiguration läuft komplett automatisiert ab, es ist keine Einrichtung nötig.

Die DLNA (*Digital Living Network Alliance*) ist ein inzwischen aufgelöster Verband von Herstellern, unter anderem aus den Bereichen Netzwerktechnik und Unterhaltungselektronik. Sie vergab Zertifikate, die ein störungsfreies Zusammenspiel der beteiligten Geräte rund um die konfigurationsfreie Wiedergabe digitaler Medien sicherstellten. Dies war zunächst sinnvoll, weil das UPnP relativ weit gefasst ist und daher zwei Geräte, die das Protokoll nicht in vollem Umfang unterstützen, nicht garantiert störungsfrei zusammenarbeiten.

Heutzutage ist jedoch davon auszugehen, dass es in den meisten Fällen keine Probleme geben wird, wenn Geräte lediglich dem UPnP-Standard entsprechen, denn in den allermeisten Fällen werden die für den Alltag nötigen Funktionen problemlos unterstützt. Kompatible Mediengeräte finden sich in Form von HiFi-Anlagen, insbesondere in Kompaktanlagen, aber auch in eigenständigen (Netzwerk-)Media Playern. Die UPnP-Funktionalität wird auch von Küchenradios geboten oder ist auf Smart TVs verfügbar. Oft wird der Standard auch als Softwarelösung durch die entsprechenden Basisprogramme der gängigsten Betriebssysteme auf Computern und Mobilgeräten unterstützt oder kann durch kostenlose Zusatzprogramme genutzt werden. Man kann daher davon ausgehen, dass sich in nahezu jedem modernen Heimnetzwerk auch ein UPnP-kompatibles Endgerät findet, das Mediendaten von einem UPnP-kompatiblen Media Server abspielen kann.

Auf der DiskStation wird für die Endgeräte oft die Bezeichnung DMA verwendet. Diese Abkürzung steht für *Digitaler Medienadapter* (bzw. für das englischsprachige Äquivalent) und beschreibt ein Gerät aus dem Bereich der Unterhaltungselektronik, das Medien in digitaler Form von einem Server abholt und seinerseits Ausgabeschnittstellen für Wiedergabegeräte bietet. Nach den DLNA-Richtlinien werden jedoch noch wesentlich mehr Geräte voneinander unterschieden.

Neben dem bekannten *Digital Media Server* (dem DMS), der die Inhalte anderen Geräten anbietet und dem *Digital Media Player* bzw. dem *Digital Media Renderer*, die die Mediendaten wiedergeben, gibt es nämlich unter anderem noch die interessante Geräteklasse der *Digital Media Controller* (DMC). Dabei handelt es sich um ein (nicht unbedingt erforderliches) Bindeglied zwischen dem Server und dem Wiedergabegerät. Beim DMC wird es sich im Regelfall um ein Gerät mit Bildschirm handeln, zumeist in Form eines Smartphones oder eines Tablets. Der DMC tritt hier als App auf, die den Medienbestand des Servers anzeigt und es Ihnen ermöglicht, den Server nach den bekannten Metadaten zu durchsuchen. Anschließend können Sie ein beliebiges im Netzwerk verfügbares Wiedergabegerät anweisen, die Datei abzuspielen.

Damit ist ein DMC so etwas wie eine komfortable Fernbedienung: Zwar lassen sich die Mediendaten etwa an einer kompakten HiFi-Anlage auch direkt über deren Display und Steuertasten finden, aber das ist längst nicht so komfortabel wie die Suche über ein deutlich größeres Smartphone- oder gar Tablet-Display.

Die Funktion des DMCs ist in vielen Apps für Mobilgeräte eingebaut. Beispielsweise kann die bekannte App *Bubble UPnP* (siehe Abbildung 3.2) die Funktion des DMCs übernehmen. Neben Smartphones und Tablets kann auch der klassische PC (etwa in Form eines Notebooks) DMC-Funktionen erfüllen, aber dies ist im Vergleich zur Nutzung von Smartphone/Tablet weniger komfortabel.

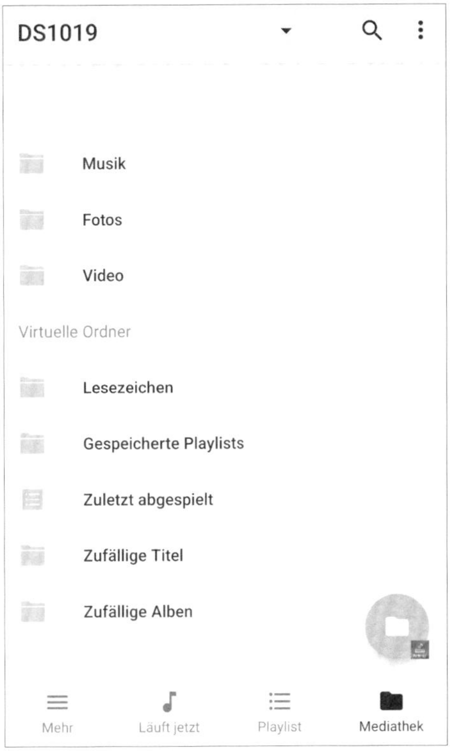

Abbildung 3.2 Auf dem Smartphone kann die App »Bubble UPnP« die Funktion des DMCs übernehmen und den Media Server mit einem Wiedergabegerät verbinden.

An Wiedergabegeräten mit eigenem großen Display, etwa am Smart-TV, lassen sich Mediendaten selbstredend auch direkt komfortabel finden, sodass ein eigenständiger DMC hier nicht unbedingt erforderlich ist. Ein DMC arbeitet generell nur als eine Art von Vermittler zwischen dem Server und dem Wiedergabegerät, denn die Mediendaten werden direkt zwischen diesen beiden ausgetauscht. Nachdem die Wiedergabe gestartet wurde, kann der DMC ausgeschaltet werden. Der Akku eines Mobilgeräts wird also nicht dauerhaft beansprucht.

UPnP ist auf eine möglichst unkomplizierte Bedienung ausgelegt. Insbesondere sollen sich Server und Wiedergabegeräte ohne manuelle Konfiguration automatisch finden. Zunächst erhalten alle Geräte eindeutige Namen, die im Regelfall vom Benutzer manuell geändert werden können. Im Auslieferungszustand entspricht der Name meist der Modellbezeichnung des jeweiligen Geräts – oder schlicht dem Herstellernamen. Es empfiehlt sich aber (gerade in größeren Netzwerken) dringend, diese Bezeichnungen manuell anzupassen und über den Namen auf den jeweiligen Besitzer der Geräte oder den Aufstellungsort hinzuweisen.

Für das gegenseitige (Auf-)Finden aller beteiligter Geräte im lokalen Netzwerk wurde SSDP, das *Simple Service Discovery Protocol*, entwickelt. Dies ist ein Netzwerkprotokoll, das auf dem *User Datagram Protocol* (UDP) auf Port 1900 arbeitet und Multicasts zur Kommunikation verwendet.

Alle beteiligten UPnP-Geräte sind Mitglieder dieses Multicast-Datentransfers. Bei der normalen Unicast-Übertragung werden Datenpakete von einem Sender zu einem einzelnen Ziel gesendet. Bei der Multicast-Übertragung werden die Daten an mehrere ausgewählte Mitglieder des Netzwerks versendet. Als dritte Option (die im aktuell betrachteten Zusammenhang nicht genutzt wird) gibt es noch Broadcast-Übertragungen, bei der Datenpakete von einem Sender an alle Mitglieder des Netzwerks gerichtet sind. Diese Übertragungsarten haben wir in Abbildung 3.3 veranschaulicht.

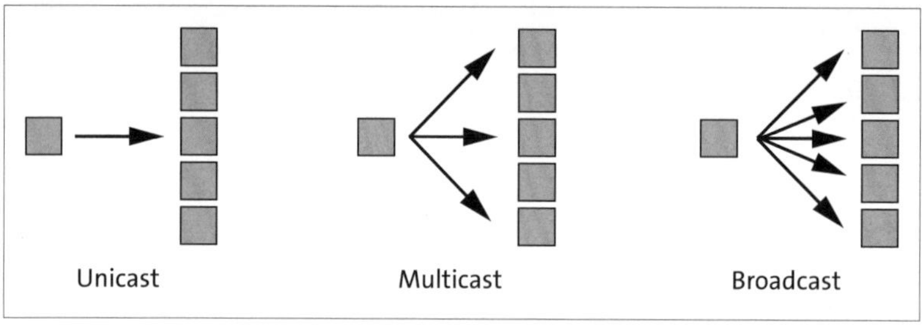

Abbildung 3.3 Für das gegenseitige (Auf-)Finden von Media Servern und Wiedergabegeräten werden Multicast- und Unicast-Übertragungen verwendet.

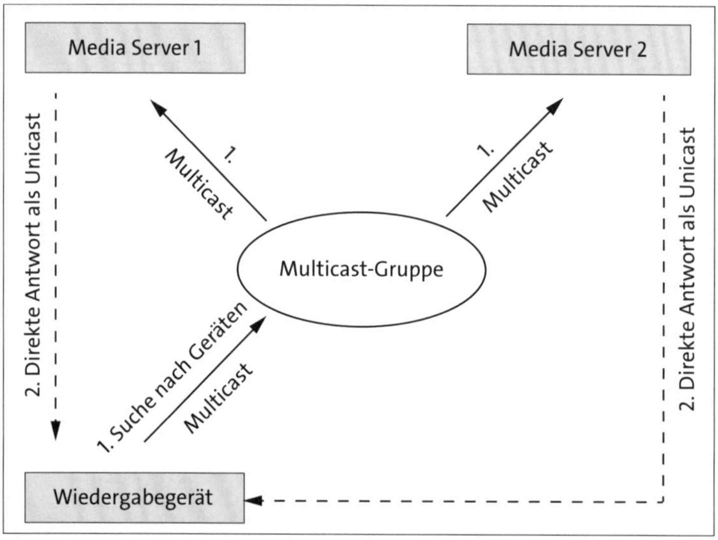

Abbildung 3.4 Wiedergabegeräte können über das SSDP automatisch Media Server im lokalen Netzwerk finden.

An die Multicast-Adresse 239.255.255.250 senden Media Player Anfragen nach verfügbaren Media Servern (siehe Abbildung 3.4). Die beteiligten Endgeräte formulieren dann entsprechende Antworten. Dabei werden eigens initiierte Anfragen über Multicast gesendet, spezifische Antworten jedoch über Unicast direkt an das anfragende Gerät übertragen. Die anschließende Medienübertragung findet stets über Unicasts statt und erfolgt nur zwischen den unmittelbar beteiligten Geräten. Alle beteiligten Geräte können auch selbsttätig über ihre Präsenz informieren (siehe Abbildung 3.5).

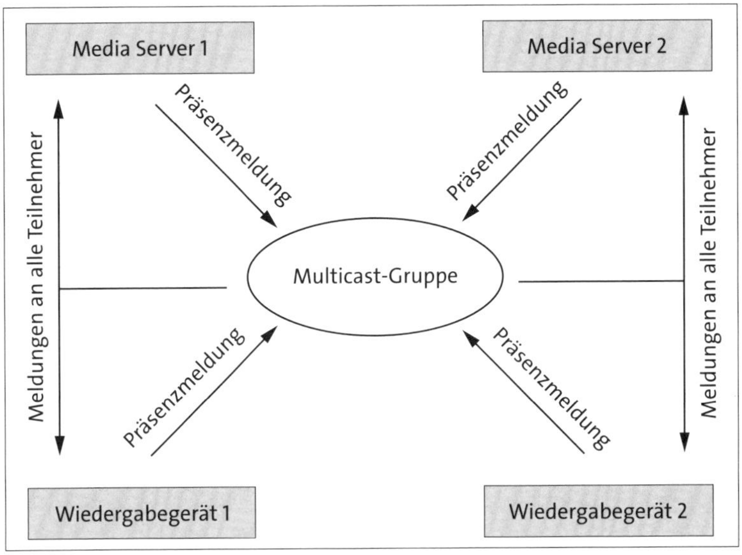

Abbildung 3.5 Alle beteiligten Geräte informieren in festgelegten Intervallen regelmäßig automatisch über ihre Präsenz.

Die Datenpakete von SSDP sind bewusst schlank gehalten. Bei einer Präsenzmeldung eines Servers umfassen sie beispielsweise neben der wichtigen Nennung des Namens und der IP-Adresse, unter der er zu erreichen ist, nur noch wenige zusätzliche Verwaltungsinformationen.

Nachdem sich die Geräte gegenseitig gefunden haben, kann die Medienbibliothek des Servers durchsucht und ein Medium zur Wiedergabe angefordert werden. Dabei erhält das Wiedergabegerät eine Adresse, die es zum Abrufen der Inhalte vom Server verwendet. Diese Adresse behält oftmals über einen längeren Zeitraum ihre Gültigkeit und kann für eigene Experimente rund um die Medienwiedergabe verwendet werden.

Diese Konzentration auf die wesentlichen Aufgaben mit dem Ziel des konfigurationsfreien Zusammenspiels aller beteiligten Geräte führt jedoch insgesamt zu einem überschaubaren Funktionsumfang von UPnP.

So gibt es etwa kaum Möglichkeiten zur Rechteverwaltung im Netzwerk. Der Medienbestand des Servers wird einheitlich und komplett für alle Geräte im lokalen Netzwerk angeboten. Es gibt gemäß UPnP keine Möglichkeit, individuelle Bibliotheken zu führen. Auch Funktionen zum Kinderschutz werden nicht geboten. Dies gilt es also bei der Auswahl der Medien, die durch den Media Server verwaltet werden, zu berücksichtigen. Solche Funktionen lassen sich nur in begrenztem Umfang durch zusätzliche Protokolle nachrüsten.

Die DiskStation bietet etwa über eine auf *MAC-Adressen* basierende Firewall die Möglichkeit, bestimmte Endgeräte vom Zugriff auf die Bibliothek und damit auf die Medien auszuschließen. Allerdings bietet diese Sicherung nur einen begrenzten Schutz und lässt sich einfach durch eine manuelle Änderung der MAC-Adresse umgehen. Der Server ist darüber hinaus nur für die Nutzung im lokalen Netzwerk gedacht und nicht für die Verwendung über das Internet. Alle Verbindungen erfolgen unverschlüsselt. Auch die Nutzung über eine VPN-Verbindung ist nicht ohne Weiteres möglich.

3.1.2 Die Installation des Media Servers auf der DiskStation

Den Media Server der DiskStation installieren Sie, als Administrator angemeldet, einfach über das Paket-Zentrum. Sie finden dort den Eintrag MEDIENSERVER, entweder durch manuelles Suchen in der Kategorie MULTIMEDIA oder über das Suchfeld (siehe Abbildung 3.6).

Abbildung 3.6 Der Medienserver im Paket-Zentrum der DiskStation

Die Installation wird durch einen Klick auf die entsprechende Schaltfläche durchgeführt; alternativ können Sie sich auch auf der Detailseite zunächst über den Media Server informieren. Der Media Server gehört zu den kleineren Paketen, die Installation dauert folglich nur einen kurzen Moment.

Nachdem der Media Server installiert wurde, nimmt er sofort seine Arbeit auf und gibt seine Präsenz den anderen UPnP-Geräten im Netzwerk bekannt. Wenn Sie ein entsprechendes Gerät starten und eine Suche nach Servern durchführen, dann wird Ihnen der Media Server der DiskStation direkt angezeigt. Das gilt selbstredend auch auf Mobilgeräten mit entsprechenden Apps.

Der Media Server tritt unter dem Hostnamen der DiskStation auf, Sie können keinen individuellen Namen vergeben. Sollten Sie auf einem Mobilgerät nicht sofort fündig werden, so bietet etwa der bekannte VLC-Mediaplayer UPnP-Funktionen.

Bevor der Medienbestand auf den Endgeräten durchsucht werden kann, muss der Media Server aber zunächst seine Datenbank bzw. die Bibliothek aufbauen. Dazu indiziert er die Verzeichnisse auf der DiskStation, die die Mediendaten beinhalten. Der Server liest die Dateinamen und extrahiert die Metadaten, die er in die eigene Bibliothek übernimmt. Je nach Umfang der Mediensammlung kann dieser Vorgang eine Weile dauern. Insbesondere große Fotosammlungen, bei denen der Server zunächst möglicherweise Vorschaubilder (Thumbnails) generieren oder extrahieren muss, können ein bisschen Zeit in Anspruch nehmen.

Die Indizierung der Medien übernimmt auf der DiskStation der *Indizierungsdienst*, der über die Systemsteuerung konfiguriert werden kann. Sie finden ihn in der Kategorie DIENSTE (siehe Abbildung 3.7).

Im Bereich MEDIENINDIZIERUNG erhalten Sie eine Information darüber, welche Anwendungen auf die Datenbank zugreifen. Neben dem Media Server sind dies beispielsweise auch die Video Station, die Audio Station und die Anwendung *Synology Photos*. Der Eintrag STATUS zeigt Ihnen an, ob die Indizierung noch aktiv ist oder bereits abgeschlossen wurde. Sollte es bei der Indizierung zu Problemen kommen, weil etwa eine Änderung beim Medienbestand nicht erfasst wurde, dann können Sie auf die Schaltfläche NEU INDIZIEREN klicken. Dadurch wird die Indizierung erneut durchgeführt. Im Alltag ist dies aber nicht erforderlich. Der Indizierungsdienst erkennt automatisch neu hinzugefügte Mediendateien und indiziert diese, ohne dass ein manueller Befehl erforderlich wäre.

Zu Beginn müssen Sie aber (sofern das noch nicht geschehen ist) zunächst Ihren Medienbestand auf die DiskStation hochladen. Wenn Sie auf die Schaltfläche INDIZIERTER ORDNER klicken, dann sehen Sie die Liste mit den Verzeichnissen, die der Indizierungsdienst standardmäßig durchsucht.

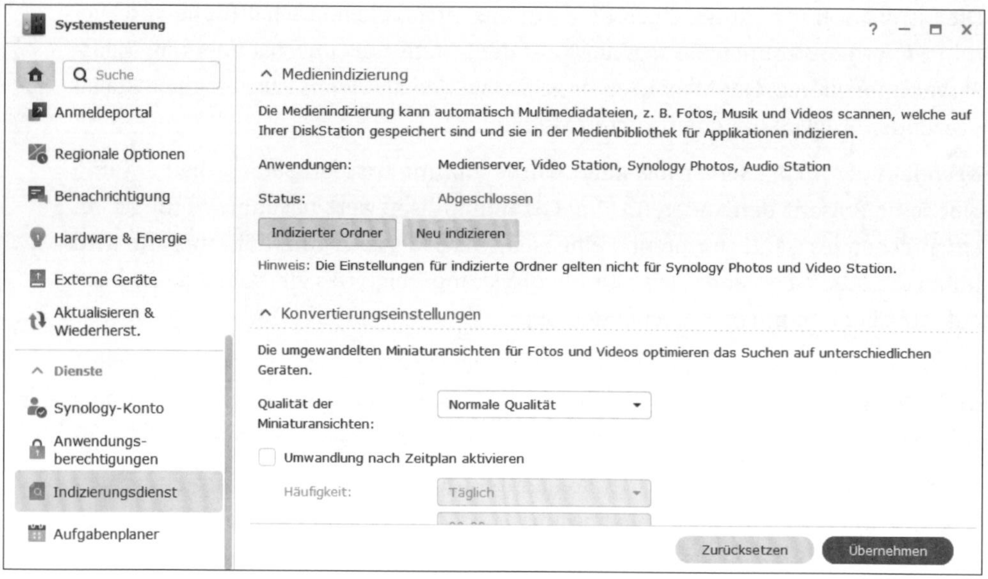

Abbildung 3.7 Die zu indizierenden Verzeichnisse werden über den Indizierungsdienst in der Systemsteuerung konfiguriert.

Beachten Sie bitte, dass Sie für jedes Verzeichnis manuell festlegen können, welchen Medientyp es beinhaltet. Dies ist eine praktische Funktion, mit der Sie vermeiden können, dass beispielsweise Cover-Bilder in den Verzeichnissen der Musiksammlung mit in die generelle Foto-Bibliothek übernommen und dort angezeigt werden. Die Grundeinstellung umfasst die in Abbildung 3.8 dargestellten Verzeichnisse

- *music* für die Musiksammlung,
- *video* für die Videosammlung und
- *photos* für die Fotosammlung

und gilt global für alle Nutzer und den gesamten gemeinsamen Medienbestand. Es handelt sich um gemeinsam genutzte, freigegebene Ordner, deren Zugriffsrechte Sie über das gleichnamige Modul im Bereich DATEIFREIGABE der Systemsteuerung festlegen können. Über eine Netzwerkfreigabe können Sie die Medienverzeichnisse also bequem von jedem beliebigen Gerät aus füllen. Eigene Verzeichnisse können Sie über die entsprechenden Schaltflächen anlegen und bearbeiten.

Nachdem Sie die Mediensammlung vervollständigt haben und der Indizierungsvorgang abgeschlossen ist, können Sie mit einem Wiedergabegerät die Bibliothek durchsuchen und Medien wiedergeben. Damit ist die grundlegende Konfiguration bereits abgeschlossen und das System ist betriebsbereit.

Abbildung 3.8 Sie können manuell festlegen, in welchen Verzeichnissen nach Ihrer Mediensammlung gesucht werden soll.

Beim Indizierungsdienst können Sie im zweiten Teil des Fensters noch KONVERTIERUNGSEINSTELLUNGEN vornehmen (siehe Abbildung 3.7). Hier geht es um die Thumbnails zu Foto- und Videodateien. Sie können festlegen, ob diese in einer normalen oder einer hohen Qualität vorliegen sollen. Für den Alltagsbetrieb genügt im Regelfall die normale Qualität, denn schließlich handelt es sich nur um Vorschaubilder. Wer ernsthaft fotografiert und mehr Details in den Vorschaubildern benötigt, der kann auch auf eine höhere Qualität umschalten. Optional lässt sich auch ein Zeitpunkt bestimmen, zu dem die DiskStation die Konvertierung vornimmt. Hierfür eignet sich ein Zeitraum mit geringer Auslastung, z. B. die Nachtruhe. Sinnvoll sind diese Einstellungen vor allem bei einer sehr großen Mediensammlung, deren Inhalt sich öfter ändert.

Der Media Server bietet ein eigenes Konfigurationsprogramm, dessen wenige Einstellungsoptionen auf drei Registerkarten verteilt sind. Sie können es im Hauptmenü des Administrators über den Eintrag MEDIENSERVER aufrufen (siehe Abbildung 3.9).

Wenn Sie eine DiskStation mit mehreren unterschiedlich konfigurierten Netzwerkschnittstellen betreiben, dann können Sie auf der Registerkarte ALLGEMEINE EINSTELLUNGEN zunächst auswählen, auf welcher Netzwerkschnittstelle der Media Server aktiv sein soll. Sie können dort ebenfalls die Sprache der Menüführung auf dem Wiedergabegerät einstellen. Die Voreinstellung lautet zumeist ENGLISCH, und einige Wiedergabegeräte übernehmen diese Einstellung unter anderem für die Benennung der Medienkategorien und der Metadaten-Suchfelder in ihren Menüanzeigen. Sie können die Sprache auch auf DEUTSCH umstellen.

Über den DMA-MENÜSTIL lässt sich der Umfang an Suchmöglichkeiten konfigurieren, der Ihnen am Wiedergabegerät zur Verfügung steht. Sie können beispielsweise das Feld *Albuminterpret* bei der Musiksammlung deaktivieren, wenn Sie diese Informationen niemals bei der Suche benötigen. Dadurch lässt sich die Menüführung am Wiedergabegerät übersichtlicher gestalten. Dies sind jedoch Komfortoptionen, die nur selten verändert werden müssen. Sollten Ihre Wiedergabegeräte Probleme haben, den Media Server der DiskStation zu finden, dann können Sie das SSDP-MELDEINTERVALL verkürzen. Dieser Zeitraum gibt an, wie oft der Media Server mit einer SSDP-Meldung über seine Präsenz informiert.

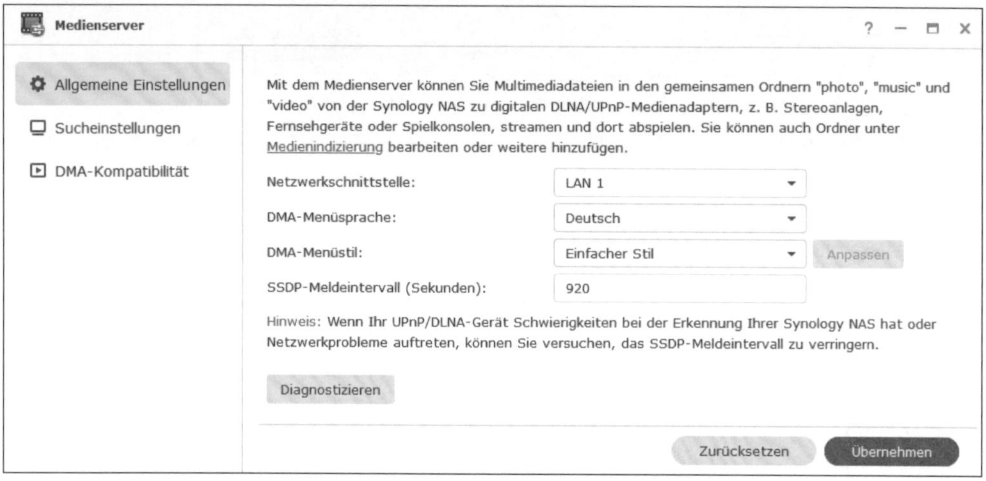

Abbildung 3.9 Die Konfigurationsseite »Allgemeine Einstellungen« bietet einige Komfortfunktionen, die nur selten verändert werden müssen.

Gegebenenfalls finden Wiedergabegeräte den Server erst nach dieser Zeitspanne, eine Veränderung sollte aber nur in seltenen Fällen erforderlich sein, etwa dann, wenn es ein Wiedergabegerät mit der Einhaltung der UPnP-Spezifikation nicht so genau nimmt.

Wenn Sie sich mit den Protokollen rund um den Media Server gut auskennen, können Sie bei Problemen über die Schaltfläche DIAGNOSTIZIEREN eine Protokollierung des Datenaustausches vornehmen und so Problemen auf die Schliche kommen. Das ist etwa dann erforderlich, wenn das lokale Netzwerk aus mehreren Subnetzen besteht und die Routung der SSDP-Meldungen (noch) nicht zufriedenstellend funktioniert. Vergessen Sie nicht, die Protokollierung abschließend wieder zu deaktivieren, damit nicht unnötig Systemressourcen belegt werden.

Wenn Sie mit der Darstellung der Bibliothek auf dem Wiedergabegerät nicht zufrieden sind, dann können Sie in begrenztem Umfang konfigurieren, welche Informationen der Media Server den Wiedergabegeräten anbietet. Dies erfolgt auf der Registerkarte SUCHEINSTELLUNGEN (siehe Abbildung 3.10).

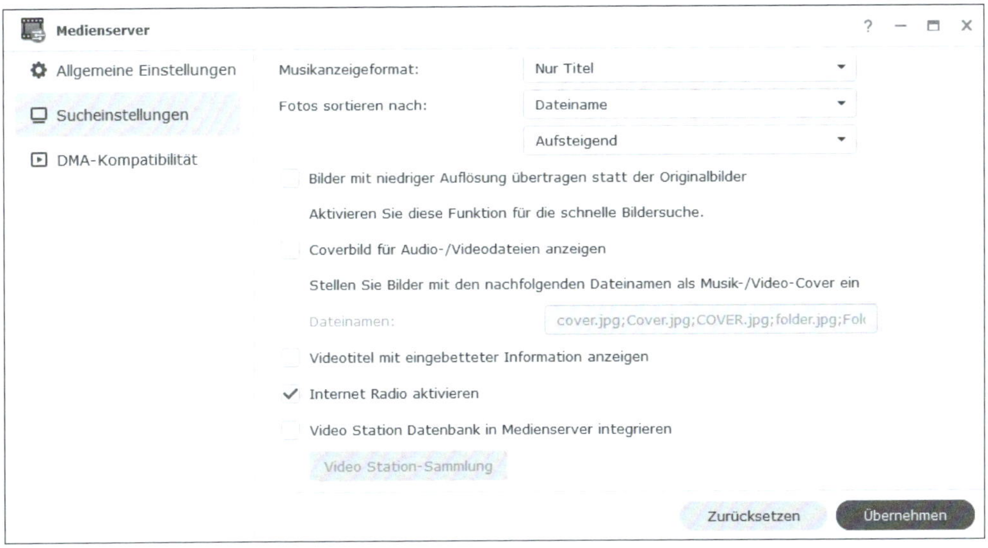

Abbildung 3.10 Den Umfang und die Anzeige von Medieninformationen können Sie auf der Registerkarte »Sucheinstellungen« festlegen.

Im Menü aus Abbildung 3.10 lässt sich die Anzeige von Musiktiteln und die Sortierung von Fotos beeinflussen. Außerdem können Fotos auf Wunsch mit einer kleineren Auflösung übertragen werden, was sich dann anbietet, wenn das Wiedergabegerät nur über eine begrenzte Leistung verfügt und beispielsweise keine Zoom-Funktionen für Fotos bietet. Diese Einstellung wirkt sich allerdings global aus.

Wenn Sie eine besonders sorgfältig gepflegte Musiksammlung verwalten möchten, dann können Sie neben den Musikdateien auch Coverbilder abspeichern. Im entsprechenden Feld legen Sie fest, wie diese Bilder benannt sein sollen. Der Media Server benutzt diese Bilder dann zur Darstellung der Alben in der Bibliothek. Sollten Sie auf der DiskStation ebenfalls die Anwendungen *Audio Station* oder *Video Station* eingerichtet haben, dann können Sie von der Audio Station die Liste der Internet-Radiosender und von der Video Station deren Film-/Seriendatenbank in den Media Server übernehmen. Auf diese Weise können Sie beispielsweise an Musik-Endgeräten, die von sich aus keine Internet-Radiofunktionen bieten, trotzdem solche Sender hören.

Wenn Sie leistungsschwächere Wiedergabegeräte im lokalen Netzwerk betreiben, dann interessieren Sie sich vielleicht für die Funktion der Medienkonvertierung. Ihre DiskStation kann (je nach Funktionsumfang und Leistungsfähigkeit) Video- und Audiodateien in ein anderes Format konvertieren. So können etwa auch Audiodateien einem Wiedergabegerät zugänglich gemacht werden, das mit dem Originalformat nicht umgehen kann. Aktivieren Sie dazu auf der Registerkarte DMA-KOMPATIBILITÄT entweder die Audio- und/oder die Videotranskodierung, und legen Sie die Formate fest, die konvertiert werden sollen (siehe Abbildung 3.11). Danach überprüfen Sie am besten auf dem problematischen Gerät, ob die Änderung den gewünschten Erfolg hat.

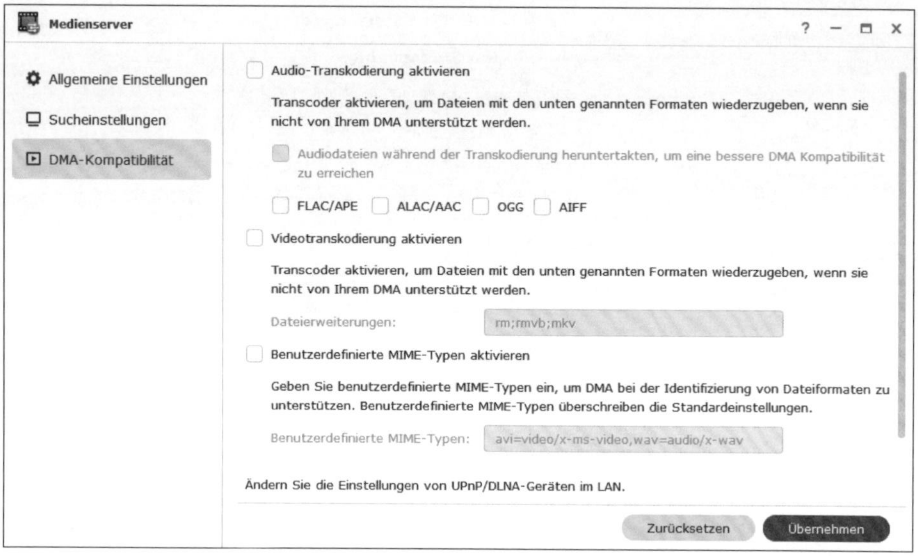

Abbildung 3.11 Wenn Sie leistungsschwache Wiedergabegeräte betreiben, können Sie diese oft mit der Transkodierungsfunktion zur Wiedergabe überreden.

Wenn Sie etwas tiefer einsteigen müssen, dann können Sie auch die benutzerdefinierten MIME-Typen aktivieren und hier Änderungen vornehmen. Diese Informationen werden während des Austausches der Bibliotheksdaten übermittelt. Exotische Endgeräte verlangen möglicherweise nach speziellen MIME-Typen für die Inhaltsbeschreibung; eine Änderung sollte aber nur im Ausnahmefall nötig sein.

Ganz unten auf der Registerkarte DMA-KOMPATIBILITÄT finden Sie eine Möglichkeit, um bestimmte Endgeräte im lokalen Netzwerk von der Nutzung des Media Servers auszuschließen (siehe Abbildung 3.12). Diese Funktion kann etwa als rudimentäre Kindersicherung verwendet werden, wenn verhindert werden soll, dass der Nachwuchs die Mediensammlung der Eltern durchsucht. Eine weitere Nutzungsmöglichkeit ist der Ausschluss eines Smart-TVs im Gästezimmer, auf dem Besucher keinen Zugang zur privaten Mediensammlung der Gastgeber haben sollen.

Über die Schaltfläche GERÄTELISTE unten auf der Registerkarte DMA-KOMPATIBILITÄT können Sie in einem neuen Fenster festlegen, welche Geräte Zugang zum Media Server erhalten. Damit ein Gerät in dieser Liste auftaucht, muss es aber zumindest einmal mit dem Media Server verbunden gewesen sein. Deaktivieren Sie auf Wunsch das Kontrollkästchen in der ersten Spalte, und speichern Sie Ihre Änderungen.

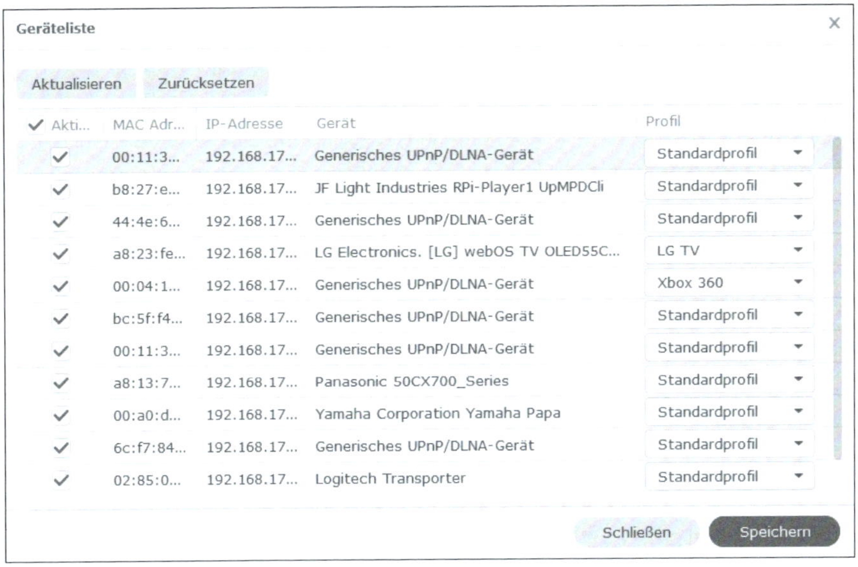

Abbildung 3.12 Auf Basis eines MAC-Adressfilters können Geräte von der UPnP-Nutzung ausgeschlossen werden.

Beachten Sie aber, dass Sie mit dieser Funktion ein Gerät vollständig von der Nutzung des Media Servers ausschließen. Eine feinere Einstellung, etwa nach Medientypen oder gar nach bestimmten Inhalten, ist nicht möglich. Außerdem erfolgt die Filterung auf Ebene der MAC-Adresse. Diese lässt sich, insbesondere bei normalen Netzwerkkarten in PCs, relativ einfach fälschen. Unter Windows gelingt dies bereits mit Bordmitteln. Wenn sich der Nachwuchs für Computerthemen interessiert, dann ist es für ihn relativ einfach, diese Form der Kindersicherung zu umgehen – ihr Schutz ist also nur rudimentär. Auch die Ausnahme von neu erkannten Geräten bietet daher nur einen geringen zusätzlichen Schutz, denn sobald die MAC-Adresse eines zulässigen Gerätes bekannt ist, kann diese einfach für ein anderes Gerät verwendet werden.

Wenn Sie etwas experimentierfreudig sind, können Sie sich in der Geräteliste die Spalte PROFIL ansehen. In ihr gibt es diverse Einträge für unterschiedliche Geräteklassen, Modelle und Hersteller, die zu einer jeweils angepassten Darstellung bzw. einem angepassten Funktionsumfang führen. Sollte Ihr Gerät in der Liste aufgeführt sein, kann es an einem regnerischen Winterabend interessant sein, die Einstellungen mal auszuprobieren.

Den Media Server über VPN-Verbindungen nutzen

Über eine einfache VPN-Verbindung können Sie den Media Server leider nicht verwenden; ein Zugriff etwa per Smartphone ist von unterwegs also nicht möglich. Das liegt daran, dass beim SSDP, das ja zum gegenseitigen Finden der Geräte untereinander dient, Multicasts eingesetzt werden, die normalerweise über eine einfache VPN-Verbindung nicht weitergeleitet werden. Zwar behalten die Links bzw. Adressen, unter denen Medien vom Server abgerufen werden können, unter Umständen ihre Gültigkeit und funktionieren auch über eine VPN-Verbindung, aber das Durchsuchen der Bibliothek und das gezielte Anfordern einer Mediendatei ist nicht möglich.

Wenn Sie einmal Lust auf ein Bastelprojekt haben und sich ein wenig mit Netzwerkprotokollen und Router-Konfigurationen auskennen, dann können Sie diese Funktion aber auch nachrüsten. Sie ahnen sicher schon, was dafür genau getan werden muss: Alle Multicast-Datenpakete, die von einem Gerät im VPN-Netzwerk an die Multicast-Adresse 239.255.255.250 gerichtet sind, müssen von einem Multicast-Router aufgenommen und im lokalen Netzwerk an dieselbe Multicast-Adresse weitergeleitet werden.

Für die Gegenrichtung gilt dasselbe. Der Multicast-Router muss also Mitglied sowohl im VPN als auch im lokalen Netzwerk sein. Die DiskStation ist dies zwar, aber Experimente mit der Routing-Konfiguration erscheinen auf einem wichtigen Gerät wie der DiskStation nicht ratsam.

Hier bietet es sich an, etwa einen Raspberry Pi Zero für diese Aufgabe zu nutzen. Konfigurieren Sie die Routing-Anwendung Ihrer Wahl entsprechend.

Jetzt lauert aber noch ein weiterer Stolperstein auf Sie: SSDP verwendet für die Datenpakete mit Absicht eine kleine *Time To Live* (TTL) von `1`, damit die Datenpakete das lokale Netzwerk unter keinen Umständen verlassen. Der Multicast-Router wird nun konsequent die TTL auf `0` setzen und die Datenpakete verwerfen. Sie erreichen also das Ziel nicht in gültiger Form. Damit dies klappt, müssen Sie die TTL vor dem Eintritt in den Multicast-Router um 1 erhöhen. Dies können Sie beispielsweise mit der `mangle`-Tabelle der `iptables`-Firewall erledigen. Je nach Netzwerkkonfiguration könnte auch noch eine Adressübersetzung vom VPN in das lokale Netzwerk erforderlich sein.

Wenn Sie alle Schritte befolgt haben, sollte im VPN auch ein Mobilgerät die entsprechenden Media Server finden und auf sie zugreifen können.

3.2 Ein Mediacenter mit der DiskStation nutzen

In diesem Abschnitt lernen Sie einige Apps kennen, die direkt von Synology stammen. Sie bieten ebenfalls Mediacenter-ähnliche Funktionen rund um die Verwaltung von Filmen, TV-Serien, Musikalben und Fotos und können die allesamt mit einem überschaubaren Konfigurationsaufwand benutzt werden.

Wenn Sie sich allerdings schon an Ihr Mediacenter gewöhnt und es liebgewonnen haben, werden Sie vielleicht nicht gleich ohne Weiteres umsteigen wollen. Die Kombination aus einem klassischen Mediacenter mit einer DiskStation bietet zwei interessante Vorteile gegenüber dem Standalone-Betrieb auf einem Home-Theater-PC: Zum einen ist offensichtlich die Möglichkeit der zentralen Speicherung der gesamten Mediensammlung auf einem Gerät zu nennen. Das ist hauptsächlich dann interessant, wenn man mehrere Mediacenter im Haushalt betreibt.

Dank der zentralen Speicherung muss man neue Medien nur an einer Stelle ergänzen oder ändern und muss dies nicht auf diversen Media-Geräten tun. Die zentrale Speicherung auf dem NAS-Gerät ist aber auch dann interessant, wenn das Gerät im Wohnzimmer bisher mit einer mechanischen Festplatte ausgerüstet war, die geräuschvoll ihren Dienst tat und somit beim Filmabend in ruhigen Passagen störte. Lagert man die Mediensammlung, die ja durchaus einen Speicherplatz von einigen Terabyte erfordern kann, auf das NAS-Gerät aus, das in einem anderen Zimmer arbeitet, kann der Home-Theater-PC mit einer kleinen SSD betrieben werden und es herrscht Ruhe.

Eine zweite Funktion ist ebenfalls hauptsächlich dann interessant, wenn man mehrere Mediacenter betreibt, die durchaus auch an verschiedenen Standorten betrieben werden können. Es geht jetzt nämlich um die Möglichkeit, die Datenbank der Mediacenter ebenfalls nicht mehr lokal auf einem Gerät zu speichern, sondern gemeinsam nutzbar auf das NAS-Gerät auszulagern.

Moderne Mediacenter wie das bekannte *Kodi* verwalten die Mediensammlung in einer Datenbank, in der sämtliche Metadaten und anderen Informationen rund um die Mediensammlung abgespeichert sind. Diese Datenbank verwendet beispielsweise das SQLite-System. Allerdings kann etwa Kodi auch mit einer »echten« MySQL- oder auch MariaDB-Datenbank auf einem Netzwerkserver umgehen und die Mediendatenbank dort verwalten.

Inhaltsinformationen müssen daher beispielsweise nur auf einem Gerät aus dem Internet geladen werden. Sie werden an zentraler Stelle auf dem NAS-Gerät abgespeichert und stehen allen anderen verbundenen Mediacentern zur Verfügung. Auch neu hinzugefügte Medien müssen nur einmal ergänzt werden, alle anderen Mediacenter übernehmen die Daten automatisch, sobald sie das nächste Mal gestartet werden. Das schließt auch eigene Änderungen mit ein, beispielsweise an Filmcovern.

Ein weiterer Vorteil ist die globale Verfügbarkeit von Abspielmarkern. Der Zeitpunkt, zu dem eine Wiedergabe etwa eines Filmes beendet wurde, wird ebenfalls zentral auf dem NAS-Gerät hinterlegt und steht so allen anderen Mediacentern zur Verfügung. Falls Sie also etwa zu später Stunde einen Film im Wohnzimmer abbrechen, können Sie ihn im Schlafzimmer nahtlos an der entsprechenden Stelle fortsetzen. Und über eine VPN-Verbindung kann man sogar das Mediacenter in der Ferienwohnung oder im WG-Zimmer ohne großen Aufwand mit den Daten von zu Hause synchronisieren.

Am Beispiel des bekannten Mediacenters Kodi zeigen wir Ihnen in den folgenden Abschnitten, wie Sie die beiden genannten Funktionen mit der DiskStation einrichten und welche Konfigurationen am Mediacenter erforderlich sind.

3.2.1 Die Nutzung von Dateifreigaben für die zentrale Speicherung der Mediensammlung

Zur Nutzung von Dateifreigaben für die zentrale Speicherung der Mediensammlung gibt es eigentlich nicht viel zu sagen. Es gilt hauptsächlich, einige Vorüberlegungen zu treffen, bevor man sich an die Einrichtung macht.

Ein Mediacenter – wie etwa *Kodi* – kann von sich aus mit mehreren Protokollen für den Zugriff auf Dateifreigaben im Netzwerk umgehen. Wenn Sie Kodi etwa auf einem Linux-Unterbau wie *LibreELEC* betreiben, können Sie sowohl SMB-Freigaben aus der Windows-Welt als auch NFS-Freigaben aus dem Linux-Universum verwenden (siehe Abbildung 3.13).

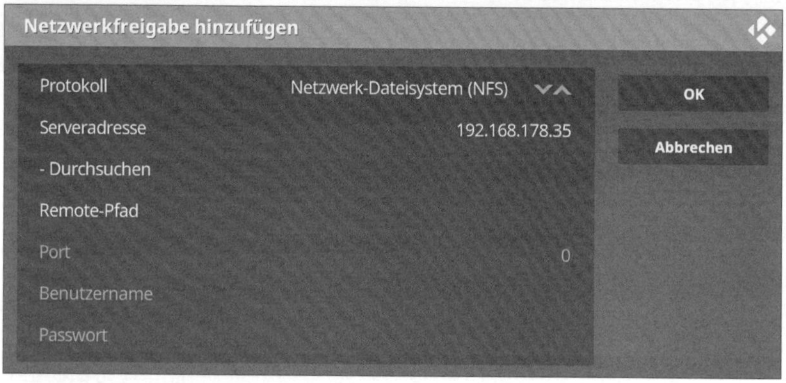

Abbildung 3.13 Kodi kann beispielsweise auch NFS-Freigaben einbinden.

Der Zugriff ist auf beide Systeme problemlos möglich. Überlegen Sie, welche Systeme Zugriff auf die Mediensammlung benötigen. Wenn Sie etwa mit einem Windows-Notebook häufiger Inhalte ergänzen oder verändern möchten, greifen Sie besser zu einer SMB-Freigabe.

Bei der Rechteverwaltung bietet es sich an, einen neuen Benutzer für das Mediacenter anzulegen, der nur für die Mediensammlung Zugriffsrechte erhält und von allen anderen Dateifreigaben ausgeschlossen wird. Dies erfolgt hauptsächlich aus Sicherheitsgründen, denn Daten, auf die kein Zugriff besteht, können auch nicht verändert werden. Somit bleiben etwa Verschlüsselungstrojaner (die Ransomware) außen vor, auch wenn es unwahrscheinlich ist, dass diese etwa auf einem Linux-basierten Mediacenter-PC aktiv werden.

Eine zweite Überlegung gilt es hinsichtlich des Schreibschutzes zu treffen. Das Mediacenter benötigt im Alltag nur lesenden Zugriff für die Dateiwiedergabe. Es werden normalerweise keine Informationen neben den Medien abgespeichert, es sei denn, Sie möchten von der Datenbank ein Backup in Form von einzelnen Dateien anlegen, die die Metadaten enthalten und direkt neben den Mediadateien abgelegt werden.

Auch wenn Sie direkt im Mediacenter Medien vom zentralen Bestand löschen möchten, benötigen Sie Schreibzugriff auf die Mediensammlung. Hier gilt es also, die eigenen Bedürfnisse zu überdenken und die Rechte entsprechend zu setzen.

Kodi kann darüber hinaus auch mit passwortgeschützten Freigaben umgehen. Wenn Sie sensible Medien verwalten, möchten Sie diese vielleicht vor einem Publikum schützen, für das diese Inhalte nicht geeignet sind. Sie können daher problemlos für sensible Inhalte eine weitere Dateifreigabe erstellen, die durch ein Passwort vor unbefugtem Zugriff geschützt ist (siehe Abbildung 3.14). In Kodi könnte man dieses Passwort zwar abspeichern, aber das würde natürlich den Schutz sofort aushebeln. Auch wenn man das Mediacenter mit einer zentralen PIN schützt, die beim Systemstart einzugeben ist, ist der Schutz wirkungslos, weil die PIN im Klartext in der Datenstruktur des Home-Theater-PCs abgelegt wird und etwa der technikinteressierte Nachwuchs diese schnell in Erfahrung bringen kann. Wenn Sie aber das Eingeben eines Passworts bei jedem Zugriff auf die sensiblen Medien nicht scheuen, erhalten Sie durch diese Maßnahme einen wirkungsvollen Schutz vor unbefugtem Medienzugriff.

Abbildung 3.14 Ein modernes Mediacenter kann auch mit passwortgeschützten Freigaben umgehen. Das Passwort sollte aber nicht im Mediacenter abgespeichert werden, wenn die Quelldaten geschützt bleiben sollen.

Zu guter Letzt sollten Sie überlegen – insbesondere wenn eine gut ausgestattete DiskStation betrieben wird –, auf welchem Volume die Mediensammlung abgespeichert werden soll. Ist der Schutz durch ein RAID-System erforderlich? Ist die Mediensammlung vielleicht auch an einer anderen Stelle eins zu eins gesichert? Kann die Mediensammlung bei einem Defekt des Datenträgers auf der DiskStation schnell wiederhergestellt werden?

Falls der Speicherplatz auf der DiskStation knapp bemessen ist, dann ist möglicherweise der Schutz durch einen RAID-Verbund nicht unbedingt erforderlich. Hier gilt es zu überlegen, wie wertvoll die Mediensammlung ist und wie einfach und mit welchem Zeitaufwand diese beim Datenverlust auf der DiskStation wiederhergestellt werden kann.

Wenn Sie diese grundsätzlichen Fragen geklärt haben, können Sie die entsprechenden Dateifreigaben auf der DiskStation anlegen. Ob Sie sich für eine einzelne Freigabe für alle Medientypen entscheiden, die eine verschachtelte Verzeichnisstruktur für die Medien verwendet, oder ob Sie lieber getrennte Freigaben für Videos, Musik und Fotos anlegen, bleibt Ihrem eigenen Geschmack überlassen.

Die Daten werden auf dem zentralen NAS-Gerät ansonsten genau so abgespeichert, wie sie lokal auf dem Home-Theater-PC abgelegt sind, und es gelten konsequenterweise dieselben Regeln für die Benennung der Mediendateien und auch für das Abspeichern von zusätzlichen Dateien wie etwa Cover-Bildern.

Da die Bibliothek des Mediacenters nach der Änderung des Speicherortes neu erstellt werden muss, bietet es sich an, zunächst ein Backup der Datenbank in Form von Einzeldateien zu erstellen, die direkt neben den Mediadaten abgelegt werden (siehe Abbildung 3.15). Hierbei werden sämtliche Informationen aus der Datenbank, inklusive den Coverbildern und eventuellen eigenen Ergänzungen, als separate Dateien neben den eigentlichen Medien abgespeichert. Nach Erstellung des Backups kopieren Sie den Medienbestand auf die neu eingerichtete Dateifreigabe.

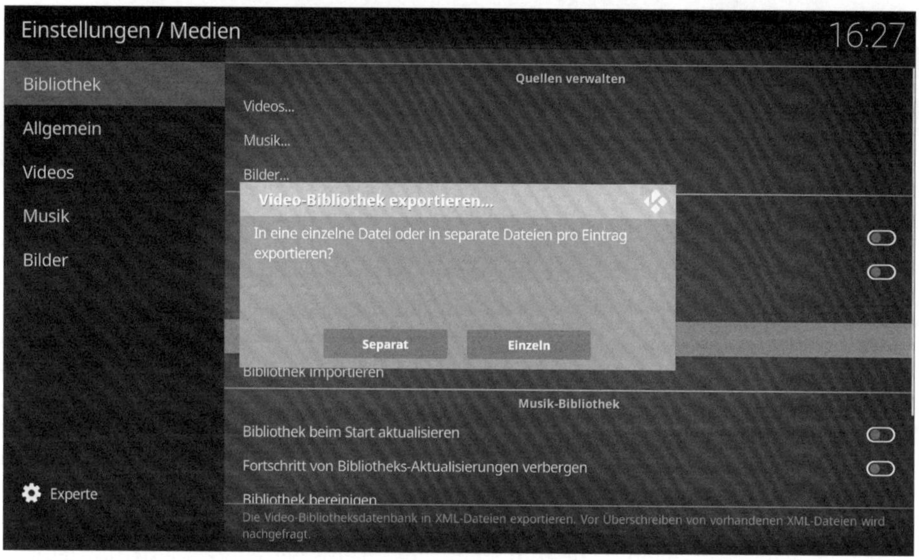

Abbildung 3.15 Wenn Sie die vorhandenen Metadaten sichern, brauchen Sie sie nicht erneut aus dem Internet herunterzuladen.

Danach müssen Sie auf jedem Gerät die Medienquellen anpassen und so konfigurieren, dass die Medien von der neuen Dateifreigabe auf der DiskStation bezogen werden. Anschließend ist eine Neuerstellung der Bibliothek erforderlich. Dabei werden die beim Backup zuvor erstellten Daten wieder eingelesen und das zeitaufwendige

Scrapen über Dienstanbieter im Internet entfällt. Schon nach kurzer Zeit präsentiert sich die Medienbibliothek wie zuvor: Es sind alle Informationen an Ort und Stelle, und der Zugriff auf die Medien erfolgt über die zentrale Dateifreigabe auf der DiskStation.

3.2.2 Die Einrichtung einer zentralen Datenbank zur Synchronisation mehrerer Mediacenter

Möchte man mehrere Mediacenter über das zentrale NAS-Gerät miteinander synchronisieren, ist der Aufwand etwas größer. Auf der DiskStation muss zunächst eine zu MySQL-kompatible Datenbank installiert werden. Hier bietet sich das *MariaDB*-System an, das komfortabel über das Paket-Zentrum installiert werden kann. Im MariaDB-System muss man anschließend eine neue Datenbank anlegen, die durch die Mediacenter genutzt wird. Dies schließt auch die Konfiguration eines entsprechenden Datenbankbenutzers mit ein.

Darüber hinaus wird eine weitere Dateifreigabe benötigt, die einige wenige Konfigurationsdateien der Mediacenter verwaltet, deren Informationen nicht in der zentralen Datenbank gespeichert werden.

Anschließend müssen alle Kodi-Instanzen manuell konfiguriert werden, sodass diese die zentrale Datenbank verwenden. Hierzu genügt es jedoch, eine vorher präparierte Konfigurationsdatei auf die einzelnen Mediacenter aufzuspielen, die alle benötigten Einstellungen enthält. Nach einem abschließenden Neustart der Mediacenter wechseln diese automatisch auf die zentrale Datenbank und synchronisieren ihre Inhalte. Dabei wird es aber erforderlich sein, die Datenbank auf dem NAS-Gerät zunächst neu aufzubauen, weswegen Sie auch hier über ein Backup in Form von Einzeldateien verfügen sollten, die die jeweiligen Medieninformationen enthalten. Das Mediacenter wird diese Informationen bei der Neuerstellung der Datenbank einlesen und direkt in die zentrale Datenbank übernehmen. Die Abfrage von Internet-Informationsdiensten ist nicht erforderlich.

Die Installation und Einrichtung der Datenbank auf der DiskStation

Über das Paket-Zentrum müssen Sie zunächst das Datenbankmanagementsystem *MariaDB* installieren. Es ist vollständig kompatibel zum bekannten MySQL-System und entstammt vollständig der Open-Source-Welt. MariaDB ist sehr leistungsfähig und kann außer für die Synchronisation der Mediacenter auch noch für zahlreiche weitere Aufgaben und Projekte verwendet werden. Sie finden MariaDB entweder über eine manuelle Suche oder in der Kategorie DIENSTPROGRAMME (siehe Abbildung 3.16). Die Installation wird einen Moment in Anspruch nehmen.

Abbildung 3.16 Das Datenbankverwaltungssystem MariaDB im Paket-Zentrum der DiskStation

Während der Installation müssen Sie zunächst ein Passwort für das Datenbankmanagementsystem festlegen. Hierbei handelt es sich um das Passwort für das Benutzerkonto *root*. Das ist das Administratorkonto für das Datenbankmanagementsystem. Beachten Sie bitte, dass dieses Konto in keinem Zusammenhang zum root- oder Administratorkonto der DiskStation steht: Es ist ein eigenständiges Benutzerkonto, das nur das Datenbankmanagementsystem betrifft.

Beachten Sie außerdem, dass im Eingabefenster nur nach einem Passwort gefragt wird und der Benutzername, für den das Passwort gesetzt wird, nicht genannt ist. Im eigenen Interesse sollten Sie ein sicheres Kennwort hinterlegen, das Sie sich gut merken oder in einem Passwortmanager abspeichern. Bedenken Sie, das der Administrator des Systems vollständigen Zugriff auf alle im gesamten Datenbankmanagementsystem hinterlegten Daten hat und nach Belieben Datenbanken einsehen, verändern und löschen kann.

Für das Passwort gelten Regeln. Es muss

- mindestens 10 Zeichen lang sein,
- Groß-/Kleinschreibung beinhalten,
- Ziffern enthalten und
- Sonderzeichen enthalten.

Außerdem müssen Sie den Netzwerk-Port des Datenbanksystems festlegen (siehe Abbildung 3.17). Über diesen Port können andere Systeme, wie etwa das Mediacenter, auf die Datenbanken zugreifen. Die Voreinstellung lautet PORT 3306. Für den Betrieb im sicheren lokalen Netzwerk spricht nichts dagegen, es bei der Voreinstellung zu belassen. Auf diese Weise finden auch andere Dienste ihre Datenbanken ohne große Konfigurationsänderungen.

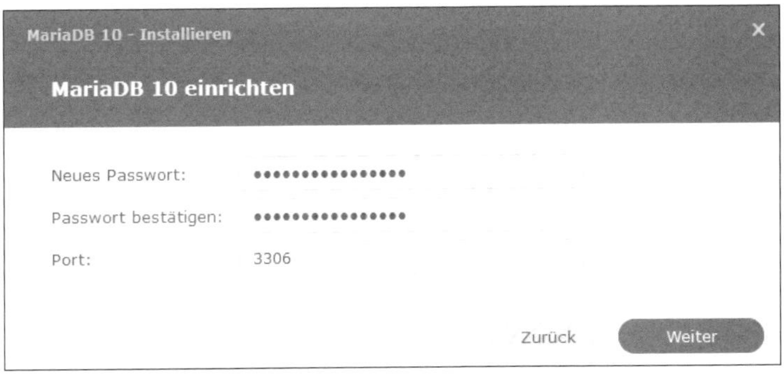

Abbildung 3.17 Während der Installation müssen Sie das Passwort und die Port-Nummer festlegen.

Nach der Installation wird das System automatisch gestartet. Sie erreichen das Verwaltungsprogramm (als Administrator eingeloggt) im Hauptmenü der DiskStation. Es nennt sich *MariaDB 10* und sein Symbol ist eine Robbe. Im Konfigurationsprogramm gibt es nur sehr wenige Einstelloptionen, insbesondere können hier keine Datenbanken angelegt oder verändert werden. Sie müssen hier allerdings den Netzwerkzugriff auf das Datenbanksystem aktivieren, denn in der Grundeinstellung ist der Zugriff nur lokal auf der DiskStation selbst möglich. Setzen Sie also einen Haken im Feld TCP/IP-VERBINDUNG AKTIVIEREN, und speichern Sie anschließend die Änderungen (siehe Abbildung 3.18).

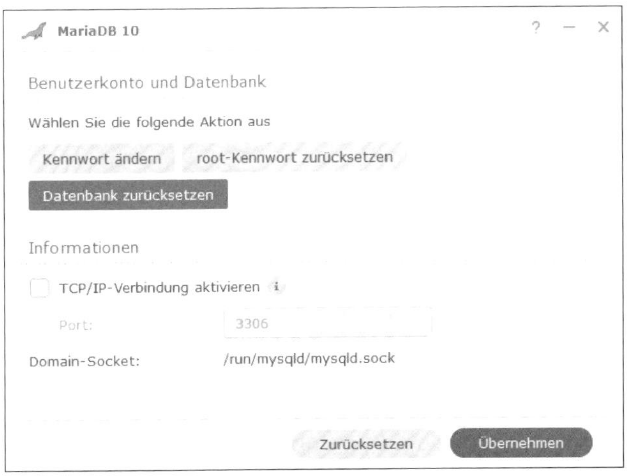

Abbildung 3.18 Das Verwaltungstool von MariaDB hat im DSM einen überschaubaren Funktionsumfang.

Als Nächstes müssen Sie für das Mediacenter im Datenbanksystem einen Nutzer und dessen Berechtigungen anlegen. Wenn Sie öfter mit dem Datenbanksystem arbeiten möchten, können Sie für diese Zwecke das grafische Werkzeug *phpMyAdmin* verwenden, das ebenfalls auf der DiskStation installiert werden kann. Der Name des Systems deutet an, dass es auf PHP basiert. Es handelt sich also um eine Sammlung dynamischer Webseiten, die von einem Webserver ausgeführt werden. Entsprechend aufwendig ist das System. Da an dieser Stelle zunächst nur eine einzelne Datenbank mit einem einzelnen Nutzer angelegt werden soll, erscheint die Nutzung des aufwendigen phpMyAdmin-Systems etwas übertrieben. Das simple Anlegen der nötigen Konten über die Kommandozeile führt mit deutlich weniger Aufwand zum Ziel.

Aktivieren Sie daher zunächst, falls noch nicht geschehen, über das Modul TERMINAL UND SNMP im Bereich KONNEKTIVITÄT der Systemsteuerung den Zugriff über den SSH-Dienst. Er arbeitet auf dem TCP-Port 22. Wenn Sie Windows 10 oder 11, ein Linux-System oder einen Mac nutzen, haben Sie über bordeigene Mittel direkten Zugriff auf SSH-Server. Allen anderen sei das verbreitete Werkzeug PuTTY empfohlen. Auch für Mobilgeräte gibt es SSH-Apps.

Loggen Sie sich nun über SSH auf Ihrer DiskStation ein. Verwenden Sie das Benutzerkonto des Administrators, also dessen Benutzernamen und Passwort. Sie landen anschließend beim Kommandoprompt auf der SSH-Konsole. Denken Sie daran, dass Sie nun als Administrator Vollzugriff auf das Linux-Grundsystem der DiskStation haben: Unüberlegte Eingaben oder auch fehlerhafte Kommandos können das Gesamtsystem funktionsunfähig machen! Arbeiten Sie daher mit hoher Konzentration, und prüfen Sie alle Eingaben sorgfältig, bevor Sie diese ausführen. Wenn Sie an einer DiskStation arbeiten, deren Funktionsfähigkeit sichergestellt sein muss, dann schadet es auch nicht, wenn Sie zuvor ein Backup für den Fall anlegen, das etwas schiefgeht.

Melden Sie sich nun ohne weitere Umwege am Datenbankmanagementsystem an, indem Sie den Befehl

```
mysql -uroot -p<PASSWORT>
```

eingeben, dabei `PASSWORT` durch das Passwort des root-Benutzers von MariaDB ersetzen und die Eingabe ausführen. Beachten Sie, dass nach den Schaltern `-u` und `-p` explizit kein Leerzeichen steht.

Sie landen nun beim Eingabe-Prompt von MariaDB. Von hier aus ist kein direkter Zugriff auf das Linux-System der DiskStation möglich, und Falscheingaben betreffen zunächst nur das Datenbankmanagementsystem. Führen Sie nun nacheinander die folgenden drei Befehle aus. Mit dem ersten (`CREATE USER ...`) legen Sie einen neuen Nutzer mit dem Benutzernamen `kodi` an. Sie können den Nutzer auch anders nennen, z. B. `mediacenter`. Der Ausdruck `IDENTIFIED BY` legt das Passwort fest. Ersetzen Sie also den Ausdruck `PASSWORT` durch das gewünschte Passwort. Es muss folgenden Regeln genügen:

- Es ist mindestens 10 Zeichen lang.
- Groß-/Kleinschreibung wird verwendet.
- Es sind Ziffern enthalten (wenigstens eine).
- Es sind Sonderzeichen enthalten (wenigstens eines).
- Es entspricht keinem Nutzernamen.

Beachten Sie, dass Sie sowohl den Nutzernamen als auch das Passwort bei den zwei folgenden Zeilen entsprechend anpassen müssen. Diese legen die Zugriffsrechte auf die beiden Datenbanken für die Musik- und die Videosammlung fest.

```
CREATE USER 'kodi' IDENTIFIED BY 'PASSWORT';
GRANT ALL ON `MyMusic%`.* TO 'kodi'@'%' IDENTIFIED BY 'PASSWORT';
GRANT ALL ON `MyVideos%`.* TO 'kodi'@'%' IDENTIFIED BY 'PASSWORT';
```

MariaDB wird jeden der drei Befehle mit einem Ausdruck in der Form

```
Query OK, 0 rows affected (0.032 sec)
```

bestätigen. Anschließend verlassen Sie MariaDB mit dem Befehl

```
quit
```

und melden sich danach direkt von der SSH-Konsole mit dem Befehl

```
exit
```

ab.

Wenn der Zugriff nicht anderweitig benötigt wird, können Sie aus Sicherheitsgründen den Zugriff über die SSH-Konsole jetzt wieder in der Systemsteuerung der DiskStation deaktivieren. Beachten Sie bitte, dass Sie mit diesen Schritten noch keine Datenbank im MariaDB-System erstellt haben: Bislang haben Sie lediglich ein Nutzerkonto angelegt und mit Rechten versehen, die es dem Mediacenter erlauben, zwei eigene Datenbanken anzulegen und nur auf diese nach Belieben zuzugreifen. Das Mediacenter ist von allen anderen Datenbanken des MariaDB-Systems isoliert und kann auf keine weiteren (fremden) Daten zugreifen.

Die notwendige Dateifreigabe einrichten

Für die Verwaltung einiger weniger Konfigurationsdateien legen Sie bitte auf der DiskStation eine weitere Dateifreigabe an. Sie können problemlos eine simple SMB-Freigabe verwenden. Es wird nur sehr wenig Speicherplatz in der Größenordnung von < 1 MByte benötigt. Die Mediacenter benötigen einen Schreibzugriff auf diese Freigabe. Falls erforderlich, kann der Zugriff mit einem Passwort geschützt werden. Darüber hinaus ist es problemlos möglich, die Freigabe zu verstecken, sodass sie den einzelnen Nutzern der DiskStation nicht in der Liste aller Freigaben angezeigt wird. Auch kann der Zugriff auf die Mediacenter beschränkt werden.

Die beteiligten Mediacenter konfigurieren und einrichten

Damit das Mediacenter Kodi statt der lokalen Datenbank die zentrale Datenbank im Netzwerk verwendet, müssen Sie eine Konfigurationsdatei manuell erstellen bzw. bearbeiten. Erstellen Sie dafür zunächst folgende Textdatei, die Sie *advancedsettings.xml* nennen, und füllen Sie diese mit dem Inhalt aus Listing 3.1.

```
<advancedsettings>
   <videodatabase>
      <type>mysql</type>
      <host>xxx.xxx.xxx.xxx</host>
      <port>3306</port>
      <user>kodi</user>
      <pass>PASSWORT</pass>
   </videodatabase>
   <musicdatabase>
      <type>mysql</type>
      <host>xxx.xxx.xxx.xxx</host>
      <port>3306</port>
      <user>kodi</user>
      <pass>PASSWORT</pass>
   </musicdatabase>
   <videolibrary>
      <importwatchedstate>true</importwatchedstate>
      <importresumepoint>true</importresumepoint>
   </videolibrary>
</advancedsettings>
```

Listing 3.1 Die Konfiguration in der Datei advancedsettings.xml

Ersetzen Sie dabei in den Einträgen `<host>xxx.xxx.xxx.xxx</host>` den Ausdruck `xxx.xxx.xxx.xxx` durch die IP-Adresse der DiskStation im lokalen Netzwerk. Ersetzen Sie den Ausdruck `PASSWORT` durch das Passwort des Datenbankbenutzers, den das Mediacenter verwenden wird, und passen Sie gegebenenfalls auch den Nutzernamen im `<user>`-Tag an.

Die Datei wird dafür sorgen, dass für die Video- und Musikdatenbank zukünftig die zentrale Datenbank im Netzwerk auf der DiskStation verwendet wird. Außerdem werden der Status für ein bereits angesehenes Video sowie der Zeitpunkt der Wiedergabeunterbrechung aus der zentralen Datenbank eingelesen.

Wenn Sie die Datei vollständig erstellt haben, dann kopieren Sie diese in das Verzeichnis *userdata* der gewünschten Kodi-Installation. Der Speicherort des Verzeichnisses unterscheidet sich je nach Betriebssystem-Unterbau. Unter Windows finden Sie das Verzeichnis etwa unter *%appdata%\Kodi\userdata*. Bei LibreELEC lautet der Pfad */storage/.kodi/userdata*.

Wenn Sie den Ort auf Ihrem System nicht finden können, dann verwenden Sie einfach den Dateimanager von Kodi und kopieren die Datei per USB-Stick in den Profil-Ordner, der zuoberst im Datei-Manager angezeigt wird. Nach einem Neustart des Mediacenters wird dieses die zentrale Datenbank verwenden. Sie müssen jetzt allerdings die Medienquellen einmalig an einem Gerät neu einlesen, damit der Datenbestand in die neue Datenbank übernommen wird. Anschließend wird der Medienbestand von Videos und Musikstücken auf allen Geräten synchron sein. Beachten Sie aber unbedingt, dass es auch erforderlich ist, dass alle Geräte dieselben Medienquellen definiert haben – ihren Medienbestand also alle von der DiskStation und deren Dateifreigabe beziehen.

Die Synchronisation mit mehreren Profilen nutzen

Falls Sie in Kodi mehrere Benutzerprofile mit unterschiedlichen Mediendatenbanken erstellt haben, dann lassen sich auch diese über eine zentrale Datenbank auf verschiedenen Geräten synchronisieren. Hierfür müssen Sie für jedes Benutzerprofil eine eigene `advancedsettings.xml`-Datei erzeugen. Fügen Sie im Block `<musicdatabase>` den Eintrag `<name>MyMusic_NAME</name>` und im Block `<videodatabase>` den Eintrag `<name>MyVideos_NAME</name>` hinzu, bei dem Sie jeweils **NAME** durch den Profilnamen bzw. einen selbst gewählten Alias ersetzen. Kopieren Sie die zum jeweiligen Profil gehörende Datei dann in das passende Verzeichnis unterhalb von *userdata/profiles*.

Wenn Sie möchten, dann können Sie über die zuvor erstellte Freigabe für Konfigurationsdaten nun auch noch die Medienquellen (also die Konfiguration der Dateispeicherorte), die Wiedergabelisten, die Quelle für den RSS-Feed (Darstellung im Hauptmenü von Kodi), die Einstellungen der Add-ons, die Liste der Favoriten und die Passwörter für Medienquellen über die DiskStation synchronisieren.

Kopieren Sie dazu von einer beliebigen Kodi-Instanz aus dem jeweiligen *userdata*-Ordner die gewünschten Dateien auf die Freigabe mit den Konfigurationsdaten auf der DiskStation. Sie können aus folgender Liste beliebig auswählen:

- *sources.xml* (für die Medienquellen)
- *RSSFeed.xml* (für den Inhalt des RSS-Feeds)
- *passwords.xml* (enthält die Passwörter für Medienquellen)
- *favourites.xml* (enthält die Einträge des Favoriten-Menüs)

- das Verzeichnis *playlists* (mit den Wiedergabelisten)
- das Verzeichnis *addon_data* (mit den Einstellungen der Add-ons)

Anschließend ist auf allen gewünschten Kodi-Instanzen eine manuelle Anpassung der zuvor erwähnten Datei *advancedsettings.xml* nötig. Ergänzen Sie dort vor dem abschließenden Tag `</advancedsettings>` einen neuen Block `</pathsubstitution>` mit folgender Struktur:

```
</pathsubstitution>
   <substitute>
      <from>special://profile/QUELLE/</from>
      <to>smb://user:PASSWORT@HOST/FREIGABE/</to>
   </substitute>
</pathsubstitution>
```

Dabei erstellen Sie den Block `<substitute>` so oft, wie Sie Elemente aus der obigen Liste über die Dateifreigabe ersetzen möchten. Anschließend passen Sie die Blöcke an. Ersetzen Sie zunächst

- `PASSWORT` durch das Passwort, das für den Zugriff auf die Dateifreigabe auf der DiskStation erforderlich ist.
- `HOST` durch die interne IP-Adresse der DiskStation im lokalen Netzwerk.
- `FREIGABE` durch den Namen der Dateifreigabe, die für die Konfigurationsdateien verwendet werden soll.

Anschließend müssen Sie den Eintrag `QUELLE` anpassen. Ersetzen Sie ihn gemäß Ihrer Wünsche durch:

- `sources.xml` für die Synchronisierung der Medienquellen
- `RSSFeed.xml` für die Synchronisierung des RSS-Feeds
- `playlists` für die Synchronisierung der Wiedergabelisten
- `addon_data` für die Synchronisierung der Einstellungen der Add-ons
- `passwords.xml` für die Synchronisierung der Passwörter für die Medienquellen
- `favourites.xml` für die Synchronisierung der Elemente des Favoriten-Menüs

Anschließend müssen Sie die beteiligten Kodi-Instanzen neu starten. Sie werden dann alle dieselben Daten benutzen, so wie sie auf der DiskStation hinterlegt sind.

3.3 Fotos mit Synology Photos verwalten und betrachten

Synology Photos ist eine moderne Neuentwicklung, die die frühere *Photo Station* ersetzt. Die DSM-Anwendung kümmert sich um die Verwaltung und Darstellung einer

Fotosammlung. Fotos können in Alben sortiert und mit Schlagwörtern versehen werden. Die Fotobibliothek kann mit verschiedenen Werkzeugen durchsucht werden. So steht unter anderem auch eine Zeitleiste zur Verfügung, mit der Sie ein fragliches Foto schnell finden.

Zur Anwendung auf der DiskStation gibt es zusätzlich mobile Apps, mit denen sich die Fotosammlung auch unterwegs betrachten und vor allem auch ergänzen lässt, denn Fotos etwa vom Smartphone können über die Synology Photos-App schnell zur heimischen DiskStation hochgeladen werden. Auch das Teilen von Fotos und Alben mit anderen Personen lässt sich einfach und direkt in Synology Photos einrichten.

Zur Anzeige von Fotos bietet Synology Photos die üblichen grundlegenden Funktionen. Die Darstellung erfolgt am Desktop direkt im Browser. Synology Photos ermöglicht hier (auch wenn Fotos geteilt werden) unter anderem ein Zoomen und den Download von Fotos auf den aktuellen Rechner. Die Freigabe eignet sich aber nicht nur, um einige Urlaubsfotos mit Freunden und Bekannten zu teilen, sondern kann auch problemlos mit einem größeren Benutzerkreis umgehen. Somit kann sie auch für Vereine und freiberuflich im Medienbereich tätige Personen nützlich sein. Allerdings tritt Synology Photos stets eigenständig auf und ist beispielsweise nicht direkt zur Einbettung in andere Webseiten gedacht.

Durch Synology Photos und die bereits angesprochene Möglichkeit, Fotos auf der heimischen DiskStation zu sichern, ergibt sich ferner eine Alternative zu cloudbasierten Diensten, die zwar ebenfalls eine einfache Möglichkeit zur Sicherung bieten, aber nur über einen begrenzten Speicherplatz verfügen oder gebührenpflichtig sind.

Die Verwaltungsfunktionen nutzen zahlreiche Metadaten, die etwa in Exif-Tags von Bildern gespeichert sind. Auf Wunsch können so auch Alben automatisch erstellt werden, die Fotos anhand spezifischer Metadaten aufnehmen. Fotos lassen sich so beispielsweise nach der genutzten Kamera oder dem verwendeten Objektiv sortieren und ohne vorheriges Suchen direkt anzeigen. Als Zusatzfunktion bietet Synology Photos auch eine Gesichtserkennung, die versucht, Fotos anhand der Gesichter zu sortieren und bestimmten Personen zuzuweisen.

3.3.1 Synology Photos auf der DiskStation installieren und einrichten

Synology Photos kann direkt über das Paket-Zentrum installiert werden (siehe Abbildung 3.19). Das Programm findet sich in der Kategorie MULTIMEDIA oder über eine manuelle Suche. Es besitzt einige Abhängigkeiten zu anderen Programmen bzw. Diensten, die gegebenenfalls zusätzlich installiert werden müssen. Die Installation kann daher einige Minuten dauern.

Wie immer sollten Sie nach abgeschlossener Installation festlegen, welcher Benutzer der DiskStation auf Synology Photos zugreifen darf. Öffnen Sie also in der Systemsteuerung in der Kategorie DIENSTE das Modul ANWENDUNGSBERECHTIGUNGEN und darin (im Bereich PAKETE über den Button BEARBEITEN) den Eintrag für Synology Photos. Sie sehen eine Liste mit den Nutzerkonten der DiskStation und können nun für jeden Benutzer individuell bzw. über die Registerkarte GRUPPE auch für Benutzergruppen festlegen, wer Zugang zu Synology Photos erhält.

Abbildung 3.19 Synology Photos im Paket-Zentrum der DiskStation

Jetzt kann das Programm über das Hauptmenü der berechtigten Nutzer aufgerufen werden. Synology Photos öffnet sich als neuer Tab im Browser. Oben rechts im Fenster gibt es ein persönliches Icon, das Zugang zu den Einstelloptionen gewährt. Jeder Nutzer kann über den ersten Eintrag ein persönliches Profil anlegen und einige Angaben zur eigenen Person hinterlegen. Auf Wunsch kann auch ein Profilbild hinzugefügt werden.

Für jeden Benutzer steht darüber hinaus ein Einstellungsmenü zur Verfügung. Das Einstellungsmenü des Administrators weist bestimmte Verwaltungseinstellungen auf, die den normalen Benutzern verborgen bleiben. Während die Registerkarte PERSÖNLICH, die Sie in Abbildung 3.20 sehen, allen Nutzern zur Verfügung steht, kann nur der Administrator auf die Registerkarten FREIGEGEBENER BEREICH und GLOBAL zugreifen.

Auf der Karte PERSÖNLICH legen Sie zunächst Darstellungsoptionen fest und entscheiden etwa über das Datums- und Zeitformat und die Sortierreihenfolge. Außerdem legen Sie fest, wie mit DOPPELTEN DATEIEN zu verfahren ist.

Abbildung 3.20 Synology Photos bietet eine überschaubare Anzahl an Einstellungsoptionen, die Konfiguration ist daher zügig abgeschlossen.

Die Optionen sind hier weitestgehend selbsterklärend, eine kurze Beachtung verdient aber weiter unten in der Sektion AUTOMATISCH ERSTELLTE ALBEN das *Personenalbum*. Dieses nutzt die vorhin erwähnten Routinen zur automatischen Gesichtserkennung und versucht, Fotos einzelnen Personen zuzuordnen. Die Funktion kann recht gute Ergebnisse erzielen und ist es wert, einmal ausprobiert zu werden. Allerdings kann sie auch durch den Administrator deaktiviert werden.

Sinnvoll ist die Deaktivierung vor allem auf leistungsschwachen DiskStations oder auf Geräten, die ohnehin schon stark ausgelastet sind. Die Gesichtserkennung arbeitet nämlich lokal auf der DiskStation und nutzt – im Unterschied zu vielen cloudbasierten Diensten – die lokale Rechenkapazität, was im Hinblick auf die Sicherung der Privatsphäre in der Regel auch zu begrüßen ist.

Synology Photos verwendet Indexfunktionen zur Darstellung der Fotos. Sollte diese einmal fehlerhaft sein, kann zuunterst eine Neuerstellung der Indexdateien erzwungen werden.

Der Administrator kann auf der Registerkarte FREIGEGEBENER BEREICH das gemeinsame Verzeichnis *photo* erzeugen, das zur gemeinsamen Fotoverwaltung mit anderen Benutzern der DiskStation verwendet werden kann.

Die Registerkarte GLOBAL steuert einige weitere Optionen. Hier lässt sich das zuvor genannte Personenalbum aktivieren, Sie können die Möglichkeit zur Freigabe von Fotos für normale Benutzer deaktivieren und einstellen, ob Gast-Benutzer auch Zugriff auf Informationen zu den Fotos erhalten. Abschließend können bestimmte Dateitypen von der Nutzung durch Synology Photos ausgenommen werden, beispielsweise solche Dateitypen, die üblicherweise viel Speicherplatz belegen.

3.3.2 Fotos zu Synology Photos hinzufügen und betrachten

Jeder Benutzer von Synology Photos verwaltet zunächst seinen eigenen privaten Fotobestand, auf den andere Nutzer keinen Zugriff haben. Fotos können direkt in der Anwendung Synology Photos hochgeladen werden. Sie werden auf der DiskStation abgespeichert und stehen anschließend in Synology Photos zur Verfügung. Ihnen haben zunächst drei Möglichkeiten für den Upload:

- Sie nutzen die Drag-and-drop-Funktion im Hauptfenster von Synology Photos.
- Sie nutzen die +-Schaltfläche oben rechts im Hauptfenster von Synology Photos.
- Sie nutzen die Schaltfläche FOTOS HINZUFÜGEN. (Sie ist nur bei leerer Bibliothek verfügbar, siehe Abbildung 3.21.)

Abbildung 3.21 Im Grundzustand sind noch keine Fotos vorhanden. Über die Schaltfläche »Fotos hinzufügen« ändern Sie das.

Während des Hochladens zeigt ganz oben rechts ein Symbol, das die sogenannten Hintergrundaufgaben repräsentiert, den Fortschritt des Uploads an. Nach vollständigem Upload sehen Sie die Fotos, die in der Zeitachsenansicht nach dem jeweiligen Aufnahmedatum sortiert sind (siehe Abbildung 3.22). Dieses Datum hat Synology Photos aus den Metadaten der Fotodateien extrahiert.

Abbildung 3.22 Die hochgeladenen Fotos in der Zeitachsenansicht

Wenn Sie eines der Fotos mit der Maus anklicken, wird es Ihnen in einer Vollbildansicht angezeigt. Mit den Pfeiltasten können Sie durch den Bilderbestand blättern. Nach einer Mausbewegung werden Ihnen diverse Schaltflächen angezeigt, deren Funktionen selbsterklärend sein dürften. Sie können beispielsweise auch per Maus navigieren, in das Bild hineinzoomen, den Ausschnitt verschieben, sich Informationen und Metadaten etwa aus den Exif-Tags anzeigen lassen, eine Diashow starten, das Foto auf den aktuellen Rechner herunterladen und grundlegende Operationen im Dateisystem ausführen. Auch das Löschen des Fotos ist möglich. Das Drücken der [Esc]-Taste oder ein Klick auf die Pfeil-Schaltfläche ganz oben links bringt Sie wieder zurück zur Zeitleiste.

Die Zeitachsenansicht mit ihren großen Vorschaubildern wird jedoch gerade bei einem größeren Bildbestand schnell unübersichtlich und ein gewünschtes Foto lässt sich nur mühsam auffinden. Eine erste Hilfe bietet der Schnellfilter. Ihn erreichen Sie über die Schaltfläche mit dem Trichtersymbol ganz oben rechts. Mit dieser Funktion können Sie Fotos anhand bestimmter Metadaten filtern (siehe Abbildung 3.23).

Sie konfigurieren das Werkzeug über das Zahnradsymbol links unter der Titelzeile des Schnellfilters. In einem Menü können Sie auswählen, welche Metadaten Sie in den Filter mit einbeziehen möchten. Anschließend können Sie im Schnellfilter-Dialog die gewünschte Datenkombination einstellen, die zu Verfügung stehenden Optionen passen sich dabei automatisch an. Das Ergebnis wird Ihnen direkt links im Übersichtsbereich angezeigt.

Darüber hinaus gibt es im Hauptfenster von Synology Photos ganz oben auch eine Suchfunktion, die mit einem Lupensymbol gekennzeichnet ist. Die Suchfunktion ist ziemlich mächtig: Sie können z. B. nach Dateinamen suchen, nach Albennamen, aber auch nach Schlagwörtern, den sogenannten *Tags*.

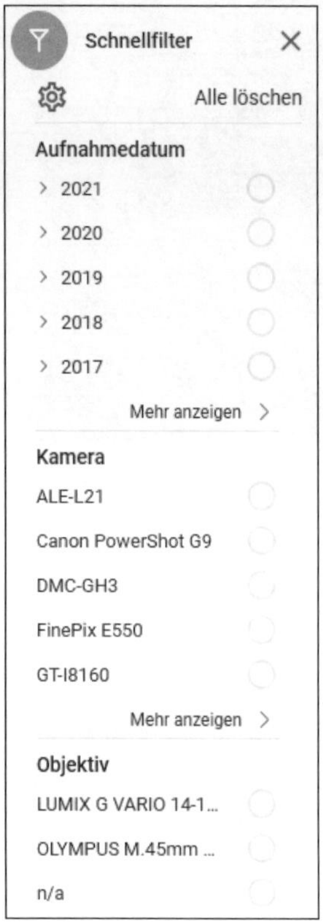

Abbildung 3.23 Mit dem Schnellfilter kann eine größere Bildersammlung rasch durchsucht werden.

Falls Sie mit der Zeitleistenansicht nicht zufrieden sind, können Sie alternativ auch die Ordneransicht benutzen (siehe Abbildung 3.24). Diese wird oben rechts über die Schaltfläche mit vier kleinen Quadraten aktiviert. Sie ermöglicht eine Navigation, wie man sie vom Dateisystem her kennt. Links wird eine Baumstruktur mit den Aufnahmedaten der Fotos angezeigt. Die jeweiligen Fotos erscheinen rechts. Über die Symbolleiste lässt sich beispielsweise die Größe der Vorschaubilder anzeigen, und die Fotos können nach verschiedenen Kriterien sortiert werden. Sie können nach Belieben eigene Ordner ergänzen und die Fotos einsortieren. Bei der Suche helfen Ihnen auch hier der Schnellfilter und die Suchfunktion.

Da die Ordneransicht tatsächlich der Dateistruktur auf der DiskStation entspricht, können Sie auch die *File Station* zum Hochladen von Fotos verwenden. Im jeweiligen Home-Ordner gibt es das Unterverzeichnis *Photos* mit der *PhotoLibrary*. Wenn Sie dort Fotos im korrekten Verzeichnis ablegen, werden diese in Synology Fotos übernommen. Da man sich hier aber auch schnell vertun kann, bietet es sich an, zum Hochladen direkt Synology Photos zu nutzen. Das Programm sortiert die Fotos dann automatisch an der richtigen Stelle ein.

Abbildung 3.24 Die Ordneransicht kann neben der Zeitachsenansicht verwendet werden.

3.3.3 Die Fotosammlung mit Synology Photos verwalten

Die Fotosammlung liegt in Synology Photos bisher lediglich nach dem Aufnahmedatum sortiert in Ordnern vor. Diese Art der Sortierung, die Sie links über die Schaltfläche aufrufen, ist für größere Sammlungen nicht unbedingt die übersichtlichste. Synology Photos stellt zwei weitere wichtige Werkzeuge bereit, die zur Verwaltung und Sortierung der Fotosammlung verwendet werden können. Das sind *Alben* und *Schlagwörter*.

Gerade die Alben sind recht interessant, denn diese können sowohl manuell erstellt und mit einer Bildersammlung befüllt als auch automatisch anhand eines Regelwerks ergänzt werden. Zu Beginn sind vier Standardalben definiert, die Ihnen angezeigt werden, wenn Sie links am Bildschirmrand auf ALBEN klicken (siehe Abbildung 3.25).

Diese vier Alben werden automatisch verwaltet. Das erste Album zeigt alle Fotos an, die kürzlich hochgeladen wurden. Im zweiten Album sind Fotos enthalten, bei denen in den Exif-Tags ein Aufnahmeort hinterlegt ist (siehe Abbildung 3.26). Er wird anhand von GPS-Koordinaten festgestellt und automatisch durch Synology Photos extrahiert. Das dritte Album, TAGS, fasst alle Schlagwörter zusammen, von denen zu Beginn aber noch keines definiert ist. Im vierten Album finden sich eventuell vorhandene Videodateien. Kleinere Videoclips können nämlich ebenfalls mit Synology Photos verwaltet werden.

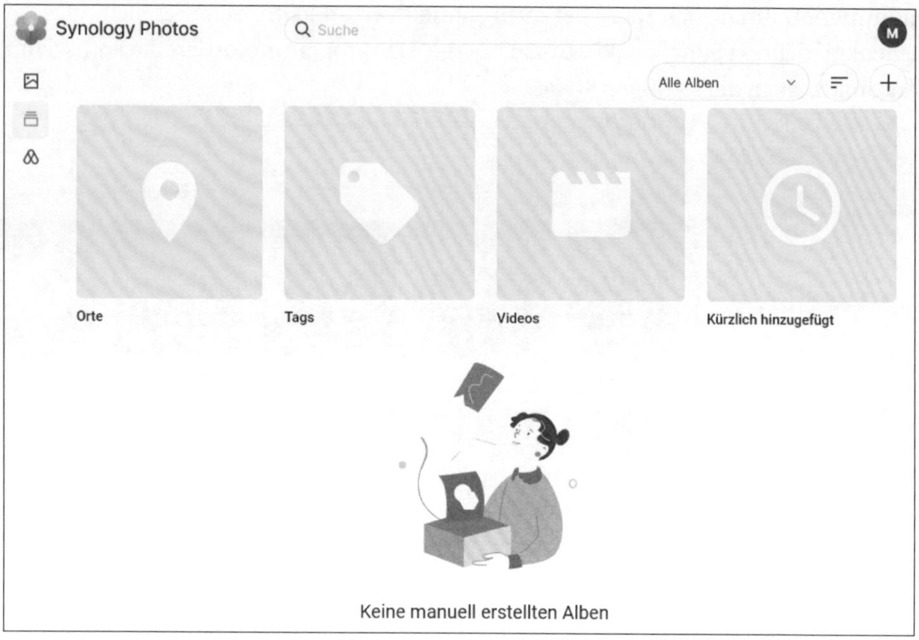

Abbildung 3.25 Bieten mächtige Funktionen zur Sortierung von Fotos: die Alben in Synology Photos.

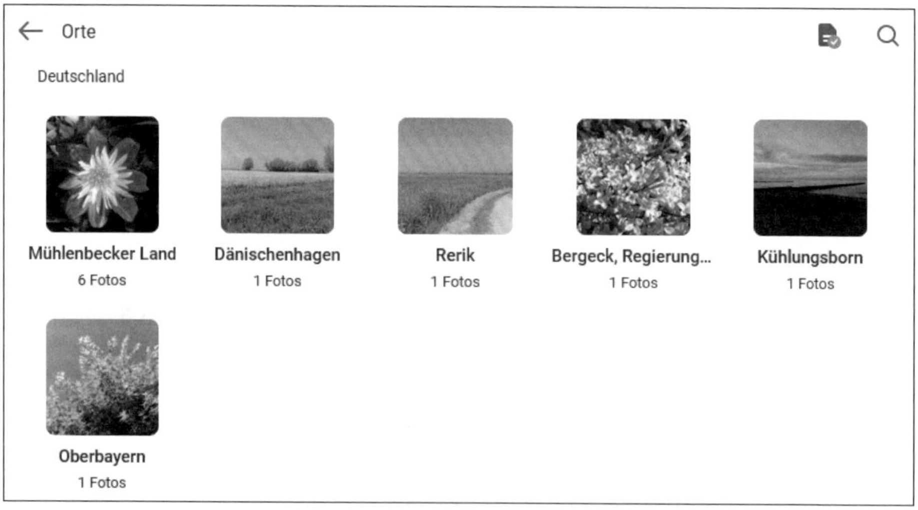

Abbildung 3.26 Das automatisch erstellte Album »Orte« fasst alle Fotos mit eingebetteten GPS-Koordinaten zusammen und nennt die jeweiligen Orte.

Wenn Sie manuell ein weiteres Album erstellen und dieses von Hand mit einigen Fotos bestücken möchten, dann gibt es dafür mehrere Möglichkeiten. Zunächst einmal können Sie in der Zeitachsen- oder in der Ordneransicht mit der Maus über ein Vorschaubild fahren. Sie sehen dann oben links auf dem Vorschaubild einen kleinen Auswahlkreis. Über diesen Kreis können Sie Fotos auswählen. Sobald Sie ein Foto auswählen, wird am unteren Bildschirmrand eine orangefarbene Symbolleiste sichtbar, die eine Schaltfläche beinhaltet, mit der sich die Auswahl zu einem Album hinzufügen lässt. In einem Auswahldialog sehen Sie dann eine Liste mit bereits verfügbaren (manuell erstellten) Alben und können auch ein neues Album erstellen. Alternativ kann man auch ein einzelnes Foto in der Vollbildansicht zu einem Album hinzufügen.

Bewegen Sie nun die Maus, erscheint oben rechts eine Symbolleiste, in der eine Schaltfläche mit drei Punkten ein Auswahlmenü öffnet, in dem sich die Option zum Hinzufügen zu einem Album befindet. Nach einem Klick auf sie öffnet sich das soeben erwähnte Auswahlfenster.

Auch in der Hauptansicht für Alben können Sie mit der Schaltfläche mit dem +-Zeichen oben rechts ein neues Album erstellen und in einem Unterfenster die gewünschten Fotos auswählen. Wenn Sie ein selbst erstelltes Album anklicken, dann sehen Sie die enthaltenen Fotos und können wie in der Zeitleistenansicht navigieren.

Die +-Schaltfläche ist ebenfalls verfügbar und ermöglicht es, weitere Fotos zum Album hinzuzufügen. Eine Ordneransicht wird innerhalb von Alben jedoch verständlicherweise nicht geboten, da die Fotos ja aus diversen Ordnern im Dateisystem zusammengestellt wurden und eine solche Übersicht vermutlich nur wenig Komfortgewinn bieten würde.

Die zweite Möglichkeit sind die sogenannten *bedingten Alben*. Ein solches Album erstellen Sie in der Alben-Ansicht, wenn Sie auf die +-Schaltfläche rechts oben klicken und den entsprechenden Eintrag auswählen. Ihnen zeigt sich dann ein neues Fenster, in dem Sie die Bedingungen auswählen können. Es wirkt zunächst recht unscheinbar, bietet jedoch einen großen Funktionsumfang. Zunächst können Sie einen Filter nach dem Aufnahmedatum setzen oder einen Filter zur Bewertung.

Bewerten können Sie Ihre Fotos in der Vollbildansicht. Über die Schaltfläche mit dem i-Symbol oben rechts können Sie eine Sternebewertung vergeben, die sich z. B. für ein bedingtes Album verwenden lässt. Bei dessen Erstellung ist das Feld BEDINGUNGEN deutlich interessanter als die zuvor genannten Optionen (siehe Abbildung 3.27).

Sie können in das Suchfeld einen beliebigen Begriff oder auch eine Zahl eingeben. Sie sehen dann ein Ausklappfeld mit Filtermöglichkeiten. Der eingegebene Begriff kann z. B. mit dem Dateinamen, der Belichtungszeit oder dem verwendeten Objektiv abgeglichen werden. Auf diese Weise können Sie automatisch mithilfe einer beliebigen Kombination von Suchbegriffen ein Album erstellen lassen. Diese Möglichkeit ist es auf alle Fälle wert, einmal ausprobiert zu werden.

Abbildung 3.27 Ein bedingtes Album kann über eine Vielzahl an Bedingungen definiert und automatisch befüllt werden.

Um die Fotosammlung zu sortieren, können Sie auch Schlagwörter (also *Tags*) verwenden. Zu jedem Foto können Sie ein Schlagwort oder mehrere hinzufügen. Es gibt verschiedene Möglichkeiten, wie Sie einem Foto ein Schlagwort zuweisen können.

Zum einen können Sie beispielsweise in der Zeitachsen- oder Ordneransicht die bereits bekannte Auswahlfunktion nutzen. Sie sehen dann wieder die orangefarbene Symbolleiste und haben über das Menü mit den drei Punkten Zugriff auf die Tag-Funktion. Dort können Sie Tags hinzufügen oder bereits erstellte Tags der Fotoauswahl hinzufügen. Über das Menü mit den drei Punkten können Sie auch die Bewertung der Fotos anpassen.

Für die zweite Methode nutzen Sie die Vollbildansicht. Hier können Sie sich über die i-Schaltfläche das Ausklappmenü anzeigen lassen. Dort gibt es ebenfalls einen Bereich, in dem Schlagwörter definiert und zugewiesen werden können. Vergessen Sie nicht, dass eine beliebige Kombination möglich ist. Sobald Sie Fotos mit Schlagwörtern versehen haben, erhält das automatisch erstellte Album mit dem Namen TAGS diese als Inhalt. Sie sehen eine Liste mit allen Tags und können sich die relevanten Fotos direkt anzeigen lassen.

3.3.4 Fotos über Freigaben mit anderen Personen teilen

Einzelne Fotos oder sogar ganze Alben können direkt aus Synology Photos heraus mit anderen Personen geteilt werden. Die Empfänger können die Fotos anzeigen und auf Wunsch auch auf den eigenen Rechner herunterladen. Wie bei praktisch allen Freigaben auf der DiskStation kann auch hier eine Rechteverwaltung genutzt werden, über die sich die Freigabe etwa mit einem Passwort vor unberechtigtem Zugriff schützen lässt.

Für Freigaben bietet Synology Photos einen gleichnamigen Kontrollbereich, den Sie am linken Bildschirmrand aufrufen können. Zwei Registerkarten unterscheiden zwischen Freigaben, die Sie selbst erstellt haben, und solchen, die Sie von anderen Benutzern der DiskStation erhalten haben (siehe Abbildung 3.28). Das Freigeben ist nämlich sowohl für Benutzer der DiskStation als auch über einen Link über das Internet möglich.

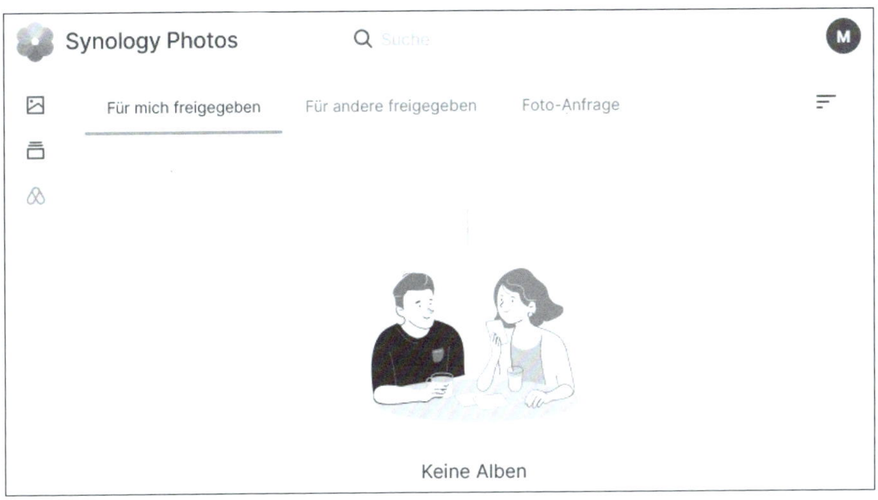

Abbildung 3.28 Die Registerkarte »Freigaben« zeigt alle Freigaben an, die Sie erstellt oder erhalten haben.

In Synology Photos werden Sie an verschiedenen Stellen auf die Möglichkeit der Freigabe stoßen. Wenn Sie ein einzelnes Foto in der Vollbildansicht betrachten, dann sehen Sie nach einer Mausbewegung oben rechts die aus der Mobilwelt bekannte Schaltfläche zum Freigeben (bzw. Teilen) mit anderen Personen. Auch wenn Sie über die Auswahlfläche eine (Mehrfach-)Auswahl treffen, zeigt die bekannte orangefarbene Symbolleiste das Symbol zur Freigabe.

Wenn Sie in der Albenansicht ein Album öffnen, dann gibt es auch in ihm entweder unter dem Albumnamen oder oben rechts im Menü mit den drei Punkten das bekannte Symbol. Bei einem Klick öffnet sich stets das Dialog-Fenster zur Definition einer Freigabe. Sie können hier auswählen, ob Sie die Bildauswahl mit einem Link teilen möchten (dazu dient der obere Fensterteil) oder ob Sie das Bild mit einem Benutzer auf der DiskStation teilen wollen. Dafür können Sie im unteren Teil den Benutzernamen eingeben. Auch eine Kombination ist möglich. Sie können je weils verschiedene Rechte angeben. Wenn Sie Fotos für einen Benutzer der DiskStation freigeben, dann sieht dieser die Freigabe in seiner Freigabeansicht. Auch Ihnen wird diese Ansicht in der entsprechenden Rubrik angezeigt.

Wenn Sie eine Linkfreigabe benutzen, dann können Sie den Link über die entsprechende Schaltfläche in die Zwischenablage kopieren und ihn per Mail versenden (siehe Abbildung 3.29).

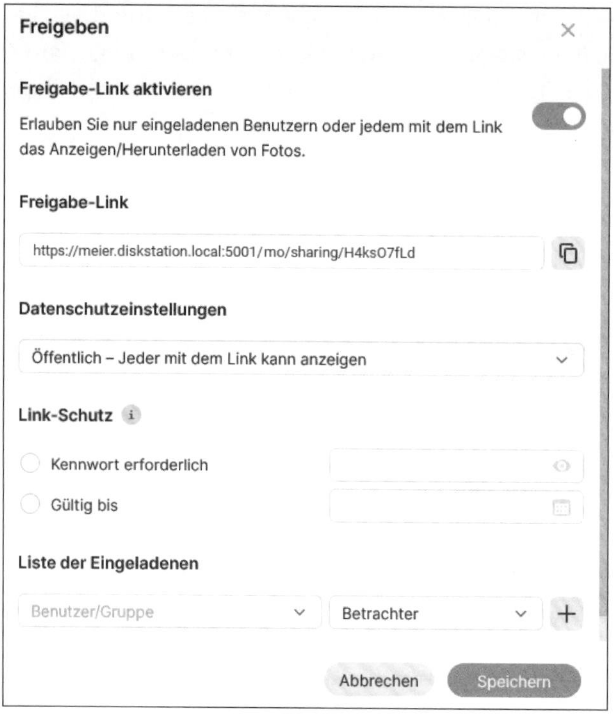

Abbildung 3.29 Fotos können direkt aus Synology Photos heraus mit anderen Personen geteilt werden.

Auch Link-Freigaben werden Ihnen in der Übersicht angezeigt. Alle Freigaben können dort über einen erneuten Klick auf das Freigabesymbol geändert und wieder entfernt werden.

In der Hauptansicht der Freigaben können Sie auch eine Foto-Anfrage erstellen (siehe Abbildung 3.30). Hierüber gestatten Sie es anderen Personen, Fotos zu Synology Photos hochzuladen. Diese werden im genannten Album abgelegt und auf Ihrer DiskStation abgespeichert.

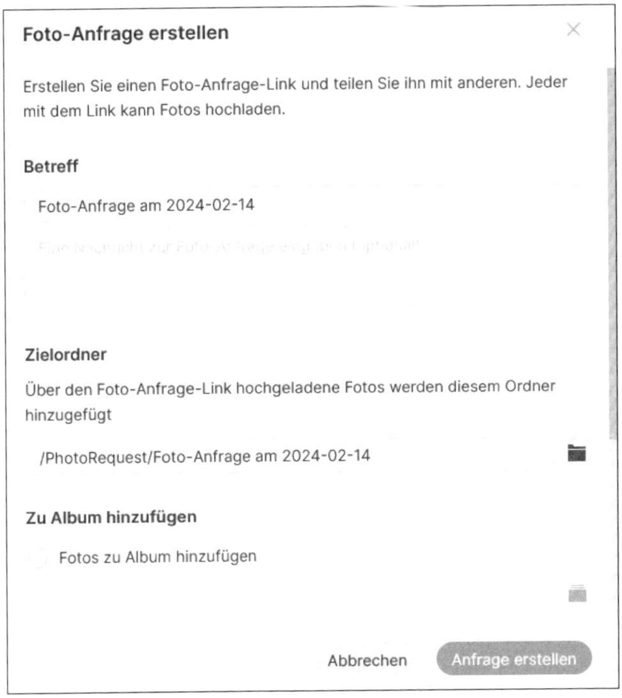

Abbildung 3.30 Foto-Anfragen ermöglichen es anderen Personen, neue Fotos auf Ihre DiskStation zu laden.

3.4 Musik mit der Audio Station hören und verwalten

Neben der unkomplizierten, aber auch funktionsmäßig eingeschränkten Freigabe der Musiksammlung über den Media Server im lokalen Netzwerk bietet die DiskStation noch eine weitere Komponente in Form der *Audio Station*, die sich um Ihre Musiksammlung kümmert. In diesem Kapitel lernen Sie die Audio Station kennen und erhalten einen Überblick über deren Funktionsumfang.

3.4.1 Grundlegendes zur Audio Station auf der DiskStation

Die Audio Station ist eine Softwarekomponente auf der DiskStation, die von Synology selbst bereitgestellt wird. Sie dient zur Wiedergabe und Verwaltung Ihrer eigenen Musiksammlung. Diese wird in Form einer Bibliothek präsentiert, die anhand von Schlagwörtern, Metadaten und eigenen Bewertungen durchsucht werden kann. Die Musikstücke lassen sich auch in Wiedergabelisten zusammenfassen, und es werden grundlegende Methoden zur Auswertung geboten (z. B. in Form einer Wiedergabeliste mit den am häufigsten gespielten Titeln). Der Zugriff auf die Musiksammlung erfolgt entweder per Browser über eine DSM-Anwendung oder per App auf einem Mobilgerät. Eine eigenständige Desktopanwendung wird nicht angeboten.

Abbildung 3.31 In der File Station ist zwar auch eine kleine Anwendung zum Musikhören eingebaut, diese hat aber nur einen begrenzten Funktionsumfang.

Die Datenübertragung kann verschlüsselt erfolgen, es ist auf Wunsch auch ein Zugriff über das Internet möglich, sodass die Musiksammlung (im Unterschied zum Media Server) auch unterwegs abgespielt werden kann. Auch die Möglichkeit zum Teilen von Musikstücken mit anderen Personen wird geboten.

Die mobilen Apps ermöglichen es auch, vor einer Reise Musik auf das Mobilgerät herunterzuladen, sodass eine Offline-Wiedergabe ohne Internetverbindung möglich wird. Die Wiedergabe erfolgt entweder direkt auf dem Mobilgerät (selbstredend auch per Kopfhöher oder Bluetooth-Lautsprechern) beziehungsweise über den Browser auf einem klassischen PC/Notebook.

Zusätzlich bietet die Audio Station die Möglichkeit, die Musikstücke auf UPnP-kompatible Wiedergabegeräte zu streamen. Auch die Wiedergabe auf Chromecast-Geräten (etwa Chromecast-Lautsprechern) sowie auf Apple Play-Geräten ist möglich. Dabei lassen sich unterschiedliche Musikstücke gleichzeitig auf unterschiedlichen Geräten wiedergeben. Wenn die Audio Station auf dem Smartphone genutzt wird, dann ist auch die Einbindung in ein *Apple CarPlay*- und ein *Android Auto*-System möglich.

Mit der Audio Station kann eine gemeinsame Musiksammlung für die ganze Familie verwaltet werden. Alternativ ist es auch möglich, persönliche und individuelle Bibliotheken anzulegen, die sich auf Wunsch mit gemeinsamen Inhalten ergänzen lassen.

Die Audio Station kann mit diversen gebräuchlichen Dateiformaten und Datenraten umgehen. Bis auf die genannten Wiedergabemöglichkeiten gibt es jedoch keine direkte Einbindung etwa in eine HiFi-Anlage. Dafür bietet die Audio Station die Möglichkeit, direkt auf andere UPnP-Mediaserver zuzugreifen und deren Musik abzuspielen. Mit der Möglichkeit der Wiedergabe auf diversen eigenständigen Geräten wie etwa Chromecast-Lautsprechern ergibt sich jedoch – gerade wenn man die Audio Station über eine mobile App etwa auf einem Tablet nutzt – ein sehr bequemer Zugriff auf die Musiksammlung: Auf dem großzügigen Tablet-Bildschirm lassen sich Musikdateien schneller und einfacher finden als auf einem kleinen Display einer HiFi-Anlage, das nur eine begrenzte Informationsmenge darstellen kann. Nach Auswahl der gewünschten Musik kann diese direkt auf das gewünschte Wiedergabegerät geleitet werden.

Die Audio Station ist allerdings auf die Wiedergabe und Verwaltung Ihrer eigenen, lokalen Musiksammlung beschränkt. Eine Integration von Streamingdiensten wie etwa Spotify wird nicht geboten. Wenn Sie jedoch noch eine klassische Musiksammlung haben, etwa in Form von MP3-Dateien, könnte die Audio Station für Sie interessant sein.

Zur Abrundung lässt sich die Audio Station auf Wunsch auch durch den Heimassistenten Amazon Alexa mit Sprachbefehlen steuern. Dazu gibt es einen *Audio Station Skill*, den man zu Alexa hinzufügt. Auch die Integration in Apple iTunes ist möglich. Wenn Sie mögen, können Sie auch Liedtexte über das Internet herunterladen und sie sich anzeigen lassen.

3.4.2 Die Audio Station installieren und konfigurieren

Die Installation der Audio Station erfolgt auf der DiskStation über das Paket-Zentrum, das im Administratorkonto verfügbar ist. Sie finden die Audio Station in der Kategorie MULTIMEDIA oder über eine Suche mithilfe des Suchfelds oben im Fenster. Die Audio Station kann durch die gleichnamige Schaltfläche (auf dem gewünschten Volume) installiert werden. Auch wenn Sie die Audio Station später ausschließlich per mobiler App verwenden möchten, ist als Grundkomponente die Installation der DSM-Anwendung erforderlich.

Nach der Installation (siehe Abbildung 3.32) finden Sie die Audio Station als eigenständige Anwendung im Hauptmenü der DiskStation. Vor der Einrichtung sollten Sie als Administrator festlegen, welche Nutzer der DiskStation auf die Audio Station zugreifen dürfen. Hier bietet es sich an, den Zugriff für alle Familienmitglieder zu erlauben und für Konten automatisiert arbeitender Geräte zu verbieten.

Öffnen Sie daher nach der Installation der Audio Station zunächst die Systemsteuerung und darin das Modul ANWENDUNGSBERECHTIGUNGEN in der Kategorie DIENSTE. Doppelklicken Sie in der Rubrik PAKETE auf den Eintrag der Audio Station (oder nutzen Sie die Schaltfläche BEARBEITEN). Anschließend können Sie die Nutzung durch die einzelnen Anwender erlauben oder verbieten.

Abbildung 3.32 Die Audio Station im Paket-Zentrum der DiskStation

Auch eine Steuerung über IP-Adressen ist möglich. Hier können Sie ebenfalls einzelne IP-Adressen oder ganze Adressbereiche für individuelle Nutzer freigeben oder blockieren.

Denken Sie bei einem größeren Nutzerkreis an die Möglichkeit, die Rechte auch Gruppen zuweisen zu können. Alternativ lassen sich die Berechtigungen auch über das Modul BENUTZER UND GRUPPE (auf der jeweiligen Registerkarte ANWENDUNGEN) in der Systemsteuerung festlegen.

Anschließend ist der Zugriff auf die Audio Station für alle berechtigten Nutzer möglich; sie finden die Audio Station dann in ihren persönlichen Hauptmenüs im DSM.

Wenn Sie von einer intensiven Nutzung der Audio Station ausgehen, dann denken Sie bitte auch an die Möglichkeit, Schnellzugriffe einrichten zu können. Das geht über das ANMELDEPORTAL in der Systemsteuerung auf der Registerkarte ANWENDUNGEN. Dort können Sie speziell für die Audio Station einen Schnellzugriff mit einem Aliasnamen oder einem reservierten Netzwerk-Port anlegen. Somit entfällt der Umweg über das DSM: Wenn man den Schnellzugriff aufruft, erhält man sogleich eine Eingabemaske zur Anmeldung an der Audio Station (siehe Abbildung 3.33). Nach Eingabe der normalen DSM-Zugangsdaten kann man diese sofort nutzen.

Bevor die Audio Station genutzt wird, sollten Sie als Administrator aber noch einige Einstellungen tätigen. Öffnen Sie im Administratorkonto aus dem Hauptmenü die Audio Station, und klicken Sie dort oben rechts auf die Schaltfläche EINSTELLUNGEN.

Abbildung 3.33 Im Anmeldeportal der Systemsteuerung können Sie für die Audio Station sogar eine individuelle Anmeldeseite erstellen.

Im neuen Fenster können Sie auf der Registerkarte BERECHTIGUNGEN (siehe Abbildung 3.34) zunächst allen Benutzern der Audio Station die Nutzung zusätzlicher Funktionen erlauben oder verbieten. Die Steuerung dieser Benutzerrechte ist nur direkt in der Audio Station möglich. In der Liste finden Sie nur die Nutzerkonten, denen Sie über die Systemsteuerung ein generelles Recht zur Nutzung der Audio Station gegeben haben. Administratorenkonten kann die Nutzung der Zusatzfunktionen nicht untersagt werden.

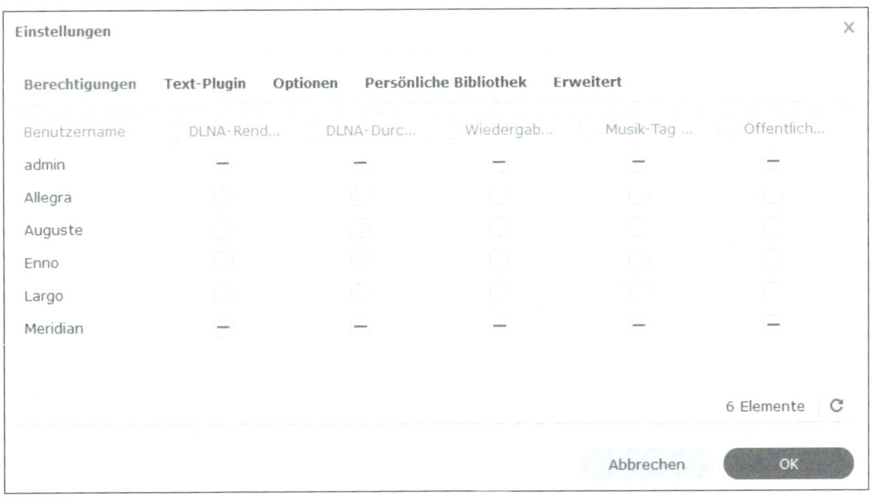

Abbildung 3.34 Zusätzliche Funktionen der Audio Station können über das Administratorkonto eingestellt werden.

Im Einzelnen können Sie über die jeweiligen Spalten die Nutzung des *DLNA-Renderers* erlauben. Dieser ermöglicht es, dass die Audio Station als DLNA-Renderer die Wiedergabe fremder Musikdateien eines UPnP/DLNA-kompatiblen Media Servers anbietet. In der zweiten Spalte können Sie festlegen, ob die Nutzer über das Interface der Audio Station auch die Inhalte von solchen Servern selbst durchsuchen können. Mit der dritten Option erlauben oder verbieten Sie das Anlegen von *Wiedergabelisten*, auch Playlists genannt. Die beiden letzten Punkte steuern, ob die Nutzer *Musik-Tags* bearbeiten dürfen und ob sie eine *öffentliche Dateifreigabe* über das Internet anlegen dürfen. Für unerfahrene Personen oder kleinere Kinder bietet es sich möglicherweise an, diese Optionen zunächst zu deaktivieren.

Auf der Registerkarte TEXT-PLUGIN steuern Sie die Option, dass die Audio Station Songtexte über einen Drittanbieter über das Internet herunterladen kann. Voreingestellt ist der Anbieter *lyrics.wikia.com*. Dessen Nutzung ist jedoch zunächst deaktiviert. Möchten Sie von der Möglichkeit Gebrauch machen, dann aktivieren Sie das Kontrollkästchen AKTIVIERT und übernehmen die Daten. Der Dienstanbieter steht dann allen Nutzern der Audio Station zur Verfügung. Songtexte können auf manuellen Wunsch hin für jeden Titel heruntergeladen werden. Sie können alternativ auch andere Anbieter eintragen, dafür dient die Schaltfläche HINZUFÜGEN.

Die Registerkarte OPTIONEN ist nicht übermäßig gefüllt. Auf ihr können Sie auf Wunsch Songbewertungen aus einem iTunes-System importieren. Dafür müssen Sie die Bewertungen zunächst in iTunes in eine XML-Datei exportieren, sie auf die DiskStation laden und sie dann anschließend in der entsprechenden Rubrik der Registerkarte OPTIONEN importieren. Auf diese Weise ersparen Sie sich das Neuanlegen der Bewertungen.

Als zweiten Punkt können Sie eine CUESHEET-UNTERSTÜTZUNG aktivieren, die für Anwender interessant ist, die Ihre Musiksammlung (auch) mithilfe von Cuesheets verwalten. Beachten Sie bitte, dass die Registerkarte OPTIONEN die einzige Registerkarte ist, die von den Benutzern individuell im jeweiligen Einstellungsdialog der Audio Station eingestellt werden kann.

Besonders wichtig ist die Registerkarte PERSÖNLICHE BIBLIOTHEK. Hier legen Sie fest, ob es für alle Nutzer eine gemeinsame Bibliothek gibt – ob also jeder Nutzer auf dieselbe Musiksammlung zugreift oder ob jeder Nutzer seine eigene Bibliothek verwaltet. Hier sollten Sie einfach beispielsweise nach den gemeinsamen Interessen und dem Musikgeschmack entscheiden. Es wird auch die Option geboten, beide Möglichkeiten zu kombinieren: Jeder Nutzer verwaltet seine eigene Musiksammlung, aber diese wird durch gemeinsame Musikstücke ergänzt, die allen Benutzern zur Verfügung stehen. Aktivieren Sie die entsprechenden Kontrollkästchen (siehe Abbildung 3.35). Sollten Sie bereits Musikstücke auf der DiskStation abgespeichert haben, dann können Sie die Indizierung der Musikdateien und das Einlesen der Metadaten über die Schaltfläche NEU INDIZIEREN erneut anstoßen.

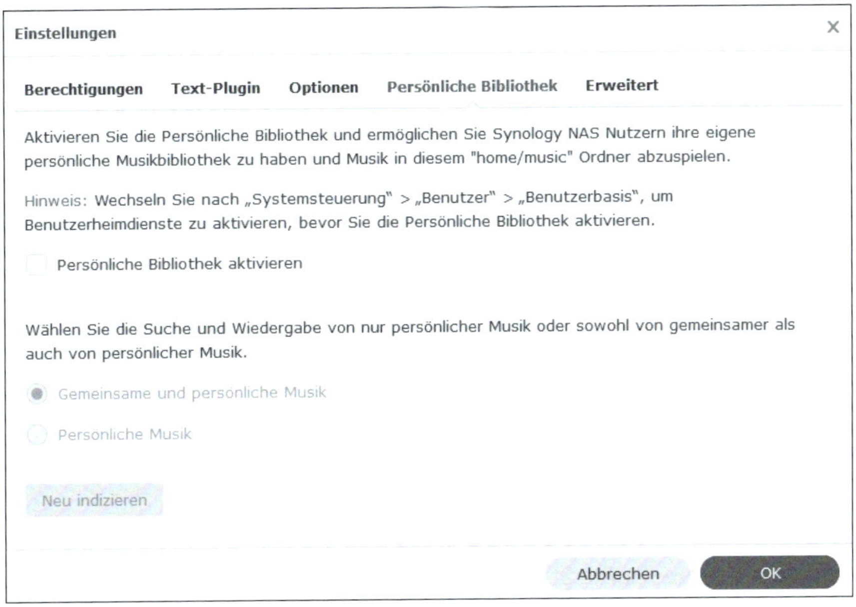

Abbildung 3.35 Aktivieren Sie auf Wunsch die persönliche Bibliothek.

Zum Abschluss können Sie auf der Registerkarte ERWEITERT noch zusätzliche Funktionen aktivieren (siehe Abbildung 3.36). In der Rubrik ALLGEMEINE EINSTELLUNGEN legen Sie etwa fest, ob es den Nutzern erlaubt ist, Musikstücke auf das aktuelle Gerät von der DiskStation herunterzuladen.

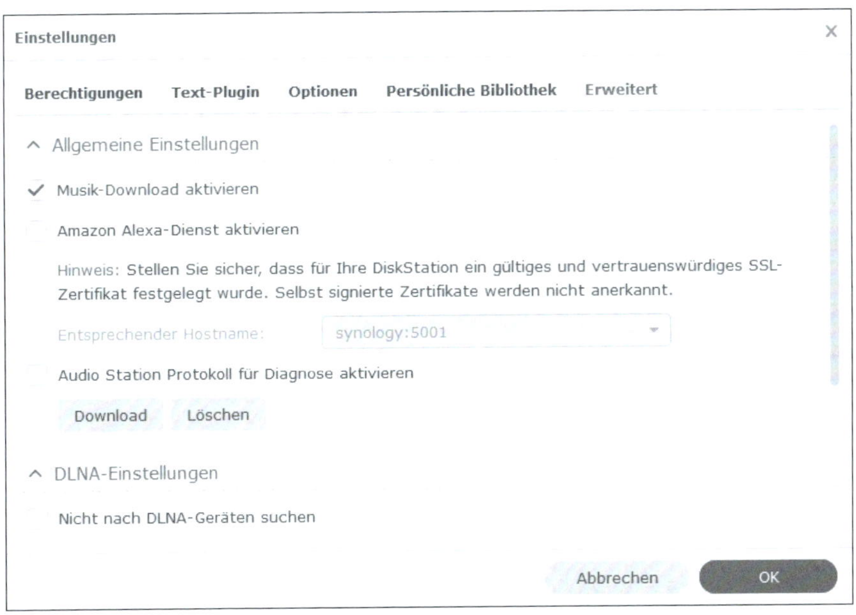

Abbildung 3.36 Konfigurieren Sie die erweiterten Einstellungen.

Auch können Sie die Unterstützung durch Amazon Alexa aktivieren. Hierfür muss die Audio Station über das Internet erreichbar sein und muss ein aktuelles, vertrauenswürdiges SSL-Zertifikat vorweisen. Ansonsten ist die Steuerung durch Alexa nicht möglich.

Bei Problemen rund um die Audio Station kann der Administrator das AUDIO STATION PROTOKOLL FÜR DIAGNOSE AKTIVIEREN und das erzeugte Protokoll herunterladen.

In den DLNA-EINSTELLUNGEN können Sie die DLNA-Gerätesuche deaktivieren und eine Medientranskodierung für leistungsschwache Geräte aktivieren. Außerdem lässt sich bei entsprechend ausgerüsteten Geräten die Netzwerkschnittstelle konfigurieren, über die der DLNA-Netzwerkverkehr abgewickelt wird.

Damit ist die Konfiguration als Administrator abgeschlossen. Von nun an können alle normalen berechtigten Benutzer auf die Audio Station zugreifen.

3.4.3 Die Nutzung der Audio Station im Detail

Vor der Nutzung der Audio Station müssen Sie zunächst Ihre Musiksammlung auf die DiskStation laden. Bei der Installation der Audio Station wurde bereits der gemeinsame Ordner *music* erstellt. Diesen können Sie auf Wunsch mit Freigaben für die Nutzer der DiskStation ausstatten; er verhält sich wie jeder andere gemeinsame Ordner. In diesen Ordner legen Sie die gemeinsame Musiksammlung ab, die in der Grundkonfiguration allen Nutzern der Audio Station zur Verfügung steht.

Haben Sie die private Bibliothek aktiviert, dann finden alle berechtigten Nutzer unterhalb ihres Home-Verzeichnisses den Ordner *music*, in den sie ihre eigene Musiksammlung kopieren können, die nur ihnen selbst in der Audio Station zur Verfügung steht. Falls Sie die gemeinsame Bibliothek deaktiviert haben, dann ist der gemeinsame Ordner *music* natürlich nicht von Belang.

Beachten Sie, dass die Audio Station ein reines Wiedergabeprogramm ist und keine Funktionen zum Umgang mit (Audio-)Dateien integriert sind. Sie müssen die Musiksammlung daher entweder über die File Station oder über eine Dateifreigabe auf die DiskStation kopieren. Welche Ordnerstruktur Sie dabei verwenden, ist nachrangig. Zwar wird diese auch in der Audio Station abgebildet, aber die Navigation auf der Ebene des Dateisystems ist nur eine der Möglichkeiten, um ein bestimmtes Album oder ein Musikstück zu finden.

Ein Großteil der Such- und Verwaltungsmöglichkeiten nutzt Metadaten, die z. B. in ID3-Tags von MP3-Dateien enthalten sind. Für ein korrektes Funktionieren der Musikbibliothek und ihrer Suchfunktionen ist es wichtig, dass die Metadaten korrekt und vollständig in den Audiodateien enthalten sind. Kontrollieren Sie den Datenbestand daher gegebenenfalls mit einem Programm wie *Mp3tag* auf Vollständigkeit, bevor Sie die Dateien auf die DiskStation laden. Die Audio Station kann auch Cover-Bilder aus den Metadaten extrahieren und anzeigen. Wenn Sie diese Funktion nutzen möchten, dann sollten Sie entsprechende Daten zur Musiksammlung hinzufügen.

Sobald Sie die Musiksammlung zur DiskStation hochgeladen haben, beginnt der Indizierungsdienst der DiskStation damit, die Metadaten zu erfassen und die Musikstücke zur Audio Station hinzuzufügen. Er ist automatisch so konfiguriert, dass er alle Ordner untersucht, die zur Audio Station gehören. Er überwacht fortlaufend den Datenbestand und berücksichtigt eventuelle Änderungen. Nur im Fehlerfall ist es nötig, den Datenbestand (bzw. genauer gesagt, den Index) neu zu erstellen.

Die eigentliche Bedienung der Audio Station ist schnell erklärt, denn das Programm folgt der üblichen Bedienphilosophie bekannter Audioplayer. Direkten Zugang zur Musiksammlung finden Sie links in der Sektion MEINE MUSIK (siehe Abbildung 3.37). Dort sehen Sie verschiedene vorkonfigurierte Filter, die es Ihnen unter anderem ermöglichen, die Musiksammlung nach den vorhandenen Alben oder deren Interpreten zu sortieren und zu durchsuchen. Sie können sich auch die enthaltenen Genres oder alternativ die Komponisten anzeigen lassen. Wenn Sie sich gut in der Verzeichnisstruktur Ihrer Musiksammlung auskennen, können Sie sich mit der Option NACH ORDNER alle Verzeichnisse und Musikdateien anzeigen lassen.

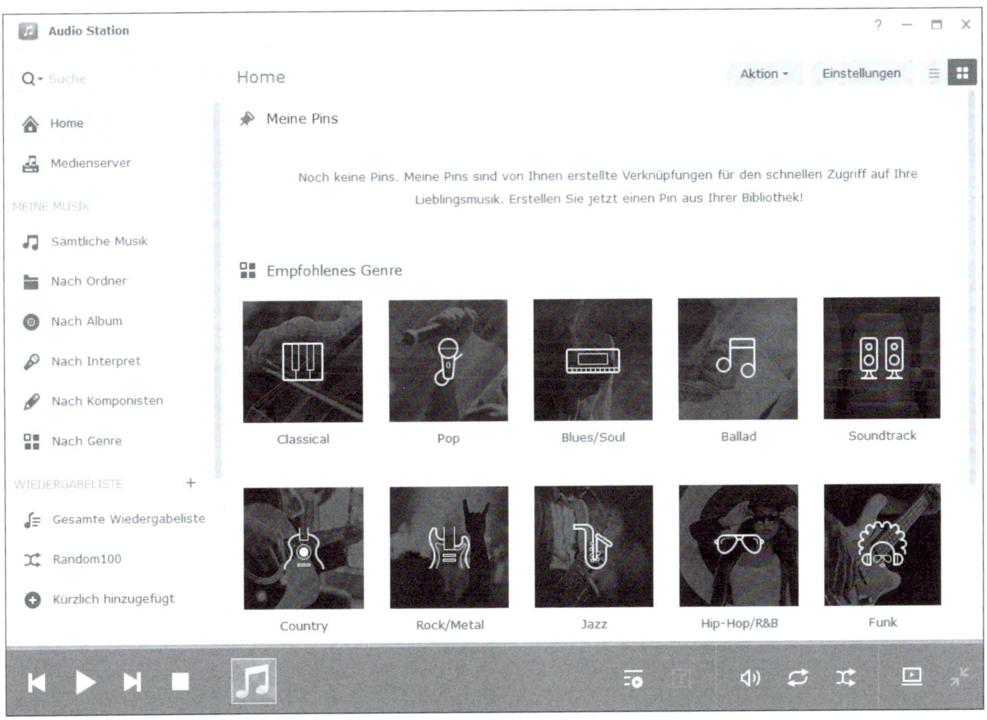

Abbildung 3.37 Die Audio Station im Grundzustand

Alternativ können Sie ganz oben links auch die Suche benutzen. Das Suchfeld mag unscheinbar aussehen, hilft aber beim Auffinden eines Titels schnell weiter. Außerdem kann die Suche über das Ausklappmenü auf bestimmte Datensätze eingeschränkt werden.

Wenn Sie einen der vorkonfigurierten Filter nutzen oder die Suchfunktion bemühen, dann werden Ihnen rechts im Hauptbereich die Ergebnisse angezeigt. Wenn Sie sich Alben anzeigen lassen, dann bringt ein Doppelklick Sie zur Anzeige aller enthaltenen Titel, und Sie sehen die Titelnamen und deren Dauer (siehe Abbildung 3.38). Falls Sie gerne mit Bewertungen arbeiten, können Sie in der Spalte BEWERTUNG Sterne vergeben und so Ihre Favoriten markieren.

Abbildung 3.38 Die Audio Station zeigt alle Titel eines Albums an. Die Wiedergabe kann durch einen Doppelklick auf einen Titel gestartet werden.

Ein Doppelklick auf einen Titel startet die Wiedergabe im Browser. Dabei wird das Standard-Wiedergabegerät genutzt, das auch der Browser verwendet. Innerhalb der Audio Station ist es nicht möglich, eine von mehreren Soundkarten des Computers für die Wiedergabe auszuwählen. Sie müssen dazu entweder die Konfiguration des Browsers oder die des Betriebssystems ändern. Möglicherweise erlauben Browser-Erweiterungen den Wechsel der Soundkarte.

Die Wiedergabe steuern Sie über die Bedienelemente am unteren Rand der Audio Station. Ganz links können Sie mit den bekannten Schaltflächen die Wiedergabe pausieren und beenden sowie zum nächsten oder vorigen Titel springen. In der Mitte wird Ihnen der aktuelle Titel mit seinem Wiedergabefortschritt, dem Coverbild und weiteren Informationen angezeigt. Mit der Schaltfläche daneben können Sie die Wiedergabe-Warteschlange anzeigen lassen. Sie enthält die Titel, die automatisch als nächste abgespielt werden. Geben Sie derzeit beispielsweise einen Titel aus einem Album wieder, dann wird diese Warteschlange die übrigen Titel des Albums beinhalten.

Über die Schaltfläche AKTION oben rechts im Anwendungsfenster können Sie diese Warteschlange auch abspeichern. Unten in der Symbolleiste folgt eine Schaltfläche zur Anzeige der Liedtexte. Inhalte sind nur verfügbar, wenn die Funktion vom Administrator aktiviert wurde und in der Datenbank im Internet zum aktuellen Titel Liedtexte verfügbar sind. Rechts in der Symbolleiste finden Sie Schaltflächen zur Steuerung der Wiedergabelautstärke. Außerdem können Sie die zufällige Wiedergabe und die automatische Wiederholung von Einzeltiteln oder der gesamten Warteschlange aktivieren.

Die vorletzte Schaltfläche mit dem Namen MEIN COMPUTER ermöglicht die Wahl des Wiedergabegerätes. Wie zuvor erwähnt, können Sie damit zwar nicht die Soundkarte des aktuellen Computers auswählen, aber Sie können zwischen den Geräten wechseln, die eine Audiodatei wiedergeben. Wenn Sie diese Schaltfläche anklicken, dann werden Ihnen verfügbare DLNA- und AirPlay-Wiedergabepunkte angezeigt. (Chromecast-Geräte sind nur in der mobilen App verfügbar und können nicht aus der Browser-Applikation bedient werden.) Beachten Sie, dass die Wiedergabe auf DLNA-Geräten vom Administrator freigeschaltet sein muss.

Sobald Sie eines der Geräte auswählen, passiert erst einmal nichts. Die Wiedergabe wechselt nicht automatisch zum gewählten Gerät. Die Audio Station kann nämlich gleichzeitig mehrere Wiedergabegeräte mit unterschiedlicher Musik bedienen. Über die Schaltfläche MEIN COMPUTER können Sie zwischen den Geräten wechseln und die jeweilige Wiedergabe festlegen. Erst wenn Sie in der Audio Station einen neuen Titel abspielen, wird dieser aus dem gewählten Gerät erklingen. Eine bereits laufende Wiedergabe auf anderen Geräten bleibt unberührt und wird einfach fortgesetzt.

Mit der Audio Station können Sie auch Wiedergabelisten bzw. Playlisten verwalten. Dafür ist die Sektion WIEDERGABELISTE in der linken Spalte des Programmfensters zuständig. Dort befinden sich bereits zwei vorkonfigurierte Einträge mit den Namen RANDOM100 und KÜRZLICH HINZUGEFÜGT (siehe Abbildung 3.39).

Die Playliste Random100 enthält stets 100 zufällig gewählte Titel aus der gesamten Musikbibliothek. Der Inhalt ändert sich jedes Mal, wenn Sie den Namen der Wiedergabeliste anklicken. Leider ist es nicht möglich, die Quelle, aus der die Liste generiert wird, einzuschränken. Es wird tatsächlich die gesamte Musikbibliothek herangezogen. Sollten Sie etwa Hörbücher, Hörspiele oder Sprachkurse in der Musikbibliothek haben, so kann die Playlist Random100 auch einzelne Titel daraus beinhalten, was bei der Wiedergabe etwas merkwürdig erscheinen wird.

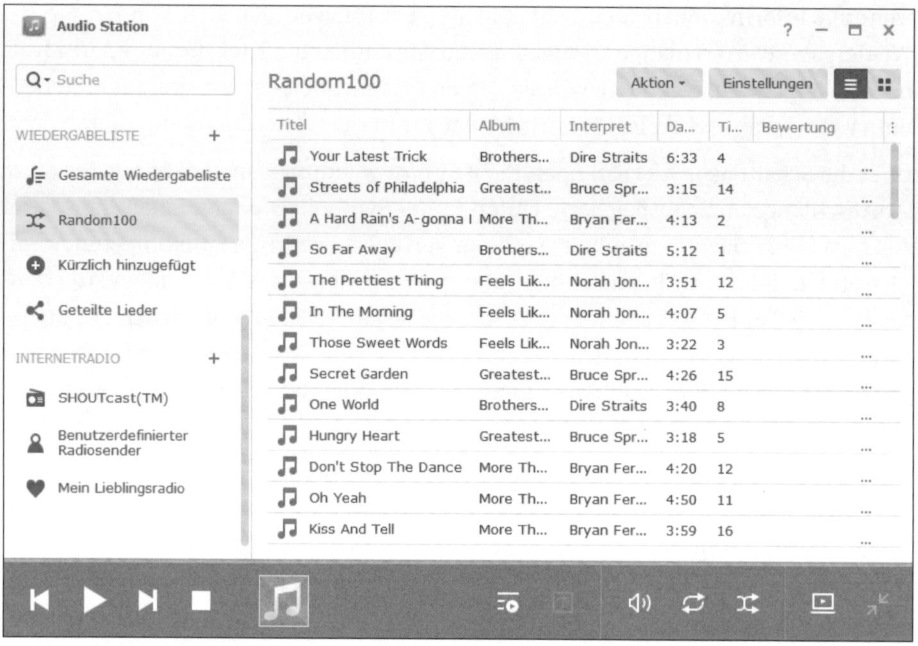

Abbildung 3.39 »Random100« enthält stets 100 zufällig gewählte Musiktitel aus der gesamten Bibliothek.

Die Wiedergabeliste KÜRZLICH HINZUGEFÜGT beinhaltet automatisch die Alben, die Sie als letzte über die File Station oder eine Dateifreigabe zur Audio Station hochgeladen haben. Dieser Eintrag ist recht praktisch, ermöglicht er doch schnellen Zugriff auf die Neuzugänge der Musiksammlung.

Eigene Wiedergabelisten steuern Sie über den Punkt GESAMTE WIEDERGABELISTE. Hier finden Sie schon einen Eintrag namens GETEILTE LIEDER – dazu gleich mehr. Über das Plus-Zeichen neben dem Eintrag WIEDERGABELISTE können Sie neue Playlisten anlegen (siehe Abbildung 3.40). Sie haben dann die Wahl, ob Sie eine *Wiedergabeliste* oder eine *Smart Wiedergabeliste* anlegen möchten. Wenn Sie die erste Option wählen, dann erstellen Sie eine normale, statische Wiedergabeliste. In einem neuen Fenster müssen Sie dieser Liste einen Namen geben. Eine solche Wiedergabeliste steht nur dem jeweiligen Ersteller zur Verfügung, ihr Inhalt bleibt privat. Das ändert sich, wenn Sie das Kontrollkästchen ALS GRUPPEN-WIEDERGABELISTE HINZUFÜGEN aktivieren. Dann steht die Wiedergabeliste auch allen anderen Benutzern der Audio Station zur Verfügung und wird ihnen im Programm angezeigt.

Erst nachdem eine Wiedergabeliste angelegt wurde, kann sie mit Inhalt gefüllt werden. Suchen Sie jetzt einfach in der Audiobibliothek nach einem Musikstück, das Sie zur Wiedergabeliste hinzufügen wollen. Dafür können Sie jede Such- und Filterfunktion nutzen.

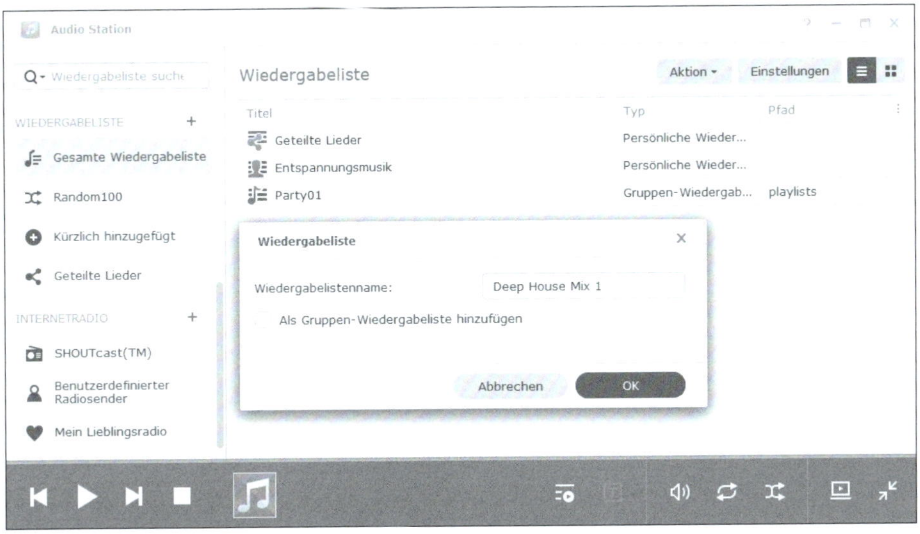

Abbildung 3.40 Wiedergabelisten können für den eigenen Gebrauch oder für die gemeinsame Verwendung mit anderen Nutzern erstellt werden.

Öffnen Sie anschließend wie in Abbildung 3.41 das Kontextmenü des gewünschten Titels. Dort finden Sie die Optionen IN PERSÖNLICHER WIEDERGABELISTE speichern und IN GRUPPEN-WIEDERGABELISTE SPEICHERN. Ein Ausklappmenü zeigt die verfügbaren Listen an und erlaubt das Hinzufügen des Titels. Sie können anschließend zur Anzeige der Wiedergabeliste wechseln und diese dann bearbeiten. Beispielsweise ist es möglich, die Reihenfolge von Titeln per Drag-and-drop zu verändern.

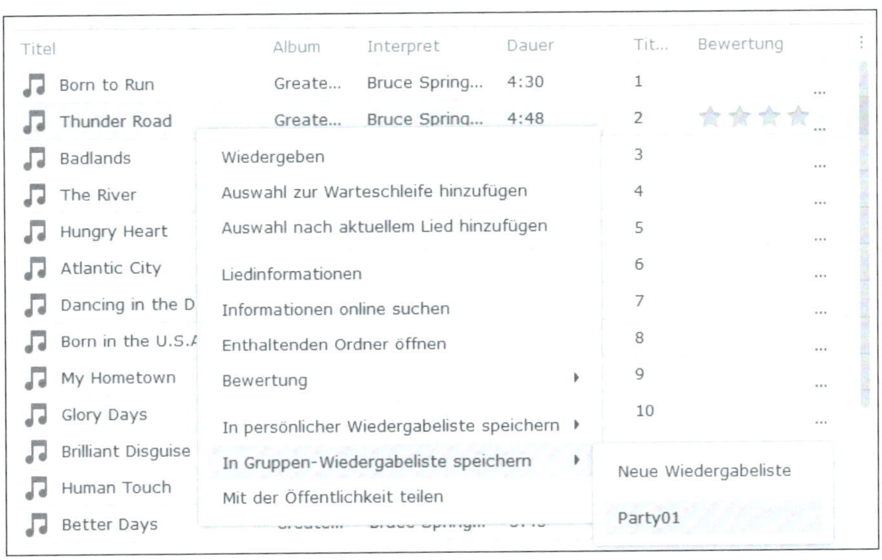

Abbildung 3.41 Einzelne Titel lassen sich über das Kontextmenü zu einer Wiedergabeliste hinzufügen.

Während eine normale Wiedergabeliste einen statischen Inhalt hat, den Sie selbst festlegen müssen, können Sie mit einer *Smart Wiedergabeliste* Ihre Musiksammlung nach ausgewählten Kriterien filtern. Nach diesen Kriterien wird dann eine Wiedergabeliste erzeugt. Smart Wiedergabelisten können entweder privat oder mit der Gruppe benutzt werden. Es können verschiedene Filter angelegt werden, dazu zählen die Optionen Interpret, Bewertung oder Genre (siehe Abbildung 3.42).

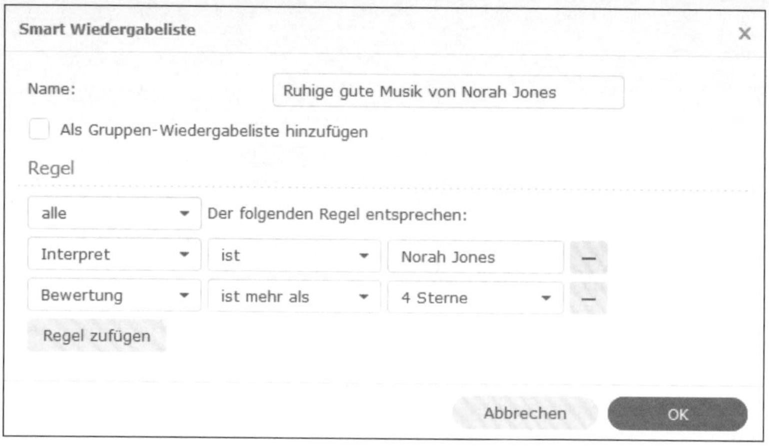

Abbildung 3.42 Smart Wiedergabelisten erstellen automatisch eine Wiedergabeliste, die auf einem Regelwerk basiert.

Übrigens: Sie können das Kontextmenü auch nutzen, um Titel zur Wiedergabe-Warteschlange hinzuzufügen, wie in Abbildung 3.41 zu sehen ist.

Eine weitere interessante Funktion der Audio Station ist das Teilen von Musik. Zwar können Sie Musik-Dateien auch direkt über die File Station mit anderen Personen teilen und dabei auf einen größeren Funktionsumfang zugreifen, aber die Audio Station ermöglicht das Teilen von einzelnen Titeln und Playlisten mit der Integration einer Wiedergabeanwendung. Öffnen Sie von einzelnen Titeln, ganzen Alben oder Wiedergabelisten das Kontextmenü, und klicken Sie dort auf den Eintrag Mit der Öffentlichkeit teilen. Wenn Sie mehrere Titel ausgewählt haben, dann werden Sie darüber informiert, dass zunächst eine Wiedergabeliste angelegt wird. Sie können auch einen Gültigkeitszeitraum für die Freigabe festlegen (siehe Abbildung 3.43).

Anschließend wird Ihnen der Freigabe-Link angezeigt, den Sie z. B. per E-Mail versenden können.

Beachten Sie, dass die Audio Station gegebenenfalls für den Zugriff über das Internet freigegeben sein muss. In der Grundkonfiguration verwendet sie denselben Netzwerk-Port wie das DSM. Wenn Sie beides voneinander entkoppeln möchten, sollten Sie im Anmeldeportal der Systemsteuerung einen individuellen Netzwerk-Port als Schnellzugriff für die Audio Station definieren.

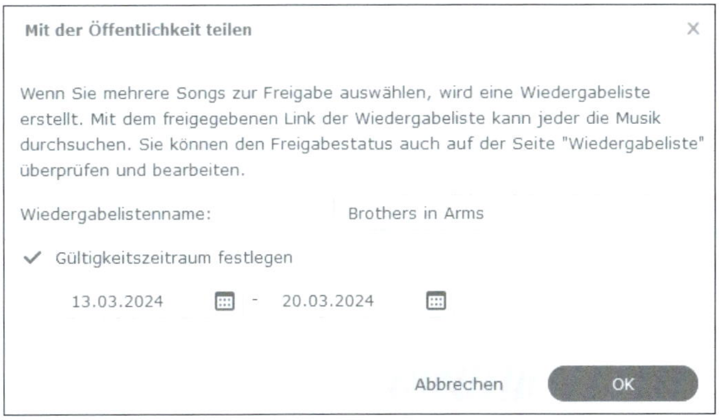

Abbildung 3.43 Titel und Alben können mit der Öffentlichkeit geteilt werden. Die Nutzer können geteilte Titel direkt im Browser abspielen.

Wenn Sie den Link öffnen, zeigt sich im Browser eine kompakte Version der Audio Station, die die Wiedergabe der freigegebenen Titel ermöglicht. Der Download von Musikstücken ist nicht vorgesehen, auch dann nicht, wenn er vom Administrator für die Audio Station aktiviert wurde. Ihre Freigaben können Sie in der Wiedergabeliste GETEILTE LIEDER einsehen. Das gilt aber nur für Freigaben einzelner Musiktitel. Falls Sie mehrere Titel über eine Playliste freigegeben haben, dann finden Sie diese Playliste unter GESAMTE WIEDERGABELISTE. Neben dem Namen zeigt ein Symbol die aktive Freigabe an.

Sie können mit der Audio Station nicht nur die lokale Musikbibliothek wiedergeben. Wenn die Funktion durch den Administrator aktiviert ist, dann können Sie über den Eintrag MEDIENSERVER ganz oben links auch den Musikbestand anderer DLNA-Media Server im lokalen Netzwerk abrufen und deren Bibliothek anhand der vorhandenen Katalogdaten durchsuchen.

Außerdem ermöglicht die Audio Station die Wiedergabe von Internet-Radiosendern. In der Sektion INTERNETRADIO können Sie über das Plus-Symbol eigene Radiosender hinzufügen, wenn Sie deren Streaming-Adresse kennen. Alternativ können Sie im recht umfangreichen *SHOUTcast*-Katalog stöbern, der direkt in der Audio Station eingebunden ist (siehe Abbildung 3.44). Auch Favoriten können abgespeichert werden.

Mit PINs die persönlichen Favoriten verwalten

Auf der Hauptseite der Audio Station finden Sie den Bereich MEINE PINS. Dieser dient zur Verwaltung Ihrer Lieblingsmusik und könnte eigentlich auch »Favoriten« heißen. Sie können dort Elemente aus der Musikbibliothek ablegen und auf diese Weise schnell auf sie zugreifen. Das Zauberwort dafür nennt sich »Ablegen«. Über diese Funktion fügen Sie Ihre Musik über das Kontextmenü zum PIN-Bereich hinzu.

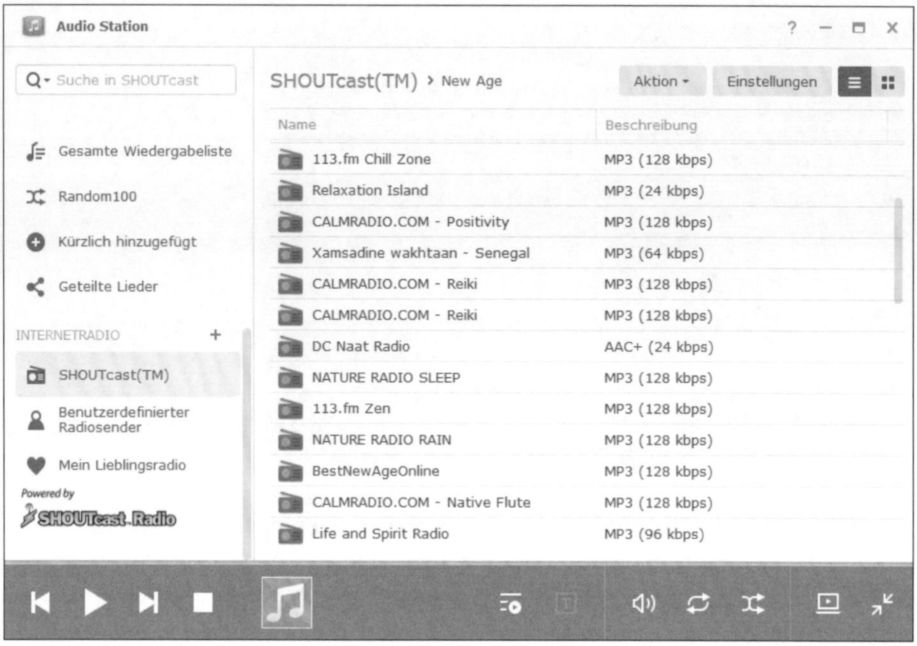

Abbildung 3.44 Die Audio Station bietet Zugriff auf die »SHOUTcast«-Bibliothek und kann zahlreiche Internetradiosender abspielen.

3.4.4 Mobile Apps für die Audio Station verwenden

Für die Audio Station gibt es zwar keine eigenständige Desktop-Anwendung, aber sehr wohl Apps für die Nutzung auf Mobilgeräten wie Smartphone und Tablet. Die App *DS audio* erhalten Sie im jeweiligen App-Bezugspunkt für Ihr iOS- oder Android-Gerät.

Beim ersten Start müssen Sie sich an der Audio Station auf der DiskStation anmelden. Dabei wird Ihnen auch die Option geboten, eine mit HTTPS verschlüsselte Verbindung aufzubauen. Falls Sie die Audio Station direkt über das Internet nutzen, dann sollten Sie von dieser Option Gebrauch machen.

In der App werden Sie sich schnell zurechtfinden, denn sie ist recht übersichtlich aufgebaut. Über das Wischmenü am linken Rand haben Sie Zugriff auf Ihre Wiedergabelisten, das Radioprogramm und die Bibliothek. Dort können Sie die Musiksammlung über die bekannten Filter am oberen Rand der Anwendung betrachten und ein Album oder einen Titel auswählen und diesen abspielen. Während der Wiedergabe können Sie über eine Schaltfläche oben in der Anwendung das Wiedergabegerät wechseln (siehe Abbildung 3.45).

Über die mobile App haben Sie auch Zugriff auf ein Chromecast-Gerät. Je nach Ausstattung ist sogar die Wiedergabe auf einem Smart-TV-Gerät möglich.

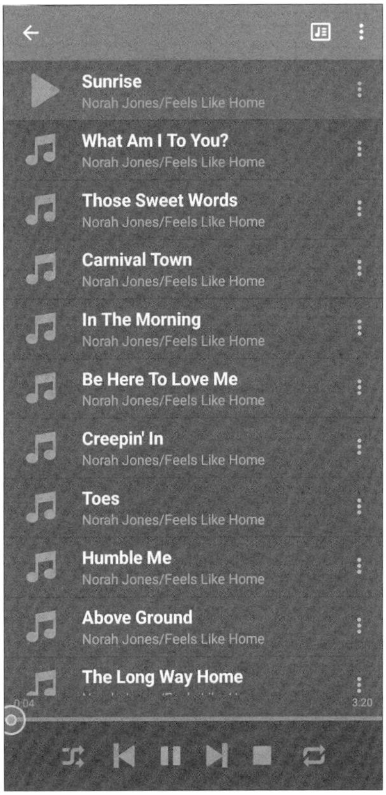

Abbildung 3.45 Die App »DS audio« lässt sich einfach bedienen und bietet fast denselben Funktionsumfang wie das DSM-Pendant.

Die mobile App bietet darüber hinaus noch zwei Funktionen, die die DSM-Variante nicht beinhaltet. Zum einen ist dies ein Einschlaf-Timer, der Musik für eine einstellbare Zeitdauer abspielt. Ihn erreichen Sie über das Ausklappmenü oben rechts mit den bekannten drei Punkten.

Zum anderen haben Sie die Möglichkeit, Musikstücke und ganze Alben auf das Mobilgerät herunterzuladen. So können Sie auch unterwegs ohne Internetverbindung Musik hören oder müssen diese nicht über eine mobile Internetverbindung laden. Tippen Sie direkt bei einem Musikstück, einem Album oder einer Wiedergabeliste auf die Schaltfläche mit den drei Punkten. Dort tippen Sie auf den Eintrag DOWNLOAD. Darauf wird der Download gestartet. Sie können die heruntergeladenen Dateien im Einstellungsmenü der App verwalten und dort auch den Speicherort auf dem Mobilgerät konfigurieren. Wenn Sie nun die App ohne eine Internetverbindung starten, dann haben Sie unten auf dem Anmeldebildschirm die Option, heruntergeladene Musikstücke abzuspielen, ohne eine Verbindung mit der Audio Station aufzubauen.

3.4.5 Amazon Alexa mit der Audio Station nutzen

Auf Wunsch können Sie die Audio Station mit Amazon Alexa verknüpfen und somit die Audio Station per Sprachbefehl steuern. Dazu benötigen Sie ein Alexa-fähiges Gerät (z. B. ein *Amazon Echo*-Gerät) sowie die zugehörige *Amazon Alexa*-App auf einem Mobilgerät, z. B. dem Smartphone.

Als Erstes müssen Sie die DiskStation und die Audio Station vorbereiten. Die Audio Station muss über das Internet erreichbar sein, denn Alexa greift immer über das Internet und nicht über eine lokale Netzwerkverbindung auf das Gerät zu. Legen Sie am besten zunächst über das Anmeldeportal der Systemsteuerung (als Administrator angemeldet) einen benutzerdefinierten Port an, über den eine Verbindung zur Audio Station hergestellt wird (siehe Abbildung 3.46).

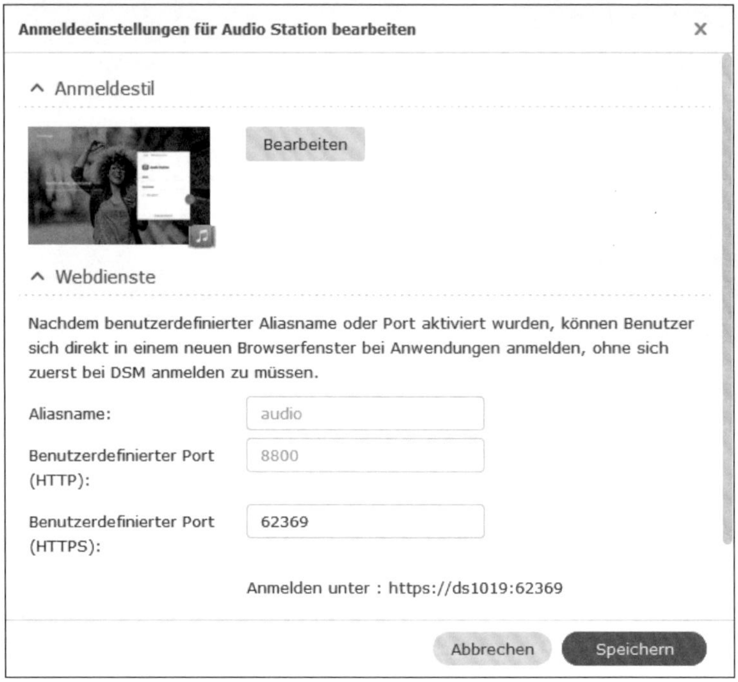

Abbildung 3.46 Ein benutzerdefinierter Port stellt sicher, dass über den erstellten Link nur auf die Audio Station zugegriffen wird.

Es empfiehlt sich nicht, den Standard-Port zu nutzen, den auch das DSM verwendet. Fortgeschrittene Nutzer können eventuell auch ein Zugangskontrollprofil einrichten, um den Zugang etwas abzusichern.

Achten Sie darauf, dass die Audio Station über eine verschlüsselte HTTPS-Verbindung angesprochen werden kann. Richten Sie danach die notwenige Portfreigabe im Router ein, und überprüfen Sie, ob die Audio Station korrekt über das Internet erreicht wird und ob Musik abgespielt werden kann.

Die Einbindung von Alexa funktioniert nur, wenn die DiskStation über das Internet über eine Domain zu erreichen ist und die HTTPS-Verbindung mit einem gültigen und beglaubigten Zertifikat eingeleitet wird.

Sie müssen also für die DiskStation, sofern noch nicht geschehen, zunächst eine Domain anlegen. Sie können dazu problemlos den Service eines dynamischen DNS-Anbieters nutzen, aber auch die Synology-eigene DDNS-Funktion kann verwendet werden. Falls Sie noch kein Zertifikat zu Ihrer Domain verwenden, dann können Sie die Funktion der DiskStation nutzen, um automatisiert ein Zertifikat von *Let's Encrypt* abzurufen. Wie das alles funktioniert, erklären wir Ihnen in Abschnitt 4.1, »Über das Internet sicher auf die DiskStation zugreifen«.

Nachdem Sie sichergestellt haben, dass die Audio Station über das Internet per HTTPS über eine Domain erreicht werden kann und dabei ein beglaubigtes Zertifikat von der DiskStation präsentiert wird (sodass Ihnen im Browser keine Warnmeldungen angezeigt werden), müssen Sie noch ein eigenes Benutzerkonto für Alexa auf der DiskStation anlegen.

Eine technische Notwendigkeit dafür besteht nicht, aber denken Sie daran, dass Sie Alexa die Zugangsdaten für die DiskStation mitteilen müssen. Falls diese Daten einmal in fremde Hände fallen sollten, so könnte man damit allerhand Unsinn anstellen. Legen Sie daher besser wie in Abbildung 3.47 ein eigenes Benutzerkonto an, das nur die Berechtigung zur Ausführung der Audio Station hat und von weiteren Diensten der DiskStation ausgeschlossen wird.

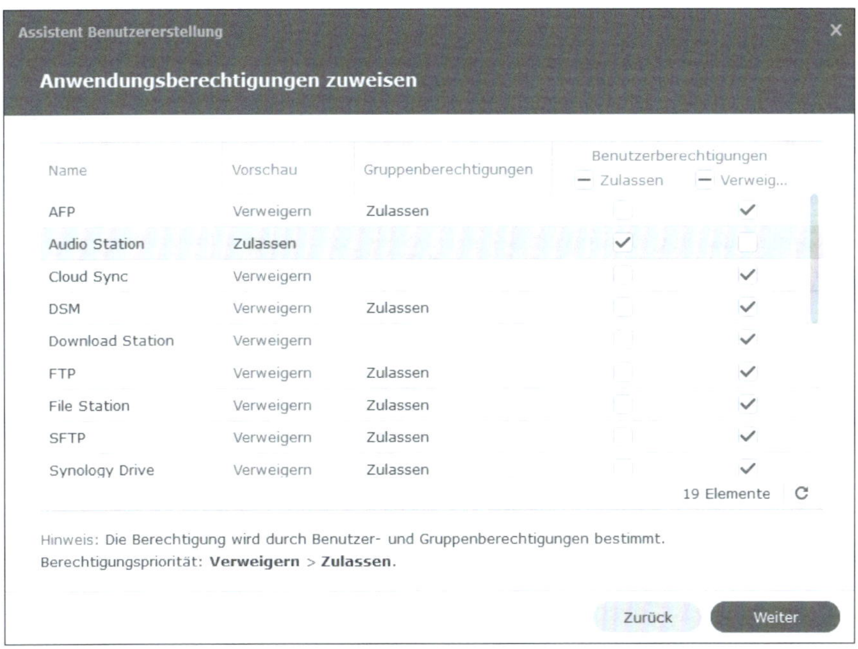

Abbildung 3.47 Dem neuen Benutzer sollten Sie einzig Zugang zur Audio Station geben.

Starten Sie dann die *Amazon Alexa*-App auf Ihrem Mobilgerät. Sofern es noch nicht geschehen ist, müssen Sie sich dort zunächst mit Ihrem Amazon-Konto anmelden. Rufen Sie dann das Menü auf, und suchen Sie nach der Sektion zur Verwendung von Skills.

Sie benötigen den Skill namens *Audio Station*, mit dem Sie eine Verbindung zum gleichnamigen Programm auf der DiskStation aufbauen können. Achten Sie darauf, dass die Audio Station von Synology-Geräten gemeint ist.

Fügen Sie den Skill zu Ihren Alexa-Gerät hinzu, und aktivieren Sie ihn. In seinen Konfigurationseinstellungen müssen Sie nun die Domain Ihrer DiskStation und die Portnummer der Audio Station für eine HTTPS-Verbindung eingeben (siehe Abbildung 3.48). Teilen Sie Alexa dann die Zugangsdaten für das Benutzerkonto auf der DiskStation mit, das Sie zuvor angelegt haben. Damit ist die Einrichtung abgeschlossen und Alexa kann mit der Audio Station kommunizieren.

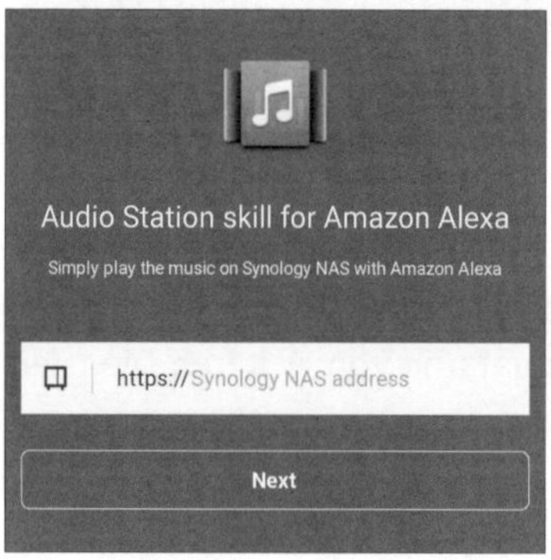

Abbildung 3.48 Amazon Alexa müssen Sie mit der Audio Station verbinden.

Bei den Sprachbefehlen müssen Sie den Ausdruck »Audio Station« verwenden. Sie können beispielsweise wie folgt die Audio Station starten und Musik abspielen:

»Alexa, starte Audio Station und spiele ...«

- Musik von <Name eines Interpreten>
- das Album <Titel eines Albums>
- die Playlist <Name einer Wiedergabeliste>

Sie können sich auch erkundigen, wie der gerade gespielte Titel heißt. Sagen Sie dazu einfach: »Alexa, frage Audio Station, was gerade abgespielt wird.«

3.5 Videos mit der Video Station anschauen und verwalten

So wie sich die Audio Station um die Verwaltung der eigenen Musiksammlung kümmert, ist die *Video Station* für alle Videodateien zuständig. Die Video Station arbeitet als Anwendung auf dem DSM und ermöglicht die Verwaltung der Videosammlung in einer Bibliothek und zusätzlich deren Wiedergabe im Browser. Für Mobilgeräte sind von Synology Apps erhältlich, mit denen sich die Videos auch auf Smartphone und Tablet anschauen lassen. Außerdem lassen sich die Videodateien auch auf Android-TV-Geräte, Samsung-TV-Geräte, Google-Chromecast-Geräte, Geräte mit Amazon Fire-TV sowie auf alle DLNA-zertifizierten UPnP-Media Player streamen. Lediglich eine direkte Integration etwa in die Software eines Smart-TV-Gerätes wird nicht geboten.

Bei der Verwaltung der Videosammlung in der Bibliothek gibt es eine Besonderheit: Die Videodateien können den Kategorien FILME und TV-SERIEN zugeordnet werden, worauf sich ein sogenannter *Scraper* an die Arbeit macht und aus Datenbanken im Internet zusätzliche Informationen und Metadaten herunterlädt. Diese Daten umfassen z. B. Coverbilder, Inhaltszusammenfassungen und Listen der Schauspieler. Die Bibliothek enthält somit eine Menge an Informationen, und die Daten können etwa bei einem Filmabend mit Freunden zur Auswahl der Filme genutzt werden.

Die Suchfunktion lässt sich mit einem Metadatenfilter kombinieren, außerdem werden zur aktuellen Auswahl inhaltlich passende andere Videos empfohlen. Auch der Bezug von Untertiteln ist möglich. Allerdings erfordert der Download der genannten Daten die (kostenfreie) Einrichtung eines Kontos beim Dienstanbieter nebst Beantragung eines (kostenfreien) API-Schlüssels, der beim Zugriff auf die Datenbank verwendet wird.

Damit lässt sich die Video Station insgesamt nicht so problemlos nutzen wie etwa ein klassisches Mediacenter. Im Gegenzug bietet die Video Station einen Zugriff auf die Basisfunktionen der DiskStation und erlaubt das Teilen der Videodateien mit anderen Nutzern der DiskStation sowie über Links auch mit weiteren Personen über das Internet. Eine Kindersicherung in Form einer PIN-Abfrage ist ebenfalls vorhanden.

Bei der mobilen App mit dem Namen *DS video*, die über die üblichen App-Bezugspunkte geladen werden kann, gibt es eine weitere Besonderheit. Die App bringt nämlich von sich aus keinen eingebauten Videoplayer mit, sondern leitet die Videodateien an eigenständige Player auf dem Mobilgerät weiter. Auf diese Weise ist auch das Streamen etwa an ein Chromecast-Gerät einfach möglich.

Als zusätzliches Feature können Sie mit der Video Station auch die eigenen Privatvideos wiedergeben und rudimentär verwalten. Hierzu können naturgemäß keine Metadaten aus dem Internet geladen werden.

3.5.1 Die Video Station installieren und konfigurieren

Die Video Station können Sie (als Administrator angemeldet) über das Paket-Zentrum der DiskStation installieren (siehe Abbildung 3.49).

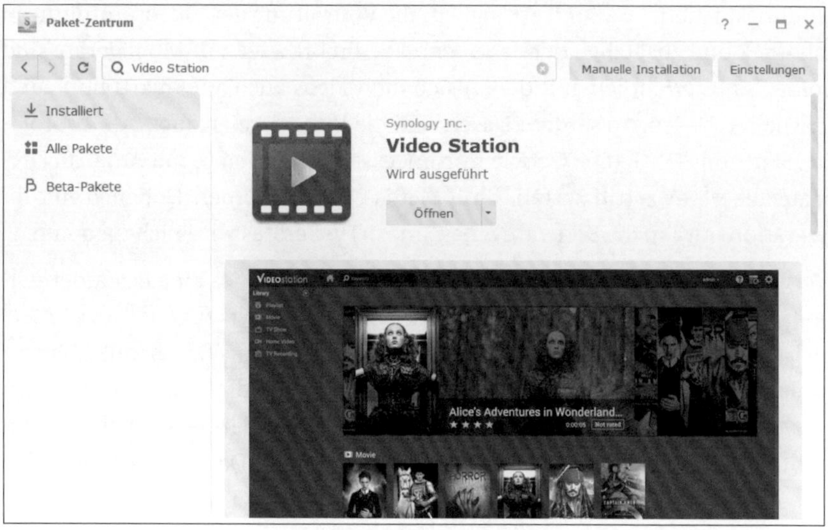

Abbildung 3.49 Die Video Station im Paket-Zentrum

Nutzen Sie einfach das Suchfeld. Alternativ finden Sie die Video Station in der Kategorie MULTIMEDIA. Für die Video Station sind die *Advanced Media Extensions* notwendig. Wenn diese auf Ihrer DiskStation noch fehlen sollten, dann müssen Sie sie manuell über das Paket-Zentrum zur Ihrer DiskStation hinzufügen. Sie finden diese Erweiterung ebenfalls in der Kategorie MULTIMEDIA.

Bevor Sie die Video Station konfigurieren und in Betrieb nehmen, müssen Sie zunächst die Advanced Media Extensions betriebsbereit machen. Öffnen Sie also den zugehörigen Konfigurationsdialog über das Hauptmenü des Administratorkontos. Dort finden Sie wie in Abbildung 3.50 gezeigt die Aufforderung zum Anmelden an Ihrem Synology-Konto – die Advanced Media Extensions setzen ein solches nämlich voraus. Klicken Sie also auf die Schaltfläche LIZENZ ERHALTEN.

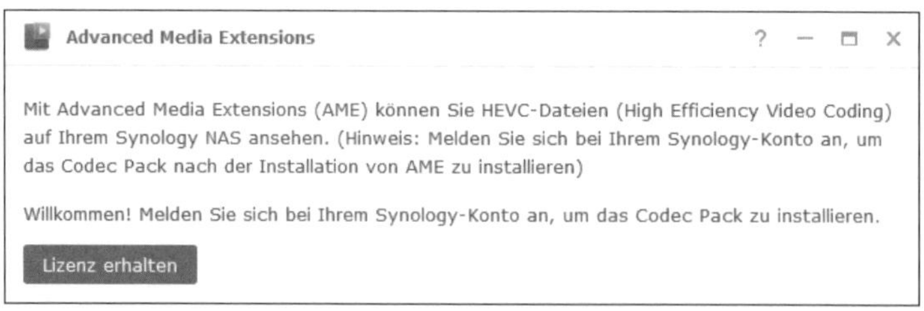

Abbildung 3.50 Für die Video Station sind die Advanced Media Extensions erforderlich.

Es öffnet sich ein neues Fenster (sofern es nicht durch einen Popup-Blocker Ihres Browsers unterbunden wird) und fordert zur Eingabe Ihrer Nutzerdaten auf. Falls Sie noch kein Synology-Konto haben, dann können Sie sich im unteren Teil des Fensters ein neues Konto erstellen. Das Synology-Konto ist eine kostenlose Dienstleistung von Synology, die einige Komfortfunktionen mitbringt und auch beim Zugriff auf die DiskStation über das Internet nützlich ist – mehr dazu in Kapitel 4. Nachdem Sie sich mit Ihrem Synology-Konto angemeldet haben, wird für die Advanced Media Extensions eine kostenlose Lizenz abgerufen. Wenn der Vorgang wie in Abbildung 3.51 gezeigt abgeschlossen ist, können Sie das Konfigurationsfenster schließen und mit der Einrichtung der Video Station fortfahren.

Abbildung 3.51 Die Advanced Media Extensions wurden erfolgreich installiert.

Nach der Installation findet der Administrator die Video Station in seinem Hauptmenü und kann das Programm von dort aus öffnen. Die Video Station wird sich dann in einem neuen Tab im Browser öffnen.

Vorher sollten Sie jedoch das Modul ANWENDUNGSBERECHTIGUNGEN der Systemsteuerung öffnen (siehe Abbildung 3.52).

Abbildung 3.52 Konfigurieren Sie zunächst die Berechtigungen in der Systemsteuerung.

Dort legen Sie fest, welcher Benutzer die Video Station verwenden darf. Suchen Sie in der Liste PAKETE nach der VIDEO STATION, und klicken Sie auf die Schaltfläche BEARBEITEN. Im neuen Fenster können Sie auf der Registerkarte BENUTZER individuelle Rechte vergeben. Neben den Optionen ZULASSEN und VERWEIGERN gibt es noch die Möglichkeit, die Nutzung anhand der Quell-IP-Adresse zu erlauben oder zu verbieten. Bei einer größeren Nutzerzahl können Sie auch die Registerkarte GRUPPE verwenden. Alternativ lässt sich die Nutzung auf der Registerkarte STANDARD-BERECHTIGUNGEN generell für alle Nutzer erlauben.

Wenn Sie die Video Station nun unter einem Administratorkonto erstmalig aufrufen, werden Sie zunächst darauf hingewiesen, dass Sie das Video-Info-Plugin aktivieren müssen, damit Sie Metadaten aus dem Internet herunterladen können. Wie das geht, zeigen wir Ihnen gleich im Anschluss. Zuerst möchten wir Sie mit den allgemeinen Einstellmöglichkeiten des Programms vertraut machen. Schließen Sie daher das Hinweisfenster mit einem Klick auf ALLES KLAR, und rufen Sie dann über die Zahnrad-Schaltfläche ganz oben rechts das Einstellungsmenü der Video Station auf.

Im Einstellungsmenü sehen Sie auf der Registerkarte BIBLIOTHEK später Ihre Bibliotheken mit Spielfilmen, TV-Serien sowie eventuellen Privatvideos (siehe Abbildung 3.53). Sie können hier zusätzliche Bibliotheken erstellen. Dazu zählen auch private Bibliotheken, die nur einem begrenzten Nutzerkreis zur Verfügung stehen. Lassen Sie die Registerkarte aber bitte erst einmal in Ruhe, wir werden Ihnen später zeigen, wie Sie diese mit Inhalt füllen.

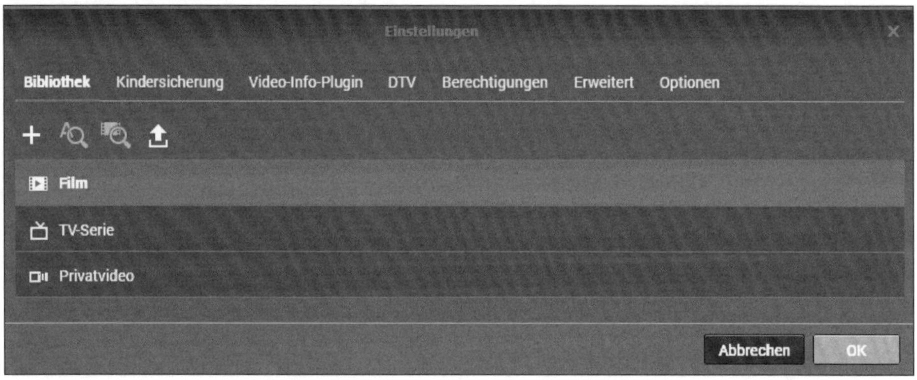

Abbildung 3.53 Die Video Station verwaltet die Videos in verschiedenen Bibliotheken.

Kindersicherung

Auch die Kindersicherung sollten Sie auf der gleichnamigen Registerkarte erst später einrichten, wenn Sie die Video Station mit Ihrer Videosammlung ausgestattet haben. Erst dann sind relevante Kategorien verfügbar, die sich für die Freigabe bzw. das Verbot eignen.

Aller guten Dinge sind bei der Video Station nicht nur drei, sondern vier: Denn auch die Registerkarten VIDEO-INFO-PLUGIN und DTV sind jetzt noch nicht von Interesse. Die erste steuert wie schon erwähnt den Bezug von Metadaten. Die zweite kümmert sich um die Möglichkeit, die Video Station auch als Videorecorder zur Aufzeichnung von Fernsehsendungen zu verwenden.

Falls Sie sich auf diese Funktion freuen, werden Sie gleich enttäuscht sein. In der Vergangenheit konnte man an die DiskStation USB-DVB-Sticks anschließen, mit denen sich digitale Fernsehsignale per Satellit, Kabel oder Antenne empfangen ließen. Die Video Station konnte dann wie ein Videorecorder mit den Fernsehsendern programmiert werden. Sie konnten Timer einrichten und Fernsehsendungen aufnehmen. Für so etwas eignet sich ein NAS-Gerät, das ja oftmals rund um die Uhr aktiv ist, besonders gut. Leider wurden die für DVB-Geräte notwendigen Treiber mit der DSM Version 7 aus dem Linux-Basissystem entfernt, sodass dieses jetzt praktisch keine DVB-Geräte mehr erkennt.

Die Videorecorder-Funktion der Video Station ist damit fast bedeutungslos geworden. Wir sprechen hier bewusst von »fast«, weil es noch genau eine Möglichkeit gibt, die von der Video Station unterstützt wird. Das sind die *HDHomeRun*-Produkte des Herstellers Silicondust. Nur wenn Sie über eine solche Hardware verfügen, können Sie die DTV-Funktion der Video Station verwenden. Alle anderen Nutzer sollten einen Haken in das Kontrollkästchen DEAKTIVIEREN DER DTV-FUNKTION ganz unten auf der Registerkarte setzen.

Auf der Registerkarte BERECHTIGUNGEN können Sie zusätzliche Berechtigungen einschalten, die sich auf Funktionen der Video Station beziehen (siehe Abbildung 3.54).

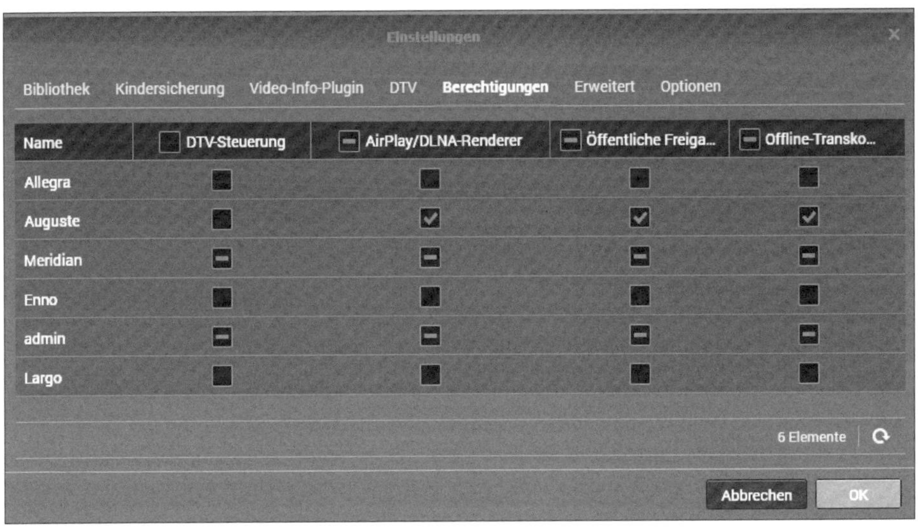

Abbildung 3.54 Im Einstellungsmenü können Sie den Benutzern zusätzliche Rechte geben.

Die DTV-Steuerung erlaubt es den Benutzern, den Videorecorder der Video Station zu verwenden. Die Option AirPlay/DLNA-Renderer ermöglicht es, ein Video an solche externen Wiedergabegeräte weiterzuleiten. Mit der nächsten Option erlauben oder verbieten Sie das Teilen von Videos über eine öffentliche Freigabe. Zum Schluss können Sie festlegen, ob die Nutzer eine Offline-Transkodierung nutzen dürfen. Dabei wird ein Video von der DiskStation in ein anderes Format konvertiert. Dies geschieht aber nicht in Echtzeit während der Wiedergabe, sondern unabhängig davon. Das Ergebnis wird als Datei neben dem Originalvideo abgespeichert. Diese Option bietet sich dann an, wenn ein Video wiederholt in einem anderen Format betrachtet werden soll. In diesem Fall muss es nur einmalig und nicht bei jeder Betrachtung konvertiert werden.

Auf der Registerkarte Erweitert (siehe Abbildung 3.55) steuern Sie zunächst die Automatische Untertitelsuche. Auf Wunsch können Sie aus mehreren Diensten auswählen, von denen die Video Station dann Untertitel für Ihre Videos zu beziehen versucht.

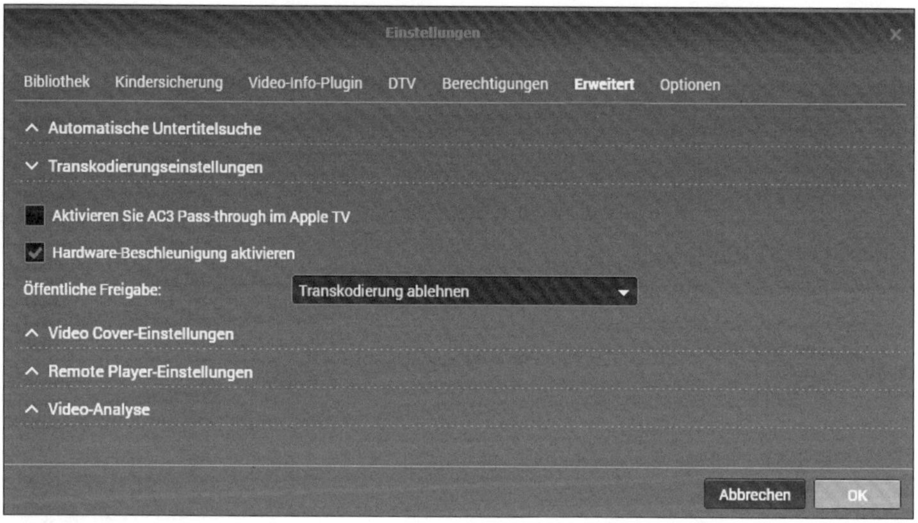

Abbildung 3.55 Auf der Registerkarte »Erweitert« legen Sie Einstellungen fest, die für alle Benutzer gelten.

Im Bereich der Transkodierungseinstellungen können Sie einstellen, ob Sie Audiodaten im AC3-Format direkt an Apple TV-Geräte weiterreichen möchten. Sollte es hiermit bei Ihnen zu Problemen kommen, dann deaktivieren Sie das Durchreichen und lassen alternativ die Video Station eine Umrechnung vornehmen. Normalerweise sollten Sie die Hardware-Beschleunigung dringend aktiviert lassen, weil diese den Prozessor der DiskStation deutlich entlasten kann. Sie können auch einstellen, ob die Transkodierungsfunktion bei Öffentlichen Freigaben verfügbar sein soll. Eine Einschränkung ist sinnvoll, wenn die Funktion ansonsten zu intensiv genutzt und Ihre DiskStation ausbremsen würde.

Wenn Sie nur selten ein Video mit anderen Personen teilen, können Sie ihnen normalerweise auch die Transkodierung ermöglichen. Wenn Sie mit den Ergebnissen des automatischen Cover-Downloads nicht zufrieden sind oder generell lieber Ihre eigenen Coverbilder verwenden möchten, dann können Sie dies in den VIDEO COVER-EINSTELLUNGEN aktivieren. Sie müssen dann Dateien neben die Videodateien legen, deren Dateinamen den Vorgaben aus dem gleichnamigen Feld entsprechen. Alternativ können Sie den Dateinamen der Videodatei auch für das Coverbild verwenden. Weiter unten können Sie (falls die DiskStation so ausgerüstet ist) die LAN-Schnittstelle auswählen, auf der DLNA-Funktionen aktiv sein sollen. Sie können zuletzt noch eine Vorabanalyse für neu hochgeladene Videodateien durchführen, bei der ein kleiner Cache zur besseren Anzeige erstellt wird.

Auch auf der Registerkarte OPTIONEN (siehe Abbildung 3.56) gibt es weitere allgemeine Einstellungen. Diese Registerkarte kann auch von normalen Benutzern der Video Station aufgerufen werden. Sie verwaltet also die persönlichen Einstellungen.

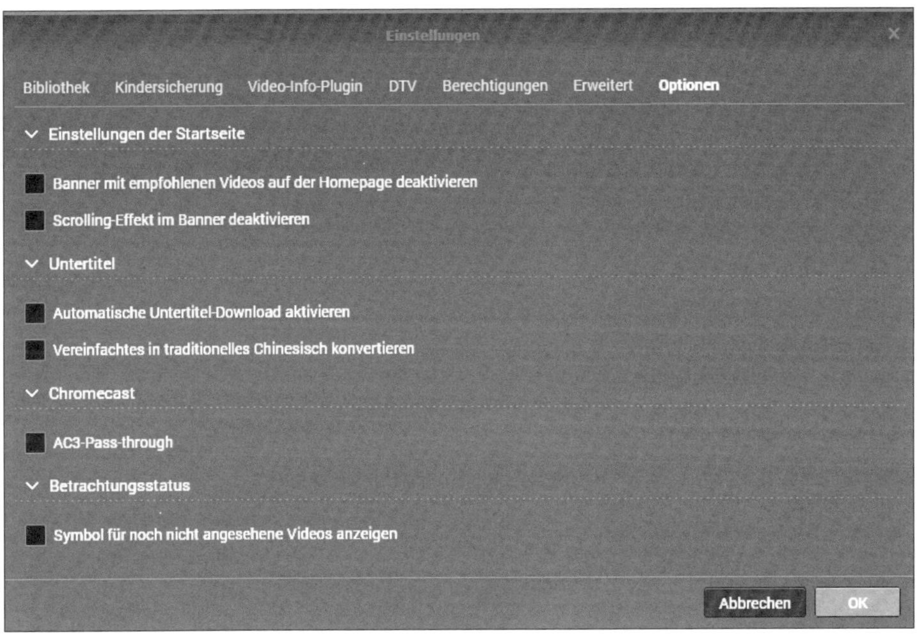

Abbildung 3.56 Die Einstellungen auf der Registerkarte »Optionen« können von den Benutzern individuell vorgenommen werden.

Zunächst können Sie die Startseite der Video Station konfigurieren. Dort gibt es normalerweise eine Anzeige mit persönlichen Empfehlungen für noch nicht angesehene Videos. Wenn Sie diese Empfehlungen nicht erhalten möchten, können Sie sie hier deaktivieren. Alternativ können Sie auch den Bannereffekt abschalten, der die Liste der Empfehlungen automatisch durchblättert.

Nachfolgend können Sie den automatischen Untertitel-Download aktivieren, den Sie zuvor auf der Registerkarte ERWEITERT konfiguriert haben (siehe Abbildung 3.55). Wenn Sie der chinesischen Sprache mächtig sind, können Sie vereinfachtes Chinesisch in den Untertiteln in traditionelles Chinesisch konvertieren lassen.

Wie schon bei AppleTV-Geräten, so ermöglicht die Video Station das Weiterleiten von AC3-Tondaten auch an Chromecast-Geräte. Abschließend können Sie noch die Anzeige eines Symbols deaktivieren, das bisher noch nicht angesehene Videodateien kennzeichnet.

3.5.2 Die Videosammlung vorbereiten und auf der DiskStation abspeichern

Bevor Sie Ihre Videosammlung zur Video Station hinzufügen, müssen Sie die Dateien zunächst nach einem relativ starren Regelwerk benennen. Dies ist erforderlich, damit die Video Station nachher die Filme und Serien korrekt erkennt und die passenden Informationen aus dem Internet herunterladen kann. Wenn Sie auf diese Funktion verzichten können, müssen Sie bei der Benennung nicht ganz so sorgfältig vorgehen. Zu Beginn sollten Sie die Videos nach Spielfilmen und TV-Serien vorsortieren und für jeden Film und jede Serie ein eigenes Verzeichnis anlegen.

Spielfilme müssen Sie mit dem korrekten Titel benennen. Damit die Zuordnung reibungslos erfolgt, ergänzen Sie am Schluss in Klammern noch das Erscheinungsjahr. Bei Unsicherheiten befragen Sie einfach die Internetseite *themoviedb.org*, die auch bei der automatischen Suche verwendet wird. Übernehmen Sie von dort den Titel mit dem Erscheinungsjahr für den Dateinamen.

Beispielsweise lautet ein möglicher Dateiname für einen Spielfilm so:

```
Harry Potter und der Stein der Weisen (2001).mp4
```

Bei den TV-Serien gibt es neben dem Serien- und dem Episodennamen noch jeweils eine Information zur Episodennummer und zu der Staffel, zu der die jeweilige Episode gehört. Eine Staffel bezeichnet meist den Produktionszeitraum, der oftmals einem Arbeitsjahr entspricht. Vergeben Sie den Dateinamen nach dem folgenden Muster:

1. der Name der Serie, gefolgt von einem Punkt
2. die jeweilige Staffel mit zwei Dezimalstellen mit einem vorangestellten `S`, abgeschlossen durch einen Punkt
3. die Nummer der jeweiligen Episode mit einem vorangestellten `E`.

Ein Beispiel wäre etwa:

```
Raumschiff Enterprise.S01.E05.mp4
```

Die Video Station ermöglicht die Nutzung einer gemeinsamen Bibliothek, deren Inhalt allen Benutzern zur Verfügung steht. Zusätzlich bietet die Video Station die Möglichkeit, sogenannte *private Bibliotheken* zur ergänzen. Die Inhalte einer privaten Bibliothek stehen nur ausgewählten Nutzern zur Verfügung und werden zusätzlich zur gemeinsamen Bibliothek präsentiert. Nur wenn die gemeinsame Bibliothek leer bleibt, lassen sich komplett eigenständige private Bibliotheken anlegen.

Die Video Station greift grundsätzlich auf gemeinsame Verzeichnisse zu. Es ist nicht möglich, Videos aus einem Home-Ordner hinzuzufügen. Durch Nutzung einer verschachtelten Verzeichnisstruktur (mit Unterverzeichnissen für die einzelnen Nutzer) kann aber die Anzahl notwendiger gemeinsamer (Haupt-)Verzeichnisse minimiert werden, so wie beispielsweise in Abbildung 3.57.

Abbildung 3.57 Die Verzeichnisstruktur für die Videosammlung kann beliebig gewählt werden. Auch eine Verschachtelung ist möglich.

Die Video Station hat bei der Installation automatisch das gemeinsame Verzeichnis *video* angelegt, das für die Videosammlung verwendet werden kann. Legen Sie gegebenenfalls für private Bibliotheken weitere Unterverzeichnisse an. Bevor Sie nun Ihre Videosammlung hochladen, sollten Sie der besseren Übersicht halber für jede Bibliothek (private und gemeinsam genutzte) zunächst Unterverzeichnisse für Spielfilme, TV-Serien sowie (eventuell) Privatvideos anlegen.

Anschließend können Sie in diese Verzeichnisse Ihre Videosammlung ablegen. Dafür können Sie die File Station oder eine beliebige Art der Freigabe nutzen. Die Video Station selbst bietet keine Möglichkeit, Videos zur DiskStation hochzuladen.

3.5.3 Den Download von Metadaten einrichten

Für den Bezug der Metadaten aus dem Internet verwendet die DiskStation einen externen Anbieter. Dieser stellt die Informationen zwar (derzeit) unentgeltlich zur Verfügung, begrüßt es jedoch nicht unbedingt, dass einer große Gerätezahl automatisch Daten über eine Standardschnittstelle bezieht. Daher ist es notwendig, dass Sie sich zunächst beim Dienstanbieter als *Entwickler* registrieren und einen API-Schlüssel für eine eigene Anwendung beantragen.

Dieser Schlüssel wird Ihnen ebenfalls unentgeltlich zur Verfügung gestellt und muss bei der Video Station hinterlegt werden (siehe Abbildung 3.60). Die Video Station tritt dann gegenüber dem Anbieter quasi als eine von Ihnen entwickelte App auf und bezieht über Ihren API-Schlüssel die nötigen Metadaten für Ihre Mediensammlung.

Bevor Sie die Funktion nutzen können, müssen Sie also zunächst ein Benutzerkonto beim Dienstanbieter einrichten und den API-Schlüssel beantragen. Öffnen Sie dazu im Browser die Internetseite *http://www.themoviedb.org*, und legen Sie sich dort über die Schaltfläche TMDB BEITRETEN, die Sie ganz oben rechts finden, einen neuen Nutzer-Account an. Dafür müssen Sie einen Benutzernamen auswählen, ein Passwort definieren und eine E-Mail-Adresse hinterlegen. Nach der üblichen Bestätigung können Sie sich unter diesem Account anmelden und den API-Schlüssel beantragen. Öffnen Sie dazu das Einstellungsmenü, das Sie über das persönliche Icon oben rechts aufrufen können. Klicken Sie auf die Registerkarte API und dort auf API-SCHLÜSSEL BEANTRAGEN. Sie müssen zunächst den Nutzungsbedingungen zustimmen.

Zu Beginn der Beantragung müssen Sie auswählen, welchen Typ von API-Schlüssel Sie beantragen wollen – klicken Sie hier auf DEVELOPER, denn schließlich wünschen Sie den Zugang nur für die private Nutzung ohne Gewinnabsichten. Wählen Sie im folgenden Dialog zunächst die NUTZUNGSART (siehe Abbildung 3.58). Hier bietet es sich an, den Eintrag PERSÖNLICH zu selektieren, denn die Daten werden ja für ein eigenes, privates Projekt abgerufen. Füllen Sie anschließend die Felder aus, die Ihre Anwendung charakterisieren. Als Anwendungsnamen können Sie ruhig »Video Station« verwenden.

Im Feld ANWENDUNGS-URL hinterlegen Sie die IP-Adresse bzw. die Domain Ihrer DiskStation. Geben Sie ferner Ihre persönlichen Kontaktdaten ein, und klicken Sie abschließend auf ERSTELLEN. Sie sehen dann eine Übersichtsseite mit einigen Angaben zu Ihrem API-Schlüssel und können diesen aus dem in Abbildung 3.59 gezeigten Feld API-SCHLÜSSEL auslesen. Speichern Sie ihn am besten an einem sicheren Ort ab. Sie können sich dann von der TMDB abmelden und wieder zur Video Station auf der DiskStation zurückkehren.

Öffnen Sie in der Video Station das Einstellungsmenü und dort die Registerkarte VIDEO-INFO-PLUGIN. Markieren Sie dort den Eintrag für die Suche nach Filminformationen und klicken Sie in der Symbolleiste auf die Schaltfläche BEARBEITEN.

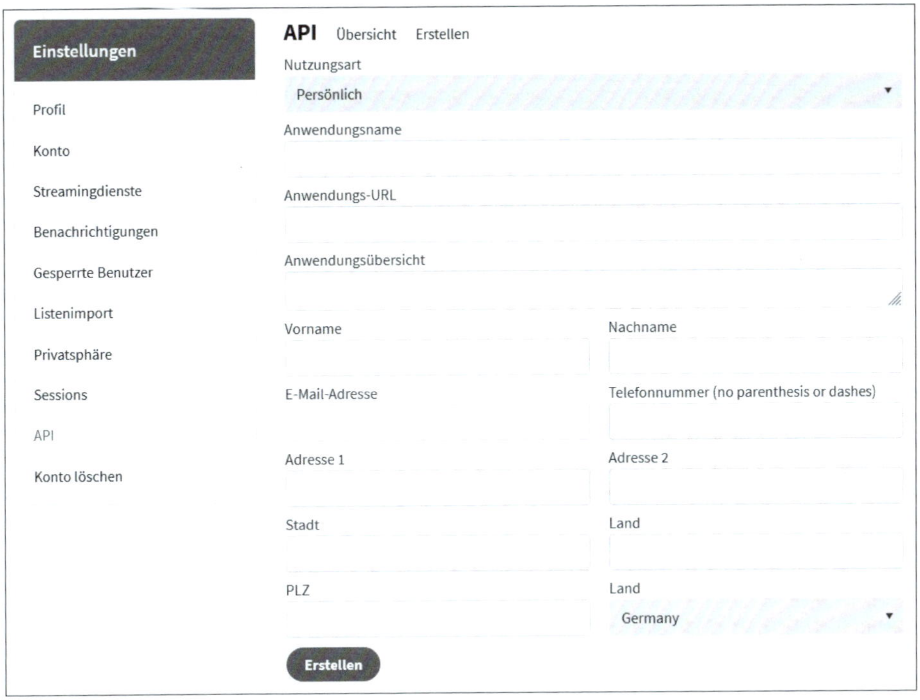

Abbildung 3.58 Füllen Sie die Felder mit den benötigten Informationen aus.

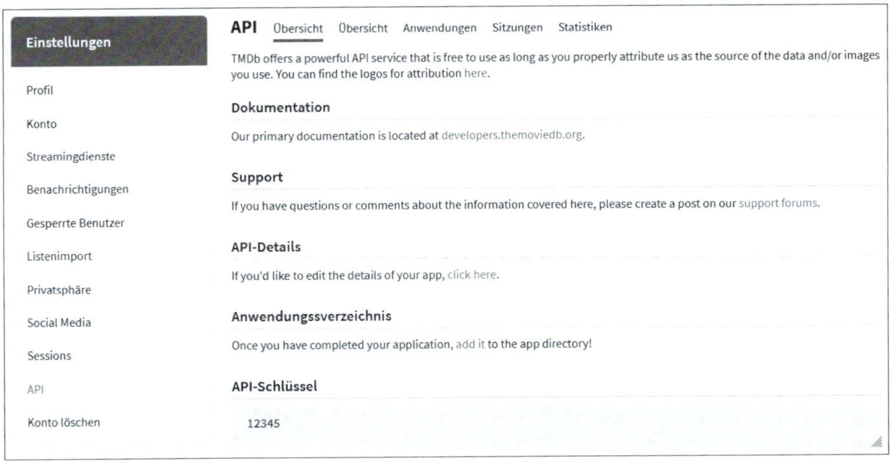

Abbildung 3.59 Ein API-Schlüssel wurde erstellt und kann in der Video Station eingefügt werden.

Im neuen Fenster geben Sie Ihren API-Schlüssel in das dafür vorgesehene Feld ein und klicken dann auf die Schaltfläche VERBINDUNG TESTEN (siehe Abbildung 3.60). Der

Verbindungstest sollte erfolgreich verlaufen. Klicken Sie dann auf OK. Auf die gleiche Weise fügen Sie den API-Schlüssel für die Suche nach Serieninformationen ein.

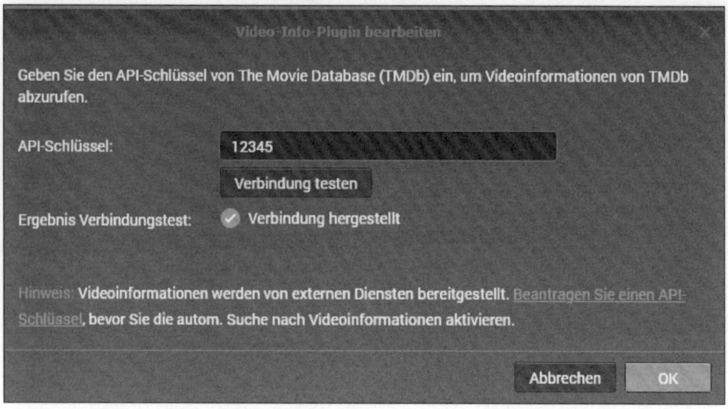

Abbildung 3.60 Der API-Schlüssel wurde eingetragen und funktioniert ohne Probleme.

Aktivieren Sie dann bei beiden Einträgen rechts das Kontrollkästchen in der Spalte ÜBERNEHMEN, und klicken Sie in der Symbolleiste auf die Schaltfläche VERBINDUNG TESTEN. Nun sollte bei beiden Einträgen die Verbindung korrekt hergestellt sein (siehe Abbildung 3.61). Damit ist das Video-Info-Plugin fertig konfiguriert und kann die zu Ihren Videos passenden Metadaten aus dem Internet herunterladen.

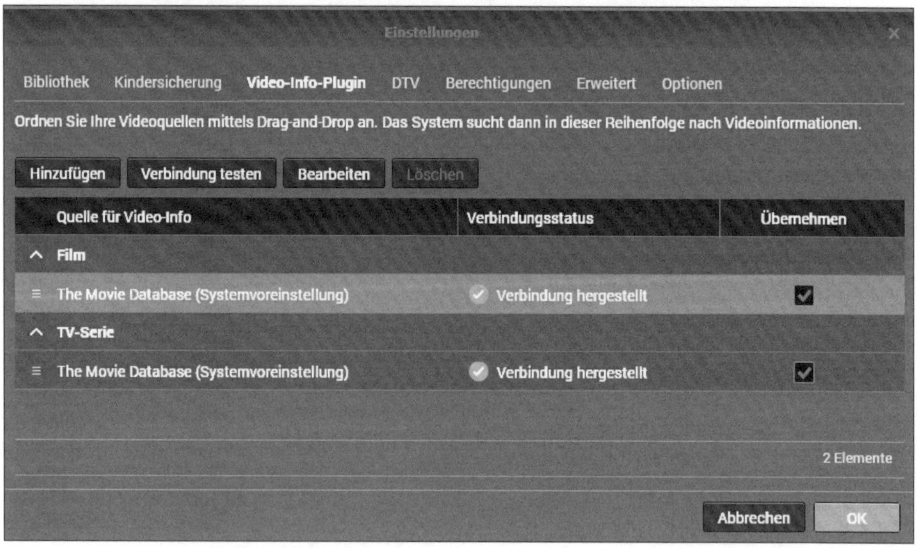

Abbildung 3.61 Die Verbindung ist korrekt hergestellt und dem Bezug von Metadaten steht nichts mehr im Wege.

3.5.4 Videos zur Video Station hinzufügen und wiedergeben

Bei der Audio Station (die sich um die Musikwiedergabe kümmert) genügt es, die Musikdateien in die dafür vorgesehenen Verzeichnisse auf der DiskStation zu kopieren. Schon macht sich der Indizierungsdienst ans Werk und fügt die Musiksammlung zur Audio Station hinzu, die dort sofort abgespielt werden kann.

Bei der Video Station ist dies nicht so. Nachdem Sie Ihre Videos in den entsprechenden Verzeichnissen auf der DiskStation abgelegt haben, passiert in der Video Station zunächst einmal gar nichts. Bevor die Videos dort verfügbar sind, müssen Sie zuerst Bibliotheken erstellen, dabei den Videotyp festlegen und das Speicherverzeichnis angeben. Mit dem *Videotyp* legen Sie fest, ob es sich bei dem Videomaterial um Spielfilme, Episoden einer TV-Serie oder um Privatvideos handelt. In gewisser Weise konfigurieren Sie damit den Scraper vor, der anhand der Informationen im Dateinamen seinen Datenbestand mit dem der Datenbank im Internet abgleicht.

Die Video Station tritt als eigener Benutzer auf

Die Video Station verwendet ihre eigenen Zugriffsrechte auf Ordner mit Videodateien. Sie können also ohne Weiteres einem Nutzer der DiskStation den Zugriff auf das Verzeichnis mit Videodateien komplett verbieten. Wenn Sie ihn als Nutzer der Video Station berechtigen, dann kann er dort alle Videos anschauen, für die er auf Bibliotheksebene Zugriffsrechte hat. Das umfasst zumindest die gemeinsamen Bibliotheken.

Öffnen Sie nun unter einem Administratorkonto die Video Station, denn nur ein Administrator ist berechtigt, Bibliotheken anzulegen und zu verwalten. Wie in Abbildung 3.62 sehen Sie in der linken Spalte die vorgefertigten Kategorien FILM, TV-SERIE und PRIVATVIDEO.

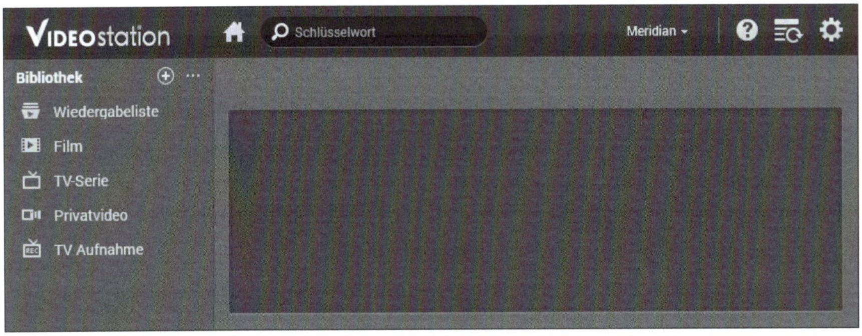

Abbildung 3.62 Die anfangs noch leeren Bibliotheken können in der linken Spalte mit Inhalt gefüllt werden.

Wenn Sie mit der Maus über einen Eintrag fahren, wird rechts daneben eine Schaltfläche mit einem Plus-Symbol sichtbar. Diese ruft ein neues Fenster mit dem Titel Hinzufügen auf, mit dem Sie eine gemeinsam genutzte Bibliothek erstellen (siehe Abbildung 3.63). Darin müssen Sie im Feld Ordner zunächst den Speicherort des gewählten Videotyps eintragen.

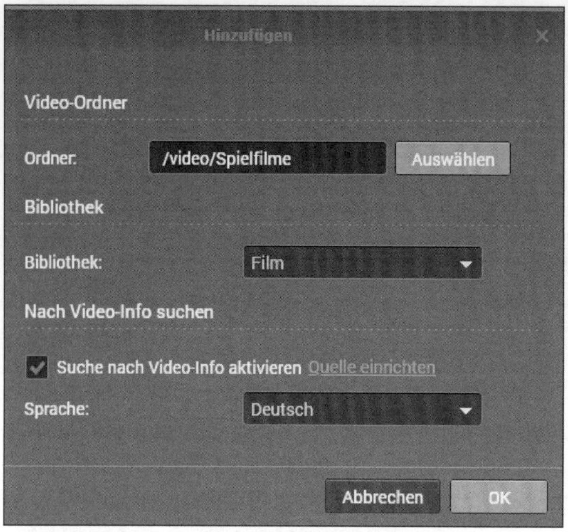

Abbildung 3.63 Fügen Sie den Ordner mit den Videos hinzu, und legen Sie fest, welchen Medientyp er enthält und welche Sprache verwendet wird.

Klicken Sie also auf Auswählen, und navigieren Sie zum gewünschten Verzeichnis. Kontrollieren Sie dann, dass das Ausklappfeld Bibliothek auf den korrekten Videotyp eingestellt ist. Möchten Sie, dass der Scraper im Internet nach Metadaten sucht (und dafür das Video-Info-Plugin verwendet), dann aktivieren Sie das zugehörige Kontrollkästchen.

Achten Sie darauf, dass das Feld Sprache korrekt eingestellt ist. Die Sprache muss zu den Filmtiteln passen, mit denen Sie die Videodateien benannt haben (siehe Abbildung 3.63). Mit anderen Worten: Die Video Station ermöglicht es, Spielfilme und TV-Serien anhand ihrer Originaltitel zu verwalten. Sie müssen die Dateien in diesem Fall mit dem Originaltitel benennen und beim Hinzufügen zur Bibliothek die Sprache korrekt (also zumeist auf Englisch) einstellen. Klicken Sie dann auf OK. Auf die gleiche Weise verfahren Sie mit den anderen Videotypen. Privatvideos nehmen eine Sonderrolle ein, denn hier sind die Dienste eines Scrapers naturgemäß nicht verfügbar.

Möchten Sie zusätzlich eine private Bibliothek erstellen, dann klicken Sie in der Video Station (nach wie vor unter einem Administratorkonto) links oben beim Eintrag Bibliothek auf das Pluszeichen. Sie sehen nun ein weiteres Fenster mit dem Titel Hinzufügen, mit dem Sie neue Bibliotheken erstellen können (siehe Abbildung 3.64).

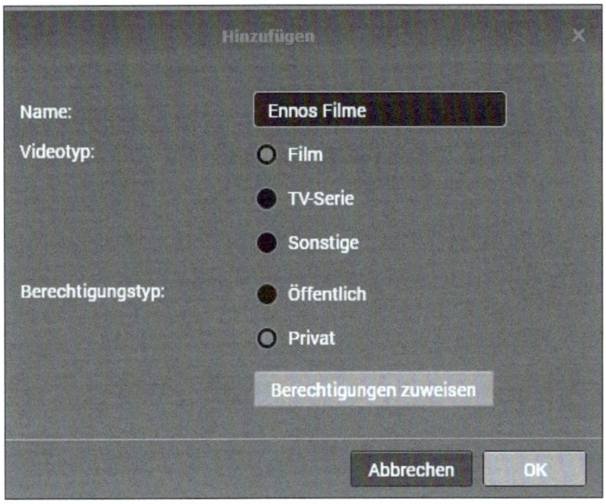

Abbildung 3.64 Erstellen Sie eine weitere Bibliothek für die private Nutzung.

Vergeben Sie einen Namen, und stellen Sie den VIDEOTYP ein. Darunter legen Sie fest, ob es sich um eine gemeinsame, sprich öffentliche Bibliothek oder um eine private Version handelt. Die Bezeichnung ÖFFENTLICH ist hier vielleicht etwas unglücklich gewählt, denn die Bezeichnung soll nur darauf hinweisen, dass die Bibliothek allen Nutzern der Video Station zur Verfügung steht – aber keinesfalls dem gesamten Internet.

Wenn Sie eine private Bibliothek erstellen möchten, dann können Sie über die Schaltfläche BERECHTIGUNGEN ZUWEISEN einstellen, welcher Benutzer auf diese Bibliothek zugreifen darf. Es ist also möglich, eine private Bibliothek mit mehreren Benutzern zu teilen. Anschließend gibt es in der Video Station links unter dem Eintrag BIBLIOTHEKEN einen neuen Eintrag mit der soeben erstellten Bibliothek. Dort müssen Sie rechts auf das Plus-Zeichen klicken und die Bibliothek auf dem bekannten Weg mit Inhalt füllen.

Sinn und Zweck von mehreren Bibliotheken für einen Medientyp

Vielleicht fragen Sie sich, warum man z. B. für Spielfilme mehrere Bibliotheken anlegen kann? Das kann z. B. dann sinnvoll sein, wenn die Videos aus verschiedenen Verzeichnissen stammen und in der Video Station zusammengetragen werden sollen. Zum anderen lassen sich die Scraper-Einstellungen bei verschiedenen Bibliotheken unterschiedlich setzen. Somit können auch Filme mit verschiedenen Sprachfassungen (auf Scraper-Ebene) verwaltet werden. Beachten Sie, dass Sie dafür aber nicht unbedingt eine neue Bibliothek einrichten müssen. Im Einstellungsmenü des Administrators können Sie auf der Registerkarte BIBLIOTHEK auch bei vorhandenen Bibliotheken weitere Speicherorte mit individuellen Einstellungen hinzufügen.

Falls ein Nutzer an einer gemeinsamen Bibliothek kein Interesse hat, dann kann er deren Anzeige einfach ausschalten. Nicht nur der Administrator, sondern jeder Benutzer der Video Station hat links oben neben dem Eintrag BIBLIOTHEK eine Schaltfläche mit drei Punkten. Über sie kann er einstellen, welche Bibliotheken er angezeigt bekommen möchte (siehe Abbildung 3.65). Ein Ausblenden von Bibliotheken verhindert aber nicht, dass darin enthaltene Filme beispielsweise im Banner auftauchen.

Abbildung 3.65 Legen Sie fest, welche Bibliotheken Ihnen in der Video Station angezeigt werden sollen.

Wenn Sie mit komplett eigenständigen Bibliotheken arbeiten möchten, dann lassen Sie die gemeinsamen Bibliotheken einfach leer und arbeiten stattdessen ausschließlich mit privaten Bibliotheken, denen Sie die gewünschten Benutzer zuweisen.

Nachdem Sie alle Bibliotheken mit Inhalt gefüllt haben, sind Sie als Administrator fertig. Sie können einen kurzen Test durchführen und die Bibliotheken überprüfen. Dort sollten sich jeweils die ausgewählten Inhalte befinden. Wenn Sie das Video-Info-Plugin verwenden, dann sollten auch schon (erste) Metadaten aus dem Internet geladen und der Bibliothek hinzugefügt worden sein.

Einen falsch zugeordneten Film korrigieren

Manchmal kann es passieren, dass der Scraper einen Film falsch zugeordnet hat. Das kommt z. B. bei Remakes ab und an vor. In diesem Fall kann der Administrator korrigierend eingreifen. Im Kontextmenü des fraglichen Films (aufrufbar über die Schaltfläche mit den drei Punkten) verfügt er über den Eintrag VIDEOINFORMATIONEN BEARBEITEN.

In einem neuen Fenster kann er nun sämtliche Metadaten bearbeiten. Dort gibt es auch die Schaltfläche VON VIDEO-INFO-PLUGIN SUCHEN. Hierüber kann der Scraper, mit entsprechenden Infos bestückt, erneut auf die Suche geschickt werden. Anschließend sucht man den richtigen Film aus der Ergebnisliste heraus (siehe Abbildung 3.66).

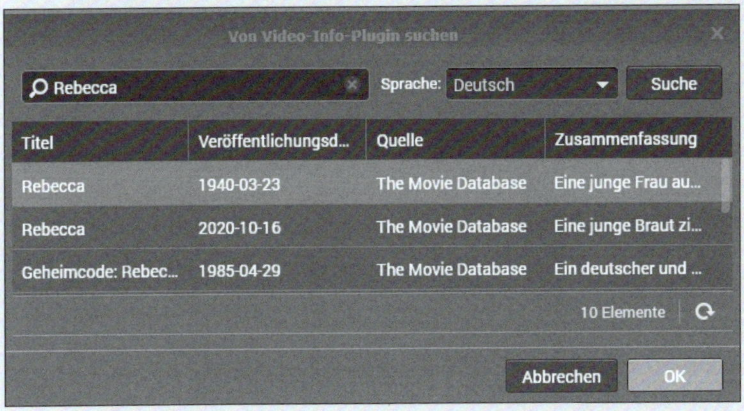

Abbildung 3.66 Suchen Sie mit dem Video-Info-Plugin nach dem richtigen Film.

3.5.5 Videos wiedergeben

Das Abspielen von Videos innerhalb der Video Station ist schnell erklärt und dürfte kaum Schwierigkeiten bereiten. Wenn Sie links eine Bibliothek anklicken, dann sehen Sie im Hauptbereich die vorhandenen Filme in einer Voransicht mit kleinen Cover-Bildern. Dort können Sie einen gewünschten Film oder eine Serie oder eine Privatvideodatei aussuchen.

Bei einer umfangreichen Sammlung hilft das Suchfeld am oberen Rand der Anwendung. Bereits in dieser Voransicht erscheint, wenn Sie mit dem Mauszeiger über die Cover-Bilder fahren, am unteren Rand einen Play-Button, mit dem Sie die Wiedergabe im Browser starten. Alternativ können Sie das Cover auch außerhalb der Symbolleiste am unteren Rand anklicken. Dann gelangen Sie zur Detailansicht. Dort werden Ihnen alle Metadaten angezeigt. Mitten auf dem Cover finden Sie einen Play-Button, der ebenfalls die Wiedergabe startet.

Bei der Wiedergabe im Browser sehen Sie, sobald Sie die Maus bewegen, am unteren Bildrand eine Symbolleiste mit den üblichen Funktionen eines Videoplayers (siehe Abbildung 3.67). Dort können Sie die Wiedergabe anhalten, per Bildlaufleiste zu einem gewünschten Zeitpunkt springen, über eigene Schaltflächen zehn Sekunden vor- und zurückspringen sowie die Lautstärke einstellen. Es gibt auch eine Schaltfläche zum Anpassen der Wiedergabegeschwindigkeit und die Möglichkeit, den Videoplayer in den Vollbildmodus zu schalten. Über die X-Schaltfläche oben rechts können Sie die Wiedergabe beenden. Das funktioniert auch mit der Taste [Esc].

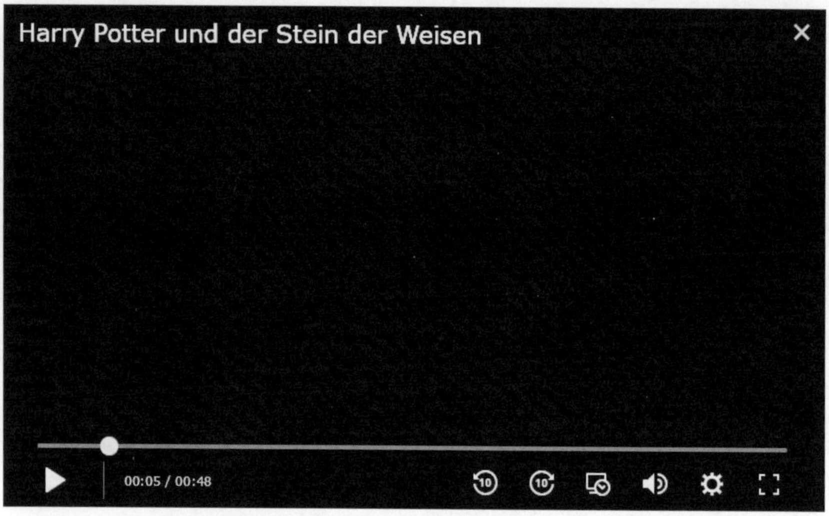

Abbildung 3.67 Während der Wiedergabe bietet eine Symbolleiste am unteren Bildschirmrand Zugriff auf die üblichen Steuerelemente.

Erwähnenswert ist das Einstellungsmenü, das Sie über das Zahnradsymbol unten rechts in der Symbolleiste aufrufen (siehe Abbildung 3.68).

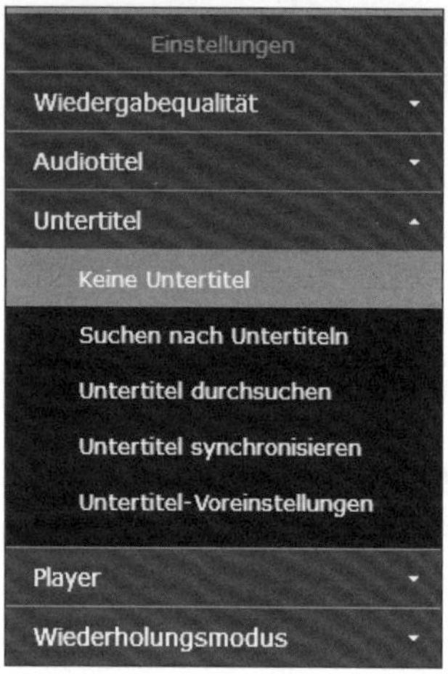

Abbildung 3.68 Aktivieren Sie zusätzliche Funktionen über das Einstellungsmenü.

Wenn die Videodatei mehrere Tonspuren beinhaltet, können Sie die gewünschte Tonspur über das Ausklappelement AUDIOTITEL einstellen.

Falls Untertitel vorhanden sind oder Sie nach diesen suchen möchten, dann finden Sie die benötigten Funktionen in der Sektion UNTERTITEL.

Der Bereich WIEDERHOLUNGSMODUS dürfte selbsterklärend sein.

Wenn es in Ihrem Netzwerk noch andere Geräte gibt, die zur Video Station kompatibel sind und die Videodateien abspielen können, dann finden Sie diese im Bereich PLAYER. Dort können Sie ein gewünschtes Gerät auswählen, das sodann die Wiedergabe übernimmt.

Die Funktionen im Bereich WIEDERGABEQUALITÄT erklären wir im nächsten Abschnitt.

3.5.6 Videos transcodieren

Im vorigen Abschnitt haben wir Ihnen das Einstellungsmenü des Videoplayers vorgestellt. Dort gibt es die Sektion WIEDERGABEQUALITÄT. Dort sind, abhängig von den Funktionen der DiskStation, verschiedene Qualitätsstufen verfügbar. Wenn Sie eine von der Originalfassung abweichende Qualität wählen, wird die Videodatei in Echtzeit von der DiskStation in ein anderes Format konvertiert und an Ihr Endgerät gesendet. Dabei werden die Bitrate und die Auflösung reduziert, sodass Sie das Video über eine langsame Internetverbindung oder ein leistungsschwaches Gerät betrachten können. Diese Konvertierung wird im Arbeitsspeicher der DiskStation ausgeführt, sodass keine permanenten Dateien angelegt werden.

Daneben gibt es auch die Möglichkeit, Videos offline zu *transkodieren*. Hierbei erfolgt die Umrechnung der Videodatei in ein anderes Format mit niedrigerer Qualität unabhängig von einer Wiedergabe. Während der Offline-Transcodierung wird eine weitere Filmdatei mit der gewählten Qualitätsstufe neben der Originaldatei abgelegt und bleibt dort permanent bestehen.

Diese Art der Konvertierung bietet sich dann an, wenn die DiskStation keine Konvertierung in Echtzeit unterstützt oder wenn eine Videodatei mehrfach betrachtet und dabei nicht stets neu berechnet werden soll. Sie ist insbesondere auch praktisch für die Nutzung auf Mobilgeräten. Wenn Sie unterwegs ein Video ansehen möchten, aber die Originaldatei für das Mobilgerät zu groß ist oder das Gerät dessen Wiedergabe nicht unterstützt, dann können Sie das Video vorab offline transcodieren und dann auf das Mobilgerät herunterladen.

Das geht direkt mit der App der Video Station. Anschließend können Sie das Video in Ruhe auf dem Mobilgerät ansehen, ohne dass das Video gegebenenfalls über eine mobile Internetverbindung übertragen werden müsste. Wenn am Ergebnis kein Interesse mehr besteht, dann können Sie die konvertierte Fassung jederzeit wieder vom Mobilgerät und von der DiskStation löschen.

Um eine Datei offline zu transcodieren, öffnen Sie zunächst deren Kontextmenü (klicken Sie dazu auf die Schaltfläche mit den drei Punkten direkt bei der Videodatei). Klicken Sie im Aufklappmenü auf den Eintrag OFFLINE-TRANSKODIERUNG. In einem neuen Fenster können Sie die Qualität einstellen, die bei der Konvertierung erreicht werden soll. Es stehen neben der Originalqualität die Stufen Hoch, Mittel und Niedrig zur Verfügung (siehe Abbildung 3.69). DiskStations mit umfangreicher Multimediaausstattung bieten gegebenenfalls noch weitere Optionen. Wenn in der Quelldatei mehrere Tonspuren vorhanden sind, dann können Sie eine davon für die Konvertierung auswählen.

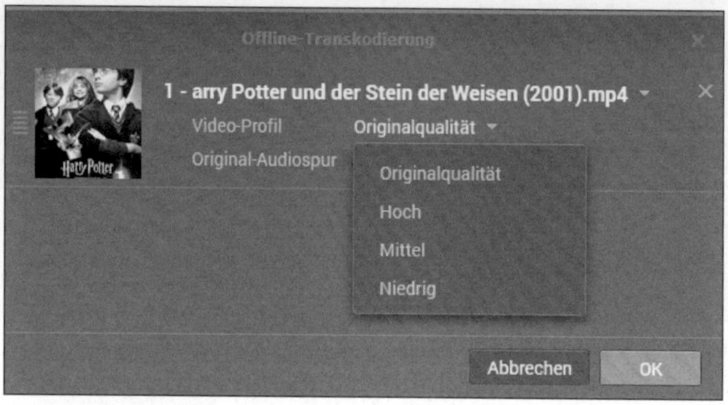

Abbildung 3.69 Transcodieren Sie Videos offline z. B. für die Nutzung auf einem Mobilgerät.

Während die Konvertierung läuft, können Sie deren Fortschritt jederzeit über die Schaltfläche oben rechts in der Video Station überprüfen. Sie können auch mehrere Dateien zur Warteschlange hinzufügen. Diese werden dann nach und nach abgearbeitet (siehe Abbildung 3.70).

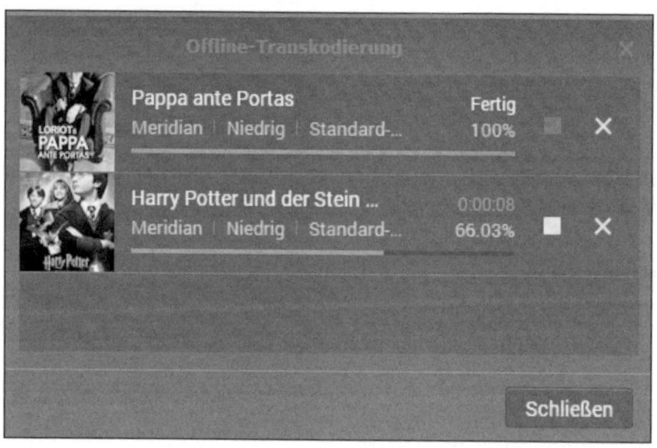

Abbildung 3.70 Überprüfen Sie den Fortschritt der Offline-Transkodierung.

Wenn die Konvertierung abgeschlossen ist, dann passiert in der Video Station scheinbar zunächst gar nichts. Wenn Sie aber die Wiedergabe der Videodatei starten, die Sie konvertiert haben, dann sehen Sie nun ein Auswahlmenü. Darin werden Ihnen alle verfügbaren Versionen der Datei angeboten. Neben der Originalfassung steht auch die offline konvertierte Fassung zur Verfügung (siehe Abbildung 3.71). Sie können die gewünschte Version auswählen und die Wiedergabe starten.

Abbildung 3.71 Wählen Sie aus, welche Fassung Sie sich anschauen möchten.

Um eine offline konvertierte Datei zu löschen, öffnen Sie einfach die Detailansicht des Videos, sodass Ihnen die Inhaltsbeschreibung angezeigt wird. Öffnen Sie dann das Menü mit den drei Punkten, das ganz oben rechts auf dem Bildschirm zugänglich ist. Dort finden Sie den Eintrag zum Löschen der Datei. Sie können auswählen, welche Dateifassung Sie löschen möchten.

Wie Sie in der mobilen App auf offline konvertierte Videos zugreifen und Videos für die spätere Ansicht herunterladen, zeigen wir Ihnen in Abschnitt 3.5.9, »Die mobile App »DS video« nutzen und Videos streamen«.

Vorsicht beim Löschen

Sollten Sie die Datei in der Videoübersicht löschen, dann werden automatisch alle Fassungen und damit die komplette Videodatei von der DiskStation gelöscht. Achten Sie also bitte darauf, dass Sie das Löschen nur in der Detailansicht einleiten.

3.5.7 Videos freigeben

Mit der Video Station können Sie Videos mit anderen Personen teilen. Diese Personen müssen nicht dem Nutzerkreis der DiskStation angehören. Die Freigabe erfolgt über einen Link, den Sie z. B. per E-Mail oder Messenger versenden können. Er ist prinzipiell auch über das Internet gültig; der Datentransfer kann auf Wunsch verschlüsselt erfolgen. Damit so eine Freigabe über das Internet funktioniert, muss die Video Station über das Internet erreichbar sein. In der Standardkonfiguration nutzt die Video Station denselben Netzwerk-Port wie das DSM.

Wenn Sie das DSM nicht über das Internet freigeben möchten, sollten Sie über das ANMELDEPORTAL der Systemsteuerung einen eigenen Port für die Video Station definieren und diesen für die Freigabe nutzen. Achten Sie dabei darauf, dass Sie einen Port für die per HTTPS verschlüsselte Form der Datenübertragung aktivieren.

Um ein Video per Freigabe mit anderen Personen zu teilen, öffnen Sie in der Übersichtsansicht das Kontextmenü mit den drei Punkten und wählen den Eintrag Öffentliche Freigabe. In der Detailansicht befindet sich unter dem Coverbild eine Schaltfläche mit dem bekannten Symbol zum Teilen. Wenn Sie auf sie klicken, öffnet sich ein neues Fenster, das Ihnen den Freigabelink anzeigt. Sie können ihn in die Zwischenablage kopieren und dann an die gewünschten Personen verteilen (siehe Abbildung 3.72).

Abbildung 3.72 Teilen Sie Videos mit anderen Personen über eine öffentliche Freigabe. Sie kann über das Internet genutzt werden und öffnet einen Video-Player.

Wenn man den Link aufruft, erscheint im Browser eine kompakte Form der Video Station, die das verknüpfte Video abspielt und die üblichen Funktionen zur Navigation während der Wiedergabe bietet. Wenn die Funktion durch den Administrator freigeschaltet ist, dann kann das Video auch in Echtzeit in ein anderes Format konvertiert werden.

Sie können in der Übersichtsansicht bei gedrückter `Strg`-Taste auch mehrere Videos gleichzeitig selektieren. Oben rechts in der Video Station erscheint dann eine Symbolleiste, die auch ein Symbol zur Freigabe beinhaltet. Wenn Sie darauf klicken, wird eine Wiedergabeliste mit den markierten Videos erstellt. Sie können der Liste einen Namen geben.

Selbstverständlich können Sie auch bereits vorhandene Wiedergabelisten über deren Kontextmenü freigeben. Bei dieser Art der Freigabe können Sie jetzt auch einen Gültigkeitszeitraum definieren, also ein Datum angeben, zu dem die Freigabe ungültig wird (siehe Abbildung 3.73). Danach erscheint das bekannte Fenster mit dem Link der Freigabe. Der Nutzer des Links sieht in der Video Station in der Symbolleiste am unteren Bildschirmrand ein Symbol, das zur Playlist führt. Dort kann er das Video auswählen, das er sich ansehen möchte.

Möchten Sie sich einen Überblick über alle Freigaben verschaffen, dann öffnen Sie in der Video Station die Sektion Wiedergabeliste. Wenn Sie mehrere Videos über eine Wiedergabeliste geteilt haben, dann sehen Sie hier die entsprechende Liste, deren Eintrag mit einem Symbol für die Freigabe gekennzeichnet ist. Haben Sie eine einzelne Datei freigegeben, dann ist diese unter dem Eintrag GETEILTE VIDEOS aufgeführt. Wenn Sie das Dialogfeld zur Freigabe nochmals aufrufen, dann können Sie die Freigabe wieder aufheben, indem Sie das Häkchen im Kontrollkästchen entfernen.

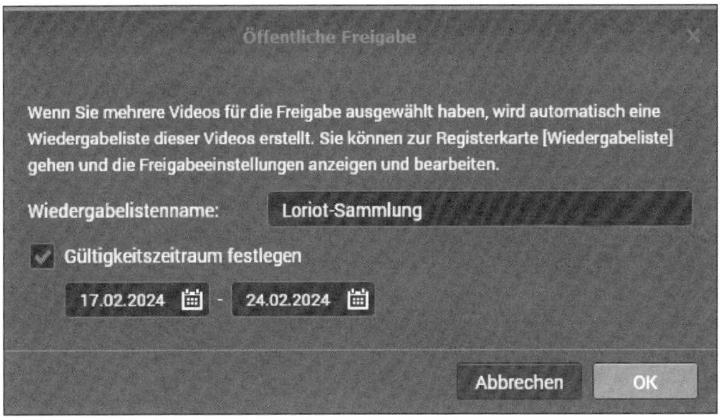

Abbildung 3.73 Über eine Wiedergabeliste können Sie auch mehrere Videos auf einmal freigeben.

3.5.8 Sonstige Funktionen der Video Station

In diesem Abschnitt möchten wir Ihnen einige Zusatzfunktionen vorstellen, die den Umgang mit der Video Station im Alltag noch angenehmer bzw. sicherer machen.

Die Video Station kann (wie zuvor schon erwähnt) auch mit Wiedergabelisten umgehen. Dabei müssen zwei Arten unterschieden werden: Es gibt nämlich *normale Wiedergabelisten*, die permanent in der Video Station abgespeichert und jederzeit aufgerufen werden können und die *Watchlist*. In ihr können Sie Videos ablegen, die Sie sich demnächst ansehen möchten.

Um ein Video zur Watchlist hinzuzufügen, klicken Sie in der Übersicht von Videos in der Bibliothek einfach beim kleinen Cover-Bild auf die Plus-Schaltfläche, die sichtbar wird, sobald Sie mit dem Mauszeiger über das Bild fahren. Wählen Sie dann einfach die WATCHLIST aus.

Auf die Watchlist können Sie zugreifen, indem Sie im Hauptfenster der Video Station links auf den Eintrag WIEDERGABELISTE klicken und dann im Hauptfenster die WATCHLIST auswählen (siehe Abbildung 3.74). Hier können Sie über die Plus-Schaltfläche auch jederzeit wieder Videos entfernen.

Mit normalen Wiedergabelisten gehen Sie fast genauso um, wie mit der Watchlist. Sie müssen allerdings zuerst eine Wiedergabeliste anlegen. Klicken Sie dazu bei einem gewünschten Video auf die Plus-Schaltfläche am Coverbild, und wählen Sie aus dem Menü NEUE WIEDERGABELISTE ERSTELLEN. Im neuen Fenster vergeben Sie einen Namen für die Wiedergabeliste. Auf Wunsch können Sie diese auch gleich öffentlich freigeben (siehe Abbildung 3.75).

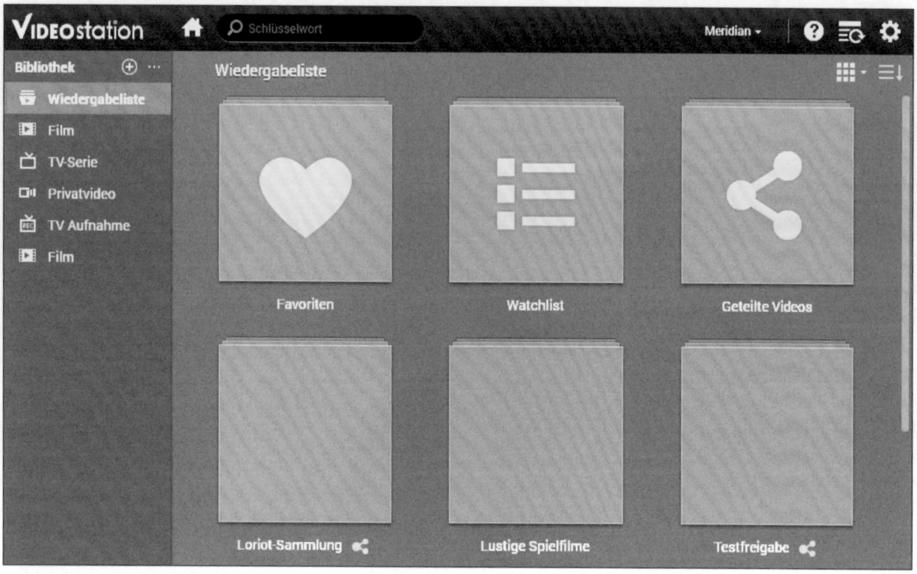

Abbildung 3.74 Die Video Station bietet diverse Wiedergabelisten.

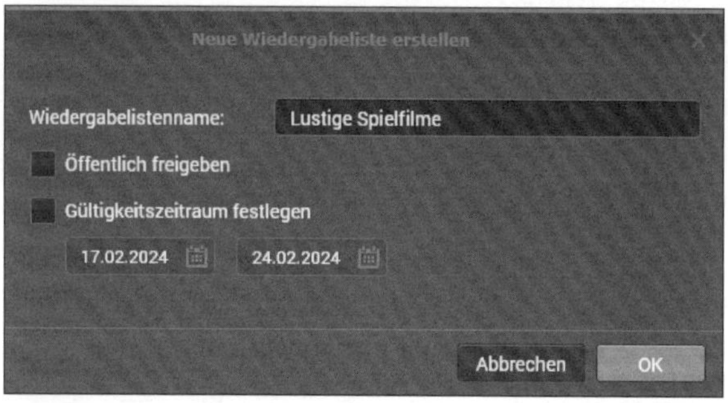

Abbildung 3.75 Wiedergabelisten sind schnell erstellt, Sie müssen nur einen eigenen Namen eingeben.

Das gewählte Video wird dieser Liste hinzugefügt. Anschließend ist die Liste im Ausklappmenü der Plus-Schaltfläche verfügbar. So können Sie einfach weitere Videos hinzufügen. Auch selbst erstellte Wiedergabelisten finden Sie im Hauptfenster der Video Station unter dem Eintrag WIEDERGABELISTE.

Außer in Wiedergabelisten können Sie Ihre Lieblingsvideos auch in eine *Favoritenliste* einsortieren. Dafür gibt es im Ausklappmenü der Plus-Schaltfläche in der Übersichtsansicht das Element FAVORITEN. Die Favoritenliste wird wie eine normale Wiedergabeliste in der Bibliothek unter WIEDERGABELISTE geführt (siehe Abbildung 3.74). Sie können ein Video auch in der Detailansicht zur Watchlist, zu einer Wiedergabeliste oder zu den Favoriten hinzufügen. Entsprechende Schaltflächen befinden sich gleich unterhalb des Cover-Bildes.

Im Privathaushalt ist vielleicht auch die *Kindersicherung* der Video Station von Interesse. Diese arbeitet so: Der Scraper lädt aus dem Internet auch Metadaten für die Alterseinstufung von Filmen und TV-Serien. Der Administrator der DiskStation kann festlegen, welche Alterseinstufungen ausgewählten Nutzern uneingeschränkt zur Verfügung stehen. Möchte ein Nutzer mit eingeschränkten Rechten einen Film außerhalb dieser Freigaben ansehen, dann muss er dazu eine PIN eingeben. Ihm werden ungeeignete Filme jedoch weiterhin in der Bibliothek aufgelistet. Wenn Sie diese Filme vor einem Nutzer komplett verbergen möchten, müssen Sie sie in eine eigene Bibliothek speichern, auf die der gewünschte Nutzer keinerlei Zugriffsrechte hat. Dann dürfen Sie aber nicht vergessen, auch den Zugriff auf Dateiebene im DSM zu sperren.

Um die Kindersicherung zu nutzen, öffnen Sie unter dem Administratorkonto das Fenster mit den Einstellungen der Video Station und wechseln auf die Registerkarte Kindersicherung, die zunächst noch leer ist. Über die Schaltfläche mit dem Plus-Zeichen oben links legen Sie eine neue Sicherungsregel an. Im neuen Fenster mit dem Titel Hinzufügen muss das Kontrollkästchen Aktiviert eingeschaltet sein (siehe Abbildung 3.76). Wählen Sie dann den Benutzer der Video Station aus, für den die Kindersicherung gelten soll.

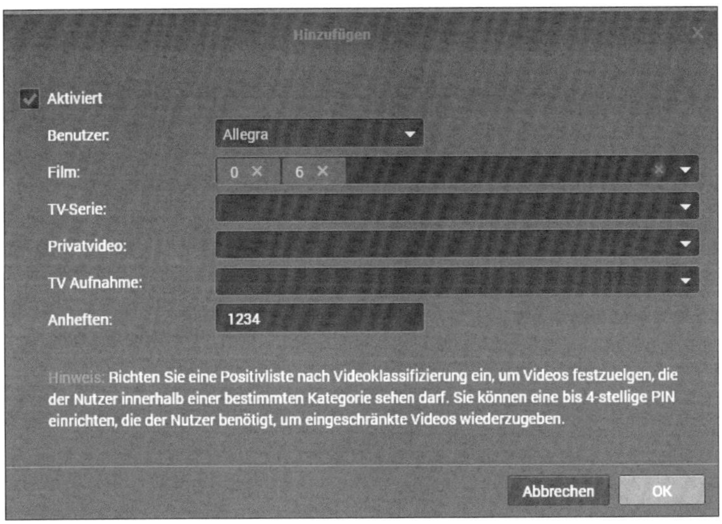

Abbildung 3.76 Die Kindersicherung stellt sicher, dass Kinder nur für sie geeignete Videos anschauen können.

Anschließend können Sie in den Ausklappfeldern Film, TV-Serie, Privatvideo und TV Aufnahme Positivlisten definieren. Sie sehen beim Ausklappen die in Ihrer Bibliothek verfügbaren Altersfreigabe-Empfehlungen. Wählen Sie einfach diejenigen aus, die für den gewählten Benutzer geeignet sind. Anschließend definieren Sie im äußerst unglücklich übersetzten Feld Anheften eine PIN, mit der Zugriff zu geschützten Inhalten besteht. Die PIN müssen Sie vor dem gewählten Benutzer natürlich geheim halten. Speichern Sie dann die Konfiguration mit einem Klick auf OK ab.

Wenn sich nun der entsprechende Benutzer an der Video Station anmeldet, dann hat er nur noch auf die zugelassenen Videos uneingeschränkten Zugriff und wird andernfalls zur PIN-Eingabe aufgefordert.

Dem technisch interessierten Nutzer kann die Video Station einige Informationen zu den Videodateien anzeigen und etwa Auflösung, Containerformat und verwendete Codecs auflisten. Diese Informationen werden sichtbar, wenn Sie in der Übersichtsansicht das Kontextmenü mit den drei Punkten zu einem Video öffnen und den Eintrag MEDIENINFORMATION ANZEIGEN auswählen (siehe Abbildung 3.77).

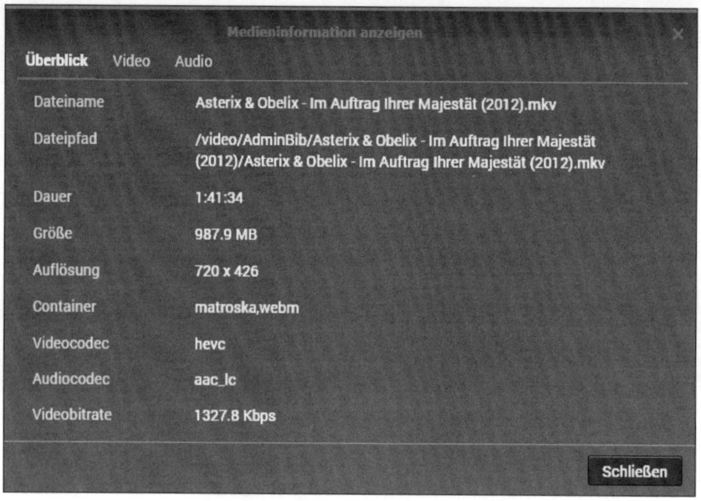

Abbildung 3.77 Die Video Station kann diverse technische Informationen zu einer Videodatei anzeigen.

3.5.9 Die mobile App »DS video« nutzen und Videos streamen

Für die Video Station erhalten Sie von Synology die App *DS video*, die Sie über den Play Store bzw. App Store auf Ihrem Mobilgerät installieren können.

Wie bei allen mobilen Apps für die DiskStation müssen Sie sich beim ersten Start der App an der DiskStation bzw. genauer gesagt an der Video Station anmelden. Wenn Sie die Verbindung direkt über das Internet aufbauen, dann sollten Sie eine verschlüsselte HTTPS-Verbindung nutzen, damit niemand den Datentransfer einsehen kann. Zwar mag das für normale Spielfilme und TV-Serien in der Video Station nicht unbedingt die höchste Priorität haben, falls Sie aber Privatvideos betrachten möchten, dann ist die Verschlüsselung sehr empfehlenswert.

Auch für die Video Station können Sie im Anmeldeportal der Systemsteuerung einen benutzerdefinierten Port als Schnellzugriff definieren und die Anwendung vom DSM über Port 5000/5001 abkoppeln. Wenn Sie dies tun, müssen Sie den Port beim Anmeldevorgang in der App mit eingeben.

Die App orientiert sich stark an Bedienkonzept der DSM-Version der Video Station und bringt auch fast denselben Funktionsumfang mit. Links befindet sich etwa ein Wischmenü, das den Inhalt der Bibliothek anzeigt und dieselben Elemente beinhaltet wie die Desktop-Fassung (siehe Abbildung 3.78).

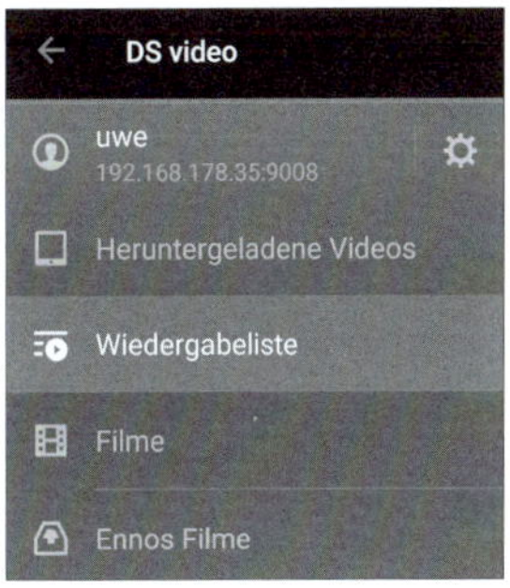

Abbildung 3.78 »DS video« greift direkt auf die Bibliothek der Video Station zu und ist sehr einfach zu bedienen.

Eine erwähnenswerte Funktion der App ist die Möglichkeit, Filme zur Offline-Wiedergabe auf das Mobilgerät herunterzuladen. Wenn Sie einen Film in der Detailansicht betrachten, dann gibt es oben rechts die Schaltfläche ⬇ zum Herunterladen des Films.

Sie müssen dann zunächst einen Ordner auf dem Mobilgerät auswählen, in dem die Anwendung Filme speichern kann (siehe Abbildung 3.79).

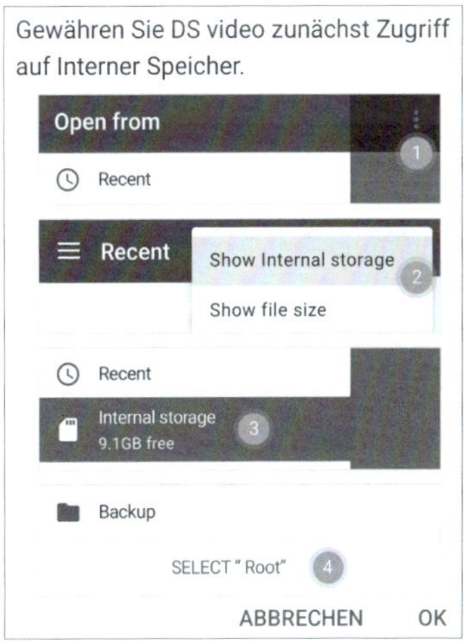

Abbildung 3.79 Sie müssen der App zunächst Zugriff auf den Speicher des Mobilgeräts geben, bevor Dateien für die Offline-Wiedergabe heruntergeladen werden können.

Anschließend können Sie die gewünschten Filme herunterladen und sie später ohne eine (mobile) Internetverbindung ansehen. Beachten Sie, dass Sie generell beim Auswählen von Filmen auch Zugriff auf eventuell angelegte Offline-Konvertierungen haben und sich diese Versionen ansehen oder herunterladen können.

Eine Besonderheit ergibt sich bei der Verwendung der Echtzeit-Konvertierungsfunktion. Beachten Sie, dass *DS video* keine eigenen Routinen zur Videowiedergabe beinhaltet, sondern die Videodatei an eine andere App übergibt. In dieser besteht selbstredend keine Zugriffsmöglichkeit auf die Konvertierungsfunktion. Um diese zu nutzen, müssen Sie zuerst das Einstellungsmenü von DS video aufrufen. Dort finden Sie in der Sektion VIDEOEINSTELLUNGEN die Option zur Videotranskodierung (siehe Abbildung 3.80).

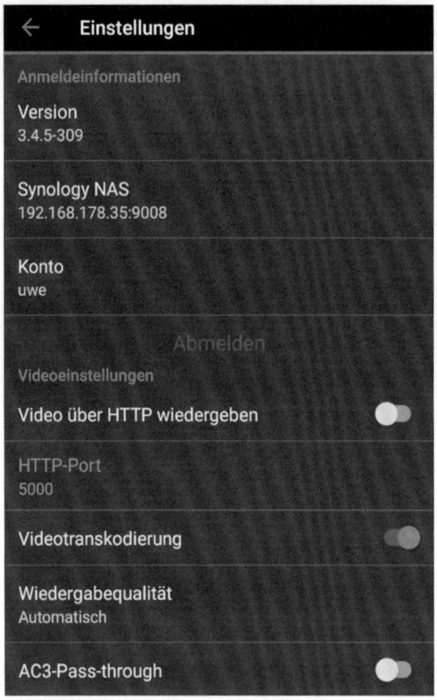

Abbildung 3.80 Das Einstellungsmenü enthält auch Optionen zur Steuerung der Transkodierungsfunktion.

Sie können dafür die WIEDERGABEQUALITÄT auswählen. Anschließend wird diese Einstellung für alle folgenden Wiedergaben verwendet. DS video übergibt dazu das von der Video Station auf der DiskStation konvertierte Video der App zur Videowiedergabe.

Kapitel 4

Die DiskStation über das Internet nutzen: Ihre private Cloud

Auf die Dienste der DiskStation von unterwegs zugreifen? Aber sicher!

Wenn Sie Ihr NAS-Gerät auch über das Internet nutzen möchten, es vielleicht sogar als private Cloud betreiben wollen, dann sind Sie in diesem Kapitel richtig. Hier zeigen wir Ihnen, wie Sie die DiskStation konfigurieren müssen, damit sie unter einer eigenen Adresse bzw. Domain über das Internet sicher angesprochen werden kann. Sie lernen die Cloud-Funktionen kennen, die Ihnen allerlei Funktionen zum Verwalten und Teilen von Dateien bieten und die sogar eine Office-Umgebung zur gemeinsamen Arbeit an Office-Dateien beinhalten.

Wir zeigen Ihnen auch, wie Sie den VPN-Server der DiskStation nutzen, mit dessen Hilfe Sie über das Internet eine sichere Verbindung zur DiskStation und zum lokalen Netzwerk aufbauen können.

4.1 Über das Internet sicher auf die DiskStation zugreifen

Wenn Sie die DiskStation erstmalig in Betrieb nehmen, dann unterscheidet das Gerät nicht zwischen Verbindungsanfragen aus dem lokalen Netzwerk und aus dem Internet. Die DiskStation ist so konfiguriert, dass sie alle Verbindungsanfragen akzeptiert und beantwortet, denn die Firewall ist anfangs so eingerichtet, dass ein- und ausgehender Verkehr nicht gefiltert wird. Wie Sie in Abbildung 4.1 sehen, ist die Firewall deaktiviert.

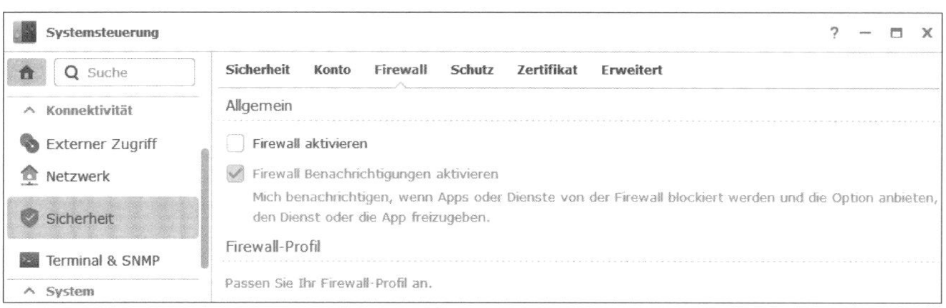

Abbildung 4.1 Die Firewall ist im DSM zunächst deaktiviert und lässt eingehenden wie ausgehenden Datenverkehr ungehindert passieren.

Etwas Netzwerk-Theorie: Ports und Protokolle

Wenn Sie Ihre DiskStation aus dem Internet erreichen möchten, sollten Sie sich zunächst einmal mit ein wenig Netzwerk-Theorie beschäftigen. Wenn Sie besser verstehen, wie Daten von den unterschiedlichen Geräten weitergeleitet werden, lösen sich viele rätselhafte Probleme in Luft auf.

In einem Heimnetzwerk verhindert üblicherweise der Router, der als einziges Gerät direkt mit dem Internet verbunden ist, dass eingehende Verbindungen die DiskStation (und alle anderen Geräte im Heimnetzwerk) erreichen. Bei Netzwerkverkehr über IPv4 bringt die NAT-Funktion diesen Schutz mit sich, bei IPv6-Verbindungen blockiert eine Firewall den Zugriff.

Auch in Firmennetzwerken werden eingehende Verbindungen in aller Regel nicht akzeptiert, denn dort kommen meistens größere Hardware-Firewalls zum Einsatz. Das sorgt in beiden Fällen dafür, dass die DiskStation von außen über das Internet zunächst nicht erreichbar ist und weder durch berechtigte noch durch unberechtigte Nutzer angesprochen werden kann.

Wenn Sie Ihre DiskStation nicht über das Internet ansprechen möchten, sondern das Gerät lediglich im lokalen Netzwerk betreiben wollen, dann müssen Sie üblicherweise nichts weiter tun. Selbstredend schadet es nicht, die Einstellungen auf den beteiligten Geräten zu kontrollieren und zu prüfen, ob wirklich alle eingehenden Verbindungen abgelehnt werden oder ob vielleicht jemand die Konfiguration verändert hat.

Soll die DiskStation aber über das Internet erreichbar sein, dann müssen normalerweise Vorkehrungen getroffen werden, damit der Datenfluss möglich ist. Und nun kommt die Netzwerk-Theorie ins Spiel: Die Kommunikation über ein Netzwerk – und das Internet ist ja eigentlich nur ein sehr, sehr großes Netzwerk – läuft über spezifizierte Protokolle ab.

Hauptsächlich werden dafür das *Transmission Control Protocol* (TCP) und das *User Datagram Protocol* (UDP) verwendet. TCP ist deutlich komplexer aufgebaut als UDP und bietet unter anderem Kontrollmechanismen, mit denen die korrekte Übermittlung und Zustellung der Datenpakete überprüft und sichergestellt werden kann. UDP benötigt im Gegensatz dazu weniger Verwaltungsaufwand und kann somit einfacher benutzt werden. UDP wird oft für zeitkritische Dienste verwendet, bei denen eine erneute Anforderung von Daten nicht sinnvoll ist, wie etwa bei der Echtzeitübertragung von elektronischen Medien.

Sowohl TCP als auch UDP verwenden sogenannte *Ports* für die Kommunikation. Es stehen jeweils 65.536 Ports zur Verfügung, und normalerweise wird ein Port immer nur von einem Dienst belegt oder von einer Übertragung(sart) gleichzeitig genutzt. Komplexe Anwendungen und Dienste kommunizieren aber durchaus auch über mehrere Ports oder nutzen mehrere Protokolle. Entsprechend umfangreich können

Freigabemaßnahmen an Router bzw. Firewall sein. So wird ein Webserver in den meisten Fällen sowohl Port 80 für unverschlüsselten Datenverkehr als auch Port 443 für verschlüsselten Datenverkehr belegen.

Damit ein Dienst der DiskStation über das Internet erreichbar ist, muss der Router eingehende Anfragen für das passende Protokoll und den passenden Port annehmen und an die DiskStation weiterleiten.

Gleiches gilt für eine Firewall: Diese muss für die zum Dienst passende Kombination aus Protokoll und Port geöffnet werden und die entsprechenden Daten durchlassen.

Dieser Umstand macht aber auch deutlich, dass die DiskStation keineswegs komplett mit allen Funktionen über das Internet erreichbar sein muss. Vielmehr sollten Sie Freigaben oder das Öffnen von Ports nur solchen Diensten gewähren, die auch aktiv über das Internet genutzt werden sollen. So wird Ihr Setup deutlich sicherer und Sie schützen Ihre Privatsphäre.

Grundsätzlich gilt: Was über das Internet nicht erreichbar ist, kann zwar nicht über es genutzt, aber eben auch nicht angegriffen werden. Folglich sollten die Dienste, die über das Internet nicht genutzt werden, über es auch nicht zu erreichen sein. Denn grundsätzlich gilt leider auch, dass Software (meistens) von Menschen entwickelt wird und Menschen trotz aller Sorgfalt hin und wieder Fehler machen. Folglich wird Software Fehler enthalten, und wenn man Pech hat, dann erlauben solche Fehler es einem Angreifer, in das System einzudringen, was man tunlichst vermeiden möchte.

Automatische Port-Öffnung mit UPnP

Vielleicht sind Ihnen bei einem Router für das Heimnetzwerk schon Funktionen begegnet, die über das UPnP-Protokoll (*Universal Plug and Play*) eine automatische Freigabe von Ports erlauben. Das klingt recht komfortabel. Die Funktion erlaubt es den Geräten im Netzwerk, im Router automatisch Port-Freigaben einzurichten, sodass der Anwender keine großen Konfigurationsarbeiten durchführen muss. Die Geräte können so schon nach kurzer Zeit über das Internet angesprochen werden.

Allerdings gehen viele Geräte mit diesem Privileg relativ freizügig um und öffnen – ohne dass diese benötigt werden – zahlreiche Ports in der Firewall und legen entsprechende Regeln in der Router-Konfiguration an. Das ist aus Gründen der Sicherheit nicht zu begrüßen.

Daher wird oft empfohlen, diese Funktion gar nicht erst zu nutzen und Freigaben lieber per Hand einzeln und vor allem bedarfsgerecht anzulegen. In vielen Routern ist diese Funktion des UPnP daher abgeschaltet. Die DiskStation bietet zwar die Möglichkeit, Ports automatisch per UPnP freizugeben. Für einige Anwendungen werden tatsächlich nur die benötigten Ports geöffnet, allerdings empfiehlt es sich aus Sicherheitsgründen, die Port-Öffnungen stets manuell im Router einzutragen (siehe Abbildung 4.2).

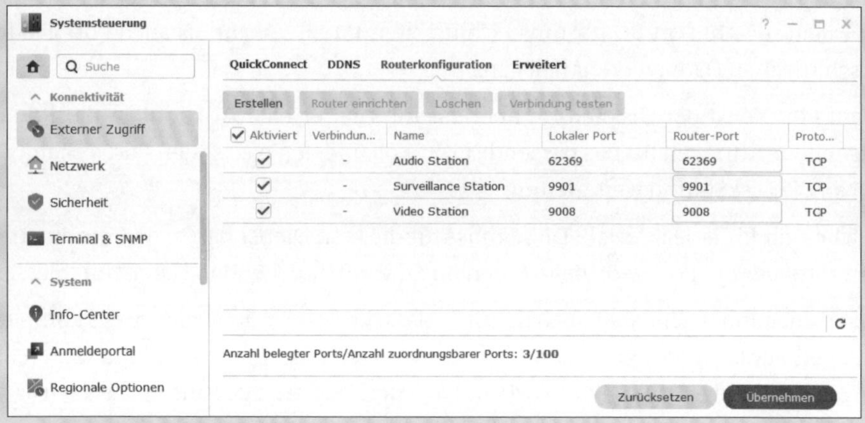

Abbildung 4.2 Die DiskStation kann über das UPnP oder den direkten Zugriff auf den Router das Öffnen von Ports aktivieren. Eine manuelle Konfiguration des Routers ist aber vorzuziehen.

Freigaben planen: IP-Adressen und Domains

Als ersten Schritt sollten Sie sich also überlegen, welche Funktionen der DiskStation man überhaupt aktiv über das Internet benutzen möchte. Im zweiten Schritt sollten Sie darüber nachdenken, welche User die Funktionen nutzen werden. In die Überlegungen sollte auch einfließen, ob die Funktionen dauerhaft oder nur für einen vorübergehenden Zeitraum (z. B. während einer Urlaubs- oder Dienstreise) verfügbar sein sollen.

Die DiskStation kann, wenn Router und Firewalls entsprechend konfiguriert sind, direkt über die externe IP-Adresse angesprochen werden, wobei man hier etwas unterscheiden muss. Zumeist spielt diese Unterscheidung nur bei IPv4 eine Rolle, denn aufgrund der Adressknappheit hat im Internet insbesondere in Privathaushalten und in kleinen Büros nur der Router eine öffentliche IPv4-Adresse. Diese bezeichnet man dann meist als *externe Adresse*.

Die Netzwerkgeräte im lokalen Netzwerk besitzen hingegen nur IPv4-Adressen aus dem privaten Subnetz, dessen Adressen per Konvention nicht im Internet geroutet werden. Im Unterschied dazu haben Geräte, die per IPv6 kommunizieren, dieses Problem nicht, denn es gibt genügend IPv6-Adressen, sodass jedes Gerät eine eigene Adresse erhalten kann, unter der es auch über das Internet angesprochen werden kann, obwohl es hinter einem Router angeschlossen ist.

Wenn im IPv4-Router in der NAT-Funktion eine Port-Weiterleitung eingerichtet ist, dann kann die DiskStation also per IPv4 über die öffentliche IP-Adresse des Routers angesprochen werden. Alternativ kann sie über ihre eigene (öffentliche) IPv6-Adresse angesprochen werden, wenn die Firewall des Routers dies nicht verhindert.

Nun sind IP-Adressen schlecht zu merken, wenn man nicht gerade auf Lesezeichen ausweicht. Und sie können nur in Textform einfach an andere Personen weitergegeben werden. Zudem ändern sie sich, insbesondere bei privaten Internetanschlüssen. Daher sollten Sie IP-Adressen nicht direkt einsetzen – insbesondere dann nicht, wenn die Kommunikation verschlüsselt ablaufen soll, was bei der Kommunikation über das Internet sehr ratsam ist. Ein weiterer Grund ist, dass über eine IP-Adresse eine (gegenseitige) Authentifizierung der Teilnehmer nicht möglich ist. Mit anderen Worten: Sie können zwar verschlüsselt mit einem Gerät im Internet Daten austauschen, sich aber nicht sicher sein, dass der Austausch wirklich mit dem angedachten Gerät erfolgt. Es wäre nämlich möglich, dass jemand ein anderes Gerät betreibt, das sich so verhält wie Ihre DiskStation. Zusätzlich wäre es möglich, dass jemand unbemerkt die Daten unterwegs abfängt und speichert oder verändert, bevor er diese an das Zielgerät weiterleitet. Eine sichere Kommunikation, besser gesagt eine Kommunikation, die kryptografischen Anforderungen genügt, kann so nicht erfolgen.

Wenn Sie hingegen Ihre DiskStation über eine Domain ansprechen, entfällt nicht nur das umständliche Merken oder Abspeichern von IP-Adressen, sondern Sie bekommen die Möglichkeit, die Kommunikation wirklich abhörsicher zu gestalten. Das ermöglichen Ihnen *Zertifikate*, die unter anderem dafür verwendet werden, Endgeräten die Möglichkeit zu geben, nachzuprüfen, für wen sie ausgestellt wurden (*Vertrauen*). Wenn Ihre DiskStation ein solches Zertifikat besitzt, das wiederum der entsprechenden Domain zugeordnet wurde, dann können Sie bei verschlüsselten Verbindungen sicher sein, dass Sie tatsächlich mit Ihrer DiskStation kommunizieren und dass die Daten nicht auf ein fremdes System gelangen.

Zertifikate

Daher ist es sinnvoll, für die DiskStation eine Domain zu nutzen, und auf der DiskStation dazu passende und vor allem beglaubigte Zertifikate zu hinterlegen. Solche Zertifikate waren in der Vergangenheit stets gebührenpflichtig (und auch gar nicht mal allzu billig), aber in den letzten Jahren hat das offene Projekt *Let's Encrypt* diese Situation verändert.

Let's Encrypt betreibt eine eigene Zertifizierungsstelle, die beglaubigte und vor allem weltweit akzeptierte Zertifikate für die verschlüsselte Kommunikation im Internet kostenlos anbietet. Die Identität der Antragsteller für solche Zertifikate wird durch automatisierte Mechanismen festgestellt, sodass das Projekt einfach finanziert werden kann.

Die DiskStation bietet Funktionen, die es erlauben, Zertifikate zu erstellen und durch Let's Encrypt beglaubigen zu lassen. Zusätzlich bietet Synology einen eigenen DDNS an, über den Sie eine eigene Domain erhalten, die mit dem Zertifikat verbunden wird. Somit ist Ihre DiskStation mit wenig Aufwand sicher über das Internet zu erreichen. Diese Funktion bietet sich vor allem für Privatnutzer an, die möglichst schnell zum

Ziel kommen wollen. Falls Sie schon etwas fortgeschrittener sind oder bestimmte Anforderungen erfüllen müssen, können Sie die DiskStation aber auch mit einer beliebigen Domain betreiben und eigene Zertifikate auf das Gerät laden.

In diesem Abschnitt erhalten Sie zunächst einen Überblick über die Ports und Protokolle, über die die Dienste der DiskStation kommunizieren. Sie können dann Freigaben in Router und Firewall einrichten und das Gerät bereits über das Internet ansprechen. Danach erfahren Sie, wie Sie eine eigene Domain und ein eigenes Zertifikat hinterlegen. Zum Schluss lernen Sie, wie Sie den Synology-eigenen Dienst für die Domain nutzen bzw. wie Sie DDNS-Dienste konfigurieren und wie Sie das Zertifikat von Let's Encrypt erhalten.

4.1.1 Die Kommunikationsschnittstellen der DiskStation-Dienste

Die DiskStation verwendet diverse Protokolle und Ports für die Kommunikation. Hier zeigen wir Ihnen, wie Sie die Dienste der DiskStation in der Grundkonfiguration ansprechen können. Wir listen dabei nur solche Dienste auf, die sich zur Übertragung über das Internet eignen. Tabelle 4.1 zeigt Ihnen die wichtigsten Ports und Protokolle der DiskStation.

Anwendung	Protokoll	Port(s)	Bemerkung
DSM	TCP	5000	Unverschlüsseltes HTTP
DSM	TCP	5001	Verschlüsseltes HTTPS
File Station	TCP	5000	Unverschlüsselt über HTTP, wie DSM
File Station	TCP	5001	Verschlüsselt über HTTPS, wie DSM
FTP	TCP	21	Kommandos, unverschlüsselt
FTPS	TCP	21	Verschlüsselt mit TLS
FTP, FTPS	TCP	20	Datenverbindung, aktiver Modus
FTP	TCP	> 1025	Datenverbindung, passiver Modus, muss eingeschränkt werden.
SFTP	TCP	22	Verschlüsselt, FTP über SSH
WebDAV	TCP	5005	Unverschlüsselt über HTTP
WebDAV	TCP	5006	Verschlüsselt über HTTPS
CalDAV	TCP	5005	Unverschlüsselt über HTTP

Tabelle 4.1 Die wichtigsten Ports und Protokolle der DiskStation

Anwendung	Protokoll	Port(s)	Bemerkung
CalDAV	TCP	5006	Verschlüsselt über HTTPS
CardDAV (Synology Contacts)	TCP	5555	Unverschlüsselt
Synology Contacts	TCP	5000	Unverschlüsselt über HTTP, wie DSM
Synology Contacts	TCP	5001	Verschlüsselt über HTTPS, wie DSM
Synology Drive	TCP	80	Link-Freigabe, unverschlüsselt über HTTP
Synology Drive	TCP	443	Link-Freigabe, verschlüsselt über HTTPS
Synology Drive	TCP	5000	Client, Webinterface, Unverschlüsselt über HTTP
Synology Drive	TCP	5001	Client, Webinterface, Verschlüsselt über HTTPS
Synology Drive	TCP	6690	Dateisynchronisierung und App Synology Drive
IMAP	TCP	143	Unverschlüsselt
IMAP	TCP	993	Verschlüsselt über SSL/TLS
POP3	TCP	110	Unverschlüsselt
POP3	TCP	995	Verschlüsselt über SSL/TLS
SMTP	TCP	25	Unverschlüsselt bzw. verschlüsselt über STARTTLS
SMTP	TCP	465	Verschlüsselt über SSL (alter Standard)
SMTP	TCP	587	Verschlüsselt über TLS (moderner Standard)
Mail Station	TCP	80	Unverschlüsselt über HTTP
Mail Station	TCP	443	Verschlüsselt über HTTPS
MailPlus	TCP	5000	Unverschlüsselt über HTTP, wie DSM
MailPlus	TCP	5001	Verschlüsselt über HTTPS, wie DSM
Audio Station	TCP	5000	Unverschlüsselt über HTTP, wie DSM

Tabelle 4.1 Die wichtigsten Ports und Protokolle der DiskStation (Forts.)

Anwendung	Protokoll	Port(s)	Bemerkung
Audio Station	TCP	5001	Verschlüsselt über HTTPS, wie DSM
Synology Photos	TCP	5000	Unverschlüsselt über HTTP, wie DSM
Synology Photos	TCP	5001	Verschlüsselt über HTTPS, wie DSM
Video Station	TCP	5000	Unverschlüsselt über HTTP, wie DSM
Video Station	TCP	5001	Verschlüsselt über HTTPS, wie DSM
Note Station	TCP	5000	Unverschlüsselt über HTTP, wie DSM
Note Station	TCP	5001	Verschlüsselt über HTTPS, wie DSM
Web Station	TCP	80	Unverschlüsselt über HTTP
Web Station	TCP	443	Verschlüsselt über HTTPS
Surveillance Station	TCP	5000	Unverschlüsselt über HTTP, wie DSM
Surveillance Station	TCP	5001	Verschlüsselt über HTTPS, wie DSM
Synology Chat	TCP	5000	Unverschlüsselt über HTTP, wie DSM
Synology Chat	TCP	5001	Verschlüsselt über HTTPS, wie DSM
Virtual Machine Manager	TCP	5000	Unverschlüsselt über HTTP, wie DSM
Virtual Machine Manager	TCP	5001	Verschlüsselt über HTTPS, wie DSM
VPN, OpenVPN	UDP	1194	Mit Verschlüsselung
VPN, PPTP	TCP	1723	Mit Verschlüsselung, zusätzlich GRE erforderlich
VPN, L2TP/IPSec	UDP	500, 1701, 4500	Mit Verschlüsselung
DNS Server	TCP	53	Unverschlüsselt
SSH	TCP	22	Verschlüsselt

Tabelle 4.1 Die wichtigsten Ports und Protokolle der DiskStation (Forts.)

Wenn Sie sich die Tabelle genauer ansehen, dann werden Sie feststellen, dass es zahlreiche Anwendungen gibt, die die TCP-Ports 5000 bzw. 5001 gemeinsam verwenden. Synology weicht hier von dem Grundsatz ab, für jede Anwendung einen eigenen Port zu verwenden.

Beachten Sie daher, dass Sie alle Anwendungen auf einmal über das Internet erreichbar machen, wenn Sie den TCP-Port 5000 bzw. 5001 in der Firewall des Internetzugangs freigeben bzw. im Router weiterleiten. Dadurch wird insbesondere auch die Webinterface-Schnittstelle des DSM über das Internet ansprechbar sein. Für den Einstieg mag dies eine bequeme Lösung sein, erhält man doch mit einer simplen Einstellung umfangreichen Zugang zu allen wichtigen Diensten und Anwendungen der DiskStation. Allerdings stehen auf diese Weise einem potenziellen Angreifer auch mehrere Angriffsziele zur Verfügung. Die Freigabe von Port 5000 bzw. 5001 ist daher unter Sicherheitsaspekten nicht sinnvoll und widerspricht auch dem, was wir eingangs geschrieben haben: Geben Sie nur die Dienste über das Internet frei, die auch über es benutzt werden.

Anstatt also Port 5000 bzw. 5001 freizugeben, sollten Sie besser individuelle Ports für die Anwendungen einrichten, die über das Internet angesprochen werden sollen. Anschließend geben Sie nur diese Ports frei. Individuelle Ports legen Sie im ANMELDEPORTAL der Systemsteuerung auf der Registerkarte ANWENDUNGEN fest (siehe Abbildung 4.3).

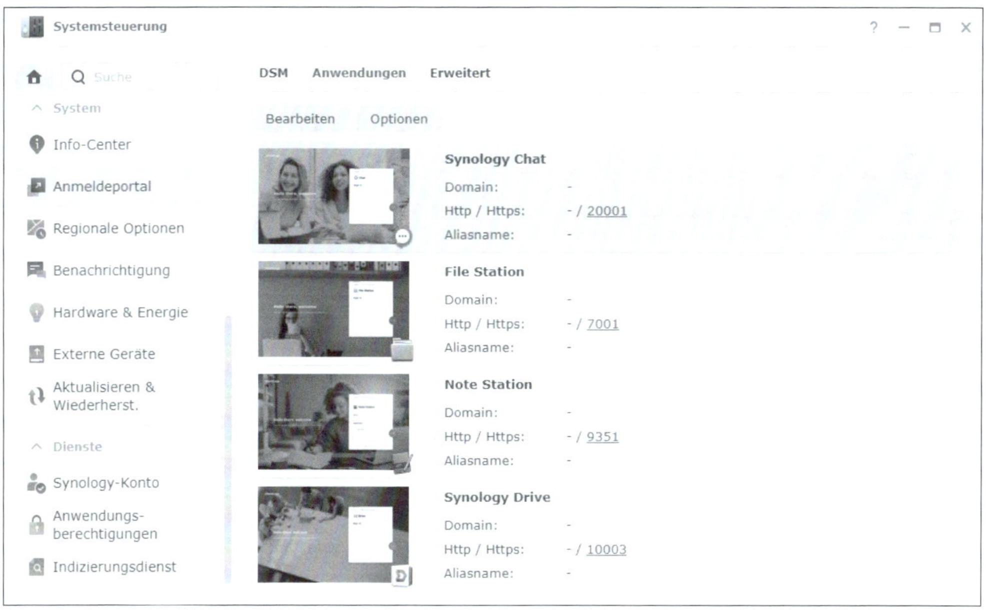

Abbildung 4.3 Legen Sie eigene Ports für die Anwendungen fest, die über das Internet erreichbar sein sollen.

Für jede Anwendung können Sie dort einen eigenen Port für die unverschlüsselte Datenübertragung über HTTP sowie für die verschlüsselte Datenübertragung über HTTPS anlegen. Den Port können Sie sich im Bereich von 1025 bis 65.535 frei aussuchen. Beim Anlegen wird Ihnen ein auch ein Standardwert vorgeschlagen, den Sie ebenso verwenden können. Beachten Sie, dass ein davon abweichender Port geringe Sicherheitsvorteile bringen kann, weil automatisierte, breit gestreute Angriffe oftmals nur die Standardeinstellungen nutzen – gezielte Angriffe tricksen Sie so aber nicht aus.

Für die Kommunikation über das Internet sollten Sie stets der verschlüsselten Datenübertragung den Vorzug geben. Es ist zwar so, dass der Datentransfer (üblicherweise und ohne größeren Aufwand) nur an Knotenstellen, also an den beteiligten Routern, mitgelesen werden kann. Da die Verschlüsselung aber zu keinen nennenswerten Einschränkungen führt, sollte sie stets verwendet werden.

Wenn Sie die gewünschten Dienste über eine Firewall-Freigabe oder eine Port-Weiterleitung im Router freigeben, dann können Sie diese zunächst über die IP-Adresse der DiskStation ansprechen. In einem Heimnetzwerk wird dies bei IPv4-Verbindungen die gemeinsame öffentliche IP-Adresse sein. In einer Unternehmensumgebung hat die DiskStation möglicherweise eine eigene, öffentlich erreichbare IPv4-Adresse. Wird IPv6 verwendet, dann wird das Gerät stets eine eigene IP-Adresse haben. Gegebenenfalls müssen Sie dafür sorgen, dass die DiskStation auch eine öffentlich erreichbare IPv6-Adresse verwendet.

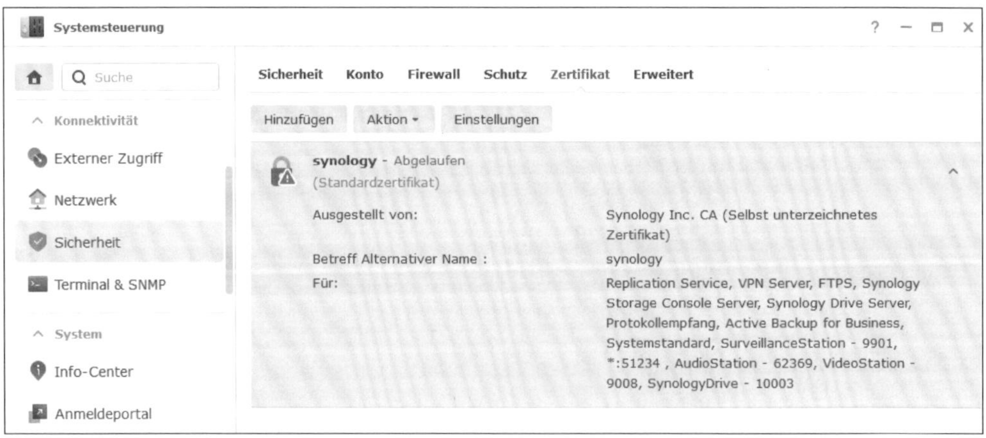

Abbildung 4.4 In der Grundkonfiguration verwendet die DiskStation ein selbst erstelltes Zertifikat, das eine begrenzte Gültigkeit hat.

Mithilfe dieser IP-Adresse können Sie nun also die Dienste der DiskStation über das Internet ansprechen. Wenn Sie eine verschlüsselte Verbindung aufbauen, die über TLS gesichert ist, dann werden Sie mit Sicherheit eine Zertifikatswarnung erhalten, die insbesondere fremde Nutzer verunsichern kann. Wie eingangs erwähnt, werden solche Warnungen von den Standardanwendungen immer dann ausgesprochen, wenn per TLS über IP-Adressen kommuniziert wird. Sie lassen sich nur vermeiden, wenn die DiskStation über eine Domain angesprochen wird und beim Verbindungsaufbau ein zur Domain passendes, beglaubigtes Zertifikat präsentiert.

Es gibt zwei Möglichkeiten, die DiskStation über eine Domain anzusprechen:

- Entweder nutzen Sie eine *eigene Domain*, die Sie mit der IP-Adresse der DiskStation verbinden. Dies bietet sich vor allem im Unternehmensumfeld an, wenn sichergestellt werden kann, dass die DiskStation über eine gleichbleibende, also statische IP-Adresse angesprochen wird.
- Oder Sie nutzen eine *dynamische DNS-Konfiguration*, um Ihre wechselnde IP-Adresse stets mit einer Domain zu verbinden.

Die eigene Domain und feste IP-Adressen

Die eigene Domain lässt sich sehr gut mit einer eigenen, festen IP-Adresse verbinden. Wenn Ihnen eine solche feste IP-Adresse gehört, können Sie Ihre DiskStation selbstverständlich darüber ansprechen. Wie Sie dieses Setup umsetzen, zeigen wir Ihnen in Abschnitt 4.1.2, »Die Konfiguration einer eigenen Domain und eines eigenen Zertifikats«.

Eine eigene Domain ist aber beim Einsatz eines privaten Internetanschlusses wahrscheinlich nicht ideal, denn hier wird im Regelfall nicht mit festen öffentlichen IP-Adressen gearbeitet. Stattdessen werden häufig dynamisch wechselnde IP-Adressen genutzt, die sich ändern können. Bei DSL-Anschlüssen ändert sich die IP-Adresse oftmals täglich, bei Kabelanschlüssen geschieht das bei jedem Neuaufbau der Internetverbindung. Das gilt zumindest für IPv4.

Beim modernen IPv6 ist die Sache anders. Hier kann man salopp von »semi-permanenten« IP-Adressen sprechen. IPv6-Adressen werden aus der MAC-Adresse der Geräte abgeleitet. An Privatanschlüssen wird dem Router zunächst vom Provider ein IPv6-Präfix mitgeteilt, das dieser aus der MAC-Adresse des Routers ableitet. Die Geräte im Heimnetzwerk hängen nun ihr Suffix an das Präfix und bilden daraus ihre IPv6-Adresse. (Das gilt zumindest dann, wenn eine automatische Konfiguration verwendet wird.) Das Suffix wird ebenfalls aus der MAC-Adresse abgeleitet. Sowohl Präfix als auch Suffix sind damit gerätegebunden und ändern sich erst, wenn die beteiligten Geräte ausgetauscht werden.

Daher ist es bei Nutzung von IPv6 unter Umständen möglich, mit einer eigenen Domain zu arbeiten und diese mit der (scheinbar) festen IPv6-Adresse der DiskStation zu verbinden. Allerdings drohen beim Umgang mit IPv6 auch im Jahr 2024 noch einige Fallstricke. Zumindest benötigen Sie einen Internetprovider, der Ihnen IPv6 ohne Einschränkungen anbietet. Auch die Clients müssen die DiskStation über eine funktionierende IPv6-Verbindung ansprechen können.

Sie können anschließend ein fertiges Zertifikat zur DiskStation hochladen oder ein Zertifikat von der DiskStation erstellen lassen. Das Gerät kann das Zertifikat von Let's Encrypt beglaubigen lassen.

Dynamisches DNS

Als zweite Möglichkeit bietet es sich an, dynamisches DNS zu nutzen. Dies ist dann vorteilhaft, wenn sich die öffentliche IP-Adresse der DiskStation entweder regelmäßig ändert oder sich zu unvorhersehbaren Zeiten ändern kann – wie also bei den meisten »normalen« DSL-Zugängen. Abschnitt 4.1.3 zeigt Ihnen, wie das konkret mit der DiskStation geht.

Für dynamisches DNS wird ein Konto bei einem Anbieter genutzt. Die DiskStation teilt dem Anbieter ihre aktuelle öffentliche IP-Adresse mit. Der Anbieter passt seinerseits die DNS-Konfiguration so an, dass beim Auflösen der Domain-Anfrage die aktuelle IP-Adresse der DiskStation mitgeteilt wird. Der Anbieter betreibt dazu eigene DNS-Server, deren Datenbestand sich kurzfristig ändern lässt, was bei einer festen Zuordnung bei einer eigenen Domain nicht immer so sein muss. Während die Änderung einer IP-Adresse bei einer eigenen Domain mitunter erst nach längerer Wartezeit im DNS angekommen ist, passiert dies bei dynamischem DNS binnen Sekunden. Die IP-Adresse, auf die Ihre Domain zeigt, wird so stets aktuell gehalten.

Für das dynamische DNS können Sie mit der DiskStation einen beliebigen Anbieter verwenden. Anbieter lassen sich rasch im Internet finden und stellen ihre Dienste teilweise sogar kostenlos zur Verfügung. Alternativ können Sie über ein Synology-Konto auch dynamische DNS-Funktionen von Synology nutzen. Der Hersteller der DiskStation bietet eine solche Funktion gebührenfrei an, und Sie können sogar aus diversen Domains wählen.

Im folgenden Abschnitt beschreiben wir Ihnen zuerst, wie Sie eine eigene Domain mit der DiskStation verbinden und dann auf dem Gerät ein Zertifikat abspeichern. In Abschnitt 4.1.3 zeigen wir Ihnen dann, wie Sie die DiskStation mit einem Anbieter von dynamischem DNS verknüpfen und ein Zertifikat verwenden.

4.1.2 Die Konfiguration einer eigenen Domain und eines eigenen Zertifikats

Besitzen Sie eine eigene Domain und ist Ihre DiskStation über eine permanente IP-Adresse über das Internet zu erreichen, dann können Sie diese IP-Adresse einfach beim Domain-Anbieter hinterlegen. Die Domain wird dann auf Ihre DiskStation verweisen. Der Zugang ist sowohl über IPv4 als auch IPv6 möglich. Die IP-Adressen der DiskStation ermitteln Sie im Modul NETZWERK der Systemsteuerung auf der Registerkarte NETZWERKSCHNITTSTELLE (siehe Abbildung 4.5).

Der DiskStation müssen Sie dann nur die Domain mitteilen, damit das Gerät selbst weiß, wie es über das Internet zu erreichen ist, und beispielsweise korrekte Links für das Teilen von Dateien erstellen kann.

Öffnen Sie dazu die Registerkarte ERWEITERT im Modul EXTERNER ZUGRIFF der Systemsteuerung, und tragen Sie die Domain der DiskStation in das Feld HOSTNAME ODER STATISCHE IP ein (siehe Abbildung 4.6). Sie können danach zum Testen beispielsweise in der File Station eine Datei freigeben. Im Freigabelink wird nun die eingegebene Domain verwendet.

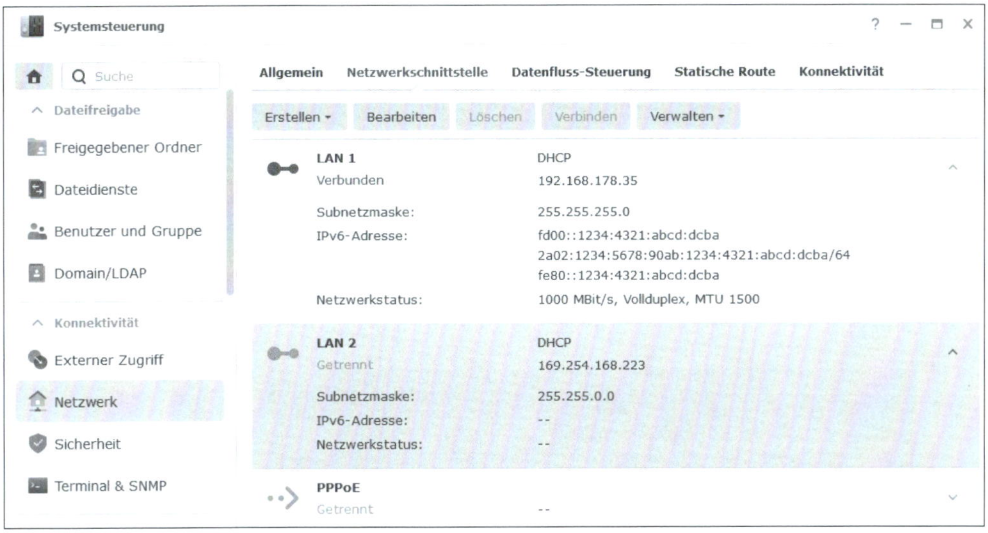

Abbildung 4.5 Die DiskStation teilt Ihnen im Modul »Netzwerk« die genutzten IP-Adressen mit.

Abbildung 4.6 Tragen Sie die Domain der DiskStation in das erste Feld ein.

Wenn Sie zu einer eigenen Domain ein Zertifikat hinterlegen wollen, dann bietet die DiskStation dafür mehrere Möglichkeiten:

- Sie können ein bereits vorhandenes X.509-Zertifikat im *.pem*- oder im *.der*-Format importieren und auf der DiskStation nutzen.
- Sie können von Let's Encrypt ein Zertifikat für die DiskStation anfordern. Die DiskStation nutzt die Webserver-Challenge-Methode zur Authentifikation. Ein solches Zertifikat können Sie auch für Domains von Anbietern von dynamischem DNS erhalten.

Wenn Sie für Ihre Domain bereits ein X.509-kompatibles Zertifikat im *.pem* oder im *.der*-Format besitzen und es mit der DiskStation verwenden möchten, dann öffnen Sie zunächst die Registerkarte Zertifikat im Modul Sicherheit der Systemsteuerung und klicken dort auf die Schaltfläche Hinzufügen.

Wählen Sie im neuen Fenster die Option Neues Zertifikat hinzufügen (siehe Abbildung 4.7). In der Beschreibung ist zwar vermerkt, dass Sie darüber ein Zertifikat von Let's Encrypt importieren, aber die Funktion ist nicht darauf beschränkt. Klicken Sie dann auf Weiter. Auf der nächsten Seite wählen Sie die Option Zertifikat importieren.

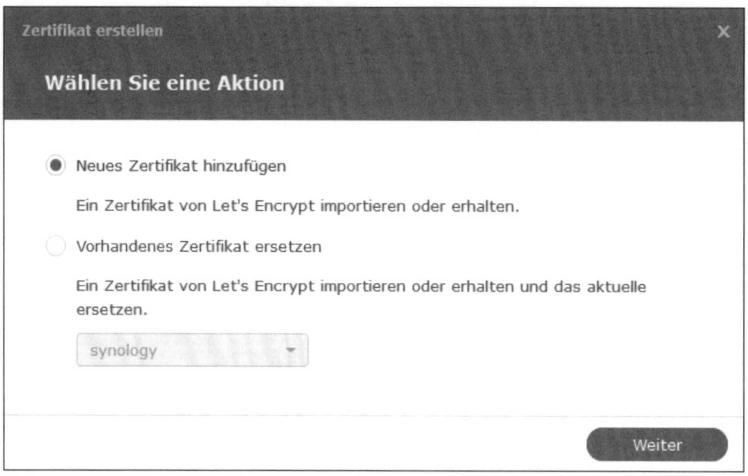

Abbildung 4.7 Fügen Sie ein neues Zertifikat zur DiskStation hinzu.

Möchten Sie das neue Zertifikat standardmäßig verwenden, dann aktivieren Sie das Kontrollkästchen Als Standardzertifikat festlegen. So konfiguriert, wird die DiskStation dieses Zertifikat bei allen verschlüsselten Verbindungen vorweisen. Füllen Sie das Feld Beschreibung mit einer kurzen Information (die später im DSM angezeigt wird), bevor Sie auf Weiter klicken.

Laden Sie mithilfe des Assistenten die Datei mit dem privaten Schlüssel und die eigentliche Zertifikatsdatei hoch (siehe Abbildung 4.8). Sollten Sie auch ein Zwischenzertifikat besitzen, dann können Sie dies ebenfalls hochladen. Beachten Sie, dass der private Schlüssel nicht in verschlüsselter Form hochgeladen werden kann. Nutzen Sie notfalls Werkzeuge wie etwa OpenSSL zur Konvertierung. Schließen Sie dann das Hochladen ab, indem Sie die Schaltfläche OK betätigen. Das Zertifikat wird zur DiskStation hinzugefügt und findet sich fortan auf der Registerkarte ZERTIFIKAT.

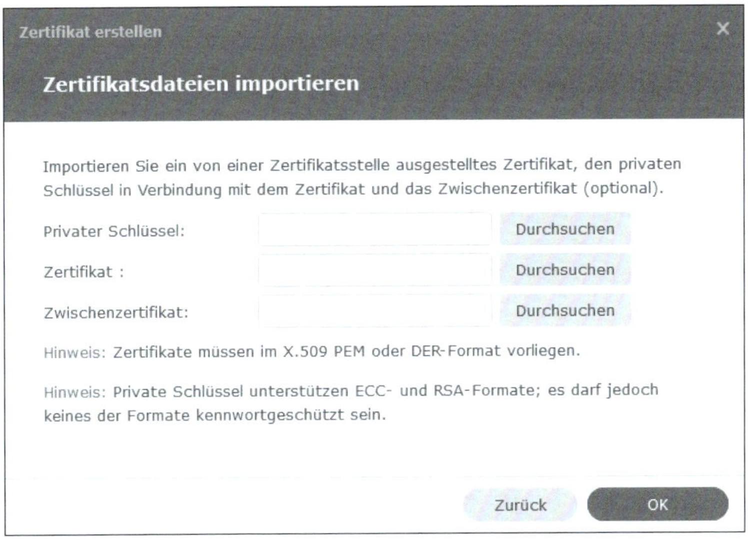

Abbildung 4.8 Laden Sie die Zertifikatsdateien zur DiskStation hoch.

Wenn Sie bisher noch kein Zertifikat für Ihre Domain besitzen, dann können Sie die DiskStation ein Zertifikat von *Let's Encrypt* abrufen lassen. Das ist für eine eigene Domain genauso möglich wie für die vollständige Domain, die Sie von einem Anbieter von dynamischem DNS erhalten haben. Auch hierzu klicken Sie auf der Registerkarte ZERTIFIKAT auf die Schaltfläche HINZUFÜGEN und wählen auf der ersten Seite des Assistenten die Option NEUES ZERTIFIKAT HINZUFÜGEN.

Auf der zweiten Seite geben Sie zuerst eine Beschreibung für das Zertifikat ein. Hier können Sie beispielsweise den Domainnamen eintragen. Wählen Sie die Option ZERTIFIKAT VON LET'S ENCRYPT ABRUFEN. Aktivieren Sie das Kontrollkästchen ALS STANDARDZERTIFIKAT FESTLEGEN, wenn das Zertifikat zukünftig für alle verschlüsselten Verbindungen genutzt werden soll. Klicken Sie dann auf WEITER.

Auf der nächsten Seite müssen Sie im Feld DOMAINNAME Ihre vollständige Domain eintragen, über die Sie die DiskStation erreichen können (siehe Abbildung 4.9). Es ist auch notwendig, eine E-Mail-Adresse im entsprechenden Feld zu nennen, über die Let's Encrypt Sie kontaktieren kann.

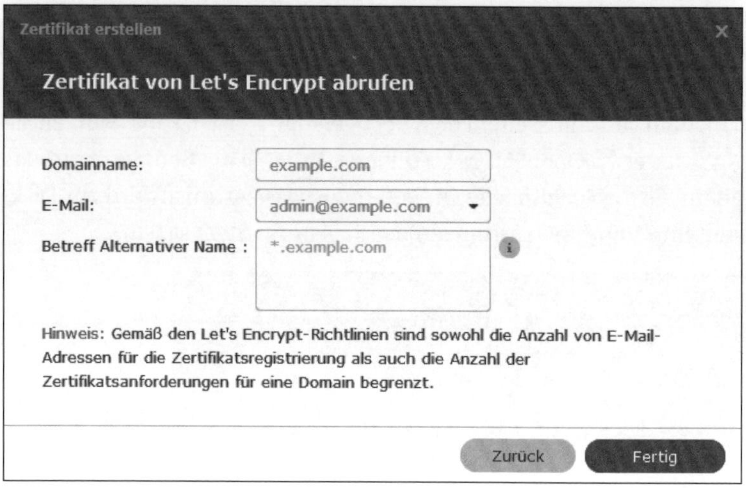

Abbildung 4.9 Geben Sie den Domainnamen und eine E-Mail-Adresse an.

Aus der Übersetzungswundertüte: »Betreff Alternativer Name«

Das Feld heißt eigentlich *Subject Alternative Name* (SAN) (engl. für »alternativer Antragstellername«). Diese Erweiterung des X.509-Standards erlaubt es, mehrere (alternative) Namen in nur einem Zertifikat zu bündeln. Davor konnte ein Zertifikat schlicht nur einen Namen im Feld *Common Name* (CN) enthalten. Im Jahr 2017 hat Google für seinen Chrome-Browser das Feld zum Standard erklärt, sodass Chrome seitdem ausschließlich das SAN-Feld prüft und das CN-Feld außer Acht lässt.

Das Feld BETREFF ALTERNATIVER NAME sollte immer mindestens den Domainnamen enthalten, da dies von den Webbrowsern so erwartet wird – wenn Sie das Feld leer lassen, wird es automatisch mit dem Domainnamen gefüllt. Beachten Sie, dass zum einen alle angegebenen Namen auflösbar sein müssen und dass Sie zum anderen mit dieser Funktion keine *Wildcard-Zertifikate* anfordern können, die für beliebige Subdomains gelten. Dies ist dem Synology-eigenen DNS vorbehalten, wo solche Zertifikate automatisch erzeugt werden.

Bevor Sie auf FERTIG klicken, müssen Sie sicherstellen, dass Ihre DiskStation über den TCP-Port 80 unter der mit der Domain verknüpften IP-Adresse erreicht werden kann. Über Port 80 wird die Webserver-Challenge zur Authentifizierung durchgeführt. Sobald Sie auf FERTIG klicken, wird die DiskStation das Zertifikat von Let's Encrypt anfordern und alle Prüfaufgaben automatisch durchführen. Der Vorgang dauert einen kurzen Augenblick. Wenn alles fertig ist, wird das Zertifikat importiert. Sie landen wieder auf der Registerkarte ZERTIFIKAT, wo das neue Zertifikat angezeigt wird.

Falls Sie Ihre DiskStation mit mehreren Domains und mehreren Zertifikaten ausstatten möchten, so können Sie festlegen, welches Zertifikat für welchen Dienst verwendet werden soll. Klicken Sie auf der Registerkarte ZERTIFIKAT auf die Schaltfläche EINSTELLUNGEN. Im neuen Fenster können Sie für jeden Dienst, der auf der DiskStation verschlüsselt kommunizieren kann, das gewünschte Zertifikat auswählen (siehe Abbildung 4.10).

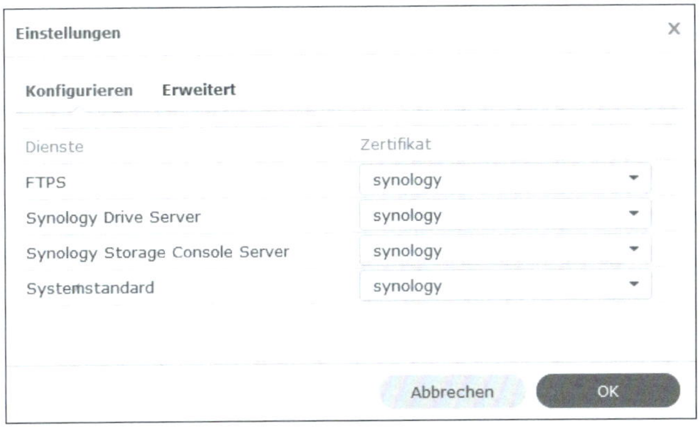

Abbildung 4.10 Legen Sie fest, welches Zertifikat für welche Anwendung genutzt werden soll.

Die übrigen Funktionen rund um Zertifikate erlauben z. B. die Änderung des Standardzertifikats. Wählen Sie das gewünschte Zertifikat aus, und klicken Sie auf AKTION • BEARBEITEN. Im Menü AKTION können Sie Zertifikate auch erneuern oder exportieren. Wenn Sie *Let's Encrypt*-Zertifikate nutzen, dann wird sich die DiskStation automatisch um deren Erneuerung kümmern. Über die Schaltfläche ERWEITERT können Sie sich auch eine Zertifikatssignierungsanforderung erstellen lassen, wenn Sie ein Zertifikat von einer externen Stelle beglaubigen lassen möchten.

Wenn Sie ein Zertifikat für die Synology-eigene DDNS-Funktion erwerben möchten, dann finden Sie im übernächsten Abschnitt eine Anleitung.

4.1.3 Anbieter von dynamischem DNS nutzen

Wie eingangs erwähnt, können Sie die DiskStation auch mit externen Anbietern von dynamischem DNS verbinden. Die DiskStation wird regelmäßig ihre externe IP-Adresse prüfen und sie bei einer Änderung dem Anbieter von dynamischem DNS mitteilen.

Die DiskStation ist für folgende Anbieter vorkonfiguriert und bietet entsprechende Eingabefelder (wobei es auch möglich ist, einen eigenen Eintrag anzulegen):

- ChangeIP.com
- DNSPod.com und DNSPod.cn
- DYNDNS

- FreeDNS
- Google
- No-IP.com
- OVH
- Oray.com PeanutHull DDNS
- STRATO
- Tencent Cloud
- selfHOST.de

Sie konfigurieren diese Funktion auf der Registerkarte DDNS im Modul Externer Zugriff der Systemsteuerung. Klicken Sie dort zunächst auf die Schaltfläche Hinzufügen.

Im Feld Serviceanbieter können Sie Ihren Anbieter auswählen (siehe Abbildung 4.11). Sollte er nicht in der Liste enthalten sein, aber die Aktualisierung der IP-Adresse über einen URL-Aufruf mit Query-String unterstützen, dann können Sie diesen später nachtragen. Legen Sie in diesem Fall zunächst einen beliebigen Eintrag an.

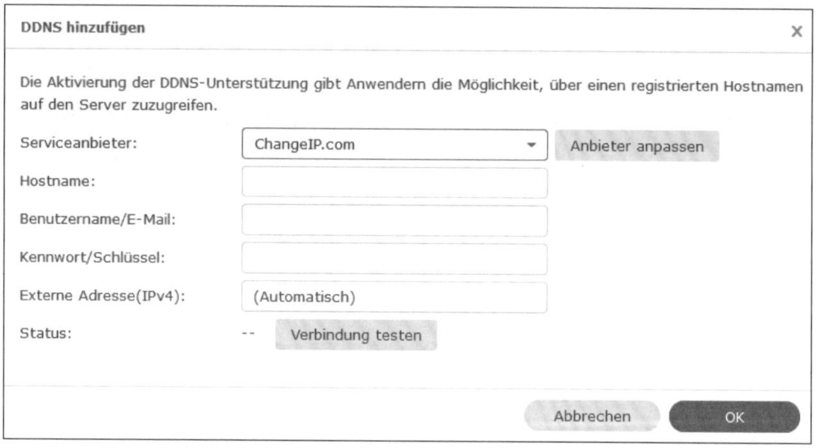

Abbildung 4.11 Konfigurieren Sie die Eingabefelder unter anderem mit den Zugangsdaten des Anbieters von dynamischem DNS.

Füllen Sie das Feld Hostname so, wie der Anbieter es erfordert. Zumeist muss in das Feld der vollständige FQDN (*Fully Qualified Domain Name*, engl. für »vollqualifizierter Domänenname«) eingetragen werden, also der Hostname plus Domain. In die folgenden Felder tragen Sie Ihre Zugangsdaten ein. Die Funktion ist auf der DiskStation gegenwärtig auf IPv4-Adressen beschränkt und teilt dem dynamischen DNS-Anbieter keine IPv6-Adressen mit.

Die aktuelle IPv4-Adresse der DiskStation können Sie im Feld Externe Adresse (IPv4) ablesen. Klicken Sie zum Schluss auf die Schaltfläche Verbindung testen.

Nach kurzer Zeit sollte die Verbindung normal hergestellt sein. Klicken Sie dann abschließend auf OK.

Wenn Sie einen eigenen Anbieter konfigurieren möchten, dann legen Sie wie eben beschrieben einen beliebigen Eintrag an und kehren dann zur Registerkarte DDSM zurück. Dort finden Sie den soeben angelegten Eintrag.

Klicken Sie diesen an, und klicken Sie dann in der Symbolleiste auf ANBIETER ANPASSEN.

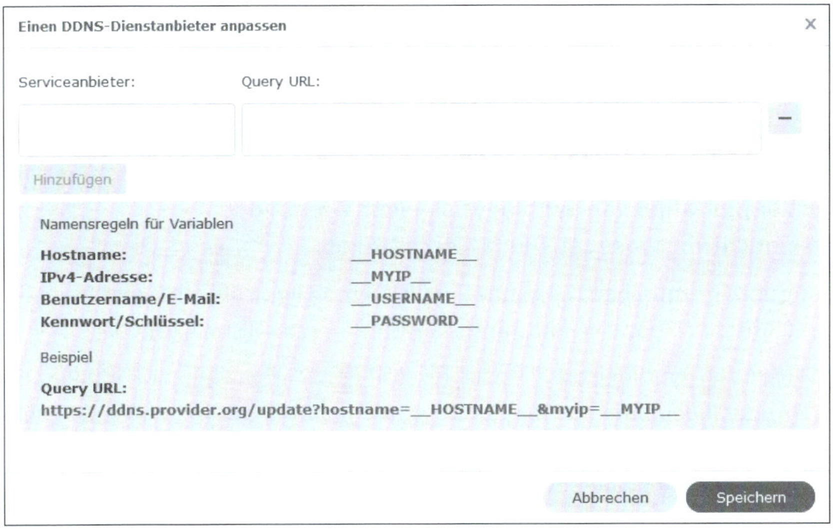

Abbildung 4.12 Stellen Sie die Query-URL zusammen, die der Anbieter für die Datenaktualisierung erwartet.

Im neuen Fenster aus Abbildung 4.12 müssen Sie sich nun eine den Vorgaben des Anbieters entsprechende QUERY URL zusammenbasteln. Die DiskStation gibt Ihnen Namensregeln für die Variablen vor, die sie zur Verfügung stellt. Achten Sie unbedingt darauf, dass Sie das HTTPS-Protokoll verwenden. Damit wird auch der Query-String verschlüsselt, sodass vertrauliche Informationen wie das Anbieterpasswort nicht mitgelesen werden können.

Trotz allem ist dies keine sonderlich elegante Form der Übertragung persönlicher Daten, denn es könnte beispielsweise sein, dass der Anbieter des dynamischen DNS alle HTTPS-Anfragen speichert und somit auch Ihr Passwort im Klartext ablegt. (Normalerweise sollten Dienstanbieter die Passwörter ihrer Kunden nicht im Klartext kennen, sondern sie nur als Prüfsumme abspeichern.)

Nachdem Sie den Anbieter des dynamischen DNS fertig konfiguriert haben, wird die DiskStation ihre aktuelle IP-Adresse stets übermitteln. Sie können jetzt auch, wie im vorigen Abschnitt beschrieben, ein Zertifikat für Ihre Domain über Let's Encrypt anfordern, um Zertifikatsfehlermeldungen zu vermeiden.

Wie werden Freigabe-Links erzeugt, wenn mehrere Domains konfiguriert sind?

Haben Sie auf der DiskStation mehrere Domains angegeben, dann wird folgende Priorisierung beim Erstellen von Links verwendet:

1. Wenn ein Eintrag auf der Registerkarte ERWEITERT vorgenommen wurde, wird dieser genutzt, unabhängig von eventuellen DDNS-Einstellungen.
2. Fehlt dieser Eintrag, aber es wurde der Synology-DDNS konfiguriert, dann wird dieser verwendet.
3. Die Domain eines alternativen DDNS-Anbieters wird dann genutzt, wenn die obigen Funktionen nicht konfiguriert sind.

4.1.4 Die Konfiguration von Synologys eigenem DNS und die Einrichtung eines Let's-Encrypt-Zertifikats

Die Nutzung der dynamischen DNS-Funktion von Synology ist am einfachsten einzurichten und führt auch ohne viel Admin-Erfahrung am schnellsten zum Ziel.

Mit dem Dienst von Synology erhalten Sie für Ihre DiskStation eine individuelle Domain im Format *subdomain.domain.tld*. Die Subdomain können Sie sich frei aussuchen. Damit es auch mit exotischen oder älteren Geräten keine Probleme gibt, sollten Sie auf Sonderzeichnen besser verzichten.

Synology bietet eine Auswahl verschiedener Hauptdomains an, aus der Sie etwas für den Teil *domain.tld* auswählen können. Die so generierte vollständige Domain wird mit Ihrer DiskStation verknüpft. Die DiskStation überprüft regelmäßig ihre öffentlichen IP-Adressen sowohl für IPv4 als auch für IPv6. Sobald sie eine Änderung feststellt, kommuniziert sie die neue IP-Adresse an den dynamischen DNS von Synology, der die Adressübersetzung auf dem DNS-Server aktualisiert. Somit kann Ihre DiskStation jederzeit über Ihre Domain angesprochen werden.

Zusätzlich kann die DiskStation ein von Let's Encrypt beglaubigtes Zertifikat passend zu Ihrer Domain anfordern und installieren. Es wird bei allen TLS-Verbindungen präsentiert. Zertifikate von Let's Encrypt werden von allen modernen Browsern und auch von den Anwendungen von Synology akzeptiert, sodass es zu keinen Zertifikatswarnungen kommen wird.

Zertifikate von Let's Encrypt haben eine begrenzte Gültigkeit von 90 Tagen. Rechtzeitig vor dem Ablauf dieser Frist wird die DiskStation eine Verlängerung des Zertifikats erwirken. Sie müssen sich also um nichts kümmern.

Der einzige Nachteil der Synology-Lösung besteht darin, dass man sich bei der vollständigen Domain nur die Subdomain aussuchen kann: *ihrefirma.ds.de* wirkt leider nicht sehr professionell, wenn Sie beispielsweise Dokumente Ihres Unternehmens teilen möchten. Funktional gibt es dadurch also keine Einschränkungen, nur das professionelle Auftreten gegenüber Kunden erhält einen kleinen Dämpfer, weil Sie nicht mit einer eigenen Domain kommunizieren.

Außerdem können weitere Subdomains nicht ohne Weiteres erstellt werden, und DNS-Einträge lassen sich auch nicht individuell setzen. Diese Lösung eignet sich also wirklich nur dann, wenn Sie Ihre DiskStation über das Internet erreichen möchten und dabei keine Zertifikatswarnungen erhalten wollen. Für den Privateinsatz ist dies aber in vielen Fällen vollkommen ausreichend.

Um den Synology-eigenen dynamischen DNS zu nutzen, benötigen Sie zwingend ein Synology-Konto. Falls Sie dieses schon bei der Erstinstallation des Gerätes angelegt haben, dann legen Sie sich bitte die Zugangsdaten zurecht.

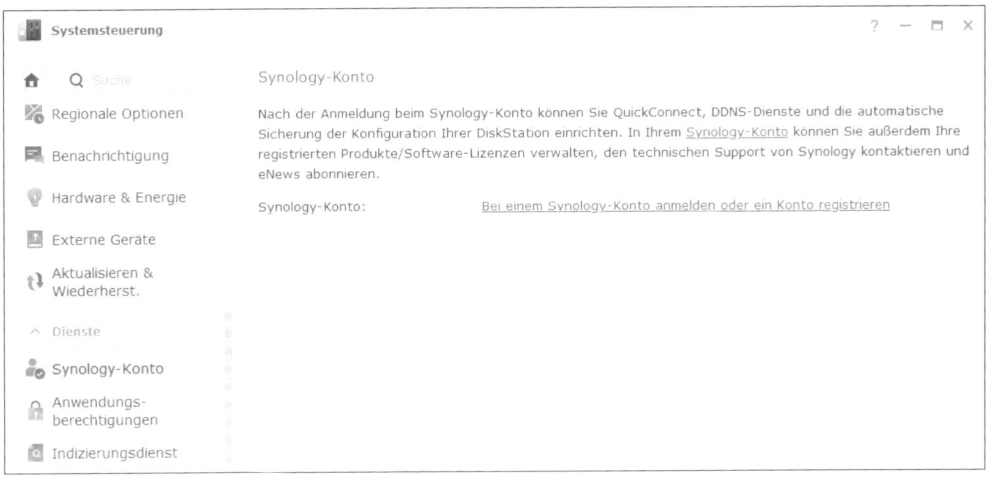

Abbildung 4.13 Für die Nutzung des Synology-DDNS-Angebots muss ein Synology-Konto genutzt werden, das in der Systemsteuerung angelegt wird.

Um sich mit einem Synology-Konto anzumelden oder um ein solches Konto neu anzulegen, öffnen Sie das Modul SYNOLOGY-KONTO in der Systemsteuerung und klicken dort auf den Link BEI EINEM SYNOLOGY-KONTO ANMELDEN ODER EIN KONTO REGISTRIEREN (siehe Abbildung 4.13). In einem neuen Fenster können Sie dann Ihre Zugangsdaten eingeben oder ein neues Konto registrieren. Für diesen kostenfreien Dienst müssen Sie eine E-Mail-Adresse angeben und ein sicheres Passwort definieren.

Nachdem Sie sich mit Ihrem Synology-Konto angemeldet haben, wechseln Sie auf die Registerkarte DDNS des Moduls EXTERNER ZUGRIFF der Systemsteuerung. Klicken Sie dort auf die Schaltfläche HINZUFÜGEN.

Im neuen Fenster wählen Sie im Feld SERVICEANBIETER die Option SYNOLOGY aus (siehe Abbildung 4.14).

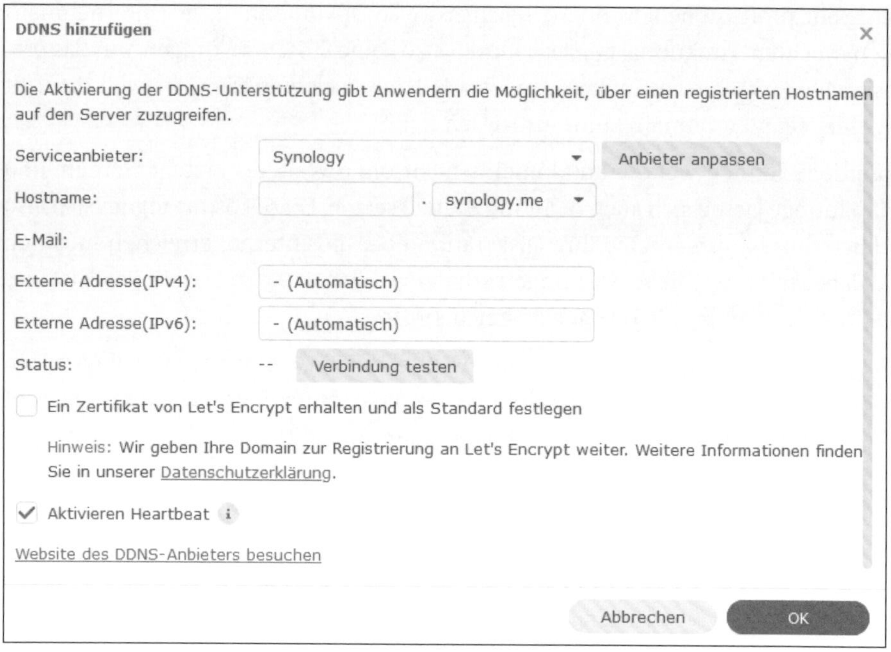

Abbildung 4.14 Konfigurieren Sie den gewünschten Hostnamen für die DDNS-Funktion.

Weiter unten sehen Sie im Feld E-MAIL die E-Mail-Adresse Ihres Synology-Kontos sowie die IP-Adresse(n), die die DiskStation derzeit verwendet. Sollten Sie noch nicht über eine funktionierende IPv6-Verbindung verfügen, so ist dieses Feld möglicherweise leer.

In das linke Eingabefeld in der Zeile HOSTNAME geben Sie nun Ihre gewünschte Subdomain ein. Den Eintrag können Sie sich frei aussuchen, vermeiden Sie aber nach Möglichkeit Sonderzeichen. Rechts neben dem Punkt können Sie aus einer Liste verfügbarer Domains wählen. Alle Domains dieser Liste werden von Synology für dynamisches DNS angeboten und können kostenfrei genutzt werden.

Klicken Sie dann weiter unten auf die Schaltfläche VERBINDUNG TESTEN. Nach kurzer Wartezeit sollte dort NORMAL stehen. Falls Sie für die Subdomain einen gebräuchlichen Wert verwendet haben, dann erhalten Sie womöglich die Fehlermeldung, dass der Name bereits vergeben ist. In diesem Fall müssen Sie eine andere Subdomain verwenden (oder die Domain wechseln).

Als Nächstes können Sie einen Haken in das Feld EIN ZERTIFIKAT VON LET'S ENCRYPT ERHALTEN UND ALS STANDARD FESTLEGEN setzen. Damit fragt die DiskStation automatisch ein Zertifikat von Let's Encrypt an, das zu Ihrer vollständigen Domain passt und beglaubigt wird. Für die damit verbundene Prüfung müssen Sie keine Ports in einer Firewall öffnen oder zu Ihrer DiskStation weiterleiten. Die Prüfung wird nicht auf der Ebene eines Webservers, sondern auf DNS-Ebene durchgeführt. Alles dafür Notwendige stellt Synology ein.

Let's Encrypt wird vom Domain-Inhaber (das ist in diesem Fall Synology) verlangen, dass ein DNS-Text-Eintrag mit einem vorgegebenen Wert gefüllt wird. Damit beweist Synology gegenüber Let's Encrypt, dass die Firma die Kontrolle über die angefragte Domain hat. Sie haben durch Ihr Synology-Konto wiederum Synology Ihre Identität bestätigt. Somit kann ein beglaubigtes Zertifikat ausgestellt werden.

Zum Schluss sollten Sie noch das Kontrollkästchen Aktivieren Heartbeat einschalten. Dadurch erhalten Sie eine Benachrichtigung, wenn der dynamische DNS einmal ausgefallen sein sollte. Klicken Sie danach auf OK.

Im Hintergrund werden jetzt diverse Aufgaben ausgeführt. Zuerst wird bei Synology Ihre Domain für Sie angelegt. Die IP-Adressen der DiskStation werden im DNS hinterlegt. Danach wird das Zertifikat von Let's Encrypt angefordert und auf Ihrer DiskStation abgespeichert. Es wird als Standardzertifikat hinterlegt und aktiviert. Wenn alles erledigt ist, dann kehren Sie automatisch zur Registerkarte DDNS zurück und sehen dort in der Tabelle Ihre soeben angelegte Domain, über die Sie fortan Ihre DiskStation erreichen können. Selbstredend müssen Sie die gewünschten Dienste jetzt in Ihrer Firewall oder Ihrem Router zur Nutzung über das Internet freigeben.

Werfen Sie abschließend einen Blick auf die Registerkarte Zertifikat im Modul Sicherheit der Systemsteuerung (siehe Abbildung 4.15). Dort werden Sie einen neuen Eintrag mit dem soeben angelegten Zertifikat von Let's Encrypt finden. Es ist als Standard festgelegt und wird für alle dort genannten Dienste der DiskStation genutzt. Falls es erforderlich ist, können Sie verschiedene Zertifikate für verschiedene Dienste der DiskStation verwenden. Die Zuordnung nehmen Sie über die Schaltfläche Einstellungen vor.

Abbildung 4.15 Das Zertifikat wurde abgerufen und als Standard festgelegt.

Was ist »Synology QuickConnect«?

QuickConnect ist eine Funktion, mit der Sie Ihre DiskStation bequem und ohne große Konfigurationsarbeiten über das Internet ansprechen können. Für QuickConnect ist ein Synology-Konto erforderlich. Der DiskStation gibt man eine frei wählbare Kennung. Diese wird an die Domain *http://quickconnect.to* angehängt. Die DiskStation baut eine beständige Verbindung zum Server von Synology auf. Ruft jemand die spezifizierte Adresse über das Internet auf, dann werden die Daten über den Server von Synology und die bestehende Verbindung zur DiskStation geleitet. Sie können so Ihre DiskStation direkt ansprechen, ohne zuvor Freigaben in einer Firewall oder Port-Weiterleitungen im Router angelegt zu haben.

QuickConnect lässt sich im begrenzten Umfang konfigurieren (siehe Abbildung 4.16), und Sie können auswählen, welche Anwendungen über den Dienst ansprechbar sein sollen.

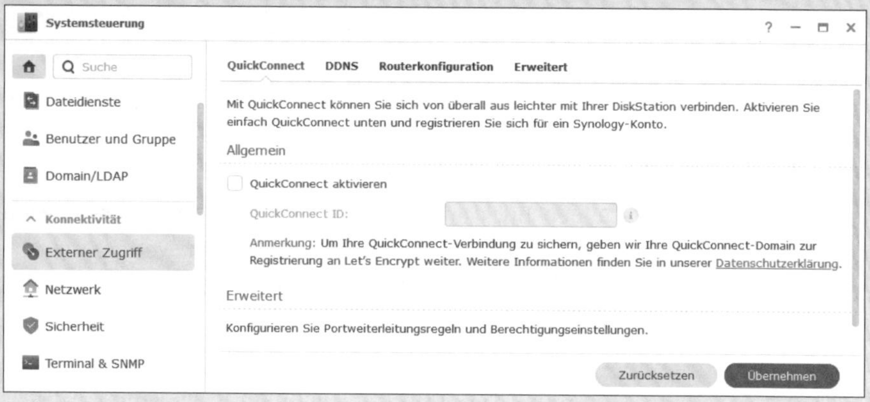

Abbildung 4.16 QuickConnect erlaubt den besonders einfachen Verbindungsaufbau über einen Synology-Server.

Weitere Einstellungen sind nicht möglich. Wenn Sie mehr Erfahrung in der Netzwerkadministration haben und genau wissen, was Sie einrichten wollen, dann sollten Sie eine individuelle Port-Freigabe vorziehen, weil Sie auf diese Weise wesentlich mehr Kontrollmöglichkeiten über die Freigaben erhalten.

4.2 Die DiskStation mit Synology Drive um Cloud-Funktionen erweitern

Die DiskStation kann im lokalen Netzwerk und über das Internet für angemeldete Benutzer Cloud-Dienste anbieten. Diese umfassen:

- die Bereitstellung von Speicherplatz, auf den über verschiedene Weisen zugegriffen werden kann
- das Teilen von Dateien mit anderen Nutzern (über das Cloud-Interface)
- die Synchronisierung von Datenbeständen, auch mit mehreren Nutzern und mehreren Geräten. Synology nennt diese Funktion *Team-Ordner*.
- die Nutzung der Synchronisierungsfunktionen zur Erstellung von Backups
- das Bearbeiten von Dokumenten in einer browserbasierten Office-Umgebung, auch mit mehreren Nutzern gleichzeitig

Die Vorteile der Nutzung von Synology Drive gegenüber etablierten Cloud-Diensten im Internet bestehen darin, dass die Daten auf der eigenen DiskStation verbleiben und nicht einem fremden Anbieter anvertraut werden. Der eigene Speicherplatz ist darüber hinaus oftmals günstiger als die Anmietung im Internet. Verschlüsselte Verbindungen sind ebenfalls möglich, sodass der Datentransfer vor fremden Blicken geschützt ist. Auf Wunsch kann auch über eine VPN-Verbindung auf die Cloud-Dienste der DiskStation zugegriffen werden.

Nachteilig ist, dass (insbesondere im Privatbereich) der Upload von günstigen Internetanschlüssen aus oftmals recht langsam ist. Und schließlich sind Sie selbst für den störungsfreien Betrieb der DiskStation verantwortlich. Das betrifft nicht nur eigene Fehler bei der Konfiguration, sondern auch Ausfälle, auf die Sie keinen Einfluss haben, denn insbesondere bei privaten Internetanschlüssen können Ausfallzeiten länger dauern und häufiger auftreten als bei professionellen Cloud-Angeboten im Internet.

Der Zugriff auf die Cloud-Dienste erfolgt entweder über ein Webinterface im Browser oder über Apps, die es sowohl für mobile als auch für Desktop-Geräte gibt. Die Apps gleichen den lokalen Datenbestand mit dem auf dem Cloud-Server ab. Somit wird auch die gemeinsame Zusammenarbeit möglich. Dabei wird auch eine Versionsverwaltung angeboten. Was jedoch (mit Ausnahme der Office-Umgebung) nicht möglich ist, ist das gemeinsame Bearbeiten und Synchronisieren ein- und derselben Datei. Möglich ist jedoch ein Offline-Zugang mit späterem Abgleich von Dateiänderungen.

Das Webinterface bietet konfigurierbare Funktionen zum Teilen von Dateien, die schon von anderen Komponenten der DiskStation (wie etwa der File Station) bekannt sind. Eine Vorschaufunktion wird für diverse Dateitypen geboten. Eine Suchfunktion, die auch Metadaten einschließt, hilft bei der Verwaltung des Datenbestands. Der Administrator kann den Cloud-Dienst relativ umfangreich konfigurieren und die Nutzung überwachen. Er kann eine Rechteverwaltung nutzen und Berechtigungseinstellungen vornehmen. Wenn Sie standortübergreifend arbeiten, können Sie auch den Datenbestand mehrerer Standorte abgleichen.

Das Synology-Cloud-System namens *Synology Drive* besteht aus

- dem *Synology Drive Server*, der die Synchronisierungsdienste auf der DiskStation anbietet und den Speicherplatz verwaltet,
- der *Synology Drive Admin*-Konsole, in der die Grundeinstellungen des Synology Drive Servers vorgenommen werden,
- den *Synology Drive Clients* in Form von Apps, die sich mit dem Drive Server verbinden und dessen Dienste nutzen,
- dem *Webinterface*, das den Funktionsumfang des Servers abbildet und aus
- der Zusatzkomponente *Synology Drive ShareSync*, die zur standortübergreifenden Dateisynchronisierung dient.

Im Folgenden sehen wir uns diese Komponenten im Detail an.

4.2.1 Den Synology Drive Server installieren und konfigurieren

Der Synology Drive Server als zentrale Komponente des Cloud-Systems kann über das Paket-Zentrum aus der Kategorie BUSINESS oder der Kategorie PRODUKTIVITÄT installiert werden (siehe Abbildung 4.17). Er bietet selbst keine grafische Oberfläche, sondern wird über die Konsole *Synology Drive Admin* konfiguriert. Dieses Programm wird bei der Installation des Drive Servers automatisch mitinstalliert und kann über das Hauptmenü des Administrators aufgerufen werden. Außerdem wird gegebenenfalls der *Universal Viewer* installiert, der Ihnen die Vorschau diverser Dateiformate ermöglicht.

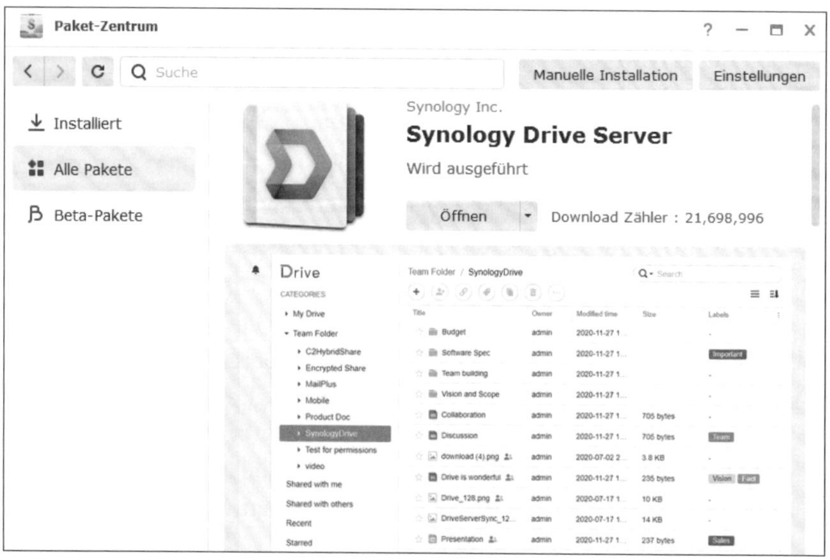

Abbildung 4.17 Der »Synology Drive Server« wird über das Paket-Zentrum installiert. Dadurch wird auch die Admin-Konsole verfügbar.

In der *Synology Drive Admin*-Konsole (siehe Abbildung 4.18) haben die ersten drei Registerkarten ÜBERBLICK, CLIENT-LISTE und PROTOKOLL hauptsächlich informierenden Charakter. Sie als Administrator erhalten dort einen Überblick über die gegenwärtige Nutzung des Drive Servers und sehen etwa, wie viele Clients gerade verbunden sind und welche Dateien synchronisiert werden.

Abbildung 4.18 Die Registerkarte »Überblick« informiert über die aktuelle Nutzung des Drive Servers.

Beachten Sie auf der Registerkarte ÜBERBLICK die kleine Schaltfläche neben dem Eintrag CLIENT-GERÄTE-INFO. Sie führt direkt zum Download-Angebot für die Client-Apps, sowohl für Desktop- als auch für mobile Betriebssysteme.

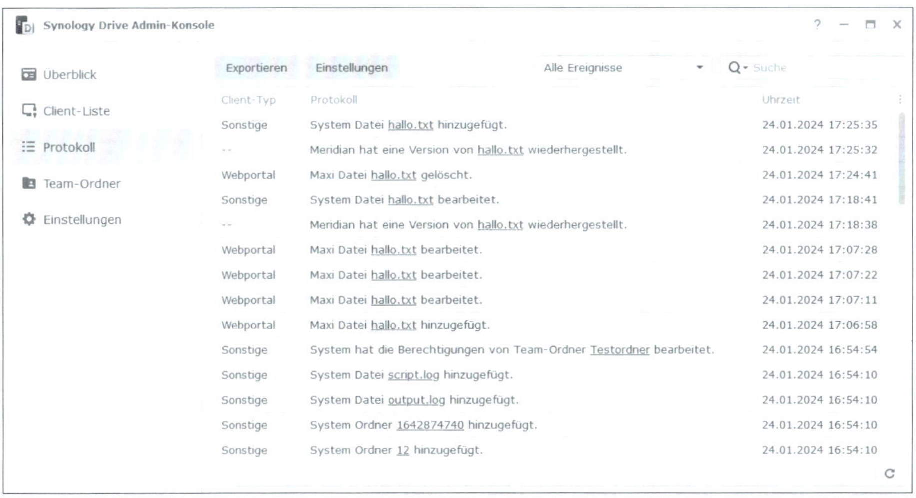

Abbildung 4.19 Alle Änderungen an Dateien werden auf der Registerkarte »Protokoll« aufgeführt.

Auf der Registerkarte CLIENT-LISTE können Sie die Verbindung einzelner Clients trennen. Die Protokolleinträge auf der Registerkarte PROTOKOLL (siehe Abbildung 4.19) sind auch über das Protokoll-Center zugänglich, das in Abschnitt 7.1, »Benachrichtigungen und Protokoll-Center«, im Detail beschrieben wird.

Auf der Registerkarte TEAM-ORDNER legen Sie die (gemeinsamen) Verzeichnisse fest, die durch den Synology Drive Server synchronisiert werden (siehe Abbildung 4.20).

Zunächst einmal ist zuoberst der Team-Ordner EIGENE DATEIEN vorausgewählt. Die *eigenen Dateien* sind private Dateien, die jeder Nutzer für sich selbst verwaltet. Sie stammen aus dem eigenen *home*-Verzeichnis. Alle Dateien und Verzeichnisse unterhalb dieses Ordners werden mit Synology Drive synchronisiert.

Daneben gibt es noch die Option, *gemeinsame Ordner* von der DiskStation in Synology Drive mit einzubeziehen. Die Bezeichnung *Team-Ordner* wird dafür benutzt, weil auf diese Weise mehrere Benutzer mit Synology Drive an demselben Datenbestand arbeiten können.

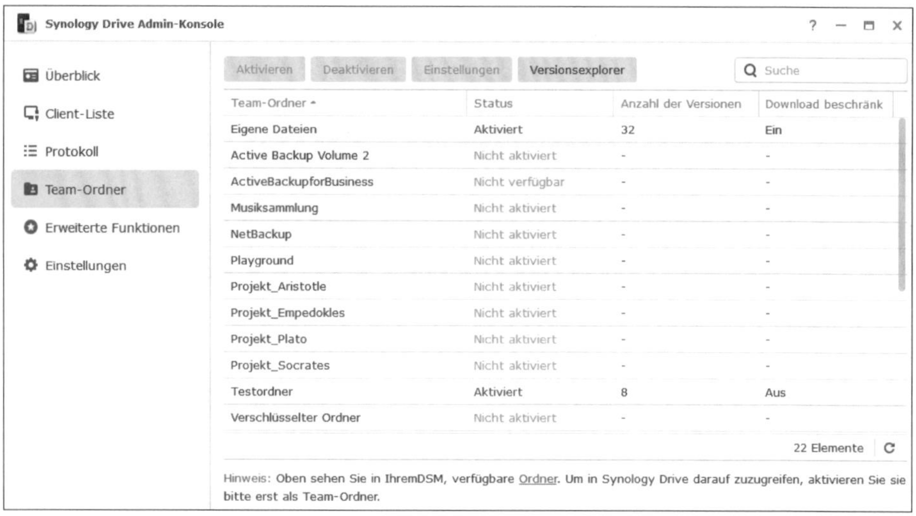

Abbildung 4.20 Neben den »Eigenen Dateien« können auch andere freigegebene Ordner als Team-Ordner eingebunden werden.

Zu Beginn sind keine Team-Ordner angelegt. Sie können aus der Liste einen Ordner auswählen und dann in der Symbolleiste auf AKTIVIEREN klicken. Dadurch wird der Ordner in Synology Drive verfügbar sein. Nur Nutzer, die Zugriffsrechte auf den gemeinsamen Ordner haben (konfiguriert im Modul FREIGEGEBENER ORDNER der Systemsteuerung), können auf diesen über Synology Drive zugreifen. Wenn nur die reine Leseberechtigung gesetzt ist, können Dateien lediglich vom gemeinsamen Ordner zu einem lokalen Ordner auf einem Zielgerät synchronisiert werden. Der umgekehrte Weg erfordert das Recht für den Schreibzugriff. Beachten Sie, dass dieses Verhalten durchaus erwünscht sein kann.

Wenn Sie einen neuen Team-Ordner hinzufügen oder bei einem aktivierten Eintrag auf die Schaltfläche EINSTELLUNGEN klicken, erscheint ein Fenster, in dem Sie die Versionssteuerung verwalten können.

Mit Synology Drive können frühere Dateiversionen aufbewahrt werden. Wenn Sie eine Datei also verändern oder überschreiben, dann wird die vorherige Fassung archiviert und Sie können später erneut auf diese zugreifen. So können Sie z. B. in einem Textdokument auf Passagen zugreifen, die Sie geändert haben und bei denen Ihnen im Nachhinein die ursprüngliche Fassung doch besser gefällt. Oder Sie verwalten damit Konfigurationsdateien und können auf unterschiedliche Stände zurückgreifen.

Im Fenster EINSTELLUNGEN aus Abbildung 4.21 legen Sie auf dem Reiter VERSIONING fest, wie viele Dateiversionen beibehalten und welche gelöscht werden. Per Voreinstellung werden 8 Versionen aufbewahrt, gelöscht werden die ältesten Fassungen. Alternativ kann das Verfahren *Intelliversioning* genutzt werden. Dabei werden viele Dateifassungen mit kürzlichem Änderungsdatum, aber nur wenige mit älterem Änderungsdatum aufbewahrt. Auch ein Rotieren nach einer einstellbaren Zeitspanne ist möglich.

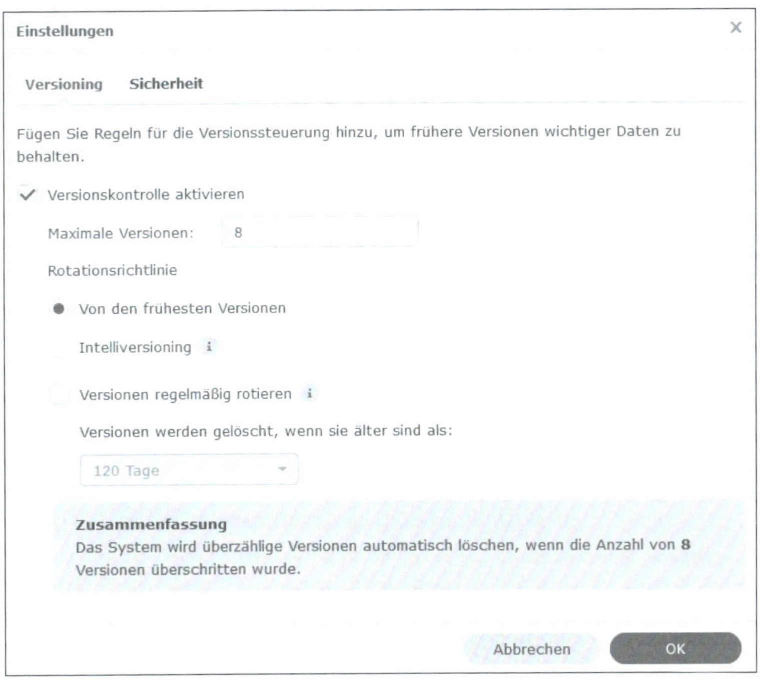

Abbildung 4.21 Die Versionssteuerung legt fest, wie viele Fassungen einer Datei aufbewahrt und welche überzähligen Fassungen gelöscht werden.

Zugriff auf ältere Fassungen bietet Ihnen der *Versionsexplorer* (siehe Abbildung 4.22), der über die Symbolleiste aufgerufen werden kann.

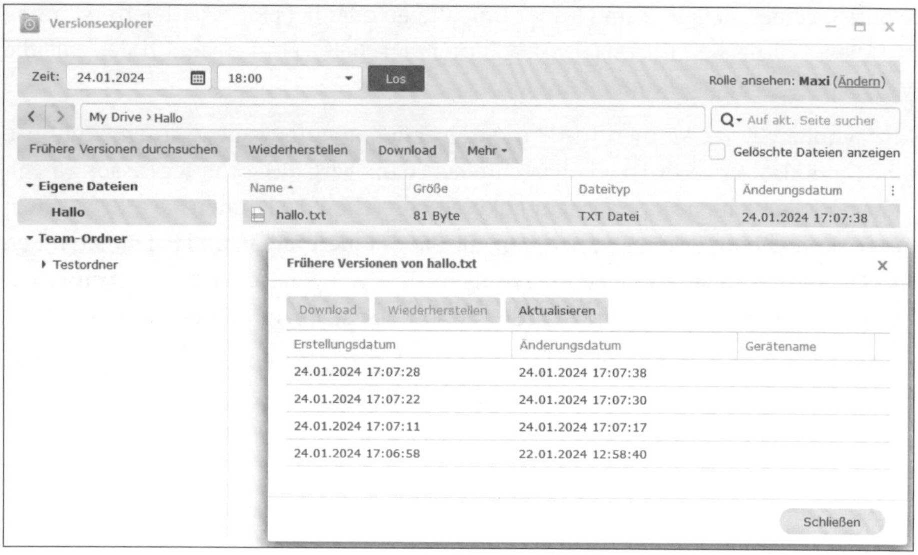

Abbildung 4.22 Der Versionsexplorer hilft dabei, frühere Dateifassungen zugänglich zu machen.

Mit dem Versionsexplorer können Sie im Dateibestand von Synology Drive navigieren. Oben rechts sollte dabei der jeweilige Benutzer eingestellt werden. In der Standardeinstellung wird der Datenbestand des aktuellen Administrator-Kontos angezeigt. Oben links lässt sich dann der Zeitpunkt auswählen, zu dem der Datenbestand angezeigt werden soll. Dies ist wichtig, wenn in der Zwischenzeit gelöschte Dateien angezeigt werden sollen.

Beachten Sie dabei auch das Kontrollkästchen GELÖSCHTE DATEIEN ANZEIGEN, mit dem sich gelöschte Dateien einblenden und so ebenfalls wiederherstellen lassen. Ansonsten kann in der Zeitleiste die aktuelle Zeit ausgewählt werden. Wenn Sie zur gewünschten Datei navigieren, dann werden alle verfügbaren Versionen angezeigt, wenn Sie auf FRÜHERE VERSIONEN DURCHSUCHEN klicken. Sie erhalten eine tabellarische Liste mit den Erstellungs- und Änderungsdaten und können eine ausgewählte Fassung per DOWNLOAD auf den aktuellen Rechner herunterladen oder sie am ursprünglichen Speicherort WIEDERHERSTELLEN. Dabei wird die gegenwärtige Fassung überschrieben. Diese bleibt aber über den Versionsexplorer weiterhin zugänglich.

Wenn Sie im Versionsexplorer oben über die Zeitleiste einen bestimmten Zeitpunkt einstellen, dann können Sie eine gewünschte Datei(fassung) über die Schaltfläche MEHR auch an einem anderen Speicherort auf der DiskStation abspeichern. Die Versionskontrolle erspart Ihnen zwar nicht das Anlegen eines »richtigen« Backups, kann aber bei versehentlichen Änderungen eine wertvolle Hilfe sein.

Beachten Sie, dass der Versionsexplorer in der *Synology Drive Admin*-Konsole nicht der einzige Weg ist, um auf frühere Dateifassungen zuzugreifen. Dies ist auch über das Webinterface und die Client-Anwendungen für jeden Benutzer möglich.

Auf der Registerkarte EINSTELLUNGEN konfigurieren Sie weitere Grundoptionen des Synology Drive Servers.

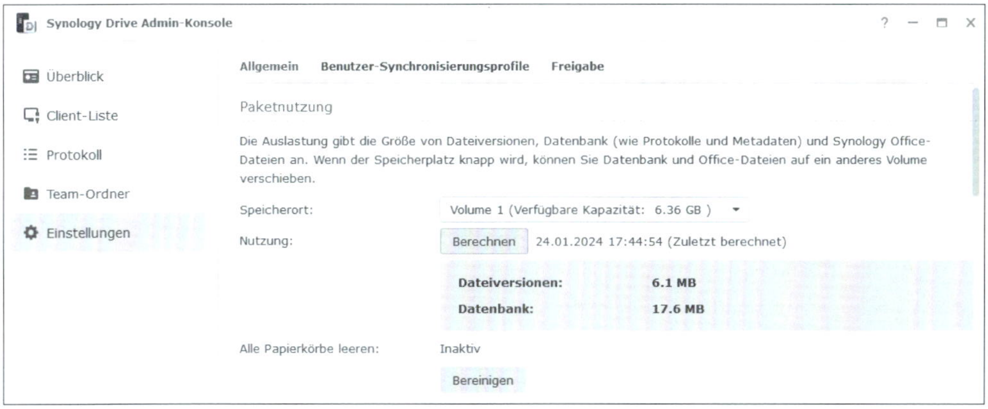

Abbildung 4.23 Über die Registerkarte »Einstellungen« können einige Grundoptionen verwaltet werden.

Zunächst sehen Sie im Bereich PAKETNUTZUNG, welchen Speicherplatz frühere Versionen und die Datenbank des Serverdienstes belegen. Wenn Sie mehrere Volumes auf der DiskStation betreiben, dann können Sie das Volume auswählen, auf dem die Vorgängerversionen abgelegt werden. Sie können in dieser Sektion auch die Papierkörbe leeren, um Speicherplatz freizugeben. Beachten Sie die Schaltfläche BERECHNEN, die Sie anklicken müssen, um aktuelle Daten zu erhalten.

Über den *Indizierungsdienst* können Sie Metadaten der Dateien, die mit Synology Drive verwaltet werden, in eine Datenbank einlesen lassen. Ähnlich wie bei den Multimediadiensten in Kapitel 3, »Die DiskStation als Multimediazentrale«, können Sie die Datenbank mit der Suchfunktion in Synology Drive durchsuchen und so Daten schneller finden. Dank der Indizierung lassen sich etwa Musikstücke anhand des Albumnamens suchen und finden. Für die Indizierung muss sich der Indizierungsdienst den Datenbestand einmalig komplett sowie fortlaufend bei Änderungen ansehen. Entscheiden Sie anhand der Auslastung Ihrer DiskStation und anhand des Nutzerprofils, ob Sie diese Funktion aktivieren möchten. Sie können die Indizierungseinstellungen auch individuell über die entsprechende Schaltfläche anpassen.

Die Sektion E-MAIL-BENACHRICHTIGUNGSDIENST stellt lediglich eine Verknüpfung zum Benachrichtigungsmodul der Systemsteuerung dar. Dieses wird in Abschnitt 7.1, »Benachrichtigungen und Protokoll-Center«, detailliert beschrieben. Sie können in der Rubrik ANGEZEIGTER NAME einstellen, dass statt des Benutzernamens der Spitzname einer Person verwendet wird. Dies ist eher eine kosmetische Einstellung. Dafür muss die jeweilige Person offensichtlich einen Spitznamen hinterlegt haben. Ein Spitzname wird im Webinterface im Profil von Synology Drive angelegt.

Sollten Sie die Synchronisierung abschalten, dann steht diese Funktion fortan nur noch Administratoren zur Verfügung, womit der Synology Drive Server mehr oder weniger abgeschaltet wird. Normalerweise wird diese Funktion stets aktiviert bleiben. Abschließend können Sie den Dateibesitz von einer Person auf eine andere übertragen, was bei der Änderung von Benutzerkonten hilfreich sein kann.

Im Einstellungsdialog können Sie auf dem Reiter BENUTZER-SYNCHRONISIERUNGSPROFILE bestimmte Dateien von der Synchronisation durch Synology Drive ausnehmen, was Systemressourcen schont. Wenn Sie auf ERSTELLEN klicken, dann sehen Sie eine Eingabemaske, auf der Sie zunächst einen Dateifilter spezifizieren können (siehe Abbildung 4.24).

Abbildung 4.24 Über einen Dateifilter lassen sich Dateien von der Synchronisierung ausnehmen.

Hier können Sie eine maximale Dateigröße eintragen und Dateitypen ausschließen. Auf dem Reiter ANGEWANDTER BENUTZER legen Sie dann die Benutzer fest, für die der Filter gelten soll. Sie können mit dem Filter etwa temporäre Dateien von der Synchronisierung ausnehmen.

Auf dem Reiter FREIGABE (siehe Abbildung 4.25) können Sie im Einstellungsfenster Regeln für das Teilen von Dateien festlegen. In der Grundkonfiguration ist das Teilen bzw. die Freigabe nicht eingeschränkt. Sie können die Funktion für einzelne Nutzer verbieten oder auch generell untersagen. Zur Erhöhung der Sicherheit können Sie einen Passwortschutz erzwingen oder Freigaben automatisch nach einer bestimmten Zeitspanne deaktivieren. Zur Erhöhung der Sicherheit lässt sich die Verschlüsselung der Datenübertragung per HTTPS erzwingen. Dies ist für die Nutzung über das Internet empfehlenswert und führt (mit Ausnahme eventueller Zertifikatswarnungen bei fehlerhafter Konfiguration) kaum zu Beeinträchtigungen. In einem FREIGABELINK-BERICHT können Sie sich alle Aktivitäten rund um Freigaben anzeigen lassen. Freigabelinks können ferner für besondere Netzwerkkonfigurationen angepasst werden. Hier können Sie eine benutzerdefinierte Domain eintragen.

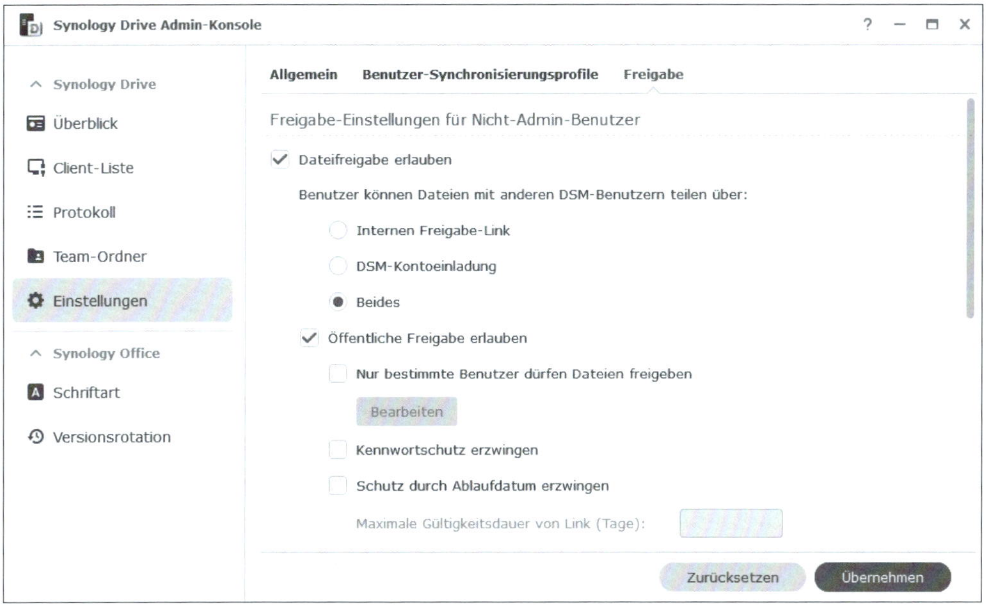

Abbildung 4.25 Für Dateifreigaben gibt es mehrere Konfigurationsoptionen.

Weitere selten benötigte Einstellungen sind auf der Registerkarte ERWEITERTE FUNKTIONEN möglich. Hier können Sie beispielsweise normalen Nutzern untersagen, Dateien aus Team-Ordnern herunterzuladen.

4.2.2 Das Webinterface zur Nutzung der Cloud-Dienste

Die Cloud-Funktionen des Synology Drive Servers lassen sich unter anderem über ein Webinterface nutzen. Es nennt sich *Synology Drive* und kann aus dem Hauptmenü aufgerufen werden. Es steht allen Nutzern gemäß den Anwendungsberechtigungen zur Verfügung. Überprüfen Sie daher zunächst in der Systemsteuerung im Modul ANWENDUNGSBERECHTIGUNGEN die Berechtigungen, und legen Sie fest, welche Nutzer auf Synology Drive zugreifen können sollen.

Wenn Sie Synology Drive über das Hauptmenü öffnen, dann erscheint im Browser in einem neuen Tab das Webinterface zu Synology Drive wie in Abbildung 4.26. Werfen Sie einmal einen Blick auf die Adressleiste im Browser. Sie können die dort angezeigte Adresse als Lesezeichen setzen und erhalten so einen Schnellzugriff auf das Webinterface. Zwar müssen Sie sich nach wie vor mit Ihrem Benutzerkonto anmelden, ersparen sich aber den Umweg über das DSM. Vergessen Sie auch nicht, dass Sie über das ANMELDEPORTAL in der Systemsteuerung einen Alias (etwa »drive«) oder einen benutzerdefinierten Port erzeugen können, der Sie noch schneller zum Ziel bringen kann.

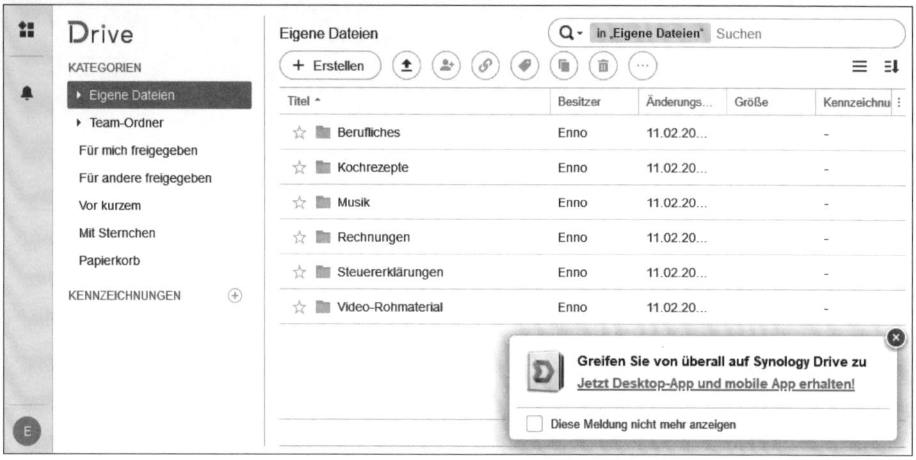

Abbildung 4.26 Das Webinterface von »Synology Drive« nach dem ersten Aufruf.

Das Webinterface bietet die üblichen Funktionen einer (Datei-)Speicherplatz-Cloud-Anwendung. In der großen linken Spalte navigieren Sie in der Ordnerliste und verwalten Freigaben, Favoriten und gelöschte Dateien. Rechts sehen Sie den jeweiligen Datenbestand und können auf ausgewählten Dateien die Aktionen ausführen, die oben in der Symbolleiste angeboten werden. Zu Beginn wird Ihnen der Inhalt der *eigenen Dateien* angezeigt. Dabei handelt es sich um die Daten, die unterhalb des jeweiligen Home-Verzeichnisses liegen.

Dateien können Sie zum Synology Drive hinzufügen, indem Sie diese entweder über die File Station legen (Unterverzeichnisse sind selbstredend möglich) oder indem Sie die Funktionen direkt im Webinterface benutzen.

Über die Schaltfläche ERSTELLEN legen Sie neue Ordner an. Daneben ermöglicht die kleine Schaltfläche mit dem Plus-Symbol das Hochladen einzelner Dateien und gesamter Ordner. Dateien lassen sich auch per Drag-and-drop in den Browser ziehen und so unkompliziert vom aktuellen Rechner aus hochladen.

Wenn Sie eine Datei im Webinterface doppelt anklicken oder die entsprechende Funktion über das Kontextmenü aufrufen, dann erscheint unmittelbar im Browser eine *Vorschau des Dateiinhalts*. Dabei werden über 100 Dateitypen unterstützt, sodass die Vorschaufunktion eines der Highlights von Synology Drive ist. Auch das Anzeigen von PDF-Dateien oder das Betrachten von Fotos und Videos ist problemlos möglich. Dies macht die Nutzung des Dienstes gerade auch über das Internet auf einem fremden Computer interessant. Über das Kontextmenü oder die Schaltfläche mit den drei Punkten steht auch eine *Download-Möglichkeit* zur Verfügung, mit der eine Datei oder ein Ordner auf den aktuellen Rechner heruntergeladen werden kann. Ordner werden zunächst in ein Zip-Archiv gepackt.

Neben dem Download wird bei einem Cloud-Angebot die Funktion zum Teilen von Dateien und Verzeichnissen oft genutzt. Über einen Link lassen sich Freigaben an andere Personen versenden, die auf die damit verbundenen Dateien zugreifen können. Die Freigabefunktion des Synology Drive ähnelt vom Funktionsumfang her der Freigabe über die File Station der DiskStation, wird jedoch etwas anders bedient: Klicken Sie zunächst eine Datei oder ein Verzeichnis an, und klicken Sie dann in der Symbolleiste auf die Schaltfläche FREIGEBEN.

Alternativ können Sie Freigaben auch über das Kontextmenü einrichten. Sie sehen dann ein neues Fenster mit dem Titel FREIGEBEN, in dem schon ein Link angezeigt wird, der über die benachbarte Schaltfläche bzw. den Texteintrag darunter in die Zwischenablage kopiert oder per E-Mail versendet werden kann (siehe Abbildung 4.27). Beachten Sie aber die Datenschutzeinstellungen direkt darunter. In der Vorauswahl ist eingestellt, dass die Freigabe privat erfolgt und nur eingeladene Personen Zugriff auf die Freigabe haben.

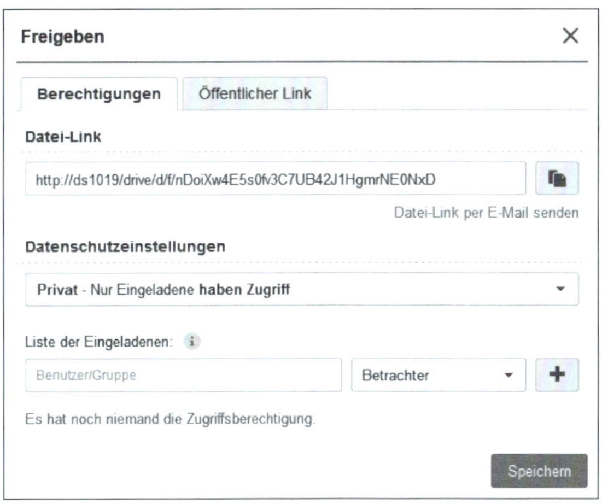

Abbildung 4.27 Freigaben gelten zunächst nur für individuell eingeladene Personen.

Wenn Sie den Link etwa in einem privaten Tab im Browser öffnen, werden Sie feststellen, dass kein Zugriff auf die Freigabe besteht (siehe Abbildung 4.28). Auch wenn Sie sich – wozu Sie der Browser auffordern wird – am Cloud-System anmelden, werden

Sie keinen Zugriff erhalten. Sie können allerdings jetzt die Berechtigung anfordern. Dafür gibt es eine entsprechende Schaltfläche.

Abbildung 4.28 Wenn jemand den Freigabe-Link öffnet, ohne eingeladen zu sein, kann er eine Anfrage für den Zugriff anfordern.

Der freigebende Benutzer erhält (ganz links in der vertikalen Symbolleiste) eine Anfrage im Webinterface von Synology Drive und kann die Freigabe für den anfragenden Nutzer freischalten (siehe Abbildung 4.29).

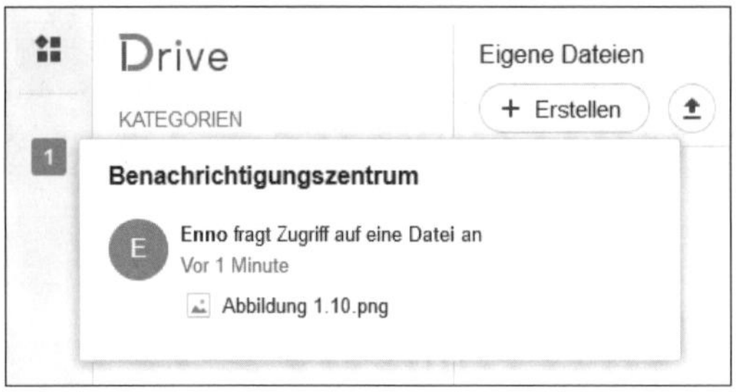

Abbildung 4.29 Der Besitzer der Freigabe erhält eine Anfrage: Enno möchte auf das Dokument zugreifen.

Der etwas einfachere Weg führt über das manuelle Eintragen der gewünschten Benutzer im Feld LISTE DER EINGELADENEN im Freigabefenster aus Abbildung 4.27. Dort können Sie Benutzernamen der DiskStation eintragen. Sie können auch auswählen, ob die Eingeladenen die Freigabe nur betrachten oder auch bearbeiten dürfen. Ansonsten können Sie im Freigabefenster unter den DATENSCHUTZEINSTELLUNGEN die Freigabe auch global für alle Nutzer der DiskStation genehmigen und ebenfalls wählen, ob die hinterlegten Daten nur gelesen oder auch verändert werden dürfen.

In jedem Fall bleibt die Freigabe zunächst jedoch auf den Nutzerkreis der DiskStation beschränkt. Über den entsprechenden Texteintrag können Sie den Freigabe-Link direkt aus dem Webinterface per E-Mail versenden und Empfänger sowie einen eigenen Text eintragen. Für den Versand wird das persönliche E-Mail-Konto aus dem

DSM genutzt, das über das Icon mit der Personensilhouette oben rechts auf dem DSM-Desktop eingerichtet werden kann. Falls es noch nicht geschehen ist, können Sie ein E-Mail-Konto auch über das Webinterface vom Synology Drive einrichten. Klicken Sie dazu unten links auf das persönliche Icon und dann auf EINSTELLUNGEN.

Möchten Sie eine Datei nicht (nur) mit einem anderen Benutzer der DiskStation, sondern mit beliebigen Personen über das Internet teilen, dann wechseln Sie im Freigabefenster auf die Registerkarte ÖFFENTLICHER LINK (siehe Abbildung 4.30). Hier aktivieren Sie das erste Kontrollkästchen. Dadurch werden verschiedene Optionen zum Datenschutz verfügbar.

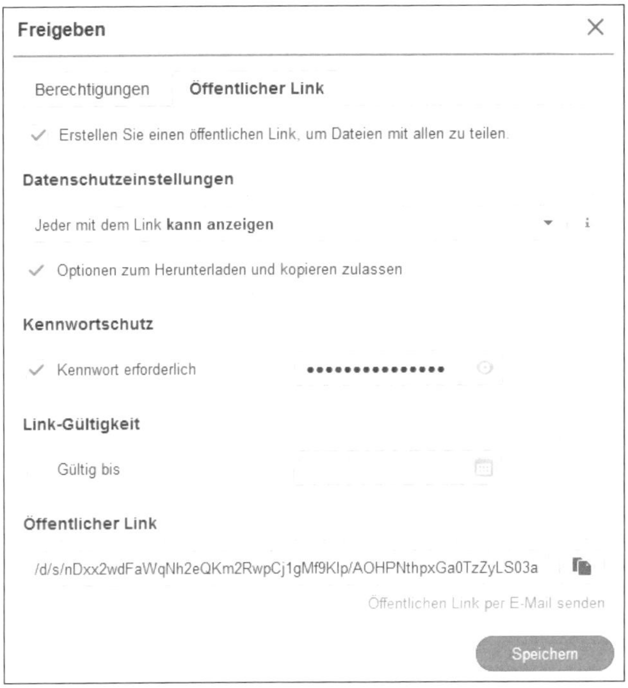

Abbildung 4.30 Für eine öffentliche Freigabe sind diverse Funktionen verfügbar, mit denen der Zugriff eingeschränkt werden kann.

Gehen Sie die einzelnen Optionen durch, und entscheiden Sie beispielsweise, ob eine Bearbeitung der Datei zulässig ist oder ob die Freigabe durch ein Passwort oder eine begrenzte Gültigkeitsdauer geschützt werden soll. Ganz unten sehen Sie dann den Freigabe-Link, der sich vom Freigabe-Link für die interne Freigabe unterscheidet. Sie können auch diesen Link in die Zwischenablage kopieren oder per Mail versenden.

Denken Sie bitte daran, dass für öffentliche Freigaben ein Zugang zu Synology Drive über das Internet bestehen muss und dass Sie die entsprechenden Port-Freigaben im Router oder in der Firewall anlegen müssen. In der Grundeinstellung nutzt Synology

Drive die Ports des DSM; eventuell müssen Sie einen Schnellzugriff mit eigenen Ports berücksichtigen. Prüfen Sie in jedem Fall den Freigabe-Link und den dort angezeigten Port.

Zur Verwaltung von Freigaben nutzen Sie am besten die beiden Einträge FÜR MICH FREIGEGEBEN und FÜR ANDERE FREIGEGEBEN links im Webinterface von Synology Drive. Dort sehen Sie alle Freigaben, die Sie selbst erstellt haben (siehe Abbildung 4.31) bzw. die Sie von anderen Nutzern der DiskStation erhalten haben.

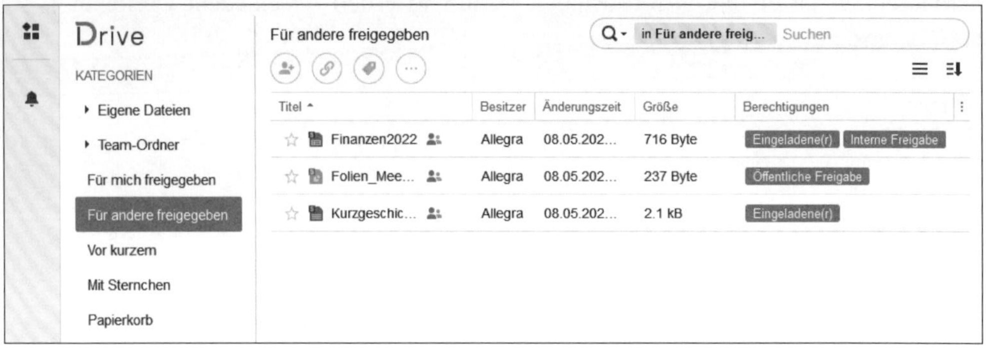

Abbildung 4.31 Der Eintrag »Für andere freigegeben« listet alle erteilten Freigaben mit den jeweiligen Berechtigungen auf.

Wenn Sie eine Datei also lediglich für andere Nutzer der DiskStation freigeben, dann können Sie sich den Versand des Links ersparen, da die eingeladenen Nutzer die Freigabe direkt im Webinterface angezeigt bekommen. Wenn Sie nur schnell einen Link für eine private Freigabe benötigen, dann können Sie die Schaltfläche LINK ERHALTEN benutzen. Sie werden damit aus den bekannten Gründen aber zunächst wenig Freude haben und müssen schließlich doch die Freigabeeinstellungen aufrufen.

Auch über das Webinterface haben Sie Zugang zum Versionsverlauf einer Datei, können frühere Versionen betrachten und sie am ursprünglichen Ort wiederherstellen. Klicken Sie eine Datei mit der rechten Maustaste an und dann auf VERSIONSVERLAUF. Sie sehen anschließend eine Liste mit den verfügbaren Versionen wie in Abbildung 4.32 und können die gewünschte Aktion über das Ausklappmenü mit den drei Punkten auswählen.

Die übrigen Funktionen des Webinterfaces konzentrieren sich hauptsächlich auf das Kennzeichnen und Verschlagworten von Dateien. Diese Funktionen sind dann eine Hilfe, wenn man einen großen Datenbestand in Synology Drive verwaltet. Dann ist auch die Suchfunktion praktisch, die über das Suchfeld oben rechts zugänglich ist (siehe Abbildung 4.33). Über das persönliche Menü können Sie sich auch über den belegten Speicherplatz informieren lassen.

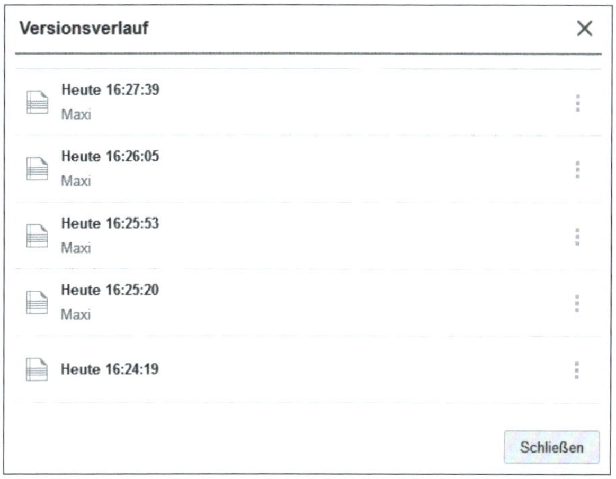

Abbildung 4.32 Auch über das Webinterface kann auf den Versionsverlauf einer Datei zugegriffen werden.

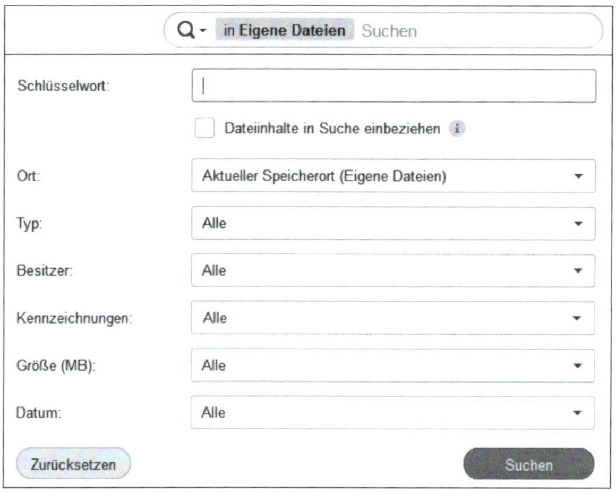

Abbildung 4.33 Die Suchfunktion kann im Webinterface von Synology Drive sehr umfangreich konfiguriert werden.

4.2.3 Mit den Client-Anwendungen Datenbestände synchronisieren

Über das bisher betrachtete Webinterface lässt sich zwar der Datenbestand verwalten und über Freigaben auch mit anderen Personen teilen, allerdings sind die spannenden Funktionen rund um die Synchronisierung nicht über das Webinterface zugänglich. Um diese zu nutzen, müssen Sie auf den relevanten Endgeräten Client-Anwendungen installieren, die Synology kostenfrei für die Betriebssysteme Windows, macOS und Linux anbietet. Auch mobile Apps sind für Android- und iOS-Geräte erhältlich.

Die Client-Anwendungen ermöglichen es, Datenverzeichnisse auf dem lokalen Rechner mit dem Datenbestand auf der DiskStation abzugleichen, der durch Synology Drive verwaltet wird. Dabei kann der Umfang des Abgleichs durch die Auswahl der Verzeichnisse vom Nutzer festgelegt werden. Die Synchronisierung erfolgt stets fortlaufend bei jeder Änderung. Synchronisieren lassen sich sowohl der eigene private Datenbestand als auch Team-Ordner, sodass man mit anderen Personen gemeinsam an einem Projekt arbeiten kann.

Was dabei aber nicht möglich ist, ist das partielle Zusammenfügen von Änderungen an einer Datei. Dateien werden stets als Ganzes synchronisiert und zwischenzeitliche Änderungen gehen möglicherweise verloren. Auch bei der Synchronisierung wird der Versionsverlauf von Synology Drive genutzt, sodass auch älterer Datenbestand zugänglich bleibt. Man erhält also einen Schutz vor versehentlichen Änderungen. Daher verwundert es nicht, dass diese Funktion auch für einfache Backup-Aufgaben verwendet werden kann. (Diese Nutzungsart beschreiben wir im folgenden Abschnitt.)

Die Installationsdateien für die Client-Anwendungen können auf verschiedenen Wegen bezogen werden:

- Öffnen Sie im Browser das Download-Portal von Synology, das Sie unter *https://www.synology.com/de-de/support/download* erreichen. Wählen Sie dort den Produkttyp NAS aus, und geben Sie die Modellnummer Ihres Gerätes ein. Wechseln Sie anschließend auf die Registerkarte DESKTOP-DIENSTPROGRAMME (siehe Abbildung 4.34). Dort finden Sie den SYNOLOGY DRIVE CLIENT zum Download für Windows-, Mac- und Ubuntu-Geräte.

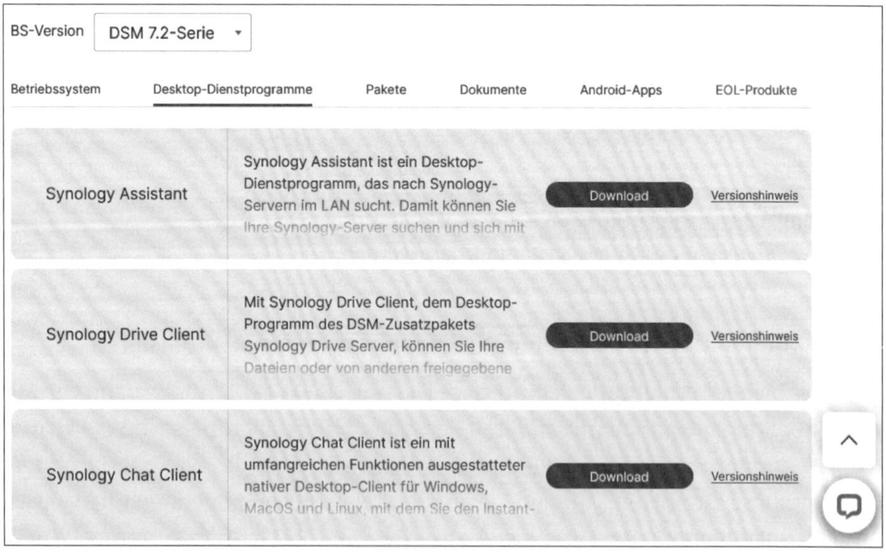

Abbildung 4.34 Der »Synology Drive Client« kann unter anderem auf der Website von Synology heruntergeladen werden.

- Öffnen Sie als Administrator auf der DiskStation die *Synology Drive Admin*-Konsole. Auf der Registerkarte ÜBERBLICK finden Sie in der Sektion CLIENT-GERÄTE-INFO rechts die kleine Schaltfläche [icon], über die Sie die Client-Anwendungen herunterladen können. Der Download erfolgt automatisch für das derzeitige (per Browser gemeldete) Betriebssystem. Andere Fassungen sind hier nicht zugänglich. Sie können sich aber auch QR-Codes für mobile Fassungen der Client-Software anzeigen lassen.
- Öffnen Sie (als Administrator oder normaler Benutzer) das Webinterface von *Synology Drive*. Klicken Sie unten links auf das persönliche Icon und im Ausklappmenü auf CLIENT • DOWNLOAD-CLIENT. In einem neuen Fenster können Sie zum Download-Angebot für Desktop- und mobile Fassungen der Client-Software gelangen. Die Desktop-Version wird passend zum aktuellen Betriebssystem gewählt.
- Die mobile App *Synology Drive* erhalten Sie im offiziellen App-Bezugspunkt für iOS- und Android-Geräte.

Nach dem Download installieren Sie die Software auf dem gewünschten Gerät. Sie arbeitet normalerweise fortwährend im Hintergrund und wird automatisch beim Systemstart geladen. Melden Sie sich nach dem ersten Start mit Ihren DSM-Zugangsdaten an (siehe Abbildung 4.35).

Abbildung 4.35 Die Client-Anwendung »Synology Drive Client« fragt nach den Zugangsdaten.

Sofern Ihre DiskStation nur im lokalen Netzwerk betrieben (oder per VPN angesprochen) wird, können Sie deren interne IP-Adresse verwenden. Wenn Sie über das Internet zugreifen, dann nutzen Sie die Domain Ihrer DiskStation. Die Verbindung erfolgt stets verschlüsselt. Sofern Sie die DiskStation nicht per Domain ansprechen oder falls auf der DiskStation kein zur Domain passendes beglaubigtes Zertifikat hinterlegt ist, werden Sie eine Zertifikatswarnung erhalten. Die Datenübertragung erfolgt dennoch verschlüsselt, Sie können sich lediglich nicht sicher sein, dass Sie tatsächlich mit Ihrer DiskStation verbunden sind und dass niemand als dritte Person innerhalb der Verbindungskette den Datentransfer belauscht oder manipuliert. Im lokalen Netzwerk mag dies zwar unwahrscheinlich sein, über das Internet sollten Sie aber stets korrekte Zertifikate nutzen und den Verbindungsaufbau bei Zertifikatswarnungen abbrechen oder zumindest eine manuelle Prüfung des Fingerabdrucks des Zertifikats vornehmen.

Nach der Anmeldung am Drive-Server müssen Sie den Aufgabentyp auswählen, der sich auch später noch ändern lässt. Die SYNCHRONISIERUNGSAUFGABE führt den Datenabgleich zwischen den Datenbeständen im lokalen Verzeichnis und auf der DiskStation durch. Die DATENSICHERUNGSAUFGABE dient dem Backup und wird im folgenden Abschnitt behandelt.

Anschließend wird die erste Synchronisierungsaufgabe eingerichtet, die sich auch später noch verändern und ergänzen lässt. Die Anwendung schlägt zunächst vor, den gesamten Ordner */home* auf Ihrer DiskStation mit einem neuen Verzeichnis namens *SynologyDrive* unterhalb Ihres persönlichen Ordners auf dem lokalen Rechner abzugleichen (siehe Abbildung 4.36).

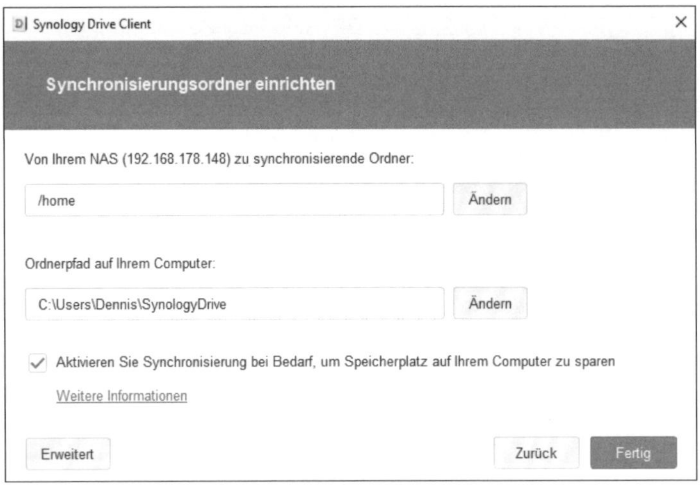

Abbildung 4.36 Wählen Sie die zu synchronisierenden Ordner aus.

Zunächst werden dabei also alle Daten, die Synology Drive verwaltet, auf den lokalen Rechner heruntergeladen. Über die Schaltfläche ÄNDERN können Sie eine Anpassung vornehmen und eigene Verzeichnisse auswählen, dazu zählen auch Team-Ordner.

Beachten Sie unbedingt auch die Schaltfläche ERWEITERT unten links. Über sie können Sie den Umfang der Synchronisierung einschränken und den Synchronisationsmodus auswählen. Auf der Registerkarte ORDNER können Sie dann einzelne Unterverzeichnisse unterhalb des gewählten Basis-Ordners von der Synchronisation ausschließen. Entfernen Sie einfach das Häkchen im Kontrollkästchen, und die Daten dieses Verzeichnisses verbleiben unangetastet auf der DiskStation.

Über weitere Kontrollkästchen können Sie die Synchronisation von versteckten Dateien (ihr Dateiname beginnt mit einem Punkt) und von temporären Dateien aktivieren, die normalerweise nicht synchronisiert werden. Möchten Sie nicht nur Verzeichnisse, sondern auch Dateitypen von der Synchronisation ausschließen, dann wechseln Sie auf die Registerkarte DATEIFILTER. Dort können Sie anhand der Dateiendung und der Dateigröße Ausnahmen definieren.

Auf der Registerkarte SYNCHRONISATIONSMODUS (siehe Abbildung 4.37) legen Sie fest, ob eine Synchronisierung in beide Richtungen oder nur eine Spiegelung erfolgen soll. Bei der ZWEI-WEGE-SYNCHRONISIERUNG wird jede Änderung synchronisiert, egal ob sie lokal auf dem Rechner oder direkt auf der DiskStation vorgenommen wurde. So werden auch alle Daten synchronisiert, wenn mit mehreren Clients zugegriffen wird. Auf Wunsch kann die Synchronisierung nur in eine Richtung erfolgen, sodass entweder lokale oder remote vorgenommene Änderungen folgenlos bleiben.

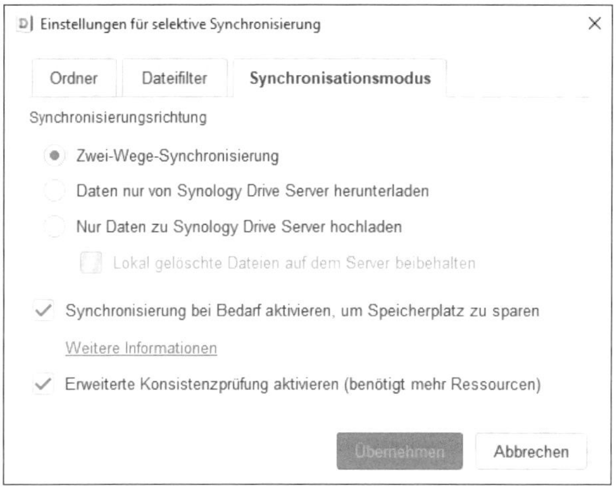

Abbildung 4.37 Legen Sie über den Synchronisierungsmodus die Richtung des Abgleichs fest.

Sie können auf Wunsch auch die *Synchronisierung bei Bedarf* aktivieren. Wenn diese Funktion aktiv ist, dann werden Ihnen im Dateisystem Ihres Computers alle Dateien angezeigt, die im Synology Drive verfügbar sind, sie werden aber noch nicht auf Ihren Rechner heruntergeladen und belegen dort folglich noch keinen Speicherplatz. Der Download der Datei erfolgt erst dann, wenn Sie eine Datei auf Ihrem Computer öffnen. Durch diese Funktion wird also auf Ihrem Computer Speicherplatz gespart. Es ergibt sich allerdings keine (rudimentäre) Backup-Funktion, und noch nicht heruntergeladene Dateien können nur dann geöffnet werden, wenn eine Datenverbindung zur DiskStation besteht.

Wenn Sie die Einstellungen abspeichern, dann wird die Synchronisierungsaufgabe angelegt und sogleich gestartet (siehe Abbildung 4.38). Die ausgewählten Daten werden gemäß den Einstellungen auf den lokalen Rechner kopiert. Anschließende Änderungen werden synchronisiert.

Abbildung 4.38 Die Aufgabe ist fertig erstellt und wird ausgeführt.

Im Hauptfenster der Client-Anwendung sehen Sie Ihre Synchronisierungsaufgabe auf der gleichnamigen Registerkarte. Dort können Sie weitere Aufgaben erstellen und somit andere Verzeichnispfade einschließen. Die Synchronisierung lässt sich pausieren, komplett löschen (die Daten bleiben dabei an allen Orten in der aktuellen Fassung erhalten) oder bearbeiten.

Beim Bearbeiten können die Zugangsdaten für die Verbindung geändert werden, es gibt hier auch die Registerkarte FÜR MICH FREIGEGEBEN (siehe Abbildung 4.39).

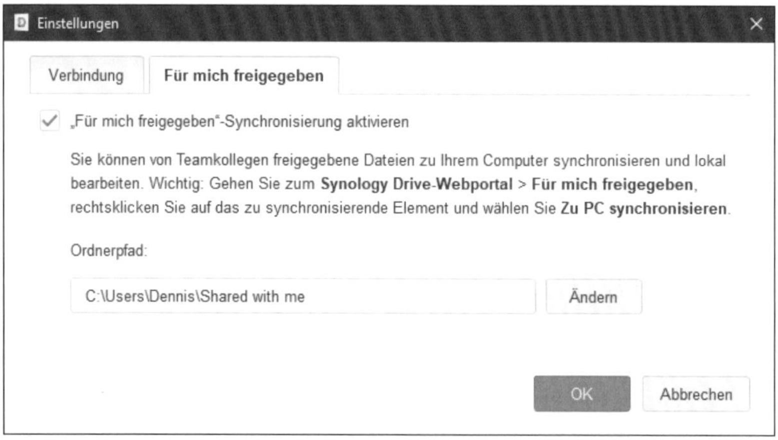

Abbildung 4.39 Über eine Freigabe erhaltene Dateien können automatisch auf den eigenen Rechner kopiert werden.

Dort können Sie eine Funktion aktivieren, die für Sie freigegebene Dateien automatisch auf den aktuellen Rechner kopiert. Hierfür wird lokal ein eigener Verzeichnispfad angelegt (mit dem Standardnamen *Shared with me*). Außerdem müssen Sie im Webinterface in der Rubrik FÜR MICH FREIGEGEBEN bei allen gewünschten Elementen im jeweiligen Kontextmenü die Funktion MIT PC SYNCHRONISIEREN aktivieren. Wenn Sie die eigentliche Aufgabe auswählen, dann können Sie die zuvor festgelegten Synchronisierungsregeln über die Schaltfläche in der Symbolleiste bearbeiten. Beachten Sie beim Erstellen einer neuen Synchronisierungsaufgabe, dass die Client-Anwendungen auch parallel mit unterschiedlichen DiskStations verbunden sein können.

Die Registerkarten SYNC-PROTOKOLL und BENACHRICHTIGUNGEN informieren Sie über die Dateiübertragungen und die Ereignisse rund um Synology Drive, stellen aber nur den aktuellen Stand dar. Sie können hier die Funktionalität überprüfen und so beispielsweise sicherstellen, dass eine Änderung an einer wichtigen Datei auch tatsächlich korrekt erfasst und verarbeitet wurde.

Die Einstelloptionen auf der Registerkarte GLOBALE EINSTELLUNGEN sind selbsterklärend und konzentrieren sich hauptsächlich auf Ereignisse im Fehlerfall. Hier legen Sie z. B. fest, welche Aktion bei Versionskonflikten durchgeführt werden muss. Ein solcher Konflikt entsteht etwa dann, wenn offline mehrere verschiedene Dateifassungen erzeugt wurden. Sie konfigurieren hier auch grundlegende Darstellungsoptionen, z. B. zum Symbol in der Taskleiste, oder können sich die Speicherplatzbelegung anzeigen lassen.

Ansonsten ist für die Nutzung im Alltag noch interessant, dass die Client-Anwendungen eine Shell-Integration in das Betriebssystem vornehmen. Im Kontextmenü einer Datei oder eines Verzeichnisses gibt es einen neuen Eintrag zum Synology Drive. Hier können Dateien, die außerhalb des Drive-Ordners liegen, in diesen kopiert werden. Dateien innerhalb des synchronisierten Ordners lassen sich freigeben. Es besteht auch Zugriff auf frühere Versionen einer Datei. Somit haben Sie auf diese beiden Funktionen auch direkt auf dem Desktop-Rechner Zugriff. Ihnen wird dann entweder das bekannte Fenster zum Teilen angezeigt, das mit dem im Webinterface identisch ist, oder Sie sehen entsprechende Funktionen zur Versionsverwaltung.

4.2.4 Mit den Client-Anwendungen Backups anlegen und verwalten

Die zweite Aufgabe der Client-Anwendungen konzentriert sich auf das Anlegen von Backups. Hierbei erfolgt die Datensicherung nur in eine Richtung, und zwar vom lokalen Rechner auf das Synology Drive. Dabei werden stets nur geänderte Daten übertragen. Ältere Fassungen bleiben über den Versionsverlauf zugänglich, wie Sie in Abbildung 4.40 sehen.

#	Erstellungsdatum	Änderungsdatum	Computername	
1	25.01.2024 16:27:39	25.01.2024 16:26:23		↓
2	25.01.2024 16:26:05	25.01.2024 16:26:14		↓
3	25.01.2024 16:25:53	25.01.2024 16:26:00		↓
4	25.01.2024 16:25:20	25.01.2024 16:25:28		↓
5	25.01.2024 16:24:19	24.01.2024 17:07:17	localhost	↓

Abbildung 4.40 Der Versionsverlauf zeigt einige frühere Versionen an.

Die für das Backup verwendete Datensicherungsaufgabe kann wie die Synchronisierungsaufgabe jede Änderung unmittelbar übertragen. Alternativ kann sie so eingestellt werden, dass sie nur auf Anforderung oder nach einem Zeitplan aktiv wird.

Im Unterschied zu eigenständigen Backup-Lösungen werden die Dateien auf dem Synology Drive nicht komprimiert. Auch ein *inkrementelles Backup*, das nur geänderte Teile einer Datei abspeichert, ist direkt durch den Dienst genauso wenig möglich wie eine *Deduplikation* doppelter Dateien. Die Backup-Funktion eignet sich daher am besten zur fortlaufenden Sicherung kleinerer Arbeitsprojekte. Für professionelle Ansprüche ist eine dezidierte Sicherungslösung wie etwa *Veeam* besser geeignet.

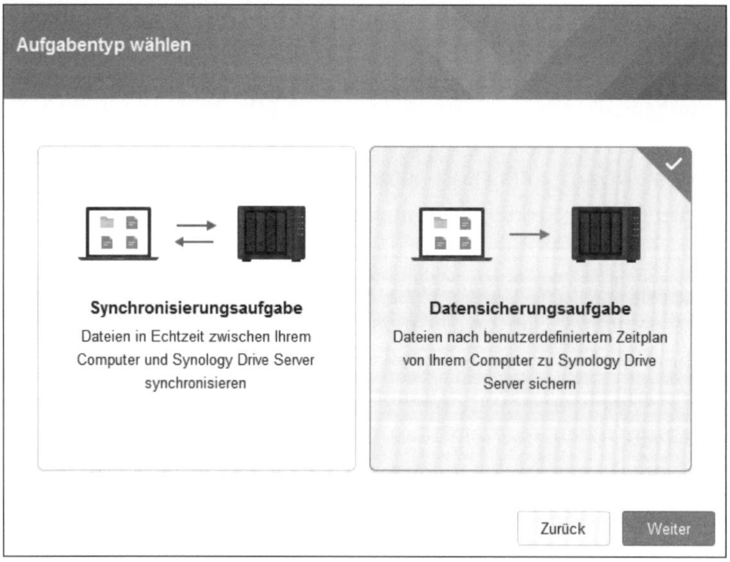

Abbildung 4.41 Die Datensicherungsaufgabe kann für einfache Backup-Zwecke genutzt werden.

Eine Datensicherungsaufgabe könne Sie im Start-Assistenten der Client-Anwendungen oder im Hauptfenster des Programms anlegen (siehe Abbildung 4.41). Zunächst müssen Sie sich am Synology Drive Server anmelden. Dabei gilt das schon bei der Synchronisierungsaufgabe Gesagte hier analog.

Als Nächstes müssen Sie die Sicherungsquelle und das Ziel auswählen. Selektieren Sie dazu den gewünschten Ordner auf dem lokalen Rechner, und legen Sie anschließend fest, in welchem Ordner Sie die Sicherung auf dem Synology Drive ablegen möchten (siehe Abbildung 4.42). Hierfür wird standardmäßig der Ordner *Backup* unterhalb von */home* genutzt, und es wird ein weiteres Unterverzeichnis mit dem Hostnamen des aktuellen Rechners ergänzt. Achten Sie darauf, dass das Backup-Verzeichnis nicht durch eine andere Synchronisierungsregel versehentlich erneut auf den lokalen Rechner gespiegelt wird.

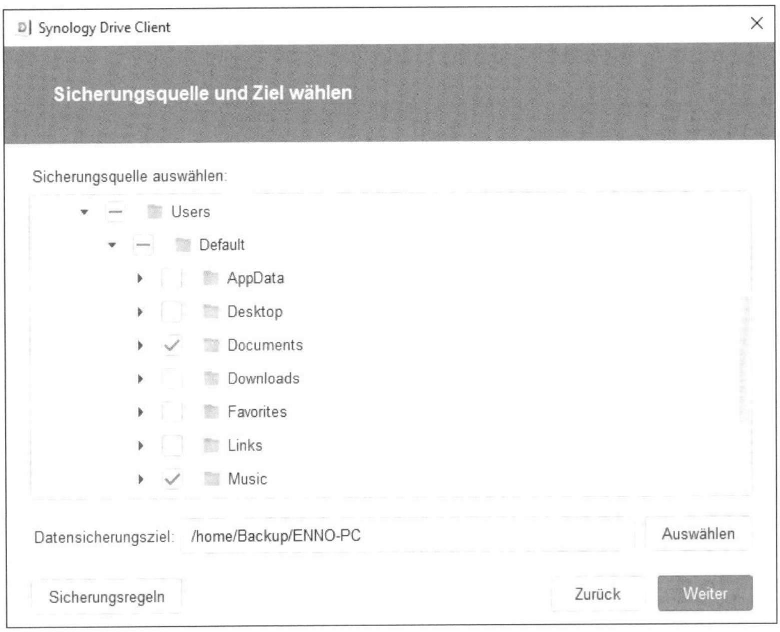

Abbildung 4.42 Wählen Sie den zu sichernden Ordner und das Speicherziel aus.

Über die Schaltfläche SICHERUNGSREGELN können Sie einzelne Dateitypen oder Dateien, die eine bestimmte Größe überschreiten, vom Backup ausnehmen (siehe Abbildung 4.43). Dabei können Sie auch einstellen, dass Dateien, die Sie lokal auf dem aktuellen Rechner löschen, auf dem Synology Drive gesichert bleiben. Dies bietet also ähnlich wie ein Papierkorb einen Schutz vor dem versehentlichen Löschen.

Auf der nächsten Seite legen Sie fest, zu welchen Zeitpunkten die Sicherung erfolgen soll. Die kontinuierliche Sicherung ist voreingestellt. Dabei werden, wie gesagt, alle Änderungen unmittelbar zum Synology Drive übertragen und es bleiben alle Versionen gemäß der Versionseinstellungen in Synology Drive erhalten. Auf Wunsch können Sie zur manuellen Erstellung per Knopfdruck oder zur geplanten Datensicherung nach Zeitplan wechseln.

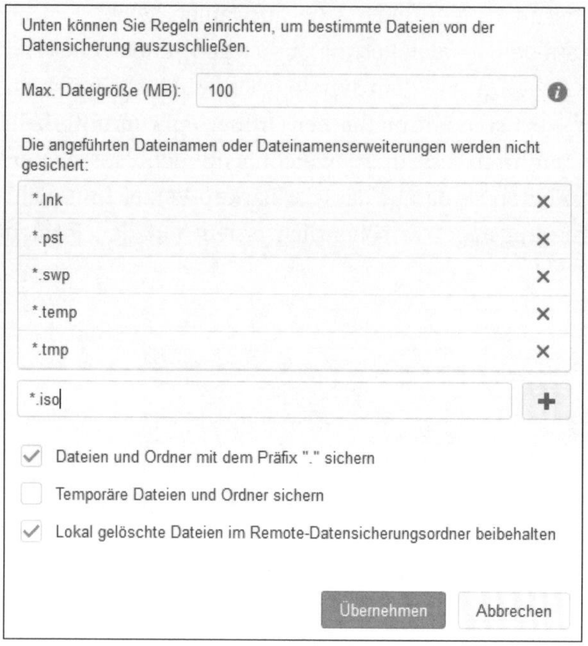

Abbildung 4.43 Über die Sicherungsregeln lassen sich bestimmte Dateien von der Sicherung ausschließen.

Der Aufbau der folgenden Seite ist von der gewählten Option abhängig. Haben Sie sich für die Sicherung nach einem Zeitplan entschieden, so müssen Sie diesen nachfolgend festlegen. Abschließend sehen Sie eine Zusammenfassung.

Die Datensicherung wird anschließend gemäß Ihren Einstellungen sofort gestartet, und die Registerkarte Datensicherungsaufgabe informiert Sie über den Verlauf (siehe Abbildung 4.44). Dort können Sie die zuvor getätigten Einstellungen über die Schaltfläche mit den drei Punkten und den Menüpunkt Einstellungen bearbeiten.

Über die Schaltfläche Wiederherstellen öffnen Sie eine Dateianzeige (siehe Abbildung 4.45). Dort können Sie zuoberst den Zeitpunkt auswählen, zu dem Sie den Backup-Inhalt betrachten wollen. Das funktioniert im Prinzip genauso wie beim Versions-Explorer. Sie können eine gewünschte Datei auswählen und sie herunterladen oder am ursprünglichen Ort wiederherstellen.

Auch die Schaltfläche Frühere Versionen untersuchen steht hier zur Verfügung. Sie kann alternativ zur Auswahl der Zeit benutzt werden. Beachten Sie auch hier das Kontrollkästchen Gelöschte Dateien anzeigen oben rechts, das gelöschte Dateien einblendet und deren Wiederherstellung erlaubt.

Haben Sie sich für eine manuelle Sicherung entschieden, dann finden Sie auf der Registerkarte Datensicherungsaufgabe eine Schaltfläche, um diese auszulösen.

Abbildung 4.44 Die Datensicherung ist abgeschlossen.

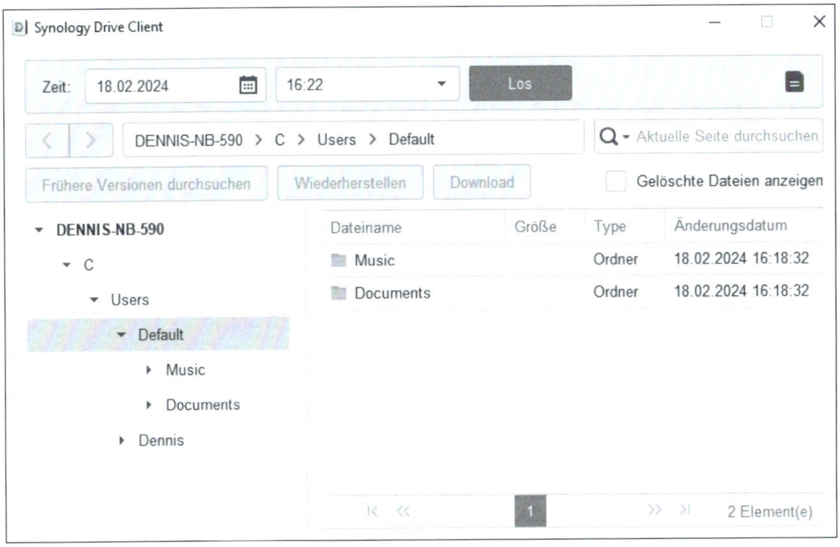

Abbildung 4.45 Bei der Wiederherstellung von Dateien besteht Zugriff auf frühere Versionen und auch auf gelöschte Dateien.

4.2.5 Synology Drive ShareSync benutzen

Mit der Zusatzanwendung *Synology Drive ShareSync* können Sie freigegebene Ordner von einer Synology-DiskStation mit einer anderen Synology-DiskStation synchronisieren. Dabei werden die Synchronisierungsfunktionen des *Synology Drive Servers* verwendet. So können Sie redundante Backups anlegen, um Dateien nach dem 3-2-1-Prinzip zu sichern.

Was ist das 3-2-1-Prinzip?

Dass Backups wichtig sind, steht außer Frage: Legen Sie unbedingt von allen wichtigen Dateien und Verzeichnissen Sicherheitskopien an.

Eine einfache Kopie bringt aber nicht viel, wenn beispielsweise durch einen Blitzschlag alle Festplatten Ihres Geräts kaputtgehen oder wenn Fehler direkt auch auf die Backup-Systeme synchronisiert werden.

Eine Lösung für dieses Problem liefert das 3-2-1-Prinzip. Es besagt, dass von wichtigen Daten

- (mindestens) drei Sicherheitskopien angefertigt werden sollten,
- die auf (mindestens) zwei verschiedenen Speichermedien abgelegt werden,
- und (mindestens) eines dieser Speichermedien sollte an einem anderen Ort aufbewahrt werden.

Auf diese Weise sind die Daten gut geschützt. Sollte eine Sicherheitskopie versehentlich gelöscht oder beschädigt werden, dann stehen noch (mindestens) zwei weitere zur Verfügung. Wenn eines der Speichermedien beschädigt wird, dann gibt es noch ein anderes. Sollte ein Speichermedium aufgrund eines Elementarereignisses zerstört werden, dann existiert an einem anderen Ort noch ein weiteres mit dem gesamten Datenbestand. Gerade zur Erfüllung des letzten Kriteriums ist Synology ShareSync sehr gut geeignet.

Bevor Sie beginnen, müssen Sie zunächst auf der ersten DiskStation einen freigegebenen Ordner erstellen und ihn mit den gewünschten Dateien bestücken. Es gibt keine besonderen Anforderungen an diesen Ordner: Sie können die üblichen Parameter einstellen, die über das Modul FREIGEGEBENER ORDNER in der Systemsteuerung verfügbar sind.

Anschließend müssen Sie diesen Ordner als Team-Ordner in das *Synology Drive* einbinden. Wie Sie dies in der *Synology Drive Admin*-Konsole erledigen, haben wir Ihnen schon zuvor in Abschnitt 4.2.1, »Den Synology Drive Server installieren und konfigurieren«, gezeigt. Auch hierbei gelten keine weiteren Anforderungen; Sie können sich also beispielsweise für eine beliebige Anzahl an vorgehaltenen Dateiversionen entscheiden.

Auf dem Zielgerät müssen Sie keinen freigegebenen Ordner anlegen, denn dieser wird durch die Anwendung automatisch erstellt. Es ist allerdings möglich, einen bereits bestehenden Ordner bei der Konfiguration auszuwählen.

Starten Sie anschließend auf dem Zielgerät die Anwendung *Synology Drive ShareSync*, die automatisch im Hauptmenü eines Administrators verfügbar ist, sobald der

Synology Drive Server installiert wurde. Wir bezeichnen dieses Gerät fortan als lokales Gerät. Das Gerät mit den Quelldaten nennen wir Remote-Gerät (siehe Abbildung 4.46).

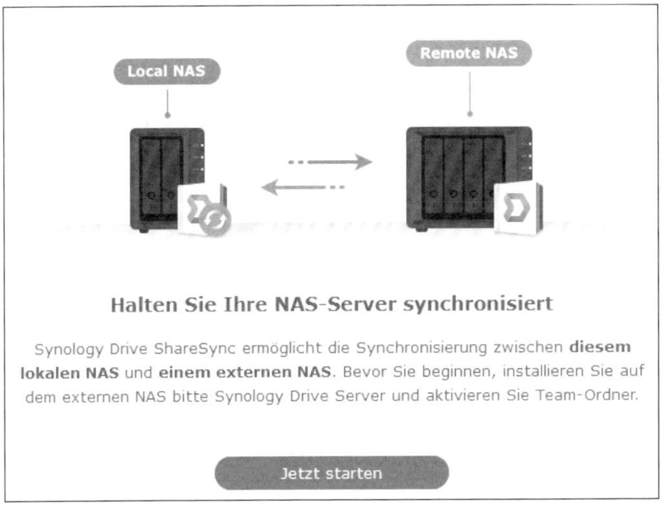

Abbildung 4.46 »Synology Drive ShareSync« nutzt die Synchronisierungsfunktionen, um Daten zwischen zwei NAS-Geräten zu synchronisieren.

In der Anwendung müssen Sie eine Verbindung zur Remote-DiskStation herstellen. Sie können dafür ein Administratorkonto nutzen (siehe Abbildung 4.47). Es ist aber genauso möglich, ein normales Benutzerkonto zu verwenden, obwohl das Kernprogramm nur von einem Administrator aufgerufen werden kann. Damit ein normales Benutzerkonto verwendet werden kann, ist es erforderlich, dass dieses über die erforderlichen Lese- und Schreibberechtigungen verfügt.

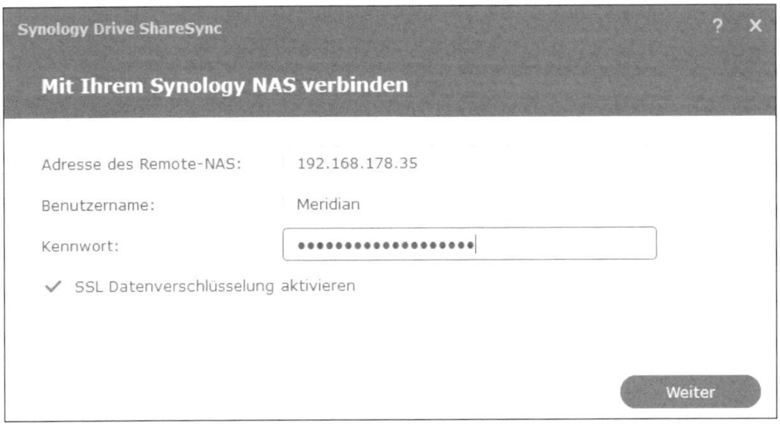

Abbildung 4.47 Melden Sie sich am Remote-NAS-Gerät mit einem Administratorkonto an.

Die Verbindung kann nicht nur im lokalen Netzwerk, sondern auch über das Internet aufgebaut werden. Achten Sie dabei darauf, dass der Synology Drive Server auf dem Remote-Gerät über das Internet angesprochen werden kann. Für die Dateisynchronisierung wird der TCP-Port 6690 verwendet, die übrigen Funktionen erfordern Zugang über den TCP-Port 5001 (für eine verschlüsselte Verbindung).

Nach der Anmeldung können Sie die auf dem Remote-Gerät verfügbaren Team-Ordner auswählen (siehe Abbildung 4.48). Auf der nächsten Seite des Konfigurationsassistenten wählen Sie den Ordner auf dem lokalen Gerät aus, der mit dem Inhalt des Remote-Ordners synchronisiert werden soll.

Abbildung 4.48 Wählen Sie die auf dem Remote-Gerät verfügbaren Team-Ordner aus, auf die der gewählte Nutzer Zugriffsrechte hat.

Synology Drive ShareSync möchte als Voreinstellung einen neuen freigegebenen Ordner anlegen, der dieselbe Bezeichnung trägt wie der Remote-Ordner. Wenn Sie hiermit nicht einverstanden sind, klicken Sie auf die Schaltfläche BEARBEITEN und stellen im neuen Fenster auf der Registerkarte ORDNER einen anderen Zielordner ein.

Im Bereich ORDNERBASIERTE SELEKTIVE SYNCHRONISIERUNG ist es möglich, Unterverzeichnisse des Remote-Ordners von der Synchronisierung auszunehmen (siehe Abbildung 4.49). Eine weitere Konfiguration können Sie mit einem Dateifilter auf der gleichnamigen Registerkarte vornehmen. Außerdem lässt sich auf der Registerkarte SYNCHRONISATIONSMODUS die Arbeitsweise des Programms anpassen: Dateien lassen sich auf Wunsch auch nur in eine Richtung kopieren.

Sobald Sie auf die Schaltfläche FERTIG klicken, ist die Konfiguration abgeschlossen und das Programm beginnt mit der Synchronisierung des Datenbestands.

Sie kehren zum Hauptprogramm zurück, wo die Synchronisierungsaufgabe angezeigt wird (siehe Abbildung 4.50). Dort können Sie eine weitere Aufgabe über die

+-Schaltfläche anlegen. Die bestehende Aufgabe kann mit den zuvor gezeigten Optionen angepasst werden. Über die Einstellungen des Programms (zugänglich über die Schaltfläche mit dem Zahnradsymbol) können Sie festlegen, wie mit eventuellen Versionskonflikten umgegangen wird, die etwa dann entstehen, wenn auf beiden Geräten ohne aktive Netzwerkverbindung die Dateien verändert wurden.

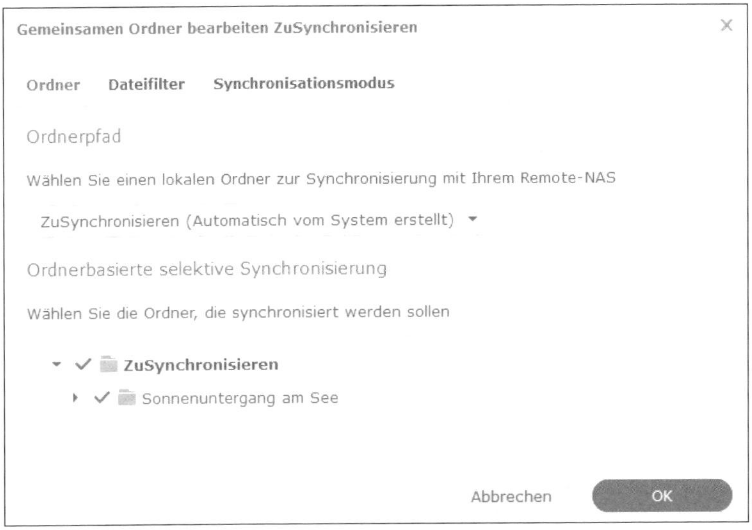

Abbildung 4.49 Die Synchronisierung kann auf Wunsch weiter konfiguriert werden.

Abbildung 4.50 Die Synchronisierungsaufgabe wurde angelegt und wird fortlaufend bearbeitet.

Wenn Sie mögen, können Sie natürlich die Rolle der beiden Geräte auch vertauschen. Es ist auch möglich, auf dem Gerät, auf dem die Verbindung eingerichtet wird, mit einem leeren Ordner zu beginnen.

Die Anwendung Synology Drive ShareSync bekommt auf dem jeweils anderen Gerät nichts von der Synchronisierungsaufgabe mit. Die Anwendung zeigt dort ein leeres Fenster ohne Einträge. Stattdessen gibt es auf dem Gerät einen Eintrag in der Client-Liste der Synology Drive Admin-Konsole. Sie sollten also überlegen, welches Gerät die Rolle des Remote-Gerätes übernehmen soll.

4.2.6 Mit Synology Office gemeinsam Dokumente bearbeiten

Eng mit dem Synology Drive (Server) verbunden ist das *Synology Office*. Dabei handelt es sich um eine Office-Suite, die im Browser ausgeführt wird und die die Bearbeitung der üblichen Office-Dokumente (Textdokumente, Tabellenblätter und Präsentationen) ermöglicht. Synology Office kann auch die Microsoft-Dateitypen importieren und exportieren und ist damit zu Microsoft Office kompatibel. Leider ist es jedoch wahrscheinlich, dass anspruchsvolle Formatierungen verrutschen und Makros nicht funktionieren.

Der Funktionsumfang von Synology Office ist zwar im Vergleich zu klassischen Desktop-Programmen wesentlich eingeschränkt, bringt aber zumindest alles mit, was Sie für Alltagsaufgaben brauchen. Die Stärke dieser Anwendungssammlung liegt darin, dass Dokumente von mehreren Benutzern gleichzeitig bearbeitet werden können und dass dabei alle Änderungen in Echtzeit zu den anderen Nutzern übertragen werden. Das gemeinsame Erstellen und Revidieren eines Textes ist also problemlos möglich.

Wenn die Nutzung durch eine größere Anzahl an Nutzern erfolgen soll, dann sollte die DiskStation allerdings über geeignet bemessene Systemressourcen verfügen. Wenn es sich nur um ein kleineres Projekt (etwa für eine Schularbeit) handelt, bei dem zwei bis drei Personen gleichzeitig aktiv sind, dann kann dies aber auch eine kleinere DiskStation problemlos bewältigen. Der Zugriff auf die Anwendung ist auch über das Internet möglich. Die Daten werden dabei auf der DiskStation abgespeichert, und es kann auch die Versionsverarbeitung durch Synology Drive genutzt werden.

Synology Office kann über das Paket-Zentrum installiert werden, wie wir es in Abbildung 4.51 getan haben.

Es integriert sich anschließend in *Synology Drive* und nutzt dieselben Zugangsberechtigungen. Bei berechtigten Nutzern ändert sich anschließend die Schaltfläche ERSTELLEN im Webinterface von Synology Drive. Über sie können jetzt nicht nur neue

Ordner, sondern auch Dateien des Synology Office erstellt werden (siehe Abbildung 4.52). Sie können dabei auch auf einige Vorlagen zugreifen, die als ein Startpunkt für verschiedene Dokumente dienen. Auf Wunsch können Office-Dateien mit einem Passwort verschlüsselt werden.

Abbildung 4.51 »Synology Office« kann als Zusatzpaket für »Synology Drive« direkt über das Paket-Zentrum installiert werden.

Abbildung 4.52 Nach der Installation können Sie in »Synology Drive« Office-Dateien erstellen.

Wenn Sie eine Office-Datei über Synology Drive erstellt haben, dann trägt diese zunächst keinen Namen. Den Namen legen Sie dann in der Office-Anwendung fest: Klicken Sie oben rechts auf den farbigen Eintrag OHNE TITEL, und geben Sie den gewünschten Namen ein. Unter diesem Namen wird die Datei abgespeichert.

Zunächst wird ein Synology-eigenes Dateiformat verwendet. Sofern Sie die Datei nicht in einem Team-Ordner erstellt haben, gehört sie nur dem aktuellen Benutzer und kann nur von ihm eingesehen und verändert werden. Auf Wunsch können Sie weitere Benutzer zur Zusammenarbeit einladen. Klicken Sie dazu links in der vertikalen Symbolleiste auf FREIGEBEN. Wie in Abbildung 4.53 sehen Sie dann das bekannte Fenster zur Freigabe von Dateien.

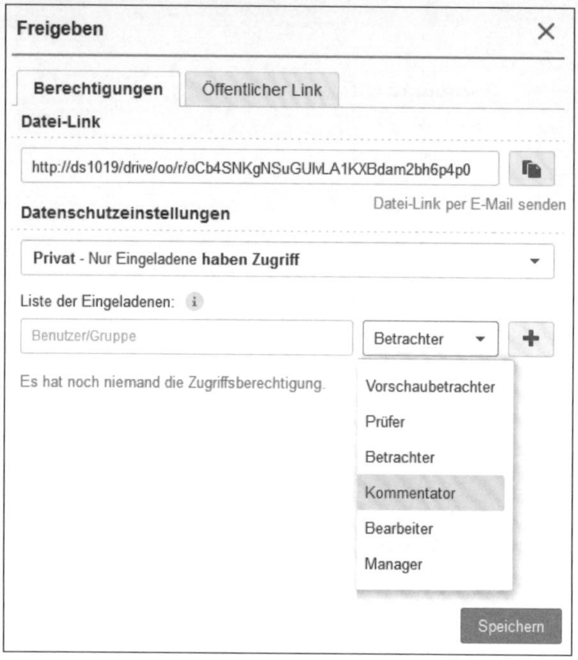

Abbildung 4.53 Bei der Freigabe von Office-Dateien gibt es einige zusätzliche Berechtigungen.

Office-Dateien können jedoch noch weitere Berechtigungen erhalten. So kann eine Person beispielsweise als Kommentator eingeladen werden. Dadurch kann sie ein Dokument mit Kommentaren versehen, es aber nicht weiter verändern, wie etwa im Beispiel aus Abbildung 4.54 zu sehen ist.

Wenn Dateien in einem Team-Ordner angelegt werden, dann haben alle berechtigten Nutzer automatisch Zugriff auf das neue Dokument. Änderungen am Dokument werden in Echtzeit gespeichert und zu eventuell beteiligten anderen Nutzern übertragen.

Über das Menü DATEI • HERUNTERLADEN ALS kann das Dokument (das gilt selbstredend auch für Tabellen und Präsentationen) als PDF-Datei oder in einem Microsoft Office-Dateiformat heruntergeladen werden. Erwähnenswert ist auch noch der Versionsverlauf, der ebenfalls über das Menü DATEI zugänglich ist. Sie können sich den bisherigen Versionsverlauf und die jeweiligen Änderungen anzeigen lassen. Die gegenwärtige Version kann auch benannt und so später schnell wiedergefunden werden. Eine frühere Version lässt sich wiederherstellen oder als Kopie speichern. Der übrige Funktionsumfang ist dem klassischer Office-Programme nachempfunden und erschließt sich schnell durch einfaches Stöbern und Ausprobieren.

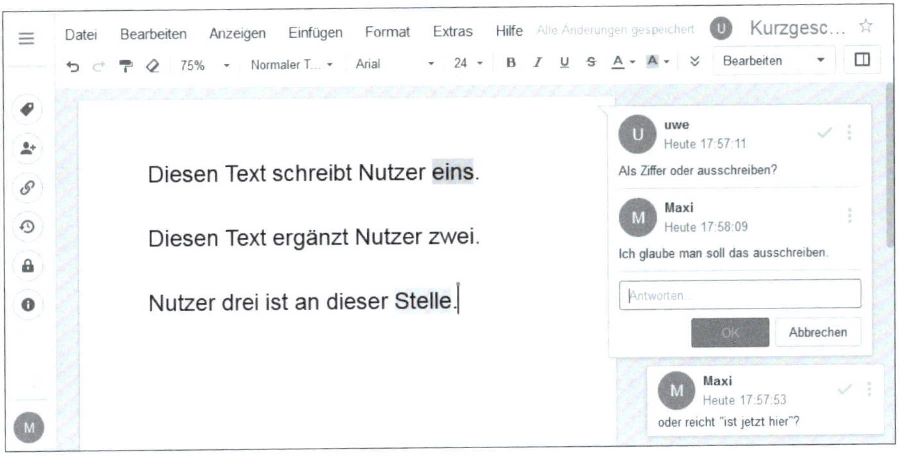

Abbildung 4.54 Dasselbe Dokument kann zeitgleich durch mehrere Benutzer bearbeitet werden.

4.3 Cloud-Dienste aus dem Internet mit der DiskStation synchronisieren

Wenn Sie bereits Cloud-Speicher wie Microsofts OneDrive oder Google Drive nutzen, können Sie diese Dienste mit Ihrer DiskStation verbinden. Mit der Anwendung *Cloud Sync* können Sie Daten aus den fremden Cloud-Angeboten mit einem Verzeichnis auf der DiskStation synchronisieren. Die DiskStation lädt geänderte Dateien aus dem Internet in das lokale Verzeichnis und lädt lokal geänderte Dateien zum Cloud-Dienst hoch. Somit haben Sie direkt über die DiskStation Zugriff auf den aktuellen Datenbestand in der Cloud und können auf die Daten mit voller lokaler Netzwerkgeschwindigkeit zugreifen.

Eine interessante Option ist die Möglichkeit, die auf der Cloud gespeicherten Daten zu verschlüsseln. Die Verschlüsselung erfolgt für den Nutzer transparent. Die lokal auf der DiskStation gespeicherten Daten sind also nicht verschlüsselt – das sind nur die Kopien in der Cloud. Auf diese Weise können Sie also auch in der Cloud vertrauliche Daten ablegen, ohne dass der Cloud-Anbieter diese auslesen kann.

Cloud Sync kann mit diversen bekannten Cloud-Angeboten umgehen. Vorkonfiguriert sind sowohl Anbieter für die private als auch für die geschäftsmäßige Nutzung im großen Stil. Auch das Hinzufügen von Anbietern, die WebDAV unterstützen, ist möglich.

Cloud Sync installieren Sie über das Paket-Zentrum (siehe Abbildung 4.55). Das Programm wird in der Kategorie DATENSICHERUNG geführt und kann nach der Installation über das Hauptmenü eines Administrators aufgerufen werden. Über die ANWENDUNGSBERECHTIGUNGEN in der Systemsteuerung kann das Programm aber auch allen anderen Nutzern zur Verfügung gestellt werden, die jeweils ihre persönlichen Cloud-Anbieter eintragen können.

Abbildung 4.55 Mit »Cloud Sync« können Sie Daten der DiskStation mit denen in einer externen Cloud-Lösung synchronisieren.

Im Hauptfenster wählen Sie zuerst aus der Liste der Cloud-Anbieter aus (siehe Abbildung 4.56). Sollte Ihr Anbieter nicht in der Liste verfügbar sein, aber Übertragungen per WEBDAV unterstützen, dann wählen Sie diesen Eintrag aus.

Auf der nächsten Seite müssen Sie die Zugangsdaten eintragen, die sich von Anbieter zu Anbieter unterscheiden. Bei einigen Anbietern sind lediglich Formularfelder auszufüllen, bei anderen erfolgt eine Freigabe über ein Web-Interface. Cloud Sync zeigt Ihnen die nötigen Eingabefelder an. Bei WebDAV-Verbindungen konfigurieren Sie die Serververbindung und das Benutzerkonto.

Danach müssen Sie wie in Abbildung 4.57 die Synchronisierungseinstellungen festlegen. Geben Sie der Verbindung einen eindeutigen Namen, und legen Sie im Feld LOKALER PFAD das Verzeichnis fest, das mit dem Inhalt des Cloud-Anbieters abgeglichen werden soll.

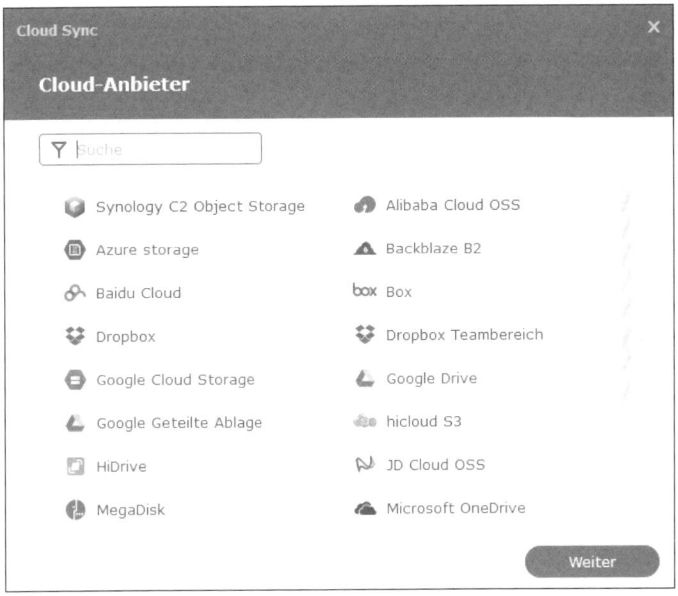

Abbildung 4.56 »Cloud Sync« kann mit diversen Cloud-Anbietern kommunizieren und unterstützt auch das WebDAV-Protokoll.

Sie können über das Feld REMOTE-PFAD auch das Verzeichnis auswählen, das beim Cloud-Anbieter verwendet werden soll. Es ist so möglich, nur einen Teil des Cloud-Speichers zu synchronisieren und etwa Backups auszuschließen.

Mit der SYNCHRONISIERUNGSRICHTUNG legen Sie fest, in welche Richtung die Daten synchronisiert werden sollen. Wenn Sie diese einschränken, führen unüberlegte Dateiänderungen auf einer Seite nicht automatisch zum Datenverlust.

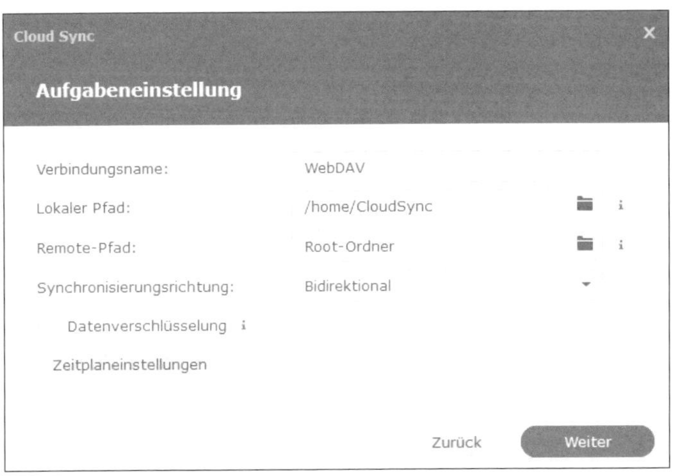

Abbildung 4.57 Passen Sie die Einstellungen für die Aufgabe an.

Aufmerksamkeit verlangt das Kontrollkästchen DATENVERSCHLÜSSELUNG. Wenn es aktiv ist, werden nur verschlüsselte Daten zum Cloud-Anbieter geladen. Diese werden unverschlüsselt auf der DiskStation gespeichert. Sie haben also lokal Zugriff auf unverschlüsselte Daten und greifen mit maximaler Geschwindigkeit darauf zu. Auf dem Cloud-Speicher sind alle Daten verschlüsselt und der Cloud-Anbieter kann diese nicht einsehen. Wenn Sie diese Option verwenden, fordert die DiskStation Sie auf, ein Passwort für die Verschlüsselung einzugeben (siehe Abbildung 4.58). Dieses dient als Schlüssel. Merken Sie es sich gut. Ansonsten würden Sie bei einem vollständigen Defekt der DiskStation auf Ihrer Cloud nur verschlüsselte Daten vorfinden, die Sie nicht mehr entschlüsseln können.

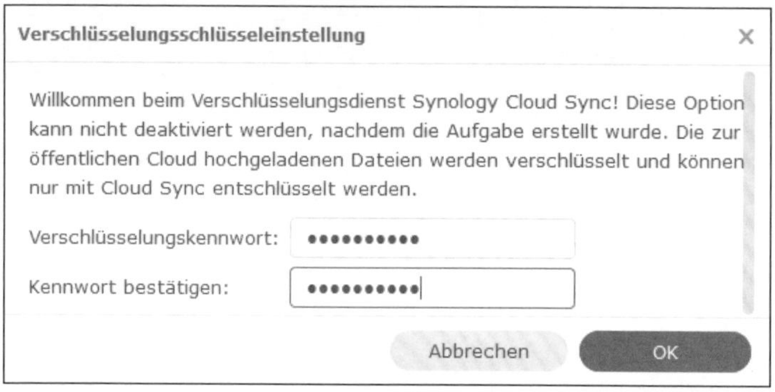

Abbildung 4.58 Legen Sie den Schlüssel für die Verschlüsselung fest, und merken Sie sich diesen gut.

Der Verschlüsselungsschlüssel wird abschließend im Browser in Dateiform heruntergeladen. Mit der Datei können Ihre Daten ebenfalls entschlüsselt werden. Bewahren Sie die Datei daher sicher auf. Beachten Sie, dass die Verschlüsselung nur neu auf die Cloud hochgeladene Dateien betrifft.

Abschließend können Sie die Synchronisierung über einen Zeitplan steuern und sie beispielsweise nur nachts ablaufen lassen, wenn das System wenig ausgelastet ist (siehe Abbildung 4.59).

Wenn Sie alles eingerichtet haben, beginnt die Synchronisation und der Datenbestand wird abgeglichen. Wenn dieser Vorgang beendet ist, finden Sie im lokalen Ordner der DiskStation denselben Datenbestand wie beim Cloud-Anbieter. Das Fenster von Cloud Sync informiert stets über den aktuellen Stand. Sie können weitere Synchronisierungen hinzufügen oder bereits bestehende bearbeiten. Auch der Zeitplan lässt sich anpassen. Außerdem zeigt die Registerkarte VERLAUF Ihnen stets an, welche Dateien wann übertragen wurden. In den Einstellungen lässt sich unter anderem die Datentransferrate limitieren.

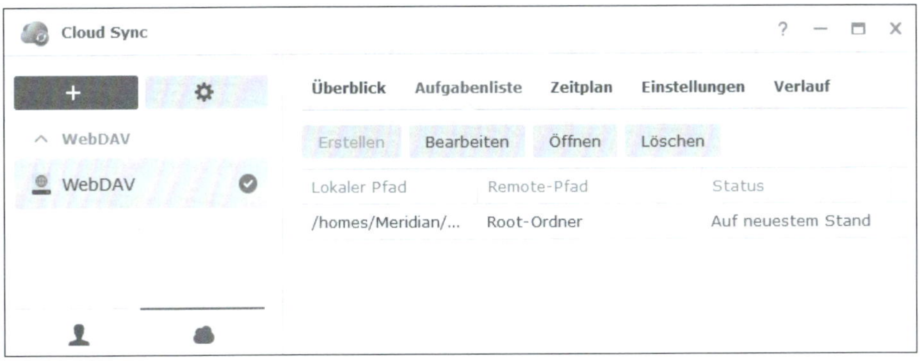

Abbildung 4.59 »Cloud Sync« zeigt Ihnen alle Synchronisierungsaufgaben an.

Wenn Cloud Sync eingerichtet ist, dann informiert ein neues Symbol oben rechts in der Taskleiste über den Synchronisierungsverlauf (siehe Abbildung 4.60). Es bietet die Möglichkeit, den Datenbestand unmittelbar abzugleichen oder den Abgleich zu pausieren.

Abbildung 4.60 In der Taskleiste informiert ein neues Symbol (hier ganz links gezeigt) über die Aktivität von »Cloud Sync«.

4.4 Den VPN-Server der DiskStation nutzen

Auf der DiskStation kann ein VPN-Server betrieben werden, der Clients aus dem Internet einen sicheren Zugang zu den Diensten der DiskStation und den Zugriff auf das lokale Netzwerk ermöglicht. Auch die Möglichkeit, den kompletten Internetverkehr über die geschützte VPN-Verbindung zu leiten, gehört zum Funktionsumfang.

Der VPN-Server der DiskStation unterstützt die Protokolle PPTP, OpenVPN und L2TP/IPSec und kann gleichzeitig von mehreren Clients genutzt werden.

Wir möchten Ihnen einiges Hintergrundwissen zu den eingesetzten Protokollen nicht vorenthalten, damit Sie nachvollziehen können, warum wir Ihnen zum Einsatz von L2TP/IPSec raten. Wenn Sie direkt zur Konfiguration der VPN-Verbindung springen möchten, picken Sie sich die jeweilige Option ab Abschnitt 4.4.3 heraus.

4.4.1 Ein wenig Theorie: VPN-Protokolle

Ihre DiskStation bietet Ihnen drei Möglichkeiten für VPN-Zugriffe an, die Sie sich zunächst kurz in der Theorie anschauen sollten. Ab Abschnitt 4.4.2 setzen wir dann die Konfiguration in die Praxis um.

Point-to-Point Tunneling Protocol (PPTP)

Das *Point-to-Point Tunneling Protocol* (PPTP) ist ein seit vielen Jahren verfügbares Protokoll für VPN-Verbindungen, das direkt auf dem Internet-Protokoll IP aufbaut. Durch Nutzung des heutzutage exotisch anmutenden *Generic Routing Encapsulation Protocols* (GRE) wird insgesamt ein Tunnel für das *Point-to-Point Protocol* (PPP) gebildet. Es ist daher erforderlich, dass Router und Firewalls der beteiligten Netzwerkgeräte (auf der Serverseite) eine Weiterleitung von GRE-Daten zur DiskStation ermöglichen, ansonsten können keine PPTP-Verbindungen aufgebaut werden.

Selbst wenn entsprechende Freigaben eingerichtet werden können, sollten Sie von VPN-Verbindungen auf PPTP-Basis dringend Abstand nehmen, da PPTP nach heutigen Maßstäben keine sichere Datenverschlüsselung bietet: Das Verschlüsselungsverfahren kann mit überschaubarem Aufwand umgangen werden. PPTP-Verbindungen sollten daher, wenn überhaupt, nur für einen kurzen Zeitraum und auch dann nur, wenn es unbedingt erforderlich ist, aufgebaut werden. Geben Sie sonst den beiden andern VPN-Verfahren in jedem Fall den Vorzug, auch wenn diese etwas aufwendiger einzurichten sind. Nur aus Bequemlichkeit sollte auf keinen Fall PPTP verwendet werden!

OpenVPN

Bei OpenVPN handelt es sich um ein Open-Source-Projekt, das VPN-Verbindungen über UDP bzw. (auf Wunsch) über TCP aufbaut und zur Verschlüsselung TLS verwendet. Bei der Entwicklung von OpenVPN wird der Sicherheit große Beachtung geschenkt, sodass nicht nur zur Verschlüsselung des Datentransfers, sondern auch zur gegenseitigen Authentifikation mehrere Methoden genutzt werden können.

Neben einer einfachen Authentifikation über ein gemeinsam genutztes Passwort bietet OpenVPN auch die Möglichkeit, SSL-Zertifikate zu nutzen, die zumeist von einer persönlichen Zertifizierungsstelle erzeugt werden. OpenVPN stellt an die Hardware von Server und Client keine großen Ansprüche und kann, insbesondere wenn die Verschlüsselung durch Hardwarefunktionen unterstützt wird, auch hohe Datentransferraten erreichen. Es kann problemlos auf einem Raspberry Pi betrieben werden (das gilt auch für Clients) und somit auch auf leistungsschwächeren DiskStations laufen.

Die Konfiguration von OpenVPN ist (da viele Optionen geboten werden) nicht ganz trivial, und Sie müssen aufpassen, dass Server und Client dieselben Einstellungen verwenden. Bei der Einrichtung von OpenVPN-Verbindungen schadet es gewiss nicht, wenn man etwas Wissen über Verschlüsselungsverfahren bzw. etwas Wissen über moderne kryptografische Verfahren mitbringt. Außerdem erfordern OpenVPN-Verbindungen clientseitig oftmals die Installation zusätzlicher Software, weil die erforderlichen Client-Funktionen im Regelfall nicht in modernen Betriebssystemen eingebaut sind. VPN-Verbindungen auf Basis von OpenVPN sind daher für den Einstieg nicht unbedingt die erste Wahl.

L2TP/IPSec

Eine VPN-Verbindung auf Basis von L2TP/IPSec ist eine interessante Alternative zu OpenVPN-Verbindungen, die ohne viel Aufwand leicht eingerichtet werden kann. Beim L2TP/IPSec-Verfahren kommen zwei Protokolle zum Einsatz:

- Das L2TP ist das *Layer 2 Tunneling Protocol*. Es arbeitet im TCP/IP-Protokollstapel weit oben auf der Anwendungsschicht und setzt auf UDP auf. Es überträgt allerdings (PPP-)Frames auf Layer 2 des ISO/OSI-Schichtenmodells. Es baut also gewissermaßen über eine UDP-Verbindung einen Tunnel für PPP-Frames auf und ist damit für viele Anwendungen geeignet. Die PPP-Frames können dann wiederum IP-Nutzdaten enthalten.
- Das L2TP sieht an sich zwar diverse Authentifikationsmechanismen vor, aber keine Verschlüsselung des Datenverkehrs. Diese wird bei VPN-Verbindungen durch das zweite Protokoll, das IPSec, bereitgestellt. Die Abkürzung steht für *Internet Protocol Security*.

Mit der Kombination aus L2TP und IPSec sind robuste und sichere VPN-Verbindungen über das Internet möglich.

Die beiden Protokolle haben jeweils zahlreiche Konfigurationsoptionen und können mit einfachen Methoden (etwa für den privaten Einsatz) und mit umfangreichen Funktionen (für den Einsatz in einem Unternehmen) ausgestattet werden. Auf der DiskStation wird ein überschaubarer Funktionsumfang abgebildet, weswegen sich hier eine L2TP/IPSec-Verbindung für den Einsatz im privaten Bereich und in einem kleineren Unternehmen eignet. An L2TP/IPSec-Verbindungen ist vorteilhaft, dass Client-Dienste in allen modernen Betriebssystemen (sowohl auf Desktop-Computern als auch auf Mobilgeräten) vorhanden sind.

4.4.2 Den VPN-Dienst installieren

Unter dem DSM können Sie die genannten VPN-Server mit der Anwendung *VPN Server* einrichten, die unkompliziert über das Paket-Zentrum installiert werden kann (siehe Abbildung 4.61).

VPN Server befindet sich in den Kategorien DIENSTPROGRAMME und VERWALTUNG und ist schnell installiert. Die Anwendung kann anschließend aus dem Hauptmenü eines Administrators aufgerufen werden, und auch nur ein Administrator kann *VPN Server* einrichten und konfigurieren. VPN-Verbindungen können anschließend aber auch normale Nutzer aufbauen. Das Recht zum Verbindungsaufbau kann direkt in *VPN Server* eingestellt werden, wobei per Voreinstellung jeder Benutzer eine VPN-Verbindung herstellen darf.

Wir zeigen Ihnen in diesem Abschnitt erst einmal, wie Sie die Server-Dienste konfigurieren und wie Sie Client-Verbindungen einrichten, denn momentan ist dort noch alles leer, wie Abbildung 4.62 zeigt. Anschließend lernen Sie in Abschnitt 4.4.6 die übrigen Einstellmöglichkeiten von *VPN Server* kennen, zu denen auch die Rechtesteuerung zählt.

Abbildung 4.61 Die Software »VPN Server« ermöglicht den Aufbau von VPN-Verbindungen zur DiskStation und in das lokale Netzwerk.

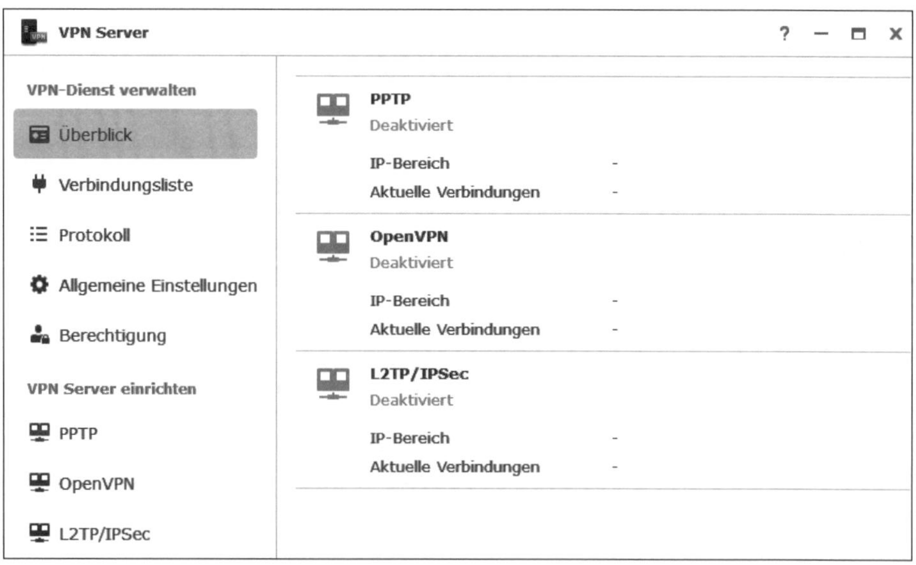

Abbildung 4.62 »VPN Server« hat zunächst noch keine aktivierten Serverdienste, wie die Registerkarte »Überblick« zeigt.

Die Servereinstellungen mit Hyper Backup sichern

Denken Sie daran, dass Sie mit dem Programm *Hyper Backup* (vorgestellt in Abschnitt 8.1, »Daten der DiskStation mit Hyper Backup sichern«) auch Anwendungseinstellungen sichern und wiederherstellen können. Gerade beim Experimentieren mit VPN-Server-Einstellungen ist es praktisch, wenn man ein Backup mit einer funktionierenden Konfiguration zur Hand hat.

Auch wenn es nicht sonderlich bequem ist, können Sie über die Backup-Funktion mehrere VPN-Profile verwalten – eine Funktion, die *VPN Server* bisher fehlt. Legen Sie ein normales Backup in Hyper Backup an, mit dem Sie keine Daten, sondern lediglich die Anwendungskonfiguration für den VPN-Server sichern. Diese Art der Sicherung können Sie auch zu einer bereits vorhandenen Backup-Aufgabe hinzufügen.

4.4.3 VPN über PPTP

In den nächsten Abschnitten zeigen wir Ihnen immer zuerst, wie Sie den Serverdienst auf der DiskStation einrichten. Darauf folgt dann die Konfiguration des Clients, also beispielsweise Ihres Smartphones oder Laptops.

Wir haben ja schon in der Einleitung erklärt, dass das PPTP-Verfahren nicht mehr sicher ist. Kümmern wir uns trotzdem schnell um seine Einrichtung, falls Sie den Dienst doch noch brauchen.

Einen PPTP-Server einrichten

Die Konfiguration eines PPTP-Servers nehmen Sie im Programm *VPN Server* auf der Registerkarte PPTP vor (siehe Abbildung 4.63). Dort wird der PPTP-VPN-Server aktiviert und deaktiviert.

Die Anzahl an Konfigurationsoptionen ist überschaubar. Sie müssen die IP-Basisadresse festlegen, die vom VPN genutzt wird. Die Voreinstellung lautet 10.0.0.0, und der genutzte Adressbereich sollte sich nicht mit anderen Netzwerken überschneiden. Legen Sie dann die maximal zulässige Anzahl an VPN-Verbindungen fest. In Ihrem eigenen Interesse sollten Sie so wenige Verbindungen wie möglich zulassen.

Wählen Sie dann die gewünschte Methode zur Authentifizierung. Hier bietet es sich an, das Verfahren *MS-CHAP v2* zu verwenden, da es auf vielen Geräten unterstützt wird.

Auch wenn die Verschlüsselung von PPTP-Verbindungen als gebrochen betrachtet werden muss, sollten Sie die MPPE-Verschlüsselung einschalten, denn ein geringer Schutz ist immer noch besser als gar kein Schutz.

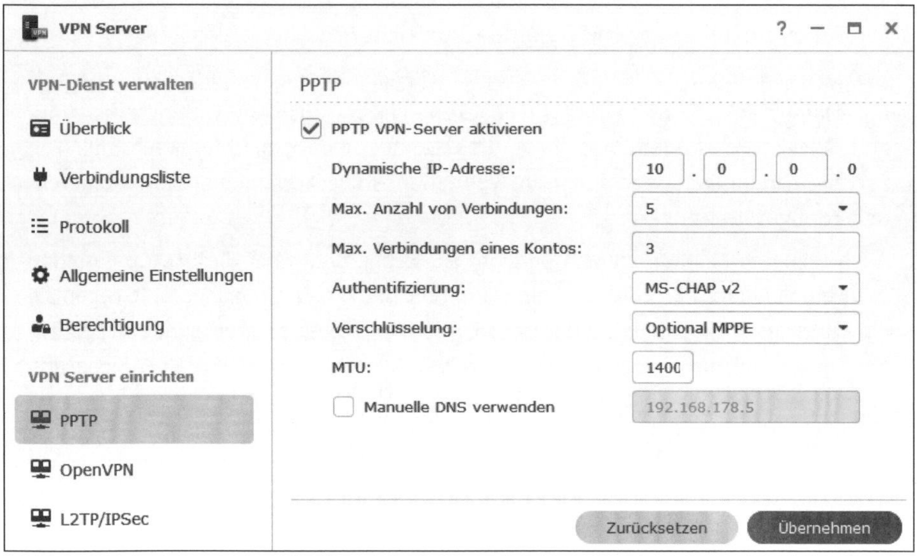

Abbildung 4.63 PPTP-Verbindungen sollten heutzutage nicht mehr genutzt werden, denn ihre Datenverschlüsselung ist unsicher.

Den Wert für die Paketgröße MTU müssen Sie nur verändern, wenn es die Netzwerkkonfiguration erfordert, was bei modernen und üblichen direkten Internetverbindungen nicht der Fall sein sollte. Auch ein eigener DNS-Server ist nur dann einzutragen, wenn es über die VPN-Verbindung Probleme bei der Namensauflösung von Internetadressen gibt.

Nach Einrichtung des PPTP-Servers müssen Sie sicherstellen, dass die DiskStation über das Internet erreichbar ist, und zwar über:

- Port 1723 des TCP
- das *Generic Routing Encapsulation Protocol* (GRE), Protokollnummer 47

Einen PPTP-Client einrichten

Eine Client-Verbindung für das PPTP ist sehr einfach einzurichten, wenn Sie Windows auf dem Desktop oder Android auf einem Mobilgerät verwenden. Dort ist ein PPTP-Client auch in den aktuellsten Versionen (noch) direkt in das Betriebssystem eingebaut.

Unter Windows 10 oder 11 geben Sie den Suchbegriff »VPN« in das Suchfeld der Taskleiste ein und öffnen dann die VPN-Einstellungen.

Klicken Sie im neuen Fenster auf den Eintrag VPN-Verbindung hinzufügen und wählen Sie nachfolgend den VPN-Anbieter Windows (integriert) aus. Dann öffnet sich das Menü aus Abbildung 4.64.

In das Feld VERBINDUNGSNAME können Sie eine beliebige Bezeichnung eintragen. Das Feld SERVERNAME ODER IP-ADRESSE füllen Sie mit der Domain Ihrer DiskStation oder mit deren öffentlicher IP-Adresse.

Den VPN-Typ stellen Sie auf POINT-TO-POINT-TUNNELING-PROTOKOLL (PPTP). Verwenden Sie beim ANMELDEINFORMATIONSTYP die Option BENUTZERNAME UND KENNWORT, und tragen Sie die beiden Werte in die dazugehörenden Felder ein. Sie müssen hier die Zugangsdaten des angedachten Benutzerkontos auf der DiskStation verwenden. Damit ist die Verbindung fertig konfiguriert. Sie wird im VPN-Fenster gelistet und kann hier aufgebaut und auch wieder getrennt werden.

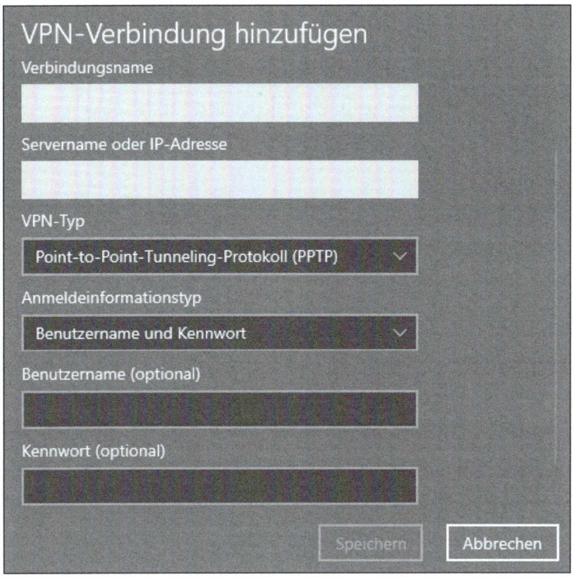

Abbildung 4.64 Tragen Sie im Windows-Dialog die Einstellungsdaten für die Verbindung ein.

Auf einem Mobilgerät, das unter Android läuft, können Sie ein VPN ebenso einfach hinzufügen. Öffnen Sie die Einstellungen des Geräts und darin die Sektion VPN. Tippen Sie auf VPN HINZUFÜGEN.

Auf der neuen Seite können Sie die Verbindung konfigurieren. Geben Sie der Verbindung einen Namen, und stellen Sie ihren TYP auf PPTP ein. Sie müssen dann dieselben Daten eingeben, die auch unter Windows erforderlich sind, also die Domainbezeichnung oder IP-Adresse der DiskStation und die Anmeldedaten des Benutzerkontos. Achten Sie darauf, dass Sie dieselben Verschlüsselungseinstellungen verwenden, die Sie auf der DiskStation aktiviert haben.

Ein VPN-Client für PPTP-Verbindungen ist auch unter Ubuntu integriert. Dort können Sie eine PPTP-Verbindung einfach über den Network Manager einrichten, der direkt über die grafische Oberfläche konfiguriert werden kann. Wenn Sie aber ein Gerät nutzen, dass unter iOS arbeitet, dann werden Sie keinen Erfolg haben: Schon vor einigen Jahren wurde die Unterstützung für PPTP aus diesem Betriebssystem entfernt, da das Protokoll als unsicher gilt und nicht mehr verwendet werden sollte.

4.4.4 VPN über OpenVPN

Die Konfiguration einer VPN-Verbindung über OpenVPN ist sicher, allerdings gerade auf dem Client nicht ganz so einfach.

Einen OpenVPN-Server einrichten

Die Einrichtung und Aktivierung eines OpenVPN-Servers auf der DiskStation erfolgt auf der Registerkarte OPENVPN (siehe Abbildung 4.65). Dort können Sie über das erste Kontrollkästchen den Server aktivieren und auch wieder abschalten, wenn Sie ihn nicht mehr brauchen.

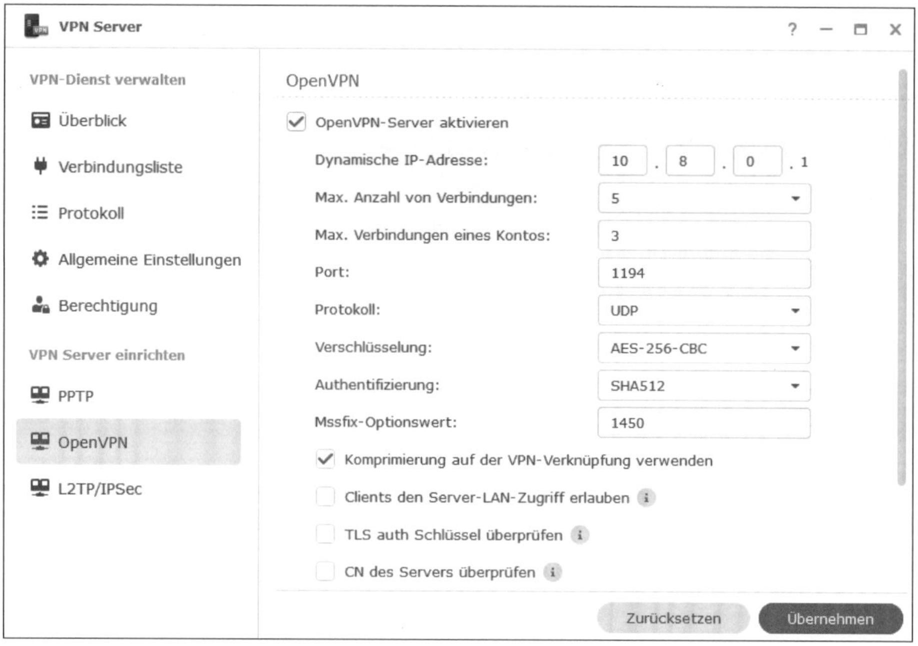

Abbildung 4.65 Auf der Registerkarte »OpenVPN« wird der VPN-Server für OpenVPN-Verbindungen konfiguriert.

Im Feld DYNAMISCHE IP-ADRESSE legen Sie das Subnetz fest, das für das VPN genutzt wird. Die Standard-Subnetzmaske lautet 255.255.255.0. Der VPN-Server (also die DiskStation) erhält stets als letzte Ziffer eine 1 in der IP-Adresse, die Clients erhalten aufsteigende IP-Adressen. Ändern Sie die Voreinstellung 10.8.0.1, wenn dieses Subnetz bei Ihnen schon anderweitig verwendet wird.

Darunter legen Sie fest, wie viele gleichzeitige Verbindungen der OpenVPN-Server akzeptiert und wie viele Verbindungen gleichzeitig von ein- und demselben Konto aufgebaut werden dürfen. Die Zahl sollten Sie in Abhängigkeit von der tatsächlichen Nutzerzahl und der Leistungsfähigkeit der DiskStation wählen: Kleinere Modelle mit einem weniger leistungsfähigen Prozessor können durch zahlreiche VPN-Verbindungen stark ausgelastet werden, sodass hier eine Limitierung ratsam ist, damit die Geräte ihren eigentlichen Aufgaben ohne größere Einschränkungen nachkommen können. Beachten Sie, dass die Subnetzgröße für das VPN auch bei einer kleinen Anzahl an maximalen Verbindungen stets auf 256 IP-Adressen festgelegt ist (Subnetzmaske 255.255.255.0).

In den Feldern PORT und PROTOKOLL legen Sie fest, über welchen Weg OpenVPN die VPN-Verbindung aufbaut. In der Standardeinstellung wird UDP auf Port 1194 genutzt. Es ist möglich, auf TCP zu wechseln, was jedoch üblicherweise die zweite Wahl ist, weil es sonst zu unnötigem Overhead kommen kann, wenn in einem TCP-Tunnel weitere TCP-Pakete geführt werden, sodass es zu einer Anhäufung von TCP-Fehlermeldungen bei Paketverlusten kommen kann. Wenn der VPN-Tunnel hingegen UDP verwendet, so führen UDP-Verluste nur zu TCP-Meldungen der Pakete innerhalb des Tunnels.

Wenn Sie nichts gegen *Security through obscurity* haben, dann können Sie den Port verändern, wobei der Sicherheitsgewinn dank der vielfältigen OpenVPN-Sicherungsmechanismen eher gering ist. Ändern Sie den Port auf alle Fälle, wenn er bei Ihnen bereits durch andere OpenVPN-Server genutzt wird.

Das Feld VERSCHLÜSSELUNG legt den Verschlüsselungsalgorithmus fest, der bei der Übertragung der eigentlichen Datenpakete angewendet wird und vom Authentifizierungsverfahren zu unterscheiden ist. Während für die Authentifizierung ein TLS-Verfahren mit asymmetrischer Verschlüsselung genutzt wird, wird der Nutzdatentransfer durch ein symmetrisches Verfahren verschlüsselt, dessen Schlüssel zuvor durch die TLS-geschützte Verbindung ausgetauscht wird.

Die DiskStation unterstützt die *Code-Block-Cipher*-Verfahren (CBC) auf Basis der OpenSource-Verschlüsselungsbibliothek *OpenSSL*. Für die Verschlüsselung voreingestellt ist der *Advanced Encryption Standard* (AES) mit einer Schlüssellänge von 256 Bit. Nach heutigem Wissensstand ermöglicht dieses Verfahren eine streng vertrauliche Kommunikation über unsichere Kanäle wie beispielsweise das Internet. Es sind keine relevanten Angriffsmechanismen bekannt. Sie sollten das Verschlüsselungsverfahren nur aus gutem Grund ändern.

Das Feld AUTHENTIFIZIERUNG legt das kryptografische Verfahren fest, mit dem übermittelte Datenpakete auf ihre Integrität überprüft werden. Dies ist ein Schutz gegen Datenfälschung. OpenVPN fügt zu jedem Datenpaket eine Prüfsumme hinzu. Die

Voreinstellung für das Hash-Verfahren SHA512 verspricht nach heutigem Wissensstand eine ausreichend hohe Sicherheit. Bei hoher Systemauslastung wäre auch SHA256 absolut tolerabel, was zu einer etwas höheren Transferleistung führen kann. Im Zweifelsfall belassen Sie es bei der Voreinstellung.

OpenVPN bietet die Möglichkeit, die Daten der VPN-Verbindung durch eine schnelle LZO-Kompression zu komprimieren, was den Datendurchsatz steigern kann. Selbstverständlich macht dies nur Sinn, wenn komprimierbare Daten übertragen werden. In letzter Zeit wurde ein Angriffsszenario bekannt, das VORACLE genannt wurde und das komprimierte VPN-Verbindungen betrifft. Durch die geschickte Analyse eines Datentransfers bekannten Inhalts lassen sich Rückschlüsse auf den gesamten Datenverkehr ziehen. Es wird daher empfohlen, die Datenkompression nicht zu nutzen.

Mit der Option CLIENTS DEN SERVER-LAN-ZUGRIFF ERLAUBEN richten Sie die DiskStation so ein, dass die VPN-Clients nicht nur auf die DiskStation selbst, sondern auch auf die Netzwerkgeräte im selben Subnetz zugreifen können. Dies mag etwa dann sinnvoll sein, wenn ein Mitarbeiter einer Firma auch auf andere Ressourcen im Netzwerk wie den Arbeitsplatzrechner zugreifen möchte. Die DiskStation führt dazu eine Adressübersetzung per NAT durch, und es ist nicht nötig, eine statische Route im Router des lokalen Netzwerks zu setzen.

Verbindungen über OpenVPN können mit einem HMAC vor Brute Force-Attacken geschützt werden. Ein HMAC (*Hash-based Message Authentication Code*) ist ein verschlüsselter kryptografischer Prüfwert. Nur wenn TLS-Pakete z. B. bei einer Verbindungsanforderung den korrekt verschlüsselten Prüfwert aufweisen, beginnt OpenVPN mit der Datenbearbeitung. Ansonsten wird das Paket verworfen und es werden keine weiteren Systemressourcen belegt. Die Option TLS AUTH SCHLÜSSEL ÜBERPRÜFEN sollten Sie dann aktivieren, wenn der Dienst uneingeschränkt über das Internet angeboten wird und potenzielle Angreifer von seiner Existenz wissen. OpenVPN wird dann für diese Funktion einen eigenen Schlüssel erzeugen und ihn in den Konfigurationsdaten hinterlegen.

Das Feld CN DES SERVERS ÜBERPRÜFEN gehört ebenfalls zur Sicherheitsausrüstung. Wenn es aktiviert ist, wird bei Verbindungen der Common Name (CN) des Serverzertifikats überprüft. Dies erhöht die Sicherheit gegenüber gefälschten Servern, die ungültige Zertifikate verwenden. Eine Aktivierung hat keine negativen Effekte auf die Performance.

Abschließend können Sie den OpenVPN-Server so konfigurieren, dass auch IPv6-Verkehr durch den Tunnel geleitet wird. Da die Datenpakete über einen IPv4-Tunnel geleitet werden, müssen Sie die Netzwerkschnittstelle der DiskStation für IPv6 auf den Modus 6IN4, 6TO4 oder DHCP-PD einstellen und das Netzwerkpräfix für IPv6 in das Feld PRÄFIX der OpenVPN-Serverkonfiguration übertragen.

Wenn Sie dann auf OK klicken, wird der Server eingerichtet und aktiviert. Bedenken Sie, dass Sie für die Kombination aus Port und Protokoll (standardmäßig wird der UDP-Port 1194 genutzt) nun im Router eine Freigabe einrichten müssen, damit der Server aus dem Internet erreicht werden kann.

Falls Sie sich jetzt noch etwas über das Verfahren zur Authentifizierung wundern: OpenVPN kann, wie eingangs erwähnt, mit Zertifikaten arbeiten, die eine Authentifizierung der Clients erlauben. Auch eine Anmeldung mit Benutzername und Passwort ist möglich. Wenn Zertifikate genutzt werden, dann wird für OpenVPN oftmals eine eigene (kleine) Zertifizierungsstelle eingerichtet, die Zertifikate für Server und Clients ausstellt und signiert. Die OpenVPN-Komponenten vertrauen diesen Zertifikaten, die sie mit dem öffentlichen Schlüsselt der Zertifizierungsstelle abgleichen. Auf der DiskStation werden zwar auch Zertifikate verwendet, diese werden aber in einem automatisierten Prozess erstellt und können vom Anwender nicht weiter bearbeitet werden. Sie werden mit den Zertifikaten nur ganz kurz beim Einrichten der Client-Verbindungen in Berührung kommen.

Einen OpenVPN-Client einrichten

Die Einrichtung eines OpenVPN-Clients ist nicht ganz trivial. Das liegt zum einen daran, dass OpenVPN leider noch nicht in den großen Betriebssystemen integriert ist, und zum anderen daran, dass zahlreiche Konfigurationsparameter einzustellen sind.

Zunächst einmal müssen Sie auf dem Client-Gerät die Client-Software installieren, die eine OpenVPN-Verbindung aufbaut. Relativ einfach haben es Nutzer von Ubuntu auf dem Desktop. Dort ist OpenVPN zwar ebenfalls nicht ab Werk in den *Network Manager* integriert, aber dessen Unterstützung kann einfach nachgerüstet werden, denn dafür gibt es das Paket `network-manager-openvpn`, das in den offiziellen Paketquellen integriert ist und über einen `apt install`-Befehl einfach installiert werden kann. Anschließend können im Network Manager OpenVPN-Verbindungen eingerichtet werden.

Für die anderen wichtigen Betriebssysteme gibt es die Client-Anwendung *OpenVPN Connect*, die Sie unter *https://openvpn.net/vpn-client/* kostenlos herunterladen können.

OpenVPN Connect steht nicht nur für Windows-Nutzer, sondern auch für macOS zur Verfügung und ist ebenso für den Linux-Desktop erhältlich. Es gibt auch mobile Apps für Android und iOS, die in den jeweiligen App-Stores erhältlich sind.

Eine OpenVPN-Verbindung richten Sie über eine Konfigurationsdatei ein, die in der Client-Software importiert wird. Wenn Sie den *Network Manager* unter Ubuntu verwenden, können Sie die Daten im Menü einfach von Hand eingeben oder die Datei importieren.

Die Anwendung *VPN Server* hält auf der DiskStation die benötigten Konfigurationsdateien für Sie bereit. Öffnen Sie noch einmal die Konfiguration des OpenVPN-Servers auf der DiskStation. Ganz unten finden Sie die Schaltfläche KONFIGURATIONSDATEIEN EXPORTIEREN. (Sie kann nur dann angeklickt werden, wenn der OpenVPN-Server aktiv ist.)

Wenn Sie diese Schaltfläche anklicken, erhalten Sie über einen Datei-Download ein Zip-Archiv, das die Daten für die Konfiguration von Clients enthält. Im Zip-Archiv enthalten sind eine Readme-Datei, die weitere Anweisungen enthält, und eine Konfigurationsdatei mit dem Namen *VPNConfig.ovpn*, die alle nötigen Daten für die Clients enthält.

Die Konfigurationsdatei sicher verwalten

Mit dieser Konfigurationsdatei ist der Zugriff auf Ihr Netzwerk möglich. Denken Sie daher daran, dass es sich bei ihr um vertrauliche Daten handelt. Sie sollten diese Datei daher auf einem sicheren Weg auf die Client-Rechner kopieren. Ziehen Sie in jedem Fall die Nutzung eines (sicher verwahrten) USB-Sticks oder sogar einer mechanischen Festplatte der Übertragung etwa per E-Mail vor, oder verwenden Sie eine verschlüsselte Form der Datenübertragung.

Bevor Sie die Datei übertragen und in die Client-Anwendung importieren, sind allerdings noch Anpassungen erforderlich.

Entpacken Sie das Zip-Archiv in einen Ordner Ihrer Wahl, und öffnen Sie die Datei *VPNConfig.ovpn* mit einem Texteditor (siehe Abbildung 4.66). Suchen Sie nach dem Eintrag, der mit `remote` beginnt, und ersetzen Sie in dieser Zeile den Ausdruck `YOUR_SERVER_IP` entweder durch die öffentliche IP-Adresse der DiskStation oder durch deren Domainnamen. Über diese Zeile erfährt die Client-Anwendung, wie sie den OpenVPN-Server kontaktieren kann. Die Zeile `remote` beinhaltet auch den zu kontaktierenden Port. Diesen dürfen Sie nicht verändern.

OpenVPN bietet die Möglichkeit, dass ein Client den gesamten Internetverkehr durch den VPN-Tunnel leitet. Diese Option kann interessant sein, wenn Sie dem Internetzugang an einem Remote-Standort nicht vertrauen oder wenn dort Ressourcen nicht erreicht werden können. Wenn Sie sich beispielsweise mit einem Smartphone in ein öffentliches WLAN oder mit einem Notebook in ein einfaches Hotel-WLAN eingebucht haben, werden Sie von der zusätzlichen Sicherheit der VPN-Verbindung profitieren, denn alle Aufrufe von Internetseiten werden durch das VPN geleitet und sind für den Betreiber des WLANs nicht zu lesen.

Wenn Sie diese Funktion nutzen möchten, dann suchen Sie nach der Zeile `#redirect-gateway def1` und entfernen Sie das Rautezeichen am Anfang der Zeile. Hierdurch wird das Standardgateway der Netzwerkverbindung verändert.

VPNConfig.ovpn

```
dev tun
tls-client

remote YOUR_SERVER_IP 1194

# The "float" tells OpenVPN to accept authenticated packets from any address,
# not only the address which was specified in the --remote option.
# This is useful when you are connecting to a peer which holds a dynamic address
# such as a dial-in user or DHCP client.
# (Please refer to the manual of OpenVPN for more information.)

#float

# If redirect-gateway is enabled, the client will redirect it's
# default network gateway through the VPN.
# It means the VPN connection will firstly connect to the VPN Server
# and then to the internet.
# (Please refer to the manual of OpenVPN for more information.)

#redirect-gateway def1

# dhcp-option DNS: To set primary domain name server address.
# Repeat this option to set secondary DNS server addresses.

#dhcp-option DNS DNS_IP_ADDRESS

pull
```

Abbildung 4.66 In der Konfigurationsdatei für die Client-Anwendungen müssen Sie Anpassungen von Hand vornehmen.

Troubleshooting

Sollten Sie bei der Nutzung des VPN feststellen, dass Sie keine Internetressourcen aufrufen können, dann liegt dies möglicherweise an einem fehlenden oder nicht erreichbaren DNS-Server. Probieren Sie in diesem Fall zunächst, ob eine Internetressource direkt über eine IP-Adresse aufgerufen werden kann. Wenn dem so ist, dann ändern Sie in der OpenVPN-Konfigurationsdatei die Zeile `#dhcp-option DNS DNS_IP_ADDRESS`, indem Sie den Ausdruck `DNS_IP_ADDRESS` durch die IP-Adresse eines DNS-Servers ersetzen, der über die VPN-Verbindung erreicht werden kann. Dies kann ein DNS-Server im lokalen Netzwerk der DiskStation sein. Alternativ lässt sich auch ein öffentlicher DNS-Server im Internet nutzen, wie er beispielsweise von Google unter der IP-Adresse `8.8.8.8` angeboten wird.

Wenn Sie neugierig sind, finden Sie weiter unten in der Konfigurationsdatei das vorhin angesprochene Zertifikat der eigenen Zertifizierungsstelle sowie, wenn die Funktion aktiv ist, den Schlüssel für die HMAC-Überprüfung. Beachten Sie bitte, dass Sie in der Konfigurationsdatei keine weiteren Funktionen aktivieren können, die nicht ebenso in der Serverkonfiguration hinterlegt sind.

Nachdem Sie alle erforderlichen Änderungen vorgenommen und die Datei abgespeichert haben, müssen Sie diese auf sicherem Weg auf das Client-Gerät kopieren und sie dort als Profil in der Client-Anwendung importieren. In dieser Anwendung können Sie anschließend die OpenVPN-Verbindung aufbauen und sie auch wieder trennen.

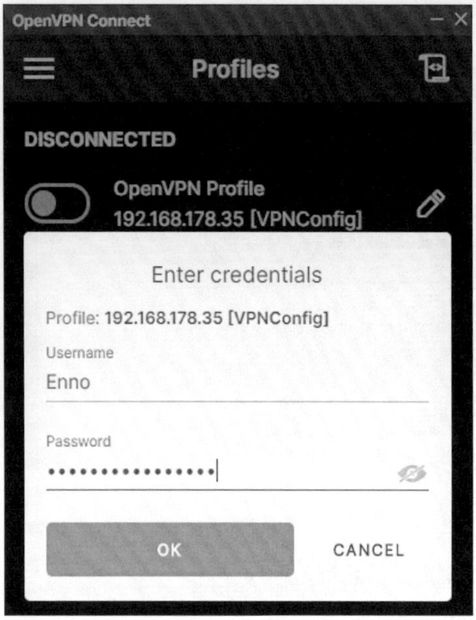

Abbildung 4.67 »OpenVPN Connect« fragt nach den Zugangsdaten eines Benutzerkontos.

Beim Verbindungsaufbau werden Sie wie in Abbildung 4.67 nach dem Nutzernamen und einem Passwort gefragt. Hier müssen Sie die Zugangsdaten eines Benutzerkontos auf der DiskStation eingeben, das berechtigt ist, OpenVPN-Verbindungen aufzubauen. (Das sind, wie schon erwähnt, zunächst alle Benutzerkonten.) Überprüfen Sie nach dem Verbindungsaufbau, ob Sie die DiskStation über deren IP-Adresse im VPN erreichen können und ob (sofern Sie die Funktion aktiviert haben) Sie den Internetzugang über die VPN-Verbindung abwickeln.

Alternativ können Sie die DiskStation und alle übrigen Geräte in deren Netzwerk auch über die üblichen lokalen IP-Adressen ansprechen. Dies funktioniert aber nur dann, wenn Sie diese Funktion in der Server-Konfiguration aktiviert haben.

4.4.5 VPN über L2TP/IPSec

Wenn Sie die Einführung mit den grundlegenden Überlegungen zu den VPN-Protokollen gelesen haben, wissen Sie bereits, dass wir Ihnen raten, L2TP/IPSec für den Aufbau einer VPN-Verbindung einzusetzen.

Einen L2TP/IPSec-Server einrichten

Obwohl L2TP in Zusammenarbeit mit IPSec sehr viele Betriebsmodi und Konfigurationsmöglichkeiten bietet, ist die Einrichtung auf der DiskStation recht einfach und schnell erledigt. Das liegt daran, dass nur für den Betrieb eines üblichen VPN notwendige Einstelloptionen verfügbar sind.

VPN-Verbindungen über L2TP in Kombination mit IPSec werden durch die DiskStation so aufgebaut, dass Sie

- von unterwegs Zugriff auf die Dienste der DiskStation haben, und zwar so, als wären Sie im heimischen lokalen Netzwerk eingebunden.
- Zugriff auf die übrigen Netzwerkgeräte im heimischen Netzwerk haben.
- von unterwegs die heimische Internetverbindung der DiskStation nutzen, sodass der gesamte Netzwerkverkehr durch die VPN-Verbindung geleitet wird.

Auf der Registerkarte L2TP/IPSec können Sie diesen VPN-Server zunächst global an- und abschalten (siehe Abbildung 4.68). Vergessen Sie nicht, dass Sie diesen Schalter auch bequem nutzen können, wenn der Server nicht ständig, sondern nur zu gewissen Zeitpunkten aktiv sein soll. Eine Automatisierung per Zeitregel ist aber leider nicht möglich.

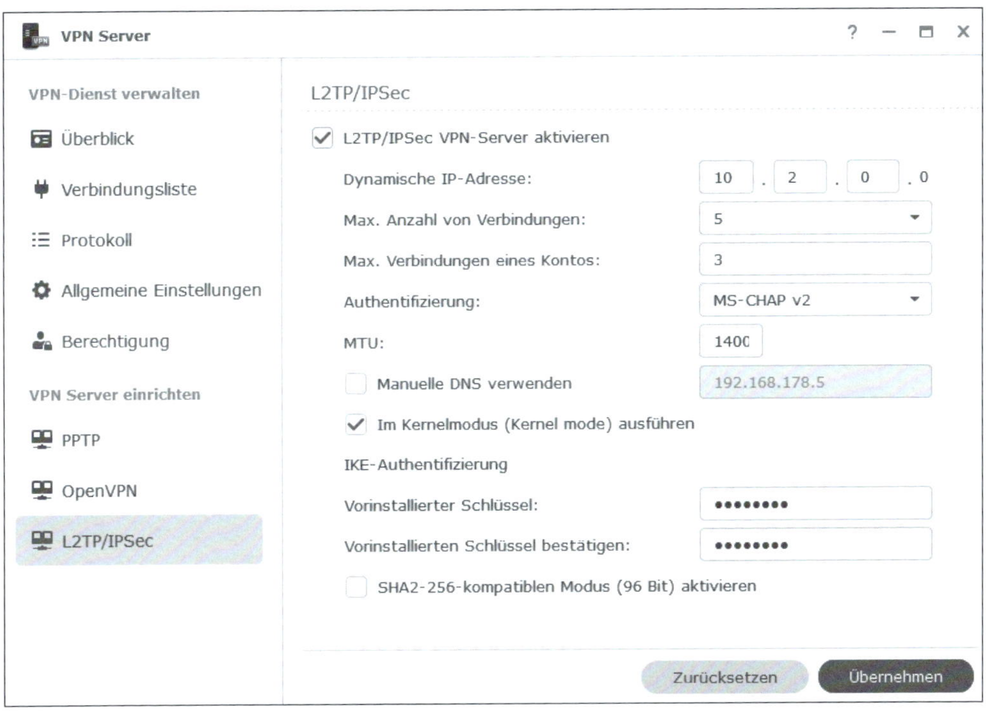

Abbildung 4.68 Für den L2TP/IPSec-Betrieb sind nur wenige Einstellungen vorzunehmen.

Im Feld Dynamische IP-Adresse legen Sie den Adressbereich für das VPN fest. Im Unterschied zur Konfiguration von OpenVPN wird als letzte Ziffer hier die 0 genutzt, mit deren Hilfe später die DiskStation über die VPN-Verbindung angesprochen werden kann. Als Subnetzmaske wird auch hier 255.255.255.0 verwendet, was insgesamt 256 Adressen ermöglicht. Sie können die Anzahl an maximal möglichen Verbindungen limitieren, und zwar auch auf Ebene der Konten. Eine Limitierung macht dann Sinn, wenn die DiskStation nicht besonders leistungsfähig ist und die Systemressourcen nicht durch VPN-Verbindungen strapaziert werden sollen. Wählen Sie die Zahl aber unbedingt passend zum tatsächlichen Bedarf, damit Nutzer nicht bei wichtigen Aufgaben unnötig ausgesperrt bleiben.

Es werden zwei Authentifizierungsmethoden unterstützt. Neben dem einfachen PAP (*Password Authentication Protocol*) wird auch das von Microsoft angepasste CHAP (*Challenge Handshake Authentication Protocol*) verwendet. Auch wenn das an sich unverschlüsselte PAP über den IPSec-Teil verschlüsselt wird, sollten Sie (wenn es alle Geräte unterstützen) der zweitgenannten Methode der Vorzug geben.

Über die MTU (*Maximum Transferable Unit*) können Sie – sofern es die Netzwerkkonfiguration erfordert – die maximale Paketgröße anpassen. Normalerweise muss die Voreinstellung nicht verändert werden. Ausnahmen gibt es dann, wenn die Nutzdaten im lokalen Netzwerk in andere Protokolle verpackt und so über das Internet versendet werden. Sollten Sie Probleme beim Aufruf externer Ressourcen haben, dann kann dies an einer fehlerhaften DNS-Konfiguration liegen. Sie können in diesem Fall manuell einen DNS-Server spezifizieren. Wenn alle Ressourcen über das VPN wie gewünscht erreichbar sind, ist dieser Schritt nicht nötig.

Über das IKE-Protokoll (*Internet Key Exchange*) wird der Schlüsselaustausch geregelt. Sie müssen hier ein gemeinsames Passwort hinterlegen, das auch auf allen Clients eingetragen wird. Befolgen Sie die üblichen Regeln zur Erstellung sicherer Passwörter. Wenn erforderlich, können Sie zur Berechnung der Prüfwerte auf einen SHA2-256-kompatiblen Modus umschalten.

Nachteile des passwortbasierten Schlüsselaustausches

Die Nutzung eines passwortbasierten Schlüsselaustausches ist ein gewisser Nachteil der relativ einfachen Implementierung der VPN-Lösung auf der DiskStation. Das gemeinsame Passwort wird von allen Benutzern verwendet und auf allen Client-Geräten hinterlegt. Sollte es an einer Stelle bekannt werden, ist damit die gesamte VPN-Konfiguration theoretisch unsicher und muss mit einem neuen Passwort bestückt werden.

Bei einer größeren Nutzeranzahl wäre ein zertifikatsbasierter Schlüsselaustausch über ein asymmetrisches Verfahren vorteilhafter, wie es etwa OpenVPN nutzen kann. Kompromittierte Zertifikate lassen sich hier einzeln sperren, ohne dass der VPN-Betrieb dafür angehalten werden muss. Allerdings sind die Konfigurationsschnittstellen für diese Funktion von OpenVPN nicht im grafischen Einstellungsdialog auf der DiskStation verfügbar.

Nach dem Übernehmen der Daten steht Ihnen der L2TP/IPSec-Server zur Verfügung. Damit Sie ihn von unterwegs ansprechen können, muss die DiskStation über das Internet erreichbar sein, und zwar über die folgenden drei Ports:

- UDP 1701
- UDP 500
- UDP 4500

Es ist nicht vorgesehen, diese Ports zu verändern.

Einen L2TP/IPSec-Client einrichten

L2TP/IPSec-Verbindungen sind clientseitig generell sehr einfach aufzubauen, weil die nötigen Schnittstellen bereits ab Werk in die großen Betriebssysteme integriert sind. Zudem beschränkt sich die Konfiguration hauptsächlich auf die Eingabe von Serveradresse, gemeinsamem Passwort und den Daten des zu verwendenden Nutzerkontos auf der DiskStation.

Wenn Sie Windows nutzen, dann öffnen Sie das Startmenü und geben den Suchbegriff »VPN« ein. Öffnen Sie die VPN-Einstellungen. Im neuen Fenster klicken Sie auf VPN-Verbindung hinzufügen. Im folgenden Dialogfenster wählen Sie den VPN-Anbieter Windows (integriert) aus (siehe Abbildung 4.69). Dies ist erforderlich, weil Windows auch vorkonfigurierte Felder für andere Anbieter ermöglicht. Weiter unten stellen Sie den VPN-Typ auf L2TP/IPSec mit vorinstalliertem Schlüssel ein. Diesen tragen Sie dann in das darunterliegende Eingabefeld ein.

Weiter oben geben Sie der Verbindung einen Namen und tragen in das Feld Servername oder IP-Adresse entweder die Domain Ihrer DiskStation oder deren öffentlich erreichbare IP-Adresse ein.

Abschließend stellen Sie den Anmeldeinformationstyp auf Benutzername und Kennwort. Damit ist gemeint, dass Sie sich über das VPN an der DiskStation mit den Daten eines zulässigen Benutzerkontos anmelden. Die Zugangsdaten des gewünschten Nutzerkontos tragen Sie danach in die entsprechenden Felder ein. Speichern Sie die Einstellungen dann ab. Dadurch wird die Verbindung in die Liste der verfügbaren Verbindungen aufgenommen.

Den Aufbau der Verbindung initiieren Sie durch simples Anklicken der Verbindung und anschließendes Bestätigen. An dieser Stelle können Sie später die Verbindung auch wieder trennen. Überprüfen Sie nach dem Verbindungsaufbau, ob Sie auf die

Ressourcen des heimischen Netzwerks und auf die Ressourcen der DiskStation zugreifen können.

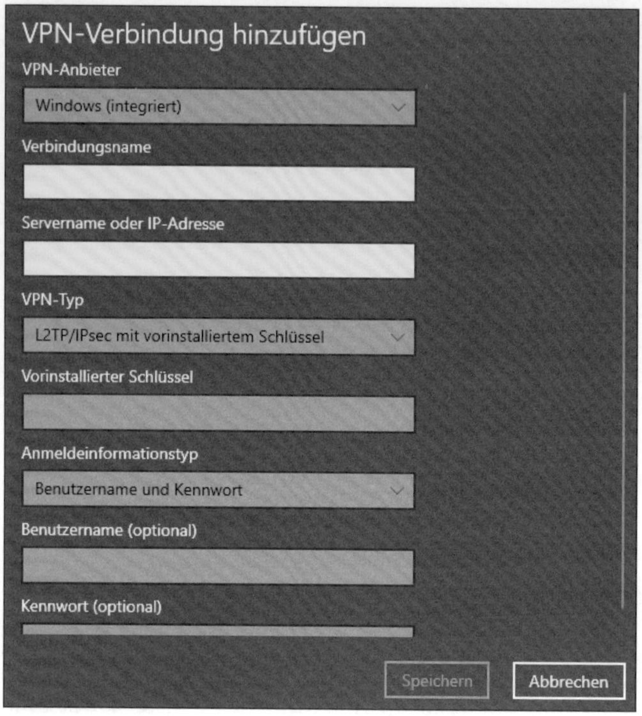

Abbildung 4.69 Die VPN-Konfiguration unter Windows

An einem Gerät unter macOS erfolgt die Einrichtung ähnlich einfach. Öffnen Sie die SYSTEMEINSTELLUNGEN • NETZWERK, und fügen Sie über das Plus-Zeichen eine neue Verbindung hinzu. Diese sollte vom Typ VPN-VERBINDUNG L2TP ÜBER IPSEC sein. Tragen Sie eine Bezeichnung ein, und klicken Sie auf ERSTELLEN. In die folgenden Eingabefelder tragen Sie die Serveradresse (also die Domain oder die öffentliche IP-Adresse der DiskStation) und den Kontonamen des gewünschten Nutzerkontos auf der DiskStation ein (siehe Abbildung 4.70).

Bei den AUTHENTIFIZIERUNGSEINSTELLUNGEN (siehe Abbildung 4.71) wählen Sie die Benutzerauthentifizierung mittels Passwort aus und tragen in das zugehörige Eingabefeld das Passwort des Nutzerkontos auf der DiskStation ein. Bei der RECHNER-AUTHENTIFIZIERUNG ist der vorinstallierte IPSec-Schlüssel einzutragen.

Speichern Sie dann Ihre Eingaben ab. Auf Wunsch können Sie noch auf ERWEITERT klicken und ALLE DATEN ÜBER EINE VPN-VERBINDUNG SENDEN wählen. Wenn diese Option aktiv ist, dann wird auch das normale Surfen im Internet über die VPN-Verbindung geleitet. Alle Seitenaufrufe werden also durch den Internetzugang der DiskStation eingeleitet. Ein simpler Klick auf VERBINDEN startet die VPN-Verbindung.

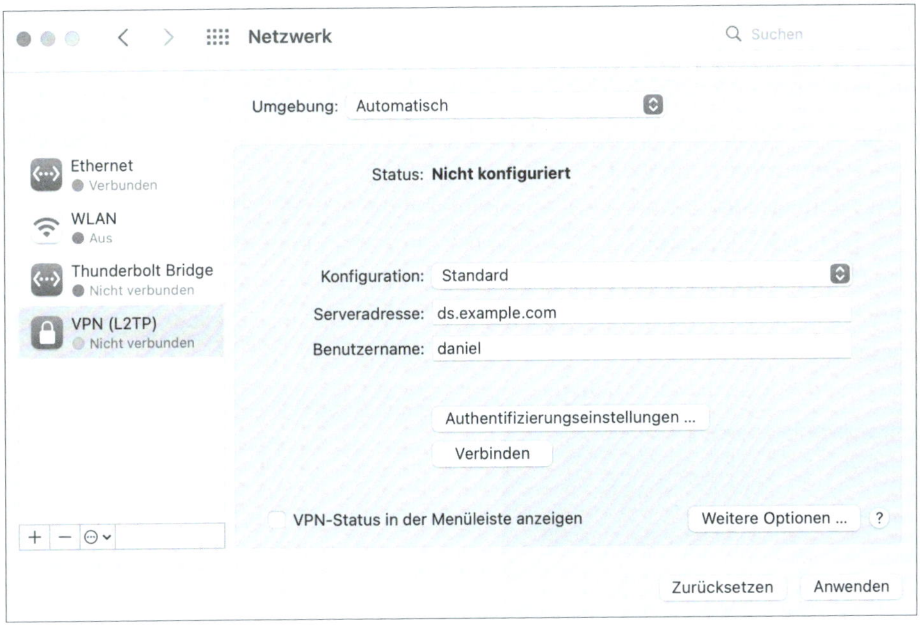

Abbildung 4.70 In macOS sind die notwendigen Client-Funktionalitäten direkt integriert.

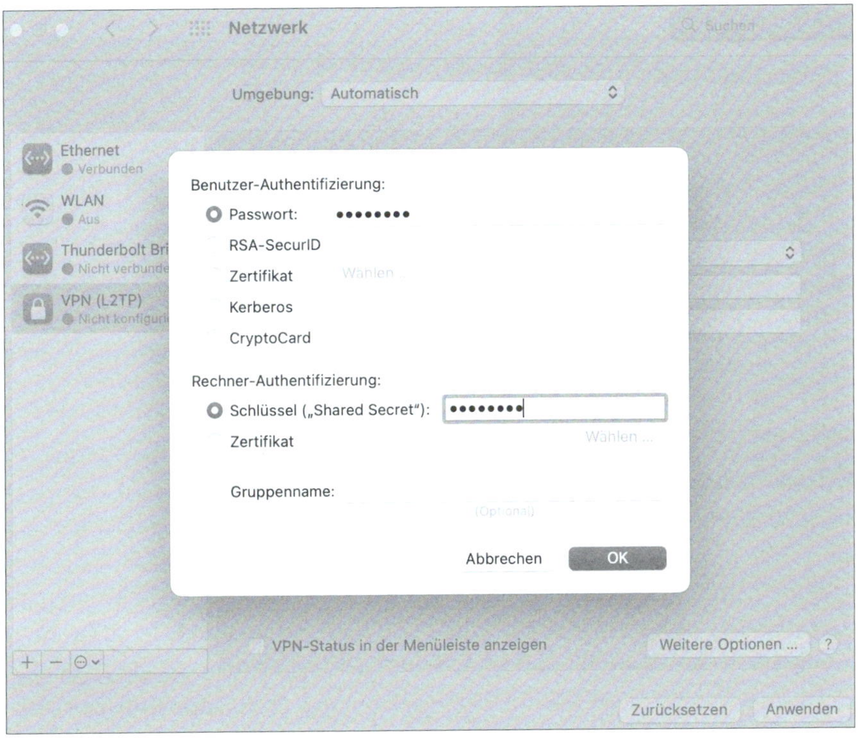

Abbildung 4.71 Passen Sie die Einstellungen für die Authentifizierung an.

Nutzer von mobilen Endgeräten haben es ebenso einfach, weil Mechanismen für eine L2TP/IPSec-Verbindung schon in die Betriebssysteme eingebaut sind. Es ist also nicht erforderlich, eine eigene App für diese Art der Verbindung zu installieren.

Wenn Sie Android nutzen, öffnen Sie die Einstellungen des Gerätes und suchen nach dem Stichwort VPN. Im gleichnamigen Modul tippen Sie auf VPN HINZUFÜGEN. Als Erstes können Sie dort der VPN-Verbindung einen Namen geben (siehe Abbildung 4.72). Stellen Sie den TYP auf L2TP/IPSEC PSK ein. PSK steht hierbei für *Pre Shared Key*, was frei übersetzt so viel wie »vorinstallierter Schlüssel« bedeutet. Dies ist der Authentifizierungsmechanismus, den der VPN-Server auf der DiskStation verwendet. Diese Auswahl funktioniert problemlos, wenn Sie MS-CHAP v2 als Authentifizierungsmethode ausgewählt haben.

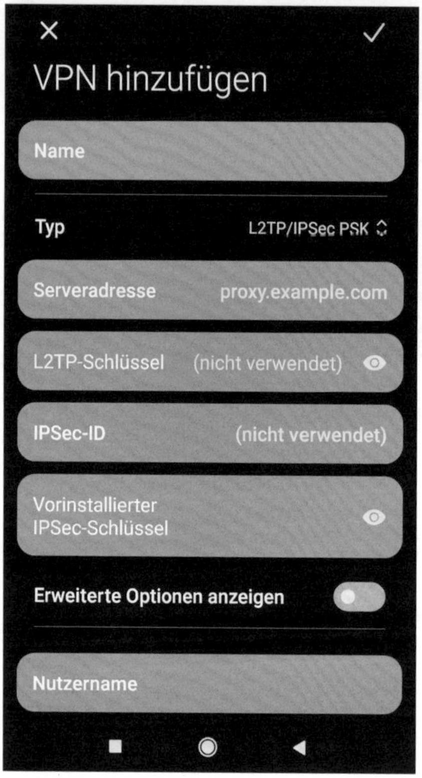

Abbildung 4.72 Ein L2TP/IPSec-VPN ist in Android schnell mit Bordmitteln eingerichtet.

Tragen Sie dann im Feld SERVERADRESSE die Domain Ihrer DiskStation bzw. deren öffentlich erreichbare IP-Adresse ein. Die Felder L2TP-SCHLÜSSEL und IPSEC-ID werden nicht ausgefüllt. Den vorinstallierten IPSec-Schlüssel tragen Sie in das gleichnamige Feld ein. Weiter unten tragen Sie die Zugangsdaten des Benutzerkontos der DiskStation ein, das die VPN-Verbindung aufbauen soll. Im Regelfall werden Sie hier die

Zugangsdaten Ihres persönlichen DiskStation-Kontos eintragen. In der Grundkonfiguration haben alle Benutzer der DiskStation das Recht, VPN-Verbindungen aufzubauen. Unter den erweiterten Optionen können Sie die DNS-Einstellungen verändern, falls es Probleme beim Abrufen von Internetseiten gibt. Damit sind die Einstellungen komplett: Sie können diese abspeichern und die VPN-Verbindung aufbauen.

Leider bietet Android von sich aus keine Option, einen Shortcut für VPN-Verbindungen auf dem Homescreen oder der Einstellungsleiste abzulegen. Dafür gibt es jedoch spezielle Apps, die einzig eine solche Funktion bieten. Ihre Installation kann bei häufiger Nutzung von VPN-Verbindungen komfortabel sein.

Unter iOS ist eine solche Verbindung ebenfalls mit Bordmitteln sehr schnell eingerichtet. Sie müssen dieselben Daten eingeben wie auch unter Android.

Wenn Sie die Verbindung (vorzugsweise von außerhalb des lokalen Netzwerks) testweise aufbauen, dann prüfen Sie den Zugriff auf die DiskStation, das Internet und das heimische lokale Netzwerk. Die DiskStation sollten Sie über deren interne IP-Adresse im heimischen lokalen Netzwerk sowie über die dynamische IP-Adresse xxx.xxx.xxx.0 erreichen können. Diese Adresse haben Sie in den VPN-Servereinstellungen hinterlegt; die Standardeinstellung lautet 10.2.0.0.

Sie sollten zudem auch Zugang zu den übrigen Geräten des heimischen Netzwerks bzw. des Firmennetzwerks haben. Der Internetzugang sollte ebenfalls über die Internetverbindung der DiskStation abgewickelt werden. Überprüfen Sie dies durch den Aufruf einer Internetseite, die Ihnen Ihre IP-Adresse mitteilt. Hier sollte Ihnen die öffentliche IP-Adresse der DiskStation angezeigt werden. Wenn die Verbindung so hergestellt wurde, haben Sie nicht nur Zugriff auf die heimischen Netzwerkgeräte, sondern surfen auch in unverschlüsselten WLANs geschützt vor neugierigen Blicken der anderen Benutzer.

4.4.6 Einstellungsoptionen für die VPN-Funktion

Rund um die VPN-Funktion erlauben die Registerkarten der Sektion VPN-Dienst verwalten die Konfiguration von Basiseinstellungen und die Überwachung der Nutzung.

Auf der Registerkarte Überblick sehen Sie zunächst, welche der drei VPN-Server aktiv sind und welchen IP-Adressbereich sie jeweils nutzen (siehe Abbildung 4.73). Ihnen wird auch angezeigt, wie viele Client-Verbindungen derzeit aufgebaut sind.

Für die Nutzung der VPN-Funktion der DiskStation können Sie Berechtigungen auf Nutzerebene erteilen. In der Grundkonfiguration ist es allen Benutzern der DiskStation gestattet, eine VPN-Verbindung aufzubauen. Die Vergabe der VPN-Berechtigungen erfolgt jedoch nicht über die Systemsteuerung, sondern direkt im Programm *VPN Server* auf der Registerkarte BERECHTIGUNG (siehe Abbildung 4.74).

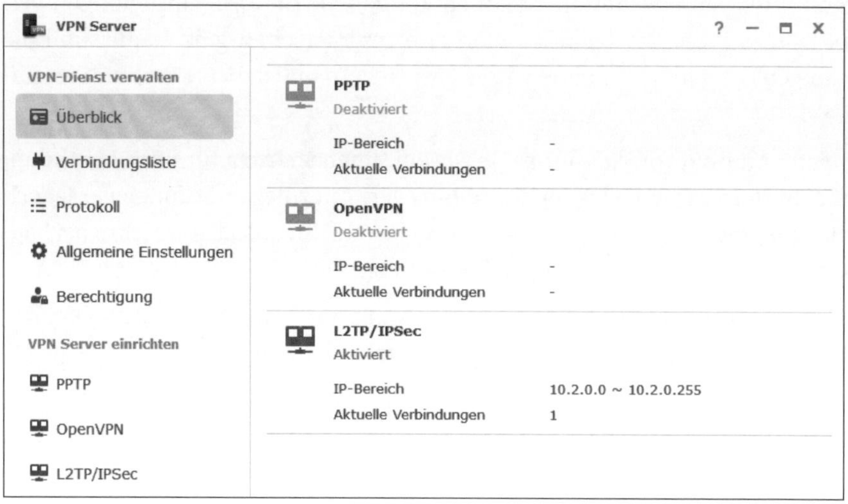

Abbildung 4.73 Die Registerkarte »Überblick« zeigt an, welche VPN-Dienste aktiv sind und wie diese aktuell genutzt werden.

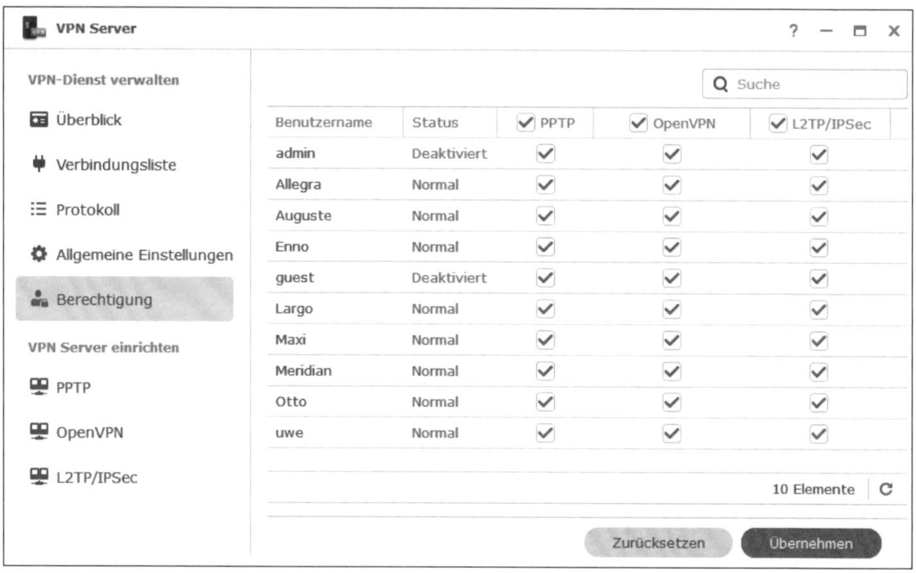

Abbildung 4.74 Berechtigungen zur Nutzung der VPN-Funktion werden direkt im Programm »VPN Server« eingestellt.

Hier können Sie für jeden Benutzer – generell nicht jedoch für die Benutzergruppen – zu jedem der drei VPN-Servertypen einzeln festlegen, ob die Benutzer Zugriffsrechte haben oder nicht. Auf der Registerkarte ALLGEMEINE EINSTELLUNGEN können

Sie über das entsprechende Kontrollkästchen festlegen, ob zukünftig neu erstellte Benutzerkonten VPN-Verbindungen per Voreinstellung aufbauen dürfen oder nicht.

Ist der Status eines Nutzers »Benutzername nicht unterstützt«?

Beachten Sie bitte, dass eine VPN-Verbindung besondere Ansprüche an den Benutzernamen stellt. Wenn dieser bestimmte Sonderzeichen enthält, dann kann er zwar möglicherweise andere Dienste der DiskStation problemlos nutzen, nicht jedoch auf die VPN-Funktion zugreifen. In diesem Fall sehen Sie bei den Berechtigungseinstellungen in der Spalte STATUS die Nachricht BENUTZERNAME NICHT UNTERSTÜTZT. Sie müssen den Nutzernamen dann anpassen. Er darf nur Buchstaben, Ziffern, den Bindestrich, den Unterstrich und Leerzeichen beinhalten.

Wenn Sie die VPN-Funktion nutzen, dann sollten Sie regelmäßig deren Protokoll überprüfen. Sie finden das Protokoll auf der gleichnamigen Registerkarte (siehe Abbildung 4.75). Beachten Sie bitte, dass dieses Protokoll nicht auch im Protokoll-Center enthalten ist. Sie können es nur über die Anwendung *VPN Server* einsehen. Die Einträge dort informieren Sie über Start- und Stoppvorgänge der einzelnen Server und über alle Verbindungsvorgänge. Dabei sehen Sie das Protokoll, den Nutzernamen, die Quell-IP-Adresse und die IP-Adresse, die der Client im VPN nutzt. Alle aktuellen Verbindungen sehen Sie auch auf der Registerkarte VERBINDUNGSLISTE. Dort wird Ihnen auch die Laufzeit der Verbindung angezeigt. Sie haben zudem die Möglichkeit, eine aktive Verbindung zu trennen.

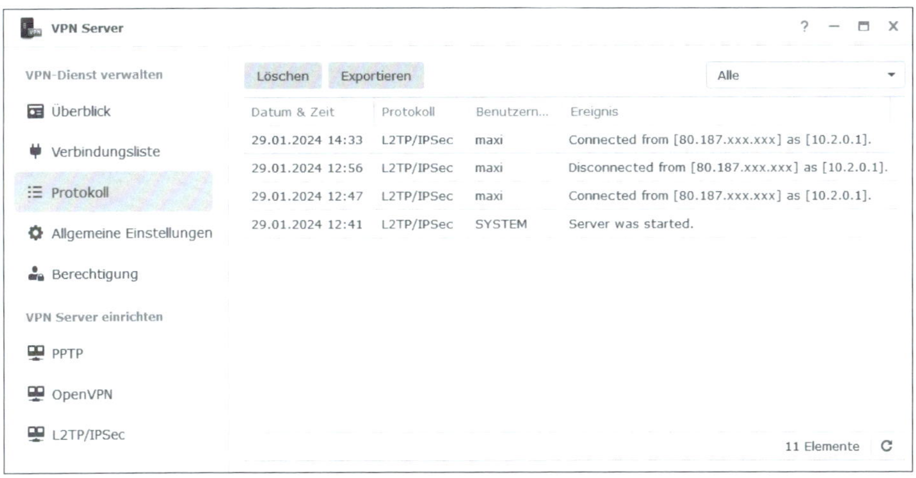

Abbildung 4.75 Das Protokoll zeigt genau an, wann und von wem VPN-Verbindungen auf- und abgebaut wurden.

Auf der Registerkarte ALLGEMEINE EINSTELLUNGEN können Sie ansonsten noch die Netzwerkschnittstelle der DiskStation für die VPN-Verbindungen einstellen. Sinnvoll ist es auch, die automatische Blockierung einzustellen, wie es in der Standardkonfiguration schon vorgesehen ist. Nutzer, die wiederholt versuchen, sich mit falschen Zugangsdaten anzumelden, werden vom Dienst ausgeschlossen. Auf der Registerkarte SCHUTZ im Modul SICHERHEIT der Systemsteuerung können Sie (global für alle Anmeldevorgänge der DiskStation) festlegen, ob diese Sperre temporär oder dauerhaft sein soll.

Kapitel 5
Erweiterte Einstellungen und Funktionen

Haben Sie Lust auf etwas Besonderes? Dann lernen Sie die erweiterten Einstellungen und Funktionen der DiskStation kennen!

In diesem Kapitel geht es um erweiterte Einstellungen und Funktionen der DiskStation, die für den Basisbetrieb nicht unbedingt nötig sind und die auch nicht während der erstmaligen Inbetriebnahme konfiguriert werden.

Die hier beschriebenen Funktionen dienen hauptsächlich dazu, die DiskStation an Ihre eigene Arbeits- bzw. Netzwerkumgebung anzupassen, und sind für den Privatgebrauch genauso wichtig wie für den Administrator in einer Unternehmensumgebung. Sie lernen hier beispielsweise die verschiedenen RAID-Modi kennen, die die DiskStation beherrscht, und Sie erfahren, wie Sie mit Ihrer Wunschkonfiguration das Speichersystem der DiskStation konfigurieren.

Außerdem zeigen wir, wie Sie die Netzwerkschnittstelle(n) der Geräte so konfigurieren, dass sich die DiskStation wunschgemäß in Ihr Netzwerk einfügt. Ferner zeigen wir Ihnen zusammengefasst, wie Sie Berechtigungen der DiskStation steuern, wie man den DNS-Server nutzt und wie der Zugriff über SSH eingerichtet werden kann.

5.1 Die verschiedenen RAID-Modi

Bei klassischen Festplatten handelt es sich um recht komplexe Geräte, in denen neben elektronischen Bauteilen auch eine Menge mechanischer Komponenten verbaut sind. In den letzten Jahren gab es im Bereich der Herstellungstechnologie erstaunliche Fortschritte, aber die Entwicklung von klassischen Festplatten nähert sich so langsam dem Ende des physikalisch sinnvoll Machbaren.

Wie funktioniert eine Festplatte?

Die Daten werden auf der Festplatte auf einer Scheibe gespeichert, die man *Platter* nennt. Die Platter haben im Herstellungsprozess eine magnetisierbare Schicht erhalten. Während die Platter selbst heutzutage aus Glas bestehen, kommen metallische

Komponenten zur Aufnahme der Daten zum Einsatz. Die Daten werden auf den Plattern in Form von Spuren geschrieben. Der Schreibvorgang erfolgt mit einem induktiven Schreibkopf, der die Daten über einen elektrischen Strom in ein Magnetfeld umformt, das zu einer dauerhaften Ausrichtung der magnetischen Momente der Speicherschicht führt. Zum späteren Auslesen werden magnetoresistive Sensoren verwendet.

Schreib- und Leseköpfe sind gemeinsam an einem Arm befestigt, der über der Oberfläche der Platter bewegt werden kann. Auch wenn die Funktionsweisen völlig unterschiedlich sind, kann der Aufbau also – zumindest flüchtig betrachtet – mit einem Plattenspieler verglichen werden (siehe Abbildung 5.1). Das magnetische Material hat nur eine Dicke von einigen Mikrometern. Darüber aufgebrachte Schutzschichten haben sogar nur eine Dicke im Nanometerbereich. Wie beim Plattenspieler werden die Platter in Rotation versetzt, allerdings drehen sich diese in der Festplatte sehr schnell. Gängige Modelle arbeiten mit 5.400 oder 7.200 Umdrehungen pro Minute.

Abbildung 5.1 Der mechanische Aufbau einer Festplatte erinnert an einen Plattenspieler.

Die Schreib- und Leseköpfe befinden sich nicht in Kontakt mit dem Medium, sondern schweben wenige Nanometer über der Oberfläche auf einem Polster aus Luft bzw. aus Helium (siehe Abbildung 5.2). Ein Kontakt mit der Oberfläche ist zu vermeiden, denn dadurch würde die Oberfläche zerkratzt und zerstört. Bereits ein scharfkantiges Staubkorn kann sich im Spalt zwischen Schreib-/Lesekopf und Platter-Oberfläche verkanten und die Oberfläche beschädigen.

Abbildung 5.2 Die Schreib- und Leseköpfe schweben wenige Nanometer über der Oberfläche.

Zur Erhöhung der Datenkapazität befinden sich mehrere Platter übereinander (siehe Abbildung 5.3). Während früher einfache Festplatten nur zwei oder maximal vier Platter beinhalteten (und erste Modelle mit fünf Plattern für hohe Ausfallraten bekannt waren), können heutzutage dank optimierter Materialen durchaus zehn Platter übereinander angeordnet werden. Auf jeder Platter-Oberfläche lässt sich durchschnittlich ein Terabyte (TByte) abspeichern, wodurch eine so bestückte Festplatte eine Gesamtspeicherkapazität von 20 TByte erreicht.

Abbildung 5.3 In einer Festplatte sind mehrere Platter übereinander in einem Stapel angeordnet.

Die hohe Komplexität eines solchen Geräts macht deutlich, dass es zahlreiche Fehlermöglichkeiten gibt, die zu einem Ausfall des Gesamtgeräts und damit zu einem Datenverlust führen können. Mögliche Fehler sind ein Kontakt des Schreib-/Lesekopfes mit der Platter-Oberfläche (der sogenannte Headcrash, meist durch mechanische Einwirkungen hervorgerufen), der Einschluss von Fremdkörpern sowie ein Ausfall der Antriebs- und Positioniereinheiten. Auch die recht komplexe Ansteuerelektronik kann durch Herstellungsdefekte (etwa eingeschlossene Fremdatome, die durch Diffusionsprozesse eine Veränderung der elektrischen Eigenschaften bewirken) oder durch Fremdeinwirkung wie Überspannungen bei einem Blitzeinschlag beschädigt werden. In jedem Fall führen Defekte zu einem Datenverlust. Ein vollständiges Versagen des Laufwerks geht mit einem vollständigen Datenverlust einher.

Datenverlust vorbeugen

Um einem Datenverlust vorzubeugen, kann man die Daten nicht nur auf einer Festplatte abspeichern, sondern mehrere Datenträger parallel nutzen. So etwas ist auch auf einer DiskStation möglich, wenn diese mehr als nur einen Einbauschacht für Festplatten bietet. Wenn man die Daten parallel auf zwei Festplatten abspeichert, dann kann ein Laufwerk komplett versagen, aber man kann immer noch auf alle Daten zugreifen, ohne dass auch nur ein einziges Bit an Information verloren geht. Diese Idee wird praktisch durch sogenannte RAID-Verbünde umgesetzt. Bei einem *RAID-Verbund* (die Abkürzung steht für *Redundant Array of Independent Disks*) fasst ein Controller die Festplatten zu einer Gruppe zusammen und präsentiert sie dem Computersystem als eine Einheit. Die zu speichernden Daten werden dem Controller übergeben und dieser kümmert sich darum, dass die Daten auf die einzelnen Festplatten gespeichert werden. Es gibt unterschiedliche Arten von RAID-Verbünden, die man auch *Arrays* nennt und die wir in den nächsten Abschnitten vorstellen werden. Manche Konfigurationen kommen aber erst dann zum Tragen, wenn mehr als zwei Festplatten zusammen genutzt werden können. Sie sind also nur für Besitzer von entsprechend großen DiskStations interessant.

Bei zwei Festplatten haben Sie beim Thema RAID keine großen Wahlmöglichkeiten: Um dem Datenverlust vorzubeugen, werden die Daten tatsächlich parallel auf beide Festplatten kopiert. Beide Datenträger enthalten den gleichen Datenbestand. Insgesamt kann man also nur die Kapazität einer Festplatte für Nutzdaten verwenden. Wenn man drei oder vier Festplatten nutzt, kann man damit genauso verfahren und kopiert alle Daten identisch auf alle Geräte. Jetzt hat man den Vorteil, dass mehr als nur ein Gerät ausfallen kann, ohne dass es zum Datenverlust kommt. Man kann aber nun alternativ mathematische Kniffe anwenden und mit Prüfsummen arbeiten, den sogenannten *Paritätsdaten*. Dadurch ist es möglich, beispielsweise vier Festplatten zu kombinieren und die Kapazität von drei Festplatten für Nutzdaten zu verwenden. Ausfallen darf jetzt zwar nur eine Festplatte, man hat aber eine größere Speicherkapazität zu Verfügung.

Bevor wir Ihnen die einzelnen RAID-Modi erklären, die es gibt und die Sie mit der DiskStation verwenden können, möchten wir Ihnen aber erst noch etwas zum Sinn und Zweck der RAID-Technologie mit auf den Weg geben.

Zwar wird ein RAID-Verbund häufig eingesetzt, um einem Datenverlust vorzubeugen, aber ein RAID-System bietet keinen vollständigen Schutz vor dem Datenverlust und ersetzt in keinem Fall ein Backup. Vergessen Sie also bitte niemals, dass Sie, auch wenn Sie auf der DiskStation einen RAID-Verbund nutzen, nach wie vor regelmäßig Sicherheitskopien des Datenbestandes anlegen müssen.

Warum ist das so? Nun, simpel gesagt, schützt ein RAID-Verbund lediglich vor dem Datenverlust durch den Ausfall eines Datenträgers (oder je nach Konfiguration mehrerer Datenträger). Mehr nicht. Daten können aber auch auf andere Weise verloren gehen. Sehen Sie sich einmal die folgende kleine (nicht vollständige) Liste an. Datenverlust kann entstehen durch:

- versehentliches Löschen durch Unkonzentriertheit
- Überschreiben von Daten und späteres Interesse an der vorigen Form
- absichtliches Löschen in boshafter Absicht durch andere Nutzer
- Fehlerhafte Software oder falsche Konfiguration
- Schadprogramme, die Daten löschen, z. B. Viren
- Schadprogramme, die Daten verschlüsseln (sogenannte Ransomware)
- Diebstahl der DiskStation und aller enthaltenen Datenträger
- Beschädigung der DiskStation durch Elementarereignisse (Blitzeinschlag, Überschwemmung, Brand)
- Beschädigung der Datenstruktur durch Stromausfall oder durch mechanische Einwirkungen

Bei all diesen Ereignissen bietet ein RAID-Verbund keinen Schutz vor einem Datenverlust! Wird eine Datei gelöscht oder verändert, so geschieht dies augenblicklich auf allen Datenträgern. Die ursprünglichen Daten sind damit nicht mehr vorhanden.

Nochmals: Ein RAID-System schützt nur vor Datenverlust durch den Ausfall von Datenträgern!

Es bietet aber noch einen weiteren, mitunter sehr wichtigen Vorteil: Wenn ein Datenträger ausfällt, sind alle Daten noch vorhanden und der Betrieb der DiskStation ist dadurch nicht eingeschränkt. Alle Nutzer können jetzt ganz normal auf die Daten zugreifen und mit ihnen arbeiten. Im Privathaushalt mag dies kein zentraler Vorteil sein, aber in einer Geschäftsumgebung kann das ganz anders aussehen: Der Geschäftsbetrieb kann jetzt nämlich normal fortgesetzt werden. Gäbe es keinen Schutz, bestünde kein Zugriff auf die Daten. Selbst wenn jetzt ein Backup vorhanden ist, müsste eine neue Festplatte erst einmal mit Daten befüllt werden, bevor der Betrieb wieder aufgenommen werden kann.

Beim (entsprechend konfigurierten) RAID-Verbund kann die defekte Festplatte einfach im laufenden Betrieb entfernt und durch eine neue Festplatte ersetzt werden. Der Controller kümmert sich nun darum, dass die neue Festplatte mit den entsprechenden Daten befüllt wird. Dieser Vorgang kann durchaus viele Stunden, mitunter sogar Tage, in Anspruch nehmen. Während dieser Zeit ist der Zugriff auf die Daten langsamer. Außerdem steigt die Wahrscheinlichkeit, dass die verbliebenen Festplatten versagen, aufgrund der stärkeren Beanspruchung an. Während der Wiederherstellung sollte der Zugriff auf das Nötigste beschränkt werden.

Grundsätzlich gilt für RAID-Verbünde, dass man Laufwerke mit derselben Speicherkapazität kombinieren sollte, denn beim klassischen RAID-Verbund entscheidet die Kapazität der kleinsten Festplatte über die Kapazität des Gesamtverbunds. Es kommt zwar nicht darauf an, möglichst baugleiche Modelle einzusetzen, aber in der Praxis bietet sich genau das an, um die Konfiguration möglichst einfach zu halten.

Ein RAID-Verbund gestattet es aber, dass man später auf Laufwerke mit einer größeren Kapazität wechselt. Zwar ist dieser »Umzug« mit allerlei Kopierarbeit verbunden, der Betrieb der DiskStation muss dafür aber nicht unterbrochen werden. Mehr zu diesem Thema finden Sie in Abschnitt 5.2.2, »Speicherpools«. Jetzt stellen wir Ihnen erst einmal die verschiedenen RAID-Modi vor.

5.1.1 Die Standardkonfiguration

Die Standardkonfiguration ist einfach erklärt: Bei ihr kommt keine RAID-Technologie zum Einsatz. Jede Festplatte steht für sich alleine, die Nutzdaten sind mit keiner anderen Festplatte verbunden. Sie können von jeder Festplatte die gesamte Speicherkapazität nutzen, und unterschiedliche Festplatten lassen sich für unterschiedliche Aufgaben einsetzen. So kann beispielsweise im Privathaushalt jedes Familienmitglied über eine eigene Festplatte verfügen.

Wichtig ist, dass der Speicherplatz nicht zusammenhängend verwaltet wird: Sind auf zwei Festplatten etwa noch jeweils 8 GByte Speicherplatz frei und Sie möchten einen Film der Größe 10 GByte abspeichern, so lässt sich dies nicht realisieren.

Wenn eine Festplatte ausfällt, ist deren Datenbestand verloren. Und denken Sie auch daran, dass Backups einer Festplatte nicht auf einer anderen Festplatte der DiskStation abgelegt werden sollten. Zwar bieten diese einen Schutz vor versehentlichem Löschen oder Verändern, nicht jedoch vor dem gemeinsamen Verschlüsseln durch Schadsoftware oder vor einer Beschädigung durch Elementarereignisse.

Die Standardkonfiguration sollte nur genutzt werden, wenn alle Daten anderweitig gut gesichert sind und ein temporärer Ausfall der DiskStation bei der Wiederherstellung eines Backups keine Konsequenzen mit sich bringt. Dem steht der Vorteil des größtmöglichen Speicherplatzes gegenüber. Auch wenn die Bezeichnung so lautet, ist dies nicht der Standardmodus bei der Einrichtung der DiskStation. Er muss manuell eingestellt werden.

5.1.2 JBOD – Just a Bunch Of Disks

Bei der JBOD-Konfiguration kommen ebenfalls keine Technologien zur Erhöhung der Datensicherheit zum Einsatz.

Im Unterschied zur Standardkonfiguration wird der Speicherplatz aller Festplatten aber zu einem zusammenhängenden, entsprechend großen Speicherplatz addiert (siehe Abbildung 5.4). Ihnen präsentiert sich also nur ein Speichersystem. Physikalisch betrachtet, muss also irgendwann eine große Datei möglicherweise in Stücken auf zwei Festplatten gespeichert werden. Beim Ausfall eines Laufwerks gehen die Daten verloren, die komplett auf diesem Laufwerk liegen. Außerdem sind solche Daten nur noch bruchstückhaft verfügbar, die teilweise auf dem defekten Laufwerk gespeichert sind.

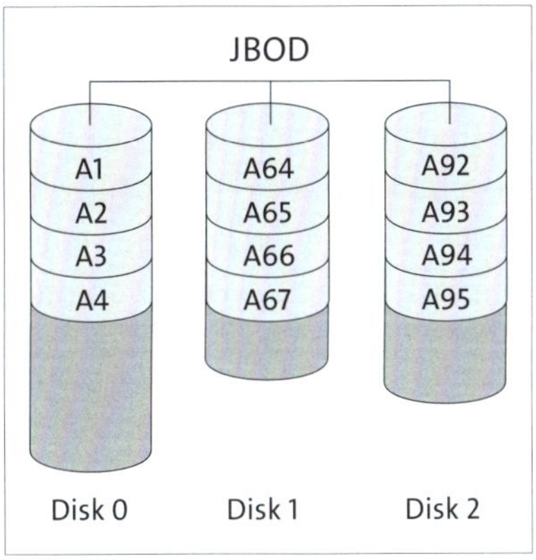

Abbildung 5.4 JBOD

Eine JBOD-Konfiguration sollte nur dann gewählt werden, wenn es wichtig ist, dass ein zusammenhängender Speicherbereich verwaltet wird und wenn es unvorteilhaft ist, den Datenbestand auf mehrere Speichersysteme zu verteilen. Ein Einsatzszenario für einen JBOD-Verbund könnte sich für einen professionellen Videofilmer ergeben, der alle Projekte einfach auf einem Speicherbereich ablegen möchte, damit er zusammenhängend auf alle Daten zugreifen kann. Entsprechende Backups sind natürlich auch hier konsequent anzulegen.

5.1.3 RAID 0

Der RAID-Modus 0 (RAID-Modi werden immer mit Ziffern bezeichnet) hat immer noch keine Erhöhung der Datensicherheit zum Ziel. Bei ihm geht es vielmehr um die Geschwindigkeitserhöhung.

Bei RAID 0 wird eine Datei aufgeteilt und anteilig auf alle verbundenen Laufwerke geschrieben (siehe Abbildung 5.5). Das Speichern und das anschließende Lesen sind somit mit deutlich höherer Geschwindigkeit möglich. Ein solcher Verbund macht dann Sinn, wenn man möglichst schnell auf Daten zugreifen können muss.

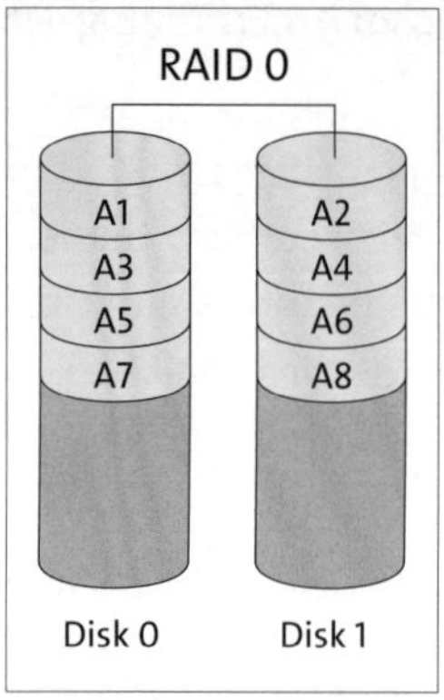

Abbildung 5.5 RAID 0

Auf einer üblichen DiskStation ist er jedoch nicht sinnvoll, da hier nicht die Festplatte, sondern die Netzwerkschnittstelle der limitierende Faktor ist (und häufig benötigte Daten bei entsprechenden Geräten über Cache-SSDs schnell gelesen werden können). Da bei diesem Modus der gesamte Datenbestand beim Ausfall nur eines Laufwerks (zumindest anteilig) verloren geht, sollte RAID 0 nur wohlüberlegt und gut begründet zum Einsatz kommen.

5.1.4 RAID 1

RAID 1 ist der Modus, den wir Ihnen ganz zu Anfang in der Einführung vorgestellt haben – er kann scherzhaft als »Mutter der RAID-Modi mit Datensicherheit« bezeichnet werden.

Alle Daten werden parallel auf allen verbundenen Festplatten abgespeichert (siehe Abbildung 5.6). Es können alle bis auf eine Festplatte ausfallen, ohne dass es zum Datenverlust kommt. Die Gesamtkapazität des RAID 1-Verbunds entspricht der Speicherkapazität der kleinsten Festplatte. Dies macht deutlich, dass nach Möglichkeit Festplatten mit derselben Speichergröße verwendet werden sollten.

RAID 1 ist der einzige RAID-Modus (mit Schutz vor Datenverlust), der sinnvoll auf Disk-Stations mit zwei Laufwerken eingesetzt werden kann. Auf größeren Geräten kann RAID 1 auch mit mehr als zwei Festplatten genutzt werden, was dann Sinn macht, wenn die Verfügbarkeit des Gesamtsystems sehr wichtig ist.

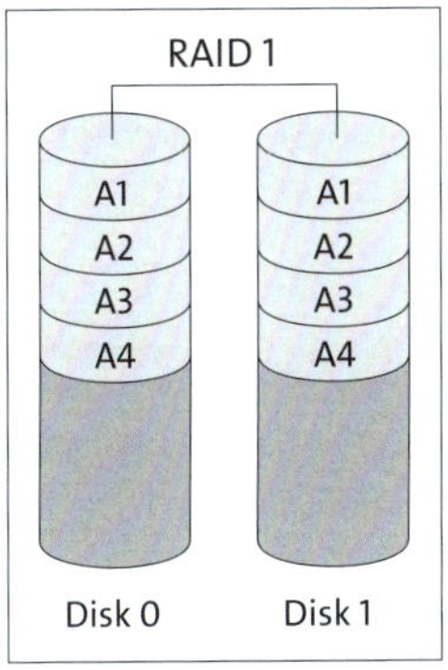

Abbildung 5.6 RAID 1

Beachten Sie, dass Sie eine DiskStation zunächst auch nur mit einer Festplatte in der Standardkonfiguration in Betrieb nehmen können und später durch den Einbau einer weiteren Festplatte nahtlos einen RAID-1-Verbund erweitern können.

5.1.5 RAID 5

Für einen RAID-5-Verbund werden mindestens drei Festplatten benötigt, die idealerweise dieselbe Speicherkapazität bieten. In Abbildung 5.7 zeigen wir ein Beispiel mit vier Festplatten.

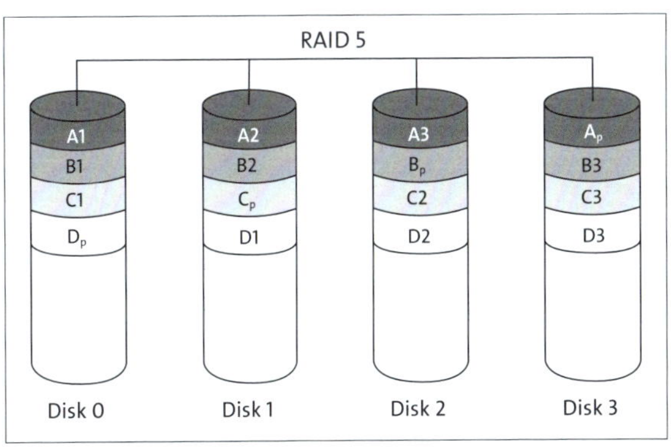

Abbildung 5.7 RAID 5

Bei diesem Modus werden die Daten auf alle Festplatten verteilt. Zusätzlich werden auf die Festplatten Paritätsdaten geschrieben, sodass der gesamte Datenbestand jederzeit rekonstruiert werden kann, wenn eine Festplatte (egal welche) ausfällt.

Bei RAID 5 kann man also von einem echten Verbund sprechen. Während bei RAID 1 jede Festplatte mehr oder weniger für sich stehen könnte, geht das bei RAID 5 nicht mehr. Nur durch die Kombination aller noch funktionierenden Laufwerke kann der Datenbestand komplett ausgelesen werden. Durch die Arbeit mit Paritätsdaten lässt sich im Vergleich zu RAID 1 ein größerer Speicherbereich mit Nutzdaten füllen. Wenn man N für die Anzahl an Festplatten nimmt und mit S den Speicherplatz der kleinsten Festplatte bemisst, dann berechnet sich die gesamte nutzbare Speicherkapazität G eines RAID 5-Verbunds wie folgt:

$G = (N - 1) \times S$

Wenn eine Festplatte ausfällt, dann kann diese durch eine neue ersetzt werden. Der RAID-Controller errechnet nun die Daten, die ursprünglich auf der defekten Festplatte gespeichert waren, und schreibt diese auf die neue Festplatte. Dafür wird (je nach Größe der Datenträger) ein längerer Zeitraum von (im Extremfall) bis zu mehreren Tagen benötigt, während dessen die Arbeitsgeschwindigkeit der DiskStation stark reduziert sein kann.

Das Wiederherstellen der Daten führt zu einer stärkeren Belastung der Festplatten, sodass der Ausfall weiterer Laufwerke wahrscheinlicher wird (aber keinesfalls eintreten muss). Nach Abschluss des Vorgangs kann eine weitere beliebige Festplatte ausfallen, ohne dass es zum Datenverlust kommt. Dieser tritt aber ein, wenn mehr als eine Festplatte ausfällt oder wenn eine Festplatte während des Wiederherstellungsvorgangs den Betrieb einstellt.

Der Modus RAID 5 ist für alle Nutzer interessant, die mit mindestens drei Festplatten arbeiten und die am Fortbetrieb der DiskStation beim Ausfall eines Laufwerks interessiert sind, aber nicht den hohen Schutz eines RAID-1-Verbunds benötigen. Beachten Sie, dass eine DiskStation mit vier Laufwerken es ermöglicht, drei davon im RAID-5-Verbund und das vierte in der Standardkonfiguration zu betreiben. Dieses bietet zwar keine Datensicherheit, kann aber für Daten mit geringer Wichtigkeit (z. B. für sekundäre Backups oder für nicht besonders wichtige Fernsehaufnahmen) verwendet werden.

5.1.6 RAID 6

Wie schon RAID 5, so arbeitet auch RAID 6 mit Paritätsdaten, verteilt diese aber so, dass insgesamt zwei Laufwerke ausfallen können, ohne dass ein Datenverlust auftritt (siehe Abbildung 5.8).

Ein solcher Verbund ist also dann für Sie interessant, wenn ein fortwährender Betrieb der DiskStation besonders wichtig ist und Sie davon ausgehen, dass im Fehlerfall mehr als ein Laufwerk versagt. RAID 6 erfordert mindestens vier Festplatten. Analog zur Berechnung für RAID 5 gilt für die Speicherkapazität bei RAID 6:

$G = (N-2) \times S$

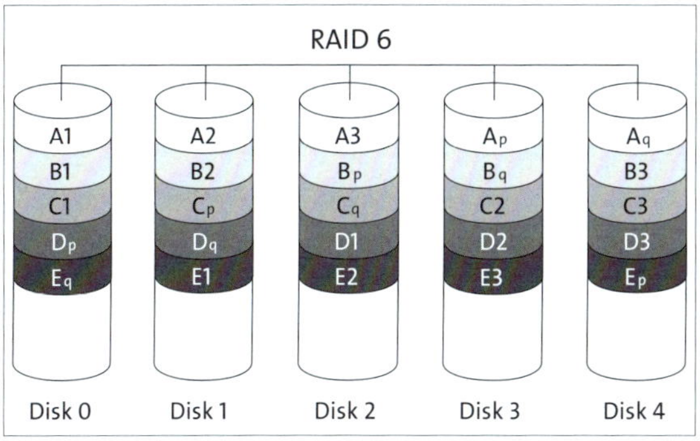

Abbildung 5.8 RAID 6

5.1.7 RAID 10

RAID 10 (es wird nicht »zehn«, sondern »eins-null« gesprochen) ist eine Kombination aus den RAID-Modi 1 und 0. RAID 10 erfordert mindestens vier Festplatten, die Anzahl muss gerade sein.

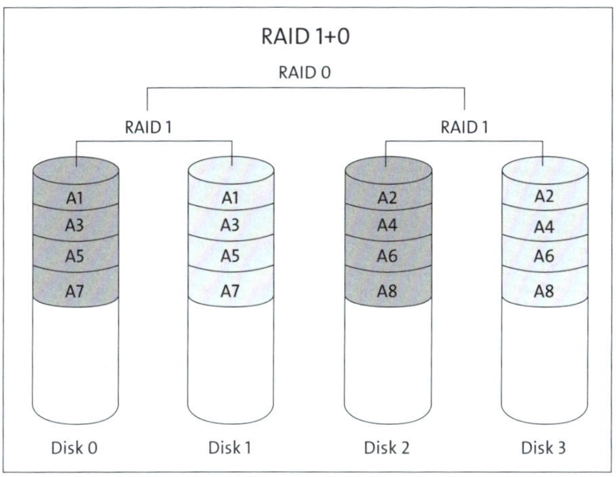

Abbildung 5.9 RAID 10

RAID 10 verteilt die Daten zunächst wie RAID 0 anteilig auf zwei Festplatten (siehe Abbildung 5.9). Hierdurch ergibt sich also ein Geschwindigkeitsvorteil. Von diesen Festplatten werden nun wie bei RAID 1 Kopien auf den anderen Festplatten angelegt. Dadurch ergibt sich die Datensicherheit. Bei vier Festplatten könnten theoretisch zwei ausfallen, solange der Datenbestand insgesamt komplett bleibt. Beim Einsatz von noch mehr Festplatten erhöht sich die Sicherheit entsprechend. RAID 10 wird am besten dann eingesetzt, wenn es sowohl Anforderungen an die Geschwindigkeit als auch an die Datensicherheit gibt. Das ist allerdings eher etwas für größere Unternehmen, wo ein entsprechender Datendurchsatz gewährleistet werden muss. Im Privatumfeld und im kleineren Betrieb, wo eine DiskStation üblicherweise eingesetzt wird, bietet RAID 10 kaum Vorteile. Die Speicherkapazität *G* bemisst sich wie folgt:

$G = (N/2) \times S$

5.1.8 SHR

SHR steht als Abkürzung für *Synology Hybrid RAID* und ist an sich kein eigener RAID-Modus, sondern eine eigene Entwicklung von Synology. Sie versucht anhand der eingebauten Festplatten automatisch den passenden RAID-Modus einzustellen. Zusätzlich bietet sie Vorteile, wenn die eingebauten Festplatten nicht dieselbe Größe haben (vergleiche Abbildung 5.10 und Abbildung 5.11). Der SHR-Modus ist die Standardeinstellung auf der DiskStation, die bei der Installation des Betriebssystems auf den gesamten Festplattenbestand angewendet wird.

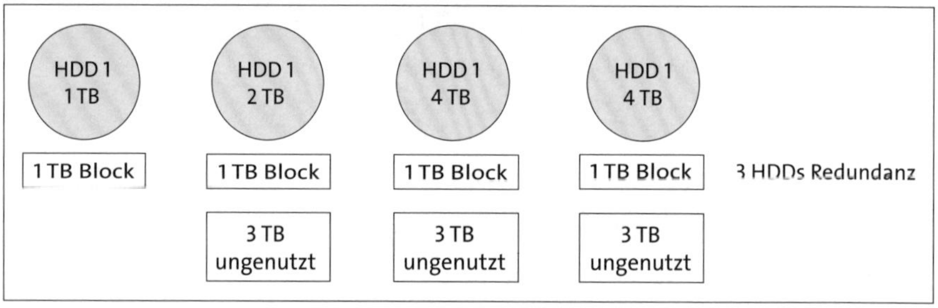

Abbildung 5.10 Beim normalen RAID entscheidet die kleinste Festplatte über die Speicherkapazität des gesamten Verbunds.

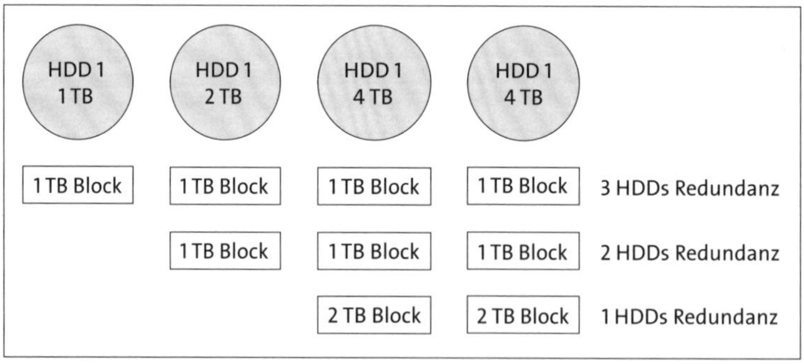

Abbildung 5.11 Sind Festplatten mit verschiedenen Speicherkapazitäten eingebaut, dann kann SHR den Speicherplatz in Gruppen so verwalten, dass sich dieser vollständig nutzen lässt und sich dennoch eine Redundanz ergibt.

Wenn in der DiskStation zwei Festplatten eingebaut sind, dann verwendet SHR den RAID-Modus 1. Die Daten werden also auf beiden Festplatten parallel abgespeichert. Wenn nur zwei Festplatten eingebaut sind, entscheidet nach wie vor die kleinste Festplatte über die Größe des insgesamt verfügbaren und durch die RAID-Funktion geschützten Speicherbereiches. Gegenüber der direkten RAID-1-Konfiguration ergeben sich durch SHR keinesfalls Nachteile, aber auch keine Vorteile. Für den Einstieg machen Sie mit dem SHR-Modus bei zwei Festplatten also keinesfalls etwas verkehrt.

Bei drei oder (besser) noch mehr Festplatten zeigt SHR weitere Vorteile. Zunächst wird das System (sinngemäß) als RAID 5 betrieben und verkraftet den Ausfall einer Festplatte. Wenn nun nicht alle Festplatten gleich groß sind, dann versucht das SHR den »übrig gebliebenen« Speicherplatz auf den Festplatten so zusammenzufassen, dass sich mit einer RAID-Technik wie RAID 1 oder RAID 5 ein zusammenhängender Speicherplatz ergibt, der den Ausfall eines Laufwerks übersteht. Das wird so lange fortgeführt, wie es zwei Laufwerke gibt, die noch freien Speicherplatz bieten. Durch diese Technik kann also wesentlich mehr Speicherplatz genutzt werden, als ein klassisches RAID 5 erlauben würde. Jederzeit kann ein beliebiges Laufwerk ausfallen, ohne dass Datenverlust eintritt.

SHR hat noch einen weiteren Vorteil: Wenn man beim klassischen RAID 5 eine Festplatte durch eine größere ersetzt, dann passiert zunächst einmal nichts, weil die kleinste Festplatte ja über die gesamte Kapazität entscheidet. Erst wenn alle Festplatten ersetzt sind, kann man über einen größeren Speicherplatz verfügen. Wenn man SHR nutzt, ist das anders: Dank der flexiblen Verwaltung des Speicherplatzes kann man direkt auf einen größeren Speicherbereich zugreifen (sofern es die Festplattenkonfiguration erlaubt). SHR bietet also gegenüber dem klassischen RAID 5 mehrere Vorteile, aber (zumindest bei der Nutzung der DiskStation) keine Nachteile. Es kann daher als Universaleinstellung empfohlen werden, wenn Datensicherheit beim Versagen eines Laufwerks angestrebt werden soll.

Als Erweiterung kann *SHR 2* bezeichnet werden. Es ähnelt dem normalen SHR, verkraftet aber den Ausfall von zwei Festplatten und muss mit mindestens vier Festplatten betrieben werden. Man kann die Funktion also mit RAID 6 vergleichen.

Nachdem Sie nun wissen, wie (und in welchen Situationen) Sie sich durch einen RAID-Verbund vor Datenverlust schützen können, müssen Sie sich Gedanken über die Einrichtung auf der DiskStation machen. Nutzen Sie ein Gerät mit nur zwei Festplatten, dann gibt es nicht allzu viel zu überlegen: Entweder Sie möchten eine Schutzwirkung, dann wählen Sie SHR (oder RAID 1), ansonsten wählen Sie die Standardkonfiguration oder (wohlüberlegt) den JBOD-Modus. Ihre beiden Festplatten werden dann zu einem Speicherpool zusammengefasst. Sie können jetzt mindestens ein Volume darauf erstellen, das Sie mit Daten füllen können.

Nutzen Sie drei oder mehr Festplatten, dann wird die Entscheidung schwieriger, denn es gibt mehrere Betriebsarten. Sie können alle Datenträger in einen SHR-Verbund integrieren, möglich ist es aber auch, zwei Datenträger zu einem RAID-1-Verbund zu kombinieren und weitere als Standard- oder JBOD-Konfiguration zu betreiben. Entsprechend fassen Sie eine unterschiedliche Anzahl an Festplatten zu gegebenenfalls mehreren Speicherpools zusammen. Anschließend können Sie mehrere Volumes erstellen. Was genau ein Speicherpool ist und wie Sie mit Volumes umgehen, zeigen wir Ihnen im folgenden Abschnitt.

5.2 Volumes und Speicherpools

Das Herzstück eines jeden NAS ist natürlich der Speicher. In diesem Abschnitt zeigen wir Ihnen, wie der Speicher in Ihrer DiskStation verwaltet wird, wie Sie Speicherpools und Volumes einrichten und was genau Dateisysteme sind.

Diesmal rollen wir das Feld von hinten auf. Denn um die richtigen Entscheidungen bei der Einrichtung von Speicherpools und Volumes treffen zu können, müssen Sie zunächst verstehen, wie Daten gespeichert werden: in *Dateisystemen*. Anschließend widmen wir uns den *Speicherpools*, bei denen mehrere Laufwerke als eine Speichereinheit organisiert sind. Zum Abschluss stellen wir Ihnen noch die *Volumes* vor, die wiederum in Speicherpools erzeugt werden. In Abbildung 5.12 haben wir Ihnen den Aufbau schematisch dargestellt.

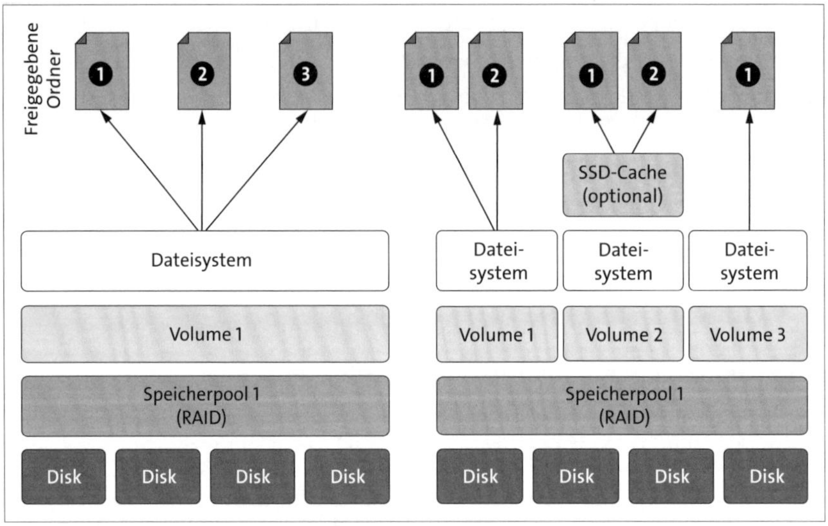

Abbildung 5.12 Aufbau von der »Disk« bis zum »freigegebenen Ordner«

Der Aufbau besteht in der ersten Ebene aus *Disks* (engl. für »Laufwerke«), die aus HDDs (Hard Disk Drives: SATA oder SAS) oder SSDs (Solid State Disks) bestehen können. Die Bündelung mehrerer Laufwerke zu einer logischen Einheit wird als *Speicherpool* bezeichnet (zweite Ebene). Diese können in logische Einheiten, die sogenannten *Volumes* unterteilt werden (dritte Ebene) – in einem Speicherpool können also mehrere Volumes erstellt werden. Auf den Volumes wiederum werden *Dateisysteme* installiert (vierte Ebene), in denen dann schlussendlich Daten gespeichert werden können. Optional kann vor jedes Volume (und somit auch vor dem Dateisystem) noch ein *SSD-Cache* geschaltet werden, um die Lese- und/oder Schreibgeschwindigkeit zu erhöhen. Auf den Dateisystemen werden dann die *freigegebenen Ordner* erstellt, die Sie bereits von der DiskStation kennen.

5.2.1 Dateisysteme

Neben den eigentlichen Daten speichern Dateisysteme auch jede Menge Daten über Daten. Dazu gehören Daten über die Größe, die Eigentümer oder Informationen darüber, wer Zugriffsrechte auf die Daten besitzt. Diese »Daten über Daten« heißen *Metadaten*.

Das Dateisystem speichert die Daten und Metadaten nicht nur, es *verwaltet* sie auch. Essenzielle Verwaltungsaufgaben, die jedes Dateisystem beherrschen muss, sind das *Finden*, *Einfügen* und *Löschen*. Komplexere Verwaltungsvorgänge wie das *Ändern* setzen sich aus Abfolgen von *Einfügen* und *Löschen* zusammen. Wie schnell, sicher und effizient ein Dateisystem ist, hängt maßgeblich davon ab, wie gut diese grundlegenden Funktionen implementiert sind.

Bäume

Moderne Dateisysteme organisieren die gespeicherten Daten in Baumstrukturen. Der Baum hat eine *Wurzel*, Gabelungen (auch *Knoten* genannt) und *Blätter* (siehe Abbildung 5.13).

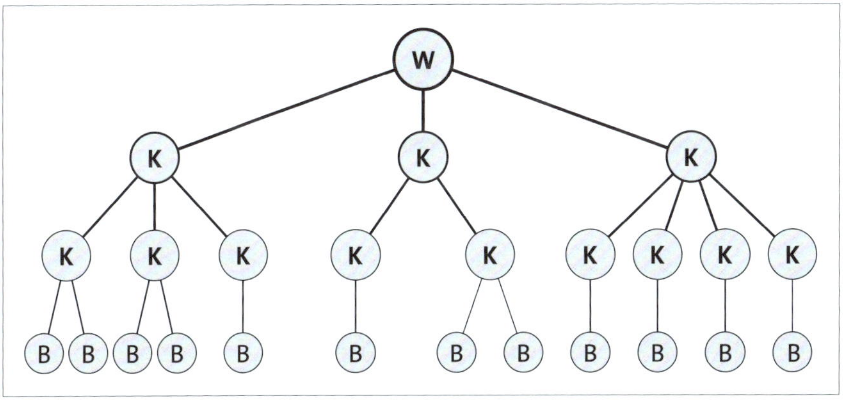

Abbildung 5.13 Baumstruktur mit (W)urzel, (K)noten und (B)lättern

Von der Wurzel ist jedes Blatt über verhältnismäßig wenige Knoten erreichbar. Die Anzahl der Schritte vom ersten Knoten (ohne Wurzel) bis zu einem Blatt ist die *Höhe* des Baums. Ein Baum mit drei Knotenebenen hat also die Höhe 4 – drei Knotenebenen plus die Blattebene.

Um von der Wurzel aus möglichst schnell an jeden beliebigen Punkt des Baums zu gelangen, muss der Baum nicht hoch, sondern möglichst breit sein – in Dateisystemen kann ein Knoten durchaus 200 und mehr Unterknoten besitzen. Wurzel, Knoten und Blätter stehen hier natürlich nur metaphorisch für Datenstrukturen. Sie enthalten Schlüssel, anhand derer man sie innerhalb des Baums identifizieren kann.

Die Datenstrukturen können neben den Schlüsseln Daten, Metadaten oder beides enthalten. Durch diese Varianz entstehen mehrere Baumarten, von denen wir uns drei genauer ansehen:

- **B-Bäume**

  Abbildung 5.13 zeigt einen B-Baum. Diese Bäume sind per Definition balanciert: Alle Blätter liegen auf der gleichen Ebene. Wird der Baum aufgrund von Dateioperationen wie Löschen oder Einfügen unbalanciert, wird die Balance durch eine Neuorganisation von Blättern wiederhergestellt.

- **B+-Bäume**

  In einem B+-Baum werden Daten ausschließlich in den Blättern gespeichert, nicht in den Knoten. Davon profitieren insbesondere Löschoperationen.

- **H-Bäume**

  Bei dieser Art Baum wird die maximale Anzahl der Knoten und Blätter beim Anlegen des Dateisystems festgelegt. Dadurch wird zwar auf Flexibilität verzichtet, allerdings wird so auch das aufwendige Reorganisieren obsolet. Abbildung 5.14 zeigt den Aufbau eines H-Baums.

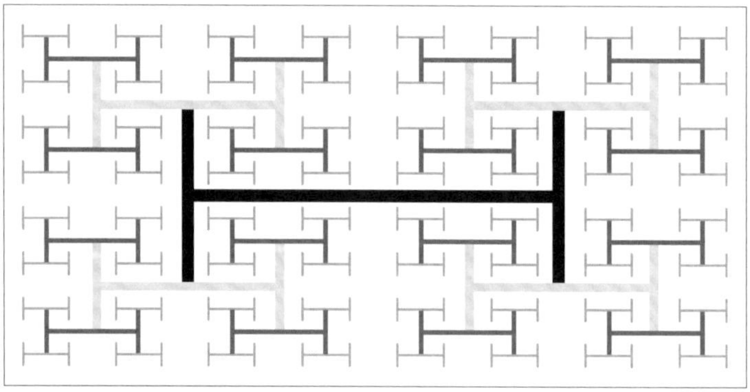

Abbildung 5.14 Aufbau eines H-Baums

Journale

Beim Anlegen, Löschen, Verschieben oder Ändern von Daten sind stets mehrere Datenbereiche auf einer Festplatte involviert: Schlüssel, Metadaten und die Daten selbst, die sich bei großen Dateien auch über mehrere, nicht zusammenhängende physische Blöcke erstrecken können.

Dadurch entsteht ein Problem, denn nachdem die erste Schreiboperation ausgeführt wurde, ist der Datenbestand nicht mehr konsistent. Er ist erst dann wieder konsistent, wenn die letzte Schreiboperation erfolgreich abgeschlossen wurde. Fällt währenddessen der Strom aus, so muss das Dateisystem beim Neustart durch eine aufwendige Prüfung und Reparatur einen konsistenten Zustand wiederherstellen. Dies kann einiges an Zeit in Anspruch nehmen. Abhilfe schafft ein *Journaling File System*. Solche Dateisysteme führen nämlich ein Tagebuch. Dieses Tagebuch enthält alles, was das Dateisystem zu erledigen beabsichtigt, bevor es die Schreibzugriffe ausführt. In bestimmten Zeitabständen wird das Tagebuch abgeschlossen.

Kommt es zu einem Stromausfall, können zwar immer noch Daten verloren gehen – nämlich die Daten, die zwischen zwei Journal-Abschlusszyklen verändert wurden –, aber die Inkonsistenzen werden vermieden. So kann das System ohne langwierige Prüfungen wieder starten.

COW-fähige Dateisysteme

Keine Sorge, wir gleiten jetzt nicht in die Veterinärmedizin ab. Beim Speichern werden die Daten gewöhnlich in den ursprünglichen Speicherbereich geschrieben. Reicht der Platz dafür nicht aus, werden die zusätzlichen Daten in einen freien Speicherbereich geschrieben. Dadurch entsteht eine Fragmentierung der Datenspeicherbereiche – die Älteren unter Ihnen werden sich sicherlich an die unterhaltsam hin- und herspringenden bunten Klötzchen beim Defragmentieren von Festplatten unter Windows (7 oder älter) erinnern.

Zum Defragmentieren muss der Schreib-/Lesekopf der Platte neu positioniert werden, was wertvolle Zeit kostet. Viel besser wäre ist es daher, die Daten gleich zusammenhängend in einen freien Speicherbereich zu schreiben. So wird nicht nur Zeit gewonnen, sondern gratis noch eine Versionsverwaltung erstellt, denn die alten Daten sind ja noch vorhanden (im ursprünglichen Speicherbereich). Diese Technik wird als *Copy on Write* (COW) bezeichnet und hat in der Tat nichts mit wiederkäuenden Paarhufern zu tun.

Snapshots

Ein weiteres Feature von Dateisystemen können *Snapshots* sein. Dabei handelt es sich um ein Abbild, also eine Momentaufnahme eines Zustands. Bei einem Dateisystem wird dafür eine Markierung gesetzt – ein sogenannter *Pointer* (engl. für »Zeiger«). Alle Veränderungen, die nach dem Snapshot erzeugt werden, werden separat abgelegt, also ohne die Ursprungsdaten zu verändern. Daher ist es sehr einfach möglich, zu dem Zustand zurückzukehren, der bei der Erstellung des Snapshots vorlag. Einige Dateisysteme erlauben sogar, dass lesend auf die alten Versionen zugegriffen werden kann.

Die Dateisysteme der DiskStation

Die DiskStation unterstützt lediglich drei Dateisysteme für Ihre Volumes:

- *Btrfs*
  Ausgesprochen »Butter-FS« oder »Better-FS«. Dies ist das Standard-Dateisystem der DiskStation.
- *Btrfs (Peta Volume)*
  Eine Abwandlung des regulären Btrfs, die mit höheren Kapazitäten umgehen kann
- *ext4*
  Ein schnelles Journaling-Dateisystem mit geringeren Systemanforderungen

Die Dateisysteme verfügen über die in Tabelle 5.1 dargestellten Funktionen.

Funktion	Btrfs	Btrfs (Peta Vol.)	ext4
H-Baum	–	–	x
B+-Baum	x	x	–
Journal	x	x	x
COW	x	x	–
Snapshot	x	x	–
Anforderungen	normal	normal	gering
Empfohlen für	▸ genereller Standard ▸ das Speichern von Daten, die Datenintegrität und -sicherheit erfordern ▸ Bereitstellung von iSCSI-LUNs	▸ große Volumes ▸ Dateiserver oder Datenarchivierung	▸ Pakete mit hohen Leistungsanforderungen (z. B. Surveillance Station)

Tabelle 5.1 Die von Synology unterstützten Dateisysteme und ihre Funktionen

5.2.2 Speicherpools

Wie wir bereits erwähnt haben, werden auf Ihrer DiskStation mehrere Laufwerke als eine Speichereinheit organisiert, die als *Speicherpool* bezeichnet wird. In Abschnitt 5.1, »Die verschiedenen RAID-Modi«, haben Sie erfahren, dass die Laufwerksverbünde über RAIDs realisiert werden. Dabei können die Verbünde aus HDDs oder SSDs bestehen. Verbünde, die ausschließlich aus SSDs bestehen, nennt man *All-Flash*.

In Tabelle 5.2 haben wir Ihnen die unterschiedlichen RAID-Typen mit ihren Funktionen und Fähigkeiten aufgelistet.

Typ	Anzahl HDDs	Fehlertoleranz	Beschreibung
SHR	1	0	▶ maximale Volume-Größe (Kombination von Laufwerken verschiedener Größe) ▶ Datenredundanz bei Volumes mit mehr als zwei Laufwerken ▶ empfohlen für Anfänger
	2	1	
	3	1–2	
Basic	1	0	▶ Laufwerk als unabhängige Einheit ▶ keine Datenredundanz
JBOD	≥1	0	▶ Gruppe von Laufwerken (Kapazität = Summe aller Laufwerke; verschiedene möglich) ▶ keine Datenredundanz
RAID 0	≥2	0	▶ verteilte Speicherung (*Striping*), dadurch deutlich leistungsstärker ▶ keine Datenredundanz
RAID 1	2	1	▶ Spiegelung der Daten (*Mirroring*) ▶ mit Datenredundanz
	3	2	
	4	3	
RAID 5	≥5	1	▶ verteilte Speicherung (*Striping*) mit Paritätsdaten ▶ mit Datenredundanz
RAID 6	≥4	2	▶ verteilte Speicherung (*Striping*) mit Paritätsdaten ▶ mit Datenredundanz
RAID 10	≥4 (gerade Zahl)	50 % der HDDs	▶ Leistung wie RAID 0 (*Striping*) mit Schutz wie RAID 1 (*Mirroring*) ▶ Laufwerksgruppierung in Zweierschritten ▶ mit Datenredundanz

Tabelle 5.2 Funktionen und Fähigkeiten der verschiedenen RAID-Typen

Typ	Anzahl HDDs	Fehlertoleranz	Beschreibung
RAID F1	≥3	1	▸ verteilte Speicherung (*Striping*) mit Paritätsdaten ▸ Enthält ein Sonderlaufwerk mit mehr Paritätsinformationen. ▸ für *All-Flash* empfohlen ▸ mit Datenredundanz

Tabelle 5.2 Funktionen und Fähigkeiten der verschiedenen RAID-Typen (Forts.)

Wie sich die verschiedenen RAIDs bei unterschiedlich vielen und großen HDDs auswirken, können Sie hervorragend im vom Synology bereitgestellten RAID-Rechner überprüfen. Unter der URL *https://www.synology.com/de-de/support/RAID_calculator* können Sie via Drag-and-drop (oder mit einem Klick) HDDs in einer DiskStation konfigurieren und über zwei Auswahlfelder zwei RAID-Typ miteinander vergleichen. Als kleinen Bonus zeigt Ihnen das Tool auch noch an, welches NAS für die gewählte Konfiguration geeignet ist.

Beachten Sie bei der Planung mit eventuell bereits vorhandenen Ressourcen folgende Punkte:

- Ein Speicherpool kann nur aus Laufwerken desselben Typs bestehen. Eine Kombination aus SATA- und SAS-Laufwerken oder SSDs und Festplatten ist nicht möglich.
- M.2-SSDs können nur für SSD-Cache verwendet werden, nicht für Speicherpools.
- Eine Kombination von unterschiedlich großen Laufwerken ist nur bei einigen RAID-Typen möglich. Nur bei SHR kommt es zu keinem Kapazitätsverlust.

Kompatibilität beachten!

Falls Sie ein Laufwerk verwenden, das nicht auf der Synology-Kompatibilitätsliste steht – die Sie im Übrigen unter der URL *https://www.synology.com/de-de/compatibility* (Menü Suche nach Kategorie und dort HDD/SSD) abrufen können –, dann wird dies mit der Fehlermeldung aus Abbildung 5.15 quittiert.

Das bedeutet nicht, dass die Festplatte nicht funktionieren würde oder dass Ihre DiskStation den Einsatz unterbindet; es heißt lediglich, dass die Funktion nicht vorab durch Synology (oder den Hersteller selbst) geprüft wurde. Auch wenn der Betrieb so möglich ist, sollten Sie dennoch darauf achten, besser Festplatten einzusetzen, die für den Betrieb in Ihrer DiskStation freigegeben sind.

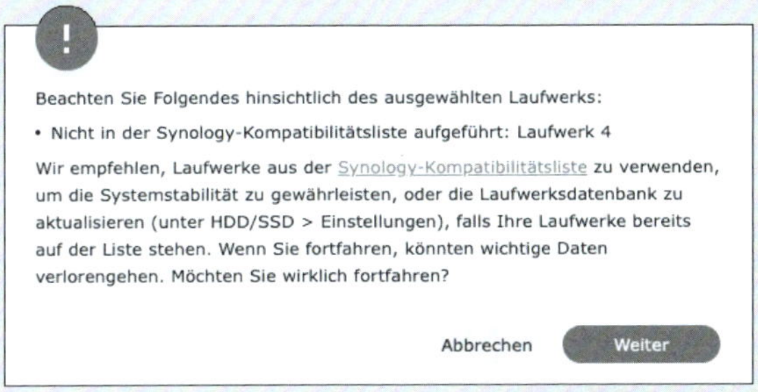

Abbildung 5.15 Diesen Warnhinweis erhalten Sie bei Laufwerken, die nicht auf der Kompatibilitätsliste stehen.

Die Erstellung von Speicherpools erfolgt im *Speicher-Manager*. Falls Sie neue Laufwerke in Ihre DiskStation einbauen, so werden diese (nach einer kurzen Prüfung) umgehend im Speicher-Manager angezeigt (siehe Abbildung 5.16).

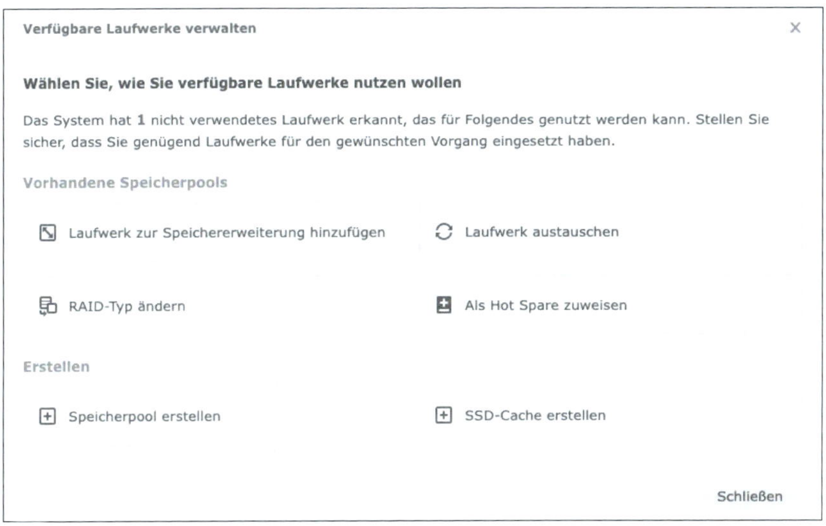

Abbildung 5.16 Anzeige von verfügbaren Laufwerken im »Speicher-Manager«

Wie Sie sehen, wurde der DiskStation aus Abbildung 5.16 ein zusätzliches Laufwerk spendiert. Ihnen werden mehrere Möglichkeiten zur Auswahl angeboten.

Möglichkeiten für bereits vorhandene Speicherpools

- LAUFWERKE ZUR SPEICHERERWEITERUNG HINZUFÜGEN

  Genau wie der Name besagt, fügt diese Möglichkeit das Laufwerk zu einem bestehenden Speicherpool hinzu und vergrößert die Kapazität des Speicherpools. Dies ist bei RAIDs vom Typ JBOD, RAID 5, RAID 6, RAID F1 und SHR möglich. Verfügt der

Speicherpool über nur ein Volume, wird dessen Größe automatisch erweitert, wenn die Größe des Speicherpools erweitert wird. Bei Speicherpools mit mehreren Volumes müssen Sie die Erweiterung der Größe manuell vornehmen (siehe Abschnitt 5.2.3, »Volumes«).

- RAID-TYP ÄNDERN

  Mit dieser Option ist es möglich, den RAID-Typ zu ändern, solange der Speicherpool derzeit in einem RAID vom Typ Basic, RAID 1, RAID 5 oder SHR 1 betrieben wird. Dabei sind folgende Änderungen möglich:

  - Basic zu RAID 1 oder RAID 5
  - RAID 1 zu RAID 5
  - RAID 5 zu RAID 6
  - SHR 1 zu SHR 2

  Wie Sie sehen, ist eine Änderung nur zu einem »höherwertigen« RAID hin möglich.

- LAUFWERK AUSTAUSCHEN

  Mithilfe dieser Option können Sie das neue Laufwerk gegen ein vorhandenes aus dem Speicherpool tauschen. Nachdem die Datenübertragung abgeschlossen ist, können Sie das Quelllaufwerk entfernen oder anderen Aufgaben zuordnen.

- ALS HOT SPARE ZUWEISEN

  Ein sogenanntes *Hot-Spare*-Laufwerk ist ein Laufwerk, das im Standby-Betrieb eingesetzt wird. Es kann die Laufwerksausfall-Toleranz bei fehlerhaften Speicherpools unterstützen (was einen entsprechenden RAID-Typ voraussetzt). Fällt ein Laufwerk aus, kann das Hot-Spare-Laufwerk sofort einspringen und den Speicherpool stabil halten. Wenn Sie also das Sicherungsseil zusätzlich zu Netz und doppeltem Boden bevorzugen, dann sollten Sie nicht verwendete Laufwerke als Hot-Spare-Laufwerke einsetzen.

Unterschied: »Hot-« und »Cold-Standby«

In der Informatik wird zwischen *Hot-* und *Cold-Standby* unterschieden:

- *Hot* = Ist angeschlossen und in Betrieb, also sofort einsatzbereit.
- *Cold* = Steht bereit, muss aber angeschlossen und/oder in Betrieb genommen werden.

Möglichkeiten für neue Speicherpools

- SPEICHERPOOL ERSTELLEN

  Öffnet den Assistenten zur Erstellung eines Speicherpools – diesen zeigen wir Ihnen ausführlich im nächsten Abschnitt.

- SSD-Cache erstellen

  Falls Ihr Laufwerk eine SSD ist, dann können Sie über diese Option einen SSD-Cache erstellen. Was genau ein SSD-Cache ist und welche Laufwerke sich dafür eignen, erläutern wir ausführlich in Abschnitt 9.2, »SSD-Cache«.

Einen Speicherpool erstellen

Zum Erstellen eines Speicherpools gibt es mehrere Wege:

- auf einem Systemen ohne Speicherpool: Rufen Sie Speicher-Manager • Übersicht auf.
- Über das Menü Speicher: Hier nutzen Sie Speicher-Manager • Speicher • Erstellen: Speicherpool Erstellen.
- Über die Laufwerksverwaltung: Hier nutzen Sie Speicher-Manager • HDD/SSD • Verfügbare Laufwerke verwalten • Speicherpool erstellen.

Egal welchen Weg Sie verwenden, das Ergebnis ist stets das Gleiche: Es wird der *Assistent zur Erstellung von Speicherpools* gestartet. Dieser leitet Sie in gewohnter Manier durch den Vorgang und erläutert Ihnen zunächst die Struktur und den Aufbau (*Laufwerk* → *Speicherpool* → *Volume* → *Daten*).

Anschließend werden Sie gebeten, den RAID-Typ für den Speicherpool festzulegen (siehe Abbildung 5.17).

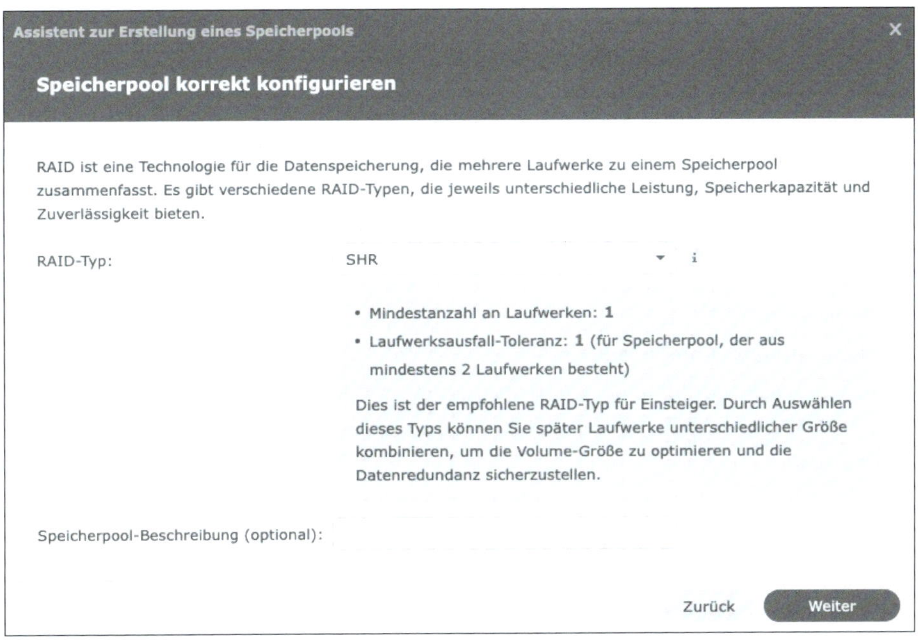

Abbildung 5.17 Auswahl des RAID-Typs für einen Speicherpool

Der Assistent ist dabei interaktiv und passt die Erläuterungen und die in blauer Schrift dargestellten Zahlenwerte stets der Auswahl an. Optional können Sie noch eine Beschreibung für den Speicherpool vergeben – dies ist auf großen Systemen sehr sinnvoll, um den Überblick zu behalten, auch wenn die Beschreibung lediglich im Speicher-Manager angezeigt wird.

Je nachdem, welche Auswahl Sie getroffen haben, werden Sie im nächsten Fenster aufgefordert, die benötigte Anzahl an Laufwerken aus der Menge der zur Verfügung stehenden auszuwählen. Im Beispiel aus Abbildung 5.18 wurde das eine zur Verfügung stehende Laufwerk bereits ausgewählt. Aufgrund des RAID-Typs (*SHR*) ist dies auch gleichzeitig die Mindestanzahl. Über die Checkbox im Tabellenkopf können Sie alle verfügbaren Laufwerke auf einmal auswählen.

Abbildung 5.18 Laufwerksauswahl für den Speicherpool

(Falls Sie kein neues Laufwerk oder ein unformatiertes Laufwerk verwenden, dann werden Sie an dieser Stelle darauf hingewiesen und aufgefordert, zu bestätigen, dass Sie dieses Laufwerk dennoch verwenden möchten.)

Sobald Sie die Laufwerksauswahl abgeschlossen haben, werden Sie gefragt, ob eine Laufwerksprüfung durchgeführt werden soll. Dabei werden die ausgewählten Laufwerke von vorn bis hinten geprüft. Auch wenn die Fertigungsanlagen heutzutage deutlich weniger Fehler produzieren, so ist es dennoch ratsam, diese Prüfung durchführen zu lassen. Defekte Sektoren werden so erkannt und markiert, sodass keine Daten auf ihnen gespeichert werden können. Das Risiko von Datenverlust wird also reduziert. Der Vorgang kann je nach Laufwerk und dessen Größe einige Zeit in Anspruch nehmen, aber wie so oft ist diese Zeit im Falle eines Falles gut investiert.

Zum Abschluss wird Ihnen (wie üblich) eine Übersicht der Konfiguration angezeigt. Wenn die vorgenommenen Einstellungen korrekt sind, können Sie mit dem Button ÜBERNEHMEN fortfahren: Im nächsten Fenster müssen Sie bestätigen, dass alle derzeit auf dem Laufwerk befindlichen Daten unwiderruflich gelöscht werden. Anschließend wird der Speicherpool erstellt. Und da ein Speicherpool ohne Volume nicht viel hermacht, wird direkt im Anschluss daran der Assistent *Volume erstellen* gestartet. Diesen Vorgang zeigen wir Ihnen im folgenden Abschnitt.

5.2.3 Volumes

Damit der Speicher in den Speicherpools nutzbar wird, müssen Sie in den Speicherpools Volumes erstellen. Dazu können Sie erneut über mehrere Wege den Assistenten starten:

- auf Systemen ohne Volume: SPEICHER-MANAGER • ÜBERSICHT
- über das Menü SPEICHER: Hier nutzen Sie SPEICHER-MANAGER • SPEICHER • ERSTELLEN: VOLUME ERSTELLEN.
- automatisch nach der Erstellung eines neuen Speicherpools

Danach startet jeweils der Assistent *Volume erstellen*, der zunächst abfragt, in welchem Speicherpool Sie das neue Volume erstellen möchten und über welche Größe es verfügen soll (siehe Abbildung 5.19).

Abbildung 5.19 Erstellen eines neues Volumes

Über den Button MAX. können Sie die gesamte zur Verfügung stehende Kapazität in das Eingabefeld übernehmen lassen. Im Übrigen sind bei der Größenangabe nur Ganzzahlen zulässig und ebenso eine Mindestgröße von 10 GByte – die Eingabe erfolgt in Gigabyte, und die Einheit brauchen Sie nicht mit anzugeben.

Anschließend müssen Sie das Dateisystem auswählen. Wie Sie in Abbildung 5.20 sehen, werden Ihnen, wie bereits erläutert, nur *Btrfs* und *ext4* zur Auswahl angeboten.

Im nächsten Fenster wird Ihnen die übliche Übersicht der getroffenen Einstellungen präsentiert und nach der Bestätigung das Volume erstellt. Dieser Vorgang kann etwas

Zeit in Anspruch nehmen. Erst wenn das Volume mit dem Status *In Ordnung* ausgewiesen wird, können Sie auf ihm freigegebene Ordner einrichten.

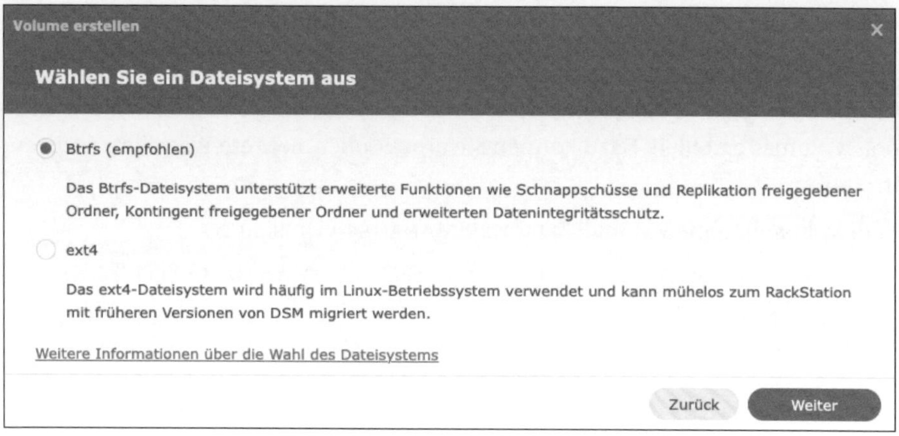

Abbildung 5.20 Auswahl des Dateisystems

5.2.4 Sonstiges

Neben den bisher vorgestellten Methoden und Funktionen gibt es noch ein paar weitere, die wir Ihnen selbstverständlich nicht vorenthalten möchten.

Integritätsstatus

Gerade wenn Sie bereits genutzte Laufwerke weiterverwenden möchten oder Laufwerke schon länger im Einsatz haben, empfiehlt es sich, ihren Integritätsstatus zu prüfen. Diesen finden Sie im Speicher-Manager im Menü HDD/SSD als gleichnamigen Button. Wählen Sie das Laufwerk aus, dessen Status Sie prüfen wollen, und klicken Sie auf den Button, so öffnen sich das entsprechende Fenster mit dem Integritätsstatus. In der Übersicht aus Abbildung 5.21 sehen Sie zunächst den generellen Laufwerksstatus und die Eckdaten zum Laufwerk.

Deutlich mehr Details können Sie im Menü *S.M.A.R.T.* einsehen. Das sogenannte *Self-Monitoring, Analysis and Reporting Technology* (kurz *S.M.A.R.T.* oder *SMART*) ist ein Industriestandard zur Überwachung von Laufwerken. Mit ihm kann eine Vorhersage über einen möglichen Ausfall eines Laufwerks erfolgen, da verschiedene Sensoren mithilfe von unterschiedlichen Parametern ausgewertet werden. Jeder Hersteller hat für seine Geräte die entsprechenden Schwellenwerte definiert. (Die spezifischen Werte Ihres Laufwerks finden Sie im Menü ganz unten im Punkt S.M.A.R.T.-Attribut über den Button Details.)

Im Menü S.M.A.R.T. selbst finden Sie allerdings keine Ergebnisse, sondern lediglich die Möglichkeit, einen Test durchzuführen. Dieser wird Ihnen in zwei Varianten angeboten:

- *Schnelltest* = Laufzeit ca. 1 Minute
- *Erweiterter Test* = Laufzeit größen- und typenabhängig (Zum Beispiel benötigt eine 2-TByte-SATA-HDD bis zu 4 Stunden.)

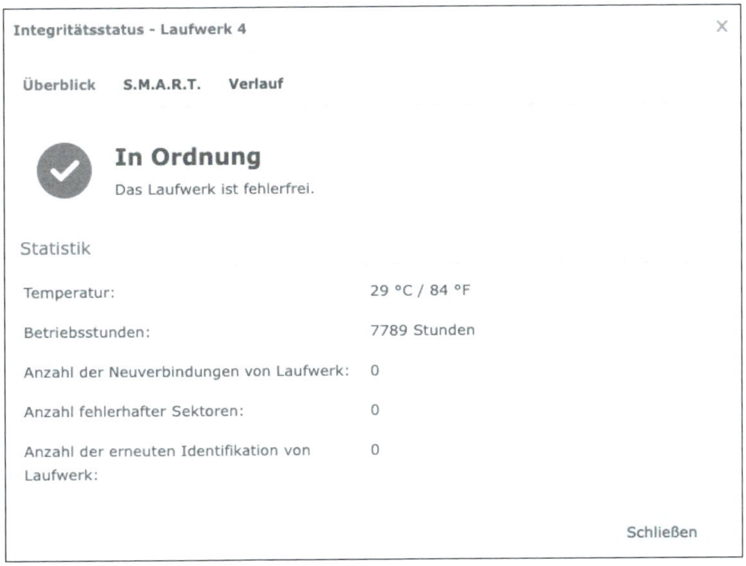

Abbildung 5.21 Überblick über den Integritätsstatus

Wenn Sie einen Test starten, wird Ihnen der Fortschritt direkt angezeigt. Nach Abschluss des Tests wird Ihnen die Zusammenfassung des Ergebnisses im Abschnitt TESTERGEBNIS dargestellt.

Das Ergebnis wird auch im Menü VERLAUF hinterlegt. Wenn Sie dieses öffnen und Ihre DiskStation bereits etwas im Einsatz ist, werden Sie feststellen, dass pro Monat ein Test durchgeführt wurde.

Keine Sorge, hier haben keine Hacker heimlich Ihre Laufwerke geprüft: Standardmäßig ist unter HDD/SSD • TEST PLANER ein monatlicher Schnelltest eingerichtet, der alle unterstützten Laufwerke überprüft.

Nach der Ergebnisauflistung finden Sie noch den Punkt WICHTIGE INFORMATIONEN ZU LAUFWERKEN. Wenn Sie diesen aufklappen, sehen Sie mehrere Diagramme, die Ihnen den Zustand des Laufwerks übersichtlich über eine Zeitachse darstellen.

Herstellerabhängig, zusätzliche Prüfmethoden!

Einige Hersteller haben zusätzliche Prüfmethoden. So wird Besitzern von *Seagate IronWolf*-Laufwerken im Fenster des INTEGRITÄTSSTATUS zusätzlich das Menü *IronWolf Health* angeboten. Darin können Sie analog zu den S.M.A.R.T-Tests IronWolf-spezifische Prüfungen durchführen lassen.

Datenbereinigung von Speicherpools

Trotz aller Mechanismen und aller intelligenten Algorithmen kommt es dennoch zu Fragmenten von fehlerhaften und unvollständigen Daten. Mit der Datenbereinigung können Sie diese beheben – wobei die Bezeichnung »Datenbereinigung« eigentlich nicht ganz korrekt ist, da lediglich eine Datenkonsistenzprüfung durchgeführt wird, denn das *Data Scrubbing* (engl. für »Datenbereinigung«) ist eigentlich eine Fehlerkorrekturtechnik, die Speicher auf Fehler überprüft und diese mithilfe redundanter Daten in Form von Prüfsummen oder Kopien korrigiert. Daher kann die Bereinigung auch nur auf Systemen durchgeführt werden, die folgende Anforderungen erfüllen:

- Volumes mit dem Dateisystem Btrfs oder Speicherpools des RAID-Typs SHR (mit mindestens drei Laufwerken), RAID 5, RAID 6 oder RAID F1
- Die Option DATEN-PRÜFSUMME FÜR ERWEITERTE DATEIINTEGRITÄT muss aktiviert sein (sie ist standardmäßig aktiviert). In SYSTEMSTEUERUNG • FREIGEGEBENE ORDNER • BEARBEITEN • ERWEITERT kann dies konfiguriert werden.

Um eine Datenbereinigung sofort auszuführen, können Sie im Speicher-Manager den entsprechenden Speicherpool öffnen und im aufgeklappten Menü (Symbol mit dem Pfeil noch unten) den Button JETZT AUSFÜHREN bei DATENBEREINIGUNG betätigen.

Alternativ können Sie die (empfohlene) Variante verwenden und eine Datenbereinigung planen. Klicken Sie dafür auf den gleichnamigen Button bei ausgewähltem Speicherpool. Standardmäßig ist kein Zeitplan für die Datenbereinigung gesetzt. Abbildung 5.22 zeigt ein Beispiel für eine Planung, bei der der `Speicherpool 1` alle `sechs Monate` nur zu `bestimmten Uhrzeiten` bereinigt wird.

Im Übrigen ist die Standardauswahl mit einer Wiederholung alle sechs Monate durchaus sinnvoll: Kleinere Intervalle sind nicht ratsam, da der Vorgang sehr viel Zeit in Anspruch nimmt und Ihre DiskStation die Laufwerke selbst stark belastet. Daher empfiehlt es sich ebenfalls, den Durchführungszeitraum zu beschränken.

Defragmentierung

Bei Volumes, die als Dateisystem Btrfs einsetzen und hochfrequentiert sind, kommt es unweigerlich aufgrund des COW-Verfahrens zu Fragmentierungen. Um diese zu bereinigen und zusammenhängende Speicherbereiche wiederzuvereinen, können Sie die Defragmentierung einsetzen. Diese kann aber nur auf Volumes durchgeführt werden, die mit dem Dateisystem Btrfs betrieben werden.

Öffnen Sie dazu im Speicher-Manager das Menü SPEICHER, klicken Sie bei dem zu defragmentierenden Volume auf die drei horizontalen Punkte, um das Kontextmenü zu öffnen, und wählen Sie dort DATEISYSTEM-DEFRAGMENTIERUNG aus. Vor der eigentlichen Defragmentierung erhalten Sie den Warnhinweis aus Abbildung 5.23.

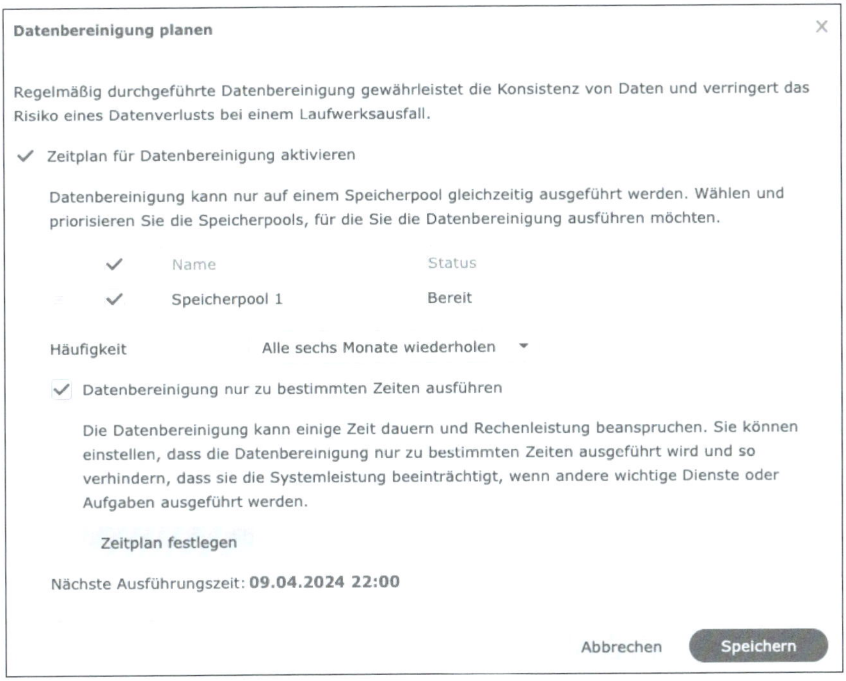

Abbildung 5.22 So planen Sie eine regelmäßige Datenbereinigung.

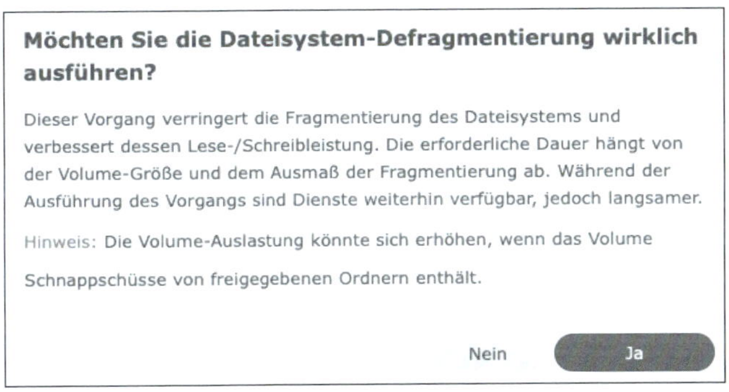

Abbildung 5.23 Warnhinweis vor einer Dateisystem-Defragmentierung

Nach der Bestätigung über den Button JA beginnt direkt die Defragmentierung. Diese kann je nach Größe und Bauart des Laufwerks und dem Grad der Fragmentierung etwas Zeit in Anspruch nehmen.

Geringe Kapazität

Wenn Sie sich auch ständig über Meldungen wie »Geringe Kapazität! Es stehen nur noch 737 GB an Speicherplatz zur Verfügung!« wundern, dann zeigen wir Ihnen jetzt, wie Sie den zugrunde liegenden Schwellenwert anpassen können.

Der Schwellenwert liegt standardmäßig bei 20 %, was bei einem Volume von 4 TByte die im Beispiel genannte Warnung vor geringer Kapazität auslöst, sobald 737 GByte unterschritten werden. Öffnen Sie den Speicher-Manager im Menü Speicher, klicken Sie bei dem entsprechenden Volume auf die drei horizontalen Punkte, um das Kontextmenü zu öffnen, und wählen Sie Einstellungen aus. In dem Fenster, das sich nun öffnet, finden Sie ganz unten im Abschnitt *Benachrichtigung bei geringer Kapazität* den prozentualen Schwellenwert.

Nutzungsdetails

Wenn Sie sich fragen, weshalb ein Volume »schon wieder« vollgelaufen ist, und Ihre DiskStation Sie permanent auf die geringe Kapazität hinweist, dann kann ein Blick in die Nutzungsdetails helfen. Auf jedem Volume können Sie nämlich Nutzungsdetails erfassen, die Ihnen verraten, wie sich die Auslastung zusammensetzt. Deren Erhebung müssen Sie aber erst aktivieren. Öffnen Sie dafür die Einstellungen über das Kontextmenü (drei horizontale Punkte) des entsprechenden Volumes im Menü Speicher. Dort setzen Sie im Abschnitt Nutzungsdetails den Haken bei Analyse von Nutzungsdetails aktivieren. Die Analyse dauert einen Moment. Sobald sie abgeschlossen ist, können Sie das Ergebnis über den Punkt Nutzungsdetails im Kontextmenü des Volumes einsehen – zur Laufzeit der Analyse wird der Inhalt kontinuierlich erweitert.

Aus dem Beispiel in Abbildung 5.24 geht hervor, dass sich auf dem Volume noch 716,2 MByte an Schnappschüssen befinden oder dass 10,5 GByte in einer LUN bereitgestellt werden – also schon zwei Punkte, die eventuell aufgeräumt werden könnten.

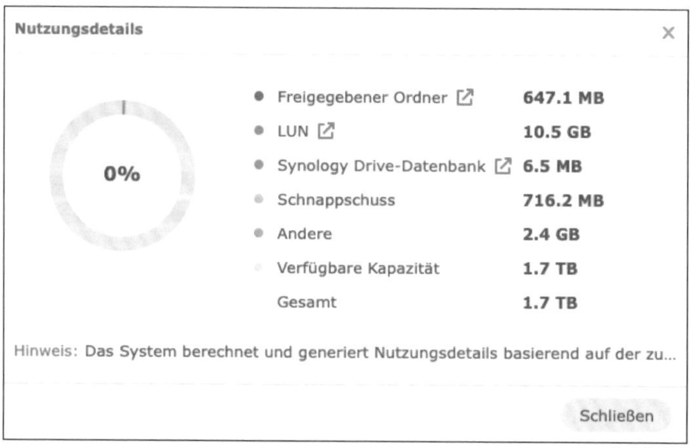

Abbildung 5.24 Die Nutzungsdetails eines Volumes

Zugegebenermaßen sind die beiden Beispiele, wie Ihnen die prozentuale Verteilung sicherlich bereits verraten hat, natürlich an den Haaren herbeigezogen – da das Volume noch über reichlich Speicher verfügt.

Die Volumegröße ändern

Wenn in einem Speicherpool noch Kapazität verfügbar ist, z. B. weil Sie von diesem Speicherpool ein Volume gelöscht haben oder weil Sie ihn gerade um ein oder mehrere Laufwerke erweitert haben, dann können Sie die Größe eines Volumes ganz einfach ändern.

Öffnen Sie im Speicher-Manager das Menü SPEICHERN, und klicken Sie bei dem Volume, das Sie vergrößern wollen, auf die drei horizontalen Punkte, um das Kontextmenü zu öffnen. Wählen Sie dort EINSTELLUNGEN aus.

In dem Fenster, das sich nun öffnet, finden Sie den Abschnitt GRÖSSE ÄNDERN. Die Einstellungsmöglichkeiten erinnern an diejenigen bei der Ersteinrichtung eines Volumes. Über den Button MAX. können Sie die Größe des Volumes auf die Gesamtkapazität einstellen. Nach einem Klick auf SPEICHERN wird die Größenänderung durchgeführt.

> **Nur vor, nicht zurück!**
>
> Leider erlaubt der Dialog nur, das Volume zu vergrößern – eine Verkleinerung ist nicht möglich. Bedenken Sie dies, bevor Sie sich selbst Möglichkeiten durch eine vorschnelle Vergrößerung verbauen.

5.3 Berechtigungen

Die Berechtigungen für den Nutzerkreis der DiskStation werden im System an unterschiedlichen Stellen verwaltet. Wir haben Ihnen schon in den ersten Kapiteln die verschiedenen Konfigurationsoptionen vorgestellt und möchten sie an dieser Stelle noch einmal zusammenfassend präsentieren.

Möchten Sie die Berechtigungen für einen bestimmten Nutzer konfigurieren, dann sollten Sie in der Systemsteuerung das Modul BENUTZER UND GRUPPE öffnen. Markieren Sie den gewünschten Benutzer, und klicken Sie dann in der Symbolleiste auf BEARBEITEN.

Auf der Registerkarte BERECHTIGUNGEN steuern Sie den Zugriff auf gemeinsame (bzw. freigegebene) Ordner (siehe Abbildung 5.25). Sie können dort einstellen, ob der Zugriff verweigert, lediglich mit Leserecht oder uneingeschränkt zugelassen wird. Sollte der Benutzer auch Mitglied einer Benutzergruppe sein und es zu überschneidenden Rechtekonfigurationen kommen, so sehen Sie in der Spalte VORSCHAU die resultierende effektive Berechtigung.

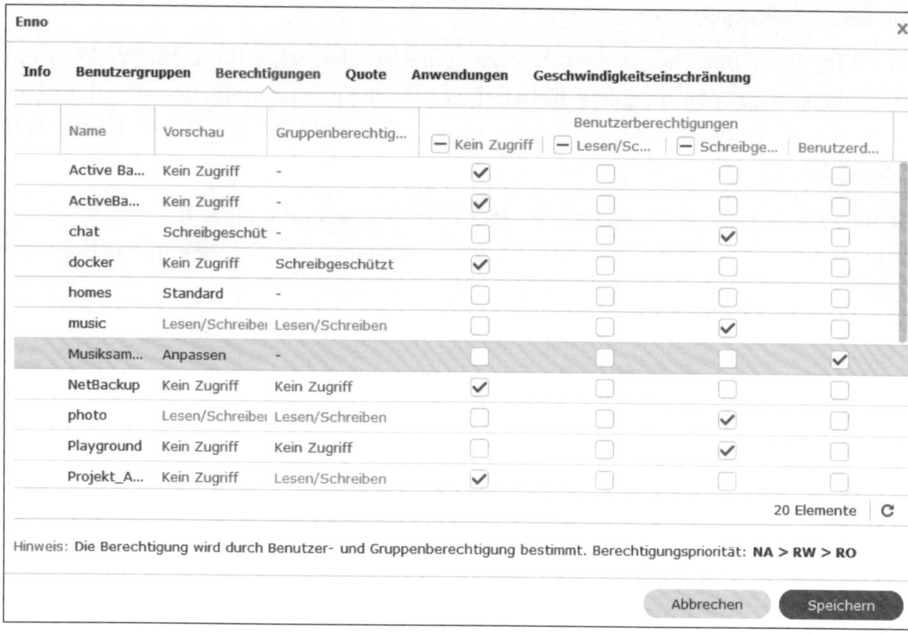

Abbildung 5.25 Die Zugriffsrechte auf freigegebene Ordner können sehr umfangreich konfiguriert werden.

Auf der Registerkarte QUOTE können Sie den nutzbaren Speicherplatz begrenzen. Das Limit wird pro Volume im Speichersystem eingestellt. Den Zugriff auf die ANWENDUNGEN steuern Sie für den ausgewählten Benutzer auf der gleichnamigen Registerkarte (siehe Abbildung 5.26). Sie können einstellen, ob der Benutzer eine Anwendung der DiskStation nutzen darf oder nicht.

Beachten Sie, dass einige Anwendungen, wie etwa die *Surveillance Station*, eine eigene Rechteverwaltung mitbringen, mit der sich feinere Zugriffsrechte vergeben lassen. Grundsätzlich gilt aber vorrangig die Rechteeinstellung im DSM: Wenn der Zugriff auf eine Anwendung hier verboten ist, kann der entsprechende Benutzer die Anwendung nicht aufrufen. Abschließend lässt sich auf der Benutzerebene noch eine Geschwindigkeitsbeschränkung für Datei(transfer)dienste setzen.

Beachten Sie bei der Benutzerliste ganz rechts in der Symbolleiste die Schaltfläche DELEGIEREN. Über diese Schaltfläche können Sie einzelne Elemente der Systemsteuerung Nicht-Administratoren zugänglich machen und somit Aufgaben des Administrators an normale Nutzer der DiskStation delegieren (siehe Abbildung 5.27). Dies ist besonders dann sinnvoll, wenn die DiskStation mit einer größeren Benutzergruppe betrieben wird und der Administrator sich nicht um alles kümmern will. Für den kleineren Privathaushalt bringt dieses Modul nur wenig zusätzlichen Nutzen.

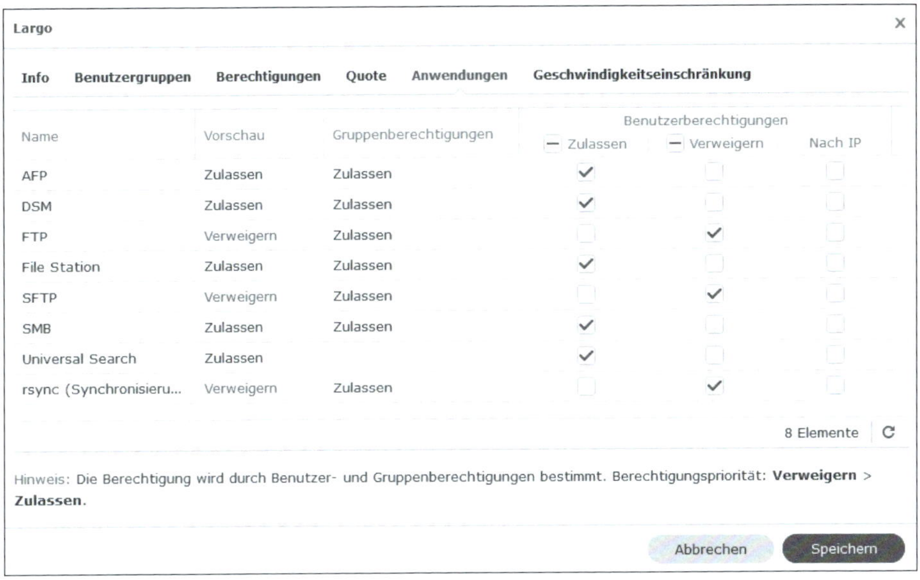

Abbildung 5.26 Für einen ausgewählten Benutzer können Sie einstellen, welche Anwendungen er aufrufen darf.

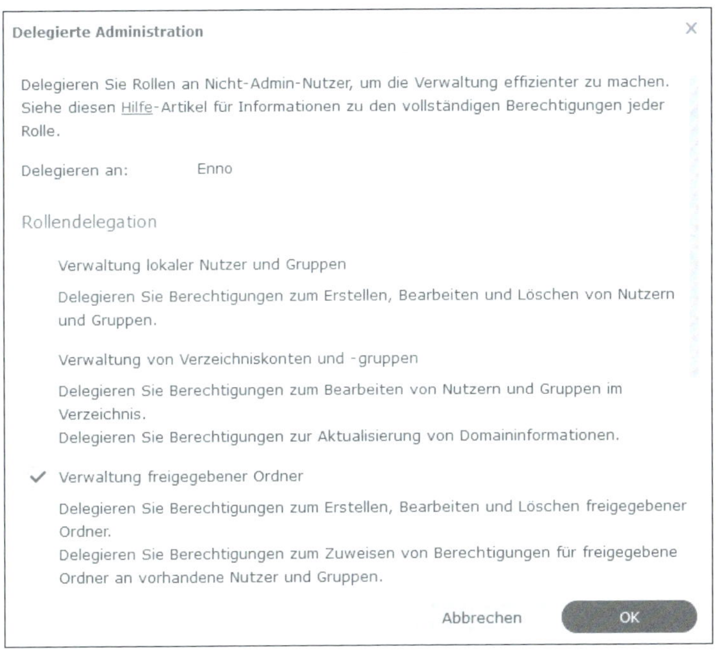

Abbildung 5.27 Dem Benutzer Enno wird es zukünftig möglich sein, die freigegebenen Ordner zu verwalten.

Wenn Sie Aufgaben delegieren, dann erhalten die entsprechenden Nutzer in ihren Hauptmenüs eine »Mini-Systemsteuerung« mit den für sie freigegebenen Modulen.

Möchten Sie die Berechtigungen nicht für einen einzelnen Nutzer, sondern für einen einzelnen freigegebenen Ordner (der auch *gemeinsamer Ordner* genannt wird) setzen, so rufen Sie das Modul FREIGEGEBENER ORDNER in der Systemsteuerung auf. Klicken Sie den gewünschten Ordner an, und klicken Sie dann in der Symbolleiste auf BEARBEITEN. Im neuen Fenster finden Sie die Registerkarte BERECHTIGUNGEN, auf der Sie die Zugriffsrechte für diesen Ordner festlegen können (siehe Abbildung 5.28).

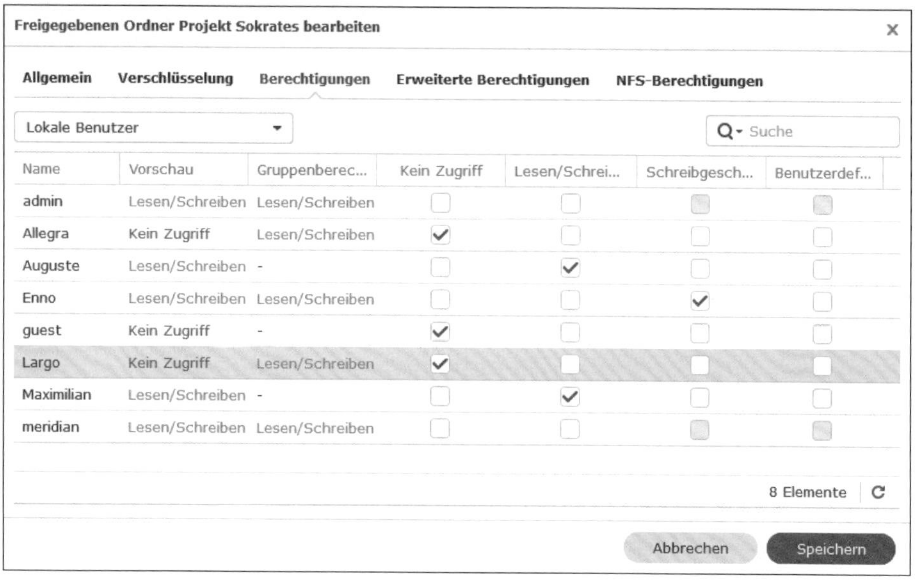

Abbildung 5.28 Legen Sie für einen freigegebenen Ordner fest, welcher Benutzer den Ordner auf welche Weise benutzen darf.

Im Auswahlfeld oben links können Sie einstellen, ob Sie die Berechtigungen für die Benutzer der DiskStation oder die Benutzergruppen einstellen möchten. Für Sonderfälle lassen sich auch die Berechtigungen für System(dienst)benutzer einstellen. Sollte es zu Überschneidungen kommen, dann betrachten Sie die Spalte VORSCHAU, die die resultierende Berechtigung anzeigt.

Ein weiterer Anlaufpunkt für die Steuerung von Berechtigungen findet sich in der Systemsteuerung im Modul ANWENDUNGSBERECHTIGUNGEN. Hier legen Sie die Berechtigungen für eine bestimmte Anwendung fest. Dieses Modul sollten Sie stets nach der Installation einer neuen Anwendung konsultieren und die gewünschten Berechtigungen einstellen. Die Standardeinstellung ist je nach Anwendung unterschiedlich.

Einige Anwendungen sind in der Voreinstellung allen Nutzern zugänglich, andere sind zunächst für alle Nutzer gesperrt. Wenn Sie eine Anwendung anklicken und dann BEARBEITEN wählen, können Sie die Rechte für die einzelnen Nutzer oder die Benutzergruppen einstellen (siehe Abbildung 5.29). Beachten Sie dabei unbedingt die Registerkarte STANDARD-BERECHTIGUNGEN.

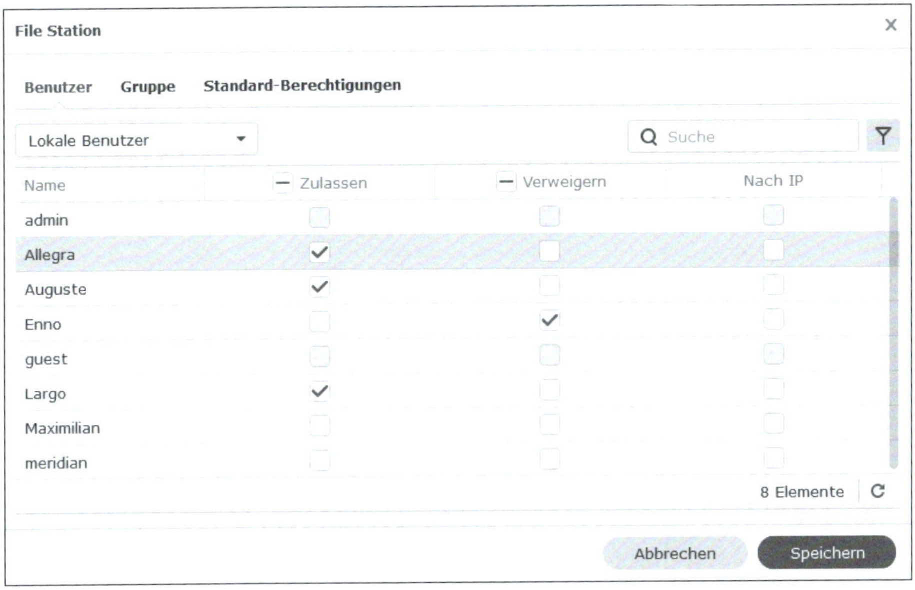

Abbildung 5.29 Für jede Anwendung können Sie festlegen, welche Nutzer sie verwenden dürfen.

Hier finden Sie ein Kontrollkästchen, mit dem Sie die Anwendung für alle Benutzer der DiskStation freigeben, es sei denn, Sie schränken den Zugriff für einen Benutzer ein. Diese Einstellung ist praktisch, wenn Sie eine Anwendung für viele Benutzer erlauben möchten, denn sie erspart das Anklicken jedes einzelnen Nutzers. Über die Schaltfläche BERECHTIGUNGSANSICHT können Sie die Berechtigungen auf Nutzerebene betrachten. Das ist im Grunde genommen aber nur eine Alternative zur Steuerung der Rechte auf Nutzerebene, die wir Ihnen zuerst vorgestellt haben.

Im Zusammenhang mit Berechtigungen für den Zugriff auf Anwendungen möchten wir auch noch auf die *Zugangskontrollprofile* hinweisen (siehe Abbildung 5.30).

Wenn Sie im ANMELDEPORTAL der Systemsteuerung für eine bestimmte Anwendung einen Schnellzugriff (z. B. einen Alias oder einen benutzerdefinierten Port) erstellt haben, dann können Sie den Zugriff hierüber einschränken. Definieren Sie dazu auf der Registerkarte ERWEITERT zunächst ein Zugangskontrollprofil. In diesem Profil stellen Sie (Quell-)IP-Adressen ein und legen fest, ob diese IP-Adressen den Schnellzugriff benutzen dürfen. Die Liste wird von oben nach unten abgearbeitet, und Sie können selbst entscheiden, ob Sie eine White- oder eine Blacklist erstellen möchten. Beachten Sie, dass Sie über Subnetzmasken in der CDIR-Notation auch IP-Adressbereiche eintragen können.

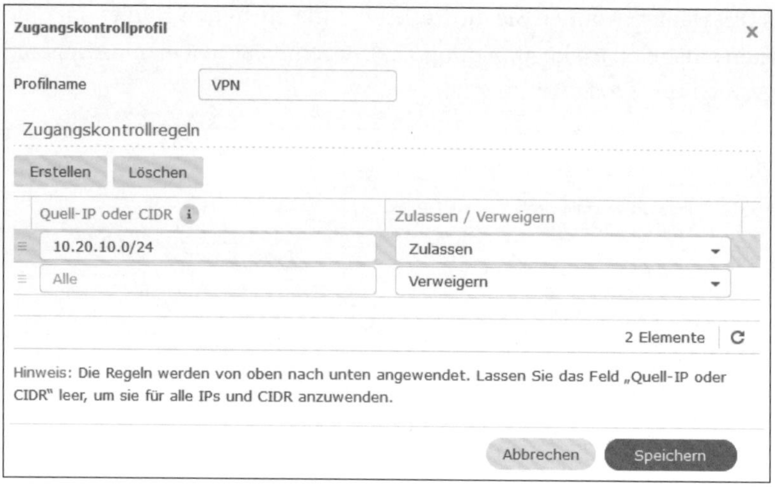

Abbildung 5.30 Definieren Sie über ein Zugangskontrollprofil, welche IP-Adressbereiche Zugang erhalten sollen.

Das so erstellte Zugangskontrollprofil können Sie anschließend einem bestimmten Anwendungsschnellzugriff zuweisen. Wechseln Sie auf die Registerkarte ANWENDUNGEN, und klicken Sie bei der gewünschten Anwendung auf BEARBEITEN. Ganz zuunterst können Sie ein Zugangskontrollprofil auswählen. Sie können mehrere dieser Profile definieren und sie unterschiedlichen Schnellzugriffen zuweisen. So lässt sich z. B. ein Schnellzugriff für VPN-Verbindungen verbieten (siehe Abbildung 5.31).

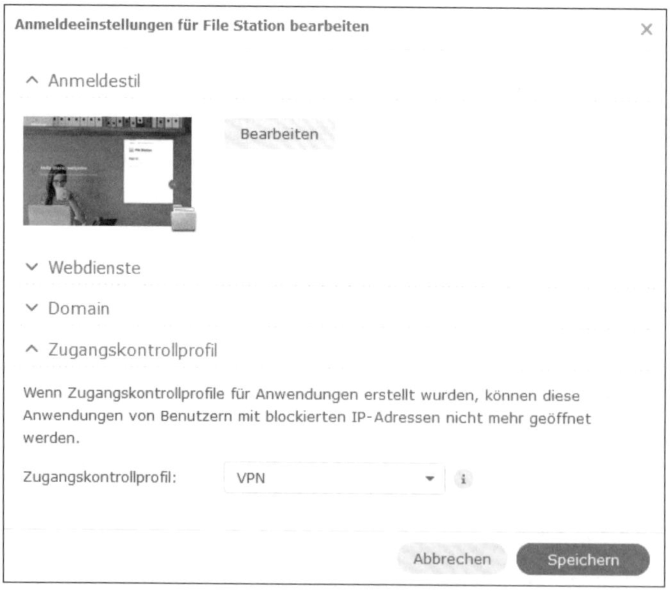

Abbildung 5.31 Über ein Zugangskontrollprofil können Sie den Zugriff auf Anwendungen einschränken.

Beachten Sie abschließend, dass einige Anwendungen der DiskStation ihre eigene Rechteverwaltung mitbringen, über die der Zugriff auf bestimmte Funktionen der Anwendung gesteuert wird. Diese Berechtigungen steuern Sie direkt bei der jeweiligen Anwendung über deren Einstellungsmenü. Zu den Anwendungen mit eigener Rechteverwaltung zählen:

- Video Station
- Surveillance Station
- Audio Station
- VPN Server
- Virtual Machine Manager

5.4 Netzwerkkonfiguration

Bereits bei der Einrichtung des Gerätes (siehe Abschnitt 1.1, »Die Ersteinrichtung Ihres NAS-Geräts«) haben Sie einige Netzwerkkonfigurationen vorgenommen. In diesem Abschnitt stellen wir Ihnen die Theorie dahinter genauer vor und zeigen Ihnen, welche Netzwerkkonfigurationsmöglichkeiten Ihre DiskStation noch bietet.

5.4.1 Etwas Theorie vorab

Moderne Netzwerke werden über Router und Switches aufgebaut. Daheim leistet dies etwa der WLAN-Router Ihres Internetanbieters (oft eine FritzBox). Dieser Router stellt eine Mischform dar, da er sowohl einen Switch als auch einen Router bereitstellt, um mit dem Internet kommunizieren zu können. Aber bevor wir zu tief in die Thematik einsteigen, wollen wir uns zunächst die Grundlagen dahinter ansehen.

Das OSI-Referenzmodell

Die einzelnen Schichten im Netzwerk werden durch das *OSI*-Referenzmodell (*Open System Interconnection*, engl. für »Kommunikation offener Systeme«) beschrieben. Dazu definiert dieses Modell sieben aufeinander aufbauende Schichten (engl. *layers*), die für jeweils eine eigene Aufgabe zuständig sind. Tabelle 5.3 zeigt ihre Reihenfolge, ihre Bezeichnung und ihre Funktion:

Layer	Bezeichnung (engl.)	Funktion
7	*Application Layer*	Anwendungsschicht (»im Programm«)
6	*Presentation Layer*	Darstellungsschicht

Tabelle 5.3 Die sieben Layer des OSI-Referenzmodells

Layer	Bezeichnung (engl.)	Funktion
5	*Session Layer*	Sitzungsschicht
4	*Transport Layer*	Transportschicht
3	*Network Layer*	Vermittlungsschicht (»auf dem Router«)
2	*Data Link Layer*	Sicherungsschicht (»auf dem Switch«)
1	*Physical Layer*	Bitübertragungsschicht (»auf dem Kabel«)

Tabelle 5.3 Die sieben Layer des OSI-Referenzmodells (Forts.)

Wenn Sie z. B. zu Hause Daten von einem System auf ein anderes kopieren (im gleichen Netzwerk), wird die Kommunikation der Systeme über *Layer 2* stattfinden, da die Systeme über einen Switch oder Hub miteinander verbunden sind. Die Systeme können sich also direkt erreichen, ohne über einen Router gehen zu müssen. Laden Sie hingegen eine Webseite aus dem Internet, wird die Kommunikation über *Layer 3* stattfinden, da die Pakete ins Internet über einen Router laufen – also Ihr eigenes Netzwerk verlassen.

Wenn wir also von einer Layer-2-Kommunikation sprechen, ist die Kommunikation über Switches oder Hubs innerhalb eines Netzwerks gemeint. Bei einer Layer-3-Kommunikation hingegen verlassen die Pakete das lokale Netzwerk und werden geroutet. Zur Verdeutlichung haben wir Ihnen den Kommunikationsablauf in Abbildung 5.32 nochmals dargestellt.

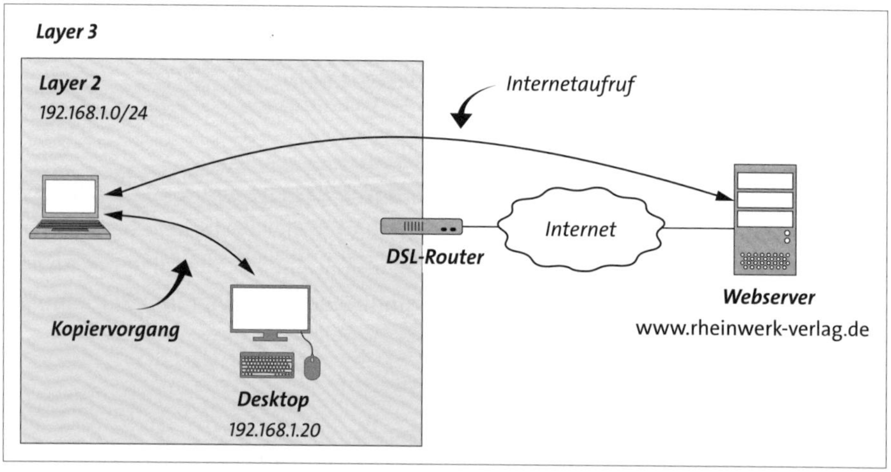

Abbildung 5.32 Übersicht der »Layer« bei unterschiedlichen Kommunikationen

Die Layer ab 3 und 4 werden vom Protokollstack TCP/IP zur Verfügung gestellt. Sie stellen sicher, dass die Pakete von A nach B transportiert werden. Ab Layer 6 ist das

Paket auf der Programmebene angekommen, wird also vom Betriebssystem oder Programm verarbeitet.

Layer 2: Kommunikation im selben Netzwerk (Switching)

Die Adressierung von Paketen im Ethernet erfolgt mittels *MAC*-Adressen (Media Access Control). Jede Netzwerkschnittstelle verfügt über eine eindeutige und einzigartige Adresse, die aus sechs Hexadezimalzahlen besteht (also 6 Byte bzw. 48 Bit). Hier sehen Sie ein paar Beispielschreibweisen:


```
28:cf:e9:06:4a:b7       # Standard hexadezimal
28-cf-e9-06-4a-b7       # Alternativ hexadezimal
28cfe9-064ab7           # Trennung <Vendor>-<Device>
28cf.e906.4ab7          # Cisco-Notation
28cfe9064ab7            # Trennungsfrei hexadezimal
```

Listing 5.1 Schreibweisen von MAC-Adressen

Die erste Hälfte einer MAC-Adresse bezeichnet den *Vendor* (engl. für »Hersteller« oder »Anbieter«). Die zweite Hälfte identifiziert das Gerät.

Fehler: Duplicate MAC

Wenn Sie in Ihrem Netzwerk eine Fehlermeldung bezüglich doppelter MAC-Adressen angezeigt bekommen, dann ist das in der Regel ein Zeichen für einen *Loop* – also dafür, dass Pakete in Ihrem Netzwerk im Kreis laufen.

Die Auflösung von MAC- in IP-Adressen erfolgt mittels ARP (*Address Resolution Protocol*). Dieses Protokoll sorgt nicht nur für die Auflösung, sondern jedes Netzwerkgerät hält auch eine eigene lokale Tabelle mit den bekannten Geräten vor – die sogenannte ARP-Tabelle. Erst wenn die Gültigkeitsspanne eines Eintrags abgelaufen ist, wird erneut nach ihm im Netzwerk gefragt. Die Anfragen werden im Übrigen via *Broadcast* an alle Teilnehmer gesendet.

Layer 3: IP-Adressen und Netzwerkmasken (Routing)

Eine IP-Adresse besteht in der Version IPv4 aus 4 Oktetten (jeweils 8 Bits), die gemeinsam die IP-Adresse ergeben. Jedes Oktett kann dabei Werte von 0 bis 255 zugewiesen bekommen.

In der Regel werden Ihre Systeme zu Hause mit IPv4 angebunden sein, da (fast) alle derzeitigen DSL- oder WLAN-Router dieses Protokoll standardmäßig verwenden. Eine IPv4-Adresse sieht so aus:

```
192.168.178.1
```

Dies stellt zwar eine IP-Adresse dar, allerdings wird dazu immer noch eine *Netzwerkmaske* benötigt. Um die Netzwerke in Bereiche zu gliedern, werden diese nämlich in Blöcke unterteilt: die sogenannten Subnetze. Dafür wird eine Netzwerkmaske verwendet, die angibt, welcher Teil der IP-Adresse zum Netzwerk und welcher Teil zum Gerät gehört. Im privaten Bereich wird meist diese Netzwerkmaske verwendet:

```
255.255.255.0
```

Diese gibt an, dass die ersten drei Oktette der IP-Adresse (im Beispiel oben also `192.168.178`) zum Netzwerk gehören. Das letzte Oktett hingegen spezifiziert das System. Da die Werte der Oktette von 0 bis 255 reichen, könnte ein Netzwerk mit der oben genannten Netzmaske also maximal 254 Systeme beherbergen. Falls Sie sich jetzt denken: »Moment mal, nach Adam Riese sind das doch 256!«, dann haben Sie vollkommen recht. Da aber die jeweils erste und letzte Adresse eines Netzwerks reserviert ist und nicht von Geräten verwendet werden darf, ergibt sich daraus 254.

Die erste Adresse eines Netzwerks ist stets die sogenannte *Netzwerkadresse*. Diese identifiziert das Netzwerk und darf nicht an einen Client vergeben werden. Das gilt auch für die letzte IP-Adresse aus einem Netzwerk, die sogenannte *Broadcast*-Adresse (engl. für »Rundfunk«). Sendet ein Client ein Paket an die Broadcast-Adresse, wird das Paket an alle Systeme des Netzwerks gesandt. Um die IP-Adresse und die Netzwerkmaske voneinander zu trennen, wird ein Schrägstrich (/) verwendet. Vollständig sollte die Angabe also immer so aussehen:

```
192.168.0.1/255.255.255.0
```

Das Unterteilen der IP-Adressen in einen Netzwerkteil und einen Geräteteil wird auch als *Subnetting* bezeichnet. Die Angabe der Netzwerkmaske in Dezimalpunkt-Form ist zwar korrekt, wird heutzutage aber meist abgekürzt:

```
192.168.0.1/24
```

Diese Abkürzung ist Bestandteil von CIDR (*Classless Inter-Domain Routing*, engl. für »klassenloses Routing zwischen Domänen«). Dabei gibt die Zahl hinter dem Schrägstrich die Anzahl der Bits an, die die Netzwerkmaske darstellt. Um dies zu verdeutlichen, haben wir die unterschiedlichen Schreibweisen zusammengefasst:

```
192.168.0.1/11111111.11111111.11111111.00000000 # Bit 192.168.0.1/
255.255.255.0                                   # Dezimalpunkt-Format
192.168.0.1/24                                  # CIDR-Format
```

Die Bit-Schreibweise wird aber nur zur Berechnung von Netzmasken eingesetzt. Keine Panik, diesen Zahlenkoloss müssen Sie nicht tippen. Die höchste Netzwerkmaske lautet in CIDR-Schreibweise `32` und im Dezimalpunkt-Format `255.255.255.255`.

Dabei werden alle Oktette einer Netzwerkmaske auf 1 gesetzt. Diese Netzwerkmaske lässt keinen Raum für weitere Adressen und wird daher auch als *Host-Maske* bezeichnet, also als Netzwerkmaske für nur ein Gerät.

Da es bei der korrekten Berechnung von Subnetzen immer wieder zu Fehlern kommt, möchten wir Ihnen noch einen Leitsatz an die Hand geben: Eine Netzwerkmaske ist immer dann gültig, wenn sie in CIDR-Schreibweise eine Ganzzahl zwischen 0 und 32 darstellt.

Routen auch mit Netzwerkmasken

Routen werden auch mit Netzwerkmasken angegeben. Eine der bekanntesten Routen ist die *Default*-Route. Diese wird verwendet, wenn keine andere Route greift. Daher hat sie auch als einzige eine Netzwerkmaske von 0 – also alle möglichen IP-Adressen.

Private und öffentliche IP-Adressen

Für den privaten Gebrauch werden IP-Adressen aus speziell dafür vorgesehenen Netzwerken verwendet. Diese Adressen werden im Internet nicht geroutet, daher müssen die DSL- oder WLAN-Router auch ein NAT (*Network Address Translation*, engl. für »Netzwerkadressübersetzung«) durchführen. Dabei wird die private IP-Adresse aus Ihrem LAN in die offizielle IP-Adresse Ihres Internet-Providers übersetzt, da diese im Internet geroutet werden kann. Tabelle 5.4 zeigt die für den privaten Gebrauch reservierten Adressräume.

Adresse	Netzmaske (dezimal)	Netzmaske (CIDR)	Adressraum
192.168.0.0	255.255.0.0	16	192.168.0.0–192.168.255.255
172.16.0.0	255.240.0.0	12	172.16.0.0–172.31.255.255
10.0.0.0	255.0.0.0	8	10.0.0.0–10.255.255.255

Tabelle 5.4 Adressräume für private (rein lokale) IPv4-Adressen

Eine Besonderheit ist noch das sogenannten *Link Local*-Netzwerk mit dem Adressbereich `169.254.0.0/16`. Adressen aus diesem Bereich vergeben sich Netzwerkgeräte selbst, wenn ihre DHCP-Anfrage fehlgeschlagen ist oder sie keine Antwort erhalten haben. Es ist eine Art Notfallplan, damit die Geräte in Ihrem Netzwerk sich trotzdem untereinander verbinden können, auch wenn keine Adressen automatisch verteilt werden. In der Regel deuten solche Adressen also auf Fehler und unkonfigurierte Geräte hin.

5.4.2 Ein Beispiel: Den Adressbereich richtig wählen (Heim-Router)

In diesem Abschnitt möchten wir Ihnen ein konkretes Beispiel zum vorangegangenen Theorie-Exkurs zeigen. Nehmen wir an, Sie verfügen über eine FritzBox – einen der häufigsten Router mit eingebautem Modem in Deutschland. Sie möchten zum einen IP-Adressen automatisch via DHCP vom Router verteilen lassen, damit Clients wie Laptops, PCs, Smartphones oder Tablets ihre IP-Adresse samt Einstellungen automatisch beziehen. Zusätzlich wollen Sie aber eine DiskStation betreiben, die Serverdienste in Ihrem heimischen Netz anbietet.

Die DiskStation soll über eine fest vergebene IP-Adresse verfügen. Im Folgenden zeigen wir Ihnen, wie Sie dies ohne Adresskonflikte bewerkstelligen können, damit Ihr Server immer unter der gleichen Adresse erreichbar ist und friedlich mit den übrigen Geräten im Netzwerk zusammenleben kann.

Dafür müssen Sie zunächst herausfinden, welchen DHCP-Bereich der Router verwendet, um Konflikte vermeiden zu können. Gehen Sie dazu auf die Weboberfläche des Routers. Bei einer FritzBox erreichen Sie diese über den Aufruf von *http://192.168.178.1* oder *http://fritz.box* im Browser. Nach der Anmeldung öffnen Sie die DHCP-Konfiguration über HEIMNETZ • NETZWERK • NETZWERKEINSTELLUNGEN • IPV4-EINSTELLUNGEN (siehe Abbildung 5.33).

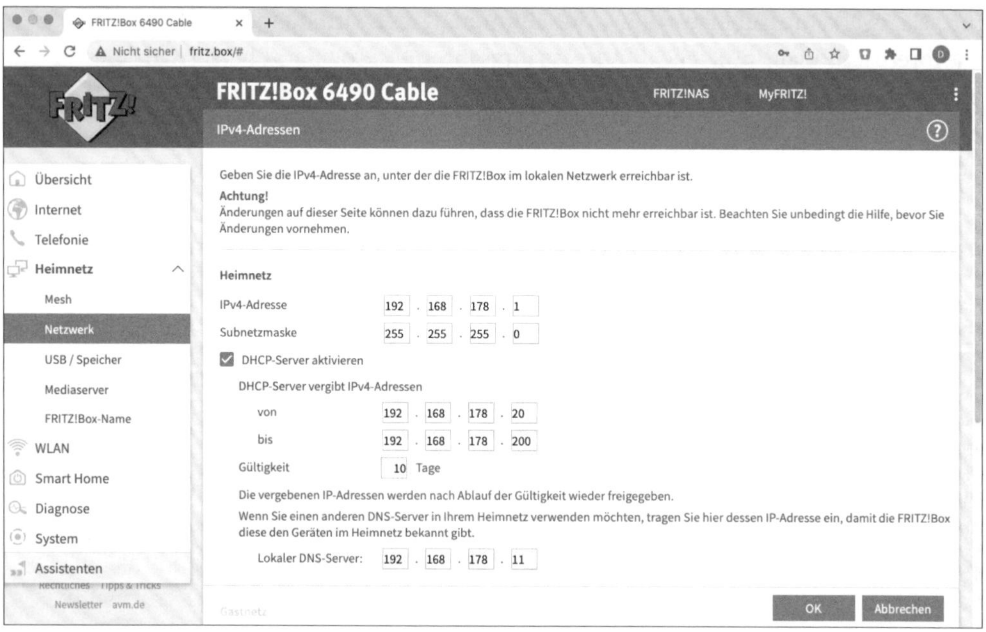

Abbildung 5.33 DHCP-Konfiguration einer FritzBox

Sie haben keine FritzBox?

Falls Sie einen anderen Router (z. B. einen *Speedport* der Telekom oder einen *D-Link*) einsetzen, müssen Sie die in diesem Abschnitt angegebenen Adressen natürlich an Ihre Umgebung anpassen. Meistens lautet die Adresse dann einfach 192.168.1.1.

In der Regel sollten Sie dort den vorkonfigurierten Adressbereich `192.168.178.0/24` vorfinden. Wie Sie der Übersicht entnehmen können, vergibt die FritzBox Adressen ab `192.168.178.20` bis `192.168.178.200`. Daraus können Sie ableiten, dass mindestens folgende Adressen für Ihre DiskStation tabu sind:

- `192.168.178.1` – die Adresse der FritzBox
- `192.168.178.20` – der Beginn des DHCP-Bereichs
- `...`
- `192.168.178.200` – das Ende des DHCP-Bereichs

Geben Sie Ihrem Server die IP-Adresse `192.168.178.10` mit der Netzwerkmaske `255.255.255.0`. Das Default-Gateway (über das Verbindungen zu anderen Netzwerken hergestellt werden) müssen Sie in diesem Fall auf die IP-Adresse `192.168.178.1`, also die IP-Adresse Ihrer Fritz!Box, setzen, da diese die Verbindung zum Internet aufbaut.

Eine Alternative (DHCP-Reservierung)

Standardmäßig wird Ihre DiskStation eine IP-Adresse automatisch via DHCP (*Dynamic Host Configuration Protocol*) beziehen. Das ist absolut in Ordnung und stellt kein Problem dar. Es ist aber ziemlich nervig, wenn sich die Adresse Ihrer DiskStation ändert und kann auch zu Problemen führen, wenn Programme sie an einer bestimmten Stelle erwarten. Um sicherzustellen, dass nur Ihre DiskStation diese Adresse von der FritzBox zugewiesen bekommt und Sie sie immer unter dieser Nummer erreichen, können Sie die Adresse einfach reservieren.

Öffnen Sie dafür Heimnetz • Netzwerk • Netzwerkverbindungen, und klicken Sie in der Zeile Ihrer DiskStation auf den Bearbeiten-Button (Stiftsymbol). Setzen Sie nun den Haken bei Diesem Netzwerkgerät immer die gleiche IPv4-Adresse zuweisen, um die zurzeit zugewiesene Adresse zu reservieren.

5.4.3 Der Servername

Die Clients in Ihrem Netzwerk finden Netzwerkdienste auf unterschiedlichste Weisen. Die Mechanismen unterscheiden sich teilweise erheblich voneinander, z. B. je nachdem, welches Betriebssystem der Client verwendet oder welche Protokolle er unterstützt. Eines ist aber in der Regel bei allen gleich: Sie arbeiten mit einer Namensauflösung. Die wenigsten (vor allem die Endbenutzerdienste) verlangen von Ihnen, über IP-Adressen angesprochen zu werden.

Über die Konfiguration des Servernamens legen Sie fest, unter welchem Namen Ihre DiskStation sich angesprochen fühlen soll, und bestimmen somit auch, wie die Clients in Ihrem Netzwerk Ihre DiskStation ansprechen können. Je nachdem, welche Programme und Netzwerkprotokolle Sie installieren und aktivieren, kann die Auflösung unterschiedlich ausfallen – aber an welcher Stelle auch immer ein Name benötigt wird, wird die Einstellung von SYSTEMSTEUERUNG • NETZWERK • ALLGEMEIN • SERVERNAME herangezogen.

Selbstverständlich können Sie den Namen jederzeit ändern. Dafür müssen allerdings einige Netzwerkdienste neu gestartet werden.

Änderung nicht möglich?

Wenn auf Ihrer DiskStation ein *Synology Directory Server* (den wir Ihnen in Kapitel 13, »Verzeichnisdienste«, vorstellen) oder ein *Synology High Availability-Cluster* läuft, dann können Sie den *Servernamen* nicht ohne Weiteres ändern. Erst nach der Deinstallation dieser Pakete können Sie den Namen ändern. Damit Sie die Programme nicht komplett neu einrichten müssen, können Sie vorher mit *Hyper Backup* eine Datensicherung erstellen, die Sie nach der erneuten Installation ganz einfach wiederherstellen können. (Details dazu finden Sie in Kapitel 8, »Datenverlust vorbeugen«.)

Der Servername, oft auch als Hostname bezeichnet, ist der erste Teil eines *Fully Qualified Domain Name* (FQDN). Dieser besteht aus einem *Host-* und einem *Domainteil*. Wenn Sie Ihrer DiskStation z. B. den Servernamen `ds920` geben und die IP-Adressen in Ihrem Netzwerk von einer FritzBox verteilt werden, dann würde in diesem Netzwerk der FQDN Ihrer DiskStation `ds920.fritz.box` lauten.

5.4.4 Das Standardgateway

Wenn sich ein Ziel nicht im gleichen Netzwerk befindet und Ihre DiskStation nicht weiß, wohin mit dem Paket, dann sendet sie es an das Standardgateway. Dafür ist die sogenannte *Default-Route* zuständig. Diese zeigt auf das Netzwerkziel `0.0.0.0` mit der Netzwerkmaske `0`, was allen IP-Adressen entspricht.

Das Standardgateway wird bei der automatischen Adressvergabe via DHCP direkt mitgeliefert und bei der manuellen IP-Adressvergabe abgefragt. In der Regel ist dies bei Heimnetzwerken Ihr WLAN-Router, z. B. bei einer FritzBox: `192.168.178.1`.

Wenn Ihre DiskStation mehrere Netzwerkschnittstellen hat und Sie unterschiedliche Netzwerke daran angeschlossen haben, so kann sie über mehrere Default-Routen verfügen. In solchen Fällen muss das Standardgateway vorgegeben werden. Die Automatismen zur Festlegung des Standardgateways (z. B. die Metrik) funktionieren zwar anstandslos, werden aber unter Umständen nicht von Ihnen selbst administriert. Um dem Automatismus nicht ausgeliefert zu sein, können Sie in der SYSTEMSTEUERUNG • NETZWERK • ALLGEMEIN über den Button BEARBEITEN das Standardgateway manuell festlegen. Im Übrigen wird das Standardgateway sowohl für IPv4 als auch für IPv6 festgelegt.

5.4.5 Die DNS-Konfiguration

Damit Ihre DiskStation auch Namen auflösen kann, müssen Sie Ihr mitteilen, welchen DNS-Server sie befragen soll. In Netzwerken, in denen die IP-Adressen automatisch verteilt werden (DHCP), wird die DNS-Konfiguration meist auch mitverteilt, sodass Sie sich darum nicht explizit kümmern müssen.

Falls es dennoch erforderlich wird, dass Ihre DiskStation einen anderen als den verteilten DNS-Server benutzen soll, dann können Sie dies in SYSTEMSTEUERUNG • NETZWERK • ALLGEMEIN einrichten. Wenn Sie den Haken bei DNS-SERVER MANUELL KONFIGURIEREN setzen, können Sie sowohl einen bevorzugten DNS-Server als auch einen alternativen DNS-Server angeben. Die Felder erwarten dabei die Angabe einer IPv4- oder IPv6-Adresse.

5.4.6 Erweiterte Einstellungen

Im Menü SYSTEMSTEUERUNG • NETZWERK • ALLGEMEIN finden Sie den Button ERWEITERTE EINSTELLUNGEN. Auch wenn die Einrückung nahelegt, dass sich die Einstellungen auf die manuelle DNS-Konfiguration beziehen, ist dem nicht (ausschließlich) so.

Kleine Schalter, große Wirkung!

Bitte beachten Sie, dass die Schalter unter Umständen das Verhalten Ihrer DiskStation im Netzwerk umfangreich verändern können. Nehmen Sie also Anpassungen mit der gebotenen Vor- und Umsicht vor.

In dem Fenster, das sich nun öffnet, können Sie vier Optionen konfigurieren, die es in sich haben:

- ANTWORT AUF ARP-ANFRAGEN, WENN DIE ZIEL-IP-ADRESSE DIE LOKALE ADRESSE IST, DIE IN DER EINGANGSSCHNITTSTELLE KONFIGURIERT WURDE.

  Diese Option ist standardmäßig aktiviert und leider sehr kryptisch formuliert (bzw. schlecht aus dem Englischen übersetzt). Mit ihr ist festgelegt, dass eine Netzwerkschnittstelle nur auf ARP-Anfragen reagiert, wenn die angefragte IP-Adresse auf der Netzwerkschnittstelle konfiguriert ist. Wenn Sie mehrere Netzwerkschnittstellen in einem LAN angeschlossen haben, können Sie mit dieser Einstellung individuelle Firewallregeln pro Netzwerkschnittstelle einrichten.

- MEHRERE GATEWAYS AKTIVIEREN

  Wenn Sie diese Option aktivieren, dann wird der Netzwerkverkehr pro Netzwerkschnittstelle über das jeweilige Gateway geleitet und nicht wie sonst üblich über eins.

- ZUERST IPV4-ADRESSEN VERWENDEN, UM DOMAINNAMEN AUFZULÖSEN

  Diese Option müssen Sie unter Umständen aktivieren, wenn Sie antiquierte Hardware in Ihrem Netzwerk betreiben, die noch kein IPv6 versteht. Standardmäßig wird bei Anfragen zum Domainnamen nämlich bevorzugt die IPv6-Adresse zurückgeliefert.

- ERKENNUNG VON IP-KONFLIKTEN AKTIVIEREN

  Diese Option ist standardmäßig aktiviert und sorgt dafür, dass IP-Adresskonflikte erkannt und angezeigt werden.

Das Info-Center

Um die aktuelle Konfiguration nicht aus einer Vielzahl von Untermenüs und einzelnen Fenstern zusammentragen zu müssen, können Sie auch einfach das Info-Center öffnen. Dieses finden Sie in der Systemsteuerung und dort über den Reiter NETZWERK, der die aktuelle Konfiguration übersichtlich darstellt.

5.4.7 Proxys

Falls Ihre DiskStation nicht nativ ins Internet senden kann, können Sie ihr unter SYSTEMSTEUERUNG • NETZWERK • ALLGEMEIN • ÜBER EINEN PROXYSERVER VERBINDEN helfen. Ein *Proxy* (engl. für »Stellvertreter«) nimmt Internetanfragen (HTTP und HTTPS) zentral entgegen und ruft die Inhalte gebündelt aus dem Internet ab. Die Konfiguration unterscheidet sich dabei nicht von der in einem Webbrowser. Sie müssen die Adresse (Hostname, FQDN oder IP-Adresse) des Proxy-Servers angeben sowie den Port, auf dem er die Verbindung annimmt (üblich sind hier TCP/3128 und TCP/8080). Ebenso können Sie einen alternativen Proxy für HTTPS angeben und, wenn erforderlich, Anmeldedaten für eine Authentifizierung.

5.4.8 Die Netzwerkschnittstelle

In diesem Reiter unter SYSTEMSTEUERUNG • NETZWERK nehmen Sie die eigentliche IP-Adresskonfiguration Ihrer DiskStation vor. In diesem Abschnitt zeigen wir Ihnen die Basiskonfiguration. Die fortgeschrittenen Konfigurationen beschreiben wir, mit allerhand Hintergrundwissen angereichert, in Kapitel 12, »Erweiterte Netzwerkkonfiguration«.

In Abbildung 5.34 sehen Sie die Übersicht der Netzwerkschnittstellen. Je nach dem Modell Ihrer DiskStation finden Sie dort mehr oder weniger Netzwerkschnittstellen.

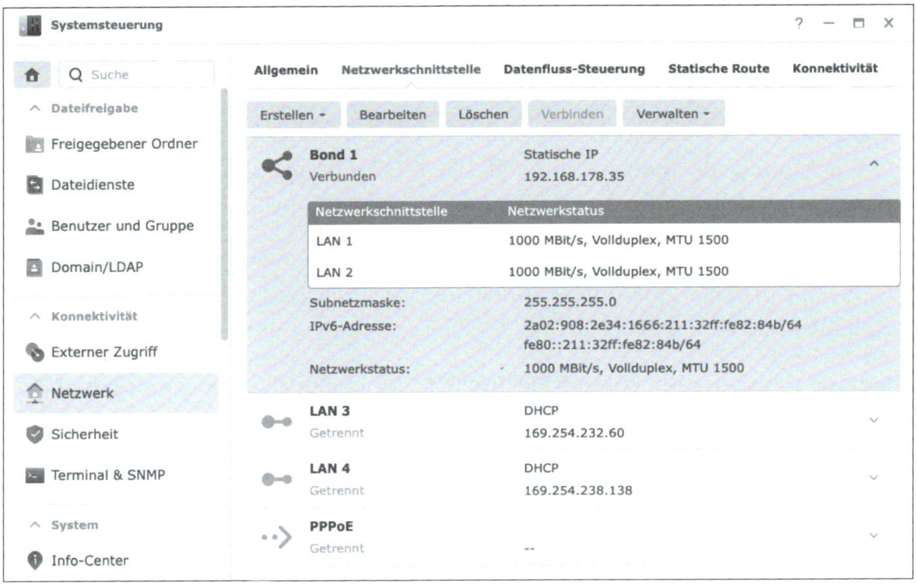

Abbildung 5.34 Übersicht der Netzwerkschnittstellen

Wie Sie in Abbildung 5.34 sehen, verfügt die Beispiel-DiskStation über insgesamt vier Netzwerkschnittstellen. Die ersten beiden sind zu einem sogenannten *Bond* gebündelt – was sich dahinter verbirgt und wozu Sie es einsetzen können, zeigen wir Ihnen, wie bereits erwähnt, ganz ausführlich in Kapitel 12.

Die übrigen Netzwerkschnittstellen sind nicht verbunden und haben sich daher selbst eine Adresse aus dem *Link Local*-Netzwerk zugewiesen. Die letzte Schnittstelle im Beispiel ist eine *Point-to-Point Protocol over Ethernet*-Schnittstelle (kurz *PPPoE*). Bei ihr handelt es sich um eine virtuelle Schnittstelle und nicht um eine physische. Wenn Sie keinen Router verwenden und Ihre DiskStation selbstständig die Interneteinwahl über ein Modem vornehmen soll, dann müssen Sie diese Netzwerkschnittstelle dafür verwenden. In der Konfiguration erwartet die PPPoE-Schnittstelle daher auch die Angabe einer Netzwerkschnittstelle – hier müssen Sie diejenige Netzwerkschnittstelle angeben, die an Ihrem Modem angeschlossen ist. Zusätzlich müssen Sie hier noch die Anmeldedaten Ihres Providers hinterlegen.

Außerdem können Sie auch weitere virtuelle Netzwerkschnittstellen erstellen. Zum einen können Sie hierüber eine Bündelung von Netzwerkschnittstellen konfigurieren und zum anderen VPN-Profile erstellen. Über solch ein Profil können Sie Ihre DiskStation direkt mit einem VPN-Endpunkt verbinden. Dafür werden Ihnen drei unterschiedliche Methoden angeboten:

- **PPTP**

  Das *Point-to-Point Tunneling Protocol* (PPTP) ist ein einfaches (mittlerweile veraltetes) VPN-Protokoll. Wenn möglich sollten Sie es nicht mehr einsetzen, da das Verfahren seit 2012 bereits als gebrochen und unsicher gilt.

- **OpenVPN**

  Das plattformunabhängige Programm zum Aufbau eines VPNs ist als einzige Methode kein eigenständiges Protokoll. *OpenVPN* setzt für die Verschlüsselung auf TLS (wie bei HTTPS) und zum Transport auf das UDP oder TCP.

- **L2TP/IPSEC**

  Diese Protokollkombination verbindet den Nachfolger von *PPTP* als Tunnelprotokoll mit einer vereinfachten Form der *Internet Protocol Security* (IPSEC).

Mit dieser Konfiguration können Sie Ihre DiskStation als VPN-Client einrichten. Wie Sie einen eigenen VPN-Server einrichten können, haben wir Ihnen in Abschnitt 4.4, »Den VPN-Server der DiskStation nutzen«, gezeigt.

In größeren Netzwerken werden die VPN-Verbindungen, z. B. zu Außenstellen, in der Regel von Firewallsystemen oder separaten VPN-Konzentratoren aufgebaut – in diesen Konstellationen könnten die gesamten Netzwerke gekoppelt werden. In einigen Fällen kann es aber sinnvoll sein, dass nur Ihre DiskStation mit der Gegenseite kommunizieren kann. Für solche Fälle können Sie dann die virtuellen Netzwerkschnittstellen verwenden.

Konfiguration einer Netzwerkschnittstelle

Über den Button BEARBEITEN können Sie das für die ausgewählte Netzwerkschnittstelle angepasste Konfigurationsfenster öffnen. Im Folgenden stellen wir Ihnen daher die Konfigurationsoptionen für physische Netzwerkschnittstellen vor.

In Abbildung 5.35 sehen Sie z. B. die Konfigurationsoptionen für IPv4. Die Netzwerkschnittstelle hat derzeit ihre IP-Adresse automatisch via DHCP bezogen. Dabei wird die aktuell aktive Konfiguration in den Eingabefeldern der manuellen Konfiguration dargestellt.

Über die Option ALS STANDARD-GATEWAY FESTLEGEN können Sie den Automatismus zum Festlegen des Standard-Gateways überstimmen, wenn Ihre DiskStation über mehrere Netzwerkschnittstellen verfügt. Was sich hinter der letzten Option, VLAN (802.1Q) AKTIVIEREN, verbirgt, erläutern wir Ihnen detailliert in Abschnitt 12.2.1, »VLANs (Trunking/Channeling)«.

In Abbildung 5.36 sehen Sie die standardmäßige IPv6-Konfiguration. Ihre DiskStation unterstützt im Übrigen das sogenannte *Dual-Stack*-Verfahren. Damit funktionieren IPv4 und IPv6 parallel. Aus diesem Grund ist IPv6 auch standardmäßig aktiviert und auf AUTOMATISCH gestellt.

Abbildung 5.35 Die Konfiguration für IPv4

Abbildung 5.36 Die Konfiguration für IPv6

Unter der Auswahl IPv6-SETUP können Sie die Betriebsart von IPv6 festlegten. Ihnen stehen folgende Optionen zur Auswahl:

- AUS

  Damit deaktivieren Sie IPv6 vollständig für die Netzwerkschnittstelle.

- AUTOMATISCH

  Diese Option ist die Standardauswahl und aktiviert die automatische Konfiguration von IPv6 – es ist sehr ratsam, diese Option aktiviert zu lassen, und IPv6 über das Netzwerk zu konfigurieren, da ein Setup per Hand kaum sinnvoll durchführbar ist.

- MANUELL

  Mit dieser Auswahl können Sie die Konfiguration von Hand vornehmen – falls Sie wirklich wissen, was Sie tun ...

- 6IN4

  Dabei wird IPv6 in IPv4 getunnelt. In der Regel erfolgt dies über einen sogenannten *Tunnel-Broker* (auch *Tunnel-Provider* genannt), der die Pakete aus dem Tunnel holt und weiterverarbeitet. (Diese Einstellung ist nur sinnvoll, wenn Ihre DiskStation direkt mit dem Internet verbunden ist.)

- 6TO4

  Hierbei wird ebenfalls IPv6 in IPv4 getunnelt, allerdings ist diese Option nur relevant, um Ziele zu erreichen, die ausschließlich IPv6 beherrschen. Bei diesem Verfahren wird dazu kein Tunnel-Broker benötigt, da in IPv6 dafür der Adressraum `2002::/16` reserviert ist. Darin werden alle IPv4-Adressen abgebildet, und zwar in der Syntax `2002:<IPv4-Adresse in Hexadezimal>`. Daher ist jeder Router in der Lage, die Übersetzung zu übernehmen. Dieses Verfahren setzt daher auch eine feste IPv4-Adresse voraus.

- DHCPv6-PD

  Bei dieser Option wird das IPv6-Präfix von einem DHCPv6-Server über eine Präfix-Delegation innerhalb des LAN abgerufen. Dies muss vom Internetprovider unterstützt werden und stellt eine seltene Form der Adressvergabe dar.

Mehr zu IPv6

Wenn Sie mehr über das spannende Thema IPv6 erfahren möchten, werfen Sie einen Blick in Abschnitt 12.1.2, »Die Vorteile von IPv6«. Dort geben wir Ihnen eine kleine Einführung in die wundersame neue Welt von IPv6.

Den letzten Reiter 802.1X möchten wir Ihnen natürlich nicht vorenthalten (siehe Abbildung 5.37).

Bei *802.1X* handelt es sich um ein sicheres Authentifizierungsverfahren für Zugangskontrollen in lokalen Netzwerken. Es wird häufig für WLANs eingesetzt, kommt aber auch in LANs vor. Bei diesem Verfahren müssen sich Netzwerkgeräte authentifizieren, bevor sie am Netzwerk teilhaben können. In der Auswahl AUTHENTIFIZIERUNG müssen Sie die eingesetzte Authentifizierungsmethode auswählen und anschließend die Anmeldedaten hinterlegen. Weitere Einstellungen sind dann nicht mehr erforderlich.

Übersetzungsfehler: »Serviceauftrag«

Einmal mehr findet sich im DSM leider ein kleiner Übersetzungsfehler. Im Menü SYSTEMSTEUERUNG • NETZWERK • NETZWERKSCHNITTSTELLE können Sie über den Button

VERWALTUNG das Fenster SERVICEAUFTRAG öffnen. Dahinter versteckt sich allerdings kein Reparaturauftrag, sondern lediglich die im Englischen als *service order* bezeichnete »Dienstreihenfolge« oder besser »Schnittstellenpriorität« (d. h., die oberste Netzwerkschnittstelle fungiert als Standardgateway).

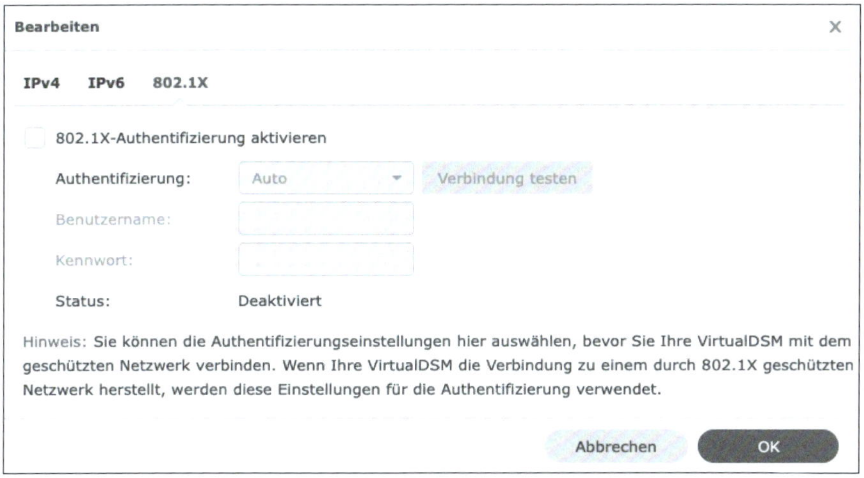

Abbildung 5.37 Die Konfiguration für 802.1X

5.5 Der Zugriff auf die DiskStation via SSH

Über das Protokoll *Secure Shell* (SSH) können Sie eine verschlüsselte Terminal-Sitzung zur DiskStation aufbauen und mit dem Linux-Betriebssystem des Gerätes interagieren.

Wenn Sie schon einmal mit einem Linux-Server auf der Konsole gearbeitet haben, werden Sie sofort vertraute Dinge finden, denn das Betriebssystem der DiskStation orientiert sich eng am Aufbau der bekannten Linux-Distributionen. Über eine SSH-Konsole ist der vollständige Zugriff auf alle Elemente des Systems möglich. Das schließt auch explizit alle Daten des Betriebssystems und die Daten der Anwendungen mit ein. Diese Daten sind über die grafische Benutzeroberfläche nicht zugänglich.

Der Terminalzugriff richtet sich an den fortgeschrittenen Nutzer. Sie können hier Anpassungen am System vornehmen und eigene Dienste und Funktionen konfigurieren. Dabei müssen Sie aber nicht nur selbstredend genau aufpassen, was Sie tun, damit Sie nichts beschädigen. Nein, Sie müssen auch darauf achten, dass Ihre eigenen Änderungen möglicherweise bei einem Systemupdate überschrieben werden!

Der Zugriff über SSH erfolgt stark und modern verschlüsselt. Auf diese Weise sind Fernwartungen auch direkt über das Internet möglich. Allerdings sollten Sie versuchen, den SSH-Zugang zunächst beispielsweise durch eine passwortlose Anmeldung noch sicherer zu gestalten.

Der Terminalzugriff wird in der Systemsteuerung im Modul TERMINAL & SNMP aktiviert (siehe Abbildung 5.38).

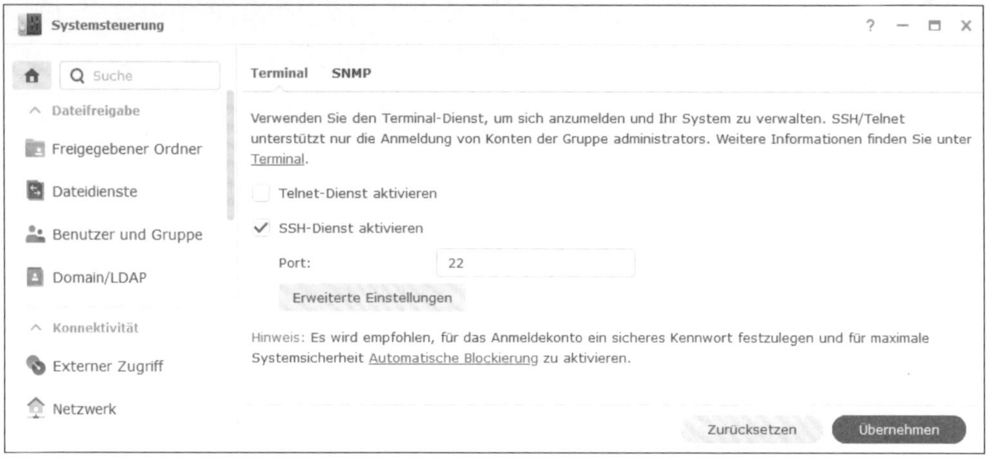

Abbildung 5.38 Der Terminalzugriff per SSH kann in der Systemsteuerung aktiviert werden.

Neben der sicheren Kommunikation über SSH wird Ihnen auch ein einfacher Telnet-Dienst angeboten, der aufgrund der fehlenden Verschlüsselung nur genutzt werden sollte, wenn es wirklich nicht anders geht.

Sie können den SSH-Dienst hier aktivieren und auf Wunsch einen benutzerdefinierten Port setzen. Normalerweise wird Port 22 des TCP verwendet. Wenn man den Port ändert, dann laufen automatisierte Angriffe, die auf Port 22 zielen, ins Leere. Zielgerichtete Angriffe können jedoch, wenn die Zeitdauer keine große Rolle spielt, auch den geänderten Port ausfindig machen und die Angriffe auf diesen richten. Die Veränderung des Ports – eine Maßnahme aus dem Bereich *Security through obscurity*, auf Deutsch also »Sicherheit durch Verschleierung« – bringt also zwar einen Sicherheitsvorteil, der aber nur als Zusatznutzen zu verstehen ist und grundlegende Sicherheitsmechanismen keinesfalls ersetzen darf.

Bei den ERWEITERTEN EINSTELLUNGEN gibt es nicht viel einzustellen. Es geht hier einzig um die Sicherheitsstufe bei der Anmeldung über das SSH. Das Protokoll nutzt moderne kryptografische Verfahren für die Authentifikation und die Datenverschlüsselung. Viele davon dürften Ihnen bekannt vorkommen, wenn Sie sich schon einmal mit der TLS-Verschlüsselung beschäftigt haben. Über die Stufen HOCH, MITTEL und NIEDRIG treffen Sie eine Auswahl, welche kryptografischen Verfahren bei der Kommunikation unterstützt werden.

Welche Verfahren das genau sind, erfahren Sie, wenn Sie die Stufe ANPASSEN wählen und dann auf VERSCHLÜSSELUNGSMODUS ANPASSEN klicken. Dann sehen Sie die zur Verfügung stehenden Algorithmen in tabellarischer Übersicht wie in Abbildung 5.39 und können auswählen, welche Verfahren Sie für die Datenverschlüsselung und die Prüfsummenbildung zulassen wollen.

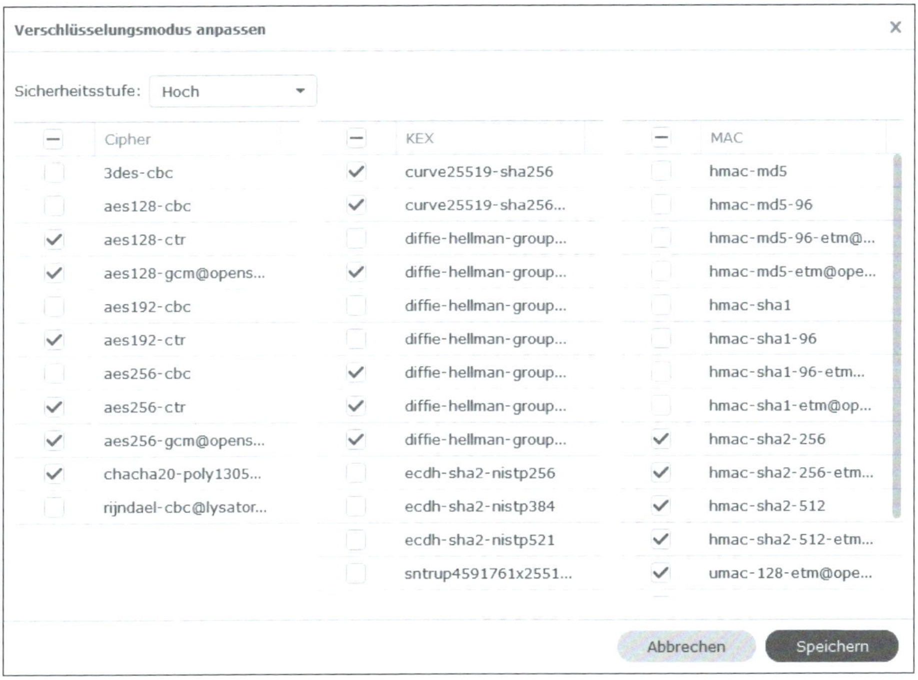

Abbildung 5.39 Sie können einzeln auswählen, welche kryptografischen Verfahren Sie nutzen möchten.

Wenn Sie unsicher sind, welche Modi Sie genau benötigen, und recht moderne Systeme einsetzen, können Sie die Einstellung HOCH wählen. Die dadurch getroffene Auswahl verspricht hohe Sicherheit und ist mit modernen Client-Systemen kompatibel.

Port 22 wird schon genutzt?

Beachten Sie aber bitte, dass Sie über das Kontrollkästchen SSH-DIENST AKTIVIEREN (siehe Abbildung 5.38) einzig den Terminalzugriff steuern. Über das SSH sind noch andere Dienste möglich, und es kann sein, dass diese von Ihrer DiskStation bereits angeboten werden. Das kann z. B. das *SFTP* sein, ein Verfahren zur Datenübertragung, das SSH nutzt. Wundern Sie sich also nicht, wenn Sie bei eigenen Analysen feststellen, dass Port 22 bereits durch Ihre DiskStation genutzt wird, ohne dass Sie den SSH-Zugang explizit aktiviert haben.

Nachdem Sie die Funktion aktiviert haben, können Sie sich mit einem SSH-Client an der DiskStation anmelden. In den modernen Betriebssystemen sind SSH-Clients bereits eingebaut, das gilt auch für Windows-Systeme ab Version 10. Ansonsten können Sie auf das bekannte Programm *PuTTY* ausweichen.

Anmelden können Sie sich an der DiskStation mit allen Administratorkonten. Die Anmeldung über normale, eingeschränkte Benutzerkonten ist nicht möglich. Geben Sie zur Anmeldung das normale Passwort des Nutzerkontos ein. Sie treten dann auf dem System als Administrator auf, der über viele, jedoch nicht über alle Rechte verfügt. Über den Befehl `sudo -i` wechseln Sie auf Wunsch zum root-Benutzer des Linux-Systems und haben Vollzugriff, den Sie selbstredend wohlüberlegt einsetzen sollten.

```
login as: meridian
meridian@192.168.178.35's password:

Synology strongly advises you not to run commands as the root user, who has
the highest privileges on the system. Doing so may cause major damages
to the system. Please note that if you choose to proceed, all consequences are
at your own risk.

Meridian@DS1019:~$ cd /
Meridian@DS1019:/$ ls
bin     etc.defaults  lib64       proc         sbin                     tmp           volume1
config  initrd        lost+found  @quarantine  @spamdata                usr           volume2
dev     lib           mnt         root         syno_etcd_client:2379    var           volume3
etc     lib32         opt         run          sys                      var.defaults  volumeUSB1
Meridian@DS1019:/$ 
```

Abbildung 5.40 Die Datenstruktur des Wurzelverzeichnisses entspricht dem gängigen UNIX-Standard.

Nach der Anmeldung befinden Sie sich im Home-Verzeichnis des angemeldeten Administratorkontos (siehe Abbildung 5.40) und können in dessen Datenbestand navigieren. Die Volumes mit den Nutzerdaten finden Sie unter */volume1/* bzw. */volume2/* usw. Die persönlichen Home-Verzeichnisse, die durch den Benutzer-Home-Dienst verwaltet werden, finden sich unter */var/services/homes/*. Beachten Sie, dass sich unterhalb von */volume1/* usw. zahlreiche Verzeichnisse befinden, deren Namen mit einem @ beginnen. Hierunter verbergen sich die Systemverzeichnisse mit den Daten der Anwendungen der DiskStation. Änderungen sollten nur aus gutem Grund erfolgen!

Die Datenstruktur im Wurzelverzeichnis entspricht dem gängigen UNIX-Standard und dürfte Linux-Nutzern sehr bekannt vorkommen. So werden zahlreiche Konfigurationsdaten im Verzeichnis */etc/* verwaltet.

Fehlermeldungen beim fehlenden Benutzer-Home-Dienst

Wer schon einmal eine SSH-Sitzung zu einem Linux-System aufgebaut hat, der weiß, dass man sich nach der Anmeldung im Terminalemulator zunächst im Home-Verzeichnis befindet. Auf der DiskStation ist für die Bereitstellung der Home-Verzeichnisse der Benutzer-Home-Dienst zuständig, den wir Ihnen in Abschnitt 1.3, »Benutzerkonten einrichten und Rechte verwalten«, vorgestellt haben. Sollte er deaktiviert sein, so gibt es auf der DiskStation keine Home-Verzeichnisse. Folglich gibt es beim SSH-Zugriff dann eine entsprechende Fehlermeldung, die Sie durch das Aktivieren des Benutzer-Home-Dienstes beseitigen können.

5.6 Der DNS-Server der DiskStation

Das *Domain Name System* (DNS) stellt ein Adressbuch dar, in dem IP-Adressen zu Namen und Namen zu IP-Adressen nachgeschlagen werden können. Zum Beginn der Netzwerkzeit wurde schnell deutlich, dass IP-Adressen nur schlecht zu merken sind und dass eine andere Lösung hermusste. Sprechende Namen für Systeme sind leichter zu merken und reduzieren Fehler. In der heutigen Zeit ist, vor allem wenn man an IPv6 denkt, kaum noch vorstellbar, nur mit Adressen zu arbeiten. Viele Dienste sind sogar zwangsläufig von DNS abhängig – z. B. Kerberos oder ein Windows Active Directory. In diesem Kapitel wollen wir Ihnen die Theorie hinter DNS erläutern und Sie Schritt für Schritt dabei begleiten, einen eigenen DNS-Server aufzusetzen.

5.6.1 Wozu ein eigener DNS-Server?

Warum sollte man sich eigentlich die Arbeit machen, einen eigenen DNS-Server zu betreiben? Dies kann viele Gründe haben. Zum einen ist es sinnvoll, wenn Sie eventuell mit den Fähigkeiten und Möglichkeiten Ihres Internet-Routers nicht zufrieden sind. Oder wenn Sie in Ihrem lokalen Netzwerk mehrere Dienste im Netzwerk bereitstellen und nicht wollen, dass Ihre Mitarbeitenden oder Familienmitglieder unzählige IP-Adressen auswendig lernen müssen.

Prinzipiell könnte Ihre DiskStation sogar die Auflösung Ihrer offiziellen Internet-Domäne übernehmen – wovon wir Ihnen aber aufgrund mehrerer, zum Teil sicherheitsrelevanter Aspekte abraten! Daher werden wir in diesem Kapitel auch nicht jeden Konfigurationspunkt im Detail erläutern. Der korrekte Betrieb eines DNS-Servers ist relativ komplex und leider auch recht fragil, sodass Sie nur dann ein eigenes System produktiv betreiben sollten, wenn Sie gut wissen, was Sie tun.

5.6.2 Die Theorie – alles beginnt mit dem ».«

Das Konzept hinter DNS ist einfach und simpel zugleich. Zu Beginn wurden lokale Dateien gepflegt, in denen IP-Adressen bestimmten Systemen zugeordnet waren. Jeder

Administrator hat darüber die Namensauflösung für seinen Bereich sichergestellt. Selbst zu den Zeiten, als nur wenige Universitäten miteinander verbunden waren, war dies bereits ein enormer Aufwand. In einfachen Textdateien wurde die Zuordnung von Adressen zu Namen vorgehalten, Änderungen mussten jedem Teilnehmer mitgeteilt werden – ein immenser Arbeitsaufwand und im heutigen Internetzeitalter kaum noch vorstellbar. Daher wurde nach einer anderen Lösung gesucht, die es erlaubte, Änderungen zu propagieren und diese nicht von Hand umsetzen zu müssen. Das Zeitalter des *Domain Name System* rückte näher.

Zur Verwaltung einzelner Abschnitte (Teilnehmer) wurden Zonen gebildet. Diese Zonen empfangen Änderungen von den ihnen untergeordneten Zonen und binden diese in ihre Konfiguration ein. Zusätzlich leiten sie ihre eigenen Änderungen an ihre übergeordneten Zonen weiter – das gute alte Schneeballprinzip. Der oberste Punkt dieser Kette ist die Root-Zone, die man auch mit einem Punkt bezeichnet. In Abbildung 5.41 ist der Aufbau anhand des Namens *www.synology.com* skizziert.

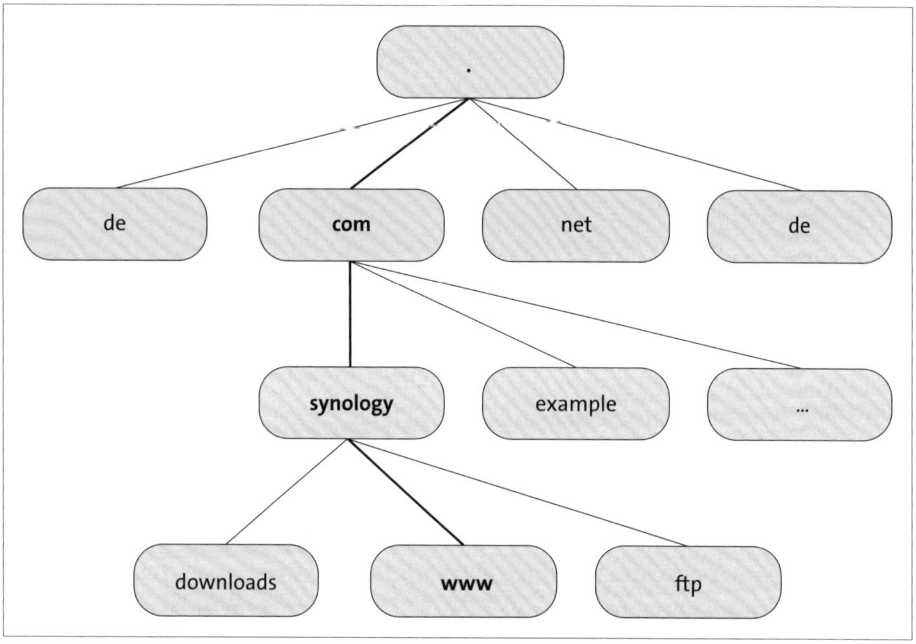

Abbildung 5.41 Die DNS-Hierarchie am Beispiel von »www.synology.com«

Wie Sie der Abbildung entnehmen können, ist die Root-Zone, also der Punkt (.), der Beginn der Kette. Anschließend folgt die Ebene der *TLDs (Top Level Domains)*, wie *.de*, *.com* oder *.net*. Als nächste Ebene folgt bereits die Domänen-Ebene – im Beispiel *synology*. Alle nachfolgenden Ebenen werden nur noch *Labels* (engl. für »Bezeichnungen«) genannt. Das letzte Label ist immer der Hostname *www*. Diese Kette kann natürlich noch weiter gehen. Ein Name wie *web.department.sub.domain.example.com* wäre im DNS auch denkbar – allerdings wird dabei der Vorteil von DNS (einfach und simpel) nicht wirklich deutlich. Abbildung 5.42 führt die unterschiedlichen Ebenen nochmals anhand des Beispiels *www.synology.com* auf.

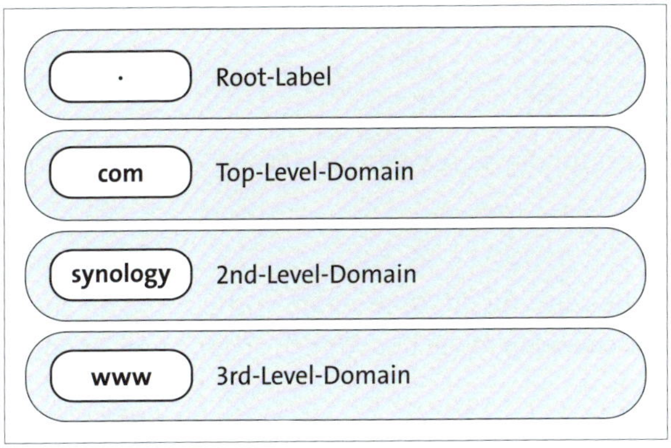

Abbildung 5.42 DNS-Label

5.6.3 Die Arbeitsweise von DNS

Sie haben sicherlich schon Hunderte, Tausende oder sogar Millionen von DNS-Anfragen gestellt, und zwar meist ohne es zu ahnen. Jeder Aufruf einer Webseite, jedes Abrufen einer E-Mail oder (meist auch) das Starten einer Anwendung zieht eine Unmenge an DNS-Abfragen nach sich. Nun wollen wir Ihnen zeigen, was dabei »unter der Motorhaube« passiert.

Abschluss mit: ».«

Der Name aus Abbildung 5.42 müsste eigentlich `www.synology.com.` geschrieben werden – da alles mit dem Punkt beginnt beziehungsweise endet. Der abschließende Punkt kann zwar weggelassen werden, ist aber streng genommen Bestandteil des Namens. Auf diese Besonderheit kommen wir im weiteren Verlauf des Kapitels noch zurück.

Auf der Client-Ebene, also z. B. auf Ihrem Smartphone oder Computer, werden bei einer DNS-Anfrage mehrere Stellen gefragt. Zunächst fragen Programme immer den lokalen *Resolver* – dieser gibt die Arbeitsweise vor. Als erste Anlaufstelle dient immer die lokale *hosts*-Datei. Bei Linux- und macOS-Systemen befindet sich diese unter */etc/hosts* und bei Windows-System unter *C:\Windows\System32\etc\drivers\hosts*. Dort wird der angefragte Eintrag zuerst gesucht – wie zu Beginn des Netzwerkzeitalters können Sie Ihre Namensauflösung also auch heute noch auf lokale Dateien auslagern.

Ist diese Suche nicht erfolgreich, wird geprüft, ob ein Nameserver bekannt ist, der gefragt werden kann. Dieser wird in der Regel mittels DHCP, also der IP-Adressvergabe automatisch mitkonfiguriert. Ist ein Nameserver vorhanden, wird die Anfrage an diesen Server gestellt.

Widmen wir uns nun der Serverseite. Hier kann eine DNS-Anfrage mit drei verschiedenen Verfahren beantwortet werden:

- **autoritativ**

  Der gefragte Nameserver ist selbst für die Zone verantwortlich und holt die Daten aus einer lokalen Zonendatei.
- **nichtautoritativ**

  Der gefragte Nameserver ist nicht selbst für die Zone verantwortlich und muss die Daten ermitteln. Dabei wird zwischen den folgenden Abfragearten unterschieden:
  - **rekursiv**

    Der Server holt die Daten von einem anderen Nameserver, arbeitet also als Proxy (Stellvertreter) – Client-Server-Verfahren.
  - **iterativ**

    Der Server antwortet mit einem oder mehreren Verweisen oder einem *Resource Record* auf andere Nameserver, die den Namen auflösen können – Verfahren zwischen Nameservern.

Auf der Serverseite wird also zunächst die Betriebsart unterschieden. Anschließend wird zwischen einer rekursiven und einer iterativen Abfrage unterschieden. Dabei stellt bei rekursiven Anfragen der Nameserver eine Art Proxy-Server dar, da er Ihre Anfragen »nur« weiterleitet und in Ihrem Namen ausführt – so arbeitet üblicherweise Ihr lokaler Internet-Router (z. B. Ihre FritzBox).

Wird diese Anfrage an einen autoritativen DNS gestellt, der selbst DNS-Zonen vorhält, wird sie direkt beantwortet. Selbstverständlich können Sie beide Betriebsarten auch auf einem Server verwenden. Üblicherweise werden Client-Anfragen rekursiv gestellt. Daher beginnt der Ablauf also damit, zu prüfen, wer für eine Zone zuständig ist. Dabei wird das Pferd von hinten aufgezäumt. Falls der gefragte DNS-Server nicht für die Zone selbst zuständig ist, fragt er die Root-Server aus der Punkt-Ebene, wer für die angefragte TLD zuständig ist. Ist diese Information bekannt, fragt er die Server der TLD-Ebene, wer für die Domäne verantwortlich ist. Anschließend wird der DNS-Server gefragt, wie der Name lautet, und die Antwort dem Client zurückgegeben.

Der Ablauf erfolgt also streng hierarchisch – von oben nach unten, vom Punkt zum Hostnamen. Dabei stellen Clients stets rekursive Anfragen. Im Hintergrund werden aber alle Verfahren genutzt, um eine Anfrage beantworten zu können, wie Sie in Abbildung 5.43 sehen.

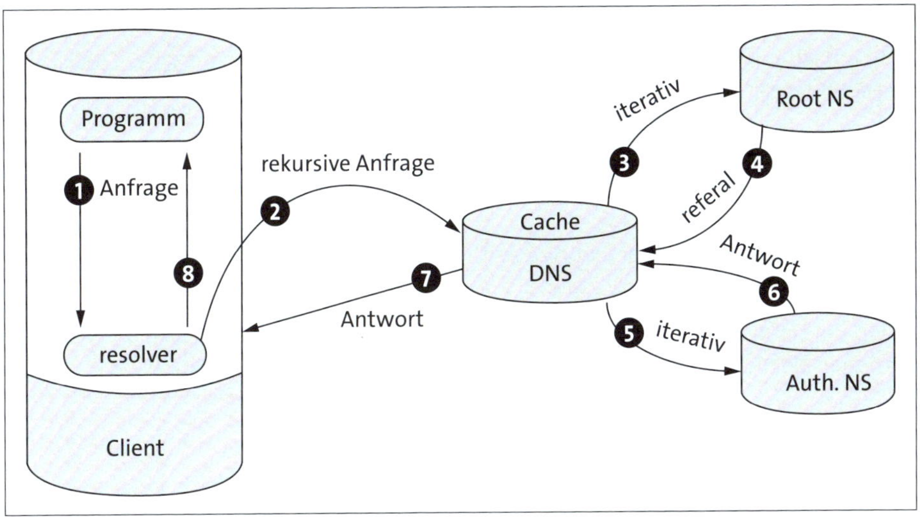

Abbildung 5.43 Ablauf einer Namensauflösung

5.6.4 Unterschied: rekursiv und autoritativ

Wie bereits erörtert wurde, unterscheidet man beim DNS-Server zwischen rekursiven und autoritativen Servern. Ein rekursiver DNS ist nur ein Proxy-Server (man könnte auch »Stellvertreter« sagen), der in Ihrem Namen die Informationen abfragt und Ihnen zur Verfügung stellt. Von einem rekursiven Server erhalten Sie stets sogenannte *non authoritative*, also nicht autorisierte Antworten, da er selbst nicht für die abgefragten Namen zuständig ist.

Ein autoritativer Server hingegen ist für eine (oder mehrere) Zonen zuständig und beantwortet nur Anfragen zu Zonen, die in seinem Zuständigkeitsbereich liegen. Dafür ist die Rückmeldung aber autoritativ, also verbindlich.

5.6.5 Einträge im DNS: »Resource Records«

Namen sind nicht gleich Namen. Was auf den ersten Blick komisch anmutet, ist aber rein logisch zu verstehen. Damit die DNS-Server die Unterschiede zu den jeweiligen Anfragen ausmachen können, wurden die sogenannten *Resource Records* (oder kurz *Records*) geschaffen.

Anhand dieser Records wird unterschieden, welcher Natur die Anfrage ist und wie diese beantwortet werden muss. In der folgenden Auflistung haben wir Ihnen die gängigsten Record-Typen mit deren Bedeutung aufgelistet:

- `A`

  liefert eine IPv4-Adresse zu einem Namen zurück. Typische Antwort: `192.168.178.2`

- `AAAA`

  liefert eine IPv6-Adresse zu einem Namen zurück. Typische Antwort: `fe80::a00:27ff:fee9:eb75`
- `CNAME`

  stellt einen Verweis, eine Weiterleitung oder einen Alias dar.

Nicht auf Domänen-Ebene verweisen!

CNAME-Records dürfen nur auf Namen und nicht auf die Zone selbst verweisen. So darf der Name *www.example.com* als *CNAME* auf *example.com* verweisen, allerdings können Sie nicht *example.com* auf *www.example.com* verweisen lassen!

- `PTR`

  liefert einen Namen zu einer IPv4/IPv6-Adresse zurück – auch als *Reverse Record* bezeichnet. Typische Antwort: `proxy.example.com.`
- `MX`

  liefert den zuständigen Mailserver (*mail exchange*) für eine Zone zurück. Typische Antwort: `10 mail.example.com.`
- `NS`

  liefert den zuständigen Nameserver für eine Zone zurück. Typische Antwort: `dns.example.com.`
- `SRV`

  liefert einen Server zurück, der einen Dienst anbietet, der meist in Windows Active Directory zu finden ist. Mögliche Antwort: `ldap.example.com.`
- `TXT`

  liefert einen Text zurück. Mögliche Antwort: `"Hello World"`
- `SOA`

  liefert einen Ansprechpartner und Parameter zur abgefragten Zone zurück (SOA: *Start of Authority*). Typische Antwort:

  `dns.example.de. admin.example.com. 2022020801 28800 7200 604800 3600`

Dies sind bei Weitem nicht alle Record-Typen. Das Domain Name System hält noch viele Tiefen bereit, die ein normalsterblicher Nutzer selten wahrnimmt, die jedoch für den Betrieb von Diensten (wie MX-Records für Mail oder SRV-Records für ein Windows Active Directory) bzw. den Betrieb des Internets unerlässlich sind. Jeder Record-Typ hat eine unterschiedliche Anzahl an Werten, die er ausliefern kann.

Liefern z. B. A- oder PTR-Records nur die IP-Adressen oder Namen zurück, so wird bei MX-Records gleichzeitig noch eine Gewichtung in Form eines Zahlenwerts mit ausgeliefert. Bei SRV-Records wird sogar noch die Portnummer des angebotenen Dienstes mit ausgeliefert. Im Laufe der Zeit ist das ursprünglich als einfaches Adressbuch gedachte DNS-System immer weiter gewachsen.

5.6.6 Nachschlagewerk: Begriffe, Namen und Benennungen

Bevor wir zu der Server-Konfiguration kommen, wollen wir noch einen kleinen Exkurs unternehmen. Die Sprache im DNS ist hier und da etwas eigen und kommt dem ungeübten Administrator schnell verwirrend vor. In diesem Abschnitt wollen wir Ihnen die wichtigsten Begriffe, Namen und Benennungen noch einmal (bzw. erstmals) vorstellen. Verstehen Sie diesen Abschnitt als Kompendium, in dem Sie nachschlagen können, was womit gemeint ist.

- **FQDN** (*Fully Qualified Domain Name*)
- vollständiger Name eines Servers. Dieser ergibt sich aus:

  `<x-Level-Label> . <2nd-Level-Label> . <Top-Level-Label> . <Root-Label>`

  Untergeordnete Level (`<x-Level-Label>`) kann es dabei beliebig viele geben. Der Name *www.synology.com* würde entsprechend dieser Syntax wie folgt lauten: `www . synology . com .`

  Da das *Root-Label* stets leer ist (da alles mit dem ».« beginnt), wird es üblicherweise nicht mit angegeben – streng genommen gehört es aber zum *FQDN*.
- **rekursiv**

  vollständige Auflösung eines angefragten Namens – im Stile eines Proxy-Servers löst der gefragte Nameserver die gesamte Kette auf und gibt das Ergebnis zurück.
- **iterativ**

  Auflösung von Namen zwischen Nameservern – liefert *referals* (Verweise) zurück.
- **referal**

  bezeichnet einen Verweis – Bestandteil einer Namensauflösung zwischen Nameservern.
- **Zone** (*Domäne*)

  beschreibt eine DNS-Domäne, z. B. *synology.com*.
- **Zonendatei** (*Zone-File*)

  Datei, in der Records für eine Domäne gespeichert werden
- **Seriennummer**

  Stellt den Wert innerhalb der Zonendatei dar, über den abgeglichen wird, ob eine Zonendatei aktualisiert wurde. Der Wert kann dabei in zwei Formaten aufgeführt werden:

  - als ganze Zahl = z. B. `13`
  - als Datum (JJJJMMTTNN) = z. B. `2019101301`

Gebräuchlich ist das Datumsformat.

- **Record** (*Resource Record, Record-Set* oder *RR*)

  beschreibt einen DNS-Eintrag. Dieser besteht aus einem Wertepaar, z. B. aud der IP-Adresse und dem Namen oder aus dem Name- oder Mailserver für eine Domäne.

- **Record-Klasse**

  Jeder RR (Resource Record) verfügt über eine Klasse:

  - *IN = Internet* (Standardnamen, z. B.: *www.synology.com*)
  - *CH = CHOASnet* (historisch – nicht mehr relevant)
  - *HS = Hesiod* (historisch – nicht mehr relevant)

- **Record-Typ**

  gibt die Art eines RR an. Mögliche Typen sind:

  - *A* = IPv4-Namen, *AAAA* = IPv6-Namen
  - *CNAME* = Alias-Name/Verweis
  - *NS* = Nameserver
  - *MX* = Mailserver (*mail exchange*)
  - *SOA* = Angaben zur Verwaltung einer Zone (engl. *Start of Authority* , für »Beginn der Zuständigkeit«)
  - *PTR* = Rückwärtsauflösung (IP-Adresse zu Namen), auch *Reverse* oder *Pointer* genannt
  - *TXT* = Text – gibt einen beliebigen Text zurück.

- **Forward-Zone**

  beschreibt eine Zone für die Namensauflösung von Name zu IP-Adresse.

- **Reverse-Zone** (*Inverse-Zone*)

  Rückwärtsauflösung (IP-Adresse zu Name), auch *Reverse* oder *Pointer* genannt

- **Master-Zone**

  beschreibt eine Zone, für die der Nameserver selbst zuständig ist (autoritativ).

- **Slave-Zone**

  beschreibt eine Zone, für die der Nameserver zwar autoritative Antworten herausgeben darf und Aktualisierungen vom Master entgegennimmt, aber in der er keine eigenen Änderungen vornehmen kann.

- **Forwarder**

  gibt einen Nameserver an, an den Anfragen weitergeleitet werden. Es findet keine eigene iterative Auflösung statt.

- **$TTL**

  Time to live-Variable innerhalb einer Zonendatei, die die Gültigkeitszeit angibt

- **$ORIGIN**

  Ursprungsvariable innerhalb einer Zonendatei, die das zu verwendende Suffix angibt (Default: Zonenname).
- **RIPE** (*RIPE NCC*)

  Das *Réseaux IP Européens Network Coordination Centre* (RIPE NCC) ist die *Regional Internet Registry* (RIR) für Europa, den Nahen Osten und Zentralasien. Es ist zuständig für die Vergabe von IP-Adressbereichen.
- **ICANN** (*Internet Corporation for Assigned Names and Numbers*)

  Institution zur Überwachung und Betreuung von Standards (z. B. der RFCs). Koordiniert im DNS die Root-Server.
- **IANA** (*Internet Assigned Numbers Authority*)

  Abteilung der *ICANN*, zuständig für die Zuordnung von Namen und IP-Adressen
- **DENIC** (*DENIC eG* – kurz für *Deutsches Network Information Center*)

  Betreiber der Top-Level-Domain *.de*
- **Root-Server** (*Root-Nameserver*, kurz *RS*)

  Root-Server halten die Root-Zone (Punkt-Zone) und stellen die Namensauflösung für die *Top-Level-Domains* (TLD) bereit.
- **Registrar** (auch *Domain Name Registrar*)

  bei der *ICANN* akkreditiertes Unternehmen, das die Registrierung von Internet-Domains durchführt
- **TLD** (*Top-Level-Domain*)

  Die TLD ist der letzte Bestandteil in der durch Punkte getrennten Schreibweise für Namen (bei *www.synology.com* wäre die TLD z. B. *.com*). Dabei werden TLDs von der *IANA* in zwei Kategorien unterteilt:
  - *generic TLD* (gTLD) = allgemeine TLDs – nochmals unterteilt in *sponsored TLDs* (sTLDs) und *unsponsored TLDs* (uTLDs)
  - *country-code TLDs* (ccTLDs) = länderspezifische TLDs (*.de* = Deutschland)
- **IDN** (*Internationalized Domain Name*)

  Abkürzung für *internationalisierte Domainnamen*, die auch als *Umlautdomains* oder *Sonderzeichendomains* bezeichnet werden. Das sind Domänennamen mit Umlauten, diakritischen Zeichen oder Buchstaben aus anderen Alphabeten als dem lateinischen (die ursprünglich im DNS nicht vorgesehen waren).

5.6.7 Das Server-Paket: DNS Server

In diesem Abschnitt werden wir mit Ihnen den DNS-Server installieren und die (Beispiel-)Zone *example.com* anlegen. Anhand dieser Zone werden wir Ihnen die unterschiedlichen Betriebsarten und Konfigurationsoptionen erläutern. Anschließend werden wir Ihnen zeigen, wie Sie Ihre DiskStation zur rekursiven Namensauflösung verwenden können. Des Weiteren stellen wir Ihnen noch die Protokollierung, den Einsatz von Schlüsseln sowie Ansichten vor. Nun aber genug der Theorie – ab in die Praxis!

Installation

Wie üblich installieren Sie das Paket *DNS Server* über das Paket-Zentrum. Wenn Sie das Programm nach der Installation aus dem Hauptmenü starten, begrüßt Sie zunächst die etwas spärliche Ansicht aus Abbildung 5.44.

Abbildung 5.44 Die Ansicht nach der Installation

Über das Menü auf der linken Seite können Sie die unterschiedlichen Konfigurationspunkte öffnen. Direkt nach der Installation ist dort natürlich nicht viel hinterlegt. Lediglich die Punkte PROTOKOLL und EINSTELLUNGEN verfügen über Inhalte.

5.6.8 Konfiguration der ersten Zone

Legen Sie nun Ihre erste Zone an, indem Sie im Menü ZONEN auf den blauen Button ERSTELLEN klicken und im erscheinenden Untermenü PRIMÄRE ZONE auswählen. Wie Sie Abbildung 5.45 entnehmen können, fragt das Fenster, das nun erscheint, viele Informationen von Ihnen ab.

Einige Werte sind bereits vorausgewählt und korrekt gesetzt. Da wir zunächst eine klassische *Forward-Zone* anlegen wollen, um Namen in IP-Adressen auflösen zu können, kann der Punkt DOMÄNENTYP auf dem vorausgewählten Wert belassen werden. Unter DOMAINNAME geben Sie `example.com` an. Im Feld PRIMÄRER DNS-SERVER geben Sie die IP-Adresse Ihrer DiskStation ein (im Beispiel `192.168.178.35`). Wählen Sie anschließend noch unter SERIELLES FORMAT den Punkt DATUM (YYYYMMTTNN) aus. Die übrigen Werte können Sie auf der Voreinstellung belassen. Ihr Bildschirm sollte nun wie in Abbildung 5.46 aussehen.

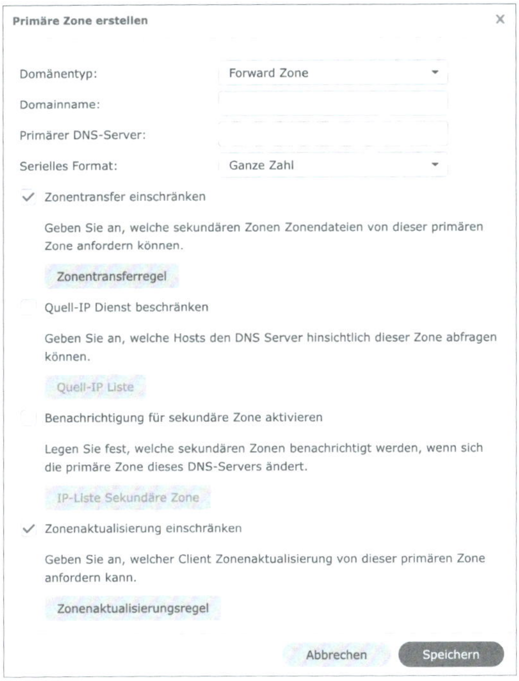

Abbildung 5.45 Neue Zone vom Typ »Primäre Zone«

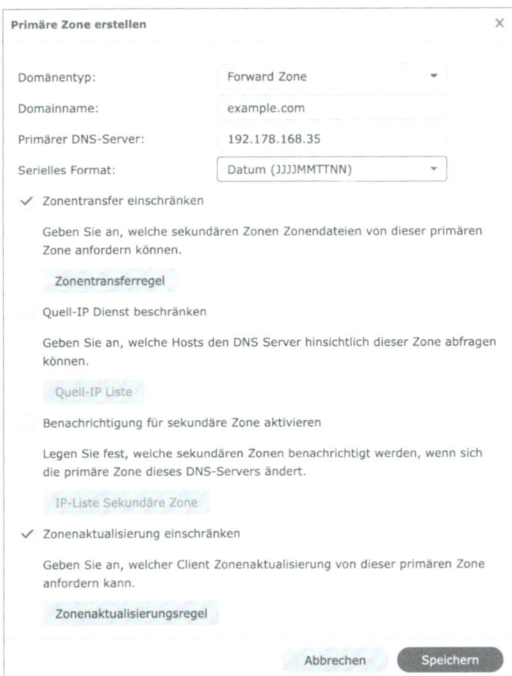

Abbildung 5.46 Neue »Primäre Zone« mit Daten

Nach einem Klick auf den Button SPEICHERN wird die neue Zone angelegt und eingerichtet. Der Menüpunkt ZONEN verändert sich nun und zeigt die Auflistung Ihrer Zonen (bisher lediglich `example.com`) an und nicht mehr den blauen Button ERSTELLEN.

Im Prinzip ist Ihr Nameserver nun bereits als rein autoritativer Nameserver betriebsbereit und würde auf Anfragen zur Zone `example.com` antworten. Bisher haben Sie zwar noch keine Daten in Ihrer Zone hinterlegt, aber drei Standardwerte sind bereits vorhanden:

1. `SOA`: ein Record, der die Zuständigkeit, Cache-Daten und Seriennummer beschreibt
2. `NS`: ein Record, der den oder die zuständigen Nameserver auflistet, im Beispiel bisher nur Ihre DiskStation
3. `A`: ein Record für den unter `NS` hinterlegten Nameserver (im Standard: *ns.example.com*), der auf die IP-Adresse Ihrer DiskStation verweist

Wird Ihr Nameserver nun von einem Client nach der Zone *example.com* gefragt, erteilt er bereits Auskunft. Auf Linux- und macOS-Systemen können Sie dies bereits mit dem Konsolenprogramm `dig` testen, so wie in Abbildung 5.47 dargestellt.

```
-bash                                                        ⌥⌘1
iMac:~ daniel$ dig @192.168.178.35 example.com

; <<>> DiG 9.10.6 <<>> @192.168.178.35 example.com
; (1 server found)
;; global options: +cmd
;; Got answer:
;; ->>HEADER<<- opcode: QUERY, status: NOERROR, id: 63598
;; flags: qr aa rd; QUERY: 1, ANSWER: 0, AUTHORITY: 1, ADDITIONAL: 1
;; WARNING: recursion requested but not available

;; OPT PSEUDOSECTION:
; EDNS: version: 0, flags:; udp: 1232
;; QUESTION SECTION:
;example.com.                   IN      A

;; AUTHORITY SECTION:
example.com.            10800   IN      SOA     ns.example.com. mail.example.com.
 1 43200 180 1209600 10800

;; Query time: 1 msec
;; SERVER: 192.168.178.35#53(192.168.178.35)
;; WHEN: Sun Feb 11 17:28:51 CET 2024
;; MSG SIZE  rcvd: 84

iMac:~ daniel$ ▌
```

Abbildung 5.47 Auskunft Ihres Nameservers direkt nach der Einrichtung

Wollen Sie nun weitere Namen hinzufügen, können Sie dies im Menüpunkt ZONEN auf zwei Wegen erreichen: entweder indem Sie die Zone anklicken und über das Menü BEARBEITEN • RESSOURCENEINTRAG am oberen Bildschirmrand gehen oder indem Sie die Zeile einfach doppelt anklicken.

Das Fenster, das sich nun öffnet, ist selbsterklärend. Über den Button ERSTELLEN können Sie den Record-Typ auswählen, mit dem Sie einen neuen Eintrag erstellen wollen – nach der Auswahl öffnet sich ein angepasstes Fenster mit den je nach Record-Typ erforderlichen Eingabefeldern. Mit den Buttons BEARBEITEN und LÖSCHEN nehmen Sie Änderungen vor oder löschen Resource-Records. Mit einem Klick auf den Button FERTIGSTELLEN wird die Seriennummer der Zone um 1 erhöht und der Inhalt neu geladen.

5.6.9 Konfiguration der Auflösung

Wird Ihr Nameserver nach anderen Namen (außerhalb seiner bisherigen Zuständigkeit) gefragt, verweigert er in der Grundkonfiguration die Antwort. Um dies zu ändern, können Sie im Menüpunkt AUFLÖSUNG ganz einfach den Haken bei AUFLÖSUNGSDIENST AKTIVIEREN setzen.

Wie Ihnen sicherlich schon aufgefallen sein wird, ist unter dem bereits aktivierten Punkt FORWARDER AKTIVIEREN bereits Ihr lokaler DNS-Server hinterlegt. Dieser wurde einfach aus der Netzwerkkonfiguration Ihrer DiskStation ausgelesen und übernommen. Über die Auswahl im Punkt WEITERLEITUNGSRICHTLINIE bestimmen Sie, wie Ihre DiskStation sich verhalten soll, wenn der Forwarder-DNS nicht antwortet:

- ZUERST WEITERLEITEN

  Es wird eine iterative Abfrage gestartet und somit versucht, den Namen selbst aufzulösen.
- NUR WEITERLEITEN

  Es wird ausschließlich der Forwarder-DNS gefragt und keine iterative Abfrage gestartet.

Über den Punkt QUELL-IP-DIENST BESCHRÄNKEN können Sie, wie der Name bereits vermuten lässt, bestimmen, welche IP-Adressen aus Ihrem Netzwerk über Ihren Nameserver Namen auflösen dürfen. Nach einem Klick auf den Button ÜBERNEHMEN werden Ihre Konfigurationen sofort übernommen und aktiviert.

Nun haben Sie einen vollwertigen DNS-Server! Wenn Sie nun z. B. von Ihrer FritzBox via DHCP als DNS-Server Ihre DiskStation hinterlegen, dann werden alle Anfragen aus Ihrem Netzwerk von Ihrer DiskStation aufgelöst.

5.6.10 Das Protokoll

Um zu überprüfen, ob Ihr Nameserver ordnungsgemäß arbeitet oder ob Ihre letzte Konfigurationsanpassung erfolgreich geladen wurde, rufen Sie einfach den Menüpunkt PROTOKOLL auf. Das Fenster stellt die Protokolleinträge tabellarisch dar.

Über den Menüpunkt EINSTELLUNGEN am oberen Fensterrand können Sie das Konfigurationsmenü für das Protokoll öffnen. Dort definieren Sie, welche Ereignistypen einen Protokolleintrag erzeugen sollen (standardmäßig alle) und ab welcher Schwere diese Einträge erstellt werden sollen (standardmäßig ab NOTICE). Je nach Einsatzart und -umfang Ihres Nameservers ist es sinnvoll, hier Ereignisse abzuwählen oder auch die Kritikalität zu erhöhen, damit Ihr Protokoll nicht überläuft.

Im Hauptmenü des Pakets *DNS Server* können Sie im Punkt EINSTELLUNGEN im Übrigen auch noch anpassen, wie groß das Protokoll werden darf. Standardmäßig ist hier 10 MB voreingestellt.

5.6.11 DNSSEC und Views

In den DNS-Menüs der DiskStation finden Sie noch zwei weitere Menüpunkte, nämlich SCHLÜSSEL und ANSICHTEN. Dahinter verbergen sich die Konfigurationen für die *Domain Name System Security Extensions* (DNSSEC) sowie die sogenannten *Views*.

Diese Optionen möchten wir ganz kurz vorstellen, aber sie können nur sinnvoll genutzt werden, wenn Sie Ihre DiskStation im Internet als zuständigen DNS-Server für Ihre Domänen einsetzen – wovon wir Ihnen ja bereits im Abschnitt 5.6.1 abgeraten haben. Wenn Sie Ihre DiskStation trotzdem als DNS-Server für Ihre Domäne einsetzen wollen und dazu auch DNSSEC konfigurieren möchten, sollten Sie sich tiefer in das Thema einarbeiten.

DNSSEC

Mit den *Domain Name System Security Extensions* (DNSSEC) wird das offene und nicht gerade vor Sicherheit strotzende DNS abgesichert. Dafür wird eine Vertrauenskette (beginnend bei der Root-Zone ».«) bis zum abgefragten Record erstellt. Darüber kann geprüft werden, ob eine Antwort auch wirklich vom zuständigen Nameserver beantwortet wurde und auf dem Transportweg nicht verändert wurde.

In dem Menüpunkt SCHLÜSSEL können Sie erforderliche Schlüssel erstellen und zuordnen.

Views

Über den Menüpunkt ANSICHTEN können Sie sogenannte *Views* erstellen. Diese ermöglichen es Ihnen, je nach anfragender IP-Adresse unterschiedliche Antworten zu einem Record zu geben.

Kapitel 6
Fortgeschrittene Anwendungen

Ihre Arbeit als Datenspeicher erledigt die DiskStation inzwischen routiniert. Sie kann aber noch viel mehr! Nutzen Sie die fortgeschrittenen Features, um Ihr NAS zur smarten Zentrale Ihres Netzwerks zu machen.

In diesem Kapitel geht es um Funktionen für den fortgeschrittenen Nutzer, die sowohl für den Einsatz im privaten Umfeld als auch in einer Unternehmensumgebung interessant sein können.

Wir zeigen Ihnen in diesem Kapitel, wie Sie Überwachungskameras mit der *DiskStation* verbinden und das Gerät als Überwachungszentrale nutzen können. Sie lernen auch, wie Sie auf der DiskStation einen eigenen E-Mail-Server betreiben können, der Ihnen unter Ihrer eigenen Domain eine beliebige Anzahl von E-Mail-Adressen bietet. Abschließend zeigen wir Ihnen, wie Sie Ihren privaten oder beruflichen Alltag mit Kalender- und Adressbuchfunktionen strukturieren können, bei denen die Daten auf verschiedenen Geräten synchron gehalten werden.

6.1 Die Kameraüberwachung mit der Surveillance Station

In vielen Einsatzszenarien ist die DiskStation rund um die Uhr aktiv und bietet anderen Geräten im Netzwerk (oder über das Internet) Speicherplatz an. Dieser kann ideal durch Überwachungskameras genutzt werden, die Videos abspeichern, etwa dann, wenn sie eine Bewegung erkannt haben. Die zentrale Speicherung der Videodaten an einem Ort ist organisatorisch vorteilhaft, da man sich so schnell einen Überblick über etwaige Vorkommnisse verschaffen kann. Selbstredend bringt die zentrale Speicherung auch Nachteile mit sich, beispielsweise wenn Einbrecher von der Existenz des Geräts wissen und so nicht nur die zentrale Aufzeichnung abbrechen, sondern den bisherigen Datenbestand auch gleich mit entwenden können. Dem kann man allerdings teilweise vorbeugen, indem man Cloud-Funktionen nutzt, die einen geänderten Datenbestand augenblicklich in einer Cloud-Lösung sichern.

Auf dem Gebiet der Kameraüberwachung hat die DiskStation aber noch viel mehr zu bieten als das bloße Bereitstellen von Speicherplatz für Video- und Fotodateien. Mit der *Surveillance Station* (siehe Abbildung 6.1) bringt sie eine ernst zu nehmende Softwarelösung mit, deren Funktionsumfang weit über die Bedürfnisse von Privathaushalten hinausgeht und auch für Unternehmen interessant sein dürfte.

Die Surveillance Station kann mit IP-Kameras umgehen, diese steuern und von ihnen Video- und Audiodaten abrufen. Die Software bringt eigene Routinen zur Bildüberwachung und Bewegungserkennung mit, sodass die DiskStation selbst das Videomaterial analysieren und bei Ereignissen eine Videoaufnahme starten kann. Die Überwachung des Kamerabildes kann durch einen Zeitplan gesteuert werden, der sich durch eine Anwesenheitssteuerung berechtigter Personen ergänzen lässt.

Wenn ein Ereignis auftritt, kann die Surveillance Station einzelne Nutzer über mehrere Kanäle informieren und beispielsweise ein Foto per Mail versenden. Aufgenommene Ereignisse lassen sich einzeln auswerten. Dank passender Apps ist dies auch von unterwegs mit einem Mobilgerät möglich. Außerdem bietet die Surveillance Station auch eine Monitoransicht zur Live-Überwachung der Kamerabilder. Die Software kann gleichzeitig mehrere Kameras ansprechen und deren Bilder auswerten. Auf diese Weise lässt sich auf der DiskStation eine leistungsfähige Überwachungslösung einrichten, mit der mehrere Räume oder Büros gleichzeitig überwacht werden können.

Abbildung 6.1 Die Surveillance Station bietet umfassende Überwachungsfunktionen und kann über das Paket-Zentrum installiert werden.

Die Surveillance Station hat also den Vorteil, dass sie fehlende Funktionen von IP-Kameras ergänzen kann. Wenn beispielsweise die eingebaute Bewegungserkennung einer Kamera nicht zuverlässig funktioniert, dann liefert die Surveillance Station oftmals bessere Ergebnisse. Gleiches gilt für Benachrichtigungs- und Auswertungsfunktionen. Wenn Sie auf diese Funktionen der Surveillance Station zurückgreifen, dann sind die Anforderungen an die eigentliche Kamera zumindest auf diesem Gebiet nicht mehr so hoch. Sie können im Zweifelsfall ein günstigeres Kameramodell oder eines mit einer besseren Bildqualität, aber schlechteren Auswertefunktionen kaufen. Allerdings dürfen Sie nicht vergessen, dass die Bewegungserkennung durch die Surveillance Station Systemressourcen auf der DiskStation belegt.

Bei der Surveillance Station handelt es sich um eine reine Softwarelösung, die den Prozessor des Gerätes auslastet, spezielle Hardwarefunktionen zur Analyse von Videobildern bringt das Gerät nicht mit. Wenn Sie die Surveillance Station auf diese Weise nutzen möchten, womöglich auch noch mit mehreren Kameras gleichzeitig, dann sollten Sie schon eine DiskStation der gehobenen Leistungsklasse einsetzen, da ansonsten die Geschwindigkeit des Gerätes bei anderen Aufgaben leidet.

Allerdings kann die Surveillance Station auch die Bewegungserkennung des Kamerageräts verwenden und muss nicht eigene Systemressourcen zur Bildanalyse einsetzen. Zu beachten ist auch, dass für die Surveillance Station ein eigenes Lizenzmodell genutzt wird: Je nach Ausstattung der DiskStation ist eine Lizenz zur Nutzung einer bestimmten Anzahl von Kameras (zumeist sind dies zwei) mit der Surveillance Station im Kaufpreis des Gerätes enthalten. Möchten Sie eine größere Anzahl Kameras betreiben, dann sind zusätzliche Lizenzen erforderlich, die Sie gebührenpflichtig erwerben müssen. Die Lizenz für eine weitere Kamera kostet rund 50 €, ein Paket für acht weitere Kameras ungefähr 300 €.

Falls Sie bereits einige IP-Kameras im lokalen Netzwerk betreiben, können Sie die Surveillance Station dank der mitgelieferten Lizenzen problemlos ausprobieren und sich einen Überblick über den Funktionsumfang verschaffen. Wenn die mitgelieferte Anzahl an Lizenzen ausreicht, müssen Sie selbstredend keine weiteren Lizenzen erwerben.

Mit der Surveillance Station kompatible Kameramodelle

Die Surveillance Station versteht sich mit vielen Kameramodellen von zahlreichen Herstellern. Auch günstige Produkte von Discounterketten werden unterstützt. Eine Liste unterstützter Geräte finden Sie unter *https://www.synology.com/de-de/compatibility/camera*.

Dank standardisierter Schnittstellen können sogar »Bastellösungen« etwa mit einem Raspberry Pi und dessen Kameramodul eingesetzt werden, was eine hervorragende Spielwiese für eigene Projekte eröffnet. Über geeignete Apps kann sogar die Kamera eines Smartphones eingebunden werden. Allerdings arbeitet die Surveillance Station grundsätzlich nur mit Netzwerkkameras zusammen und bezieht Kamerabilder nur über eine Netzwerkverbindung. Normale Webcams mit einem USB-Anschluss können nicht angesprochen und verwendet werden.

6.1.1 Die Installation der Surveillance Station

Die Surveillance Station kann über das Paket-Zentrum installiert werden. Sie findet sich in den Kategorien BUSINESS, DIENSTPROGRAMME und SICHERHEIT.

Die Surveillance Station ist ein umfangreiches Softwarepaket, daher dauert ihre Installation je nach Geschwindigkeit der DiskStation einige Minuten. Während der Installation haben Sie die Gelegenheit, einen benutzerdefinierten Alias oder einen benutzerdefinierten Port anzulegen (siehe Abbildung 6.2). Es empfiehlt sich, von diesem Angebot Gebrauch zu machen. Die Surveillance Station ist nämlich eine eigenständige Anwendung (dazu gleich mehr) und es ist komfortabler, diese direkt aufrufen zu können, als jedes Mal den Umweg über das DSM-System gehen zu müssen.

Abbildung 6.2 Bei der Installation können Sie Shortcuts für den schnellen Zugriff anlegen.

Nachdem die Daten installiert sind, sollten Sie das Modul ANWENDUNGSBERECHTIGUNGEN der Systemsteuerung aufrufen und die Zugriffsrechte für die gewünschten Benutzer festlegen. Im Grundzustand darf nur ein Administrator die Surveillance Station aufrufen und deren Dienste nutzen.

Nach abgeschlossener Installation kann die Surveillance Station über das Hauptmenü aufgerufen werden. Wie bereits erwähnt, ist die Surveillance Station eine Softwarelösung mit großem Funktionsumfang. Sie öffnet sich nicht nur in einem neuen Browser-Tab, sondern bringt ein komplett eigenes Interface mit eigenem Desktop, eigenem Hauptmenü und eigenem Anwendungszentrum mit (siehe Abbildung 6.3).

Die grafische Benutzeroberfläche der Surveillance Station ist der des DSM nachempfunden. Das Analogon zum Paket-Zentrum heißt hier ANWENDUNGSZENTRUM. Wie auf dem Desktop des DSM gibt es auch in der Surveillance Station Widgets, die als schwebende Fenster eingeblendet werden.

Abbildung 6.3 Die Surveillance Station bringt einen eigenen Desktop mit, der an den Desktop des DSM angelehnt ist.

Die Surveillance Station enthält auch eine eigene Benutzerverwaltung. Zunächst sollten Sie, wie zuvor beschrieben, im DSM die gewünschten Benutzer aktivieren. Diese haben dann Zugriff auf die Surveillance Station, allerdings mit folgenden Rechten:

- Wer unter dem DSM der Administratoren-Gruppe angehört, der kann auch die Surveillance Station vollständig verwalten.
- Wer unter dem DSM normaler Systemnutzer mit eingeschränkten Rechten ist, der hat auch unter der Surveillance Station eingeschränkte Rechte und beispielsweise keinen Zugriff auf die Konfigurationsschnittstellen.

Diese Rechte lassen sich über ein eigenes Programmodul anpassen. Bevor man richtig loslegt, bietet es sich daher an, die Rechteverwaltung der Surveillance Station aufzurufen und sie gegebenenfalls anzupassen (siehe Abbildung 6.4).

Sie finden die Rechteverwaltung in der Surveillance Station unter dem Eintrag BENUTZER im Hauptmenü des Administrators. Wie im DSM-System können Sie auch unter der Surveillance Station mit einzelnen Nutzern und Benutzergruppen arbeiten.

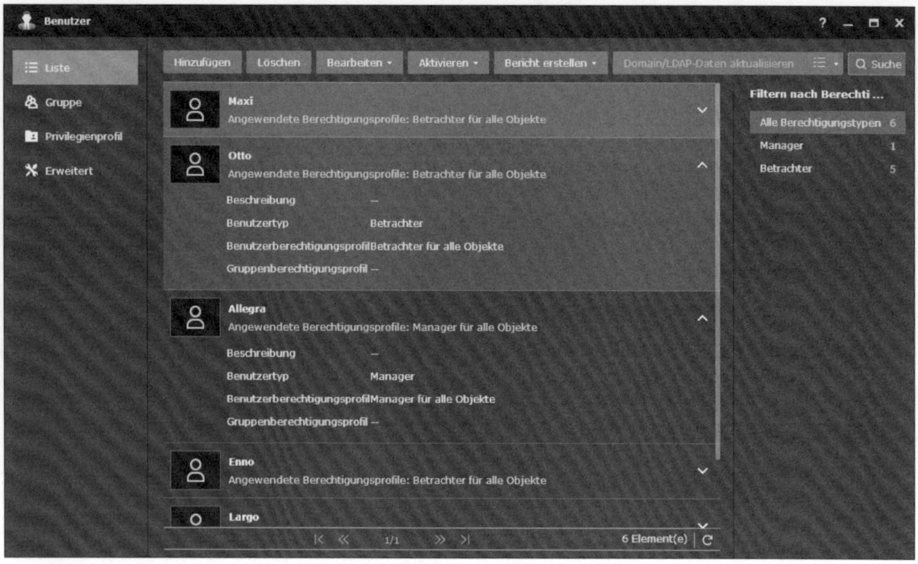

Abbildung 6.4 Legen Sie in der Benutzerverwaltung die gewünschten Rechte fest.

Auf der Registerkarte LISTE finden Sie zunächst alle Benutzer aufgeführt, die die Surveillance Station laut den Einstellungen im DSM aufrufen dürfen. Wenn Sie einen einzelnen Benutzer anwählen und dann in der Symbolleiste auf BEARBEITEN • BERECHTIGUNG klicken, sehen Sie ein neues Fenster mit allen Berechtigungen. Sie können dort zunächst das *Privilegienprofil* einstellen.

Die Rechteverwaltung der Surveillance Station arbeitet mit Profilen, die die verschiedenen Berechtigungen zusammenfassen. Zunächst sind zwei Profile definiert: *Betrachter* und *Manager*. Ersteres erlaubt das Betrachten von Aufnahmen und Kamerabildern, nicht jedoch die Veränderung von (System-)Einstellungen. Dies bleibt dem Manager vorbehalten, den man mit einem Administrator vergleichen kann.

Wenn Ihnen diese grobe Unterscheidung bereits genügt, dann reicht es, wenn Sie die beiden Rollen auf die Benutzerkonten verteilen. Ansonsten können Sie für jeden Benutzer einzeln auf den Registerkarten KAMERA, KARTEN, LAYOUT und ERWEITERT eigene Berechtigungen konfigurieren.

Falls die Anzahl an Benutzern recht groß ist, können Sie zunächst Privilegienprofile erstellen, die mit den gewünschten Rechtekombinationen vorkonfiguriert sind. Solche Profile definieren Sie direkt im Programm BENUTZER (siehe Abbildung 6.5) und dort auf der Registerkarte PRIVILEGIENPROFIL. Auf der Registerkarte GRUPPE können Sie neue Benutzergruppen erstellen. Allerdings lassen sich diese Gruppen nicht innerhalb der Surveillance Station mit Mitgliedern füllen. Dafür müssen Sie in das DSM wechseln und das Modul BENUTZER UND GRUPPE aus der Systemsteuerung bemühen.

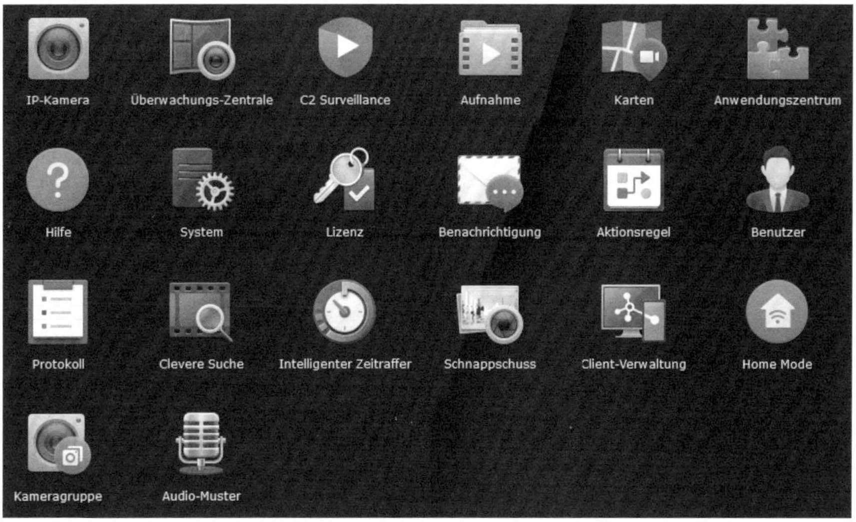

Abbildung 6.5 Das Hauptmenü der Surveillance Station bietet bereits im Grundzustand zahlreiche Programme und Funktionen.

Weitere Einstellungen müssen Sie für eine Grundeinrichtung der Surveillance Station nicht vornehmen. Nichtsdestotrotz können Sie sich einmal die persönlichen Einstelloptionen anschauen, die Sie über das persönliche Menü oben rechts in der Taskleiste (das Symbol mit der Personensilhouette, siehe Abbildung 6.3) aufrufen. Dort geht es aber hauptsächlich um die Einstellung persönlicher Präferenzen, etwa um die Auswahl des Hintergrundbildes für die Surveillance Station oder die Anzeigedauer für Miniaturansichten.

Im Hauptmenü des Administrators (siehe Abbildung 6.5) gibt es ansonsten noch die Komponente SYSTEM, die mit einer »Mini-Systemsteuerung« verglichen werden kann und deren Einstelloptionen sich teilweise mit der Systemsteuerung des DSM überschneiden – z. B. bei der Konfiguration der Netzwerkschnittstellen. Normalerweise sollten hier keine Änderungen erforderlich sein oder aber direkt im DSM vorgenommen werden.

Wenn Sie mit der im Lieferumfang verfügbaren Anzahl von zumeist zwei Lizenzen für Kameras nicht auskommen, finden Sie im Hauptmenü das Programm LIZENZ. Darüber können Sie weitere Lizenzen hinzufügen, die Sie zuvor bei Synology erworben haben (siehe Abbildung 6.6). Im Modul ist ein Schlüsselwort einzugeben, das die erworbene Lizenz freischaltet.

Interessierte Nutzer können auch einen Blick in das Modul ANWENDUNGSZENTRUM werfen, werden hier aber nicht allzu viel zu entdecken haben. Die meisten verfügbaren Zusatzanwendungen sind bereits installiert, werden gegenwärtig aber nicht ausgeführt.

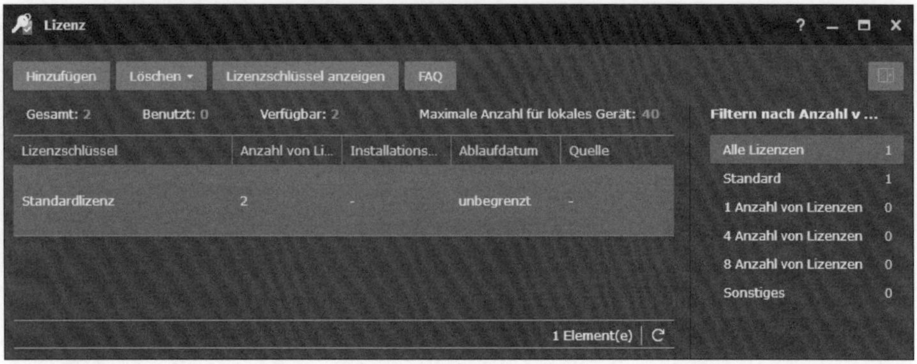

Abbildung 6.6 Im Modul »Lizenz« können Sie weitere Kameralizenzen aktivieren.

Es handelt sich meist um Anwendungen für Sonderaufgaben und Spezialfunktionen, wie etwa die Audioübertragung auf spezielle Netzwerklautsprecher oder die Speicherung von Daten auf kamerainterne Speicherkarten alternativ zur Speicherung auf der DiskStation.

6.1.2 Die Benachrichtigungsfunktion

Die Surveillance Station bietet umfassende Benachrichtigungsmöglichkeiten, die Sie bei bestimmten Ereignissen informieren. Offensichtlich informiert die Surveillance Station z. B. dann, wenn eine Bewegung im Videobild entdeckt oder ein Geräusch erkannt wurde. Benachrichtigungen können aber auch dann erfolgen, wenn eine Aufnahme fehlgeschlagen ist, eine Kameraverbindung getrennt wurde oder wenn jemand an einer Gegensprechanlage an der Tür geklingelt hat.

Das Modul BENACHRICHTIGUNG ähnelt sehr stark dem des DSM. Benachrichtigungen der Surveillance Station können somit (wie unter dem DSM) per E-Mail, per SMS oder per mobiler Push-Nachricht erfolgen (siehe Abbildung 6.7).

Möchten Sie bei Ereignissen benachrichtigt werden, dann müssen Sie die Benachrichtigungskanäle über die Registerkarten E-MAIL, SMS, PUSH-DIENST und WEBHOOK konfigurieren. Dabei können Sie sich an der Anleitung für das DSM aus Abschnitt 7.1.1, »Bei wichtigen Ereignissen Benachrichtigungen empfangen«, orientieren. Beachten Sie aber, dass es auf den Registerkarten im Benachrichtigungsmodul der Surveillance Station zusätzliche Einstelloptionen gibt, die im DSM-Benachrichtigungsmodul nicht enthalten sind. So können Sie in der Surveillance Station auf der Registerkarte E-MAIL beispielsweise den Schnappschussversand aktivieren. Dabei wird einer E-Mail eine Standbildaufnahme des Kamerabildes bei einem Ereignis angehängt.

Wechseln Sie anschließend auf die Registerkarte REGELN (siehe Abbildung 6.8). Dort sehen Sie alle Ereignisse, über die das Benachrichtigungsprogramm informieren kann. Gehen Sie die Liste durch, und entscheiden Sie jeweils, ob und über welchen

Kanal Sie über das Ereignis informiert werden wollen. Wenn Sie einen Eintrag in der Liste doppelt anklicken, sehen Sie einen Text-Editor, in dem Sie den jeweiligen Benachrichtigungstext verändern können.

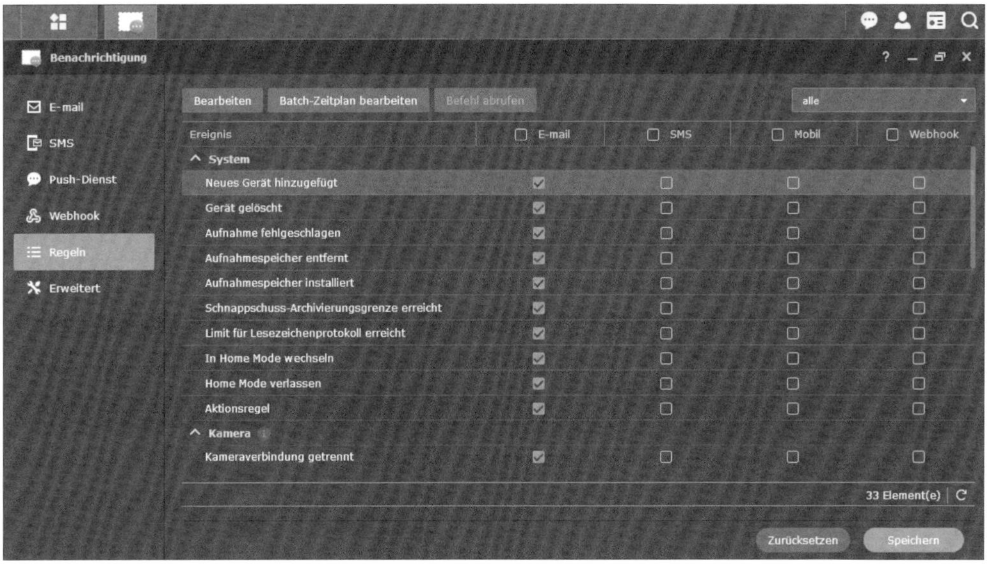

Abbildung 6.7 Wählen Sie aus, über welche Ereignisse die Surveillance Station informieren soll.

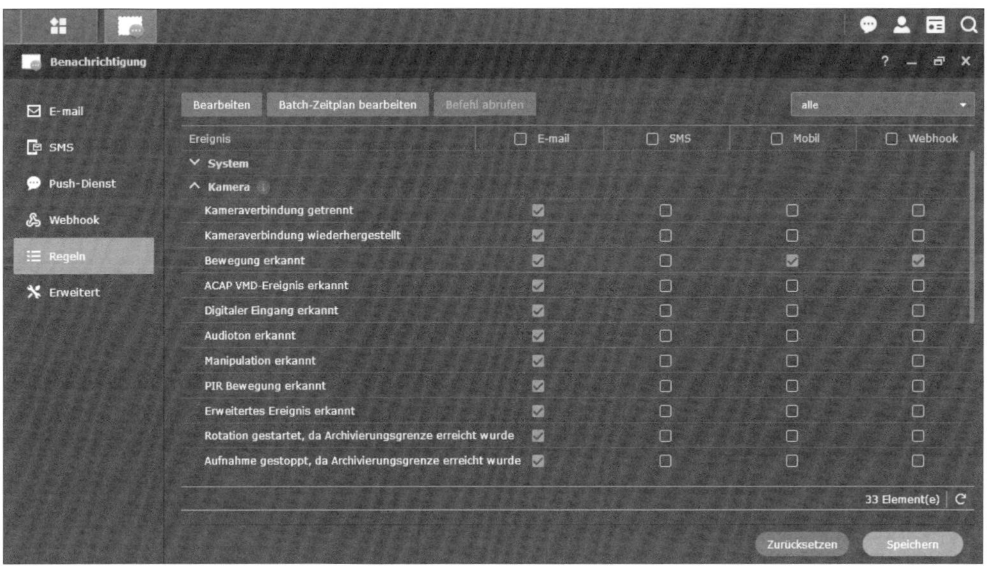

Abbildung 6.8 Die Surveillance Station bringt eigene Regeln zur Benachrichtigung der Nutzer mit.

Werfen Sie zum Schluss auch einen Blick auf die Registerkarte ERWEITERT. Hier können Sie Einstellungen zur mobilen Benachrichtigung von Nicht-Administratoren vornehmen und Sie können einstellen, ob bei Ereignissen auch ein Schnappschuss des Kamerabildes per E-Mail versendet werden soll.

6.1.3 Eine Kamera zur Surveillance Station hinzufügen

Nach der Grundeinrichtung der Surveillance Station müssen Sie Ihre IP-Kamera(s) dem System hinzufügen. Öffnen Sie dazu in der Surveillance Station (als Administrator angemeldet) das Modul IP-KAMERA, das Sie im Hauptmenü finden (siehe Abbildung 6.9). Klicken Sie dort auf die Schaltfläche HINZUFÜGEN.

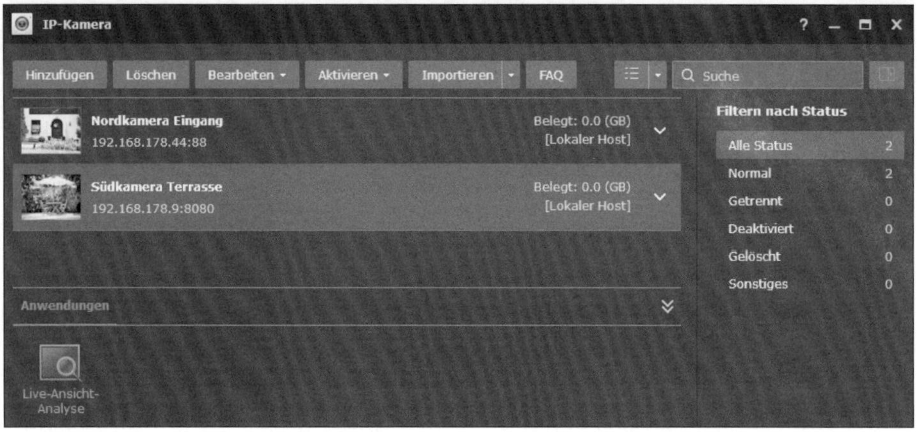

Abbildung 6.9 Im Modul »IP-Kamera« können Sie Netzwerkkameras zur Surveillance Station hinzufügen.

Die Surveillance Station beginnt nun mit einer automatischen Suche nach Netzwerkkameras. Wenn das passende Modell gefunden wurde, können Sie dieses auswählen und auf WEITER klicken.

> **Kontrollieren Sie die Modellbezeichnung genau!**
>
> Es kann sein, dass die Surveillance Station nur eine grundlegende Videoübertragung erkannt hat und einen herstellerübergreifenden Standard zur Kommunikation verwendet. Dieser schöpft aber möglicherweise nicht den vollen Funktionsumfang der Kamera aus. So kann es sein, dass beispielsweise ein eingebautes Mikrofon oder eine Motorsteuerung nicht angesprochen werden. Gehen Sie in diesem Fall besser den Umweg über die manuelle Einrichtung.

Für eine manuelle Einrichtung klicken Sie oben links auf die Schaltfläche MANUELL HINZUFÜGEN. Sie sehen dann ein neues Fenster, in dem Sie die Kameraparameter eingeben können (siehe Abbildung 6.10). Geben Sie dem Gerät eine eindeutige Bezeichnung, die beispielsweise auf den Aufstellungsort hinweist, und tragen Sie den Hersteller (MARKE) und das Modell ein. In das Feld KAMERAADRESSE tragen Sie die IP-Adresse ein, unter der die Kamera zu erreichen ist. Ergänzen Sie auch das verwendete Übertragungsprotokoll (unverschlüsseltes HTTP oder verschlüsseltes HTTPS) und den genutzten Netzwerk-Port.

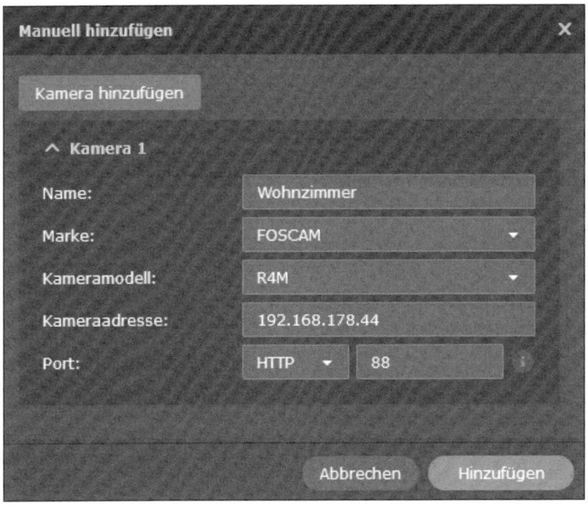

Abbildung 6.10 Kameras können mit ihren jeweiligen Daten manuell zur Surveillance Station hinzugefügt werden.

Nachdem Sie die Kamera hinzugefügt haben, kehren Sie zum vorherigen Bildschirm zurück. Je nach Kameramodell ist es erforderlich, sich am Gerät mit einem Benutzerkonto anzumelden und sich so zu authentifizieren, bevor Bilddaten abgerufen werden können. Wenn dies auf Ihre Kamera auch zutrifft, dann klicken Sie rechts auf den Link AUTHENTIFIZIEREN und geben Ihren Benutzernamen und Ihr Passwort ein. Beachten Sie auch hier den (Netzwerk-)Port: Dieser ist im Anmeldebildschirm möglicherweise auf 80 eingestellt, was nicht für alle Kameramodelle richtig ist. Wenn Sie auf AUTHENTIFIZIEREN geklickt haben, sollten in der Kameraübersicht ein grüner Haken und das Kamerabild zu sehen sein. Sie können dann auf WEITER klicken (siehe Abbildung 6.11).

Ihnen zeigt sich jetzt der *Assistent zum Hinzufügen von Kameras* (siehe Abbildung 6.12). Auf der ersten Seite müssen Sie sich entscheiden, ob Sie eine schnelle oder eine komplette Einrichtung der Kamera wünschen. Da die Anzahl an Konfigurationsseiten nicht übermäßig groß ist, sollten Sie der kompletten Einrichtung den Vorzug geben. Die eigentliche Einrichtung beginnt dann mit der Festlegung von Stream-Informationen. Sie müssen auswählen, in welchem Format Sie Video- und eventuelle Audiodaten von der Kamera beziehen möchten.

Abbildung 6.11 Bevor die Kamera ein Bild liefert, muss sich der Nutzer zunächst authentifizieren.

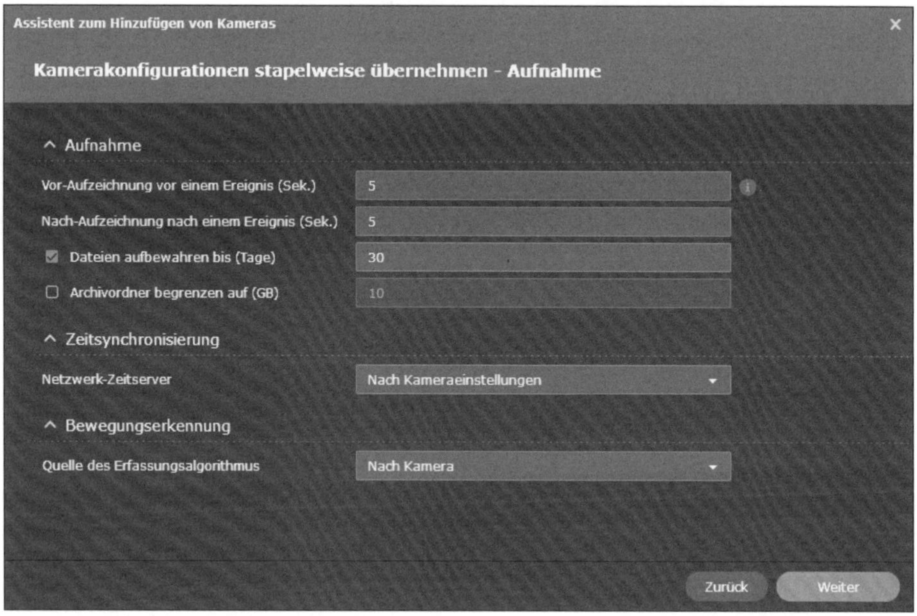

Abbildung 6.12 Konfigurieren Sie die gewünschten Einstellungen für die automatische Aufnahme.

Welches Format soll ich wählen?

Je nach Kameramodell werden Ihnen unterschiedliche Optionen angeboten. Mit einem Stream im Format *H.264* machen Sie wenig falsch. *MJPEG*-Streams, die Einzelbilder enthalten, stellen geringere Anforderungen an die Prozessorhardware, allerdings ist hier das Datenaufkommen größer und die Bildqualität meist schlechter.

Moderne Geräte nutzen das Format *H.265*, das eine hohe Bildqualität bei moderater Datenrate erreichen kann, aber auch hohe Anforderungen an die Prozessorhardware stellt, wenn die Daten per Software verarbeitet werden müssen. Einige Kameras können auch mehrere Datenströme in verschiedenen Qualitätsstufen liefern, die Sie dann ebenfalls konfigurieren können.

Tragen Sie die für Sie geeigneten Werte ein, und unterscheiden Sie – falls möglich – am besten zwischen einer hochqualitativen Fassung für die Betrachtung im lokalen Netzwerk und einer Version mit niedriger Datenrate für die Übertragung über das Internet, insbesondere auf mobile Endgeräte in Mobilfunknetzen.

Danach legen Sie die Aufnahmeeinstellungen fest. Sie können einstellen, dass die automatische Aufnahme von Videos bereits einige Sekunden vor einer erkannten Bewegung beginnt. Die Surveillance Station hebt dafür die entsprechenden Daten in einem Puffer auf. Ebenso kann die Aufzeichnung noch einen Augenblick nach dem Ende einer Bewegung fortgesetzt werden.

Stellen Sie auch ein, wie lange Aufnahmen beibehalten werden sollten, bevor sie automatisch gelöscht werden, und welchen Speicherplatz die Aufnahmen maximal belegen dürfen. Weiter unten legen Sie fest, ob für die Datumsanzeige der Zeitserver der DiskStation oder der Zeitserver der Kamera verwendet wird. Normalerweise sollte es hier keine Unterschiede geben, von eventuellen Zeitzonen-Abweichungen abgesehen. Abschließend können Sie einstellen, ob Sie die Bewegungserkennung durch die Kamera oder durch die Surveillance Station vornehmen wollen.

Bewegungserkennung: Kamera oder Surveillance Station?

Grundsätzlich gilt: Sollte die Bewegungserkennung der Kamera zufriedenstellend funktionieren, dann geben Sie dieser den Vorzug, um die Ressourcen der DiskStation zu entlasten. Beachten Sie aber unbedingt, dass die Einstellungen der Kamera gegebenenfalls Vorrang vor den Einstellungen der DiskStation haben. Es könnte nämlich sein, dass die Bewegungserkennung durch die Kamera scheinbar nicht funktioniert und die Surveillance Station keine Aufnahmen erstellt. Sollte so etwas bei Ihnen passieren, dann kontrollieren Sie die Einstellungen der Kamera in deren Webinterface (bzw. Steuersoftware). Möglicherweise ist die Routine der Bewegungserkennung hier deaktiviert, sodass auch die Surveillance Station keinen Zugriff auf die Bewegungserkennung hat.

Anschließend legen Sie einen Zeitplan für die automatische Aufnahme fest. Sie sehen ein Zeitstrahldiagramm mit den Wochentagen und der Uhrzeit. Oberhalb finden sich farbige Steuerkästen. Wenn Sie einen Kasten anklicken, können Sie dessen Farbe auf den Zeitstrahl übertragen und damit den gewünschten Betriebszustand der automatischen Aufnahme festlegen. Sie können so einstellen, wann eine automatische Bewegungserkennung aktiv sein soll. Die alternativen Einstellungen können Sie später mit eigenen Werten belegen und z. B. eine reduzierte Aufnahmequalität einstellen.

Nachdem Sie die Daten eingetragen haben, sind Sie am Ziel. Ihnen wird eine Zusammenfassung angezeigt. Sie können den Assistenten beenden und sehen nun die Kamera in der Liste der vorhandenen Geräte. Ihnen wird auch ein Vorschaubild angezeigt (siehe Abbildung 6.13).

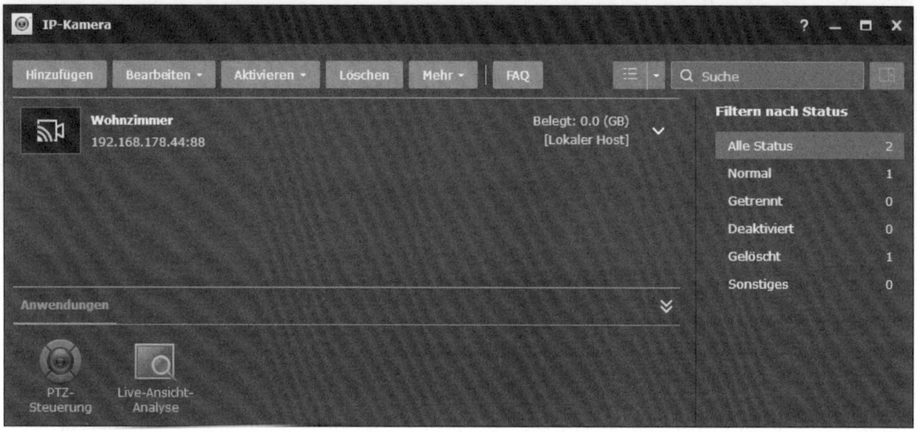

Abbildung 6.13 Die Kamera wurde korrekt hinzugefügt und wird nun durch die Surveillance Station überwacht.

Wenn Sie mit der Maus über das Vorschaubild fahren, wird eine Play-Schaltfläche eingeblendet, über die Sie eine große Vorschau des Kamerabildes betrachten können. Diese öffnet sich in einem neuen Fenster und zeigt das Live-Bild der Kamera an. Sollte es sich um eine Kamera mit Motorunterstützung handeln, dann wechselt der Mauszeiger an den Bildrändern seine Gestalt. Wenn Sie nun mit der Maus klicken, wird die Kamera eine Bewegung in die entsprechende Richtung ausführen. Ansonsten wird bei der Bewegung des Mauszeigers am unteren Rand des Kamerabildes eine Symbolleiste eingeblendet. Über diese können Sie die Lautstärke des Tons einstellen, den die Kamera aufnimmt – sofern sie über ein eingebautes Mikrofon verfügt.

Eine weitere Schaltfläche ermöglicht die Konfiguration der Motorsteuerung, z. B. hinsichtlich von *Presets*, mit denen Sie bestimmte Positionen abspeichern und später einfach wieder anfahren können. In der Vorschau können Sie auch Standbilder des Kamerabildes abspeichern und eine Videoaufzeichnung starten. Sobald Sie eine Aufnahme starten, sehen Sie eine rote Symbolleiste, die das Beenden der Aufnahme ermöglicht. Dort können Sie auch einen Timer einstellen, der eine Aufnahme automatisch beendet. Wenn Sie eine Aufnahme erstellt haben, dann können Sie mit den Navigationsschaltflächen am unteren Fensterrand schnell zu einer bestimmten Aufnahmezeit springen und sich die Aufnahme anschauen (siehe Abbildung 6.14).

Abbildung 6.14 Das Vorschaubild der Kamera kann angezeigt und aufgenommen werden.

Sie können jetzt – sofern noch freie Lizenzen vorhanden sind – eine weitere Kamera hinzufügen. Nutzen Sie dafür erneut die Schaltfläche HINZUFÜGEN. Sie können vorhandene Kameras auch aus der Liste löschen; dabei bleiben auf Wunsch eventuelle Aufnahmen auf der Festplatte gespeichert. Beachten Sie, dass zum jetzigen Zeitpunkt eventuell per Zeitstrahl definierte automatische Aufnahmen etwa über die Bewegungserkennung »scharf geschaltet« sind. Für den aktuellen Betriebszustand sieht das Programm *IP-Kamera* keine eigenständige Anzeige vor. Für einen Test sollten Sie im Kamerabild einige Bewegungen durchführen und prüfen, ob eventuell aktivierte Benachrichtigungen eingehen. Bleiben erwartete Nachrichten aus, dann prüfen Sie, wie vorhin erwähnt, auch die Einstellungen der Kamera selbst.

Abschließend sollten Sie sich mit den Kameras noch etwas im Detail befassen. Viele Kameramodelle bieten diverse Einstellmöglichkeiten, auf die über die Surveillance Station zugegriffen werden kann. Klicken Sie in dem Modul IP-KAMERA eine Kamera in der Liste an, und klicken Sie auf den Eintrag BEARBEITEN im Auswahlmenü der gleichnamigen Schaltfläche. Sie sehen nun ein Fenster mit den Detaileinstellungen, die Sie teilweise schon bei der Einrichtung der Kamera konfiguriert haben.

Gehen Sie die einzelnen Registerkarten durch. Deren Inhalt kann sich je nach Kameramodell unterscheiden. Sie können hier beispielsweise bestimmte Bereiche des Kamerabildes maskieren, wenn einzelne Raumbereiche zur Wahrung der Privatsphäre nicht überwacht werden sollen. Sie können auch noch detailliert konfigurieren, wie lange automatisch erstellte Aufnahmen aufbewahrt werden sollen und wie viel Speicherplatz genutzt werden darf. Prüfen Sie auch die Registerkarten GERÄT • ERWEITERT und OPTIMIERUNG • ALLGEMEIN (siehe Abbildung 6.15).

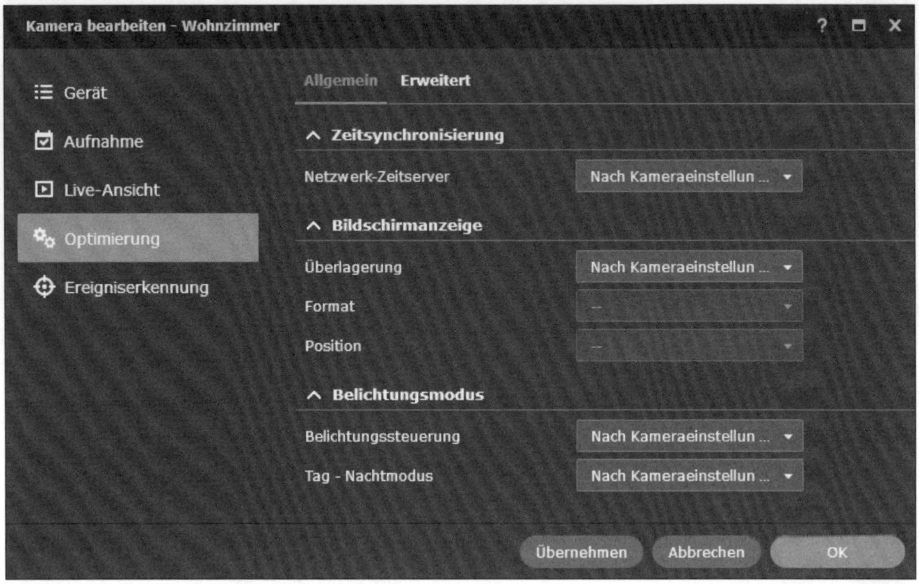

Abbildung 6.15 Prüfen Sie die Detaileinstellungen der Kamera, und stellen Sie die zu Verfügung stehenden Optionen ein.

Hier können Sie – sofern Ihre Kamera dies unterstützt – beispielsweise die Motorsteuerung deaktivieren oder eine Infrarotbeleuchtung der Kamera aktivieren. Für die letztgenannte Funktion kann auch eine Steuerung nach einem Zeitplan konfiguriert werden.

6.1.4 Aufnahmen ansehen und verwalten

Alle Videoaufnahmen, die Sie entweder manuell erstellt haben oder die durch eine Automatik angefertigt wurden, sind im Modul AUFNAHME sichtbar (siehe Abbildung 6.16). Dieses Modul steht auch normalen Nutzern, den sogenannten Betrachtern, zur Verfügung. Es kann über das Hauptmenü oder die Desktop-Verknüpfung aufgerufen werden.

Im Hauptfenster sehen Sie auf der Registerkarte AUFNAHMELISTE eine Übersicht über alle Aufnahmen mit dem Erstellungsdatum und einem Hinweis, auf welche Weise sie erstellt wurden. Umfangreiche Listen können rechts im Fenster nach Datum gefiltert werden. Ein Doppelklick öffnet den Aufnahme-Player, der die Videodatei wiedergibt. Sofern diese auch Ton beinhaltet, erfolgt auch eine Audioausgabe. Die Zeitleiste unten im Fenster ist mehrfarbig. Der orangene Bereich markiert bei automatischen Aufnahmen die Zeit, zu der eine Bewegung erkannt wurde. Grau markierte Bereiche enthalten zusätzliches Material vor und nach einer erkannten Bewegung. Beachten Sie, dass bei einigen Kameramodellen auch Geräusche eine automatische Aufnahme starten können. Die übrigen Schaltflächen des Aufnahme-Players sind selbsterklärend und entsprechen dem Funktionsumfang üblicher Programme zur Videowiedergabe.

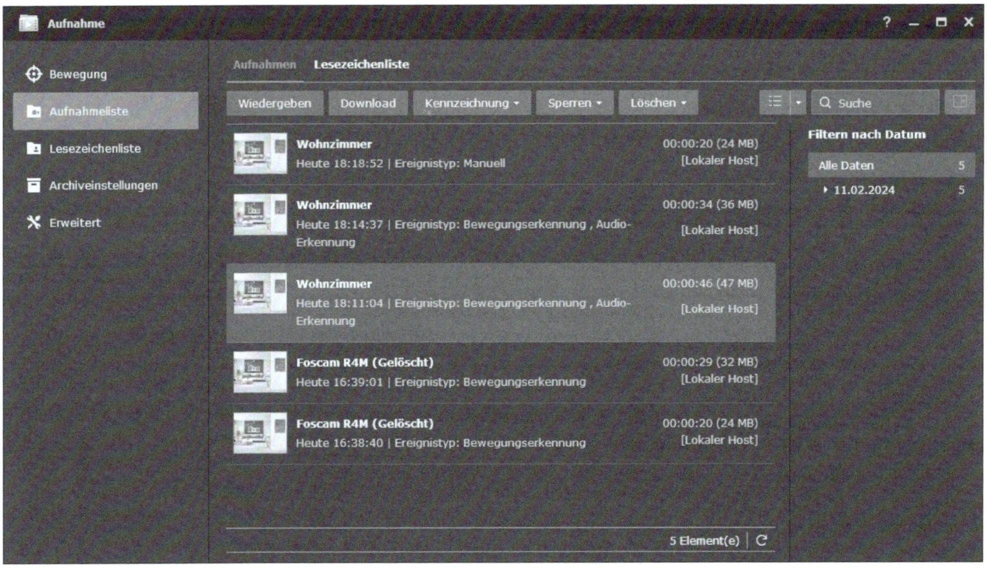

Abbildung 6.16 Alle verfügbaren Aufnahmen werden übersichtlich angezeigt und können in der Surveillance Station betrachtet werden.

Die Zeitlupenfunktion

Als Besonderheit wäre noch die Zeitlupenfunktion zu nennen, mit der Bewegungen verlangsamt abgespielt werden können. Wenn Sie mit der Maus über das Videobild fahren, werden zusätzliche Schaltflächen eingeblendet. Sie können beispielsweise ein Standbild aufnehmen oder einen Ausschnitt zur besseren Analyse gezielt vergrößern.

In der Liste der Aufnahmen können Sie mit den Schaltflächen in der Symbolleiste einzelne Videos mit Schlagworten und Farbmarkierungen kennzeichnen, und Sie können Videos sperren, sodass sie nicht automatisch gelöscht werden. Außerdem lassen sich Aufnahmen auf den aktuellen Rechner herunterladen und auf Wunsch von der DiskStation löschen.

Eine nette Zusatzfunktion bietet das *Kontextmenü* eines Video-Eintrags. Dort können Sie einen Link zum Teilen von Aufnahmen mit anderen Personen abrufen. Eine Zugriffsteuerung ist allerdings nicht vorgesehen. Die übrigen Registerkarten im Modul

AUFNAHME erlauben das Exportieren und Kopieren von Videodateien auf andere Datenträger bzw. in ein gewünschtes Zielverzeichnis, z. B. für Archivierungszwecke.

Beachten Sie auch die Registerkarte ARCHIVEINSTELLUNGEN (siehe Abbildung 6.17), auf der Sie Einstellungen rund um den Speicherplatz für Aufnahmen vornehmen können. Dort können Sie auch eine Rotation der Aufnahmen erzwingen. Sobald der freie Speicherplatz knapp wird, werden die ältesten Aufnahmen dann automatisch gelöscht.

Abbildung 6.17 In den Archiveinstellungen können Sie festlegen, in welchem Verzeichnis Aufnahmen abgespeichert werden.

Eine weitere Funktion kümmert sich um die Indexierung der Aufnahmen. Bei einem Stromausfall kann es passieren, dass zwar Aufnahmen erstellt und im Dateisystem der DiskStation sichtbar sind, aber nicht im Modul AUFNAHME aufgeführt werden. Starten Sie in diesem Fall auf der Registerkarte ERWEITERT eine erneute Indexierung, die sich alle Dateien anschaut und sie in das Modul AUFNAHME integriert.

6.1.5 Die Überwachungszentrale

Beim Programmmodul ÜBERWACHUNGSZENTRALE beschreibt der Name die Funktion bereits recht gut. Wie in einer richtigen Überwachungszentrale (also der Räumlichkeit) können Sie mit diesem Programm das Live-Bild mehrerer Kameras gleichzeitig betrachten und sich einen Überblick über die Ereignisse in mehreren Räumen verschaffen (siehe Abbildung 6.18). Sie können beispielsweise auch eine Außenansicht parallel zu einer Innenansicht ansehen. Die Überwachungszentrale ermöglicht auch die Analyse von Aufnahmen und ist damit nicht nur auf die Live-Ansicht beschränkt. Zwar macht das Programm erst mit mehreren Kameras richtig Spaß, es kann aber auch nur mit einer einzelnen Kamera bereits sinnvoll genutzt werden.

Abbildung 6.18 Mit der Überwachungszentrale können Sie die Live-Bilder mehrerer Kameras gleichzeitig überwachen.

Wenn Sie die Überwachungszentrale zum ersten Mal starten, werden Sie von einem mehr oder weniger leeren Bildschirm begrüßt und es wird noch kein Kamerabild angezeigt. Links sehen Sie in der Kategorie GERÄTE & WERKZEUGE unter anderem die verfügbaren Kameras. Ziehen Sie einfach einen Kameraeintrag in den Hauptbereich der Anwendung. Das Live-Bild der Kamera wird dann dort in einer Großansicht angezeigt. Sie können auf dieselbe Weise weitere Kamerabilder zur Ansicht hinzufügen. Das Layout wird dabei automatisch angepasst.

Oberhalb der Hauptansicht sehen Sie ein Ausklappmenü, das zunächst die automatische Layout-Anpassung aktiviert hat. Sie können hier aus diversen unterschiedlichen Layout-Einstellungen auswählen. Es gibt beispielsweise auch Ansichtsoptionen, bei denen eine Kamera quasi als Hauptkamera deklariert wird. Deren Bild wird dann größer angezeigt als das Bild der übrigen Kameras. Nachdem Sie alle relevanten Kameras hinzugefügt haben, kann die eigentliche Überwachung schon beginnen. Sie sehen jetzt von allen Geräten das Live-Bild.

Schnappschüsse erstellen

Auf Wunsch können Sie bei jeder Kamera (wenn Sie mit der Maus über das Bild fahren und die dann eingeblendeten Schaltflächen betätigen) einen Schnappschuss erstellen oder eine manuelle Aufnahme starten. Bei Kameras mit Motorsteuerung wechselt der Mauszeiger an den Bildrändern sein Aussehen. Wenn Sie dann klicken, wird die Kamera in die gewünschte Richtung schwenken. Über Ziehen und Zoomen können Sie einen Bildausschnitt detailliert betrachten. Ein Doppelklick auf ein Kamerabild füllt den gesamten Betrachtungsbereich – das wird Einzelansicht genannt. Diese ist auch über die Schaltfläche mit dem schrägen Doppelpfeil rechts oben beim Kamerabild zugänglich. Dieselben Möglichkeiten nutzen Sie, um zur gemeinsamen Ansicht zurückzukehren. Im Falle der Ausschnittsvergrößerung führt ein Lupensymbol mit Minuszeichen wieder zur gesamten Ansicht.

Wenn Sie mit wirklich vielen Kameras arbeiten und die Überwachungszentrale häufig einsetzen, dann können Sie sogar mit mehreren Layouts arbeiten, die durchaus auch unterschiedliche Kamerabilder beinhalten können. Dafür dient der Bereich LAYOUTS oben links im Hauptfenster (siehe Abbildung 6.19).

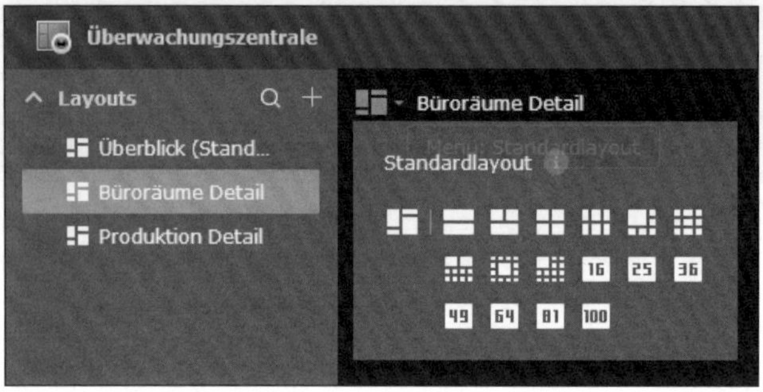

Abbildung 6.19 Wenn Sie mit vielen Kameras arbeiten, können Sie verschiedene Layouts anlegen und zwischen diesen wechseln.

Anfangs ist dort nur das momentane Layout sichtbar, dessen Einstellungen Sie beispielsweise über das Kontextmenü abspeichern können. Über die kleine Schaltfläche mit dem Plus-Zeichen können Sie ein weiteres Layout ergänzen. Verwenden Sie die Option ALLGEMEINES LAYOUT, um ein weiteres Layout zu erstellen, dessen Funktion dem gegenwärtigen Layout entspricht. Auf Wunsch können weitere Layouts mit Sonderfunktionen erstellt werden.

Beim *sequenziellen Layout* werden beispielsweise mehrere Kameras abwechselnd dargestellt. Sie können einstellen, nach welcher Zeit die Ansicht wechselt. Sie können auch Kameragruppen-Layouts erstellen. Das macht aber nur Sinn, wenn Sie so viele Kameras angeschlossen haben, dass Sie diese auch in Gruppen verwalten möchten. Änderungen an den Gruppen werden dann entsprechend berücksichtigt. Diese Optionen sind eher für die Überwachung größerer Objekte (wie etwa im Firmenumfeld) sinnvoll, wenn tatsächlich mit einer größeren Anzahl von Kameras gearbeitet wird. Wenn Sie die Surveillance Station im Privathaushalt nutzen und dort etwa vier Kameras angeschlossen haben, werden Sie diese erweiterten Funktionen im Alltag vermutlich eher selten benötigen.

Beachten Sie gegebenenfalls, dass es auch ein spezielles *Warn-Layout* gibt. Dieses wird automatisch aufgerufen, wenn es eine Ereigniswarnung gibt. Der automatische Wechsel ist allerdings nur dann mit einem Nutzen verbunden, wenn die Überwachungszentrale tatsächlich fortlaufend betrachtet wird. Erkannte Ereignisse werden auch ganz rechts im Warnungsfenster aufgelistet und können dort angeklickt werden. Sie sehen ein Vorschaubild des Ereignisses mit einer Play-Schaltfläche. Wenn Sie diese anklicken, öffnet sich ein Videoplayer, der so aufgebaut ist wie der Videoplayer im Aufnahme-Modul. Dort wird die Videodatei abgespielt, die beim Ereignis aufgenommen wurde. Falls Sie diesen Bereich nicht benötigen, können Sie ihn über eine eingeblendete Pfeil-Schaltfläche auch ausblenden und somit mehr Platz für die Kamerabilder freimachen.

Beachten Sie, dass das Warnungsfenster eigene Einstellungsoptionen verwendet. Sie können auswählen, welche Warnungen und Ereignisse dort angezeigt werden. Klicken Sie im Warnungsfenster rechts auf die Schaltfläche mit den drei Punkten, und wählen Sie Warnungseinstellungen. Im neuen Fenster können Sie auf der Registerkarte Einstellungen auswählen, bei welchen Kameras und Ereignissen Sie einen Eintrag im Warnungsfenster erhalten möchten (siehe Abbildung 6.20). Auf der Registerkarte Erweitert können Sie festlegen, wie Sie bei einem Ereignis in der Überwachungszentrale informiert werden möchten. Sie können beispielsweise einen Pieptton abspielen oder einen farbigen Rahmen um das betreffende Kamerabild anzeigen lassen. Diese Benachrichtigungsfunktionen sind unabhängig von den sonstigen Benachrichtigungen der Surveillance Station.

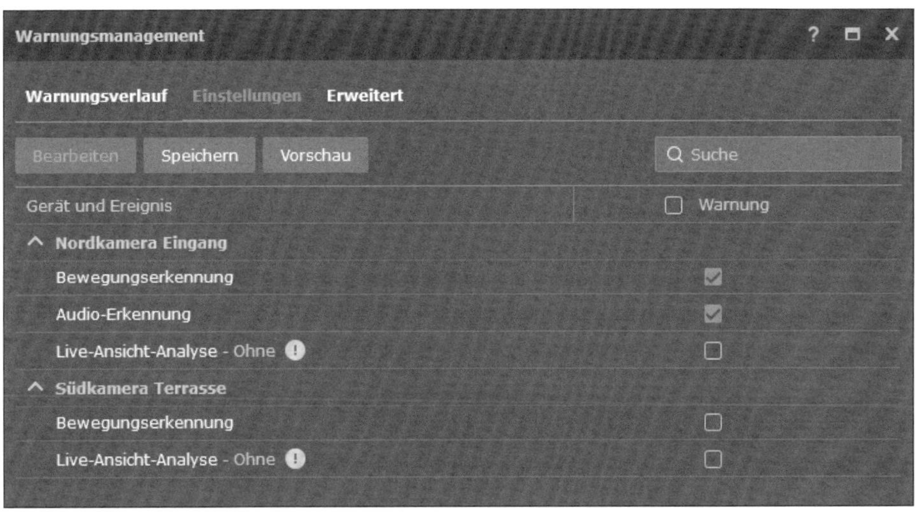

Abbildung 6.20 Konfigurieren Sie die gewünschten Warnungseinstellungen.

Erkannte Ereignisse lassen sich auch direkt im Hauptfenster der Überwachungszentrale abspielen. Dazu dient der Zeitstrahl ganz unten im Fenster. Ereignisse (und damit verbundene Videoaufnahmen) sind farbig hervorgehoben. Sie können mit der Maus auf eine Markierung klicken und erhalten die jeweiligen Aufnahmen angezeigt.

Oberhalb der Zeitleiste erlauben Filter- und Lupenfunktionen das gezielte Anspringen eines Zeitbereiches; die gesamte Zeitleiste kann am oberen Rand auch mit der

Maus verschoben werden. Zusätzlich erlauben die Schaltflächen rechts neben der Zeitleiste eine Navigation. Sie können beispielsweise von Ereignis zu Ereignis springen und auch die Wiedergabegeschwindigkeit anpassen. Ein Klick auf die Schaltfläche LIVE bringt Sie wieder zum gegenwärtigen Zeitpunkt zurück. Beachten Sie, dass die Überwachungszentrale auch unabhängig vom Live-Modus zur Betrachtung von Aufnahmen verwendet werden kann.

6.1.6 Eigenständige Client-Programme

Für die Surveillance Station gibt es eigenständige *Client-Programme*. Diese erlauben den Zugriff auf die Surveillance Station unabhängig vom Webinterface, das Sie im Browser betrachten können. Der Desktop-Client ahmt das Erscheinungsbild des Webinterfaces nach. Falls Sie viel mit der Surveillance Station arbeiten, sollten Sie sich die Client-Programme einmal näher ansehen, denn meist ist deren Performance spürbar besser als bei der Nutzung des Webinterfaces. Die mobilen Clients erlauben einen Zugriff auf die Basisfunktionen und eignen sich somit ideal für den schnellen Blick von unterwegs und die Prüfung, ob zu Hause oder in der Firma alles in Ordnung ist.

Sie erhalten für beide Anwendungstypen die Links zum Download im Anwendungszentrum der Surveillance Station. Öffnen Sie dort die Rubrik LIVE-ANSICHT. Dort finden Sie die Desktop-Anwendung SYNOLOGY SURVEILLANCE STATION CLIENT (in der Fassung für das Betriebssystem des gegenwärtig genutzten Computers). Darunter gibt es eine Verknüpfung mit den App-Bezugspunkten für die mobilen Apps DS CAM und SYNOLOGY LIVECAM (siehe Abbildung 6.21).

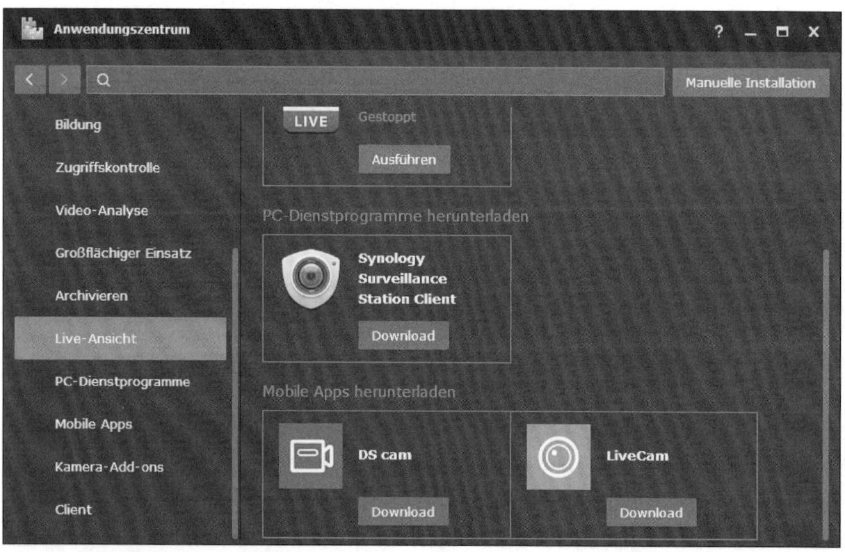

Abbildung 6.21 Im Anwendungszentrum können Sie beispielsweise den Surveillance Station Client für den PC herunterladen.

Die Desktop-Client-Anwendung ist recht umfangreich, daher dauern Download und Installation einen Augenblick. Nach der Installation müssen Sie sich mit den gewohnten Daten an der Surveillance Station anmelden. Auf Wunsch steht auch in der Client-Anwendung eine per HTTPS verschlüsselte Verbindung zur Verfügung. Dabei wird auch eine Zertifikatprüfung durchgeführt. Nach der Anmeldung ahmt die Client-Software das bekannte Webinterface eins zu eins nach, inklusive Desktop, Hauptmenü und allen anderen Bildschirmelementen (siehe Abbildung 6.22). Wenn Sie schon mit der Desktop-Fassung gearbeitet haben, werden Sie mit dem Client-Programm sofort zurechtkommen.

Abbildung 6.22 Die Client-Anwendung für den PC bietet die vom Browser bekannte Oberfläche, lässt sich aber flüssiger bedienen.

Die zwei mobilen Apps erfüllen verschiedene Aufgaben. *DS Cam* dient zum Zugriff auf die Surveillance Station. Sie können sich in dieser App sowohl alle Kamerabilder einzeln als auch eine Ansicht ähnlich der Überwachungszentrale anzeigen lassen. Mit der App können Sie auf die Live-Bilder und auf alle Aufnahmen zugreifen. Bei Kameras mit Motorunterstützung lässt sich auch diese nutzen. Ein Zeitstrahl ist ebenso verfügbar wie eine tabellarische Auflistung aller Aufnahmen. Die App bietet Zugriff auf die Schnappschüsse und auf intelligente Zeitrafferaufnahmen.

Insgesamt ist der Funktionsumfang recht groß, sodass die App tatsächlich einen Mehrwert für die Überwachung und die Auswertung bietet. Sie kann also sowohl dafür genutzt werden, um unterwegs einen raschen Blick auf den gegenwärtigen Zustand zu Hause zu werfen, als auch, um sich alle Aufnahmen eines Tages aus der Ferne anzusehen und diese auszuwerten.

Insgesamt handelt es sich quasi um eine an mobile Bildschirme angepasste Version des Webinterfaces der Surveillance Station, deren Funktionsumfang für die alltägliche Nutzung angepasst wurde (siehe Abbildung 6.23).

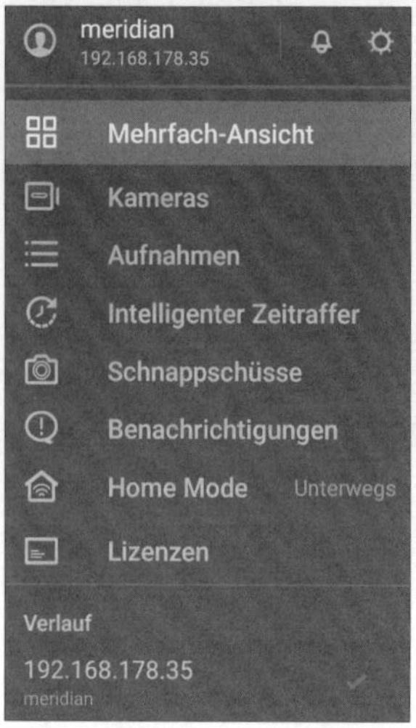

Abbildung 6.23 Die App »DS Cam« bietet Zugriff auf alle wichtigen Funktionen der Surveillance Station.

Die App *Synology LiveCam* ist hingegen eher als Ergänzung zu betrachten. Sie ermöglicht es, die Kamera eines Smartphones oder Tablets als (zusätzliche) Kamera in die Surveillance Station einzubinden.

Abbildung 6.24 »Synology LiveCam« funktioniert das Smartphone zu einer Überwachungskamera um und verbindet diese mit der Surveillance Station.

Nach der Installation müssen Sie eine Verbindung zur Surveillance Station einrichten. Dabei wird die Kamera des Mobilgerätes automatisch als IP-Kamera in der Surveillance Station eingetragen. Es wird auch gleich eine Bewegungserkennung aktiviert. Das Kamerabild kann (sobald die Übertragung in der App gestartet wurde) beispielsweise in der Überwachungszentrale angesehen werden. Es wird auch eine Audioübertragung geboten.

Auch für diese App ist eine eigene Kameralizenz in der Surveillance Station vonnöten. Wenn Sie die Anzahl an möglichen Kameras bereits ausgeschöpft haben, können Sie diese Art der Kamera nicht zur Surveillance Station hinzufügen. Insgesamt eignet sich die App-Lösung eher für die temporäre Einbindung einer Kamera. Da sich der Akku des Mobilgeräts fortlaufend entlädt, ist sie auch nur für einen kurzfristigen Einsatz geeignet (oder erfordert den Anschluss eines Ladegerätes an das Mobilgerät). Falls Sie noch Kameralizenzen übrig haben, können Sie einmal ausprobieren, ob diese Lösung Mehrwert bietet.

Der Funktionsumfang mag auf den ersten Blick recht groß erscheinen. Eine Bewegungserkennung kann in den Einstellungen aktiviert werden, die App ermöglicht auch das Anfertigen von Screenshots und den Zugriff auf Aufnahmen. Als Gimmick können per Fernbefehl (in der Überwachungszentrale auf dem Kamerabild ausgelöst) auch Audiodateien auf den Lautsprechern des Mobilgerätes abgespielt werden, und verschiedene Alarmtöne sind verfügbar. Für eine regelmäßige Überwachung sind eigenständige IP-Kameras, die ohnehin schon zu günstigen Preisen verfügbar sind, aber besser geeignet als die App-Lösung.

Beide Apps bieten die Möglichkeit der verschlüsselten Übertragung über HTTPS. Somit können sie direkt über das Internet genutzt werden. Die Authentifizierung erfolgt über die Nutzerkonten der DiskStation (bzw. der Surveillance Station). Alternativ kann der Zugang auch über eine VPN-Verbindung hergestellt werden.

Die Kartenfunktion nutzen

Im Hauptmenü oder auf dem Desktop finden Sie die Anwendung KARTEN. Hier können Sie sich entweder eine Karte eines Kartendienstes aus dem Internet oder eine selbst hochgeladene Karte anzeigen lassen und darauf die Positionen der Überwachungskameras vermerken. Bei Außenkameras bietet sich ein Kartendienst, bei Innenkameras eine eigene Bildkarte an. Hierfür kann etwa der Grundriss eines Firmengebäudes verwendet werden. Die Karte ermöglichen es dem (nicht mit allen Örtlichkeiten vertrauten) Überwachungspersonal, Personen oder Objekte auf dem Gelände oder im Gebäude zu verfolgen, weil es mithilfe der Karte und der Kamerastandorte schnell erkennt, auf welchem Kamerabild ein Eindringling als Nächstes sichtbar werden wird.

6.1.7 Den Home Mode schalten und Geofencing nutzen

Wie wir eingangs erwähnt haben, kann die Bewegungserkennung im Kamerabild nach einem Zeitplan gesteuert werden. Diesen Zeitplan können Sie im Modul *IP-Kamera* jederzeit verändern. Klicken Sie die gewünschte Kamera an und dann in der Symbolleiste auf BEARBEITEN. Im neuen Fenster können Sie den Zeitplan auf der Registerkarte AUFNAHME und dem Reiter ZEITPLAN anpassen. Allerdings findet die normale Betriebsamkeit im Privathaushalt und bisweilen auch in einer Firmenumgebung nicht immer nach einem strengen Zeitplan statt. Hat man einmal einen Tag frei und ist zu Hause, während die Bewegungserkennung aktiviert ist, löst man (wenn man im Erfassungsbereich der Kamera agiert) unweigerlich ständig Aufnahmen und Benachrichtigungen aus. Gleiches gilt, wenn in einer Firmenumgebung der Abschluss eines wichtigen Projekts Überstunden erfordert.

Für solche Zwecke bietet die Surveillance Station den *Home Mode* an (siehe Abbildung 6.25).

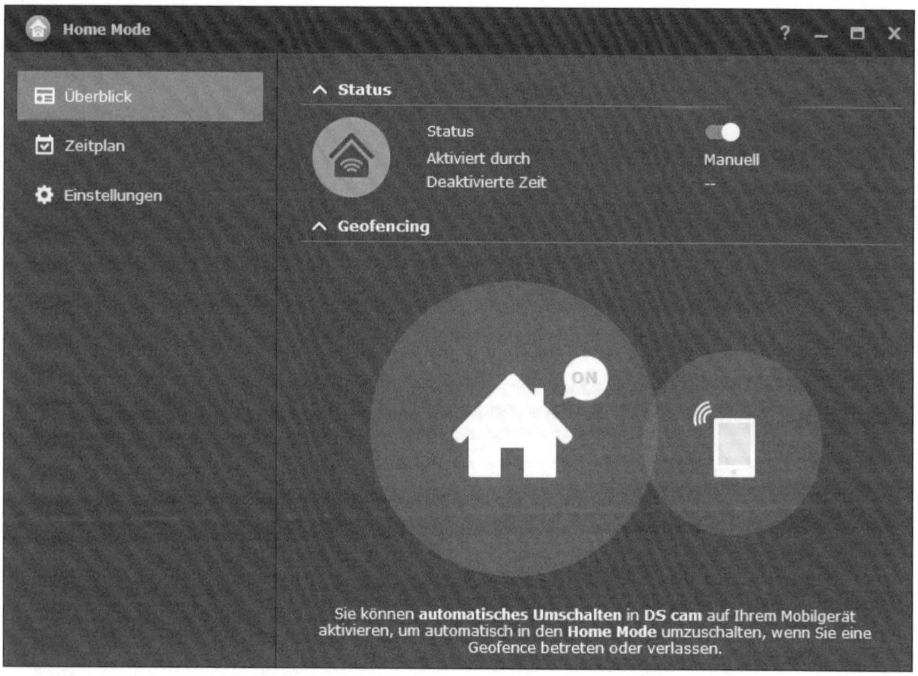

Abbildung 6.25 Der »Home Mode« kann in der gleichnamigen Anwendung geschaltet werden.

Der Home Mode ist ein alternativer Betriebsmodus, der bestimmte Einstellungen der Surveillance Station vorübergehend verändert. Sie können z. B. festlegen, dass keine automatische Aufnahme erfolgt und bestimmte Benachrichtigungen nicht versandt werden, während der Home Mode aktiv ist. Wenn eine besondere Situation eintritt, bei der zulässige Ereignisse während der automatischen Erkennung stattfinden, dann aktivieren Sie also einfach den Home Mode und schalten dadurch gewissermaßen die Alarmfunktionen ab. Wenn die Benachrichtigungen wieder planmäßig erfolgen sollen, dann deaktivieren Sie den Home Mode.

Es gibt mehrere Möglichkeiten, den Home Mode zu steuern. Ein Administrator findet auf dem Desktop der Surveillance Station das Widget HOME MODE. Dort befindet sich gleich zuoberst ein Schiebeschalter. Mit ihm kann der Home Mode manuell aktiviert und auch wieder deaktiviert werden. Darüber hinaus gibt es im Hauptmenü die Anwendung HOME MODE. Auch hier ist auf der Registerkarte ÜBERBLICK ein entsprechender Schiebeschalter vorhanden. Zu guter Letzt kann auch die App *DS Cam* den Home Mode schalten. Tippen Sie im Menü auf HOME MODE. Sie sehen dann zwei Schaltflächen und können damit festlegen, ob Sie zu Hause oder unterwegs sind (siehe Abbildung 6.26).

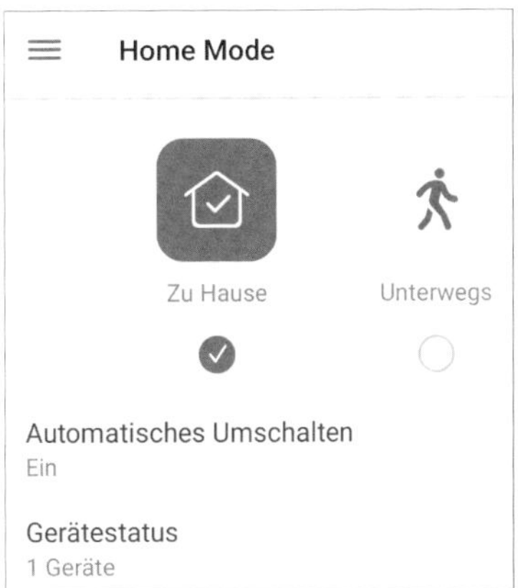

Abbildung 6.26 In der App »DS Cam« können Sie den »Home Mode« an- und abschalten.

Das manuelle Umschalten ist allerdings nur wenig komfortabel und fehlerträchtig. Wenn man es einmal vergisst, gibt es unweigerlich Alarme und haufenweise unbeabsichtigte Videoaufnahmen. Die App DS Cam bietet daher Automatikfunktionen zur Steuerung des Home Mode. Sie können den Home Mode über eine vorhandene (oder fehlende) WLAN-Verbindung oder über den Gerätestandort steuern (das nennt sich *Geofencing*, siehe Abbildung 6.27).

Dafür legen Sie in der App das heimatliche WLAN und/oder den Home-Standort fest. Verlässt das Gerät einen (ebenfalls einstellbaren) Radius um diesen Standort oder verliert es die Verbindung zum festgelegten WLAN, dann wird der Home Mode deaktiviert. Wenn es in den Heimatradius zurückkehrt bzw. die WLAN-Verbindung wieder besteht, dann wird der Home Mode reaktiviert. Beachten Sie, dass das Gerät über eine alternative (im Regelfall eine mobile) Internetverbindung verfügen muss und dass darüber die Surveillance Station erreichbar sein muss. Wenn Sie nicht gerade mit automatisch aufgebauten VPN-Verbindungen arbeiten, wird es sich hierbei üblicherweise um eine direkte Internetverbindung handeln, wofür die Surveillance Station freigegeben sein muss.

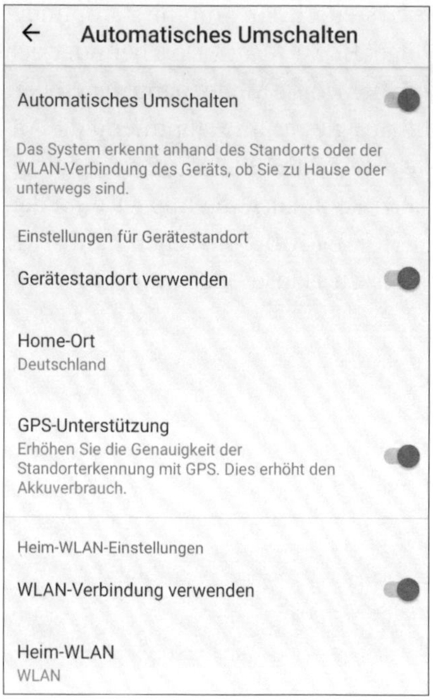

Abbildung 6.27 Der »Home Mode« kann per Geofencing automatisch vom Smartphone geschaltet werden.

Mit den initialen Einstellungen unterscheidet sich der Home Mode nicht großartig vom normalen Betriebszustand. Sie müssen noch konfigurieren, wo es Unterschiede geben soll. Öffnen Sie dazu in der Surveillance Station über das Hauptmenü das Programm *Home Mode*. Klicken Sie dort auf die Registerkarte EINSTELLUNGEN, und wechseln Sie auf den Reiter ALLGEMEIN. Dort können Sie im oberen Bereich Kontrollkästchen für diejenigen Funktionen aktivieren, die bei aktiviertem Home Mode abweichend konfiguriert werden sollen.

Wechseln Sie anschließend auf einen der vier Reiter AUFNAHME, BENACHRICHTIGUNG, STREAM-PROFIL und AKTIONSREGEL (siehe Abbildung 6.28), und konfigurieren Sie dort die Einstellungen, die bei aktivem Home Mode gelten sollen. Auf dem Reiter ALLGEMEIN können Sie auch einstellen, ob der Home Mode alle oder nur ausgewählte Kameras betreffen soll. Prüfen Sie die geänderten Einstellungen zuerst durch ein paar Testläufe, und kontrollieren Sie unbedingt auch, ob das automatische Schalten über ein Mobilgerät zuverlässig funktioniert.

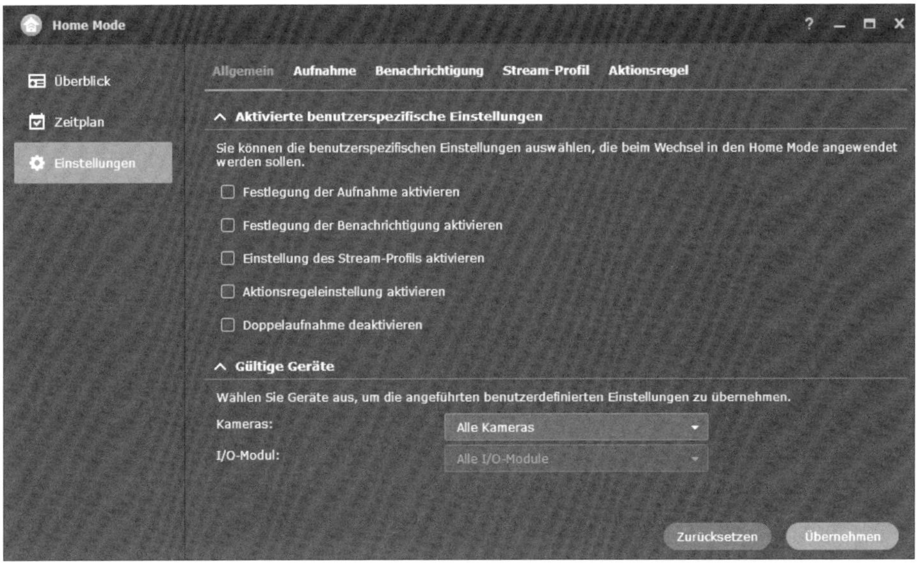

Abbildung 6.28 Legen Sie in den Einstellungen fest, in welchen Punkten sich der Home Mode vom normalen Betrieb unterscheiden soll.

6.2 Einen E-Mail-Server betreiben

Dasselbe, was wir eingangs bei der Überwachung mit Kameras geschrieben haben, gilt auch für einen E-Mail-Server: Die DiskStation ist oftmals rund um die Uhr aktiv (oder kann es zumindest sein), sie verfügt über Speicherplatz, Rechenleistung und eine (hoffentlich) permanente Internetverbindung. Folglich kann sie für ihren Nutzerkreis einen eigenen E-Mail-Server anbieten.

So etwas mag zunächst sehr verlockend klingen: Ein eigener E-Mail-Server hält die E-Mails auf dem eigenen Speicherplatz vor. Bedenken hinsichtlich des Datenschutzes sind so erst einmal aus dem Weg geräumt. Wenn man sich eine eigene Domain mietet, dann kann man mit einem eigenen E-Mail-Server beliebig viele E-Mail-Adressen anlegen.

Für den Einsatz im Privathaushalt mag das recht witzig sein, für den professionellen Einsatz ist das ein sehr wichtiges Anliegen. Zudem kann ein eigener E-Mail-Server auch so konfiguriert werden, wie man dies möchte, und beispielsweise sehr große E-Mail-Anhänge akzeptieren, die ein klassischer E-Mail-Provider vielleicht nicht zulässt. Wenn man den eigenen E-Mail-Server zusätzlich noch um ein eigenes Web-Interface zur Mail-Verwaltung (und zum Schreiben und Lesen) ergänzt, dann mag das die Professionalität des eigenen Betriebs noch ein wenig unterstreichen. Zudem verursacht der eigene E-Mail-Server auf der DiskStation kaum zusätzliche Kosten, was bei einem externen E-Mail-Provider ganz anders ist.

Diesen schönen Vorteilen stehen aber auch viele Nachteile und Fallstricke gegenüber, sodass es am Ende (je nach Situation) vielleicht die klügere Wahl sein kann, auf einen eigenen E-Mail-Server zu verzichten und doch lieber die Dienste eines E-Mail-Providers in Anspruch zu nehmen. Wir möchten Ihnen daher erst einmal zeigen, wo beim Betrieb eines E-Mail-Servers Fallen lauern, bevor wir Ihnen die technischen Hintergründe und dann schließlich die Einrichtung auf der DiskStation zeigen.

6.2.1 Vorteile und Nachteile eines eigenen E-Mail-Servers

Die Vorteile eines eigenen E-Mail-Servers haben wir soeben schon angedeutet. Hier noch einmal eine kurze Zusammenfassung:

- Speicherung aller eingegangenen E-Mails auf dem eigenen Speicher: E-Mails sind vor fremden Blicken geschützt, hoher Datenschutz.
- Nahezu beliebig viel Speicherplatz für E-Mails verfügbar, nur abhängig von der Größe der Festplatten
- Nahezu beliebig viele E-Mail-Adressen mit eigener Domain konfigurierbar: Alle Nutzer können theoretisch mehrere E-Mail-Adressen erhalten.
- Abgesehen von Stromverbrauch und Speicherplatz entstehen keine zusätzlichen Kosten für den E-Mail-Betrieb.
- Werbefreie Postfächer: Abgesehen vom üblichen Spam sind keine Werbenachrichten durch den E-Mail-Provider zu befürchten.
- Eigenes Webinterface, das sich (je nach Hardware und Internetverbindung) flüssiger bedienen lässt als eine externe Lösung

Keine Frage, diese Vorteile sprechen für sich. Allerdings gibt es auch viele Nachteile, die man sich genauer ansehen muss. Zunächst einmal muss der eigene E-Mail-Server ständig in Betrieb und rund um die Uhr verfügbar sein, damit er eingehende E-Mails annehmen kann. Vergessen Sie bitte nicht: Es ist jetzt kein E-Mail-Provider mehr zwischengeschaltet. Jede Person, die Ihnen eine E-Mail senden möchte, kommuniziert direkt mit Ihrer DiskStation und dem darauf befindlichen E-Mail-Server.

Nun ja, so ganz richtig ist das nicht. Wir sollten besser sagen: Der E-Mail-Server der sendenden Person kommuniziert mit dem E-Mail-Server auf Ihrer DiskStation. Trotzdem muss Letzterer in Betrieb sein, um die eingehende E-Mail anzunehmen. Ist er es nicht, dann kommt es auf den sendenden Server und dessen Konfiguration an. Manche Server sind so konfiguriert, dass sie die Übertragung der E-Mail über einen längeren Zeitraum wiederholt versuchen. Haben Sie irgendwann Erfolg, dann ist die E-Mail zwar verzögert, aber trotzdem normal zugestellt. Andere Server sind ungeduldiger konfiguriert und geben schnell mit einer Fehlermeldung auf. Die E-Mail ist dann unzustellbar und der Absender erhält eine Fehlermeldung. Keine Frage, bei ein paar privaten Spielereien mag so etwas tolerabel sein, beim beruflichen Einsatz ist es das sicherlich nicht.

Bitte überdenken Sie insbesondere diesen Punkt sorgfältig, und überlegen Sie, ob Sie wirklich sicherstellen können, dass Ihr E-Mail-Server »24/7« verfügbar ist. Was würde z. B. bei einem Stromausfall passieren? Was passiert bei einem Ausfall der Internetverbindung? Haben Sie eine Reserve-DiskStation zur Hand, fertig konfiguriert, für den Fall, dass das Hauptgerät ausfällt? Vergessen Sie nämlich bitte nicht, dass auch die DiskStation selbst einen Defekt erleiden kann, es sind nicht nur die Festplatten, die für Ärger sorgen können.

Und vor allem: Haben Sie im Fehlerfall genügend Zeit, um jederzeit für Abhilfe sorgen zu können? Die Verfügbarkeit ist tatsächlich einer der größten Fallstricke beim Betrieb eines eigenen E-Mail-Servers. Ein etablierter externer Provider mit eigenem Serverpark, vielleicht sogar einem eigenen Rechenzentrum, ist hier ganz anders aufgestellt und kann für einen hochverfügbaren Betrieb sorgen, auch wenn dies Kosten verursacht.

Wir möchten auch den scheinbar starken Vorteil des Datenschutzes ein wenig relativieren. Zwar landen die E-Mails sicher bei Ihnen auf Ihren eigenen Festplatten und sind dort vor neugierigen Blicken geschützt. Auch die Übertragung zu Ihrem Server ist verschlüsselt. Sie wissen allerdings nichts über die Integrität der sendenden Seite. Hier könnte es theoretisch Probleme mit dem Datenschutz geben, weswegen die gesamte Kommunikationskette nicht komplett als vertrauenswürdig bezeichnet werden kann. Selbstredend schafft eine durchgängige Ende-zu-Ende-Verschlüsselung hier Abhilfe. Wenn man etwa *PGP* einsetzt, dann kann niemand mehr den Nachrichteninhalt mitlesen, allerdings braucht es dann auch keinen eigenen E-Mail-Server mehr. Bei allen beteiligten Providern lagern die Mails verschlüsselt und niemand außer dem berechtigten Empfänger kann den Inhalt lesen.

Was ist PGP?

PGP (die Abkürzung steht für *Pretty Good Privacy*) ist ein Programm, mit dem sich Daten verschlüsseln und signieren lassen. Sein Haupteinsatzgebiet ist der E-Mail-Verkehr. E-Mails können zwar über HTTPS verschlüsselt zwischen den SMTP-Servern ausgetauscht werden, sie werden aber vom empfangenden Server entschlüsselt und liegen dort (zumeist) im Klartext vor. Eine Ende-zu-Ende-Verschlüsselung, bei der eine Nachricht einzig vom Empfänger (und natürlich vom Absender) gelesen werden kann, sieht das klassische E-Mail-Protokoll nicht vor.

Hier hilft PGP, das eine Ende-zu-Ende-Verschlüsselung mittels Schlüsselpaaren herstellt. Jeder Kommunikationspartner besitzt einen geheimen privaten Schlüssel, der zur Entschlüsselung von Nachrichten verwendet wird und einen nicht geheimen öffentlichen Schlüssel, den der Absender zum Verschlüsseln von Nachrichten nutzt.

Da das klassische PGP nicht zu jeder Zeit offen zur Verfügung stand, wurde der offene Standard *OpenPGP* entwickelt, den beispielsweise das kostenlose *GnuPG* nutzt – die Geschichte um PGP ist überaus spannend und kann hier nur schlecht zusammengefasst werden. Suchen Sie bei Interesse nach dem Schlagwort »Crypto Wars«.

Neben der Verschlüsselung können mit PGP E-Mail-Nachrichten auch signiert, also unterschrieben, werden, womit der Absender (oder besser: der Verfasser der Nachricht) zweifelsfrei festgestellt werden kann.

Ein weiterer Punkt betrifft die Sicherheit. Das *E-Mail-Protokoll* ist bereits recht alt und es ist zu einer Zeit entstanden, zu der man froh war, dass E-Mails überhaupt funktionierten und man so Nachrichten austauschen konnte. Gedanken hinsichtlich der Sicherheit hat man sich bei der Entwicklung noch keine gemacht.

Hinzu kommt, dass das E-Mail-Protokoll recht komplex sein kann und viele Konfigurationsmöglichkeiten bietet. Vergessen Sie nicht, dass E-Mail-Server ein verlockendes Ziel für unsittliche Zwecke sind, ermöglichen sie es doch, unerwünschte Werbenachrichten in großem Umfang zu versenden.

E-Mail-Server sind daher ein beliebtes Ziel für Hackerangriffe, und Sie können davon ausgehen, dass früher oder später jemand Fremdes probieren wird, sich an Ihrem E-Mail-Server anzumelden, um zu prüfen, ob er vielleicht Spam über Ihr Gerät versenden kann. In solch einem Fall muss Ihr eigener Server so konfiguriert sein, dass nach Möglichkeit alle Arten von möglichen Angriffen ins Leere laufen, DOS-Attacken eingeschlossen. Zwar sind die E-Mail-Server auf einer DiskStation bereits passend vorkonfiguriert und es gibt nur wenig Fallstricke, trotzdem sollte man diesen Aspekt der Sicherheit nicht vergessen.

Nimmt überhaupt jemand Ihre Mails an?

Es kommt noch etwas hinzu, was aber nur für Besitzer privater Internetanschlüsse gilt. Und zwar kann offensichtlich jedermann mit einem Internetzugang und ein wenig passender Hard- und Software einen eigenen E-Mail-Server aufsetzen und darüber massenhaft Spam-Mails versenden. Das wird selbstredend die Empfänger und auch die Betreiber der empfangenden Mail-Server ganz schön nerven. Eine einfache Lösung besteht im Blockieren der sendenden IP-Adresse. Nun wechseln allerdings IP-Adressen an privaten Internetanschlüssen mitunter häufig. Schon nach kurzer Zeit kann der Störenfried mit seinen unerwünschten Spam-Nachrichten wieder auftauchen.

Nun, Sie sehen, wo das hinführt: Fast alle etablierten E-Mail-Provider nehmen keine E-Mails mehr an, die von E-Mail-Servern gesendet wurden, die an privaten Internetanschlüssen mit einer dynamischen IP-Adresse betrieben werden. Wenn Sie nun also zu Hause einen E-Mail-Server aufsetzen, dann mag dieser zwar technisch einwandfrei funktionieren, Sie werden damit aber kaum Freude haben, weil Ihre versendeten Nachrichten bei fast allen Empfängern abgewiesen werden. Zwar gibt es jetzt noch einige Möglichkeiten, dies zu umschiffen, eine elegante Universallösung gibt es für dieses Problem aber nicht.

Benutzer von Internetanschlüssen für geschäftliche Zwecke sind von diesem Problem meist nicht betroffen, erst recht dann nicht, wenn der Anschluss eine statische IP-Adresse mitbringt. Wer darüber Spam versendet, kann wesentlich einfacher blockiert werden.

Beim Thema Spam gibt es noch Weiteres zu beachten. Und zwar ist ein eigener E-Mail-Server ziemlich allein auf weiter Flur. Bedenken Sie, dass ein großer E-Mail-Provider auch eine sehr große Zahl von E-Mails verarbeitet. Er kann unerwünschte Spam-E-Mails mit einfachen Mitteln erkennen, z. B. einfach daran, dass E-Mails mit demselben Inhalt an eine sehr große Zahl an Empfängern versendet werden. Die Schutzfunktionen vor Spam werden daher mit einem eigenen E-Mail-Server nicht das Niveau erreichen, das ein externer E-Mail-Provider bieten kann.

Wenn Sie sich von unserem mahnenden Zeigefinger nicht haben abschrecken lassen, dann kann das Aufsetzen und Ausprobieren eines eigenen E-Mail-Servers aber sehr viel Spaß machen und auch lehrreich sein. Ausprobieren lohnt sich also, auch dann, wenn später kein produktiver Regelbetrieb folgen sollte.

6.2.2 Technisches rund um E-Mail-Funktionen

Auf der DiskStation gibt es gleich mehrere Softwarekomponenten rund um die E-Mail-Funktionen. Zunächst ist der *Mail Server* zu nennen. Dieser kümmert sich um den Versand und den Empfang von E-Mails und ist das Herzstück des E-Mail-Betriebs. Er kommuniziert über das Internet mit anderen Mail-Servern, übergibt die ausgehende Post und nimmt die eingehende Kommunikation an. Diese Komponente muss also fortwährend in Betrieb und ständig direkt über das Internet für jedermann erreichbar sein.

Eigene E-Mail-Programme, wie etwa *Thunderbird* oder *Outlook*, kommunizieren mit dem Mail Server. Sie übergeben ausgehende Mails für den Versand und rufen eingegangene Mails ab. Bis zum Abruf werden die E-Mails durch den Mail Server zwischengespeichert (und bleiben je nach Konfiguration auch später unter dessen Verwaltung). Der Mail Server selbst bietet aber keine Möglichkeit, um E-Mails zu lesen oder zu verfassen.

Neben dem Mail Server gibt es die *Mail Station* (siehe Abbildung 6.29). Sie ist ein E-Mail-Client, der über ein Webinterface bedient wird, und stellt eine Alternative zu E-Mail-Programmen wie Thunderbird oder Outlook dar. Die Mail Station wird über das DSM aufgerufen und bietet Funktionen zum Verfassen und Lesen von E-Mails, wie man sie von einem E-Mail-Provider kennt. Im Vergleich mit den zahlreichen kostenlosen und werbefinanzierten E-Mail-Angeboten kommt die Mail Station natürlich ohne Werbeeinblendungen aus und bietet ein aufgeräumtes Interface.

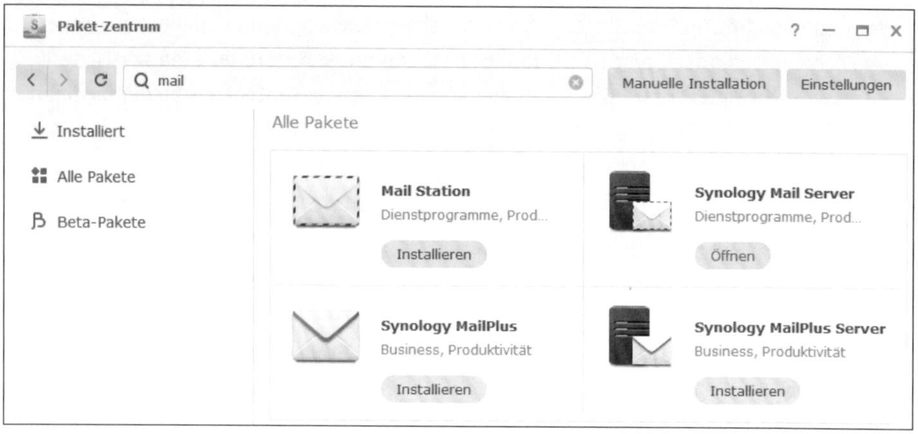

Abbildung 6.29 Auf gut ausgestatteten DiskStation-Modellen sind vier Programme für E-Mail-Funktionen verfügbar.

Diese beiden Komponenten sind auf allen DiskStations verfügbar. Ihr Funktionsumfang genügt den Ansprüchen von Privatanwendern und ist auch für kleinere Unternehmen ausreichend. Vor allem ist die Bedienung auch für unerfahrene Benutzer einfach möglich, und es gibt nur wenige Fallstricke hinsichtlich der sicheren Konfiguration. Auf höherwertigen DiskStations gibt es darüber hinaus den *MailPlus Server*. Dieser bietet einen größeren Funktionsumfang mit zahlreichen Sonderfunktionen und ist für den Einsatz in größeren Unternehmen mit einer großen Zahl an Benutzerkonten ausgelegt. Im Privathaushalt ist der Einsatz zwar möglich, aber nicht unbedingt nötig, denn das Programm benötigt auch entsprechende Systemressourcen.

6.2.3 Den E-Mail-Server installieren und einrichten

Zunächst zeigen wir Ihnen die Einrichtung von *Synology Mail Server* und *Mail Station*. Der Synology Mail Server kann einfach über das Paket-Zentrum installiert werden (siehe Abbildung 6.30). Sie finden den Mail Server in den Kategorien DIENSTPROGRAMME und PRODUKTIVITÄT. Das Programm wird standardmäßig so konfiguriert, dass alle Benutzer es über ihr jeweiliges Hauptmenü aufrufen können. Nur ein Administrator hat jedoch Zugriff auf alle Konfigurationsoptionen. Einem normalen Benutzer werden nur individuelle Dienste wie eine automatische Antwortfunktion angeboten. Die Ersteinrichtung muss daher von einem Administrator vorgenommen werden.

Abbildung 6.30 Der »Synology Mail Server« ist die Kernkomponente für E-Mail-Funktionen.

Alle Funktionen des Synology Mail Servers werden in einem Fenster konfiguriert, das wie üblich in mehrere Registerkarten unterteilt ist. Tatsächlich bietet es sich an, die Registerkarten von oben nach unten abzuarbeiten. Eingaben auf einer Registerkarte müssen Sie stets mit OK abspeichern, bevor Sie zu einer anderen Registerkarte wechseln.

Die Registerkarte ÜBERBLICK hat allerdings nur informierenden Charakter. Sie zeigt an, wie viele E-Mails das Programm bearbeitet und welches Datenaufkommen dadurch erzeugt wurde. Sie sollte später in regelmäßigen Intervallen aufgerufen und geprüft werden, enthält aber derzeit noch keine relevanten Informationen.

Richtig los geht es auf der Registerkarte SMTP mit den Einstellungen des SMTP-Servers (siehe Abbildung 6.31). Das SMTP (*Simple Mail Transfer Protocol*) kümmert sich um die Übertragung von E-Mails. Wie gesagt kommuniziert der SMTP-Server mit anderen SMTP-Servern, übergibt ihnen die ausgehenden E-Mails und erhält von anderen SMTP-Servern die eingehenden E-Mails. Ein SMTP-Server ist für die E-Mail-Funktion unerlässlich, also müssen Sie ihn über das Kontrollkästchen SMTP AKTIVIEREN einschalten. Anschließend wählen Sie den gewünschten KONTOTYP aus.

Den richtigen Kontotyp wählen

In einer Heimumgebung und im kleineren Unternehmen können Sie den Kontotyp auf LOKALE BENUTZER belassen. Sie nutzen damit weiterhin die übliche Kombination aus Benutzername und Passwort, wie sie jeweils im DSM eingerichtet ist. Wird die

DiskStation in einer größeren Umgebung genutzt, dann können Sie hier auch auf einen Verzeichnisdienst wechseln. Konsultieren Sie dafür Kapitel 13, »Verzeichnisdienste«. Beachten Sie, dass jede Person, die E-Mail-Dienste nutzen möchte, bei der Option Lokale Benutzer ein eigenes Nutzerkonto auf der DiskStation haben muss.

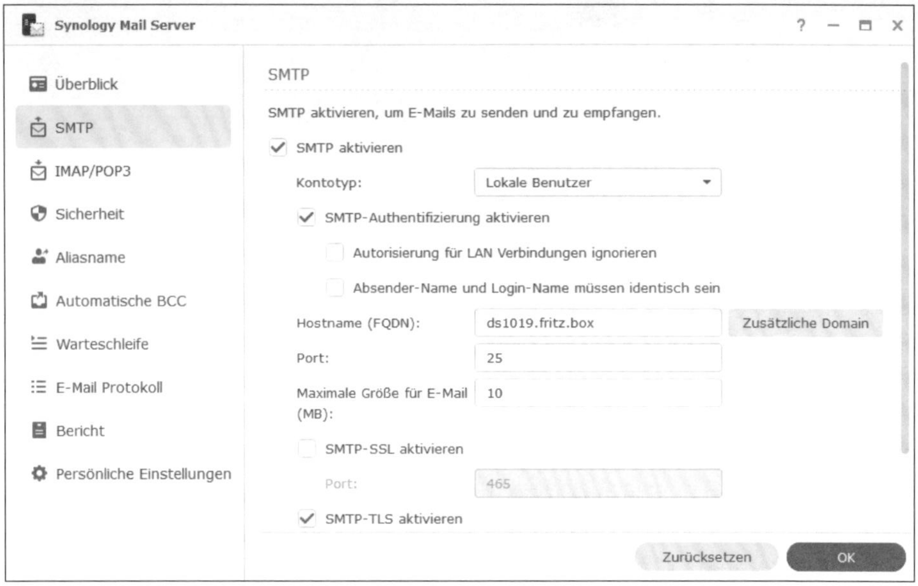

Abbildung 6.31 Konfigurieren Sie die SMTP-Einstellungen auf der gleichnamigen Registerkarte.

Machen Sie unbedingt Gebrauch von der Option SMTP-Authentifizierung aktivieren. Dadurch erzwingen Sie, dass man sich vor der Nutzung Ihres SMTP-Servers daran zunächst mit Benutzername und Passwort anmelden muss. Sie verhindern damit, dass jemand Unbefugtes Ihren Server missbräuchlich zum Versand von Spam verwendet.

Das Kontrollkästchen Autorisierung für LAN-Verbindungen ignorieren sollten Sie abschalten. Es schadet gewiss nicht, den SMTP-Server auch aus dem lokalen Netzwerk heraus vor unautorisierter Nutzung zu schützen. Zur Erhöhung der Sicherheit sollten Sie aber die Option Absender-Name und Login-Name müssen identisch sein einschalten. Sie stellt sicher, dass auch beim E-Mail-Versand kein Identitätsschwindel passieren kann, und erzwingt den Versand einer Mail mit den Daten des aktuellen Kontos.

In das Feld Hostname (FQDN) müssen Sie Ihre Domain eintragen, die mit Ihrer DiskStation verknüpft ist und die Sie für die E-Mail-Funktion nutzen wollen. Beachten Sie, dass Sie den *Fully Qualified Domain Name* (FQDN) eintragen müssen, zu dem auch eventuelle Subdomains zählen. Tragen Sie hier nicht den Hostnamen der DiskStation im lokalen Netzwerk ein, es sei denn, Sie wollen die E-Mail-Funktion auf das lokale Netzwerk beschränken, was zum Üben und Ausprobieren nett sein kann.

Beachten Sie, dass im DNS zum FQDN eventuell der MX-Eintrag hinterlegt sein muss, damit bei einer DNS-Abfrage zum Mailversand die korrekte IP-Adresse Ihrer DiskStation genannt wird. Falls Sie mehrere Domains nutzen, die Sie auch für den E-Mail-Verkehr verwenden möchten, dann nutzen Sie die Schaltfläche ZUSÄTZLICHE DOMAIN und tragen diese im neuen Fenster ein. Beachten Sie, dass auch für weitere Domains dieselben Benutzernamen gelten wie für die zuerst hinterlegte.

Traditionell wird für das SMTP der TCP-Port 25 verwendet. Ursprünglich erfolgte sämtliche Kommunikation auf diesem Port unverschlüsselt im Klartext. Zwar gibt es heutzutage alternative Ports, die wir Ihnen gleich erklären, aber Port 25 spielt nach wie vor eine wichtige Rolle. Die Kommunikation auf Port 25 wird heutzutage vor allem für die E-Mail-Übermittlung zwischen zwei SMTP-Servern genutzt (siehe Abbildung 6.32). Bildlich gesprochen, nimmt Ihr Server über Port 25 also hauptsächlich die eingehenden E-Mails aus dem Internet an. Er muss daher auf Port 25 aus dem Internet erreichbar sein (es sei denn, Sie möchten einen Inselbetrieb im lokalen Netzwerk aufbauen).

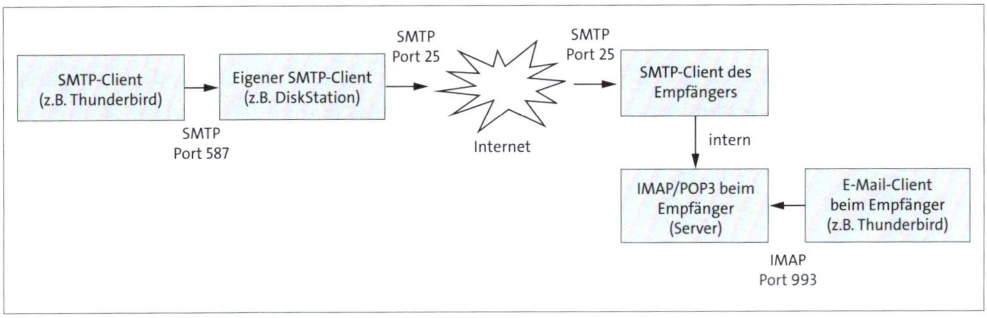

Abbildung 6.32 Verschiedene Protokolle und Ports kommen bei der Übermittlung einer E-Mail zum Einsatz.

Haben Sie keine Sorge, die Datenübermittlung muss auch über Port 25 nicht zwangsweise unverschlüsselt erfolgen. Über das Verfahren *STARTTLS* können auch hier verschlüsselte Verbindungen eingeleitet werden. Port 25 sollte jedoch nicht für die Übermittlung ausgehender Mails von E-Mail-Clients an den (eigenen) SMTP-Server genutzt werden. Die Nutzer der DiskStation sollten den eigenen SMTP-Server (egal ob aus dem lokalen Netzwerk oder über das Internet) über einen anderen Port ansprechen. Dafür wurden bisher vor allem zwei Ports genutzt: TCP 465 und TCP 587.

Port 465 wurde zunächst genutzt und hauptsächlich für SSL-geschützte Verbindungen verwendet. Er ist mittlerweile aber nicht mehr für die Kommunikation für SMTP-

Anwendungen standardisiert und sollte nicht mehr für neue Server verwendet werden. Moderner ist die Nutzung von Port 587. Hierüber werden TLS-verschlüsselte SMTP-Verbindungen realisiert. *TLS* kann quasi als Nachfolger von SSL betrachtet werden (in der Realität ist es noch etwas vielschichtiger) und enthält modernere Sicherheitstechniken. Aktivieren Sie also die Option SMTP-TLS AKTIVIEREN, und nutzen Sie dafür den Standard-Port 587, um größtmögliche Kompatibilität zu erreichen. Sie können zwar auch das Verfahren *Security through obscurity* einsetzen und einen alternativen Port angeben, müssen aber dann genau prüfen, ob alle E-Mail-Clients mit abweichender Portnutzung einwandfrei arbeiten.

Als Nächstes können Sie die maximale Größe für eine E-Mail eintragen. Hier geht es hauptsächlich darum, welche Größe ein E-Mail-Anhang haben darf. Voreingestellt sind im Feld MAXIMALE GRÖSSE FÜR E-MAIL (MB) lediglich 10 MByte, was für heutige Verhältnisse knapp ist. Sehr große Werte von mehr als 30 MByte können aber zu Problemen führen, wenn der empfangende SMTP-Server die Annahme verweigert.

Zu guter Letzt können Sie beim SMTP-Server ein SMTP RELAY aktivieren (siehe Abbildung 6.33). Mit dieser Option versucht sich Ihr SMTP-Server nicht selbst an der Übermittlung ausgehender Mails an den jeweiligen Ziel-Server, sondern bittet einen anderen SMTP-Server, diese Aufgabe zu übernehmen. Sinnvoll einsetzen lässt sich ein SMTP-Relay, wenn man den SMTP-Server an einem privaten Internetanschluss mit dynamisch wechselnder IP-Adresse betreibt. Wie zuvor erwähnt, nehmen die SMTP-Server der meisten E-Mail-Anbieter keine eingehenden E-Mails an, die von einem SMTP-Server an einem privaten Internetanschluss abgesendet wurden. Wenn man nun aber den SMTP-Server eines etablierten E-Mail-Providers bittet, die E-Mail abzusenden, dann wird es mit dem Transfer keine Probleme geben.

Abbildung 6.33 Bei einem STMP-Relay wird ein SMTP-Server eines externen Providers in die SMTP-Kette eingebunden.

Leider hat diese an sich sehr praktische Funktion einen Haken: Wenn man das *SMTP-Relay* nutzt (auf Deutsch wird es *SMTP-Relais* genannt), dann versucht die DiskStation, eine E-Mail trotzdem unter ihrem eigenen Namen zu versenden, und nennt Benutzername und eigene Domain als Absender. Viele SMTP-Server der großen E-Mail-Provider gestatten dies aber nicht. E-Mails können dort im Regelfall nur gesendet werden, wenn in ihnen die Kontoadresse des jeweiligen Providers verwendet wird. Sie können also im Regelfall nicht einfach von einem bestehenden E-Mail-Konto eines beliebigen Providers dessen SMTP-Server mit der Relay-Funktion beauftragen. Wie immer hilft jedoch Ausprobieren, denn Ausnahmen bestätigen die Regel.

Alternativ gibt es auch Anbieter für SMTP-Relays, deren Dienste jedoch meist gebührenpflichtig sind. Wenn Sie ein SMTP-Relay konfigurieren möchten, dann müssen Sie die Adresse des SMTP-Servers, dessen Port und die Zugangsdaten für den Versand hinterlegen. Damit ist der SMTP-Teil der E-Mail-Funktion fertig konfiguriert.

Als Notlösung den eigenen Server nur zum Empfang nutzen

Wenn es mit dem Versand von E-Mails von einem privaten Internetanschluss partout nicht funktionieren mag, dann gibt es noch eine Notlösung: Nutzen Sie die E-Mail-Funktion der DiskStation nur zum Empfangen von Mails. Im E-Mail-Client-Programm nutzen Sie für den Versand von E-Mails den SMTP-Server eines externen E-Mail-Anbieters und nicht den der DiskStation. Es kann sich auch um einen Freemail-Anbieter handeln. Melden Sie sich an dessen SMTP-Server mit den Zugangsdaten des jeweiligen Kontos an. Zwar werden E-Mails nun unter diesem Kontonamen versendet (mit der jeweiligen Absenderadresse), Sie können jedoch das Reply to/Antwort an-Feld mit der E-Mail-Adresse der DiskStation konfigurieren. So werden Antworten an den Mail-Server auf der DiskStation zugestellt.

Um den Abruf von E-Mails mit Client-Programmen wie etwa Thunderbird und Outlook kümmern Sie sich auf der Registerkarte IMAP/POP3 (siehe Abbildung 6.34). Sie können zwischen dem veralteten POP3 (*Post Office Protocol Version 3*) und dem modernen IMAP (*Internet Message Access Protocol*) wählen.

Solange es keine speziellen Gründe gibt, die für POP3 sprechen, sollten Sie IMAP den Vorzug geben. Zur Verfügung stehen sowohl eine unverschlüsselte als auch eine verschlüsselte Variante. Heutzutage sollten Sie stets die verschlüsselte Variante nutzen, selbst wenn Sie Ihre Mails nur im lokalen Netzwerk von der DiskStation abrufen. Auf alle Fälle sollten Sie die Verschlüsselung dann verwenden, wenn Sie E-Mails auch direkt über das Internet abrufen möchten. Langer Rede kurzer Sinn: Aktivieren Sie vorzugsweise das Kontrollkästchen IMAP SSL/TLS AKTIVIEREN.

Auf der Registerkarte SICHERHEIT (siehe Abbildung 6.35) müssen Sie sich nun um all diejenigen Funktionen zum Schutz vor dem Empfang unerwünschter Inhalte kümmern, die Ihnen normalerweise ein E-Mail-Provider per Voreinstellung anbietet. Der Reiter SPAM kontrolliert Funktionen, die vor unerwünschten Nachrichten schützen sollen. Sie können hier einen SPAMASSASSIN-Filter konfigurieren und einen auf der DNS-Namensauflösung basierenden Sperrfilter aktivieren.

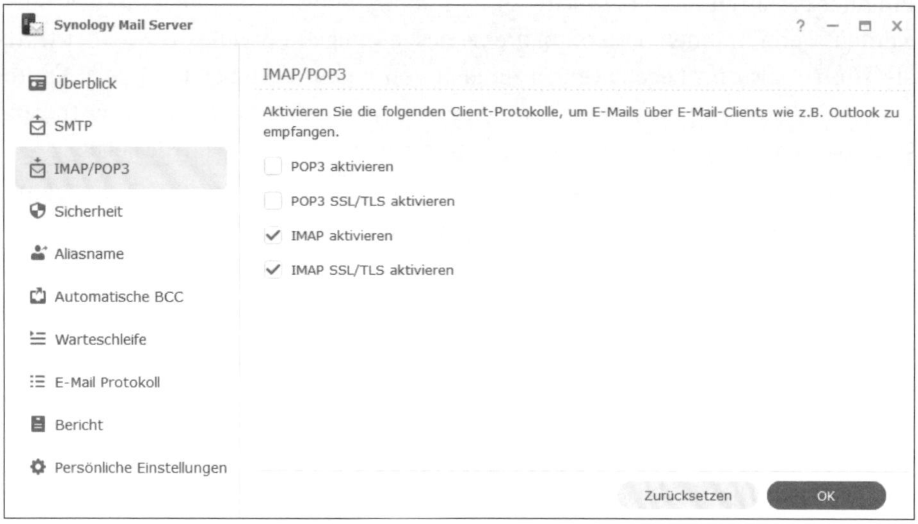

Abbildung 6.34 Aktivieren Sie die gewünschten Protokolle für den Abruf der eingegangenen E-Mails von Ihrem Server.

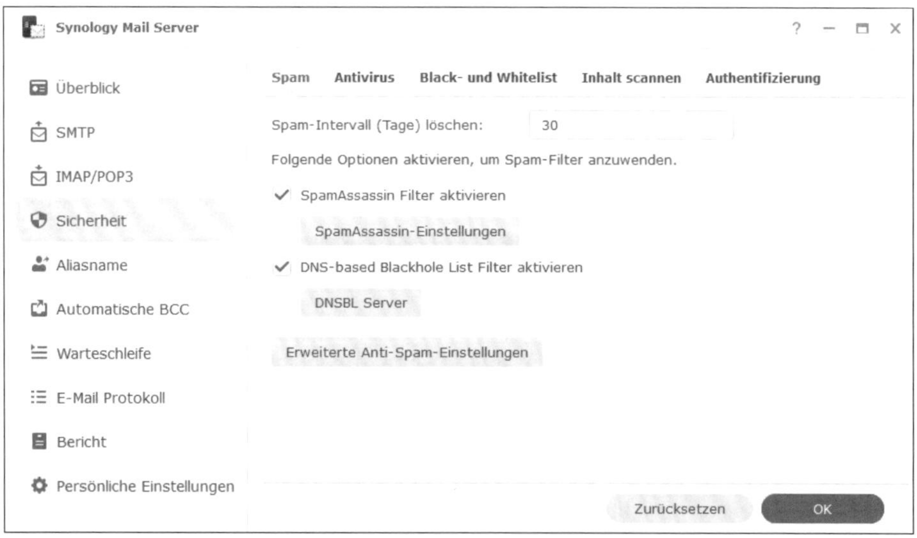

Abbildung 6.35 Die Spam-Filter helfen dabei, unerwünschte Nachrichten zu erkennen und aus dem Posteingang zu entfernen.

Auch die erweiterten Anti-Spam-Einstellungen können die Schutzwirkung verbessern. Alle Filter können um eigene Regeln ergänzt werden, sodass sich wiederholt auftretende Störenfriede sehr gut ausfiltern lassen. Es empfiehlt sich, die angebotenen Dienste zu nutzen. Erst recht, wenn Sie Ihre E-Mail-Adressen veröffentlichen (z. B. auf einer Website), werden Sie früher oder später Spam-Nachrichten in Ihrem Postfach finden.

Zum Schutz vor unerwünschten Nachrichten können Sie auch den Reiter BLACK- UND WHITELIST verwenden. Dort können Sie Filterregeln definieren und E-Mails anhand von Absender- oder Empfängernamen aussortieren. Eher seltener gebraucht wird die *Tagesquote*. Mit ihr lässt sich die Anzahl an E-Mails begrenzen, die ein Nutzer mit Ihrem E-Mail-Server versenden darf. Dies ist also ein Schutz, falls ein Computer eines Nutzers »gehackt« wurde und zum Spam-Versand missbraucht wird. Im Alltagbetrieb genügt hier meist ein Wert von 100 zulässigen Nachrichten pro Tag.

Die Tagesquote lässt sich auch auf Nutzerebene anpassen. Sie können auch noch einen Anhangfilter aktivieren und bestimmte Dateitypen vom Versand als Anhang ausschließen. Auf dem Reiter ANTIVIRUS können Sie einen Virenscanner aktivieren, der die Anhänge von E-Mails überprüft. Auch diese Funktion sollten Sie vorzugsweise einschalten. Achten Sie darauf, dass Sie stets aktuelle Virendefinitionen verwenden. Sie sollten auch auf dem Reiter INHALT SCANNEN die automatische Scan-Funktion für E-Mails aktivieren. Sie überprüft E-Mails auf problematische Inhalte. Sonderfunktionen wie SPF, DKIM und DMARC sind auf dem Reiter AUTHENTIFIZIERUNG zugänglich.

Der Registerkarte ALIASNAME (siehe Abbildung 6.35) kommt eine zentrale Bedeutung zu, denn hier legen Sie die eigentlichen E-Mail-Adressen an. Das funktioniert so: Zu erst definieren Sie eine gewünschte Adresse, indem Sie einen Namen eingeben. Dieser wird mit Ihrer Domain bzw. Ihren Domains automatisch zu einer vollständigen E-Mail-Adresse verbunden. Anschließend legen Sie fest, welches Nutzerkonto mit dieser Adresse verknüpft wird und eingehende Nachrichten erhalten soll.

Klicken Sie also auf die Schaltfläche ERSTELLEN. Geben Sie im neuen Fenster im Feld ALIASNAME die gewünschte Adresse an (siehe Abbildung 6.36). Wenn Sie möchten, dann können Sie unter der spezifizierten Adresse eingehende E-Mails an beliebige externe Adressen weiterleiten. Tragen Sie diese, sofern gewünscht, in das Feld EXTERNE MAILBOX ein. Mehrere Adressen trennen Sie durch Kommas. Ansonsten setzen Sie bei dem Nutzernamen einen Haken, der die eingegebene Adresse benutzen soll. Es ist auch möglich, mehrere Nutzerkonten zu aktivieren. Im Ausklappfeld können Sie auch Gruppen sowie zuvor definierte Aliasbezeichner wählen (siehe Abbildung 6.37). Achten Sie darauf, dass Sie gültige Aliasbezeichner eingeben, die aus Buchstaben, Binde- und Unterstrichen sowie Ziffern bestehen. Verwenden Sie besser keine Sonderzeichen, weil diese zu Problemen führen können.

Abbildung 6.36 Der Aliasname wird mit Ihrer Domain zu einer E-Mail-Adresse verbunden, und diese wird mit einem Benutzerkonto verknüpft.

Abbildung 6.37 Ein Benutzerkonto kann mehrere Aliasnamen verwalten, und ein Alias kann auch von mehreren Benutzerkonten verwendet werden.

Eine Sonderfunktion abseits des normalen Alltagsbetriebs bietet die Registerkarte AUTOMATISCHE BCC. Mit dieser Funktion können Sie per Filter selektierte eingehende Nachrichten als BCC-Nachricht an einen weiteren Empfänger senden. Weder der Absender noch der eigentliche Empfänger bekommen von diesem »versteckten« Versand etwas mit. Erstellen Sie zuerst eine Regel, die eine eingehende E-Mail selektiert, und geben Sie dann die gewünschte Empfängeradresse ein.

Wenn es beim Versand einer E-Mail zu Problemen kommt, etwa weil das Postfach des Empfängers voll ist oder der SMTP-Server des Empfängers nicht erreichbar ist, dann wird die E-Mail vom Mail-Server auf der DiskStation in der Warteschleife gehalten und auf dieser Registerkarte aufgeführt. Während eines Zeitintervalls werden wiederholte Zustellversuche vorgenommen. Diese Registerkarte dient also vornehmlich Diagnosezwecken. Eine ähnliche Funktion erfüllt die Registerkarte E-MAIL-PROTOKOLL (siehe Abbildung 6.38).

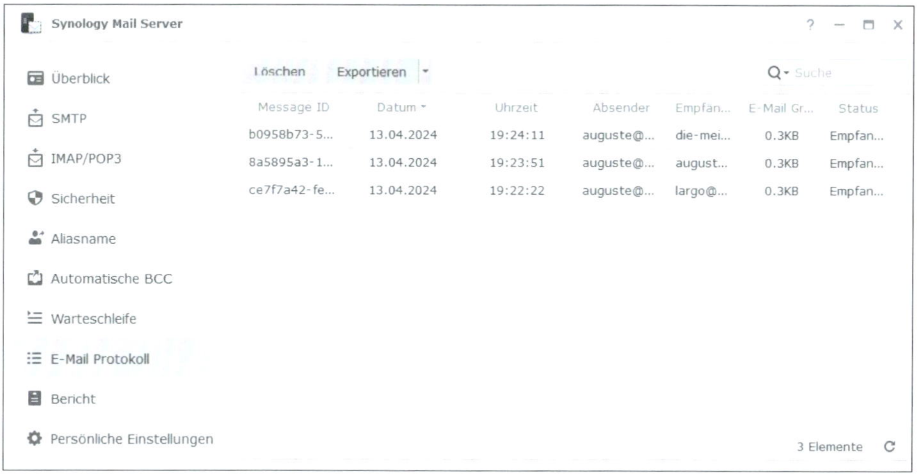

Abbildung 6.38 Die Registerkarte »E-Mail-Protokoll« zeigt alle bearbeiteten E-Mails mitsamt eines »Status«-Feldes an.

Hier wird der komplette E-Mail-Verkehr angezeigt; die Liste umfasst auch erfolgreich übertragene E-Mails. Im Fehlerfall kann der Administrator hier eventuell den Grund erkennen und für Abhilfe sorgen.

Ebenfalls an den Administrator, der für die Sicherung der reibungslosen Funktion des Mail-Servers zuständig ist, richtet sich die Registerkarte BERICHT. Sie können hier den regelmäßigen Versand von Statusdaten aktivieren und erhalten per E-Mail Informationen zur E-Mail-Funktion. Diese sind nützlich, um die Funktionsfähigkeit des Gesamtsystems zu bewerten, und helfen, den störungsfreien Betrieb aufrechtzuerhalten. Die Interpretation der Informationen erfordert jedoch etwas Wissen rund um das Thema E-Mail und die Funktionsweise von SMTP.

Die Registerkarte PERSÖNLICHE EINSTELLUNGEN steht als einzige allen Benutzern des Synology Mail Servers zur Verfügung (siehe Abbildung 6.39). Sie können hier eine automatische Weiterleitung von eingehenden E-Mails an eine andere E-Mail-Adresse und eine automatische Antwort (sprich: eine Abwesenheitsbenachrichtigung) aktivieren. Dafür lassen sich ein Zeitbereich, ein Betreff und ein Nachrichtentext eingeben.

Die Einrichtung des Synology Mail Servers ist damit abgeschlossen. Der Mail Server nimmt nun seinen Betrieb auf und steht den Nutzern der DiskStation zur Verfügung. Damit der Server E-Mails aus dem Internet annehmen kann, müssen Ports im Router oder in der Firewall geöffnet werden. Außerdem muss entweder ein Webinterface oder ein E-Mail-Client eingerichtet werden.

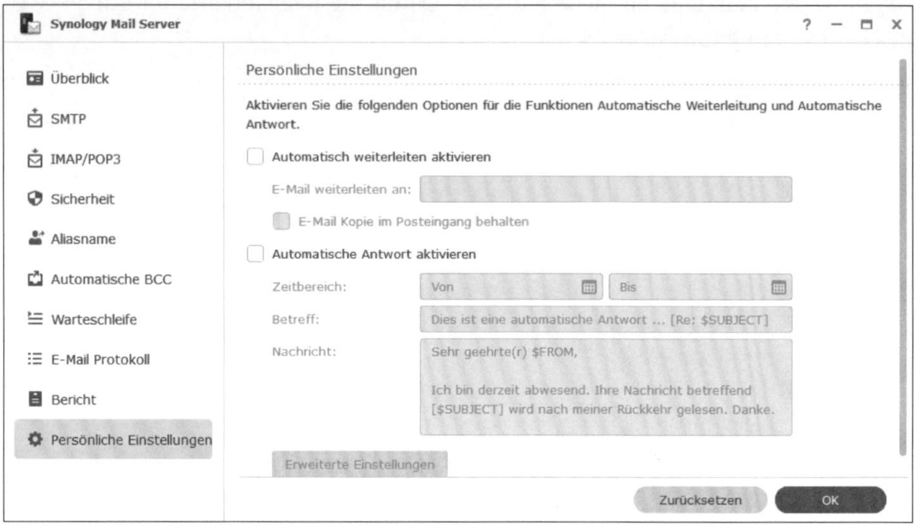

Abbildung 6.39 Die persönlichen Einstellungen stehen nicht nur dem Administrator, sondern jedem Nutzer des Mail Servers zur Verfügung.

6.2.4 Den Router für den eigenen E-Mail-Server einrichten

Nach der Aktivierung des SMTP-Servers können Sie (sofern die öffentliche IP-Adresse der DiskStation nicht beim Provider auf der Sperrliste steht) über die DiskStation bereits E-Mails versenden. Auch der Empfang von externen E-Mails ist möglich, sofern Ihr SMTP-Server über das Internet erreichbar ist. Wenn dem noch nicht so ist, dann müssen Sie im Router bzw. in der Firewall zuerst Port-Freigaben bzw. Port-Weiterleitungen einrichten.

Verwenden Sie Port 25 von TCP

Für SMTP wird (wie zuvor gesagt) der TCP-Port 25 verwendet. Über diesen Port nimmt Ihr SMTP-Server (hauptsächlich) eingehende E-Mails an, dieser Port muss also über das Internet erreichbar sein.

Die Clients, die über Ihren SMTP-Server E-Mails versenden möchten, werden sich über den TCP-Port 587 an den SMTP-Server wenden und darüber eine verschlüsselte Verbindung aufbauen. Sollten sich die Clients nur im lokalen Netzwerk aufhalten oder eine VPN-Verbindung nutzen, dann müssen Sie Port 587 nicht über das Internet freigeben. Sobald ein Client jedoch auch von außerhalb eine E-Mail über Ihren SMTP-Server versenden möchte, ist diese Freigabe für eine verschlüsselte Verbindung nötig.

Eingegangene E-Mails rufen die Clients über *IMAP* von Ihrem E-Mail-Server ab und nutzen dafür den TCP-Port 993 (verschlüsselte Verbindung). Hinsichtlich der Freigabe gilt dasselbe wie für den E-Mail-Versand: Der Port muss nur dann über das Internet ansprechbar sein, wenn Clients auch über das Internet E-Mails abrufen möchten. Findet der Zugriff nur aus dem lokalen Netzwerk oder über eine VPN-Verbindung statt, dann ist keine Portfreigabe erforderlich.

Sollten Sie eine abweichende Konfiguration verwenden (und beispielsweise auch POP3 nutzen), dann zeigt Ihnen Tabelle 6.1 alle relevanten Ports, die es bei der E-Mail-Funktion gibt.

E-Mail-Protokoll	Genutzter Port
SMTP (unverschlüsselt & Server-Server-Kommunikation)	25 (TCP)
SMTP (SSL, veraltet)	465 (TCP)
SMTP (TLS, modern)	587 (TCP)
IMAP (unverschlüsselt)	143 (TCP)
IMAP (SSL/TLS)	993 (TCP)
POP3 (unverschlüsselt)	110 (TCP)
POP3 (SSL/TLS)	995 (TCP)

Tabelle 6.1 Ports zur Verwendung mit der E-Mail-Funktion

Nachdem Sie alle Ports geöffnet bzw. weitergeleitet haben, steht die E-Mail-Funktion auch über das Internet zur Verfügung. Sie können jetzt beispielsweise zum Testen eine erste E-Mail über einen externen E-Mail-Provider an eines Ihrer Postfächer senden. Die E-Mail sollte fehlerfrei übertragen werden, was Sie daran erkennen, dass der externe Provider keine Fehlermeldung sendet. Im nächsten Schritt können Sie dann die Mail Station und/oder ein E-Mail-Client-Programm mit Ihrem E-Mail-Server verbinden und selbst E-Mails verfassen und lesen.

6.2.5 Die Mail Station auf der DiskStation einrichten

Auf der DiskStation ist ein eigener E-Mail-Client verfügbar, der das Lesen und Schreiben von E-Mails über ein Webinterface im Browser ermöglicht. Das Mail Station genannte Programm kann einfach über das Paket-Zentrum installiert werden und findet sich in den Kategorien DIENSTPROGRAMME und PRODUKTIVITÄT.

Nach der Installation steht die Mail Station allen Benutzern der DiskStation zur Verfügung. Das Programm findet sich in den Hauptmenüs der Benutzer, alternativ kann es über den Aliasnamen *mail* mit dem Hostnamen, der IP-Adresse oder der Domain der DiskStation aufgerufen werden. Über Port 80 (TCP) wird eine unverschlüsselte Verbindung aufgebaut, über Port 443 (TCP) kann eine über HTTPS verschlüsselte Verbindung eingeleitet werden.

Für die Mail Station können keine individuellen Berechtigungen über das Modul ANWENDUNGSBERECHTIGUNGEN der Systemsteuerung gesetzt werden. Auch das Anlegen eines benutzerdefinierten Alias oder eines benutzerdefinierten Ports ist nicht möglich. Die Mail Station wird weder im Anmeldeportal der Systemsteuerung noch in der Web Station geführt. Wenn Sie die Mail Station über das Internet benutzen und dabei einen abweichenden Port verwenden möchten, müssen Sie in der Konfiguration Ihres Routers nachsehen, ob sich eine Portumleitung einrichten lässt, sodass über einen Port eingehende Anfragen aus dem Internet an einen numerisch abweichenden Port der DiskStation im lokalen Netzwerk weitergeleitet werden.

Obwohl die Client-Anwendung im Paket-Zentrum und im Hauptmenü als »Mail Station« geführt wird, öffnet sich, wenn Sie sie im Browser aufrufen, die Web-Anwendung *roundcube*. Dort müssen Sie sich mit den Zugangsdaten des gewünschten Benutzerkontos der DiskStation anmelden (siehe Abbildung 6.40).

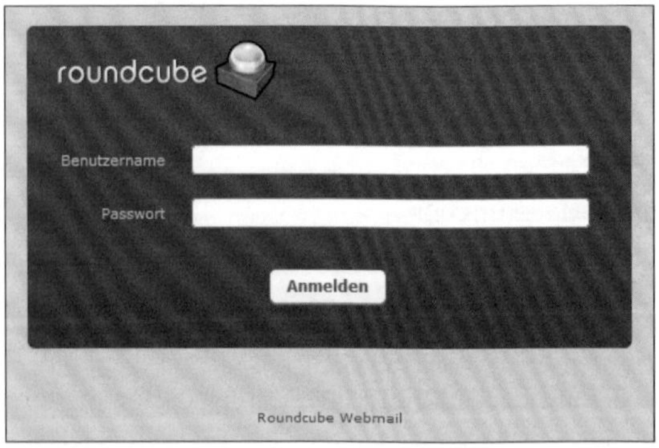

Abbildung 6.40 Die Mail Station öffnet sich als Anwendung mit dem Namen »roundcube« und verlangt nach Anmeldedaten.

Nach der Anmeldung präsentiert sich die Hauptseite von roundcube, die Ihnen im Posteingang alle bisher eingegangenen E-Mails anzeigt (siehe Abbildung 6.41). Sie können auf einem Eintrag einen Doppelklick ausführen und damit die E-Mail im Hauptbereich der Anwendung öffnen. Sie können in der Symbolleiste die üblichen Schaltflächen zum Beantworten und Weiterleiten von E-Mails verwenden.

roundcube bietet Ihnen auch ein eingebautes Adressbuch, das beim Verfassen einer E-Mail-Nachricht am linken Bildschirmrand eingeblendet wird oder über die Schaltfläche oben rechts zugänglich ist.

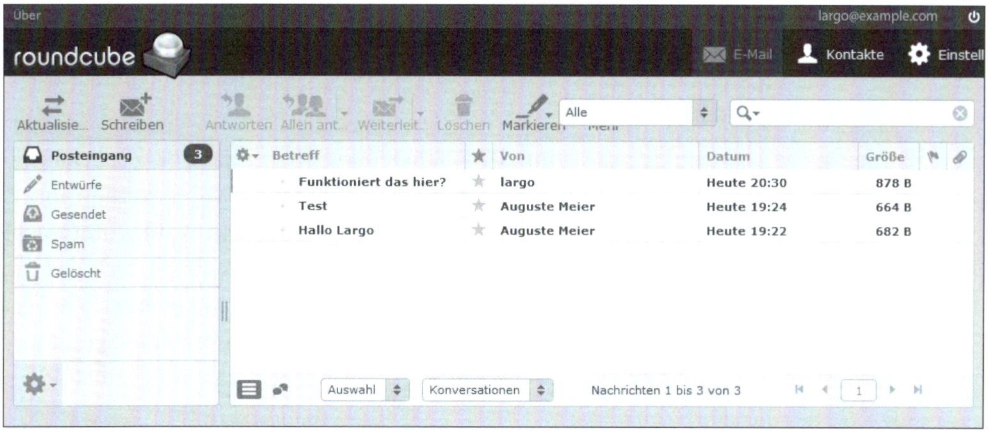

Abbildung 6.41 Nach der Anmeldung werden Ihnen eingegangene E-Mails im Posteingang angezeigt.

Zum Verfassen von E-Mails bietet roundcube ferner einen eingebauten Editor, der die üblichen Eingabefelder umfasst (siehe Abbildung 6.42).

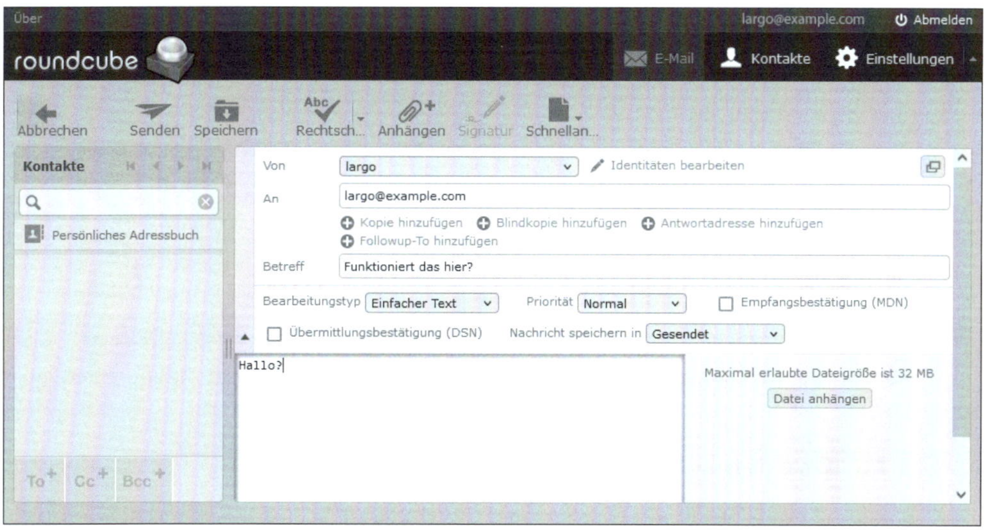

Abbildung 6.42 Der Editor zum Verfassen von E-Mails bietet die üblichen Funktionen, die man von externen E-Mail-Anbietern kennt.

Auch die Empfängerfelder *CC* und *BCC* sind im oberen Fensterbereich zugänglich. Wenn Sie eine Datei im Anhang einer E-Mail versenden möchten, dann öffnet sich jedoch das normale Fenster des Browsers zur Dateiauswahl. Dieses bietet an sich keine Funktionen, um Dateien direkt von der DiskStation zu versenden. Sie können allerdings über eine Dateifreigabe auf den Datenbestand der DiskStation zugreifen. Ansonsten hat roundcube etwa denselben Funktionsumfang wie das Webinterface eines üblichen Freemail-Providers – aber mit dem Vorteil, werbefrei zu sein und (je nach Arbeitsgeschwindigkeit der DiskStation) deutlich schneller auf Eingaben zu reagieren.

Öffnen Sie bei Gelegenheit auch einmal das Einstellungsmenü, das über die Schaltfläche oben rechts im Programmbereich geöffnet werden kann. Hier werden Ihnen noch zahlreiche weitere Funktionen geboten. Sie können hier nicht nur Filterregeln und eigene Verzeichnisse für die E-Mail-Verwaltung anlegen, sondern auch weitere E-Mail-Konten mit roundcube verknüpfen. Das erfolgt auf der Registerkarte SMTP-Servereinstellungen (siehe Abbildung 6.43). Dort sehen Sie bereits das E-Mail-Konto auf der DiskStation. roundcube greift hier nicht über das Internet, sondern über eine *localhost*-Verbindung auf den E-Mail-Server der DiskStation zu.

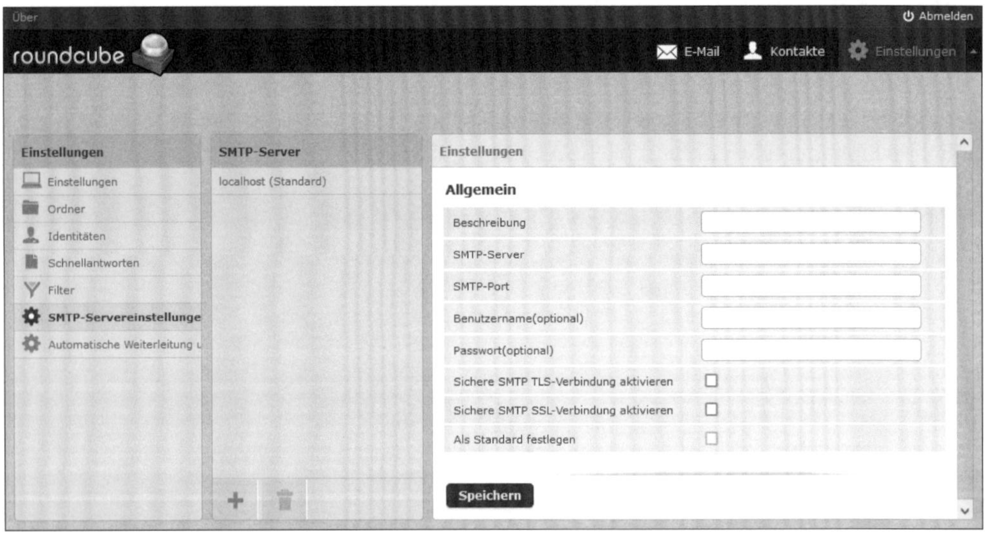

Abbildung 6.43 Roundcube kann auch mit weiteren E-Mail-Konten konfiguriert werden.

6.2.6 Ein externes E-Mail-Programm konfigurieren

Auf den E-Mail-Server der DiskStation können Sie nicht nur mit der Mail Station als Webanwendung, sondern mit jeder beliebigen E-Mail-Client-Software zugreifen, die sich mit SMTP und entweder POP3 oder IMAP versteht. Das dürften nahezu alle modernen E-Mail-Client-Programme sein, einschließlich Outlook von Microsoft und Thunderbird von Mozilla.

Um ein externes Client-Programm verwenden zu können, müssen Sie die Serverdaten der DiskStation hinterlegen. Da die DiskStation standardisierte Protokolle verwendet, unterscheidet sich die Einrichtung nicht von der anderer E-Mail-Konten.

Zum Abrufen Ihrer E-Mails nutzen Sie vorzugsweise IMAP, das Sie über Port 993 (TCP) ansprechen (siehe Abbildung 6.44). Kontaktieren Sie die DiskStation entweder über deren IP-Adresse, ihren Hostnamen oder (wenn Sie über das Internet kommunizieren) über die Domain. Über Port 993 wird eine verschlüsselte Verbindung über SSL/TLS eingeleitet. Das Passwort kann also (innerhalb der verschlüsselten Verbindung) im Klartext übertragen werden. Wählen Sie also diese Option, die manchmal auch als »Passwort, normal« bezeichnet wird. Benutzen Sie zur Authentifikation den Nutzernamen und das zugehörige Passwort eines Nutzerkontos der DiskStation.

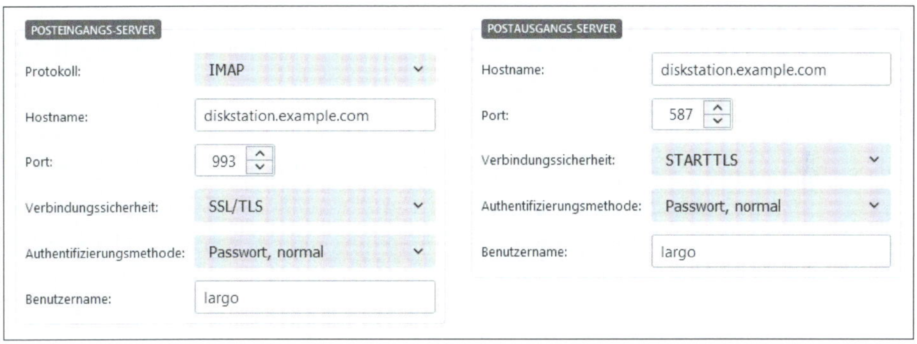

Abbildung 6.44 In der Client-Anwendung (hier sehen Sie Thunderbird als Beispiel) müssen Sie ein E-Mail-Konto anlegen.

Zum Versenden von E-Mails nutzen Sie SMTP auf dem TCP-Port 587 der DiskStation. Über diesen Port wird ebenfalls eine verschlüsselte Verbindung aufgebaut, die etwa über STARTTLS eingeleitet werden kann. Auch hierbei kann eine unverschlüsselte Übertragung des Passworts erfolgen, denn dieses wird ja durch das Protokoll verschlüsselt. Auch am SMTP-Server müssen Sie sich mit den Zugangsdaten des Benutzerkontos auf der DiskStation anmelden.

6.2.7 MailPlus Server und MailPlus verwenden

Mit dem *MailPlus*-System stellt Synology eine Alternative zum normalen Mail-System bereit, das einen deutlich größeren Funktionsumfang mitbringt und für die Nutzung in einer größeren Firmenumgebung gedacht ist. MailPlus ist nur auf höherwertigen DiskStations verfügbar und nicht in Gänze kostenlos. Das System verwendet ein eigenes Lizenzmodell.

Lizenzen für MailPlus

Der Lieferumfang umfasst bei gängigen DiskStations fünf Lizenzen für E-Mail-Konten bzw. E-Mail-Benutzer. Möchten Sie das System mit einer größeren Anzahl an Benutzern verwenden, so müssen Sie weitere Lizenzen erwerben. Ein Paket mit fünf zusätzlichen Lizenzen kostet derzeit knapp 300 €. Dieser Preis unterstreicht nochmals, dass sich das System an professionelle Anwender in größeren Unternehmen richtet. Wir wollen es an dieser Stelle daher nur kurz vorstellen.

Zu MailPlus gehört der MailPlus Server, der die Serverdienste übernimmt. Optional kann das Programm MailPlus installiert werden, das die Dienste eines klassischen E-Mail-Clients über ein Webinterface anbietet. Beide Anwendungen können Sie einfach über das Paket-Zentrum Ihres NAS-Gerätes installieren. Wenn Sie dort nicht fündig werden, dann bedeutet dies zumeist, dass das MailPlus-System auf Ihrer DiskStation nicht verfügbar ist.

Der MailPlus Server ist fast noch einfacher einzurichten als die simplere Version ohne den Plus-Zusatz. Beim ersten Aufruf erscheint ein Einrichtungsassistent. Wenn Sie dort einstellen, dass Sie ein neues Mail-System aufsetzen möchten, dann können Sie auf der zweiten Seite bereits die SMTP-Einstellungen konfigurieren (siehe Abbildung 6.45).

Abbildung 6.45 Legen Sie die grundlegenden SMTP-Einstellungen fest.

Hier wählen Sie den Kontotyp, also ob Sie normale lokale Benutzerkonten oder einen Verzeichnisdienst verwenden möchten. Sie können auch die Netzwerkschnittstelle wählen, auf der der Dienst aktiv sein soll. Anschließend tragen Sie Ihren Domainnamen und den Hostnamen des Mail-Servers ein. Abschließend benennen Sie das Speicher-Volume, auf dem der Datenbestand abgelegt werden soll.

Das war es im Prinzip schon. Auf der letzten Seite sehen Sie noch eine Zusammenfassung. Wenn Sie auf ÜBERNEHMEN klicken, dann beginnt der Assistent mit der Einrichtung des Systems, die nach wenigen Minuten abgeschlossen ist.

Prinzipiell steht das Mail-System damit schon zur Verfügung. Selbstredend müssen Sie dafür Sorge tragen, dass auf der DiskStation zur genutzten Domain beglaubigte Zertifikate hinterlegt sind, damit die Nutzer des Mail-Systems keine Zertifikatswarnungen erhalten. In der Grundkonfiguration sind beim MailPlus-Server alle relevanten Standards für das Versenden und Abrufen via SSL/TLS bzw. STARTTLS für SMTP, POP3 und IMAP aktiviert. Jetzt müssen Sie noch die E-Mail-Konten mit den zugehörigen E-Mail-Adressen einrichten und aktivieren.

Doch der Reihe nach: Die Registerkarte SERVER-MANAGEMENT informiert Sie zunächst über den allgemeinen Status Ihrer E-Mail-Server (siehe Abbildung 6.46).

Abbildung 6.46 Der MailPlus-Server informiert gleich nach dem Start über den Betriebszustand und die Auslastung.

MailPlus kann nämlich auch mit mehreren Server-Geräten umgehen. Auf dem ersten Reiter (MAIL MONITOR) sehen Sie die Auslastung des Systems. Sie können auf dieser Registerkarte auch eine E-Mail-Migration einleiten, denn das System erlaubt die Migration von Microsoft Exchange zu Synology MailPlus.

Großer Wert wird in MailPlus auf die Sicherheit des Systems gelegt. Gerade in einem Unternehmen ist der E-Mail-Dienst ein beliebtes Ziel für alle Arten von Scha(n)dtaten. Auf der Registerkarte BEDROHUNGSMONITOR sehen Sie eine Übersicht über alle kürzlich erfolgten Angriffsversuche mit einer grafischen Darstellung der Länder, aus denen die Angreifer kommen. Sie sehen auch, welche Schutzmechanismen des Mail-Systems angeschlagen haben.

Eng mit dieser Information sind die Funktionen auf der Registerkarte SICHERHEIT verbunden. Dort können Sie beispielsweise Anti-Spam- und Antivirus-Dienste einschalten und die Authentifizierung konfigurieren.

Auf der Registerkarte DOMAIN sehen Sie Ihre Domain, die Sie für das Mail-System verwenden. Sie können hier weitere Domains hinzufügen.

Werfen Sie auch einen Blick auf die Registerkarte MAILÜBERMITTLUNG. Dort finden Sie alle Einstellungen rund um die SMTP-Dienste und können die maximale E-Mail-Größe festlegen oder ein SMTP-Relay konfigurieren.

Besonders wichtig ist die Registerkarte DIENST (siehe Abbildung 6.47). Hier aktivieren und konfigurieren Sie die Protokolle rund um den Versand und den Abrufvorgang von E-Mails. Beachten Sie, dass in der Grundkonfiguration alle bekannten Protokolle (SMTP, POP3 und IMAP) aktiviert sind. Sie können die nicht benötigten Protokolle hier abschalten.

Abbildung 6.47 Konfigurieren Sie die Protokolle zum Versenden und Abrufen von E-Mails.

Für die Einrichtung des Systems weniger relevant ist die Registerkarte WARTESCHLEIFE. Dort werden E-Mails aufgeführt, die bisher noch nicht korrekt versendet werden konnten.

Für den späteren Alltagsbetrieb können Sie auf der Registerkarte ÜBERPRÜFUNG die Protokolle des Mail-Systems einsehen. Das MailPlus-System zeigt sich insgesamt recht informativ und stellt zahlreiche Informationen rund um die Nutzung zur Verfügung. Der Administrator erkennt somit auch rasch, wenn das System aufgrund starker Nutzung an seine Grenzen stößt, und kann rechtzeitig eingreifen.

Wechseln Sie nun einmal auf die Registerkarte KONTO (siehe Abbildung 6.48). Dort sehen Sie auf dem Reiter BENUTZER zunächst alle Benutzerkonten, die es auf der Disk-

Station gibt. Beim MailPlus-System müssen Sie die Benutzer freischalten, die E-Mail-Dienste verwenden dürfen. Das können Sie entweder einzeln auf dem Reiter Benutzer oder für ganze Gruppen auf dem Reiter Gruppe tun. Setzen Sie einen Haken in das Kontrollkästchen in der Spalte Aktivieren. Beachten Sie, dass Sie für jeden Benutzer eine Lizenz benötigen. Unten am Fensterrand werden Sie über die verfügbaren Lizenzen informiert. Die übrigen Reiter gestatten Ihnen eine Einschränkung der Benutzerrechte. Weitere Lizenzen können Sie auf der gleichnamigen Registerkarte hinzufügen.

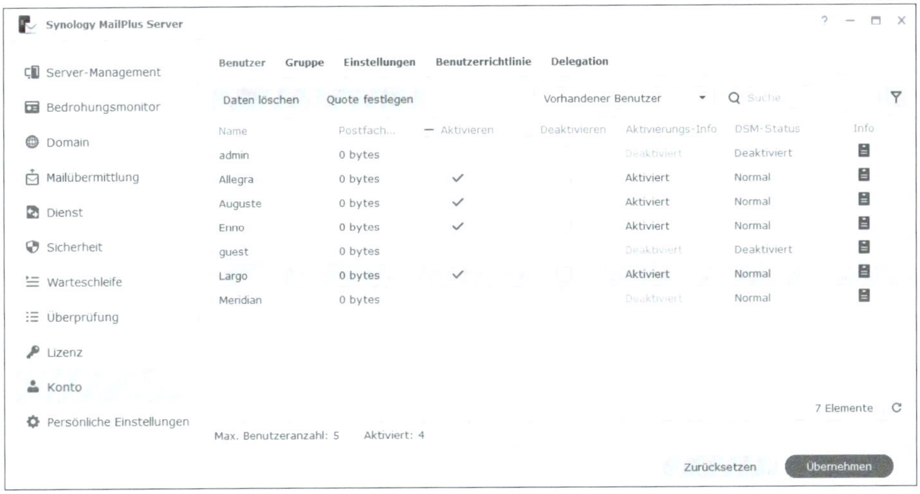

Abbildung 6.48 Legen Sie fest, welche Benutzer das Mail-System verwenden dürfen.

Abschließend müssen Sie noch die eigentlichen E-Mail-Adressen und Aliasadressen konfigurieren. Wechseln Sie dazu auf die Registerkarte Domain. Wählen Sie die gewünschte Domain, und klicken Sie auf Bearbeiten. Auf dem Reiter Benutzer können Sie nun jedem Benutzer eine E-Mail-Adresse zuweisen (siehe Abbildung 6.49).

In der Standardeinstellung wird für jeden Benutzer eine E-Mail-Adresse aus dem Benutzernamen und der Domain gebildet. Auf Wunsch können Sie über die Schaltfläche Bearbeiten weitere E-Mail-Adressen hinzufügen. Hierfür sind keine weiteren Lizenzen erforderlich, diese beziehen sich alleine auf Benutzerkonten. Auf dem Reiter Aliasname können Sie weitere Aliasadressen konfigurieren und eingehende Mails an mehrere Benutzer zustellen.

Damit ist der *MailPlus Server* betriebsbereit konfiguriert. Wenn Sie sichergestellt haben, dass die benötigten Ports der DiskStation über das Internet erreicht werden können, dann kann der MailPlus Server zum Versand und Empfang von E-Mails benutzt werden. Sie sollten jedoch unbedingt die Einstelloptionen zum Thema Sicherheit überprüfen und den Server gegenüber Angriffsszenarien härten.

Abbildung 6.49 Legen Sie die E-Mail-Adressen an.

Wenn die Nutzer des Systems nicht (nur) ein externes E-Mail-Programm verwenden möchten, sondern auch die Dienste eines webbasierten Clients nutzen wollen, dann können Sie zusätzlich *MailPlus* installieren. Diese Client-Anwendung steht den Benutzern automatisch in ihren Hauptmenüs zur Verfügung. Benutzer, die kein Konto im MailPlus Server haben, erhalten keinen Zutritt zu MailPlus. Das System ist sehr einfach zu bedienen und bietet eine sehr aufgeräumte Benutzeroberfläche (siehe Abbildung 6.50). Eine erste E-Mail ist über die Schaltfläche oben links schnell erstellt, und genauso lassen sich eingehende E-Mails über den Posteingang schnell abrufen. Konfigurationen durch den Administrator sind dafür keine erforderlich.

Abbildung 6.50 Der MailPlus-Client ist übersichtlich gehalten und sehr einfach zu bedienen.

6.3 Kalenderfunktionen mit Synology Calendar und CalDAV nutzen

Zur Verwaltung von Terminen und wiederkehrenden Ereignissen bringt die DiskStation die Anwendung *Synology Calendar* mit, die auch eine *CalDAV*-Schnittstelle bietet (die Abkürzung steht für *Calendar Distributed Authoring and Versioning*). Das CalDAV-Protokoll erlaubt die Synchronisation von externen Kalendern mit den Daten auf dem Server (also der DiskStation). Anschließend verfügen alle Kalenderapplikationen über denselben Datenbestand. Sie können also beispielsweise unterwegs bei einem Geschäftsessen auf dem Smartphone einen Termin ergänzen und werden später am Bürorechner daran erinnert.

Das CalDAV-Protokoll wird von zahlreichen Kalenderapplikationen unterstützt. Aber auch mit der DiskStation-eigenen Software Synology Calendar erhalten Sie eine vollständige Kalendersoftware. Diese gestattet es, Termine und Ereignisse zu planen, was auch gemeinsam mit anderen Personen möglich ist. Kalender lassen sich mit mehreren Personen teilen, und man kann Terminvorschläge eingeben. An anstehende Termine kann die Software erinnern. Wiederkehrende Termine können über eine Ereignisregel hinzugefügt werden. Synology Calendar eignet sich sowohl zur Verwaltung von geschäftlichen als auch von privaten Terminen. Da das Programm mit mehreren Kalendern umgehen kann, ist auch eine Kombination möglich.

In diesem Abschnitt zeigen wir Ihnen, wie Sie Synology Calendar auf Ihrer DiskStation installieren und einrichten. Es folgt ein Funktionsüberblick und eine Demonstration, wie man Kalender anlegt und Termine einträgt. Anschließend lernen Sie die CalDAV-Schnittstelle kennen und erfahren, wie man einen Kalender mit einer externen Software synchronisiert.

6.3.1 Synology Calendar installieren und einrichten

Synology Calendar kann einfach über das Paket-Zentrum der DiskStation installiert werden (siehe Abbildung 6.51). Sie finden die Anwendung in der Kategorie PRODUKTIVITÄT. Überprüfen Sie nach der Installation die Anwendungsberechtigungen in der Systemsteuerung. Synology Calendar ist zunächst so konfiguriert, dass nur Administratoren das Programm öffnen können. Sie müssen also im Vorfeld den entsprechenden Benutzern das Zugriffsrecht erteilen.

Synology Calendar ist anschließend in den Hauptmenüs aller berechtigten Nutzer verfügbar. Synology Calendar enthält keine Einstelloptionen, die nur einem Administrator zugänglich sind. Das Programm ist unter allen Benutzerkonten identisch aufgebaut. und alle relevanten Einstellungen kann jeder Benutzer individuell vornehmen. Die Arbeit des Administrators ist also mit der Installation und der Rechtevergabe abgeschlossen.

Abbildung 6.51 Synology Calendar im Paket-Zentrum

Wenn Sie Synology Calendar als normaler Benutzer aufrufen, präsentiert sich Ihnen in einem neuen Tab im Browser zunächst ein leeres Kalenderblatt mit dem aktuellen Tagesdatum wie in Abbildung 6.52. In der Anwendung sind einige Einstellungen entgegen der hiesigen Gepflogenheiten konfiguriert. Sie sollten daher zunächst einen Blick in das Konfigurationsfenster werfen. Klicken Sie dazu unten links auf das persönliche Icon (das entweder den ersten Buchstaben Ihres Benutzernamens oder Ihr Foto zeigt), und wählen Sie aus dem Ausklappmenü EINSTELLUNGEN.

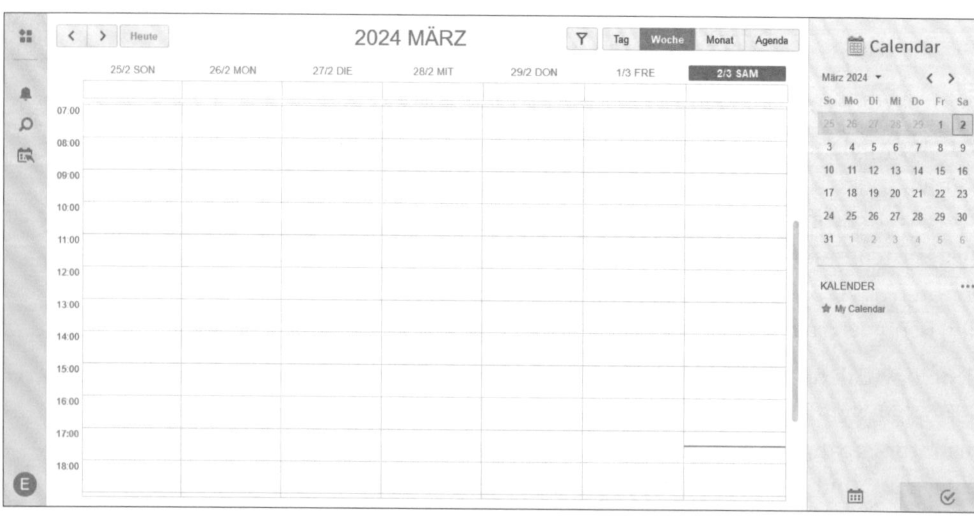

Abbildung 6.52 In der Standardkonfiguration zeigt Synology Calendar die aktuelle Woche an und startet mit dem Sonntag.

Auf der Registerkarte PROFIL können Sie zunächst allgemeine Grunddaten wie Ihre E-Mail-Adresse und einen Spitznamen eintragen. Auch ein persönliches Foto lässt sich hinterlegen. Sofern Sie es noch nicht in den persönlichen DSM-Einstellungen gemacht haben, sollten Sie auf der Registerkarte E-MAIL-KONTO ein E-Mail-Konto eintragen, das Synology Calendar für Benachrichtigungen rund um Kalenderereignisse nutzt.

Kontrollieren Sie also die Einstellungen auf dieser Karte. Wenn Sie im DSM schon ein E-Mail-Konto für persönliche Benachrichtigungen aktiviert haben, dann wird dieses auf der aktuellen Registerkarte aufgeführt sein. Wenn Sie bisher noch kein Konto hinterlegt haben (Sie sollten dies vorzugsweise direkt im persönlichen Menü des DSM tun), dann müssen Sie wie bei einem E-Mail-Programm die Zugangsdaten für den SMTP-Server eingeben, den das gewünschte E-Mail-Konto für den Versand verwendet.

Prüfen Sie anschließend die Optionen auf der Registerkarte ALLGEMEIN (siehe Abbildung 6.53). Dort sind regionale Einstellungen wie etwa das Zeit- und Datumsformat zu finden. Schauen Sie nach, ob Sie mit der Voreinstellung SONNTAG für den ersten Tag der Woche einverstanden sind oder ob Sie hier lieber den Montag einstellen möchten. Sie können auch einstellen, zu welchem Zeitpunkt Sie an einen anstehenden Termin erinnert werden möchten.

Abbildung 6.53 In den Einstellungen können Sie den Wochenbeginn individuell festlegen.

Auf der Registerkarte BENACHRICHTIGUNGEN legen Sie fest, über welche Kanäle Sie Erinnerungen und Informationen von Synology Calendar erhalten möchten. Überprüfen Sie den Status der E-Mail-Benachrichtigung. Wenn Sie über Ereignisse per E-Mail informiert werden möchten, dann aktivieren Sie das entsprechende Kontrollkästchen. Sie können sich auch per Push-Nachricht im Browser informieren lassen. Dafür ist jedoch die Installation eines zusätzlichen Browser-Plug-ins erforderlich, das nicht für alle Browser verfügbar ist.

Sie können für jeden Ihrer Kalender einzeln festlegen, ob Sie Benachrichtigungen und Warnungen erhalten möchten. Anfangs ist für jeden Benutzer nur ein einzelner Kalender eingerichtet, wie Sie der Registerkarte KALENDER entnehmen können. Dieser nennt sich »My Calendar«. Auf der genannten Registerkarte können Sie diesen umbenennen, eine Beschreibung eingeben und eine Farbe zuweisen. Kalender können hier auch in Form einer *.ics*-Datei heruntergeladen werden. Diese Optionen finden sich auch in der Kalenderliste im Hauptprogramm, die Sie unten rechts finden.

Öffnen Sie dazu einfach das Ausklappmenü des Kalenders *My Calendar* (über die dreieckige Schaltfläche). Dieser Kalender, der schon nach der Installation vorhanden ist, hat zwei Besonderheiten: Er kann weder gelöscht noch freigegeben werden. Das Löschen mag nachrangig sein, die Freigabe möglicherweise nicht.

Der Kalender *My Calendar* ist darauf ausgelegt, nur durch den jeweiligen Besitzer genutzt zu werden. Sie können zwar zu einem Termin weitere Personen einladen und somit gemeinsame Termine erstellen, es ist aber nicht möglich, dass andere Personen den gesamten Terminbestand einsehen (oder gar verändern) können. Möchten Sie im Team einen Kalender gemeinsam nutzen, dann müssen Sie also dafür zunächst einen neuen Kalender erstellen. Alle selbst erstellten Kalender bieten die Option der Freigabe für andere Benutzer.

6.3.2 Einen weiteren Kalender erstellen

Um einen weiteren Kalender zu erstellen, öffnen Sie im Hauptfenster von Synology Calendar unten rechts neben dem Eintrag KALENDER das Ausklappmenü mit den drei Punkten und wählen ERSTELLEN. (Alternativ können Sie einen bestehenden Kalender aus einer *.ics*-Datei oder aus einem Google-Konto importieren.) In einem neuen Fenster geben Sie dem Kalender einen Namen, eine optionale Beschreibung und eine Farbmarkierung. Legen Sie fest, ob Sie Benachrichtigungen erhalten möchten (siehe Abbildung 6.54).

Wenn Sie möchten, können Sie Freigaben gleich auf der Registerkarte FREIGEBEN eintragen, wobei dies auch später noch möglich ist. Die Optionen zur Freigabe finden Sie später in der Kalenderliste. Öffnen Sie das Ausklappmenü eines Kalenders über die dreieckige Schaltfläche, und klicken Sie auf FREIGEBEN. Im Freigabefenster können Sie zuerst eine öffentliche Freigabe für Personen außerhalb des Nutzerkreises der

DiskStation erstellen. Sie erhalten dann einen Link, den Sie z. B. per E-Mail versenden können. Eine Schaltfläche zum Kopieren des Links in die Zwischenablage wird neben der Link-Adresse angezeigt. Die öffentliche Freigabe kann allerdings nur mit reiner Leseberechtigung erfolgen, das Verändern oder Ergänzen von Terminen ist nicht möglich. Das geht nur bei Freigaben für Benutzer der DiskStation.

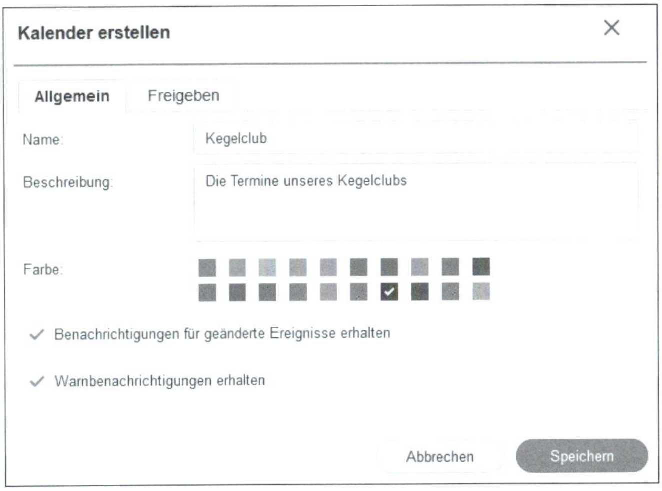

Abbildung 6.54 Einem neuen Kalender können Sie eine eigene Farbmarkierung und einen Beschreibungstext geben.

Solche Freigaben erstellen Sie im unteren Teil des Fensters (siehe Abbildung 6.55).

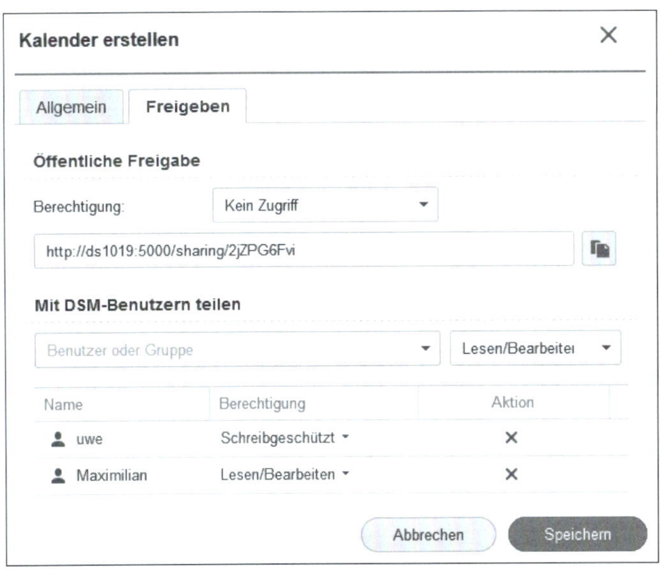

Abbildung 6.55 Freigaben von Kalendern können öffentlich erfolgen oder auf den Nutzerkreis der DiskStation beschränkt werden.

Tragen Sie dort einen Benutzernamen oder den Namen einer Benutzergruppe ein, und legen Sie die gewünschten Zugriffsrechte fest. Die Nutzer erhalten sodann eine Benachrichtigung und sehen den Kalender in der Liste ihrer Kalender unter der Rubrik SONSTIGES.

6.3.3 Einen Termin eintragen

Es gibt mehrere Möglichkeiten, einen neuen Termin anzulegen. Zunächst einmal können Sie den gewünschten Tag über den kleinen Kalender oben rechts im Hauptfenster von Synology Calendar auswählen. Der Tagesverlauf wird dann links im Hauptbereich angezeigt. Klicken Sie dort einfach auf die gewünschte Uhrzeit. Sie sehen eine kleine Einblendung mit dem Titel EREIGNIS. Sie können dort dem Termin einen Namen geben und die Start- und Endzeiten eintragen oder das Ereignis als ganztägig festlegen. Wenn mehrere Kalender vorhanden sind, können Sie auch den gewünschten Kalender auswählen.

Für einfache Ereignisse mag dies bereits ausreichen. Wesentlich mehr Optionen werden sichtbar, wenn Sie auf DETAILS BEARBEITEN klicken. Dort können Sie unter anderem einen Ort eintragen und festlegen, wann Sie an den Termin erinnert werden möchten (siehe Abbildung 6.56). Auch eine Datei mit weiteren Informationen lässt sich anhängen.

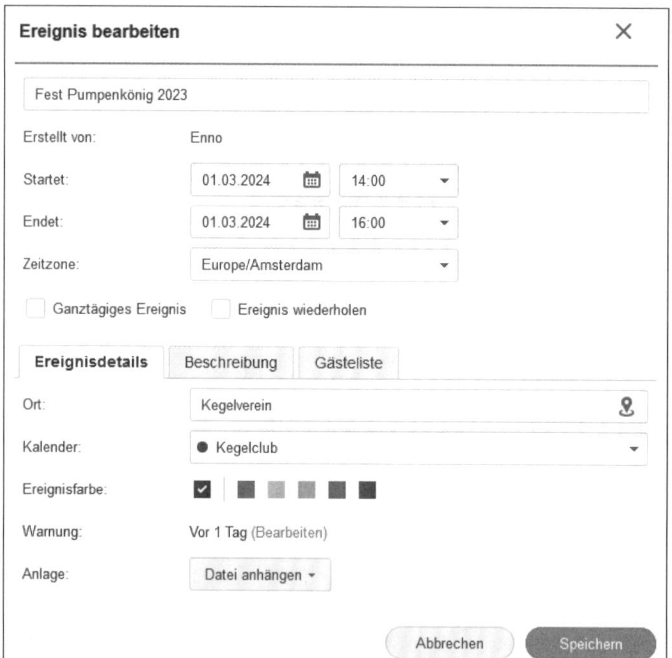

Abbildung 6.56 Der detaillierte Dialog zum Erstellen von Ereignissen bietet zahlreiche Funktionen.

Interessant ist der Reiter GÄSTELISTE (siehe Abbildung 6.57). Hier können Sie weitere Personen zu einem Termin einladen. In das Eingabefeld tragen Sie entweder den Namen eines Benutzers von der DiskStation ein oder aber eine E-Mail-Adresse. Die eingeladenen Benutzer erhalten einen Eintrag in ihrem Kalender bzw. eine Benachrichtigung per E-Mail und können auswählen, ob Sie an dem Termin teilnehmen möchten oder nicht. Auch per E-Mail eingeladene Personen können die Anfrage beantworten und (je nach verwendeter Software) den Termin ihren eigenen Kalendern hinzufügen. Der Ersteller des Termins erhält sodann eine Benachrichtigung, und zwar in der Benachrichtigungsleiste links im Fenster von Synology Calendar. Der Eintrag im Kalender wird entsprechend modifiziert.

Abbildung 6.57 Weitere Personen können zu einem Termin eingeladen werden und ihre Teilnahme bestätigen oder ablehnen.

Alle Personen können im Kalender sehen, wer noch an dem Termin teilnehmen wird. Das geht allerdings nur, wenn die Eingeladenen den Termin nicht abgelehnt haben. Auf diese Weise kann man Termine sehr schön mit anderen Personen planen und einen Überblick behalten, wer an einem Ereignis teilnehmen wird.

Sie müssen übrigens nicht den kleinen Kalender oben rechts bemühen, um zu einem bestimmten Tag zu springen. Alternativ können Sie ganz links auch auf die Schaltfläche klicken und direkt über sie ein gewünschtes Datum eintragen. Einen Termin können Sie auch über die Kalenderliste unten rechts im Hauptfenster notieren. Klicken Sie beim gewünschten Kalender auf das kleine Dreieck, und wählen Sie aus dem Ausklappmenü die Option EREIGNIS ERSTELLEN. Ihnen zeigt sich dann die bekannte Eingabemaske.

In der Eingabemaske zur Terminerstellung können Sie ein Ereignis auch als wiederkehrend festlegen. Wenn Sie das entsprechende Kontrollkästchen aktivieren, sehen Sie Optionen zur Eingabe der Wiederholung und können auch ein Enddatum festlegen.

Zur Navigation im Terminbestand können Sie links eine Suchfunktion verwenden, außerdem können Sie über die Schaltflächen am oberen Bildschirmrand zwischen verschiedenen Ansichtsmodi umschalten.

6.3.4 Einen Kalender per CalDAV synchronisieren

Jeder Kalender in Synology Calendar verfügt über einen eigenen CalDAV-Link, der zur Synchronisierung mit anderen Kalender-Applikationen verwendet werden kann. Um den CalDAV-Link abzurufen, öffnen Sie im Hauptfenster von Synology Calendar rechts unten beim gewünschten Kalender das Ausklappmenü über die kleine dreieckige Schaltfläche und wählen den Eintrag CALDAV-KONTO (siehe Abbildung 6.58).

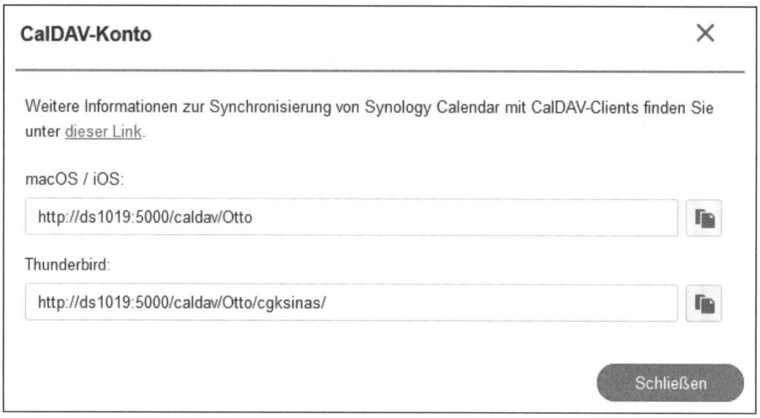

Abbildung 6.58 Über einen CalDAV-Link kann ein Kalender mit einer anderen Applikation synchronisiert werden.

Sie sehen nun ein neues Fenster mit zwei CalDAV-Links. Der obere ist für Systeme vorgesehen, die auf macOS bzw. iOS basieren, der untere dient zur Integration in das E-Mail-Programm *Thunderbird*. Der Unterschied zwischen beiden Links besteht darin, dass die erste Option eine Auswahl der verfügbaren Kalender beinhaltet, während der untere Link explizit auf den gewählten Kalender verweist.

Beachten Sie, dass CalDAV grundsätzlich eine Authentifizierung über Benutzername und Passwort vorsieht. CalDAV-Links müssen also nicht unbedingt streng geheim gehalten werden. Wenn Sie die Funktion über das Internet oder in einem nicht komplett vertrauenswürdigen Netzwerk nutzen möchten, dann sollten Sie auf eine verschlüsselte Übertragung über das HTTPS-Protokoll ausweichen. Passen Sie also gegebenenfalls Protokoll und Port im Link an.

Den CalDAV-Link können Sie nun in der gewünschten Kalenderapplikation eintragen. Thunderbird etwa bringt bereits ab Werk eine Unterstützung für CalDAV-Kalender mit, es sind also keine Ergänzungsprogramme notwendig. Anders sieht es bei mobilen Endgeräten aus, die auf Android basieren. Hier ist keine Unterstützung für das CalDAV-Protokoll in das Betriebssystem eingebaut, sodass Sie auf eine entsprechende App wie etwa *OpenSync* zurückgreifen müssen. Bei Mobilgeräten müssen Sie daran denken, Berechtigungen für den Zugriff auf den Kalender zu erteilen. Auch für *Microsoft Outlook* ist ein Plug-in erforderlich.

6.4 Der Aufgabenplaner im Kalender

Synology Calendar ermöglicht nicht nur die Verwaltung von Terminen, sondern kann auch mit Aufgabenlisten umgehen. Aufgaben unterscheiden sich von Terminen dadurch, dass sie nicht (unbedingt) an einen festen Zeitpunkt gebunden sind. Mit der Aufgabenfunktion können Sie eine eigene ToDo-Liste erstellen und sich daran erinnern lassen, was Sie noch alles zu erledigen haben (siehe Abbildung 6.59).

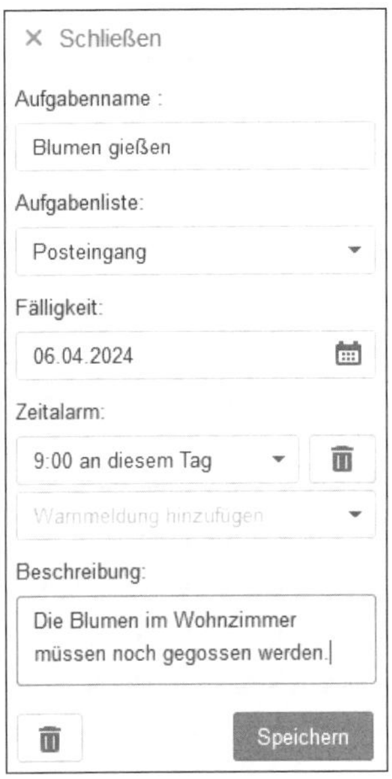

Abbildung 6.59 Aufgaben können mit diversen Details angelegt werden.

Das Aufgabenmodul von Synology Calendar erreichen Sie über die Schaltfläche ganz unten rechts im Programm. Über die kleine Eingabemaske oben rechts können Sie eine neue Aufgabe anlegen; tippen Sie hier einfach eine kurze Beschreibung ein. Für einfache Aufgaben können Sie dann sogleich auf HINZUFÜGEN klicken. Die Aufgabe wird dann der Aufgabenliste hinzugefügt. Synology Calendar kann mit mehreren Aufgabenlisten umgehen. Anfangs ist nur eine Liste vorhanden, diese nennt sich

POSTEINGANG (siehe Abbildung 6.60). Über die Schaltfläche [icon] können Sie weitere Listen anlegen, um Aufgaben verschiedener Art voneinander trennen zu können.

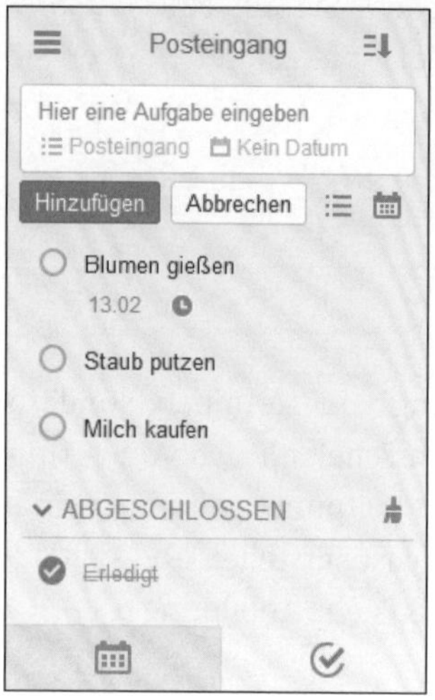

Abbildung 6.60 Abgeschlossene Aufgaben bleiben zunächst in einer eigenen Liste gespeichert.

Wenn es sich um eine etwas komplexere Aufgabe handelt, dann können Sie bei der Eingabemaske die beiden Schaltflächen [icon] und [icon] benutzen. Über die erstgenannte Option können Sie die Aufgabenliste auswählen. Mit der zweiten Schaltfläche können Sie ein Fälligkeitsdatum und eine Uhrzeit festlegen, zu der die Aufgabe erledigt sein muss.

Zu bereits erstellten Aufgaben gibt es noch weitere Einstellmöglichkeiten. Klicken Sie in der Aufgabenliste bei einer Aufgabe rechts auf die Schaltfläche mit drei Punkten. Sie sehen dann die erweiterten Optionen und können hier eine Benachrichtigung vor der Fälligkeit der Aufgabe aktivieren und einen längeren Beschreibungstext eingeben.

Aufgaben können Sie per Hand mit dem Anfasser ganz links verschieben, alternativ gibt es über die Schaltfläche [icon] oben rechts auch die Option, Aufgaben automatisch nach der Zeit sortieren zu lassen (siehe Abbildung 6.60).

Wenn eine Aufgabe abgeschlossen ist, dann klicken Sie mit der Maus einfach auf den Kreis links neben der Aufgabe. Diese wird dann als abgeschlossen markiert und die gleichnamige Liste verschoben. Diese Liste kann manuell über die Schaltfläche [icon] geleert werden. Über die Schaltfläche [icon] ganz oben können Sie die Ansicht der Aufgabenliste umschalten und sich z. B. solche Aufgaben anzeigen lassen, die am aktuellen Tag noch zu erledigen sind.

6.5 Das Adressbuch mit CardDAV verwenden

Ein beliebtes und bekanntes Protokoll zur Verwaltung von Kontaktdaten in Adressbüchern und vor allem zu deren Synchronisation mit mehreren Endgeräten ist *CardDAV*, eine Kurzform für *vCard Extensions to WebDAV*. Wie der Name schon sagt, werden die Adressdaten in Form von vCards gespeichert und über das verbreitete WebDAV-Protokoll geteilt, mit dem sich etwa Cloud-Speicher in das Dateimanagement vieler Betriebssysteme integrieren lässt.

Beim CardDAV werden die Kontaktdaten auf einem Server gespeichert. Clients gleichen diesen Datenbestand mit dem eigenen ab. CardDAV ermöglicht die Verwaltung mehrerer Adressbücher, und zu jedem Kontakt lassen sich eine Vielzahl von Informationen eingeben. Dazu zählen auch Fotos.

CardDAV lässt sich auch auf mobilen Endgeräten nutzen. Zwar sind dafür bisweilen zusätzliche Apps notwendig, man erhält aber im Gegenzug einheitliche Kontaktlisten und kann seine Kontakte vom heimischen PC per E-Mail genauso schnell erreichen wie unterwegs per Smartphone.

Versionen

Früher gab es unter der DSM-Version 6 ein eigenes Programm namens *CardDAV Server*. Es stellte die Server-Funktionen für das CardDAV bereit, brachte jedoch selbst keine eigene Kontaktverwaltung mit. Die Kontaktdaten mussten also in den Client-Programmen eingegeben werden. Der CardDAV Server als eigenständige Anwendung steht unter dem modernen DSM 7 nicht mehr zur Verfügung.

Stattdessen gibt es ein neues Programmpaket namens *Synology Contacts*. Dieses beinhaltet nicht nur die Serverfunktionalität für CardDAV, sondern auch eine eigene Kontaktverwaltung mit Formularen und Assistenten für die Eingabe der Kontaktdaten. Falls Sie jetzt hier einen Rückschritt vermuten, liegen Sie nicht unbedingt richtig. Die Eingabe von Adressdaten in Synology Contacts ist nämlich optional. Man kann von dem Programm auch nur die reine CardDAV-Funktionalität nutzen und die Adressdaten in Client-Programmen eingeben. Wenn Sie in Ihren Client-Programmen schon einen umfangreichen Kontaktbestand eingegeben haben, können Sie diesen auch problemlos mit Synology Contacts und dessen CardDAV-Server synchronisieren, sodass eine erneute Eingabe von Kontaktdaten entfällt.

Wir zeigen Ihnen in diesem Abschnitt, wie Sie Synology Contacts auf der DiskStation installieren und (optional) direkt im Programm Adressbücher und Kontakte anlegen. Anschließend lernen Sie die CardDAV-Funktionalität kennen und können den Adressbestand mit beliebigen Client-Programmen synchronisieren.

6.5.1 Synology Contacts installieren und Adressbücher verwalten

Die Anwendung *Synology Contacts* kann über das Paket-Zentrum installiert werden. Sie findet sich in den Kategorien BUSINESS, PRODUKTIVITÄT und VERWALTUNG (oder über das Suchfeld). Synology Contacts unterliegt der Rechteverwaltung des DSM. Nach der Installation können Sie die Zugriffsberechtigungen für den Nutzerkreis der DiskStation im Modul ANWENDUNGSBERECHTIGUNGEN der Systemsteuerung überprüfen (siehe Abbildung 6.61). Nach der Installation sind die Berechtigungen so gesetzt, dass jeder Benutzer (über sein Hauptmenü) auf Synology Contacts zugreifen kann und seinen eigenen Adressbestand verwaltet. Falls Sie häufiger auf das Pro gramm zugreifen möchten, können Sie über das ANMELDEPORTAL in der Systemsteuerung auch einen Alias für einen schnelleren Zugriff setzen.

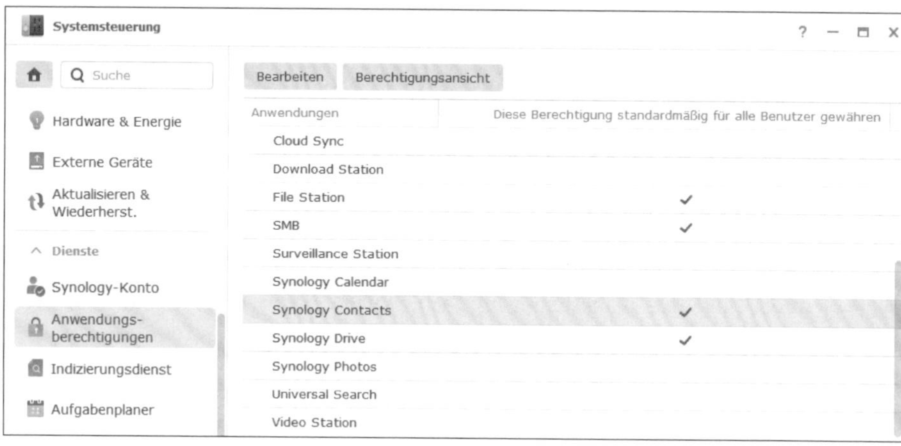

Abbildung 6.61 In der Systemsteuerung ist eine standardmäßige Berechtigung gesetzt, die allen Benutzern Zugang zu »Synology Contacts« gewährt.

Synology Contacts öffnet sich in einem neuen Tab im Browser. Links im Hauptfenster können verschiedene Adressbücher verwaltet werden (siehe Abbildung 6.62). Das Programm unterscheidet zwischen persönlichen Adressbüchern und Gruppenadressbüchern. Ein persönliches Adressbuch ist zunächst privat. Die dort abgelegten Adressdaten können nur vom jeweiligen Benutzer eingesehen werden. Anfangs ist bereits das Adressbuch *Meine Kontakte* angelegt.

Alternativ lassen sich auch weitere persönliche Adressbücher anlegen, dafür dient die Schaltfläche mit dem Pluszeichen neben dem Eintrag PERSÖNLICHES ADRESSBUCH. Ein persönliches Adressbuch kann über das Ausklappmenü mit den drei Punkten aber auch freigegeben werden. Dann erscheint ein neues Fenster, in dem Sie Personen aus dem Nutzerkreis der DiskStation hinzufügen können. Für jeden Benutzer (es lassen sich auch Benutzergruppen hinzufügen) kann individuell entschieden werden, ob dieser das Adressbuch nur lesen oder auch bearbeiten darf. Freigegebene Adressbücher erscheinen bei den berechtigten Personen unter der Rubrik GEMEIN-

SAMES ADRESSBUCH. Verwechseln Sie diese Rubrik nicht mit den Gruppenadressbüchern.

Abbildung 6.62 »Synology Contacts« unterscheidet persönliche Adressbücher von Gruppenadressbüchern.

Zu Beginn gibt es unter GRUPPENADRESSBUCH ein Adressbuch mit dem Namen *Team-Kontakte*. Es enthält alle Benutzer der DiskStation und deren Kontaktdaten – sofern diese von den jeweiligen Nutzern hinterlegt wurden. Dieses Adressbuch wird allen Nutzern von Synology Contacts angezeigt, allerdings darf nur ein Administrator den Datenbestand verändern. Alle normalen Nutzer haben nur eine Leseberechtigung. Ein Administrator kann darüber hinaus weitere Gruppenadressbücher anlegen und über die Freigabe-Funktion festlegen, welche Benutzer das Adressbuch lesen oder bearbeiten dürfen. Genau wie bei der Freigabe von persönlichen Adressbüchern gibt es auch für Gruppenadressbücher eine Steuerung für Zugriffsrechte.

Beachten Sie, dass Sie auch Gruppenadressbücher so konfigurieren können, dass sie nur einem Teil des Benutzerkreises der DiskStation angezeigt werden. Die Möglichkeit der Freigabe von Adressbüchern kann ein Administrator unterbinden. Diese Funktion findet sich im Einstellstellungsdialog (erreichbar über das persönliche Menü ganz oben rechts) auf der Registerkarte ERWEITERT.

Im persönlichen Einstellungsmenü kann auch jeder Nutzer für sich die Anzeige von Adressbüchern deaktivieren. Alle Adressbücher können aber jederzeit über einen CardDAV-Link mit anderen Geräten synchronisiert werden. Die Zugriffsberechtigungen gelten entsprechend. Dazu gleich mehr.

Möchten Sie innerhalb von Synology Contacts einen Kontakt zu einem Adressbuch hinzufügen, dann klicken Sie im rechten Bereich der Anwendung auf die Schaltfläche KONTAKT HINZUFÜGEN. Dann zeigt sich eine Eingabemaske, die Sie mit den vorhandenen Daten füllen können (siehe Abbildung 6.63). Im kreisförmigen Bereich kann ein Foto des Kontakts hinterlegt werden. Über die Schaltfläche MEHR unten links lassen sich zusätzliche Eingabefelder einblenden. Zu jedem Kontakt können Sie mehrere Telefonnummern und E-Mail-Adressen eingeben.

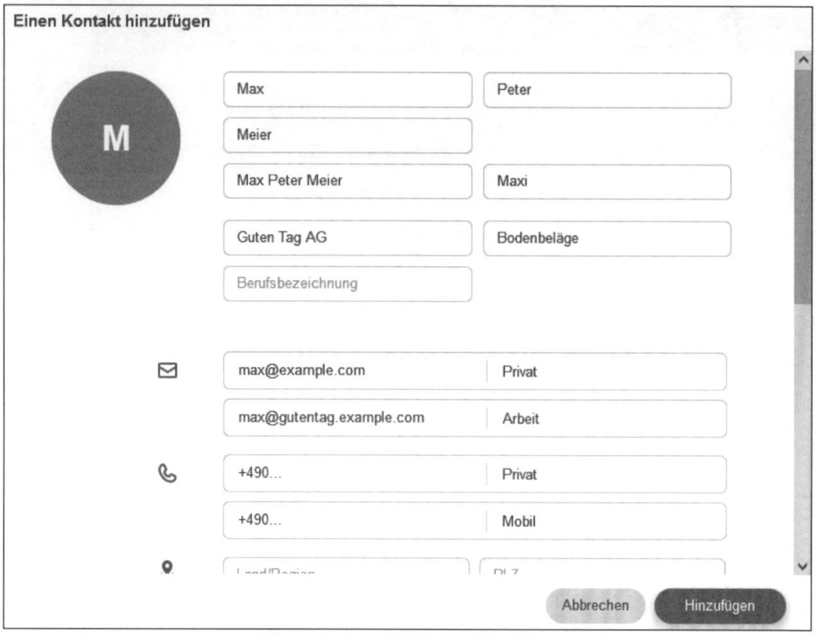

Abbildung 6.63 Zahlreiche Felder warten beim Hinzufügen eines Kontaktes auf mögliche Eingaben.

Wenn Sie mit der Maus über ein geeignetes Eingabefeld fahren, werden rechts daneben Schaltflächen sichtbar, mit denen sich weitere Eingabefelder ergänzen lassen. Im rechten Bereich des Eingabefeldes lassen sich auch Kategorien eingeben, um etwa berufliche von privaten Kontakten zu trennen.

Nachdem Sie einen Kontakt hinzugefügt haben, wird dieser in der Tabelle der Kontakte geführt. Wichtige Kontakte können Sie ganz links mit einem Sternchen favorisieren. Sie werden dann in der Rubrik MIT STERNCHEN geführt. Wenn Sie einen großen Kontaktbestand verwalten, dann können Sie diesen auch mit Schlagwörtern organisieren. Fahren Sie mit dem Mauszeiger über einen Kontakt, so sehen Sie rechts die Schaltfläche KENNZEICHNUNG HINZUFÜGEN. Darüber können Sie ein Schlagwort und eine farbige Markierung zuweisen. Sie finden so markierte Kontakte anschließend (auch) unter der Rubrik KENNZEICHNUNG.

Ein externes Adressbuch importieren

Sie können bereits vorhandene Adressbücher auch in Synology Contacts importieren. Klicken Sie dazu oben links auf die Plus-Schaltfläche neben dem Eintrag PERSÖNLICHES ADRESSBUCH, und wählen Sie aus dem Ausklappmenü die Funktion ADRESSBUCH IM-

PORTIEREN. Sie können auswählen, ob Sie die Adressen aus einem Google-Adressbuch oder einem Outlook-Adressbuch importieren möchten. Sie müssen dann die jeweiligen Zugangsdaten eingeben. Alternativ können Sie die Daten von einem anderen CardDAV-Server abrufen. Auch der Import aus einer vCard-Datei oder einer CSV-Tabelle ist möglich.

Alternativ zum Importieren können Sie ein Adressbuch mit den drei erstgenannten Diensten auch synchronisieren, um einen fortlaufenden Datenabgleich zu erreichen. Wählen Sie aus dem Ausklappmenü dann nicht ADRESSBUCH IMPORTIEREN, sondern ADRESSBUCH SYNCHRONISIEREN.

6.5.2 Auf ein Adressbuch per CardDAV zugreifen

Sobald Sie ein Adressbuch in Synology Contacts angelegt haben, können Sie einen CardDAV-Link abrufen, um den Datenbestand mit anderen Endgeräten zu synchronisieren. Beachten Sie aber Ihre Zugriffsberechtigungen für die Adressbücher. Ist Ihre Berechtigung auf *Nur lesen* gesetzt, dann können Sie die Kontaktdaten nur in Richtung vom Server auf die Client-Geräte übertragen. Die andere Richtung erfordert auch den Schreibzugriff auf das Adressbuch. Sie können jede Art von Adressbuch individuell per CardDAV synchronisieren.

Fahren Sie mit dem Mauszeiger über das gewünschte Adressbuch, und öffnen Sie rechts neben dem Eintrag das Menü mit den drei Punkten. Klicken Sie dort auf CARDDAV. Sie sehen nun ein Fenster, das Ihnen einen Link für die Verknüpfung mit einem iPhone und einen Link für die Verknüpfung mit allen anderen Geräten zeigt (siehe Abbildung 6.64).

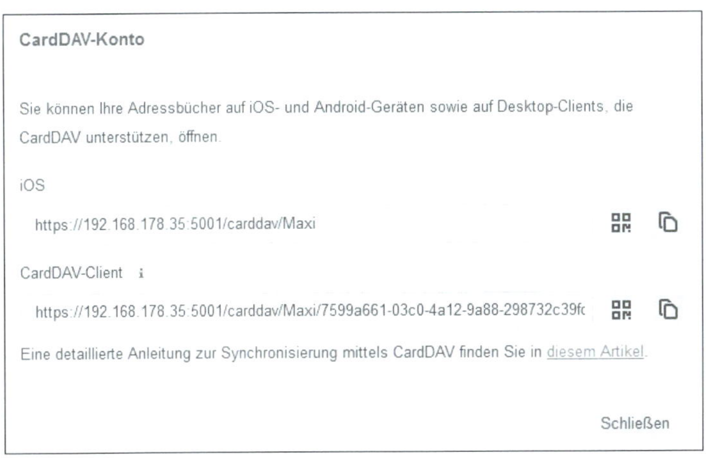

Abbildung 6.64 CardDAV-Links können zur Synchronisierung von Adressbüchern verwendet werden.

Der Link für das iPhone (iOS) synchronisiert den gesamten Adressbestand über alle Adressbücher, die in der Adressbuchliste angezeigt werden. Er ist nur verfügbar, wenn Synology Contacts über eine HTTPS-Verbindung aufgerufen wird. Der Datenabgleich mit einem iPhone ist über eine unverschlüsselte HTTP-Verbindung nicht möglich. Wenn Sie mit einem iPhone synchronisieren wollen, müssen Sie also zuvor eine gesicherte HTTPS-Verbindung herstellen und Port 5001 statt Port 5000 verwenden. Wenn Sie ein bestimmtes Adressbuch nicht synchronisieren möchten, dann müssen Sie zuvor in Synology Contacts über das persönliche Menü dafür sorgen, dass dieses Adressbuch nicht mehr angezeigt wird. Entfernen Sie dazu bei diesem Adressbuch das Häkchen in der Spalte ANZEIGE.

Der zweite Link (CARDDAV-CLIENT, der deutlich länger ist) ist hingegen adressbuchspezifisch und ist auch über eine ungesicherte Verbindung verfügbar. Falls Sie die Synchronisierung über das Internet planen, sollten Sie jedoch dringend auf eine gesicherte HTTPS-Verbindung ausweichen und die Verbindungsparameter anpassen. Auch eine Änderung des Ports ist über das Anmeldeportal der Systemsteuerung eine Option. Bedenken Sie, dass eine VPN-Verbindung möglicherweise eine Alternative darstellt. Den Link können Sie über die Schaltflächen rechts in die Zwischenablage kopieren (und beispielsweise extern per E-Mail versenden) oder ihn als QR-Code anzeigen lassen, was für Mobilgeräte praktisch ist.

Am CardDAV-Client müssen Sie den Link nun einfügen und die Zugangsdaten für das jeweilige Benutzerkonto eingeben. Üblicherweise können Sie dann auswählen, welche Adressbücher synchronisiert werden sollen. Wenn Sie die CardDAV-Funktion auf einem Mobilgerät nutzen, dann müssen Sie der App Berechtigungen für den Zugriff auf das Adressbuch gewähren. Je nach Gerät und Softwareausstattung benötigen Sie möglicherweise zunächst eine App, die die CardDAV-Funktionalität nachrüstet. Unter Android kann dafür beispielsweise die App *OpenSync* verwendet werden (siehe Abbildung 6.65), die aus dem Open-Source-Bereich stammt.

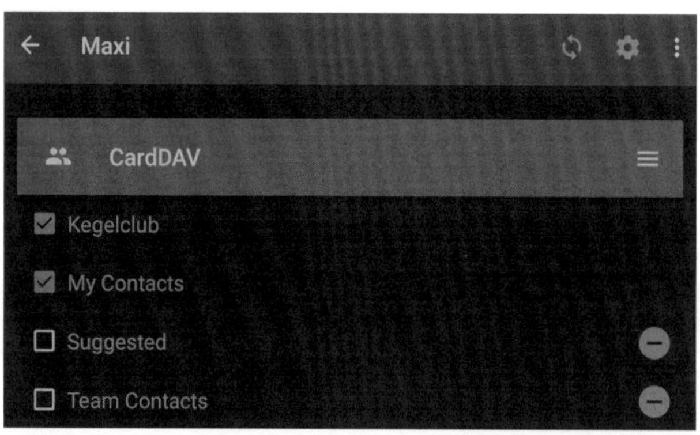

Abbildung 6.65 Mit der Open-Source-Software »OpenSync« bringen Sie auch Android-Geräten die CardDAV-Funktion bei. Über den eigentlich für iOS gedachten Link können Sie mehrere Adressbücher gemeinsam hinzufügen.

Kapitel 7

Die DiskStation sicher betreiben und den Betrieb überwachen

»Einfach nicht einschalten!«
Sicherer geht es nicht. Wie Sie Ihre DiskStation jedoch produktiv nutzen, aber dennoch immer auf der sicheren Seite sind, beleuchten wir nun.

Dieses Kapitel zeigt Ihnen, wie Sie die DiskStation sicher betreiben können. Dazu stellen wir Ihnen die Schutzfunktionen des Geräts vor und zeigen Ihnen, wie Sie die DiskStation im Betrieb überwachen können.

7.1 Benachrichtigungen und Protokoll-Center

Für die Verwaltung einer DiskStation ist es wichtig, über relevante Ereignisse und Fehlerzustände informiert zu sein. Die DiskStation bietet mehrere Werkzeuge, über die ein Administrator solche Informationen erhalten kann. Besonders wichtig sind automatisch versendete Benachrichtigungen und das Protokoll-Center, das Log-Einträge verwaltet.

7.1.1 Bei wichtigen Ereignissen Benachrichtigungen empfangen

Die DiskStation kann beim Eintreten bestimmter Ereignisse Benachrichtigungen an die Nutzer versenden. Dies kann auf verschiedene Arten erfolgen: per E-Mail, per SMS oder per Push-Nachricht an Browser und mobile Apps, ja sogar an Chat-Systeme. Der Nutzer kann konfigurieren, bei welchen Ereignissen er auf welche Weise informiert werden möchte.

Für BENACHRICHTIGUNGEN ist das gleichnamige Modul in der Systemsteuerung zuständig (siehe Abbildung 7.1).

Auf der ersten Registerkarte wird die Benachrichtigung per E-Mail konfiguriert. Zunächst haben Sie die Möglichkeit, ein bestehendes Synology-Konto für den Empfang von Benachrichtigungen zu nutzen. Hierdurch erhalten Sie E-Mails direkt von Synology an die mit Ihrem Synology-Konto verknüpfte E-Mail-Adresse. Wenn Sie die

Funktion benutzen möchten, dann aktivieren Sie das entsprechende Kontrollkästchen in der Sektion SYNOLOGY-KONTO. Wenn Sie Ihre DiskStation bereits zuvor an Ihrem Synology-Konto angemeldet haben, dann steht die Funktion sofort zur Verfügung. Ansonsten müssen Sie sich jetzt in einem neu geöffneten Browserfenster entweder mit den Zugangsdaten Ihres Synology-Kontos anmelden oder ein neues (kostenloses) Synology-Konto anlegen. Nach der Anmeldung sehen Sie in der Zeile SYNOLOGY-KONTO die E-Mail-Adresse, an welche die Benachrichtigungen zugestellt werden. Im Feld REGEL können Sie auswählen, bei welchen Ereignissen Sie eine Nachricht erhalten möchten. Drei vorgefertigte Stufen stehen zur Wahl: Sie können Benachrichtigungen entweder pauschal bei allen Ereignissen bekommen oder nur bei kritischen Systemfehlern. Als Zwischenstufe können Sie die Einstellung WARNING verwenden. Auf Wunsch können Sie über die Option ERSTELLEN eine eigene Regel definieren. In einem neuen Fenster sehen Sie alle verfügbaren Benachrichtigungen, die nach Kategorien sortiert sind. Wenn Sie die Kategorien ausklappen, dann können Sie die gewünschten Benachrichtigungen in der ersten Spalte per Haken auswählen. Vergeben Sie im obersten Eingabefeld einen Namen für Ihre Regel, bevor Sie unten auf HINZUFÜGEN klicken. Über die Schaltfläche TEST-E-MAIL SENDEN können Sie die Funktionsfähigkeit überprüfen.

Als zweite Möglichkeit kann die DiskStation für E-Mail-Benachrichtigungen ein bestehendes E-Mail-Konto von einem beliebigen E-Mail-Anbieter nutzen, der den Versand über einen SMTP-Server ermöglicht. Viele Gratisanbieter unterstützen diese Funktion. Sie können daher für die DiskStation ein eigenes E-Mail-Konto anlegen oder auch ein bereits bestehendes nutzen. Der Vorteil dieser Methode liegt darin, dass Sie diverse Empfängeradressen angeben und für jede Adresse den Umfang der Benachrichtigungen einstellen können. Legen Sie sich für die Einrichtung die nötigen Informationen bereit, wie Adresse des SMTP-Servers und die Zugangsdaten.

Klicken Sie dann in der Sektion E-MAIL unter dem Punkt ABSENDER auf EINRICHTEN. In einem neuen Fenster können Sie aus einigen vordefinierten Anbietern auswählen oder alternativ einen benutzerdefinierten SMTP-Server bestimmen. Geben Sie in die Eingabefelder die benötigten Daten ein, und klicken Sie auf SPEICHERN.

Als Nächstes müssen Sie im Bereich EMPFÄNGERPROFILE die gewünschten Empfänger angeben. Klicken Sie also auf HINZUFÜGEN. Im neuen Fenster tragen Sie die gewünschte Empfängeradresse ein. Sie können auch eine Liste mehrerer E-Mail-Adressen eingeben; nutzen Sie dann das Semikolon (und ein Leerzeichen) als Trennelement – oder drücken Sie die Enter-Taste. Im Feld REGEL können Sie analog zur Benachrichtigung per Synology-Konto auswählen, bei welchen Ereignissen Sie informiert werden möchten. Auch hier können Sie auf Wunsch eine eigene Regel erstellen. Wenn Sie fertig sind, können Sie einen Eintrag aus der Tabelle anklicken und die Funktionsfähigkeit über die Schaltfläche TEST-E-MAIL SENDEN ausprobieren.

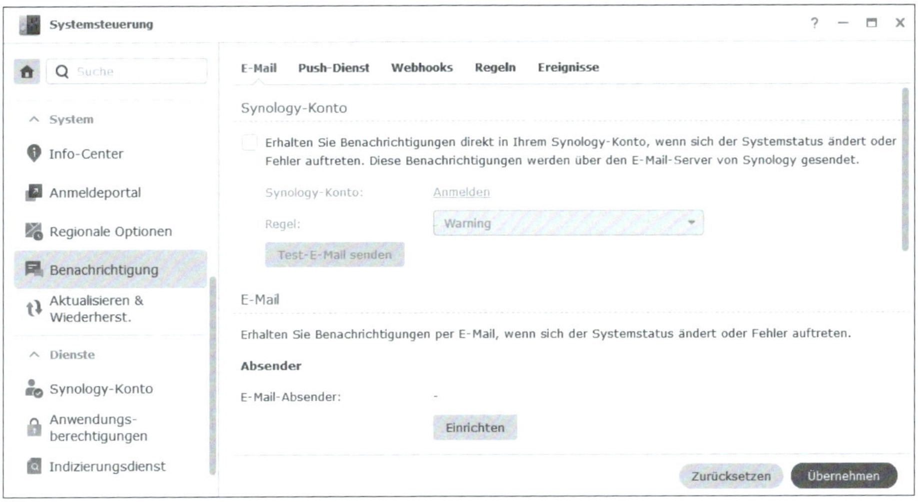

Abbildung 7.1 Geben Sie die Absender- und Empfängerdaten auf der Registerkarte »E-Mail« ein, damit die DiskStation E-Mail-Benachrichtigungen senden kann.

Damit Sie eingehende Benachrichtigungen besser zuordnen können, empfiehlt es sich, in der Sektion E-MAIL-EINSTELLUNGEN ein SUBJEKT-PRÄFIX zu definieren, das dem E-Mail-Betreff vorangestellt wird. Hier bietet sich beispielsweise die Typennummer der DiskStation an, sodass das Gerät zweifelsfrei zugeordnet werden kann.

Beachten Sie, dass die DiskStation das für den Versand hinterlegte Konto nur zum Versand von Systemnachrichten benutzt. Alle Benutzer der DiskStation, die Administratoren eingeschlossen, müssen für den eigenen E-Mail-Versand jeweils ein Konto im persönlichen Bereich konfigurieren. Dieses wird immer dann benutzt, wenn der jeweilige Benutzer eigene Aktionen durchführt, z. B. einen Freigabelink an eine Person versendet.

Die Registerkarte PUSH-DIENST kontrolliert die Einstellungen für Push-Benachrichtigungen. Diese können entweder an den Webbrowser oder die mobile App *DS finder* gesendet werden. Die Browser-Benachrichtigung ist gegenwärtig auf die Browser Microsoft Edge, Google Chrome und Apple Safari beschränkt, für die Sie eventuell noch Plugins installieren müssen (siehe Abbildung 7.2). Mit Mozilla Firefox funktioniert sie nicht zuverlässig.

Wenn Ihr Browser unterstützt wird, dann können Sie auf EINRICHTEN • BROWSER klicken. Je nach Konfiguration im Browser öffnet sich eine neue Seite, die Sie zur Installation eines Plugins auffordert. Der direkte Versand – wie man ihn von anderen Webseiten kennt – ist mit der DiskStation so nicht möglich.

Nach der Installation zeigt der Webbrowser die Kopplung mit der DiskStation an. Von nun an erscheinen Push-Benachrichtigungen in diesem Browser. Im DSM können Sie auf der DiskStation die Kopplung auch wieder lösen. Klicken Sie dazu auf GERÄTE VERWALTEN.

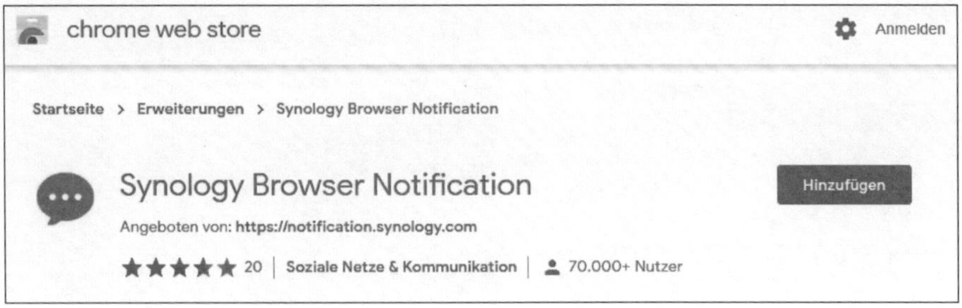

Abbildung 7.2 Für Browser-Benachrichtigungen ist möglicherweise ein zusätzliches Plugin nötig.

Mobilgeräte sind nicht ganz so wählerisch. Hier müssen Sie zunächst die App *DS finder* installieren, die von Synology bereitgestellt wird (siehe Abbildung 7.3).

Abbildung 7.3 Über die Schaltfläche »VORHANDENEN NAS VERWALTEN« erhalten Sie Zugang zu Ihrer DiskStation.

Wenn Sie auf EINRICHTEN • GERÄT klicken, dann werden Ihnen QR-Codes gezeigt, die zu den Installationsdateien führen, alternativ können Sie die Installation auch direkt über Ihren App-Bezugspunkt vornehmen.

In *DS finder* tippen Sie auf VORHANDENEN NAS VERWALTEN. In der Ergebnisliste wird die DiskStation mit ihrer IP-Adresse aufgeführt sein. Tippen Sie den Eintrag an, und melden Sie sich dann mit dem Administratorkonto an. Sie sollten dafür ruhig das verschlüsselte HTTPS nutzen. Hier wird Ihnen möglicherweise eine Zertifikatswarnung angezeigt.

DS finder zeigt Ihnen wie in Abbildung 7.4 grundlegende Informationen zur Verwaltung der DiskStation an und ist daher an sich schon oftmals für einen Administrator interessant.

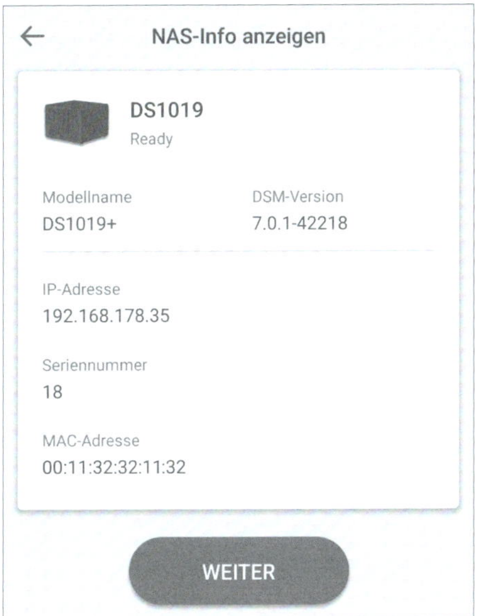

Abbildung 7.4 »DS finder« verrät einige zusätzliche Informationen beim Verbindungsaufbau und kann daher auch für andere Zwecke dienlich sein.

Tippen Sie in der App beim Eintrag BENACHRICHTIGUNGEN auf den Schalter, um die Funktion einzuschalten. Wenn Sie danach zum DSM zurückkehren, werden Sie Ihr Mobilgerät in der Liste sehen. Sie können dort eine Test-Nachricht schicken und die Paarung aufheben. Bitte beachten Sie, dass es möglicherweise einige wenige Sekunden dauert, bis die Nachricht auf Ihrem Mobilgerät angezeigt wird. In der App werden die Benachrichtigungen auf der Registerkarte MEHR in der Sektion BENACHRICHTIGUNGEN angezeigt (siehe Abbildung 7.5).

Als dritte Option können Sie auf der gleichnamigen Registerkarte *Webhooks* konfigurieren und auf diese Weise Benachrichtigungen über Anwendungen empfangen, die Webhooks unterstützen. Über diese Funktion können Sie auch Benachrichtigungen auf einem Mobiltelefon per SMS empfangen. Für den Versand nutzt die DiskStation einen Internetanbieter, der die Daten per Webhooks empfängt. Es wird also keine SIM-Karte in die DiskStation eingelegt. Zwei Anbieter sind bereits mit entsprechenden Formularfeldern integriert: *Clickatell* und *sendinblue*. Beides sind gebührenpflichtige Anbieter, deren Dienste sich hauptsächlich an Unternehmenskunden richten. Für den gelegentlichen Versand von SMS-Benachrichtigungen einer (privat genutzten) DiskStation sind sie nicht vorrangig gedacht. Es besteht aber die Möglichkeit, auch andere SMS-Sendedienste einzutragen. Klicken Sie auf HINZUFÜGEN, und wählen Sie im neuen Fenster Anbieter • SMS. Im Feld Regel können Sie einstellen, bei welchen Ereignissen Sie benachrichtigt werden möchten. Da es sich bei SMS-Benachrichtigungen zumeist um kostenpflichtige Dienste handelt, bietet es sich an, sich nur bei kritischen Ereignissen informieren zu lassen und außerdem ein Mindestintervall für Benachrichtigungen zu setzen. Wenn die DiskStation nicht gerade unternehmenskritische Daten verwaltet, kann es günstiger sein, auf die zuvor genannten Push-Benachrichtigungen auszuweichen, die über das Internet an eine mobile App versendet werden. Diese sind gebührenfrei, und Mindestintervalle spielen keine Rolle. Allerdings können sie nur bei verfügbarer Internetverbindung zuverlässig empfangen werden.

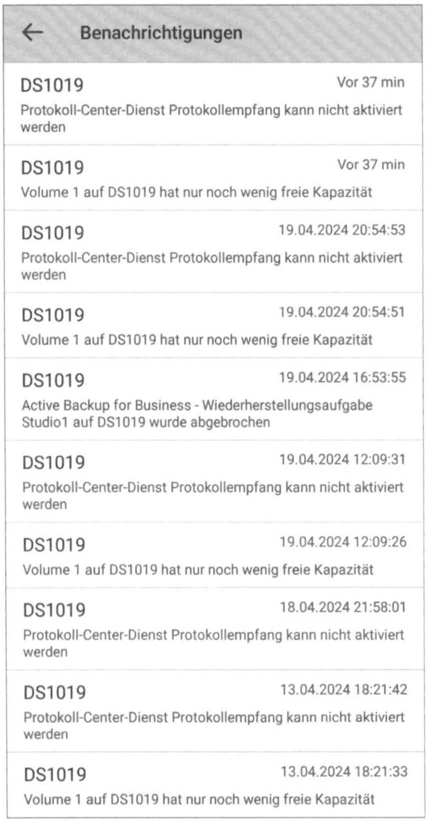

Abbildung 7.5 »DS finder« zeigt alle Push-Benachrichtigungen an.

Klicken Sie auf Weiter, und geben Sie nachfolgend die Zugangsdaten ein. Sie können auch die zuvor genannten SMS-Serviceanbieter auswählen. Danach ändern Sie die für Ihren Anbieter nötigen Versandeinstellungen über die Schaltfläche SMS-Serviceanbieter hinzufügen. Geben Sie zuunterst die Telefonnummern an, die die SMS-Benachrichtigungen erhalten sollen (siehe Abbildung 7.6). Prüfen Sie die Einstellungen abschließend mit dem Versand einer Testnachricht.

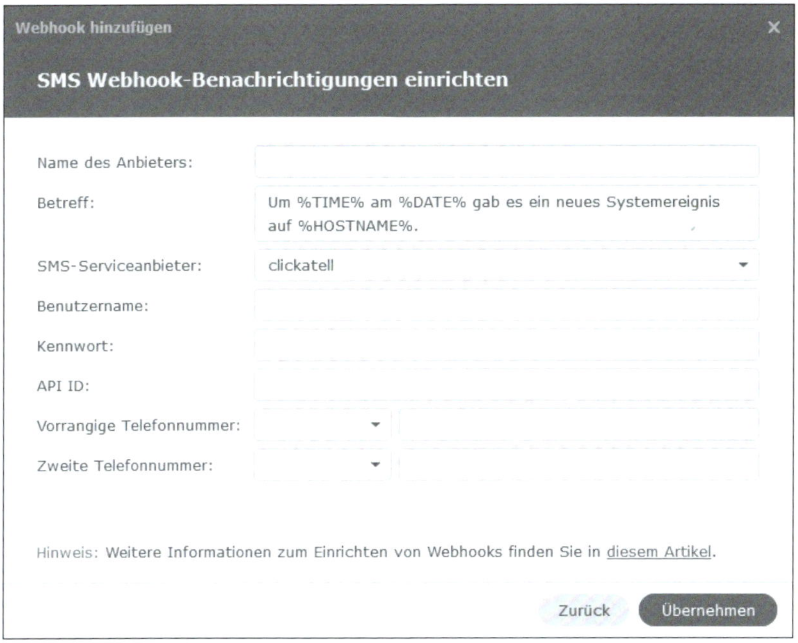

Abbildung 7.6 Benachrichtigungen können auch per (gebührenpflichtiger) SMS-Nachricht erfolgen.

Über Webhooks können Sie Benachrichtigungen auch an diverse Anwendungen schicken lassen. *Synology Chat* oder Microsoft Teams gehören etwa von Haus aus dazu. Sie können aber auch andere Anwendungen eintragen. Wenn Sie ein wenig bastelfreudig sind, können Sie für den Heimbetrieb auch einmal versuchen, das Mediacenter so zu konfigurieren, dass es Benachrichtigungen von der DiskStation anzeigt. Klicken Sie im DSM auf der Registerkarte Webhooks auf Hinzufügen, und wählen Sie Anbieter • Benutzerdefiniert. Sie müssen dann die Webhook-URL eintragen (siehe Abbildung 7.7) und auf der folgenden Seite festlegen, ob die Benachrichtigung über die `GET`- oder `POST`-Methode übermittelt wird. Dort können Sie auch – sofern erforderlich – HTTP-Header konfigurieren und Parameter übergeben. Hier kommt es im Detail auf den Anbieter an und in welchem Format er die Daten erhalten muss. Insgesamt ist diese Funktion eher etwas für den fortgeschrittenen Nutzer, der sich ein wenig mit Web-Technologien auskennt.

Nachdem Sie alle Methoden zur Benachrichtigung konfiguriert haben, sehen Sie auf der Registerkarte Regeln nun, welche Benachrichtigungsstufe von welcher Benachrichtigungsfunktion genutzt wird. Ihnen werden auch die E-Mail-Adressen angezeigt, die entsprechend angeschrieben werden. Über die Schaltfläche Hinzufügen können Sie weitere eigene Benachrichtigungsstufen festlegen. Die Registerkarte Ereignisse zeigt Ihnen wie in Abbildung 7.8 alle Ereignisse, bei denen Sie eine Benachrichtigung erhalten können, und Sie sehen auch, zu welcher Benachrichtigungsstufe diese gehört. Beachten Sie dabei, dass Meldungen der Kategorie *Info* (diese erhalten Sie, wenn Sie sich alle Benachrichtigungen zusenden lassen) gehäuft auftreten können und schnell störend wirken.

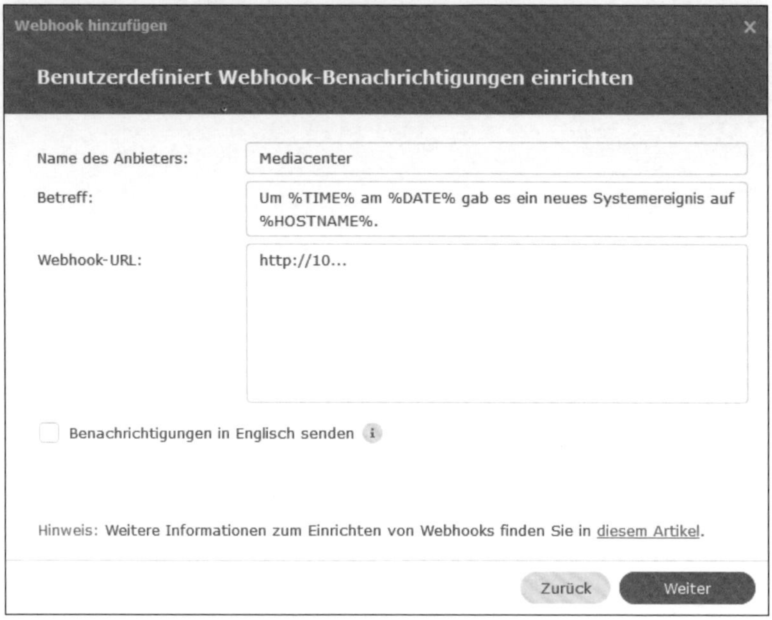

Abbildung 7.7 Über Webhooks können auch eigene Anwendungen Benachrichtigungen erhalten.

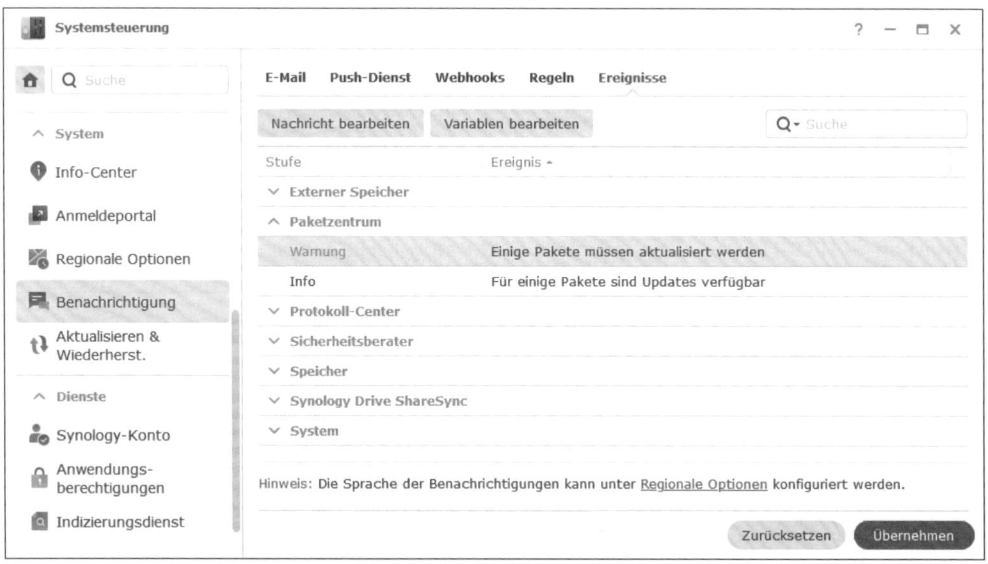

Abbildung 7.8 Auf der Registerkarte »Ereignisse« können Sie sich alle Ereignisse ansehen, bei denen Sie benachrichtigt werden können.

7.1.2 Protokolle im Protokoll-Center lesen und auswerten

Eine weitere wichtige Anlaufstelle für Nachrichten über Systemereignisse ist das *Protokoll-Center* (siehe Abbildung 7.9). Es ist bereits in der Grundkonfiguration installiert und kann über das Hauptmenü eines Administrators aufgerufen werden. Im Protokoll-Center werden (fast) alle Ereignisse der DiskStation und der installierten Anwendungen gesammelt. Wenn Sie in einer Anwendung, z. B. dem SMB-Dienst, die Protokollierung etwa von Dateiübertragungen aktiviert haben, dann werden diese im Protokoll-Center gespeichert und können dort eingesehen werden. 7

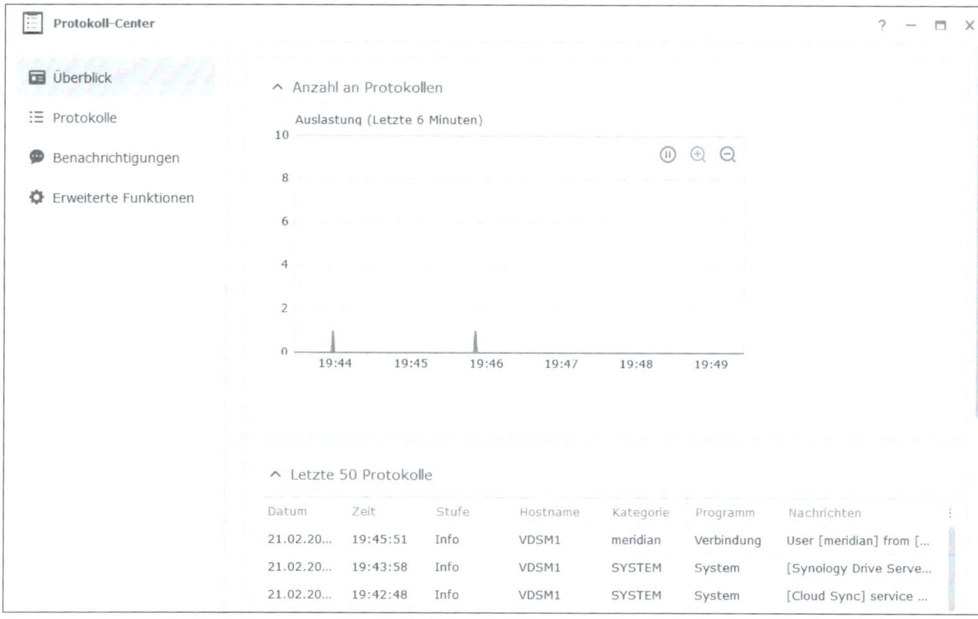

Abbildung 7.9 Das Protokoll-Center informiert über alle Ereignisse auf der DiskStation.

Das Protokoll-Center mag auf den ersten Blick schlicht erscheinen, bietet jedoch zahlreiche Funktionen und sollte von einem Administrator regelmäßig aufgerufen werden. Zahlreiche Systemmeldungen mögen zwar belanglos erscheinen, aber wenn es einmal Probleme gibt, können die Meldungen Ihnen helfen, diese Probleme zu beheben. Außerdem lässt sich das Protokoll-Center mit Zusatzfunktionen ausstatten, sodass es auch zur Analyse der Protokoll-Einträge anderer Netzwerkgeräte dienen kann.

Das Protokoll-Center startet wie in Abbildung 7.9 mit aktivierter Registerkarte ÜBERBLICK. Dort sehen Sie zunächst eine grafische Darstellung über die Anzahl an Log-Einträgen innerhalb eines einstellbaren Zeitraums. Nutzen Sie die DiskStation zu Hause, dann werden hier vermutlich nur wenige Ereignisse angezeigt. Bei der intensiven Nutzung etwa in einer Firma können hier aber deutlich mehr Ereignisse gelistet sein. Das Gleiche gilt für einen eventuellen Fehlerfall.

Steigt die Frequenz von Log-Einträgen plötzlich an, kann dies auch ein Zeichen dafür sein, dass etwas nicht stimmt. Unterhalb dieses Diagramms sehen Sie eine Tabelle mit den letzten 50 Log-Einträgen, sortiert nach der Zeit. Beachten Sie stets die Spalte STUFE, die über den Schweregrad des Log-Ereignisses informiert. Es werden verschiedene Stufen unterschieden. So bedeutet der Eintrag INFO etwa, dass es sich um ein Ereignis handelt, das nicht als kritisch gilt und dass Sie als Administrator lediglich informiert werden. Steht dort hingegen FEHLER, dann sollten Sie dem Eintrag eine höhere Aufmerksamkeit zukommen lassen und sich die Nachricht genau durchlesen.

Eine genauere Auswertung erlaubt die Registerkarte PROTOKOLLE (siehe Abbildung 7.10). Auf den ersten Blick gleicht die dortige Tabelle der auf der Übersichtsseite. Sie sehen auch hier die Spalte STUFE und die eigentliche Nachricht. Beachten Sie aber die beiden Ausklappfelder oben rechts, die unscheinbar wirken, aber wichtige Funktionen beinhalten.

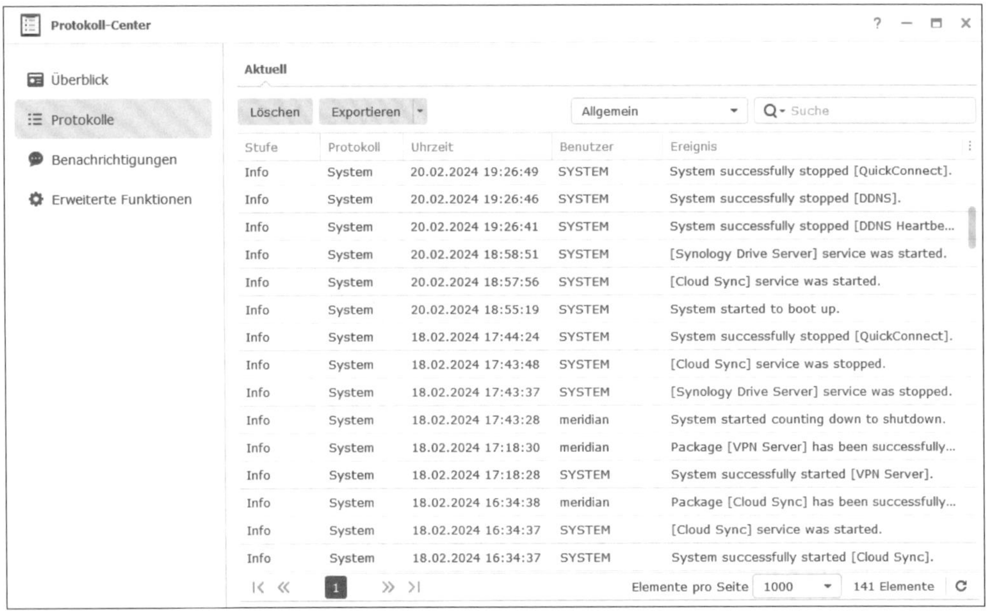

Abbildung 7.10 Auf der Registerkarte »Protokolle« werden alle Einträge angezeigt.

Das linke Ausklappfeld enthält zunächst den Begriff ALLGEMEIN. Hierüber können Sie aus verschiedenen Protokollen auswählen, die von der DiskStation verwaltet werden. Im Protokoll ALLGEMEIN werden normale System-Ereignisse festgehalten. Einträge informieren z. B. über geänderte Einstellungen oder geänderte Passwörter oder darüber, dass der Speicherplatz nahezu vollständig belegt ist (was mit der Stufe WARNUNG einhergeht). Daneben gibt es Protokolle zu Verbindungsinformationen, zur Dateiübertragung und zu den Laufwerken.

Im Log VERBINDUNG werden Kontaktaufnahmen der Nutzer mit Diensten der DiskStation festgehalten. Sie sehen hier etwa, wann sich Nutzer am DSM an- und abgemeldet haben, erfahren aber auch, wenn die Anmeldung fehlgeschlagen ist, z. B. weil ein falsches Passwort eingegeben wurde. Einbruchsversuche lassen sich so schnell erkennen, insbesondere wenn eine Brute-Force-Methode angewendet und Passwörter einfach durchprobiert wurden (obwohl derartige Angriffe durch die automatische Blockierung von der DiskStation ohnehin unterbunden werden).

Das Protokoll DATEIÜBERTRAGUNG speichert Ereignisse der Dateidienste. Hier finden Sie etwa die Meldungen vom SMB- oder vom FTP-Dienst. Die Bedeutung des Logs LAUFWERKE dürfte selbsterklärend sein.

Bei intensiver Nutzung der DiskStation können diese Protokolle schnell mehr als 10.000 Einträge umfassen, entsprechend schwierig ist die manuelle Analyse. Hier hilft das *Suchfeld* oben rechts. Es handelt sich ebenfalls um ein Ausklappfeld, mit dessen Optionen Sie gezielt nach bestimmten Einträgen suchen können. Grundsätzlich beherrscht die Suche die üblichen Platzhalter bzw. Wildcards.

Sie können etwa beliebige Zeichen(ketten) durch * oder einzelne beliebige Zeichen durch ? ersetzen. Auch logische Verknüpfungen wie AND, OR und NOT sind ebenso möglich wie die Priorisierung durch runde Klammern. Das Ausklappmenü im Suchfeld ermöglicht die Suche nach Stichworten, nach dem Datum, der Stufe (bzw. Schwere der Ereignisse), nach dem Hostnamen, dem Programm und der Kategorie. Wenn Nutzer an Sie mit einem Problem herantreten, dann können Sie die Ereignisliste z. B. auf den relevanten Datumsbereich und den betreffenden Nutzer einschränken. In der Symbolleiste können Sie über die beiden Schaltflächen die Protokollliste löschen oder als CSV- bzw. HTML-Datei exportieren. In der HTML-Version werden die Ereignisse als einfache Tabelle formatiert und können so extern analysiert werden.

Auf der Registerkarte BENACHRICHTIGUNGEN (siehe Abbildung 7.11) können Sie sich bei bestimmten Ereignissen im Protokoll-Center per E-Mail benachrichtigen lassen. Beachten Sie, dass diese Funktion die zuvor erwähnten Benachrichtigungen nicht ersetzt, sondern lediglich ergänzt und vor allem bei der Fehlersuche hilfreich sein kann. Zur Benachrichtigung wird das System-E-Mail-Konto verwendet, das Sie über das Modul BENACHRICHTIGUNG • E-MAIL in der Systemsteuerung konfigurieren können.

Die Benachrichtigung kann dann erfolgen, wenn die Anzahl an Protokolleinträgen pro Sekunde einen Schwellenwert überschreitet. Sie wissen dann also, dass »plötzlich etwas los ist«, und können entsprechend nach dem Rechten sehen.

Sie können sich auch informieren lassen, wenn Protokolleinträge mit einem einstellbaren Schweregrad vorgenommen werden. Die Einstellung NOTFALL ist der höchste Schweregrad – solche Ereignisse sollten entsprechend selten auftreten, aber von höchster Wichtigkeit sein. Bei der niedrigsten Stufe erhalten Sie auch bei weniger kritischen Ereignissen eine Information.

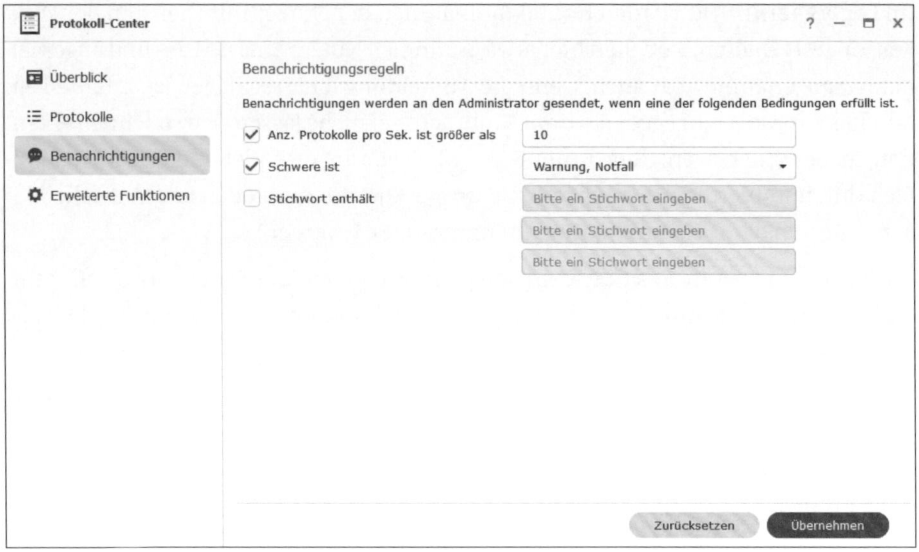

Abbildung 7.11 Bei kritischen Protokolleinträgen kann eine Benachrichtigung an den Administrator versendet werden.

Als letzte Option können Sie dann eine Nachricht erhalten, wenn ein Logeintrag ein definierbares Stichwort enthält. Drei Felder stehen dafür zur Verfügung. Sie können auch hier reguläre Ausdrücke und Platzhalter verwenden, um ein bestimmtes Ereignis zu filtern.

7.1.3 Protokolle über das Netzwerk auswerten

Die bisher betrachteten Funktionen des Protokoll-Centers konzentrieren sich auf Log-Einträge, die von der DiskStation und deren Anwendungen erzeugt werden. Tatsächlich ist dies auch die alleinige Aufgabe des Protokoll-Centers in der Grundkonfiguration. Mithilfe des Paket-Zentrums lässt sich das Protokoll-Center aber um weitere Funktionen ergänzen und zu einer zentralen Anlaufstelle für die Log-Verwaltung für andere Netzwerkgeräte machen. Im Prinzip wird dazu eine Art von Syslog-Server installiert, der durch andere Netzwerkgeräte angesprochen werden kann.

Wenn Sie im Netzwerk noch weitere Server-Geräte betreiben, auf denen ebenfalls fleißig Log-Dateien erzeugt, aber nicht grafisch ausgewertet werden, dann kann das erweiterte Protokoll-Center mit seiner Suchfunktion Sie bei der Auswertung unterstützen. Außerdem hilft das zentrale Sammeln dabei, den Überblick zu behalten.

Wenn Sie die erweiterten Funktionen nutzen möchten, dann finden Sie diese im Paket-Zentrum unter dem etwas unglücklich gewählten Eintrag »Protokoll-Center« (siehe Abbildung 7.12). Hier kann man schnell in die Irre geführt werden, weil ja bereits ein Protokoll-Center im DSM installiert ist und das erweiterte Protokoll-Center unter derselben Bezeichnung arbeitet. Alternativ gelangen Sie auch über die Schaltfläche PAKET-ZENTRUM ÖFFNEN auf der Registerkarte ERWEITERTE FUNKTIONEN des normalen Protokoll-Centers dorthin.

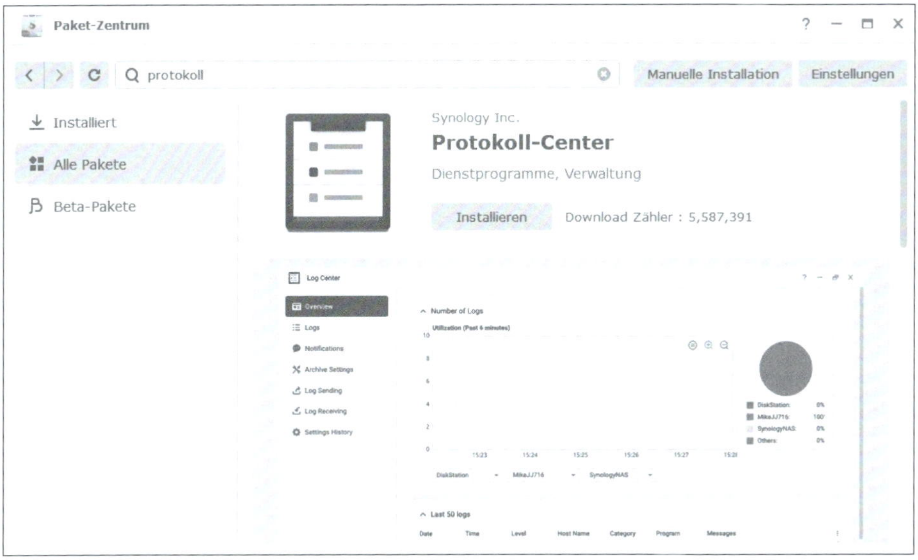

Abbildung 7.12 Über das Paket-Zentrum kann das Protokoll-Center um weitere Funktionen ergänzt werden.

Wenn Sie aber das Protokoll-Center (zusätzlich) aus dem Paket-Zentrum installieren und dann das (nach wie vor so heißende) Protokoll-Center aus dem Hauptmenü aufrufen, dann werden Sie feststellen, dass es nun deutlich mehr Registerkarten gibt (siehe Abbildung 7.13): Die neuen Registerkarten ermöglichen es Ihnen, die DiskStation-Protokolle an andere Log-Server zu senden, Log-Meldungen anderer Geräte zu empfangen sowie Log-Einträge in einer Datei zu archivieren.

Die ersten drei Registerkarten behalten ihre Funktion weitgehend bei. Änderungen gibt es auf der Registerkarte PROTOKOLLE, wo Sie nun – sofern Sie diese Möglichkeit nutzen wollen – die Protokolle anderer Geräte über das entsprechende Ausklappfeld betrachten können. Ansonsten ändert sich der Funktionsumfang nicht.

Auf der Registerkarte ARCHIVEINSTELLUNGEN können Sie die Protokolle an einem Speicherort in Dateiform archivieren (siehe Abbildung 7.13). Sie können einen beliebigen Ordner auswählen. Über die Archivregeln legen Sie fest, wann die Archivierung erfolgt. Sie können diese auslösen, wenn die Datenbank mit den Protokolleinträgen eine bestimmte Größe überschreitet oder wenn die Einträge eine einstellbare Zeit zurück liegen. Die Archivierung macht dann Sinn, wenn die DiskStation intensiv genutzt wird und die eigentliche Datenbank schnell eine unhandliche Größe annimmt. Sie ist ferner nur dann sinnvoll, wenn ein Interesse an älteren Einträgen besteht. Bei der Nutzung im Privathaushalt wird es hingegen meist genügen, ältere Log-Einträge einfach zu löschen, was auch im Hinblick auf den Datenschutz sinnvoll erscheint.

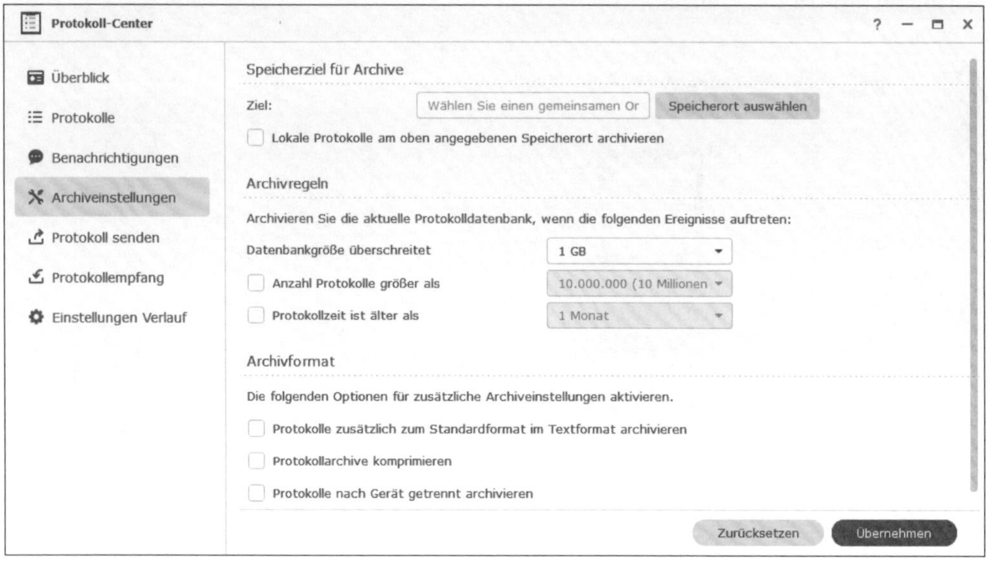

Abbildung 7.13 Archivieren Sie Log-Dateien, wenn Sie diese für die spätere Nutzung aufbewahren möchten.

Die Registerkarte PROTOKOLL SENDEN erlaubt es, die Log-Einträge von der DiskStation an einen anderen Log-Server im Netzwerk weiterzuleiten (siehe Abbildung 7.14). Das ist dann sinnvoll, wenn Sie im Netzwerk bereits ein anderes Gerät betreiben, das Log-Einträge zentral sammelt und entsprechende Möglichkeiten zu deren Analyse bietet. In diesem Fall konfigurieren Sie auf der Registerkarte die IP-Adresse dieses Systems und legen fest, wie es angesprochen werden soll. Ein Protokollfilter ermöglicht die Selektion bestimmter Protokollarten. Bei hohen Sicherheitsanforderungen kann die Übermittlung auch mit Zertifikaten abgesichert werden.

Die gegenteilige Funktion kann auf der Registerkarte PROTOKOLLEMPFANG aktiviert werden. Hierbei empfängt das Protokoll-Center die Log-Ereignisse anderer Geräte. Wenn Sie etwa einen Linux-Server betreiben und dort *Rsyslog* zur Verwaltung der Log-Einträge nutzen, dann können Sie diesen Daemon als Client konfigurieren und die Log-Einträge zum Protokoll-Center der DiskStation weiterleiten.

Die Ereignisse werden – wie schon erwähnt – zentral gesammelt und können mit den Möglichkeiten des Protokoll-Centers ausgewertet werden. Wenn Sie bisher Log-Dateien auf Ihrem Server manuell mit einem Texteditor und einer einfachen Suche analysiert haben, werden Sie sich vielleicht über diese Möglichkeit freuen.

Wenn Sie die Netzwerkgeräte entsprechend konfiguriert haben, dann erstellen Sie im Protokoll-Center einfach eine neue Regel, in der Sie das Protokollformat festlegen (BSD ist etwa für den angesprochenen Rsyslog-Client geeignet), und konfigurieren Sie Protokoll und Port (siehe Abbildung 7.15). Die Standardeinstellung UDP auf Port 514 ist ebenfalls für den Rsyslog-Dienst passend.

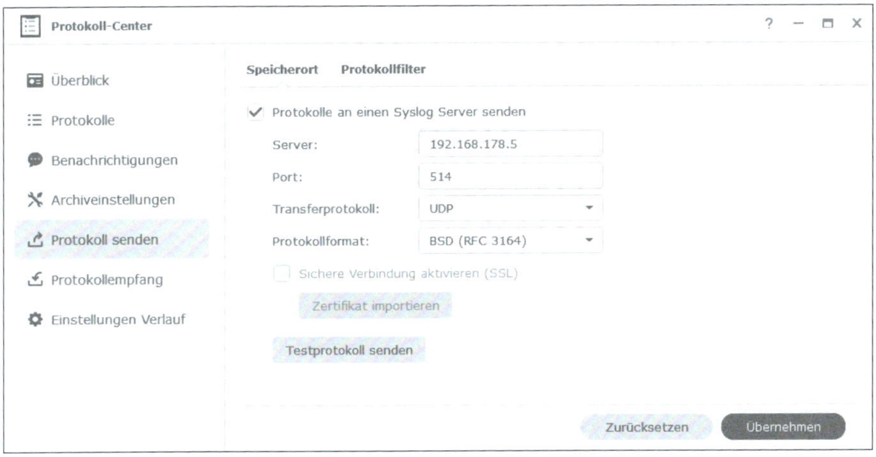

Abbildung 7.14 Die Protokolle der DiskStation können an einen anderen Protokollserver versendet werden.

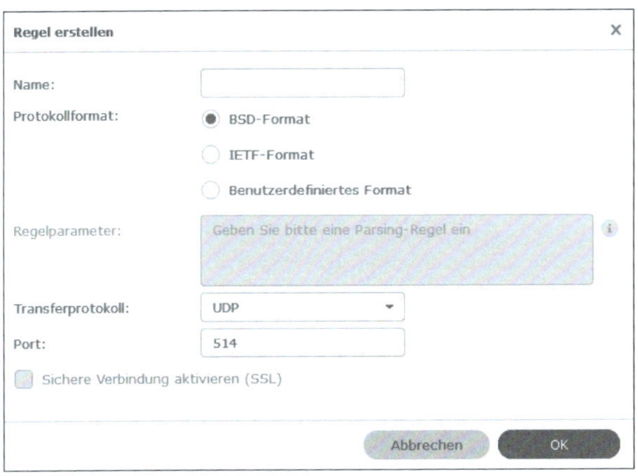

Abbildung 7.15 Legen Sie eine Regel an, um Log-Ereignisse anderer Geräte empfangen zu können.

Wenn Sie die Regel aktivieren, dann werden Sie auf der Registerkarte PROTOKOLLE, sobald Sie das Auswahlfeld auf die anderen Server umstellen, die Einträge der anderen Netzwerkgeräte finden und können diese über das Suchfeld filtern (siehe Abbildung 7.16).

Da die Konfiguration eines Rsyslog-Clients auf einem Linux-Server recht komplex sein kann, bietet es sich an, für erste Tests auf das Kommandozeilenwerkzeug *logger* zurückzugreifen. Mit ihm lassen sich Log-Einträge (auch) an entfernte Syslog-Server senden. Die Syntax lautet:

```
logger -p 1 -n IPADRESSE -P 514 -d NACHRICHT
```

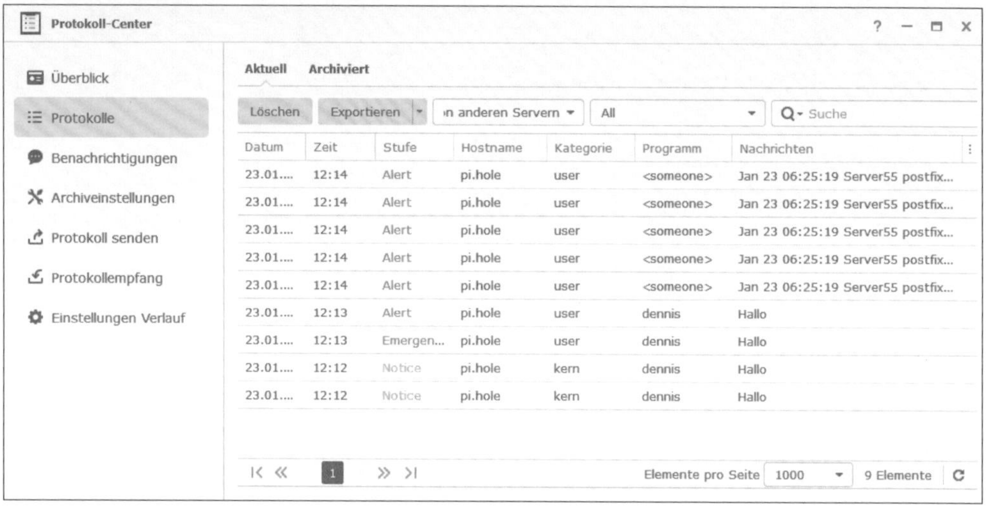

Abbildung 7.16 Auf der Registerkarte »Protokolle« sind nun Einträge anderer Netzwerkgeräte verfügbar.

Darin spezifizieren die Parameter `-p` die Priorität, `-n` die IP-Adresse des Syslog-Servers (hier ist also die IP-Adresse der DiskStation einzutragen), `-P` den Port (üblicherweise 514) und `-d` die Nachricht, die in das Log einzutragen ist.

7.2 Den Ressourcen-Monitor nutzen

Der Ressourcen-Monitor, den Sie als Administrator aus dem Hauptmenü heraus aufrufen können, informiert über die gegenwärtige Systemauslastung. Seine Dienste werden im Alltag normalerweise nicht benötigt. Sie können ihn aus Interesse heraus kontaktieren oder aber dann aufrufen, wenn die DiskStation ungewöhnlich träge reagiert und Sie feststellen möchten, woran das liegt.

Auf der Registerkarte LEISTUNG zeigt der Reiter ÜBERBLICK eine Zusammenfassung der Hardwareauslastung in Diagrammform (siehe Abbildung 7.17). Er kann ein wenig mit den Anzeigefunktionen zur Leistungsüberwachung des Task-Managers unter Windows verglichen werden. Sechs Diagramme informieren Sie hier über die Auslastung von CPU, Arbeitsspeicher und der gesamten Netzwerkkommunikation sowie über die Datentransferraten aller Volumes, LUNs und NFS-Freigaben. Sie erhalten somit einen guten Überblick über die Auslastung dieser Komponenten und können diese Informationen z. B. zur Planung automatischer Aufgaben verwenden.

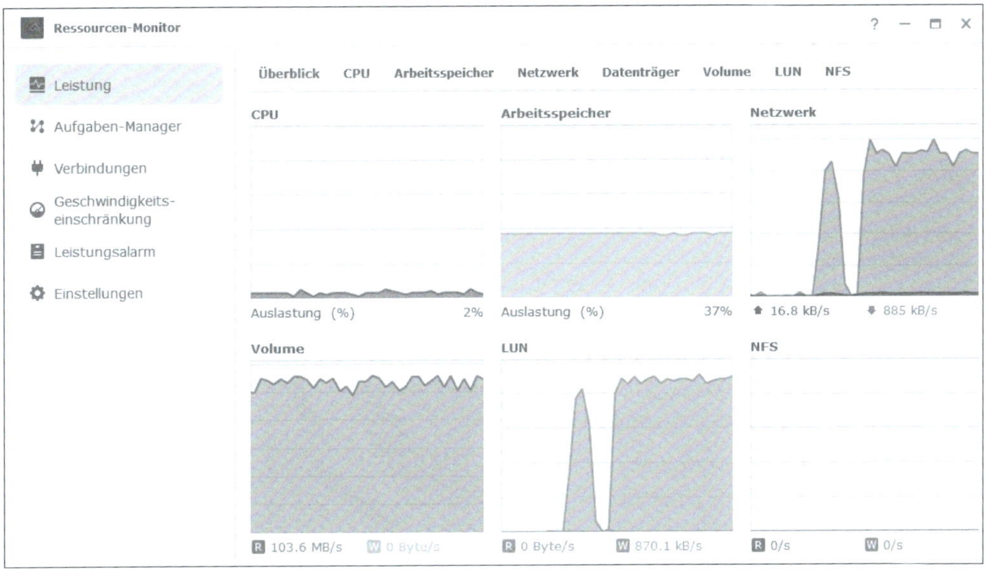

Abbildung 7.17 Der Reiter »Überblick« zeigt die Auslastung der wichtigsten Komponenten in Diagrammform.

Die übrigen Reiter informieren Sie detailliert über die Beanspruchung der jeweiligen Hardwarekomponenten. Der Reiter CPU informiert über die Auslastung des Prozessors. Das dort gezeigte Diagramm deckt im Vergleich zum Reiter ÜBERBLICK einen wesentlich größeren Zeitraum ab. Die Auslastung wird auch in der aus der Linux-Welt bekannten Warteschlangenlänge angegeben. Überhaupt verrät der Ressourcen-Monitor relativ viele Details über das Linux-Basissystem der DiskStation, das ansonsten dem Anwender ja mehr oder weniger verborgen bleibt. Auch die Angaben zur Speicherauslastung auf dem Reiter ARBEITSSPEICHER werden dem Linux-Nutzer vertraut sein, ähneln sie doch dem, was der bekannte Befehl `free -m` an Informationen liefert.

Sollten Sie eine DiskStation verwenden, bei der sich der Arbeitsspeicher aufrüsten lässt, dann kann Ihnen die Langzeitauswertung dieses Diagramms dabei helfen, festzustellen, ob eine Speichererweiterung sinnvoll ist. Wenn Sie ein Gerät mit mehr als einer Netzwerkschnittstelle betreiben, können Sie auf dem Reiter NETZWERK die Auslastung aller Schnittstellen individuell sowie als Summenwert auswerten und feststellen, wie stark die Netzwerkverbindung ausgelastet ist und ob möglicherweise einzelne Anwendungen in der Leistung limitiert werden.

Die beiden Reiter DATENTRÄGER und VOLUME informieren über die Leistung der Laufwerke. Sie können sich diese für jedes Laufwerk einzeln oder für die Volumes anzeigen lassen. Dabei können die Datensätze Durchsatz, Auslastung und IOPS visualisiert werden. Die beiden letzten Reiter, LUN und NFS, zeigen an, wie stark diese beiden Dienste beansprucht werden. Sie werden auch dann angezeigt, wenn Sie die Funktionen nicht nutzen.

Die Informationen der Registerkarte AUFGABEN-MANAGER (siehe Abbildung 7.18) können am ehesten mit der Prozess-Ansicht des Task-Managers unter Windows bzw. mit der Anzeige des Linux-Werkzeugs `top` verglichen werden.

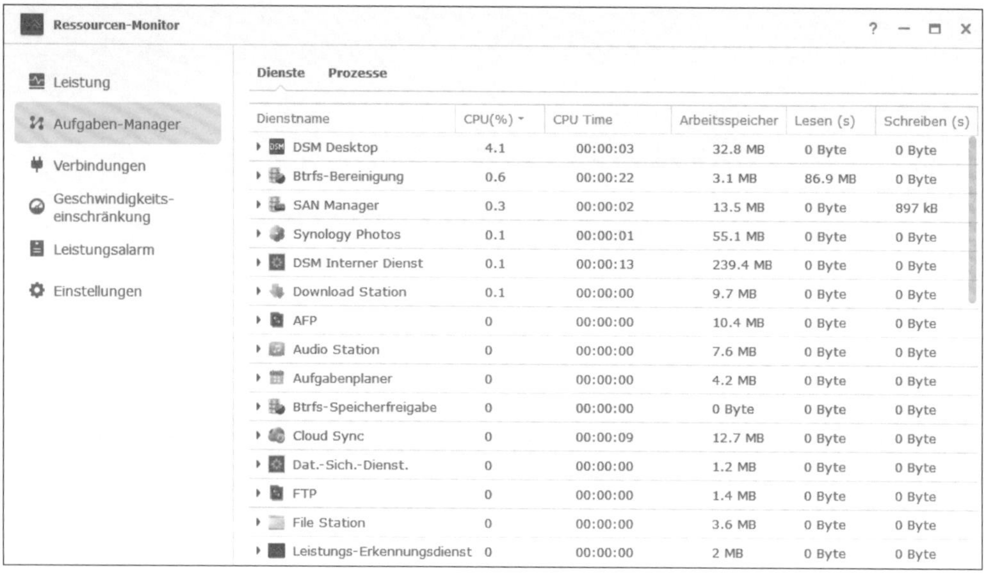

Abbildung 7.18 Auf der DiskStation werden mitunter zahlreiche Dienste parallel ausgeführt, von denen die meisten oftmals im Bereitschaftsmodus sind.

Die Reiter DIENSTE und PROZESSE zeigen alle Anwendungen bzw. Prozesse an, die auf der DiskStation aktiv sind. Die Spalten in den Tabellen informieren über die Auslastung von CPU und Speichersystem. Sie helfen dann, wenn man einen »Übeltäter« sucht, der die DiskStation ungewöhnlich stark in Anspruch nimmt, sodass andere Anwendungen ausgebremst werden. Wenn Sie einen Dienst doppelt anklicken, so sehen Sie die Prozesse, die sich dahinter verbergen. Auch hier zeigt sich der Ressourcen-Monitor recht redselig und gibt an, welche Linux-Programme sich hinter einer Funktion der DiskStation verbergen und welche Programme jeweils zusammenwirken. Der Ressourcen-Monitor hat allerdings nur anzeigende Funktionen. Es ist nicht möglich, einen Prozess zu beenden oder neu zu starten.

Auch für den Einstieg können Sie sich zumindest den Reiter DIENSTE einmal in Ruhe ansehen. Sie werden möglicherweise überrascht sein, wie viele Programme und Dienste auf der DiskStation parallel ausgeführt werden. Insbesondere unter dem

Aspekt, dass das NAS-Gerät zumeist Prozessoren mit überschaubarer Leistung einsetzt, kann dies Erstaunen hervorrufen.

Die Registerkarte VERBINDUNGEN (siehe Abbildung 7.19) informiert darüber, welche Benutzer gerade aktiv mit der DiskStation verbunden sind, welche Ressourcen sie benutzen und an welchen Dateien gearbeitet wird. Auf dieser Registerkarte ermöglicht der Ressourcen-Monitor auch ein Eingreifen und gestattet das Beenden von Verbindungen. Eine Übersicht, wie viel Systemleistung jeweils abgerufen wird, ist aber nicht vorhanden.

7

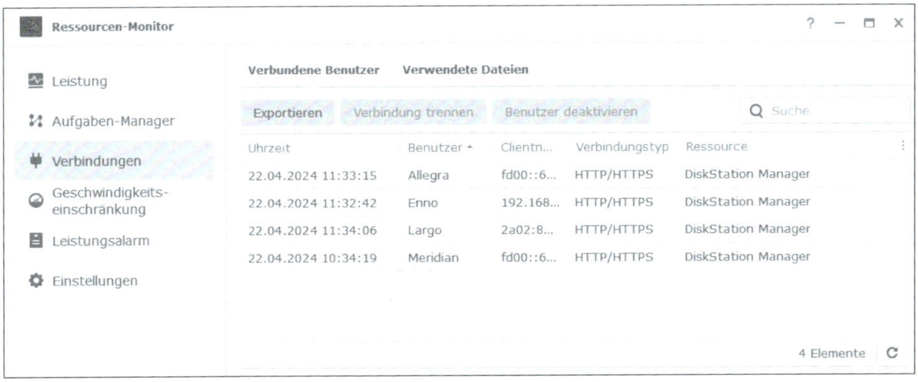

Abbildung 7.19 »Verbundene Benutzer« zeigt Ihnen an, wer derzeit mit der DiskStation verbunden ist.

Sollten Sie Geschwindigkeitseinschränkungen gesetzt haben, dann informiert die gleichnamige Registerkarte, falls diese aktiv sind. Sie können so erkennen, welche Dienste in der Leistung eingeschränkt werden und wie weit die jeweilige (Datei-)Aufgabe schon abgeschlossen ist.

Wenn Sie wirklich die Leistung des Gerätes über einen längeren Zeitraum überwachen möchten und eine Information darüber benötigen, wann und wenn ein kritischer Zustand erreicht wurde, dann sollten Sie sich mit der Registerkarte LEISTUNGSALARM beschäftigen. Auf ihr wird eine fortlaufende Überwachung der Leistung der DiskStation mit einer Protokollfunktion geboten. Sie können auf dem Reiter REGELN definieren, welchen Systemzustand Sie als kritisch erachten (siehe Abbildung 7.20).

Anschließend wird ein Protokolleintrag vorgenommen, wenn der durch die Regel definierte Zustand erreicht wird. Mit einer Regel können verschiedene Systemfunktionen überwacht werden. So ist es möglich, die Auslastung von Prozessor oder Arbeitsspeicher zu überwachen. Sie können jeweils einen Schwellenwert für die Warnstufe eingeben.

Eine Regel kann auch so konfiguriert werden, dass sie nur bestimmte Anwendungen und Dienste überprüft. Beispielsweise ist es möglich, Protokolleinträge zu erzeugen, wenn die Video Station mehr als 100 MBit/s an Daten überträgt. Sie können auch LUNs und Volumes auf ihre Auslastung hin checken lassen.

Abbildung 7.20 Sie können Regeln definieren, die bei einer hohen Systemauslastung einen Protokolleintrag erwirken.

In diesem Zusammenhang ist vielleicht auch die einzige Einstelloption des Ressourcen-Monitors auf der Registerkarte EINSTELLUNGEN interessant: Hier können Sie den Nutzungsverlauf aktivieren, bei dem die Systemnutzung aufgezeichnet wird (siehe Abbildung 7.21). Sie können somit die Auslastung über einen längeren Zeitraum überwachen.

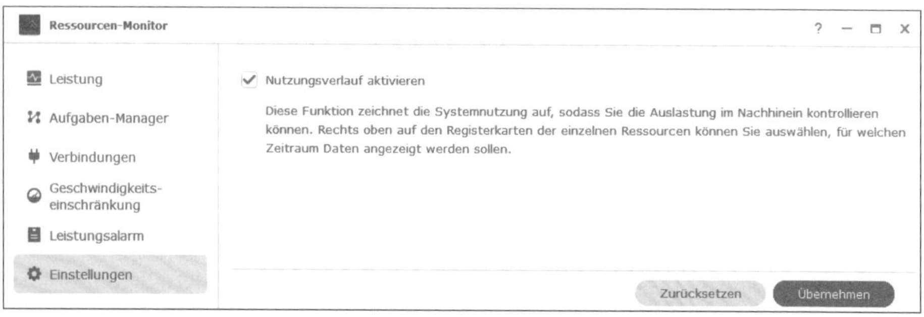

Abbildung 7.21 Mit dem Nutzungsverlauf kann die Auslastung der DiskStation über einen längeren Zeitraum analysiert werden.

Vergessen Sie nicht die Widgets und den Infobereich

Denken Sie daran, dass es auf dem DSM-Desktop auch noch die Widgets gibt, jene kleinen Fenster, die unten rechts auf dem Desktop schweben. Zu Beginn zeigen sie nur den Systemzustand und eine Kurzfassung des Ressourcen-Monitors. Über die

Schaltfläche mit dem Plus-Zeichen lassen sich aber auch noch Widgets zu den geplanten Aufgaben, der Speicherauslastung, den verbundenen Benutzern, den neuesten Protokollierungen und zu Datensicherungsaufgaben einblenden.

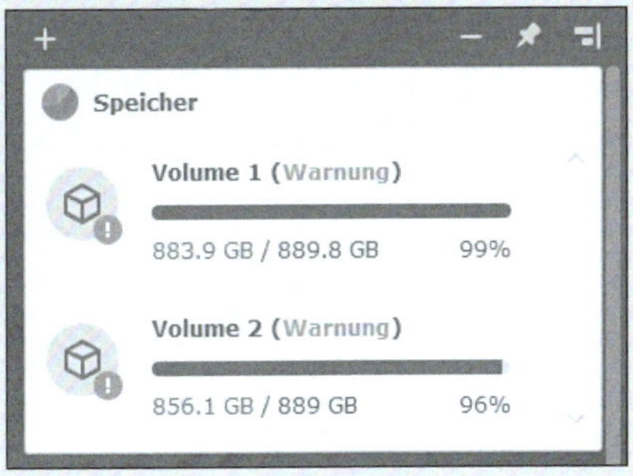

Abbildung 7.22 Das Widget »Speicher« informiert über die Auslastung der Volumes.

Außerdem informiert der Benachrichtigungsbereich in der Taskleiste ständig über wichtige Systemereignisse. Er sollte häufig kontrolliert werden und die erste Anlaufstelle für eine Routineüberprüfung sein. Bestimmte Dienste, wie etwa die Cloud-Sync-Anwendung, fügen ein eigenes Symbol zur Taskleiste hinzu, das ebenfalls über den Zustand und die Tätigkeit der Anwendung informiert.

7.3 Den verwendeten Speicherplatz mit dem Speicher-Analysator überprüfen

Wenn Sie sich schnell einen Überblick über den belegten und den noch verfügbaren Speicherplatz verschaffen möchten, können Sie den *Speicher-Analysator* befragen. Er kann über das Paket-Zentrum (Kategorie DIENSTPROGRAMME oder VERWALTUNG) installiert und danach über das Hauptmenü eines Administrators aufgerufen werden. Beim ersten Start werden Sie gebeten, den Speicherort für die Berichte festzulegen, die das Programm erstellen kann. Hier können Sie einen beliebigen Ordner auswählen. Dem Wunsch, auch gleich eine Berichtsaufgabe zu spezifizieren, können Sie allerdings auch später noch nachkommen.

Der Speicher-Analysator informiert über die Belegung der einzelnen Volumes auf der DiskStation und zeigt auch den Verlauf der Speicherplatzbelegung der letzten Tage an. So erkennt man schnell, ob sich die Festplatten allmählich füllen. Die grafische Darstellung (siehe Abbildung 7.23) verdeutlicht sehr anschaulich, wenn sich die Festplatten z. B. durch eine automatische Backup-Aufgabe kontinuierlich füllen. Die zweite Ansicht zeigt ein simples Balkendiagramm, wie es etwa auch der Speicher-Manager auf seiner Hauptseite liefert.

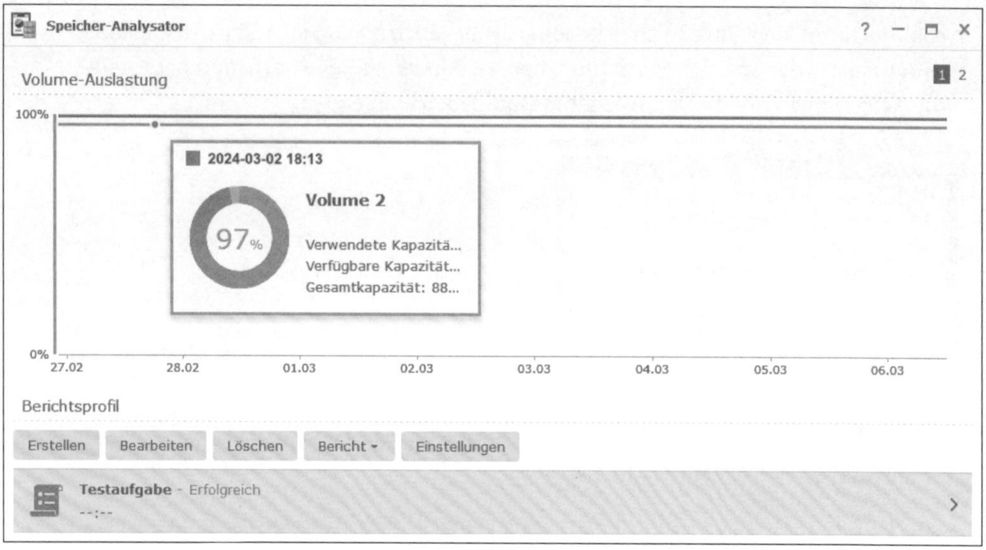

Abbildung 7.23 Oh je! Hier wird es aber wirklich langsam Zeit, etwas aufzuräumen. Der Speicherplatz ist schon seit mehreren Tagen fast vollständig belegt.

Die wahre Stärke des Programms zeigt sich aber weiter unten in der Sektion BERICHTSPROFIL. Hierüber können Sie den belegten Speicherplatz detailliert untersuchen lassen und herausfinden, welcher Benutzer, welches Projekt oder auch welcher Dateityp genau den größten Speicherplatz belegt.

Falls es noch keine Berichtsaufgabe gibt, dann klicken Sie zunächst auf die Schaltfläche ERSTELLEN. Sie sehen ein neues Fenster, in dem Sie der Aufgabe einen Namen geben können (siehe Abbildung 7.24). Auf Wunsch können Sie sich den Bericht per E-Mail zusenden lassen. Tragen Sie dazu die gewünschte Empfängeradresse ein. Ein solcher Bericht kann auch wiederholt nach einem Zeitplan erstellt werden, den Sie direkt in diesem Fenster konfigurieren können. Auf der nächsten Seite können Sie auswählen, welche Elemente der Bericht umfassen soll. Sie können auf den folgenden Seiten des Assistenten die einzelnen Elemente weiter konfigurieren. So sind z. B. auch für die Suche nach doppelten Dateien Einstellungsoptionen verfügbar.

Bei der abschließenden Zusammenfassung haben Sie die Möglichkeit, den Bericht gleich erstellen zu lassen. Ansonsten markieren Sie den Bericht einfach im Speicher-Analysator und klicken auf BERICHT • BERICHTE JETZT ERSTELLEN. Der Vorgang kann durchaus mehrere Minuten dauern. Wenn der Bericht erstellt wurde, dann klicken Sie beim gewünschten Eintrag rechts auf die kleine Pfeil-Schaltfläche. Das Fenster wechselt dann zur Berichts-Anzeige.

In der Berichtsanzeige (siehe Abbildung 7.25) können Sie sich die Belegung des Speicherplatzes nach verschiedenen Kategorien anzeigen lassen. Links können Sie diese auswählen. Unterschieden wird hier nach der Nutzung des Speicherplatzes durch freigegebene Ordner (zu denen auch der *homes*-Ordner zählt) und nach der Belegung durch einzelne Dateien.

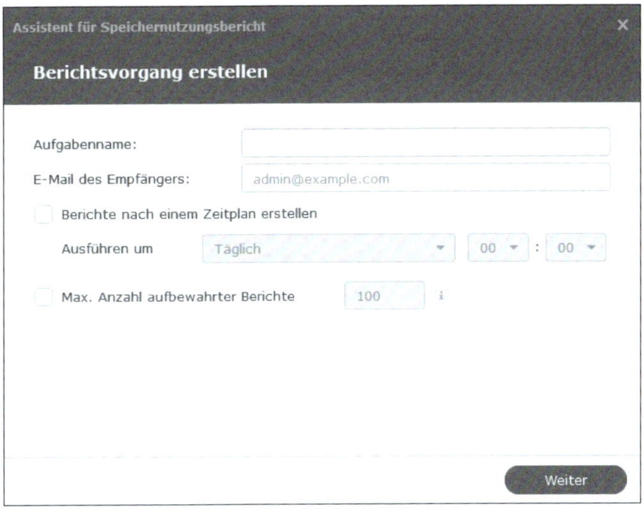

Abbildung 7.24 Konfigurieren Sie den »Berichtsvorgang«.

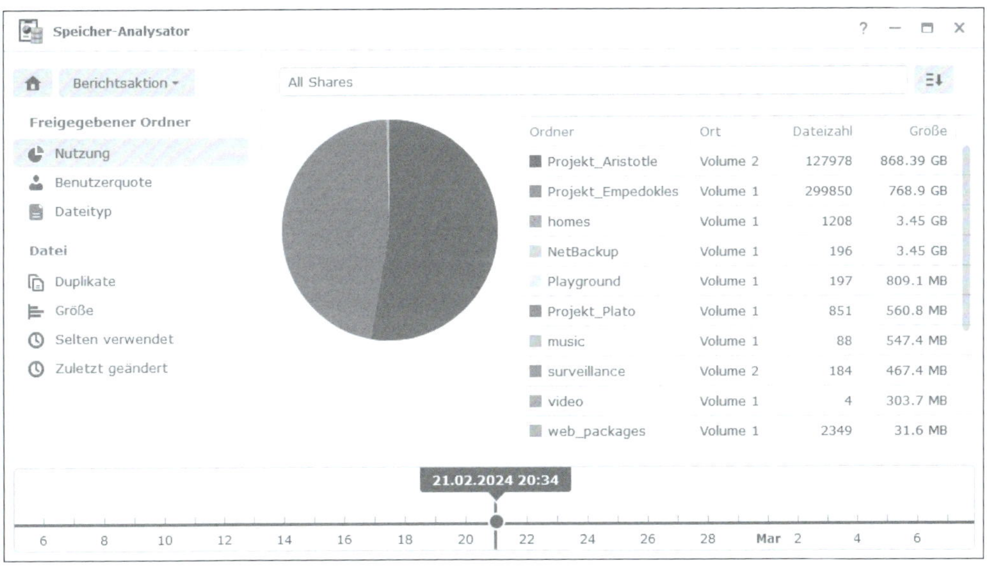

Abbildung 7.25 Der Speicher-Analysator informiert anschaulich über die Nutzung des Speicherplatzes, z. B. durch die gemeinsamen Ordner.

Auf der Registerkarte NUTZUNG sehen Sie genau, welchen Speicherplatz welcher freigegebene Ordner belegt und welchen Anteil er am gesamten genutzten Speicherplatz ausmacht. Sie können jeden Ordner mit der Maus anklicken und sehen dann auch die Größe eventueller Unterordner. Dies ist insbesondere bei dem HOMES-Ordner praktisch. Falls Sie detailliert wissen möchten, wie die einzelnen Benutzer den Speicherplatz der DiskStation nutzen, wechseln Sie auf die Registerkarte BENUTZERQUOTE. Diese Registerkarte informiert nicht nur über die Aktivitäten menschlicher Nutzer, sondern zeigt auch den Datenbestand an »Verwaltungsdaten« an, die maschinelle Nutzer erzeugt haben.

Praktisch ist auch die Ansicht DATEITYP, denn hier sehen Sie, welche Dateitypen für welche Speicherplatznutzung verantwortlich sind. Im Privathaushalt wird es vermutlich nicht überraschen, wenn Videodateien einen Großteil des Speicherplatzes belegen.

Auch die Rubrik DATEI hilft beim Aufräumen auf der DiskStation. Über den ersten Eintrag werden alle Dateiduplikate aufgelistet. Durch doppelte Dateien wird möglicherweise Speicherplatz verschwendet, der für andere Daten nicht zur Verfügung steht. Sie können sich genau anzeigen lassen, welche Datei in welchen Verzeichnissen wiederholt vorkommt. Der Dateipfad kann durch Anklicken geöffnet werden.

Nach einer manuellen Analyse können überflüssige Dateikopien dann auf Wunsch direkt gelöscht werden. Bei der Suche nach doppelten Dateien hilft die Schaltfläche AKTION (siehe Abbildung 7.26).

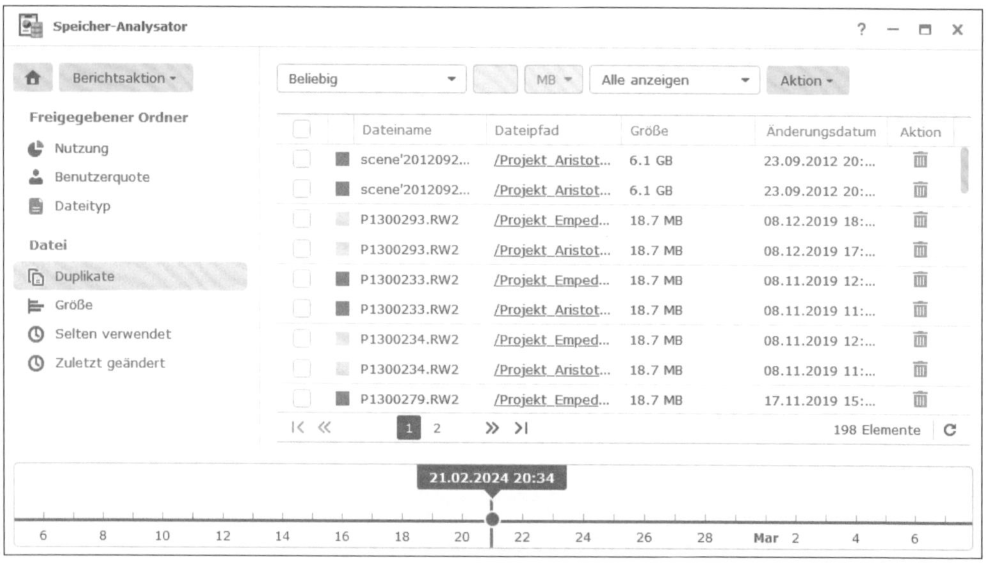

Abbildung 7.26 Es wurden einige doppelte Dateien gefunden, die unnötig Speicherplatz belegen.

Sie bietet die Möglichkeit, einen Feinabgleich durchzuführen. Dabei wird für jede Datei eine MD5-Prüfsumme gebildet. Wenn sie bei den Kopien übereinstimmt, dann können Sie sich sehr sicher sein, dass die Dateien tatsächlich identisch sind. Ansonsten könnte es passieren, dass zwei verschiedene Dateien dieselbe Größe und dieselben Änderungsdaten haben, aber vom Inhalt her verschieden sind. Wenn es um das Löschen kritischer Daten geht, sollten Sie den zeitaufwendigen Feinabgleich sicherheitshalber durchführen.

Die übrigen Kategorien informieren über besonders große oder besonders selten genutzte Dateien sowie über solche, die kürzlich geändert wurden. Nicht nur hierbei machen sich die Filterfunktionen nützlich, die ganz oben im Fenster eingestellt werden können. Mit ihrer Hilfe können Sie sich z. B. nur Dateien anzeigen lassen, die eine bestimmte Größe überschreiten. Wenn Sie die Berichtsfunktion wiederholt nutzen, dann können Sie sich über die Zeitleiste am unteren Bildschirmrand auch historische Daten anzeigen lassen.

Den Softwarebestand im Paket-Zentrum prüfen

Wenn Sie sich darüber informieren möchten, welche Dienste und Programme auf der DiskStation installiert sind, dann schlagen Sie einfach im Paket-Zentrum auf der Registerkarte INSTALLIERT nach. Dort werden alle Anwendungen aufgeführt, die über das Paket-Zentrum installiert wurden. Sie können nicht mehr benötigte Anwendungen hierüber auch schnell wieder deinstallieren. Sollte es für einige Anwendungen Updates geben, so werden diese hier auch angezeigt. Sie können die Aktualisierung gleich auf der Registerkarte INSTALLIERT anstoßen.

7.4 Das Info-Center in der Systemsteuerung

Zu Beginn des Buches hatten wir beim Rundgang durch das System schon das Info-Center in der Systemsteuerung kurz vorgestellt. Jetzt wollen wir noch einmal kurz daran erinnern. Das INFO-CENTER informiert über die Hardwareausstattung und die hardwarenahen Einstellungen, die in der Systemsteuerung vorgenommen werden. Es ist der erste Anlaufpunkt, wenn man sich über die Hardware oder grundlegende Konfigurationen informieren möchte.

Auf der Registerkarte ALLGEMEIN (siehe Abbildung 7.27) wird die Hardwareausstattung Ihres NAS-Gerätes angezeigt. Sie sehen, wie viel Arbeitsspeicher installiert ist, welchen Prozessor das Gerät verwendet und auf welche Geschwindigkeit der Lüfter eingestellt ist. Hier sehen Sie auch, wie die Uhrzeit des Gerätes eingestellt ist und welche DSM-Version verwendet wird.

Die Registerkarte NETZWERK stellt für den Administrator wichtige Informationen zu den Netzwerkschnittstellen bereit. Sie sehen die MAC-Adresse und die IP-Adressen der Schnittstellen und deren Betriebszustand.

Auf der Registerkarte SPEICHER erhalten Sie Daten zu den Laufwerken und Volumes der DiskStation. Hier wird Ihnen nicht nur die Nutzung des Speicherplatzes angezeigt, sondern Sie können auch ablesen, welche Betriebstemperatur die Festplatten haben und welche Modelltypen in die DiskStation eingebaut sind.

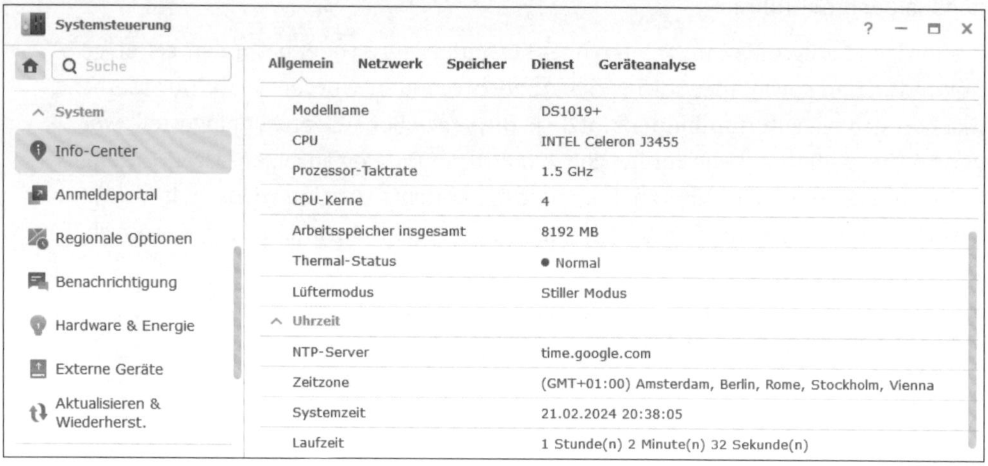

Abbildung 7.27 Das Info-Center informiert unter anderem über die Hardwareausstattung der DiskStation.

Die Registerkarte DIENST (siehe Abbildung 7.28) zeigt Ihnen alle Dienste an, die auf der DiskStation aktiv sind.

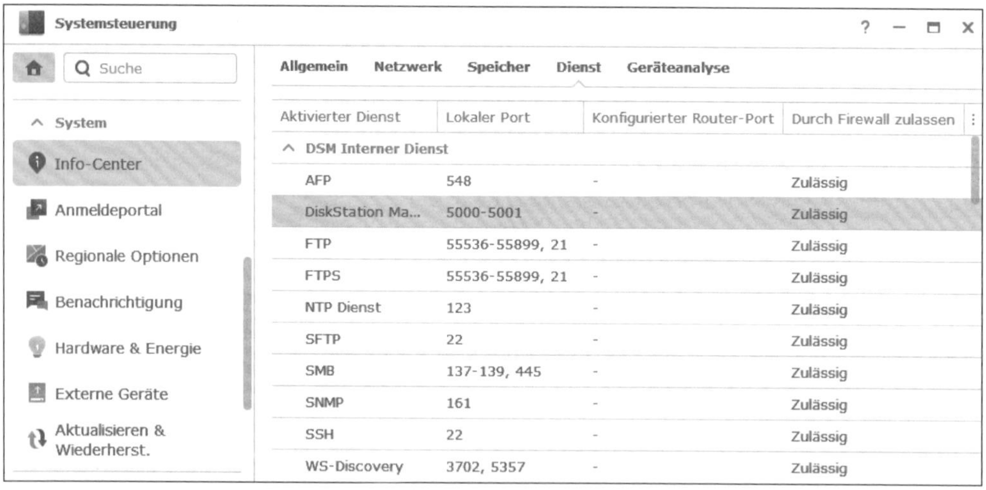

Abbildung 7.28 Die Registerkarte »Dienst« informiert über die Netzwerk-Ports, die eine Anwendung nutzt, und hilft bei der Konfiguration von Router und Firewall.

Praktisch ist die Tabellenspalte LOKALER PORT, denn sie zeigt dem Administrator an, auf welchem Netzwerk-Port der jeweilige Dienst kommuniziert. Die Angabe wird für eventuelle Firewall-Öffnungen bzw. Port-Weiterleitungen benötigt, wenn der Dienst über das Internet erreichbar gemacht werden soll.

Auf der Registerkarte GERÄTEANALYSE können Sie unter anderem einstellen, ob Sie anonymisierte Nutzungsdaten an den Hersteller übermitteln möchten.

7.5 Den Aufgabenplaner für Tasks konfigurieren

Mit dem Aufgabenplaner lassen sich auf der DiskStation Aufgaben zu einem vorher festgelegten Zeitpunkt ausführen. Sie können Aufgaben einmalig oder wiederholt zu wiederkehrenden Zeiten ausführen. Der Aufgabenplaner kann vom Benutzer mit eigenen Aufgaben bestückt, aber auch durch die Programme auf der DiskStation mit deren Aufgaben konfiguriert werden. Er ist daher ein universelles Werkzeug für die Zeitsteuerung. Neben einigen vorgefertigten Aufgaben ermöglicht der Aufgabenplaner auch die Ausführung eigener Skripte, sodass er sehr flexibel eingesetzt werden kann.

Sie erreichen den AUFGABENPLANER als eigenständiges Modul in der Systemsteuerung in der Rubrik DIENSTE (siehe Abbildung 7.29).

Abbildung 7.29 Der Aufgabenplaner erlaubt die Ausführung von Programmen und Diensten zu festgelegten Zeiten.

Wenn Sie ihn aufrufen, kann es sein, dass dort bereits einige Aufgaben geplant sind. Beispiele sind Backup- oder Schnappschuss-Aufgaben. In der Tabelle sehen Sie alle Aufgaben, die bereits angelegt wurden, mit einer kurzen Beschreibung und der nächsten geplanten Ausführungszeit. Über die Schaltflächen in der Symbolleiste können Sie Einträge aus der Tabelle löschen, für Skript-Aufgaben über den EINSTELLUNGEN-Dialog ein Ausgabeverzeichnis festlegen und neue Aufgaben erstellen. Beachten Sie, dass Sie Aufgaben nicht unbedingt löschen müssen, wenn Sie diese nur vorübergehend nicht benötigen. Über das erste Kontrollkästchen können Sie Aufgaben auch deaktivieren und damit pausieren.

Neue Aufgaben legen Sie über die Schaltfläche ERSTELLEN an. Über den Eintrag GEPLANTE AUFGABE können Sie vorgefertigte Aufgaben und eigene Skripte nach einem Zeitplan ausführen. Die Alternative AUSGELÖSTE AUFGABE hingegen ermöglicht die Ausführung eigener Skripte beim Hoch- oder Herunterfahren der DiskStation. Diese Systemereignisse sind über den Zeitplan nicht zugänglich.

Wenn Sie eine geplante Aufgabe erstellen, haben Sie zunächst die Wahl aus vier Einträgen:

- BENUTZERDEFINIERTES SKRIPT ermöglicht es Ihnen, ein eigenes Skript auszuführen. Dabei handelt es sich um ein Linux-Shell-Skript, das Sie beispielsweise für die Bash (eine weitverbreitete Linux-Shell) schreiben, die auch auf der DiskStation zur Verfügung steht. Das Skript kann auch nur aus einem einzelnen Befehl bestehen.
- PAPIERKORB bietet ein vorgefertigtes Formular, mit dem sich die Papierkörbe von *home*-Verzeichnissen und gemeinsamen Ordnern leeren lassen.
- SIGNALTON-STEUERUNG lässt den Signalton der DiskStation (über den eingebauten Pieper) zu festgelegten Zeiten für eine festgelegte Dauer ertönen.
- DIENST kann verwendet werden, um Programme und Systemdienste auf der DiskStation zu festgelegten Zeiten zu starten und zu beenden.

Wenn Sie Ihre Wahl getroffen haben, dann öffnet sich ein Eingabefenster, in dem Sie zunächst auf der Registerkarte ALLGEMEIN der Aufgabe einen Namen geben können. Je nach Aufgabe können Sie auch das Benutzerkonto festlegen, unter dem die Aufgabe ausgeführt wird, und im Falle des Signaltons können Sie dessen Dauer eintragen.

Zentrale Bedeutung kommt der Registerkarte ZEITPLAN zu (siehe Abbildung 7.30), denn auf ihr legen Sie den Zeitpunkt fest, zu dem die Aufgabe ausgeführt wird.

Die Konfigurationsoptionen sind ein wenig verstreut, und Sie sollten sich zunächst die verfügbaren Möglichkeiten ansehen. Das erste Auswahlfeld steuert beispielsweise die Wiederholungsfrequenz (täglich, wöchentlich oder monatlich). Die zweite Option bietet die Möglichkeit, die Aufgabe nur einmalig oder aber mit seltenerer Wiederholungsfrequenz (quartalsweise, halbjahres- oder jahresweise) auszuführen.

In der Sektion ZEIT kann dann auch eine stundenweise Planung vorgenommen werden. Das kürzeste Zeitintervall ist STÜNDLICH. Hier können Sie auch die Uhrzeit für die Ausführung festlegen. Sie können eine Startzeit und eine letzte Ausführungszeit einstellen, die dann relevant ist, wenn die Aufgabe mehrmals täglich ausgeführt wird.

Wechseln Sie als Nächstes auf die Registerkarte AUFGABENEINSTELLUNGEN (siehe Abbildung 7.31).

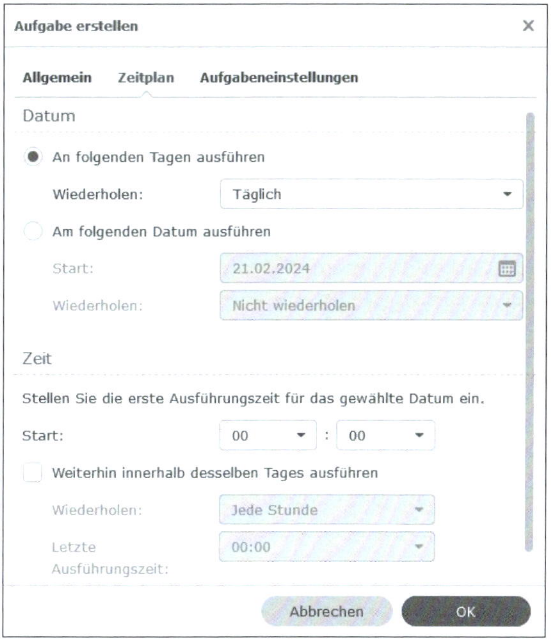

Abbildung 7.30 Auf der Registerkarte »Zeitplan« legen Sie fest, wann die Aufgabe ausgeführt wird.

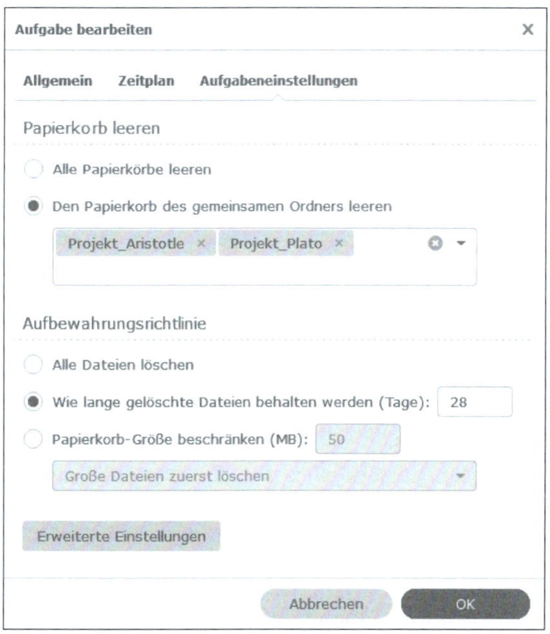

Abbildung 7.31 Legen Sie fest, welche Papierkörbe Sie leeren möchten und wie lange gelöschte Dateien aufbewahrt werden sollen.

Hier legen Sie fest, was genau zu den geplanten Zeitpunkten geschehen soll. Der Inhalt der Registerkarte ist abhängig von der Art des geplanten Ereignisses. Haben Sie sich dazu entschlossen, einen Dienst zu steuern, dann sehen Sie hier eine Liste aller (System-)Dienste und Programme auf der DiskStation. Sie können einen Eintrag oder mehrere auswählen und oberhalb der Liste anklicken, ob die gewählten Dienste gestartet oder gestoppt werden sollen. Sie können somit ein wenig die Auslastung der DiskStation beeinflussen und solche Dienste, die (automatisiert) zu hoher Auslastung führen, nur in den Nachtstunden arbeiten lassen. Möchten Sie hingegen den Signalton steuern, dann fehlt die Registerkarte AUFGABENEINSTELLUNGEN – schließlich gibt es für den Signalton (außer der Dauer) nichts weiter einzustellen.

Ein wenig ausführlicher wird es, wenn Sie die Papierkörbe leeren möchten. Zunächst einmal können Sie auswählen, welche Papierkörbe geleert werden sollen. Sie haben die Wahl zwischen der pauschalen Leerung aller Papierkörbe und der selektiven Leerung einzelner Papierkörbe. Dabei können Sie die Papierkörbe der gemeinsamen Ordner auswählen.

Standardmäßig kann jeder gemeinsame Ordner so konfiguriert werden, dass ein Papierkorb beim Löschen von Dateien verwendet wird. Beachten Sie, dass Sie hierüber auch eine Regel zum Leeren der Papierkörbe der *home*-Ordner anlegen können. Wählen Sie einfach den gemeinsamen Ordner *homes* aus. Dieser umfasst alle *home*-Verzeichnisse. Das gezielte Leeren der Papierkörbe ausgewählter Benutzer ist aber nicht möglich. Sie können hingegen eine beliebige Kombination von gemeinsamen Ordnern eintragen.

Im Bereich AUFBEWAHRUNGSRICHTLINIE stellen Sie ein, welchen Umfang die Leerung haben soll. Im Unterschied zum realen Papierkorb neben dem Schreibtisch müssen Sie den Dateipapierkorb nicht komplett leeren, sondern können den Inhalt basierend auf dem Datum der Löschung entsorgen.

Bei der ersten Option, ALLE DATEIEN LÖSCHEN, wird der Papierkorb tatsächlich komplett geleert, egal wie »alt« die Dateien darin sind. So kann es passieren, dass auch eine Datei, die erst vor wenigen Sekunden im Papierkorb gelandet ist, gleich gelöscht wird. Damit hat der Papierkorb im ungünstigsten Fall praktisch keine Schutzwirkung vor versehentlichem Löschen.

Mit der zweiten Option legen Sie fest, wie lange gelöschte Dateien im Papierkorb verbleiben. Erst nach Ablauf dieser Frist werden sie wirklich komplett von der Festplatte entfernt. Diese Option ist zur Vermeidung von Datenverlust sehr effektiv.

Als Drittes können Sie eine maximale Größe für den Papierkorb festlegen. Es werden dann so viele Dateien gelöscht, dass nur die maximale Größe an Daten gespeichert bleibt. Dabei haben Sie die Wahl, ob zuerst große oder alte Dateien gelöscht werden sollen.

Über die ERWEITERTEN EINSTELLUNGEN können Sie festlegen, dass bestimmte Dateitypen oder Dateien, deren Dateigröße in einem bestimmten Bereich liegt, nicht automatisch gelöscht werden. Sie verbleiben im Papierkorb, bis dieser manuell geleert wird.

Wenn Sie das Ausführen eines benutzerdefinierten Skripts planen wollen, dann legen Sie dieses auf der Registerkarte AUFGABENEINSTELLUNGEN fest (siehe Abbildung 7.32).

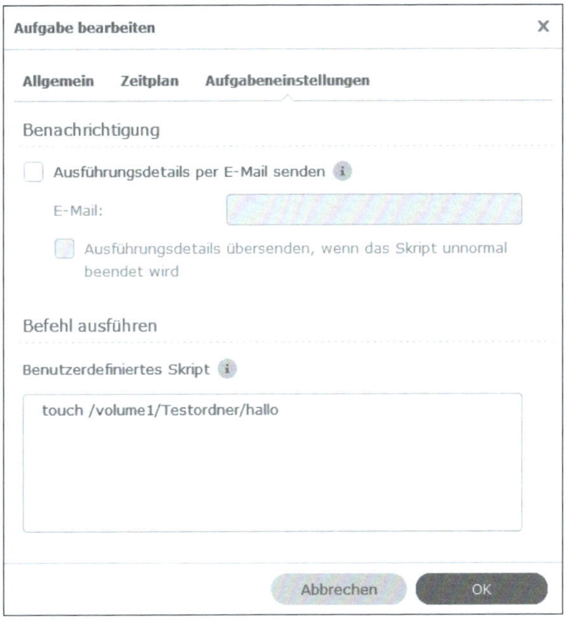

Abbildung 7.32 Einfache Befehle können direkt in das Eingabefeld eingetragen werden.

Zunächst können Sie die Ausgaben des Skripts per Mail senden lassen. Dafür wird der E-Mail-Dienst verwendet. Im Bereich BEFEHL AUSFÜHREN legen Sie das eigentliche Skript fest. Sie können es direkt in das Eingabefeld eingeben. Das bietet sich an, wenn das Skript recht kurz ist und nur aus wenigen Befehlen besteht.

Wenn das Skript länger ist, dann geben Sie den Pfad zur Skriptdatei an. Diesen definieren Sie ausgehend vom Wurzelverzeichnis des Linux-Basissystems auf der DiskStation. Im Wurzelverzeichnis finden Sie Unterverzeichnisse mit Ihren Volumes, in denen die gemeinsamen Ordner liegen. Home-Verzeichnisse finden Sie hingegen unter */var/services/homes/*. Am besten nutzen Sie zunächst eine SSH-Sitzung und suchen im Terminal das passende Verzeichnis aus.

Mit dem Befehl `pwd` können Sie sich das Verzeichnis anzeigen lassen und den Eintrag per Zwischenablage kopieren. Achten Sie darauf, dass die Skriptdatei ausführbar ist (setzen Sie also das entsprechende Dateiattribut), und kontrollieren Sie, dass auch der beabsichtigte Nutzer, unter dessen Konto das Skript ausgeführt wird, über Ausführrechte verfügt.

Ist das Skript komplexer, sollten Sie den Befehlsinterpreter dem Dateinamen voranstellen. Ansonsten empfiehlt es sich, das Skript einfach für die Bash zu schreiben. Beim Verfassen des Skriptes sollten Sie sehr sorgfältig vorgehen. Denken Sie daran, dass das Skript Zugriff auf das Linux-Basissystem hat, was weitreichende Folgen haben kann.

Führen Sie das Skript nach Möglichkeit nicht unter einem Administrator-Konto aus, sondern nutzen Sie ein eingeschränktes Benutzerkonto. Testen Sie das Skript außerdem bitte gründlich, bevor Sie die Ausführung automatisieren. Insgesamt ist diese Option eher etwas für fortgeschrittene Nutzerinnen und Nutzer, die sich nicht nur mit dem Linux-Basissystem auskennen, sondern auch genau wissen, warum sie überhaupt ein Skript benötigen und welche Aufgaben es zuverlässig erfüllen kann.

Ein abschließender Klick auf OK fügt die Aufgabe der Aufgabenliste hinzu. Kontrollieren Sie dort die Spalte NÄCHSTE AUSFÜHRUNGSZEIT, und prüfen Sie, ob die Aufgabe erwartungsgemäß geplant wurde. Sie können über die Schaltfläche AUSFÜHREN eine geplante Aufgabe auch manuell starten und deren Funktionsfähigkeit testen.

Bei Skriptaufgaben, die Rückmeldungen liefern, können Sie diese über die Schaltfläche EINSTELLUNGEN in eine Datei in einem Wunschverzeichnis schreiben lassen (siehe Abbildung 7.33). So erhalten Sie eine Art von Log-Datei mit den Ergebnissen. Über die Schaltfläche AKTION können Sie bei solchen Aufgaben auch den Rückgabewert Ihres Skriptes nach der Ausführung überprüfen.

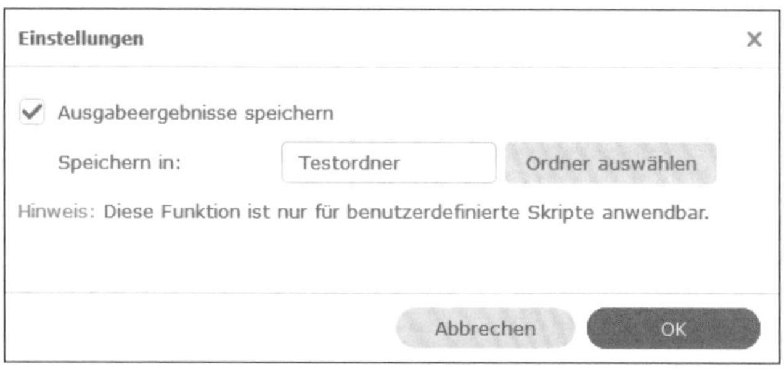

Abbildung 7.33 Die Ausgaben von benutzerdefinierten Skripten lassen sich in einem Ordner abspeichern.

7.6 Monitoring mit SNMP

Zur Systemüberwachung ist SNMP immer noch eines der ersten Mittel der Wahl! In diesem Abschnitt zeigen wir Ihnen, wie es funktioniert und wie Sie Ihre DiskStation auf alle Anfragen vorbereiten können.

Das *Simple Network Management Protocol* (SNMP) ist und bleibt ein Quell von Informationen zu Systemen. Mit ihm lassen sich unzählige Werte abfragen und sogar setzen. Zur Abfrage von Werten werden diese über sogenannte OIDs (*Object Identifier*) adressiert. OIDs werden als Zahlenkolonnen dargestellt, die durch Punkte voneinander getrennt sind, z. B. als `.1.3.6.1.2.1.1.3.0` – was im Übrigen die *Uptime* eines Linux-Systems darstellt.

Da diese Form der Adressierung nur schwer lesbar ist, wurde die sogenannte *Management Information Base* (MIB; engl. für »Verwaltungsinformationsbasis«) eingeführt. Die MIB ersetzt Teile der Zahlenkolonnen durch Wörter, wodurch Sie sich besser zurechtfinden. Die Uptime kann damit auch als `system.sysUpTime` adressiert werden.

Mit diesem System können Sie Ihre DiskStation an professionelle Monitoring-Lösungen anschließen und sie von diesen überwachen lassen. Der aktuelle Status Ihres NAS wird über SNMP übermittelt und lässt sich so zentralisiert überwachen, wenn Sie noch weitere Systeme in Ihr Monitoring einschließen.

Das SNMP-Protokoll existiert in drei Versionen:

- **v1** – ohne Sicherheit
- **v2c** – leicht erhöhte Sicherheit durch einen *Community-String*
- **v3** – Authentifizierung (Benutzername und Passwort)

Am häufigsten wird (leider immer noch) die Version *v2c* eingesetzt, auch wenn sie nur geringe Sicherheit bietet. Die Kommunikation erfolgt unverschlüsselt, und zur Authentifizierung muss nur der sogenannte *Community-String* übergeben werden.

In diesem Abschnitt zeigen wir Ihnen, wie Sie die notwendigen Vorbereitungen auf Ihrer DiskStation treffen, damit sie mithilfe von SNMP abgefragt werden kann.

Bevor wir unsere DiskStation mit SNMP abfragen können, müssen wir zunächst den Dienst aktivieren. Diesen können Sie in der SYSTEMSTEUERUNG unter dem Menüpunkt TERMINAL & SNMP und dort im Reiter SNMP aktivieren.

Standardmäßig ist der Dienst deaktiviert und unkonfiguriert, so wie in Abbildung 7.34 dargestellt.

Sobald Sie die Option SNMP-SERVICE AKTIVIEREN auswählen, werden die übrigen Optionen und Eingabefelder aktiviert.

Empfehlung: Nutzen Sie SNMPv3!

Wir raten Ihnen dazu, SNMPv3 einzusetzen. Nicht nur, weil das Protokoll neuer ist, sondern auch, weil es das einzige mit einer richtigen Authentifizierung und Verschlüsselung ist.

Je nachdem, welches Monitoring-System Sie einsetzen (z. B. *Nagios*, *Icinga*, *Paessler PTRG*, *checkmk* o. Ä.), müssen Sie die unterstützte Protokollversion aktivieren und die notwendigen Daten ergänzen.

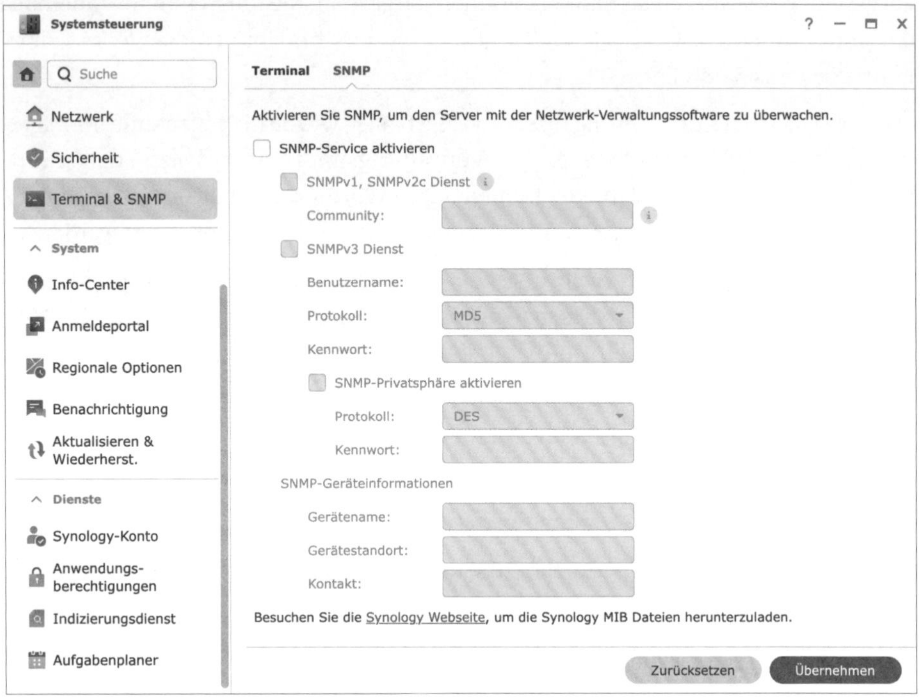

Abbildung 7.34 Die Konfiguration von »SNMP«

Im Abschnitt SNMP-GERÄTEINFORMATIONEN der Konfiguration sollten Sie sinnvolle Daten ohne zu viele Details angeben, also z. B.:

- **Gerätename** = `ds223`
- **Gerätestandort** = `Keller`
- **Kontakt** = `Max Muster <mm@example.com>` (Format: *Name <E-Mail-Adresse>*)

Nach einem Klick auf ÜBERNEHMEN wird der Dienst umgehend gestartet.

Mehr Details mit MIB

Neben den Standardwerten eines jeden Systems kann Ihre DiskStation natürlich noch haufenweise mehr Informationen bereitstellen. Damit die Monitoring-Systeme wissen, wie und wo sie dazu frage müssen, liefert jeder Hersteller eine eigene *Management Information Base* (MIB) mit. So natürlich auch Synology.

Falls Sie bereits auf den Link SYNOLOGY WEBSEITE unten in Abbildung 7.34 geklickt haben, dann haben Sie die MIB-Dokumentation von Synology bereits gefunden. Der

Link lädt die Dokumentation zur MIB von *https://www.synology.com/support/snmp_mib.php* herunter. Darin ist auch der Link zur eigentlichen MIB enthalten, die als gepackte ZIP-Datei bereitgestellt wird.

7.7 Die Firewall der DiskStation

Die DiskStation bietet eine eingebaute softwarebasierte Firewall, die Netzwerkpakete anhand der IP-Adressen, der adressierten Ports und des verwendeten Protokolls filtern kann. Die Firewall ist im Auslieferungszustand deaktiviert, sodass die gesamte Netzwerkkommunikation ohne Ausnahme zulässig ist. Die Firewall kann nur durch einen Administrator verwaltet werden. Ihr Einstellungsmenü findet sich in der Systemsteuerung im Modul SICHERHEIT auf der Registerkarte FIREWALL (siehe Abbildung 7.35).

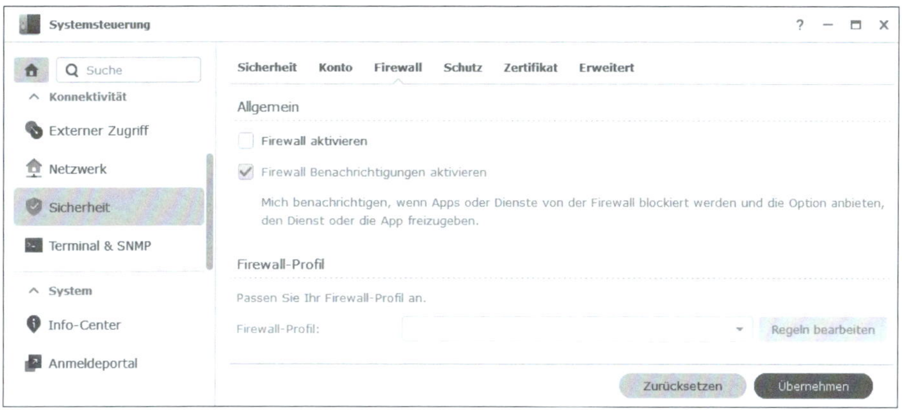

Abbildung 7.35 Die Firewall kann global aktiviert oder deaktiviert werden.

Planung

Das Regelwerk der Firewall kann individuell konfiguriert werden. Dabei lassen sich auch verschiedene Konfigurationen erstellen und verwalten. Falls Ihre DiskStation mit mehreren Netzwerkschnittstellen ausgestattet ist, können Sie für jede Regel aussuchen, auf welche Netzwerkschnittstelle sie angewendet werden soll. Dabei kann die Firewall nicht nur auf den physischen Netzwerkschnittstellen arbeiten, sondern auch auf den VPN- oder den PPPoE-Verkehr angewendet werden. Virtuelle Maschinen müssen allerdings durch eine eigene Firewall überwacht und geschützt werden.

Das Einrichten der Firewall ist zwar nicht kompliziert, sollte aber wohlüberlegt erfolgen, damit das Regelwerk wirklich dem Anforderungsprofil entspricht und damit zur Systemsicherheit beiträgt. Planen Sie also in jedem Fall ausreichend Zeit ein, und überdenken Sie die Einstellungen sorgfältig.

Grundsätzlich gilt, dass die Firewall für den Betrieb im privaten Heimnetzwerk nicht essenziell erforderlich ist. Das Heimnetzwerk ist im Regelfall bereits gut durch den Router geschützt, der die Verbindung zum Internet herstellt.

Das gilt besonders dann, wenn es sich bei dem Router um ein *All-in-one-Gerät* handelt, das speziell für den Heimgebrauch angeboten wird. Ein solches Gerät wird im Regelfall eine eingebaute Firewall haben, die alle Geräte im Heimnetzwerk vor einem unberechtigten Zugriff aus dem Internet schützt. Alle Geräte, die DiskStation damit auch eingeschlossen, können also nicht über das Internet angesprochen werden, und potenzielle Angriffe von außen laufen ins Leere.

Für jeden Dienst, den Sie auf der DiskStation nutzen möchten, müssen Sie in der Firewall im Router eine Ausnahme definieren, die dafür sorgt, dass der Router eingehende Kommunikationswünsche an die DiskStation weiterleitet. Erst dann kann – und zwar nur über den konfigurierten Port und die darauf arbeitenden Anwendungen – die DiskStation von außen erreicht werden.

Firewalls und NAT

Auch wenn der Router in seinem Webinterface scheinbar keine Firewall anbietet, so wird eine ähnliche Schutzwirkung durch die NAT-Funktion erreicht. Bei dieser Adressübersetzung (sie wird in diesem Kontext üblicherweise nur bei IPv4 angewendet) erreichen Kommunikationsanfragen aus dem Internet ebenfalls die Zielgeräte nur dann, wenn zuvor eine Ausnahmeregel erstellt wurde.

Die Firewall des Routers überwacht aber (üblicherweise) nicht den ausgehenden Netzwerkverkehr bzw. muss für diesen (je nach Gerät) erst explizit eingerichtet werden. Verbindungsanfragen von der DiskStation zu einem beliebigen Zielrechner im Internet werden üblicherweise zunächst also nicht eingeschränkt.

Wichtig ist aber außerdem, dass die Firewall des Routers nur den Verkehr mit dem Internet betrifft. Die Kommunikation innerhalb des lokalen Netzwerks – und dazu kann auch VPN-Verkehr zählen – wird jedoch nicht überwacht. Die DiskStation ist also für jedes Gerät im Heimnetzwerk komplett und mit allen Diensten erreichbar. Sie kann also auch durch Smart-Home-Geräte und den Gerätepark des Nachwuchses angesprochen werden.

Sollte sich auf einem beliebigen Gerät eine Schadsoftware befinden, so kann auch diese mit der DiskStation kommunizieren. Wenn die DiskStation sorgsam konfiguriert wurde und alle Zugänge passwortgeschützt sind, kann die Schadsoftware zwar nicht unmittelbar Schaden anrichten, sie könnte aber auch so ausgelegt sein, dass sie eventuelle Sicherheitslücken auf der DiskStation ausnutzt und somit Zugriffsbeschränkungen umgeht. Außerdem gibt es Dienste wie etwa den Medienserver, der per Design keine Zugriffsbeschränkungen vorsieht und den Medienbestand allen Geräten im Heimnetzwerk anbietet.

Firmenumgebungen sind noch einmal deutlich komplexer und ihre Netzwerke können viel größer sein als ein Heimnetzwerk. Hier kann der Einsatz einer Firewall auf der DiskStation deutlich sinnvoller sein als im Heimbetrieb.

Grundsätzlich sollten Sie sich überlegen, ob für Ihren Einsatzzweck eine Firewall auf der DiskStation einen Sicherheitsgewinn bedeutet und ob dieser in einem sinnvollen Verhältnis zum Konfigurations- und Wartungsaufwand steht. Einige Tipps dazu:

- Gehen Sie am besten die Geräteliste im Netzwerk durch (bei Firmenumgebungen vielleicht abteilungs- oder gruppenbezogen), und prüfen Sie, ob die Kommunikation mit einem Gerät problematisch sein könnte und eingeschränkt werden sollte. Prüfen Sie auch die Anwendungen, die auf der DiskStation arbeiten, und entscheiden Sie entsprechend.
- Beachten Sie ferner, dass Sie mit der Firewall auf der DiskStation hauptsächlich den Verkehr absichern, der Verbindungsanfragen zur DiskStation enthält. Der von der DiskStation ausgehende Verkehr ins Internet muss üblicherweise nicht gefiltert werden, denn er umfasst hauptsächlich die Suche nach (System-)Updates, die Kommunikation mit externen Cloud- bzw. Storage-Diensten oder die Übermittlung von anonymisierten Nutzungsstatistiken an Synology.
- Bevor Sie die Firewall auf der DiskStation einrichten, sollten Sie sich das Regelwerk zunächst auf Papier notieren und es davon auf die DiskStation übertragen. Sie benötigen in jedem Fall die IP-Adressen der Geräte, deren Kommunikation Sie durch die Firewall kontrollieren möchten. Notieren Sie sich gegebenenfalls auch Ports. Die Firewall geht explizit nur mit IP-Adressen, Netzwerkprotokollen und Ports um und kann keine Hostnamen (oder Domains) auflösen.

Einrichtung

Im Modul SICHERHEIT können Sie auf der Registerkarte FIREWALL die Firewall zunächst über das erste Kontrollkästchen global aktivieren oder deaktivieren (siehe Abbildung 7.35).

Außerdem können Sie Benachrichtigungen durch die Firewall einschalten: Sie werden informiert, wenn die Firewall eine bestimmte Kommunikation blockiert hat, und können diese erlauben – so eine Anfrage ist Ihnen vielleicht auch schon auf dem Desktop-Computer begegnet.

Im Auslieferungszustand ist das Regelwerk der Firewall leer, sodass die Kommunikation vollständig unangetastet bleibt. Das Aktivieren der Firewall schränkt die Kommunikation also nicht ein und bleibt daher ohne Folgen (aber auch ohne Schutzwirkung).

Spannend wird es in der Sektion FIREWALL-PROFIL. Sie können, wie erwähnt, für die Firewall verschiedene (Betriebs-)Profile anlegen, zwischen denen Sie im Betrieb manuell wechseln können. Zunächst ist das Profil namens DEFAULT aktiv (siehe Abbildung 7.36), aber über das Ausklappfeld können Sie jederzeit weitere Profile anlegen und zu einem anderen Profil wechseln. Für den Anfang können Sie die Voreinstellung anpassen.

Abbildung 7.36 Im Regelwerk genießen zuerst aufgeführte Regeln eine höhere Priorität als weiter unten stehende.

Das eigene Regelwerk erstellen Sie über die Schaltfläche REGELN BEARBEITEN (siehe Abbildung 7.35). Durch deren Betätigung erscheint das Fenster zur Bearbeitung des Profils aus Abbildung 7.36. Dort können Sie zunächst ganz oben optional den Profilnamen verändern. Bevor Sie nun eine eigene Regel anlegen, sollten Sie zunächst rechts das Ausklappfeld ALLE SCHNITTSTELLEN beachten. Mit ihm legen Sie fest, auf welche Netzwerkschnittstelle die Regeln angewendet werden sollen. Wenn Sie es ausklappen, dann sehen Sie die verfügbaren Schnittstellen.

Die Liste wird die physischen Netzwerkanschlüsse an der DiskStation sowie den Verkehr über VPN-Verbindungen und das PPPoE umfassen. Wählen Sie aus, ob Sie eine Regel speziell für eine Schnittstelle definieren möchten oder ob die Regel global auf allen Schnittstellen angewendet werden soll.

Eine neue Regel erstellen Sie nun über die Schaltfläche ERSTELLEN. Beachten Sie dabei, dass die Firewall das Regelwerk von oben nach unten abarbeitet. Die zuoberst aufgeführte Regel hat also die höchste Priorität. Wenn diese eine Kommunikation erlaubt, so wird sie ausgeführt werden und kann nicht mehr durch weiter unten stehende Regeln blockiert werden.

Gleiches gilt in umgekehrter Weise: Möchten Sie die Kommunikation mit einem Gerät erlauben, für alle anderen aber verbieten, so müssen Sie zwei Regel anlegen. Zuerst erstellen Sie die Regel für die Erlaubnis, dann die Regel für das Verbot. Die Verbotsregel muss unter der Erlaubnisregel stehen. Die Regeln müssen Sie nicht in der richtigen Reihenfolge erstellen, denn sie können jederzeit mit der Maus in der Reihenfolge neu angeordnet werden.

Wenn Sie auf ERSTELLEN geklickt haben, sehen Sie das Fenster FIREWALL-REGELN ERSTELLEN aus Abbildung 7.37. Für eine Regel müssen Sie folgende Kriterien festlegen:

1. den Port, auf dem die Kommunikation abläuft. Sie können zwischen Quell- und Ziel-Port sowie dem Netzwerkprotokoll unterscheiden.
2. die IP-Adresse, von der die Kommunikation ausgeht. Sie wird auch als Quell-IP-Adresse bezeichnet.
3. die Angabe, ob die so spezifizierte Kommunikation erlaubt oder verweigert werden soll.

Abbildung 7.37 Spezifizieren Sie für die Regel die Ports, die Quell-IP und die Aktion.

Im Bereich PORTS legen Sie also die Netzwerk-Ports fest. Der erste Eintrag (ALLE) nimmt keine Selektion vor, sondern aktiviert die Bearbeitung der gesamten Kommunikation über alle Ports und alle Netzwerkprotokolle. Ihn aktivieren Sie, wenn Sie die gesamte Kommunikation für eine bestimmte IP-Adresse oder einen IP-Adressbereich behandeln möchten.

Zunächst mag es so erscheinen, als ob diese Option nur selten genutzt wird. Da Sie über die IP-Adressfilterung jedoch sehr viele Einschränkungen treffen können, ist die Option, alle Ports zu selektieren, sehr vielfältig nutzbar.

Mit der Option Aus einer Liste integrierter Anwendungen auswählen können Sie gezielt die auf der DiskStation verfügbaren Anwendungen auswählen. Wenn Sie auf die Schaltfläche Auswählen klicken, öffnet sich eine Liste mit allen Optionen (siehe Abbildung 7.38). Dort sehen Sie auch die Ports, die die jeweilige Anwendung nutzt. Für Sie ist es also wichtig zu wissen, dass Sie die Ports für eine bestimmte Anwendung nicht im Kopf behalten müssen. Wählen Sie einfach die Anwendung aus, die Sie beeinflussen wollen; das Regelwerk übernimmt die jeweiligen Ports automatisch.

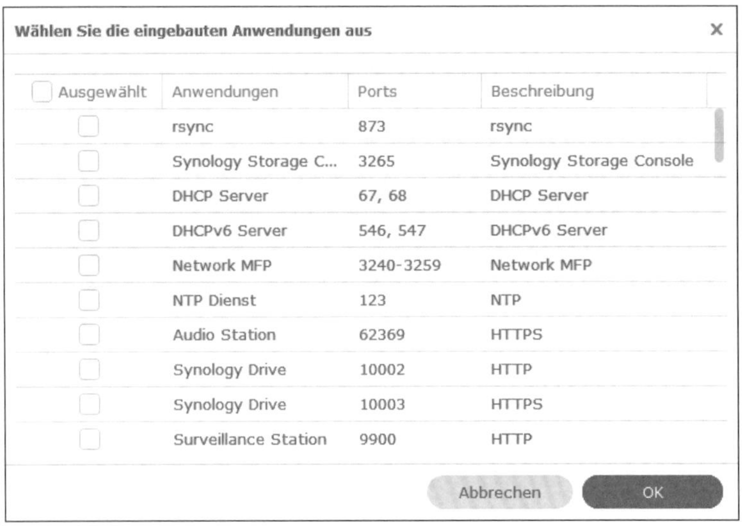

Abbildung 7.38 Sie können aus einer sehr umfangreichen Liste an eingebauten Anwendungen auswählen.

Und wundern Sie sich nicht, wenn die Liste sehr umfangreich ist. Zum einen sind hier auch Systemdienste aufgeführt, die im Hintergrund arbeiten, und zum anderen auch solche Programme, die Sie gar nicht aktiv nutzen.

Beachten Sie, dass diese Liste praktisch nur auf solchen Verkehr zielt, der die DiskStation als Ziel hat. Sie definieren hier daher Ziel-Ports, nicht Quell-Ports. Möchten Sie Quell-Ports definieren oder explizit bestimmte Ports auswählen oder aber das Netzwerkprotokoll selektieren, dann aktivieren Sie im Dialog aus Abbildung 7.37 in der Sektion Ports die Option Benutzerdefiniert. Im folgenden Fenster können Sie frei darüber entscheiden, welche Ports (oder Portbereiche) in welcher Kommunikationsrichtung auf welchem Protokoll überwacht werden sollen. Diese Option ist für fortgeschrittene Anwender mit Sonderwünschen gedacht. Im Regelfall wird die Option AUS EINER LISTE INTEGRIERTER ANWENDUNGEN auswählen schneller zum (alltäglichen) Ziel führen.

Nachdem Sie über die Port-Auswahl (im Regelfall) das Kommunikationsziel (also zumeist die jeweilige Anwendung auf der DiskStation) festgelegt haben, stellen Sie im Bereich QUELL-IP das Gerät ein, von dem die Kommunikation ausgeht. Sie können sowohl IPv4- als auch IPv6-Adressen eintragen.

Hier können Sie zunächst einmal den Filter mit der Option ALLE ausschalten. In diesem Fall wird die IP-Adresse von der Firewall nicht beachtet und es werden alle IP-Adressen geprüft. Diese Option wird gewählt, wenn ein bestimmter Dienst für alle Geräte blockiert werden soll. Häufig wird es so sein, dass eine solche Regel ein Verbot ausspricht und weit unten im Regelwerk steht, nachdem einzelne andere Rechner erlaubt wurden.

Über das Feld SPEZIFISCHE IP aus Abbildung 7.37 können Sie drei Optionen auswählen (siehe Abbildung 7.39).

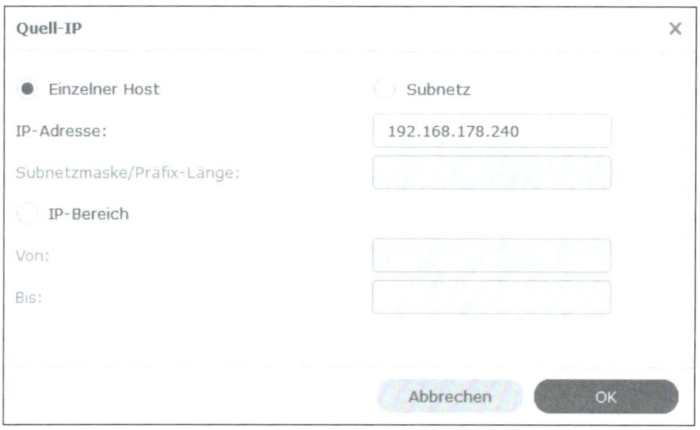

Abbildung 7.39 Konfigurieren Sie die zu filternden IP-Adressen.

Sie können ganz konkret eine bestimmte IP-Adresse angeben (EINZELNER HOST) und damit ein einzelnes Gerät aus dem lokalen Netzwerk oder dem Internet filtern. Hierüber lassen sich also problematische Geräte oder wiederkehrende Störenfriede einzeln auswählen. Bei der zweiten Option (SUBNETZ) selektieren Sie ganze Netzwerke, genauer gesagt, Subnetze. Sie können hier etwa das gesamte lokale Netzwerk oder aber ein VPN-Netzwerk eintragen.

Mit der dritten Option (IP-BEREICH) legen Sie einen aufeinanderfolgenden IP-Adressbereich fest. Das ist dann sinnvoll, wenn im entsprechenden Netzwerk eine Gerätegruppe aufeinanderfolgende IP-Adressen verwendet und Sie den Verkehr dieser Gruppe filtern möchten.

Eine sehr interessante Option verbirgt sich bei der Regelerstellung unter der Auswahl ORT (siehe Abbildung 7.37 und Abbildung 7.40).

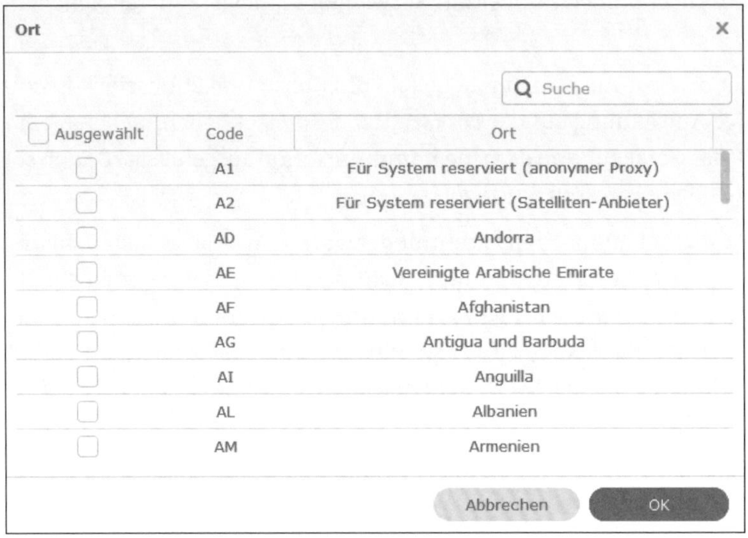

Abbildung 7.40 Sie können auch nach dem Herkunftsland filtern lassen.

Hier gibt es die Möglichkeit, den Verkehr anhand der IP-Adresse und einem Vergleich mit einer Länderliste zu filtern. Anhand der IP-Adresse kann festgelegt werden, in welchem Land dieses Gerät (im Internet) betrieben wird. Somit können Sie den Internetverkehr für ganze Länder selektieren.

Wenn Sie also beispielsweise genau wissen, dass Ihre aus dem Internet erreichbare DiskStation beispielsweise ausschließlich von Nutzern aus Deutschland, der Schweiz oder Österreich angesprochen wird, so können Sie den Rest der Welt filtern, was zunächst einmal eine Großzahl potenzieller Angreifer ausschließt.

Beachten Sie aber, dass durch VPN-Dienste oder andere Netzwerke der echte Standort eines Angreifers verschleiert werden kann, sodass dies nur einen geringen Sicherheitsgewinn für einfache, ungerichtete Angriffe bringt. Dennoch ist die Option recht interessant und schnell konfiguriert. Vergessen Sie aber nicht, sie vor einer eventuellen Urlaubs- oder Geschäftsreise zu deaktivieren.

Als Drittes legen Sie die AKTION fest (siehe Abbildung 7.37). Hier gibt es nur die Wahl, ob die Regel den Verkehr erlauben oder verhindern soll. Aktivieren Sie die entsprechende Option. Zum Schluss können Sie die gesamte Regel an- oder abschalten, bevor Sie die Daten mit einem Klick auf OK übernehmen.

Nachdem Sie die Regel erstellt haben, wird diese im Regelwerk gelistet sein. Das Regelwerk wird erst aktiv, nachdem Sie die Daten im Modul der Systemsteuerung übernommen haben. Seien Sie bitte beim Erstellen der Regeln nicht zu übereifrig. Ein gut durchdachtes Regelwerk kann zwar im Alltag eine sehr hohe Sicherheit versprechen, aber schon während einer Reise beim Zugriffsversuch auf die heimische DiskStation zu unliebsamen Überraschungen führen. Daher möchten wir an dieser Stelle nochmals darauf hinweisen, dass das Firewall-Regelwerk wohlüberlegt erstellt werden sollte.

7.8 Erweiterte Schutzfunktionen der DiskStation einstellen

Der DiskStation Manager bringt einige Schutzfunktionen mit, die sehr zu einem sicheren Betrieb des Gerätes beitragen können. Nicht alle davon sind bereits ab Werk aktiviert. Falls Sie Ihre DiskStation auch über das Internet nutzen möchten oder sie in einem lokalen Netzwerk betreiben, in dem es auch »experimentierfreudige« Personen gibt, dann sollten Sie diesen Abschnitt unbedingt lesen und prüfen, ob Sie die vorgestellten Funktionen aktivieren möchten.

7.8.1 Verschlüsselt auf das Webinterface zugreifen

Das Webinterface des DiskStation Managers wird standardmäßig per normalem unverschlüsselten HTTP über Port 5000 angesprochen. Bei der unverschlüsselten Übertragung können die Daten theoretisch von jedermann mitgeschnitten werden. Je nach Netzwerkkonfiguration ist das mehr oder weniger aufwendig, aber in jedem Fall machbar.

Alternativ lassen sich das Webinterface, sowie alle Dienste, die direkt über Port 5000 angesprochen werden, auch über eine verschlüsselte HTTPS-Verbindung nutzen. Hierbei kommt das TLS-Verfahren zum Einsatz. Die Abkürzung steht für *Transport Layer Security*. Im Protokollstapel ist TLS noch oberhalb der TCP-Schicht angesiedelt und liegt damit (im Standardfall) direkt unterhalb der Anwendungsdaten.

TLS erfüllt zwei Aufgaben für eine sichere Datenübertragung: die Authentifizierung der Teilnehmer und die Verschlüsselung des Datentransfers. Die Authentifizierung erfolgt zertifikatsbasiert mithilfe der bekannten X.509-Zertifikate, die auf einer Vertrauensarchitektur basieren. Die Authentifizierung anhand beglaubigter Zertifikate ermöglicht es sicherzustellen, dass man mit dem gewünschten Kommunikationspartner verbunden ist.

Im Fall der unverschlüsselten Übertragung wäre es möglich, dass jemand eine falsche Identität vortäuscht. Ein Angreifer könnte eine »Fake-DiskStation« betreiben. Wenn Sie sich an diesem Gerät mit Ihren üblichen Zugangsdaten anmelden, dann erhält der Angreifer Ihren Nutzernamen und Ihr Passwort und könnte sich damit Zugang zur richtigen DiskStation verschaffen.

Die zertifikatsbasierte Authentifizierung verhindert dies. Durch die Verschlüsselung wird verhindert, dass eine unbefugte Person den Datentransfer mitlesen kann. Selbst wenn sie Zugang zum Datenstrom erhält, kann sie damit nichts anfangen.

Zusätzlich werden bei der TLS-gesicherten Kommunikation noch Prüfwerte übermittelt, mit denen die Integrität der Daten sichergestellt werden kann. Dadurch werden sogenannte *Man-in-the-Middle*-Angriffe verhindert, bei denen ein Angreifer versucht, die übertragenen Daten zu manipulieren, indem er sich als »drittes Glied« in die Mitte der Datenübertragung einklinkt.

Bei der Verschlüsselung wird zunächst ein asymmetrisches Verschlüsselungsverfahren für den Schlüsselaustausch genutzt. Die anschließende Übertragung der Nutzdaten erfolgt jedoch mit einem symmetrischen Verfahren. Heutzutage wird im Regelfall der *Advanced Encryption Standard* (AES) verwendet. AES arbeitet recht effizient und wird auf einigen Geräten auch per Hardware beschleunigt, sodass Geschwindigkeitseinbußen bei der TLS-geschützten Verbindung kaum ins Gewicht fallen. Es spricht daher nichts dagegen, den Datenaustausch mit der DiskStation grundsätzlich zu verschlüsseln.

Schon in der Grundkonfiguration des Gerätes besteht die Möglichkeit, das Webinterface über HTTPS anzusprechen. Dazu wird Port 5001 genutzt. Wenn Sie bisher Ihr Gerät über `http://<Hostname>:5000` angesprochen haben, nutzen Sie also einfach `https://<Hostname>:5001`.

In der Grundkonfiguration der DiskStation werden Browser und auch andere Programme, die diesen Port verschlüsselt ansprechen, nun wie in Abbildung 7.41 eine Warnmeldung anzeigen und vor einer nicht vertrauenswürdigen Verbindung sprechen.

Abbildung 7.41 Der Browser warnt, weil das Zertifikat nicht zum Hostnamen passt.

Die Vorsicht der Browser ist durchaus berechtigt, auch wenn in diesem Fall mit hoher Wahrscheinlichkeit kein Risiko besteht. Wie wir vorhin gesagt haben, arbeitet die Authentifizierung beim TLS-Verfahren zertifikatsbasiert.

Falls Sie sich noch nie mit Zertifikaten beschäftigt haben: Ein Zertifikat ist eine kleine Textdatei, so eine Art von digitalem Ausweisdokument, mit dem Personen – jedoch vor allem Geräte – bei der Datenübertragung ihre Identität beweisen können. Ein Zertifikat ist an eine Domain gebunden (es arbeitet also explizit nicht mit IP-Adressen). Im Zertifikat steht sinngemäß: »Ich kommuniziere über die Domain *example.net* und ich verwende diese Domain korrekt und ohne Betrug.«

Ein solches Zertifikat verwendet auch die DiskStation im Moment. Allerdings hat sie es sich einfach selbst erstellt. Das kann jedermann tun, und das ist auch völlig unproblematisch. Aber vertrauenswürdig ist ein solches Zertifikat nicht. Und genau deswegen schimpft jetzt auch der Browser (siehe Abbildung 7.42).

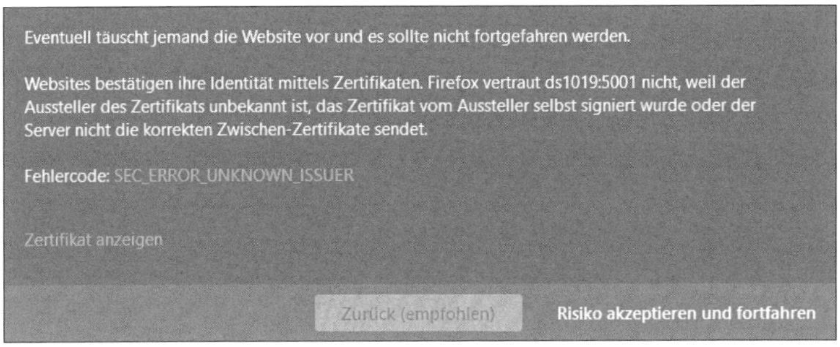

Abbildung 7.42 Der Browser vertraut einem Zertifikat nicht, solange es nicht durch eine vertrauenswürdige Instanz beglaubigt wurde.

Damit ein Zertifikat vertrauenswürdig wird, muss es von einer vertrauenswürdigen Stelle beglaubigt werden. Diese Aufgabe übernehmen *Zertifizierungsstellen*, von denen es weltweit sehr viele gibt.

Wie bei der Beantragung eines Personalausweises im Rathaus überprüft die Zertifizierungsstelle die Identität des Antragstellers und stellt sicher, dass wirklich das angedachte Gerät unter der angegebenen Domain angesprochen werden kann. Sie bestätigt dies im Zertifikat mit einer Prüfsumme, die allgemein überprüft werden kann. Wenn nun dieses Zertifikat eingesetzt wird, dann kann man sicher sein, dass man wirklich mit dem korrekten Gerät verbunden ist.

In der Praxis läuft das nicht ganz so trivial einfach ab, wie wir es eben beschrieben haben, aber die genaue Theorie ist an dieser Stelle auch gar nicht nötig. Wichtig ist jedoch zu erwähnen, dass die DiskStation in der Grundkonfiguration nur ein selbst erstelltes, unbeglaubigtes Zertifikat nutzt. Anders geht das auch gar nicht, weil das Gerät ja zunächst nicht über eine komplette Domain, sondern nur über einen Hostnamen bzw. eine IP-Adresse anzusprechen ist.

Es gibt trotzdem einen Weg, auf dem Sie sicherstellen können, dass Sie wirklich mit Ihrer DiskStation verbunden sind. Auch selbst erstellte Zertifikate tragen eine Prüfsumme (den sogenannten *Fingerabdruck*), die Ihnen der Browser auf Anfrage anzeigt (siehe Abbildung 7.43). Diesen Wert können Sie sich notieren und künftig überprüfen, denn er lässt sich nur mit extrem (!) hohem Aufwand fälschen.

Abbildung 7.43 Der Fingerabdruck lässt sich praktisch nicht fälschen und kann zur manuellen Überprüfung der Identität verwendet werden.

Ein weiterer Weg besteht darin, die DiskStation einfach über eine vollständige Domain erreichbar zu machen, sodass diese ein beglaubigtes Zertifikat verwenden kann. Wie das geht, zeigen wir Ihnen in Abschnitt 4.1, »Über das Internet sicher auf die DiskStation zugreifen«. An dieser Stelle genügt es, wenn Sie die Sicherheitswarnung des Browsers zur Kenntnis nehmen und dann eine Ausnahmeregel anlegen. Für die Praxis bedeutet das, dass die Datenübertragung trotz allem sicher verschlüsselt abläuft und dass Sie selbst der DiskStation vertrauen.

Der DiskStation Manager bietet eine Einstelloption, mit der unverschlüsselte Verbindungen, die auf Port 5000 angefragt werden, automatisch zu verschlüsselten Verbindungen auf Port 5001 weitergeleitet werden. Es sind also keine unverschlüsselten Verbindungen mehr möglich. Diese Funktion finden Sie im ANMELDEPORTAL der Systemsteuerung auf der Registerkarte DSM in der Sektion WEBDIENSTE (siehe Abbildung 7.44).

Abbildung 7.44 Unverschlüsselte HTTP-Verbindungen zum Webinterface können automatisch in verschlüsselte Verbindungen umgewandelt werden.

Aktivieren Sie dort das Kontrollkästchen HTTP-VERBINDUNG FÜR DSM-DESKTOP AUTOMATISCH ZU HTTPS UMLEITEN. Beachten Sie aber, dass es nun unweigerlich zu Zertifikatswarnungen kommen wird. Sie sollten daher alle betroffenen Nutzer entsprechend informieren.

Fortgeschrittene Nutzer haben allerdings die Möglichkeit, im Modul SICHERHEIT der Systemsteuerung auf der Registerkarte ZERTIFIKAT (siehe Abbildung 7.35) eigene Zertifikate zu hinterlegen. An dieser Stelle möchten wir darauf hinweisen, dass auch für die Kommunikation im lokalen Netzwerk beglaubigte Zertifikate verwendet werden können. Das ist allerdings etwas komplizierter.

Sie benötigen dafür eine eigene Domain und Kontrolle über die DNS-Einträge. Stellen Sie zunächst das DNS so ein, dass die Domain auf die interne IP-Adresse der DiskStation verweist. Auch wenn es zunächst paradox klingen mag, ist es ohne Weiteres möglich. Damit so etwas funktioniert, ist es eventuell nötig, in Router oder Firewall eine Ausnahme für einen DNS-Rebind-Schutz zu setzen. Prüfen Sie, ob die DiskStation nun über die angedachte Domain zu erreichen ist.

Als Nächstes erwerben Sie ein Zertifikat, z. B. bei *Let's Encrypt*, und nehmen die Authentifizierung nicht über eine Webserver-Schnittstelle, sondern über einen DNS-Eintrag vor. Die Zertifizierungsstelle wird Ihnen einen TXT-Eintrag vorgeben, den Sie im DNS zu Ihrer Domain hinterlegen müssen. Mehr zum DNS-System finden Sie in Abschnitt 5.6, »Der DNS-Server der DiskStation«. An dieser Stelle sei aber erwähnt, dass nicht alle Domain-Anbieter das Setzen von DNS-TXT-Einträgen gestatten: Eventuell handelt es sich um eine aufpreispflichtige Funktion.

Wenn Sie den Eintrag gesetzt haben, wird Ihnen ein beglaubigtes Zertifikat ausgestellt, denn Sie haben bewiesen, dass Sie die Kontrolle über die Domain haben und dass somit die angedachten Geräte antworten. Hinterlegen Sie das erhaltene Zertifikat im Modul SICHERHEIT der Systemsteuerung auf der DiskStation, und bauen Sie anschließend eine neue HTTPS-Verbindung auf. Die DiskStation wird nun das neue Zertifikat verwenden und es wird keine Zertifikatswarnungen mehr geben.

7.8.2 Den Port für das Webinterface verändern

Wir haben schon mehrfach den Begriff *Security through obscurity* verwendet, der ein Sicherheitskonzept beschreibt, bei dem die Sicherheit eines Dienstes durch seine Verschleierung erhöht werden soll. Im konkreten Fall geht es darum, dass Sie den TCP-Port, über den Sie das Webinterface ansprechen, auf einen anderen Wert als die Standardeinstellung setzen. Dadurch können Sie erreichen, dass unspezifische Angriffe, die automatisiert ausgeführt werden, an Ihrer DiskStation ins Leere laufen.

Im Internet werden Skripte angeboten, die Angriffe automatisiert ausführen und die von Nutzern ohne tiefgreifende Kenntnisse der Materie bedient werden können. Ein solcher automatisierter Angriff führt z. B. einen Portscan an vielen Internetanschlüssen durch und prüft, ob am jeweiligen Anschluss unter dem üblichen Port eine DiskStation antwortet. Wenn dem nicht so ist, dann wendet sich das Skript dem nächsten Anschluss zu. Diese Art von Angriffen bleibt dann also wirkungslos.

Ein fachkundiger Angreifer setzt jedoch nicht unbedingt derartige automatisierte Techniken ein. Wer wirklich genau bei Ihnen »einbrechen« möchte, der wird Ihren Anschluss zunächst gründlich untersuchen und früher oder später feststellen, dass es unter einem anderen Port eine Kommunikation gibt, die charakteristisch für den Datentransfer mit einer DiskStation ist.

Der Sicherheitsgewinn durch Verschleierung ist also begrenzt, daher wird dieses Thema auch kontrovers und häufig mit Geringschätzung diskutiert. Deswegen betonen wir hier auch noch einmal, dass die Port-Verlegung als Maßnahme der *Security through obscurity* nur als eine zusätzliche Maßnahme mit begrenzter Schutzwirkung und niemals als alleiniges Schutzkonzept eingesetzt werden sollte. Dennoch ist es sicherlich nicht verkehrt, wenn man sich zumindest automatisierte Angriffe vom Halse hält. Schließlich ist die Maßnahme schnell eingesetzt und bringt kaum Komfortnachteile mit sich.

Sie können theoretisch einen beliebigen Port größer als 1023 wählen, sollten aber beachten, dass im Bereich bis 10.000 einige Ports von anderen bekannten Diensten verwendet werden, die ebenfalls automatisiert angegriffen werden können. Es bietet sich daher an, eine Port-Nummer oberhalb von 10.000 zu nutzen, da dieser Bereich kaum von Standardanwendungen genutzt wird. Zulässige Werte liegen im Bereich bis 65.535.

Sie konfigurieren den Port des DSM (und der darüber erreichbaren Anwendungen) in der Sektion WEBDIENSTE auf der Registerkarte DSM im Modul ANMELDEPORTAL der Systemsteuerung. Sie können die Ports für unverschlüsselte HTTP- und verschlüsselte HTTPS-Verbindungen getrennt konfigurieren.

Anschließend erreichen Sie das Webinterface Ihres Gerätes unter dem geänderten Port. Bisherige Lesezeichen müssen Sie jetzt genauso anpassen wie gespeicherte Daten in mobilen Apps und Desktop-Clients.

7.8.3 Die Einstellungen des Moduls »Sicherheit«

Auf der Registerkarte SICHERHEIT des gleichnamigen Moduls der Systemsteuerung können Sie weitere Einstellungen mit Sicherheitsrelevanz vornehmen (siehe Abbildung 7.45).

Moderne Browser sollten mit der Darstellung und den enthaltenen Funktionen der DSM-Website keine Probleme haben. Sie sollten daher die Option BROWSERKOMPATIBILITÄT DURCH VERZICHT AUF IP-PRÜFUNG VERBESSERN nicht einschalten. Nur wenn es bei einem Browser zu Problemen kommt, etwa wenn er hinter einem Proxy-Server arbeitet, empfiehlt sich eine Anpassung.

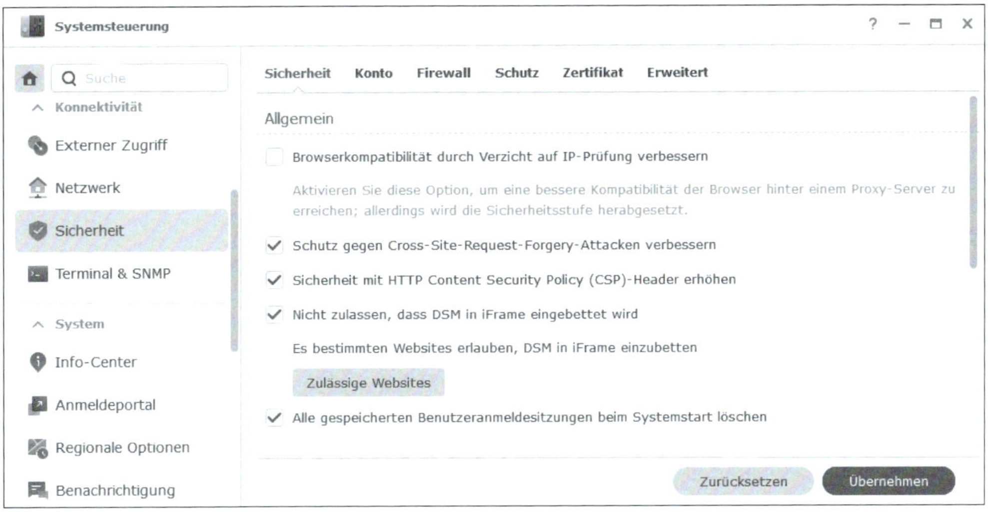

Abbildung 7.45 Die Optionen der Registerkarte »Sicherheit« erhöhen den Schutz vor einigen Angriffsmethoden gegen die DiskStation.

Cross-Site-Request-Forgery-Attacken sind eine Angriffsmethode im Internet, bei der ein Angreifer versucht, eine authentifizierte Sitzung seines Opfers zu übernehmen, sodass im Namen des Opfers beliebige Anweisungen (zumeist mit schädlicher Wirkung) ausgeführt werden. Das DSM kann versuchen, einen zusätzlichen Schutz zu schaffen, indem die Kommunikation mit Schutzmechanismen ausgestattet wird. Diese Option sollten Sie einschalten, weil sie kaum Nachteile mit sich bringt. Auch die folgende Option, die die Sicherheit mit *HTTP Content Security Policy-Headern* erhöht, sollte eingeschaltet werden.

Als Nächstes geht es um die Einbettung des DSM-Webinterfaces in *iFrames*. Ein iFrame ist ein Strukturierungselement von HTML-Seiten, das es erlaubt, in einer Webseite die Inhalte einer anderen Webseite anzuzeigen. So etwas könnte auch mit dem DSM gemacht werden: Ein Angreifer könnte versuchen, das echte DSM Ihrer DiskStation auf einer Seite vorzutäuschen und somit Zugangsdaten abzufangen. Solange Sie selbst die Einbindung des DSM in iFrames nicht benötigen, sollten Sie diese Möglichkeit auch nicht zulassen. Auf Wunsch können Sie auch Ausnahmen für eigene Projekte definieren.

Es empfiehlt sich auch, bestehende Benutzeranmeldungen beim Systemstart zu löschen. Die Benutzer müssen sich dann zwar an der DiskStation neu anmelden, aber es wird einem Angreifer dadurch unmöglich gemacht, eine bestehende Sitzung zu übernehmen.

In der Sektion ANMELDEEINSTELLUNGEN sorgt der TIMER ZUM ABMELDEN dafür, dass Ihre DSM-Sitzung nach der eingestellten Zeitdauer ohne Aktivität automatisch beendet wird. Es ist immer ratsam, eine DSM-Sitzung nur für die Dauer der Nutzung geöffnet zu lassen und sich danach vom System abzumelden. Es ist für einen Angreifer einfacher, eine geöffnete Sitzung zu übernehmen, als eine geschlossene zu öffnen. Der voreingestellte Wert von 15 Minuten ist meist praxistauglich, kann aber auch angepasst werden. Auf Wunsch können Sie den BENUTZERN ERLAUBEN, AUF WEBBROWSERN ANGEMELDET ZU BLEIBEN, was dann sinnvoll ist, wenn Sie den TIMER ZUM ABMELDEN recht kurz gesetzt haben. Es ist auch möglich, die Computer der Nutzer nach erfolgreicher Anmeldung als vertrauenswürdig einzustufen, sodass hier zukünftig keine 2-Faktor-Authentifizierung mehr verlangt wird.

7.8.4 Die automatische Blockierung und der Kontoschutz

In Kapitel 1 haben wir Ihnen bei der Grundeinrichtung der DiskStation bereits etwas über die Sicherheit von Passwörtern erzählt. Nun ist es so, dass man, wenn man beliebig viel Zeit hat, eines Tages jedes Passwort durch simples Ausprobieren aller Zeichenkombinationen erraten kann. Ein solches Vorgehen nennt man *Brute-Force-Attacke*. Sie können aber die Zeit, die der Angreifer benötigt, durch ein möglichst langes, komplexes und zufälliges Passwort beachtlich steigern.

Der DiskStation Manager bietet zusätzliche Schutzfunktionen vor Brute-Force-Attacken: Wenn sich jemand in einem festgelegten Zeitintervall mehrfach ohne Erfolg am Gerät anzumelden versucht, wird er für eine festgelegte Zeitspanne gesperrt. Er kann während dieser Zeit keine weiteren Anmeldeversuche unternehmen. Dadurch werden Brute-Force-Attacken wirkungsvoll erschwert oder sogar nahezu unmöglich gemacht. Gerade, wenn Ihre DiskStation auch über das Internet erreichbar ist, sollten Sie diese Sicherheitsfunktion unbedingt aktivieren.

Auf der Registerkarte SCHUTZ finden Sie im Modul SICHERHEIT der Systemsteuerung die AUTOMATISCHE BLOCKIERUNG, die bereits in der Standardkonfiguration aktiv ist (siehe Abbildung 7.46).

Sie überwacht Anmeldeversuche am DSM und an Programmen der DiskStation. Gescheiterte Anmeldeversuche werden gezählt, egal ob dabei wechselnde Benutzernamen ausprobiert werden. Kommt es (mit den Standardwerten) zu mehr als zehn Login-Versuchen innerhalb von fünf Minuten, dann wird die zugehörige IP-Adresse dauerhaft gesperrt und kann keine weiteren Anmeldeversuche mehr vornehmen.

Sie können die Funktion auf der genannten Registerkarte deaktivieren oder die Blockierparameter verändern. Auf Wunsch können Sie ein Verfallen der Blockierung aktivieren. Dann wird die IP-Adresse nach einer einstellbaren Anzahl an Tagen wieder freigegeben.

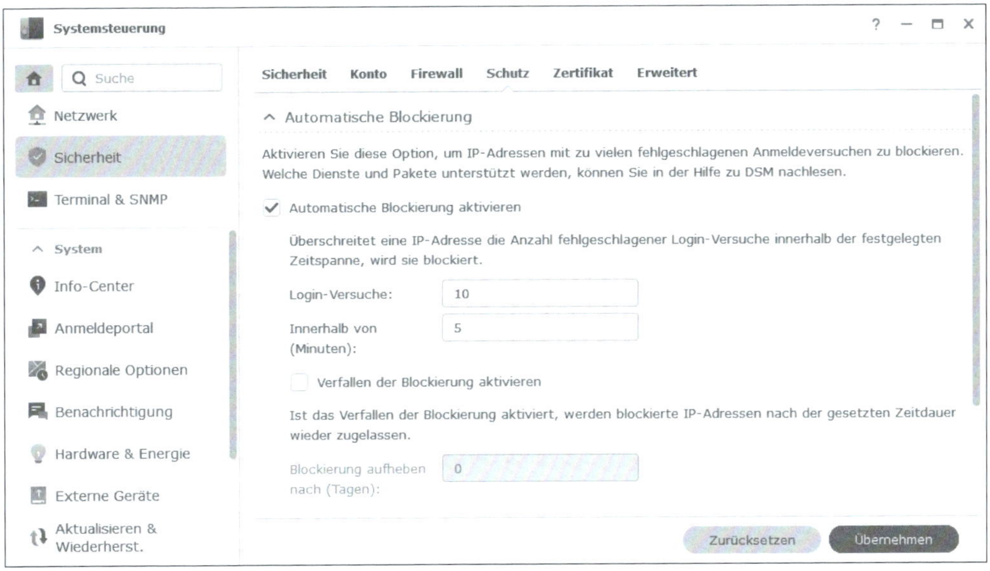

Abbildung 7.46 Die automatische Blockierung schützt vor Brute-Force-Attacken.

Blockierte IP-Adressen werden in der Blockierliste geführt. Diese erreichen Sie über die Schaltfläche FREIGABE-/BLOCKIERUNGSLISTE. Falls jemand versehentlich gesperrt wurde, dann können Sie den zugehörenden Eintrag manuell entfernen. Sie können auch eigene Einträge ergänzen. Dabei ist sogar der Import ganzer Adresslisten möglich. Beachten Sie auch die Freigabeliste: IP-Adressen, die hier aufgeführt sind, werden auch beim Überschreiten der erlaubten Anzahl an Anmeldevorgängen nicht blockiert. Sie können hier beispielsweise das lokale Netzwerk oder einen VPN-Adressbereich eintragen.

Bei der automatischen Blockierung wird immer nur eine einzelne IP-Adresse gesperrt. Ein Angreifer kann jedoch, sobald er blockiert wurde, auf eine andere IP-Adresse wechseln und sein Spielchen fortsetzen. Wenn er von einem privaten Internetzugang aus agiert oder IPv6 verwendet, geht das ganz leicht. Daher können Sie als zusätzliche Sicherungsmaßnahme den *Kontoschutz* einsetzen.

Diese Funktion überwacht Anmeldevorgänge auf Ebene der Nutzerkonten. Sobald jemand versucht, sich (innerhalb einer Zeitspanne) wiederholt erfolglos an einem Konto auf der DiskStation anzumelden, wird dieses Konto eine Zeit lang deaktiviert. Nach Ablauf der Sperrzeit wird das Konto wieder reaktiviert. Der Kontoschutz unterscheidet zwischen vertrauenswürdigen und nicht vertrauenswürdigen Clients. Vertrauenswürdigen Clients (die sich in der Vergangenheit bereits erfolgreich angemeldet haben) wird in der Standardkonfiguration eine höhere Anzahl an Fehlversuchen zugestanden.

Den Kontoschutz konfigurieren Sie auf der Registerkarte KONTO im Modul SICHERHEIT der Systemsteuerung (siehe Abbildung 7.47). Er ist in der Standardkonfiguration abgeschaltet. Aktivieren Sie den Kontoschutz durch das gleichnamige Kontrollkästchen, und konfigurieren Sie dann die Werte für die zulässige Anzahl fehlerhafter Login-Versuche im gewünschten Zeitintervall. Legen Sie anschließend fest, wie lange das entsprechende Benutzerkonto deaktiviert bleiben soll.

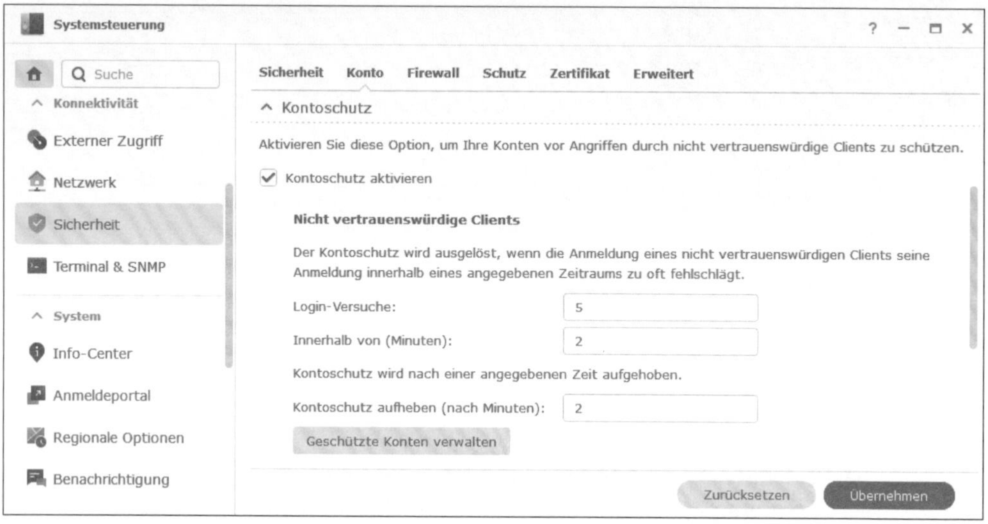

Abbildung 7.47 Konfigurieren Sie den Kontoschutz auf der Registerkarte »Konto«.

Anschließend können Sie die Funktion ausprobieren. Aber achten Sie darauf, dass Ihnen nicht die automatische Blockierung zuvorkommt! Sie sollten dort also gegebenenfalls für Ihr lokales Netzwerk eine Ausnahmeregel erstellen.

Wenn der Kontoschutz eine Blockierung ausgelöst hat, dann finden Sie diese über die Schaltflächen GESCHÜTZTE KONTEN VERWALTEN bzw. VERTRAUENSWÜRDIGE CLIENTS VERWALTEN. Dort können Sie die Sperre auch manuell vor Ablauf der Blockierdauer entfernen.

7.8.5 Der DoS-Schutz

Eine *Denial-of-Service-Attacke* (DoS-Attacke) ist eine Tat in boshafter Absicht, bei der ein System im Internet derart mit Verbindungsanfragen überhäuft wird, dass es vor lauter (Arbeits-)Last zusammenbricht und seine eigentliche Funktion nicht mehr ausüben kann.

In diesem Zusammenhang ist auch oft von *Distributed-Denial-of-Service-Attacken* (abgekürzt DDoS) die Rede. Während bei einer normalen DOS-Attacke mitunter nur ein einzelner Rechner Millionen von Anfragen sendet, werden bei einer DDoS-Attacke ganze Rechnernetze verwendet, die ein wesentlich höheres Anfrageaufkommen erzeugen und sich schwieriger blockieren lassen. Oftmals handelt es sich um gekaperte Geräte, z. B. aus dem Bereich der Heimautomatisierung, die nur schlecht geschützt im Internet ansprechbar sind und daher leicht von Hackern für eigene Zwecke übernommen werden können.

Eine DoS-Attacke wird zwar im Regelfall in boshafter Absicht ausgeführt, hat aber nicht unbedingt den Diebstahl oder die Übernahme von Server-Geräten zum Ziel, auch wenn sie als Einstiegstor dafür verwendet werden kann. Oft geht es bei einer DoS-Attacke tatsächlich nur darum, einen Dienst für eine gewisse Zeit unerreichbar zu machen und einem Unternehmen so finanziell zu schaden. DoS-Attacken werden gerne von großen Hacker-Gruppen als Warnung durchgeführt, wenn sich ein Unternehmen von einer schlechten Seite gezeigt hat.

Theoretisch könnte man so auch Ihre DiskStation angreifen. Wenn diese mit Millionen von Anmeldeversuchen überhäuft wird und jeden einzeln bearbeiten muss, dann wird das System extrem träge oder auch gar nicht mehr auf Anfragen reagieren können. Das DSM-System bringt einen eigenen DoS-Schutz mit, der die Anzahl von Kontaktaufnahmen überwacht und bei ungewöhnlich hoher Anzahl fragwürdige Clients per Firewall blockiert.

Sie finden den DoS-Schutz ganz unten auf der Registerkarte SCHUTZ im Modul SICHERHEIT der Systemsteuerung (siehe Abbildung 7.48). Er ist in der Standardkonfiguration nicht eingeschaltet und kann durch Aktivierung des Kontrollkästchens in Betrieb genommen werden. Mit Ausnahme der zu überwachenden Netzwerkschnittstelle ist keine weitere Konfiguration möglich.

Abbildung 7.48 Sie sollten den DoS-Schutz aktivieren, wenn Ihre DiskStation aus dem Internet erreicht werden kann.

7.9 Die 2-Faktor-Authentifizierung verwenden

Bislang ist Ihre DiskStation so eingerichtet, dass Sie sich lediglich mit einer Kombination aus Nutzername und Passwort anmelden. Solange diese Daten geheim bleiben und nur Ihnen bekannt sind, bleibt die Sicherheit gewahrt. Sollten die Anmeldedaten aber unbefugten Personen bekannt werden, dann können diese sich ohne weitere Hürde an der DiskStation anmelden und Daten auslesen. Besonders kritisch wird es, wenn die Zugangsdaten eines Administratorkontos bekannt werden, bietet dieses doch Zugriff auf alle gespeicherten Daten sowie alle Einstellungen des Gerätes.

Zur Erhöhung der Sicherheit bei der Anmeldung gibt es die 2-Faktor-Authentifizierung. Bei diesem Verfahren muss man zwei Dinge vorweisen: etwas, das man weiß, und etwas, das man besitzt. Wissen tun Sie das geheime Passwort, das normalerweise nur Ihnen bekannt ist. Als zweiter Faktor kommt jetzt etwas hinzu, das Sie (alleinig) besitzen. Man kann die 2-Faktor-Authentifizierung beispielsweise mit einem Hardware-Schlüssel realisieren, z. B. in Form eines USB-Sticks.

Bequemer und ausreichend sicher ist die Anwendung von Einmalpasswörtern, die ein Generator auf einem Gerät (z. B. einem Smartphone) nach einem bekannten Muster generiert. Dieses Muster wird zwischen der DiskStation und dem Smartphone ausgehandelt. Nur dieses eine Smartphone erzeugt (mit einer entsprechenden App) ein gültiges Eimalpasswort, das für jeden Login-Vorgang ein anderes ist. Da das Smartphone nur Ihnen gehört, weil es sich in Ihrem Besitz befindet und nur von Ihnen entsperrt werden kann, genügt dieses Verfahren den Anforderungen der 2-Faktor-Authentifizierung.

Die DiskStation kann die 2-Faktor-Authentifizierung mit Einmalpasswörtern für die Anmeldung am DSM nutzen. Sie können einstellen, für welche Benutzerkonten diese Anmeldemethode gelten soll. Wir empfehlen Ihnen, diese Methode für Administratorenkonten zu nutzen. Diese werden im Alltag nicht häufig gebraucht, sind aber besonders schützenswert. Falls Sie ein höheres Sicherheitslevel benötigen, können Sie auch zusätzlich solche Nutzerkonten mit einbeziehen, denen Administratoraufgaben delegiert wurden. Der komplette Schutz aller Benutzerkonten ist zwar technisch möglich, aber nur in kritischen Umgebungen sinnvoll, wenn mit besonders sensiblen Informationen oder in besonders unsicheren Umgebungen gearbeitet wird.

Die 2-Faktor-Authentifizierung benötigt ein mobiles Endgerät, auf dem die Synology-eigene App *Synology Secure SignIn* installiert ist, die kostenlos für iOS- und Android-Geräte bereitgestellt wird. Das Verfahren nutzt den Standard *TOTP* (das *Time-based One-Time Password*), bei dem die Einmal-Passwörter in Abhängigkeit der aktuellen Uhrzeit erzeugt werden.

Auch andere Apps, die dieses Protokoll nutzen, können verwendet werden. Dazu zählt etwa der bekannte *Google Authenticator*, der von vielen Diensten verwendet wird.

Wir zeigen Ihnen hier beispielhaft die Einrichtung mit Synology Secure SignIn, wobei der Ablauf in einer anderen App aber quasi identisch ist: Über einen QR-Code wird der App das Muster für die Passwortgenerierung mitgeteilt. Die App antwortet mit einem Bestätigungs-Code, anschließend ist die Einrichtung bereits abgeschlossen.

Sie können die 2-Faktor-Authentifizierung jederzeit für ein gewünschtes Benutzerkonto einschalten. Das erfolgt über das persönliche Menü, das Sie oben rechts in der Taskleiste über das Icon mit der Personensilhouette aufrufen können. Auf der Registerkarte SICHERHEIT finden Sie die zuständige Sektion ANMELDEMETHODE (siehe Abbildung 7.49). Dort werden Sie feststellen, dass gegenwärtig die EINSTUFIGE AUTHENTIFIZIERUNG aktiviert ist. In der Beschreibung dazu finden Sie die Begriffe *Synology Secure SignIn App* und *Hardware-Sicherheitsschlüssel*, die Sie jetzt nicht verwirren sollten. Diese Art der Authentifizierung erlaubt es Ihnen nämlich auch, sich ausschließlich mit der SignIn-App oder einem Hardware-Sicherheitsschlüssel an der DiskStation anzumelden, ohne dass Sie ein Benutzerkennwort eingeben müssen. Beachten Sie, dass hier nämlich von einem zweiten Faktor keine Rede ist. Sie können auf Wunsch hier auch auf andere einstufige Authentifizierungen wechseln, müssen dabei aber genau überlegen, ob Sie damit nicht die Sicherheit Ihres Systems schwächen. Beispielsweise könnte ein Hardware-Sicherheitsschlüssel eventuell einfach gestohlen werden, ein Passwort, das nur in Ihrem Kopf hinterlegt ist, kann aber nicht so einfach in Erfahrung gebracht werden.

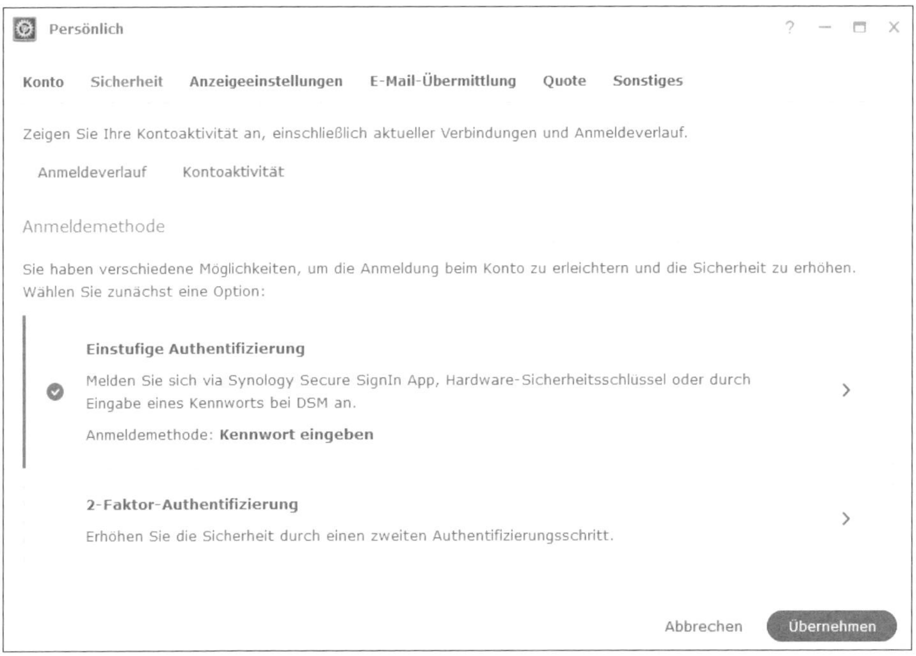

Abbildung 7.49 Im persönlichen Menü kann die 2-Faktor-Authentifizierung jederzeit eingeschaltet werden.

Die 2-Faktor-Authentifizierung kann auch erzwungen werden

Sie können zusätzlich die 2-Faktor-Authentifizierung auch erzwingen, sodass alle definierten Benutzer diese verwenden müssen. Das erfolgt auf der Registerkarte Konto im Modul Sicherheit der Systemsteuerung. Gehen Sie zur Sektion 2-Faktor-Authentifizierung und erzwingen Sie die Funktion über das zugehörige Kontrollkästchen (siehe Abbildung 7.50). Wählen Sie dann aus, welcher Benutzerkreis diese Methode verwenden soll.

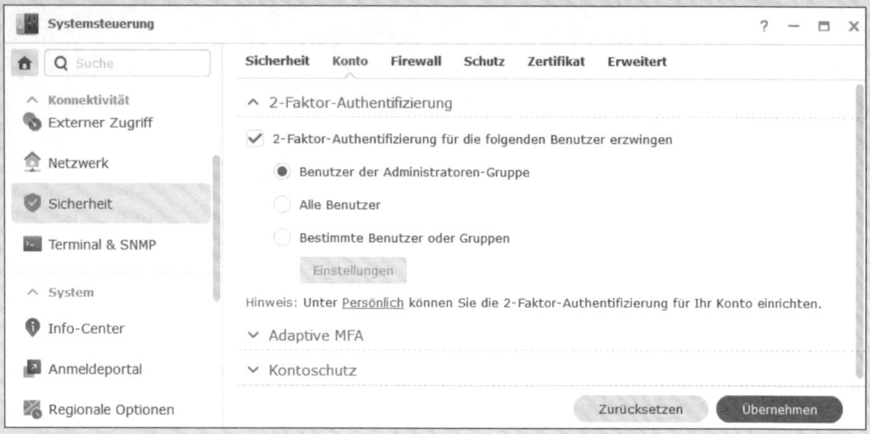

Abbildung 7.50 Die 2-Faktor-Authentifizierung kann in der Systemsteuerung auch für alle oder bestimmte Benutzer erzwungen werden.

Wenn Sie eine 2-Faktor-Authentifizierung nutzen möchten, dann klicken Sie zunächst auf die entsprechende Schaltfläche, worauf Sie ein Assistent zur Einrichtung der Methode auffordern wird (siehe Abbildung 7.51). Zunächst haben Sie die Wahl, ob Sie eine Anmeldegenehmigung, einen Verification Code (OTP) oder einen Hardware-Sicherheitsschlüssel verwenden möchten. Die Anmeldegenehmigung nutzt die mobile App Synology Secure SignIn. Diese muss auf Ihrem Smartphone installiert sein. Bei der Einrichtung ist eine Authentifikation notwendig. Anschließend erteilt diese App der DiskStation die Genehmigung für Ihre Anmeldung. Es ist offensichtlich, dass die App dafür mit der DiskStation kommunizieren können muss. Wenn sich das Smartphone im lokalen Netzwerk aufhält, dann funktioniert die Kommunikation ohne Probleme, ansonsten ist eine funktionierende Internetverbindung erforderlich. Da es hier unter Umständen zu Problemen kommen kann, raten wir eher zur zweiten Methode. Hierbei generiert die mobile App Synology Secure SignIn die zuvor erwähnten nur einmal gültigen Passwörter (in Form eines Zahlencodes) und ist dafür nicht auf eine Internetverbindung angewiesen. Stattdessen einigen sich die DiskStation und die App über einen QR-Code auf das Verfahren, mit dem diese Einmalpasswörter gebildet werden. Das Smartphone zieht zur Bildung unter anderem die gegenwärtige Uhrzeit hinzu, benötigt aber keine Datenverbindung. Für

Sie als Nutzer ist dies zwar mit etwas mehr Aufwand verbunden, denn Sie müssen ja das Einmalpasswort der DiskStation angeben, da die Methode aber vorrangig die eher selten genutzten Administratorkonten betreffen wird, halten wir diesen Komfortnachteil für nachrangig. Die dritte Option nutzt einen Hardware-Sicherheitsschlüssel in Form von USB-Sticks. Hierfür wird offensichtlich kein Smartphone benötigt. Stattdessen stecken Sie einen USB-Stick an. Entscheiden Sie selbst, ob Sie lieber diese Methode statt der Einmalpasswörter benutzen möchten. Wir raten eher nicht zum Hardwareschlüssel, da er eine zusätzliche Investition verlangt und Sie sich bei einem Defekt des Gerätes nicht mehr an der DiskStation anmelden können. Wir beschreiben daher nachfolgend, wie Sie die Methode VERIFICATION CODE (OTP) einrichten.

Abbildung 7.51 Ein Assistent führt Sie durch die Einrichtung der 2-Faktor-Authentifizierung.

Wenn Sie dem Assistenten folgen, dann wird Ihnen zunächst mitgeteilt, welche Apps Sie für das Verfahren nutzen könnten. Wie bereits erwähnt, können Sie neben der Synology-eigenen App auch beispielsweise den Google Authenticator nutzen. Laden Sie die gewünschte App herunter, und installieren Sie diese auf Ihrem Smartphone.

In der App legen Sie eine neue OTP-Konfiguration an. OTP steht für *One-Time Password*, was auf Deutsch »einmal gültiges Passwort« bedeutet. Anschließend startet die App einen Kamerascanner. Im Assistenten auf der DiskStation wird Ihnen als Nächstes wie in Abbildung 7.52 ein QR-Code angezeigt, den Sie mit dem Scanner der App einscannen müssen. Unmittelbar nach dem Einscannen generiert die App einen sechsstelligen Code. Übertragen Sie diesen in den Assistenten der DiskStation, und klicken Sie auf WEITER. Damit ist die Einrichtung schon fast abgeschlossen. Als Letztes geben Sie noch eine E-Mail-Adresse an (genutzt wird die E-Mail-Adresse Ihres Benutzerkontos), an die im Notfall (z. B. beim Verlust des Smartphones) ein einmal gültiges Passwort gesendet werden kann.

Abbildung 7.52 Über den QR-Code handeln die DiskStation und Ihre mobile App die Parameter zur Generierung der Einmalpasswörter aus.

Wenn Sie sich nun vom DSM abmelden und erneut anmelden, werden Sie nach der Eingabe des Passworts zur Eingabe des *Verifizierungscodes* aufgefordert (siehe Abbildung 7.53). Das ist nur eine andere Bezeichnung für das Einmalpasswort.

Dieses zeigt Ihnen die App Synology Secure SignIn direkt beim Start an. Dort sind keine weiteren Eingaben oder Authentifizierungen nötig. Beachten Sie aber, dass die Einmalpasswörter nur eine begrenzte Gültigkeit haben. In der App zeigt eine runde Sanduhr die Gültigkeit an, Sie dürfen also nicht zu lange mit der Eingabe warten. Falls die Gültigkeitsdauer abgelaufen ist, ist das nicht weiter schlimm: Geben Sie dann einfach den neuen Code ein. Dafür müssen Sie sich nicht erneut bei der DiskStation anmelden.

Nach der Einrichtung können Sie die 2-Faktor-Authentifizieurng über das persönliche Menü konfigurieren (siehe Abbildung 7.54). Wenn es Ihnen gestattet ist, dann können Sie diese Art der Authentifizierung über die Schaltfläche AUSSCHALTEN wieder deaktivieren. Gegebenenfalls muss ein Administrator den Zwang zur Nutzung zuvor in der Systemsteuerung aufheben.

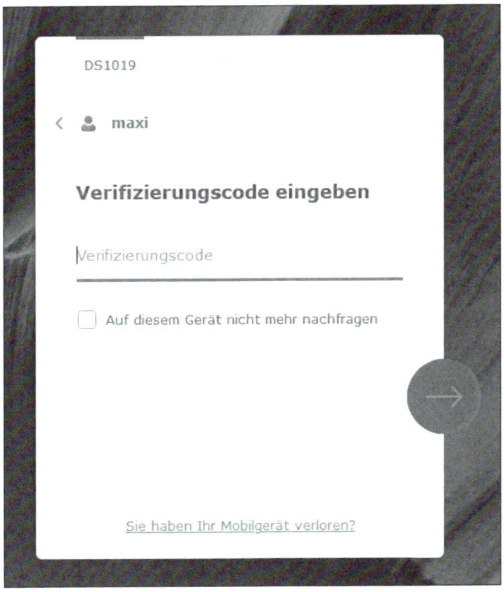

Abbildung 7.53 Den von der App generierten Verifizierungscode müssen Sie bei der Anmeldung an der DiskStation eingeben.

Abbildung 7.54 Im persönlichen Menü kann die 2-Faktor-Authentifizierung mit einigen Optionen konfiguriert werden.

Ansonsten können Sie vertrauenswürdige Geräte definieren, auf denen kein Einmalpasswort eingegeben werden muss. Dies ist z. B. bei einem Notebook sinnvoll, das schon durch ein Passwort oder einen Fingerabdruck vor missbräuchlicher Nutzung geschützt ist. Sie können im Assistenten auch die Geräte verwalten, die das OTP erzeugen, und eine weitere Methode für die 2-Faktor-Authentifizierung einrichten.

7.10 Die adaptive mehrstufige Authentifizierung verwenden

Die adaptive mehrstufige Authentifizierung (kurz: adaptive MFA) ist eine weitere Sicherheitsfunktion Ihrer DiskStation, welche die Anmeldung von unberechtigten Nutzern erschwert oder sogar verhindert. Sie überwacht die Anmeldevorgänge von Administratoren und führt sozusagen Buch darüber, von welchen Geräten oder von welchen Standorten sich diese Nutzer üblicherweise anmelden. Beispielsweise kann durch diese Methode ein Cookie im Internetbrowser gesetzt werden, der bei Anmeldevorgängen ausgelesen wird. Auf diese Weise kann die DiskStation erkennen, wenn Sie sich aus einer gleichbleibenden Umgebung heraus anmelden, und solchen wiederkehrenden Anmeldeversuchen ein höheres Vertrauen schenken. Das soll heißen, dass – sofern Sie nicht die 2-Faktor-Authentifizierung verwenden – Ihr übliches Benutzerkennwort zur Anmeldung genügt. Wenn durch die Funktion Abweichungen festgestellt werden, etwa, wenn Sie sich von einem anderen Standort aus anmelden möchten oder ein anderes Gerät verwenden, dann wird Ihnen zunächst eine E-Mail gesendet, in der ein einmal gültiges Passwort enthalten ist, das Sie zusätzlich zu Ihrem normalen Benutzerpasswort eingeben müssen. Auf diese Weise wird quasi eine temporäre 2-Faktor-Authentifizierung geschaffen, die nur im Bedarfsfall eingesetzt wird. Diese Methode erhöht also die Sicherheit gegenüber der einstufigen Verifizierung, ist aber nicht so sicher wie die durchgängige 2-Faktor-Authentifizierung. Ihre Nutzung bietet sich beispielsweise in Privathaushalten an.

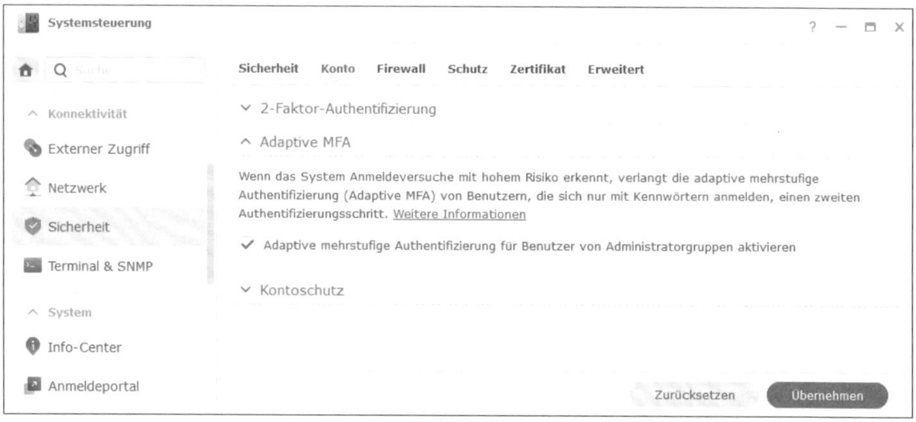

Abbildung 7.55 Aktivieren Sie die adaptive MFA in der Systemsteuerung.

Sie aktivieren die adaptive MFA im Modul SICHERHEIT der Systemsteuerung auf der Registerkarte KONTO. Setzen Sie dort wie in Abbildung 7.55 (falls nicht bereits bei der Ersteinrichtung geschehen) das entsprechende Kontrollkästchen in der Sektion ADAPTIVE MFA. Damit diese Funktion arbeiten kann, ist es offensichtlich erforderlich, dass im Benutzerkonto der Administratoren eine E-Mail-Adresse hinterlegt ist. Sofern noch nicht geschehen, müssen Sie also eine E-Mail-Adresse im persönlichen Bereich hinterlegen. Beachten Sie aber, dass die E-Mails, die durch diese Funktion erstellt werden, nicht direkt durch Ihre DiskStation versendet werden. Stattdessen werden E-Mail-Server von Synology genutzt. Ihre DiskStation kommuniziert also mit diesen und benötigt kein E-Mail-Konto für ausgehende E-Mail-Benachrichtigungen.

7.11 Den Sicherheitsberater befragen

Unter dem DSM gibt es ein Hilfsprogramm, das die DSM-Einstellungen und den Softwarebestand unter dem Aspekt der Systemsicherheit überprüft. Das Programm nennt sich *Sicherheitsberater* und kann über das Hauptmenü des Administrators aufgerufen werden. Der Nutzer kann aus einem umfangreichen Katalog an möglichen Prüfungen auswählen (siehe Abbildung 7.56). Das Programm kennt zwei Sicherheitsstufen und kann die Systemsicherheit entweder für den privaten Einsatz zu Hause oder für den Einsatz in einer Unternehmensumgebung bewerten.

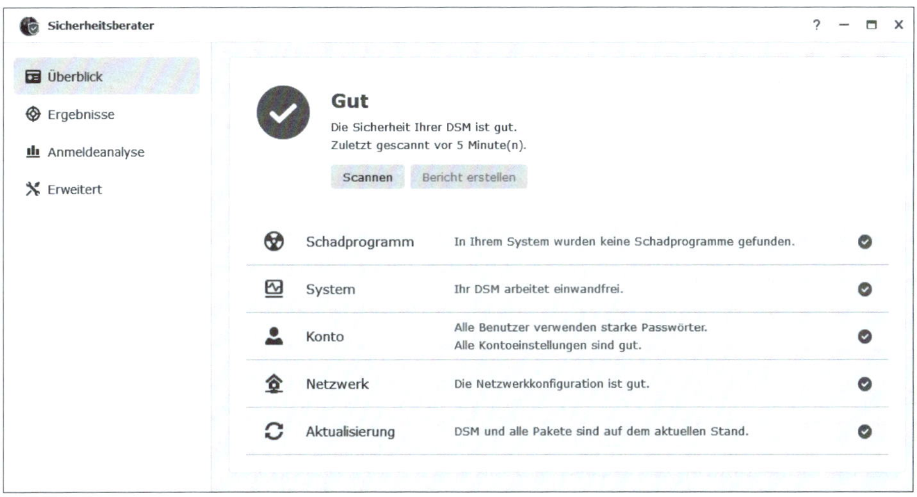

Abbildung 7.56 Der Sicherheitsberater überprüft einige Einstellungen der DiskStation und warnt, falls diese auf unsichere Werte konfiguriert sind.

Den Sicherheitsberater sollten Sie unserer Meinung nach nicht belächelnd abtun. Zwar sind viele Prüfungen, die durchgeführt werden, naheliegend, allerdings darf man nicht vergessen, dass das DSM ein komplexes System mit zahlreichen Einstellungsmöglichkeiten ist und dass es an vielen Orten Optionen gibt, die die Systemsicherheit beeinflussen. Da kann es schnell passieren, dass man eine bestimmte Option übersieht oder sie für einen Test vorübergehend auf eine niedrige Sicherheitsstufe setzt, ohne dies später rückgängig zu machen.

Es schadet daher keinesfalls, den Sicherheitsberater regelmäßig um seine Meinung zu fragen. Begehen Sie allerdings nicht den Fehler, sich komplett auf die Dienste dieses Programms zu verlassen, sondern betrachten Sie beim Thema Sicherheit stets das Gesamtsystem mit den aktivierten Diensten.

Beim ersten Start des Programms sollten Sie nicht sofort auf die Schaltfläche SCANNEN klicken, sondern zunächst einen Blick in die Einstellungen werfen, die sich auf der Registerkarte ERWEITERT befinden (siehe Abbildung 7.57).

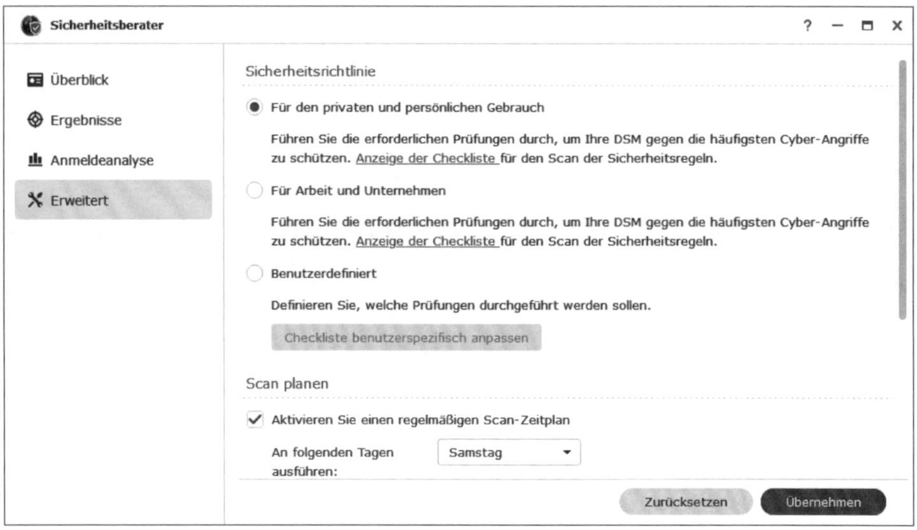

Abbildung 7.57 In den Einstellungen können Sie den Umfang der Sicherheitsprüfung festlegen.

Dort können Sie zunächst festlegen, ob Sie eine Prüfung FÜR DEN PRIVATEN UND PERSÖNLICHEN GEBRAUCH des NAS-Gerätes oder FÜR ARBEIT UND UNTERNEHMEN durchführen möchten. Wenn Sie die zweitgenannte Option wählen, dann ist die Prüfung umfangreicher und es werden auch solche Einstellungen überprüft, die in einer Unternehmensumgebung kritischer sind. Das bedeutet nicht, dass die Prüfung für den privaten Einsatz nur oberflächlich erfolgt, sondern dass sie solche Optionen nicht prüft, die für den privaten Einsatz nicht von Relevanz sind.

Dazu zwei Beispiele: Wenn das Gerät privat zu Hause benutzt wird, ist es beispielsweise nicht (oder besser gesagt nur selten) erforderlich, zu prüfen, ob die Domain-

Serversignatur aktiviert ist oder ob der SNMP-Dienst in Version 1 aktiv ist. Dies sind Funktionen, die üblicherweise eher in einer Unternehmensumgebung relevant und aktiviert sind.

Falls Sie sich unsicher sind, sollten Sie auf den Link ANZEIGE DER CHECKLISTE klicken. In einem neuen Fenster wird der verfügbare Prüfungskatalog angezeigt. Wenn Sie Änderungen vornehmen möchten, dann wählen Sie die Prüfungsstufe BENUTZERDEFINIERT.

Klicken Sie dann auf die Schaltfläche CHECKLISTE BENUTZERSPEZIFISCH ANPASSEN. Im neuen Fenster können Sie selbst entscheiden, welche Prüfungen Sie durchführen lassen möchten (siehe Abbildung 7.58).

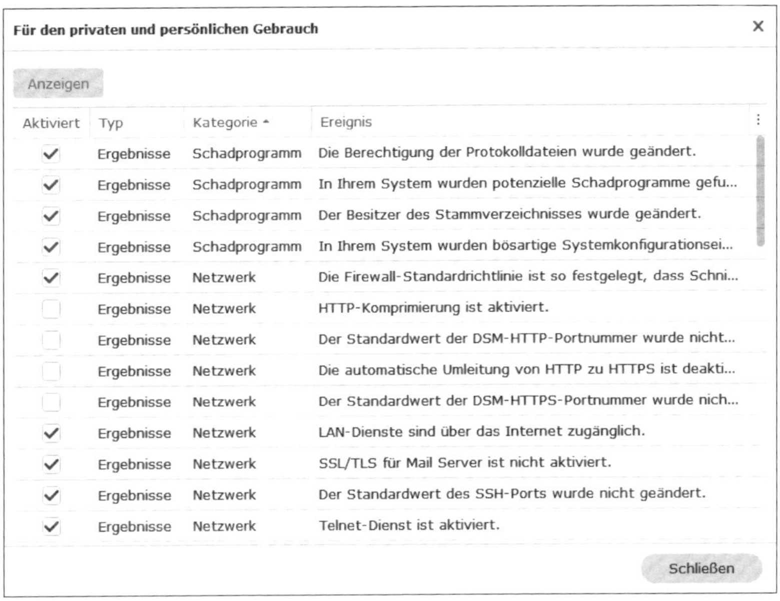

Abbildung 7.58 Sie können sich detailliert anzeigen lassen, welche Prüfungen der Sicherheitsberater vornehmen wird.

Weiter unten im Dialog aus Abbildung 7.57 können Sie eine regelmäßige automatische Prüfung durch den Sicherheitsberater konfigurieren. Es bietet sich an, diese Prüfung zu einer Zeit durchzuführen, zu der das NAS-Gerät nicht stark ausgelastet ist. Beachten Sie dabei, dass es sehr viele Aufgaben gibt, die man am besten zu nachtschlafender Zeit durchführt.

Damit es nicht zu unnötigen Kollisionen kommt, hilft es generell, über die geplanten Aufgaben (sofern sie nicht im Aufgabenplaner des DSM gelistet sind) Buch zu führen und die Aufgaben individuell zu planen. Auf Wunsch können Sie durch den Sicherheitsberater einen Bericht erstellen lassen und diesen an einem gewünschten Ort abspeichern.

An dieser Stelle möchten wir daran erinnern, dass die Benachrichtigungsfunktion des DSM auch über Ergebnisse des Sicherheitsberaters informieren kann. Werfen Sie dazu einen Blick in das Modul BENACHRICHTIGUNG der Systemsteuerung. Auf der Registerkarte REGELN finden Sie mögliche Benachrichtigungen in der Kategorie SICHERHEITSBERATER (siehe Abbildung 7.59). Die Konfiguration der E-Mail-Benachrichtigung haben wir allgemein in Abschnitt 7.1, »Benachrichtigungen und Protokoll-Center«, beschrieben.

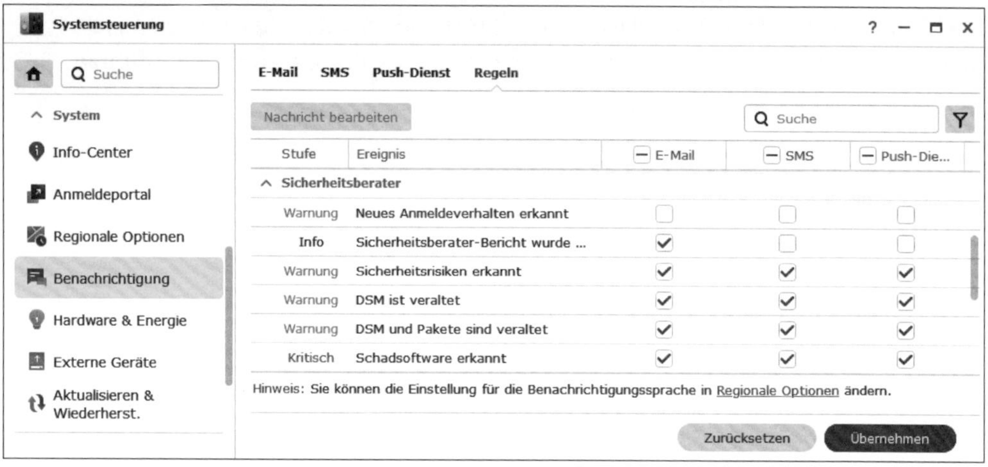

Abbildung 7.59 Über die Ergebnisse der Sicherheitsprüfung können Sie sich auch durch den Benachrichtigungsdienst informieren lassen.

Werfen Sie unbedingt auch einen Blick auf die Registerkarte ANMELDEANALYSE, insbesondere, wenn Ihre DiskStation auch über das Internet angesprochen werden kann. Auf dieser Registerkarte sehen Sie dann, tabellarisch aufgelistet, wiederholt gescheiterte Anmeldeversuche an diversen Programmen und Diensten. So können Sie schnell erkennen, wenn und wann es Einbruchsversuche in Ihre DiskStation gegeben hat.

Wenn Sie auf einen Eintrag doppelklicken, erhalten Sie weitere Informationen, z. B. zu den Quell-IP-Adressen (siehe Abbildung 7.60).

Über eine Whois-Abfrage im Internet können Sie weitere Informationen zum potenziellen Angreifer einholen und (bei ständigen Einbruchsversuchen) gegebenenfalls einen Abuse-Kontakt informieren.

Wenn Sie mit allen Einstellungen zufrieden sind, dann wechseln Sie auf die Registerkarte ÜBERBLICK und starten Sie die Prüfung des Systems durch einen Klick auf die Schaltfläche SCANNEN. Die Prüfung kann durchaus ein paar Minuten dauern (siehe Abbildung 7.61).

Nach Abschluss der Prüfung sehen Sie zuoberst eine Gesamteinschätzung. Darunter erhalten Sie eine Zusammenfassung der Ergebnisse aus den Kategorien Schadprogramme, Systemeinstellungen, Kontokonfigurationen, Netzwerkeinstellungen und Softwarebestand.

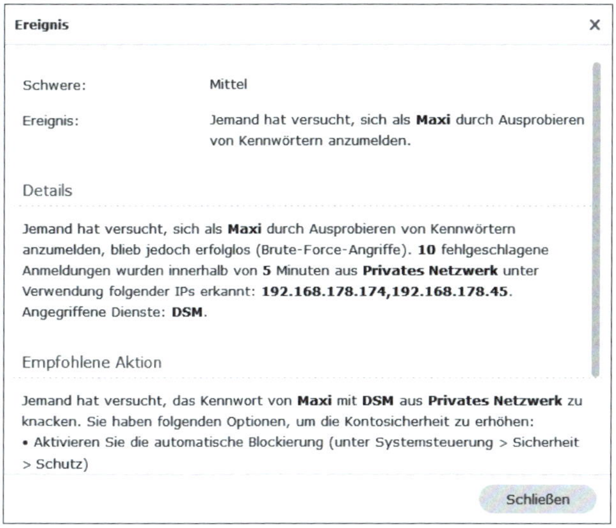

Abbildung 7.60 Der Sicherheitsberater informiert auch über wiederholt fehlgeschlagene Anmeldeversuche.

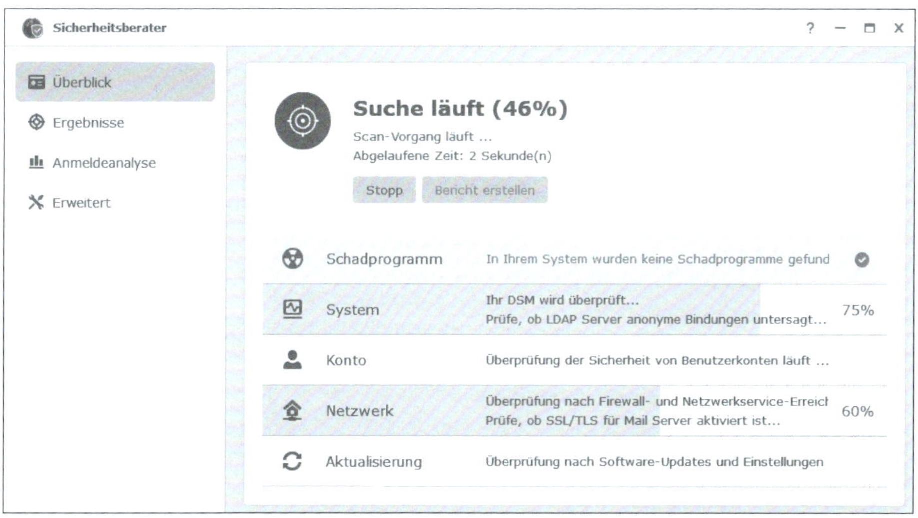

Abbildung 7.61 Je nach Umfang der Prüfung dauert diese einige Minuten.

Ein Klick auf eine dieser Kategorien bringt Sie zur Registerkarte ERGEBNISSE, auf der oben rechts die gewählte Kategorie ausgewählt ist. Anstatt sich mühsam durch die Kategorien zu hangeln, können Sie aber auch einfach direkt die Registerkarte ERGEBNISSE anklicken oder oben rechts den Filter ausschalten.

Sie sehen nun wie in Abbildung 7.62 in tabellarischer Form die Ergebnisse der Prüfungen. Links sehen Sie den STATUS und in der Spalte SCHWERE eine Einschätzung, wie gravierend das Problem ist.

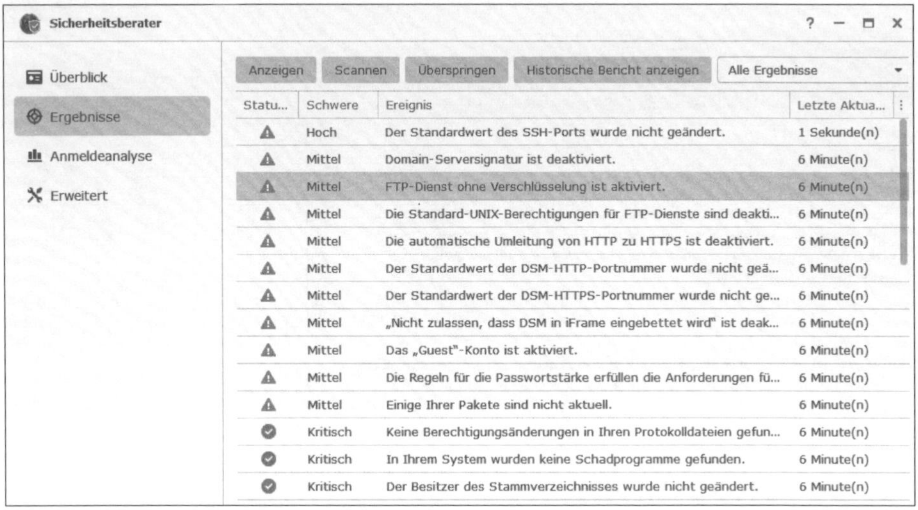

Abbildung 7.62 Der Sicherheitsberater zeigt das Ergebnis der Prüfung an.

Wenn eine Einstellung beanstandet wird, dann können Sie diesen Eintrag doppelt anklicken (oder ihn auswählen und auf ANZEIGEN klicken). Sie sehen dann wie in Abbildung 7.63 eine detaillierte Information über das Problem und warum eine Gefährdung bestehen könnte.

Abbildung 7.63 Der Sicherheitsberater bietet auch Lösungsmöglichkeiten für ein festgestelltes Problem an.

Darunter finden Sie in der Sektion EMPFOHLENE AKTION Hinweise, wie Sie das Problem beseitigen können. An dieser Stelle sollten Sie die vorgeschlagene Änderung zunächst bewerten, bevor Sie sie umsetzen.

Ein Beispiel: Wenn Sie den Zugriff über eine SSH-Verbindung aktiviert haben, der Standard-Port TCP 22 aber nicht verändert wurde, dann bekommen Sie im Sicherheitsberater eine Warnung und den Ratschlag, den Port zu verändern. Diese Empfehlung stammt allerdings aus dem schon oft angesprochenen Bereich *Security through obscurity*. Sie kann vor ungerichteten Angriffen durch automatisierte Programme schützen: Eine Schutzwirkung ist definitiv erreichbar, aber es ist kein umfassender Schutz.

Wenn Sie jetzt sofort den SSH-Port verändern würden, dann könnte es aber sein, dass eventuell Skripte, die ein Nutzer der DiskStation für den berechtigten eigenen Gebrauch geschrieben hat, jetzt nicht mehr funktionieren. Sie sollten bei der Systemadministration Änderungen daher wohlüberlegt durchführen und sich zunächst über deren Auswirkung Gedanken machen.

Eine Konsultation oder zumindest eine Information des Benutzerkreises über (geplante) Änderungen ist sicherlich nicht verkehrt. Wenn eine Änderung sinnvoll erscheint und Sie sie umgehend umgesetzt haben, dann können Sie bei einem selektierten Eintrag auf die Schaltfläche SCANNEN klicken, worauf diese eine Prüfung erneut durchgeführt wird.

Alternativ können Sie auf der Registerkarte ÜBERBLICK auf die Schaltfläche BERICHT ERSTELLEN klicken. Dadurch werden die Ergebnisse in einem HTML-Dokument zusammengefasst, das Sie sich direkt im Browser anzeigen lassen können. Gegenwärtig wird hier allerdings eine englische Sprachfassung verwendet.

7.12 Mit verschlüsselten Ordnern arbeiten

Beim Thema Verschlüsselung beschränken sich die Funktionen der DiskStation darauf, die Inhalte von gemeinsamen Ordnern oder Volumes (gemeinsame Ordner, Paketdaten und LUNs) zu verschlüsseln. Weitere Funktionen, etwa die Verschlüsselung ganzer Festplatten, werden nicht geboten.

Wenn Sie einen verschlüsselten gemeinsamen Ordner erstellen, dann müssen Sie einen Schlüssel in Form eines Passworts definieren. Die Inhalte werden dann basierend auf diesem Schlüssel verschlüsselt. Um auf die Inhalte des Ordners zugreifen zu können, müssen Sie im DSM den Schlüssel eingeben, der in jedem Fall auch in Dateiform vorliegen wird. Nach Eingabe des Schlüssels kann über alle üblichen Wege (z. B. über eine Netzwerkfreigabe oder die File Station) auf die Inhalte des Ordners zugegriffen werden.

Diese Verschlüsselung arbeitet dabei vollkommen transparent. Das Einzige, was Sie von der Verschlüsselung merken werden, ist eine etwas niedrigere Arbeitsgeschwindigkeit (je nach Hardware der DiskStation).

Sie können während des Betriebs den Schlüssel wieder entziehen, worauf der Zugriff auf den Ordner unmöglich wird. Der Schlüssel lässt sich für den kontinuierlichen Betrieb auch auf der DiskStation hinterlegen, was aber eher sinnfrei ist, weil so auch ein Angreifer in den Besitz des Schlüssels kommen kann.

Einen verschlüsselten gemeinsamen Ordner erstellen Sie zunächst genauso wie einen normalen gemeinsamen Ordner. Das haben wir Ihnen schon in Abschnitt 2.3.1, »Gemeinsame Ordner als Basis für Dateifreigaben«, gezeigt. Auf der zweiten Seite des Assistenten können Sie die Verschlüsselung mit DIESEN FREIGEGEBENEN ORDNER DURCH VERSCHLÜSSELUNG SCHÜTZEN aktivieren und müssen dafür im folgenden Fenster einen Schlüssel (ein Passwort) definieren (siehe Abbildung 7.64). Hierbei sollten Sie sich an den üblichen Regeln für sichere Passwörter orientieren.

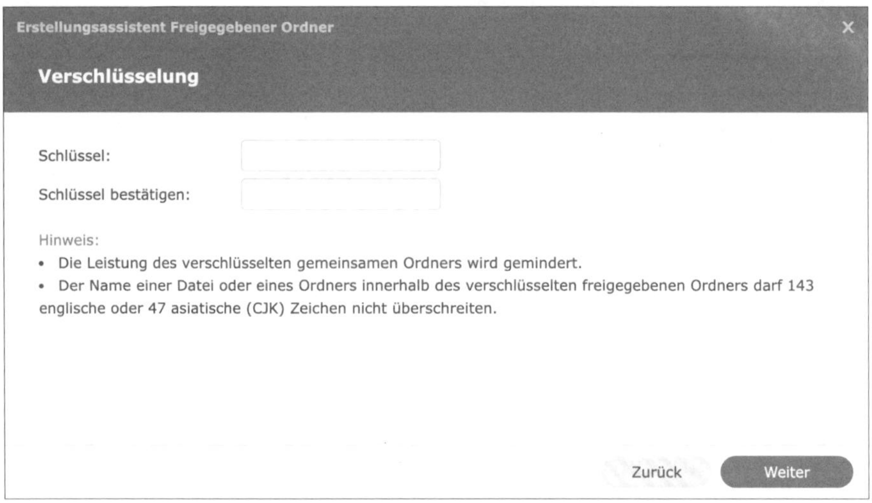

Abbildung 7.64 Definieren Sie den Schlüssel für den verschlüsselten Ordner.

Die übrigen Schritte entsprechen denen, die Sie von der Erstellung normaler gemeinsamer Ordner kennen. Aber eine Abweichung gibt es noch: Der Verschlüsselungsschlüssel wird in Dateiform automatisch auf den aktuellen Rechner heruntergeladen (siehe Abbildung 7.65). Diese kleine Textdatei kann alternativ zum Schlüsselpasswort verwendet werden. Wer sie besitzt, kann uneingeschränkt auf den Ordner zugreifen. Wir empfehlen daher, diese Datei gut geschützt (z. B. in einem Passwortmanager) aufzubewahren.

Wenn Sie Ihren Computer vor unberechtigtem Zugriff geschützt haben, dann können Sie die Datei auch (an einem nicht offensichtlichen Speicherort) abspeichern und sie statt der Passworteingabe verwenden. Das bietet sich insbesondere dann an, wenn ein langes Schlüsselpasswort definiert wurde und häufig auf den Ordner zugegriffen werden soll.

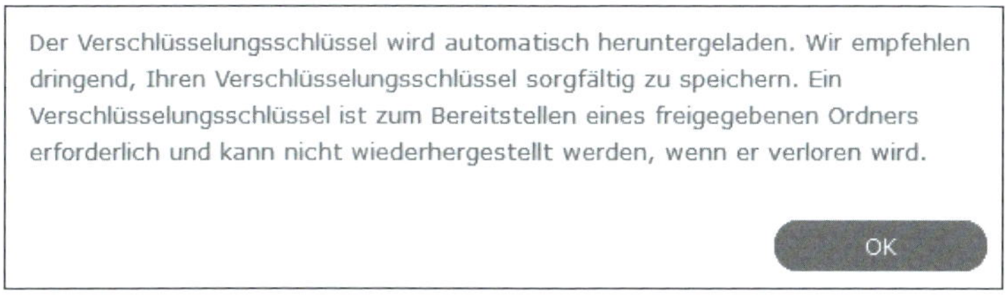

Abbildung 7.65 Den Schlüssel erhalten Sie automatisch per Download in Dateiform.

Nach der Erstellung können Sie auf den Ordner zunächst ganz normal zugreifen. Er befindet sich im Modus »angehängt«. Zwar werden die Daten verschlüsselt auf dem Dateisystem abgelegt, allerdings befindet sich der Schlüssel im Arbeitsspeicher der DiskStation und wird direkt zur Entschlüsselung verwendet. Der Zugriff ist somit uneingeschränkt über die File Station und eine Netzwerkfreigabe möglich.

Wenn Sie den Zugriff verhindern möchten, dann müssen Sie den Ordner vom System »trennen«. Das geschieht im Modul FREIGEGEBENER ORDNER in der Systemsteuerung (siehe Abbildung 7.66). Klicken Sie den gewünschten Ordner an, und klicken Sie dann in der Symbolleiste auf VERSCHLÜSSELUNG • TRENNEN. Nach einer Rückfrage wird der Zugriff auf den verschlüsselten Ordner nicht mehr möglich sein, und er wird auch beispielsweise nicht mehr in der File Station angezeigt. Jetzt kann niemand mehr auf den Inhalt des Ordners zugreifen. Auch im Falle des Diebstahls der DiskStation und der Datenträger besteht keine Möglichkeit, auf die Daten zuzugreifen.

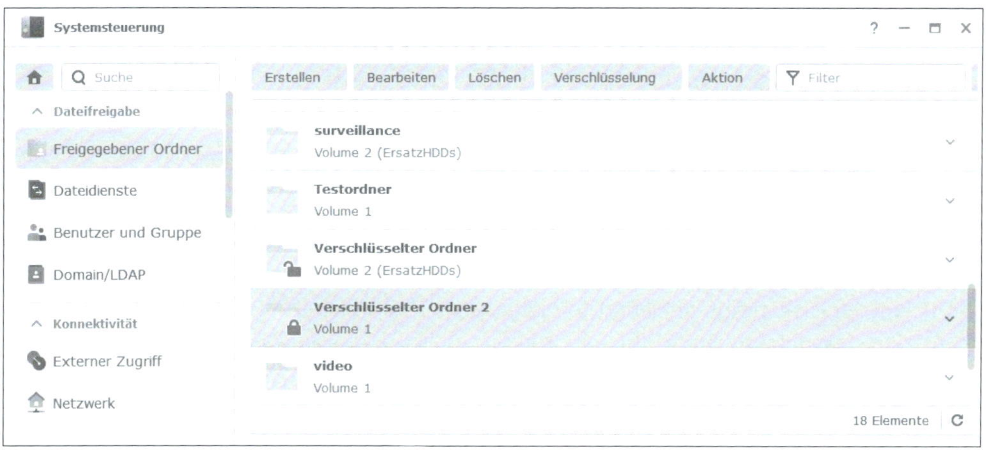

Abbildung 7.66 Verschlüsselte Ordner werden im Modul »Freigegebener Ordner« verwaltet und hier auch angehängt und getrennt.

Wenn Sie den Inhalt des Ordners anzeigen oder verändern möchten, dann müssen Sie den Ordner wieder anhängen. Auch das erfolgt in der Systemsteuerung im Modul FREIGEGEBENER ORDNER. Klicken Sie zuerst den Ordner an und dann in der Symbolleiste auf VERSCHLÜSSELUNG • ANHÄNGEN. Sie müssen dann entweder das Schlüsselpasswort eingeben oder die Schlüsseldatei hochladen. Anschließend wird der Ordner mit dem System verbunden und es kann ganz normal auf ihn zugegriffen werden. Der Ordner wird beim Abschalten der DiskStation automatisch getrennt, sodass beim nächsten Systemstart kein Zugriff auf ihn besteht. Außer beim Herunterfahren gibt es allerdings keine weitere Möglichkeit, diesen Vorgang zu automatisieren oder von außen anzustoßen; Sie müssen stets den Weg über die Systemsteuerung gehen.

Gleiches gilt im Prinzip auch für das Anhängen. Da der Schlüssel nicht auf dem System hinterlegt ist, kann der verschlüsselte Ordner zunächst auch nicht automatisch angehängt werden. Dies ist der Sicherheit der verschlüsselten Daten äußerst zuträglich. Der Schlüssel ist (egal ob als Passwort oder als Datei) nur Ihnen bekannt. Wenn jemand die DiskStation stiehlt, dann kann er nicht auf die Daten zugreifen. Allerdings müssen Sie jedes Mal nach dem Start des Systems (oder wann immer Sie nach einem manuellen Trennen wieder auf die Daten zugreifen möchten) den Ordner manuell anhängen.

Es gibt aber zumindest eine Möglichkeit, wie Sie den Ordner automatisch beim Systemstart der DiskStation anhängen können. Dafür können Sie einen Schlüssel-Manager verwenden. Er legt Schlüssel in Form einer verschlüsselten Datei ab. Es bietet sich an, diese Datei auf einem USB-Stick abzuspeichern. Für diese verschlüsselte Datei gibt es ein eigenes Schlüsselpasswort, eine sogenannte *Passphrase*. Diese wird auf der Systempartition abgespeichert und kann von einem Hacker ausgelesen werden. Wenn der USB-Stick beim Systemstart angeschlossen ist, dann wird die Passphrase zur Entschlüsselung der Schlüsseldatei verwendet.

Auf diese Weise erhält die DiskStation das Schlüsselpasswort für den verschlüsselten Ordner und kann diesen anhängen. Das Problem ist, dass der USB-Stick jetzt noch physisch mit dem Gerät verbunden ist. Ein Einbrecher kann beide zusammen entwenden und erhält somit Zugriff auf die Daten.

Der Schlüssel-Manager kann den USB-Stick allerdings nach dem Systemstart und dem Anhängen der Ordner per Software vom System abmelden. Sie können ihn dann von der DiskStation abziehen. Sie sehen also: Egal welchen Weg Sie wählen, damit die Daten auch beim Diebstahl der DiskStation sicher verschlüsselt bleiben, ist eine manuelle Aktion erforderlich. Entweder geben Sie das Schlüsselpasswort manuell ein oder Sie entfernen den USB-Stick und verwahren diesen sicher.

Möchten Sie den Schlüssel-Manager verwenden, dann stecken Sie zunächst einen normalen Daten-USB-Stick in einen USB-Anschluss der DiskStation. Öffnen Sie dann das Modul FREIGEGEBENER ORDNER der Systemsteuerung. Klicken Sie auf einen verschlüsselten Ordner und dann in der Symbolleiste auf VERSCHLÜSSELUNG • SCHLÜSSEL-MANAGER. Es öffnet sich ein neues Fenster, in dem Sie den Schlüsselspeicher initialisieren (siehe Abbildung 7.67). Wählen Sie dafür die Option EXTERNE GERÄTE und den gewünschten USB-Stick aus. Vergeben Sie dann eine Passphrase, mit der die Schlüsselsammlung auf dem USB-Stick verschlüsselt wird. Klicken Sie anschließend auf INITIALISIEREN.

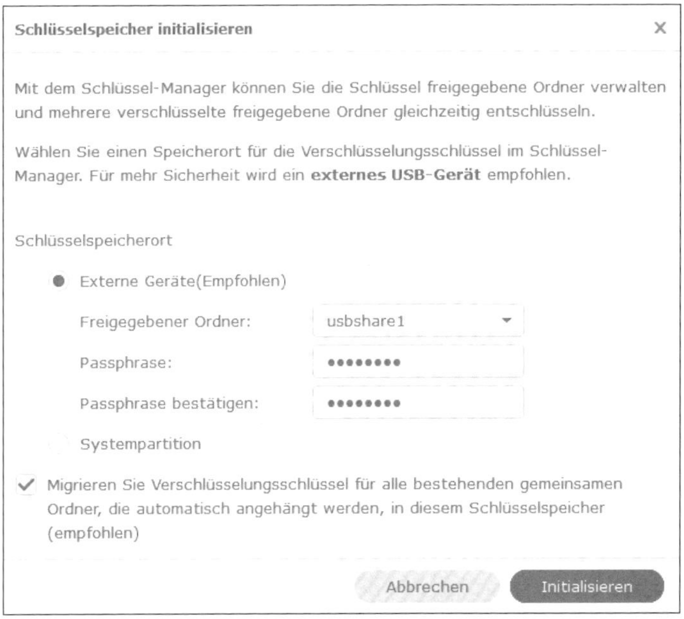

Abbildung 7.67 Zur Initialisierung des Schlüsselspeichers müssen Sie eine Passphrase definieren.

Sie landen dann beim eigentlichen Schlüssel-Manager. Dieser fordert Sie auf, die soeben definierte Passphrase einzugeben. Anschließend klicken Sie auf HINZUFÜGEN. Wählen Sie den gewünschten verschlüsselten Ordner, und schützen Sie den Schlüssel durch einen Rechnerschlüssel (den nur diese eine DiskStation kennt). Tragen Sie dann das Schlüsselpasswort in das zugehörige Feld ein (oder nutzen Sie alternativ die Schlüsseldatei). Wenn Sie auf OK klicken, wird dieser Eintrag im Schlüssel-Manager angezeigt (siehe Abbildung 7.68).

Dort können Sie ganz rechts das Kontrollkästchen BEIM HOCHFAHREN ANHÄNGEN aktivieren. Klicken Sie danach auf KONFIGURIEREN, und legen Sie fest, dass das Gerät (gemeint ist hier der USB-Stick) nach dem Systemstart abgemeldet wird. Sie können ihn dann sicher abstecken. Im Schlüssel-Manager können Sie, genauso wie in der Systemsteuerung, jederzeit manuell verschlüsselte Ordner trennen und anhängen.

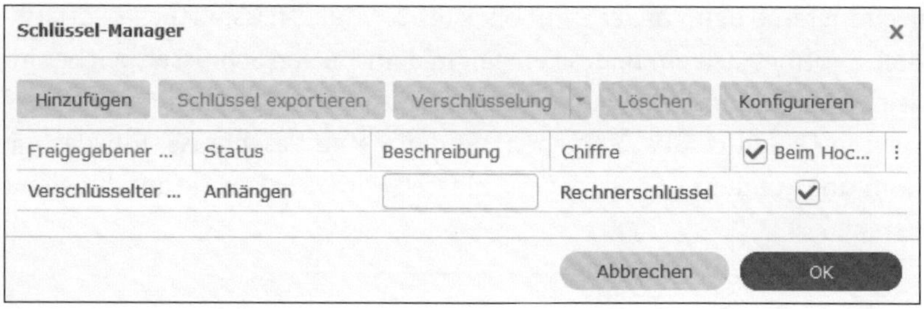

Abbildung 7.68 Der Schlüssel-Manager ist fertig konfiguriert.

7.13 Mit WORM-Ordnern arbeiten

Auf einigen ganz aktuellen DiskStation-Modellen ist es möglich, mit sogenannten *WORM-Ordnern* zu arbeiten. Die Abkürzung steht für *Write Once, Read Many* und ist Ihnen vielleicht noch von CD-Rs bekannt. Diese konnten mit einem CD-Brenner einmalig beschrieben werden – eine spätere Veränderung der Daten war (im Unterschied zu CD-RWs) nicht möglich. Gelesen werden konnten die Daten aber beliebig oft. Wenn Ihre DiskStation WORM-Ordner unterstützt, dann können Sie in diese Ordner Dateien abspeichern und sie dann vor einer späteren Veränderung bzw. dem späteren Löschen schützen. Der Schutz kann so weit gehen, dass WORM-Ordner (auf besonderen Wunsch) überhaupt nicht mehr von der DiskStation gelöscht werden können – auch nicht durch einen Administrator. Zu den Geräten, die diese Funktion bieten, gehören beispielsweise die Modelle DS1520+, DS920+, DS720+, DS620slim, DS420+, DS220+, DS1522+ und DS224+.

Wenn Sie auf einem Gerät, das diese Funktion unterstützt, auf einem Btrfs-Volume einen gemeinsamen Ordner erstellen, dann bietet Ihnen der Assistent wie in Abbildung 7.69 die Möglichkeit der WORM-Funktion. Auf der nächsten Seite des Assistenten können Sie die WORM-Funktion weiter konfigurieren. Zunächst haben Sie wie in Abbildung 7.70 die Wahl, welchen Modus Sie nutzen möchten.

Der Modus ENTERPRISE erlaubt es, dass Administratoren den WORM-Ordner später jederzeit wieder löschen können. Dies ist die Standardeinstellung. Sie ermöglicht es, dass Sie sich später auf Wunsch doch wieder von den Daten trennen können. Die Alternative ist der Modus COMPLIANCE. Obacht: Wenn dieser Modus ausgewählt ist, dann kann niemand mehr den WORM-Ordner löschen.

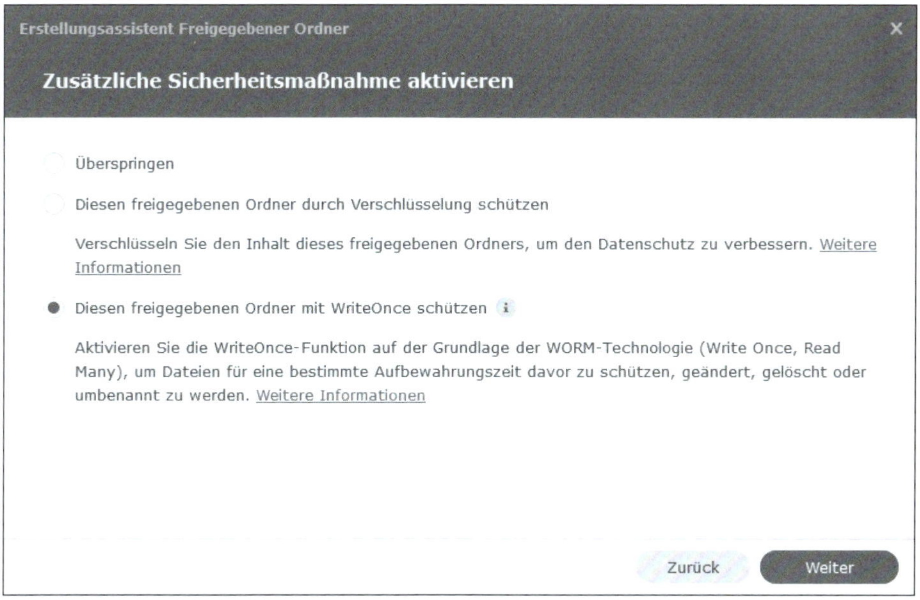

Abbildung 7.69 Die WORM-Funktion ist nicht auf allen DiskStation-Modellen verfügbar.

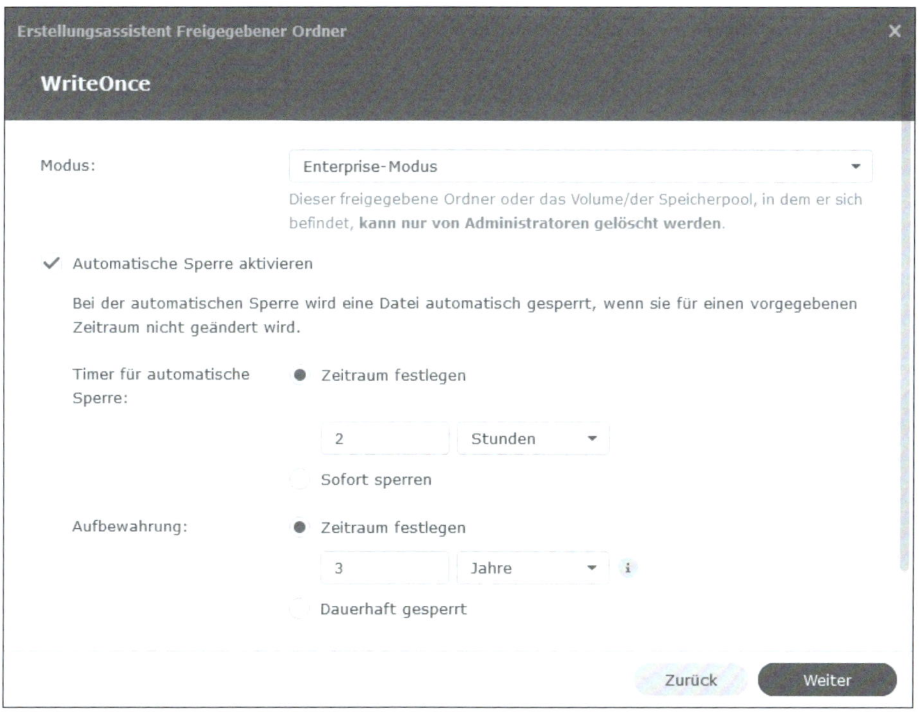

Abbildung 7.70 Wählen Sie den Modus, und konfigurieren Sie die automatische Sperre.

Er verbleibt für immer auf der DiskStation. Mehr noch: Selbst das Volume, das diesen Ordner enthält, kann nicht mehr gelöscht werden. Das Löschen ist dann nur noch möglich, wenn Sie den Datenträger aus der DiskStation ausbauen und ihn an einem anderen Rechner komplett neu formatieren. Wählen Sie den Modus also besonders sorgsam aus. Als Zweites können Sie eine AUTOMATISCHE SPERRE AKTIVIEREN. Auch hier müssen Sie wohlüberlegt vorgehen. Normalerweise gilt Folgendes: Dateien, die Sie mit abgeschalteter automatischer Sperre in einem WORM-Ordner abspeichern, genießen keinen besonderen Schutz und können jederzeit gelöscht oder verändert werden. Erst wenn die Dateien gesperrt werden, ist entweder das Löschen oder sogar das Verändern nicht mehr möglich. Das bedeutet also, dass ohne eine automatische Sperre und ohne ein späteres manuelles Eingreifen keine WORM-Funktion aktiv wird. Mit der automatischen Sperre setzen Sie zwei Zeiträume: einen Timer für die automatische Sperre und einen Zeitraum für die Aufbewahrung. Nach Ablauf des Timers für die automatische Sperre tritt der WORM-Schutz in Funktion. Solange die hier eingestellte Zeit noch nicht verstrichen ist, können Sie neu erstellte Dateien noch nach Herzenslust verändern und löschen. Auf Wunsch können Sie eine sofortige Sperre aktivieren, setzen Sie dazu einen Haken in das entsprechende Kontrollkästchen. Die Aufbewahrung regelt die Dauer der WORM-Funktion. Nach Ablauf der hier gesetzten Frist können die Dateien wieder gelöscht oder auch verändert werden. Auf Wunsch können Sie die Sperre permanent setzen, dann ist tatsächlich niemals mehr eine Veränderung oder ein Löschen der Dateien möglich. Passen Sie genau auf, denn insbesondere im Compliance-Modus führt dies dazu, dass einmal erstellte Dateien ohne Löschmöglichkeit auf der DiskStation verbleiben! Je nach Anwendungsfall kann dies natürlich auch explizit gewünscht werden und einen entsprechenden (Daten-)Sicherheitsgewinn mit sich bringen. Ganz unten können Sie den SPERRSTATUS konfigurieren. Bei der Einstellung UNVERÄNDERLICH kann eine gesperrte Datei weder verändert noch gelöscht werden. Wenn Sie sich für die Einstellung NUR ANFÜGEN entscheiden, dann können am Ende einer Datei noch weitere Daten ergänzt werden – eine Veränderung des bereits vorhandenen Dateiinhalts ist aber nicht möglich. Log-Dateien könnten so beispielsweise um neue Einträge ergänzt werden, bestehende Einträge können aber nicht verfälscht werden. Die übrigen Seiten des Assistenten unterscheiden sich nicht von der Erstellung gewöhnlicher gemeinsamer Ordner. Beachten Sie jedoch, dass es nicht möglich ist, verschlüsselte Ordner mit WORM-Funktion zu erstellen.

Wenn Sie den WORM-Ordner in der File Station öffnen, dann können Sie dort ganz gewöhnlich auf ihn zugreifen. Das gilt auch für den Zugriff über eine Netzwerkfreigabe. In der File Station sehen Sie nun in der Standardansicht allerdings die Spalte SPERRSTATUS. Sie zeigt an, ob eine Datei (oder ein Ordner) gesperrt ist, also ein Schutz durch die WORM-Funktion besteht. Lautet der Eintrag in dieser Spalte OFFEN, dann kann die Datei ganz normal gelöscht oder verändert werden. Im Kontextmenü einer Datei finden Sie den Eintrag WriteOnce. Über den Eintrag Sperren können Sie wie in Abbildung 7.71 die Sperre für eine oder mehrere Dateien setzen. Wie bei der Erstellung des Ordners können Sie eine Aufbewahrungszeit einstellen, in der die WORM-Funktion aktiv ist. Sie können sich auch für einen Sperrstatus entscheiden. Wichtig: Eine Aufbewahrungszeit kann jederzeit verlängert, aber niemals reduziert werden! Auch ein manuelles Entsperren (also Aufheben der WORM-Funktion) ist nicht möglich, Sie müssen sich bis zum Ablauf der Aufbewahrungszeit gedulden. Anschließend wechselt der Eintrag in der Spalte Sperrstatus zu Gesperrt und zeigt zusätzlich den Sperrstatus an. Im Aktionsmenü können Sie auf Wunsch die Aufbewahrungszeit verlängern. Es ist also durchaus möglich, für verschiedene Dateien innerhalb eines WORM-Ordners verschiedene Aufbewahrungszeiten zu setzen.

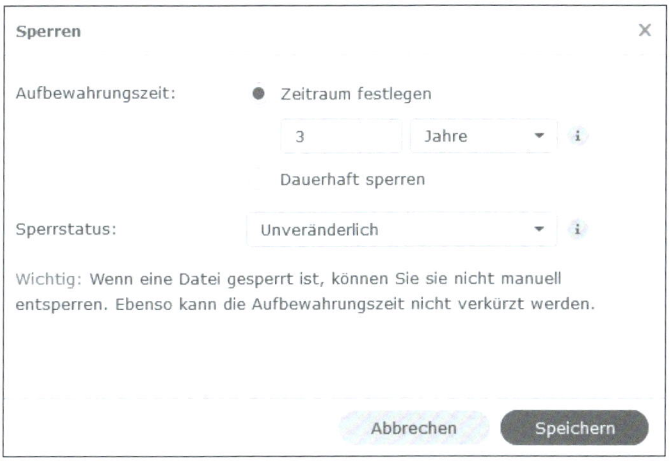

Abbildung 7.71 Aktivieren Sie die Sperre, und passen Sie die Aufbewahrungszeit an.

Die Grundeinstellungen des WORM-Ordners können Sie im Modul Freigegebene Ordner der Systemsteuerung wieder verändern. Klicken Sie beim gewünschten Ordner auf Bearbeiten, und wechseln Sie auf die Registerkarte WriteOnce. Dort können Sie beispielsweise die automatische Sperre kontrollieren, jedoch nicht den Modus des Ordners wechseln.

7.14 Einen Virenscanner verwenden

Auf einem NAS-Gerät, das zentral im lokalen Netzwerk den Datenbestand von mehreren Nutzern verwaltet und auf das von mehreren Computern aus zugegriffen wird, sollte ein guter Schutz vor Schadsoftware bestehen. Die DiskStation selbst verwendet (wie bereits mehrfach erwähnt) ein auf Linux basierendes Betriebssystem, auf dem der *DiskStation Manager* (DSM) aufsetzt. Hinzu kommen zahlreiche DSM-Anwendungen im Hintergrund, die Dienste von Open-Source-Anwendungen nutzen, die ebenfalls aus der Linux-Welt kommen.

Wenn man das Thema Schadsoftware betrachtet, dann kann man sagen, dass es für Linux-Systeme zunächst relativ wenig Schadsoftware gibt, insbesondere nur wenige klassische Computerviren. Das gilt auch für die DSM-Komponenten. Sie müssen sich also kaum Sorgen machen, dass ein klassischer Computervirus Ihre DiskStation befällt.

Eher sollten Sie Ransomware fürchten, die den Datenbestand verschlüsselt. Auch Root-Kits könnten problematisch sein, die etwa zu Spionagezwecken verwendet werden können. Daher ist es wichtig, dass Sie die Software der DiskStation aktuell halten, damit eventuelle Sicherheitslücken, die Ransomware oder Root-Kits verwenden könnten, möglichst nicht präsent sind, sondern schnellstmöglich beseitigt werden.

Durch die von den Nutzern abgelegten Daten könnten jedoch Computerviren für andere Betriebssysteme auf die DiskStation gelangen. Dabei ist vor allem das Betriebssystem Windows zu nennen, für das aufgrund seiner hohen Verbreitung ein Großteil der Viren geschrieben wird.

Computerviren, die allein für Windows entwickelt wurden, können der DiskStation selbst zwar (zumindest im Regelfall) nichts anhaben, da sie unter diesem System schlicht nicht ausgeführt werden können. Allerdings können die mit den Viren behafteten Programme von der DiskStation auf andere Systeme kopiert und dort ausgeführt werden, sodass dort die Viren aktiv werden und beliebige Daten und auch andere Systeme so attackieren können, dass letztendlich auch der Datenbestand der DiskStation in Gefahr gerät.

Da die DiskStation ja durch mehrere Benutzer verwendet wird und explizit eine gemeinsame Datennutzung vorsieht, können Computerviren relativ leicht verbreitet werden. Zwar lassen sich Infektionen durch aktuelle Backups oftmals restlos beseitigen, aber selbstredend ist es besser, wenn schadhafte Dateien zügig erkannt und unschädlich gemacht werden, noch bevor sie aktiv werden.

Es schadet daher nicht, wenn auf der DiskStation ein Antivirusprogramm betrieben wird, das regelmäßig den gespeicherten Datenbestand untersucht. Im Paket-Zentrum finden sich zwei Antivirenprogramme. Eines verwendet die Technologien des bekannten Antivirenspezialisten *McAfee*, ist jedoch gebührenpflichtig. Von Synology selbst wird die kostenlose Alternative *Antivirus Essential* angeboten, die wir Ihnen in diesem Abschnitt kurz vorstellen möchten. Das Programm kann wie üblich über das Paket-Zentrum installiert werden und findet sich anschließend im Hauptmenü des Administrators.

Auf der Registerkarte ÜBERBLICK finden Sie drei Schaltflächen, mit denen Sie einen Scanvorgang durchführen können (siehe Abbildung 7.72).

Abbildung 7.72 Auf der Registerkarte »Überblick« können Sie einen Scan-Vorgang starten.

Mit der ersten Schaltfläche, VOLLSTÄNDIGER SCAN, starten Sie eine Prüfung der gesamten DiskStation mit allen Dateien, die dem Programm direkt zugänglich sind. Dateien, die auf einer LUN gespeichert sind, können z. B. mit dieser Antivirusanwendung nicht überprüft werden. Auch Datensätze, die über externe Quellen in die File Station eingebunden wurden, kann das Programm nicht kontrollieren. Sehr wohl wirft es aber einen Blick in Archivdateien.

Möchten Sie nicht das gesamte System überprüfen (was sehr lange dauern kann und entsprechende Systemressourcen belegt), dann betätigen Sie die Schaltfläche BENUTZERDEFINIERTER SCAN. Hier können Sie sich die Ordner aussuchen, die untersucht werden.

Als Letztes bietet die Schaltfläche SYSTEM-SCAN die Möglichkeit, nur die Systempartitionen der DiskStation zu untersuchen und die Nutzerdaten außen vor zu lassen. Dieser Scanvorgang benötigt die kürzeste Zeit. Sie können damit überprüfen, ob die DiskStation selbst durch ein Virusprogramm befallen ist.

Wie Sie vermutlich wissen, benötigt ein Virenscanner stets aktuelle Definitionsdaten, damit er auch aktuelle Computerviren erkennen kann. Direkt nach der Installation von Antivirus Essential sind die Virendefinitionen oftmals veraltet, wie Sie auf der Registerkarte AKTUALISIERUNG sehen können (Abbildung 7.73 zeigt die typische Meldung). Sie können die Virendefinitionen mit der Schaltfläche JETZT AKTUALISIEREN auf den neuesten Stand bringen. Allerdings ist Antivirus Essential so eingestellt, dass es die Definitionen vor einem Scan-Vorgang automatisch aktualisiert. Dieses Verhalten können Sie auf der Registerkarte EINSTELLUNGEN verändern.

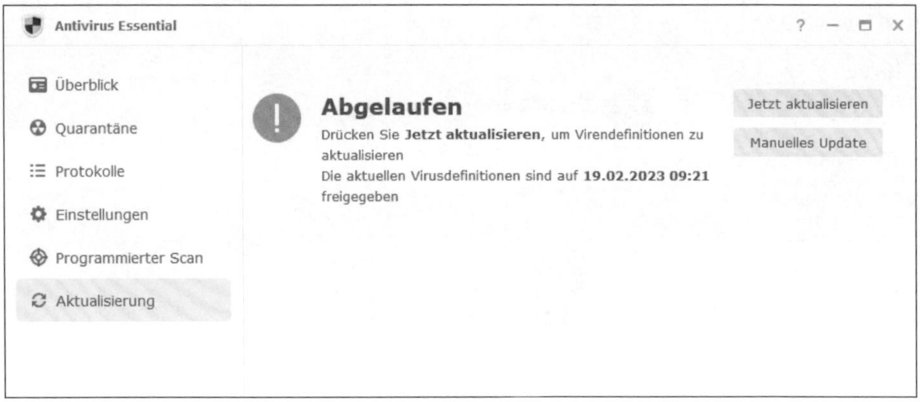

Abbildung 7.73 Das Programm hält seine Virendefinitionen selbsttätig aktuell, wird jedoch häufig zunächst mit veralteten Daten installiert.

Auf der Registerkarte EINSTELLUNGEN können Sie auch erwirken, dass das Programm nur geänderte Dateien überprüft, wenn wiederholt gescannt wird. Durch diese Funktion kann die für den Scan benötigte Zeit deutlich verkürzt werden.

Sollte das Programm einen Virus finden, so wird es die problematische Datei standardmäßig in einen Quarantänebereich verschieben. Sie sehen alle Funde auf der Registerkarte QUARANTÄNE. Dort können Sie beanstandete Dateien löschen oder am ursprünglichen Ort wiederherstellen. Das sollten Sie aber nur dann tun, wenn Sie wissen, dass es sich um einen Fehlalarm handelt. Das Programm erlaubt es, die beanstandete Datei auf eine Whitelist zu setzen, wodurch sie bei zukünftigen Scan-Vorgängen ignoriert wird.

Auf der Registerkarte PROTOKOLLE werden Sie über die Ergebnisse von Scan-Vorgängen unterrichtet (siehe Abbildung 7.74), und dort sehen Sie auch Virenfunde.

Abbildung 7.74 Die Registerkarte »Protokolle« informiert Sie über alle Ereignisse rund um den Scan-Vorgang.

Das Antivirenprogramm entfaltet seine beste Schutzwirkung, wenn ein Scan-Vorgang regelmäßig durchgeführt wird. Auf der Registerkarte PROGRAMMIERTER SCAN können Sie den Scan-Vorgang automatisiert nach einem Zeitplan ausführen. Wie immer bietet es sich an, solch einen automatisierten Vorgang zu einer Zeit durchzuführen, wenn die DiskStation nur wenig ausgelastet ist. Wie oft Sie den Vorgang ausführen, hängt davon ab, wie oft sich der Datenbestand auf der DiskStation verändert und aus welcher Quelle die Daten stammen, die die Nutzer ablegen: Wenn auf allen verbundenen Computern ebenfalls Virenschutzprogramme aktiv sind, dann genügt es bisweilen, einen Scan-Vorgang auf der DiskStation nur wöchentlich auszuführen.

Kapitel 8
Datenverlust vorbeugen

Die wichtigste Aufgabe Ihrer DiskStation ist es, Daten sicher und langfristig zu speichern. Gegen höhere Gewalt ist sie aber machtlos, und auch sonst gilt Murphys berühmtes Gesetz.

Damit Ihre Daten wirklich sicher bleiben, sollten Sie einige Vorkehrungen treffen, denn in der IT ist nichts so wichtig wie ein funktionierendes Backup.

In diesem Kapitel beschreiben wir, wie Sie Daten auf Ihrer DiskStation zuverlässig sichern können, damit kein Datenverlust entsteht.

8.1 Daten der DiskStation mit Hyper Backup sichern

Der DiskStation werden oftmals Daten anvertraut, die nicht verloren gehen sollen. Daher ist es ratsam, von wichtigen Daten, die auf der DiskStation gespeichert sind, Sicherungskopien (*Backups*) anzulegen. Zwar mag das Gerät einen RAID-Verbund betreiben, doch bietet dieser nur einen begrenzten Schutz vor einem Datenverlust.

RAID ist kein Backup

Wie wir bereits in Abschnitt 5.1, »Die verschiedenen RAID-Modi«, gesagt haben, schützt ein RAID-System nur vor dem Datenverlust durch den Defekt von Datenträgern – wobei die Anzahl an Datenträgern, die ohne Datenverlust ausfallen darf, auch noch begrenzt ist. Ein RAID-Verbund schützt nicht vor einem versehentlichen Löschen von Daten, er schützt nicht vor Verschlüsselungstrojanern und auch nicht vor Elementarschäden (beispielsweise einem Blitzeinschlag) oder vor dem physischen Diebstahl der Festplatten. Außerdem können auch im RAID-Verbund Dateisystemfehler auftreten, die zu einem Teilverlust von Daten führen. Daher kann man auch Schnappschüsse, also Momentaufnahmen des Dateibestands, nicht als vollständiges Backup zählen, zumindest dann nicht, wenn sie auch auf der DiskStation gespeichert sind, denn auch Schnappschüsse werden bei den genannten Szenarien verloren gehen.

Um vor einem Datenverlust geschützt zu sein, müssen also auch die Daten der DiskStation auf einem anderen Medium gespeichert werden. Im Regelfall sind solche

Sicherungen regelmäßig durchzuführen, damit das Backup den aktuellen Datenbestand widerspiegelt.

Die DiskStation bietet für solche Backup-Aufgaben das Programm *Hyper Backup*. Die Wahl des ersten Wortes im Programmnamen sollte nicht darüber hinwegtäuschen, dass das Programm sehr mächtig ist und ein leistungsfähiges und ernst zu nehmendes Werkzeug zum Anlegen von Sicherungskopien darstellt. Sein Funktionsumfang ist recht groß, und es bietet zahlreiche Möglichkeiten zum Anlegen von automatisierten Sicherungskopien, die auf zahlreichen Speicherzielen abgelegt werden können. Hyper Backup eignet sich grundsätzlich zur Sicherung von

- privaten Daten der Benutzer in ihren jeweiligen *home*-Verzeichnissen,
- Daten in gemeinsamen Ordnern,
- gesamten Volumes im Storage-System der DiskStation,
- LUNs,
- Anwendungsdaten nahezu sämtlicher Programme der DiskStation inklusive der Nutzerdaten und den Einstellungen,
- Einstellungen des DSM-Systems.

Die Backups können abgespeichert werden auf

- den eingebauten Festplatten (was wie gesagt keinen hundertprozentigen Schutz bietet),
- angeschlossenen USB-Laufwerken wie Festplatten oder Speicher-Sticks,
- einem anderen Synology-NAS-Gerät, das lokal vorhanden oder über das Internet angesprochen wird,
- lokalen Dateiservern, die etwa über rsync angesprochen werden können,
- Cloud-Diensten (unterstützt werden sowohl Systeme für den Privatnutzer wie Dropbox oder Google Drive als auch für Unternehmenskunden wie Synology C2 oder Amazon S3).

Hyper Backup kann darüber hinaus

- Backups automatisch nach einem Zeitplan ausführen,
- Backups auf dem Zielspeicher komprimieren,
- inkrementelle Backups anlegen,
- die Daten auf dem Zielspeicher verschlüsseln,
- die Integrität der gespeicherten Daten und damit die Funktionsfähigkeit des Backups überprüfen,
- eine Aufbewahrungsrichtlinie verwenden, um automatisch ältere Backup-Fassungen zu löschen, sodass der Speicherplatz auf dem Zielgerät nicht über Gebühr belegt wird.

8.1.1 Installation

Hyper Backup kann über das Paket-Zentrum der DiskStation installiert werden. Es findet sich in den Kategorien DATENSICHERUNG und BUSINESS. Es steht nur einem Administrator zur Verfügung und kann in dessen Hauptmenü aufgerufen werden.

Beim ersten Start erscheint je nach Softwareausstattung bereits ein Assistent, der mit Ihnen ein Backup anlegen möchte. Hier haben Sie die Wahl, Ordner und Pakete, das gesamte System oder eine LUN zu sichern. Wenn Sie den Assistenten beiseiteschieben, dann zeigt Hyper Backup Ihnen im Hintergrund ein schlichtes Fenster, das darauf hinweist, dass noch keine *Datensicherungsaufgaben* erstellt wurden (siehe Abbildung 8.1). Das Programm verwendet stets diesen Begriff und betrachtet jedes Backup als eine Aufgabe. Sie können beliebig viele Datensicherungsaufgaben erstellen und in jede Aufgabe unterschiedliche Daten zur Sicherung einschließen sowie für jede Aufgabe einen individuellen Zeitplan nebst individuellen Einstellungen anlegen.

Abbildung 8.1 Direkt nach der Installation sind noch keine Datensicherungsaufgaben erstellt.

Aber zurück zum Assistenten: Um diesen auch später noch jederzeit aufzurufen, also um ein Backup anzulegen bzw. eine Datensicherungsaufgabe zu erstellen, klicken Sie im Hauptfenster von Hyper Backup oben links auf die blaue Schaltfläche mit dem Plus-Zeichen. Die beiden anderen Schaltflächen dienen zum Wiederherstellen von Daten und zur Betrachtung des Protokolls – dazu später mehr. Im Assistenten können Sie über den Auswahlpunkt LUNs eine LUN sichern (mehr zu LUNs finden Sie in Kapitel 14, »SAN mit iSCSI«). Wenn Sie mit LUNs arbeiten, sollten Sie diese ebenfalls regelmäßig sichern, sofern die dort gespeicherten Daten relevant sind. Die Einstellung GESAMTES SYSTEM dürfte selbsterklärend sein und ist besonders im Rahmen der im nächsten Abschnitt vorgestellten Auslagerungssicherung interessant. Diese Methode wendet einige Kniffe an, um besonders schnell zu sein. Allerdings erfordert die Sicherung des gesamten Systems auch einen entsprechenden Speicherplatz auf dem Zielmedium, und sie ist – in Abhängigkeit von den gespeicherten Daten – möglicherweise nicht unbedingt erforderlich. Daher zeigen wir Ihnen zunächst erstmal, wie Sie einzelne Ordner sichern können.

8.1.2 Datensicherungsaufgabe für einzelne Ordner

Um ausgewählte Verzeichnisse, Programmpakete und deren Einstellungen zu sichern, wählen Sie im Assistenten die Option ORDNER UND PAKETE.

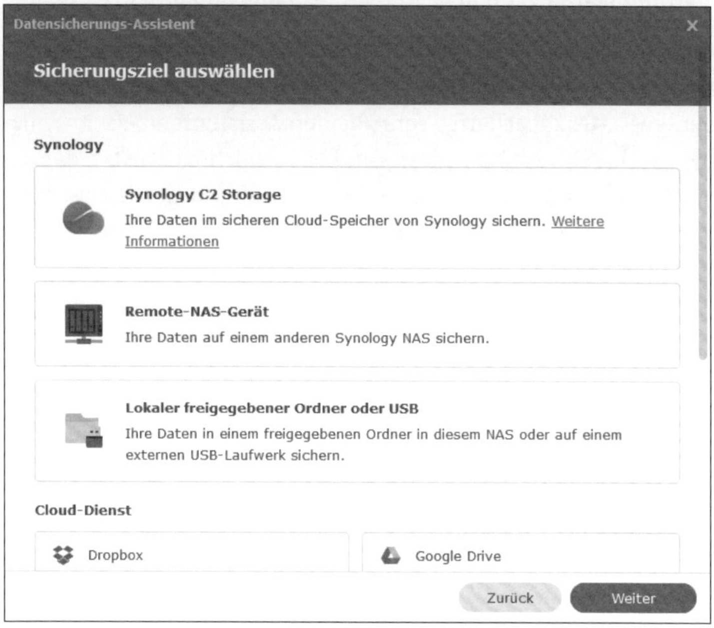

Abbildung 8.2 Wählen Sie das Speicherziel für Ihr Backup.

Auf der nächsten Seite müssen Sie das SICHERUNGSZIEL AUSWÄHLEN, also festlegen, wo Sie das Backup abspeichern möchten (siehe Abbildung 8.2). Ihnen stehen verschiedene Ziele zur Wahl. Elegant wird das Backup, wenn Sie die Daten auf ein Speichergerät sichern, das sich physisch an einem anderen Ort befindet als die DiskStation. Das ist etwa bei einem Cloud-Anbieter oder auch einem anderen NAS-Gerät der Fall, das etwa in der Firma bzw. zu Hause oder bei Freunden oder Verwandten betrieben wird. Ein solches entfernt aufbewahrtes Backup schützt beispielsweise vor Datenverlust durch Überschwemmungen oder einen Brand. Die oberste Option ermöglicht Ihnen die Sicherung auf dem Cloud-Speicherdienst von Synology, der sich Synology C2 Storage nennt und gebührenpflichtig ist. Als zweite Möglichkeit können Sie die Daten auf eine andere Synology DiskStation sichern, die sich entweder auch im lokalen Netzwerk befindet (und gegebenenfalls über eine VPN-Verbindung angesprochen wird) oder die über das Internet erreicht werden kann. Weiter unten finden Sie Schaltflächen für die Sicherung auf weiteren Cloud-Diensten und schließlich die Sektion DATEISERVER, die Ihnen die Nutzung von rsync ermöglicht. Hier können Sie auch über WebDAV (je nach deren Funktionsumfang) solche Cloud-Dienste verwenden, die nicht in der oberen Liste genannt sind. Die verbliebene Option LOKALER FREIGEGEBENER ORDNER ODER USB sichert die Daten direkt auf der DiskStation, entweder auf einem freigegebenen Ordner (was wie zuvor gesagt keine gute Wahl hinsichtlich der Sicherheit der Daten ist) oder auf einem per USB angeschlossenen Speichergerät.

Am besten sichern Sie die Daten physikalisch an einem anderen Ort ...

... denn wenn Sie die Daten physikalisch am selben Ort (sprich: im selben Gebäude, in dem sich die DiskStation befindet) sichern, dann sind diese in bestimmten Situationen gefährdet. Erfolgt die Sicherung beispielsweise auf einem lokal vorhandenen Dateiserver, der etwa in einem Raum ein Stockwerk oberhalb der DiskStation betrieben wird, dann können dessen Daten etwa durch eine Überspannung bei einem Blitzeinschlag oder bei einem Einbruch ebenfalls verloren gehen. Das würde nicht passieren, wenn die Daten an einem entfernten Ort gesichert werden – oder zumindest das Backup dort gelagert wird.

Lokale Sicherung

Per USB können Sie USB-Festplatten und (für kleinere Backup-Aufgaben) USB-Speichersticks anschließen. Festplatten im 2,5"-Format können zumeist direkt am USB-Port betrieben werden und darüber auch ihren Strombedarf decken. 3,5" große Modelle benötigen hingegen zwingend eine eigene Stromversorgung. Bei extern angeschlossenen Laufwerken muss man aber nicht nur den möglichen Datenverlust durch Elementarschäden oder den physischen Diebstahl des Datenträgers beachten.

Wenn die Datenträger dauerhaft mit der DiskStation verbunden sind und ein ungeschützter Zugriff besteht, dann können die Daten auf dem Backup-Gerät durch einen Verschlüsselungstrojaner bearbeitet und damit unbrauchbar gemacht werden. Ein externes Speichergerät für Backup-Zwecke sollte daher nur für das eigentliche Backup mit der DiskStation verbunden und danach vom System getrennt werden.

USB-Speichergeräte

Hyper Backup bietet zu diesem Zweck die Möglichkeit, ein USB-Speichergerät nach Abschluss der Sicherungsaufgabe aus dem System auszuhängen, sodass es durch das DSM-System nicht mehr angesprochen werden kann. Wenn die DiskStation besonders wertvolle Daten verwaltet, dann bietet es sich an, mehrere externe Datenträger zu verwenden, die abwechselnd mit der DiskStation verbunden werden. Falls doch einmal ein Verschlüsselungstrojaner die DiskStation befällt und das externe Speichergerät während des Backups verschlüsselt, so stehen die Daten immer noch auf den weiteren Backup-Medien zur Verfügung.

Beachten Sie, dass Verschlüsselungstrojaner gegebenenfalls aber auch auf Cloud-Speicherdienste zugreifen und dort Daten verschlüsseln können. Hier bieten die eben angesprochenen externen Festplatten, die nach dem Backup abgemeldet werden, einen größeren Schutz. Sie können beispielsweise nach Dienstschluss mit nach Hause genommen werden. Kritische Daten lassen sich darüber hinaus mit einem Passwort verschlüsseln und so vor unbefugtem Zugriff schützen.

Cloud-Anbieter

Wenn Sie sich für die Sicherung bei einem Cloud-Anbieter entscheiden, müssen Sie zunächst bei ihm anmelden. Gegebenenfalls erscheint im Browser ein neuer Tab, der zur Verknüpfung von Hyper Backup mit dem gewählten Cloud-Anbieter auffordert. Alternativ zeigt die DiskStation selbst ein Formular an, in dem Sie Ihre Anmeldedaten eingeben müssen. Sie müssen außerdem das Zielverzeichnis festlegen, das die Backup-Daten aufnehmen soll (siehe Abbildung 8.3).

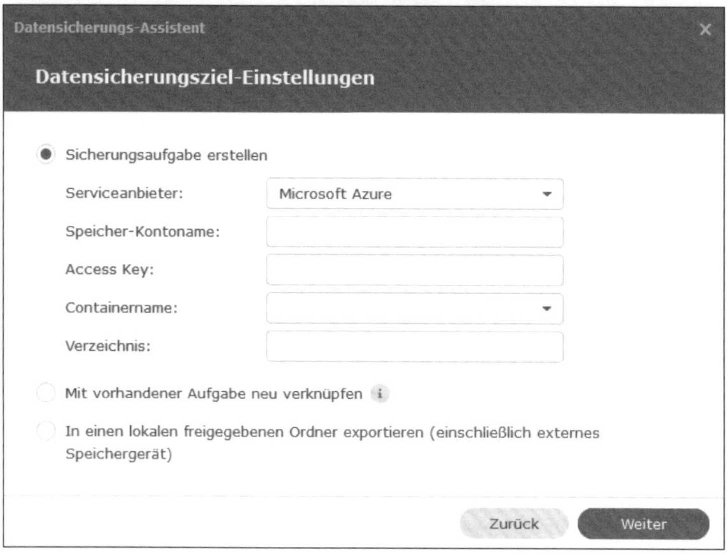

Abbildung 8.3 Wenn Sie Ihre Daten bei einem Cloud-Anbieter sichern möchten, müssen Sie sich zunächst dort anmelden.

Wie Sie die Daten auf ein anderes Synology-NAS-Gerät sichern, zeigen wir Ihnen weiter unten in Abschnitt 8.2, »Auslagerungssicherung«.

8.1.3 Erste Sicherung einrichten

Der Einfachheit halber erklären wir erst einmal den Ablauf bei der Sicherung auf eine externe USB-Festplatte. Dazu wählen Sie im Datensicherungs-Assistenten als Datensicherungsziel den Eintrag LOKALER FREIGEGEBENER ORDNER ODER USB aus.

Sie werden gefragt, ob Sie MEHRERE VERSIONEN oder nur EINE VERSION behalten möchten. Die beiden Möglichkeiten unterscheiden sich darin, ob mehrere Backup-Versionen der Daten vorgehalten werden sollen. Die erstgenannte Option ist vielseitiger. Sie ermöglicht es, auch ältere Daten wiederherzustellen, z. B. nach einer versehentlichen Änderung. Bei der Einzelversion überschreiben neue Backup-Durchläufe den bisherigen Datenbestand. Sie behalten also nur eine Datenfassung bei, belegen dadurch aber auch nicht so viel Speicherplatz. Die Einzelversion kann die Zieldaten jedoch nicht komprimieren und auch nicht verschlüsseln, dafür lassen sich die Daten aber auch mit anderen Geräten auslesen, ohne dass Hyper Backup erforderlich wäre. Das Backup kommt dann also einem simplen Kopieren der Daten in ein anderes Verzeichnis nahe. Üblicherweise wird man wegen des höheren Funktionsumfangs wohl die Sicherung mehrerer Versionen bevorzugen, die wir Ihnen nachfolgend zeigen werden.

Auf der nächsten Seite wählen Sie dann das Zielverzeichnis aus. Wenn Sie die Daten auf der DiskStation sichern wollen, dann sehen Sie alle gemeinsamen Ordner. Wenn Sie das Backup (trotz aller Sicherheitseinschränkungen auf einer der internen Festplatten ablegen möchten, dann wählen Sie einfach das gewünschte Verzeichnis aus. Ein externer USB-Datenträger findet sich ebenfalls in dieser Liste unter dem Eintrag USBSHARE1. Im Feld VERZEICHNIS geben Sie den Namen eines Unterverzeichnisses an, das Ihr Backup aufnehmen soll. Hyper Backup wird dieses neu erstellen. Beachten Sie, dass eine weitere Navigation im Dateisystem des externen Datenträgers nicht möglich ist.

Datenauswahl

Auf der nächsten Seite des Assistenten geht es an die Auswahl der Daten, die vom NAS-Gerät zu sichern sind.

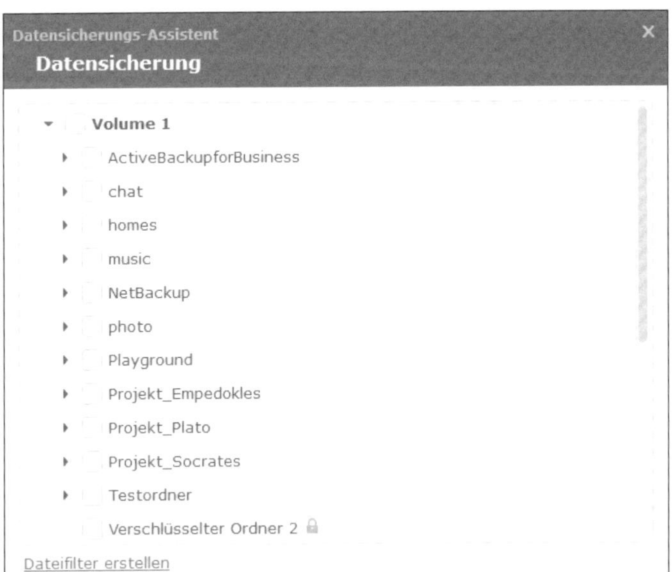

Abbildung 8.4 Wählen Sie die Daten aus, die Sie sichern möchten.

Sie sehen eine Liste aller Volumes mit allen enthaltenen Verzeichnissen, wie beispielsweise in Abbildung 8.4. Sie können einzelne Verzeichnisse oder auch gesamte Volumes auswählen. Über den Eintrag unten links kann auch ein Dateifilter gesetzt werden, mit dem sich bestimmte Dateien per Namensfilter ausschließen lassen. Sollten Sie keine Daten, sondern nur Anwendungseinstellungen oder die Systemkonfiguration sichern wollen, dann ist es vollkommen legitim, auf dieser Seite nichts auszuwählen.

Anwendungen

Die nächste Seite zeigt Ihnen sämtliche Anwendungen, deren Einstellungen und Daten Sie in das Backup einschließen können (siehe Abbildung 8.5). Sie können eine beliebige Kombination auswählen.

Abbildung 8.5 Wählen Sie die Anwendungen, deren Daten Sie sichern möchten.

Der Assistent zeigt Ihnen rechts im Fenster an, welche Einstellungen die Sicherung umfassen wird. Beim Datenbanksystem MariaDB werden z. B. auch alle Datenbanken und damit der gesamte Datenbankbestand gesichert. Eine Sicherung der Web Station umfasst hingegen nur deren Einstellungen, nicht aber die hinterlegten Webseiten, die Sie separat sichern müssen.

Denken Sie daher daran, dass Sie mit Hyper Backup mehrere Datensicherungsaufgaben erstellen können, die alle unterschiedliche Inhalte sichern können. Vielleicht möchten Sie getrennte Aufgaben für Datei- und Anwendungssicherungen erstellen. Oder aber vielleicht auch gerade nicht – bitte planen Sie Ihre Backup-Strategie entsprechend Ihrer Bedürfnisse. Übrigens wird die Systemkonfiguration bei jeder Datensicherungsaufgabe mit Hyper Backup automatisch mitgesichert; dies kann in den Einstellungen auch nicht deaktiviert werden. Damit haben Sie die Quelle für das Backup festgelegt.

Sicherungseinstellungen

Jetzt es geht im Assistenten um die Sicherungseinstellungen, die Sie in Abbildung 8.6 sehen.

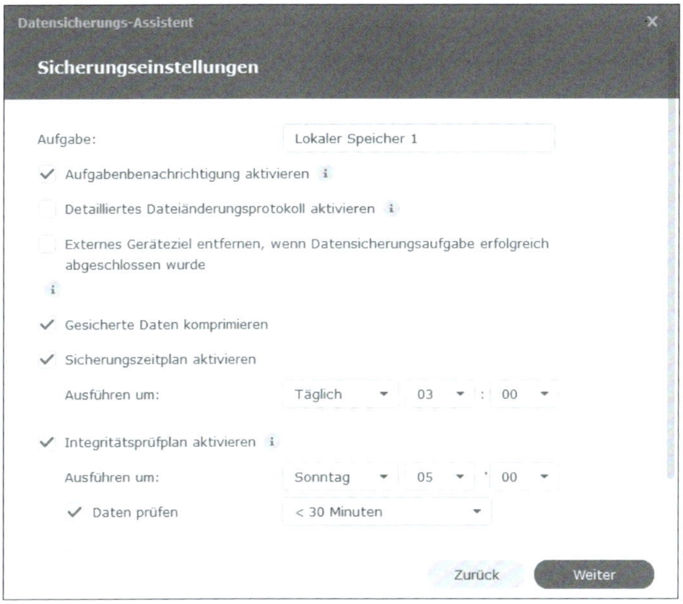

Abbildung 8.6 Passen Sie die Einstellungen für das Backup an.

Zuerst müssen Sie der Aufgabe einen Namen geben, um sie von anderen Aufgaben unterscheiden zu können. Danach können Sie Benachrichtigungen über den Abschluss des Backups und ein detailliertes Dateiänderungsprotokoll aktivieren. Dies ist sinnvoll, wenn Sie umfangreiche Informationen über Änderungen in Dateien anzeigen lassen möchten, während Sie sich im Datenbestand der Backups umschauen. Durch diese zusätzlichen Informationen wird etwas mehr Speicherplatz verbraucht. Falls Sie diese Informationen nicht benötigen, weil ältere Dateiversionen nicht detailliert verglichen werden müssen, können Sie diese Funktion abschalten.

Externes Geräteziel

Als Nächstes können Sie in diesem Dialog einstellen, dass ein externes Geräteziel, gemeint ist beispielsweise eine USB-Festplatte, nach der Erstellung des Backups vom DSM abgemeldet wird. Die Option nennt sich EXTERNES GERÄTEZIEL ENTFERNEN,

WENN DATENSICHERUNGSAUFGABE ERFOLGREICH ABGESCHLOSSEN WURDE. Die Idee dahinter ist, dass ein (einfach programmierter) Verschlüsselungstrojaner nach dem Aushängen keinen Zugriff auf die externe Festplatte hat und somit auch keine Daten verändern kann. Auch ein versehentliches Verändern von Daten durch die Nutzer der DiskStation wird verhindert.

In jedem Fall fahren Sie aber noch sicherer, wenn Sie den USB-Stecker nach Abschluss des Backups manuell abstecken. Damit hat keine bösartige Software mehr eine Chance. Wenn das Backup aber unbeaufsichtigt durchgeführt werden soll, so sollten Sie von dieser Funktion durchaus Gebrauch machen.

Falls Sie die Daten lokal oder auf einem Cloud-Speicher sichern, können Sie diese Funktion offensichtlich nicht nutzen. Sollte der Speicherplatz auf dem Zielgerät knapp bemessen sein, dann können Sie die GESICHERTEN DATEN KOMPRIMIEREN.

Inkrementelle Backups

Zum Thema Speicherplatz sei auch noch angemerkt, dass Hyper Backup automatisch inkrementelle Backups erstellt. Wiederholte Backup-Läufe belegen also nur dann (signifikant) mehr Speicherplatz, wenn sich zwischenzeitlich Dateien geändert haben.

Wiederholung

Zur Wiederholung sei gesagt, dass nur ein aktuelles Backup ein gutes Backup ist. Glauben Sie uns: Ein drei Monate altes Backup dieses Buch-Manuskripts hätte uns im Fehlerfall beim Schreiben recht wenig genützt. Deswegen bietet Hyper Backup an, die Sicherungsaufgaben wiederholt nach einem Sicherungszeitplan auszuführen. Schalten Sie im Assistenten dazu die Option SICHERUNGSZEITPLAN AKTIVIEREN ein und legen Sie die Häufigkeit und den Zeitpunkt der Ausführung fest.

Bei der Einstellung der Häufigkeit sollten Sie sich daran orientieren, wie oft sich Dateien verändern und wie wichtig es ist, dass kürzlich getätigte Änderungen gesichert werden. Bei einem Arbeitsprojekt mit täglichen Änderungen sollte folglich auch (mindestens) täglich gesichert werden. Bei der Filmsammlung, die nur ab und zu um neue Filme ergänzt wird, kann die Backup-Häufigkeit auf ein viel größeres Intervall eingestellt werden. Als Ausführungszeit bieten sich wie immer die Nachtstunden an, in denen die DiskStation üblicherweise nur gering ausgelastet ist.

Für kritische Daten ist ein INTEGRITÄTSPRÜFPLAN interessant. Dieser überprüft, ob die Daten im Backup vollständig verfügbar sind und das Backup im Fehlerfall auch korrekt zurückgespielt werden kann. Es wäre denkbar, dass es aufgrund von Fehlern im Dateisystem (etwa bei einem Stromausfall) zu einer Beschädigung der Backup-Daten kommt, daher schadet eine Prüfung nicht. Allzu häufig muss diese aber nicht durchgeführt werden.

Clientseitige Verschlüsselung

Wenn Sie im Dialog aus Abbildung 8.6 weiter herunterscrollen, können Sie eine clientseitige Verschlüsselung aktivieren. Diese ist vor allem für Nutzer von Cloud-Diensten (und externen Speichergeräten) interessant. Die Backup-Daten werden dann nämlich auf dem Zielspeichermedium in verschlüsselter Form abgelegt, und ohnehin werden Backup-Daten mit Hyper Backup in einer Art von Container-Datei gespeichert. Sie sehen später auf dem Zielspeicher also keinesfalls direkt den Datenbestand wie auf dem Quellspeicher. Es gibt jedoch eine Art von Explorer, mit dem die Datenstruktur des Backup-Containers angesehen werden kann – dazu später mehr.

Wenn das Backup clientseitig verschlüsselt ist, so kann niemand ohne Kenntnis des Schlüssels die Daten betrachten. Damit sind diese auch vor eventuellen neugierigen Blicken eines Cloud-Anbieters geschützt, sodass Sie ein Cloud-Laufwerk mit wesentlich weniger Bedenken hinsichtlich des Datenschutzes benutzen können. Auch ein Dieb einer externen Festplatte kann ein verschlüsseltes Backup nicht auslesen. Sie müssen einen Schlüssel eingeben, der den üblichen Richtlinien für gute Passwörter entsprechen sollte. Anschließend startet die DiskStation den Download einer Schlüsseldatei. Diese kann alternativ zur Entschlüsselung des Backups genutzt werden und muss unbedingt sicher verwahrt werden. Es bietet sich an, sowohl für das Passwort als auch für die Datei einen Passwortmanager zu benutzen.

Sicherungsrotation

Abschließend können Sie auf der nächsten Seite des Assistenten eine Sicherungsrotation aktivieren (siehe Abbildung 8.7).

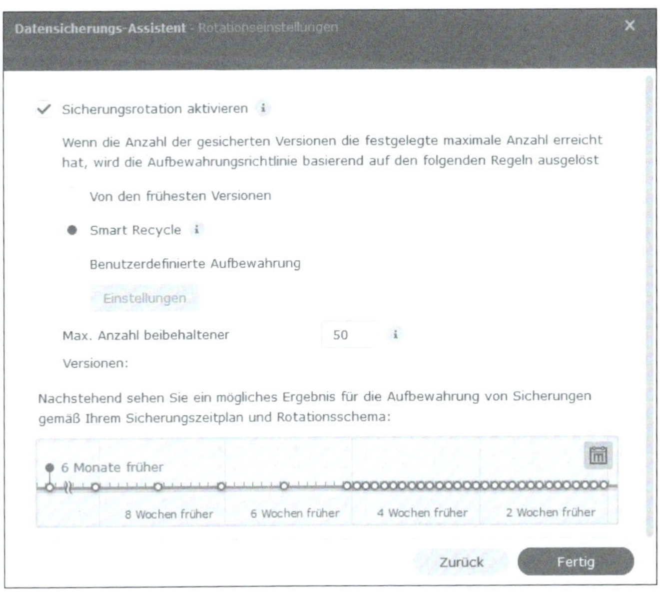

Abbildung 8.7 Legen Sie fest, welche älteren Versionen Sie beibehalten möchten.

Diese regelt, was mit älteren Backup-Fassungen bei wiederholten Backup-Durchläufen geschehen soll. Ohne Sicherungsrotation würden alle Backup-Fassungen beibehalten, bis das Ziellaufwerk komplett gefüllt ist. Falls Sie dies nicht möchten, können Sie über die Sicherungsrotation automatisch ältere Backup-Fassungen löschen lassen.

Sie können aus verschiedenen Optionen wählen. Bei der Voreinstellung werden stets die ältesten Versionen gelöscht.

Beim Smart Recycle bleiben sehr viele Versionen jüngeren Datums, aber nur noch sehr wenige Fassungen älteren Datums erhalten. Ein Zeitstrahl unten im Fenster verdeutlicht die Häufigkeit anschaulich. Tragen Sie in das Textfeld die Anzahl an Versionen ein, die Sie insgesamt beibehalten möchten.

Denken Sie daran, dass Hyper Backup inkrementell arbeitet und nur geänderte Dateien abspeichert. Sollten Sie die Einzelversion des Backups aktiviert haben, dann können Sie dieses auch wiederholt ausführen, die Zeitplan-Option steht Ihnen auch dann zur Verfügung. Da die aktuelle Version aber stets überschrieben wird, gibt es hier keine Sicherungsrotation.

Fertigstellen

Wenn Sie (bei der auf der nächsten Seite gezeigten Zusammenfassung) abschließend auf Fertig klicken, wird die Datensicherungsaufgabe angelegt, und Sie können diese direkt ausführen (siehe Abbildung 8.8).

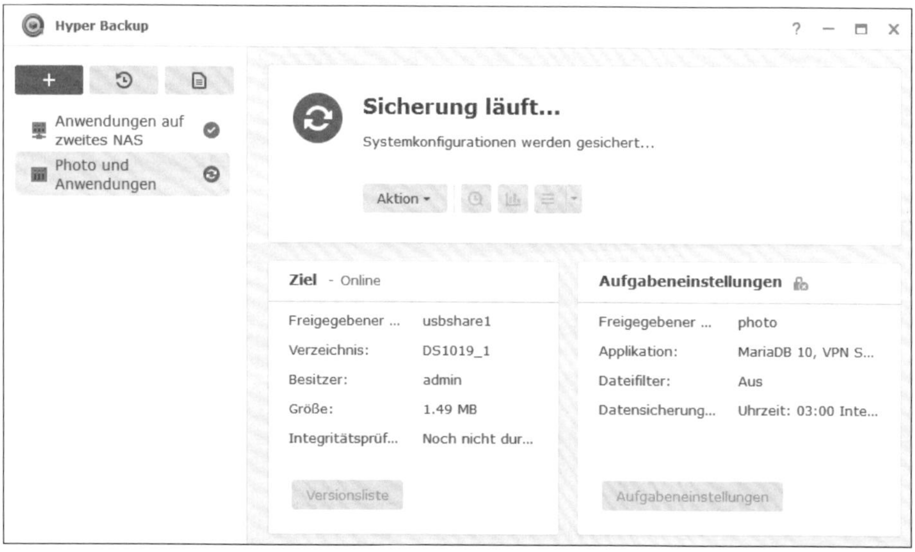

Abbildung 8.8 Die Datensicherung wird ausgeführt.

Während der Ausführung informiert Hyper Backup Sie über die Daten, die gerade gesichert werden. Nach dem Abschluss erhalten Sie die Meldung, dass das Backup erfolgreich angelegt wurde. Wenn Sie einen Sicherungszeitplan angelegt haben, dann werden Sie auch informiert, sobald der nächste Backup-Lauf automatisch gestartet wird. Falls Sie auf eine externe Festplatte sichern, dann sollte diese zum angegebenen Zeitpunkt in das Dateisystem eingebunden sein. Dies gilt es zu berücksichtigen, wenn Sie die Festplatte nach Abschluss des Backups automatisch aushängen lassen.

Abbildung 8.9 Eine Sicherung kann jederzeit manuell gestartet werden.

Über die Schaltfläche SICHERUNG JETZT DURCHFÜHREN (siehe Abbildung 8.9) können Sie im Hauptfenster von Hyper Backup jederzeit manuell einen Backup-Lauf starten. Wenn Sie mit den Einstellungen des Backups nicht mehr zufrieden sind, dann nutzen Sie einfach unten rechts die Schaltfläche AUFGABENEINSTELLUNGEN. Mit ihr können Sie die gesamte Backup-Konfiguration nachträglich verändern. Dieselbe Funktion erreichen Sie auch über das Ausklappmenü ☰, in dem Sie eine Datensicherungsaufgabe auch wieder löschen können.

8.1.4 Den Inhalt eines Backups betrachten und einzelne Dateien extrahieren

Wenn Sie in Hyper Backup eine Sicherungsaufgabe auswählen, dann können Sie sich vorab unten im Fenster über die Schaltfläche VERSIONSLISTE (siehe Abbildung 8.9) darüber informieren, welche Dateiversionen an welchem Datum gesichert wurden. Über die Schaltfläche wird Ihnen eine entsprechende Tabelle angezeigt. Um sich den Datenbestand einer Backup-Fassung anzusehen, nutzen Sie den Backup-Explorer. Diesen erreichen Sie weiter oben im Fenster über die kleine Schaltfläche neben der großen blauen Schaltfläche, die das Anlegen weiterer Backups ermöglicht. Ihnen zeigt sich nun der Backup-Explorer, der Ihnen alle Dateien und Ordner auflistet, die im Backup gesichert wurden (siehe Abbildung 8.10).

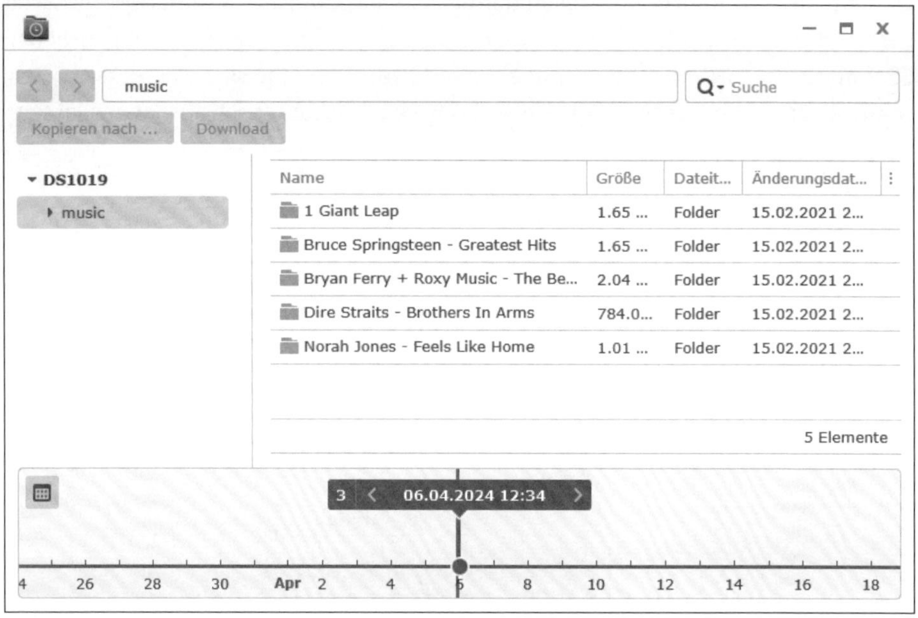

Abbildung 8.10 Der Backup-Explorer ermöglicht das Navigieren im Dateibestand des Backups und die Wiederherstellung von Daten.

Je nach Backup-Konfiguration müssen Sie gegebenenfalls zuvor noch Zugangsschlüssel eingeben. Beachten Sie unten im Fenster den Zeitstrahl. Über die Pfeil-Schaltflächen können Sie das gewünschte Datum und die gewünschte Uhrzeit auswählen. Die Zahl ganz links an der Datumsanzeige sagt Ihnen, wie viele Backup-Fassungen es insgesamt gibt. Wenn Sie den gewünschten Zeitpunkt ausgewählt haben, können Sie sich oben im Fenster den passenden Datenbestand ansehen und in der Datenstruktur navigieren.

Wenn Sie einen Ordner auswählen, dann können Sie diesen über die Schaltfläche KOPIEREN NACH... in ein beliebiges Verzeichnis auf der DiskStation kopieren. Über die Schaltfläche WIEDERHERSTELLEN wird der Ordner am ursprünglichen Speicherort wiederhergestellt. Die dort vorhandenen Daten werden dann überschrieben. Überlegen Sie also vorher genau, was Sie mit den Daten im Backup erreichen möchten. Haben Sie keine Ordner, sondern eine einzelne Datei ausgewählt, dann steht Ihnen auch die Schaltfläche DOWNLOAD zur Verfügung. Mit ihr laden Sie die Datei auf den aktuellen Rechner herunter. Ansonsten bietet der Backup-Explorer oben rechts noch ein praktisches Suchfeld, das über das Ausklappmenü zahlreiche Filter bietet und dann nützlich ist, wenn eine bestimmte Datei in einem größeren Datenbestand gesucht wird.

Beachten Sie, dass der Backup-Explorer hauptsächlich zur Wiederherstellung einzelner Dateien oder Ordner und zur Navigation im Datenbestand gedacht ist. Er ermöglicht aber nicht die komplette Wiederherstellung aller Daten, insbesondere nicht die Wiederherstellung der Anwendungsdaten. Wie das geht, zeigen wir Ihnen im nächsten Abschnitt

Die Integrität eines Backups überprüfen

Wo wir gerade beim Betrachten von Backups sind: Es schadet auch nicht, deren Integrität zu überprüfen. Eine automatische Prüfung haben Sie schon beim Anlegen der Aufgabe kennengelernt, aber Sie können die Prüfung auch jederzeit manuell durchführen. Markieren Sie in Hyper Backup einfach die gewünschte Aufgabe, und klicken Sie rechts auf das Aufklappmenü ☰. Dort finden Sie den Eintrag zur Integritätsprüfung.

8.1.5 Ein Backup wiederherstellen

Der im vorigen Abschnitt gezeigte Backup-Explorer dient zum Anzeigen der Inhalte und zum Wiederherstellen einzelner Dateien und Ordner aus einem Backup. Wenn Sie aber ein Backup als Ganzes oder die darin gespeicherten Anwendungsdaten wiederherstellen möchten, dann müssen Sie einen anderen Weg gehen. Öffnen Sie zunächst Hyper Backup, und klicken Sie dann links oben auf die Schaltfläche ⟲, die zu den Wiederherstellungsfunktionen führt. Wählen Sie aus, was Sie wiederherstellen möchten. Sie haben die Wahl zwischen Ordnern und Paketen, dem gesamten System oder einer LUN.

Wenn Sie sich für Ordner und Pakete entscheiden, dann müssen Sie die gewünschte Datensicherungsaufgabe auswählen, aus der Sie Daten wiederherstellen möchten.

Der Assistent zeigt Ihnen nun auf den folgenden Seiten die im Backup enthaltenen Elemente. Los geht es mit der Systemkonfiguration der DiskStation (siehe Abbildung 8.11). Sie können auswählen, ob Sie diese komplett wiederherstellen möchten oder diesen Vorgang ablehnen. Eine teilweise Wiederherstellung ist nicht möglich. Über das Ausklappfeld ganz oben können Sie das Datum der ursprünglichen Konfiguration auswählen. Denken Sie daran: Bei jedem Backup-Lauf wird die Systemkonfiguration automatisch mitgesichert.

Auf der nächsten Seite des Assistenten sehen Sie die im Backup enthaltenen gemeinsamen Ordner (siehe Abbildung 8.12). Sie können über die Auswahlkästchen eine beliebige Auswahl an Ordnern einstellen, die aus dem Backup am ursprünglichen Ort wiederhergestellt werden.

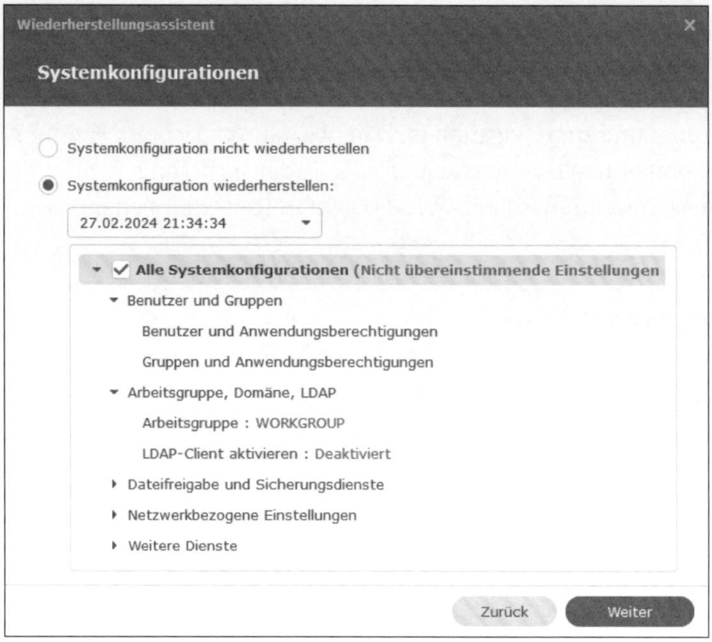

Abbildung 8.11 Der Assistent bietet an, die Systemkonfiguration der DiskStation zurückzuspielen.

Abbildung 8.12 Der Fortschritt der Wiederherstellung wird für alle Datenkategorien getrennt angezeigt.

Die Auswahl einzelner Dateien ist nicht möglich. Haben Sie zuvor bei der Wahl der Wiederherstellung der Systemkonfiguration bereits einen Zeitpunkt für die Originaldaten ausgewählt, so wird dieser Backup-Stand auch für die Wiederherstellung der gemeinsamen Ordner genutzt. Es ist nicht möglich, hier verschiedene Zeitpunkte auszuwählen.

Wenn Sie verschiedene Backup-Fassungen wiederherstellen möchten, müssen Sie den Assistenten wiederholt aufrufen. Hatten Sie zuvor die Wiederherstellung der Systemkonfiguration abgelehnt, dann sehen Sie unten im Fenster einen Zeitstrahl und können den gewünschten Zeitpunkt für die Quelldaten auswählen. Auch hier gilt: Der gewählte Zeitpunkt wird für alle gewählten Ordner genutzt. Sie können auch fortfahren, ohne einen Ordner auszuwählen.

Nachfolgend wird Ihnen die Liste der im Backup enthaltenen Anwendungsdaten angezeigt, sofern Anwendungsdaten im Backup enthalten sind. Sie können die gewünschten Anwendungen durch Setzen eines Häkchens anwählen. Deren Daten werden dann aus dem Backup wiederhergestellt. Auf der letzten Seite des Assistenten sehen Sie eine Zusammenfassung Ihrer Einstellungen. Wenn Sie auf FERTIG klicken, startet der Wiederherstellungsvorgang. Dabei werden die Daten stets am ursprünglichen Standort entpackt. Nicht vorgesehen ist es, die Daten in ein beliebiges anderes Verzeichnis zu kopieren.

Nach Abschluss des Assistenten startet sogleich der Wiederherstellungsvorgang. Ein neues Fenster zeigt Ihnen den Fortschritt des Prozesses. Wenn alles erfolgreich abgeschlossen ist, können Sie auf OK klicken. Die ausgewählten Daten befinden sich jetzt am ursprünglichen Standort, die dort vorhandenen Daten wurden ohne Sicherheitskopie ersetzt.

8.1.6 Zusätzliche Informationen und Einstellungen rund um das Backup

Hyper Backup informiert Sie über verschiedene Kanäle über den Fortschritt von Backup- und Wiederherstellungsaufgaben. Die wichtigsten Informationen werden direkt im Hauptfenster des Programms angezeigt. Daneben gibt es noch das Protokoll, das sich über die Schaltfläche anzeigen lässt.

Beachten Sie bitte, dass dieses Protokoll nicht mit im gemeinsamen Protokoll-Center der DiskStation angezeigt wird. Das Protokoll von Hyper Backup (siehe Abbildung 8.13) bietet wesentlich detailliertere Informationen als die Anzeige im Hauptfenster. So kann bei einem wiederholten Backup-Verlauf auch überprüft werden, wie viele Dateien seit der letzten Ausführung verändert und daher in das Backup eingeschlossen wurden. Auch Fehler werden im Protokoll detailliert angezeigt.

Wenn Sie sich noch weiter informieren möchten, klicken Sie bei einer ausgewählten Sicherungsaufgabe auf die Schaltfläche , die zu einer Anzeige von Statistiken führt (siehe Abbildung 8.14). Sie sehen hier Verlaufsansichten für die Belegung des Ziel- und Quellspeichers. Interessant ist, dass Sie in diesem Fenster Warnungen aktivieren können. Sie können einen Schwellenwert festlegen. Bei dessen Überschreitung erhalten Sie eine Information und können korrigierend eingreifen.

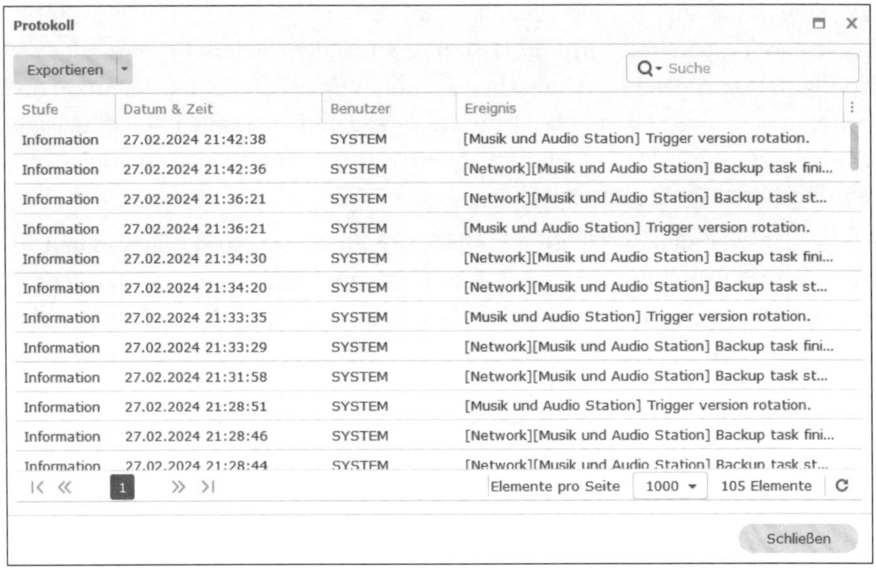

Abbildung 8.13 Das Protokoll fasst alle Informationen zu den Sicherungen zusammen.

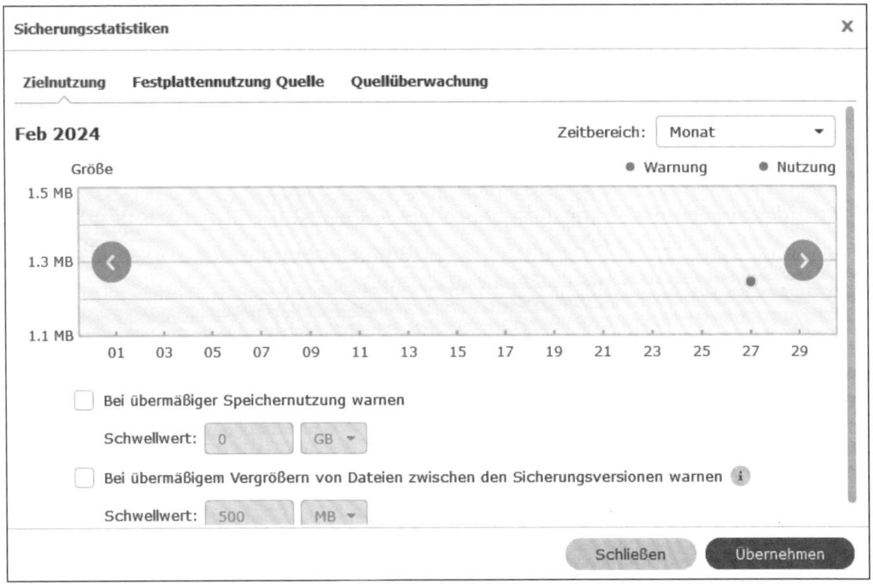

Abbildung 8.14 Die Sicherungsstatistiken informieren über den Verlauf der Speicherbelegung.

8.1.7 Eine LUN sichern und wiederherstellen

Mit Hyper Backup ist auch die Sicherung von LUNs möglich. Sie können eine LUN (*Logical Unit Number*) entweder in einem lokalen gemeinsamen Ordner, auf einer externen Festplatte oder auf einem anderen Synology-NAS-Gerät sichern. Nicht angeboten werden die Möglichkeiten, einen Cloud-Anbieter oder einen Rsync-Server zu nutzen.

Um eine LUN zu sichern, öffnen Sie Hyper Backup und klicken auf das Plus-Zeichen, um eine neue Aufgabe zu erstellen. Wählen Sie den Eintrag LUNs. Danach legen Sie fest, ob Sie die Sicherung lokal in einen gemeinsamen Ordner bzw. auf einer externen Festplatte oder aber auf einem anderen Synology-NAS-Gerät sichern möchten (siehe Abbildung 8.15).

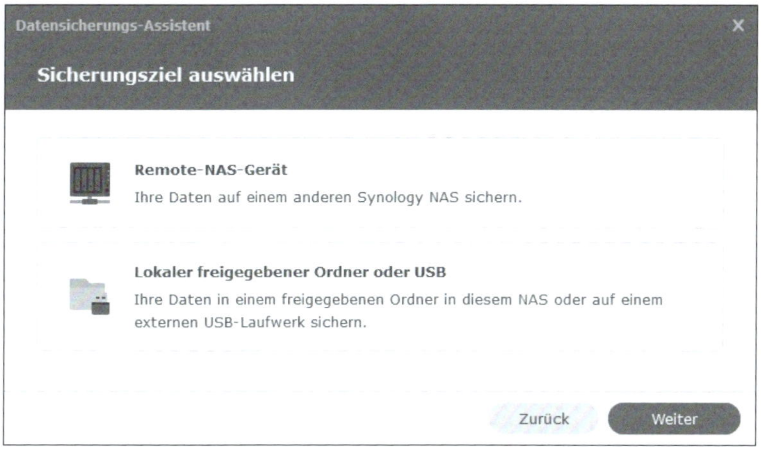

Abbildung 8.15 Sie können eine LUN lokal oder auf einem Netzwerkgerät sichern.

Bei der lokalen Variante wählen Sie das gewünschte Verzeichnis und geben einen Namen für ein neu erstelltes Unterverzeichnis an. Bei der Netzwerksicherung tragen Sie die IP-Adresse des gewünschten NAS-Gerätes ein und melden sich mit dem gewünschten Nutzerkonto am System an. Beachten Sie, dass Sie hierzu – im Unterschied zur Datensicherungsaufgabe – auf dem Zielgerät den rsync-Server aktiviert haben müssen. Das erledigen Sie im Modul DATEIDIENSTE der Systemsteuerung auf der Registerkarte RSYNC. Achten Sie darauf, dass das gewünschte Nutzerkonto Schreibrechte auf dem angedachten gemeinsamen Ordner hat.

Auf der nächsten Seite wählen Sie die LUN aus, die Sie sichern möchten. Nachfolgend können Sie einen Zeitplan für die wiederholte Sicherung einrichten und das Backup optional sofort starten lassen.

Die Sicherung einer LUN kann je nach deren Größe sehr lange dauern. Eine wiederholte Sicherung sollte daher auch vorzugsweise nachts durchgeführt werden, wenn sowohl die DiskStation als auch die LUN selbst kaum beansprucht werden (die Sicherung einer LUN kann in absturzkonsistenter Form jederzeit während des normalen Betriebs erfolgen). Sie können den Fortschritt der Sicherung im Hauptfenster von

Hyper Backup verfolgen. Dort können Sie anschließend, wie auch bei einer Datensicherungsaufgabe, eine weitere Sicherung manuell anstoßen.

Eine LUN kann im Bedarfsfall immer nur komplett wiederhergestellt werden. Funktionen zum Betrachten des Inhalts oder zur Wiederherstellung einzelner Dateien fehlen. Möchten Sie die LUN aus einem Backup wiederherstellen, dann klicken Sie in Hyper Backup oben links auf die Schaltfläche , die zum Wiederherstellen verwendet wird. Dort wählen Sie aus, dass Sie eine LUN wiederherstellen möchten. Im Assistenten ist Ihre Backup-Aufgabe hinterlegt, die Sie zur Wiederherstellung nutzen können. Damit ist die Wiederherstellung automatisch vorkonfiguriert. Abschließend wählen Sie noch das Ziel und starten den Vorgang. Die Wiederherstellung läuft automatisch ab, was je nach Größe der LUN einige Zeit in Anspruch nehmen kann. Anschließend steht die LUN mit den Daten aus dem Backup wieder zur Verfügung.

8.2 Auslagerungssicherung

Sie verfügen über mehrere Standorte und Sie haben an jedem davon ein NAS, vielleicht sogar jeweils eine Synology DiskStation? Wie Sie nicht nur zur Katastrophenvorsorge Daten zwischen den Standorten synchronisieren können, zeigen wir Ihnen in diesem Abschnitt.

Disaster Recovery

Wenn durch einen Brand, eine Überschwemmung oder ein vergleichbares Ereignis die komplette IT-Infrastruktur unbrauchbar wird, ist eine sogenannte *Disaster Recovery* (DR) notwendig. Dazu müssen Daten und Konfigurationen von einem anderen Standort aus wiederhergestellt werden. Ein vollständiges DR-Konzept beinhaltet selbstverständlich noch wesentlich mehr, aber mehrere DiskStations, die ihre Inhalte an verschiedenen Orten gegenseitig spiegeln, können eine gute Ausgangsbasis sein.

Natürlich können Sie einfach Ihre Standorte miteinander verbinden – wobei Ihnen Ihre DiskStation auch gerne behilflich ist (Stichwort VPN: siehe Abschnitt 4.4, »Den VPN-Server der DiskStation nutzen«) und stumpf Ordner abgleicht. Das geht aber deutlich eleganter, da es bei dieser Aufgabe durchaus zu Konflikten kommen kann. Und wie Sie diese Konflikte so auflösen, dass kein Bearbeiter mit Gegenständen nach Ihnen werfen möchte, zeigen wir Ihnen natürlich auch im Detail.

Dabei schauen wir uns im weiteren Verlauf dieses Abschnitts drei Methoden an:

- *Hyper Backup* zwischen zwei DiskStations
- *Hyper Backup* zu einem anderen NAS
- *Synology Drive ShareSync* – Synchronisation zwischen einer oder mehreren DiskStations

Die ersten beiden Varianten legen Sicherungen an, die letzte hingegen synchronisiert die Daten, sodass diese Daten auch an beiden Standorten bearbeitet werden können.

Damit Sie den Überblick behalten, listen wir noch ein paar Begriffsdefinitionen auf und erklären, wie wir sie in diesem Abschnitt verwenden:

- **Lokal / Quelle / Primär**

  Das ist die DiskStation in Ihrem Netzwerk, die als Quelle fungiert.

- **Remote / Extern / Ziel / Sekundär**

  Das ist die DiskStation (oder ein anderes NAS) im entfernten Netzwerk, die das Sicherungs- bzw. Synchronisationsziel darstellt.

8.2.1 Hyper Backup: DiskStation zu DiskStation

In diesem Abschnitt schauen wir uns die Sicherung auf ein sogenanntes *Remote-NAS-Gerät* näher an. Dabei handelt es sich um eine unidirektionale Sicherung, d. h., von dem lokalen NAS werden Daten auf das Remote-NAS gesichert, das sich in einer anderen Filiale, bei Bekannten oder in Ihrem Ferienhaus befindet.

Installation

Installieren Sie zunächst auf Ihren DiskStations die nachstehenden Pakete:

- Lokal = *Hyper Backup*
- Remote = *Hyper Backup Vault*

Die Konfiguration findet ausschließlich auf dem lokalen NAS statt.

Konfiguration (Remote)

Bevor Sie die eigentliche Sicherung konfigurieren können, müssen Sie zunächst auf dem entfernten NAS das Paket *Hyper Backup Vault* installieren. Das Paket benötigt keine Konfiguration und ist direkt lauffähig.

Allerdings empfiehlt es sich, für die Auslagerungssicherung einen eigenen freigegebenen Ordner anzulegen, den Zugriff auf ihn einzuschränken und einen technischen Benutzer für die Sicherungsaufgabe anzulegen. Dieser ist nötig, da für das *Hyper Backup* eine Anmeldung erforderlich ist. Die Gesamtkonfiguration benötigt die folgenden zwei Schritte:

1. **Freigegebenen Ordner anlegen: HyperBackup**

   Öffnen Sie die SYSTEMSTEUERUNG • FREIGEGEBENER ORDNER • ERSTELLEN und legen Sie den Ordner *HyperBackup* an. Deaktivieren Sie den Haken bei PAPIERKORB AKTIVIEREN. Ansonsten sind keine weiteren Konfigurationen notwendig.

2. **Benutzer anlegen: backup**

   Öffnen Sie die Systemsteuerung , und erstellen Sie unter Benutzer und Gruppen einen neuen Benutzer `backup`. Vergeben Sie ein komplexes sicheres Kennwort. (Es darf gerne sehr lang sein, da Sie es in der Regel nur einmal einrichten und nicht ständig eingeben müssen.) Setzen Sie den Haken bei Nicht zulassen, dass der Benutzer das Kontokennwort ändern kann. Fügen Sie den neuen Benutzer zur Gruppe `administrators` hinzu (dies ist leider zwingend notwendig). Entziehen Sie ihm anschließend alle Berechtigungen bis auf die am Ordner *HyperBackup*. Verweigern Sie ihm ebenso alle Anwendungsberechtigungen bis auf *Hyper Backup Vault*.

Konfiguration (lokal)

Nachdem die Vorbereitungen abgeschlossen sind, können wir nun die eigentliche Sicherungsaufgabe konfigurieren. Starten Sie dafür das Programm *Hyper Backup*, und erstellen Sie eine neue *Datensicherungsaufgabe* – falls Sie das Programm zum ersten Mal starten, wird der Dialog automatisch geöffnet.

Zunächst müssen Sie den Sicherungstyp auswählen – wählen Sie hier Ordner und Pakete aus. Anschließend wählen Sie das Sicherungsziel aus, hier Remote-NAS-Gerät, und klicken Sie auf Weiter. Im nächsten Fenster müssen Sie die Eckdaten der entfernten DiskStation angeben, wie in Abbildung 8.16 dargestellt.

Nachdem Sie unter Servername oder IP-Adresse die entfernte DiskStation angegeben haben, müssen Sie den Button Anmelden betätigen. Wenn das System erreichbar ist, öffnet sich ein Anmeldedialog wie bei der Anmeldung am DSM. Melden Sie sich mit dem zuvor angelegten `backup`-Benutzer an. Anschließend wird der Anmeldename vor dem Button dargestellt.

Nun können Sie in der Auswahl Freigegebener Ordner einen Ordner des Benutzers auswählen – wenn Sie unserem Beispiel gefolgt sind, steht Ihnen dort lediglich der Ordner *HyperBackup* zur Auswahl.

Unter Verzeichnis können Sie festlegen, in welchem Unterverzeichnis Ihre Sicherung abgelegt werden soll. Standardmäßig wird hier die Syntax <HOSTNAME LOKALE DS>_<INDEX> verwendet. Wenn Sie Ihre entfernte DiskStation nicht über VPN erreichen oder Ihnen die längere Laufzeit bei einer Sicherung nichts ausmacht, dann sollten Sie die Übertragungsverschlüsselung unbedingt einschalten.

Im nächsten Fenster können Sie die Verzeichnisse auswählen, die in der Datensicherung enthalten sein sollen. Zusätzlich können Sie über Dateifilter erstellen noch granulare Filter definieren, um Dateien explizit in die Sicherung aufzunehmen oder von ihr auszuschließen. Anschließend können Sie noch Anwendungen in die Sicherung aufnehmen.

Abbildung 8.16 Die Konfiguration des Datensicherungsziels

Im nächsten Fenster können Sie jetzt noch einen Zeitplan und die Integritätsprüfung festlegen. Anschließend können Sie die Sicherungsrotation aktivieren, falls Sie mehrere Versionen der Sicherung vorhalten möchten. Nach Abschluss des Dialogs werden Sie gefragt, ob die Sicherung nun direkt durchgeführt werden soll.

8.2.2 Hyper Backup: DiskStation zu anderem NAS

Auch wenn an Ihrem entfernten Standort keine DiskStation zur Verfügung steht, sondern vielleicht ein anderes NAS oder ein Linux-Server, können Sie mittels *Hyper Backup* eine Auslagerungssicherung erzeugen.

Verwenden Sie dafür beim Einrichten des Sicherungsziels ganz einfach *rsync*. Was sich hinter rsync verbirgt und was Sie damit auf Ihrer DiskStation noch alles anstellen können, zeigen wir Ihnen in Abschnitt 8.3, »Der Dateidienst rsync«.

Im folgenden Fenster müssen Sie zunächst den SERVERTYP festlegen (siehe Abbildung 8.17). Wenn Sie auf ein NAS eines anderen Herstellers oder einen Linux-Server sichern, müssen Sie hier RSYNC-KOMPATIBLER SERVER auswählen. Falls Sie die ÜBERTRAGUNGSVERSCHLÜSSELUNG auf EIN stellen, ändert sich typischerweise für rsync der Port auf 22, da das rsync-Protokoll selbst unverschlüsselt ist und für die Verschlüsselung lediglich einen SSH-Tunnel verwendet.

Abbildung 8.17 Datensicherung via »rsync«

Die weitere Konfiguration der Sicherungsaufgabe läuft wie alle *Hyper-Backup*-Konfigurationen ab:

- Auswahl der Ordner (des Dateifilters)
- Auswahl der Anwendungen
- Sicherungseinstellungen (inklusive Zeit- und Integritätsprüfplan)
- Rotationseinstellungen

Nach Abschluss des Dialogs können Sie sofort die erste Sicherung erstellen. Bitte beachten Sie, dass mit dieser Konfiguration auf dem entfernten System lediglich ein *Hyper Backup* erstellt wird – Sie benötigen daher auch *Hyper Backup*, um auf den Inhalt der Sicherung zugreifen zu können.

rsync-Kopie (Einzelversion)

Falls Sie die Dateien nicht nur sichern wollen, sondern am entfernten Standort auch auf sie zugreifen möchten, dann können Sie das mit der Einstellung RSYNC-KOPIE (EINZELVERSION) erreichen. Wie der Name schon sagt, wird dabei eine Kopie der Daten erzeugt – im Gegensatz zum »normalen« *Hyper Backup* also eine lesbare Datenstruktur und keine Datenbanken.

Bitte beachten Sie, dass mit der Methode der Einzelkopie bei verschlüsselten Ordnern »nur« die verschlüsselten Daten kopiert werden und nicht die entschlüsselte Version!

8.2.3 Synology Drive ShareSync

Der Weg von der Sicherung hin zur Synchronisation das ist das Ziel dieses Abschnitts. Denn wenn Sie Daten nicht nur zur Sicherung auslagern möchten, sondern diese auch in beiden Standorten bearbeiten wollen, dann ist eine Synchronisation unumgänglich. Hierfür bietet Ihnen Synology eine erweiterte Version des von der Client-Synchronisation bekannten *Synology Drive* an: das *Synology Drive ShareSync*.

Das Synology Drive haben wir Ihnen bereits in Abschnitt 4.2, »Die DiskStation mit Synology Drive um Cloud-Funktionen erweitern«, ausführlich vorgestellt.

Das Programm ist Bestandteil des Synology Drive und ist somit in jeder Installation vorhanden. Es beherrscht drei Synchronisationsarten:

- **Zwei-Wege-Synchronisation**

  Hierbei erfolgt der Abgleich sowohl lokal als auch remote. Änderungen werden in beide Richtungen verarbeitet.

- **Remote-Server hochladen**

  Mit dieser Art werden Daten nur zum Remote-System hochgeladen. Änderungen, die auf dem Remote-System vorgenommen wurden, werden ignoriert.

- **Remote-Server herunterladen**

  Hierbei wiederum werden lokale Änderungen ignoriert und nur Änderungen auf dem Remote-System abgeglichen.

Darüber hinaus gibt es ein paar Spielregeln, die Sie bei der DiskStation-übergreifenden Synchronisation beachten müssen:

- **Multiple Verbindungen**

  Eine lokale DiskStation kann Verbindungen zu mehreren Remote-Systemen herstellen. Allerdings können ein Remote-System und eine lokale DiskStation nur einmal gekoppelt werden.

- **Freigegebene Ordner (1:1)**

  Jeder freigegebene Ordner kann nur mit jeweils einem Remote-System verbunden werden.

- **Berechtigungen**

  Damit die Synchronisation erfolgreich durchgeführt werden kann, müssen die korrekten Berechtigungen gesetzt sein. Fehlt z. B. das Schreibrecht auf dem freigegebenen Ordner, so wird die Synchronisationsart auf NUR HERUNTERLADEN umgestellt.

Vorbereitungen (Remote)

Bevor wir uns aber der wilden Abgleicherei widmen, müssen wir noch ein paar Vorbereitungen treffen. Damit wir das *Synology Drive ShareSync* einrichten und verwenden können, muss auf dem Remote-System mindestens ein *Team-Ordner* über die *Synology Drive Admin-Konsole* freigegeben sein.

Falls dies noch nicht der Fall ist, öffnen Sie einfach die *Synology Drive Admin-Konsole* und wechseln in das Menü TEAM-ORDNER. Wählen Sie einen vorhandenen freigegebenen Ordner aus, und klicken Sie auf AKTIVIEREN.

Zusätzlich empfiehlt es sich, für die Synchronisation (wie schon bei der Auslagerungssicherung) einen eigenen technischen Benutzer anzulegen. Wir verwenden im Beispiel dafür den Benutzer `sharesync`, den wir wie folgt angelegt haben:

1. **Erstellen**

   Öffnen Sie SYSTEMSTEUERUNG • BENUTZER UND GRUPPEN, und klicken Sie auf den Button ERSTELLEN.

2. **Kennwort**

   Vergeben Sie ein komplexes sicheres Kennwort (gerne ein sehr langes, da Sie es in der Regel nur einmal einrichten und nicht ständig eingeben müssen), und setzen Sie den Haken bei NICHT ZULASSEN, DASS DER BENUTZER DAS KONTOKENNWORT ÄNDERN KANN.

3. **Gruppe**

   Fügen Sie den Benutzer `sharesync` der Gruppe `administrators` hinzu (dies ist leider zwingend notwendig). Entziehen Sie ihm anschließend alle Berechtigungen bis auf die Rechte an den zu synchronisierenden Ordnern.

4. **Anwendungen**

   Verweigern Sie dem Benutzer alle Anwendungsberechtigungen bis auf *Synology Drive*.

Einrichtung (Lokal)

Beim ersten Starten des *Synology Drive ShareSync* wird direkt der Einrichtungsdialog gestattet. Dieses weist Sie auch noch mal auf die notwendigen Vorbereitungen hin. Zunächst werden Sie aufgefordert, die Adresse und die Anmeldedaten des Remote-Systems anzugeben. Anschließend müssen Sie den Ordner für die Synchronisation so auswählen, wie in Abbildung 8.18 dargestellt.

Zur Synchronisation müssen Sie zunächst bei dem Ordner oder den Ordnern den Haken bei AKTIVIEREN setzen. Standardmäßig wird für den lokalen Ordner der gleiche Name verwendet wie auf dem Remote-System. Falls Sie den lokalen Ordner in einem Unterverzeichnis ablegen möchten, dann können Sie dies über das Ordner-Symbol konfigurieren. Über das Schraubenschlüssel-Symbol, das ein neues Fenster öffnet, können Sie nicht nur die zu synchronisierenden Unterordner und Dateifilter definieren, sondern im Reiter BERECHTIGUNGSEINSTELLUNGEN können Sie auch festlegen, welche Privilegien synchronisiert werden sollen und welche Synchronisierungsart angewandt werden soll. Standardmäßig ist hier die *Zwei-Wege-Synchronisation* voreingestellt.

Abbildung 8.18 Konfiguration des Ordners für die Synchronisation

Sobald Sie den Dialog beenden, wird die Synchronisation gestartet. Je nach Größe und Anzahl der vorhandenen Dateien und der Leitungsanbindung kann dieser Vorgang einige Zeit in Anspruch nehmen. Anschließend werden das neue Synchronisationsziel und dessen Status übersichtlich angezeigt (siehe Abbildung 8.19).

Abbildung 8.19 Status der Synchronisation

8.2.4 Snapshot Replication

Neben der Sicherung und der Synchronisation Ihrer Daten gibt es noch eine weitere Möglichkeit, eine Auslagerungssicherung zu erstellen: *Snapshots*.

Bei dieser Methode werden Ihre lokalen Snapshots mit der *Snapshot Replication* auf eine entfernte DiskStation übertragen. Der große Vorteil von Snapshots besteht darin, dass sie relativ günstig zu erstellen sind, da lediglich eine Momentaufnahme der Daten erfasst wird und keine gesonderte Kopie erstellt werden muss. Das spart Zeit und Leistung, benötigt aber gewisse Voraussetzungen und ist an bestimmte Dateisysteme gebunden. Snapshots können nur von freigegebenen Ordnern (auf *Btrfs*-Volumes) oder LUNs erstellt und repliziert werden. So können derzeit nur die nachstehenden Modelle mit der *Snapshot Replication* arbeiten:

- **Serie FS:** FS6400, FS3600, FS3400, FS3017, FS2017, FS1018, FS2500
- **Serie SA:** SA3600, SA3400, SA3200D
- **Serie 22:** DS3622xs+, DS2422+
- **Serie 21:** RS4021xs+, RS3621xs+, RS3621RPxs, RS2821RP+, RS2421RP+, RS2421+, RS1221RP+, RS1221+, DS1821+, DS1621xs+, DS1621+, DVA3221
- **Serie 20:** RS820RP+, RS820+, DS1520+, DS920+, DS720+, DS620slim, DS420+, DS220+
- **Serie 19:** RS1619xs+, RS1219+, RS819, DS2419+II, DS2419+, DS1819+, DS1019+, DVA3219
- **Serie 18:** RS3618xs, RS2818RP+, RS2418RP+, RS2418+, RS818RP+, RS818+, DS3018xs, DS1618+, DS918+, DS718+, DS418, DS418play, DS218+, DS218
- **Serie 17:** RS18017xs+, RS4017xs+, RS3617xs+, RS3617RPxs, RS3617xs, DS3617xsII, DS3617xs, DS1817+, DS1517+
- **Serie 16:** RS18016xs+, RS2416RP+, RS2416+, DS916+, DS716+II, DS716+, DS416play, DS216+II, DS216+
- **Serie 15:** RS815RP+, RS815+, RC18015xs+, DS3615xs, DS2415+, DS1815+, DS1515+, DS415+
- **Serie 14:** RS3614xs+, RS3614RPxs, RS3614xs, RS2414RP+, RS2414+, RS814RP+, RS814+
- **Serie 13:** RS10613xs+, RS3413xs+, DS2413+, DS1813+, DS1513+, DS713+

Vorbereitung

Bevor es mit der Replizierung losgehen kann, müssen Sie auf beiden Systemen das Paket *Snapshot Replication* installieren. Zusätzlich müssen Sie sicherstellen, dass die beiden Systeme sich mindestens über die nachstehenden Ports erreichen können:

- TCP 5000-5001 (DSM-Anmeldung)
- TCP 5566 (freigegebene Ordner / erweiterte LUNs)
- TCP 3261 (Standard-LUNs mit Speicherbeschleunigung)

Damit sind die Vorbereitungen bereits abgeschlossen.

Konfiguration (lokal)

Nach dem Start des Programms *Snapshot Replication* werden Sie zunächst darauf hingewiesen, dass Sie die Replikationsleistung verbessern können, wenn Sie die Funktion *Dateizugriffszeit aufzeichnen* abschalten. Diese wird pro Volume gesetzt und steht standardmäßig auf TÄGLICH. Alternativ können Sie diese auf MONATLICH stellen, was eine geringfügige Verbesserung erzielen sollte. Falls Sie die Funktion überhaupt nicht benötigen, da Sie weder die Anwendung

- *Selten verwendet* (Speicher-Analysator) noch
- *SSD-Cache-Ratgeber* (Speicher-Manager) noch
- Anwendungen von Drittanbietern, die Dateizugriffszeit aufzeichnen,

benutzen, können Sie die Häufigkeit auch auf NIE stellen. Die Konfiguration versteckt sich im SPEICHER-MANGER • SPEICHER, wenn Sie dort auf dem *Volume* das Kontextmenü über die drei Punkte öffnen und EINSTELLUNGEN auswählen.

Anschließend erhalten Sie einen Überblick über Ihre DiskStation wie den in Abbildung 8.20.

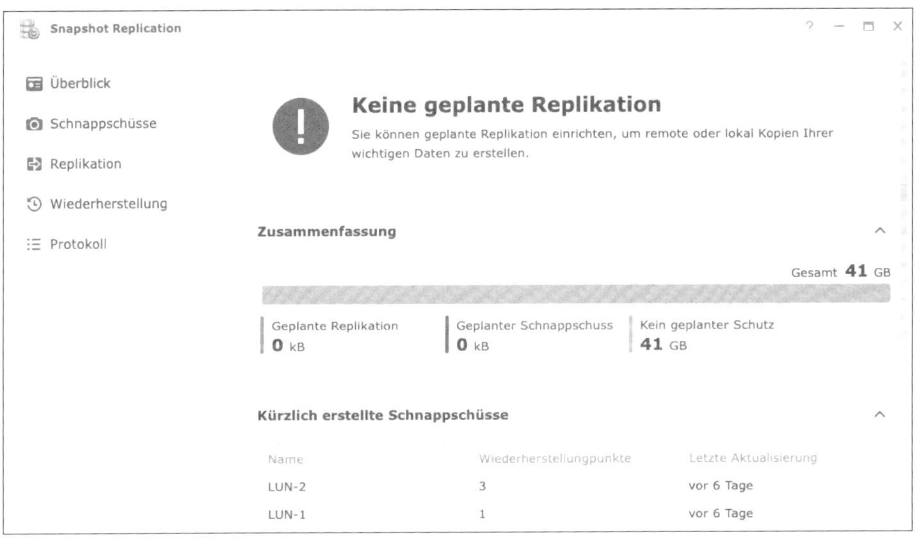

Abbildung 8.20 Übersicht der »Snapshot Replication«

Wie Sie sehen, werden vorhandene Snapshots (im Beispiel sind es Snapshots von LUNs) auch bereits dargestellt. Über den Menüpunkt REPLIKATION können Sie Auslagerungssicherungen konfigurieren. Diese werden je nach Art im Reiter FREIGEGEBENE ORDNER oder LUN über den Button ERSTELLEN angelegt. Im folgenden Beispiel legen wir die Replikation von zwei freigegebenen Ordnern an.

Der Einrichtungsassistent gibt Ihnen vorab ein paar Informationen über die Voraussetzungen und Limitierungen der Replikation. Anschließend müssen Sie wählen, ob die Replikation *Lokal* oder *Remote* durchgeführt werden soll – da wir eine Auslagerungssicherung einrichten möchten, beantwortet sich die Frage quasi von selbst.

Im nächsten Fenster müssen Sie die Verbindungsdaten zum Remote-System angeben (Servername oder IP-Adresse). Zusätzlich empfiehlt es sich, für die Replikation (wie schon bei der Auslagerungssicherung und der Synchronisation) einen eigenen technischen Benutzer anzulegen. Wir verwenden im Beispiel dafür den Benutzer `replication`, den wir auf dem Remote-System wie folgt angelegt haben:

1. **Erstellen**

   Öffnen Sie SYSTEMSTEUERUNG • BENUTZER UND GRUPPEN, und klicken Sie auf den Button ERSTELLEN.

2. **Kennwort**

   Vergeben Sie ein komplexes sicheres Kennwort (es darf gerne sehr lang sein, da Sie es in der Regel nur einmal einrichten und nicht ständig eingeben müssen). Setzen Sie den Haken bei NICHT ZULASSEN, DASS DER BENUTZER DAS KONTOKENNWORT ÄNDERN KANN.

3. **Gruppe**

   Fügen Sie den Benutzer `replication` zur Gruppe `administrators` hinzu (dies ist leider zwingend notwendig). Entziehen Sie ihm anschließend alle Berechtigungen auf Ordnern; diese werden nicht benötigt.

4. **Anwendungen**

   Verweigern Sie dem Benutzer alle Anwendungsberechtigungen, da auch diese nicht benötigt werden.

Zusätzlich zu den Anmeldedaten können Sie noch den Haken bei VERSCHLÜSSELTE VERBINDUNG NUTZEN setzen – dies ist aber nur erforderlich, wenn Sie die Datenverbindung nicht bereits durch eine VPN-Verbindung verschlüsselt haben. Über den Button ERWEITERTE EINSTELLUNGEN bekommen Sie lediglich eine Auflistung der benötigten Firewall-Freigaben und nehmen nicht wirklich Einstellungen vor.

Wenn die Anmeldung erfolgreich war, müssen Sie im nächsten Fenster das Volume auswählen, auf dem sich die freigegebenen Ordner befinden, die Sie replizieren wollen. Anschließend müssen Sie die entsprechenden Ordner auswählen. Je nach Auswahl erhalten Sie im nächsten Fenster eine Kalkulation über die Größe der ersten Kopie für die Replizierung und eine Schätzung, wie lange der Vorgang benötigen könnte (siehe Abbildung 8.21).

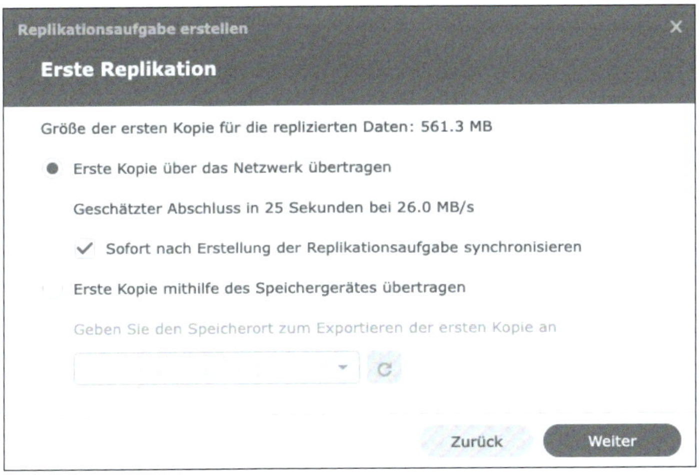

Abbildung 8.21 Kalkulation und Auswahl der Methode für die erste Kopie

Je nach Größe und Leitungsanbindung empfiehlt es sich, die erste Kopie auf das Remote-System über das lokale Netzwerk oder mittels eines Speichergeräts vorzunehmen. Auch wenn heute große Netzwerkbandbreiten keine Seltenheit mehr sind, gilt nach wie vor der Grundsatz:

> *»Die größte Bandbreite zwischen Hamburg und München hat immer noch ein mit Festplatten voll beladener 40-Tonner!«*

Dabei ist die Latenz natürlich unterirdisch schlecht, aber einen höheren Datendurchsatz werden Sie so schnell nicht bekommen. Glauben Sie nicht? Dann treten wir kurz den (milchmännischen) Beweis für die obige Behauptung an:

- 200 g pro 8 TByte SSD (60 g Platte + Verpackungsmaterial)
- 28 t LKW-Zuladung
  - Das sind grob 1.120 PByte Gesamtkapazität.
- Entfernung Hamburg nach München = 775 km, ca. 10 Stunden Fahrtzeit
  - Das bedeutet 112 PByte/h, und das entspricht 31 TByte/s.
  - also: 248,9 TBit/s

Eine beachtliche Bandbreite! Selbst das Transatlantik-Seekabel *Marea* von Facebook und Microsoft schafft »nur« 160 TBit/s.

Aber nun zurück zur Replikation: Nachdem Sie die geeignete Methode ausgewählt haben, können Sie noch den Zeitplan der Replikation festlegen. Äußerst sinnvoll ist es, wenn Sie ein Übertragungszeitfenster über den Button ganz unten festlegen. Damit haben Sie nämlich die volle Kontrolle darüber, wann die Replikation durchgeführt werden soll und wann nicht.

In Abbildung 8.22 sehen Sie eine komplexere Planung. Auch wenn diese natürlich für eine Produktionsumgebung nicht sinnvoll ist, so wollten wir Ihnen dennoch den kleinen Gruß dalassen.

Abbildung 8.22 Freundliche Zeitplanung für das Übertragungsfenster

Anschließend müssen Sie nur noch die Aufbewahrungsrichtlinie einstellen. Hier können Sie festlegen, wie viele Snapshots aufbewahrt werden sollen.

Im folgenden Fenster können Sie noch aktivieren, dass neue geplante Snapshots automatisch repliziert werden sollen, und festlegen, ob für die Benennung von Snapshots die Zeitzone GMT +0 verwendet werden soll. Die letztgenannte Funktion ist äußerst hilfreich, wenn Sie DiskStations in unterschiedlichen Zeitzonen betreiben, da so sichergestellt wird, dass die »letzte« Replik auch wirklich die chronologisch zuletzt durchgeführte ist.

Zum Abschluss wird Ihnen noch eine Übersicht der vorgenommenen Einstellungen angezeigt, und Sie werden darauf hingewiesen, dass für die Sicherstellung der Replikation eine lokale Aufbewahrungsregel eingerichtet wurde.

Unterschied: Freigegebene Ordner und LUN

Bei der Einrichtung unterscheiden sich freigegebene Ordner und LUNs lediglich in zwei Punkten. Zum einen erhalten Sie unterschiedliche Hinweise zu Beginn, und zum anderen müssen Sie bei LUNs noch die Methode zur Verwaltung festlegen. Dabei können Sie sogar zwischen zwei Methoden wählen:

- Synology Snapshot Replication
- VMware vCenter Site Recovery Manager

Wenn Ihre LUNs ausschließlich von VMware-Umgebung verwendet werden, können Sie mit der zuletzt genannten Methode Aufgaben direkt aus dem VMware-Umfeld ausführen (ohne sich dafür an Ihrer DiskStation anmelden zu müssen).

8.3 Der Dateidienst rsync

Falls Sie oft viele Dateien von einem Linux- oder Mac-System auf Ihre DiskStation sichern wollen (oder falls Sie den Einsatz einer Konsole wie `cygwin` oder dem WSL auf Windows nicht scheuen), bietet sich der Einsatz von *rsync* an.

Bei rsync handelt es sich sowohl um ein Client-Server-Programm als auch um ein Netzwerkprotokoll. Das Besondere an rsync ist, dass es nicht nur stumpf Dateien und Verzeichnisse von einem Ort zu einem anderen kopiert, sondern dass es sich hervorragend um den Abgleich kümmert. Es überträgt nämlich nur geänderte Dateien. Dabei ist es sogar in der Lage, mittels *Delta-Kodierung* nur geänderte Teile einer Datei zu übertragen – was natürlich enorm viel Zeit spart.

Mit dem rsync-Dienst können Sie zusätzlich noch eine Pfadfreigabe auf Ihrer DiskStation einrichten. Mit dieser können sich dann beliebige Clients aus Ihrem Netz verbinden und in rasender Geschwindigkeit Dateien kopieren. Dies ist in der Tat schneller als z. B. das Kopieren der Daten über eine SMB-, AFP- oder NFS-Freigabe. Die Clients können diese Freigabe authentifizierungsfrei, mit vorhandenen Konten oder mit separaten `rsync`-Konten verwenden. Der Dienst läuft standardmäßig auf dem TCP-Port 873 und kann auch (Unix-typisch) durch SSH getunnelt werden.

8.3.1 Einrichtung

Die Einrichtung auf Ihrer DiskStation ist im Handumdrehen erledigt. Öffnen Sie die SYSTEMSTEUERUNG, und wechseln Sie zu den DATEIDIENSTEN. Dort finden Sie den Reiter RSYNC. Um rsync mit Ihrer DiskStation benutzen zu können, müssen Sie lediglich den Haken bei RSYNC-DIENST AKTIVIEREN setzen, so wie in Abbildung 8.23 dargestellt.

Wenn Sie nun auf ÜBERNEHMEN klicken, wird nicht nur der rsync-Dienst gestartet, sondern auch der Standardordner *NetBackup* angelegt.

Verwechslungsgefahr: rsync ist nicht SSH!

Leider besteht etwas Verwirrungspotenzial in der Dokumentation zu rsync. Eigentlich sollten bei aktiviertem rsync-Dienst standardmäßig die DSM-Benutzer mit ihren Kennwörtern freigegeben sein. Das ist leider nicht so, bzw. nur für die Variante via SSH! Für den originären rsync-Dienst müssen Sie daher immer den Haken bei RSYNC-KONTO AKTIVIEREN setzen und über den Button RSYNC-KONTO BEARBEITEN die Systembenutzer, die rsync benutzen sollen, neu anlegen. Dabei müssen Sie ihnen neue Kennwörter geben (unabhängig von den bereits gesetzten Kennwörtern und von den Passwortrichtlinien).

Wir empfehlen Ihnen daher, für den rsync-Dienst einen technischen Benutzer anzulegen und diesem nur Berechtigungen auf die benötigten Ordner und Dienste zu gewähren und den üblichen Systembenutzern die Variante via SSH nahezulegen.

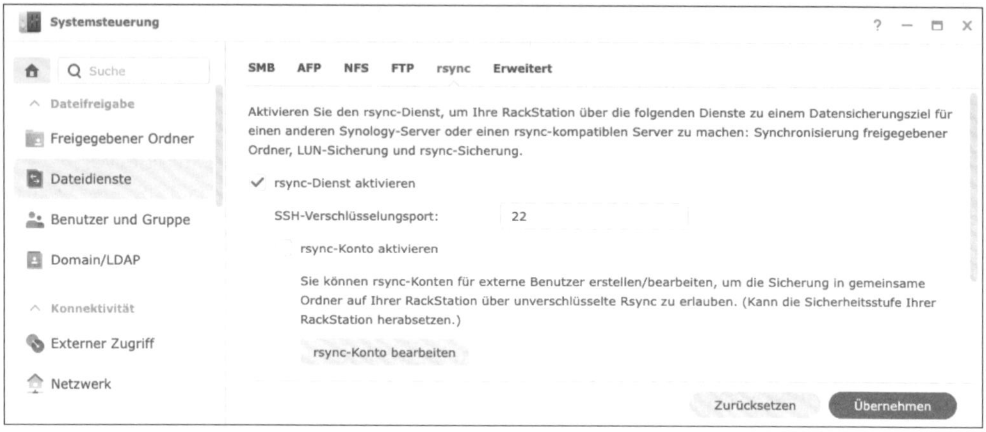

Abbildung 8.23 So aktivieren Sie den rsync-Dienst.

8.3.2 Adressierung

Bevor wir Ihnen im Detail die unterschiedlichen Verbindungsoptionen vorstellen, möchten wir Ihnen noch die beiden Arten der Adressierung vorstellen: Verzeichnis- und Pfadfreigabe.

- **Verzeichnisfreigabe**

  Hierbei müssen Sie stets den vollständigen Verzeichnispfad angeben. Dieser besteht aus dem *Volume*, dem *freigegebenen Ordner* und etwaigen *Unterordnern*. Wenn Sie z. B. auf dem `volume1` den freigegebenen Ordner `data` eingerichtet haben und darin in den Unterordner `Tagessicherung` Daten kopieren möchten, dann lautet der vollständige Pfad */volume1/data/Tagessicherung/*. Ganz wichtig ist an dieser Stelle: Beachten Sie die Groß- und Kleinschreibung!

- **Pfadfreigaben**

  Um sich Tipparbeit zu sparen, können Sie vorab Pfadfreigaben definieren. Standardmäßig ist dies bereits für den Ordner *NetBackup* eingerichtet. Dieser liegt im ersten Volume (meist also in `volume1`) und müsste daher eigentlich mit */volume1/*

NetBackup/ adressiert werden. Dank der Pfadfreigabe genügt dafür aber die Eingabe `::NetBackup`. Neben dem Vorteil, sich etwas Tipparbeit zu sparen, können für Pfadfreigabe im rsync-Dienst auch individuelle Konfigurationen vorgenommen werden. Das zeigen wir Ihnen im Detail in Abschnitt 8.3.5, »Passwortlose Verbindung«.

Pfadabschluss mit einem Schrägstrich!

Wenn Sie nicht nur einzelne Dateien, sondern ganze Verzeichnisstrukturen mit `rsync` kopieren möchten, dann müssen Sie darauf achten, den abschließenden Schrägstrich richtig zu setzen. Dabei kommt es nämlich häufig zu einer Verwechslung, deren Auswirkung wir Ihnen ersparen möchten. Es kommt nämlich im Wesentlichen nur auf zwei Dinge an:

- **Quellpfad**

  Mit Schrägstrich = Kopiere den Inhalt dieses Verzeichnisses.

  Ohne Schrägstrich = Kopiere das Verzeichnis.
- **Zielpfad**

  Der Schrägstrich wird nicht ausgewertet = Die Angabe ist also gleichgültig.

8

8.3.3 Verbindung über das SSH-Protokoll

Um Daten via SSH auszutauschen, müssen Sie auf der Clientseite den zusätzlichen Parameter `-e ssh` angeben. Bei der Hostangabe muss der Benutzer vorangestellt und mit einem @-Zeichen abtrennt werden, z. B. so:

```
daniel@192.168.178.35
```

Um z. B. das lokale Verzeichnis *Dokumente* via rsync über SSH auf Ihrer DiskStation im Standardpfad *NetBackup* zu sichern, genügt folgendes Kommando:

```
$ rsync -av -e ssh Dokumente/ daniel@192.168.178.35::NetBackup/
daniel@192.168.178.35's password:
[...]
```

Listing 8.1 Übertragung mit SSH

Wenn das Gerät Sie nun nach einem Passwort fragt, müssen Sie das Passwort des verwendeten Systembenutzers eingeben. Wenn Sie unter dem rsync-Konto für den verwendeten Benutzer ein separates rsync-Kennwort hinterlegt haben, dann müssen Sie natürlich dieses verwenden!

8.3.4 Verbindung über das rsync-Protokoll

Um Daten über das rsync-Protokoll auszutauschen, müssen Sie lediglich den Parameter `-e ssh` weglassen (siehe Listing 8.2).

```
$ rsync -av Dokumente/ daniel@192.168.178.35::NetBackup/
daniel@192.168.178.35's password:
[...]
```

Listing 8.2 Übertragung mit dem rsync-Protokoll

Wie wir bereits erwähnt haben, greift hier aber eine Besonderheit, denn rsync kann nicht auf die Kennwörter der Systembenutzer zurückgreifen. Daher müssen Sie für diese ein neues Kennwort im Menü RSYNC-KONTO BEARBEITEN setzen.

8.3.5 Passwortlose Verbindung

Falls Ihnen die bisher vorgestellten Methoden noch nicht genügen, dann zeigen wir Ihnen jetzt noch die Kirsche auf der Sahnehaube. Mit dem rsync-Dienst können Sie auch Pfadfreigaben erstellen – diese können Sie dann von beliebigen Clients aus authentifizierungslos nutzen.

Leider bietet die DiskStation für diese Konfiguration kein eigenes Menü an, sodass wir dafür auf die Konsole ausweichen müssen. Dafür müssen Sie die üblichen Vorbereitungen treffen. Falls es noch nicht geschehen ist, müssen Sie also Folgendes tun:

1. Gehen Sie zu SYSTEMSTEUERUNG • TERMINAL • SNMP, und öffnen Sie den Reiter TERMINAL.
2. Setzen Sie dort einen Haken bei SSH-DIENST AKTIVIEREN.
3. Aktivieren Sie gegebenenfalls noch AUTOMATISCHE BLOCKIERUNG.

Verbinden Sie sich nun mit Ihrem administrativen Benutzer via SSH mit Ihrer DiskStation. Verschaffen Sie sich nun *root*-Rechte mit dem Kommando `sudo -i`. Öffnen Sie nach der erfolgreichen Authentifizierung die Datei */etc/rsyncd.conf* in dem Editor Ihrer Wahl. Der Inhalt sollte so aussehen wie in Listing 8.3:

```
refuse options = acls
#motd file = /etc/rsyncd.motd
#log file = /var/log/rsyncd.log
pid file = /var/run/rsyncd.pid
lock file = /var/run/rsync.lock
use chroot = no
```

Listing 8.3 Der Inhalt von »/etc/rsyncd.conf«

Um eine Pfadfreigabe einzurichten, müssen Sie anschließend die Zeilen aus Listing 8.4 ergänzen:

```
[Backup]
comment = Backup Verzeichnis
path = /volume1/NetBackup
read only = no
list = yes
uid = nobody
gid = users
```

Listing 8.4 Ergänzung zur Pfadfreigabe in »/etc/rsyncd.conf«

Im Beispiel aus Listing 8.4 wird die Pfadfreigabe `Backup` angelegt, was durch die umgebenden eckigen Klammern initiiert wird (analog zu einer Sektion innerhalb einer INI-Datei). Der Inhalt wird auf der DiskStation unter */volume1/NetBackup* abgelegt. (Ja, ganz recht, Sie können auch einfach den eh bereits vorhandenen Standardordner dafür verwenden und müssen keinen neuen anlegen.)

Über die weiteren Parameter wird festgelegt, dass das Auflisten des Verzeichnisinhalts erlaubt wird (`list`), dass der Inhalt nicht nur lesend gewährt wird (`read only`) und mit welchen Benutzer- und Gruppenrechten die Dateien erstellt werden sollen (`uid` und `gid`). Da die Pfadfreigabe authentifizierungslos erfolgt, können die Daten schließlich nicht im jeweiligen Benutzerkontext erstellt werden, wie es sonst üblich wäre.

Damit die Änderungen wirksam werden, müssen Sie lediglich den Dienst noch einmal mit dem Kommando `systemctl reload rsyncd.service` starten.

Da es sich um eine rsync-Freigabe handelt, wird diese mit der bereits vorgestellten Syntax adressiert, also mit einem zweifachen Doppelpunkt. In Listing 8.5 sehen Sie den Befehl, um von einem Linux-Server aus das Verzeichnis *Dokumente* auf die Pfadfreigabe zu übertragen:

```
$ rsync -av Dokumente/ 192.168.178.35::Backup/
building file list ... done
created directory Dokumente
./
Briefmarkensammlung.txt
Hello_World.txt
hoerspiel_kassetten.txt
welcome.md
sent 6815591 bytes  received 110 bytes  13631402.00 bytes/sec
total size is 6814395  speedup is 1.00
```

Listing 8.5 Dateiübertragung auf die Pfadfreigabe »Backup«

Wie Sie sehen, erfolgt die Übertragung ohne vorherige Authentifizierung.

Aber Vorsicht: Mit dieser Konfiguration geben Sie den Ordner ohne Einschränkungen in Ihrem Netzwerk frei. Falls Sie nicht ganz so offenherzig sein wollen, können Sie mit den Parametern `hosts allow` und `hosts deny` auch explizit Clients freigeben oder ausschließen. Die beiden Parameter erwarten dafür jeweils eine Angabe vom Typ:

- `IP` = IP-Adresse, z. B. `192.168.178.105`
- `CIDR` = Netzwerkadresse, z. B. `192.168.178.0/24`
- `Netmask` = Netzwerkadresse, z. B. `192.168.178.0/255.255.255.0`
- `Hostname` = DNS-Name, z. B. `ubuntu.fritz.box`

Falles es mal nicht läuft: Das Log aktivieren

Ein kleiner Tipp zum Schluss: Wenn Ihr rsync-Dienst mal nicht so will, wie Sie sich das vorstellen, dann kann es äußerst hilfreich sein, einen Blick in das Log zu werfen. Leider ist dieses standardmäßig deaktiviert. Wie Ihnen in Listing 8.3 vielleicht schon aufgefallen ist, steht vor der relevanten Konfigurationszeile eine Raute-Zeichen (#):

```
#log file = /var/log/rsyncd.log
```

Listing 8.6 Der Parameter, um die Protokollierung zu aktivieren

Wenn Sie das Kommentarzeichen am Zeilenanfang entfernen und den Dienst mit `systemctl reload rsyncd.service` neu starten, wird eine entsprechende Protokolldatei erzeugt. Dort können Sie den einen oder anderen Hinweis finden, der Ihnen auf der Clientseite leider nicht dargestellt wird, wie z. B. die Fehlermeldungen aus Listing 8.7:

```
2022/03/25 16:45:49 [19192] receiving file list
2022/03/25 16:45:49 [19192] rsync: ERROR: cannot stat destination "test/"
(in Backup): Permission denied (13)
[…]
2022/03/26 09:56:34 [20579] connect from […]
2022/03/26 09:56:39 [20579] auth failed from […]: password mismatch
```

Listing 8.7 Fehlermeldungen in »/var/log/rsyncd.log«

Im ersten Beispiel aus Listing 8.7 fehlten auf der DiskStation Berechtigungen, da ein Zielordner gewählt wurde, der bereits existierte. Das zweite Beispiel hingegen weist Sie darauf hin, dass der Benutzer sich nicht ordnungsgemäß angemeldet hat – vielleicht haben Sie das rsync- mit dem Benutzer-Passwort verwechselt?

Bitte denken Sie daran, nach Abschluss des Debugs die Konfiguration wieder anzupassen und die Protokollierung wieder zu deaktivieren. Andernfalls müssen Sie regelmäßig die Log-Dateien löschen, da diese nicht automatisch entsorgt werden.

Kapitel 9

Die Funktion der DiskStation mit Hardware erweitern

In diesem Kapitel erfahren Sie, wie Sie externe Geräte nutzen können, wozu ein SSD-Cache gut sein kann, wie Sie Erweiterungseinheiten für zusätzliche Festplatten einrichten und wie ein Festplattentausch vonstatten geht.

In diesem Kapitel geht es um Hardware. Wir zeigen Ihnen, wie Sie Ihr NAS-Gerät durch externe Hardware wie USB-Festplatten und USB-Speichersticks ergänzen können. Wir stellen Ihnen ebenfalls das Konzept von SSD-Caches vor, das höherwertige DiskStations nutzen können. Falls einmal eine der Festplatten ausfallen sollte oder Sie das Speichersystem erweitern möchten, lernen Sie hier, wie Sie neue Festplatten einbauen und in Betrieb nehmen.

9.1 Externe Geräte

Leider hat Synology mit dem Update auf DSM 7 die Möglichkeiten zur Nutzung externer Geräte stark beschnitten. Jetzt ist es leider nur noch möglich, USVs, Speichergeräte oder Drucker an Ihre DiskStation anzuschließen. Bei allen anderen Gerätetypen versagt das DSM den Betrieb.

In diesem Kapitel widmen wir uns daher den Speichergeräten und natürlich den Druckern – den Themenkomplex USV finden Sie in Abschnitt 9.5, »Unterbrechungsfreie Stromversorgung (USV)«.

9.1.1 Speichergeräte

Je nach Modell bietet Ihre DiskStation unterschiedlich viele USB-Ports, die Sie mit externen Geräten belegen können. Ein essenzieller Aspekt vorab: Synology empfiehlt den Betrieb von USB-Hubs ausdrücklich nicht (und unterbindet ihn zum Teil auch aktiv)! Auch wenn Sie auf den naheliegenden Gedanken gekommen sein sollten, über einen Hub die Anzahl der USB-Ports einfach zu vergrößern, sollten das lieber lassen.

USB-Sticks

Wir haben Ihnen bereits eine sinnvolle Möglichkeit gezeigt, USB-Sticks an Ihrer DiskStation zu betreiben, und zwar für die Ver- bzw. Entschlüsselung in Abschnitt 7.12, »Mit verschlüsselten Ordnern arbeiten«.

Darüber hinaus können Sie USB-Sticks natürlich auch einfach als externen Speicher an Ihrer DiskStation betreiben. Die Sticks werden dann einfach als zusätzlicher Ordner eingebunden. Unter SYSTEMSTEUERUNG • EXTERNE GERÄTE werden diese dann, wie in Abbildung 9.1 dargestellt, auf dem Reiter EXTERNE GERÄTE aufgelistet.

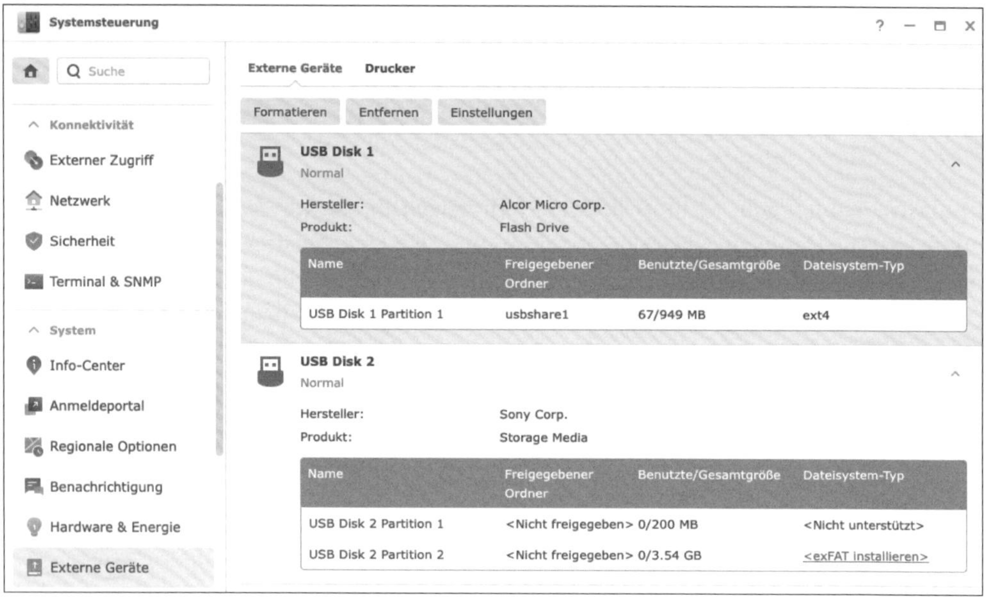

Abbildung 9.1 Übersicht der angeschlossenen USB-Geräte

Unterstützte Dateisysteme werden sofort eingebunden, und zwar mit dem Namensschema `usbshare<NUMMER>`, wobei die Nummer mit jedem Gerät inkrementiert wird. Auf die Inhalte können Sie dann ganz einfach zugreifen – wie auf einen freigegebenen Ordner.

Ihre DiskStation unterstützt folgende Dateisysteme:

- Btrfs
- ext3
- ext4
- FAT32
- exFAT
- HFS

- HFS Plus
- NTFS

Standardmäßig sind nur Mitglieder der Gruppe `adminstrators` berechtigt, externe Geräte zu nutzen. Passen Sie diese Einstellung also an, wenn die Geräte auch von Benutzern ohne Admin-Rechte genutzt werden sollen.

Natürlich sind USB-Sticks aufgrund ihrer Bauart und Funktionsweise keine optimalen Speichermedien für den Dauereinsatz. Aber wenn Sie schnell viele Daten von Ihrer DiskStation von A nach B transportieren wollen und der Kopiervorgang dafür nicht Ihr Netzwerk belasten soll, sind der Anschluss an die DiskStation und das Kopieren im DSM eine gute Alternative.

USB-Festplatten

Analog zu USB-Sticks können Sie auch USB-Festplatten direkt an Ihre DiskStation anschließen. Durch die größere Kapazität kann der dauerhafte Betrieb an der DiskStation auch durchaus sinnvoll sein.

So können Sie USB-Festplatten als weiteres (transportables) Sicherungsziel einsetzen oder weniger wichtige Daten auf sie auslagern (z. B. eine Sammlung von Linux ISO-Images, die Sie immer wieder aus dem Internet herunterladen können). Diese Datenbestände belegen dann nicht den »teuren« via RAID geschützten Hochgeschwindigkeitsspeicher, und trotzdem haben Sie die Daten ständig im Zugriff.

USB-Festplatten werden nach dem gleichen Namensschema benannt wie USB-Sticks und automatisch in die *File Station* eingebunden, wenn ein unterstütztes Dateisystem auf ihnen installiert ist. Dabei werden die gleichen Dateisysteme wie bei den bereits beschriebenen USB-Sticks unterstützt, und auch die Berechtigungen sind identisch (standardmäßig nur Administratoren).

9.1.2 Drucker

Obwohl das Drucken eine der frühesten Errungenschaften der Computerbranche ist, führte die Konfiguration von Druckservern Administratoren regelmäßig an den Rand des Nervenzusammenbruchs. Die Zeiten sind jedoch besser geworden: Um Ihre Nerven zu schonen, bietet Ihnen die DiskStation einen komfortabel zu konfigurierenden Druckserver an.

Die DiskStation versteht sich dabei auf zwei Betriebsarten von Druckern:

- USB-Drucker (EOL)
- Netzwerkdrucker

Beide stellen wir Ihnen nun im Detail vor.

USB-Drucker

Ihr Drucker ist nicht per se netzwerkfähig? Das ist kein Problem, solange Sie einen USB-Port Ihrer DiskStation erübrigen können. Leider ist diese Funktion als *EOL* (*End of Life*, engl. für »Lebensende« bzw. »Auslaufprodukt«) gekennzeichnet, sodass Modelle der Synology-Produktreihen FS, SA, XS+ und XS ab 2022 diese Funktion bereits nicht mehr unterstützen. Falls Sie aber ein Modell haben, das noch unterstützt wird, können Sie die Funktionen noch nutzen. Wir können allerdings selbstverständlich nicht ausschließen, dass die Funktion nicht doch in einem zukünftigen Update deaktiviert wird.

Auch hier keine USB-Hubs!

Bitte beachten Sie, dass auch für Drucker keine USB-Hubs an der DiskStation erlaubt sind.

Welche Drucker mit Ihrer DiskStation kompatibel sind, ist bei Synology gut dokumentiert:

https://www.synology.com/de-de/compatibility?search_by=category&category=usb_printers

Nachdem Sie Ihren Drucker via USB angeschlossen haben, ist er sofort einsatzbereit. Unter Systemsteuerung • Externe Geräte steht Ihnen zwar eine Konfiguration zur Verfügung, aber notwendig ist diese nicht, denn Ihr Drucker ist bereits so in Ihrem Netzwerk zu finden (siehe Abbildung 9.2).

Abbildung 9.2 Hinzugefügter USB-Drucker »usbprinter1«

Ihr Drucker wird mit dem etwas uneleganten (und leider auch nicht konfigurierbaren) Namen `usbprinter1` im Netzwerk bereitgestellt. In Abbildung 9.3 sehen Sie den Drucker hinzufügen-Dialog auf einem macOS-System.

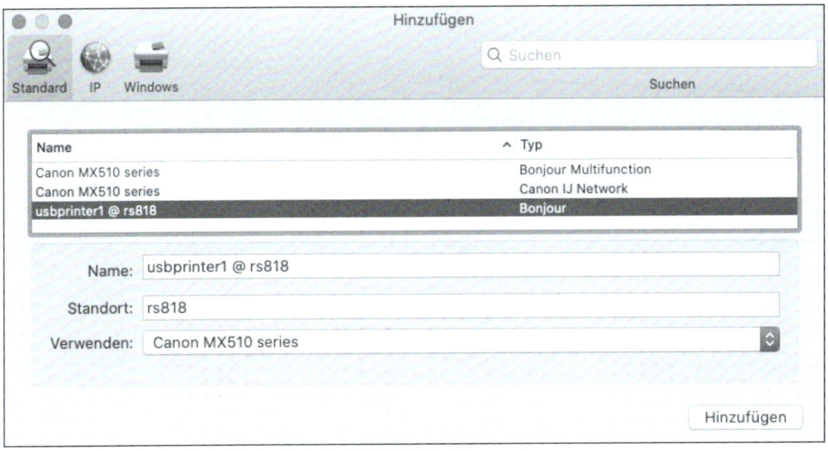

Abbildung 9.3 Einrichtung eines USB-Druckers auf einem Mac

In der Konfiguration können Sie zum einen den Betriebsmodus einstellen und zum anderen das *Apple Wireless Printing* aktivieren. Damit kann Ihr Drucker auch von iOS-Geräten als Druckziel verwendet werden. Beim Betriebsmodus können Sie zwischen zwei Arten unterscheiden:

- **Netzwerkdrucker** = nur drucken
- **Netzwerk-MFP** = Druck-, Scan- und Faxfunktion für Windows-Clients bereitstellen

Je nach Fähigkeit Ihres Druckers wird der Betriebsmodus vorkonfiguriert.

Die Konfiguration unter Windows oder Linux funktioniert entsprechend: Starten Sie die Drucker-Installation, fügen Sie das Gerät hinzu – und fertig.

Netzwerkdrucker

Unter SYSTEMSTEUERUNG • EXTERNE GERÄTE • DRUCKER starten Sie mit dem Button NETZWERKDRUCKER HINZUFÜGEN den Einrichtungsassistenten für einen Drucker, der nicht per USB angeschlossen wird, sondern der sich in Ihrem Netzwerk befindet. Der Assistent fragt Sie als Erstes nach der IP-Adresse Ihres Netzwerkdruckers. Wird der Drucker unterstützt, können Sie im nächsten Fenster einen Druckernamen vergeben und je nach Typ auch noch das Druckprotokoll festlegen. Bitte beachten Sie, dass der Druckername nicht länger als 32 Zeichen sein darf und nur aus Buchstaben, Zahlen und Unterstrichen bestehen darf. Damit ist die Einrichtung auch bereits abgeschlossen.

Wie Sie in Abbildung 9.4 sehen, wird Ihr Drucker (im Beispiel `DruckerOG`) unter EXTERNE GERÄTE aufgelistet.

Abbildung 9.4 Eingerichteter Netzwerkdrucker

Im Netzwerk wird der Drucker unter seinem konfigurierten Namen angeboten. Wie Sie in Abbildung 9.5 auf einem Mac sehen, wird der Name durch den Hostnamen Ihrer DiskStation (im Beispiel `rs818`) ergänzt.

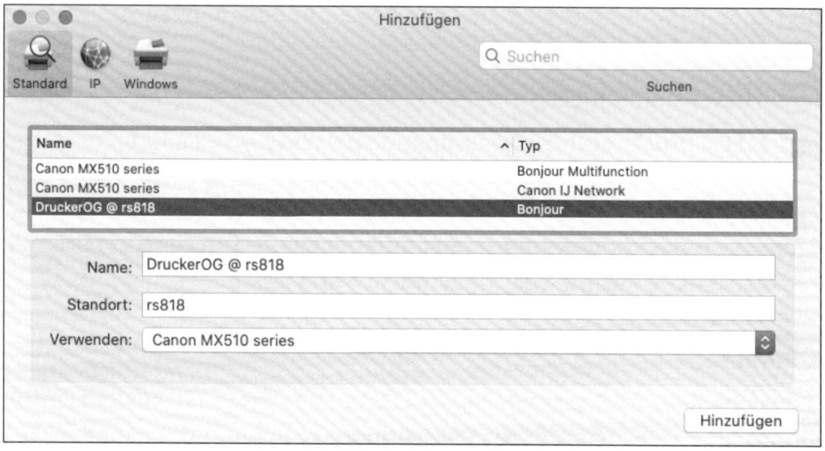

Abbildung 9.5 Einrichtung des Netzwerkdruckers auf einem Mac

9.2 SSD-Cache

Lange Zeit war es die Hauptaufgabe eines NAS, viel Speicherplatz bereitzustellen. Daher wurden in einem NAS oft große, aber dafür langsame Platten verbaut. Für sehr viele Anwendungsfälle trifft dies heute auch noch immer zu, allerdings gibt es inzwischen sehr viele Anwendungsfälle, bei denen es auf die Geschwindigkeit ankommt.

Nichts sorgt für eine effektivere Leistungssteigerung als ein SSD-Cache. Wenn Sie schon einmal einem älteren PC, Notebook oder Laptop eine SSD spendiert haben, wissen Sie um die offenen Münder, die dieser Leistungsschub auslöst. Genauso verhält es sich bei einem NAS, nur etwas anders. Worauf Sie achten müssen, wann sich ein SSD-Cache lohnt und wie Sie diesen einrichten, zeigen wir Ihnen nun im Detail.

Bevor wir damit beginnen, noch ein ganz wichtiger Hinweis: Ein SSD-Cache ist für High-End-Benutzer gedacht und stellt eine absolut fortgeschrittene Konfiguration dar.

9.2.1 Theorie

Bevor wir uns der Einrichtung und Konfiguration widmen, möchten wir Ihnen noch ein paar Hintergrundinformationen zum Thema SSD-Cache geben.

Es gibt generell drei unterschiedliche Methoden, wie ein SSD-Cache eingesetzt werden kann. Je nach Größe der Festplatten, Größe des SSD-Caches und der verarbeiteten Daten und Anwendungen ist die Methode zu wählen.

- **Write-through SSD-Caching**

  Mit *Write-through SSD-Caching* werden Leseoperationen beschleunigt. Die Daten werden gleichzeitig auf den SSD-Cache und auf die Festplatten geschrieben. Erst wenn das System bestätigt, dass der Schreibvorgang auf beiden Speichern beendet ist, werden die Daten im Cache verfügbar gemacht.

- **Write-back SSD-Caching**

  Beim *Write-back SSD-Caching* werden die Daten vollständig auf den SSD-Cache geschrieben und anschließend an die Festplatten gesendet. Dadurch werden sowohl Schreib- als auch Leseoperationen beschleunigt. Allerdings können Daten verloren gehen, falls der SSD-Cache einen Fehler aufweist. Diese Fehler können verhindert bzw. minimiert werden, indem zwei SSDs im RAID-1-Verbund als Cache eingesetzt werden.

- **Write-around SSD-Caching**

  Bei der Methode *Write-around SSD-Caching* wird beim Schreiben von Daten zunächst der SSD-Cache umgangen und werden die Daten direkt auf die Festplatten geschrieben. Anschließend analysiert das System die Häufigkeit, mit der auf die Daten zugegriffen wird, und verschiebt häufig genutzte Daten bei Bedarf auf den SSD-Cache. Somit enthält der SSD-Cache nur Daten, die auch wirklich in Benutzung sind.

Synology-SSD-Cache

Synology selbst unterscheidet lediglich zwei Arten von SSD-Caches:

- **Schreibgeschützter Cache**

  Er wird auch als *Nur-Lese-Cache* bezeichnet und besteht aus einer bis zwölf SSDs, die im Modus RAID 0 arbeiten.

- **Lese/Schreib-Cache**

  Er besteht aus zwei bis zwölf SSDs und kann im Modus RAID 1, 5 oder 6 betrieben werden.

Bei einem *schreibgeschützten Cache* besteht keine Gefahr von Datenverlust, wenn er ausfällt. Bei einem *Lese/Schreib-Cache* hingegen besteht das Risiko eines Datenverlusts, wenn die Anzahl der defekten SSDs die Toleranz der verwendeten RAID-Konfiguration überschreitet oder wenn es zu einer Unterbrechung der Stromversorgung kommt.

Beugen Sie einem Ausfall mit einer USV vor

Damit es nicht zum GAU kommt, sollten Sie, wenn Sie einen Lese/Schreib-Cache einsetzen möchten, für eine *unabhängige Stromversorgung* (USV) sorgen. Wie Sie das richtige Modell finden, dieses anschließen und konfigurieren, zeigen wir Ihnen in Abschnitt 9.5, »Unterbrechungsfreie Stromversorgung (USV)«.

Wann empfiehlt sich der Einsatz eines SSD-Caches?

Als Faustformel gilt:

> *»Ein SSD-Cache verbessert die Leistung, wenn viele Benutzer viele Lese-/Schreibvorgänge auf viele kleine Dateien durchführen.«*

Eine Leistungssteigerung ist bei den folgenden Anwendungen und Konstellationen sehr wahrscheinlich:

- **File Station**

  Je mehr gleichzeitige Benutzer es gibt und je mehr auf kleine Dateien zugegriffen wird, desto größer ist die Leistungssteigerung.
- **LUNs** (iSCSI)
- **Synology Virtual Machine Manager**
- **MariaDB** (Datenbankserver)
- **Snapshots**
- **Webserver**
- **Synology Active Backup for Business**
- **Synology MailPlus Server**

9.2.2 Werten Sie den SSD-Cache-Ratgeber aus

Sie sollten selbstverständlich Ihre Einsatzszenarien gründlich analysieren und prüfen, ob der Kauf zusätzlicher SSDs für Ihre DiskStation sinnvoll ist – die grundsätzlichen Kriterien kennen Sie nun. Außerdem können Sie aber auch Ihre DiskStation bitten, selbst zu analysieren, ob ein SSD-Cache für Ihr Nutzungsszenario sinnvoll ist, und, wenn ja, welcher Typ den größten Geschwindigkeitsgewinn bringen würde. Öffnen Sie dafür den *Speichermanager*, und wählen Sie VOLUME aus. Im Menü am oberen Rand des Fensters finden Sie den Button SSD-CACHE-RATGEBER.

In dem Fenster, das sich nun öffnet, können Sie eine Analyse starten. Synology empfiehlt, die Analyse mindestens sieben Tage laufen zu lassen und beendet die Analyse nach 30 Tagen eigenständig.

Der Inhalt der Empfehlung ist in unserem Beispiel relativ unspektakulär. Er gibt Ihnen lediglich eine Empfehlung für die Größe des Caches (siehe Abbildung 9.6).

Abbildung 9.6 Größenempfehlung des »SSD-Cache-Ratgebers«

Falls Ihnen der SSD-Cache-Ratgeber zu lange benötigt oder Sie vorab eine Orientierung haben möchten, dann finden Sie in Tabelle 9.1 eine Übersicht.

Volume-Größe	Mindestgröße für den SSD-Cache
< 24 TByte	400 GByte
24–40 TByte	800–960 GByte
40–80 TByte	1,92 TByte
> 80 TByte	3,84 TByte

Tabelle 9.1 Übersicht zur Mindestgröße eines SSD-Caches

Voraussetzungen

Nicht alle DiskStation-Modelle sind per se in der Lage, einen SSD-Cache zu betreiben. Dafür wird nämlich entweder ein 2,5"-SSD-Einschub, ein integrierter M.2-SSD-Steckplatz oder eine optionale M.2-SSD-Adapterkarte benötigt. In der Dokumentation von Synology können Sie herausfinden, welche DiskStations für den Einsatz eines SSD-Caches ausgelegt sind:

https://kb.synology.com/de-de/DSM/tutorial/Which_Synology_NAS_models_support_SSD_cache

Zusätzlich zu dieser Anforderung müssen die DiskStations dann noch über etwas Hauptspeicher verfügen, da pro im SSD-Cache verwaltetem Gigabyte ca. 416 KByte Hauptspeicher belegt werden. Werfen Sie also vor der Anschaffung eines SSD-Caches unbedingt einen Blick auf die Auslastung Ihres Hauptspeichers!

> **SSD-Datenträger und M.2**
>
> Zu Beginn der SSD-Revolution bestanden auch die SSD-Caches hauptsächlich aus 2,5"-Disks. Mittlerweile wurde diese Bauform aber durch die NVMe-Varianten ersetzt, die über einen M.2-Slot direkt auf dem Mainboard installiert werden. Diese Bausteine ähneln einem Hauptspeicherriegel – im Wesentlichen sind sie auch nichts anderes, nur mit einem anderen darunter liegenden Speicherbus.
>
> Die Preise für M.2-Medien unterscheiden sich inzwischen kaum noch von den alten 2,5"-Disks. Die M.2-Medien sind aber moderner, und man spart sich das Kabelgewirr. Falls Ihre DiskStation M.2-Medien unterstützt, empfehlen wir Ihnen daher, wenn Sie über den Einsatz eines SSD-Caches nachdenken, auf NVMe-Module und den M.2-Slot zu setzen. Und ordern Sie bei der Bestellung am besten direkt auch gleich einen größeren Hauptspeicher mit.

9.2.3 Konfiguration

Je nachdem, welche DiskStation Sie verwenden, unterscheidet sich der Einbau des SSD-Caches erheblich. Sehen Sie uns daher bitte nach, dass wir hier nicht für jedes Modell eine Anleitung liefern, sondern auf das Handbuch Ihrer DiskStation verweisen. Darin finden Sie eine ausführliche bebilderte Schritt-für-Schritt-Anleitung zum Einbau und der Inbetriebnahme.

Falls Sie Ihr Handbuch verlegt haben sollten, finden Sie unter der folgenden URL eine Kopie, die Sie als PDF herunterladen können:

https://www.synology.com/de-de/support/download

Nachdem Sie auf der Webseite Ihr Produkt ausgewählt haben, finden Sie im Reiter DOKUMENTE die HARDWARE-INSTALLATIONSANLEITUNG. Folgen Sie den Anweisungen, und melden Sie sich, nachdem der Einbau abgeschlossen ist und Sie die Disk Station wieder hochgefahren haben, am DSM an. Starten Sie nun den SPEICHER-MANAGER. Dann finden Sie im ÜBERBLICK (siehe Abbildung 9.7) das soeben verbaute SSD-Modul (bzw. mehrere Module), das derzeit noch den Status NICHT INITIALISIERT aufweist (siehe Abbildung 9.8).

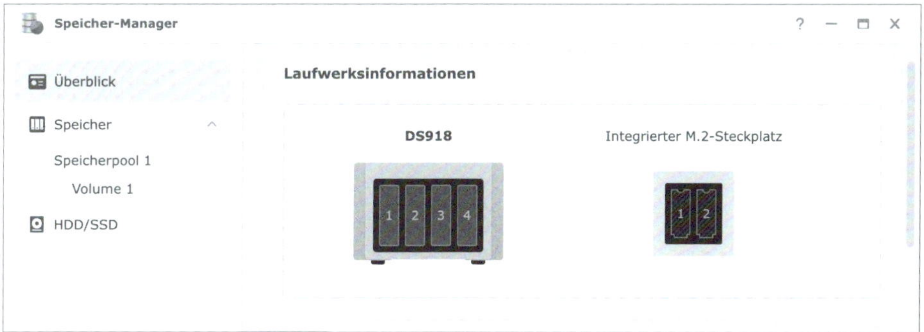

Abbildung 9.7 Übersicht über den eingebauten M.2-SSD-Cache

Den Status erkennen Sie an den schraffiert gefüllten Flächen oder wenn Sie mit den Mauszeiger über einem Speichermodul verharren lassen. Noch offensichtlicher wird er im Menü HDD/SSD, da dort die verbauten Geräte tabellarisch mit allen Details dargestellt werden, wie Sie in Abbildung 9.8 sehen.

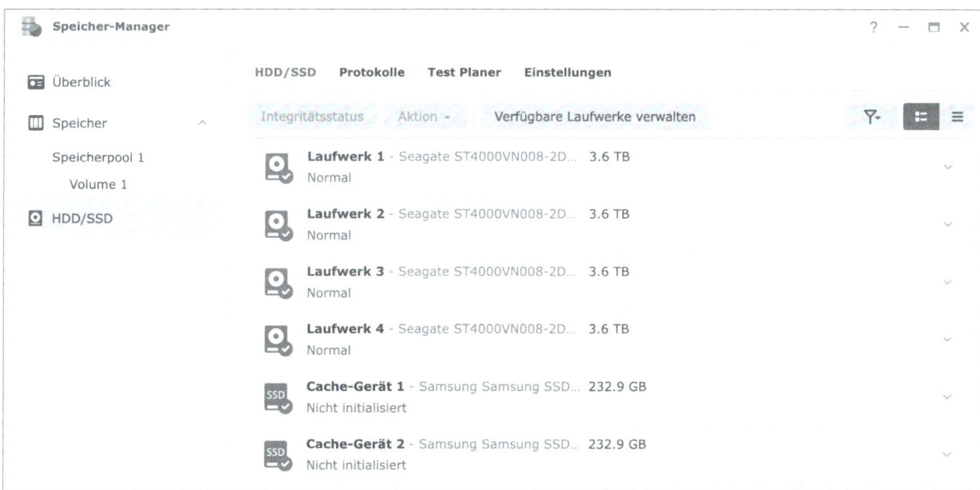

Abbildung 9.8 Ausführlichere Geräteübersicht im Menü »HDD/SSD«

Wenn Sie in einer Tabellenzeile rechts auf den Pfeil nach unten klicken, werden die Details zum Gerät angezeigt.

Wählen Sie im linken Menü nun den Speicherpool aus, für den Sie den SSD-Cache verwenden möchten. Klicken Sie dann auf ERSTELLEN und dort auf SSD-CACHE ERSTELLEN. In dem Dialog, der nun erscheint, können Sie wählen, für welches Volume der SSD-Cache eingerichtet werden soll und in welchem Modus er betrieben werden soll (siehe Abbildung 9.9).

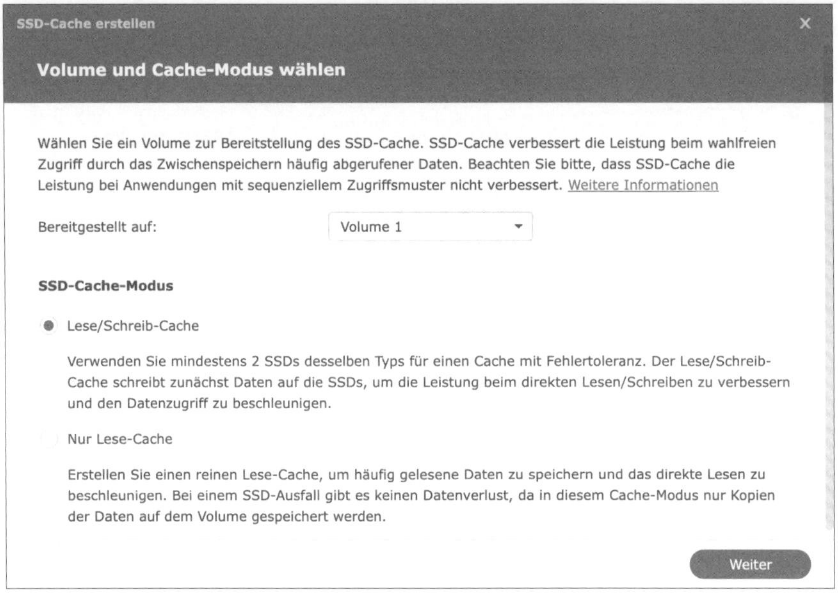

Abbildung 9.9 Auswahl des Volumes und des Modus für den SSD-Cache

Wenn Sie nur ein SSD-Modul verbaut haben, dann steht Ihnen ausschließlich den Lese-Cache-Modus zur Auswahl.

Anschließend müssen Sie noch den RAID-Typ für den SSD-Cache festlegen (siehe Abbildung 9.10).

Nun müssen Sie noch das oder die Laufwerke auswählen, die den SSD-Cache bilden sollen, und im nächsten Schritt festlegen, welche Kapazität Sie von dem Laufwerk für den Cache verwenden wollen. Auch wenn es seltsam anmutet, so kann diese Einstellung sehr sinnvoll sein. Denn nicht immer gilt der Grundsatz »Viel hilft viel«! Erinnern Sie sich daran, dass pro Gigabyte an Cache ca. 400 KByte Hauptspeicher verwendet werden? So kann ein 2 TByte großer SSD-Cache gut und gerne ca. 800 MByte Hauptspeicher belegen. Falls Sie also nicht so viel Hauptspeicher erübrigen können oder auch der SSD-Cache-Ratgeber nur einen Bruchteil dieser Größe vorschlägt, sollten Sie den Wert entsprechend anpassen.

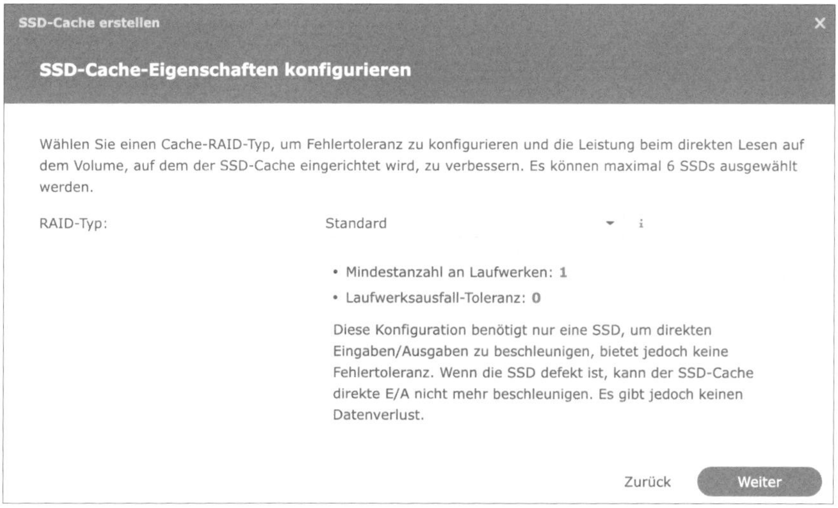

Abbildung 9.10 Auswahl des RAID-Typs für den SSD-Cache

Wenn Sie Ihre Entscheidung getroffen haben und die Übersicht der vorgenommenen Einstellungen bestätigen, werden Sie darauf hingewiesen, dass im nächsten Schritt alle auf den SSDs befindlichen Daten unwiderruflich gelöscht werden. Das ist also Ihre letzte Chance, doch noch Daten von den SSDs zu retten! Wenn Sie auch diese Rückfrage bestätigen, wird der SSD-Cache sofort erzeugt und eingebunden. Je nach Größe kann dies einen Moment dauern. Anschließend wird der Cache in der Übersicht des Speicherpools angezeigt (siehe Abbildung 9.11).

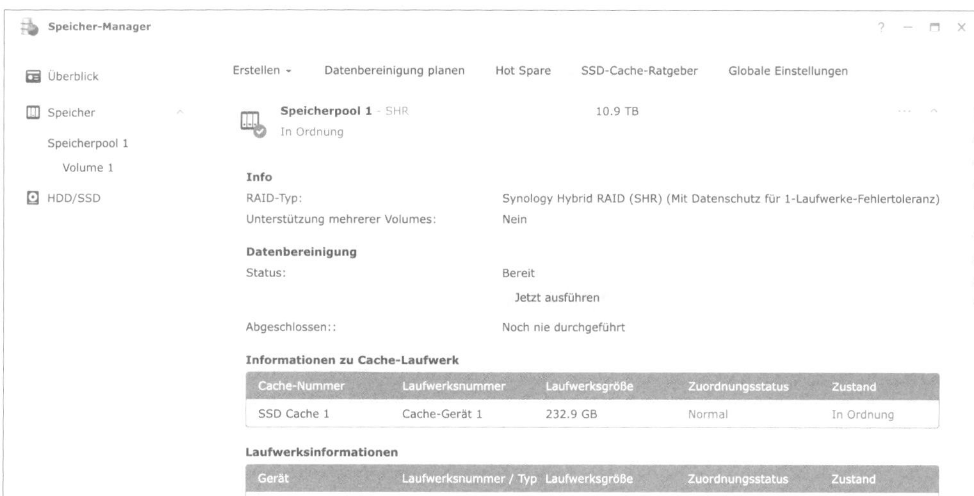

Abbildung 9.11 Angelegter SSD-Cache im »Speicherpool 1«

Wie Sie in Abbildung 9.11 sehen, wurde nur ein Laufwerk im SSD-Cache erstellt: Es wurde also ein *Nur Lese-Cache* angelegt.

9.2.4 Einen SSD-Cache wieder entfernen

An dieser Stelle kommen wir zu einem der wenigen Punkte, an denen ein geordneter Rückzug essenziell ist. Falls Sie einen SSD-Cache nicht mehr benötigen oder Sie ein Modul in einem anderen Gerät einsetzen wollen, dann dürfen Sie das Modul nicht einfach ausbauen.

Stattdessen müssen Sie es im Speicher-Manager entfernen und abwarten, bis eventuell laufende Kopiervorgänge abgeschlossen sind – der Speicher-Manager weist Sie entsprechend darauf hin. Erst anschließend ist der Ausbau gefahrlos möglich.

Öffnen Sie dazu den SPEICHER-MANAGER, und wechseln Sie in das Menü SSD-CACHE. Wählen Sie den SSD-Cache aus, den Sie entfernen möchten, und klicken Sie auf ENTFERNEN. Dieser Vorgang kann einige Minuten in Anspruch nehmen. Während dieser Zeit werden alle Dienste Ihrer DiskStation beendet. Dies ist leider zwingend erforderlich, damit die Datenkonsistenz bei diesem Vorgang gewahrt bleibt. Anschließend steht dem Ausbau nichts mehr im Wege.

9.3 Erweiterungseinheiten

Wenn der Speicherplatz auf der DiskStation knapp wird, dann kann man zunächst über den Einbau zusätzlicher Festplatten oder über den Austausch der vorhandenen Festplatten nachdenken.

Wenn das nicht möglich ist, dann ist die Anschaffung einer Erweiterungseinheit eine Option. An DiskStations, die einen eSATA-Anschluss und die nötige Softwareausrüstung mitbringen, lässt sich nämlich eine Erweiterungseinheit anschließen. Folgende Tischgeräte unterstützen beispielsweise den Anschluss eines solchen Geräts (die vollständige und aktuelle Liste finden Sie unter *www.synology.com*):

- DS1821+
- DS1621xs+
- DS1621+
- DS1520+
- DS920+
- DS720+
- DS1819+

- DS1019+
- DS1618+
- DS918+
- DS718+
- DS218+

Für diese Tischgeräte ist die Erweiterungseinheit DX517 gedacht, die fünf Einschübe für Festplatten anbietet. Bei der DX517 handelt es sich zwar um ein robust und wertig gebautes Gerät, das aber kaum eigene Intelligenz mitbringt. Sie können es daher nicht eigenständig nutzen, sondern müssen es mit einer der genannten DiskStations kombinieren.

Der Anschluss an die DiskStation ist schnell erledigt: Das Gerät wird lediglich über eine schraubbare SATA-Verbindung angeschlossen. Die DX517 hat eine eigene Stromversorgung in Form eines eingebauten Netzteils. Außer einem Einschalter gibt es keine Bedienelemente.

Der Einbau von Festplatten erfolgt schraubenlos wie bei der DiskStation; die Festplattenrahmen sind bis auf ein paar Details baugleich (jedoch nicht identisch und auch nicht austauschbar).

Die DX517 kann einfach im laufenden Betrieb der DiskStation zugeschaltet werden. Es ist nicht erforderlich, die DiskStation zunächst herunterzufahren. Auch der Anschluss der SATA-Verbindung kann bei laufendem Gerät erfolgen. Das Gerät wird direkt erkannt und steht zur Verfügung, ohne dass Sie den Betrieb der DiskStation unterbrechen müssen.

Abschalten sollten Sie die DX517 jedoch nur zusammen mit der DiskStation, denn ansonsten könnte es unter ungünstigen Bedingungen zu Datenverlust kommen. Sobald die DX517 hochgefahren wurde (was relativ schnell geht), wird sie im DSM der DiskStation gelistet. Erwarten Sie aber keine großen Konfigurationsoptionen. Die DX517 wird sehr transparent eingebunden, sodass es fast so aussieht, als hätten Sie lediglich weitere Festplatten an Ihre DiskStation angeschlossen (siehe Abbildung 9.12).

Wenn Sie den Speicher-Manager öffnen, dann wird Ihnen die Erweiterungseinheit auf der Registerkarte ÜBERBLICK angezeigt. Wie bei der eigentlichen DiskStation informieren farbige Kästen über die verfügbaren Festplatten. Ist ein Einbaufach grün gefärbt, dann ist dort eine funktionsfähige Festplatte eingebaut. Ist die Färbung rot, dann ist das dort eingebaute Laufwerk fehlerhaft und sollte ersetzt werden. Bei einer grauen Färbung ist kein Laufwerk im entsprechenden Einbaurahmen verbaut. Eine grüne Schraffur kennzeichnet Laufwerke, die gegenwärtig noch keinem Speicherpool zugeordnet sind.

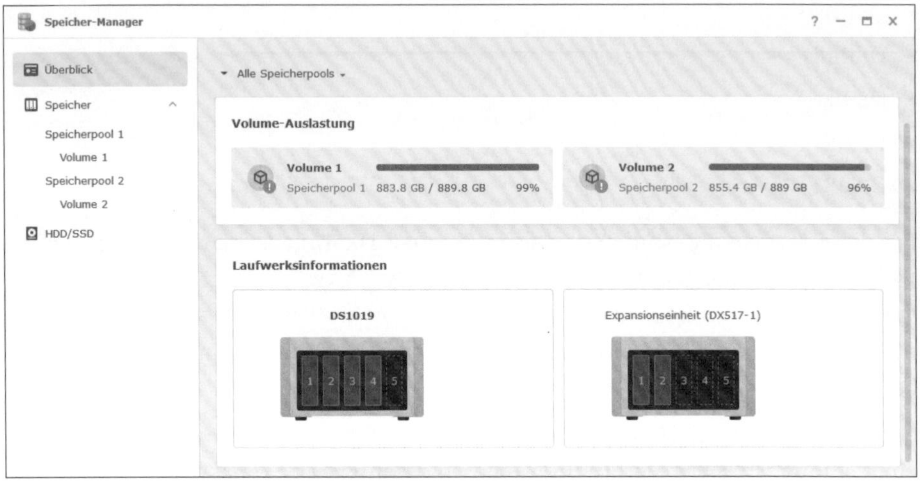

Abbildung 9.12 Die Erweiterungseinheit wird neben der DiskStation angezeigt.

Wechseln Sie anschließend auf die Registerkarte HDD/SSD. Dort sehen Sie wie in Abbildung 9.13 die Laufwerke der Erweiterungseinheit in der Tabelle der Laufwerke. Einzig die Modellnummer der Erweiterungseinheit weist in der Spalte NUMMER darauf hin, dass das Laufwerk an der Erweiterungseinheit angeschlossen ist.

Abbildung 9.13 Die Laufwerke der Erweiterungseinheit werden gleichrangig neben den übrigen Laufwerken aufgeführt.

Sie können nun nach Belieben einen neuen Speicherpool erstellen und Volumes anlegen. Die Laufwerke der Erweiterungseinheit verhalten sich so, als wären sie an die DiskStation angeschlossen. Es gibt jedoch eine Ausnahme: Das sichere Löschen von Daten (das sogenannte *Secure Erase*) ist nur bei Laufwerken möglich, die direkt an die DiskStation angeschlossen sind.

Ansonsten tritt die Erweiterungseinheit im DSM kaum weiter in Erscheinung. Wenn Sie in der Systemsteuerung das INFO-CENTER öffnen, dann finden Sie dort auf der Registerkarte SPEICHER alle Laufwerke, die mit der DiskStation verbunden sind (siehe Abbildung 9.14). Dort sind auch die Laufwerke der Erweiterungseinheit aufgeführt.

Das Gerät wird auch auf der Registerkarte ALLGEMEIN mit seiner Modellbezeichnung aufgeführt (siehe Abbildung 9.15).

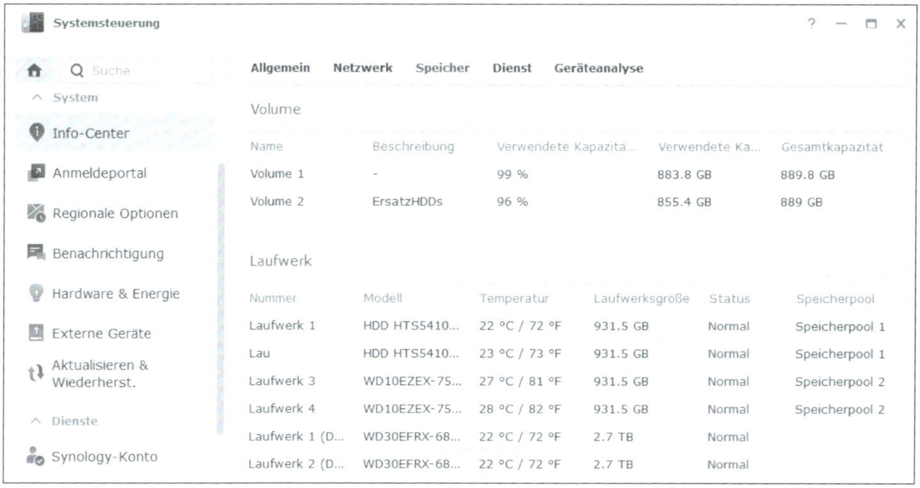

Abbildung 9.14 Auch im Info-Center werden die Laufwerke einer Erweiterungseinheit gleichrangig mit den internen Laufwerken behandelt.

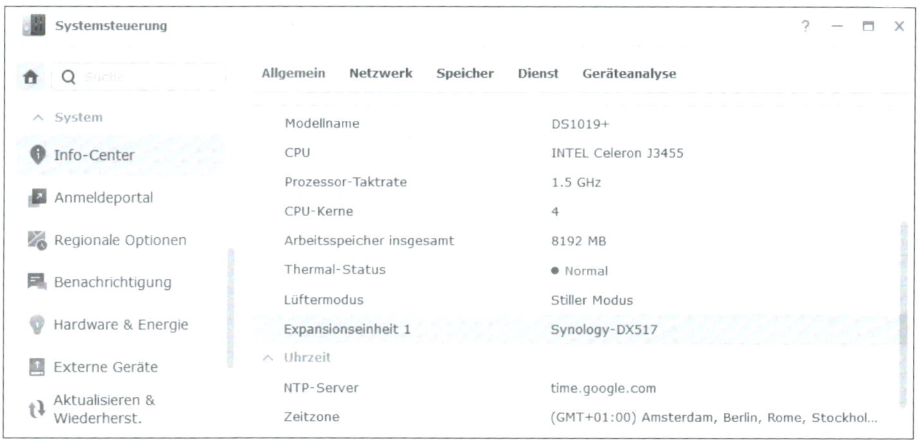

Abbildung 9.15 Auf der Registerkarte »Allgemein« des Info-Centers gibt es einen Hinweis auf eine angeschlossene Erweiterungseinheit.

9.4 Eine fehlerhafte Festplatte austauschen bzw. eine Festplatte ergänzen

In diesem Abschnitt zeigen wir Ihnen, wie sich die DiskStation beim Ausfall einer Festplatte verhält und wie Sie das System wieder vollständig instand setzen können.

Außerdem erfahren Sie, wie Sie eine Festplatte austauschen, um die Speicherkapazität des Gesamtsystems zu erhöhen.

Wenn eine Festplatte im laufenden Betrieb ausfällt, dann werden normale Benutzer davon nicht viel mitbekommen – zumindest dann nicht, wenn die defekte Festplatte Teil eines RAID-Verbunds ist: Der Zugriff auf alle Daten und Funktionen ist weiterhin uneingeschränkt möglich, weil die übrigen Festplatten den kompletten Datenbestand liefern können. Es spielt keine Rolle, ob sich auch Anwendungen auf der ausgefallenen Festplatte befinden oder ob die Festplatte Teil eines reinen Daten-Volumes ist. Ein Rückgang der Arbeitsgeschwindigkeit wird höchstens bei starker Auslastung des Systems spürbar sein, da zumeist nicht die Festplatten, sondern die Netzwerkanbindung der limitierende Faktor ist.

Ein Administrator wird über den Defekt der Festplatte auf verschiedenen Wegen informiert. Sie erhalten eine Defektmitteilung per E-Mail-Benachrichtigung, per SMS oder per Push-Mitteilung auf das Smartphone, sofern diese Dienste entsprechend konfiguriert sind. Außerdem wird das Gerät regelmäßig Pieptöne von sich geben, die man in leiser Umgebung auch noch im Nachbarzimmer mitbekommt.

Sie sollten sich nun als Administrator am Webinterface des Geräts anmelden. Dort werden beim Anmelden automatisch die relevanten Module geöffnet. Sie werden unter anderem in das Modul Hardware & Energie der Systemsteuerung geführt.

Dort ist wie in Abbildung 9.16 die Registerkarte Allgemein geöffnet, auf der Sie den Grund für den erklingenden Signalton ablesen können. Mit einem Klick auf die Schaltfläche Signalton aus können Sie den Piepton abschalten.

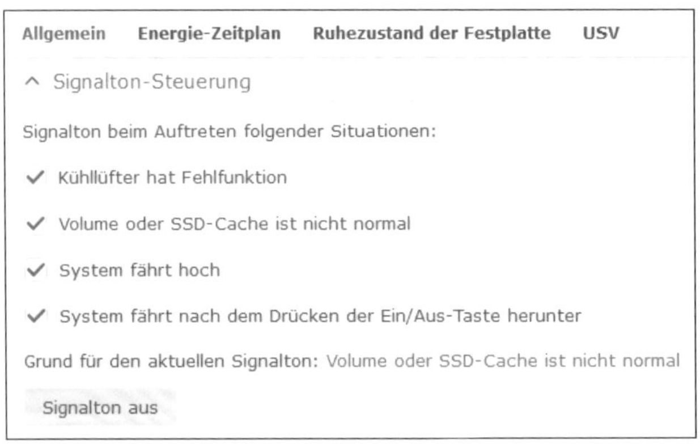

Abbildung 9.16 Die DiskStation teilt Ihnen den Grund für den Signalton mit.

Wenn Sie das Modul Hardware & Energie schließen und stattdessen einen Blick auf den Desktop werfen, dann werden Sie dort (sofern die Widgets sichtbar geschaltet sind) auch über die Widgets auf den Fehler im Speichersystem hingewiesen (siehe Abbildung 9.17).

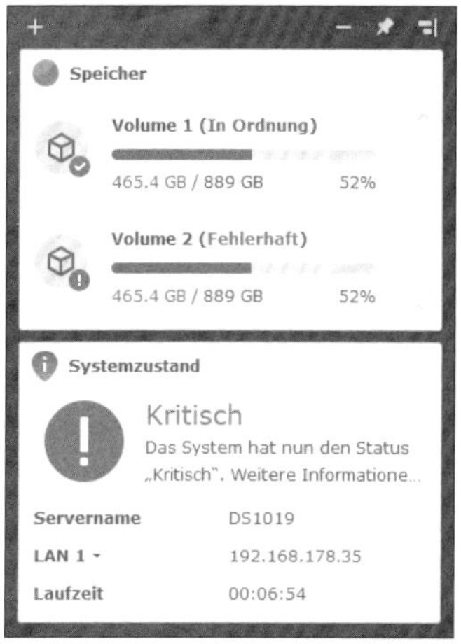

Abbildung 9.17 Die Widgets informieren auf dem Desktop über den Defekt im Speichersystem.

Wechseln Sie nun zum Speicher-Manager. Sofern das Programm nicht schon automatisch geöffnet wurde, können Sie es über das Hauptmenü aufrufen. Auf der Registerkarte ÜBERBLICK wird der vorliegende Fehler aufgeführt sein (siehe Abbildung 9.18). Beachten Sie die grafische Darstellung der DiskStation in der Sektion LAUFWERKSINFORMATION. Dort ist der Laufwerkseinschub mit der defekten Festplatte hervorgehoben. Die defekte Festplatte wird bei entsprechend ausgerüsteten Geräten auch auf deren Frontblende durch eine orange blinkende LED gekennzeichnet.

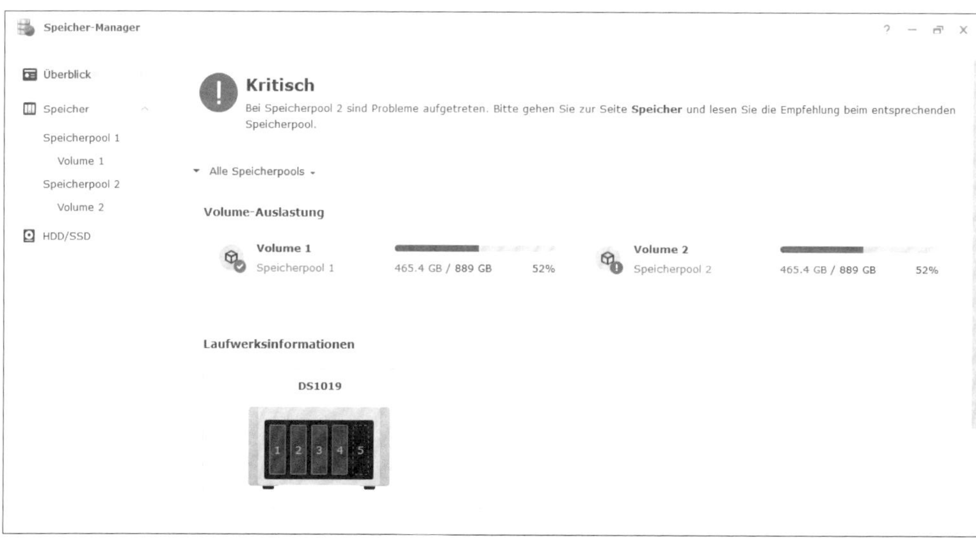

Abbildung 9.18 Im Speicher-Manager erfahren Sie den Grund für die Probleme und sehen, in welchem Einbauschacht sich das defekte Laufwerk befindet.

Klicken Sie dann links im Bereich SPEICHER auf den Speicherpool, bei dem Probleme aufgetreten sind, und klappen Sie den fraglichen Speicherpool im rechten Teil des Fensters mit der kleinen Pfeil-Schaltfläche ganz rechts auf. Sie werden dann eine detaillierte Fehlerbeschreibung lesen (siehe Abbildung 9.19). Über die ausgefallene Festplatte können Sie sich auf der Registerkarte HDD/SSD informieren. Dort sehen Sie die Modellnummer und die Speichergröße des Geräts.

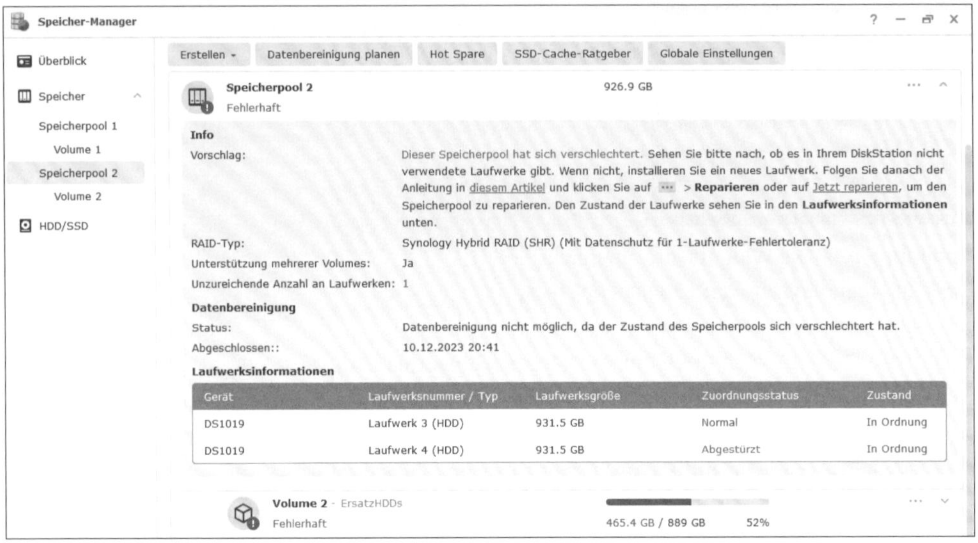

Abbildung 9.19 Der Speicher-Manager zeigt mögliche Lösungswege an.

Ihre Aufgabe ist es nun, einen Ersatz für die defekte Festplatte zu besorgen. Am einfachsten ist es, wenn Sie ein baugleiches Modell verwenden. Ansonsten ist es aber auch möglich, eine Festplatte mit derselben oder einer höheren Speicherkapazität zu verwenden.

Wenn Sie ein Gerät mit einer höheren Speicherkapazität wählen, dann kann die Kapazität je nach verwendetem RAID-Typ möglicherweise nicht sofort komplett ausgenutzt werden. (Das von Synology entwickelte SHR-System ermöglicht es aber je nach Konfiguration, einen Teil der überschüssigen Kapazität zu nutzen.)

Es ist zudem möglich, später weitere Festplatten zu ersetzen und somit das gesamte Speichersystem auf eine höhere Kapazität aufzurüsten. Wenn Sie wegen des geeigneten Festplattentyps unsicher sind, dann öffnen Sie beim Speicherpool ganz rechts das Menü mit den drei Punkten und wählen die Option REPARIEREN. Ein Hinweisfenster wie in Abbildung 9.20 wird Ihnen mitteilen, welche Kriterien eine neue Festplatte erfüllen muss.

Die DiskStation kann bis zum Eintreffen der neuen Hardware weiterhin in Betrieb bleiben und normal genutzt werden. Die verbliebenen Festplatten werden jetzt (je nach RAID-Typ) nicht unbedingt stärker beansprucht. Allerdings gibt es jetzt (ebenfalls je nach RAID-Typ) möglicherweise keinen Schutz vor einem Datenverlust, wenn eine weitere Festplatte ausfallen sollte. Wenn die Daten auf der DiskStation nicht unbedingt permanent zur Verfügung stehen müssen, dann können Sie das Gerät zur Schonung der verbliebenen Festplatten abschalten. In jedem Fall ist jetzt ein guter Zeitpunkt, um ein Backup anzulegen, falls noch keine aktuelle Sicherheitskopie des Datenbestands existiert.

Abbildung 9.20 Sie erhalten eine Information über die Anforderungen an das Ersatzlaufwerk.

Sobald die Ersatzfestplatte verfügbar ist, kann diese eingebaut werden. Informieren Sie sich zunächst auf der Internetseite *synology.com* über den Funktionsumfang Ihrer DiskStation. Einige Modelle unterstützen *Hot Swapping*: Dann können Sie die defekte Festplatte einfach im laufenden Betrieb ausbauen und die neue Festplatte sogleich installieren: Es ist nicht also nötig, die DiskStation abzuschalten. Wenn das Gerät Hot Swapping nicht unterstützt, dann müssen Sie es zunächst abschalten und nach dem Tausch der Festplatte wieder einschalten.

Nachdem Sie das Laufwerk getauscht haben, öffnen Sie direkt den Speicher-Manager und dort den problembehafteten Speicherpool. Starten Sie nun den Reparaturvorgang, indem Sie beim betreffenden Speicherpool ganz rechts das Menü mit den drei Punkten öffnen und den Eintrag REPARIEREN anklicken (siehe Abbildung 9.21).

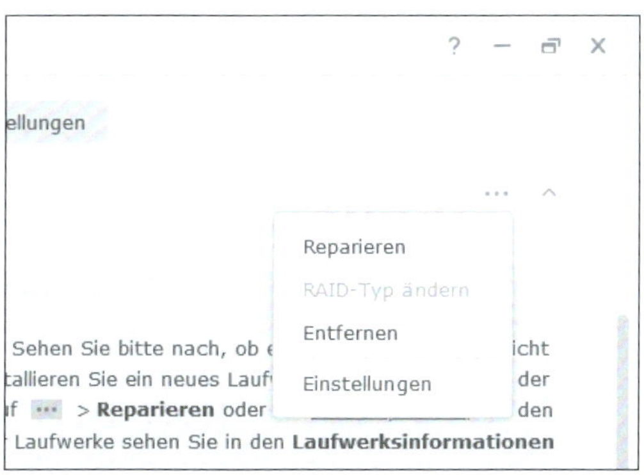

Abbildung 9.21 Klicken Sie im Ausklappmenü auf die Option »Reparieren«.

In einem neuen Fenster mit dem Titel LAUFWERKE AUSWÄHLEN können Sie die Ersatzfestplatte bestimmen. Markieren Sie das gewünschte Gerät mit einem Haken, den Sie in die erste Spalte setzen. Klicken Sie dann auf WEITER. Sie sehen nun ein Fenster namens EINSTELLUNGEN BESTÄTIGEN. Es enthält die relevanten Daten in einer Zusammenfassung (siehe Abbildung 9.22). Klicken Sie zum Starten der Reparatur auf ÜBERNEHMEN.

Abbildung 9.22 Bestätigen Sie die Einstellungen für den Reparaturvorgang.

Bei der nun ausgeführten Reparatur werden die notwendigen Daten auf die neue Festplatte kopiert. Zunächst erfolgt eine Initialisierung der Festplatte, die nur wenige Minuten dauert. Der anschließende Kopiervorgang wird wesentlich mehr Zeit in Anspruch nehmen (siehe Abbildung 9.23).

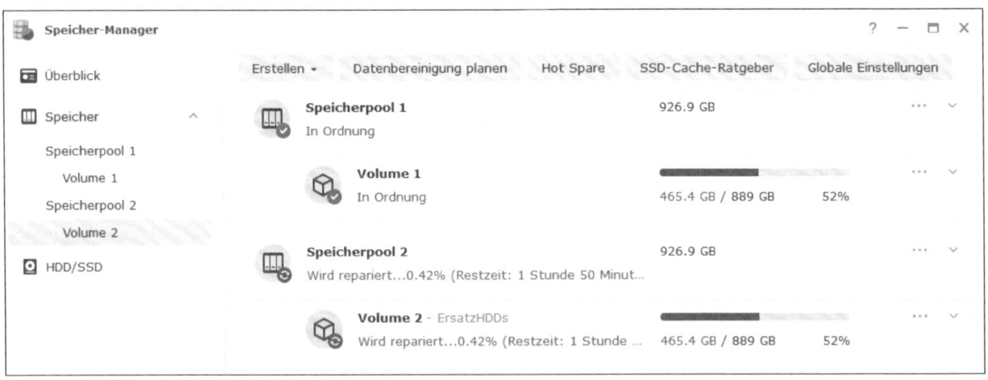

Abbildung 9.23 Die Reparatur läuft. Der Vorgang kann sehr lange dauern.

Bei einem einfachen RAID-System mit zwei Festplatten ist die Reparatur meist nach wenigen Stunden abgeschlossen. Bei komplexen Systemen, die etwa RAID 5 verwenden, kann sie auch mehrere Tage dauern, da hier erst noch Prüfsummen berechnet werden müssen. Der genaue Zeitbedarf hängt auch von der Menge an Daten ab, die zu kopieren sind.

Während der Reparatur kann das System normal benutzt werden und es besteht ein uneingeschränkter Zugriff auf die Nutzdaten. Je nach Hardwareausstattung der Disk-Station ist die Zugriffsgeschwindigkeit jetzt aber reduziert. Beachten Sie, dass während der Reparatur die Wahrscheinlichkeit für den Ausfall weiterer Festplatten größer ist, denn die Festplatten müssen nun intensiv arbeiten. Es ist daher keine schlechte Idee, wenn Sie Dateizugriffe auf notwendige Aufgaben beschränken.

Die DiskStation verwendet für die Reparatur in der Standardkonfiguration einen Modus mit hoher Arbeitsgeschwindigkeit, bei dem nur belegte Speicherplätze kopiert werden. Auf Wunsch können Sie eine komplette Kopie erzwingen. Klicken Sie dazu im Speicher-Manager bei dem Speicherpool auf GLOBALE EINSTELLUNGEN, und deaktivieren Sie die Schnellreparatur (siehe Abbildung 9.24).

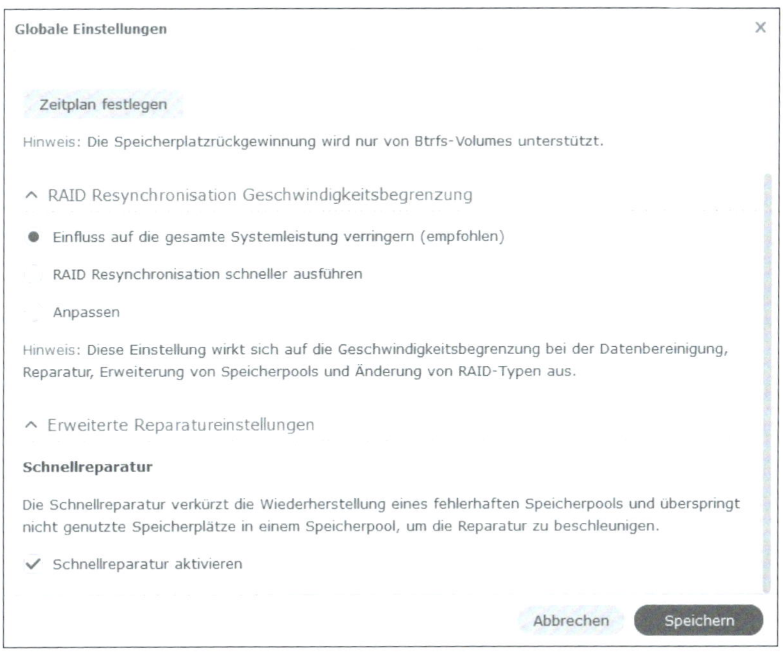

Abbildung 9.24 Die Schnellreparatur verkürzt die Zeit für die Reparatur beachtlich.

Ein Hot-Spare-Laufwerk für den automatischen Schutz verwenden

Bei DiskStations mit vier oder mehr Einschüben können Sie (je nach Ausstattung) eine Festplatte als Hot-Spare-Laufwerk deklarieren. Sie wird dadurch nicht für den regulären Alltagsbetrieb verwendet, sondern kann dann schnell einspringen, wenn eine andere Festplatte ausfällt. Eine solche Konfiguration ist sinnvoll, wenn es wichtig ist, dass die Daten der DiskStation fortwährend zur Verfügung stehen und ausgefallene Laufwerke so schnell wie möglich ersetzt werden können.

Klicken Sie dazu im Speicher-Manager bei den Speicherpools auf die Schaltfläche HOT SPARE, und wählen Sie im Assistenten die gewünschte Festplatte und den zu schützenden Speicherpool aus. Wenn Sie alles konfiguriert haben, dann klicken Sie erneut auf die Schaltfläche HOT SPARE. Sie können in den Einstellungen die Funktion AUTOMATISCHES ERSETZEN aktivieren. Sie führt dazu, dass eine ausgefallene Festplatte automatisch durch das Hot-Spare-Laufwerk ersetzt wird, ohne dass der Reparaturvorgang manuell angestoßen werden muss.

Eine Festplatte können Sie nicht nur im Defektfall austauschen. Ein Austausch ist prinzipiell jederzeit möglich. Meistens tauscht man Festplatten aus, wenn man die Speicherkapazität des Gesamtsystems erhöhen möchte. Wenn man einen RAID-Verbund aktiviert hat, dann funktioniert das mit relativ geringem Aufwand.

Es gibt zwei verschiedene Ansätze zum Austauschen von Festplatten, die von der Menge der Einschübe abhängen:

- Wenn Sie eine DiskStation mit vier oder mehr Einschüben haben und (mindestens) einer der Einschübe noch unbenutzt ist, dann können Sie die Funktion LAUFWERK AUSTAUSCHEN nutzen. Installieren Sie zunächst eine der neuen Festplatten in den freien Einbauplatz. Wenn Ihr Gerät Hot Swapping unterstützt, müssen Sie es dafür nicht ausschalten. Ansonsten fahren Sie die DiskStation zunächst herunter und installieren die neue Festplatte im abgeschalteten Zustand.

  Öffnen Sie (wenn die DiskStation wieder in Betrieb ist) den Speicher-Manager und darin im Bereich SPEICHER den gewünschten Speicherpool. Dort klappen Sie ganz rechts das Menü mit den drei Punkten auf und wählen die Option LAUFWERK AUSTAUSCHEN. Im nächsten Fenster zunächst auswählen, welches Laufwerk Sie aus dem bestehenden Speicherpool ersetzen möchten. Wenn alle Laufwerke baugleich sind, dann können Sie ein beliebiges Gerät auswählen.

  Auf der nächsten Seite wählen Sie dann die neue Festplatte aus, die zum Speicherpool hinzugefügt werden soll. Sie müssen bestätigen, dass auf dem neuen Laufwerk alle Daten gelöscht werden. Anschließend beginnt der Kopiervorgang, der in Abhängigkeit von der zu kopierenden Datenmenge einige Stunden bis zu mehreren Tagen dauern kann. Wenn der Vorgang abgeschlossen ist, können Sie das ersetzte Laufwerk aus der DiskStation ausbauen. Es wird automatisch abgemeldet. Wie zuvor gilt: Wenn Sie nicht über Hot Swapping verfügen, dann müssen Sie die DiskStation dafür ausschalten. Sie können den Vorgang dann mit der nächsten Festplatte fortsetzen. Die Bedienschritte sind dieselben. Anschließend werden Sie den vergrößerten Speicherplatz verwenden können. Kontrollieren Sie diesen über den Speicher-Manager.

- Wenn Sie nur ein Gerät mit zwei Einbauplätzen besitzen oder bei einem größeren Gerät schon alle Einbauplätze belegt sind, dann müssen Sie etwas »gewaltsamer« vorgehen: Wenn die DiskStation Hot Swapping unterstützt, dann können Sie einfach während des laufenden Betriebs eine der Festplatten ausbauen.

  Ansonsten fahren Sie die DiskStation zunächst herunter. Bauen Sie dann sogleich eine neue Festplatte ein. Die DiskStation wird Ihnen (wenn sie wieder in Betrieb ist) einen Fehler mitteilen. Das Speichersystem wird fehlerhaft sein (was auch logisch ist, denn ihm fehlt ja jetzt eine der Festplatten).

  Führen Sie nun, wie zuvor beschrieben, die Reparatur des Speicherpools durch, und binden Sie dabei die neue Festplatte ein. Wie wir eingangs gesagt haben, kann diese Reparatur mehrere Stunden bis Tage in Anspruch nehmen. Während dieser Zeit kann die DiskStation normal weitergenutzt werden. Wenn die Reparatur abgeschlossen ist, wiederholen Sie den Vorgang mit der anderen Festplatte. Auch hier müssen Sie wieder die Reparatur durchführen. Anschließend steht der vergrößerte Speicherplatz zur Verfügung. Der Speicher-Manager wird Sie darüber informieren.

Insgesamt ist der Austausch von Festplatten also relativ zeitaufwendig, aber nicht unbedingt arbeitsintensiv (zumindest nicht für den Nutzer). Während der gesamten Zeit kann die DiskStation normal weitergenutzt werden und es kommt nicht zu Datenverlust.

9.5 Unterbrechungsfreie Stromversorgung (USV)

Wenn Sie sich die Frage stellen: »Wer bringt eigentlich den Spannungsabfall raus?«, sollten Sie diesen Abschnitt vielleicht überspringen. Wenn nicht, dann zeigen wir Ihnen nun, wie Sie Ihre DiskStation (und sogar weitere Geräte) sicher über einen Spannungsabfall hinweg bringen können.

9.5.1 Die Technik

Im Wesentlichen ist ein USV-Gerät ein Batteriepuffer, der anspringt, sobald der Strom ausfällt. Angeschlossene Geräte werden auf diese Weise weiter mit Strom versorgt. Wenn der Batteriestrom dann niedrig wird, informiert die USV die angeschlossenen Geräte, sodass diese noch sicher herunterfahren können. Zusätzlich dazu hat eine USV noch ein paar weitere Asse im Ärmel, und zwar schützt sie Ihre Geräte auch noch vor:

- Unterspannungen
- Überspannungen

- Frequenzänderungen
- Oberschwingungen

Eine USV ist also ein echter Mehrwert für Ihre NAS. Denn auch wenn moderne Systeme und Festplatten zwar wesentlich robuster sind als noch vor ein paar Jahren, tut es schlicht keinem System gut, hart vom Strom getrennt zu werden: Zum einen werden bis dahin nicht gespeicherte Inhalte gelöscht (Stichwort: *flüchtiger Speicher* wie RAM) und zum anderen können auch moderne Festplatten immer noch Schäden davontragen, wenn sie ohne Vorwarnung die Spannung verlieren. Sie sehen schon: Es gibt mehr als genug Gründe, eine USV einzusetzen.

9.5.2 Auswahl

Wenn wir Sie davon überzeugen konnten, eine USV anzuschaffen, kommt schnell die Frage auf: »Was für ein Gerät benötige ich denn?« Bevor wir uns der Beantwortung dieser elementaren Frage widmen, möchten wir Ihnen noch ein paar Hintergrundinformationen geben.

Leistung der USV

Die Leistung einer USV wird durch zwei Werte definiert:

- *VA (VoltAmpere)* = Scheinleistung
- *W (Watt)* = Wirkleistung

Bei der Auswahl einer geeigneten USV müssen Sie daher beachten, dass die Summe der VA und Watt der angeschlossenen Geräte die Leistung der USV nicht überschreitet.

Anschlüsse

Die meisten USV-Systeme sind in der Lage, mehrere Geräte mit Strom zu versorgen – und das ist auch gut so. Es geht nämlich neben der Frage nach der Leistung auch darum, welche Geräte abgesichert werden müssen.

Auch wenn die Frage zunächst merkwürdig scheint, ist sie dennoch gerechtfertigt. Haben Sie nur ein NAS, ist sie leicht mit »ein Gerät« zu beantworten. Haben Sie hingegen zwei NAS-Systeme in Betrieb, ist die logische Antwort nicht direkt »zwei«, sondern meistens eher »drei«: Da eine USV in der Regel via USB kommuniziert, allerdings auch nur über einen USB-Port verfügt, muss das zweite NAS-Gerät ja über den Stromausfall in Kenntnis gesetzt werden und vor allem auch darüber, dass der Batteriestand niedrig ist und die baldige Abschaltung droht. Diese Mitteilungen erfolgen daher in der Regel über das Netzwerk. Nach Adam Riese müssen Sie also in den meisten Fällen mindestens drei Geräte mit Strom versorgen, um zwei NAS-Geräte kontrolliert herunterfahren zu können: zwei NAS-Geräte und einen Switch oder Router (FritzBox o. Ä.).

Kompatibilität

Wenn Sie jetzt bereits die benötigten Kennzahlen errechnet und sich schon nach den günstigsten Modellen umgeschaut haben, müssen wir Ihre Euphorie noch kurz bremsen. Wie üblich hält Synology eine Kompatibilitätsliste bereit, mit der Sie prüfen können, ob die USV Ihrer Wahl auch von Synology als kompatibel eingestuft wird:

https://www.synology.com/de-de/compatibility

Nicht in Stein gemeißelt!

Bitte beachten Sie aber auch bei dieser Auflistung, dass sie zum einen nicht abschließend ist und auch nicht ständig aktualisiert wird. Sollte die USV Ihrer Wahl also nicht unter der angegebenen URL aufgelistet sein, heißt dies nicht automatisch, dass sie nicht kompatibel ist. Prüfen Sie, ob der USV-Hersteller andere Systeme auflistet oder ob Ihre USV gegebenenfalls ein Nachfolgeprodukt ist und eventuell nur das alte Modell aufgelistet ist.

Wenn Sie alle diese Punkte beachten, sollten Sie sich im Handumdrehen für eine USV entscheiden können.

9.5.3 Installation

Halten Sie Ihre USV in den Händen, kann es auch schon mit der Installation losgehen. Folgen Sie der Anleitung des Herstellers, um Ihre USV in Betrieb zu nehmen. In der Regel schließen Sie dafür Ihre DiskStation (und gegebenenfalls weitere Geräte) an die USV an und verbinden den USB-Port der USV ebenfalls mit der DiskStation. Nach dem Hochfahren erfolgt die restliche Einrichtung nun auf der DiskStation.

Öffnen Sie zunächst die Systemsteuerung • Hardware & Energie • USV. Wenn Ihre USV erkannt wird, erhalten Sie dort bereits einen entsprechenden Hinweis dazu (siehe Abbildung 9.25).

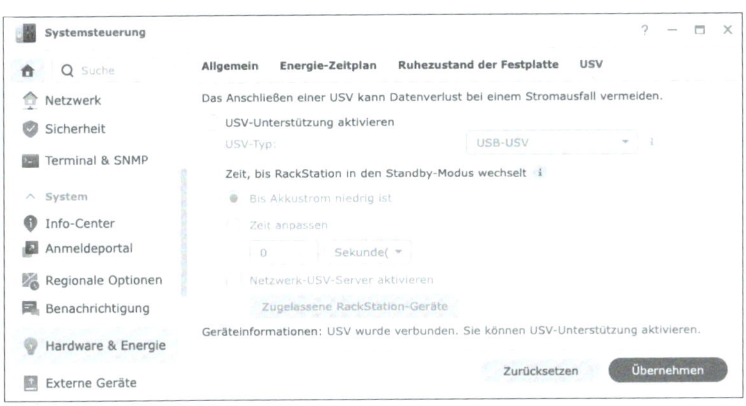

Abbildung 9.25 Eine angeschlossene USV wurde erkannt.

Setzen Sie den Haken bei USV-UNTERSTÜTZUNG AKTIVIEREN, wird die Konfiguration bedienbar und der Hinweis zum Gerät wird durch den Button GERÄTEINFORMATIONEN ersetzt. Wenn Sie diesen anklicken, erhalten Sie ein paar Basisinformationen zu Ihrer USV (siehe Abbildung 9.26).

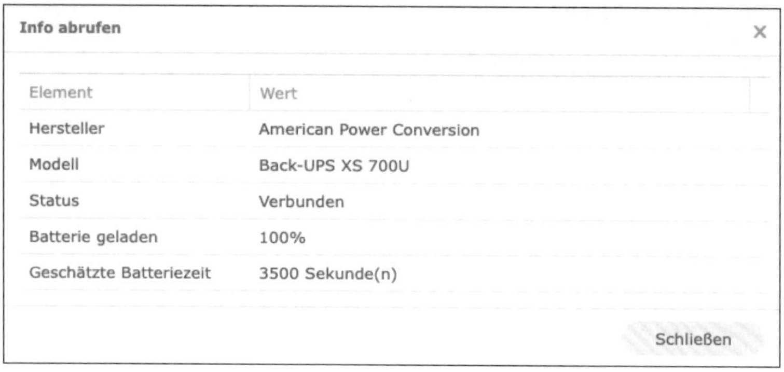

Abbildung 9.26 Basisinformationen zur USV

9.5.4 Konfiguration

Die Konfigurationsparameter im Dialog aus Abbildung 9.25 halten sich stark in Grenzen. Dennoch möchten wir Ihnen die drei Punkte genauer vorstellen.

Sie können zwischen drei Typen wählen:

- **USB-USV**

  Diese Einstellung verwenden Sie, wenn Sie an dieser DiskStation eine USV via USB angeschlossen haben.

- **SNMP-USV**

  Verwenden Sie diese Option, wenn Sie eine netzwerkfähige USV einsetzen, die ihren Status nicht via USB mitteilt.

- **Synology USV-Server**

  Die Option ist erforderlich, wenn Ihre USV an eine andere DiskStation angeschlossen ist und diese DiskStation den Netzwerk-USV-Server aktiviert hat.

Unter dem Menüpunkt ZEIT, BIS RACKSTATION IN DEN STANDBY-MODUS WECHSELT können Sie entweder dem Automatismus vertrauen und die Standardauswahl auf BIS AKKUSTROM NIEDRIG IST belassen, oder Sie geben eine feste Zeitspanne an (in Sekunden, Minuten oder Stunden), nach deren Ablauf die DiskStation stets heruntergefahren wird. So können Sie sicherstellen, dass die DiskStation auf jeden Fall sauber heruntergefahren wird und es keine Datenverluste gibt.

Wie bereits beim USV-Typ beschrieben, können Sie hierüber andere Synology-Geräte in Ihrem Netzwerk mit Informationen zur aktuellen Spannungslage versorgen. Wenn

Sie den Haken bei NETZWERK-USV-SERVER AKTIVIEREN setzen, können Sie über den Button ZUGELASSENE DISKSTATIONS-GERÄTE bis zu fünf IP-Adressen hinterlegen, an die die Statusinformationen gesendet werden.

Auf der Client-Seite müssen Sie dann lediglich die USV-Unterstützung aktivieren, als Typ SYNOLOGY USV-SERVER auswählen und die IP-Adresse der DiskStation mit der angeschlossenen USV angeben.

Kapitel 10
Virtuelle Maschinen und Entwicklungsplattformen

Mit Ihrer DiskStation können Sie einfach Dienste und Webseiten in Ihrem Netzwerk bereitstellen. Es geht dabei um Virtualisierung und Container, und Sie erfahren, wie Sie in Entwicklungsprojekten alle Änderungen im Blick behalten und was der Webserver mit seinen Paketen leisten kann.

In diesem Kapitel geht es um die Virtualisierung und um Entwicklungsplattformen. Beim Thema Virtualisierung stellen wir Ihnen die Möglichkeiten vor, die Ihnen die DiskStation zum Betrieb von virtuellen Maschinen bietet. Eng damit verbunden (auch wenn es sich nicht um virtuelle Maschinen handelt) ist die Möglichkeit, Docker-Container zu nutzen. Auf diese Weise können Sie die DiskStation um interessante Zusatzfunktionen ergänzen.

Wenn Sie das Gerät zur Entwicklung von neuen Anwendungen nutzen, können Sie eine Git-Umgebung zur Versionsverwaltung einsetzen und diese z. B. für eigene Website-Projekte verwenden. Die DiskStation bietet nämlich auch die Möglichkeit, Websites zu hosten und diese weltweit anzubieten.

Abschließend zeigen wir Ihnen, wie Sie auf der DiskStation einen Webserver betreiben und eigene Websites anbieten können. Dabei lernen Sie auch Webserver-Zusatzpakete kennen, die bereits vorgefertigt sind und Ihnen beispielsweise ein eigenes Wiki oder einen eigenen Blog ermöglichen.

10.1 Virtuelle Maschinen mit dem Virtual Machine Manager betreiben

Die DiskStation kann mithilfe der Software *Virtual Machine Manager* mehrere virtuelle Maschinen betreiben, die sich die Hardware des Gerätes teilen. Virtuelle Maschinen verhalten sich wie eigenständige Computer, die jeweils mit einem eigenen Betriebssystem arbeiten und ihre eigenen Programme und Dienste auf einem eigenen Speicherbereich verwalten. Dabei arbeitet nur der eigentliche DSM (bzw. dessen Linux-Subsystem) direkt und vollständig mit der Hardware der DiskStation. Alle weiteren Systeme (also die virtuellen Maschinen) greifen nur teilweise direkt auf die Hardware der DiskStation zu.

Einige Komponenten werden durch die Virtualisierungsumgebung nur auf logischer Ebene verwirklicht und nutzen in Wahrheit nur Teile der realen Hardware. So könnte es z. B. sein, dass der Prozessor einer virtuellen Maschine virtualisiert ist und dass die Maschine nur einen Teil, vielleicht nur einen einzelnen Kern, des physischen Prozessors nutzt.

Man spricht von *Virtualisierung*, weil die Hardware (in Teilen) quasi nur virtuell existiert. Eine virtuelle Maschine besitzt auch eigene Speichergeräte, und innerhalb der virtuellen Maschine sieht es so aus, als würde sie beispielsweise eine richtige Festplatte nutzen. Tatsächlich handelt es sich dabei oftmals um eine virtuelle Festplatte, deren Datenbestand in Form einer Datei auf einer realen Festplatte abgelegt ist.

Die DiskStation stellt Teile ihres Massenspeichers für solche virtuellen Festplatten zur Verfügung. Genauso wird ein Teil des Arbeitsspeichers und ein Teil der Prozessorleistung für die virtuellen Maschinen bereitgestellt. Diese Teile stehen – so sie von den virtuellen Maschinen genutzt werden – dann natürlich nicht mehr für die eigentlichen Funktionen des NAS-Gerätes zur Verfügung. Die Zuweisung der Hardware erfolgt jedoch dynamisch, sodass eine virtuelle Maschine, die nur kleine Aufgaben ohne großen Arbeitsaufwand durchführt, die DiskStation nicht sonderlich auslastet.

Die DiskStation kann ganz allgemein mit einem sogenannten *Headless Server* verglichen werden. Ein solches Gerät wird ohne Monitor und ohne klassische Eingabegeräte wie Tastatur und Maus betrieben. Stattdessen wird es häufig über eine Netzwerkverbindung und beispielsweise über ein Webinterface oder eine Terminalsoftware fernbedient. Genauso funktioniert das auch mit den virtuellen Maschinen auf der DiskStation. Auch hier werden keine Bildschirme und auch keine Eingabegeräte an das Gerät angeschlossen, stattdessen werden die virtuellen Computer über eine Netzwerkverbindung fernbedient. Die DiskStation nutzt dafür das bekannte Programm VNC (*Virtual Network Computing*) über das Programm *noVNC*. Die Bildausgabe erfolgt direkt im Browser und die Eingabebefehle der lokalen Maus und der lokalen Tastatur werden an die virtuelle Maschine weitergeleitet.

Virtuelle Maschinen

Auf der DiskStation lassen sich mehrere virtuelle Maschinen einrichten. Diese können ganz verschiedene Betriebssysteme nutzen. Es ist sogar möglich, eine virtuelle Maschine mit Windows als Betriebssystem einzurichten.

Allerdings dürfen Sie nicht vergessen, dass die DiskStation vorrangig ein NAS-Gerät und eben kein »richtiger« Server ist. Die Hardware, die in der DiskStation arbeitet, ist auf den Leistungsbedarf eines NAS-Gerätes ausgelegt. Auf der DiskStation arbeitet der DSM, der ein schlankes System ist, und auf einer Linux-Variante aufsetzt.

Die Hardwareanforderungen eines solchen Systems sind relativ bescheiden, und auch für die Netzwerkfunktionen ist keine große Rechenleistung erforderlich. So beinhaltet selbst eine (nicht ganz billige) DS 1520+ mit fünf Einschüben für Festplatten und zwei 1-Gigabit-Netzwerkschnittstellen nur einen kleinen Celeron-Prozessor mit vier Rechenkernen und einer maximalen Taktfrequenz von 2,7 GHz. Das genügt locker für die DSM-Aufgaben, inklusive einer großzügigen Reserve. Auch der Arbeitsspeicher ist für diese Aufgaben mit 8 GByte üppig bemessen.

Für die Nutzung von Windows, das womöglich auch noch entsprechende Programme ausführen soll, ist das aber bereits grenzwertig knapp. Wenn Sie jetzt womöglich noch mehrere Windows-Installationen betreiben und auch noch DSM-Dienste nutzen möchten, dann ist die Hardware schnell an der Grenze der Leistungsfähigkeit angelangt und die Arbeit mit allen Funktionen wird quälend langsam.

Die Virtualisierungslösung der DiskStation ist folglich auch gar nicht dazu gedacht, ein Desktop-Betriebssystem wie etwa Windows zu hosten, und sie sollte auch nicht für Desktop-Anwendungen eingesetzt werden. Vielmehr ist diese Lösung für Serverdienste interessant: Beispielsweise kann man sehr schön eine Linux-Distribution wie etwa Debian auf einer virtuellen Maschine installieren und diese Distribution Server-Dienste anbieten lassen. Zum Beispiel kann man auf einer solchen Maschine einen Webserver arbeiten lassen und diesen ganz individuell den eigenen Anforderungen entsprechend konfigurieren.

Zwar bietet auch der DSM mit der *Web Station* die Dienste eines Webservers und nutzt letztendlich ja auch den bekannten Webserver Apache dafür, allerdings sind dessen Schnittstellen dem Anwender nicht alle zugänglich. Und wenn er sich doch Zugang zu den Konfigurationsdateien verschafft und eine eigene Konfiguration erstellt, so kann es passieren, dass diese bei einem Update des DSM wieder zurückgesetzt wird oder dass andere Dienste des DSM nicht mehr richtig arbeiten. Auf einer virtuellen Maschine hingegen sind Sie selbst der alleinige Administrator und brauchen keine Rücksicht auf andere Softwarekomponenten zu nehmen. Sie können so Ihren eigenen LAMP-Stack aufsetzen und eigene Websites betreiben oder aber die virtuelle Maschine für deren Entwicklung verwenden.

Der vollständig individuell betreibbare Webserver kann z. B. für eine eigene Nextcloud-Installation genutzt werden. Die virtuelle Maschine kann auch für einen eigenen E-Mail-Server oder für Multimediaanwendungen verwendet werden. Sollte etwa ein Mediaplayer nur mit einem bestimmten Serverdienst zusammenarbeiten, so lässt sich dieser auf einer virtuellen Maschine einrichten. Der Medienbestand kann über entsprechende Freigaben direkt von der DiskStation übernommen werden. So lassen sich Funktionen nachrüsten, die von der DiskStation (bisher) nicht geboten werden. Dazu zählen auch eine VoIP-Telefonanlage oder (für den Privatgebrauch) ein Voice-Chat-Server für den Spieleabend.

Eine DiskStation auf der DiskStation

Sie können übrigens auch den DSM selbst virtualisieren, also auf Ihrer DiskStation weitere »DiskStations« betreiben. Ein virtueller DSM kann z. B. für Konfigurationsexperimente, also schlicht zum Ausprobieren, genutzt werden, ohne dass Sie am produktiv verwendeten DSM etwas verändern müssen.

Snapshots

Beim Thema Experimentieren macht sich eine weitere Funktion der Virtualisierungsumgebung unter dem DSM schnell bezahlt, denn es wird die Funktion der Schnappschüsse geboten. Per Schnappschuss (engl. *snapshot*) können Sie den momentanen Datenbestand der virtuellen Maschine abspeichern und für die Zukunft aufheben. Wenn nun die virtuelle Maschine durch unvorsichtiges Experimentieren nicht mehr ordnungsgemäß funktioniert, dann setzen Sie diese einfach auf den Zustand des Schnappschusses zurück – und alles ist wieder in funktionstüchtigem Zustand.

Sie können mehrere von diesen Schnappschüssen anlegen. Schnappschüsse ersetzen zwar kein Backup, aber sie bieten einen gewissen Schutz vor Fehlern und können sich beispielsweise auch beim Befall durch Schadprogramme nützlich machen. Mehr zu Schnappschüssen, die auch an anderer Stelle im DSM genutzt werden können, finden Sie in Abschnitt 14.4, »Keine Schnapsidee: Snapshots«. Die Schnappschuss-Funktion ist nicht nur auf die Virtualisierung des DSM begrenzt, sondern steht allen virtuellen Maschinen zur Verfügung.

Da die Anforderungen an die Hardware für das Virtualisieren doch etwas größer sind, wird diese Funktion nur von höherwertigen DiskStations unterstützt. Hier folgt eine kleine (und nicht vollständige Übersicht), welche geläufigen DiskStation-Modelle eine Virtualisierungslösung bieten:

- DS224+
- RS2423+
- DS923+
- DS723+
- DS423+
- DS3622xs+
- DS2422+
- DS1522+
- RS422+
- DS1821+
- DS1621+
- RS1221+
- DS1520+
- DS620slim

Wie Sie sehen, ist zwar auch ein relativ günstiges und kleines Gerät wie die DS224+ in der Liste vertreten, aber grundsätzlich ist die Funktion erst ab der Plus-Serie verfügbar. Höherwertige RackStations für den Einsatz in Unternehmen unterstützen die

Virtualisierung selbstredend auch. Auch hier ist die Funktion in der Plus- und der xs+-Serie verfügbar. Eine vollständige Liste aller geeigneten Modelle erhalten Sie unter *https://www.synology.com/de-de/dsm/overview/virtualization*.

Hardware

Wenn Sie nur genügsame virtuelle Maschinen betreiben möchten, dann kann eine DiskStation durchaus mehrere dieser Aufgaben erfüllen. Die Anzahl an möglichen virtuellen Maschinen hängt von der Hardwareausstattung der DiskStation ab, und Sie sollten daher natürlich entsprechend planen, wie viel VMs Sie bereitstellen können. Grundsätzlich kann man sagen, dass ein CPU-Thread auf der DiskStation zwei virtuelle Rechenkerne bereitstellen kann. Eine DiskStation mit einem QuadCore-Prozessor, der vier Threads gleichzeitig bearbeiten kann, könnte also bis zu acht virtuelle Prozessoren mit jeweils einem Rechenkern erzeugen.

Ein weiterer limitierender Faktor ist die Größe des Arbeitsspeichers. Wenn Sie virtuelle Maschinen sinnvoll betreiben möchten, sollten Sie über die Aufrüstung des Arbeitsspeichers der DiskStation nachdenken. Viele Geräte der Plus-Serie bieten so eine Möglichkeit an. Virtuelle Maschinen benötigen neben dem gewünschten eigenen virtuellen Speicher weitere 250 MByte des physischen Hauptspeichers für Verwaltungsaufgaben.

Möchten Sie also virtuelle Maschinen mit 1 GByte Arbeitsspeicher ausstatten, so kann auf einer DiskStation mit 2 GByte Arbeitsspeicher nur eine dieser Maschinen mehr oder weniger sinnvoll betrieben werden, denn schließlich benötigt die DiskStation ihren Arbeitsspeicher ja auch für ihre eigentlichen Kernaufgaben.

Wenn Sie den Arbeitsspeicher aufgerüstet haben, so kann man grob sagen, dass auf Geräten mit 6 GByte Arbeitsspeicher zwei virtuelle Maschinen sinnvoll betrieben werden können. Hat das Gerät 8 GByte Arbeitsspeicher (der zumeist mit einem entsprechend leistungsfähigen Prozessor einhergeht), dann können vier virtuelle Maschinen mit ausreichender Leistung betrieben werden. Selbst auf besonders üppig ausgestatteten DiskStations der Oberklasse ist bei acht virtuellen Maschinen das Limit für den alltagstauglichen Betrieb erreicht. Wenn Sie also eine höhere Anzahl benötigen, sollten Sie auf eine gut ausgestattete RackStation ausweichen – oder gleich einen entsprechenden Server bauen, den Sie individuell ausstatten.

Obwohl die Rechenleistung und auch die Größe des Arbeitsspeichers bei allen Geräten nicht denen klassischer Server-Geräte für Virtualisierungsaufgaben entsprechen, so ist der Funktionsumfang der Lösung auf der DiskStation doch recht umfangreich. Sollten Sie etwa mehrere DiskStations (oder RackStations) einsetzen, so können Sie diese zu einem Virtualisierungscluster zusammenfassen. Somit kann die Rechenleistung und auch der zur Verfügung stehende Speicherplatz auf mehrere virtuelle Maschinen aufgeteilt werden. Zwar verwendet eine Maschine immer nur die Rechen-

oder Speicherleistung eines Hardwaregerätes, aber virtuelle Maschinen können quasi in Echtzeit von einem Hardwaregerät auf ein anderes umgeschaltet werden, sodass ein unterbrechungsfreier Betrieb mit hoher Verfügbarkeit möglich wird.

Allerdings sollten Sie für ernsthafte Virtualisierungsaufgaben dann doch lieber auf eigenständige und darauf ausgelegte Hardware zurückgreifen und dafür nicht vorrangig Disk- oder RackStations verwenden. Selbst eine knapp über 2.000 € teure RS1919xs+ bietet nur etwa die Rechenleistung eines einfachen Desktop-Prozessors der Mittelklasse.

Zusammenfassung

Eine virtuelle Maschine besteht also aus virtueller Hardware, die aus Teilen der physischen Hardware von der Virtualisierungslösung der DiskStation zur Verfügung gestellt wird. Man bezeichnet das Gerät, das virtualisiert, als *Host*, also als Gastgeber. Das virtualisierte Gerät wird als *Guest*, also als Gast, bezeichnet. Das Guest-Betriebssystem einer virtuellen Maschine wird aus einer Installationsdatei im ISO-Format erstellt, die man etwa auch zur Erstellung von USB-Installationssticks verwenden kann. ISO-Dateien für Linux-Systeme können Sie direkt von der Website der gewünschten Distribution herunterladen. Neben ISO-Dateien können Sie auch Disk-Image-Dateien nutzen.

Die Festplatte der virtuellen Maschine wird in Form eines Datenträgerabbilds auf den Festplatten der DiskStation abgelegt. Ihr Datenbestand ist also durch den RAID-Verbund der DiskStation geschützt.

Der Speicher wird mit *Thin Provisioning* verwaltet, sodass die Speicherbelegung auf dem Host-System erst mit der Nutzung durch die virtuelle Maschine bis zur definierten Maximalkapazität anwächst.

Die virtuellen Maschinen werden dann über eine *noVNC*-Verbindung im Browser bedient. Der Netzwerkanschluss einer virtuellen Maschine wird unter dem DSM an einen virtuellen Switch angeschlossen, sodass jede virtuelle Maschine als eigenständiges Netzwerkgerät auftritt. Die Virtualisierung umfasst also bereits den Layer 2 des Netzwerk-Schichtmodells. Jede virtuelle Maschine beinhaltet dazu einen virtuellen Netzwerkadapter mit eigener, virtueller MAC-Adresse, die von der Virtualisierungsumgebung erzeugt wird. Vereinfacht stellen Sie sich bitte schlicht einen virtuellen Switch im Inneren der DiskStation vor, dessen Uplink-Port nach außen am NAS-Gerät geführt ist. Sowohl das eigentliche DSM-System als auch alle virtuellen Maschinen sind nun an diesen Switch angeschlossen. Jede dieser Netzwerkverbindungen erhält eine eigene IP-Adresse und kann eigenständig konfiguriert und durch eigene (Software-)Firewalls geschützt werden.

Wir zeigen Ihnen in diesem Abschnitt, wie Sie die Virtualisierungsumgebung unter dem DSM installieren und einrichten. Danach stellen wir Ihnen alle Funktionen einmal vor. Anschließend beschreiben wir die Installation von virtuellen Maschinen am Beispiel von Debian Linux für Serverdienste und am Beispiel eines virtuellen DSM.

10.1.1 Den Virtual Machine Manager installieren und einrichten

Alle Funktionen rund um virtuelle Maschinen werden unter dem DSM im *Virtual Machine Manager* zusammengefasst, den Sie als Administrator über das Paket-Zentrum installieren können (siehe Abbildung 10.1). Sie finden den Virtual Machine Manager in den Kategorien BUSINESS und DIENSTPROGRAMME.

Abbildung 10.1 Nur wenn Ihre DiskStation die Virtualisierungsfunktion unterstützt, finden Sie den »Virtual Machine Manager« im Paket-Zentrum.

Sollte das Programm bei Ihnen im Paket-Zentrum nicht angeboten werden, dann bedeutet dies zumeist, dass Ihre DiskStation keine virtuellen Maschinen unterstützt. Schlagen Sie in diesem Fall noch einmal im Internet auf der Seite *https://www.synology.com/de-de/dsm/packages/Virtualization* nach, und überprüfen Sie, ob Ihr Gerät zu den unterstützten Modellen zählt.

Alle Funktionen des Virtual Machine Manager stehen nur einem Administrator zur Verfügung. Sie können zwar im Modul ANWENDUNGSBERECHTIGUNGEN der Systemsteuerung auch andere Benutzer berechtigen, allerdings können diese nach wie vor nicht auf alle Funktionen des Virtual Machine Managers zugreifen.

Dem Administrator wird es später (beim Anlegen von virtuellen Maschinen) möglich sein, einzelnen Benutzern Berechtigungen zur Verwaltung ausgewählter virtueller

Maschinen zu geben. Diese Benutzer sehen dann unter ihrem Benutzerkonto im Virtual Machine Manager die für sie verfügbaren virtuellen Maschinen und können diese starten und beenden, virtuelle Datenträger einlegen und die Maschinen per Link-Freigabe mit anderen Personen teilen.

Beim ersten Start des Virtual Machine Managers werden Sie von einem Einrichtungsassistenten in Empfang genommen, der einige Basiseinstellungen vornimmt und die Systemkonfiguration überprüft. Sie müssen unter anderem festlegen, auf welchem Speicher-Volume Sie die virtuellen Festplatten der virtuellen Maschinen abspeichern möchten (siehe Abbildung 10.2).

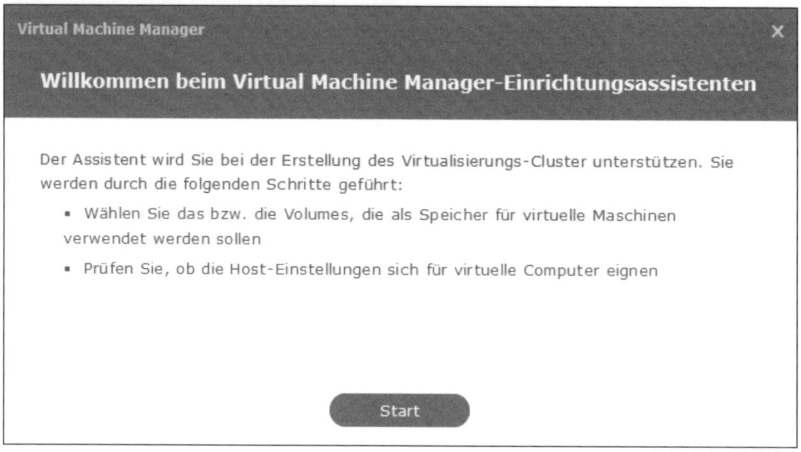

Abbildung 10.2 Ein Assistent wird zunächst die Einstellungen der DiskStation überprüfen.

Der Assistent beginnt mit einer Prüfung der Systemeinstellungen und kontrolliert dabei auch, ob sich die aktuelle DiskStation in einen Cluster mit mehreren Geräten einbinden lässt. Kontrollieren Sie die Ergebnisse in der Spalte STATUS (siehe Abbildung 10.3). Sollte dort bei einem Eintrag DEAKTIVIERT stehen, so ist dies nicht weiter schlimm. Der Einrichtungsassistent kann die DSM-Einstellungen automatisch anpassen. Gegebenenfalls sehen Sie eine entsprechende Hinweismeldung, sobald Sie auf WEITER geklickt haben.

Beachten Sie, dass die Prüfung auf die Cluster-Fähigkeiten Ihres Gerätes auch dann durchgeführt wird, wenn Sie nur eine einzelne DiskStation einsetzen. Das ist für das Funktionieren der virtuellen Maschinen aber nicht weiter von Belang.

Auf der letzten Seite des Assistenten legen Sie das Volume fest, das die Daten der virtuellen Maschinen aufnehmen soll. Je nach Konfiguration Ihrer DiskStation können Sie auf Wunsch auch mehrere Volumes auswählen; Sie müssen sich nicht auf eines beschränken. Damit ist der Einrichtungsassistent abgeschlossen und der Virtual Machine Manager betriebsbereit.

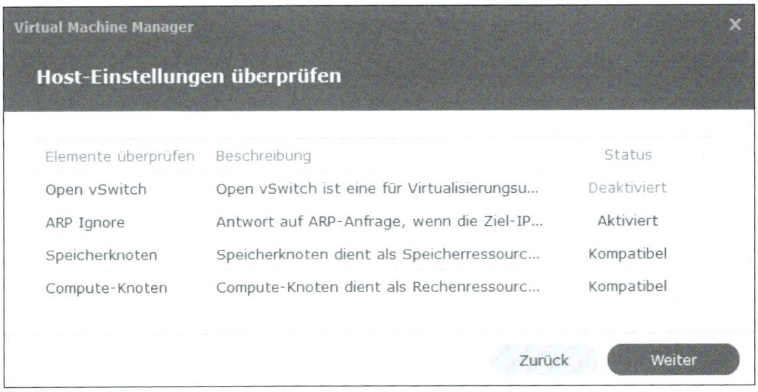

Abbildung 10.3 Überprüfen Sie noch einmal die Einstellungen, bevor Sie den Assistenten fortfahren lassen.

10.1.2 Der Virtual Machine Manager im Detail

In diesem Abschnitt stellen wir Ihnen die Funktionen und den Aufbau des Virtual Machine Managers vor. Nachdem Sie die grundlegende Einrichtung abgeschlossen haben, können Sie im Programm einen Blick auf die Registerkarte ÜBERBLICK werfen, die wie in Abbildung 10.4 den Betriebszustand der Kernkomponenten anzeigt.

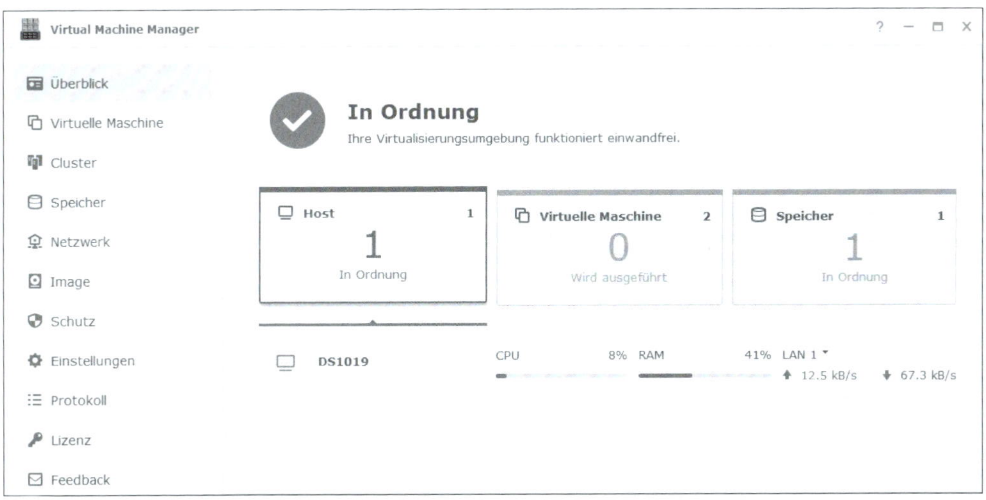

Abbildung 10.4 Die Registerkarte »Überblick« zeigt Ihnen den Betriebszustand und die Auslastung der Virtualisierungsumgebung an.

Berücksichtigen Sie bei der Arbeit mit dem Virtual Machine Manager bitte, dass das Programm auch die Arbeit mit einem Cluster beherrscht und dass Ihnen stets Angaben zu Clustern präsentiert werden, selbst dann, wenn Sie nur eine einzelne Disk-

Station betreiben. Daher sollte Sie es nicht wundern, dass auf der Registerkarte ÜBERBLICK als Erstes die Anzahl an Hosts genannt wird.

Dort steht üblicherweise zunächst eine 1, weil bislang ja nur eine DiskStation für den Betrieb konfiguriert ist. Der Betriebszustand der virtuellen Maschinen wird an zweiter Stelle aufgeführt. Hier sehen Sie, wie viele virtuelle Maschinen angelegt sind und wie viele derzeit ausgeführt werden.

Der dritte Eintrag, SPEICHER, beschreibt den Zustand des Speichersystems für die virtuellen Festplatten. Als Einsteiger wundern Sie sich vielleicht, warum es diesen Anzeigepunkt gibt. Der Grund dafür liegt erneut in der Cluster-Fähigkeit der Virtualisierungslösung: Speicher- und Rechenleistung können im Cluster voneinander getrennt werden. Während eine DiskStation den Speicherplatz für eine virtuelle Maschine anbietet, übernimmt eine andere die Virtualisierung der Rechenhardware. Daher ist es in einem Cluster-Verband wichtig, dass sich der Administrator über den Zustand des Speichersystems für virtuelle Maschinen informieren kann. Wenn Sie einen der Kästen anklicken, dann erhalten Sie Detailinformationen, etwa zur Auslastung der Host-Geräte.

Die eigentlichen VIRTUELLEN MASCHINEN werden auf der gleichnamigen Registerkarte angelegt, konfiguriert und verwaltet (siehe Abbildung 10.5).

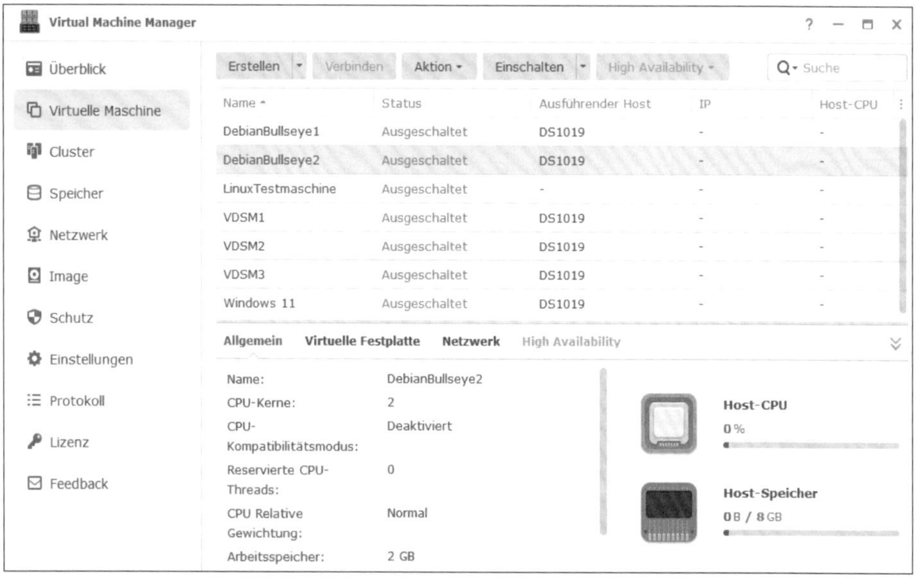

Abbildung 10.5 Die Registerkarte »Virtuelle Maschine« zeigt Ihnen alle eingerichteten Maschinen an und erlaubt deren Verwaltung.

Sie ist später die zentrale Anlaufstelle. Bevor Sie dort jedoch eine neue virtuelle Maschine anlegen können, sind in den folgenden Registerkarten Vorarbeiten nötig.

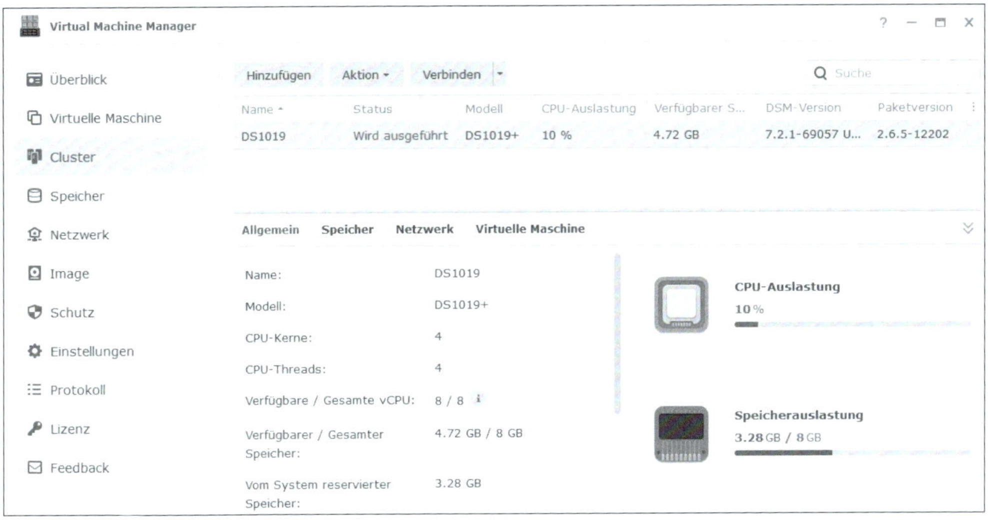

Abbildung 10.6 Mehrere DiskStations können zu einem Cluster verbunden werden und die Ressourcen auf die virtuellen Maschinen aufteilen.

Die Registerkarte CLUSTER (siehe Abbildung 10.6) gehört jedoch nicht dazu. Auf ihr kann ein Cluster aus mehreren Disk- oder RackStations aufgebaut werden. Sie fassen die Geräte hier zu einem Verbund zusammen, und der Verbindungsaufbau erfolgt über eine normale Netzwerkverbindung. Sie müssen hier also IP-Adressen der beteiligten Geräte eingeben. Wenn Sie nur ein Gerät nutzen, brauchen Sie sich für diese Registerkarte nicht weiter zu interessieren.

Abbildung 10.7 Hier konfigurieren Sie den Speicherplatz für die virtuellen Festplatten.

Ebenso muss die Registerkarte SPEICHER (siehe Abbildung 10.7) nicht unbedingt konsultiert werden. Beim Erstellen einer virtuellen Maschine werden Sie angeben, welche Größe die virtuelle Festplatte haben und auf welchem Speichersystem diese abgelegt werden soll.

Die Registerkarte SPEICHER rufen Sie dann auf, wenn Sie Änderungen am Speichersystem der Virtualisierungslösung vornehmen möchten, z. B. wenn Sie ein weiteres Volume hinzufügen wollen.

Die Netzwerkumgebung der virtuellen Maschinen konfigurieren Sie auf der Registerkarte NETZWERK. Diese ist bereits vorkonfiguriert (siehe Abbildung 10.8).

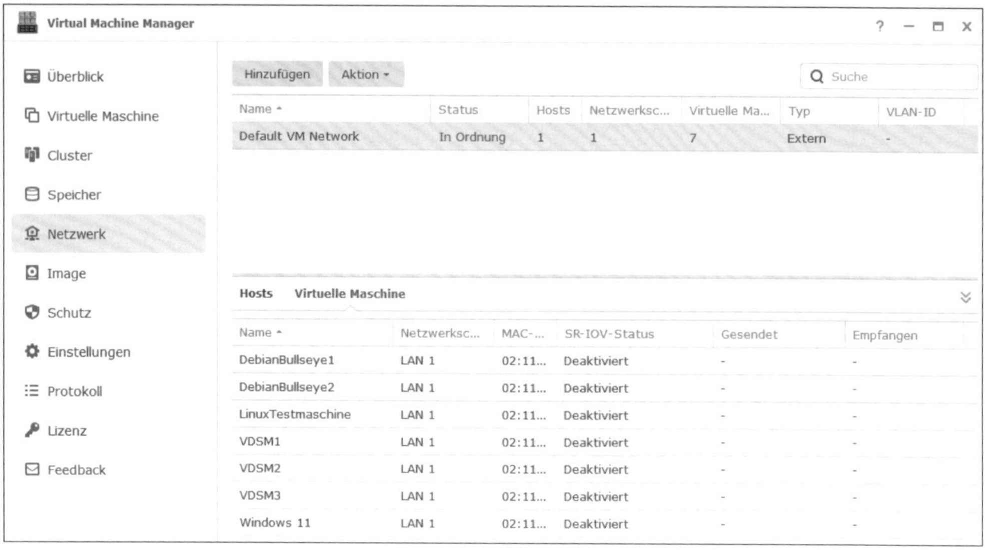

Abbildung 10.8 Wenn der eingerichtete virtuelle Switch nicht genügt, dann nehmen Sie auf der Registerkarte »Netzwerk« eine Anpassung vor.

In der Standardeinstellung wird ein virtueller Switch verwendet, an den alle virtuellen Maschinen angeschlossen sind. Dieser virtuelle Switch ist mit der physischen Netzwerkschnittstelle der DiskStation verbunden. Für alle physischen Netzwerkanschlüsse der DiskStation wird so ein Switch gebildet. Möchten Sie die virtuellen Maschinen nur über eine bestimmte Netzwerkschnittstelle verfügbar machen, dann müssen Sie hier manuell eingreifen.

Die Lösung mit dem virtuellen Switch ist vorteilhaft, weil jede Maschine hier wie erwähnt als eigenständiges Netzwerkgerät auftritt, das auf Layer 2 im gesamten Netzwerk konfiguriert werden kann. So erhält jedes Gerät einen eigenen Hostnamen und eine eigene IP-Adresse und kann somit auf Wunsch über eine eigene Domain angesprochen werden. Meist ist dies auch die erwünschte Konfiguration, die sich deutlich flexibler einsetzen lässt als ein Routing der Datenpakete mit einer Adressübersetzung (NAT) durch die DiskStation.

Auf der Registerkarte IMAGE werden die Installationsmedien für virtuelle Maschinen verwaltet (siehe Abbildung 10.9).

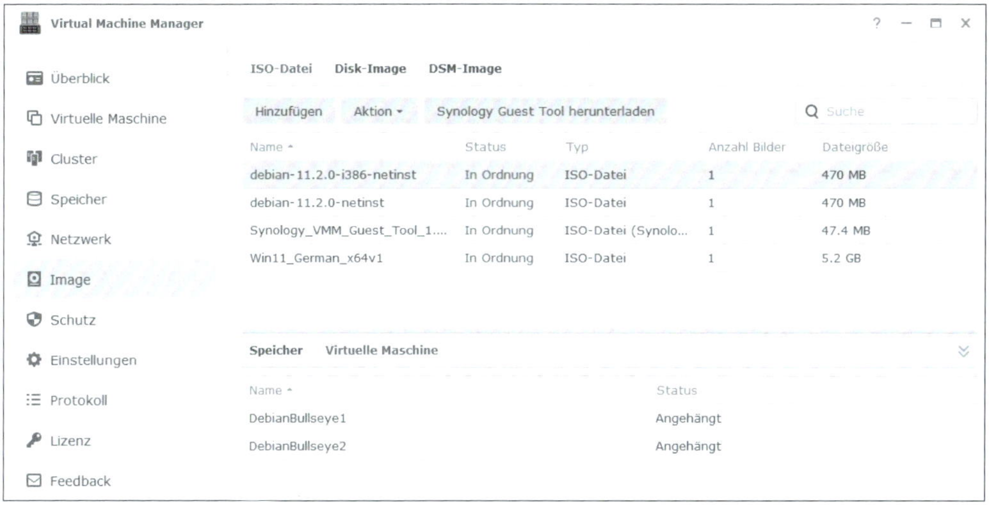

Abbildung 10.9 Die Dateien für die Installation von Betriebssystemen werden als ISO-Datei auf der Registerkarte »Image« hinterlegt.

Wie zuvor erwähnt, installieren Sie das Betriebssystem einer virtuellen Maschine z. B. über eine ISO-Datei. Diese Dateien laden Sie auf der Registerkarte IMAGE zur DiskStation hoch. Beim Erstellen der virtuellen Maschine legen Sie eine dieser Abbild-Dateien als Bootmedium fest. Auch wenn Sie das DSM virtualisieren möchten, müssen Sie auf dieser Registerkarte ein Image anlegen, von dem die virtuelle DiskStation booten und das Betriebssystem installieren kann.

Die Registerkarte SCHUTZ (siehe Abbildung 10.10) ermöglicht Ihnen das automatische Anlegen und Verwalten von Schnappschüssen. Mit ihnen sichern Sie den aktuellen Zustand der virtuellen Maschinen und schützen sich vor einem Ausfall durch Schadsoftware oder unüberlegte Konfigurationsänderungen. Mehr zu Schnappschüssen von virtuellen Maschinen finden Sie in Abschnitt 10.1.5, »Die virtuellen Maschinen verwalten«.

Wenn Sie einen Cluster zur Virtualisierung nutzen, können Sie auf dieser Registerkarte auch eine automatische Replikation der Schnappschüsse auf andere Geräte des Clusters einrichten und diese so auf allen Teilnehmern des Clusters verfügbar machen.

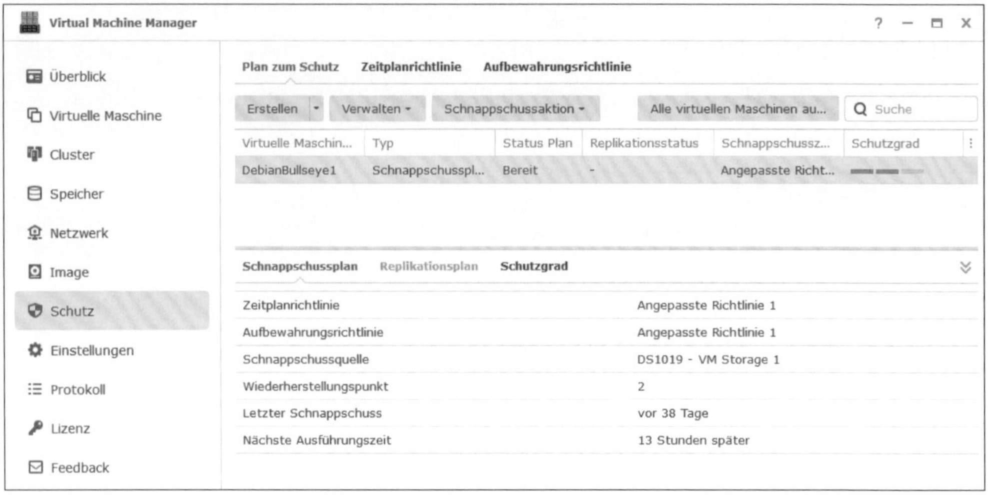

Abbildung 10.10 Mit der Schnappschussfunktion kann ein gewisser Datenschutz erwirkt werden.

Die übrigen Registerkarten sind schnell erklärt: Wichtige Systemereignisse werden auf der Registerkarte PROTOKOLL aufgeführt. Hier informiert Sie der Virtual Machine Manager etwa über den Start- und Stoppvorgang einer virtuellen Maschine. (Dazu später mehr.) Die Funktion der Registerkarte FEEDBACK dürfte selbsterklärend sein, die Anwesenheit der Registerkarte LIZENZ (siehe Abbildung 10.11) könnte dagegen vielleicht überraschen.

Wie bei der *Surveillance Station* gibt es auch für den *Virtual Machine Manager* eine Lizenzlösung. Grundsätzlich gilt, dass Sie unter dem Virtual Machine Manger beliebig viele normale virtuelle Maschinen installieren und betreiben können, ohne dass dafür eine Lizenz erforderlich wird. (Sie müssen höchstens das Betriebssystem, das in der virtuellen Maschine verwendet wird, gebührenpflichtig lizenzieren.) Anders sieht es aus, wenn Sie das DSM virtualisieren möchten. Hierfür sind Lizenzen erforderlich.

Standardmäßig ist im Virtual Machine Manager bereits eine kostenlose Lizenz enthalten, mit der eine virtuelle DSM-Maschine ausgeführt werden kann. Es ist möglich, diese Lizenz zwischen verschiedenen virtuellen DSM-Maschinen zu verschieben, solange sie immer nur von einer Instanz gleichzeitig genutzt wird. Wenn Sie die Cluster-Funktion intensiv nutzen möchten oder falls Sie an einem größeren Leistungsumfang des Virtual Machine Managers interessiert sind, sollten Sie sich den gebührenpflichtigen *Virtual Machine Manager Pro* anschauen, der nicht als zusätzliche Anwendung installiert wird, sondern der per erworbener Lizenz im Virtual Machine Manager freigeschaltet wird.

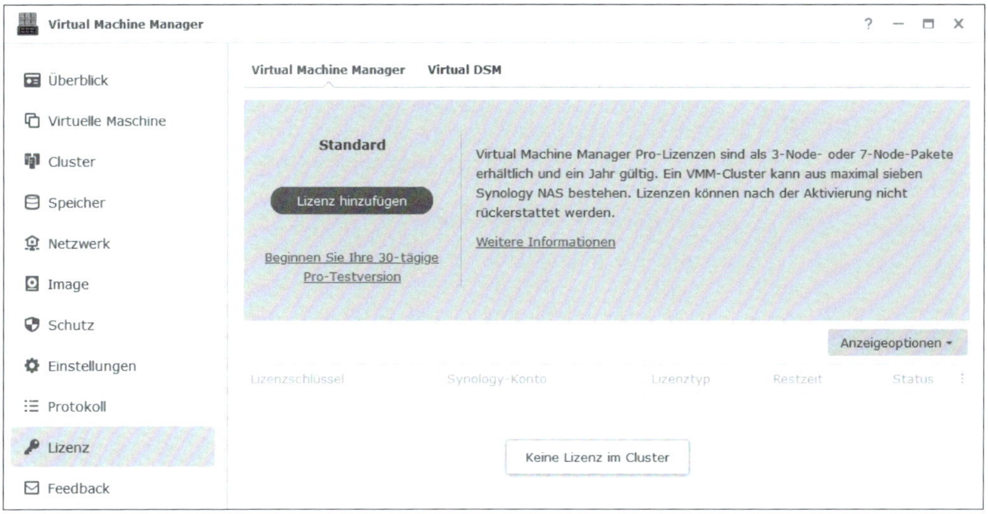

Abbildung 10.11 Der Virtual Machine Manager in der »Pro«-Ausführung erfordert eine kostenpflichtige Lizenzierung.

Die Pro-Fassung ermöglicht Ihnen beispielsweise das Anlegen von bis zu 255 Snapshots pro virtueller Maschine, während die normale Fassung den Umfang auf 32 Snapshots beschränkt. Auch können Sie mit der Pro-Fassung bis zu 4096 virtuelle Netzwerkswitches anlegen, während es bei der normalen Version nur 4 sind.

Daher kann man sicherlich sagen, dass sich die Pro-Fassung nur bei der intensiven Nutzung der Virtualisierungslösung bezahlt macht. Diese ist offensichtlich nur dann gegeben, wenn entsprechend leistungsfähige Hardware eingesetzt und in einem Cluster betrieben wird. Wenn Sie die DiskStation nur privat oder in einem kleineren Unternehmen als Einzelgerät nutzen, können Sie aus der Pro-Fassung nur wenige Vorteile ziehen.

Zum Schluss werfen wir noch einen Blick auf die Registerkarte EINSTELLUNGEN (siehe Abbildung 10.12).

Dort sind die Reiter CLUSTER-BENACHRICHTIGUNG und HIGH AVAILABILITY nur interessant, wenn Sie die Virtualisierungslösung mit mehreren Geräten in einem Cluster bzw. den Virtual Machine Manager Pro verwenden. Im ersten Fall lassen sich dann E-Mail-Benachrichtigungen, im zweiten Fall Überwachungsfunktionen einschalten, die einen automatischen Wechsel des Host-Gerätes bewirken.

Auf dem Reiter ALLGEMEIN sind hauptsächlich zwei Einstellungsoptionen wichtig: Zunächst einmal können Sie hier die verfügbaren VIRTUAL DSM-LIZENZEN automatisch den *Virtual DSM*-Maschinen zuordnen. Diese Funktion ist mäßig interessant, denn sie erspart Ihnen nur das manuelle Zuordnen von vDSM-Lizenzen, von denen sich ja nur eine im Lieferumfang des Virtual Machine Managers befindet. Sie einzuschalten, spart später die manuelle Lizenzverknüpfung. Sie erwirkt aber nicht den automatischen Lizenzübertrag beim Wechseln von vDSM-Maschinen. Das müssen Sie stets per Hand erledigen.

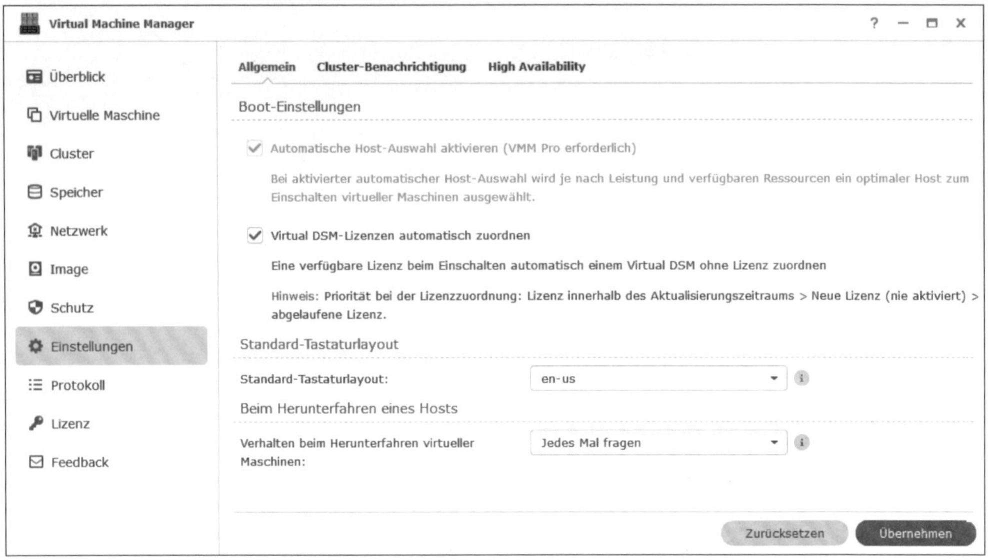

Abbildung 10.12 Konfigurieren Sie die Einstellungen auf der gleichnamigen Registerkarte.

Während das Standard-Tastaturlayout in den meisten Fällen nicht von Relevanz ist (es spielt für noVNC-Verbindungen beispielsweise keine Rolle), aber jederzeit auf Deutsch umgeschaltet werden kann, ist die Konfiguration in der Sektion Beim Herunterfahren eines Hosts bedeutsamer. Hier können Sie festlegen, was mit aktiven virtuellen Maschinen geschehen soll, wenn die Host-DiskStation heruntergefahren wird. In der Standardeinstellung gibt es einen Fragedialog. Sie können das aber auch ändern und die Maschinen beim Herunterfahren der DiskStation ebenfalls herunterfahren oder alternativ anhalten.

10.1.3 Eine virtuelle Maschine installieren und einrichten

Jetzt möchten wir Ihnen zeigen, wie Sie eine virtuelle Maschine einrichten und deren Betriebssystem installieren können. Das machen wir am Beispiel von Debian Linux in Version 12 »Bookworm«, das wir auf der DiskStation zur Bereitstellung weiterer Serverdienste verwenden möchten.

Zunächst benötigen Sie das Installationsimage in Form einer ISO-Datei. Wenn Sie einen Linux-Server etwa unter Debian oder Ubuntu aufsetzen möchten, denn können Sie diese Dateien einfach auf der Website der jeweiligen Distribution herunterladen. Für unser Beispiel haben wir uns für die *netinst*-Variante von Debian entschieden, weil dieses Installationsimage recht klein ist und so nur wenig Speicherplatz auf der DiskStation belegt. Im Gegenzug wird die Installation recht lange dauern, weil viele Komponenten erst aus dem Internet heruntergeladen werden müssen.

Sobald Sie im Besitz der Installationsdatei sind, wechseln Sie auf die Registerkarte Image und öffnen dort den Reiter ISO-Datei (siehe Abbildung 10.13).

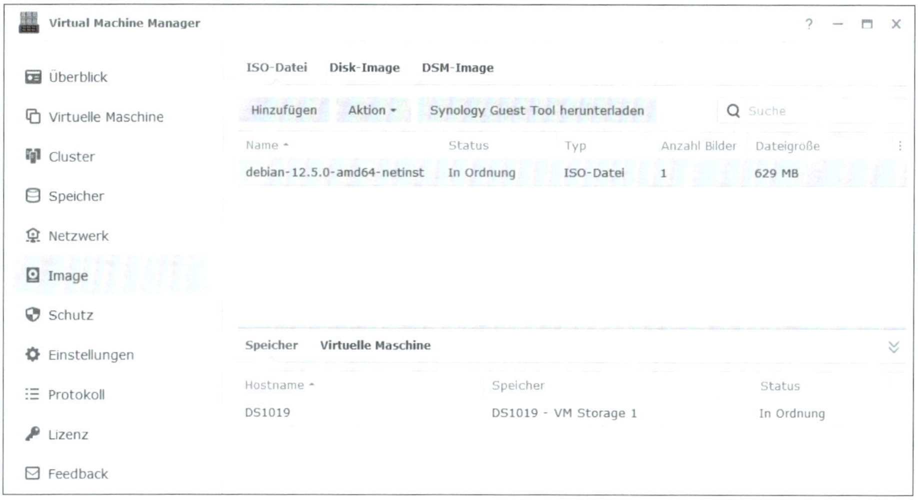

Abbildung 10.13 Laden Sie eine ISO-Datei mit den Installationsdaten zur DiskStation hoch.

Klicken Sie dann auf die Schaltfläche Hinzufügen. Im neuen Fenster können Sie auswählen, ob Sie das Datenträgerabbild vom lokalen Rechner oder von der DiskStation aus verwenden möchten. Im ersten Fall öffnet sich ein lokaler Datei-Browser, im zweiten Fall sehen Sie die Ordnerstruktur auf der DiskStation.

Navigieren Sie zur gewünschten Datei, und starten Sie den Hochladevorgang, für den Sie noch das gewünschte Ziel-Volume eintragen müssen. Bevor Sie den Vorgang starten, können Sie der Datei noch einen anderen Namen geben. Klicken Sie dazu einfach auf das Feld mit dem bisherigen Dateinamen. Unter dieser Bezeichnung wird die Datei später im Virtual Machine Manager aufgeführt sein. Das Hochladen geschieht im Hintergrund. Anschließend erscheint die ISO-Datei in der Tabelle. Sie können die Datei später über die Schaltfläche Aktion wieder löschen und jederzeit über die Schaltfläche Hinzufügen weitere ISO-Dateien hochladen.

Später werden Sie weiter unten im Fenster beim Eintrag Virtuelle Maschine ablesen können, welche Maschine welche ISO-Datei für die Installation verwendet. Sollten Sie für eine virtuelle Maschine ein anderes Disk-Image-Format verwenden wollen, dann können Sie ein solches auf dem Reiter Disk-Image hochladen. Unterstützt werden z. B. die Formate *.img*, *.vdi*, *.vhd* und *.vhdx*.

Nachdem Sie das Installationsimage hochgeladen haben, können Sie die eigentliche virtuelle Maschine erstellen. Hierbei werden Sie von einem Assistenten geführt. Wechseln Sie zunächst auf die Registerkarte Virtuelle Maschine, und klicken Sie dort auf die Schaltfläche Erstellen.

Sie können auch vorhandene virtuelle Maschinen importieren

Sollten Sie eine vorhandene virtuelle Maschine aus einem Disk-Image importieren wollen, dann öffnen Sie das Ausklappmenü der Schaltfläche Erstellen und wählen Importieren. Sie können dann eine virtuelle Maschine aus einem Disk-Image importieren. Alternativ können Sie auch eine OVA-Datei verwenden.

Sie sehen jetzt den Assistenten zur Erstellung von virtuellen Maschinen wie in Abbildung 10.14. Zunächst müssen Sie das Betriebssystem auswählen, das die virtuelle Maschine später verwenden soll.

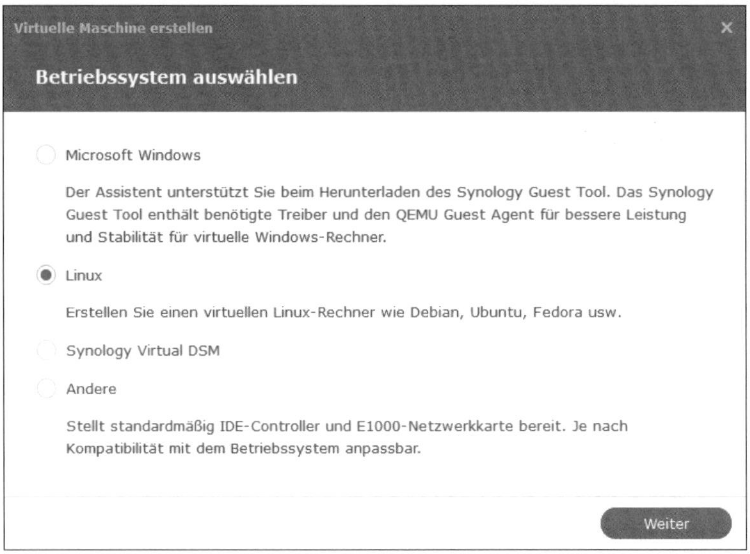

Abbildung 10.14 Wählen Sie das Betriebssystem für Ihre virtuelle Maschine.

Der Virtual Machine Manager muss hierüber Bescheid wissen, damit er grundlegende Einstellungen für die Virtualisierungsumgebung festlegen kann. Sie haben die Wahl, ob Sie ein Windows- oder ein Linux-System aufsetzen möchten.

Sie können außerdem eine virtuelle DSM-Installation anlegen oder mit einer allgemeinen Umgebung beginnen. Sollten Sie sich für Windows entscheiden, dann wird das dafür nötige *Guest Tool* berücksichtigt. Diese Softwarekomponente ist später nötig, damit Windows beispielsweise die richtigen Treiber für die virtuellen Hardwarekomponenten erhält. Wählen Sie unbedingt das Betriebssystem aus, das zu dem zuvor hochgeladenen Installationsimage passt.

Auf der nächsten Seite des Assistenten wählen Sie den Speicher aus, der die virtuelle Festplatte aufnehmen soll. In einer Liste sehen Sie alle Speichermöglichkeiten, die Sie bei der ersten Einrichtung des Virtual Machine Managers festgelegt haben.

Anschließend legen Sie wie in Abbildung 10.15 die allgemeinen (Hardware-)Spezifikationen der virtuellen Maschine fest.

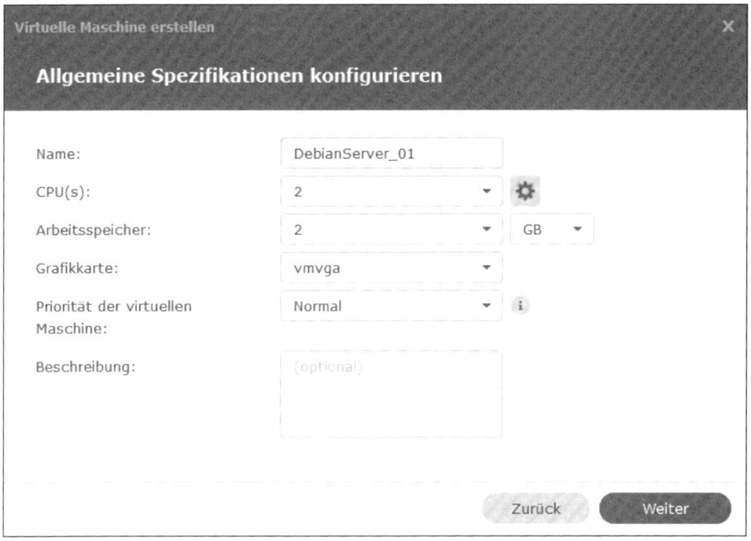

Abbildung 10.15 Konfigurieren Sie die Hardware der virtuellen Maschine.

Zunächst müssen Sie dem Gerät einen Namen geben. Danach stellen Sie ein, wie viele CPU-Kerne die virtuelle Maschine erhalten soll. Diese Einstellung machen Sie vom Leistungsbedarf abhängig: Für einfache Serveraufgaben reichen oftmals zwei CPU-Kerne aus. Höhere Werte sollten Sie einstellen, wenn Sie nur eine oder zwei virtuelle Maschinen gleichzeitig betreiben möchten und Ihre DiskStation ausreichende Leistungsreserven bietet. Klicken Sie als Nächstes auf das Zahnradsymbol neben dem CPU-Feld. Dort können Sie die Verteilung der Rechenleistung beeinflussen.

Wenn Sie mit einem Cluster arbeiten, können Sie unter den ERWEITERTEN OPTIONEN (siehe Abbildung 10.16) den CPU-KOMPATIBILITÄTSMODUS AKTIVIEREN. Dieser ist nötig, wenn eine virtuelle Maschine während der Laufzeit von einer DiskStation auf eine andere DiskStation wechseln soll und beide Geräte unterschiedliche Prozessoren verwenden. Falls Sie dies nicht planen, sollten Sie diese Option nicht anschalten.

Wenn Sie Windows als Betriebssystem verwenden möchten, dann aktivieren Sie bitte die Option HYPER-V ENLIGHTENMENTS VERWENDEN. Hyper-V ist eine Virtualisierungstechnik von Microsoft, die bei der Vermittlung zwischen der physischen Hardware des Host-Gerätes und der eigentlichen virtuellen Maschine behilflich ist. Sie wird von modernen Windows-Client-Systemen einschließlich Windows 8, Windows 10 und Windows 11 sowie von Windows Server 2019 unterstützt, bringt Sicherheitsfunktionen mit und kann Performance-Vorteile bieten.

Abbildung 10.16 Passen Sie die erweiterten Optionen für die virtuelle Maschine an.

Kontrollieren Sie auch die Einstellungen in der Rubrik QoS-Einstellungen (siehe Abbildung 10.16). Hier können Sie bestimmen, wie DiskStation und Virtual Machine Manager bei konkurrierenden CPU-Zugriffen verfahren sollen. Wenn es bei der virtuellen Maschine auf hohe Leistungsfähigkeit ankommt, dann können Sie eine Anzahl an CPU-Threads exklusiv für diese Maschine reservieren. Diese CPU-Threads stehen dann auf der DiskStation weder für andere virtuelle Maschinen noch für das eigentliche DSM des Host-Geräts zur Verfügung.

Beachten Sie dabei also, dass Sie mit dem Reservieren von Threads die Leistungsfähigkeit der Host-DiskStation zugunsten der Leistungsfähigkeit der virtuellen Maschine reduzieren.

Tragen Sie im Assistenten als Nächstes den gewünschten Wert für den Arbeitsspeicher ein, den die virtuelle Maschine erhalten soll (siehe Abbildung 10.15). Für den virtuellen Arbeitsspeicher wird der gewählte Teil des physischen Arbeitsspeichers der DiskStation verwendet. Auch wenn es der Assistent erlaubt, sollten Sie niemals den kompletten physischen Arbeitsspeicher der DiskStation auswählen: Bedenken Sie, dass der Arbeitsspeicher auch für die eigentlichen DSM-Dienste sowie für die Verwaltung der DiskStation benötigt wird.

Lassen Sie (als absolutes Minimum) immer mindestens 1 GByte, besser 2 GByte übrig. Wenn Sie nur eine einfache virtuelle Maschine erzeugen, dann genügen 2 GByte

Arbeitsspeicher völlig. Ganz einfache Anwendungen können sogar mit 1 GByte auskommen. Falls Sie allerdings datenintensive Dienste nutzen oder Windows als Betriebssystem verwenden möchten, müssen Sie einen höheren Wert einstellen (4 GByte oder mehr).

Als Nächstes können Sie auswählen, was für eine GRAFIKKARTE die virtuelle Maschine erhalten soll. Ihnen stehen folgende Optionen zur Verfügung:

- Bei der Einstellung CIRRUS wird eine sehr alte Grafikkarte mit einem *Cirrus Logic GD5446*-Chipsatz emuliert und der virtuellen Maschine präsentiert. Dieser Grafikchip war einst weit verbreitet und wird auch von sehr alten Betriebssystemen wie etwa der Windows 9x-Reihe unterstützt. Er bietet allerdings nur sehr geringe Grafikauflösungen. Sie sollten diese Einstellung nur wählen, wenn Sie tatsächlich ein sehr altes Betriebssystem installieren möchten, das mit modernen Grafikchips nicht umgehen kann.
- Mit der Option VGA wird eine Standardgrafikkarte nach dem VGA-Standard emuliert. Windows-Betriebssysteme ab der Version XP unterstützen diesen Grafikchip.
- VMVGA ist die modernste Variante und sollte die Standardeinstellung sein, wenn Sie ein modernes Betriebssystem wie etwa Windows 10 oder Windows 11 oder eine moderne Linux-Distribution installieren möchten.

Bedenken Sie bei der Wahl der Grafikkarte, dass Sie auf der DiskStation ohnehin keine virtuellen Maschinen installieren sollten, die großartige Grafikleistungen benötigen. Dazu reicht die Leistungsfähigkeit der Hardware einfach nicht aus. Nachrangig ist die Einstellung auch, wenn Sie ein Serverbetriebssystem installieren, das über eine Terminal-Verbindung fernbedient wird. Andererseits reicht die gebotene Leistung für ein Linux-System, das einen einfachen Desktop benutzt (etwa LXDE oder XFCE), völlig aus.

Im Feld PRIORITÄT DER VIRTUELLEN MASCHINE können Sie die Priorisierung der CPU-Zugriffe steuern. Dafür gibt es verschiedene Prioritätsklassen. Die höchste Stufe hat die Bezeichnung HOCH, und genau diese Priorität haben die Dienste und Anwendungen auf dem Host-DSM-System, also auf der eigentlichen DiskStation. Daraus können Sie entnehmen, dass sich virtuelle Maschinen stets unterzuordnen haben und nachrangig bedient werden. Virtuelle Maschinen bremsen also die Dienste der DiskStation nicht direkt aus. Eine Änderung der Priorität ist insbesondere dann vorteilhaft, wenn Sie mehrere virtuelle Maschinen betreiben möchten. Wenn eine davon leistungsmäßig zurückstehen darf, dann sollten Sie ihr eine niedrige Prozessorpriorität geben.

Abschließend können Sie noch im Feld BESCHREIBUNG einen kurzen Text eingeben, der beispielsweise das geplante Aufgabengebiet erläutert.

Auf der nächsten Seite des Assistenten kümmern Sie sich um die virtuelle Festplatte. Geben Sie in das Eingabefeld die gewünschte Größe an. Falls erforderlich, können Sie über die Plus-Schaltfläche auch mehrere virtuelle Festplatten anlegen. Über das Zahnrad-Symbol sind Erweiterte Optionen zugänglich (siehe Abbildung 10.17).

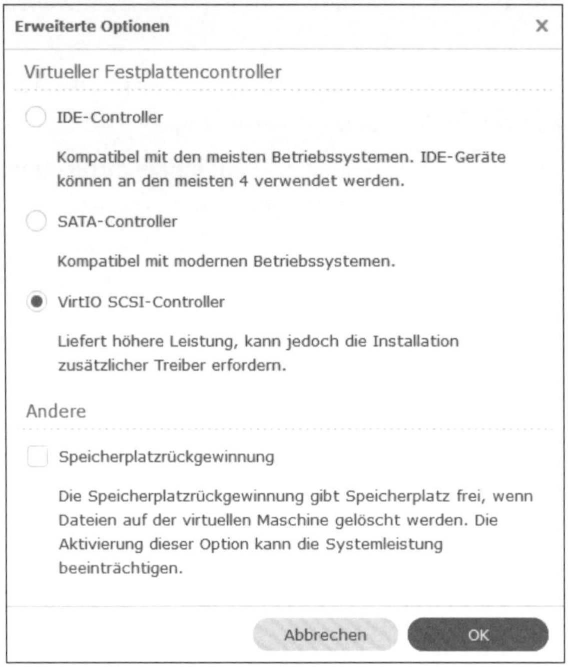

Abbildung 10.17 Sie können auch festlegen, welche Art von Festplattencontroller der virtuellen Maschine präsentiert wird.

Hier können Sie unter anderem den Speichercontroller auswählen, der der virtuellen Maschine präsentiert wird. Für ältere Betriebssysteme können Sie einen IDE-Controller auswählen. Moderne Systeme können den SATA-Controller verwenden. Die höchste Leistung bietet ein VirtIO SCSI-Controller, für den gegebenenfalls Treiber installiert werden müssen. Moderne Linux-Systeme bringen die notwendigen Treiber direkt mit; Sie können daher diese Einstellung für Linux-Gastsysteme aktivieren.

Wenn sich der Datenbestand der virtuellen Festplatte öfter ändert, sollten Sie die Speicherplatzrückgewinnung aktivieren (sofern sie verfügbar ist). Hierdurch wird auf der DiskStation der nicht mehr belegte Speicherplatz schneller wieder freigegeben.

Nachfolgend geht es dann um die virtuelle Netzwerkschnittstelle (siehe Abbildung 10.18).

Voreingestellt ist hier der virtuelle Switch, wie er auf der Registerkarte Netzwerk konfiguriert ist. Über das Zahnradsymbol können Sie wie in Abbildung 10.19 die MAC-Adresse der virtuellen Maschine einsehen und sie auf Wunsch verändern.

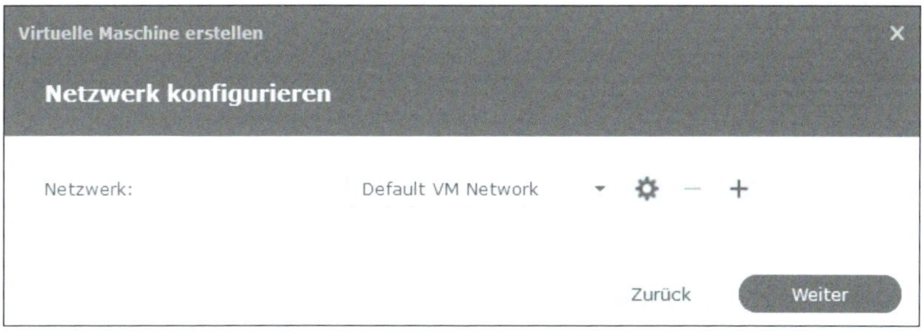

Abbildung 10.18 Für die Netzwerkkonfiguration ist der virtuelle Switch voreingestellt.

Abbildung 10.19 Die MAC-Adresse der virtuellen Maschine kann auf Wunsch angepasst werden.

Beachten Sie, dass die ersten drei Bytes den Hersteller codieren. Der Virtual Machine Manager wählt hier jedoch möglicherweise einen zufälligen Wert, der keinem Hersteller zugeordnet ist. Wenn Sie mit verschiedenen DiskStations mehrere virtuelle Maschinen erstellen, dann könnte es möglicherweise zu Adresskonflikten kommen, falls mehrere Maschinen zufälligerweise dieselbe MAC-Adresse erhalten. In diesem Fall müssen Sie manuell korrigierend eingreifen und einmalige MAC-Adressen festlegen.

Falls erforderlich, können Sie das Modell des Netzwerkadapters verändern. Die Einstellung virtio verspricht hohe Leistung und sollte bevorzugt genutzt werden. Sollte eine virtuelle Maschine damit Probleme haben, können Sie auch auf den bekannten (aber langsamen) *Realtek RTL8139*-Chip wechseln, der weit verbreitet ist und nahezu universell unterstützt wird.

Auf der folgenden Seite legen Sie wie in Abbildung 10.20 die sogenannten Anderen Einstellungen fest.

Im Feld ISO-DATEI FÜR SYSTEMSTART können Sie in der Ausklappliste das gewünschte ISO-Image auswählen, das Sie für die Installation des Betriebssystems verwenden möchten. Auf Wunsch können Sie auch eine ZUSÄTZLICHE ISO-DATEI einbinden. Bei Windows-Maschinen können Sie hier gleich das Image der benötigten Guest-Tools einbinden, damit diese sofort für die Installation zur Verfügung stehen.

Abbildung 10.20 Hier tragen Sie unter anderem den Pfad zur ISO-Datei für die Installation ein.

Das Feld AUTOSTART entscheidet darüber, ob die virtuelle Maschine zusammen mit dem Host-DSM-System gestartet werden soll. Damit ist die virtuelle Maschine zwar sofort nach dem Start der DiskStation verfügbar, belegt aber auch unmittelbar Systemressourcen. Falls Sie über die virtuelle Maschine wichtige Serverdienste anbieten möchten, werden Sie am Autostart interessiert sein.

In diesem Menü können Sie auch auswählen, welche Art von FIRMWARE für den Unterbau der virtuellen Maschine verwendet werden soll. Die Emulation eines klassischen BIOS ist einfacher als die eines UEFIs. Sollte das Gastsystem mit einem klassischen BIOS gut zurechtkommen, dann wählen Sie diese Option. Moderne Linux-Distributionen und auch Windows 10 und Windows 11 haben hiermit keine Probleme.

Danach können Sie das TASTATURLAYOUT anpassen. Sie können auf Wunsch zum deutschen Tastaturlayout wechseln, wobei dies für die spätere Bedienung der virtuellen Maschine über eine Browser-VNC-Schnittstelle nicht von Belang ist. Falls Ihre Anwendung es erfordert, können Sie der virtuellen Maschine auch einen USB-Controller spendieren und ein an die DiskStation angeschlossenes USB-Gerät an die virtuelle Maschine weiterreichen. Das funktioniert allerdings nur mit USB-Geräten, die selbst durch die DiskStation unterstützt werden (wie Massenspeicher und Audio-

Interfaces). Falls es Kompatibilitätsprobleme gibt, sollten Sie auf einen langsameren USB-2.0-Controller ausweichen. Wählen Sie dann im unteren Feld das gewünschte USB-Gerät aus.

Auf der letzten Seite des Assistenten – sie trägt den Titel ENERGIEVERWALTUNGSBERECHTIGUNGEN ZUWEISEN – legen Sie fest, welche Benutzer der DiskStation die virtuelle Maschine kontrollieren (also an- und abschalten, freigeben und mit Datenträgern bestücken) dürfen.

Abschließend sehen Sie eine Zusammenfassung mit allen wichtigen Einstellungen der virtuellen Maschine (siehe Abbildung 10.21). Wenn Sie möchten, dann können Sie ganz unten ein Kontrollkästchen aktivieren, womit die virtuelle Maschine unmittelbar nach ihrer Einrichtung gestartet wird. Klicken Sie abschließend auf FERTIG.

Abbildung 10.21 Zum Abschluss werden alle Einstellungen zusammengefasst.

Nachdem die Maschine angelegt ist, wird sie in der Tabelle auf der Registerkarte VIRTUELLE MASCHINE aufgeführt sein (siehe Abbildung 10.22).

Sofern es noch nicht geschehen ist, können Sie die virtuelle Maschine jetzt über die Schaltfläche EINSCHALTEN in Betrieb nehmen. Diese Schaltfläche arbeitet quasi wie ein Netzschalter eines Computers. Sie können mit ihr eine virtuelle Maschine auch ausschalten oder sie neu starten. Beim Ausschalten wird die Maschine nicht einfach abgeschaltet, sondern sie erhält (wie bei einem modernen Netzschalter) zunächst den Befehl zum Abschalten und fährt sich dann selbst herunter.

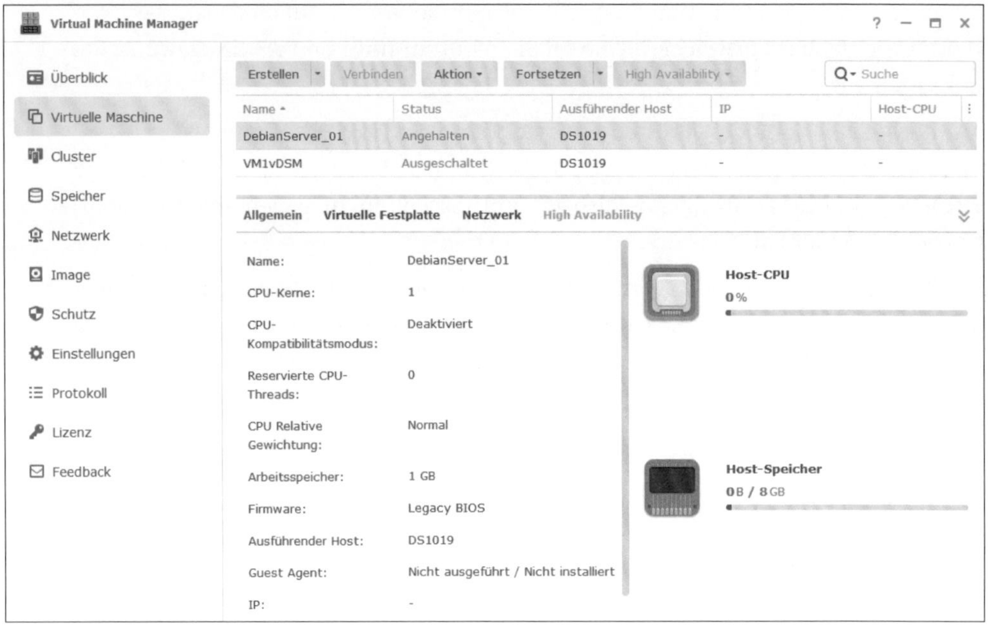

Abbildung 10.22 Die virtuelle Maschine ist in der Übersicht gelistet.

Beachten Sie, dass Sie den momentanen Betriebszustand einer virtuellen Maschine auch einfach abspeichern können. Klicken Sie dazu auf EINSCHALTEN • ANHALTEN. Dabei wird der Inhalt des Arbeitsspeichers der virtuellen Maschine auf die Festplatten der DiskStation abgespeichert. Sie können nun jederzeit, auch nach einem Neustart der DiskStation, bei der virtuellen Maschine auf EINSCHALTEN • FORTSETZEN klicken. Nach kurzer Wartezeit ist die Maschine wieder in demselben Zustand wie vor dem Anhalten.

Sobald Sie die virtuelle Maschine gestartet haben, nimmt diese im Hintergrund ihren Betrieb auf. Davon sehen Sie zunächst nicht allzu viel. Wenn Sie aber auf die Schaltfläche VERBINDEN klicken, so wird in einem neuen Tab im Browser eine noVNC-Sitzung mit der virtuellen Maschine aufgebaut und Sie sehen (wie in Abbildung 10.23) im Browser das, was die Maschine normalerweise auf einem Bildschirm ausgeben würde. Sie können im Browserfenster auch die Tastatur und Maus des lokalen Computers verwenden.

Am linken Rand finden Sie eine Symbolleiste, über die Sie eine Vollbildanzeige aktivieren können. Wenn Sie eine Linux- oder Windows-Maschine einrichten, dann werden Sie vermutlich vom Installationsprogramm begrüßt und können nun die Maschine wie jeden anderen Computer installieren und einrichten.

Sie können auch zukünftig die noVNC-Sitzung über die Schaltfläche VERBINDEN benutzen, sind aber nicht auf diese Art der Kontaktaufnahme beschränkt. Unter Windows können Sie etwa auch die Remotedesktopverbindung einrichten. Auf einen Linux-Server können Sie über ein SSH-Terminal zugreifen – schließlich benötigen Sie hier keine grafische Benutzeroberfläche. Auch ein weiteres angepasstes VNC-System lässt sich auf Wunsch unter den Betriebssystemen installieren und mit eigenen Client-Programmen nutzen. Der Virtual Machine Manager zeigt Ihnen auf der Registerkarte VIRTUELLE MASCHINE stets auch die aktuelle IP-Adresse an, die die virtuelle Maschine verwendet.

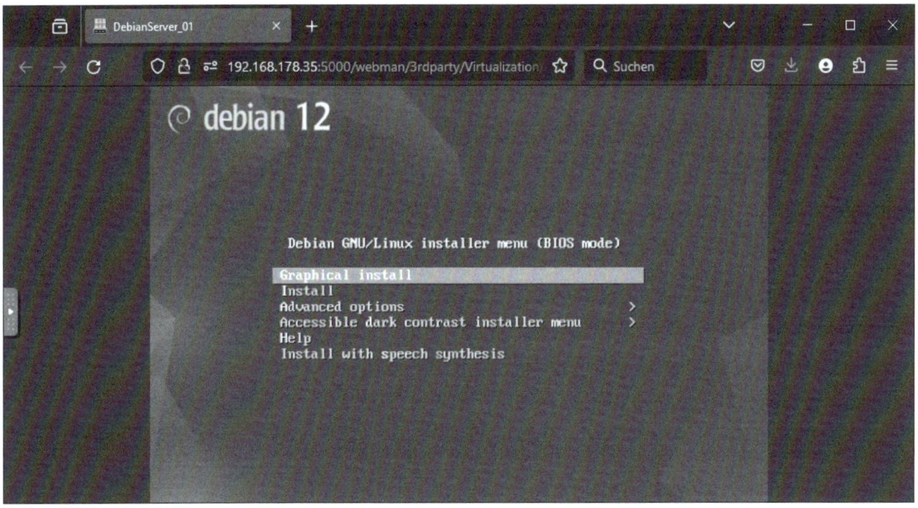

Abbildung 10.23 Über eine noVNC-Verbindung kann der Bildschirminhalt der virtuellen Maschine im Browser dargestellt werden.

Die eingebaute noVNC-Lösung lässt sich nicht mit externen Client-Programmen nutzen

Beachten Sie bitte, dass die eingebaute noVNC-Lösung nicht durch externe Client-Programme genutzt werden kann. Intern ist diese VNC-Schnittstelle so konfiguriert, dass sie nur durch localhost-Verbindungen von der DiskStation selbst kontaktiert werden kann. Falls Sie über externe VNC-Clientsoftware auf Ihre virtuelle Maschine zugreifen möchten, werden Sie um die Installation eines VNC-Servers in der virtuellen Maschine nicht umhinkommen.

Falls Sie eine virtuelle Maschine aus der Ferne bedienen möchten, interessieren Sie sich vielleicht für die in Abschnitt 10.1.5, »Die virtuellen Maschinen verwalten«, beschriebene Funktion zum Teilen bzw. Freigeben von virtuellen Maschinen.

10.1.4 Mit dem vDSM eine virtuelle DiskStation betreiben

Wie wir zuvor erwähnt haben, können Sie mit dem Virtual Machine Manager auch eine virtuelle Maschine für den DiskStation Manager anlegen und so eine »virtuelle

DiskStation« erzeugen, die sich hervorragend für eigene Experimente und zum Ausprobieren eignet. Beachten Sie, dass Sie für den Betrieb einer virtuellen DSM-Instanz eine Lizenz benötigen. Eine einzelne Lizenz hierfür bringt der Virtual Machine Manager direkt mit, und Sie können diese abwechselnd auf verschiedenen virtuellen DSM-Maschinen einsetzen.

Ein virtueller DSM unterscheidet sich in einigen Punkten von einem realen DSM. Sie können z. B. im virtuellen DSM kein eigenes RAID-System konfigurieren.

Um eine virtuelle DSM-Maschine zu erstellen, wechseln Sie im Virtual Machine Manager zunächst auf die Registerkarte IMAGE und dort auf den Reiter DSM-IMAGE. Sie müssen hier ein Image für die Installation des DSM-Systems erstellen. Klicken Sie also auf die Schaltfläche HINZUFÜGEN.

Der Assistent ermöglicht es zwar, ein Datenträgerabbild vom lokalen Rechner oder der DiskStation zu verwenden, bietet aber auch an, dieses direkt aus dem Internet herunterzuladen (siehe Abbildung 10.24). Dies ist vermutlich für die meisten Anwender die einfachste Option.

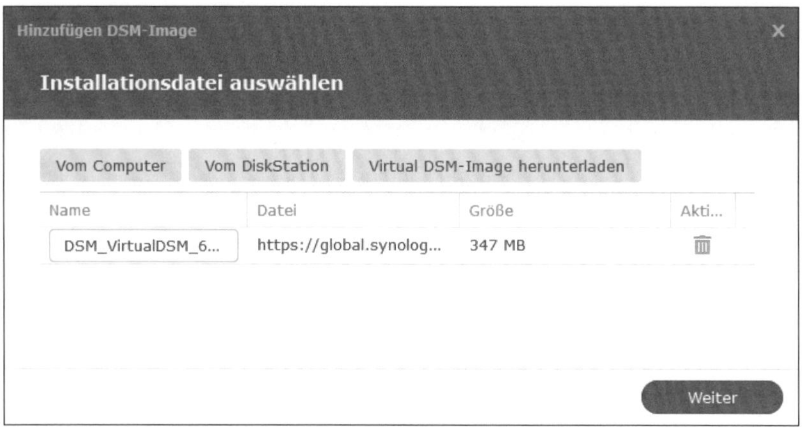

Abbildung 10.24 Laden Sie eine Image-Datei für die Installation vom DSM herunter.

Klicken Sie also auf die entsprechende Schaltfläche, und starten Sie den Download der Datei. Sie können dafür im Feld NAME einen eigenen Namen eingeben und müssen das Volume bestimmen, auf dem die Datei abgelegt werden soll. Beachten Sie, dass Sie gegebenenfalls auf der Website von Synology ältere Fassungen des DSM für Experimentierzwecke herunterladen können. Da es stets möglich ist, eine andere DSM-Version zu virtualisieren, als auf der DiskStation verwendet wird, können Sie auf diese Weise auch eine neue DSM-Fassung zunächst in einer virtuellen Maschine ausprobieren, bevor sie auf dem Host-Gerät Einzug hält.

Nachdem die Datei vollständig heruntergeladen wurde, wechseln Sie auf die Registerkarte VIRTUELLE MASCHINE (siehe Abbildung 10.5) und klicken dort auf die Schaltfläche ERSTELLEN. Sie legen jetzt eine neue virtuelle Maschine für das DSM an. Wählen Sie also aus, dass Sie SYNOLOGY VIRTUAL DSM als Betriebssystem verwenden möchten. Wie bei einer normalen virtuellen Maschine wählen Sie auf der folgenden Seite zunächst das Speicher-Volume aus, das die virtuelle Maschine für ihr Speichersystem nutzen soll.

Stellen Sie dann die Hardwarekonfiguration ein. Wählen Sie also die Anzahl an CPU-Kernen und die Menge an Arbeitsspeicher aus. Geben Sie nun die gewünschte Größe für die virtuelle Festplatte ein. Der hier eingestellte Speicherplatz wird anschließend durch die virtuelle DiskStation nutzbar sein. Es wird kein Zugriff auf das Dateisystem des Host-Geräts bestehen (es sei denn, Sie machen dieses durch Freigaben verfügbar).

Anschließend legen Sie die Netzwerkkonfiguration für die virtuelle Maschine fest. Danach können Sie einstellen, ob das virtuelle DSM automatisch mit der Host-DiskStation starten soll. Zum Schluss legen Sie noch fest, wer die virtuelle Maschine verwalten darf. Und schon sind Sie am Ziel angelangt.

Die virtuelle Maschine wird jetzt eingerichtet und steht nach kurzer Zeit auf der Registerkarte VIRTUELLE MASCHINE zur Verfügung. Dort können Sie die Maschine anschalten. Da Sie eine Lizenz zum Ausführen einer virtuellen DSM-Instanz benötigen, sehen Sie jetzt einen Lizenz-Assistenten. Fügen Sie zunächst die verfügbare Gratis-Lizenz zur neuen virtuellen Maschine hinzu (siehe Abbildung 10.25).

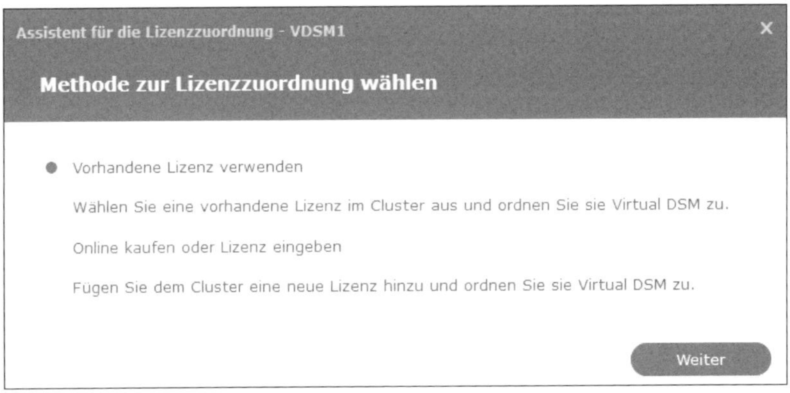

Abbildung 10.25 Sofern keine automatische Zuordnung aktiviert ist, müssen Sie eine Lizenz manuell zuweisen.

Falls Sie zukünftig weitere virtuelle DSM-Maschinen aufsetzen, dann können Sie diese Lizenz nur alternierend verwenden, es sei denn, Sie erwerben weitere Lizenzen von Synology.

Um eine Verbindung mit dem virtuellen DSM herzustellen, ist keine VNC-Sitzung nötig. Wie das Host-DSM bringt auch das virtuelle DSM sein eigenes Webinterface mit, das unabhängig vom Host-System bedient werden kann.

Eine vDSM-Lizenz zwischen zwei virtuellen Maschinen tauschen

Um die Lizenz zu wechseln, müssen Sie zunächst bei der ersten Maschine den Eigenschaften-Dialog aufrufen. Klicken Sie dazu auf Aktion • Bearbeiten. Wechseln Sie auf die Registerkarte Lizenz, und heben Sie dort die Lizenzzuordnung auf. Sie werden zur Bestätigung das Administratorpasswort eingeben müssen. Anschließend können Sie die zweite virtuelle Maschine starten und die freigewordene Lizenz verknüpfen.

Werfen Sie einen Blick auf den unteren Bereich der Registerkarte Virtuelle Maschine (dafür müssen Sie oben die virtuelle DSM-Maschine angeklickt haben). Sie finden dort die aktuelle IP-Adresse der Maschine. Sie können das Webinterface über den üblichen Port 5000 mit dieser IP-Adresse aufrufen. Alternativ zeigt ein Klick auf die Schaltfläche Verbinden die aktuelle IP-Adresse an und initiiert eine Verbindung mit dem Webinterface (siehe Abbildung 10.26).

Abbildung 10.26 Auf das vDSM wird direkt über eine normale Netzwerkverbindung zugegriffen.

10.1.5 Die virtuellen Maschinen verwalten

Rund um die virtuellen Maschinen hat der Virtual Machine Manager noch einige interessante Zusatzfunktionen zu bieten.

Auf der Registerkarte Virtuelle Maschine (siehe Abbildung 10.5) haben Sie schon die Funktionen zum Starten, Beenden und Neustarten kennengelernt, und wir haben

Ihnen auch schon die praktischen Funktionen zum Anhalten und Fortsetzen vorgestellt.

Über die Schaltfläche AKTION können Sie darüber hinaus Schnappschüsse erstellen und diese auch verwalten. Wie zuvor erwähnt, speichern Schnappschüsse den momentanen Datenbestand der virtuellen Maschine inklusive aller Konfigurationen und Einstellungen. Sie können im Virtual Machine Manager bis zu 32 Schnappschüsse einer virtuellen Maschine erstellen. Sollte es einmal zu einem fehlerhaften Zustand kommen, z. B. durch eine unvorsichtige Konfigurationsänderung oder durch eine Schadsoftware, dann können Sie die Maschine einfach auf den Inhalt zurücksetzen, die sie zum Zeitpunkt der Schnappschusserstellung hatte.

Klicken Sie zum Erstellen einfach auf AKTION • SCHNAPPSCHUSS ERSTELLEN, und bestätigen Sie den Vorgang im neuen Fenster. Dort können Sie auch einen beschreibenden Text eingeben und den Schnappschuss durch eine Sperre vor dem automatischen Löschen schützen (dazu gleich mehr). In einem Cluster können Sie Schnappschüsse auch automatisch replizieren lassen. Alle zu einer virtuellen Maschine gehörenden Schnappschüsse finden Sie unter AKTION • SCHNAPPSCHUSSLISTE (siehe Abbildung 10.27).

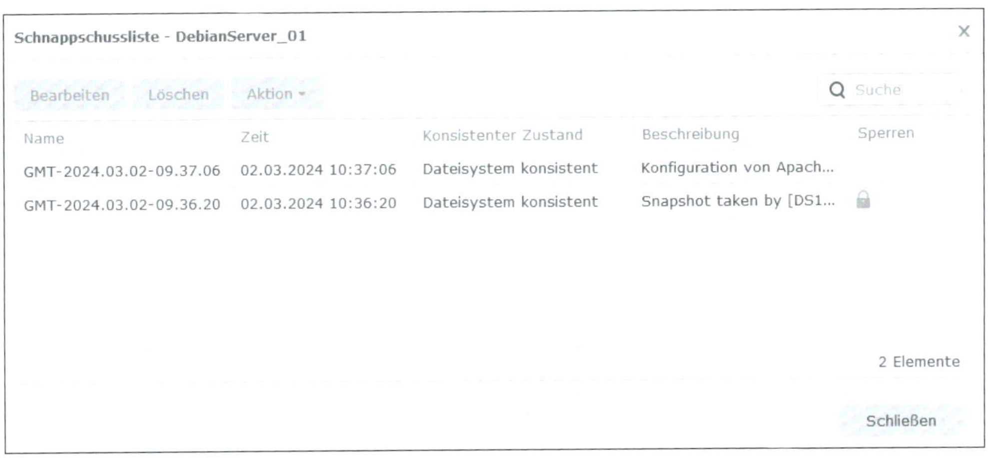

Abbildung 10.27 Mit Schnappschüssen kann der momentane Zustand einer virtuellen Maschine gesichert werden.

Dort können Sie einzelne Schnappschüsse löschen oder sie im Bedarfsfall über die Schaltfläche AKTION wiederherstellen. Sie können entweder die ursprüngliche virtuelle Maschine auf den Inhalt des Schnappschusses zurücksetzen oder eine weitere virtuelle Maschine mit dem Inhalt des Schnappschusses erstellen. Diese Funktion ist dann sehr praktisch, wenn Sie den früheren Zustand einer virtuellen Maschine nur vorübergehend benötigen.

Schnappschüsse können auch für virtuelle DSM-Maschinen genutzt werden. Sie lassen sich auch nach einem Zeitplan anlegen (siehe Abbildung 10.28). Diesen konfigurieren Sie auf der Registerkarte SCHUTZ.

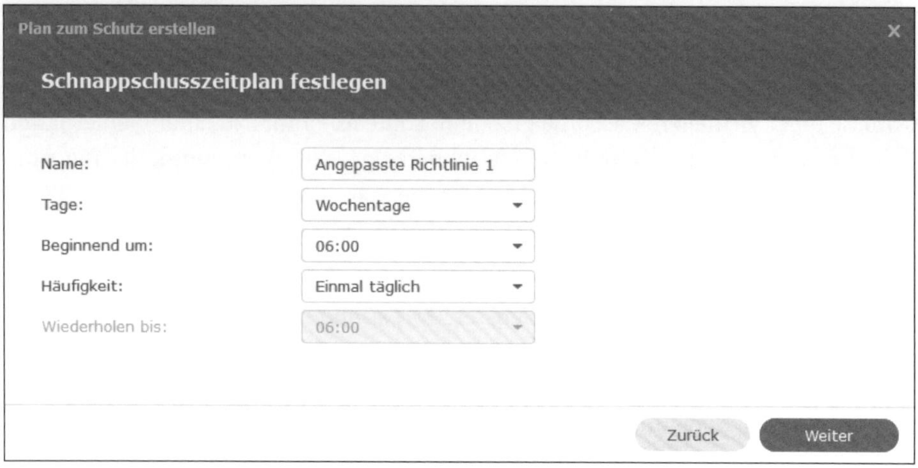

Abbildung 10.28 Schnappschüsse können automatisch nach einem Zeitplan erstellt werden.

Der Zeitplan kann z. B. so konfiguriert werden, dass an jedem Werktag zu einer bestimmten Uhrzeit ein Schnappschuss der virtuellen Maschine angelegt wird. Wenn die Maximalzahl an Schnappschüssen erreicht ist, dann wird der älteste automatisch gelöscht, es sei denn, er ist manuell vor der automatischen Löschung geschützt. Sie können jedoch auf der Registerkarte SCHUTZ auch einen individuellen Plan zur automatischen Löschung konfigurieren. Passen Sie dazu die Aufbewahrungsrichtlinie für Schnappschüsse an. Die Möglichkeit dazu haben Sie beim Anlegen eines Schnappschusszeitplans.

Eine weitere interessante Funktion ist die Freigabe einer virtuellen Maschine für andere Personen. Klicken Sie dazu auf AKTION • FREIGABE-LINK ERSTELLEN. In einem neuen Fenster sehen Sie einen Link, den Sie in die Zwischenablage kopieren oder per E-Mail versenden können (siehe Abbildung 10.29).

Sie können in dem Fenster den GÜLTIGKEITSZEITRAUM einschränken sowie einen Passwortschutz definieren. Wenn Sie den Link einem Gast zukommen lassen, so kann dieser über die noVNC-Schnittstelle im Browser auch aus der Ferne auf die virtuelle Maschine zugreifen.

Diese Funktion kann auch für den eigenen Gebrauch praktisch sein, wenn man etwa aus dem Büro oder dem Internetcafé auf die virtuelle Maschine zugreifen möchte und dort keine VPN-Verbindung aufbauen und auch keinen VNC-Client installieren kann. Bitte beachten Sie aber, dass der im Fenster gezeigte Link möglicherweise nur eine unverschlüsselte HTTP-Verbindung aufbaut. Es ist aber kein Problem, stattdessen eine verschlüsselte HTTPS-Verbindung zu nutzen. Verändern Sie einfach den angegebenen Port und die Protokollangabe, dann können Sie die Verbindung beispielsweise auch direkt über das Internet nutzen, sofern die DiskStation über den genutzten Port aus dem Internet angesprochen werden kann.

Abbildung 10.29 Der noVNC-Zugriff kann per Linkfreigabe mit anderen Personen geteilt werden.

Der einzige Wermutstropfen an dieser praktischen Funktion: Sie können mit dem normalen *Virtual Machine Manager* insgesamt lediglich zwei Freigabe-Links anlegen. Für eine größere Anzahl ist der lizenzpflichtige *Virtual Machine Manager Pro* erforderlich.

Schauen Sie sich generell auch einmal bei Gelegenheit die übrigen Funktionen an, die Ihnen über die Schaltfläche AKTION angeboten werden. Sie können virtuelle Maschinen beispielsweise klonen oder in Dateiform exportieren. Falls Sie eine Cluster-Umgebung nutzen, können Sie sie durch eine Migration auch zu einem anderen Host verschieben.

Für virtuelle DSM-Maschinen ist auch die Funktion AKTION • ZURÜCKSETZEN verfügbar. Mit ihr setzen Sie das Administratorkennwort und die Netzwerkkonfiguration zurück.

Nachdem Sie ein Weilchen mit virtuellen Maschinen gearbeitet haben, sollten Sie einen Blick auf die Registerkarte PROTOKOLL werfen (siehe Abbildung 10.30). Dort können Sie alle wichtigen Ereignisse und gegebenenfalls den auslösenden Benutzer einsehen. Auch die Erstellung von Schnappschüssen wird hier angezeigt. Beachten Sie bitte, dass diese Protokolleinträge nur im Virtual Machine Manager und leider nicht im Protokoll-Center angezeigt werden.

Abbildung 10.30 Im Protokoll werden alle wichtigen Ereignisse aufgelistet.

10.2 Docker mit »Container Manager«

Mit Docker können Sie Anwendungen betreiben, die nicht im Paket-Zentrum angeboten werden. Oder Sie starten gleich eine ganze vorkonfigurierte Programmsuite ohne viel Aufwand, denn mit Docker werden Anwendungen oder Server-Dienste in Containern bereitgestellt. Diese Container können aufeinander aufbauen und auch untereinander kommunizieren. Dabei kann in einem Container sowohl eine einfache Funktion, eine Anwendung oder eine ganze Programmsuite betrieben werden.

Wie Sie selbst zum Hafenmeister werden und Docker sicher beherrschen, zeigen wir Ihnen in diesem Abschnitt.

10.2.1 Etwas Theorie vorab

Ein Container enthält nur die notwendigsten Dateien, die er benötigt, um seine Aufgabe zu erfüllen. Er ist daher (meist) relativ schlank. Anders als bei einer klassischen Virtualisierung muss also nicht für jeden Container ein eigenes Betriebssystem installiert, gewartet und gepflegt werden. Möchten Sie z. B. LAMP (Apache, MySQL und PHP) auf mehrere Systeme verteilen, so bräuchten Sie mindestens drei virtualisierte Server, jeweils mit Betriebssystem und allem, was dazu gehört. Mit Docker können Sie diese stattdessen auf einem System in lediglich drei unabhängigen Containern betreiben.

Container bieten, gerade in der Entwicklung – aus der ja meistens eine Produktion hervorgeht – einen entscheidenden Vorteil: Entwicklungsumgebung und Produktionsumgebung können zu hundert Prozent identisch sein, und das sogar betriebssystemübergreifend. Entwickeln Ihre Kollegen etwa auf Mac-Systemen, so läuft der Container ebenso unter Windows oder Linux, denn es kommt ja darauf an, was im Container genutzt wird. Zusätzlich wird die Weitergabe deutlich vereinfacht, da Sie Ihre Container in der sogenannten Registry ablegen können. Diese kann bei Ihnen lokal laufen oder Sie nutzen die Docker-eigene Registry, die als Hub (analog zu GitHub) oder Store bezeichnet wird. Beim Hub/Store können Sie Ihre Ergebnisse entweder der Allgemeinheit zur Verfügung stellen oder (gegen Entgelt) auch rein privat nutzen.

Architektur und Ablauf

Zunächst möchten wir mit einem der häufigsten Verständnisfehler beim Docker-Einstieg aufräumen: Docker ist kein Ersatz für eine Virtualisierung!

Wenn Sie Docker einordnen wollen, dann ist es höchstens der große Bruder von chroot, das unter Linux dazu verwendet wird, Programme (oder Prozesse) voneinander zu trennen. Es ist zwar korrekt, dass mit Docker eine Art »kleine Virtualisierung« durchgeführt wird, aber anders, als Sie denken. Mit Docker betreiben Sie Container.

Diese Container sind in sich gekapselt und laufen für sich. Docker kann zwar auf einer virtuellen Maschine betrieben werden, muss es aber nicht. In Abbildung 10.31 sehen Sie die Unterschiede zwischen der Virtualisierung, wenn Docker direkt auf einem Rechner (engl. bare metal) läuft bzw. auf einem virtuellen Server.

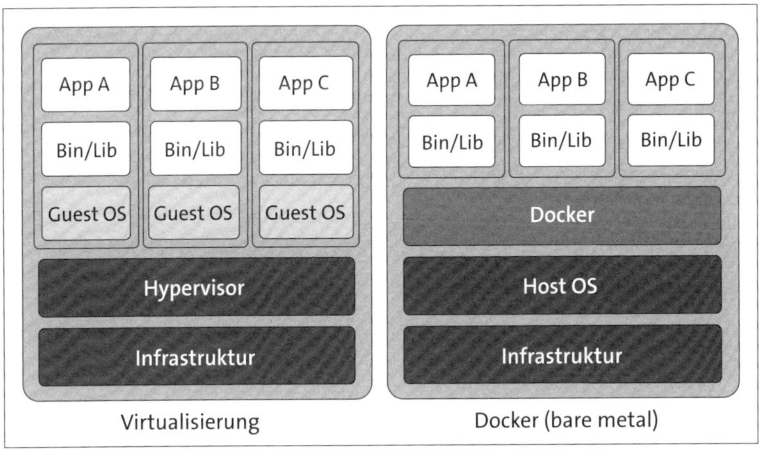

Abbildung 10.31 Architekturenvergleich

Die Vorteile von Docker bestehen vor allem darin, dass Sie deutlich weniger Administrationsaufwand haben. Wie Sie im Beispiel aus Abbildung 10.31 sehen, müssen für den Betrieb der Apps A bis C in der klassischen Virtualisierung vier Systeme administriert werden: der virtuelle Server selbst und pro Applikation ein vollständiges Betriebssystem (GuestOS). Dies reduziert sich dank Docker um drei Systeme.

Als Nächstes möchten wir Ihnen stark vereinfacht den Workflow von Docker etwas näher vorstellen. In Abbildung 10.32 sehen Sie den Ablauf für drei typische Kommandos: build dient zum Erstellen neuer Container, pull zum Laden von vordefinierten Images und run zum eigentlichen Ausführen von Containern.

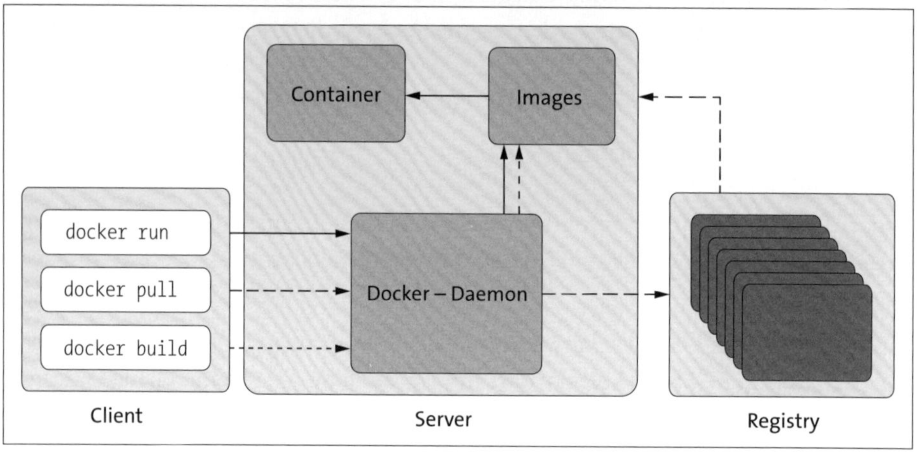

Abbildung 10.32 Der Docker-Workflow

Wie Sie sehen, greifen die Kommandos auf viele unterschiedliche Stellen zurück, um ihre Aufgabe zu erfüllen – dies erfolgt oft im Hintergrund, sodass Sie dies überhaupt nicht wahrnehmen.

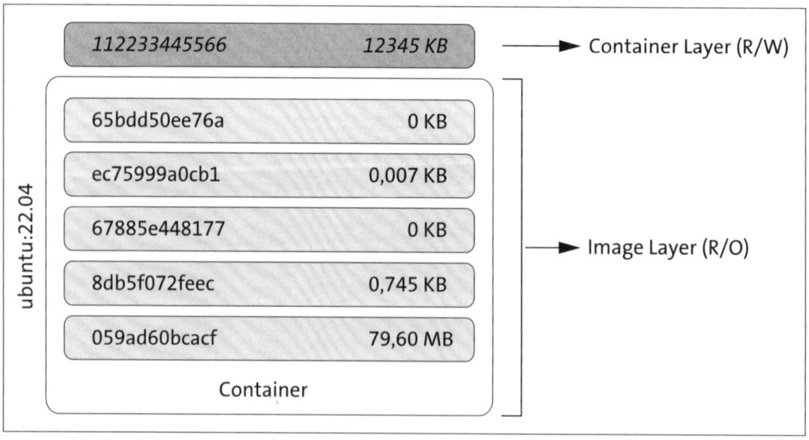

Abbildung 10.33 Unterschiede der Layer

In der Docker-Welt dreht sich alles um Layer, Images und Container. Bei Images handelt es sich um eine Zusammenstellung von schreibgeschützten Layern. Wenn ein

Image gestartet wird, wird ein Container daraus, der im Endeffekt nichts anderes ist als die Summe der schreibgeschützten Layer plus einem beschreibbaren Layer. Abbildung 10.33 verdeutlicht die Abgrenzung.

Da in einem Image keine Daten persistent sind, wird bei einem Neustart das Image meist komplett neu »gebaut«. Daher werden die meisten Konfigurationen »außerhalb« des Containers gespeichert. Bei einfachen Befehlen kann das entweder über Umgebungsvariablen geschehen, die beim Starten des Containers gesetzt werden, oder über persistente Speicher (Volumes), in denen Konfigurationsdateien abgelegt werden.

Docker ist hochgradig automatisiert und nimmt Ihnen sehr viel Arbeit ab – oftmals sogar, ohne dass Sie es überhaupt bemerken. Bevor wir aber ins Hafenbecken springen, möchten wir Ihnen die gängigsten Begriffe vorstellen.

Kompendium der Docker-Begriffe

Sie haben bereits einige Docker-spezifische Begriffe kennengelernt. Diese möchten wir Ihnen nun näher vorstellen und erörtern:

- Layer – kleinster Teil eines Image
- Image – eine Sammlung von schreibgeschützten Dateien zur Systemerstellung (vergleichbar mit einem Snapshot eines Dateisystems); es stellt die Basis für Container dar und ist ebenfalls schreibgeschützt.
- Container – eine ausführbare Instanz eines Image. Ein Container besteht aus einem Image, einer Ausführungsumgebung und einen Standardsatz von Anweisungen (z. B. einer Shell). Besteht ein Image nur aus schreibgeschützten Layern, stellt ein Container dieses Image mit einem zusätzlichen beschreibbaren Layer dar.
- Registry, Hub oder Store – ein Repository (engl. für »Lager«, »Quelle«) von Images. Kann lokal oder über das Internet betrieben werden. Meistens werden Sie in den »offiziellen« Docker-Angeboten http://hub.docker.com/ und http://store.docker.com/ fündig, es gibt aber auch noch andere Bezugspunkte. Achten Sie aber darauf, ob Sie diesen Anbietern vertrauen können.
- Tag (engl. für »Etikett«) – Bezeichnet die Versions- oder Releasenummer eines Image, dabei steht latest (engl. für »letztes«) immer für die aktuellste Version.
- Docker Machine – Zusatzsoftware für Mac und Windows, um Container dort betreiben zu können; auf Linux nicht erforderlich.
- Docker Stack – eine Zusammenfassung mehrerer Container zu einem Gesamtsystem
- Volumes – der Speicher von Containern ist nur zur Laufzeit gültig. Damit Daten permanent gespeichert werden (oder zwischen Containern ausgetauscht werden) können, werden Volumes eingesetzt.

In der Docker-Welt dreht sich alles um Images. Entweder laden Sie diese als Basis für Ihre eigenen Container herunter oder Sie verwenden diese (nach einer kleinen Konfiguration) so, wie sie sind. Sie können auch mehrere Images zu einem Bündel schnüren – was sich dann Stack nennt – und diese so komponieren, dass sie ihre Aufgabe maßgeschneidert erfüllen.

10.2.2 Installation und Betrieb

Nachdem Sie nun wissen, was ein Container ist und wie er aufgebaut ist, schauen wir uns die Implementierung auf der DiskStation an. Damit wir nicht nur theoretisch bleiben, sondern Ihnen die einzelnen Schritte an praktischen Beispielen zeigen können, werden wir in diesem Abschnitt einen Pi-hole als Container herunterladen, konfigurieren und in Betrieb nehmen.

Der Pi-hole ist ein beliebter, ursprünglich für den Raspberry Pi (daher auch die Namensgebung) veröffentlichter DNS-Server mit dem Ziel, Tracking- und Werbedienste im Internet zu blocken. Dazu nutzt er Sperrlisten, mit denen unerwünschte DNS-Anfragen direkt blockiert werden. Pi-hole wird über ein Webinterface konfiguriert und zeigt dort allerhand nützliche Statistikdaten an.

Nicht überfordern!

Auch wenn es verlockend ist, alle möglichen Dienste direkt und im Handumdrehen zum Laufen zu bringen, möchten wir Sie davor warnen, Ihre DiskStation zu überfordern. Auch wenn gerade neuere Modelle immer leistungsstärker werden, ist Ihre DiskStation kein Ersatz für einen echten Server!

Ein kleiner Dienst wie Pi-hole läuft problemlos auf der DiskStation, und auch viele andere schlanke Dienste werden Ihr NAS nicht überfordern. Wenn es aber komplexer und rechenintensiver wird, müssen Sie prüfen, dass Ihre Anwendungen nicht die Grundaufgaben der DiskStation beeinträchtigen.

Nach der Installation des Pakets *Container Manager* im Paket-Zentrum steht Ihnen das gleichnamige Dienstprogramm direkt zur Verfügung. Beim ersten Start erhalten Sie eine Willkommensmeldung mit ein paar nützlichen Hinweisen. Standardmäßig wird die Seite Überblick angezeigt. Nach der Installation sollte sie in etwa so aussehen wie in Abbildung 10.34.

Neben der aktuellen Auslastung Ihrer DiskStation werden dort laufende Container dargestellt – selbstverständlich läuft direkt nach der Installation noch kein Container. Das Menü auf der linken Seite enthält folgende Punkte:

- **Überblick**

  Darstellung der aktuellen Systemauslastung und der laufenden Container

- **Projekte**

  Übersicht der Projekte, deren Container, YAML-Konfigurationen und Einstellungen. Über Projekte werden mehrere Container zu einer Einheit gebündelt – dies erfolgt mittels *Compose*-Dateien.

- **Container**

  Details und Konfigurationsmöglichkeit zu den installierten Containern

- **Image**

  Übersicht und Bearbeitung der heruntergeladenen Images aus den Registrys und die Möglichkeit, manuell weitere Images hinzuzufügen

- **Registrierung**

  Konfiguration der verwendeten Registrys und übergreifende Suche darin. Sehen Sie uns bitte nach, wenn wir oftmals den gebräuchlicheren englischen Begriff verwenden, auch wenn Synology sich für eine Übersetzung entschieden hat.

- **Netzwerk**

  Übersicht und Konfiguration der Docker-Netzwerke. Standardmäßig:
  - bridge = eigenständiges Netzwerk für Docker (Default: 172.17.0.0/16)
  - host = Netzwerk der DiskStation

- **Protokoll**

  Übersicht, Export und Suche in den Protokolldateien von Docker

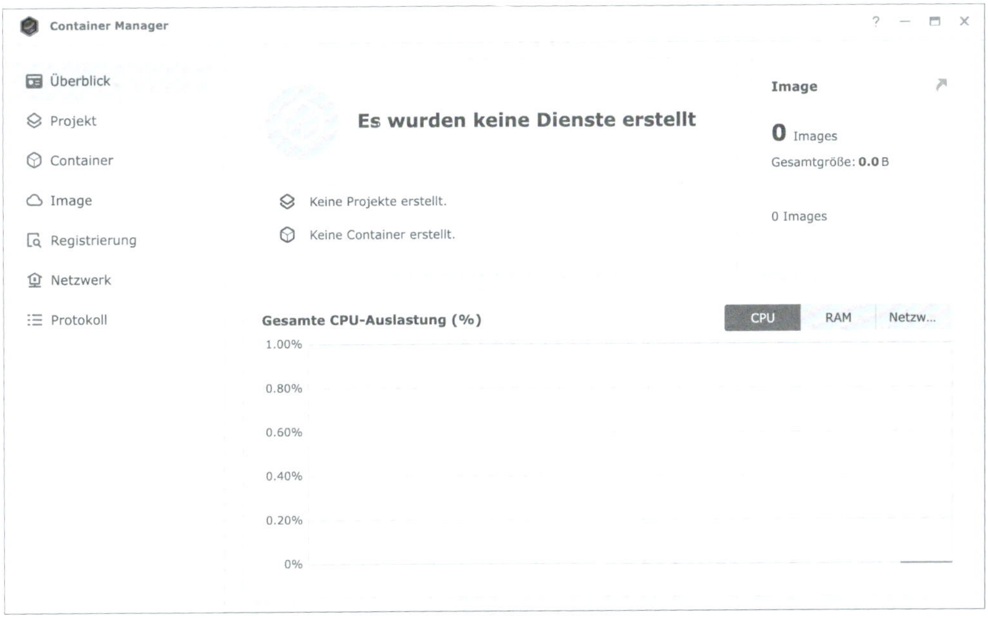

Abbildung 10.34 Die Ansicht direkt nach der Installation

Um einen (neuen) Container zu betreiben, ist (fast) immer der gleiche Ablauf notwendig:

1. Registrierung: Sie suchen das passende Image heraus und laden es herunter.
2. Image: Sie fügen individuelle Konfigurationen hinzu und bauen so Ihren Container.
3. Container: Sie starten den Container und sind schon fertig.

Genau diesen Ablauf wollen wir Ihnen nun am Beispiel von Pi-hole zeigen.

> **Achtung: DNS-Server abschalten!**
>
> Falls Sie auf Ihrer DiskStation bereits das Paket DNS-Server installiert haben, müssen Sie diesen Dienst stoppen, damit Pi-hole starten kann, denn es kann immer nur ein DNS-Server laufen, da sonst der Port blockiert ist.
>
> Öffnen Sie dafür das Paket-Zentrum, klicken Sie auf DNS-SERVER, und klappen Sie mit dem Button ÖFFNEN ein Kontextmenü auf. Dort können Sie STOPP auswählen, um den Dienst zu beenden.

Registrierung: Das Image laden

Öffnen Sie die Registrierung, und geben Sie im Suchfeld den Begriff »pihole« ein. Anschließend sollten Sie die Übersicht aus Abbildung 10.35 vorfinden.

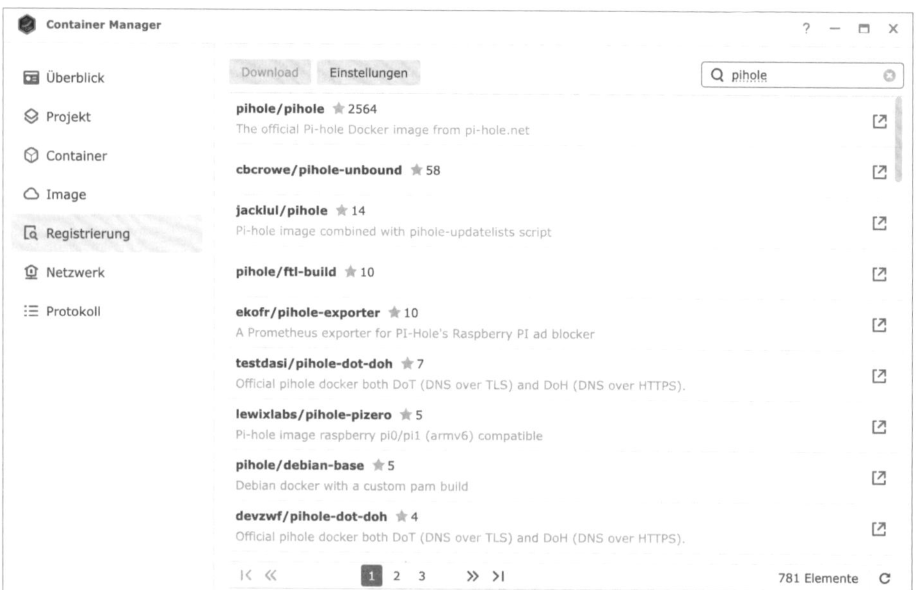

Abbildung 10.35 Diese Ergebnisse liefert eine Suche nach »pihole« in der Registrierung.

Der Aufbau der Suchergebnisse ist stets identisch: Jeder Treffer besteht aus dem Namen des Accounts, unter dem das Image erstellt wurde, und aus dem Namen des Image, der mit einem Schrägstrich vom Account-Namen getrennt ist. Dahinter wird mit einem Stern-Symbol die Anzahl der vergebenen Bewertungen dargestellt – was in der Regel ein ganz guter Indikator für die Qualität darstellt. Darunter findet sich in grauer Schriftfarbe eine Kurzbeschreibung zum Image. Über das Symbol ganz rechts können Sie den Link zum Image in der Registry öffnen. Dort finden Sie meistens viele nützliche Informationen, Kommandos, Kurzanleitungen oder Versionshinweise zum Image.

Wählen Sie den ersten Treffer mit dem Namen »pihole/pihole« aus, und klicken Sie auf den Button DOWNLOAD. Anschließend werden Sie gebeten, ein Tag auszuwählen. Wählen Sie hier LATEST aus, um die aktuellste stabile Version des Image herunterzuladen (siehe Abbildung 10.36).

Abbildung 10.36 Auswahl des Tags

Anschließend wird das Image heruntergeladen. Im Menüpunkt Image wird ein blaues Symbol (Badge genannt) mit einer weißen Zahl erscheinen, damit gekennzeichnet ist, dass Sie ein neues Image in Ihrer lokalen Installation vorliegen haben.

Image: Den Container konfigurieren

Wenn Sie nun das Menü Image öffnen, verschwindet das Badge sofort und Sie erhalten die Übersicht aus Abbildung 10.37.

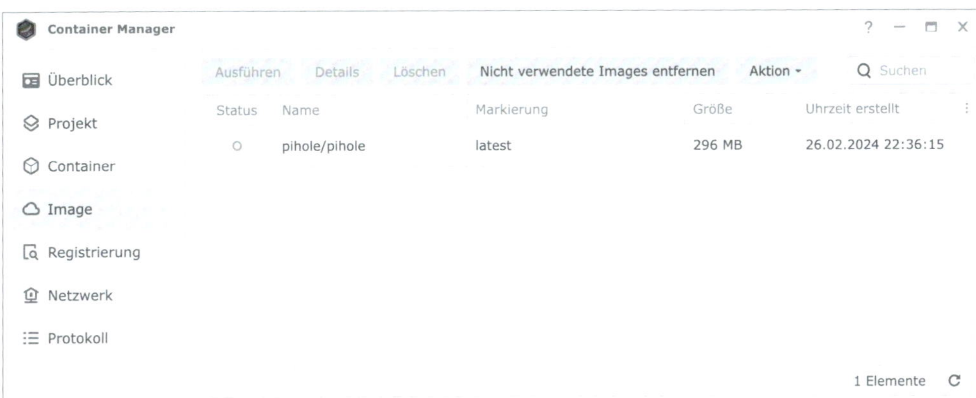

Abbildung 10.37 Das neue Image ist lokal verfügbar.

Wenn Sie nun das neu heruntergeladene Image auswählen und auf den Button AUSFÜHREN klicken, dann startet nicht etwa der Container, sondern der Dialog zur Konfiguration des Containers.

In dem Fenster, das sich nun öffnet (siehe Abbildung 10.38), werden Sie zunächst nach dem Containernamen gefragt. Standardmäßig wird als Vorschlag einfach die Zahl 1 an die Imagebezeichnung gehängt und der Schrägstrich durch einen Bindestrich ausgetauscht. Wenn Sie viele Container nutzen, sollten Sie selbstverständlich Namen verwenden, mit denen Sie Images leichter identifizieren können.

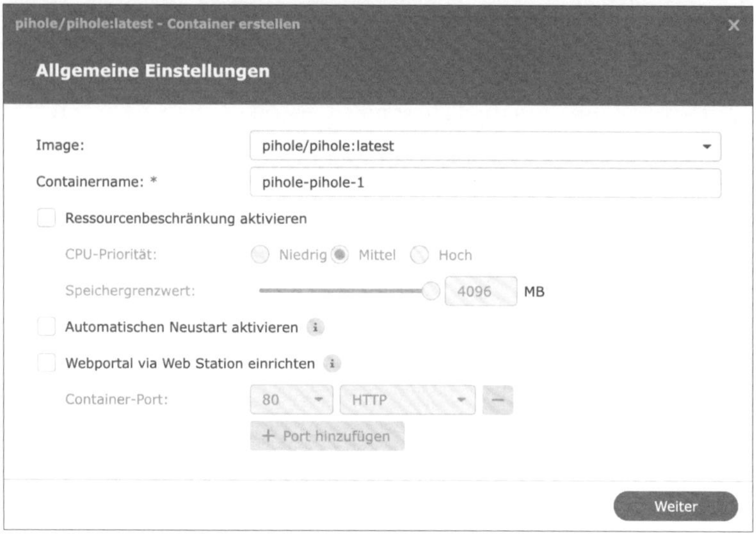

Abbildung 10.38 Allgemeine Einstellungen eines neuen Containers

Darüber hinaus können Sie die CPU-Priorität und die maximalen Ressourcen definieren. Beides ist für Pi-hole nicht erforderlich, kann aber sehr wichtig sein, wenn Sie anspruchsvollere Anwendungen auf Ihrer DiskStation nutzen wollen, aber gleichzeitig sichergestellt werden soll, dass diese nicht alle Ressourcen verschlingen. Begrenzen Sie dann entsprechend die Systemressourcen, die dem Container zur Verfügung stehen.

Setzen Sie den Haken bei AUTOMATISCHEN NEUSTART AKTIVIEREN. Wie der Name schon vermuten lässt, sorgt diese Einstellung dafür, dass bei einem Neustart der DiskStation der Container direkt mitgestartet wird. Wenn Sie den Dienst im Container immer nutzen wollen, sollten Sie diese Option aktivieren.

Falls Sie die Web Station einsetzen, können Sie über den Haken bei WEBPORTAL VIA WEB STATION EINRICHTEN Ihren Container über die Web Station verfügbar machen. Dies ist allerdings nur sinnvoll, wenn Sie den Container im Netzwerkmodus *bridge* betreiben, er also in einem eigenen Netzwerk läuft. Was es mit der Web Station auf sich hat, haben wir Ihnen übrigens in Abschnitt 10.1 erläutert.

Mit einem Klick auf WEITER gelangen Sie zum nächsten Fenster und den erweiterten Einstellungen. Diese sind in sieben Bereiche unterteilt:

- PORT-EINSTELLUNGEN: Zuordnung der lokalen Ports zu denen im Container
- VOLUME-EINSTELLUNGEN: Dauerhafte Zuordnung von Ordner und Dateien
- UMGEBUNG: Variablen, die zum Start des Containers gesetzt werden
- FUNKTION: Definiert, welche privilegierten Funktionen für den Container verfügbar sind; Container mit hoher Priorität verfügen über alle Funktionen
- NETZWERK: Angabe, ob ein exklusives Netzwerk für den Container oder das der DiskStation verwendet werden soll
- AUSFÜHRUNGSBEFEHL: Hierüber können Sie Befehle festlegen, die Sie im Container ausführen möchten.
- LINKS: Hierüber können Sie Ihren Container mit anderen Containern verknüpfen.

Für den Pi-hole müssen wir lediglich Anpassungen in den Bereichen VOLUME-EINSTELLUNGEN, UMGEBUNG und NETZWERK vornehmen.

Im Bereich VOLUME-EINSTELLUNGEN können Sie persistente Speicher anlegen. Damit Ihre Pi-hole-Konfiguration und auch die statistischen Daten einen Containerneubau überdauern, müssen Sie dafür mindestens zwei Ordner hinzufügen. Legen Sie dafür zunächst in der File Station den Ordner pihole im Ordner docker an und darin wiederum die Ordner dnsmasq.d und pihole. Nun können Sie über Ordner hinzufügen die beiden soeben erstellten Ordner zu Ihrem Container hinzufügen.

Anschließend müssen Sie diesen Ordner noch einem Mount-Pfad innerhalb des Containers zuordnen (*/docker/pihole/dnsmasq.d zu /etc/dnsmasq.d/* und */docker/pihole/pihole* zu */etc/pihole/*), so wie in Abbildung 10.39 dargestellt.

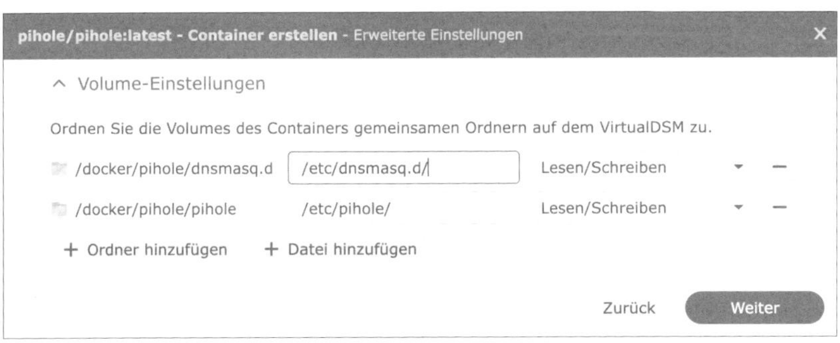

Abbildung 10.39 Volumes zuweisen

Damit haben Sie nun die beiden Ordner von Ihrer DiskStation mit dem Container verbunden. Auf diesem Wege können die Dienste aus dem Container persistent Daten auf das NAS schreiben.

Im Bereich UMGEBUNG sind bereits viele Variablen aus dem Image gesetzt (siehe Abbildung 10.40). Da wir Pi-hole im gleichen Netzwerk wie die DiskStation betreiben, würde das Image versuchen, den Standard-HTTP-Port 80 zu verwenden. Dieser wird natürlich bereits von der DiskStation verwendet, um das Webinterface zur Verfügung zu stellen. Um diesen Konflikt aufzulösen, fügen wir einfach die Variable WEB_PORT hinzu und geben ihr den Wert 8080.

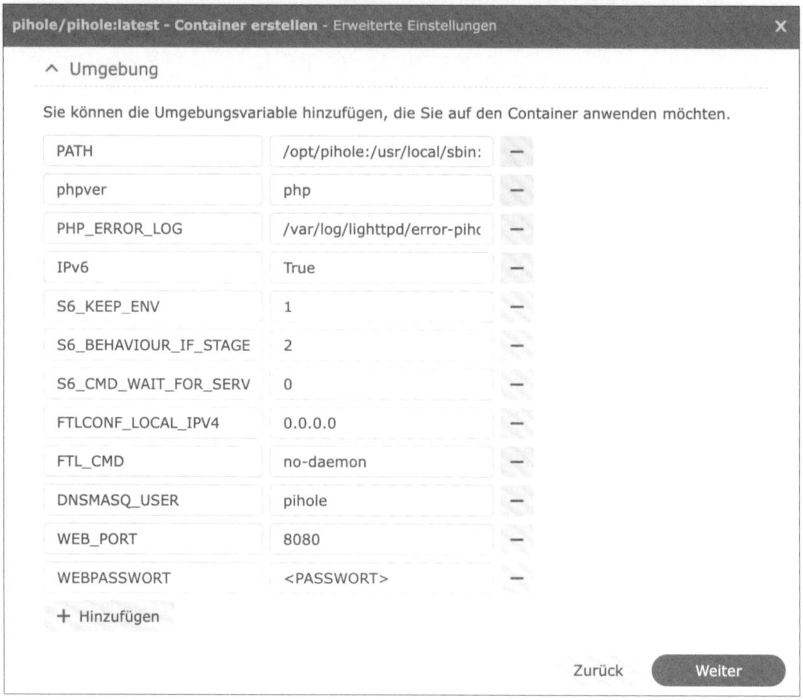

Abbildung 10.40 Umgebungsvariablen

Beim Start des Containers wird diese Variable ausgewertet und der Konflikt entsteht erst gar nicht, da der Container-Dienst nun einen anderen Port nutzt. (Falls 8080 bei Ihnen auch schon verwendet wird, zählen Sie am besten einfach weiter hoch: 8081, 8082, ...) Zusätzlich können Sie auch direkt die Variable WEBPASSWORD anlegen und ihr ein beliebiges Administrationspasswort mitgeben. Im Beispiel aus Abbildung 10.40 sehen Sie den Platzhalter <PASSWORT>.

Im Bereich NETZWERK müssen Sie unbedingt die Auswahl von NETZWERK auf HOST stellen, ansonsten kann der Pi-hole-Container nicht von anderen Geräten aus Ihrem Netzwerk erreicht werden.

Klicken Sie anschließend auf WEITER. Nun wird Ihnen noch eine Zusammenfassung der Einstellungen angezeigt. Stimmt alles, können Sie mit einem Klick auf den Button FERTIG die Konfiguration abschließen.

Container: Details

Herzlichen Glückwunsch! Ihr erster Container läuft bereits. Ja, ganz recht, ohne viel Tamtam hat der Container Manager einfach Ihre Konfiguration für bare Münze genommen und umgesetzt: Der Pi-hole-Container sollte jetzt im Hintergrund laufen.

Falls Sie den Haken bei WEBPORTAL VIA WEB STATION EINRICHTEN gesetzt hatten, folgt jetzt noch der Dialog zum Einrichten des Portals.

Im Reiter CONTAINER erhalten Sie eine Übersicht der zurzeit verwendeten Ressourcen eines jeden Containers und haben die Möglichkeit, diesen über einen Button direkt zu starten oder zu stoppen. Mit dem Button AKTION können Sie den Container stoppen, neu starten oder den Stopp erzwingen, wenn der Container läuft. Wenn der Container bereits gestoppt ist, können Sie ihn starten, zurücksetzen oder löschen.

Wählen Sie Ihren gerade erstellten Container aus, und klicken Sie auf DETAILS, öffnet sich eine neue Ansicht, die die eigentliche Schaltzentrale für Ihre Container darstellt (siehe Abbildung 10.41).

Abbildung 10.41 Details eines laufenden Containers

Die einzelnen Reiter wollen wir Ihnen nun etwas näher vorstellen:

- **Allgemein**

  Im Reiter ALLGEMEIN werden Ihnen nicht nur die aktuellen Daten und die zugewiesenen Ressourcen angezeigt, sondern auch die getroffenen Einstellungen (Volume, Umgebungsvariablen, Netzwerk und Ausführungsbefehl)

- **Statistik**

  Hier werden Ihnen die aktuell verbrauchten Ressourcen des Containers als Graphen angezeigt (CPU, RAM und Netzwerkauslastung). Zusätzlich werden Ihnen die laufenden Prozesse tabellarisch dargestellt.
- **Protokoll**

  Der Reiter PROTOKOLL wiederum zeigt das aktuelle Protokoll des Containers – im Wesentlichen eine Repräsentation des Syslogs.
- **Einstellungen**

  Hier können Sie die Einstellungen Ihres Containers nachträglich anpassen. Allerdings setzt eine Änderung voraus, dass der Container vorher gestoppt wurde, und es lassen sich auch nicht alle Konfigurationen aus dem Erstellungsdialog nachträglich ändern.

Zusätzlich können Sie über den Button AKTION ein eigenes Terminal starten. Über dieses können Sie sich mit dem laufenden Container verbinden und dort direkt (Linux-)Befehle absetzen. Bevor jetzt aber die Euphorie mit Ihnen durchgeht und Sie erwarten, dass Sie so ein vollständiges Linux-System vorfinden, müssen wir Sie an das Grundprinzip erinnern: Container sind schlank, da sie nur das Notwendigste enthalten, um ihre Aufgabe zu erfüllen!

Gehen Sie also nicht davon aus, dass Sie in der Shell eines Containers eine vollständige Linux-Umgebung vorfinden. Natürlich können Sie zur Laufzeit auch Pakete nachinstallieren – wenn Ihnen z. B. ein Editor fehlt, um Konfigurationen anzupassen, oder Befehle, um Fehlerprüfungen durchzuführen. Aber denken Sie daran, dass beim nächsten Neustart diese Änderungen wieder verschwunden sind und Sie damit eigentlich dem Container-Prinzip zuwiderhandeln: Container sind Wegwerfgegenstände, deren Konfigurationen außerhalb aufbewahrt werden. Im Container sollten Sie eigentlich nie etwas ändern müssen.

Abschluss: Pi-hole

Vor lauter Freude über den laufenden Container wollen wir Ihnen natürlich nicht vorenthalten, wie es jetzt mit Pi-hole weitergeht. Nach dem Start des Containers können Sie die administrative Weboberfläche ganz einfach über die URL <DISKSTATION>:8080/admin aufrufen. Selbstverständlich müssen Sie hier den Platzhalter <DISKSTATION> durch die IP-Adresse Ihrer DiskStation ersetzen und gegebenenfalls auch noch die Port-Nummer anpassen, falls Sie etwas anderes als 8080 gewählt haben. In unserem Beispiel verwenden wir 192.168.178.35:8080 (siehe Abbildung 10.42).

Über den Button LOGIN können Sie sich mit dem zuvor als Umgebungsvariable gesetzten Passwort anmelden und alle Konfigurationen vornehmen.

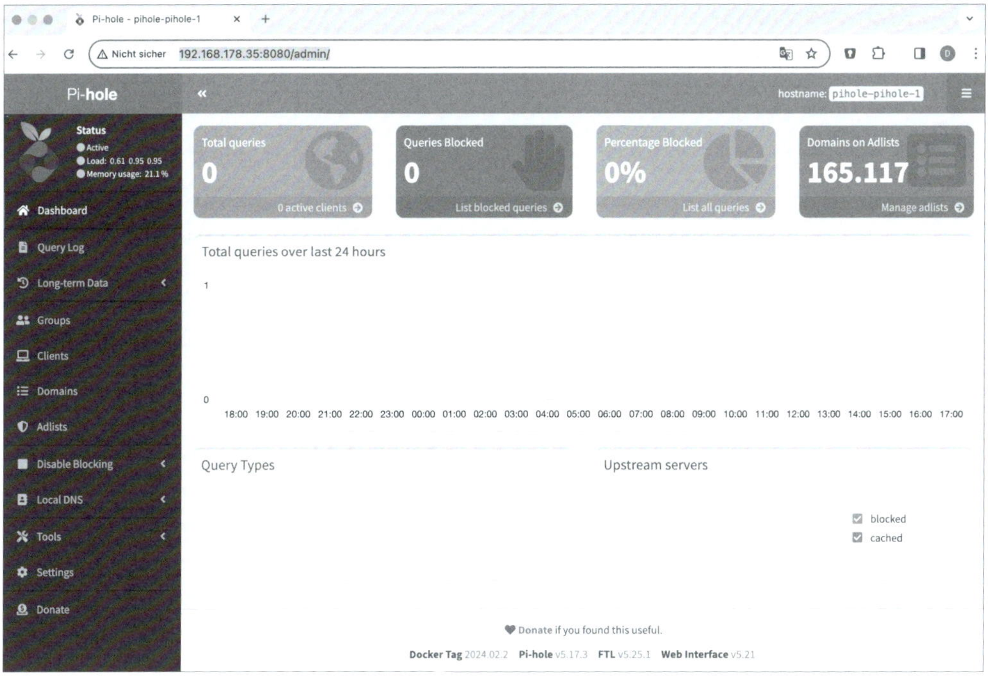

Abbildung 10.42 Die »Pi-hole«-Oberfläche im Browser

Damit die Endgeräte in Ihrem Netzwerk Ihren brandneuen Pi-hole auch verwenden, müssen Sie diesen dort als DNS-Server hinterlegen. Alternativ ist es sinnvoll, den DNS-Server von Ihrem DSL-Router verteilen zu lassen – so müssen Sie nicht jedes Gerät individuell anpassen.

Setzen Sie z. B. eine FritzBox ein, können Sie dies über Heimnetz • Netzwerk • Netzwerkeinstellungen • IP-Adressen • IPv4-Einstellungen • Lokaler DNS-Server einrichten. Dort steht standardmäßig die IP-Adresse Ihrer FritzBox. Tauschen Sie diese gegen die IP-Adresse Ihrer DiskStation aus, und schon werden alle DNS-Namen über Ihren Pi-hole abgerufen und entsprechend gefiltert. (Vorausgesetzt, die IP-Adresse wurde nach der Änderung neu bezogen. Schalten Sie dazu gegebenenfalls z. B. Ihr WLAN ab und wieder ein.)

Extra: Projekte

Sicherlich haben Sie sich schon gefragt, was sich im Reiter Projekt verbirgt. Dabei handelt es sich um einen Verbund von Containern, die gemeinsam eine Aufgabe erfüllen. In klassischer Docker-Sprechweise nennt man diese *docker compose*. Daher werden auch Projekte des Container Managers mittels einer *YAML*-Konfigurationsdatei erstellt. Diese können Sie entweder direkt hochladen oder im Dialogfenster eingeben.

10.3 Versionskontrolle mit Git

Morgen war gestern schon heute! Wie Sie Versionen von Dateien erzeugen, vergleichen und verwalten, zeigen wir Ihnen in diesem Abschnitt mit dem populären Versionsverwaltungssystem *Git*.

Versionskontrollsysteme oder auch Versionsverwaltungssysteme (engl. *Version Control Systems*, VCS) dienen, wer hätte es gedacht, zur Verwaltung und Kontrolle von Dateiversionen. Damit können Sie quasi einen Blick in die Vergangenheit werfen und verschiedene Versionen ein und derselben Datei verwalten und vergleichen. Darüber hinaus dienen sie zum konfliktfreien gemeinsamen Arbeiten an Dateien.

> **Nicht ohne Terminal!**
>
> Bitte beachten Sie, dass Sie Git auf der DiskStation nur verwenden können, indem Sie eine Vielzahl von Kommandos auf dem Terminal absetzen. Falls Sie davor zurückschrecken und es Ihnen primär um den Aspekt der Zusammenarbeit geht, dann schauen Sie sich doch einfach in Kapitel 4, »Die DiskStation über das Internet nutzen: Ihre private Cloud«, die Abschnitte zu Cloud Drive oder zur Office Suite an.

Versionskontrollsysteme werden überwiegend in der Softwareentwicklung eingesetzt, vor allem dann, wenn mehr als ein Entwickler an einem Programm arbeitet. Zur Verwaltung von Quelltexten ist dies die beste Möglichkeit. Aber auch in der Administration kann ein Versionsverwaltungssystem effektiv und sinnvoll eingesetzt werden, z. B. um Konfigurationsdateien zu verwalten. So kann hervorragend protokolliert werden, wer wann welche Änderungen vorgenommen hat oder welche Konfigurationen in einer neuen Programmversion nicht mehr gültig sind:

- **Archivierung**

  Dateien werden archiviert. Damit ist nachvollziehbar, wie sich Konfigurationen entwickelt haben, und Sie können bei Bedarf alte Stände wiederherstellen.

- **Protokollierung**

  Es kann jederzeit geprüft werden, wer was wann verändert hat und warum.

- **Wiederverwendbarkeit**

  Einmal erarbeitetes Wissen kann so weiterverwendet werden. Auch wenn gealterte Konfigurationsdateien nicht mehr lauffähig sind, müssen Sie die notwendigen Anpassungen nur einmal durchführen und können sich anschließend im Handumdrehen die Unterschiede anzeigen lassen.

In diesem Abschnitt zeigen wir Ihnen zunächst die Theorie, installieren anschließend den *Git Server*, und zu guter Letzt zeigen wir Ihnen mit *Gitea* noch eine Alternative, die Ihnen die Arbeit mit der Versionskontrolle erleichtern könnte.

10.3.1 Versionskontrolle von Anfang an

Aller Anfang ist schwer! Leider gilt dieses Sprichwort auch für Git, denn es gibt viele Begriffe und Konzepte, die Sie kennen müssen, weil Sie sonst mit Git wahrscheinlich mehr Chaos produzieren, als Ihnen lieb ist. Damit Ihnen der Anfang mit Git nicht allzu schwerfällt, möchten wir Ihnen vorab ein paar Hintergründe erläutern.

Begriffe rund um Git

Ihnen werden immer wieder die gleichen Begriffe begegnen, und bevor Sie den Wald vor lauter *Branches* nicht mehr sehen, wollen wir Ihnen die gängigsten Begriffe vorstellen:

- **Repository**

  Analog zur Paketverwaltung stellt ein Repository (engl. für »Lager«, »Quelle«) einen zentralen Ablageort dar. In einem Repository werden Daten gespeichert und verwaltet.
- **Local copy, Working copy, Arbeitskopie oder Arbeitsbereich**

  Die Arbeitskopie (oder wie immer sie sonst genannt wird) stellt Ihre lokale Kopie der Daten aus einem Repository dar. Dort nehmen Sie Ihre Änderungen vor.
- **Commit**

  Ein *Commit* übermittelt Änderungen an Ihr lokales Repository und stellt den ersten Schritt zur Veröffentlichung dar.
- **Push**

  Der *Push* übermittelt die Änderungen des lokalen Repositorys an ein entferntes Repository – ein Push kann dabei auch mehrere Commits verarbeiten.
- **Pull**

  Mit einem *Pull* bringen Sie Ihre Arbeitskopie auf den neuesten Stand: Ein Pull holt die geänderten Daten vom entfernten Repository.
- **Origin**

  Der *Origin* (engl. für »Ursprung«) gibt an, wo etwas herkommt. Dabei kann es sich um einen Hauptzweig (*Main*) oder um einen Unterzweig (*Branch*) handeln.
- **Main**

  Main ist der Hauptzweig eines Repositorys.
- **Branch**

  Ein *Branch* ist ein Unterzweig eines Repositorys. Über ihn können Sie Kopien einzelner Bereiche eines Repositorys erstellen und separat verarbeiten.
- **Conflict**

  Arbeiten mehrere Personen parallel an den gleichen Inhalten, kann es zu Konflikten kommen. Git weist Sie entsprechend darauf hin und bietet auch Möglichkeiten, um Konflikte aufzulösen.

- **Add**

  Damit Git eine Datei überwachen kann, muss diese der Versionsverwaltung hinzugefügt (engl. *add*) werden. Es genügt also nicht, die Datei einfach im Projekt-Verzeichnis abzulegen.

- **Revert**

  Damit können Änderungen zurückgezogen werden – solange sie nicht bereits weiter bearbeitet wurden.

Arbeitsweise

Nachdem wir einige Begriffe geklärt haben, wollen wir Ihnen nun die Arbeitsweise von Git näher vorstellen. Bevor wir uns also an die praktische Arbeit machen, folgt noch ein kleiner Theorie-Exkurs.

In Abbildung 10.43 haben wir Ihnen die gängigsten Git-Kommandos dargestellt. Sie sehen auch, auf welcher Ebene diese Kommandos arbeiten.

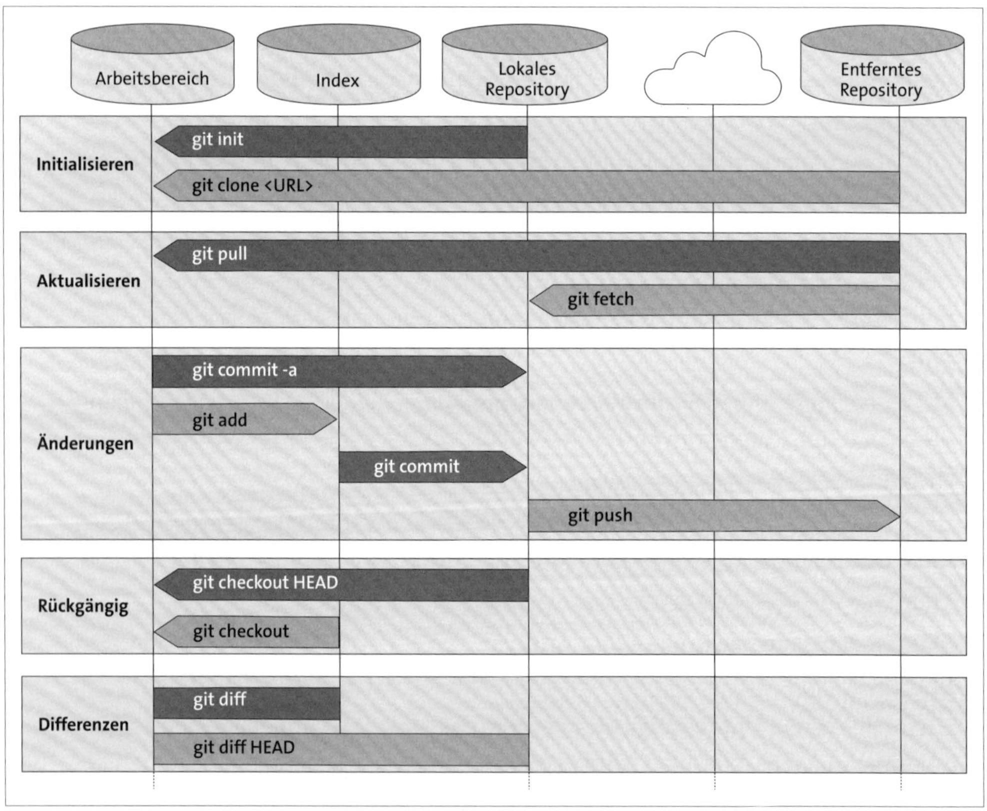

Abbildung 10.43 Übersicht der Umgebungen und Befehle

Entscheidend bei Git ist, dass nicht alles auf einem zentralen Server umgesetzt wird, sondern dass verschiedene Abläufe auf verschiedenen Ebenen erfolgen. Dabei hat es mit den unterschiedlichen Ebenen folgende Bewandtnis:

- **Arbeitsbereich**

  Der Arbeitsbereich ist Ihre lokale Kopie des Repositorys, in dem Sie Änderungen direkt durchführen.
- **Index**

  Der Index dient als Zwischenebene, bevor Daten an das lokale Repository übertragen werden.
- **Lokales Repository**

  Das lokale Repository stellt die eigentliche Versionskontrolle dar. In ihm werden die Daten verwaltet und gespeichert. Wenn Sie nur lokal arbeiten, ist dies bereits die letzte Ebene.
- **Die »Wolke«**

  Die Wolke soll eventuell genutzte Übertragungsprotokolle darstellen. Git ist in der Lage, über HTTP/HTTPS, FTP, SSH/rsync und das eigene Git-Protokoll Daten zu übertragen.
- **Entferntes Repository**

  Wenn Sie mit anderen kollaborieren, macht ein zentrales System Sinn, auf dem die Daten abgelegt werden. Dieses System kann aber auch von einem Dienstleister gestellt werden, z. B. von GitHub.

10.3.2 Git Server installieren und konfigurieren

Die Installation erfolgt wie üblich über das Paket-Zentrum. Suchen Sie dort nach »git«, wird Ihnen direkt das Dienstprogramm *Git Server* vorgeschlagen. Nach der Installation läuft Git bereits und alle administrativen Benutzer wurden berechtigt, Git zu nutzen. Wenn Sie das Dienstprogramm aus dem Hauptmenü starten, werden Sie schnell feststellen, dass Sie dort lediglich die Berechtigungen vergeben können. Aber wie legen Sie neue Repositorys an?

An dieser Stelle kommt es zu einer Besonderheit von Git. Im Gegensatz zu vielen anderen Programmen auf der DiskStation stellt Git nur einen Server zur Verfügung und keine administrative Oberfläche. Um Repositorys anzulegen, müssen Sie Kommandos im Terminal absetzen. Wie das geht und welche Vorbereitungen Sie vorab treffen müssen, zeigen wir Ihnen nun Schritt für Schritt.

Vorbereitungen

Zunächst müssen Sie, falls dies nicht bereits geschehen ist, den SSH-Dienst starten. Alle Details dazu haben wir Ihnen bereits in Abschnitt 5.5, »Der Zugriff auf die DiskStation via SSH«, genau erläutert, daher folgt hier nur ein kurzer Abriss dazu:

1. Öffnen Sie SYSTEMSTEUERUNG • TERMINAL UND SNMP • TERMINAL.
2. Setzen Sie nun den Haken bei SSH-DIENST AKTIVIEREN.
3. Belassen Sie den Port auf 22.

   (Selbstverständlich können Sie hier auch einen beliebigen anderen Port verwenden, allerdings beziehen sich die Kommandos in diesem Abschnitt immer auf den Standard-SSH-Port 22.)

Nun sollten Sie noch einen eigenen, freigegebenen Ordner für Git erstellen. Öffnen Sie dafür die SYSTEMSTEUERUNG und dort FREIGEGEBENE ORDNER. Über den Button ERSTELLEN können Sie einen freigegebenen Ordner erstellen. Da die mit Git auf dem Server gespeicherten Dateien nicht direkt über die Verzeichnisstruktur geöffnet werden können, ist es auch nicht erforderlich, dass der freigegebene Ordner in der Netzwerkumgebung sichtbar ist. Ebenso benötigen Sie dort keinen Papierkorb. Ihre Einstellungen sollten also in etwa so aussehen wie in Abbildung 10.44.

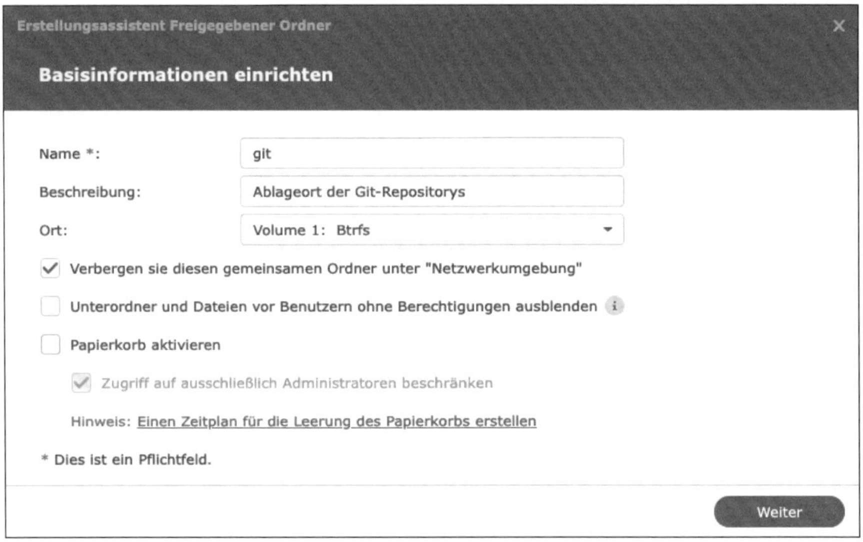

Abbildung 10.44 Ein eigener freigegebener Ordner für Git

Damit sind die Vorbereitungen schon abgeschlossen und wir können das erste Repository anlegen.

Das erste Repository anlegen

Greifen Sie zunächst mit SSH auf Ihre DiskStation zu. Starten Sie dafür auf einem Windows-System die *Eingabeaufforderung* (START • AUSFÜHREN • `cmd.exe`) und auf einem Mac- oder Linux-System ein beliebiges Terminal. Geben Sie anschließend den Befehl aus Listing 10.1 ein:

```
ssh <USER>@<DISKSTATION> -p <PORT>
```

Listing 10.1 Aufbau einer SSH-Verbindung zur DiskStation

Dabei ersetzen Sie den Platzhalter `<USER>` durch Ihren administrativen Benutzer, `<DISKSTATION>` durch die IP-Adresse Ihrer DiskStation (in unseren Beispielen bisher `192.168.178.35`) und `<PORT>` durch den zuvor festgelegten SSH-Port (im Beispiel `22`). Im Übrigen können Sie den Parameter `-p` auch weglassen, wenn Sie beim Standard-Port 22 geblieben sind.

Anschließend navigieren Sie in den neu angelegten freigegebenen Ordner (`cd /volume1/git/`) und legen dort ein neues Verzeichnis mit dem Namen des Repositorys an (`mkdir kochrezepte`). Anschließend wechseln Sie in dieses Verzeichnis (`cd kochrezepte`) und initialisieren das Repository (`git init -bare`). Die Ausgaben sollten dann so aussehen wie in Listing 10.2:

```
daniel@rs818:/$ cd /volume1/git/
daniel@rs818:/volume1/git$ mkdir kochrezepte
daniel@rs818:/volume1/git$ cd kochrezepte
daniel@rs818:/volume1/git/kochrezepte$ git init --bare
hint: Using 'master' as the name for the initial branch. This default
hint: branch name is subject to change. To configure the initial branch
hint: name to use in all of your new repositories, which will suppress
hint: this warning, call:
hint:
hint: git config --global init.defaultBranch <name>
hint:
hint: Names commonly chosen instead of 'master' are 'main', 'trunk'
hint: and 'development'. The just-created branch can be renamed via
hint: this command:
hint:
hint: git branch -m <name>
Initialized empty Git repository in /volume1/git/kochrezepte/
```

Listing 10.2 So erstellen Sie das Repository »kochrezepte«.

Im Beispiel aus Listing 10.2 sehen Sie, wie das Repository *kochrezepte* im freigegebenen Ordner *git* angelegt wurde. Falls Ihre DiskStation über mehrere Volumes verfügt und Sie beim Erstellen des freigegebenen Ordners ein anderes Volume ausgewählt haben (vergleiche Abbildung 10.44), dann müssen Sie den Pfad entsprechend anpassen.

Nun können alle berechtigten Benutzer das Repository herunterladen. Im Git-Jargon wird das auch als *Klonen* bezeichnet. Installieren Sie dafür auf Ihrem Client zunächst einmal Git (*https://git-scm.com/downloads*). Die Syntax zum Klonen lautet:

```
git clone ssh://<USER>@<DISKSTATION>:<PATH>
```

Listing 10.3 Syntax zum Herunterladen eines Repositorys

Dabei ersetzen Sie erneut den Platzhalter `<USER>` durch Ihren Benutzer, `<DISKSTATION>` durch die IP-Adresse Ihrer DiskStation (in unseren Beispielen bisher `192.168.178.35`) und `<PATH>` durch den Pfad zum Repository (im Beispiel `/volume1/git/kochrezepte/`).

In Listing 10.4 lädt der Nutzer `dennis` das noch leere Repository herunter – dementsprechend weist Git uns auch darauf hin, dass das Repository noch keinen Inhalt besitzt:

```
$ git clone ssh://dennis@192.168.178.35:/volume1/git/kochrezepte/
Cloning into 'kochrezepte'...
dennis@192.168.178.35's password: <PASSWORD>
warning: You appear to have cloned an empty repository.
```

Listing 10.4 Das Beispiel-Repository »kochrezepte« wird heruntergeladen.

Rechte nicht vergessen!

Falls Git sich partout weigert, das Repository herunterzuladen, und dies mit der Fehlermeldung

```
Permission denied, please try again.
fatal: Could not read from remote repository.

Please make sure you have the correct access rights
and the repository exists.
```

quittiert, sollten Sie die Berechtigungen überprüfen. Denn nur weil der *Git Server* einen Benutzer zulässt, muss das nicht automatisch für den *freigegebenen Ordner* gelten. Öffnen Sie also die Systemsteuerung • Freigegebene Ordner, wählen Sie Ihre Ordner aus, klicken Sie auf Bearbeiten, öffnen Sie den Tab Berechtigungen, und passen Sie die Rechte gegebenenfalls an. Dies ist ein Paradebeispiel dafür, dass Gruppenberechtigungen sinnvoll sind. Details dazu finden Sie in Abschnitt 1.3, »Benutzerkonten einrichten und Rechte verwalten«.

Um weitere Repositorys zu erzeugen, müssen Sie lediglich die Arbeitsschritte in diesen Abschnitt wiederholen, oder Sie setzen einen Helferdienst wie Gitea ein.

10.3.3 Bequemer mit Gitea

Git wäre niemals so populär geworden, wenn es nur über das oftmals sperrige und umständliche Terminal gesteuert werden könnte. Den richtigen Durchbruch hat Git erfahren, seitdem es spezielle Plattformen gibt, die die Funktionen über eine komfortable Weboberfläche anbieten. Den wichtigsten Anbieter kennen Sie wahrscheinlich: *GitHub*.

Damit Sie Ihre eigenen Repositorys ähnlich bequem verwalten und verwenden können, zeigen wir Ihnen in diesem Abschnitt, wie Sie *Gitea* installieren, einrichten und zusätzlich zum Git-Server auf Ihrer DiskStation betreiben können.

Gitea ist eigenständig!

Bitte beachten Sie, dass *Gitea* nicht auf dem *Git Server* aufsetzt, den wir im vorigen Abschnitt vorgestellt haben. Stattdessen handelt es sich um eine eigenständige Installation, und daher können Sie nicht über *Gitea* auf bereits vorhandene Repositorys zugreifen. Außerdem verfügt *Gitea* über eine eigenständige Benutzerverwaltung, sodass ihre DiskStation-Benutzer sich nicht automatisch auch an *Gitea* anmelden können.

Einfach, simpel, gut: Gitea

Der Slogan von *Gitea* bringt es eigentlich schon ganz gut auf den Punkt:

> *Gitea: Git with a cup of tea*
>
> *Ein einfacher, selbst gehosteter Git-Service*

Das Open-Source-Programm Gitea ist in *Go* geschrieben und hat sich selbst zu Ziel gesetzt, ein leichtgewichtiges Code-Hosting zu bieten, das von einer offenen Community verwaltet wird. Und genau das ist es auch. Das äußerst zugängliche Programm mit der schlichten Oberfläche macht genau das, wofür es da ist: einfach Git-Repositorys verwalten.

Leider wird Gitea nicht direkt im Paket-Zentrum angeboten. Allerdings ist es als Paket über die *SynoCommunity* zu finden. Wie Sie die Paketquellen erweitern, haben wir in Abschnitt 2.4.5, »Weitere Paketquellen hinzufügen«, im Detail erläutert. Daher folgt hier nur eine ganz kurze Auffrischung.

Installation

Öffnen Sie das PAKET-ZENTRUM, und klicken Sie auf EINSTELLUNGEN. Wechseln Sie in den Tab PAKETQUELLEN, und klicken Sie auf den Button HINZUFÜGEN. Geben Sie als

Namen `SynoCommunity` und als Ort *https://packages.synocommunity.com/* an, und bestätigen Sie Ihre Eingabe mit OK.

Anschließend können Sie einfach im Paket-Zentrum nach Gitea suchen, und Ihnen wird das Paket aus den *SynoCommunity*-Paketquellen angezeigt. Bei der Installation werden Sie darauf hingewiesen, dass während der Installation auch Git installiert wird. Das heißt, auch wenn Sie bereits einen *Git Server* betreiben, muss für Gitea auch die Clientvariante von Git installiert werden.

Danach erhalten Sie noch einen Warnhinweis, dass Sie Pakete von Drittanbietern installieren, die nicht von Synology verifiziert wurden. Sobald Sie den Hinweis mit AKZEPTIEREN bestätigen, erfolgen die Installation und anschließend die Konfiguration.

Wie Sie in Abbildung 10.45 sehen, werden Sie zunächst nach dem Ablageort Ihrer Repositorys befragt. Dabei wird der Wert standardmäßig auf *gitea-share* gesetzt.

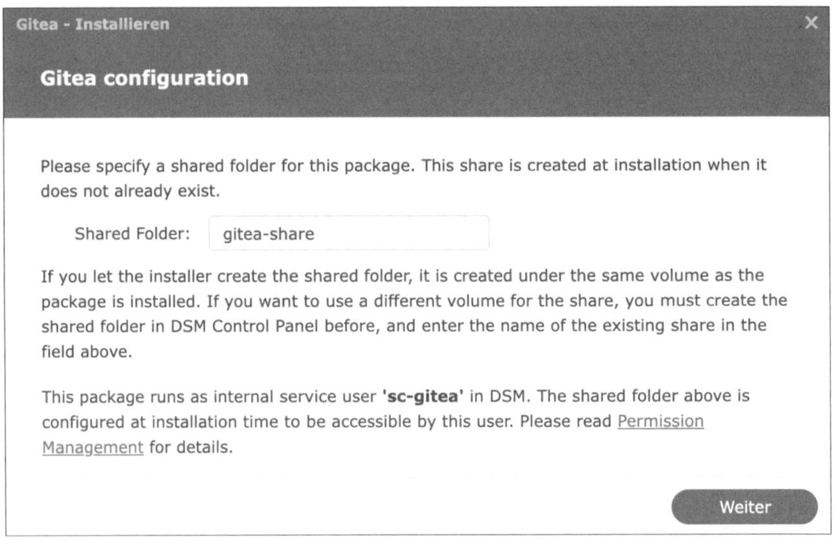

Abbildung 10.45 Basiskonfiguration von Gitea: Ablageort der Repositorys

Nach der anschließenden Bestätigung der Einstellungen wird Gitea direkt gestartet, wobei es allerdings noch nicht konfiguriert ist. Bevor wir uns aber der Konfiguration widmen, müssen wir vorab noch eine Voraussetzung erfüllen: Wir brauchen eine Datenbank!

Das erledigen wir im Schnelldurchgang:

1. Installieren Sie die Pakete *MariaDB 10* und *phpMyAdmin*.
2. Öffnen Sie *MariaDB 10*, setzen Sie den Haken bei TCP/IP-VERBINDUNGEN AKTIVIEREN, und belassen Sie den Port auf `3306`.
3. Öffnen Sie *phpMyAdmin* (URL: *http://<DS>/phpmyadmin*).

4. Melden Sie sich als Benutzer root und mit dem bei der Datenbankinstallation vergebenen Passwort an.
5. Wechseln Sie in den Reiter SQL, und geben Sie folgende Befehle ein:

```
DROP DATABASE IF EXISTS gitea;
DROP USER IF EXISTS 'gitea'@'%';
DROP USER IF EXISTS 'gitea'@'localhost';

CREATE DATABASE 'gitea' DEFAULT CHARACTER SET 'utf8mb4' COLLATE 'utf8mb4_
general_ci';
CREATE USER 'gitea'@'%' IDENTIFIED BY '<PW>';
GRANT ALL PRIVILEGES ON 'gitea'.* TO 'gitea'@'%';

CREATE USER 'gitea'@'localhost' IDENTIFIED BY '<PW>';
GRANT ALL PRIVILEGES ON 'gitea'.* TO 'gitea'@'localhost';

FLUSH PRIVILEGES;
```

Ersetzen Sie den Platzhalter <PW> durch ein sicheres Passwort.

Konfiguration

Nun können Sie Gitea aus dem Hauptmenü Ihrer DiskStation starten. Dabei öffnet sich allerdings kein Anwendungsfenster, sondern Sie sehen ein neues Browserfenster mit der Gitea-Konfigurationsseite (siehe Abbildung 10.46). Hier können Sie die Verbindung zur Datenbank herstellen, die wir eben angelegt haben.

Abbildung 10.46 Konfiguration von Gitea

Ergänzen Sie das Passwort des Datenbankbenutzers (Platzhalter `<PW>`) beim Eingabefeld PASSWORT. Alle übrigen Einstellungen können Sie so lassen, wie sie vorgegeben sind. Klicken Sie nun am Ende der Seite auf INSTALLIEREN. Der Prozess benötigt eine Weile. Nach Abschluss der Installation werden Sie auf die Anmeldeseite von Gitea weitergeleitet. Falls dem nicht so sein sollte, laden Sie die Webseite im Browser nach einer kurzen Zeit einfach noch mal neu. Dann sollte die Anmeldung erscheinen.

Da Gitea, wie wir bereits in der Einleitung zu diesem Abschnitt erwähnt haben, eigenständig und außerhalb des Kontextes Ihrer DiskStation läuft, können Sie sich jetzt leider nicht direkt mit den bereits vorhandenen Benutzern anmelden. Sie müssen sich stattdessen über die Schaltfläche REGISTRIEREN ein neues Konto anlegen.

Wollen Sie im Nachgang noch eine Konfigurationsanpassung vornehmen, dann öffnen Sie einfach die URL *http://<DS>:8418/admin* und melden sich mit den Daten des zuerst angelegten Benutzers (vermutlich Ihres eigenen) an. Sie sehen dann eine Übersichtsseite wie die aus Abbildung 10.47.

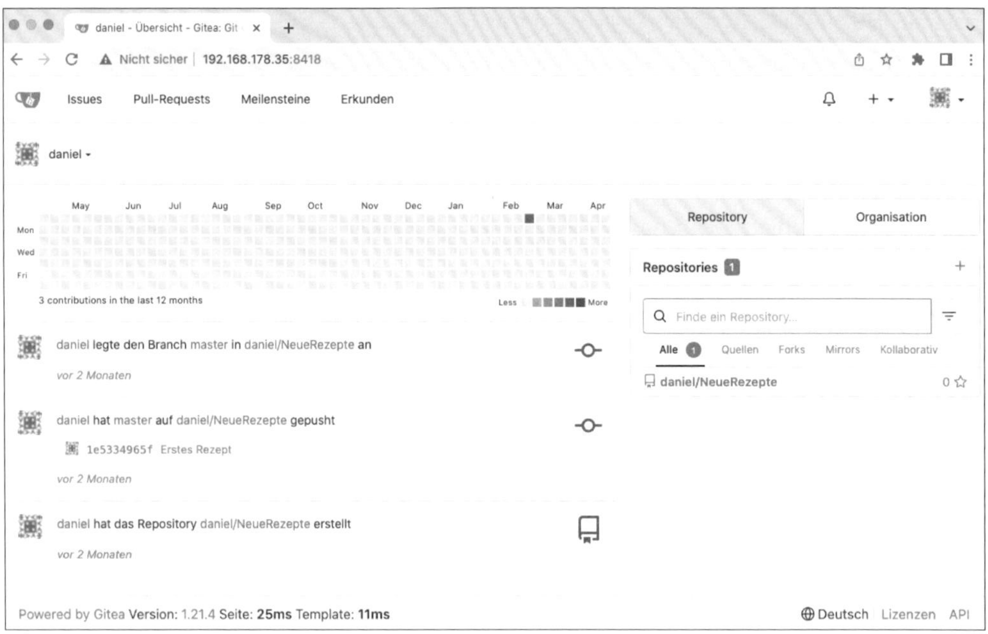

Abbildung 10.47 Übersicht nach der Anmeldung an Gitea

10.4 Eigene Websites mit der Web Station hosten

Die DiskStation mag sich zwar vorrangig um das Bereitstellen und die Verwaltung von Speicherplatz kümmern, aber letztendlich handelt es sich bei ihr um ein Computersystem, das Linux als Betriebssystem verwendet und das die Benutzerschnittstelle in Form eines Webinterfaces durch einen Webserver ausliefert. Da die DiskStation zudem oftmals rund um die Uhr betrieben wird und es sich bei den eingesetzten Komponenten um etablierte Standardsoftware handelt, bietet es sich an, sie auch zur Auslieferung eigener Websites zu nutzen.

Für diesen Zweck gibt es im Paket-Zentrum die Anwendung *Web Station*. Wenn diese installiert ist, können Sie auf der DiskStation eigene Website-Projekte abspeichern, die durch einen Webserver ausgeliefert werden. Diese Websites können Sie sowohl im lokalen Netzwerk oder auf Wunsch auch weltweit anbieten. In der Standardeinstellung nutzt die Web Station den Webserver *nginx*, der aus der Open-Source-Welt stammt und von vielen großen und bekannten Websites eingesetzt wird.

Wenn Ihre die Website es erfordert, können Sie die Web Station um einen PHP-Interpreter (mit den bekannten Erweiterungen) und das Datenbankmanagementsystem MariaDB erweitern, sodass ein klassischer LEMP-Stack zur Verfügung steht. Auf Wunsch steht (für einen LAMP-Stack) alternativ auch der Webserver Apache in Version 2.4 zur Verfügung, und auch ein Parallelbetrieb ist möglich.

Die Web Station kann mehrere Website-Projekte verwalten. So ist es auch möglich, dass jeder Nutzer der DiskStation seine eigene persönliche Website hinterlegen kann. Die Konfiguration erfolgt über ein Webinterface, beschränkt sich aber auf das Notwendigste. Wenn Sie jedoch den Apache-Webserver als Backend benutzen, dann kann dieser (es handelt sich schließlich um eine ganz normale Fassung, wie sie auch auf einem Linux-Server zur Verfügung steht) auch mit *.htacces*-Dateien umgehen, sodass sich Sonderwünsche mit etwas Know-how aus dem Bereich Programmierung von Internetseiten umsetzen lassen.

10.4.1 Die Web Station installieren und konfigurieren

Die Web Station kann über das Paket-Zentrum installiert werden (siehe Abbildung 10.48). Sie befindet sich in der Kategorie DIENSTPROGRAMME. Da die meisten der nötigen Komponenten schon im Linux-Grundsystem vorhanden sind, dauert die Installation nur relativ kurz. Anschließend rufen Sie die Web Station über das Hauptmenü des Administratorkontos auf.

In der Web Station können Sie auf der Registerkarte STATUS die Funktionsfähigkeit des Gesamtsystems überprüfen. Sie werden dort sehen, dass der Standardserver normal arbeitet und dass das Webportal ebenso einwandfrei zur Verfügung steht. Wie schon erwähnt, handelt es sich beim Standardserver zunächst um *nginx*, der auch das Webinterface des DSM ausliefert und stets aktiv bleibt, auch wenn Sie sich für die zusätzliche Installation von Apache entscheiden.

Je nachdem, was für zusätzliche Software Sie schon auf der DiskStation installiert haben, beinhaltet auch die Tabelle BACK-END-PAKETE vielleicht schon einige Einträge. Hier finden Sie Zusatzsoftware rund um die Auslieferung von Websites. Dazu zählen der *PHP-Interpreter*, den Sie in verschiedenen Versionen (auch gleichzeitig) installieren können, sowie das Datenbankmanagementsystem *MariaDB* und der Webserver *Apache*. Die zuunterst genannten Web-Pakete sind bekannte Website-Projekte wie *phpMyAdmin* oder *WordPress*, die Sie auf Ihrer DiskStation ebenfalls betreiben können und die wir Ihnen weiter unten bzw. im folgenden Abschnitt vorstellen.

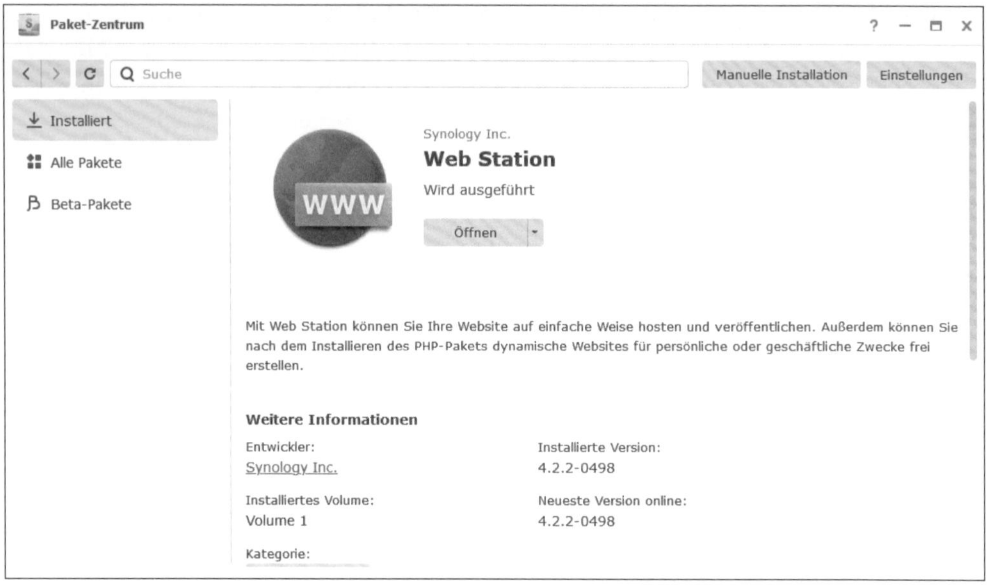

Abbildung 10.48 Sie finden die »Web Station« in der Kategorie »Dienstprogramme« des Paket-Zentrums.

Apache als Webserver nutzen

Wie schon erwähnt, ist eingangs der stets installierte *nginx* als Webserver für die Web Station vorgesehen. Wenn Sie lieber mit Apache arbeiten möchten, können Sie das problemlos tun. Sie finden Apache in Version 2.4 im Paket-Zentrum und können den Webserver direkt installieren. In den Einstellungen des Standardservers auf der Registerkarte WEBPORTAL können Sie den HTTP-BACKEND-SERVER anschließend umstellen.

So, wie die Web Station derzeit eingestellt ist, wird eine Website ausgeliefert, die im (bei der Installation neu angelegten) gemeinsamen Ordner *web* abgespeichert ist.

Dieser Ordner stellt sozusagen die Document-Root für die Standard-Website dar. Sie wird ganz normal unter Port 80 angeboten. Wenn Sie im Browser nun einmal die IP-Adresse Ihrer DiskStation bzw. deren Hostnamen öffnen (und dabei Port 80 nutzen), dann wird Ihnen eine Beispielseite angezeigt: Sie werden darüber informiert, dass noch keine Website hinterlegt ist (siehe Abbildung 10.49).

Abbildung 10.49 Die »Web Station« liefert zunächst eine Beispielseite aus.

Verschlüsselter Zugriff über HTTPS

Übrigens ist auch der Zugriff über HTTPS (und Port 443) möglich. Den so verschlüsselten Zugriff sollten Sie bei der Nutzung über das Internet unbedingt bevorzugen.

Werfen Sie jetzt einmal einen Blick in den gemeinsamen Ordner *web*. Dort werden Sie diese Seite als *.html*-Dokument und in einem Unterverzeichnis auch die angezeigte Bilddatei finden (siehe Abbildung 10.50).

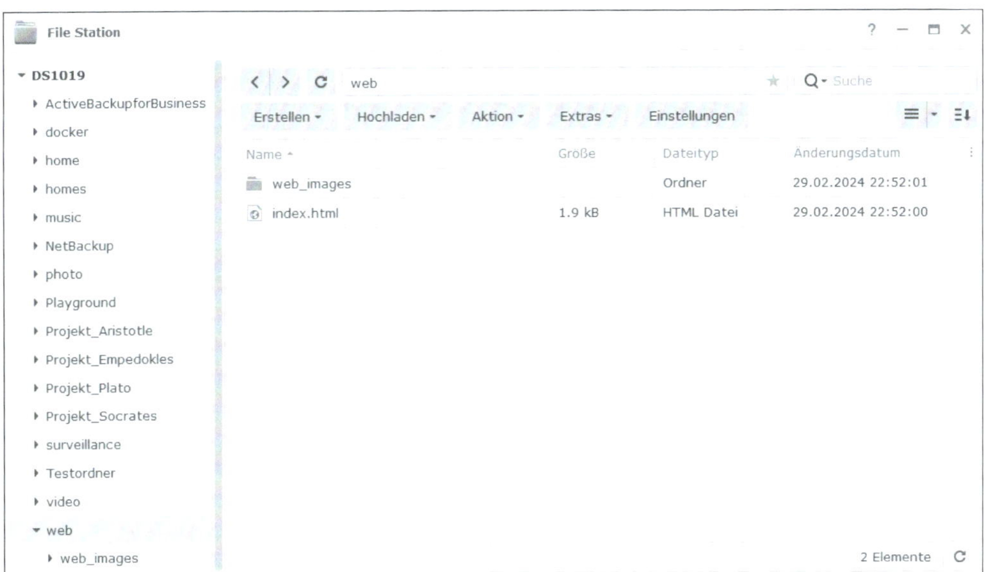

Abbildung 10.50 Die Standard-Website befindet sich im gemeinsamen Ordner »web«.

Sie können jetzt beispielsweise die im Ordner *web* hinterlegten Dateien durch eine eigene, statische HTML-Seite (bzw. Seitensammlung) austauschen und deren Funktion überprüfen. Nennen Sie die Startseite *index.htm*, *index.html* oder *index.php*. Dies sind die Werte, die in der Webserver-Konfiguration hinterlegt sind und die vom Benutzer nicht verändert werden können.

Wenn Sie keine weitere Funktionalität benötigen, dann sind Sie jetzt sogar schon fertig. Ihre Website steht unter Port 80 allen Geräten zur Verfügung, die diesen Port erreichen können. Wenn er über Ihren Router über das Internet erreichbar ist, dann kann Ihre Website auch weltweit ohne Einschränkung aufgerufen werden.

Wozu dient der gemeinsame Ordner »web_packages«?

Die Web Station kann nicht nur eigene Websites verwalten, sondern auch mit vorgefertigten Website-Paketen konfiguriert werden. Dazu zählt etwa die bekannte Blog- bzw. CMS-Software *WordPress*. Solche externen Pakete werden im Ordner *web_packages* abgelegt. Dieser Ordner ist nicht für eigene Experimente und auch nicht für persönliche Websites vorgesehen!

10.4.2 Einen PHP-Interpreter ergänzen und konfigurieren

Möchten Sie mit der Web Station nicht nur statische Seiten, sondern dynamische Seiten ausliefern, die eine PHP-Unterstützung erfordern, dann müssen Sie auf der DiskStation einen PHP-Interpreter installieren, ein PHP-Profil erstellen und es mit dem Website-Projekt verknüpfen.

Die Installation der PHP-Umgebung erfolgt über das Paket-Zentrum. Suchen Sie dort nach dem Begriff »PHP« in den ENTWICKLERTOOLS. Sie werden mehrere Suchtreffer erzielen, die sich in der PHP-Version unterscheiden. Prüfen Sie, welche PHP-Version Ihr Website-Projekt erfordert, und installieren Sie das dazu passende Programmpaket. Es ist durchaus möglich, mehrere PHP-Versionen parallel zu installieren und sie verschiedenen Website-Projekten zuzuweisen. Ebenso kann es sein, dass eventuell bereits eine PHP-Fassung auf Ihrer DiskStation installiert ist.

Nach der Installation öffnen Sie die Web Station. Auf der Registerkarte STATUS werden Sie in der Tabelle BACK-END-PAKETE die soeben installierte PHP-Fassung mit dem Status NORMAL finden (siehe Abbildung 10.51). Über den Link in der Spalte VERWALTUNG kehren Sie zum Paket-Zentrum zurück, wo Sie die Anwendung auf Wunsch wieder deinstallieren können.

Bevor Sie die PHP-Unterstützung für Ihre Website aktivieren, sollten Sie zunächst ein PHP-Profil anlegen. Dort legen Sie die Parameter und Einstellungen für das PHP-System fest, die Sie normalerweise in einer Webserver-Konfigurationsdatei bzw. in einer PHP-Konfigurationsdatei festlegen würden.

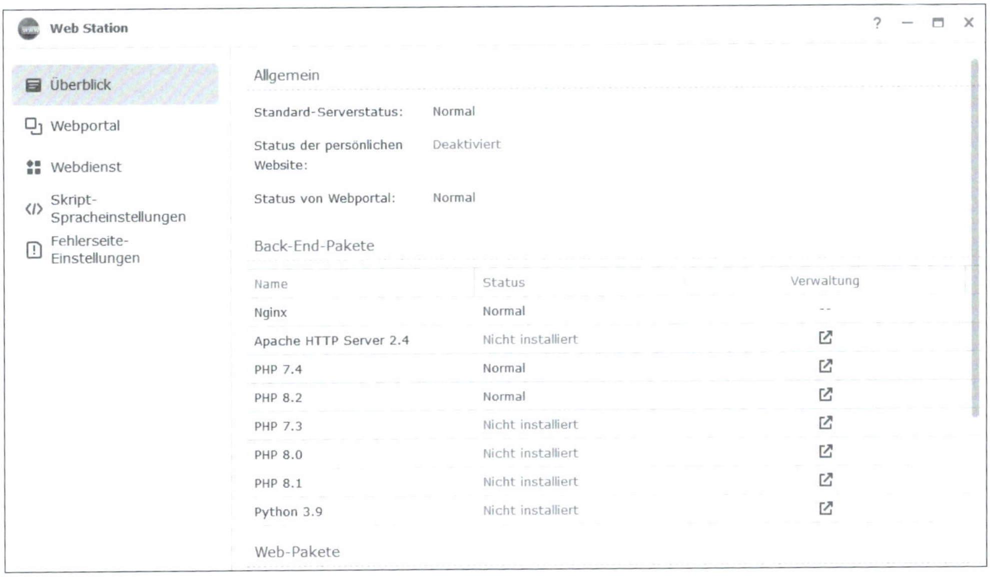

Abbildung 10.51 Die Registerkarte »Status« informiert Sie über den Betriebszustand der »Web Station«.

Öffnen Sie dazu in der Web Station die Registerkarte SKRIPT-SPRACHEINSTELLUNGEN und dort die Registerkarte PHP. Dort finden Sie (mindestens) ein Default-Profil, das zur installierten PHP-Fassung passt. Sie können sich dieses jetzt über die Schaltfläche BEARBEITEN ansehen und es gegebenenfalls nach Ihren Wünschen anpassen. Alternativ lässt sich über die Schaltfläche ERSTELLEN ein neues PHP-Profil anlegen. Sie können beliebige Profile erstellen und diese später individuell Ihren Website-Projekten zuweisen.

Im Dialog zum Erstellen bzw. Bearbeiten eines PHP-Profils dient der Reiter EINSTELLUNGEN zum Festlegen grundlegender Optionen. Hier müssen Sie das Profil benennen und die gewünschte PHP-Version auswählen (das ist nur relevant, wenn Sie meh rere PHP-Fassungen parallel installiert haben). Anschließend können Sie einen PHP-Cache zur Beschleunigung wiederholter Zugriffe und ein *open-basedir* aktivieren. Wenn die Entwicklung Ihrer Website noch nicht abgeschlossen ist, dann können Sie über die *Xdebug*-Funktion und die *display-error*-Funktion Hilfsmittel einschalten, die beim Aufspüren von Programmierfehlern helfen.

Interessant ist die Registerkarte ERWEITERUNGEN. Sie zeigt alle PHP-Add-ons, die auf der DiskStation verfügbar sind (siehe Abbildung 10.52). Sie sollten hier diejenigen Erweiterungen aktivieren, die Ihre Website benötigt. Beschränken Sie die Auswahl auf die tatsächlich benötigten Erweiterungen, um Systemressourcen zu schonen und keine unnötigen, eventuell vorhandenen Sicherheitslücken zu öffnen.

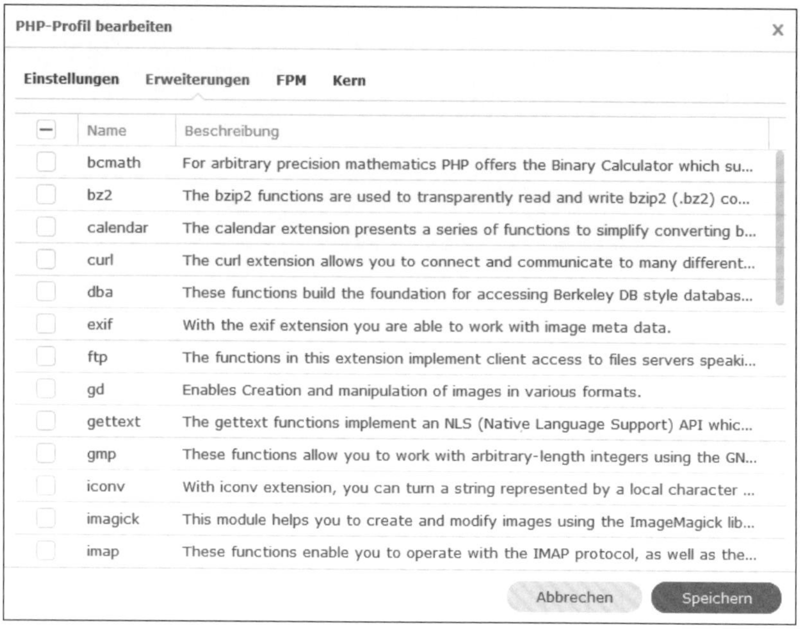

Abbildung 10.52 Eine umfangreiche Liste an PHP-Erweiterungen steht zur Verfügung.

Die PHP-Schnittstelle der DiskStation nutzt den *FastCGI Process Manager* (FPM), der einige Erweiterungen zum klassischen *PHP FastCGI* bietet. Dessen Einstellungen nehmen Sie auf dem Reiter FPM vor. Die Standardeinstellungen dürften für die meisten Anwendungen genügen. Sollte Ihre Website sehr komplex sein oder sollten Sie sehr viele Zugriffe erwarten, dann kann eine Vergrößerung der Prozessparameter sinnvoll sein.

Werfen Sie abschließend unbedingt einen Blick auf den Reiter KERN. Die hier verfügbaren Einstellungen werden normalerweise in einer Konfigurationsdatei für die Website-Konfiguration hinterlegt. Eine einfache PHP-Website wird mit den Standardeinstellungen gut zurechtkommen. Sollte Ihr Website-Projekt bestimmte Sondereinstellungen erfordern, z. B. hinsichtlich bestimmter SQL-Einstellungen, dann können Sie diese hier verändern. Speichern Sie das Profil anschließend ab.

Anschließend müssen Sie das PHP-Profil zur Website hinzufügen. Für die Standard-Website, die direkt nach der Installation der Web Station eingerichtet ist (mit dem gemeinsamen Ordner *web* als Document-Root), wechseln Sie dazu in der Web Station auf die Registerkarte WEBDIENST. Sie finden dort den STANDARDDIENST. Wenn Sie diesen Eintrag markieren und auf BEARBEITEN klicken, können Sie im Feld PHP das gewünschte PHP-Profil auswählen und es so mit der Website verknüpfen.

Sie können (nach dem Abspeichern) den Ordner *web* mit der gewünschten Seite füllen und sollten nun auch die PHP-Funktionen nutzen können.

10.4.3 Persönliche Websites auf Benutzerebene verwalten

Die Web Station kann so konfiguriert werden, dass sie es den Nutzern der DiskStation ermöglicht, jeweils eine eigene, persönliche Website anzubieten. Für diese Funktion ist es allerdings erforderlich, dass Sie zunächst den Webserver *Apache* installieren. Dieser steht im Paket-Zentrum in Version 2.4 zur Verfügung.

Nach der Installation von Apache öffnen Sie die Web Station und dort die Registerkarte Webdienst. Markieren Sie den Standarddienst, und klicken Sie auf Bearbeiten. Aktivieren Sie im nächsten Fenster das Kontrollkästchen Persönliche Website aktivieren (siehe Abbildung 10.53).

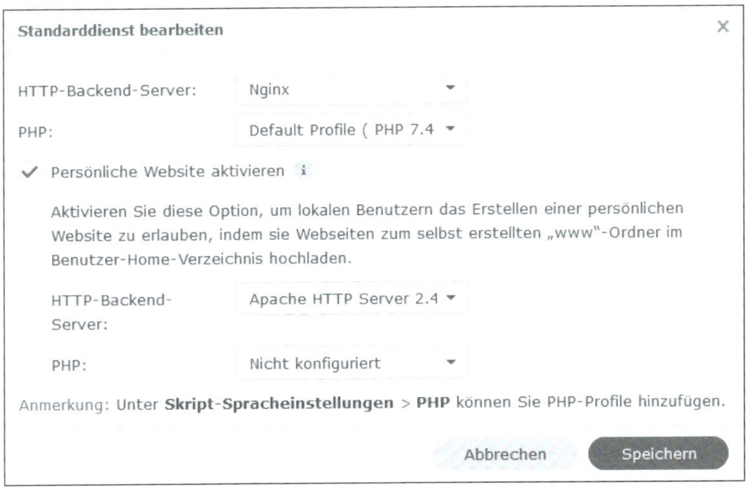

Abbildung 10.53 Aktivieren Sie die persönliche Website und den gewünschten Webserver.

Sie können weiter unten auf Wunsch ein PHP-Profil auswählen. Beachten Sie aber, dass diese Einstellung gemeinsam für alle Benutzer-Websites gilt. Eine individuelle Konfiguration ist auf diesem Weg nicht vorgesehen.

Nachdem Sie diese Funktion aktiviert haben, finden alle Benutzer in ihrem jeweiligen Home-Verzeichnis ein neues Unterverzeichnis namens *www*. Dies ist das Document-Root-Verzeichnis für die persönliche Website. Die Nutzer können ihre Website hier ablegen und gemäß den Einstellungen in der Web Station auch PHP nutzen. Falls erforderlich, ist auch der weiter unten beschriebene Zugriff auf MariaDB möglich. Auch hier sollte die Startseite *index.html*, *index.htm* oder *index.php* heißen.

Um die persönlichen Websites aufzurufen, hängen Sie an die IP-Adresse der DiskStation einfach /~ an, gefolgt vom jeweiligen Nutzernamen, also beispielsweise *192.168.178.35/~max*. Sollten Sie LDAP verwenden, dann hängen Sie an den Benutzernamen noch `@synology.local` an und rufen *http://192.168.178.35/~max@synology.local/* auf.

Die Benutzergruppe »http« benötigt Zugriff auf die Website-Daten

Vielleicht kennen Sie von vielen Linux-Servern den Benutzer `www-data`, unter dem ein Webserver auftritt und so auf die Website-Daten zugreift. Auf der DiskStation ist es die Benutzergruppe `http`, die Zugang zu den Website-Dateien benötigt. Stellen Sie also sicher, dass diese Nutzergruppe Zugriff auf alle Daten im gemeinsamen Ordner *web* und auf die gewünschten Verzeichnisse *www* der jeweiligen Benutzer hat. Im Regelfall genügt das Leserecht, es sei denn, die Website erfordert das Verändern von Daten.

Wenn dem so ist, dann achten Sie bitte genau darauf, dass die Website sicher programmiert ist. Wenn Sie der Benutzergruppe `http` das Leserecht entziehen wie in Abbildung 10.54, dann kann die Website nicht aufgerufen werden, was bei der Verwaltung persönlicher Websites interessant sein kann, wenn ein bestimmter Benutzer keine persönliche Website anbieten können soll.

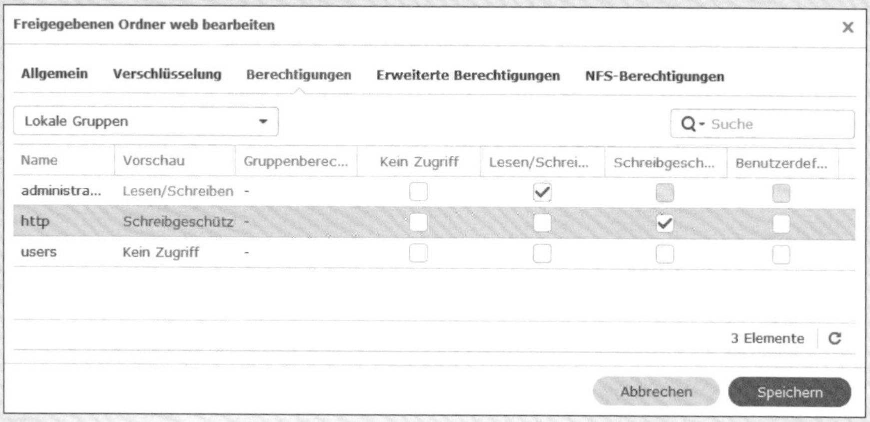

Abbildung 10.54 Geben Sie der Nutzergruppe »http« zumindest das Leserecht für die Website-Daten.

10.4.4 Weitere eigene Websites hinzufügen

Mit der Web Station sind Sie nicht nur auf eine Website beschränkt. Sie können beliebige weitere Websites (unabhängig von eventuell vorhandenen persönlichen Websites) ergänzen. Dazu erstellen Sie zuerst einen *Webdienst* und verknüpfen ihn anschließend mit einem *Webportal*. Ersterer beschreibt die Website selbst und legt beispielsweise fest, ob ein Skript-Interpreter erforderlich ist. Letzterer kümmert sich dann um die eigentliche Auslieferung der Website, hier werden beispielsweise der zu nutzende Port und der Hostname konfiguriert. Klicken Sie also zuerst in der Web Station auf der Registerkarte WEBDIENST auf die Schaltfläche ERSTELLEN. Sie sehen jetzt den Assistenten zur Erstellung von Webdiensten aus Abbildung 10.55.

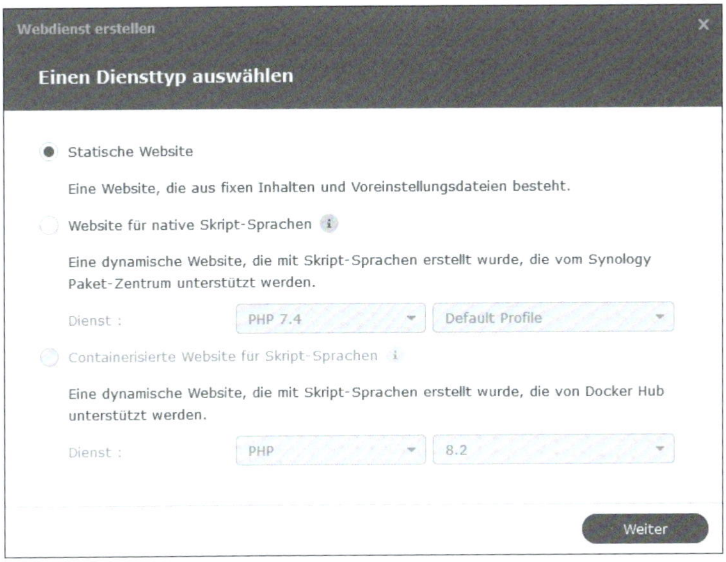

Abbildung 10.55 Wählen Sie den gewünschten Diensttyp aus.

Zuerst müssen Sie auswählen, von welcher Art die neue Website ist. Mit der ersten Option erstellen Sie eine statische Website, die aus unveränderlichen Inhalten besteht und zur Laufzeit nicht verändert wird. Benötigt die Seite jedoch eine Skript-Sprache wie etwa PHP für die Generierung dynamischer Inhalte, wählen Sie die zweite Option. Sie können dann in dem Auswahlfeld DIENST den gewünschten Dienst auswählen und rechts daneben auch gleich das gewünschte Profil auswählen bzw. ein neues Profil anlegen. Das Fenster, das dann erscheint, kennen Sie schon von der Installation und Konfiguration des PHP-Interpreters. Beachten Sie, dass Sie durchaus für jede Seite ein eigenes PHP-Profil erstellen und verwenden können. Sollte bei Ihnen das Auswahlfeld DIENST noch leer sein, müssen Sie über das Paket-Zentrum zunächst den gewünschten Dienst installieren. Als dritte Option können Sie übrigens auch Docker-Hub in Zusammenhang mit dynamischen Webseiten verwenden. Machen Sie dies abhängig davon, wie Sie Ihre Website erstellt haben und vor allem wie Sie diese pflegen möchten.

Auf der nächsten Seite des Assistenten müssen Sie wie in Abbildung 10.56 ALLGEMEINE EINSTELLUNGEN KONFIGURIEREN. Vergeben Sie für die Website einen Namen und eine Beschreibung. Legen Sie dann im Feld DOKUMENT-ROOT das Verzeichnis fest, in dem die Website abgespeichert ist. Sie können auf Wunsch den HTTP-BACKEND-SERVER einstellen und beispielsweise (sofern installiert) Apache statt Nginx verwenden. Für eine statische Website sind Sie jetzt schon fertig, für dynamische Websites müssen Sie noch Timeout-Werte für den Backend-Server festlegen. Hiermit stellen Sie einen Timer ein, der im Fehlerfall die Verarbeitung der Website abbricht und eine Fehlermeldung anzeigt. Sie sehen abschließend eine Zusammenfassung, klicken Sie dort auf ERSTELLEN. Danach ist der Webdienst erstellt, Sie erhalten noch die Information, dass dem Benutzer http zumindest der Lesezugriff auf die Website-Dateien gestattet sein muss.

Abbildung 10.56 Konfigurieren Sie die allgemeinen Einstellungen.

Anschließend müssen Sie ein Webportal erstellen und dieses mit dem soeben erstellten Webdienst verknüpfen. Klicken Sie also auf der Registerkarte WEBPORTAL auf die Schaltfläche ERSTELLEN, und wählen Sie im neuen Fenster die Option WEBDIENST-PORTAL. Sie sehen nun den Portal-Erstellungsassistenten aus Abbildung 10.57.

Abbildung 10.57 Wählen Sie aus, wie Sie die neue Website aufrufen möchten.

Wählen Sie im Feld DIENST den zuvor angelegten Webdienst aus. Sie können dann wählen, ob Sie Ihre neue Website durch einen eigenen Hostnamen oder durch einen neuen Port mit dem bestehenden Hostnamen aufrufen möchten. Die Nutzung eines neuen Hostnamens ist besonders für die Anwendung im lokalen Netzwerk interessant. Hier können Sie die Website ebenfalls unter Port 80 für HTTP- bzw. unter Port 443 für HTTPS-Verbindungen anbieten. Alternativ können Sie über die Eingabefelder auch eigene Ports definieren. Möchten Sie die Webseite über den bestehenden Hostnamen oder die IP-Adresse Ihrer DiskStation aufrufen (oder sie auch über das Internet anbieten), dann wählen Sie die Einstellung PORTBASIERT, andernfalls die Option NAMENSBASIERT. Auf Wunsch können Sie auch lediglich einen ALIAS nutzen, der an den Hostnamen der DiskStation angehängt wird und die Ports des Standardservers nutzt.

Wenn Sie einen Port konfigurieren möchten, dann beachten Sie, dass die Ports 80 und 443 möglicherweise schon durch den Standardserver belegt sind. In diesem Fall müssen Sie eigene Ports definieren. Sie können diese frei wählen. Standardisiert sind für die HTTP-Nutzung noch folgende Ports:

- 8008
- 8080
- 8081
- 8090

Danach können Sie (außer bei der Nutzung eines Alias) die verschlüsselte Übertragung über HSTS erzwingen. Legen Sie anschließend ein Profil für die Fehlerseiten und ein ZUGANGSKONTROLLPROFIL fest (siehe Abschnitt 10.4.6). Sie können auch eine Verknüpfung im Hauptmenü des DSM anlegen.

Mehr ist nicht zu tun. Nach dem Erstellen können Sie (sofern es noch nicht geschehen ist) die Website-Daten ablegen und die neue Website aufrufen.

Nicht alle Ordnernamen sind zulässig

Achten Sie beim Erstellen Ihrer eigenen Websites auf die Benennung von Verzeichnissen. Die Bezeichnungen `blog`, `photo`, `photosrc` und `webdefault` sind für interne Aufgaben der DiskStation reserviert und dürfen nicht für eigene Websites verwendet werden.

10.4.5 Das Datenbankmanagementsystem MariaDB installieren und konfigurieren

Viele Website-Projekte speichern vom Nutzer eingegebene Daten in einer Datenbank ab und greifen zur späteren Anzeige oder Auswertung wieder auf diesen Datenbestand zu. So werden beispielsweise in einem Forum die Benutzereinträge in einer Datenbank verwaltet.

Auf der DiskStation können Sie das sehr bekannte und viel genutzte Datenbankmanagementsystem MariaDB installieren und betreiben (siehe Abbildung 10.58).

Abbildung 10.58 MariaDB kann über das Paket-Zentrum installiert werden und arbeitet dann fortwährend im Hintergrund.

MariaDB stammt aus der Open-Source-Welt. Es ist also quelloffen und kann von jedermann gebührenfrei genutzt werden. Es wird von einer großen Community entwickelt, stammt also nicht von Synology selbst. MariaDB ist vollständig kompatibel zum ebenfalls sehr bekannten MySQL-System und verwendet die SQL-Syntax für den Zugriff auf die Datenbanken.

MariaDB kann sowohl sehr kleine Datenmengen für eine einzelne Website, aber auch sehr große Datenmengen von sehr vielen Anwendungen verwalten. Das System ist nämlich nicht nur auf Webanwendungen beschränkt. In Abschnitt 3.2.1, »Die Nutzung von Dateifreigaben für die zentrale Speicherung der Mediensammlung«, hatten wir Ihnen beispielhaft die Nutzung durch das Media-Center *Kodi* beschrieben. Das Media-Center legt die Informationen über den Medienbestand (z. B. Inhaltsbeschreibungen für Spielfilme) in der Datenbank ab. Aber auch Bastelprojekte wie eine eigene Wetterstation können die anfallenden Daten sehr gut in einer MariaDB-Datenbank speichern und sie später in geeigneter Form auswerten.

MariaDB kann auf der DiskStation entweder nur lokal genutzt werden oder auf Wunsch auch dem gesamten lokalen Netzwerk zur Verfügung stehen, sodass auch andere Nutzer bzw. Computer Zugriff auf die Daten haben. Dabei können Zugangsbeschränkungen über Nutzerkonten verwendet werden, sodass nicht jedermann auf alle Daten uneingeschränkt Zugriff hat. Die Nutzung direkt über das Internet ist zwar technisch möglich, aber keine gute Idee: Das System ist für die Nutzung im lokalen Netzwerk gedacht, der Zugriff über das Internet sollte also, wenn er erforderlich ist, über eine VPN-Verbindung erfolgen.

Wenn Ihr Website-Projekt eine Datenbankanbindung benötigt, dann finden Sie MariaDB im Paket-Zentrum in der Kategorie DIENSTPROGRAMME. Während der Installation müssen Sie für den Administrator des Datenbankmanagementsystems ein sicheres Passwort vergeben (siehe Abbildung 10.59).

Abbildung 10.59 Während der Installation müssen Sie für das Administratorkonto des Datenbankmanagementsystems ein Passwort festlegen.

Das Datenbankmanagementsystem hat nämlich ein eigenes Administratorkonto mit dem Benutzernamen *root*, das vollständig getrennt vom Administratorkonto des DSM arbeitet und auch nicht mit dem *root*-Benutzer des Linux-Grundsystems der DiskStation verwechselt werden darf. Merken Sie sich das Passwort gut, denn Sie benötigen es zum Anlegen und Verwalten von Datenbanken.

Außerdem können Sie den Netzwerk-Port festlegen. MariaDB arbeitet standardmäßig auf dem TCP-Port 3306 und kann über diesen Port auch über das lokale Netzwerk angesprochen werden. Bitte beachten Sie, dass einige Anwendungen der DiskStation nicht über diesen TCP-Port, sondern über einen Linux-Socket mit MariaDB kommunizieren.

Da das Datenbankmanagementsystem relativ umfangreich ist, dauert die Installation je nach Auslastung der DiskStation ein paar Minuten. Anschließend nimmt MariaDB sofort die Arbeit auf und wartet auf Verbindungen. Für das System gibt es nur eine sehr kleine grafische Benutzerschnittstelle. Sie finden diese im Hauptmenü des Administrators unter dem Eintrag MARIADB 10.

Sie können mit diesem Programm aber praktisch nur Passwörter der Datenbank-Benutzer verändern und alle Datenbanken löschen. Was allerdings wichtig ist, das ist die Konfiguration der TCP/IP-Verbindung. Obwohl Sie während der Installation bereits einen TCP-Port festgelegt haben, ist die Kommunikation hierüber noch nicht aktiviert.

Wenn Sie über eine TCP-Verbindung mit MariaDB kommunizieren möchten, dann aktivieren Sie diese in der Sektion INFORMATIONEN (siehe Abbildung 10.60). Ohne TCP-Verbindung können Sie nur über den Linux-Socket */run/mysqld/mysqld.sock* auf das Datenbanksystem zugreifen.

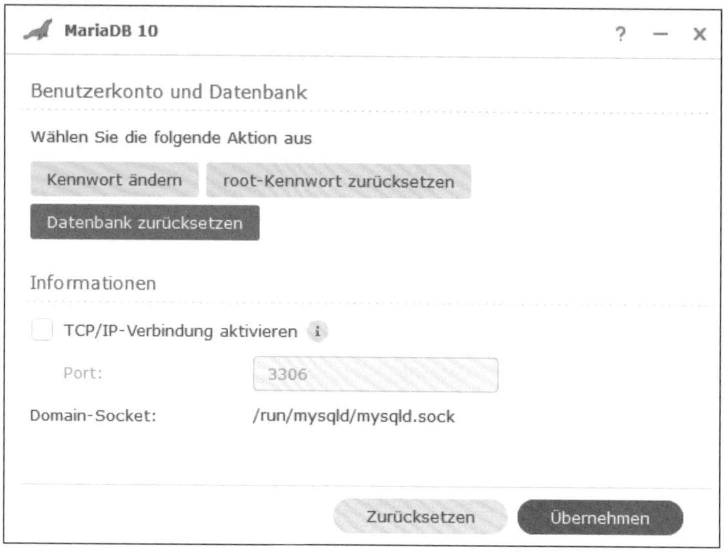

Abbildung 10.60 Die grafische Oberfläche von MariaDB bietet nicht viele Optionen, ermöglicht aber die Aktivierung von TCP/IP-Verbindungen.

Als Administrator können Sie das Datenbankmanagementsystem mit zwei verschiedenen Schnittstellen verwalten:

- Zum einen können Sie über eine *Terminal-Verbindung* auf das System zugreifen und das System direkt mit SQL-Befehlen konfigurieren.
- Zum anderen können Sie auf der DiskStation das Website-Programm *phpMyAdmin* installieren. Es ermöglicht die Konfiguration über eine grafische Schnittstelle und ist insbesondere für den Einstieg einfacher zu erlernen.

Möchten Sie zunächst über eine Terminal-Sitzung mit MariaDB kommunizieren, dann aktivieren Sie als Erstes, wie in Kapitel 5, »Erweiterte Einstellungen und Funktionen«, beschrieben, den SSH-Terminalzugang zur DiskStation. Öffnen Sie dann eine SSH-Sitzung, und melden Sie sich mit Ihrem Administratorkonto des DSM-Systems an der DiskStation an. Als Nächstes greifen Sie auf die Schnittstelle des MariaDB-Systems zu. Dafür führen Sie folgenden Befehl aus:

```
mysql -uroot -p
```

Sie werden aufgefordert, ein Passwort einzugeben. Hier geben Sie das Passwort des Administratorkontos des Datenbankmanagementsystems ein, das Sie während der Installation von MariaDB festgelegt haben. Anschließend werden Sie am System angemeldet und können SQL-Kommandos eingeben (siehe Abbildung 10.61).

```
Wolkenschieber@DS1019:~$ mysql -uroot -p
Enter password:
Welcome to the MariaDB monitor.  Commands end with ; or \g.
Your MariaDB connection id is 19
Server version: 10.3.29-MariaDB Source distribution

Copyright (c) 2000, 2018, Oracle, MariaDB Corporation Ab and others.

Type 'help;' or '\h' for help. Type '\c' to clear the current input statement.

MariaDB [(none)]> SHOW DATABASES;
+--------------------+
| Database           |
+--------------------+
| information_schema |
| mysql              |
| performance_schema |
+--------------------+
3 rows in set (0.001 sec)

MariaDB [(none)]> 
```

Abbildung 10.61 Über eine Terminal-Sitzung können Sie direkt SQL-Befehle eingeben und das Datenbankmanagementsystem verwalten.

Ein `SHOW DATABASES;` etwa zeigt Ihnen alle vorhandenen Datenbanken an. Beachten Sie, dass direkt nach der Installation (außer den für die Verwaltung nötigen Einträgen) noch keine Benutzerdatenbanken angelegt sind. Auch Benutzerkonten sind – außer dem root-Konto – noch keine angelegt. Außerdem ist es wichtig zu erwähnen, dass es mit dem root-Konto (mit den Standardeinstellungen) nicht möglich ist, sich über eine Netzwerkverbindung mit dem System zu verbinden. Deswegen haben wir Ihnen auch zuerst den Zugriff über eine SSH-Sitzung direkt mit der DiskStation gezeigt. Sie können jetzt zuerst Benutzerkonten und eine erste Datenbank anlegen. Verwenden Sie dazu die Befehle `CREATE USER` und `CREATE DATABASE`. Sie verlassen die Datenbanksitzung durch den Befehl `exit`. Gleiches gilt für das Beenden der SSH-Sitzung.

Wenn Ihnen die Eingabe von Textbefehlen nicht zusagt, können Sie auf das grafische System *phpMyAdmin* ausweichen. Es wird ebenfalls über das Paket-Zentrum installiert und findet sich in der Kategorie DIENSTPROGRAMME. phpMyAdmin stammt ebenfalls auf dem Open-Source-Bereich und wird nicht von Synology entwickelt. Es handelt sich um eine Sammlung dynamischer Webseiten, die den Webserver der DiskStation benutzen. Das Programm wird also im Webbrowser ausgeführt und bedient. phpMyAdmin rufen Sie über das Hauptmenü des Administrators auf; die Anwendung erscheint dann in einem neuen Browser-Tab.

In phpMyAdmin müssen Sie sich zunächst am Datenbankmanagementsystem anmelden. Verwenden Sie hierzu die Zugangsdaten des Administratorkontos des Datenbankmanagementsystems, die Sie während dessen Installation festgelegt hatten. (Beachten Sie, dass diese Verbindung problemlos funktioniert, da phpMyAdmin ja lokal auf der DiskStation ausgeführt wird und somit der Zugriff auch mit dem Administratorkonto möglich ist.)

Anschließend sehen Sie die Oberfläche des Programms und können über Schaltflächen die gewünschten Funktionen ausführen. Eine neue Datenbank erstellen Sie beispielsweise über die Schaltfläche DATENBANKEN oben in der Symbolleiste (siehe Abbildung 10.62). Deren Schaltfläche BENUTZERKONTEN nutzen Sie, um neue Benutzer anzulegen.

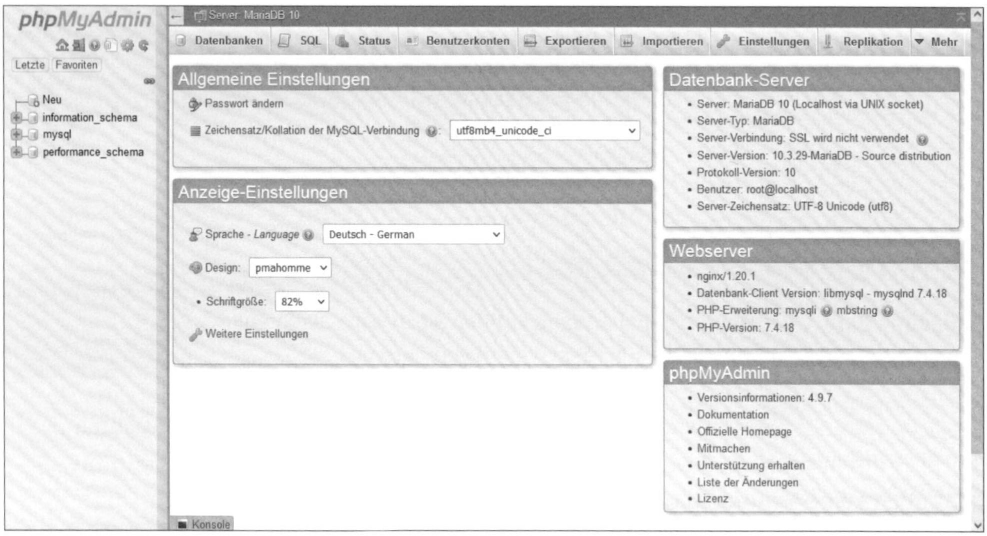

Abbildung 10.62 phpMyAdmin erlaubt die Verwaltung von MariaDB über eine grafische Schnittstelle.

Damit ist ein kleines Datenbank-System bereits eingerichtet und kann für kleine Projekte oder erste Tests verwendet werden. Wenn Sie nun über Ihre Website auf eine MariaDB-Datenbank zugreifen möchten, dann stehen verschiedene Schnittstellen zu Auswahl.

Häufig erfolgt der Zugriff über ein php-Skript mit einem objektorientierten Ansatz. Das PHP-Zusatzmodul `pdo_mysql` ermöglicht den objektorientierten Zugriff auf eine MariaDB-Datenbank. Der Umgang damit ist schnell erlernt, es finden sich zahlreiche Beispiele im Internet. Denken Sie aber daran, dass in dem PHP-Profil, das Sie in der Web Station für Ihre Website verwenden, das Modul `pdo_mysql` aktiviert sein muss (siehe Abbildung 10.63). Ansonsten steht es Ihren PHP-Skripten nicht zur Verfügung.

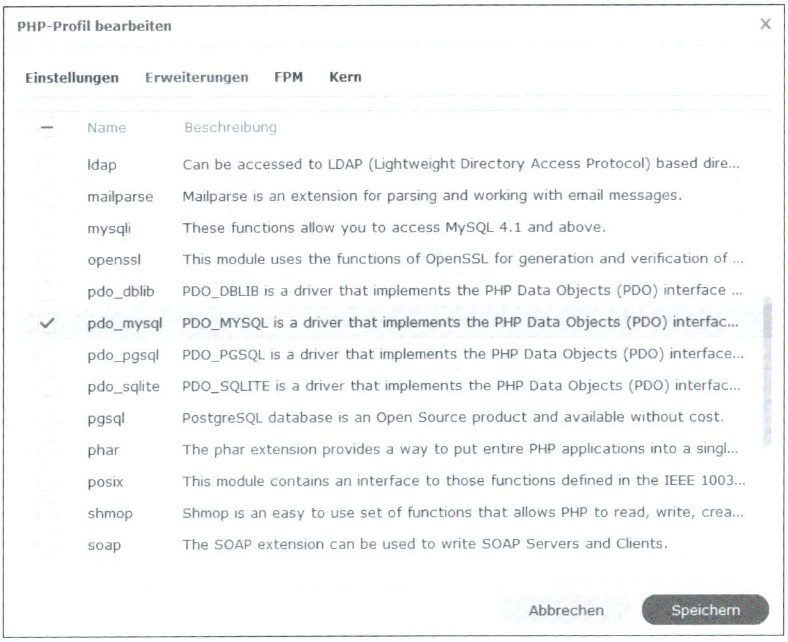

Abbildung 10.63 Das Modul »pdo_mysql« bietet innerhalb eines PHP-Skripts bequemen Zugriff auf MariaDB-Datenbanken.

Den Datenbestand mit Hyper Backup sichern

MariaDB legt seine Datenbanken in Dateiform im Linux-Grundsystem ab. Der Nutzer sollte an diesem nicht herumspielen. Zur Sicherung des Datenbestands bietet sich das Programm *Hyper Backup* an, das wir in Kapitel 8, »Datenverlust vorbeugen«, vorstellen. Denken Sie daran, dass Sie mit diesem Programm auch die Daten und Einstellungen von Anwendungen auf der DiskStation sichern können. Im Falle von MariaDB umfasst die Sicherung der Anwendungsdaten auch alle Datenbanken. Sie können also mit Hyper Backup auch ein Backup der Datenbanken erstellen und diese bei Bedarf wiederherstellen. Beachten Sie aber, dass Sie auf diese Weise stets den kompletten Datenbestand von MariaDB sichern und wiederherstellen. Die gezielte Bearbeitung einzelner Datenbanken ist hiermit nicht möglich.

10.4.6 Den Zugriff auf Webseiten beschränken

Nicht immer sollen alle Webseiten, die mit der Web Station verwaltet werden, pauschal dem gesamten Nutzerkreis der DiskStation angeboten werden. Hin und wieder wünscht man sich, dass eine Webseite nur durch einen bestimmten Anwenderkreis aufgerufen werden kann.

Ein sehr gutes Beispiel ist das Website-Paket *phpMyAdmin*. Es dient zur grafischen Verwaltung des Datenbankmanagementsystems auf der DiskStation – namentlich MariaDB. In der Grundkonfiguration kann phpMyAdmin durch jede Person aufgerufen werden, die Zugang zu Port 80 der DiskStation hat. Wenn Port 80 (also der Standard-Port für HTTP-Anwendungen) auch aus dem Internet erreichbar ist, dann kann folglich jede Person diese Website aufrufen.

Zwar ist der Zugang zur Datenbank-Verwaltung durch ein Passwort geschützt, aber ein ungutes Gefühl besteht trotzdem. Da Sie vermutlich nur selten direkt über das Internet Zugriff auf phpMyAdmin benötigen, sollten Sie den Zugriff auf diese Website auf die Computer aus dem lokalen Netzwerk beschränken. Im Notfall können Sie aus dem Internet schließlich immer noch über eine VPN-Verbindung auf den Dienst zugreifen, wenn es denn erforderlich ist.

Für eine solche Art von »Firewall« bietet die DiskStation Zugangskontrollprofile an (siehe Abbildung 10.64).

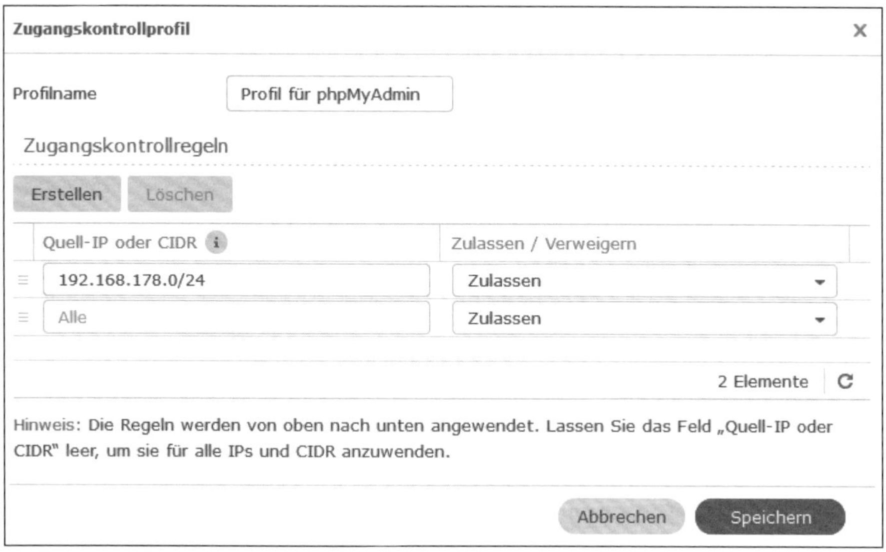

Abbildung 10.64 Legen Sie Quelladressen fest, und entscheiden Sie, ob der Zugriff zugelassen oder verweigert werden soll.

In einem solchen Profil definiert man IP-Adressen bzw. Netzwerksegmente und legt fest, ob so definierte Clients Zugriff auf die Webressource erhalten oder nicht. Zugangskontrollprofile legen Sie im Modul ANMELDEPORTAL der Systemsteuerung auf der Registerkarte ERWEITERT fest. Zu Beginn sind keinerlei Profile erstellt – das ändern Sie durch einen Klick auf die Schaltfläche ERSTELLEN.

Zuerst sollten Sie einen Profilnamen vergeben, damit Sie die Konfiguration zweifelsfrei zuordnen und sie später der Webressource zuweisen können. Im Bereich ZUGANGSKONTROLLREGELN erstellen Sie dann die gewünschten Einträge. Über die Schaltfläche ERSTELLEN fügen Sie der Tabelle einen Eintrag hinzu. Dort tragen Sie links entweder eine einzelne IP-Adresse ein oder aber ein Netzwerksegment in der CIDR-Notation. Das lokale Netzwerk kann beispielsweise durch `192.168.178.0/24` benannt werden. Die Angabe `/24` beschreibt die Subnetzgröße und entspricht der Subnetzmaske `255.255.255.0`, die das lokale Netzwerk auf 256 IP-Adressen beschränkt.

Rechts legen Sie fest, ob der Zugang erlaubt oder untersagt wird. Wenn Sie das linke Feld leer lassen, dann gilt der Eintrag für alle IP-Adressen.

Auf die Reihenfolge kommt es an

Beachten Sie, dass die Tabelle von oben nach unten abgearbeitet wird. Sofern eine Zeile im oberen Bereich einer IP-Adresse den Zugriff zulässt, kann dieser also durch eine tiefer stehende Zeile nicht blockiert werden.

Wenn Sie also (etwa für phpMyAdmin) den Zugang auf das lokale Netzwerk beschränken, dann legen Sie dieses in der ersten Zeile fest und erlauben den Zugriff. In der zweiten Zeile lassen Sie das Feld QUELL-IP ODER CIDR leer und verbieten den Zugriff. Speichern Sie die Konfiguration anschließend ab.

Im nächsten Schritt müssen Sie das Zugangskontrollprofil der gewünschten Webressource zuweisen.

Das erledigen Sie in der *Web Station*. Rufen Sie diese (als Administrator angemeldet) auf, und wechseln Sie auf die Registerkarte WEBPORTAL. Sie können ein Zugangskontrollprofil sowohl innerhalb der Gruppe STANDARDPORTAL als auch in der Gruppe BENUTZERDEFINIERTES PORTAL zuweisen. Dem Standardserver können Sie diese Beschränkungen allerdings nicht auferlegen. Es ist aber sehr wohl möglich, diese Beschränkungen auch auf die im nächsten Abschnitt vorgestellten Website-Pakete anzuwenden. Öffnen Sie also beispielsweise den Eintrag für phpMyAdmin, und suchen Sie dort nach dem Eintrag ZUGANGSKONTROLLPROFIL. Im Ausklappfeld werden Sie das zuvor angelegte Profil finden (siehe Abbildung 10.65).

Sie können beliebige Profile anlegen und sie verschiedenen Web-Ressourcen zuweisen. Übernehmen Sie die Einstellungen, und probieren Sie den Zugriff aus. Wenn Ihnen der Zugriff durch das Zugangskontrollprofil verwehrt bleibt, dann sehen Sie keine 401-Fehlerseite (Fehlercode: *unauthorized*), sondern eine 404-Fehlerseite (Fehlercode: *not found*) wie in Abbildung 10.66.

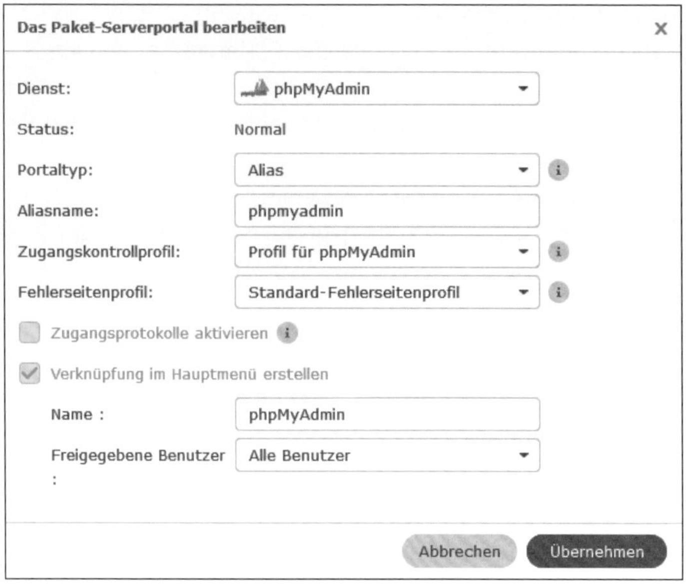

Abbildung 10.65 Weisen Sie das Zugangskontrollprofil der gewünschten Webressource zu.

Abbildung 10.66 Wenn Ihnen der Zugang untersagt ist, erhalten Sie eine 404-Fehlermeldung.

10.4.7 Mit Fehlerseitenprofilen arbeiten

Wenn es beim Aufruf einer Internetseite zu einem Fehler kommt, dann zeigt der Browser normalerweise eine sehr schlichte Fehlerseite an, die optisch etwas altbacken aussieht.

Ein bekanntes Beispiel ist die Fehlerseite, die angezeigt wird, wenn ein angefordertes Element vom Webserver nicht gefunden werden kann, etwa weil man sich bei der Adresse einer Unterseite vertippt hat. In diesem Fall wird die 404-Fehlermeldung angezeigt. Die Zahl 404 steht für den Fehlercode (besser gesagt: für den Statuscode) und beschreibt den Umstand, dass eine angeforderte Ressource nicht vorhanden ist.

Es gibt noch wesentlich mehr Fehlercodes, und moderne Webserver gestatten es, eigene Fehlerseiten zu definieren und diese auszuliefern. Diese Seiten sind optisch meist ansprechender gestaltet als die voreingestellte Fassung und beinhalten dann und wann auch das eine oder andere lustige Element.

In der Standardeinstellung sieht auch die DiskStation eine Sammlung eigener Seiten für diverse Fehlercodes vor, die automatisch vom Webserver ausgeliefert werden. Auf Wunsch können Sie eigene Fehlerseiten erstellen und diese durch den Webserver ausliefern lassen. Dazu können Sie Fehlerseitenprofile erstellen, die Sie einzelnen Website-Projekten zuweisen. Die Änderung der Fehlerseiten kann also für jedes Projekt einzeln vorgenommen werden und gilt keinesfalls global für alle Websites, die die Web Station verwaltet.

Im Fehlerfall können Sie Folgendes erreichen:

- Eine statische HTML-Seite aus einem festgelegten Ordnerpfad wird aufgerufen.
- Eine Webseite aus dem Ordnerpfad des Projekts wird angezeigt.
- Eine Umleitung zu einer externen Webressource wird vorgenommen.

Diese Einstellungen können Sie für jeden HTTP-Fehlercode einzeln vornehmen.

Öffnen Sie zunächst die *Web Station* und darin die Registerkarte FEHLERSEITE-EINSTELLUNGEN. Sie können hier entweder das voreingestellte STANDARD-FEHLERSEITENPROFIL bearbeiten (das ist die Voreinstellung für alle Projekte) oder ein neues Profil erstellen. Auch Import/Export-Funktionen werden geboten.

Beim Erstellen und Verändern von Profilen können Sie zunächst entscheiden, was als Standardeinstellung gelten soll. Der STANDARD-ANTWORTTYP (siehe Abbildung 10.67) ist quasi die universelle Fehlerseite, die im Fehlerfall ausgeliefert wird. Sie können aus den oben genannten drei Optionen wählen.

Weiter unten, in der Sektion BENUTZERDEFINIERTE ANTWORT, können Sie dann individuelle Statusseiten hinterlegen, die nur bei bestimmten Fehlercodes angezeigt werden. Tragen Sie dazu in die erste Spalte den gewünschten Statuscode ein, und legen Sie den Antworttyp fest. Auch hier können Sie aus den drei bekannten Optionen auswählen. Wenn Sie die HTTP-Statuscodes nicht auswendig parat haben, werden Sie auf der Wikipedia-Seite *https://de.wikipedia.org/wiki/HTTP-Statuscode* fündig und können die eine oder andere Stunde mit der gemütlichen Erstellung von Fehlercode-Seiten verbringen.

Wenn Sie das Fehlerseitenprofil vervollständigt und abgespeichert haben, können Sie es in der Web Station auf der Registerkarte WEBPORTAL den gewünschten Projekten zuweisen. Mit Ausnahme des Standardservers findet sich sowohl bei den Standardportalen als auch bei den benutzerdefinierten Portalen im Bearbeitungsfenster eine Einstelloption zur Auswahl des Fehlerseitenprofils.

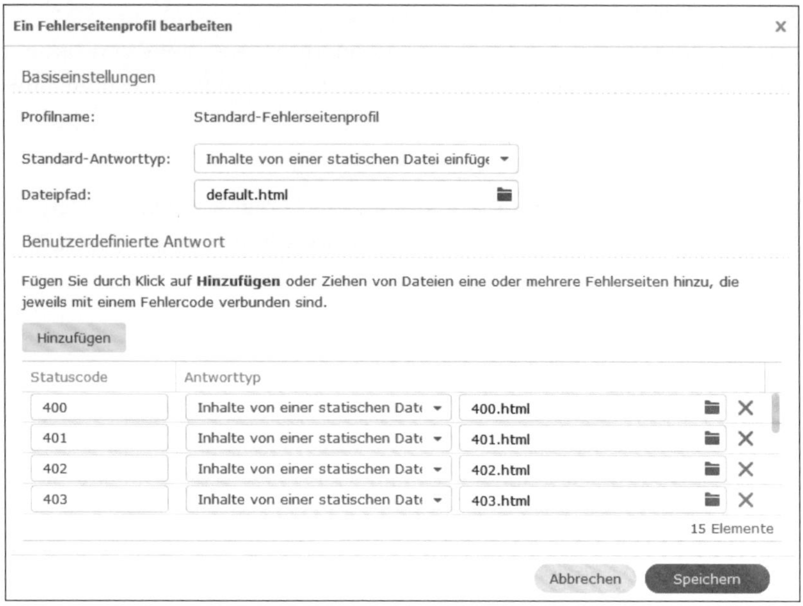

Abbildung 10.67 Sie können für jeden HTTP-Fehlercode eine eigene Fehlerseite hinterlegen.

Auch für den Standardserver lässt sich einiges anpassen

Auf Wunsch können Sie auch für den Standardserver die Fehlerseite anpassen. Das ist aber nicht so komfortabel und auch nicht so umfangreich möglich wie bei den übrigen Portalen. Erstellen Sie zunächst die gewünschte Fehlerseite als statische HTML-Seite. Nennen Sie diese *missing.html*, *missing.htm* oder *missing.php*, und legen Sie die Datei im Document-Root-Verzeichnis (also direkt in *web*) ab. Der Standardserver ist so konfiguriert, dass er diese Seite im Fehlerfall ausliefert. Dies ist auch bei persönlichen Websites der DiskStation-Nutzer möglich.

10.5 Fertige Webanwendungen installieren und betreiben

Heutzutage setzen zahlreiche Anwendungen und Dienste auf Webschnittstellen und lassen sich in einem Browser bedienen. Denken Sie etwa an die Wikipedia, die (zumindest auf einem Desktop-Rechner) im Browser genutzt und eben nicht als eigenständige Anwendung bedient wird, oder an den Zugang zum Online-Banking.

Mithilfe der Web Station können Sie auch auf Ihrer DiskStation webbasierte Dienste einrichten. Dabei müssen Sie nicht unbedingt jedes Projekt von Null an beginnend komplett selbst entwickeln, sondern können bereits bestehende Projekte verwenden. Wenn Sie etwa ein eigenes Wiki aufsetzen möchten, müssen Sie keine eigene Wiki-Software schreiben, sondern können ein bestehendes Wiki-System verwenden.

Im Internet gibt es zahlreiche solcher Projekte für die unterschiedlichsten Aufgaben. Viele davon stammen aus dem Open-Source-Bereich. Sie können also kostenlos verwendet werden und ihr Quellcode lässt sich einsehen. Die Installation solcher Anwendungen ist allerdings nicht immer ganz einfach und kann eine gewisse Zeit in Anspruch nehmen. Daher ist es erfreulich, dass Synology für die DiskStation vier besonders häufig genutzte Anwendungen aus dem Open-Source-Bereich für die Nutzung auf der DiskStation in Paketen kompiliert hat, die Sie einfach über das Paket-Zentrum installieren können.

In diesem Abschnitt wollen wir Ihnen die wichtigsten Anwendungen vorstellen und zeigen, wie sie installiert und eingerichtet werden und wie sie Ihnen von Nutzen sein können.

Im Paket-Zentrum sind unter anderem die folgenden vier webbasierten Anwendungen aus dem Open-Source-Bereich verfügbar:

- das Wiki-System *MediaWiki*
- das CMS-System *WordPress*
- das CMS-System *Joomla*
- das CRM-System *vtigerCRM*

Alle vier Systeme setzen auf den Apache-Webserver auf und können über die Web Station verwaltet werden. Zusätzlich benötigen sie für die Generierung der Webseiten den PHP-Interpreter und zum Abspeichern der Daten das Datenbankmanagementsystem MariaDB. Fehlt eines dieser Pakete bei der Installation auf der DiskStation, so wird es automatisch mitinstalliert (siehe Abbildung 10.68).

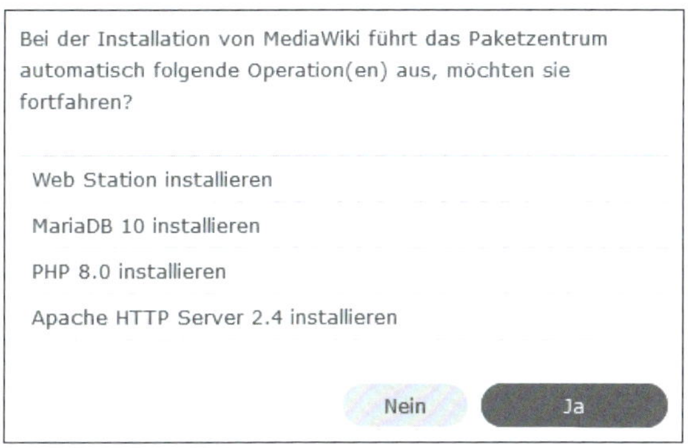

Abbildung 10.68 Bei der Installation der Webanwendungen müssen gegebenenfalls zusätzliche Komponenten des LAMP-Stacks installiert werden.

Sollte dabei das Datenbankmanagementsystem MariaDB neu installiert werden, so müssen Sie während der Installation ein Passwort für den eigenständigen Administrator des Datenbankmanagementsystems vergeben. Hier sollten Sie ein sicheres

Passwort wählen, das Sie sich gut merken (und beispielsweise in einem Passwortmanager abspeichern).

Sie können außerdem den Netzwerk-Port verändern, über den Programme Daten mit einer Datenbank austauschen können. Im Regelfall braucht der Standard-Port 3306 nicht verändert zu werden. Bei der Installation der eigentlichen Webanwendung müssen Sie diese Zugangsdaten erneut eingeben, damit die Anwendung eine Verbindung zu MariaDB aufbauen kann.

10.5.1 Ein Wiki mit MediaWiki betreiben

Ein Wiki dürfte Ihnen in Form der Wikipedia vermutlich schon einmal begegnet sein. In einem Wiki können Informationen zusammengetragen, miteinander verknüpft und grafisch aufbereitet dargestellt werden. Neben Texten können auch Bilder und Multimediainhalte eingebunden werden. Das Wiki-System bietet zur Eingabe der Informationen (Text-)Editoren, es kümmert sich um die Darstellung der Inhalte, um die Generierung der Webseiten und um das Abspeichern und Bereithalten der Daten. Im Grunde genommen bietet ein Wiki-System also auch (grundlegende) Funktionen eines Content-Management-Systems (CMS).

Ein eigenes Wiki kann nicht nur für ein Unternehmen, sondern auch im Privatbereich sehr interessant sein. Im Unternehmen lassen sich etwa Prozessabläufe, Handlungsanweisungen oder auch Anleitungen für Programme und Geräte ablegen. Die Einsatzmöglichkeiten sind sehr vielfältig. Im Privatbereich kann es z. B. Kochrezepte, Bastelanleitungen oder auch Anweisungen für die Bedienung einer Software oder einfach nur Haushaltstipps enthalten. Ein Wiki kann auch für einen Verein nützlich sein.

MediaWiki ist ein sehr bekanntes Wiki-System, das übersichtlich und einfach zu bedienen ist. Es ist tatsächlich das System, das auch von der Wikipedia für das weltweit bekannte Lexikon genutzt wird. MediaWiki lässt sich umfangreich konfigurieren und bietet viele Funktionen, angefangen von der Rechteverwaltung bis hin zur Gestaltung der Webseiten.

MediaWiki installieren

Sie finden MediaWiki im Paket-Zentrum unter der Kategorie DIENSTPROGRAMME (siehe Abbildung 10.69).

Je nach bisheriger Softwareausstattung des Gerätes kann die Installation etwas länger dauern, wenn beispielsweise zusätzlich ein Webserver und ein Datenbankmanagementsystem installiert werden müssen. Während der Installation müssen Sie die Zugangsdaten des Administrators des Datenbankmanagementsystems MariaDB eingeben. Diese Daten benötigt MediaWiki, um seine eigene Datenbank anlegen zu können. Der Datenbestand von MediaWiki wird also vom übrigen Datenbestand getrennt verwaltet.

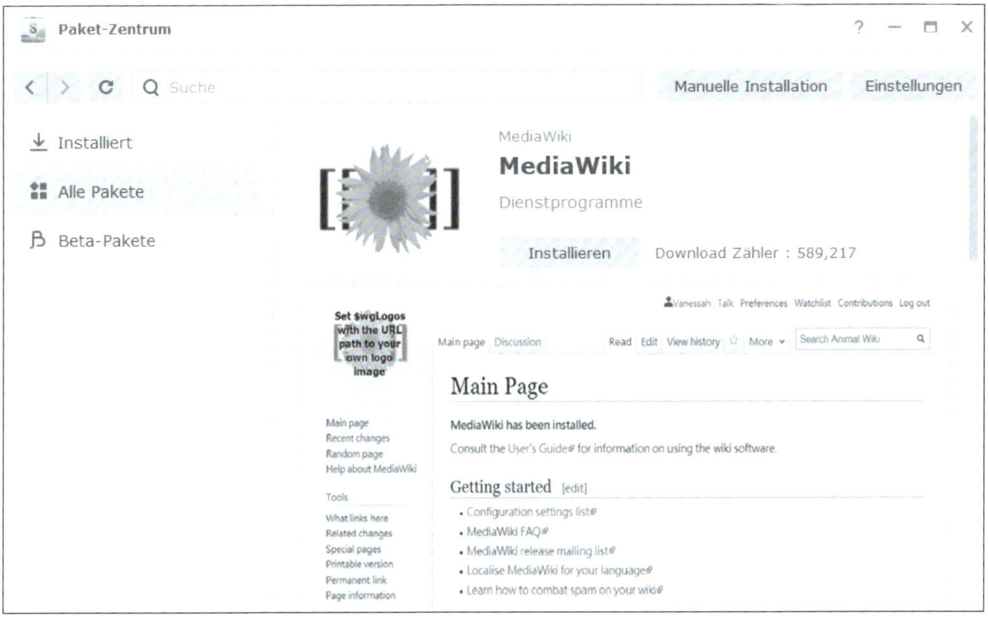

Abbildung 10.69 Das gesamte MediaWiki-System kann schnell über das Paket-Zentrum installiert werden.

Auf der folgenden Seite des Installationsassistenten können Sie diese Datenbank konfigurieren. Vergeben Sie einen Datenbanknamen. Hierfür bietet sich die Bezeichnung `mediawiki` an. MediaWiki wird keinesfalls unter dem root-Konto von MariaDB auf die Daten zugreifen, sondern ein eigenes Benutzerkonto verwenden, dessen Rechte auf die Nutzung der eigenen Datenbank begrenzt sind. Für dieses Konto müssen Sie einen Benutzernamen und ein Passwort vergeben (siehe Abbildung 10.70). Der vorgeschlagene Benutzername `mediawiki_user` ist dafür recht gut geeignet, kann aber auf Wunsch angepasst werden.

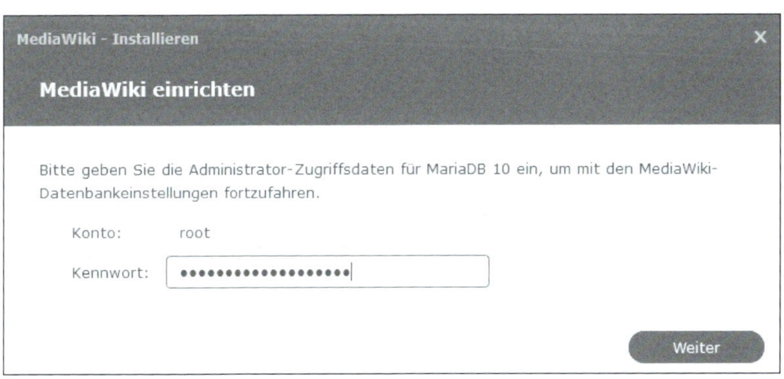

Abbildung 10.70 Das Installationsprogramm benötigt Zugriff auf das Datenbankmanagementsystem.

Vergeben Sie ein sicheres Passwort, denn mit diesem Passwort ist der Zugriff auf alle Daten des Wiki-Systems möglich. Das Passwort sollte besonders sicher sein, wenn Sie später ein geschlossenes Wiki betreiben wollen, dessen Inhalte nur einem begrenzten Nutzerkreis zur Verfügung stehen. Merken Sie sich alle Daten gut, denn Sie werden sie später bei der Einrichtung des Wikis eingeben müssen. Weitere Benutzereingaben sind während der Installation nicht erforderlich.

Während der Installation wird in der Web Station ein Webportal für das MediaWiki angelegt. Es ist so konfiguriert, dass die Nutzerinnen und Nutzer das Wiki über die IP-Adresse der DiskStation, ihren Hostnamen im lokalen Netzwerk oder natürlich über ihre Domain mit angehängtem Alias */mediawiki* aufrufen können. Theoretisch könnte dieser Alias in der Web Station auf der Registerkarte Webportal angepasst werden, aber das ist nicht ratsam, da es im System feste Verknüpfungen gibt, die mit diesem Alias verbunden sind. Dazu zählt beispielsweise die Verknüpfung zum MediaWiki im Hauptmenü. Wenn Sie trotzdem einen anderen Alias wünschen, dann sollten Sie, wie im vorigen Abschnitt beschrieben, die Funktionen der Web Station bemühen.

Zunächst kann die Website vom MediaWiki von jedermann aufgerufen werden, denn sie steht uneingeschränkt jedem zu Verfügung, der mit dem Webserver kommunizieren kann. Auf Wunsch können Sie in der Web Station ein Zugangskontrollprofil anlegen und es im Aliasportal mit dem MediaWiki verknüpfen (siehe Abbildung 10.71). Auf diese Weise können Sie das System etwa so konfigurieren, dass es ausschließlich aus dem lokalen Netzwerk heraus (sowie auf Wunsch über eine VPN-Verbindung) aufgerufen werden kann.

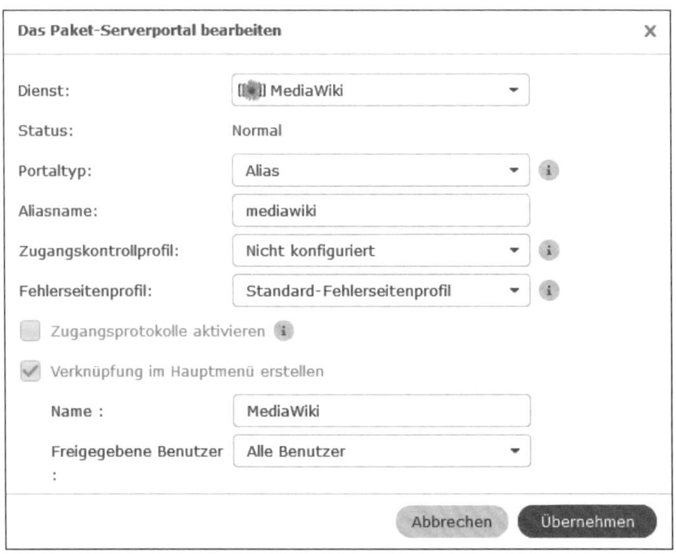

Abbildung 10.71 Der Standardalias für MediaWiki sollte nicht verändert werden, kann aber mit einem Zugangskontrollprofil in der Nutzung eingeschränkt werden.

Nach der Installation von MediaWiki muss die Software zunächst konfiguriert werden. Wenn Sie MediaWiki öffnen, dann sehen Sie den Einrichtungsassistenten wie in Abbildung 10.72. Klicken Sie hier auf SET UP THE WIKI.

Abbildung 10.72 MediaWiki ist zur Einrichtung bereit.

Auf der ersten Konfigurationsseite (siehe Abbildung 10.73) müssen Sie die Sprachfassung für den Installationsassistenten und die spätere Nutzeroberfläche des Wikis einstellen. Die Standardeinstellung orientiert sich an der Konfiguration des DSM.

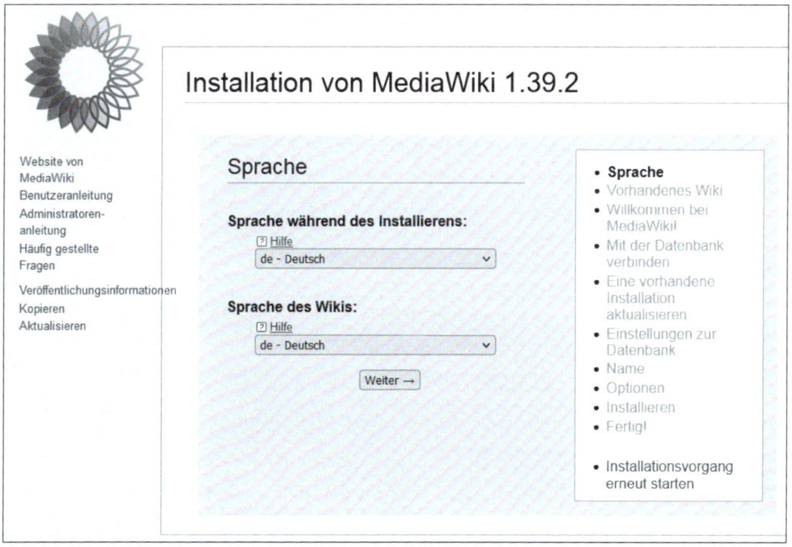

Abbildung 10.73 Legen Sie die Sprache fest, die während der Installation und der anschließenden Benutzung verwendet wird.

Auf der nächsten Seite wird eine automatische Prüfung der Installationsumgebung durchgeführt. Der Assistent prüft unter anderem, ob alle benötigten PHP-Erweiterungen vorhanden sind. Das Installationspaket von Synology bringt alle grundlegend nötigen Komponenten mit, ist aber nicht so ausgelegt, dass es eine für jede Benutzerumgebung ideale Kombination installiert.

Wundern Sie sich also nicht, wenn es bei einigen Einträgen zu Warnungen kommt. Da die DiskStation im Vergleich zu eigenständigen Serversystemen eine begrenzte Rechenleistung mitbringt und sich damit das Wiki nicht für die Nutzung durch Hunderte von Nutzern eignet, spielen diese Einschränkungen für den Alltag jedoch keine Rolle.

Danach geht es um die Konfiguration der Datenbankverbindung. Während der Installation haben Sie ein eigenes Benutzerkonto und eine Datenbank für die Nutzung durch MediaWiki innerhalb von MariaDB angelegt. Dies geschah unter dem root-Konto des Datenbankmanagementsystems.

Die angelegten Zugangsdaten tragen Sie im Einrichtungsassistenten wie in Abbildung 10.74 ein.

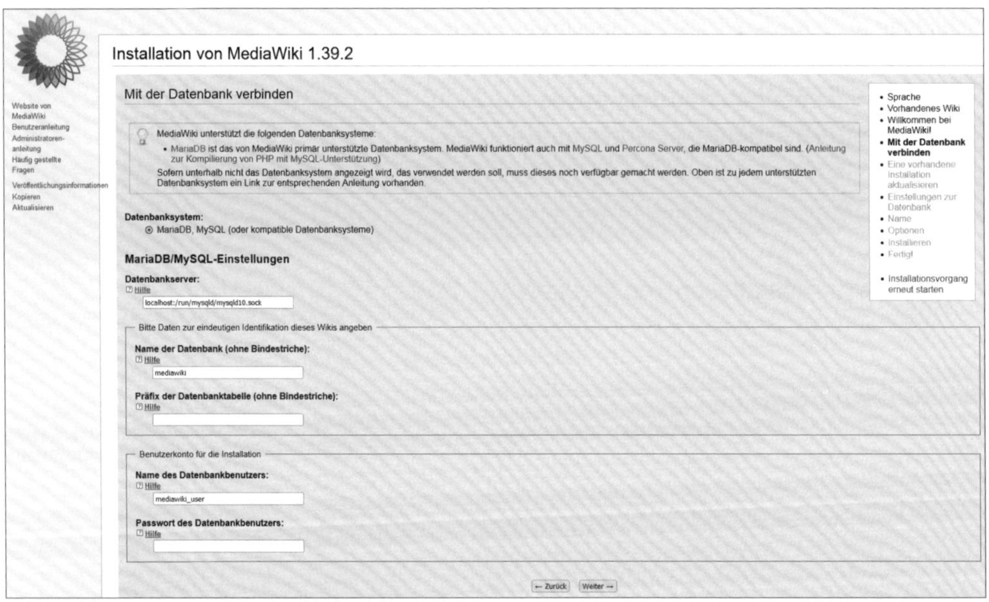

Abbildung 10.74 Die Zugangsdaten zur Datenbank müssen eingegeben werden.

MediaWiki ist zunächst so konfiguriert, dass es über einen Linux-Socket mit dem Datenbankmanagementsystem konfiguriert wird und dafür nicht eine TCP-Verbindung nutzt. Da sowohl MariaDB als auch MediaWiki auf demselben System (der DiskStation) arbeiten, spielt dies keine Rolle. Tragen Sie den Namen der Datenbank ein, die Sie zuvor angelegt haben. Ein Präfix ist für die Datenbanktabelle nicht erforderlich. Geben Sie anschließend die Daten des Benutzerkontos unter MariaDB ein. Bestätigen

Sie dann auf der nächsten Seite, dass MariaDB dasselbe Datenbankkonto wie während des Installationsvorgangs verwenden wird.

Das Wiki einrichten

Auf der folgenden Seite werden Sie das eigentliche Wiki anlegen (siehe Abbildung 10.75).

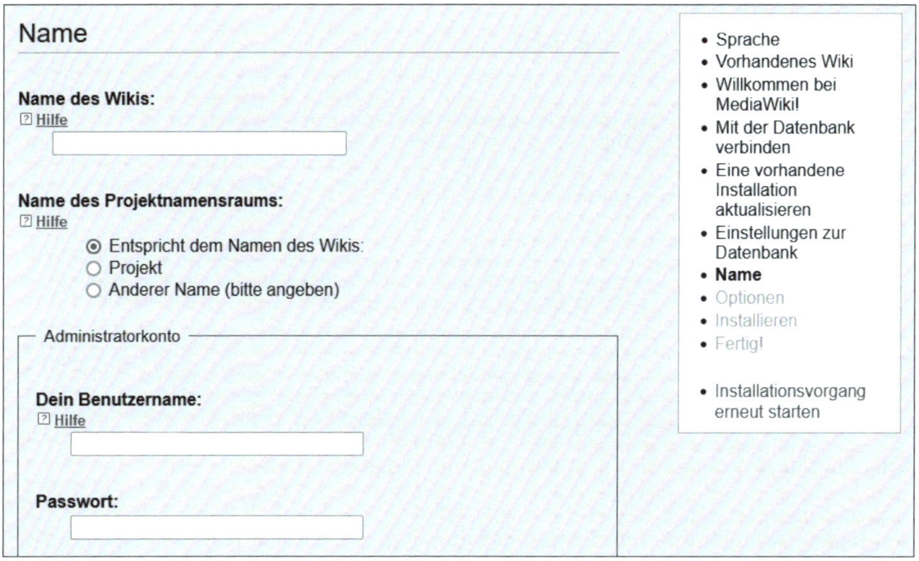

Abbildung 10.75 Legen Sie die grundlegenden Bezeichnungen fest, und erstellen Sie ein Administratorkonto.

Sie müssen einen NAMEN vergeben und den PROJEKTNAMENSRAUM angeben. Letzterer entspricht üblicherweise dem Namen des Wikis. Wenn Sie projektbezogen arbeiten möchten, dann können Sie hier auch Anpassungen vornehmen. Anschließend müssen Sie ein ADMINISTRATORKONTO anlegen. MediaWiki nutzt eine eigene Benutzerverwaltung, die unabhängig von der Benutzerverwaltung auf der DiskStation arbeitet. Zunächst müssen Sie daher ein eigenes Administratorkonto anlegen, das das MediaWiki-System verwalten wird. Wie immer gilt: Wählen Sie ein sicheres Passwort und einen Benutzernamen, der nicht auf Ihre Eigenschaft als Administrator hinweist. Auch wenn der Assistent dies weiter unten anbietet, sollten Sie die restlichen Einrichtungsschritte nicht überspringen, damit das System später vollständig konfiguriert ist.

Sie müssen im Assistenten jetzt festlegen, ob Benutzerberechtigungen zum Bearbeiten und Aufrufen der Wiki-Inhalte erforderlich sind. Es stehen verschiedene Sicherheitsstufen zur Wahl, und der Assistent beschreibt sehr anschaulich, was die verschiedenen Stufen bewirken (siehe Abbildung 10.76). In der Grundeinstellung können die

Inhalte von jedermann gelesen und verändert werden. In der höchsten Sicherheitseinstellung ist sowohl zum Lesen als auch zum Verändern ein Benutzerkonto erforderlich. Treffen Sie gemäß der geplanten Inhalte und auch in Abhängigkeit von der Erreichbarkeit des Wikis Ihre Wahl.

Abbildung 10.76 Wählen Sie das Profil der Benutzerberechtigungen.

Wenn Sie ein Zugangskontrollprofil definiert haben, das das Wiki vielleicht nur im lokalen Netzwerk verfügbar macht, dann können Sie eventuell auf besonders restriktive Benutzerberechtigungen verzichten, aber das hängt vom jeweiligen Anwendungsfall ab.

Weiter unten legen Sie das Lizenzmodell fest. Ein entsprechender Lizenz-Hinweis wird auf den Wiki-Seiten sichtbar sein. Überlegen Sie, ob die geplanten Inhalte schützenswert sind, und wählen Sie dann das gewünschte Lizenzmodell.

Weiter geht es mit der Konfiguration von E-Mail-Benachrichtigungen. Legen Sie fest, welche Art von Benachrichtigungen später möglich sein soll. Denken Sie auch daran, eine E-Mail-Adresse für Antworten zu hinterlegen.

Schenken Sie dem Auswahlfeld BENUTZEROBERFLÄCHEN ausreichend Beachtung (siehe Abbildung 10.77). Hier legen Sie das Design fest, das das Wiki-System später verwenden wird. Sie können sich über den Link BILDSCHIRMFOTOS einige Beispiele ansehen.

Die Sektion ERWEITERUNGEN richtet sich an den fortgeschrittenen Nutzer. MediaWiki kann mit verschiedenen Erweiterungen ausgestattet werden, die für spezifische Einsatzzwecke Sonderfunktionen nachrüsten. Falls Sie mit den Erweiterungen (noch) nichts anfangen können, finden Sie auf der Internetpräsenz *http://www.mediawiki.org* in der Kategorie ERWEITERUNGEN die nötigen Informationen.

Abbildung 10.77 Entscheiden Sie sich für eine Benutzeroberfläche, und aktivieren Sie gegebenenfalls Erweiterungen.

Eine besonders häufig genutzte Funktion ist das Ergänzen von Textartikeln mit Bildern. Sie muss durch den Administrator aktiviert werden. Wenn Sie die Funktion nutzen möchten, dann aktivieren Sie in der Sektion HOCHLADEN VON BILDERN UND DATEIEN das entsprechende Kontrollkästchen. Die am Seitenende konfigurierbare Option zur Zwischenspeicherung von Objekten sollte auf das Objektcaching von PHP eingestellt sein. Die anderen Optionen reduzieren entweder die Leistung (KEIN OBJEKTCACHING) oder sind auf der DiskStation nicht verfügbar (MEMCACHED CACHESERVER).

Der Assistent wird nun ein Wiki mit den gewünschten Einstellungen anlegen. Nach einiger Wartezeit wird im Browser automatisch die Datei *LocalSettings.php* heruntergeladen. Speichern Sie diese Datei auf dem lokalen Gerät ab (siehe Abbildung 10.78).

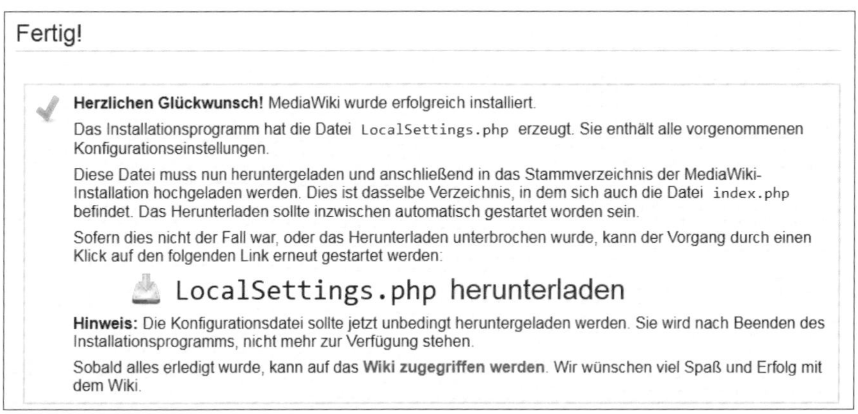

Abbildung 10.78 Die Datei »LocalSettings.php« muss manuell an den richtigen Ort kopiert werden.

Es ist erforderlich, sie in ein bestimmtes Verzeichnis auf der DiskStation abzulegen. Die Datei enthält die Konfigurationseinstellungen für das MediaWiki und muss später vom Webserver eingelesen werden können. Wechseln Sie also zum DSM der DiskStation, und öffnen Sie dort (als Administrator angemeldet) die *File Station*. Navigieren Sie zum Ordner *web_packages/mediawiki*, und kopieren Sie die Datei *LocalSettings.php* in dieses Verzeichnis.

Damit ist die Einrichtung von MediaWiki abgeschlossen. Sie haben jetzt ein System wie in Abbildung 10.79.

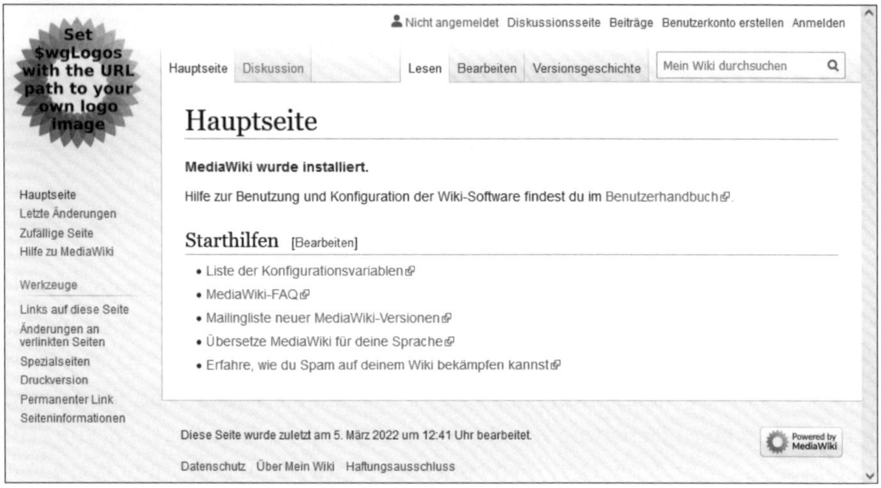

Abbildung 10.79 MediaWiki zeigt die Hauptseite an.

Sie können den Einrichtungsassistenten jetzt schließen. Wenn Sie das MediaWiki anschließend erneut aufrufen, dann sehen Sie die Hauptseite des Wikis und können mit der Bearbeitung beginnen. Je nach Sicherheitseinstellungen ist es gegebenenfalls erforderlich, sich über die Schaltflächen oben rechts am System anzumelden. Wenn Sie noch nie mit einem MediaWiki gearbeitet haben, finden Sie direkt auf der Hauptseite einen Link zum Benutzerhandbuch.

10.5.2 Eigene Inhalte mit WordPress hosten

WordPress ist eine sehr bekannte *Content-Management-Software* (CMS) und kann den Rahmen für eine eigene Website bilden. Die Nutzer können in dem Content-Management-System ihre Inhalte eingeben, und die Software kümmert sich dann darum, diese Inhalte in die Website einzubinden. Sie sorgt unter anderem dafür, dass die Inhalte grafisch aufbereitet werden und zum Erscheinungsbild der gesamten Website passen. Sie kümmert sich auch um die Navigation und bindet einen neuen Inhalt beispielsweise in ein Inhaltsverzeichnis ein. WordPress eignet sich damit sehr gut für Projekte, bei denen fortlaufend neue Inhalte ergänzt werden.

Alternativ ist es auch möglich, eine statische Seite zu erzeugen, die im Laufe der Zeit nicht mehr verändert wird. WordPress eignet sich für eine Vielzahl an Projekten. Ganz klassisch ist das eigene Blog zu nennen, eine Art von Tagebuch. In einem Blog wird über Erlebnisse berichtet; oft finden sich Reiseberichte, es ist aber auch möglich, einfach über Produkte zu informieren. Zahlreiche Test- und Review-Seiten im Internet verwenden z. B. WordPress. Die Testerinnen und Redakteure können dann einfach neue Testberichte ergänzen. WordPress bietet dazu eingebaute Editoren, in die die Texte eingefügt und in denen die Texte formatiert werden können. Selbstverständlich lassen sich auch Bilder und andere Inhalte ergänzen. Für WordPress ist eine unüberschaubare Anzahl an grafischen Vorlagen erhältlich, die das Design einer Seite vorgeben.

Die Nutzung ist sowohl für private als auch für geschäftliche Zwecke möglich. Je nach Art des Unternehmens eignet sich WordPress mehr oder weniger gut für dessen Präsentation. Aufgrund der beschränkten Leistung der DiskStation mag diese für die Haupt-Website eines Unternehmens weniger gut geeignet sein. Ihre Leistung reicht aber allemal für eine interne Website, eine Testumgebung oder ein privates Projekt aus.

WordPress installieren

Der Ablauf der Installation von WordPress unter dem DSM ähnelt der Installation von MediaWiki. WordPress installieren Sie einfach über das Paket-Zentrum (siehe Abbildung 10.80). Sie finden die Anwendung in der Kategorie DIENSTPROGRAMME. Abhängig von der bereits installierten Software müssen gegebenenfalls zusätzliche Komponenten wie etwa ein PHP-Interpreter installiert werden.

Während der Installation müssen Sie die Zugangsdaten des Administratorkontos für das Datenbankmanagementsystem MariaDB angeben. Diese benötigt das Installationsprogramm zum Anlegen einer neuen Datenbank und eines neuen Datenbankbenutzers für WordPress. Die Software wird unter MariaDB ihre eigene Datenbank verwalten und erhält dafür auch eigene Zugangsdaten, mit denen sie nur auf den eigenen Datenbestand zugreifen kann. Auf andere Datenbanken besteht also kein Zugriff. Geben Sie daher zunächst die Zugangsdaten des root-Benutzers für MariaDB ein.

Auf der folgenden Seite des Assistenten richten Sie dann die neue Datenbank für WordPress ein. Dazu vergeben Sie zuerst einen Datenbanknamen (siehe Abbildung 10.81). Vorgeschlagen wird hier `wordpress`, was sicherlich recht passend gewählt ist.

Anschließend geben Sie im Feld DATENBANK-BENUTZERKONTO den Nutzernamen ein, unter dem WordPress zukünftig im Datenbankmanagementsystem agieren soll. Die Voreinstellung `wordpress_user` ist ebenfalls nicht schlecht gewählt, kann aber auf Wunsch verändert werden. Vergeben Sie als Drittes ein sicheres Kennwort. Dieses muss geheim bleiben, denn mit Kenntnis der Zugangsdaten kann jedermann mit Zugang zum Datenbankmanagementsystem alle hinterlegten Daten von WordPress auslesen. Heben Sie die Zugangsdaten für später gut auf.

Abbildung 10.80 WordPress ist als Komplettpaket im Paket-Zentrum verfügbar.

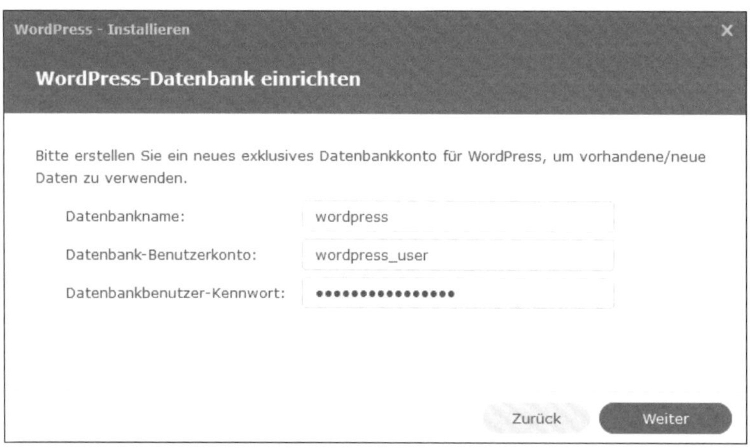

Abbildung 10.81 Legen Sie für WordPress eine eigene Datenbank an.

Sie erhalten dann noch eine Zusammenfassung der Installationseinstellungen. Nach deren Bestätigung läuft die Installation automatisch ab; es sind keine weiteren Benutzereingaben erforderlich.

Nach Abschluss der Installation können Sie einen Blick in das WEBPORTAL der Web Station werfen. Dort wurde ein neues STANDARDPORTAL für WordPress erzeugt, das als ALIASNAME `wordpress` verwendet (siehe Abbildung 10.82). Sie können den Aliasnamen anpassen.

Abbildung 10.82 Für den Zugriff auf WordPress wurde ein eigener Alias eingerichtet.

Beachten Sie, dass es im Hauptmenü einen Schnellzugriff auf WordPress gibt, der jedoch fest mit dem Alias `wordpress` verbunden ist und nicht mehr funktioniert, wenn der Aliasname angepasst wurde.

Was Sie an dieser Stelle aber gut verändern können, das ist das ZUGANGSKONTROLLPROFIL. Wie wir bei der Web Station in Abschnitt 10.4.6 beschrieben haben, können Sie hierüber festlegen, wer auf die WordPress-Inhalte zugreifen können soll.

Wenn Sie mit dem Standardalias (z. B. für eine öffentliche Freigabe des Dienstes) nicht zufrieden sind, dann können Sie auf der Registerkarte WEBPORTAL auch ein neues Webdienstportal erstellen. Wählen Sie aus, dass Sie das Portal für WordPress erstellen möchten. Anschließend können Sie den Zugriff über einen Hostnamen, einen Alias oder über einen neuen und vor allem eigenen Netzwerk-Port einstellen. Beispielsweise können Sie erreichen, dass etwa unter Port 4000 lediglich WordPress zu erreichen ist.

Vergessen Sie nicht, dass Sie stets auch ein eigenes Zugangskontrollprofil verwenden können (siehe Abbildung 10.83). Falls Sie damit liebäugeln, WordPress auch über das Internet erreichbar zu machen, sollten Sie eine HTTPS-Verschlüsselung aktivieren und gegebenenfalls die HSTS-Funktion nutzen, die verschlüsselte Verbindungen erzwingt.

Abbildung 10.83 Für den individualisierten Zugriff auf WordPress können Sie ein eigenes Webdienstportal einrichten.

Das erste Blog einrichten

Nach der Installation auf der DiskStation erfolgt die Einrichtung der Software. Rufen Sie WordPress entweder über den Link im Hauptmenü auf oder über einen Aliasnamen (oder über einen selbst erstellten Port). Denken Sie daran, dass jedermann diesen Link benutzen kann, der Netzwerkzugang zu den Inhalten der Web Station hat und der nicht durch ein Zugangskontrollprofil ausgeschlossen wird.

Ihnen zeigt sich nun der Einrichtungsassistent, der relativ schnell abgeschlossen werden kann. Zunächst müssen Sie die Sprache auswählen, die WordPress verwenden soll. Englisch ist hier voreingestellt. Wenn Sie mögen, können Sie aus verschiedenen deutschen Sprachfassungen auswählen und auch festlegen, ob Sie mit »Du« oder »Sie« angesprochen werden möchten.

Auf der nächsten Seite legen Sie zunächst den Titel für Ihr Website-Projekt fest, der dann auf der Hauptseite angezeigt wird (siehe Abbildung 10.84). WordPress bringt eine eigene Benutzerverwaltung mit. Zunächst müssen Sie ein Administratorkonto einrichten, das zur Verwaltung von WordPress dient. Vergeben Sie also einen Benutzernamen und ein sicheres Kennwort.

Tragen Sie auch eine E-Mail-Adresse ein, unter der der Administrator bei Systemereignissen benachrichtigt werden kann. Weitere Benutzer können Sie später im Webinterface von WordPress hinzufügen. Legen Sie dann noch fest, ob eine Suchmaschine den Inhalt Ihrer Website indizieren darf oder nicht. Diese Einstellung ist offensichtlich nur dann von Relevanz, wenn die Website uneingeschränkt über das Internet erreicht und von einer Suchmaschine erfasst werden kann. Das war es schon. Klicken Sie auf WORDPRESS INSTALLIEREN.

Abbildung 10.84 WordPress benötigt zur Einrichtung nur wenige Eingaben und ist schnell betriebsbereit.

Die Installation ist nach wenigen Augenblicken abgeschlossen (siehe Abbildung 10.85). Anschließend landen Sie im Administratorbereich der Software (siehe Abbildung 10.86) und können mit der Arbeit beginnen.

Abbildung 10.85 Die Installation ist abgeschlossen und WordPress kann verwendet werden.

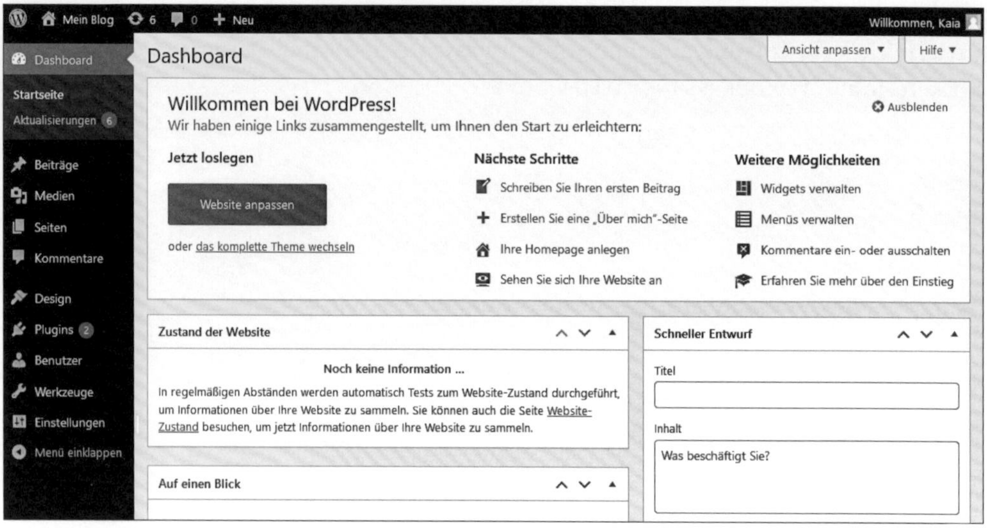

Abbildung 10.86 Das Dashboard bietet Zugriff auf zahlreiche Funktionen von WordPress.

10.5.3 Eigene Inhalte mit Joomla hosten

Joomla ist wie WordPress ein Content-Management-System, das zur Erstellung und Verwaltung sowohl dynamischer als auch statischer Websites geeignet ist. Es kann als Alternative zu WordPress betrachtet werden. WordPress wird zwar von deutlich mehr Websites verwendet als Joomla und hat eine größere Benutzergemeinschaft, aber das bedeutet keineswegs, dass Joomla in irgendeiner Weise schlecht sei. WordPress mag für den Einsteiger besser geeignet sein, da man schon nach kurzer Zeit der Einarbeitung schöne und funktionale Webseiten erzeugen kann. Bei Joomla ist mitunter mehr Einarbeitungszeit nötig, dafür gibt es an der einen oder anderen Stelle aber auch mehr »Schrauben«, um das System an die eigenen Bedürfnisse anzupassen.

Falls Sie unsicher sind, welches System Sie verwenden sollten, informieren Sie sich zunächst im Internet über die jeweiligen Vor- und Nachteile der beiden Systeme. Wenn Sie mögen, können Sie natürlich auch einfach beide ausprobieren und so feststellen, womit Sie besser zurechtkommen.

Joomla installieren

Die Installation von Joomla unterscheidet sich nicht von der Installation von WordPress. Sie finden Joomla im Paket-Zentrum unter der Kategorie DIENSTPROGRAMME und können das System von hier aus direkt installieren (siehe Abbildung 10.87). Sollten einige erforderliche Komponenten, etwa das Datenbankmanagementsystem MariaDB, auf Ihrem NAS-Gerät noch nicht vorhanden sein, so werden diese unkompliziert durch das Installationsprogramm mitinstalliert.

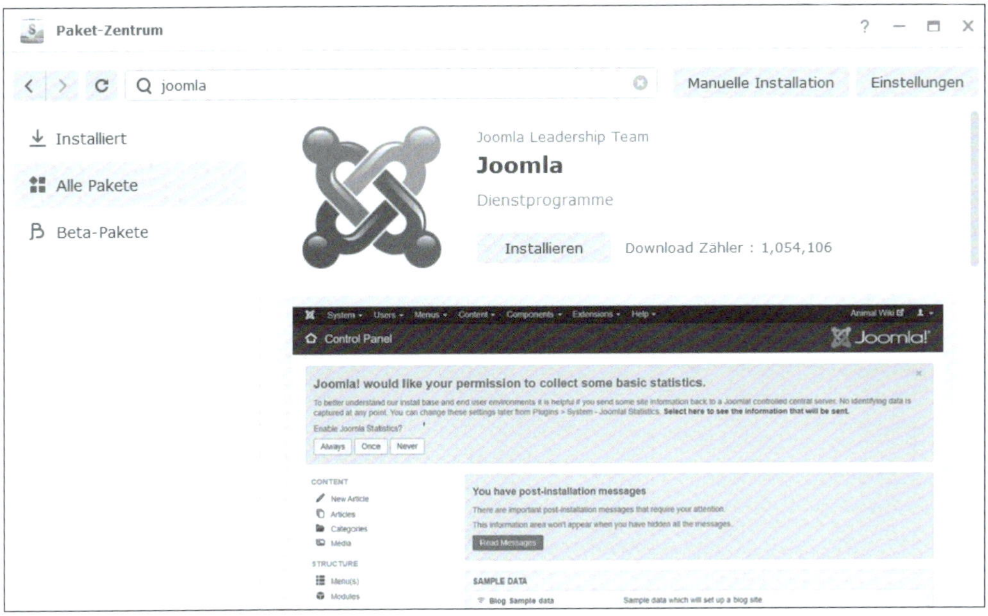

Abbildung 10.87 Joomla findet sich im Paket-Zentrum in der Kategorie »Dienstprogramme«.

Während der Installation müssen Sie im Datenbankmanagementsystem MariaDB eine eigene Datenbank für die Inhalte von Joomla nebst eigenem Benutzerkonto erstellen. Somit ist sichergestellt, dass Joomla nur auf seine eigenen Daten zugreifen und aus anderen Datenbanken gemäß deren Berechtigungen keine Inhalte auslesen kann. Geben Sie dem Installationsprogramm also zunächst die Zugangsdaten für das Administratorkonto von MariaDB. Diese nutzt das Programm, um anschließend eine eigene Datenbank anzulegen. Vergeben Sie dafür einen eigenen Datenbanknamen, einen Benutzernamen für das Benutzerkonto und ein zugehöriges Passwort (siehe Abbildung 10.88). Verwahren Sie diese Informationen sicher auf.

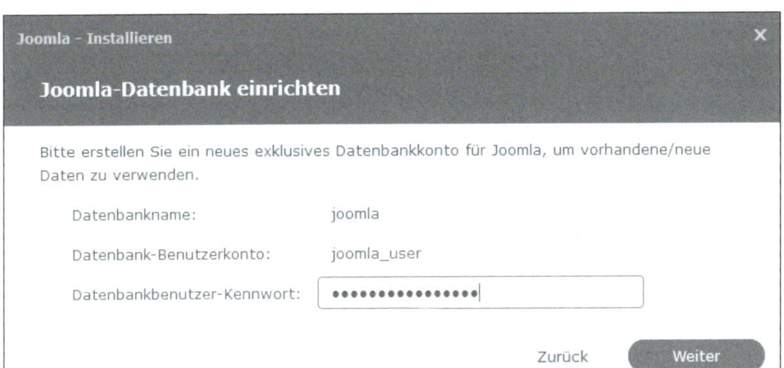

Abbildung 10.88 Joomla bekommt eine eigene Datenbank.

Der Rest der Installation läuft automatisch ab, weitere Eingaben Ihrerseits sind nicht erforderlich.

In der Web Station wird automatisch ein neues Standardportal für Joomla erzeugt, das `joomla` als Aliasname verwendet (siehe Abbildung 10.89). Sie können – wie bei WordPress – diesen Alias zwar anpassen, es ist aber unter Umständen klüger, ein weiteres Webdienstportal anzulegen und es mit den gewünschten Zugangsdaten zu konfigurieren.

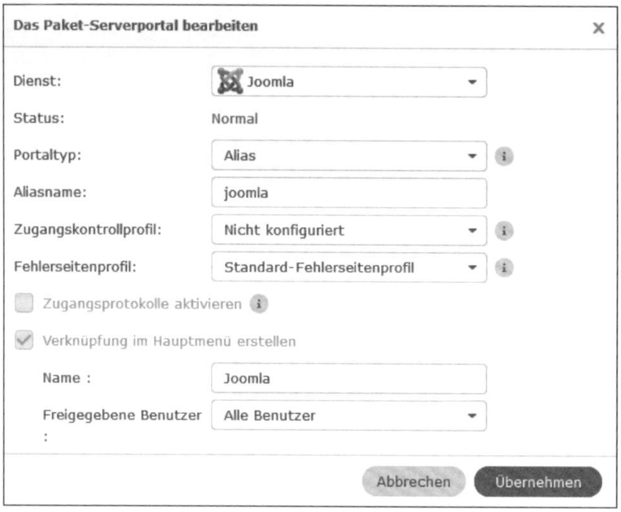

Abbildung 10.89 Joomla können Sie über den Aliasnamen »joomla« aufrufen.

Die erste Seite mit Joomla

Anschließend können Sie Joomla aufrufen, z. B. über die Schaltfläche im Hauptmenü unter dem DSM oder über ein benutzerdefiniertes Portal. Sie landen bei der Konfiguration des Systems, die in drei Schritte gegliedert ist.

Als Erstes geht es um die Konfiguration (siehe Abbildung 10.90). Zu Beginn müssen Sie die Sprache des Systems einstellen und Ihrem Website-Projekt einen Namen geben. Auf der nächsten Seite legen Sie ein Administratorkonto für Joomla fest. Das System verwendet (wie WordPress) eine eigene Benutzerverwaltung. Der Administrator wird hier »Super Benutzer« genannt. Diese Bezeichnung begegnet einem als »super user« oft im Englischen.

Danach konfigurieren Sie die Datenbankverbindung. Hier müssen Sie die Daten eingeben, die Sie während der Installation festgelegt haben. Tragen Sie also den Benutzernamen, das zugehörige Passwort und den Namen für die Datenbank ein. Die übrigen Werte müssen Sie nicht verändern.

Wie schon MediaWiki so wird auch Joomla über einen Linux-Socket mit dem Datenbanksystem kommunizieren und dafür keine Netzwerkverbindung nutzen. Der

Datenbanktyp MySQLi ist passend gewählt. Warten Sie anschließend, bis die Installation aller Dateien abgeschlossen ist.

Abbildung 10.90 Die Konfiguration von Joomla ist schnell erledigt.

Anschließend können Sie sich bei Joomla anmelden. In dem Home Dashboard können Sie beispielsweise neue Nutzer anlegen oder direkt die Arbeit an Ihrer Webseite aufnehmen (siehe Abbildung 10.91).

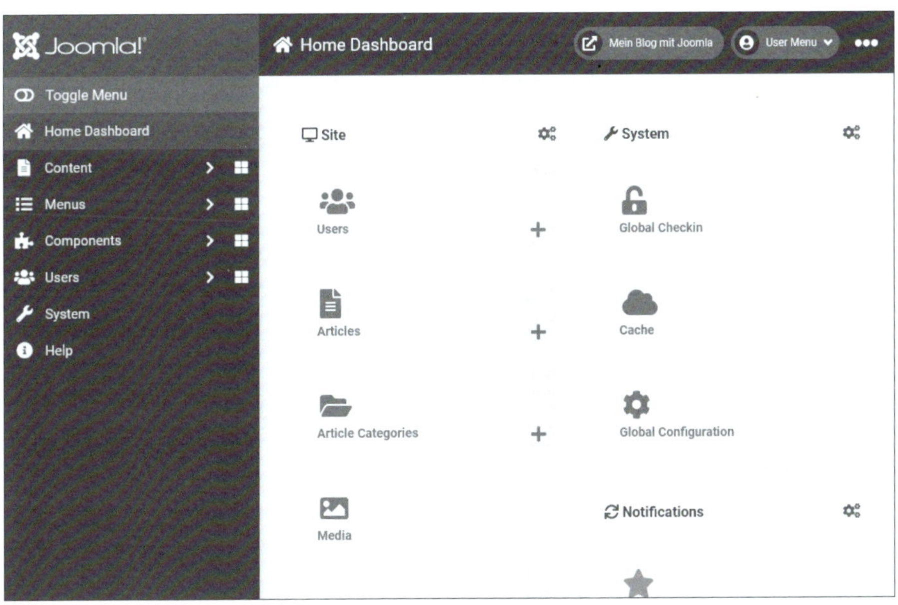

Abbildung 10.91 Im Home Dashboard haben Sie Zugriff auf alle wichtigen Optionen.

10.5.4 Mit vtigerCRM Kundenbeziehungen verwalten

Als viertes Webserver-Projekt aus dem Open-Source-Bereich ist vtigerCRM verfügbar. Diese Anwendung für die Nutzung in einem Unternehmen stellt Funktionen aus dem Bereich *Customer-Relationship-Management* (CRM) bereit. Es handelt sich also um ein System, mit dem Kundenbeziehungen verwaltet werden können. vtiger selbst sieht sich als besonders geeignet für die Geschäftsbereiche Vertrieb, Marketing, Controlling, Service und Support und erleichtert den Umgang mit allen Kundendaten und sonstigen Interaktionen mit Kunden.

Das System kann über das Paket-Zentrum der DiskStation schnell installiert werden (siehe Abbildung 10.92). Sie finden das Paket *vtigerCRM* über die Suche oder in der Kategorie DIENSTPROGRAMME.

Abbildung 10.92 vtigerCRM ist im Paket-Zentrum als Komplettpaket verfügbar und kann mit einem Klick installiert werden.

Die Installation läuft praktisch genauso ab, wie wir sie schon bei den anderen drei Webserver-Projekten gezeigt haben. Während der Installation (eventuell nötige Zusatzkomponenten werden direkt automatisch mitinstalliert) müssen Sie für das System eine eigene Datenbank mit einem eigenen Datenbankbenutzer anlegen, damit vtigerCRM nur auf den eigenen Datenbestand zugreifen kann.

Dem Installationsprogramm müssen Sie dafür die Zugangsdaten des Administratorkontos von MariaDB mitteilen. Das Programm kann damit die gewünschte Datenbank und das gewünschte Benutzerkonto anlegen. Dafür müssen Sie einen Datenbanknamen, einen Benutzernamen und ein Passwort definieren (siehe Abbildung 10.93). Damit die Administration des Datenbankmanagementsystems übersichtlich bleibt, empfiehlt es sich auch hier, Bezeichner zu wählen, die auf die jeweilige Aufgabe hinweisen.

Der Rest der Installation läuft nach der obligatorischen Bestätigung der Zusammenfassung automatisch ab und erfordert keine weiteren Benutzereingaben.

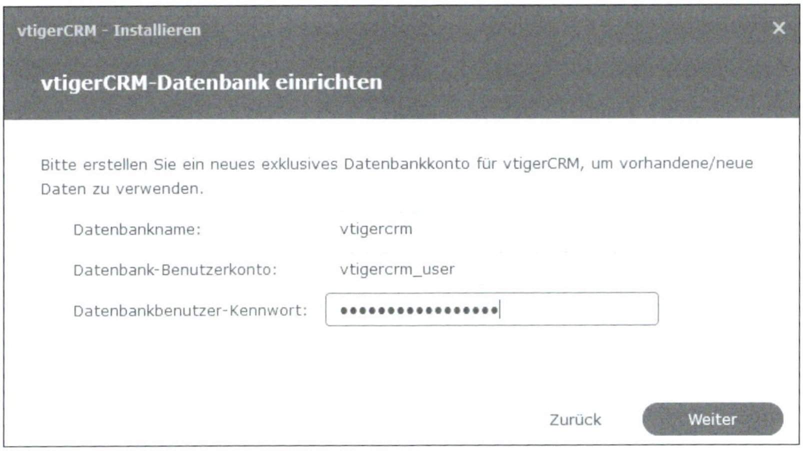

Abbildung 10.93 vtigerCRM wird seine Daten in einer eigenen Datenbank verwalten.

Auch für vtigerCRM wird ein eigenes Webportal erstellt, dessen Alias mit der Verknüpfung im Hauptmenü verbunden ist (siehe Abbildung 10.94).

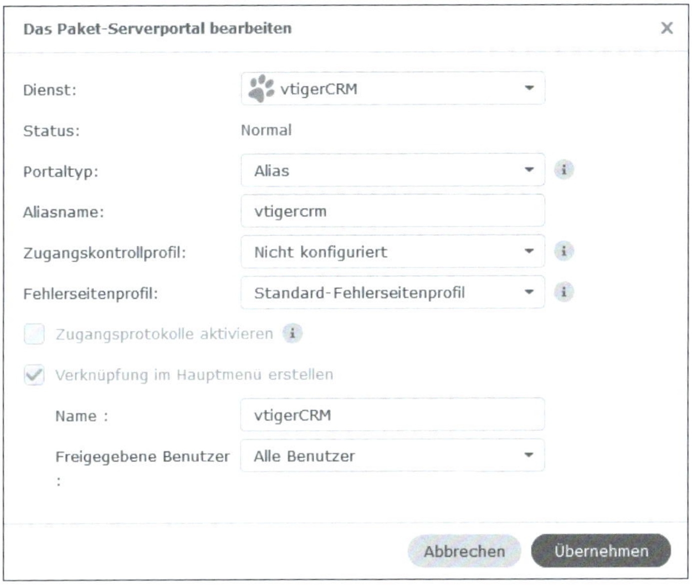

Abbildung 10.94 Wenn Ihnen der Aliasname »vtigercrm« nicht gefällt, können Sie ihn ändern oder ein neues Webdienstportal erstellen.

Da vtigerCRM nur innerhalb des Unternehmens genutzt wird, sollten Sie ein geeignetes Zugangskontrollprofil definieren, das den Zugriff nur aus dem lokalen Netzwerk heraus gestattet. Falls erforderlich, lässt sich der Zugriff sogar noch weiter einschränken, sodass nur einzelne Mitarbeiter oder bestimmte Abteilungen Zugriff erhalten.

Berücksichtigen Sie eventuelle VPN-Verbindungen, die z. B. Mitarbeiter im Home-Office nutzen. Sollte es erforderlich sein, können Sie in der Web Station einen weiteren alternativen Aliasnamen festlegen.

Beim ersten Aufruf des Programms begrüßt Sie ein *Setup Wizard* (siehe Abbildung 10.95). Dort müssen Sie zunächst den Nutzungsbedingungen zustimmen und sehen dann die Ergebnisse einer Prüfung auf Systemkompatibilität.

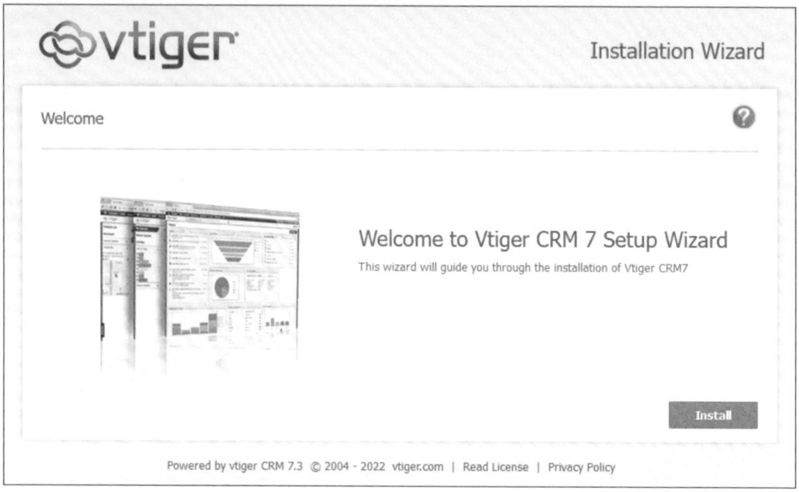

Abbildung 10.95 vtigerCRM begrüßt Sie zur Einrichtung des Programms.

Nachfolgend müssen Sie die Verbindungsdaten zum Datenbankmanagementsystem eingeben, die Sie während der Installation festgelegt hatten (siehe Abbildung 10.96).

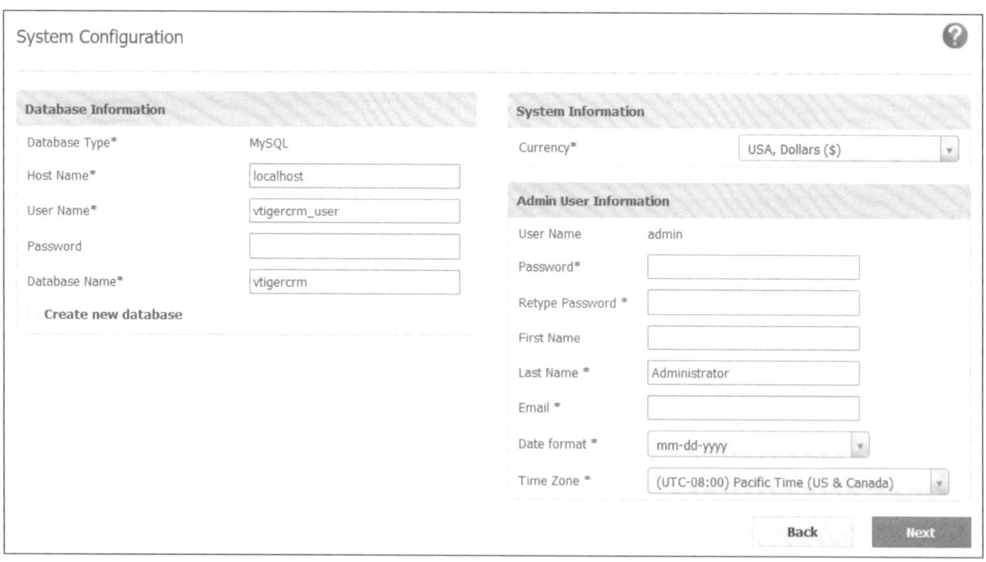

Abbildung 10.96 Konfigurieren Sie die Datenbankverbindung und das Administratorkonto.

Im Feld HOST NAME lassen Sie den Wert auf `localhost` stehen, denn vtigerCRM arbeitet schließlich auf demselben System, auf dem auch MariaDB arbeitet.

Im rechten Teil des Fensters können Sie die gewünschte Währung einstellen. Außerdem legen Sie hier das Administratorkonto fest, dessen Benutzername aus sicherheitstechnischer Sicht ungünstig auf `admin` festgelegt ist.

Auf der nächsten Seite sehen Sie eine Zusammenfassung und können die Installation fortsetzen. Die Einrichtung wird automatisch durchgeführt. Danach steht Ihnen vtigerCRM zur Verfügung und kann über das Hauptmenü oder einen eigenen Alias aufgerufen werden.

Kapitel 11
Anwendungen zur Nutzung im Unternehmensumfeld

Jetzt wird's professionell: Vorhang auf für die Unternehmensfunktionen, mit denen Ihre DiskStation ein kleines Netzwerk aufwertet.

In diesem Kapitel stellen wir Ihnen einige Unternehmensfunktionen der DiskStation vor. Dazu zählen Anwendungen, die entweder zur Nutzung im Team gedacht sind oder die mit einer größeren Gruppe von Client-Geräten arbeiten können. Die Unternehmensfunktionen der DiskStation skalieren sehr gut und können in kleineren und in größeren Unternehmen genauso eingesetzt werden wie im Privathaushalt.

11.1 Das Chat-System

Unter dem DSM gibt es ein eigenes Chat-System, das aus einem Chat-Server (der auf der DiskStation betrieben wird) und Client-Anwendungen besteht. Letztere können als Desktop-Programm, als mobile App oder in einem Browser auf den Geräten der Nutzer arbeiten. Das Chat-System ermöglicht den Echtzeit-Austausch von Nachrichten sowie von Dateien, wie etwa Bildern. Zur Organisation können Nachrichtenkanäle angelegt werden, die auch mit einer Verschlüsselung ausgestattet sein können. Insgesamt ist der Funktionsumfang des Chat-Systems recht umfangreich und geht weit über das Niveau einfacher Chat-Anwendungen hinaus. Es gibt auch ein Plug-in für *Synology Office*, sodass man von dort aus Zugriff auf die Chat-Funktionen hat.

Wenn Sie die DiskStation in einer Unternehmensumgebung verwenden, sollten Sie sich das Chat-System einmal ansehen und prüfen, ob es sinnvoll eingesetzt werden kann.

11.1.1 Den Chat Server installieren und konfigurieren

Auf der DiskStation muss dazu als zentrale Komponente über das Paket-Zentrum der *Chat Server* installiert werden. Sie finden ihn in der Kategorie PRODUKTIVITÄT.

Der Chat Server wird über die *Chat Admin Console* verwaltet, die Sie als Administrator aus dem Hauptmenü heraus aufrufen können. Zuerst sollten Sie einen Blick auf die Registerkarte EINSTELLUNGEN werfen (siehe Abbildung 11.1).

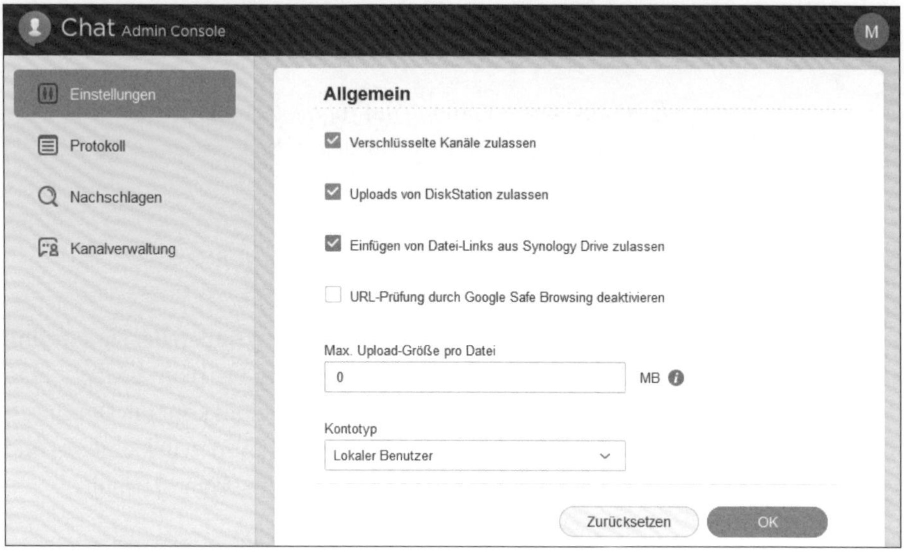

Abbildung 11.1 In der »Chat Admin Console« können Sie verschiedene Funktionen des Chat-Systems aktivieren.

Das Chat-System bietet einige Funktionen, die den Komfort bei der Benutzung steigern können. Diese Funktionen werden über die Registerkarte EINSTELLUNGEN an- und abgeschaltet. Über den Chat können beispielsweise auf Wunsch auch Dateien getauscht werden. Diese müssen nicht auf der DiskStation gespeichert sein (oder gespeichert werden). Eine andere Funktion ermöglicht es, verschlüsselt zu kommunizieren.

Gehen Sie die Liste am besten in Ruhe durch, und überlegen Sie bei jedem Eintrag, ob Sie die Funktion nutzen möchten. Bedenken Sie den Datenschutz und auch den Schutz der IT-Infrastruktur. Das Chat-System bietet auf der Registerkarte EINSTELLUNGEN die folgenden Funktionen:

- Kanäle zulassen, in denen komplett verschlüsselt kommuniziert wird
- Dateien von der DiskStation über den Chat-Service tauschen
- Dateien per Link aus *Synology Drive* tauschen
- die Prüfung von geteilten Links (durch den entsprechenden Google-Service) auf Sicherheitsrisiken abschalten
- die maximale Dateigröße für den Austausch festlegen
- die Möglichkeit, bereits versendete Nachrichten im Nachhinein noch verändern zu können

- die automatische Löschung von älteren Nachrichten (um z. B. Speicherplatz einsparen zu können)
- die Möglichkeit, auch Gästen außerhalb des Nutzerkreises der DiskStation Zugang zum Chat zu geben
- Benachrichtigung der Chat-Nutzer, wenn sie beispielsweise in einem Chat-Kanal namentlich genannt werden
- die Authentifikation der Nutzer über lokale Konten oder einen Verzeichnisdienst

Beachten Sie, dass die zur Verfügung stehenden Funktionen von der Softwareumgebung der DiskStation abhängig sind. Wenn Sie beispielsweise den Cloud-Dienst nicht installiert haben, dann werden Ihnen von ihm abhängige Funktionen auch nicht bei den Chat-Einstellungen angezeigt.

Bei einem *verschlüsselten Kanal* werden alle Nachrichten verschlüsselt ausgetauscht. Die übertragenen Nachrichten werden zwar auch zentral auf dem Chat-Server gespeichert, allerdings auch dort in verschlüsselter Form.

Ein verschlüsselter Kanal ist nur auf Einladung zugänglich. Alle Nutzer erhalten einen privaten Schlüssel, der auf der DiskStation gespeichert wird. Dieser private Schlüssel wird mit einer eigenen Passphrase verschlüsselt, die jeder Nutzer zuvor festlegen muss. Wenn der Administrator zu einem verschlüsselten Kanal nicht eingeladen wurde, dann kann auch er den Inhalt des Kanals nicht einsehen und die Daten nicht entschlüsseln, auch nicht mit seiner persönlichen Passphrase. Die Kommunikation erfolgt also vollkommen vertraulich. Der Administrator sieht allerdings, dass verschlüsselte Nachrichten ausgetauscht wurden, und kann diese ausblenden und löschen (siehe Abbildung 11.2).

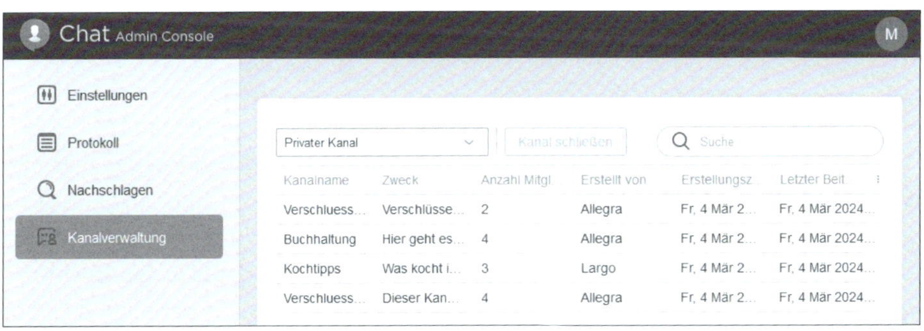

Abbildung 11.2 Der Administrator kann sich über die Nutzung von Chat-Kanälen informieren und diese auch schließen.

Verschlüsselte Kanäle müssen Sie von *privaten Chats* unterscheiden. Ein privater Chat erfolgt außerhalb eines Chat-Kanals und kann von den übrigen Kanal-Mitgliedern nicht eingesehen werden. Allerdings werden die Nachrichten auf dem Chat-Server nicht verschlüsselt abgelegt, sodass ein Administrator diese einsehen kann.

Beachten Sie, dass hier nur von einem unverschlüsselten Abspeichern der Nachrichten auf der DiskStation die Rede ist. Die Kommunikation der Chat-Clients mit dem Chat-Server kann über das HTTPS selbstverständlich verschlüsselt erfolgen, sodass auch ein privater Chat nicht eingesehen werden kann – außer von Administratoren (und von Dieben der DiskStation). Alle Nachrichten müssen zentral auf dem Server gespeichert werden, damit die Clients jederzeit (z. B. auch beim Betreten eines Kanals) die bisherigen Nachrichten einsehen können.

Den Nachrichtenbestand auf dem Server kann ein Administrator in der Chat Admin Console auf der Registerkarte NACHSCHLAGEN einsehen. Diese Funktion ist hilfreich, um eine bestimmte Nachricht wiederfinden zu können (siehe Abbildung 11.3).

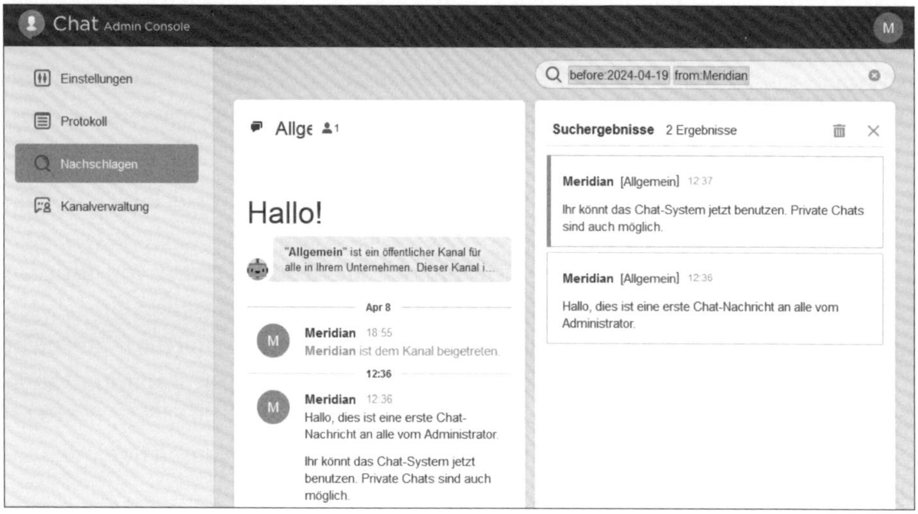

Abbildung 11.3 Auf der Registerkarte »Nachschlagen« kann der bisherige Nachrichtenbestand mit umfangreichen Suchfiltern durchsucht werden.

Sie sehen auf der Registerkarte ein Suchfeld. Bei der Suche können Sie zahlreiche Operatoren verwenden. Wenn Sie mit der Maus in das Suchfeld klicken, werden diese Ihnen angezeigt. Sie können z. B. Nachrichten von einer bestimmten Person suchen oder solche, bei denen ein bestimmter Dateityp übertragen wurde. Diese Suchfunktion mag praktisch sein, sollte aber nur bei begründetem Bedarf und unter Beachtung des Datenschutzes eingesetzt werden. Es schadet gewiss nicht, die beteiligten Personen vorher um Erlaubnis zu bitten.

Die Daten, die auf der Registerkarte PROTOKOLL angezeigt werden, sind weit weniger kritisch. Hier erhält der Administrator allgemeine Informationen über die Nutzung des Chat-Systems. Er sieht beispielsweise, wann sich Benutzer angemeldet haben und welche Kanäle für den Chat verwendet werden. Beachten Sie, dass das Protokoll des Chat Servers nicht im allgemeinen Protokoll-Center der DiskStation enthalten ist. Sie müssen es also direkt im Chat Server ansehen und auswerten.

Informationen zu den eigentlichen Chat-Kanälen finden Sie auf der Registerkarte KANALVERWALTUNG. Hier werden Ihnen alle Chat-Kanäle angezeigt, die im Chat-System angelegt wurden. Sie sehen auch, wie intensiv diese Kanäle genutzt werden, und können sie bei fehlendem Bedarf auch schließen.

Was sind Chat-Kanäle?

Falls Sie noch nie mit Kanälen gearbeitet haben sollten: Ein Kanal beschreibt im Chat-System eine Art von virtuellem Raum, in dem sich mehrere Chat-Teilnehmer untereinander unterhalten können. Die Kommunikation innerhalb eines Kanals erfolgt meist themenbezogen. In einem Unternehmen kann es also Kanäle für verschiedene Abteilungen oder auch für Arbeitsgruppen geben. Häufig findet man auch einen Kanal für informelle Gespräche, in dem z. B. lustige Bilder oder Witze gepostet werden. Auch eine Nachricht über den Defekt der Kaffeemaschine kann sich hier wiederfinden. Kanäle helfen dabei, die gesamte Kommunikation zu ordnen und übersichtlich zu halten. Im Chat-System von Synology können die Nutzer ihre eigenen Kanäle anlegen.

Die Konfiguration des Chat Servers ist damit abgeschlossen. Bevor das System den Regelbetrieb aufnehmen kann, müssen Sie im Modul ANWENDUNGSBERECHTIGUNGEN der Systemsteuerung noch festlegen, wer zur Nutzung berechtigt sein soll. In der Grundkonfiguration sind noch keine Berechtigungen eingetragen, sodass nur Administratoren den Chat verwenden können.

11.1.2 Den Chat über das Webinterface nutzen

Das Chat-System kann unter anderem über ein eigenes Webinterface verwendet werden, das berechtigte Nutzer aus ihren Hauptmenüs heraus aufrufen können. Der Chat öffnet sich in einem eigenen Tab im Browser. Auf Wunsch kann ein Administrator über das ANMELDEPORTAL in der Systemsteuerung einen Schnellzugriff anlegen.

Im Chat landet man zunächst im eigenen Speicherplatz (unter dem Eintrag KONVERSATIONEN, siehe Abbildung 11.4). Die Eingaben hier können nur vom jeweiligen Benutzer selbst eingesehen werden; der eigene Speicherplatz lässt sich so als eine Art Notizbuch verwenden.

In der linken Spalte sehen Sie alle Chat-Kanäle. Zu Beginn gibt es die beiden Kanäle ALLGEMEIN und ZUFÄLLIG. Der erstgenannte Kanal dient der allgemeinen Kommunikation und ist (wenn der Chat im Unternehmen genutzt wird) für die geschäftliche Kommunikation gedacht. Der Name »Zufällig« für den zweiten Kanal ist etwas ungünstig gewählt. Wer hier denkt, er wird mit einem zufälligen Gesprächspartner ver bunden, der irrt sich. Dieser Kanal soll vielmehr mit zufälligen Themen genutzt und somit ganz allgemein für informelle Unterhaltungen verwendet werden.

Abbildung 11.4 Über das Webinterface kann mit einem normalen Browser gechattet werden.

Sie sind allerdings nicht auf diese zwei Kanäle beschränkt. Jeder Nutzer kann über das kleine Plus-Zeichen neben der Überschrift neue Kanäle anlegen. Das Chat-System unterscheidet dabei drei Kanaltypen (siehe Abbildung 11.5):

- Ein ÖFFENTLICHER KANAL steht allen Chat-Benutzern offen. Alle Nutzerinnen und Nutzer können sich also an der Unterhaltung im Chat beteiligen und alle Nachrichten lesen. Die Nachrichten werden unverschlüsselt auf dem Server gespeichert. Die beiden Kanäle ALLGEMEIN und ZUFÄLLIG sind öffentliche Kanäle.
- Bei einem PRIVATEN KANAL ist der Zugang beschränkt. Beitreten kann man nur auf Einladung. Bei der Kanalerstellung kann man bereits Benutzer einladen. Später kann jeder eingeladene Nutzer weitere Personen einladen. Die Nachrichten werden unverschlüsselt auf dem Server gespeichert und können von einem Administrator eingesehen werden. Ein privater Kanal ist sehr gut geeignet, um Gespräche innerhalb eines Teams oder einer Abteilung im privaten Rahmen führen zu können.
- Ein PRIVATER KANAL kann zusätzlich VERSCHLÜSSELT werden. Personen, die an der Konversation teilnehmen wollen, müssen einen Verschlüsselungsschlüssel, die sogenannte *Passphrase*, definieren. Der Nachrichtenbestand wird auf dem Server verschlüsselt, sodass ihn niemand (auch nicht ein Administrator) ohne Einladung entschlüsseln kann. Das Verschlüsseln von Kanälen muss vom Administrator in der Chat Admin Console aktiviert sein. Sobald die Funktion aktiviert ist, kann das Chat-System generell und von allen Benutzern nur noch über eine verschlüsselte HTTPS-Verbindung genutzt werden.

Mitglieder eines verschlüsselten Kanals müssen eingeladen werden (siehe Abbildung 11.5), eine Einladung ist nur dann möglich, wenn die Person bereits eine persönliche Passphrase definiert hat (siehe Abbildung 11.6).

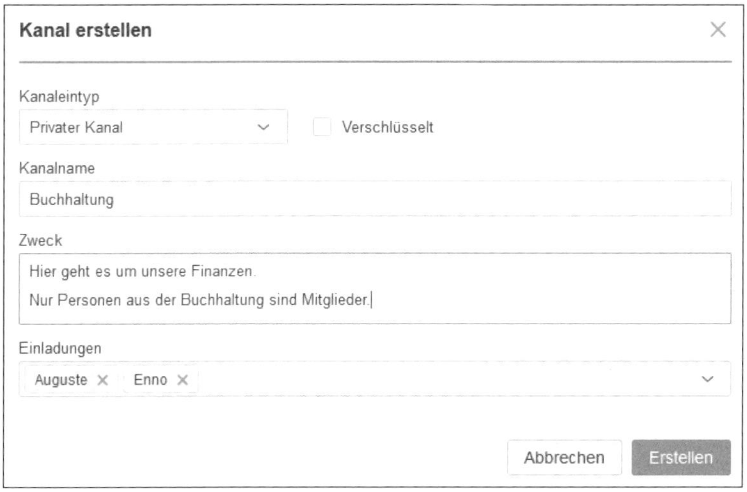

Abbildung 11.5 Ein privater Chat-Kanal kann nur auf Einladung betreten werden.

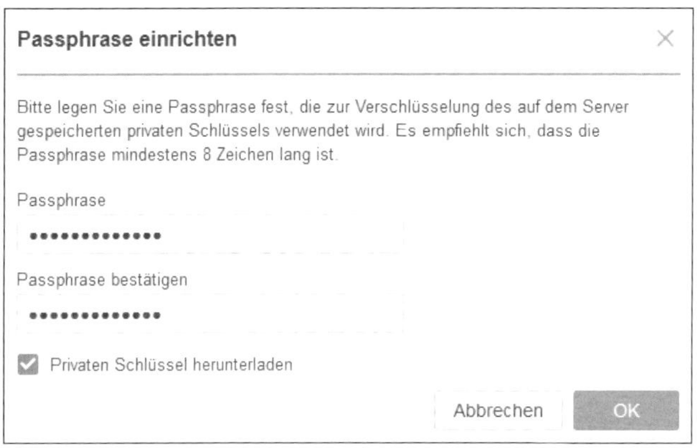

Abbildung 11.6 Zur Verschlüsselung eines Kanals muss eine Passphrase konfiguriert werden.

Die Passphrase definiert man über den Eintrag VERSCHLÜSSELUNG im persönlichen Menü oben rechts auf dem Bildschirm. Wenn der Administrator die Verschlüsselung aktiviert, wird jeder Benutzer dazu aufgefordert, auch wenn noch keine verschlüsselten Kanäle angelegt sind.

Beim Erstellen eines Kanals müssen Sie einen Kanalnamen definieren, der keine Leer- und keine Sonderzeichen beinhalten darf. Im Feld ZWECK (siehe Abbildung 11.5) können Sie einen beschreibenden Text eingeben. Unterhalb können Sie – was besonders für private Kanäle interessant ist – Personen zum Chat einladen. Das Ausklappfeld zeigt alle Chat-Nutzer auf der DiskStation an.

In einem Kanal kann wie in einem gewöhnlichen Chat-Programm miteinander diskutiert werden. Nachrichten lassen sich über das Eingabefeld am unteren Bildschirmrand eingeben. Für *Emotes* ist unter dem Eingabefeld eine eigene Schaltfläche vorhanden. Auf Wunsch kann eine Nachricht mit einem Hashtag versehen werden, sie kann (bei besonderer Wichtigkeit) auch angepinnt werden. Wenn der Administrator die Funktion erlaubt hat, dann kann eine Nachricht auch später noch verändert sowie gelöscht werden.

Nachrichten können auch formatiert werden

Wenn Sie möchten, dann können Sie Ihre Chat-Nachrichten auch formatieren und kursiv schreiben. Es ist auch möglich, Aufzählungszeichen zu verwenden. Dazu müssen Sie den Text mit sogenannten Markdowns formatieren. Wie das geht, erfahren Sie, wenn Sie im Eingabefeld den Mauszeiger ganz rechts auf das Symbol ⓘ bewegen (siehe Abbildung 11.7). Für die Kursivschreibung müssen Sie den Text beispielsweise mit Unterstrichen umschließen.

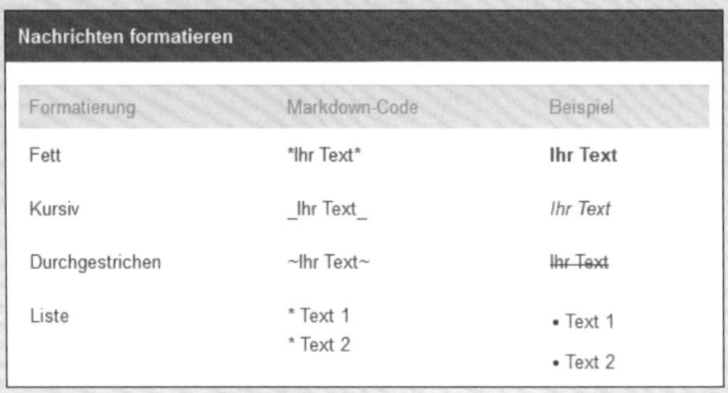

Nachrichten formatieren

Formatierung	Markdown-Code	Beispiel
Fett	*Ihr Text*	**Ihr Text**
Kursiv	_Ihr Text_	*Ihr Text*
Durchgestrichen	~Ihr Text~	~~Ihr Text~~
Liste	* Text 1 * Text 2	• Text 1 • Text 2

Abbildung 11.7 Über Markdowns kann der eingegebene Text formatiert werden.

Abbildung 11.8 Auf dem »schwarzen Brett« lassen sich unter anderem wichtige Nachrichten anpinnen.

Das Synology-Chat-System bietet einige Besonderheiten, die man nicht von jedem anderen Chat-System kennt. Oben rechts im Kanal ist die Funktion »schwarzes Brett« verfügbar, die über die Schaltfläche aufgerufen werden kann. Dort lassen sich angepinnte Nachrichten, Dateien und URLs verwalten und einfach auffinden (siehe Abbildung 11.8). Über die Funktion »meine Sammlungen« mit der Schaltfläche kann man Nachrichten-Threads verfolgen (also Nachrichten gruppieren, die zu einem Thema gehören) sowie Lesezeichen verwalten. Erinnerungen können definiert werden, außerdem können Nachrichten vorab geplant und zu einer bestimmten Zeit abgesendet werden.

Unter dem Eingabefeld für Nachrichten befindet sich eine Symbolleiste mit verschiedenen Schaltflächen (siehe Abbildung 11.9). Hierüber können unter anderem Dateien im Chat versendet werden. Dateien können vom aktuellen Computer oder, wenn die Funktion aktiviert ist, auch von der DiskStation hochgeladen werden. Dateien können auch per Drag-and-drop auf das Eingabefeld gelegt werden.

Abbildung 11.9 Eine Symbolleiste bietet unterhalb des Eingabefelds diverse Optionen, dazu zählen das Versenden von Dateien oder das Einbetten von Code-Schnipseln.

Falls Sie programmieren und Code-Schnipsel versenden möchten, können Sie den Programmcode als solchen formatieren. Auch die Funktion zum geplanten Versenden einer Nachricht zu einer bestimmten Uhrzeit kann hier aktiviert werden.

Als Letztes lassen sich Abstimmungen erstellen (siehe Abbildung 11.10). Sie können einen Titel eingeben und Optionen definieren. Abstimmungen können anonym erfolgen und mit einer Datei ergänzt werden sowie ein Enddatum erhalten. Für schnelle Meinungsumfragen ist diese Funktion im Alltag recht praktisch.

Chat-Unterhaltungen müssen nicht nur in Kanälen geführt werden, sondern können auch als private Konversation erfolgen. Im Bereich KONVERSATIONEN (siehe Abbildung 11.4) klicken Sie dazu einfach auf das Plus-Zeichen. Sie sehen dann eine Liste mit den Benutzern des Chat-Systems. Ein privater Chat kann nicht nur zwischen zwei Personen, sondern auch in einer Gruppe geführt werden. Laden Sie dazu einfach mehrere Benutzer ein. Ein normaler privater Chat wird zwar gegebenenfalls über HTTPS verschlüsselt übertragen, aber nicht zwangsläufig verschlüsselt auf dem Server abgespeichert. Beim Erstellen der Konversation haben Sie aber die Möglichkeit, eine solche Verschlüsselung zu aktivieren. Dann erfolgt die Kommunikation rein privat. Beachten Sie aber, dass alle Mitglieder eine persönliche Passphrase definiert haben müssen.

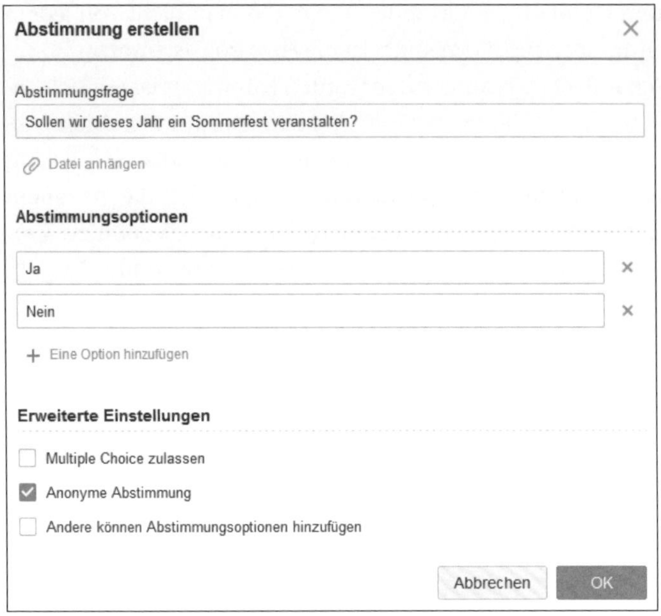

Abbildung 11.10 Im Chat-System lassen sich Abstimmungen erstellen.

Auch in einer Konversation stehen ansonsten dieselben Funktionen zur Verfügung wie in einem Chat-Kanal. Sie können also auch hier ein schwarzes Brett benutzen, Dateien versenden und Umfragen erstellen.

Über das persönliche Menü sind noch weitere Einstellungen verfügbar

Jeder Benutzer kann über das persönliche Menü oben rechts noch weitere individuelle Einstellungen vornehmen. Hier kann er z. B. einen Status setzen (etwa, wenn er nicht gestört werden will) oder eine farbige Gestaltung für das Chat-Fenster aktivieren.

11.1.3 Externe Gäste zum Chat einladen

In einen Chat-Kanal können Sie auch externe Gäste einladen, die kein Benutzerkonto auf der DiskStation haben. Das können z. B. externe Projektpartner sein. Im Regelfall wird ein Gast über das Internet am Chat teilnehmen. Daher sollte das Chat-System zunächst über das Internet erreichbar gemacht werden. Das System verwendet in der Grundeinstellung dieselben Ports wie das DSM, also beispielsweise Port 5001 für eine verschlüsselte HTTPS-Verbindung. Denken Sie daran, dass Sie im Anmeldeportal der Systemsteuerung einen benutzerdefinierten Port als Schnellzugriff definieren und diesen für eine externe Verbindung verwenden können.

Dann müssen Sie sicherstellen, dass der Administrator die Möglichkeit, Gäste einzuladen, in der Synology-*Chat Admin Console* eingeschaltet hat (siehe Abbildung 11.11).

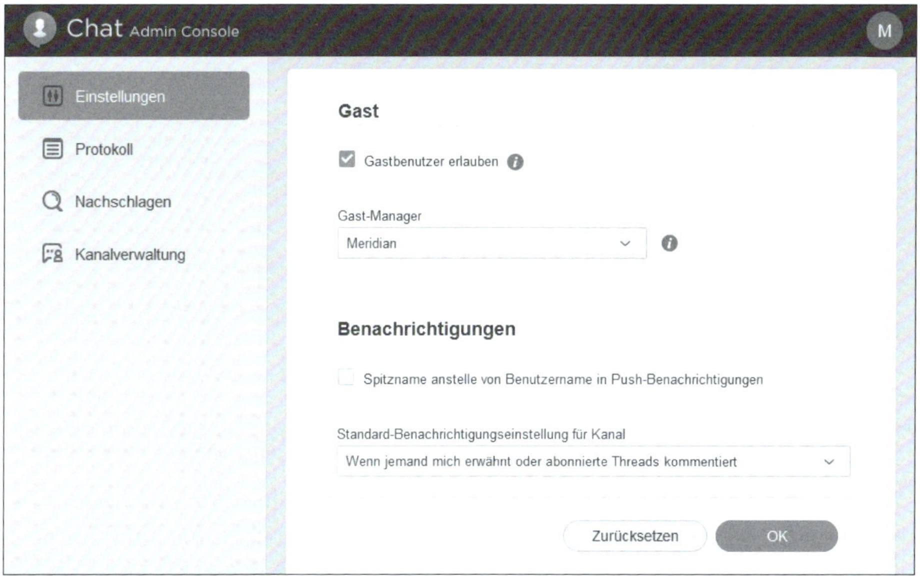

Abbildung 11.11 Die Möglichkeit, Gäste einladen zu können, muss vom Administrator freigeschaltet werden. Auch ein Gast-Manager muss zugewiesen werden.

Diese Funktion wird so konfiguriert, dass nur ein bestimmter Benutzer das Recht hat, Gäste einzuladen. Sie müssen also als dieser Nutzer am Chat angemeldet sein.

Öffnen Sie nun im Chat-System den Kanal, zu dem ein Gast eingeladen werden soll. Beachten Sie, dass es nicht möglich ist, einen Gast zu einer Konversation einzuladen – Einladungen können nur für Kanäle ausgesprochen werden. Klicken Sie dann oben rechts auf die Schaltfläche MITGLIEDER mit dem Symbol . In einem neuen Fenster haben Sie die Möglichkeit, weitere Mitglieder zum Kanal hinzuzufügen. Wenn alles korrekt konfiguriert ist, finden Sie dort auch die Registerkarte GAST, auf der alle Gasteinladungen verwaltet werden. Klicken Sie auf die Schaltfläche HINZUFÜGEN.

Sie sehen nun den EINRICHTUNGSASSISTENT FÜR GASTKONTEN aus Abbildung 11.12. Im Chat-System funktioniert das nämlich so, dass Sie für Gäste ein Gast-Konto einrichten, das über eigene Zugangsdaten verfügt, aber nur innerhalb der Chat-Anwendung Gültigkeit hat. Es wird später zwar auch im DSM geführt, verfügt aber nur über Zugangsrechte zum Chat.

Geben Sie zuerst eine E-Mail-Adresse ein, an die der Gast eine Einladungsnachricht mit einem Zugangslink erhält. Wenn der Gast nur für eine bestimmte Zeitspanne am Chat teilnehmen soll, dann definieren Sie ein optionales Ablaufdatum, zu dem das Gastkonto ungültig wird.

Abbildung 11.12 Über ein Gastkonto können externe Personen am Chat teilnehmen.

Wenn Sie möchten, dann können Sie die bisherige Kanalhistorie archivieren. Dadurch werden alle Nachrichten aus dem aktiven Chat entfernt und sind nur noch über die Admin Console zugänglich. Der Gast bekommt also vom bisherigen Nachrichtenverlauf nichts mit. Klicken Sie abschließend auf SENDEN. Sie erhalten eine Bestätigung über den Nachrichtenversand.

Der Gast erhält nun per E-Mail eine Einladung zum Chat. Wenn er dem Link in der Nachricht folgt, dann verbindet er sich mit dem Chat-System auf Ihrer DiskStation und muss dort ein eigenes Gast-Nutzerkonto mit eigenem Passwort anlegen. Anschließend muss er sich mit diesem Konto am Chat-System anmelden. Das funktioniert nicht nur über das Webinterface, sondern auch über die mobile App. Nutzt der Gast die mobile App oder den Desktop-Client, dann muss er bei der Anmeldung das Kontrollkästchen aktivieren, das ihn als Gast ausweist. Nutzt er das Webinterface, so muss er seinem Benutzernamen `guest_` voranstellen. Lautet sein Nutzername etwa `Otto`, so lautet der Login-Name am Webinterface `guest_Otto`.

Der Gast kann anschließend das Chat-System ganz normal und mit fast allen Funktionen nutzen (das Teilen von Dateien von der DiskStation ist ihm z. B. nicht möglich). Er hat jedoch nur Zugriff auf den Chat-Kanal, zu dem er eingeladen wurde. Außerdem kann er auf seinen eigenen privaten Chat-Raum (MEIN SPEICHERPLATZ) zugreifen.

11.1.4 Den Chat über eigenständige Client-Anwendungen nutzen

Für die Nutzung des Chats gibt es neben dem Webinterface auch noch eigenständige Client-Apps, und zwar sowohl für Desktop- als auch für mobile Betriebssysteme. Der Desktop-Client ahmt das Aussehen des Webinterfaces nach und wird genauso bedient. Auch in der mobilen App werden sich die Benutzer sofort zu Hause fühlen, denn das Bedienkonzept ist ähnlich gehalten. So erlaubt auch die mobile App das Anlegen von Kanälen und das Starten von privaten Konversationen.

Den Desktop-Client erhalten Sie im Internet im Download-Zentrum von Synology auf der Seite *www.synology.com/de-de/support/download*.

Die mobile App namens *Synology Chat* erhalten Sie im offiziellen App-Bezugspunkt Ihres Mobilgerätes. Wie bei jeder mobilen App von Synology haben Sie beim ersten Start die Möglichkeit, den Dienst über eine verschlüsselte HTTPS-Verbindung zu nutzen. Wenn Sie den Chat über das Internet verwenden, dann sollten Sie davon Gebrauch machen. Eine verschlüsselte Verbindung ist darüber hinaus erforderlich, wenn Sie verschlüsselte Kanäle verwenden.

Das Chat-Archiv durchstöbern

Sollte ein Chat archiviert worden sein, etwa wenn ein Gast oder ein neues Mitglied den bisherigen Nachrichtenverlauf nicht einsehen können soll, dann sind die bisherigen Inhalte nur noch im Archiv einzusehen. Neben dem Administrator können auch berechtigte Nutzer, die z. B. die Archivierung ausgelöst haben, auf die Daten zugreifen. Öffnen Sie dazu im Chat das persönliche Menü, und klicken Sie dort auf ARCHIV-ANZEIGE. Sie sehen das *Chat Archive* genannte Programm und können dort in den verfügbaren Archiven den alten Nachrichtenbestand durchsuchen.

11.2 Das Notizbuch

Mit der *Note Station* bringt die DiskStation eine Software mit, die Ihnen die Funktion eines Notizbuches bietet. Sie können kurze wie lange Notizen erstellen, sie mit Bildern und anderen Dateien ausstatten und sie in verschiedenen Notizbüchern verwalten. Zusätzlich können Sie mit der Note Station Aufgabenlisten erstellen und somit über anstehende Tätigkeiten Buch führen.

Die Note Station eignet sich nicht nur für die berufliche Nutzung, für die man sich etwa die Kernthemen und Ergebnisse einer Besprechung aufschreiben kann. Das Programm kann auch für die private Nutzung etwa im Hobbybereich interessant sein: Wichtige Ergebnisse bei der Recherche im Internet lassen sich ebenso schnell abspeichern wie Dinge, die man beim Basteln herausgefunden hat.

Der Vorteil gegenüber einem klassischen Notizbuch aus Papier besteht darin, dass Sie über das Internet weltweit auf Ihre Notizen zugreifen können, ohne dass Sie das physische Notizbuch dabeihaben müssen. Digitale Notizen lassen sich auch einfacher sichern und einfacher nachträglich bearbeiten. Zwar gibt es zahlreiche andere Anbieter für digitale Notizbücher und deren Verwaltung, und viele von ihnen sind sogar kostenlos. Wie immer bleiben bei der Nutzung der DiskStation Ihre eigenen Daten aber auf Ihren eigenen Festplatten und landen nicht bei einem Cloud-Anbieter in einem Rechenzentrum, wo Sie sich unter Umständen Sorgen um den Schutz Ihrer Daten machen müssen.

11.2.1 Die Note Station installieren und konfigurieren

Die Note Station kann einfach über das Paket-Zentrum installiert werden (siehe Abbildung 11.13). Sie finden die Anwendung in der Kategorie PRODUKTIVITÄT.

Nach der Installation müssen Sie im Modul ANWENDUNGSBERECHTIGUNGEN der Systemsteuerung aktiv werden. In der Grundkonfiguration kann die Note Station nur von Administratoren genutzt werden.

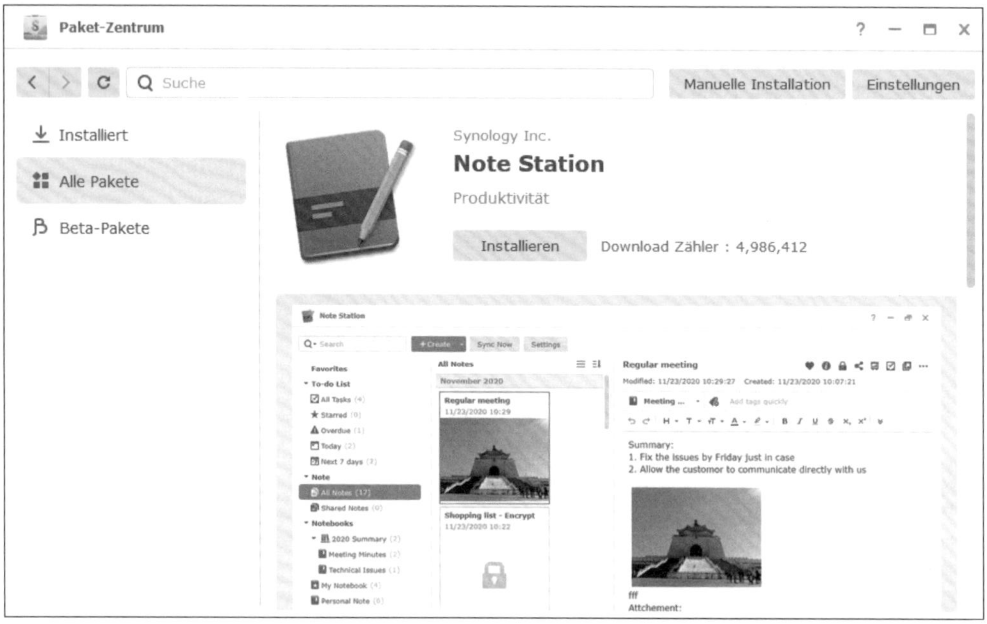

Abbildung 11.13 Die Note Station kann über das Paket-Zentrum installiert werden.

Die Note Station kann anschließend über das Hauptmenü der berechtigten Nutzer aufgerufen werden. Sie erscheint unterhalb des DSM in demselben Browser-Tab. Wenn Sie dies nicht möchten, können Sie im ANMELDEPORTAL der Systemsteuerung einen Schnellzugriff anlegen. Über diesen aufgerufen, öffnet sich die Note Station in einem eigenen Browser-Tab.

Im Einstellungsmenü (das Sie über die Schaltfläche EINSTELLUNGEN direkt im Hauptfenster des Programms aufrufen) befindet sich unterhalb eines Administratorenkontos die Registerkarte ADMINISTRATION. Dort gibt es genau eine Konfigurationsmöglichkeit: Der Administrator kann festlegen, ob die Nutzer ihre eigenen Notizbücher mit anderen Personen teilen und sie so gemeinsam führen dürfen. Alle anderen Einstellungsoptionen können von den Nutzern individuell vorgenommen werden.

Auf der Registerkarte ALLGEMEIN (siehe Abbildung 11.14) können Sie die Standard-Schriftgröße festlegen, die im Editor für Notizen voreingestellt ist. Sie können auch eine Rechtschreibprüfung einstellen, die ähnlich arbeitet wie die Funktion in einer Textverarbeitung.

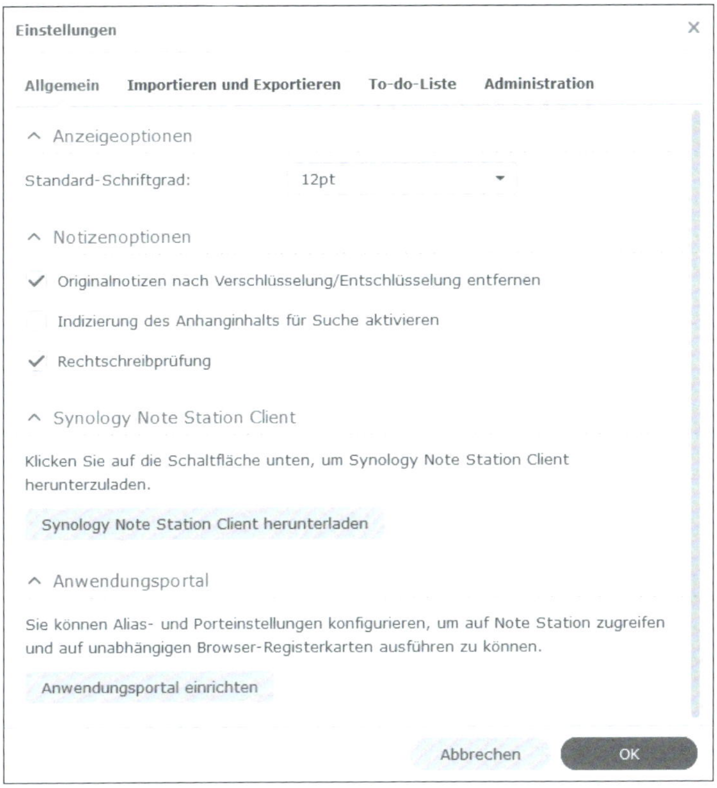

Abbildung 11.14 Die Nutzer können die Note Station individuell mit verschiedenen Optionen konfigurieren.

Außerdem finden Sie auf dieser Registerkarte die Möglichkeit, einen Desktop-Client für die Note Station herunterzuladen. Dieser ahmt die Oberfläche des Webinterfaces nach, ist aber insgesamt flüssiger zu bedienen. Seine Nutzung bietet sich dann an, wenn man die Note Station intensiv und häufig verwendet.

Die Registerkarte IMPORTIEREN UND EXPORTIEREN bietet die Möglichkeit, Notizbücher als *.nsx*-Datei zu exportieren und sie auch so zu importieren. Außerdem können Notizbücher von der Anwendung *Evernote* importiert werden.

Die Registerkarte TO-DO-LISTE konfiguriert die Funktion zur Aufgabenverwaltung. Hier geht es hauptsächlich darum, welche Standardwerte z. B. für die Priorität oder für Erinnerungen verwendet werden sollen. Normalerweise sollten die Standardeinstellungen für die meisten Aufgabentypen genügen.

11.2.2 Notizen mit der Note Station verwalten

Nachdem Sie alle Einstellungen vorgenommen haben, präsentiert sich die Note Station als leere Anwendung wie in Abbildung 11.15. In der linken Spalte können Sie auswählen, ob Sie eine Notiz oder eine Aufgabe anlegen möchten.

Abbildung 11.15 Notizen werden in Notizbüchern verwaltet. Es stehen diverse Funktionen zur Organisation zur Verfügung.

Nach der Installation ist in der Note Station bereits ein Notizbuch angelegt. Es trägt den Namen MEIN NOTIZBUCH. Über das Ausklappmenü der Schaltfläche ERSTELLEN können Sie weitere Notizbücher anlegen, z. B. eines für einen bestimmten Themenbereich.

Wenn Sie mit vielen Notizbüchern arbeiten möchten, dann können Sie als Organisationsebene *Regale* anlegen, in die Sie die Notizbücher einsortieren. Zum Beispiel könnte es die Regale »Beruflich« und »Privat« geben. Regale legen Sie ebenfalls über das Ausklappmenü der Schaltfläche ERSTELLEN an. Alternativ können Sie auch das Kontextmenü eines Notizbuches in der Liste der Notizbücher nutzen. Dort werden Sie auch eine Option finden, um das Standardnotizbuch festzulegen. In dieses werden standardmäßig neue Notizen eingefügt.

Wenn Sie eine neue Notiz erstellen möchten, dann klicken Sie einfach auf die blaue Schaltfläche ERSTELLEN. Eventuell wird Ihr Browser Sie fragen, ob die Note Station den aktuellen Standort abfragen und in der Notiz abspeichern darf. Wenn Sie links in der Liste ein Notizbuch ausgewählt haben, dann wird die Notiz in diesem Notizbuch angelegt, ansonsten im Standardnotizbuch.

Sie sehen jetzt rechts im Programm einen Editor, in dem Sie die Notiz erstellen können (siehe Abbildung 11.16). Ganz zuoberst können Sie der Notiz einen Titel geben. Unter der Datums- und Zeitleiste können Sie mit dem Button links das Notizbuch ändern. Daneben lassen sich Tags, also Schlagworte, eingeben, mit denen Sie Notizen leichter finden können.

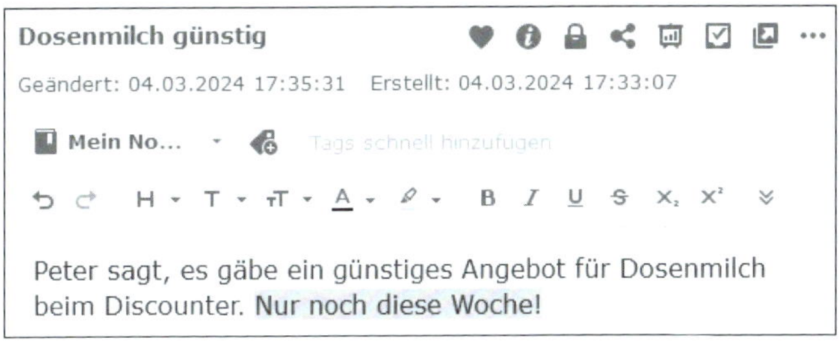

Abbildung 11.16 Notizen können über einen Editor eingeben werden, dessen Funktionsumfang dem eines einfachen Textverarbeitungsprogramms ähnelt.

Die Symbolleiste in der nächsten Zeile erlaubt das Formatieren des darunter eingegebenen Notiztextes. Hier werden Funktionen geboten, wie man sie auch von einer Textverarbeitung kennt. Wenn Sie nur schnell einen Gedanken aufschreiben möchten, damit Sie ihn nicht vergessen, werden Sie diese Werkzeuge nicht unbedingt benötigen. Wenn Sie aber das Notizbuch z. B. für Protokolle einer Besprechung nutzen, dann machen sich diese Funktionen schnell nützlich. So können Sie etwa wichtige Begriffe oder Ergebnisse hervorheben, auch lassen sich Überschriften definieren, mit denen man Themengebiete abgrenzen kann. Wenn Sie das Notizbuch eine Weile genutzt haben, werden Sie schnell merken, ob Sie die Funktionen nützlich finden.

Rechts in der Symbolleiste finden sich auch Schaltflächen, mit denen man Links zum Anklicken formatieren kann. Auch lassen sich hier Bilder, Audioaufnahmen und beliebige Dateien einfügen. Für Audioaufnahmen kann sogar die Hardware des aktuellen Computers genutzt werden.

Das Einfügen von Dateien ist praktisch: Wenn jemand Ihnen eine Datei gibt, können Sie in einer Notiz ihren Sinn und Zweck festhalten und eventuell eine Anleitung für den Umgang mit den Daten eingeben. Es ist nicht verkehrt, sich die Funktionen alle einmal in Ruhe anzusehen. Sogar ein kleiner Diagramm-Editor wird geboten, mit dem man Daten schnell visualisieren kann (siehe Abbildung 11.17).

Als besonders nützlich kann sich auch die Symbolleiste oberhalb des Notiz-Editors erweisen, die neben dem Titel angezeigt wird. Mit dem Symbol lässt sich eine Notiz als Favorit abspeichern und erscheint fortan unter dem Eintrag FAVORITEN ganz links in der Note Station.

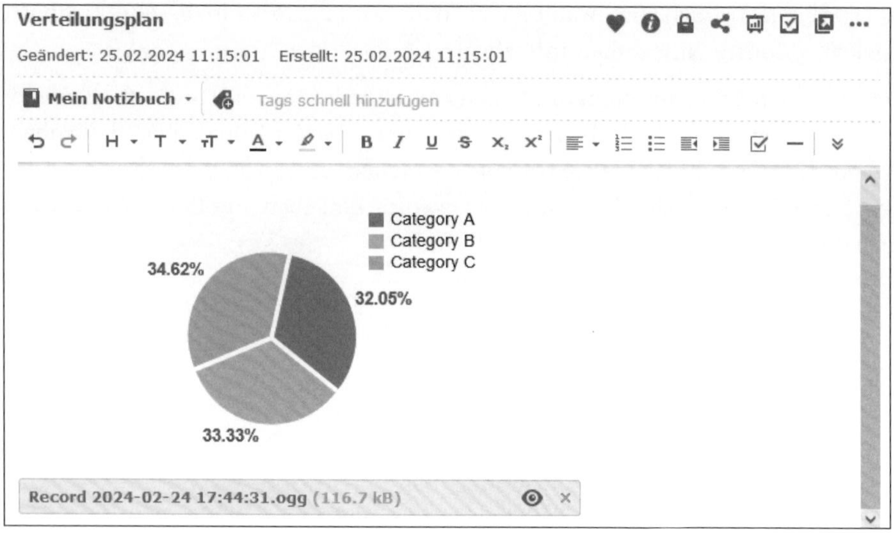

Abbildung 11.17 Auch Diagramme lassen sich erstellen.

Das Symbol zeigt Informationen zu einer Notiz an. Hier ist unter anderem auch der Standort verfügbar.

Über die Schaltfläche lässt sich eine Nachricht mit einem Passwort verschlüsseln (siehe Abbildung 11.18). Nur nach Eingabe des Passworts wird der Nachrichteninhalt angezeigt.

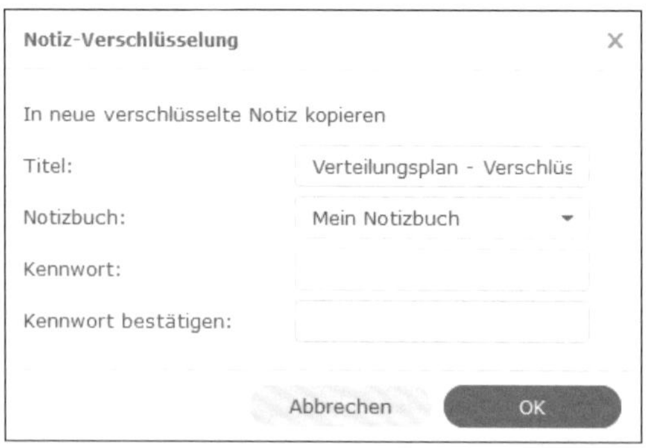

Abbildung 11.18 Notizen lassen sich verschlüsseln und so vor fremdem Zugriff schützen.

Mit der Schaltfläche kann eine einzelne Notiz mit anderen Personen geteilt werden. In einem neuen Fenster können Sie zunächst eine öffentliche Freigabe aktivieren. Dabei erhalten Sie einen Link, den Sie z. B. per E-Mail versenden können. Wenn der Empfänger den Link öffnet, wird eine Verbindung zur Note Station aufgebaut und ihm wird die entsprechende Notiz vollflächig im Browser angezeigt. Dort kann er sie über eine eigene Schaltfläche rechts oben in der Ecke auch ausdrucken. Damit die

Freigabe funktioniert, muss offensichtlich ein Zugang zur Note Station bestehen. Das Programm nutzt standardmäßig die Ports des DSM-Systems, wobei Sie – wie immer – über das Anmeldeportal der Systemsteuerung auch einen eigenen Port definieren können.

Weiter unten im Fenster der Freigabe können Sie die Notiz auch mit einem Benutzer der DiskStation teilen und ihm sogar ein Bearbeitungsrecht geben. Der jeweilige Nutzer findet die Notiz in der Note Station unter dem Eintrag VERBUNDENE NOTIZBÜCHER, der möglicherweise erst nach einem Neustart der Note Station sichtbar wird.

Spannend ist die Funktion ANZEIGEN, die über das Symbol aufgerufen werden kann. Sie zeigt die Notiz ähnlich wie eine Bildschirmpräsentation auf einzelnen Seiten an, die der Benutzer weiterschalten kann. Diese Art der Ansicht eignet sich gut, wenn die Notiz umfangreicher ist und man den Inhalt auch anderen Personen zeigen möchte, z. B. am Ende einer Besprechung als Zusammenfassung.

Mit den übrigen Schaltflächen lässt sich zur Notiz eine Aufgabenliste anlegen, in der man anstehende Tätigkeiten festhalten kann. Über das Menü EXTRA (mit den drei Punkten) kann eine Notiz gelöscht und ausgedruckt werden. Sie lässt sich hier auch per E-Mail versenden (was ebenfalls für Team-Besprechungen nützlich sein kann) und als Word-Dokument exportieren.

Die fertige Notiz wird in der mittleren Spalte der Note Station sichtbar. Wenn Sie viele Notizen angelegt haben und eine bestimmte Notiz wiederfinden möchten, dann hilft die Suchfunktion oben links in der Note Station. In das Suchfeld können Sie z. B. einen Begriff aus dem Titel eingeben. Suchtreffer werden aber erst bei vollständig eingegebenen Begriffen angezeigt.

Sie können mit der Note Station nicht nur einzelne Notizen, sondern auch ganze Notizbücher mit anderen Personen teilen. Öffnen Sie dazu einfach das Kontextmenü eines Notizbuches links in der Note Station, und wählen Sie den Eintrag FREIGEBEN. Wie schon bei einzelnen Notizen können Sie auch bei einem Notizbuch eine öffentliche Freigabe oder eine solche mit dem Nutzerkreis der DiskStation anlegen (siehe Abbildung 11.19). Letztere ermöglicht – wenn gewünscht – auch das gemeinsame Bearbeiten. Freigegebene Notizbücher erscheinen in der Note Station unter dem Eintrag VERBUNDENE NOTIZBÜCHER. Beachten Sie aber, dass diese Funktion vom Administrator freigeschaltet sein muss.

Als Letztes möchten wir noch kurz die *Smart-Notizbücher* erwähnen. Über das Ausklappmenü der Schaltfläche ERSTELLEN können Sie solche Notizbücher anlegen. Sie ermöglichen ein intelligentes Filtern des Nachrichtenbestands. Für ein Smart-Notizbuch definieren Sie Schlüsselbegriffe oder Tags. Anschließend werden im Smart-Notizbuch die Nachrichten der anderen Notizbücher angezeigt, die zu den gewählten Kriterien passen.

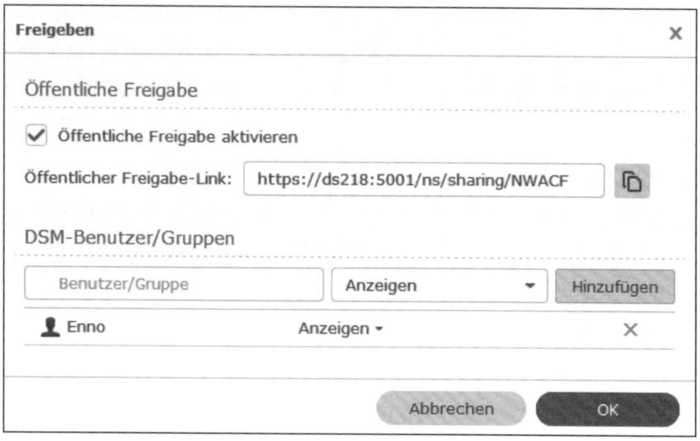

Abbildung 11.19 Einzelne Notizen und ganze Notizbücher lassen sich mit anderen Personen teilen.

Smart-Notizbücher sind dann am sinnvollsten, wenn Sie wirklich viele Notizen mit der Note Station angelegt haben und schnell eine bestimmte Notiz wiederfinden möchten. Wenn Sie das Programm nur gelegentlich nutzen oder erledigte Notizen zeitnah wieder löschen, werden Sie diese Funktion eher nicht benötigen.

Den Web Clipper nutzen

Für die Note Station ist eine zusätzliche Anwendung verfügbar, die als Plug-in im Browser Chrome von Google installiert werden kann. Dieser sogenannte *Web Clipper* erlaubt es, Ausschnitte von Webseiten aufzunehmen und sie als Notiz in der Note Station abzulegen. Man kann somit interessante Bereiche einer Webseite »fotografieren« und als eine Notiz speichern. Leider ist dieses Plug-in derzeit nicht für andere Browser verfügbar.

11.2.3 Aufgaben mit der Note Station planen

Der zweite große Aufgabenbereich der Note Station ist die Verwaltung von Aufgabenlisten, die man auch To-do-Listen nennt. Links in der Note Station gibt es einen eigenen Bereich für die To-do-Liste, der in verschiedene Kategorien unterteilt ist (siehe Abbildung 11.20).

Um eine neue Aufgabe zu erstellen, klicken Sie zunächst auf den Eintrag Alle Aufgaben unterhalb der To-do-Liste. Sie sehen jetzt am oberen Bildschirmbereich eine Eingabeleiste. Dort können Sie die Aufgabe benennen. Für einfache Aufgaben genügt es, danach auf ↵ zu drücken. Die Aufgabe wird nun der Aufgabenliste hinzugefügt.

In der Aufgabenliste können Sie wichtige Aufgaben mit einem Sternchen versehen. Klicken Sie dazu einfach auf das Symbol neben dem Eintrag in der Liste. So markierte Aufgaben erscheinen auch in der Kategorie MIT STERNCHEN.

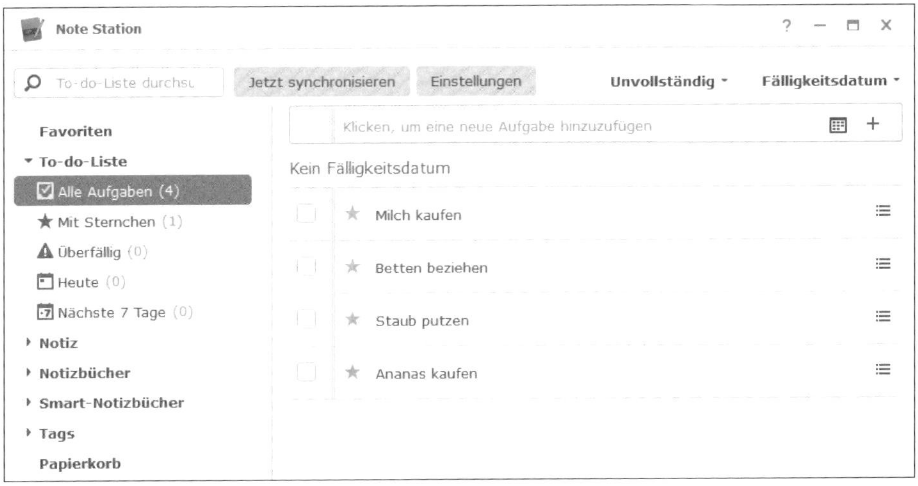

Abbildung 11.20 Mit der Note Station können auch Aufgabenlisten verwaltet werden.

Wenn Sie eine Aufgabe erledigt haben, dann klicken Sie einfach auf das Kontrollkästchen links neben der Aufgabe. Die Aufgabe wird somit als erledigt markiert und nicht mehr in der Liste aufgeführt, wenn Sie diese erneut aufrufen.

Eine Aufgabe lässt sich auch mit zusätzlichen Parametern anlegen. In der Eingabezeile finden Sie rechts ein Kalendersymbol. Wenn Sie dieses anklicken, können Sie einen Zeitpunkt festlegen, zu dem die Aufgabe abgeschlossen sein muss. Dabei kann auch eine Uhrzeit angegeben werden. Aufgaben mit einem Fälligkeitsdatum werden automatisch in die entsprechenden Kategorien einsortiert.

Wenn Sie in der Aufgabenliste bei einer Aufgabe rechts auf das Symbol ☰ klicken, werden noch weitere Optionen angeboten (siehe Abbildung 11.21).

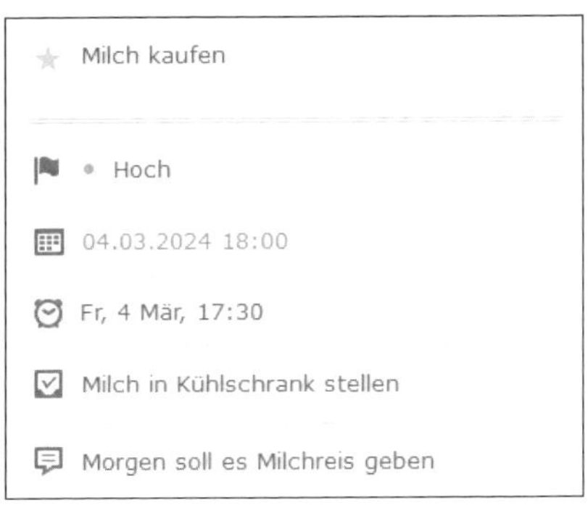

Abbildung 11.21 Zu einer Aufgabe können diverse Zusatzdaten ergänzt werden.

Sie können hier beispielsweise noch eine Erinnerungszeit einstellen. Zu dem genannten Zeitpunkt werden Sie an die Fälligkeit der Aufgabe erinnert. Auch Unteraufgaben können hier angelegt werden. Abschließend können Sie die Aufgabe in einem Freitextfeld noch weiter beschreiben. Ganz zuoberst können Sie aus verschiedenen Prioritätsklassen auswählen und einer Aufgabe z. B. eine hohe Priorität geben.

Wenn Sie sehr viele Aufgaben mit der Note Station geplant haben, dann helfen Ihnen Filter dabei, den Überblick zu behalten. Diese erreichen Sie über die beiden Schaltflächen oben rechts in der Note Station, die zunächst auf UNVOLLSTÄNDIG und FÄLLIGKEITSDATUM eingestellt sind (siehe Abbildung 11.20). Über die Ausklappmenüs können Sie verschiedene Ansichtsoptionen auswählen. So können Sie sich auch bereits abgeschlossene Aufgaben nochmals anzeigen lassen.

Die Note Station gibt es auch als App

Von Synology gibt es zur Note Station auch eine passende App für Mobilgeräte, die in den jeweiligen App-Bezugspunkten erhältlich ist und die Zugriff auf die Notiz- und die Aufgabenverwaltung bietet. Wenn Sie die Note Station über das Internet nutzen, haben Sie Ihre Notizen mithilfe der App immer dabei: Alle Änderungen werden zwischen den Geräten und der DiskStation synchronisiert.

Falls Sie gerne handschriftlich Notizen eingeben und etwa für ein Tablet einen Eingabestift verwenden, werden Sie sich darüber freuen, dass die App auch einen Bereich bietet, in dem Notizen mit der Hand geschrieben werden können. Auch können verschiedene Farben und Liniendicken eingestellt werden.

11.3 Das Active Backup

Synology bietet ein Paket für Backup-Zwecke an, das zwar hauptsächlich für die Nutzung in einem Unternehmen gedacht ist, sich jedoch auch im Privathaushalt als nützlich erweisen kann. Die Anwendung *Active Backup for Business* kann von verschiedenen Datenquellen Sicherungskopien auf dem Speicherplatz der DiskStation anlegen. Dabei wird auf der DiskStation durch die Funktionen *Deduplizierung doppelter Dateien* und *Komprimierung des Datenbestands* Speicherplatz gespart. Damit diese Dienste (und andere Funktionen) einwandfrei arbeiten können, muss sich das Zielverzeichnis auf einem Volume befinden, das das Btrfs-Dateisystem verwendet.

Mit Active Backup for Business können folgende Datenquellen gesichert werden:

- einzelne Partitionen oder gesamte Festplatten von Windows- und macOS-Computern
- Daten von einem Windows- oder Linux-Server
- Daten von einem (anderen) Synology-NAS-Gerät

- Daten von einem SMB- oder rsnyc-Server; es können dabei einzelne Ordner gewählt werden.
- Daten von virtuellen Maschinen, die unter VMware vSphere oder Microsoft Hyper-V bereitgestellt werden.

Bei der Sicherung von Windows- und macOS-Computern können später einzelne Dateien oder gesamte Partitionen wiederhergestellt werden. Für die Wiederherstellung ganzer Partitionen wird ein bootbarer USB-Stick erzeugt. Damit kann Active Backup for Business den Inhalt eines ganzen PCs sichern und ihn im Fehlerfall komplett wiederherstellen.

Backup-Aufgaben können manuell oder nach einem Zeitplan erstellt werden. Eine Aufbewahrungsrichtlinie sorgt dafür, dass nur eine bestimmte Anzahl an Sicherungskopien aufbewahrt wird.

Wenn Daten von einem Windows- oder macOS-Computer oder einem Server gesichert werden sollen, dann muss auf diesem System eine zusätzliche Software installiert werden, die die gewünschten Daten zur DiskStation überträgt.

Diese Software wird *Agent* genannt. Sie steht derzeit nur für Desktop-Rechner unter Windows und macOS sowie für Server unter Windows und Linux zur Verfügung. Andere Rechnersysteme können damit nicht gesichert werden. (Desktop-Rechner unter Linux können allerdings als Server gehandhabt und somit sehr wohl gesichert werden, die Bedienung erfolgt dabei allerdings komplett auf der Kommandozeile.) Es ist außerdem nicht möglich, von einem Desktop-Computer oder einem Server nur ausgewählte Verzeichnisse oder einzelne Dateien zu sichern: Es werden stets komplette Partitionen gesichert. Von einem Dateiserver (also etwa über eine SMB-Freigabe) ist es hingegen möglich, einzelne freigegebene Ordner zu sichern.

Die gesicherten Daten lassen sich mit einem DSM-Programm namens *Active Backup for Business Portal* wie mit einem normalen Datei-Explorer betrachten. Einzelne Dateien oder ganze Ordner können wiederhergestellt oder per Download auf den aktuellen Rechner heruntergeladen werden.

Installation

Die Anwendung *Active Backup for Business* können Sie einfach im Paket-Zentrum installieren (siehe Abbildung 11.22).

Nach der Installation finden sich im Hauptmenü des Administrators zwei neue Einträge: die eigentliche Anwendung ACTIVE BACKUP FÜR BUSINESS, in der die Sicherungsaufgaben verwaltet werden, und das Zusatzprogramm ACTIVE BACKUP FOR BUSINESS PORTAL, mit dem sich die gesicherten Daten betrachten und wiederherstellen lassen.

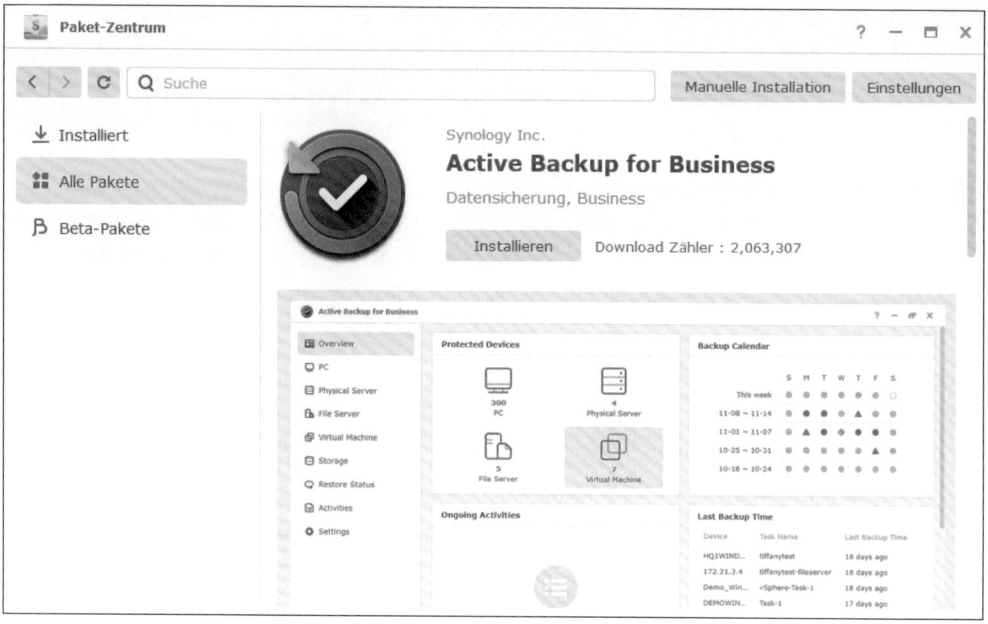

Abbildung 11.22 Die Anwendung »Active Backup for Business« ist im Paket-Zentrum unter anderem in der Kategorie »Datensicherung« zu finden.

Das Zusatzprogramm kann von allen Benutzern aufgerufen werden und findet sich in allen Hauptmenüs. Es zeigt jeweils den eigenen gesicherten Datenbestand an (sofern einer verfügbar ist). Der Administrator kann die Nutzung über die Anwendungsberechtigungen in der Systemsteuerung einschränken. Die Standardeinstellung sieht vor, dass jeder Nutzer berechtigt ist, Daten mit Active Backup for Business zu sichern. Auch dies kann in den Anwendungsberechtigungen der Systemsteuerung geändert werden.

Für die Nutzung von Active Backup for Business muss die Anwendung zunächst bei Synology aktiviert werden. Wundern Sie sich also nicht, wenn beim ersten Start ein Aktivierungsassistent erscheint. Gegebenenfalls müssen Sie für die Aktivierung mit Ihrem Synology-Konto angemeldet sein.

Backups planen

Das Kernprogramm *Active Backup for Business* kann zunächst nur unter einem Administratorkonto aufgerufen werden. Dort sehen Sie wie in Abbildung 11.23 auf der Registerkarte ÜBERBLICK, wie die Dienste des Programms gegenwärtig genutzt werden. Auf den folgenden Registerkarten können Sie die eigentlichen Datensicherungen einrichten.

Die Registerkarte PC/MAC konfiguriert Sicherungen von Windows- und macOS-Rechnern. Die Daten von Windows- oder Linux-Servern lassen sich auf der Registerkarte PHYSISCHER SERVER sichern. Um Daten von SMB-Freigaben oder rsync-Servern kümmert sich die Option DATEISERVER. Der Eintrag SYNOLOGY NAS dürfte selbsterklärend sein. Möchten Sie Daten von einer virtuellen Maschine sichern, dann nutzen Sie die gleichnamige Registerkarte.

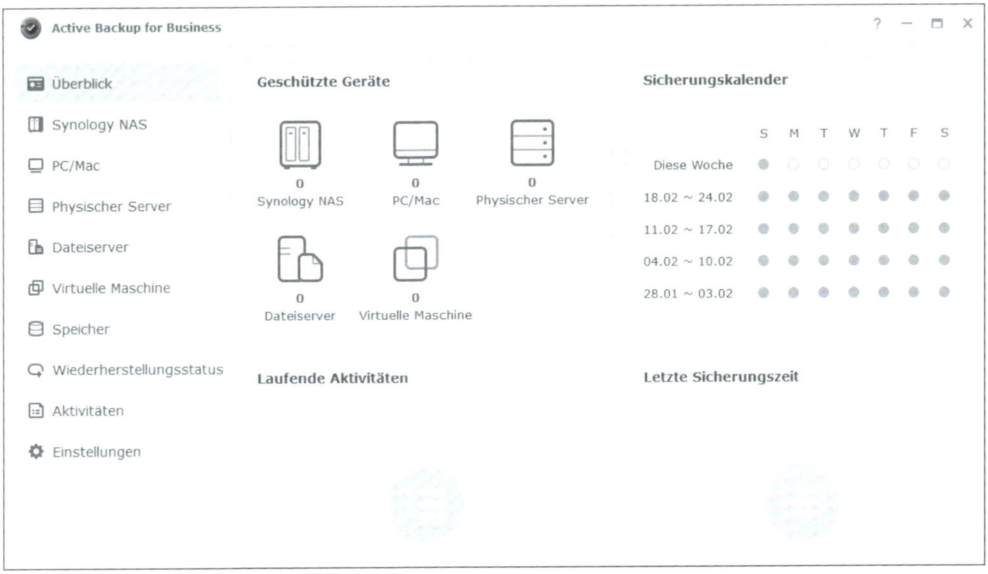

Abbildung 11.23 Die Registerkarte »Überblick« zeigt die Auslastung des Backup-Systems an.

Als Sicherungsziel wurde bei der Installation von Active Backup for Business ein gleichnamiger gemeinsamer Ordner angelegt. Diesen können Sie als Ziel nutzen – er kann auch für mehrere Aufgaben verwendet werden. Sie können (stets nur auf Btrfs-Volumes) aber auch einen oder mehrere andere gemeinsame Ordner erstellen und als Sicherungsziel verwenden. Wenn Sie mehrere Ordner verwenden möchten, dann können diese auch auf mehreren Volumes liegen. Sie können sich aussuchen, ob die Daten in einem gemeinsamen Ordner komprimiert werden sollen oder nicht. Diese Einstellung gilt dann aber für alle Backup-Aufgaben bzw. Datenquellen, die diesen Ordner als Sicherungsziel verwenden.

Möchten Sie verschiedene Aufgaben unterschiedlich behandeln, dann müssen Sie folglich auch verschiedene gemeinsame Ordner verwenden. Sie können im Modul FREIGEGEBENER ORDNER der Systemsteuerung auf üblichem Wege einen gemeinsamen Ordner als Datensicherungsziel erstellen und müssen dort weder Optionen zur Komprimierung noch zur Verschlüsselung einstellen. In Active Backup for Business werden Sie dann diesen Ordner als Ziel konfigurieren und dort die genannten Funktionen aktivieren. Es ist nicht möglich, innerhalb von Active Backup for Business gemeinsame Ordner anzulegen.

Wenn Sie Daten aus einer Sicherung wiederherstellen möchten, dann zeigt Ihnen die Registerkarte WIEDERHERSTELLUNGSSTATUS die Ergebnisse solcher Aufgaben an (siehe Abbildung 11.24).

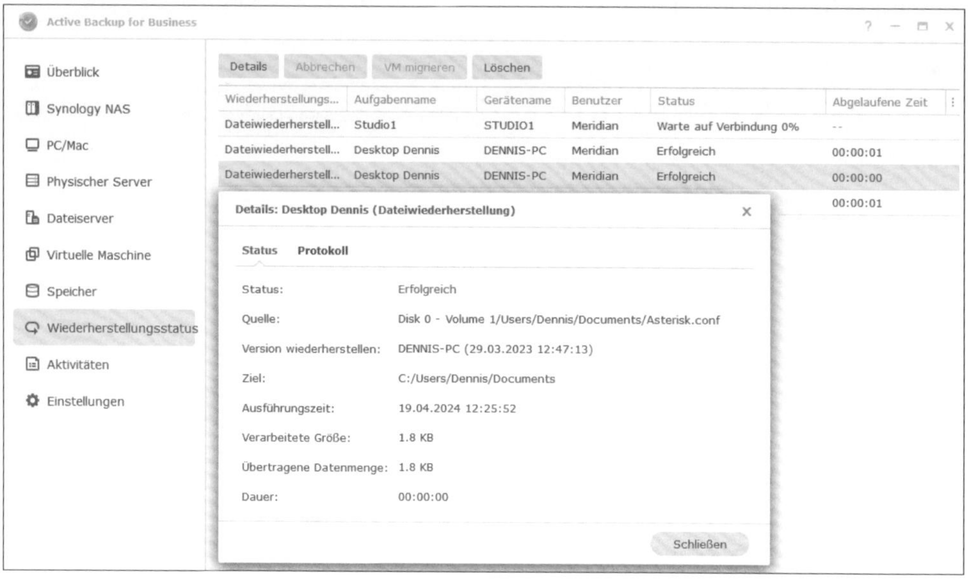

Abbildung 11.24 Alle Aufgaben, bei denen Daten am ursprünglichen Ort wiederhergestellt wurden, werden auf der Registerkarte »Wiederherstellungsstatus« angezeigt.

Ein Protokoll über alle Aufgaben und deren Status finden Sie auf der Registerkarte AKTIVITÄTEN. In den EINSTELLUNGEN können Sie konfigurieren, wie stark die Anwendung die DiskStation auslasten darf. Sie können die Geschwindigkeit der Datenübertragung limitieren, auch die Anzahl gleichzeitig gesicherter Geräte lässt sich begrenzen. Wer umfangreiche Datenmengen sichert und Versionen durch eine Aufbewahrungsrichtlinie verwaltet, der kann die Uhrzeit festlegen, zu der die Aufbewahrung überprüft und Daten gegebenenfalls gelöscht werden.

Active Backup for Business kann die Daten von sehr vielen Geräten sichern (schließlich ist es für Unternehmen gedacht). Oft ist es so, dass sich die Backup-Einstellungen mehrerer Geräte ähneln. Deswegen arbeitet Active Backup for Business mit Vorlagen dieser Einstellungen.

Auf der Registerkarte EINSTELLUNGEN können Sie diese Vorlagen im Reiter VORLAGE anpassen. Wenn Sie nur einige wenige Geräte sicheren wollen, müssen Sie sich darum nicht kümmern, sondern können diese Einstellungen später für jedes Gerät individuell konfigurieren, was nicht allzu viel Zeit kosten wird.

Es bietet sich aber trotzdem an, sich die Vorlagen einmal anzusehen. In der Standardeinstellung sind sie beispielsweise so konfiguriert, dass die Backups nicht komprimiert abgespeichert werden (sie werden nur komprimiert übertragen). Das kann zwar später auch noch geändert werden, allerdings nur so lange, wie es noch keine aktive Aufgabe mit anderen Einstellungen gibt. Wenn Sie also vorhaben, alle Sicherungen zu komprimieren (um Speicherplatz zu sparen), dann sollten Sie auch gleich die Vorlage anpassen.

Klicken Sie dazu für die Sicherung von PCs oder Macs unter Einstellungen • Vorlage bei der Richtlinie für die Windows- bzw. Mac-Plattform auf Bearbeiten. Wechseln Sie im neuen Fenster auf den Reiter Quelle und Ziel (siehe Abbildung 11.25), und klicken Sie beim Eintrag Ziel auf Durchsuchen. Ihnen werden dann die gemeinsamen Ordner angezeigt.

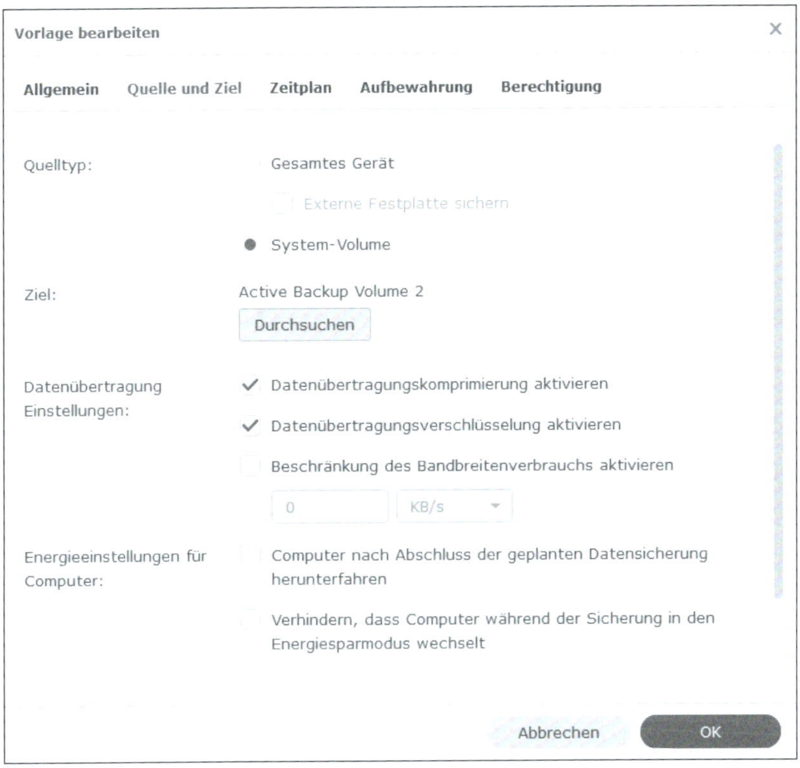

Abbildung 11.25 Auf dem Reiter »Quelle und Ziel« können Sie einstellen, in welchem gemeinsamen Ordner das Backup abgelegt werden soll.

Wählen Sie denjenigen Ordner aus, den Sie als Sicherungsziel verwenden möchten, und klicken Sie auf OK. Im neuen Fenster (siehe Abbildung 11.26) können Sie die Komprimierung und auch eine Verschlüsselung der gesicherten Daten aktivieren.

Beachten Sie, dass diese Einstellungen für den gesamten Ordner und für alle mit ihm arbeitenden Sicherungsaufgaben gelten und später nicht wieder geändert werden können.

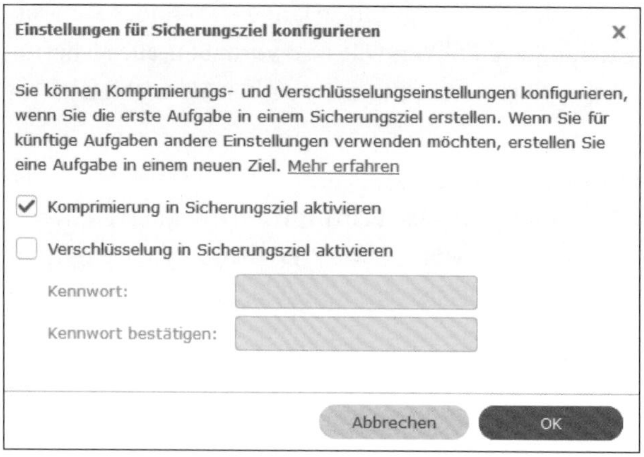

Abbildung 11.26 Konfigurieren Sie Komprimierung und Verschlüsselung für den gewünschten Zielordner.

11.3.1 Ein Backup von einem Desktop-Rechner erstellen

In diesem Abschnitt zeigen wir Ihnen, wie Sie einzelne Partitionen oder die gesamte Festplatte eines Desktop-Rechners sichern. Wir tun dies am Beispiel eines Windows-Rechners. An einem Mac läuft der Vorgang vergleichbar ab. Öffnen Sie in Active Backup for Business die Registerkarte PC/MAC. Wechseln Sie auf die Registerkarte WINDOWS oder MACOS, und klicken Sie dort auf die Schaltfläche GERÄT HINZUFÜGEN.

Sie erhalten zunächst eine Information über das Zertifikat, das die Anwendung für die verschlüsselte Datenverbindung nutzt, und anschließend das Fenster aus Abbildung 11.27, das Sie auffordert, eine zusätzliche Software auf dem zu sichernden Windows-PC zu installieren. Diese Software, die *Agent* genannt wird, kümmert sich darum, die Daten auf dem Windows-PC zusammenzutragen und an die DiskStation zu übermitteln.

Im Hinweisfenster gibt es Links zu einer 32-Bit- und einer 64-Bit-Fassung des Agenten. Laden Sie das zur Windows-Version des zu sichernden Computers passende Programm herunter, und installieren Sie es auf ihm. Sie erhalten die Agent-Software alternativ auch im Synology-Download-Zentrum unter *https://www.synology.com/de-de/support/download*.

Wenn Sie den Agenten auf dem Windows-PC ausführen, dann müssen Sie sich zunächst an der DiskStation anmelden. Tragen Sie also die IP-Adresse des NAS-Gerätes und die Zugangsdaten des gewünschten Benutzerkontos ein. Sie können ein normales Benutzerkonto verwenden.

Es bietet sich an, die Daten des PCs einem passenden Benutzerkonto zuzuordnen. Die Datenübertragung erfolgt verschlüsselt, Sie erhalten also (wie zuvor beschrieben) möglicherweise eine Zertifikatsfehlermeldung. Nachfolgend wird Ihnen dann wie in Abbildung 11.28 eine Zusammenfassung der Einstellungen angezeigt. Der Agent minimiert sich dann in die Taskleiste und arbeitet fortan im Hintergrund.

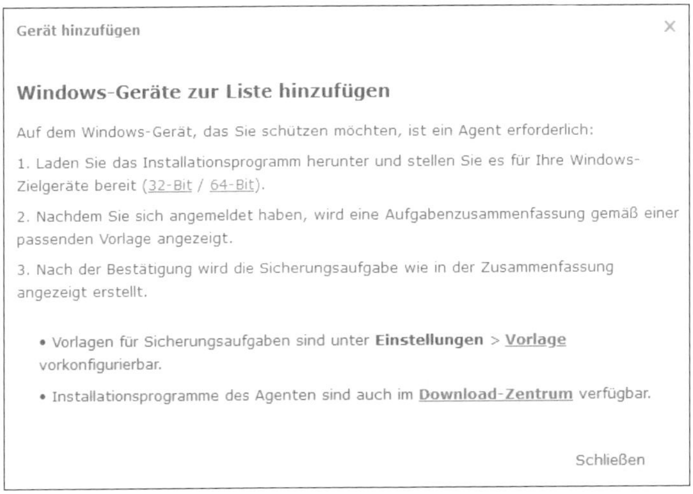

Abbildung 11.27 Laden Sie die Agent-Software für den Windows-PC herunter.

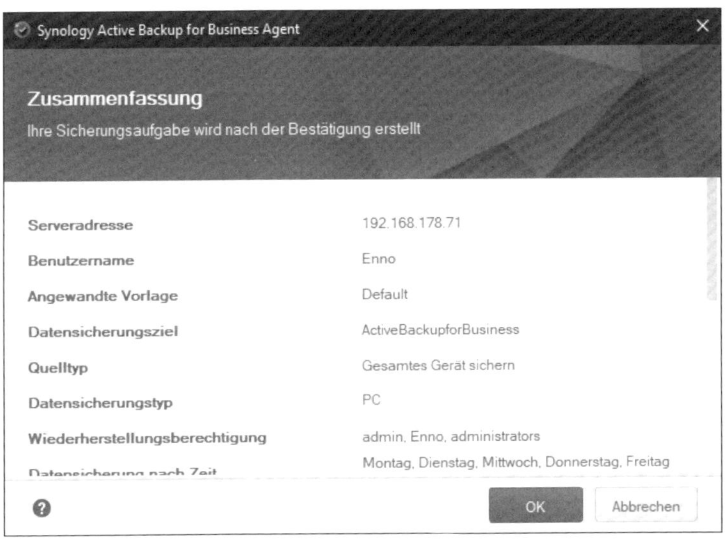

Abbildung 11.28 Überprüfen Sie die Einstellungen für das Backup.

Zurück im Programm Active Backup for Business, werden Sie auf der Registerkarte PC/MAC einen neuen Eintrag für den soeben eingerichteten Computer finden (siehe Abbildung 11.29).

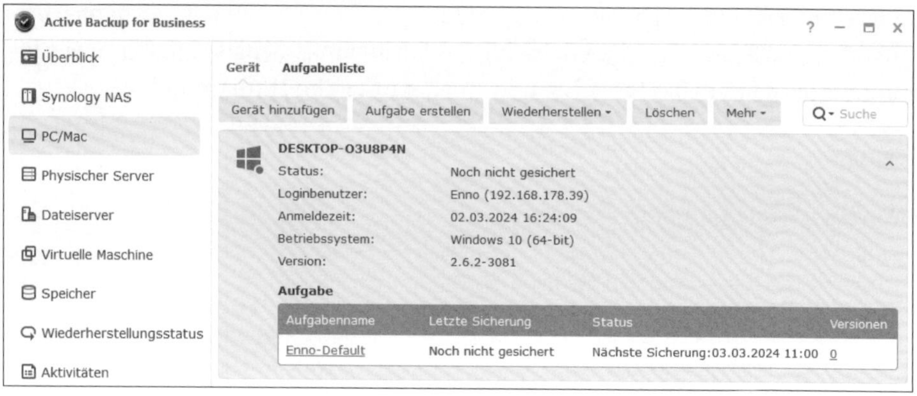

Abbildung 11.29 Für den Windows-PC wurde eine Sicherungsaufgabe erstellt.

Dem Eintrag wurde eine eigene Aufgabe zugewiesen, deren Einstellungen auf der entsprechenden Vorlage basieren. Es werden automatisch der in dieser Vorlage genannte Ordner als Datensicherungsziel und die dort hinterlegten Einstellungen zur Kompression und Verschlüsselung verwendet. Sollten Sie damit nicht einverstanden sein, müssen Sie diese Aufgabe jetzt löschen und eine neue Aufgabe erstellen.

Wenn Sie mit den Einstellungen zum Speicherziel einverstanden sind, dann klicken Sie auf den Eintrag unter der Spalte AUFGABENNAME. Sie wechseln damit zum Reiter AUFGABENLISTE, wo die Aufgabe in der Tabelle aufgeführt ist. Wählen Sie diese an, und klicken Sie auf BEARBEITEN.

Sie sehen dann wie in Abbildung 11.30 ein neues Fenster mit dem Titel AUFGABE BEARBEITEN. Dort können Sie auf dem Reiter ALLGEMEIN zunächst den QUELLTYP einstellen. Wählen Sie aus, welche Daten Sie vom Windows-Computer sichern möchten.

Voreingestellt ist die Option GESAMTES GERÄT, was sogar externe Festplatten einschließt. Mit den Optionen darunter können Sie die Sicherung auf die Systempartition oder eine beliebige andere Partition beschränken. Passen Sie die übrigen Einstellungen nach Wunsch an.

Wechseln Sie dann auf den Reiter ZEITPLAN. Hier konfigurieren Sie, ob die Sicherung nur manuell gestartet oder automatisch nach einem Zeitplan ausgeführt werden soll. Wenn die Sicherung häufig und automatisiert durchgeführt wird, dann sind die Optionen auf dem Reiter AUFBEWAHRUNG interessant, denn hier können Sie die Aufbewahrungsrichtlinie konfigurieren und festlegen, wie viele ältere Backup-Fassungen aufbewahrt werden sollen.

Nachdem Sie alle Einstellungen getätigt haben und zum vorigen Fenster zurückgekehrt sind, können Sie die Aufgabe auf dem Reiter AUFGABEN mit der Schaltfläche SICHERN manuell starten (oder alternativ auf die automatische Ausführung nach Zeitplan warten).

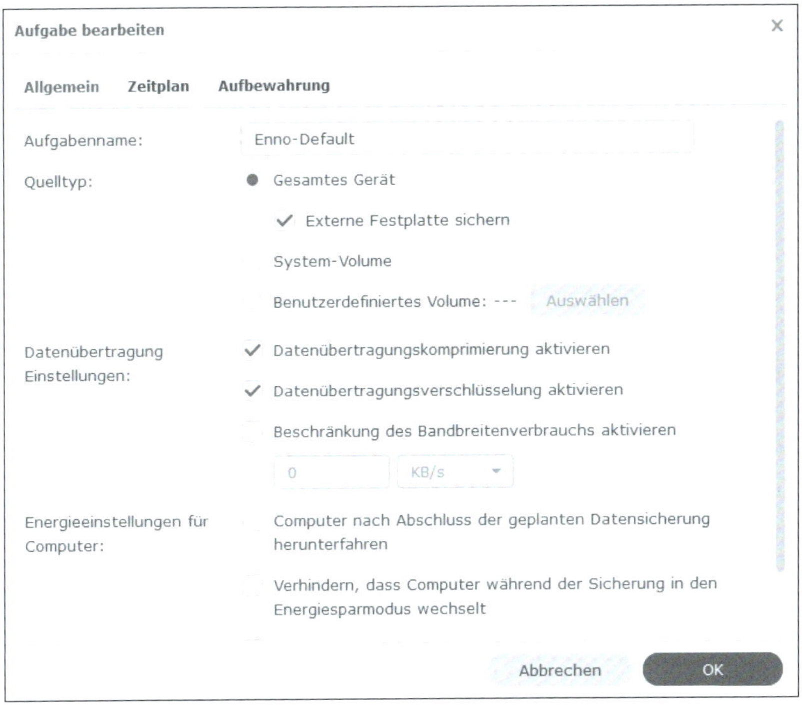

Abbildung 11.30 Konfigurieren Sie die Einstellungen für das Backup.

Zur Ausführung der Sicherung sind auf dem zu sichernden Gerät keine Aktionen notwendig; der Agent wird alles im Hintergrund erledigen. Wenn Sie dabei den Agenten aufrufen, werden Sie sehen, dass die gewünschte Sicherung ausgeführt wird. Ihnen werden die übertragenen Daten und die Übertragungsgeschwindigkeit angezeigt.

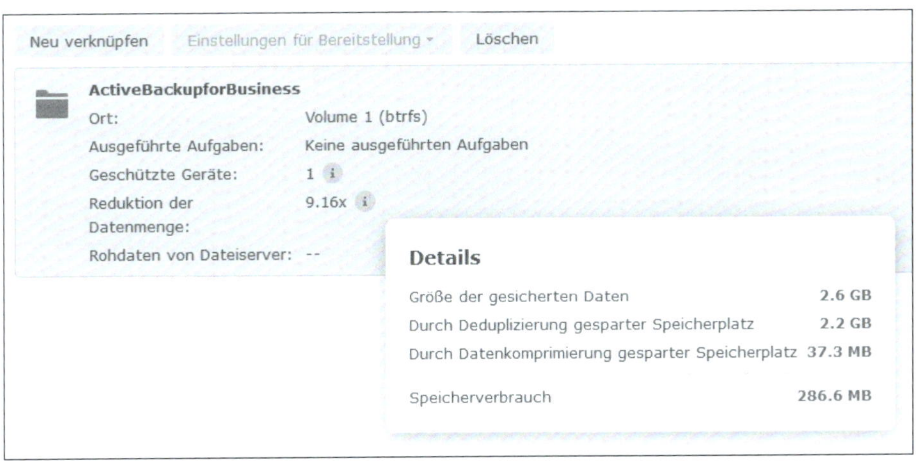

Abbildung 11.31 Durch die Deduplizierung kann bei vielen gleichen Dateien eine Menge Speicherplatz eingespart werden.

Auch die Registerkarte ÜBERBLICK zeigt Ihnen auf der DiskStation die aktuellen Aufgaben an. Wenn die Sicherung abgeschlossen ist, dann können Sie bei Interesse einmal auf die Registerkarte SPEICHER wechseln. Wie in Abbildung 11.31 sehen Sie dann, wie viel Speicherplatz durch die Sicherung belegt wird. Insbesondere die Ergebnisse beim Eintrag REDUKTION DER DATENMENGE können bei vielen doppelten oder gut komprimierbaren Dateien beachtlich sein.

11.3.2 Eine Sicherung wiederherstellen

Möchten Sie Daten aus einer Sicherung wiederherstellen, dann nutzen Sie für einzelne Dateien oder Ordner das *Active Backup for Business Portal*. Dieses kann der Administrator oder der jeweilige Benutzer über das Hauptmenü aufrufen. Dem Administrator bietet sich zusätzlich die Schaltfläche WIEDERHERSTELLEN, die in *Active Backup for Business* unter PC/MAC angezeigt wird.

Sie können in der Portal-Anwendung wie in einem Datei-Explorer im Datenbestand navigieren und insbesondere den Zeitstrahl unten im Fenster nutzen, um eine bestimmte Dateiversion aufzufinden (siehe Abbildung 11.32). Anschließend können Sie die Schaltflächen WIDERHERSTELLEN und DOWNLOAD nutzen, um die Datei am ursprünglichen Ort wiederherzustellen oder sie auf den aktuellen Rechner herunterzuladen.

Abbildung 11.32 Mit der Portal-Anwendung können Sie die gespeicherten Daten einsehen und diese wiederherstellen.

Wenn Sie sich als Administrator anmelden, haben Sie oben in der Titelleiste der Portal-Anwendung zwei Bereiche, mit denen Sie die Benutzerrolle und die jeweilige Aufgabe auswählen können. So können Sie mit der Portal-Anwendung beispielsweise auch die Daten aus SMB-Sicherungen betrachten und wiederherstellen.

Neben einzelnen Dateien und Ordnern können mit Active Backup for Business auch ganze Partitionen wiederhergestellt werden. Damit lässt sich der ganze Rechner auf den Stand der Sicherungskopie zurücksetzen. Diesen Vorgang können Sie als Administrator über die Schaltfläche WIDERHERSTELLEN unter PC/MAC einleiten. Wählen Sie die Option GESAMTES GERÄT.

Dieser Vorgang ist etwas komplexer: Die Daten können nicht über die Agent-Verbindung zurückgespielt werden, sondern müssen über ein bootbares Medium (z. B. einen USB-Stick) eingespielt werden. In einem Hinweisfenster (siehe Abbildung 11.33) wird Ihnen zur Erstellung dieses Wiederherstellungsmediums ein Link angezeigt, mit dem Sie die dafür notwendige Software herunterladen können. Sie erhalten die Software auch im Download-Zentrum von Synology unter *https://www.synology.com/de-de/support/download*.

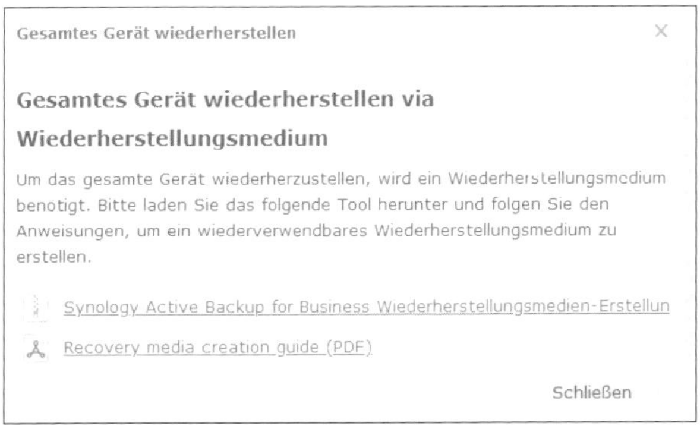

Abbildung 11.33 Für die Wiederherstellung ganzer Partitionen ist zusätzliche Software nötig.

Im Hinweisfenster erhalten Sie auch ein gut gemachtes PDF-Dokument, das Sie durch die Erstellung des Wiederherstellungsmediums führt.

11.3.3 Einen Windows- oder Linux-Server sichern

Die Sicherung von Daten eines Windows- oder Linux-Servers läuft fast genauso ab wie die Sicherung eines Windows-PCs. Sie müssen auf dem gewünschten Gerät zunächst die Agent-Software installieren. Diese wird für Windows und Linux angeboten.

Wenn Sie in *Active Backup for Business* die Registerkarte PHYSISCHER SERVER öffnen und dann entweder bei WINDOWS oder LINUX auf GERÄT HINZUFÜGEN klicken, dann erhalten Sie Hinweise zur Installation dieser Software, die Sie – wie immer – auch im Download-Zentrum von Synology erhalten.

Für Windows-Server ist der Agent in einer 32-Bit- und einer 64-Bit-Fassung erhältlich. Für Linux gibt es fertig kompilierte Pakete in den Formaten *.deb* und *.rpm*, allerdings ausschließlich für die x64-Architektur (siehe Abbildung 11.34). ARM-basierte Server (wie etwa ein Raspberry Pi) können damit leider nicht gesichert werden.

Abbildung 11.34 Auch für Linux-Server ist eine Agent-Software erhältlich.

Sie müssen die Agent-Software auf dem Server installieren. Für einen Linux-Server ist ein zusätzlicher Treiber notwendig, der im Paket bereits enthalten ist. Anschließend müssen Sie eine Verbindung zur DiskStation aufbauen und dann in Active Backup for Business eine Datensicherungsaufgabe anlegen und konfigurieren.

11.3.4 Die Daten von einem anderen Dateiserver sichern

Von einem SMB- oder rsync-Server lassen sich Daten relativ einfach sichern. Öffnen Sie in *Active Backup for Business* die Registerkarte DATEISERVER, und klicken Sie auf die Schaltfläche SERVER HINZUFÜGEN. Wählen Sie dann den gewünschten Server-Typ aus.

Auf der folgenden Seite des Assistenten (siehe Abbildung 11.35) müssen Sie die Adresse des Servers und dessen Zugangsdaten angeben. Nachdem Sie den Server benannt haben, bietet Ihnen der Assistent an, gleich eine Aufgabe zur Sicherung zu erstellen.

Bei der Sicherung von Dateiservern können Sie sich aussuchen, ob Sie bei wiederholten Backup-Läufen mehrere Versionen oder nur eine einzelne (die jeweils aktuelle) Fassung aufbewahren möchten. Wenn Sie mehrere Versionen vorhalten, dann können Sie eine inkrementelle Sicherung aktivieren, die Speicherplatz spart.

Wählen Sie anschließend die Daten aus, die gesichert werden sollen, und geben Sie schließlich der Aufgabe einen Namen sowie das Speicherziel an. Auch bei Dateiserver-Sicherungen können Sie einen Zeitplan aktivieren, sodass fortlaufend automatische Sicherungen vorgenommen werden. Über einen Dateifilter können auch Dateitypen von der Sicherung ausgeschlossen werden. Den Dateifilter erreichen Sie über die ERWEITERTEN EINSTELLUNGEN. Sie können auch eine Aufbewahrungsrichtlinie erstellen – die Einstellungen ähneln also sehr stark denen bei der Sicherung eines Desktop-Rechners.

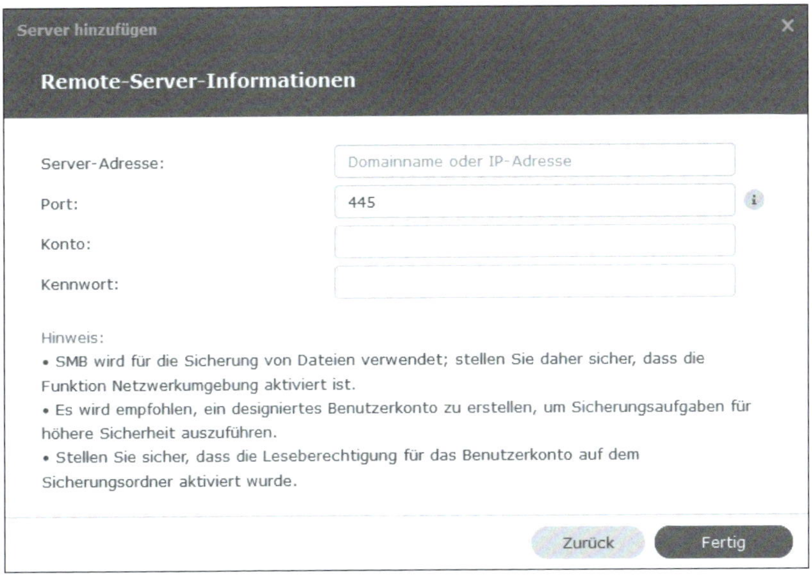

Abbildung 11.35 Konfigurieren Sie die Einstellungen für den zu sichernden Dateiserver.

Sobald die Konfiguration abgeschlossen ist, können Sie eine Sicherung durchführen. Die gesicherten Daten kann sich der Administrator über das *Active Backup for Business Portal* ansehen. Dort kann er einzelne Dateien und Ordner wiederherstellen oder auf den aktuellen Rechner herunterladen.

Eine virtuelle Maschine sichern

Virtuelle Maschinen der Systeme *vSphere* von VMware und *Hyper-V* von Microsoft können mit dem Active Backup for Business sehr einfach und komfortabel gesichert werden. Sie benötigen dazu keine Agent-Software, weil die Daten direkt über eine Netzwerkverbindung übertragen werden. Sie müssen also auf der Registerkarte VIRTUELLE MASCHINE eine Verbindung zum Hypervisor herstellen und die nötigen Zugangsdaten eintragen.

Der Hypervisor muss für solche eingehenden Verwaltungsaufgaben konfiguriert sein. Sie können dann einfach die zu sichernden Maschinen auswählen und dabei auch eine inkrementelle Sicherung aktivieren.

Beachten Sie aber, dass Sie mit dem Programm keine Sicherungen von Synologys eigenem Virtual Maschine Manager erstellen können. Hier bietet es sich an, mit Snapshots zu arbeiten und diese gegebenenfalls zu replizieren.

11.4 Das Central Management System (CMS)

Sie verwalten mehrere DiskStations und sind die elendige Turnschuh-Administration endgültig leid? Dann sind Sie hier genau richtig!

Dank des *Central Management System* (CMS) sind die Tage abgewetzten Sohlen nämlich endgültig gezählt. Mit dem CMS können Sie nicht nur den Überblick behalten, sondern auch zentrale Konfigurationen vorgeben, Pakete installieren sowie Updates verteilen – und zwar für Pakete und sogar für das DSM selbst. Wie das administrative Rundum-sorglos-Paket funktioniert, zeigen wir Ihnen nun Schritt für Schritt.

11.4.1 Funktionsweise

Das CMS arbeitet nach dem *Client-Server*-Modell. Daher ist eine DiskStation stets der *Host* und die übrigen Geräte sind die *Clients*, die vom Host verwaltet werden. Die CMS-Software muss daher auch nur auf dem Host installiert werden – die Client-Komponente ist in jedem DSM bereits integriert.

Das CMS ist intelligenter, als es auf den ersten Blickt scheint. Es reißt nicht die Administration einer DiskStation vollständig an sich und lässt keine lokale Administration mehr zu, sondern es gibt Konfigurationen vor und bietet bei etwaigen Konflikten sogar Behandlungspläne zu deren Lösung.

11.4.2 Installation

Wie bereits erwähnt, müssen Sie lediglich auf der DiskStation die Installation durchführen, die als zentrales Managementsystem fungieren soll. Installieren Sie dort das Paket *Central Management System*, und öffnen Sie das gleichnamige Programm anschließend.

Beim ersten Start sind die Inhalte selbstverständlich noch etwas verwaist – klar, Sie haben ja auch noch keine zu administrierenden DiskStations hinzugefügt, die im Übrigen *Server* genannt werden. (Zum besseren Verständnis verwenden wir diesen Begriff daher auch in diesem Abschnitt.) Auf diesen Umstand werden Sie auch direkt hingewiesen:

»Es wird kein Server verwaltet. Klicken Sie auf Server • Hinzufügen, um Synology NAS zur Verwaltung hinzuzufügen.«

Dabei verbirgt sich hinter dem Navigationshinweis SERVER • HINZUFÜGEN ein Link, den Sie direkt anwählen können. Folgen Sie dem Link, öffnet sich der *Assistent zum Hinzufügen von Servern*.

Dieser stellt Sie zunächst vor die nachstehende Wahl:

- DSM auf neuen Servern installieren
- vorhandene Server hinzufügen

Der erstgenannte Punkt ist in der Regel nur interessant, wenn Sie häufig massenweise neue Synology-Systeme in Betrieb nehmen müssen. Mit dieser Auswahl werden alle Synology-NAS-Systeme, die in Ihrem lokalen Netzwerk gefunden werden, zum CMS hinzugefügt und wird ein DSM installiert. Über den zweiten Punkt können Sie bereits in Betrieb genommene DiskStations Ihrem CMS hinzufügen – in den folgenden Beispielen haben wir diese Option gewählt.

Nun müssen Sie wählen, über welche Methode Sie neue Server hinzufügen wollen. Dazu werden Ihnen drei Methoden angeboten:

- **Einen oder mehrere Server aus lokalem Netzwerk hinzufügen**

  Bei dieser Methode wird Ihr lokales Netzwerk durchsucht und werden die gefundenen DiskStations zur Auswahl angeboten. Bitte beachten Sie, dass bei der gleichzeitigen Einrichtung von mehreren DiskStations das Administratorkonto und -kennwort auf jedem Server identisch sein muss und dass die 2-Faktor-Authentifizierung nicht aktiviert seien darf!

- **Server durch Eingabe seiner IP-Adresse, FQDN oder QuickConnect ID hinzufügen**

  Mit dieser Methode können Sie auch entfernte Server, die Sie via Internet erreichen können, in Ihr CMS aufnehmen. Dabei kann bei jedem Vorgang aber stets nur eine DiskStation hinzugefügt werden.

- **Server durch Importieren von Serverlisten hinzufügen**

  Diese Methode erlaubt Ihnen die Stapelverarbeitung mithilfe einer CSV-Datei. Da diese Methode äußerst selten zum Einsatz kommt, erwähnen wir sie nur im Schnelldurchlauf: Erstellen Sie eine CSV-Datei mit folgenden Feldern (vordefinierte Werte stehen in eckigen Klammern):

  - Protokoll [`http`, `https` oder `quickconnect`]
  - IP-Adresse/QuickConnect ID
  - Port (leer, wenn Protokoll `quickconnect` ist)
  - Benutzername
  - Kennwort
  - Beschreibung (optional)

  Geben Sie dann pro Zeile einen Server an. Speichern Sie diese Datei als CSV-Datei im UTF-8-Format, und verarbeiten Sie die Datei mit dem CMS weiter.

In den folgenden Beispielen haben wir den am häufigsten eingesetzten ersten Punkt gewählt: EINEN ODER MEHRERE SERVER AUS LOKALEM NETZWERK HINZUFÜGEN. Sobald die Suche abgeschlossen ist, werden Ihnen die im Netzwerk gefundenen DiskStations zur Auswahl angeboten. Nach der Auswahl der Systeme werden Sie aufgefordert, die Anmeldedaten für die DiskStations anzugeben. Bitte beachten Sie dabei folgende Punkte:

- Das angegebene Konto muss Mitglied der Gruppe `administrators` sein.
- Das Konto darf keine 2-Faktor-Authentifizierung aktiviert haben.
- Bei mehreren Servern muss das Konto auf allen Servern identisch sein (Benutzername und Kennwort).

Ist diese Hürde genommen, versucht der Assistent zunächst, die Authentifizierung durchzuführen. Ist diese erfolgreich, können Sie den Vorgang abschließen, und die Server werden Ihrem CMS hinzugefügt.

11.4.3 Überblick und Server

In diesem Abschnitt zeigen wir Ihnen die ersten beiden Menüpunkte des CMS.

Das Menü ÜBERBLICK ist eine aufgeräumte Informationszentrale, die Ihnen die Eckdaten zu Ihrem CMS anschaulich präsentiert. Dort sehen Sie auf einen Blick, ob Ihre Server verbunden sind und ob Updates ausstehen. Außerdem können Sie den Zustand der Volumes und Laufwerke (siehe Abbildung 11.36) und sogar die Dienste und Pakete einsehen, falls Sie dies konfiguriert haben.

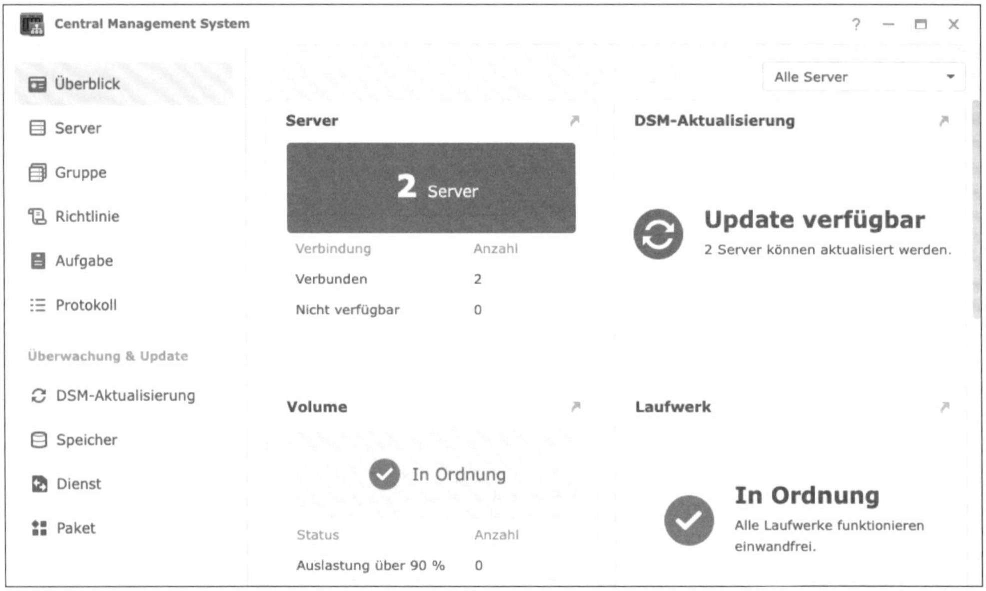

Abbildung 11.36 Status der angebundenen Server Ihres CMS

Über die nach rechts oben zeigenden Pfeile können Sie vom Überblick aus direkt zu den entsprechenden Menüs springen.

Im Menü SERVER werden Ihnen die bereits hinzugefügten Server mit ihrem Namen und der IP-Adresse angezeigt. Über den Pfeil nach rechts können Sie sich eine Konfigurationszusammenfassung des jeweiligen Servers anzeigen lassen – dies ist sehr hilfreich, um schnell alles zu überblicken.

Über das Menü am oberen Rand können Sie verschiedene Aktionen auslösen, die wir Ihnen nun im Detail vorstellen möchten:

- **Hinzufügen**

  Startet den bereits bekannten Assistenten *zum Hinzufügen von Servern.*
- **Bearbeiten**

  Hier können Sie neben den Verbindungsparametern im Reiter ALLGEMEIN auch noch die RICHTLINIEN konfigurieren und zusätzliche ADMINISTRATOREN definieren. (Was sich hinter RICHTLINIEN verbirgt, zeigen wir Ihnen im weiteren Verlauf.)
- **Trennen**

  Wie Sie ganz richtig vermuten, werden mit dieser Aktion bestehende Verbindungen entfernt.
- **Richtlinie anzeigen**

  Hier erhalten Sie lediglich eine auf die vorgenommenen Richtlinien gekürzte Übersicht, was sehr praktisch sein kann. In Abschnitt 11.4.4, »Gruppen und Richtlinien«, gehen wir auf Richtlinien im Detail ein.
- **Verbindung testen**

  Zusätzlich zur namensgebenden Funktion führt dieser Schalter dazu, dass die Daten mit dem ausgewählten System abgeglichen werden. Wenn Sie sichergehen wollen, dass eine Konfigurationsanpassung umgesetzt wird oder wenn Sie lokale Änderungen in Ihrem CMS sichtbar machen möchten, können Sie diesen Schalter verwenden.
- **Zu Server**

  Mit diesem Schalter wird ein weiteres Browserfenster geöffnet und direkt eine administrative Sitzung mit dem hinterlegten Konto gestartet. Bitte beachten Sie aber, dass Ihr Browser das Öffnen von Pop-ups für die Hostseite erlauben muss, ansonsten wird das neue Fenster direkt wieder geschlossen – Sie erhalten in diesem Fall aber auch vom DSM eine entsprechende Mitteilung darüber.

Sobald Sie einen Server erfolgreich eingerichtet haben, wird das Client-Modul des CMS auf dem Server sichtbar. In der SYSTEMSTEUERUNG unter DIENSTE finden Sie nun CMS vor. Dort können Sie, wie in Abbildung 11.37 dargestellt, die Verbindung zum CMS-Host trennen und noch eine weitere wichtige Konfiguration vornehmen: ZENTRALISIERTE BENACHRICHTIGUNGEN AKTIVIEREN.

Diesen Konfigurationspunkt sollten Sie aktivieren, denn dadurch erhalten Sie auch alle Benachrichtigungen des Servers auf Ihrem Host.

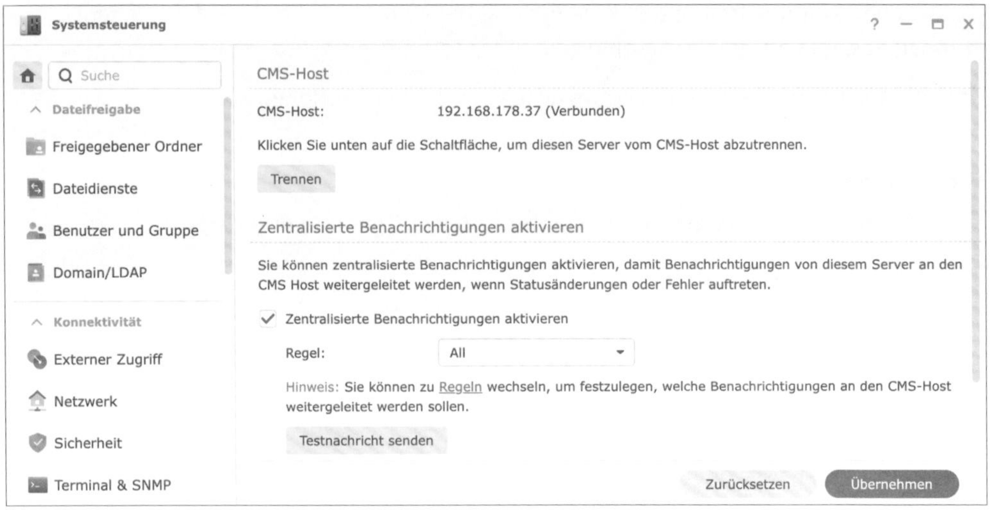

Abbildung 11.37 CMS auf einem Server

11.4.4 Gruppen und Richtlinien

Die folgenden beiden Menüpunkte, GRUPPE und RICHTLINIEN, erlauben es Ihnen, die Server in Gruppen zu organisieren und Vorgaben zu definieren, die diese dann umsetzen.

Gruppe

Im Menü GRUPPE können Sie neue Gruppen anlegen, vorhandene Gruppen bearbeiten und deren Konfiguration einsehen (ANZEIGEN) und natürlich auch Gruppen löschen. Standardmäßig ist bereits die Gruppe *Alle Server* angelegt. Sie beherbergt, wie der Name vermuten lässt, alle Server und ist die einzige Gruppe, die Sie nicht löschen können. Allerdings können Sie sie bearbeiten, dabei aber nur zwei von drei Reitern editieren (da der Name und die Beschreibung vorgegeben sind).

Jeder Server kann nur Mitglied einer weiteren Gruppe sein. Über Gruppen werden Richtlinien an Server gebunden – was es damit auf sich hat, zeigen wir Ihnen direkt im Anschluss. Darüber hinaus können Sie noch die Administratoren für das System festlegen. Dabei stehen Ihnen alle Benutzer und Gruppen der Host-DiskStation zur Verfügung (z. B. auch Systeme, die über Verzeichnisdienste verwaltet werden).

Richtlinie

Mit Richtlinien ist es möglich, die Konfiguration auf allen Servern identisch zu halten. Sie können damit also Einstellungen automatisiert verwalten – und damit beginnt sich die wahre Magie des CMS zu entfalten. Mehrere NAS-Systeme müssen nicht mehr per Hand einzeln konfiguriert werden, sondern Sie können über Vorgaben festlegen, wie Ihre Geräte aussehen sollen. Gerade wenn Sie eine ganze Infrastruktur betreuen, sparen Sie sich auf diese Weise unglaublich viel Handarbeit.

Wenn Sie eine neue Richtlinie erstellen und den Namen vergeben haben, dann öffnet sich das Fenster REGELN KONFIGURIEREN (siehe Abbildung 11.38).

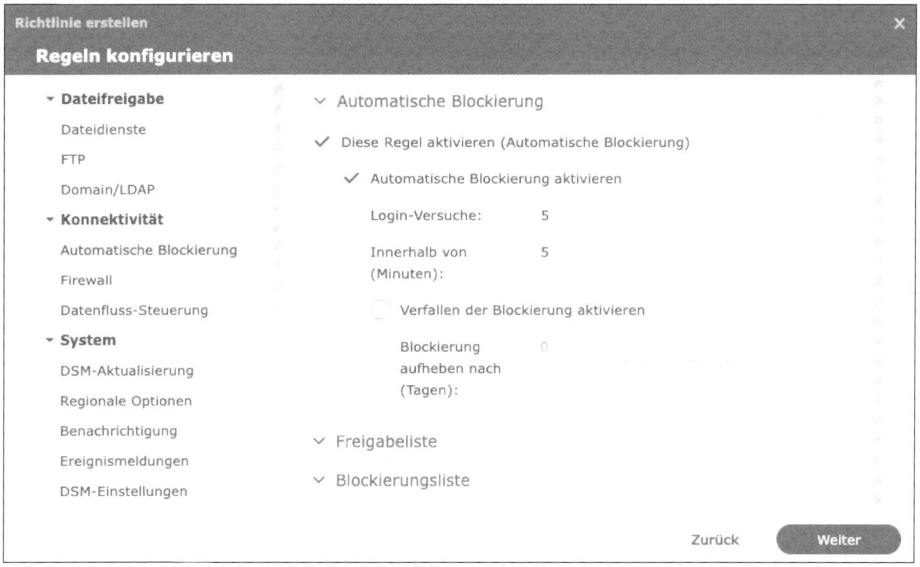

Abbildung 11.38 Regeln konfigurieren

Im linken Teil können Sie die Disziplin wählen. Je nach Auswahl werden im rechten Teil des Fensters die einzelnen Konfigurationsmöglichkeiten dargestellt. Die einzelnen Optionen müssen Sie über einen Klick auf den Pfeil nach unten in den Überschriften (blaue Schriftfarbe) zunächst aufklappen, um die Konfigurationsmöglichkeiten anzuzeigen. Im Beispiel aus Abbildung 11.38 sehen Sie die Einstellungen zum automatischen Blockieren, die Sie eigentlich über die SYSTEMSTEUERUNG • SICHERHEIT • SCHUTZ auf der DiskStation konfigurieren.

Nachdem Sie die Konfiguration zusammengestellt haben, müssen Sie noch definieren, auf welche Ziele Ihre neue Richtlinie angewandt werden soll. Dabei werden Ihnen vier Optionen zur Auswahl gestellt:

- Auf alle vorhandenen und künftig hinzugefügten Server anwenden
- Auf Gruppe anwenden
- Auf Server anwenden
- Später anwenden (= Kein Ziel. Die Regel wir nur angelegt, aber nicht angewandt.)

Bei der Auswahl müssen Sie auf folgende Punkte achten:

- **Reihenfolge (Server vor Gruppe und höhere Priorität bei gleichwertigen Regeln)**
  Individuelle Richtlinien (Server) werden bevorzugt. Das heißt, wenn ein und derselbe Punkt konfiguriert wurde, dann wird der Wert der Server-Richtlinie dem Wert der Gruppenrichtlinie vorgezogen. Bei zwei gleichwertigen Regeln (also zwei Gruppen- oder zwei Server-Richtlinien) erhält die Regel mit der höheren Priorität Vorrang – die Priorität können Sie mit Drag-and-drop verschieben.
- **Individuelle Regel für Server**
  Individuelle Regeln können nur beim erstmaligen Erstellen direkt zugewiesen werden. Später müssen Sie über den Pfad SERVER • BEARBEITEN • RICHTLINIEN gehen und nicht mehr das Menü RICHTLINIE nutzen. Jede Server-Richtlinie kann nur einem Server zugeordnet werden.
- **Prioritäten**
  Auch die Prioritäten können nur beim erstmaligen Einrichten (z. B. einer Gruppenrichtlinie) konfiguriert werden. Anschließend geht dies nur noch in GRUPPE • BEARBEITEN • RICHTLINIE (via Drag-and-drop). Dasselbe gilt für die Regeln für Server unter SERVER • BEARBEITEN • RICHTLINIEN.
- **Gesperrt bedeutet nicht, dass eine Regel außer Betrieb gesetzt ist**
  Bei der Gruppenbearbeitung können Sie Gruppenrichtlinien mit einem Haken auf GESPERRT setzen. Da bedeutet aber lediglich, dass Sie diese Richtlinie favorisieren und vor der Priorisierung mittels Drag-and-drop sperren! Egal an welcher Stelle die Gruppenrichtlinie eigentlich steht: Wenn Sie die Option GESPERRT setzen, springt sie an die erste Stelle und lässt sich von dort erst wieder vertreiben, wenn Sie den Haken entfernen.
- **Richtlinien werden immer umgehend angewandt**

11.4.5 Aufgabe und Protokoll

Über den Menüpunkt AUFGABE (siehe Abbildung 11.36) können Sie Aktionen auf den entfernten Servern ausführen lassen. Sie können zwischen vier Aktionen auswählen:

- **Neu starten**
- **Herunterfahren**
- **Wake on LAN** – Es wird ein Paket gesendet, das das betreffende System aus dem Ruhezustand aufweckt.
- **Skript**

Mit SKRIPT können Sie ein beliebiges Shell-Skript importieren und ausführen lassen, wohingegen die ersten drei Aktionen einfach ausgeführt werden. Bevor sie ausgeführt werden, können Sie die Aktionen noch auf folgende Ziele beschränken:

- Auf alle Server ausführen
- Auf ausgewählten Gruppen ausführen
- Auf ausgewählten Servern ausführen

Nachdem Sie das Ziel definiert haben, erfolgt sogleich die Ausführung. Jede Aufgabe wird dabei protokolliert und dargestellt. Über den Button DETAILS ANZEIGEN können Sie sich die Details zur Aktion und die Rückgabewerte anzeigen lassen.

Im Menüpunkt PROTOKOLL werden die Meldungen des CMS dargestellt. Wenn Sie unserem Ratschlag aus Abschnitt 11.4.3, »Überblick und Server«, gefolgt sind, dann werden Ihnen im Reiter SERVERBENACHRICHTIGUNGEN auch die lokalen Meldungen der verwalteten DiskStations angezeigt.

11.4.6 DSM-Aktualisierung

Falls Updates anstehen und noch nicht mithilfe des (zu empfehlenden) Automatismus installiert wurden, dann können Sie diese im Menü DSM-AKTUALISIERUNG zentral für alle Server installieren. Wenn Sie das Menü öffnen, werden Ihnen ausstehende Updates tabellarisch dargestellt. Sie können nun einfach ALLE SERVER anklicken somit alle Updates anstoßen oder einen Server anwählen und über AKTUALISIERUNG diesen einen Server auf den neuesten Stand bringen. Anschließend werden Sie nach der Update-Methode gefragt (siehe Abbildung 11.39).

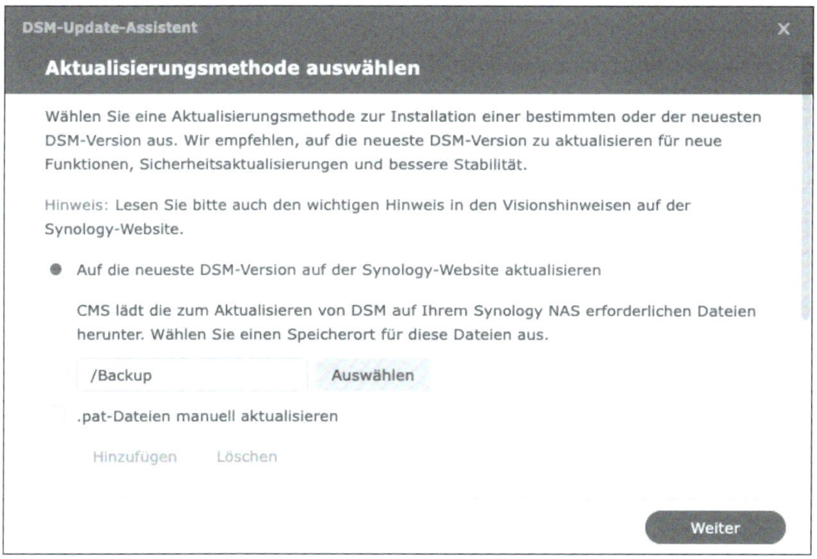

Abbildung 11.39 Update-Methode wählen

Bei der ersten Methode, AUF DIE NEUESTE DSM-VERSION AUF DER SYNOLOGY-WEBSITE AKTUALISIEREN, müssen Sie lediglich einen lokalen Pfad Ihres Host-Systems angeben. Anschließend lädt das CMS automatisch die neuesten benötigten Updates herunter. Bei der zweiten Methode, .PAT-DATEIEN MANUELL AKTUALISIEREN, können Sie selbst bereits heruntergeladene *.pat*-Dateien angeben.

Updates im .pat-Format

Synology stellt Updates stets im Paketformat *.pat* bereit. Über das Synology-Archiv *https://archive.synology.com/download/Os/DSM/* können Sie (fast) alle Versionsstände des DSM und der sonstigen Betriebssysteme von der Synology-Website herunterladen.

Nach der Auswahl der Methode wird Ihnen noch eine Zusammenfassung angezeigt. Bestätigen Sie diese, dann wird das Update auf die Ziele kopiert und installiert.

11.4.7 Speicher, Dienst und Paket

Zuletzt schauen wir uns auch noch die letzten drei Menüpunkte genauer an:

- **Speicher**

  Im Menü SPEICHER werden Ihnen Details zu den Volumes, Laufwerken und den freigegebenen Ordnern angezeigt. In den Reitern finden Sie jeweils eine Schaltfläche ZU SERVER. Über diese Schaltfläche gelangen Sie zu der ausgewählten Konfiguration des zuvor ausgewählten Servers.

- **Dienst**

  Unter dem Punkt DIENST erhalten Sie eine Übersicht über die Standard DSM-Dienste. Dabei wird Ihnen nicht nur der Zustand angezeigt, sondern Sie können auch dort über den jeweiligen Dienst direkt zur Server-Konfiguration gelangen, wenn Sie die Schaltfläche ZU SERVER betätigen.

- **Paket**

  Zu guter Letzt können Sie im Menüpunkt PAKET die Pakete Ihrer Server verwalten. Beim ersten Start müssen Sie dafür zunächst die sogenannte *Paketliste* erstellen. Diese Liste enthält alle Pakete, die auf den angebundenen Servern installiert sind; und Sie müssen auswählen, welche dieser Pakete Sie mit dem CMS verwalten wollen.

Bei neuen Paketen ist eine manuelle Anpassung notwendig!

Bitte beachten Sie, dass nachträglich lokal installierte Pakete nicht automatisch in den verwalteten Paketen auftauchen. Dazu müssen Sie stets die Paketliste anpassen!

Ist dies geschafft, dann erhalten Sie eine tabellarische Übersicht zu den Pakten und deren jeweiligem Status (siehe Abbildung 11.40).

Abbildung 11.40 Übersicht der Pakete

Je nach Anzahl der verwalteten Server und je nach Status wird in den Spalten der entsprechende Wert angezeigt. Wählen Sie ein Paket aus, werden ebenso nach Status die Schaltflächen aktiviert. Über die Schaltfläche DETAILS ANZEIGEN können Sie immer die gesamten Informationen für alle Server einsehen – so z. B. auch die Versionsstände.

Für die Aktualisierung von Paketen gibt es ein paar Einschränkungen, die wir Ihnen nicht vorenthalten möchten:

1. **Nur einfache Updates**

   Wenn ein Update einen Assistenten benötigt, da z. B. Konfigurationen oder Standardparameter angepasst bzw. gesetzt werden müssen, dann können Sie dieses Paket nicht via CMS aktualisieren. Diese Aktualisierung müssen Sie dann nach wie vor an dem lokalen DMS durchführen.

2. **Abhängigkeiten**

   Falls das Paket von anderen Paketen abhängt, dann müssen Sie diese Pakete vorab aktualisieren. Dies geschieht nicht automatisch.

3. **Unerfüllte Abhängigkeiten**

   Falls das Paket von Paketen abhängt, die nicht über CMS aktualisiert werden können (siehe Punkt 1), dann kann die Aktualisierung nicht durchgeführt werden.

Kapitel 12
Erweiterte Netzwerkkonfiguration

Eine der grundlegendsten und gleichzeitig ersten Konfigurationen, die Sie während oder nach der Installation Ihrer DiskStation vornehmen, ist die Netzwerkkonfiguration. Ein NAS ohne Netzwerk ist wie ein Boot ohne Wasser. In diesem Kapitel zeigen wir Ihnen das Thema Netzwerkkonfiguration und stellen unterschiedliche Methoden und Mechanismen vor.

Die Dienste auf Ihrer DiskStation basieren auf dem Netzwerk. Ohne Netzwerk können Sie keine Dienste anbieten, denn irgendwie müssen die Clients ja auf die Daten und Anwendungen auf der DiskStation zugreifen können. Obwohl für einen gestandenen Administrator die Vergabe von IP-Adressen sicherlich keine große Hürde darstellt, haben wir für den Einstieg in diesem Kapitel noch mal die Möglichkeiten zusammengefasst.

Vielleicht finden auch Sie noch die eine oder andere interessante Neuigkeit zum Thema VLANs, zum Bündeln von Netzwerkschnittstellen, zur Geschwindigkeitsregulierung oder dazu, wie Sie die Pakete richtig durch Ihr Netzwerk leiten.

12.1 Basiswissen

Das Themengebiet *Netzwerk* ist äußerst komplex und bietet dementsprechend auch viele Möglichkeiten, Fehler zu produzieren. Wenn es möglich ist, sollten Sie Ihr Netzwerk also so einfach wie möglich halten – kompliziert wird es schon von allein, wenn sich immer mehr Geräte dort tummeln.

Dieses Kapitel beschreibt viele Methoden, Tools und fortgeschrittene Konfigurationen, die primär für die Administration von kleinen Firmen oder ähnlichen Infrastrukturen nützlich sind. In der Regel haben Sie als »Otto-Normal-Administrator« daheim schlichtweg keine anspruchsvollen Router und Switches stehen, die das Herzstück großer Netzwerke sind.

Trotzdem ist dieses Kapitel auch für den Heimgebrauch interessant, da viele Grundlagen erläutert werden, die Ihnen unter Umständen helfen, Fehler im Netzwerk besser aufspüren zu können. Daher unternehmen wir zunächst einen kleinen Exkurs in die Theorie. Abschließen werden wir dieses Kapitel mit den fortgeschrittenen Konfigurationen. Diese werden zu Hause wohl nur in Ausnahmefällen Anwendung finden, sind aber auch schon in kleineren Unternehmensnetzen relevant.

12.1.1 Etwas Theorie vorab

Bevor wir zu den eigentlichen Konfigurationen kommen, möchten wir Ihnen noch etwas Theorie vermitteln. Falls Sie bereits ein alter Netzwerkprofi sind, dann können Sie diesen Abschnitt getrost überspringen.

Generelle Theorie und IPv4?

Die generelle Theorie zum Thema Netzwerk und insbesondere zu IPv4 haben wir Ihnen bereits in Abschnitt 5.4, »Netzwerkkonfiguration«, ausführlich erläutert. Daher stellen wir Ihnen nun IPv6 etwas genauer vor.

IPv6 ist das Nachfolgeprotokoll zu IPv4. Irgendwann soll es IPv4 gänzlich ablösen. Trotz der hohen IP-Adressknappheit vollzieht sich die Ablösung eher schleppend, denn gerade in lokalen Netzwerken ist IPv4 nach wie vor der Platzhirsch. IPv4-Adressen haben eine Länge von 32 Bit, somit umfasst der Adressraum theoretisch 2^{32} Adressen. Von diesen ca. 4 Milliarden Adressen stehen aber nicht alle zur Nutzung bereit. Von den 256 möglichen /8-Netzen sind allein 35 Netze für spezielle Nutzungszwecke reserviert (siehe Tabelle 12.1).

IP-Bereich	Verwendung
`10.0.0.0/8`	private Netzwerkadresse (laut RFC1918)
`127.0.0.0/8`	Loopback (localhost)
`169.254.0.0/16`	Link-local-Adressen (APIPA)
`172.16.0.0/12`	private Netzwerkadresse (laut RFC1918)
`192.0.2.0/24`	Adressen für Test und Dokumentation
`192.168.0.0/16`	private Netzwerkadresse (laut RFC1918)
`224.0.0.0/4`	Multicast-Adressen
`240.0.0.0/4`	experimentelle Adressen

Tabelle 12.1 Reservierte IPv4-Bereiche

Außerdem war die Adresszuteilung zu Beginn des Internetzeitalters recht großzügig, sodass weitere 40 /8-Netze an einzelne Firmen und Organisationen vergeben wurden.

Von den somit verbleibenden 181 /8-Netzen sind aktuell nur noch wenige nicht vergeben. Die Adressen werden von der *Internet Assigned Numbers Authority* (IANA) verwaltet und an *Regional Internet Registries* (RIR) vergeben. Davon gibt es fünf weltweit. Das RIPE NCC (*Réseaux IP Européens Network Coordination Centre*) ist beispielsweise die RIR für Europa, Zentralasien und den Nahen Osten.

Die RIRs wiederum verteilen IP-Adressen an *Local Internet Registries* (LIR). Erst von den LIRs werden IP-Adressen dann an Endkunden vergeben.

12.1.2 Die Vorteile von IPv6

Der Hauptvorteil von IPv6 ist die Größe des IP-Adressraums: Der Adressraum bei IPv6 beträgt 128 Bit. Die kleinste Netzgröße, die an Endkunden herausgegeben werden soll, ist ein /64-Netz. Somit erhält ein einzelner Endkunde also mehr eigene IP-Adressen, als in IPv4 insgesamt zur Verfügung stehen. Damit kann dann auch wieder das Ende-zu-Ende-Prinzip erfüllt werden: Jeder Host ist im Internet garantiert direkt ansprechbar.

Bei IPv4 ist dies leider nicht möglich. Ohne *Network Address Translation* (NAT) ist es nicht möglich, mit mehr als einem Gerät von zu Hause aus in das Internet zu gehen.

Was heißt das eigentlich in Zahlen? Wie viele IPv6-Adressen gibt es? Hier ein kleines Beispiel: IPv6-Adressen bestehen aus 128 Bit; das sind also 2^{128} mögliche Host-Adressen. Als Zahl sieht das so aus: 2^{128} = 340.282.366.920.938.463.463.374.607.431.768.211.456 mögliche Adressen. Das entspricht ungefähr 665 Milliarden IPv6-Adressen pro Quadratmillimeter der Erdoberfläche: Da ist auch bestimmt für Ihre Kaffeemaschine im Büro noch eine IP-Adresse frei. Natürlich gibt es auch bei IPv6 wieder reservierte Bereiche, sodass die Zahl etwas kleiner wird, aber die Menge sollte immer noch ausreichend für die zukünftige Technik sein.

12.1.3 Die Notation von IPv6-Adressen

Der gigantische Adressraum von IPv6 hat leider auch Nachteile. Mit einer Länge von 128 Bit sind IPv6-Adressen nicht gerade einprägsam. IPv6-Adressen werden im Gegensatz zu IPv4-Adressen hexadezimal dargestellt. Jede IPv6-Adresse besteht aus acht Blöcken zu jeweils 16 Bit. Einzelne Blöcke werden durch einen Doppelpunkt getrennt. Eine gültige IP-Adresse sieht also folgendermaßen aus:

```
2001:0db8:0000:0000:0342:abff:fe22:1d63
```

Listing 12.1 Beispiel für eine gültige IPv6-Adresse

Führende Nullen innerhalb eines Blocks dürfen ausgelassen werden:

```
2001:db8:0:0:342:abff:fe22:1d63
```

Listing 12.2 Beispiel für eine IPv6-Adresse ohne führende Nullen

Wenn ein Block (oder mehrere Blöcke) nur aus Nullen bestehen, so kann man den Block durch einen Doppelpunkt ersetzen. Das darf jedoch nur an einer Stelle passieren, weil die Adresse sonst nicht eindeutig ist:

```
2001:db8::342:abff:fe22:1d63
```

Listing 12.3 Gekürzte Schreibweise der IPv6-Adresse

Die Adresse für *localhost* lautet so:

```
0000:0000:0000:0000:0000:0000:0000:0001
```

Listing 12.4 IPv6-Adresse des »localhost«

In der Kurzschreibweise wird daraus:

```
::1
```

Listing 12.5 Kurzschreibweise der »localhost«-Adresse

12.1.4 Die Netzmasken

Genauso wie IPv4-Adressen bestehen auch IPv6-Adressen aus einem Netzanteil und einem Host-Anteil. Bei IPv6 werden diese Anteile als *Network Prefix* und als *Interface Identifier* bezeichnet. Die Darstellung erfolgt im *Classless Inter-Domain Routing*-(CIDR-) Format. Der *Interface Identifier* ist mindestens 64 Bit lang.

Die restlichen 64 Bit bilden das *Network Prefix*. Dieses kann aber nach altbekannter Manier in weitere Subnetze aufgeteilt werden (siehe Tabelle 12.2).

Network Prefix	Subnet Identifier	Interface Identifier
48 Bit	16 Bit	64 Bit
`2001:0db8:0000`	`0000`	`0342:abff:fe22:1d63`

Tabelle 12.2 Aufbau einer IPv6-Netzmaske

12.1.5 Die verschiedenen IPv6-Adressarten

Für IPv6 gibt es verschiedene Arten von Adressierungen:

- **Unicast**

  Adressiert genau einen Host wie bei IPv4 auch. Es gibt aber noch eine weitere Unterscheidung:

- **global**

  Dient zur eindeutigen Identifizierung eines Hosts im Netzwerk und auch über Router hinweg. Eine globale Unicast-Adresse beginnt immer mit dem Binär-Präfix `001`.

- **link-local**

  Darf nur im lokalen Netz verwendet werden und nicht geroutet werden. Diese Adresse dient zur Autokonfiguration einer globalen Adresse in Zusammenarbeit mit der *Neighbor Discovery*.

- **unique-local**

  Äquivalent zu den privaten Adressbereichen von IPv4, die nur lokal gültig sind und nicht im Internet geroutet werden. Hier werden wieder zwei vollständig verschiedene Adressbereiche unterschieden:

  (1) **zentral verwaltet** = Vom Provider vergebene Adressen, das Präfix für diese Adressen lautet `FC00::/7`.

  (2) **lokal verwaltet** = Diesen Adressbereich können Sie in Ihrem eigenen Netzwerk selbst einteilen. Das Präfix für diese Adressen lautet `FD80::/8`.

- **Anycast**

  Wenn mehrere Router oder Server denselben Dienst bereitstellen und dieser von jedem eins zu eins angeboten werden kann, dann können Sie dafür eine Anycast-Adresse verwenden. Dabei wird auf jedem Server oder Router ein Interface mit derselben IP-Adresse belegt. Wenn dann ein Client eine Anfrage stellt, kann diese von einem beliebigen Rechner angenommen werden. Sie müssen dabei nur beachten, dass der Absender keine Kontrolle darüber hat, an welches der Systeme die Anfrage gestellt wird. Die Entscheidung trifft das Routing-Protokoll.

- **Multicast**

  Genau wie bei IPv4 wird auch bei IPv6 ein Datenpaket, das an eine Multicast-Adresse gesendet wird, von allen Gruppenmitgliedern empfangen und verarbeitet. Eine Multicast-Adresse beginnt immer mit dem Hexadezimalwert `0xFF`. Es gibt eine Liste aller schon fest zugewiesenen Multicast-Adressen. Diese Liste finden Sie unter *www.iana.org/assignments/ipv6-multicast-addresses*.

Beachten Sie dazu drei Regeln für die Einrichtung eines IPv6-Hosts:

1. Eine Netzwerkkarte hat immer eine *link-local*-Adresse.
2. Einer Netzwerkkarte können Sie mehrere globale Adressen zuweisen.
3. Eine Netzwerkkarte kann zu mehreren Multicast-Gruppen gehören, mindestens aber zu einer. Im Fall eines einfachen Hosts ist es die Multicast-Gruppe `FF01::1`; in dem Fall, dass es sich um einen Router handelt, ist es die Multicast-Gruppe `FF01::2`.

Keine Broadcast-Adressen mehr bei IPv6!

Broadcast-Adressen, wie Sie sie von IPv4 her kennen, gibt es bei IPv6 nicht mehr. Diese wurden von den Multicast-Adressen abgelöst.

In Tabelle 12.3 sehen Sie eine kurze Zusammenfassung der reservierten Präfixe.

Präfix	Verwendung
`::1`	*localhost*
`FE80::/10`	*link-local*
`FF00::8`	*multicast*
`FF01::1`	*multicast* an alle Hosts
`FF02::2`	*multicast* an alle Router
`FC00::/8`	*unique local address* (zentral vergeben)
`FD00::/8`	*unique local address* (kann privat verwendet werden)
`2000::/3`	*global unicast address*
`2001:db8::32`	Präfix für Dokumentationen

Tabelle 12.3 IPv6-Präfixe

12.1.6 Es geht auch ohne ARP

IPv4 nutzt das Protokoll ARP (*Address Resolution Protocol*), um im OSI-Layer 2 die MAC-Adresse in eine IP-Adresse aufzulösen. Das ist jedoch eine der größten Sicherheitslücken des Protokollstacks, und unter IPv6 findet das Protokoll ARP keine Verwendung mehr. An seine Stelle tritt die *Neighbor Discovery* (ND). Neighbor Discovery ist ein Bestandteil des *ICMP*-Protokolls unter IPv6 und hat dort mehr Aufgaben, als nur die MAC-Adresse in eine IP-Adresse aufzulösen. Ein IPv6-Host kann die Neighbor Discovery für folgende Aufgaben verwenden:

- **automatische Konfiguration der IPv6-Adressen**

  Ein IPv6-Host kann sich selbst eine *link-local* -Adresse geben, um sich automatisch von einem Router eine verfügbare Adresse aus dem lokalen Adressraum zu holen. Über diesen Weg kommt der Host zwar nicht an DNS-Server oder Domainnamen, aber zumindest ist er am Netz.

- **Ermittlung des Standardgateways und des Netzwerkpräfixes**

  Damit kann ein Host sofort in einem Netzwerk erreicht werden. Auch kann der Host verschiedene Präfixe erhalten und damit auch mehrere IPv6-Adressen beziehen.

- **Ermittlung doppelter IP-Adressen**

  Mit dem ICMP-Typ *Duplicate Address Detection* (DAD) wird ermittelt, ob die IP-Adresse, die automatisch vom Router kommt, bereits vergeben ist.

- **Ermittlung der MAC-Adressen aller Hosts im selben Netz**

  Besitzt ein Host mehrere Netzwerkkarten mit unterschiedlichen Präfixen, werden für jede Netzwerkkarte die MAC-Adressen in diesem Präfix ermittelt.

- **Suche nach Routern an derselben Netzwerkschnittstelle**

  Es wird nach Routern gesucht, um diese automatisch zu konfigurieren.

- **Aktualisierung der Router an der Schnittstelle**

  Sollte sich ein Router im Netz ändern, kann diese Information automatisch in die Konfiguration übernommen werden.

- **Ermittlung von erreichbaren und nicht erreichbaren Hosts**

  Jeder Host pflegt eine Liste seiner Nachbarn im *Neighbor Cache*. Diese Liste ist in etwa vergleichbar mit der *ARP-Table* unter IPv4. In dieser Liste werden folgende Informationen gespeichert:

  - Type = Host oder Router
  - Erreichbarkeit = Ja oder Nein
  - Gültigkeitsdauer = Zeitangabe für den nächste Erreichbarkeitstest

12.2 Fortgeschrittene Konfiguration

In Abschnitt 5.4, »Netzwerkkonfiguration«, haben wir Ihnen die Basiskonfiguration bereits vorgestellt. Darüber hinaus können Sie aber viele weitere Konfigurationen vornehmen. In diesem Abschnitt zeigen wir Ihnen, wie Sie Ihrer DiskStation den korrekten Umgang mit VLANs beibringen, wie Sie Netzwerkkarten bündeln können, um den Datendurchsatz oder die Ausfallsicherheit zu erhöhen, was sich hinter der Datenfluss-Steuerung verbirgt und wie Sie statische Routen einrichten können.

Sie brauchen für die Punkte in diesem Abschnitt zwingend professionelle Netzwerk-Hardware, die mehr Funktionen und Konfigurationsmöglichkeiten bietet als »normale« Router für den Heimgebrauch. Wenn Sie ein entsprechendes Netzwerk verwalten, achten Sie auf die jeweiligen Dokumentationen und Best Practices.

Bitte beachten Sie zudem, dass diese Netzwerkkonfigurationen immer nur lokal durchgeführt werden sollten und nicht über einen entfernten Zugriff (*remote*). Fehlerhafte Konfigurationen führen nämlich schnell zum Stillstand des Netzwerks auf Ihrem System, sodass dann auch der Zugriff nicht mehr möglich ist und Sie sich ausgesperrt haben – sehr nervig!

Außerdem müssen wir erwähnen, dass Sie mit den hier vorgestellten Konfigurationen auch Ihr gesamtes Netzwerk lahmlegen können. Prüfen Sie daher jeden Schritt, bevor Sie die Konfigurationen umsetzen, und führen Sie diese Veränderungen nicht zur besten Netflix-Sendezeit aus.

Mit dem folgenden Kasten möchten wir Ihnen eine sprachliche Hilfestellung geben, da die Begriffe leider nicht eindeutig verwendet werden.

Begriffschaos

Die Hersteller von Netzwerktechnik verwenden Begriffe teilweise unterschiedlich. Die folgende Übersicht zeigt Ihnen, was wirklich gemeint ist, damit Sie beim Wechsel zwischen den Anleitungen auch den richtigen Schalter finden:

Hersteller	Trunking	Channeling
Cisco	Trunk	Etherchannel
HP	LACP/Link	Trunk
Sun	VLANs	Trunk
Linux	802.1q	Bonding

Lassen Sie sich nicht irritieren. Wir verwenden stets alle Begriffe und beschreiben die Funktion dahinter in den jeweiligen Abschnitten, sodass Sie den für Ihr Umfeld korrekten Begriff wiederfinden.

12.2.1 VLANs (Trunking/Channeling)

Um ein physisches Netzwerk in mehrere logische Netzwerke zu unterteilen, werden VLANs (*Virtual Local Area Networks*) verwendet. Der Standard hierfür ist IEEE 802.1q. Je nach Hersteller wird von der Konfiguration *.1q* (ausgesprochen: »Dot One Q«), *Trunking* oder *Channeling* gesprochen. Die dahinter stehende Technik ist aber die gleiche: Den Ethernet-Paketen werden *VLAN-Tags* (oder kurz *Tags*) hinzugefügt. Nur Netzwerk-Ports, die ebenfalls im gleichen VLAN sind oder das korrekte Tag verwenden, können miteinander kommunizieren.

Auf der DiskStation wird die VLAN-Konfiguration auf der Netzwerkschnittstelle selbst vorgenommen. Öffnen Sie dafür die SYSTEMSTEUERUNG • NETZWERK, wählen Sie die entsprechende Schnittstelle aus (z. B. *LAN 1*), und klicken Sie auf den Button BEARBEITEN. Dann öffnet sich das Fenster aus Abbildung 12.1.

Standardmäßig ist kein Haken beim Punkt VLAN (802.1Q) AKTIVIEREN gesetzt. Wenn Sie mit der Maus über dem i-Symbol verharren, wird Ihnen ein sehr wichtiger Hinweis gegeben, den wir Ihnen nicht vorenthalten möchten:

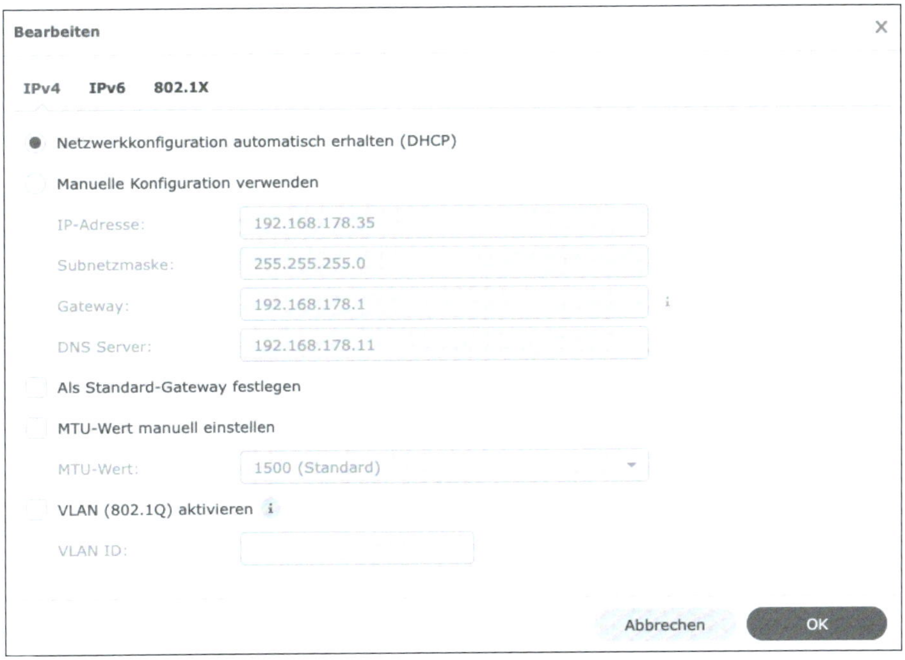

Abbildung 12.1 Netzwerkkonfiguration auf der DiskStation

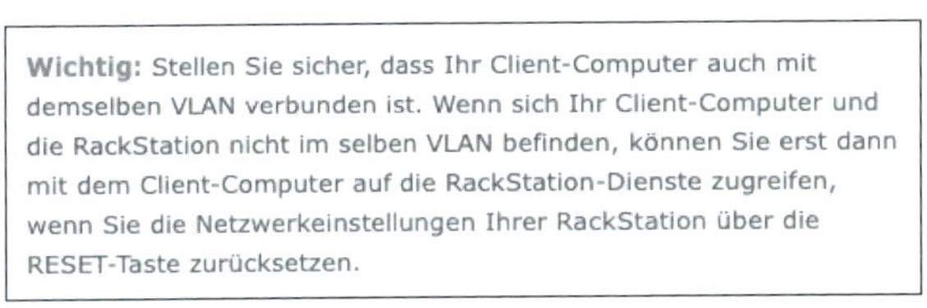

Abbildung 12.2 Warnhinweis beim Punkt »VLAN (802.1Q) aktivieren«

Wie bereits zu Beginn dieses Abschnitts erwähnt wurde, haben die in diesem Abschnitt vorgestellten Konfigurationen ein gewisses Sprengpotenzial. Seien Sie sich also ganz sicher, dass Ihre Konfiguration korrekt ist, bevor Sie unbedarft Anpassungen vornehmen. Setzen Sie daher den Haken mit Bedacht, und vergewissern Sie sich doppelt und dreifach, dass Sie auch wirklich die korrekte *VLAN ID* eingetragen haben. Der gültige Zahlenraum für VLAN IDs umfasst 1 bis 4094.

Nur ein VLAN pro Schnittstelle

Leider können Sie mit der DiskStation nur ein VLAN auf einer Netzwerkschnittstelle verwalten und nicht mehrere VLANs auf einmal als *tagged member* (HP) oder *switchport mode trunk* (Cisco) anbinden.

12.2.2 Bonding (Etherchannel, Trunking oder Teaming)

Beim *Bonding*, das auch *Channeling*, *Trunking* oder *Teaming* genannt wird, handelt es sich um eine Bündelung von Netzwerkschnittstellen. Dies kann zum einen zur Erhöhung des Datendurchsatzes führen oder es dient dazu, die Ausfallsicherheit zu steigern – stellen Sie sich das Bonding wie eine RAID-Konfiguration für mehrere Netzwerkschnittstellen vor.

Wann sollten Sie also ein *Bond* einrichten?

- Sobald Ihre DiskStation von mehreren Benutzern gleichzeitig verwendet wird und Sie mit großen Datenmengen hantieren oder
- wenn Ihre DiskStation wichtige Dienste bereitstellt, die nicht ausfallen dürfen.

Immer dann sollten Sie den Einsatz eines Bonds in Betracht ziehen! Dazu muss Ihre DiskStation selbstverständlich mehrere Netzwerkadapter haben, damit Sie mehrere Verbindungen bündeln können.

Umgebung anpassen!

Beachten Sie, dass Sie bei einer Bonding-Konfiguration immer Ihre Umgebung (Switches) ebenfalls umkonfigurieren müssen! Die unterschiedlichen Modi verlangen eine unterschiedlich komplexe Konfiguration auf der Switch-Seite.

Modi

Bevor wir nun beginnen, ein Bond einzurichten, möchten wir Ihnen vorab noch die unterschiedlichen Betriebsarten eines Bonds vorstellen:

- **Adaptive Load Balancing (Lastverteilung)**

  Jedem Ziel im Netzwerk wird eine Schnittstelle fest zugewiesen. Die Zuordnung erfolgt dabei über eine komplexe und effiziente Berechnungsmethode. Die Verteilung erfolgt sowohl für eingehende als auch für ausgehende Verbindungen. Eine Konfiguration am Switch ist nicht erforderlich.

- **IEEE 802.3ad – dynamische Link Aggregation (Lastverteilung und Ausfallsicherheit)**

  Der IEEE-Standard 802.3ad, der auch als LACP (*Link Aggregation Control Protocol*, engl. für »Schnittstellenbündelungskontrollprotokoll«) oder einfach als *Link Aggregation* bezeichnet wird, ermöglicht es, die Netzwerkschnittstellen gemeinsam zu nutzen. Damit kann die maximal mögliche Bandbreite erhöht werden. Dabei gibt es Einschränkungen: Alle Schnittstellen müssen über dieselben *Speed* - und *Duplex* -Einstellungen verfügen und an ein und demselben Switch angeschlossen sein. Auf dem Switch muss LACP aktiviert sein!

- **balance-xor (Lastverteilung und Ausfallsicherheit)**
  Das *xor* im Namen steht für die Berechnungsmethode *XOR* (exklusives Oder) . Hier wird jedem Ziel im Netzwerk eine Schnittstelle fest zugewiesen. Die Zuordnung erfolgt dabei über den Modulo der Division zwischen *Quell-MAC XOR Ziel-MAC* und der Anzahl der Slave-Schnittstellen. Eine Konfiguration am Switch ist nicht erforderlich.
- **Aktiv/Standby (Ausfallsicherheit)**
  In diesem Modus ist nur eine Netzwerkschnittstelle aktiv. Die passive Schnittstelle wird nur aktiviert, wenn die vormals aktive ausfällt. Diese Methode wird zum *Failover* eingesetzt. Eine Konfiguration am Switch ist nicht erforderlich.

Falls Sie *Open vSwitch* aktiviert haben (was automatisch passiert, wenn Sie z. B. den *Virtual Machine Manager* installieren), werden Ihnen folgende Modi angeboten:

- **Balance-SLB (Lastverteilung)**
  analog zu *Adaptive Load Balancing*
- **Balance-TCP**
  analog zu *IEEE 802.3ad – dynamische Link Aggregation*
- **Aktiver Modus/Sicherungsmodus**
  analog zu *Aktiv/Standby*

Konfiguration

Jetzt wo Sie wissen, welche Möglichkeiten bestehen, widmen wir uns der Konfiguration auf der DiskStation. In SYSTEMSTEUERUNG • NETZWERK können Sie über den Button BEARBEITEN mit dem Punkt BOND ERSTELLEN den Einrichtungsassistenten starten (siehe Abbildung 12.3).

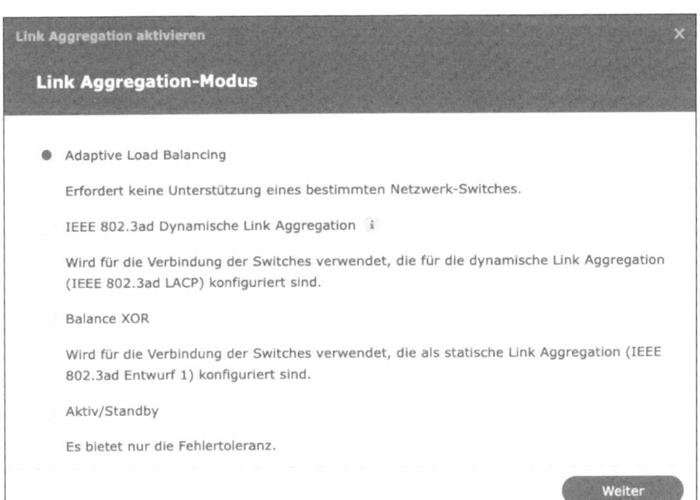

Abbildung 12.3 Einrichtung der »Link Aggregation«

Wenn Sie den passenden Modus ausgewählt haben, fahren Sie mit einem Klick auf WEITER fort. Nun öffnet sich die Auswahl der Netzwerkschnittstellen, und je nach Modell haben Sie mehr oder weniger Netzwerkschnittstellen zur Auswahl. Im Beispiel aus Abbildung 12.4 verwenden wir eine RackStation 818 mit insgesamt vier Netzwerkschnittstellen. Wie Sie sehen, sind bereits zwei davon aktiviert und mit einem 1-Gigabit-Switch verbunden.

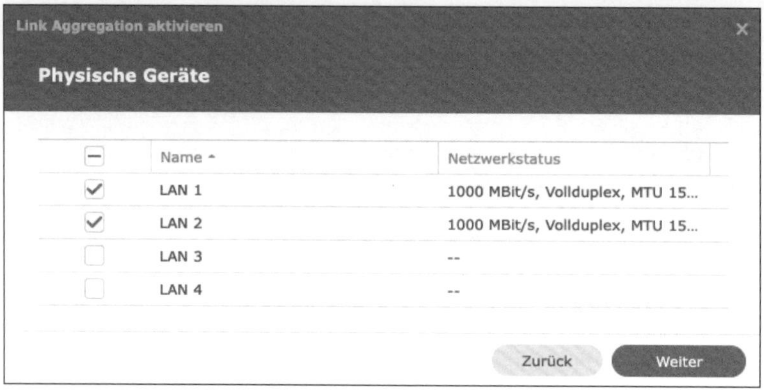

Abbildung 12.4 Auswahl der Netzwerkschnittstellen

Über die Schaltfläche WEITER gelangen Sie zur obligatorischen Netzwerkkonfiguration. Diese unterscheidet sich nicht von einer Konfiguration auf einer einfachen Netzwerkschnittstelle.

Über die Schaltfläche FERTIG schließen Sie die Konfiguration ab. Je nachdem, welche Konfiguration Sie vorgenommen haben, erhalten Sie jetzt noch einen oder mehrere Hinweise (z. B. dass DHCP und Firewall-Regeln angepasst oder verändert werden).

Während der Konfiguration ist Ihre DiskStation kurz nicht erreichbar. Falls das System nach ein paar Augenblicken nicht von allein wieder antwortet, sollten Sie zunächst Ihre Switch-Konfiguration prüfen. Wenn alles nichts hilft, bleibt Ihnen dann nur übrig, doch den Hinweis aus Abbildung 12.2 zu befolgen und das System hart zurückzusetzen – der Tipp hilft nämlich auch bei fehlerhaften Bond-Konfigurationen.

Nach erfolgreicher Konfiguration des Bonds sind die vorher in der Übersicht der Netzwerkschnittstellen noch vorhandenen Netzwerkschnittstellen verschwunden (im Beispiel aus Abbildung 12.4: LAN 1 und LAN 2). Dafür ist jetzt die Netzwerkschnittstelle Bond 1 vorhanden (siehe Abbildung 12.5).

Das Symbol von Bond 1 verdeutlicht den Zusammenschluss mehrerer Netzwerkschnittstellen. Wenn Sie auf den Pfeil nach unten auf der rechten Seite der Zeile von Bond 1 klicken, dann erhalten Sie eine Übersicht mit den wichtigsten Details zum Bond (siehe Abbildung 12.6).

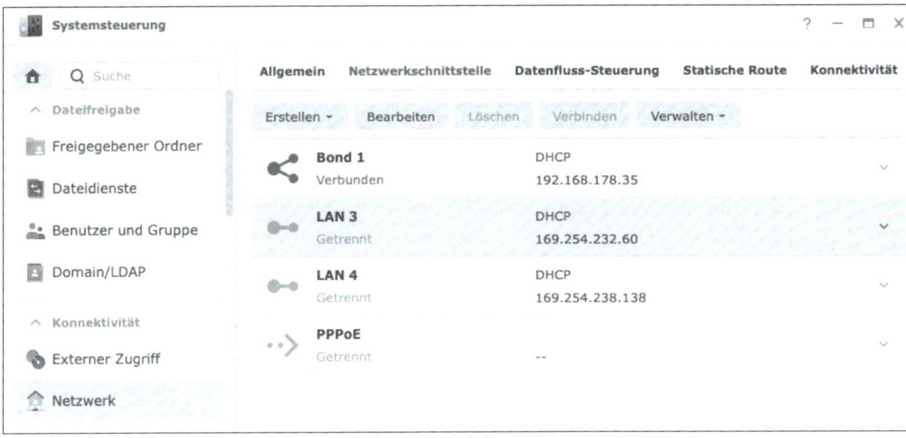

Abbildung 12.5 Übersicht der Netzwerkschnittstellen, jetzt mit »Bond 1«

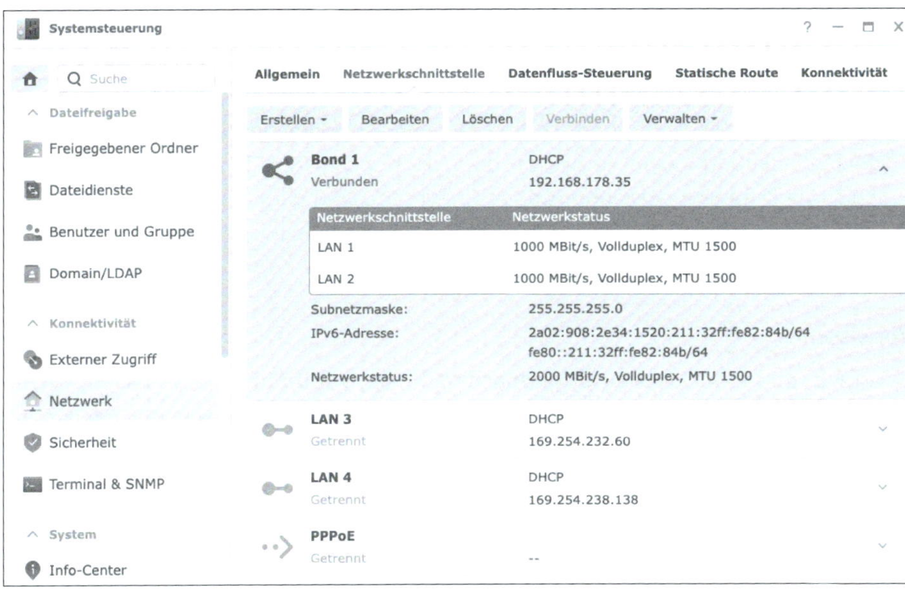

Abbildung 12.6 Detailübersicht zu »Bond 1«

Auflösen eines Bonds

Falls Sie die Konfiguration wieder rückgängig machen oder ein neues Bond mit anderen Netzwerkschnittstellen einrichten wollen, dann müssen Sie zunächst das alte Bond wieder auflösen.

Öffnen Sie dafür zunächst die SYSTEMSTEUERUNG • NETZWERK, wählen Sie das entsprechende Bond aus, und klicken Sie dann auf LÖSCHEN. Anschließend werden Sie darauf hingewiesen, dass diese Aktion z. B. die auf der Netzwerkschnittstelle laufenden Dienste beendet und Firewall-Regeln und PPPoE-Verbindungen deaktiviert.

Aber keine Sorge – auch wenn Sie natürlich immer die zuvor genannten Punkte bei Anpassungen an Netzwerkschnittstellen kontrollieren sollten –, Ihre DiskStation wird nach dem Löschen nach kurzer Zeit wieder erreichbar sein. Anschließend stehen Ihnen die einzelnen Netzwerkschnittstellen wieder zur individuellen Konfiguration zur Verfügung.

12.2.3 Datenfluss-Steuerung

Mit der Datenfluss-Steuerung können Sie die Bandbreite von Diensten Ihrer DiskStation reglementieren. Dies ist vor allem dann sinnvoll, wenn Sie mehrere Dienste anbieten und ein Dienst (oder ein Nutzer) allein nicht die gesamte Bandbreite belegen soll. In diesem Abschnitt zeigen wir Ihnen, wie Sie den Bandbreitenhunger Ihrer Anwendungen oder Anwender sicher bändigen können.

Die Datenfluss-Steuerung gilt nur für ausgehenden Datenverkehr!

Bitte beachten Sie, dass die Datenfluss-Steuerung nur den ausgehenden Datenverkehr reglementiert. Wenn Sie also z. B. bei den Datendiensten FTP aktiviert haben und dafür eine Datenfluss-Steuerungsregel einrichten, dann wird damit nur der Upload auf Ihre DiskStation geregelt, nicht aber der Download von Ihrer DiskStation!

Vorwissen

Bevor wir uns an die Konfiguration machen, wollen wir Ihnen noch ein paar Begriffe näher vorstellen, zwischen denen Sie unterscheiden müssen, damit Sie auch wissen, was Sie konfigurieren müssen, um das gewünschte Ergebnis zu erreichen:

- **Bandbreite**

  Die Bandbreite stellt die Kapazität einer Netzwerkverbindung dar, also welche Datenmenge pro Zeiteinheit übertragen werden kann. Sie wird üblicherweise in Kilobit pro Sekunde (kbit/s), Megabit pro Sekunde (Mbit/s) oder Gigabit pro Sekunde (Gbit/s) angegeben.

- **Garantierte Bandbreite**

  Damit geben Sie an, wie viel ausgehende Bandbreite Sie einem Dienst zusichern möchten. Die Summe der Garantien darf 100 % nicht überschreiten.

- **Maximale Bandbreite**

  Gibt die Höchstgrenze der zugesicherten ausgehenden Bandbreite an.

- **Port**

  Jede Netzwerkverbindung besteht aus einem Quell- und einem Ziel-Port. Meist ist der Ziel-Port bekannt, z. B. `TCP 443` bei HTTPS oder `UDP 53` bei DNS. Der Quell-Port wird dynamisch ausgehandelt.

- **Cleanup/Catch All**

  Die Cleanup- oder Catch-All-Regel ist normalerweise die letzte Regel eines Regelwerks. Sie fängt alles ein, was durch die Definition der vorherigen Regel nicht abgedeckt wurde. Daher rührt auch ihr Name *Catch All* (engl. für »alles fangen«) oder *Cleanup Rule* (engl. für »Aufräumregel«). Regelwerke sollten immer mit einer solchen Regel abgeschlossen werden, um unerwartete Ergebnisse zu vermeiden.

Abschließend möchten wir Sie noch darauf hinweisen, dass Sie leider selbst rechnen müssen: Ihre DiskStation akzeptiert fast alle Konfigurationen, die Sie ihr vorsetzen, auch wenn diese keinen Sinn ergeben. Lediglich eine einfache Plausibilitätsprüfung verhindert, dass Sie einen höheren Wert garantieren, als Sie maximal zulassen möchten, oder dass Sie mehr als 1.250.000 kbit/s pro Regel als maximale Bandbreite vergeben. Bei komplexeren Regeln liegt es an Ihnen, eine Überprovisionierung der Bandbreite zu vermeiden.

Konfiguration

Öffnen Sie für die Konfiguration SYSTEMSTEUERUNG • NETZWERK und dort das Menü DATENFLUSS-STEUERUNG. Dort werden Ihnen bereits vorhandene Regeln als Übersicht dargestellt. Standardmäßig sind keine vorhanden.

Über das Auswahlfeld ganz rechts können Sie die Netzwerkschnittstelle auswählen. Über den Button ERSTELLEN fügen Sie neue Regeln hinzu. Jede Regel besteht dabei aus zwei Elementen:

- **Ports**

  Hierüber legen Sie fest, für welche Kommunikation die Datenfluss-Steuerung greifen soll. Dabei haben Sie drei Möglichkeiten zur Auswahl (siehe Abbildung 12.7):

  - *Alle*: Sämtliche Kommunikation (gut für Cleanup-Regeln)
  - *Aus einer Liste integrierter Anwendungen auswählen*: Hier können Sie einfach die betreffende Anwendung auswählen.
  - *Benutzerdefiniert*: Nutzen Sie diese Option, wenn Sie z. B. Dienste über Docker betreiben und deren Kommunikation regulieren möchten.

- **Bandbreiteneinstellung**

  Hier legen Sie die garantierte und maximale Bandbreite in kbit/s fest. Wenn Sie bei MAXIMALE BANDBREITE »0« angeben, interpretiert Ihre DiskStation das als »unbegrenzt«.

> **Sprachliche Ungenauigkeit**
>
> Leider hat Synology einen kleinen Bock geschossen: In der Port-Konfiguration müssen Sie unter BENUTZERDEFINIERT den Typ wählen. Dabei haben Sie die Auswahl zwischen QUELLPORT und PORT DES ZIELORDNERS. Mit der zweiten Option meint Synology eigentlich den *Zielport*!

Im Beispiel aus Abbildung 12.7 haben wir die Bandbreite für den FTP-Dienst auf 64 und 128 KB/s reglementiert, damit die Nutzer dieser DiskStation auch in den Genuss des Highspeed-Internets Ende der 90er-Jahre kommen. Die Älteren unter Ihnen werden sich sicherlich noch an das berauschende Gefühl des Surfens via ISDN erinnern.

Abbildung 12.7 Beschränkung auf ISDN-Geschwindigkeit

Nach dem Klick auf den OK-Button wird die Regel zunächst in der Übersicht dargestellt (siehe Abbildung 12.8).

Abbildung 12.8 Übersicht der Regeln – im Beispiel nur für FTP

Erst nach einem Klick auf ÜBERNEHMEN wird die Konfiguration auch angewandt. In Abbildung 12.9 sehen Sie die Übertragung einer Bilddatei via FTP mit *FileZilla*.

Übersicht

Um eine Übersicht des Routings zu bekommen, öffnen Sie das Menü SYSTEMSTEUERUNG • NETZWERK • STATISCHE ROUTE. Hier werden alle konfigurierten statischen Routen dargestellt. Über den Button IP-ROUTINGTABELLE können Sie sich auch die Routingtabellen der einzelnen aktiven Netzwerkschnittstellen, die statischen Routen und die Haupttabelle anzeigen lassen. Dies ist vor allem hilfreich, wenn Sie mit sehr vielen Schnittstellen, Netzwerken und Routingeinträgen arbeiten, da Sie so sehr leicht Ordnung ins (Zuordnungs-)Chaos bringen können.

Anlegen

Über den Button ERSTELLEN können Sie neue statische Routen anlegen. Dafür öffnet sich das Fenster aus Abbildung 12.10.

Abbildung 12.10 Tragen Sie eine neue statische Route ein.

Wie üblich müssen Sie sowohl das NETZWERKZIEL (im Beispiel `172.31.1.0`), die entsprechende NETZWERKMASKE (im Beispiel `255.255.240.0`), das GATEWAY (im Beispiel `192.168.178.11`) und die SCHNITTSTELLE (im Beispiel `LAN 1`) angeben, damit die Route erstellt werden kann.

Löschen

Um eine Route zu löschen, müssen Sie diese (oder auch mehrere gleichzeitig) in der Übersicht auswählen. Sobald Routen ausgewählt wurden, wird der Button LÖSCHEN aktiv. Klicken Sie auf ihn, werden die ausgewählten Routen aus der Übersicht gelöscht. Allerdings müssen Sie anschließend noch auf ÜBERNEHMEN klicken, damit Ihre Konfigurationsanpassung auch umgesetzt wird.

Kapitel 13
Verzeichnisdienste

Ein Verzeichnisdienst bringt viele Vorteile, verursacht aber manchmal auch graue Haare. In diesem Kapitel zeigen wir Ihnen, wie Sie ihn unter Kontrolle bringen. Sie finden hier etwas Theorie, das Thema LDAP und Active-Directory jeweils als Server und Client und erfahren, was es mit diesem magischen »Single Sign-on« auf sich hat.

Ein Verzeichnisdienst beruht prinzipiell darauf, dass Daten strukturiert in einem Baum ablegt werden, damit man schnell auf sie zugreifen kann. Das geschieht ungefähr so wie in einer Art von verschachtelter Datenbank – und das ist im Endeffekt LDAP, das *Lightweight Directory Access Protocol*, auf dem auch das *Active Directory* (AD) von Microsoft beruht.

Neben dem Dienst und der Datenstruktur wird in der LDAP-Spezifikation auch ein Übertragungsprotokoll beschrieben. In diesem Kapitel zeigen wir Ihnen dazu, wie Sie den *LDAP-Server* und den *Synology Directory Server* (also ein AD) auf Ihrer DiskStation installieren, konfigurieren und betreiben. Außerdem widmen wir uns der grauen Theorie, die leider unerlässlich ist. Zusätzlich zeigen wir Ihnen noch, wie Sie Ihre DiskStation in einen vorhandenen Verzeichnisdienst einbinden können und warum *Single Sign-on* ein Quell steter Freude seien kann. Also ab auf den Baum!

13.1 Die graue Theorie

Bevor wir uns ins Abenteuer stürzen, müssen Sie leider einen theoretischen Exkurs über sich ergehen lassen. Da LDAP äußerst komplex ist, reagiert man beim Einstieg oft verschreckt und sieht den Wald vor lauter Bäumen nicht. Wir nehmen uns die Zeit, Ihnen kurz einen Einblick in den Aufbau, die Logik und die Einsatzmöglichkeiten zu geben, damit Ihr Baum von Beginn an die richtige Wuchsrichtung bekommt.

13.1.1 Herkunft

LDAP basiert auf dem *Directory Access Protocol* (DAP) und wurde 1993 von der Universität Michigan erstmals als vereinfachte (»Lightweight«) Version umgesetzt. DAP wiederum ist ein Teil von *X.500*, das eine vollständige Implementierung des umfangreichen ISO/OSI-Stacks verlangt, was die Umsetzung schwierig machte. Daher begann die Erfolgsgeschichte von LDAP: Als abgespeckte Variante von DAP setzt es auf den TCP/IP-Stack auf und ließ sich dadurch auch auf Arbeitsplatzrechnern der frühen Neunzigerjahre betreiben.

13.1.2 Die Funktionsweise (X.500)

Die Datenstruktur von LDAP ist nach dem Vorbild eines Baums angelegt. Darin sind entsprechend Wurzeln, Zweige und Blätter enthalten. Zusammen wird dies auch als *Directory Information Tree* oder kurz *DIT* bezeichnet. Abbildung 13.1 zeigt einen typischen LDAP-Baum, bei dem von der Wurzel (*root*) aus die Datenstruktur über Zweige (*branches*) hin zu den Blättern (*leaves*) verläuft.

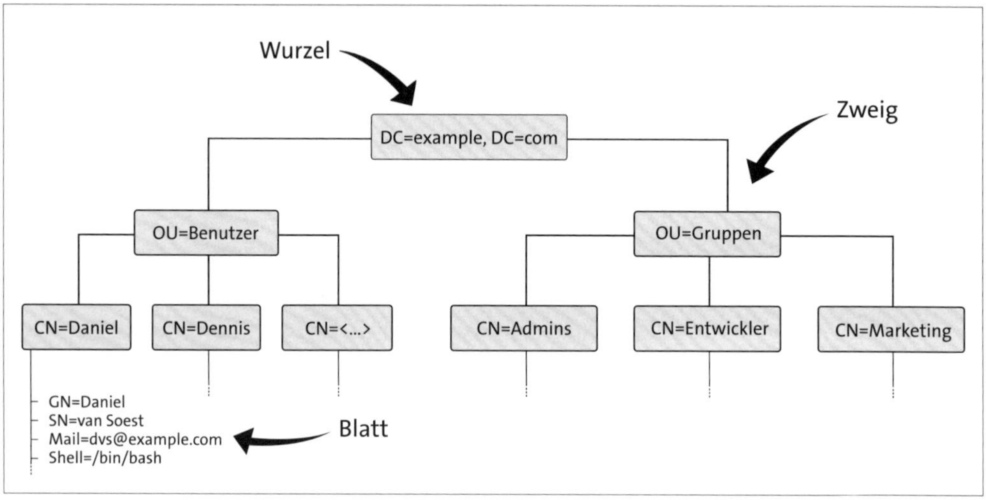

Abbildung 13.1 Ein typischer LDAP-Baum

Die Objekte in einem Baum können gezielt angesprochen werden. Ebenso können einzelne Zweige durchsucht werden. Dabei bestehen die Objekte immer aus zwei Werten: zum einen aus der Typbezeichnung und zum anderen aus dem Wert. So ist es möglich, mehrere Objekte gleichen Typs auseinanderzuhalten.

Um ein Objekt direkt anzusprechen, wird der *Distinguished Name* (DN) verwendet. Diese Schreibweise, die in Listing 13.1 dargestellt ist, wird Ihnen sicherlich bekannt vorkommen, wenn Sie schon einmal in die professionelle Systemadministration hineinschnuppern durften.

```
cn=Daniel,ou=Benutzer,o=Example,dc=com
```

Listing 13.1 Distinguished Name (DN)

Beim DN wird von der Wurzel bis zum Endpunkt, das heißt von rechts nach links, gelesen. Im Beispiel aus Listing 13.1 sprechen wir das Wurzel-Objekt `com` aus der Organisation `Example` in der Organisationseinheit `Benutzer` mit dem Namen `Daniel` an. Dabei werden die einzelnen Punkte immer als Wertepaar angegeben, das aus dem Typ und dem Wert besteht. Daher bedeutet `o` Organisation, die gleich dem Wert `Example` gesetzt wird.

Neben der Baumstruktur zur Datenablage werden in LDAP Schemata eingesetzt, damit die Datenablage nicht willkürlich geschieht. Ein *Schema* stellt eine bestimmte, genormte und gegebenenfalls erweiterte Struktur dar. Es beschreibt, welche Art von Daten erfasst werden können, wie diese abgelegt werden und welche Werte zwingend vorhanden sein müssen bzw. welche optional sind. Das Schema stellt also die Spielregeln auf.

In einem Schema werden *Klassen* erzeugt. Es gibt drei Arten von Klassen, die ihre Vorgaben an die Objekte vererben. Zum einen existieren strukturelle Klassen, die die Spielregeln vorgeben. Daneben existieren Hilfsklassen, die dazu genutzt werden, verschiedenartigen Objekten gleiche Attribute zuzuweisen. Abschließend gibt es noch abstrakte Basisklassen, von denen keine Objekte, sondern nur untergeordnete Basisklassen erzeugt werden können.

13.1.3 Einsatzgebiete

Ein LDAP-Baum hat viele Einsatzmöglichkeiten. Die wohl bekannteste ist die zentrale Ablage von Benutzerdaten. Hierzu zählen zum einen die Anmeldedaten (Benutzername und Passwort), aber auch Rechteinformationen, Gruppenzugehörigkeiten, Pfadangaben des Home-Verzeichnisses oder Adress-, Telefon- und E-Mail-Daten oder sogar ein Foto.

Windows Active Directory – ebenfalls eine DAP-Implementierung

Eine der bekanntesten *DAP*-Implementierungen ist das von Windows eingesetzte *Active Directory*. In ihm wird wie beim LDAP eine Baumstruktur mit Attributen und Klassen genutzt, um (in diesem Fall) Benutzerinformationen strukturiert abzulegen. Wie Sie ein AD auf Ihrer DiskStation ausführen können, zeigen wir in Abschnitt 13.3.

Zur Anmeldung bieten viele verschiedene Dienste LDAP-Schnittstellen an. Neben dem Vorteil der strukturierten Datenablage kommt hier der Vorteil zum Tragen, dass sich die Benutzer nur eine Kombination aus Benutzername und Passwort für viele unterschiedliche Dienste merken müssen.

Die Kür stellt dabei das sogenannte *Single Sign-on* (SSO) dar. Dabei authentifiziert sich der Nutzer nur einmal und alle weiteren Authentifizierungen werden (von ihm unbemerkt) im Hintergrund durchgeführt.

13.1.4 Zusammenfassung

In einem LDAP-Baum werden Daten strukturiert abgelegt. Datenstrukturen werden als Objekte bezeichnet. Je nach ihrer Position im LDAP-Baum werden diese Objekte als *root* (Wurzel), *branch* (Zweig) oder *leaf* (Blatt) bezeichnet. Daten, die ein Objekt besitzt, werden als *Attribute* bezeichnet. Welche Attribute ein Objekt besitzt, wird durch die Klassen vorgegeben, die ihm zugeordnet sind. Diese Klassen wiederum stammen aus einem Schema, das die Inhalte der Klasse beschreibt. Alles zusammen wird als *DIT* bezeichnet.

Die Vorüberlegung ist extrem wichtig. Daher empfehlen wir Ihnen, den folgenden Abschnitt zunächst als Beispiel durchzuarbeiten und erst anschließend die Skizze Ihres eigenen LDAP-Baums zu entwerfen.

Alle bisherigen Aussagen gelten sowohl für einen LDAP-Dienst als auch für ein AD. Ab jetzt trennen sich aber die Wege: In den folgenden Abschnitten werden wir Ihnen in Abschnitt 13.2 zunächst den Betrieb eines eigenen LDAP mit dem Paket *LDAP Server* vorstellen und anschließend in Abschnitt 13.3 den Betrieb eines AD mit *Synology Directory Server*.

Jetzt, da Sie wissen, wovon wir sprechen, kommt ein weiterer essenzieller Teil: die Vorüberlegung. Bei einem Verzeichnisdienst ist es besonders wichtig, dass der Grundstein korrekt gelegt wird. Wächst Ihr Baum erst einmal in die falsche Richtung, wird es nämlich sehr mühsam, ihn zu korrigieren.

Nehmen Sie sich daher die Zeit, vorab genau zu überlegen, was Sie mit Ihrem Baum abbilden wollen oder welche Anforderungen in Zukunft eventuell auf Sie zukommen. Einige Aspekte können Sie zwar im Nachhinein noch einpflegen, aber strukturelle Fehler können Sie nicht mehr ausbügeln.

13.2 LDAP Server

Das Paket *LDAP Server* stellt eine einfache Implementierung eines LDAP bereit. Im Wesentlichen können Sie dort exakt für den Anwendungszweck der Benutzer- und Gruppenverwaltung zugeschnittene Konfigurationen vornehmen. Falls Sie gehofft haben, damit auch exotische Konfigurationen abbilden zu können, dann müssen wir Sie an dieser Stelle enttäuschen.

Allerdings hat dies auch ein paar Vorteile. So können Sie zum einen mit zwei DiskStations sehr schnell einen ausfallsicheren Dienst erstellen – dank der Replikation von LDAP. Zum anderen wird durch den hohen Standardisierungsgrad viel Fehlerpotenzial eliminiert.

> **OpenLDAP im Container**
>
> Im Übrigen können Sie natürlich auch einen eigenen *OpenLDAP Server* mit allen Möglichkeiten in einem Docker-Container betreiben. Wie das grundsätzlich geht, haben wir Ihnen ausführlich in Abschnitt 10.2, »Docker mit »Container Manager««, erläutert.

13.2.1 Installation

Installieren Sie zunächst wie üblich das Paket *LDAP Server* über das Paket-Zentrum. Anschließend finden Sie die gleichnamige Anwendung im Hauptmenü. Standardmäßig ist der Server direkt nach der Installation nicht gestartet – daher sollte das Fenster Ihres LDAP-Servers so aussehen wie in Abbildung 13.2.

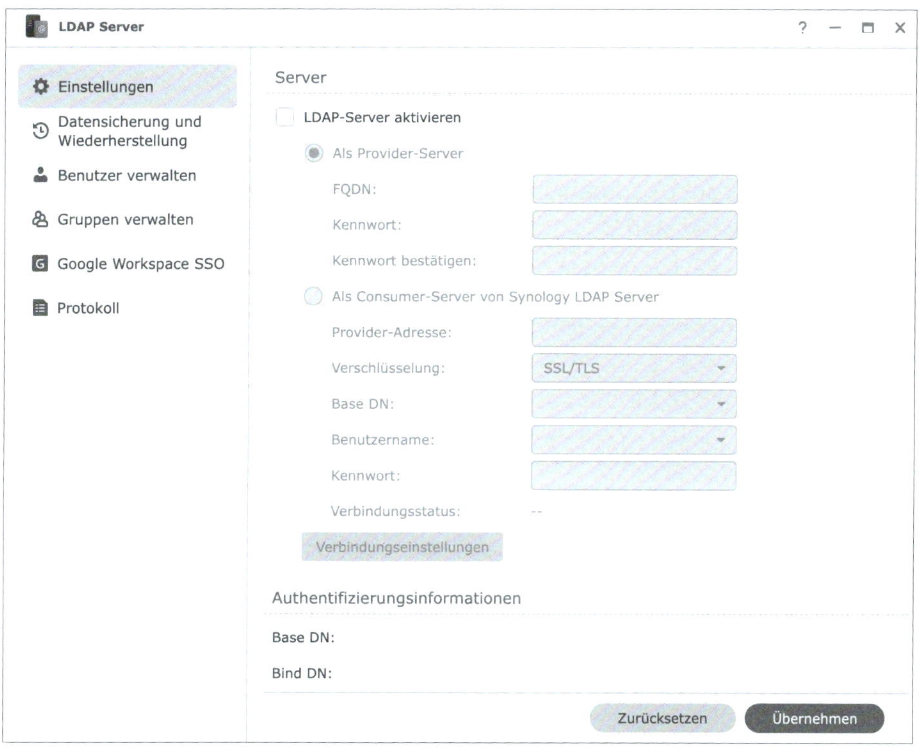

Abbildung 13.2 Das Paket »LDAP Server« direkt nach der Installation

Wenn Sie den Haken bei LDAP-SERVER AKTIVIEREN setzen, müssen Sie direkt die erste wichtige Entscheidung treffen: *Provider* oder *Consumer*? Bei einem *Provider* handelt es sich um einen Master-Server – er ist der Chef im Ring. Ein *Consumer* hingegen repliziert seine Konfiguration von einem *Provider*. Da wir einen eigenständigen LDAP-Server aufsetzen wollen, wählen Sie hier ALS PROVIDER-SERVER aus. Und schon steht die nächste wichtige Entscheidung an: der FQDN!

Der *Fully Qualified Domain Name* ist nicht nur im DNS-Bereich sehr wichtig, sondern auch für Ihren LDAP-Baum. Er bestimmt nämlich die Basis, den sogenannten BASE DN (*Distinguished Name*). Er ist also die Wurzel Ihres Baums. Daher wählen wir für unser Beispiel `example.com` (siehe Abbildung 13.1).

Das KENNWORT wird dem administrativen Benutzer zugewiesen. Dieser wird bei jeder Erstellung eines Baums mit erzeugt. Er ist der erste und oberste Benutzer im Baum und er ist mit allen Rechten ausgestattet. Wählen Sie daher ein sicheres Kennwort. In der Synology-Welt wird der administrative Benutzer stets als `root` in der Gruppe `users` unterhalb vom *Base DN* erzeugt. Listing 13.2 zeigt den Root-Nutzer aus unserem bisherigen Beispiel:

```
uid=root,cn=users,dc=example,dc=com
```

Listing 13.2 DN des Root-Nutzers

Nach einem Klick auf ÜBERNEHMEN wird der Baum erzeugt und der Dienst neu gestartet. Anschließend sind die Authentifizierungsinformationen gefüllt, wie Abbildung 13.3 zeigt.

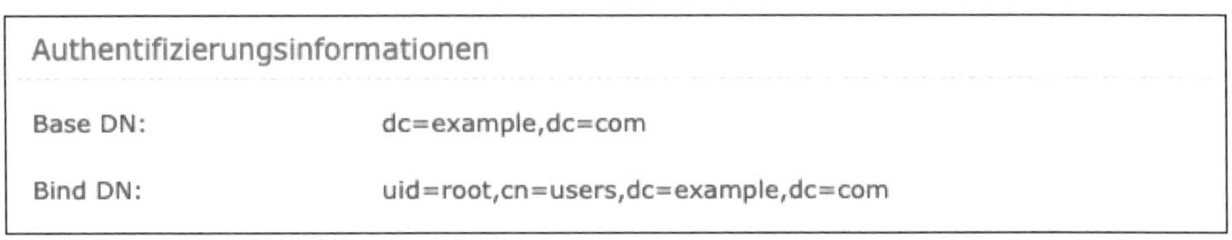

Abbildung 13.3 Ausgefüllte »Authentifizierungsinformationen«

Also ist alles genau so, wie wir es erwartet haben. Da Ihr LDAP-Server nun läuft, können Sie jetzt über die Menüpunkte BENUTZER VERWALTEN und GRUPPEN VERWALTEN (siehe Abbildung 13.2) Konfigurationen vornehmen.

13.2.2 Benutzer verwalten

Im Menü BENUTZER VERWALTEN legen Sie nicht nur neue Benutzer an oder verwalten vorhandene, sondern es beherbergt auch eine Vielzahl an Konfigurationsoptionen. Wir schauen uns zunächst die Konfigurationsmöglichkeiten an, bevor wir auf die Erstellung von Benutzern eingehen, da diese einen nicht unerheblichen Einfluss darauf haben, wie und mit welchen Attributen Sie Benutzer erstellen können.

Erweitert

Im Reiter ERWEITERT werden zwei große Themengebiete konfiguriert:

- Allgemein
- Kennwortablauf

Unter ALLGEMEIN können Sie festlegen, ob durch Administratoren zurückgesetzte Kennwörter automatisch eine Kennwortänderung durch den Benutzer auslösen und welche Kennwortrichtlinien gelten (siehe Abbildung 13.4).

Abbildung 13.4 Benutzerverwaltung – Abschnitt »Allgemein«

Im Abschnitt KENNWORTABLAUF können Sie festlegen, ob die Kennwörter Ihrer Benutzer ablaufen und, wenn ja, dann zu welchen Bedingungen, ob Benutzer vorab informiert werden (bei der Anmeldung oder via E-Mail) und ob Benutzer nach Ablauf ihr Kennwort noch ändern dürfen (siehe Abbildung 13.5). Wählen Sie die Optionen je nach Ihrem Sicherheitsbedürfnis.

Tipp: Besser länger als komplex!

In den letzten Jahren hat bei den Best Practices der Kennwortverwaltung ein Umdenken stattgefunden. Früher wurde den Benutzern eingetrichtert, dass sie möglichst komplexe Kennwörter benötigen und dass sie diese regelmäßig tauschen sollten. Der neue Ansatz lautet: Lieber längere, dafür weniger komplexe Kennwörter verwenden und – ganz wichtig – niemals Kennwörter mehrfach für unterschiedliche Dienste verwenden!

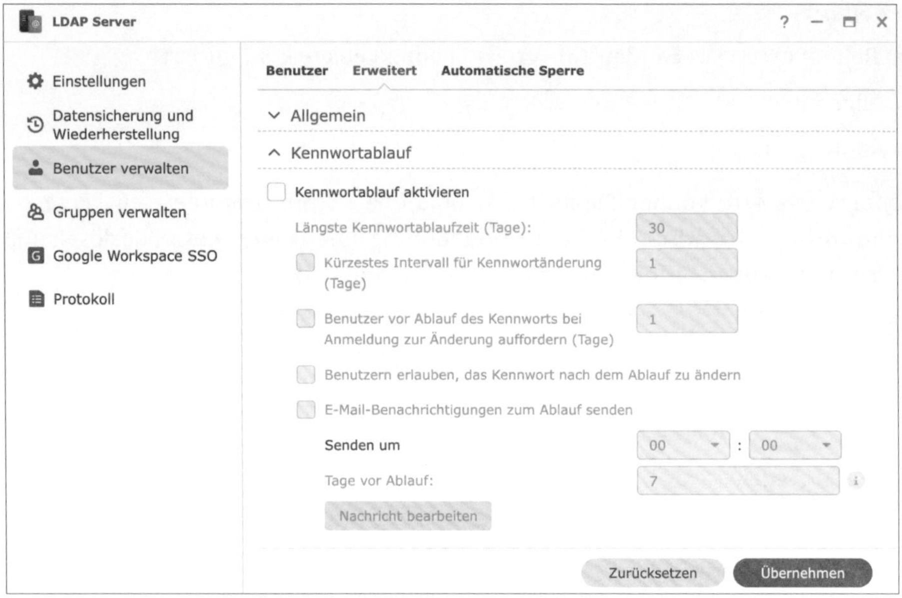

Abbildung 13.5 Benutzerverwaltung – Abschnitt »Kennwortverlauf«

Automatische Sperre

Wie der Name schon verrät, wird in diesem Reiter der Automatismus zur Sperrung nach zu vielen Fehlversuchen konfiguriert. Zusätzlich können Sie hier festlegen, ob die Sperrung automatisch nach einer Zeitangabe aufgehoben werden soll. Wir empfehlen Ihnen ausdrücklich, diesen Mechanismus zu aktivieren. Nichts bremst eine *Brute-Force-Attacke* effektiver aus, bei der einfach mit *roher Gewalt* so lange Kennwörter durchprobiert werden, bis ein schwaches, kurzes Passwort gefunden ist.

Benutzer erstellen

Einen neuen Benutzer erstellen Sie denkbar einfach: Nach einem Klick auf Erstellen oder Benutzer erstellen (wenn Sie das Menü über den Pfeil aufklappen) öffnet sich der Assistent Benutzererstellung aus Abbildung 13.6.

Über die Auswahlpunkte können Sie festlegen, ob der neue Benutzer direkt nach dem Anlegen benachrichtigt werden soll (mit oder ohne Kennwort), ob der Benutzer sein Kennwort nicht selbst ändern darf und ob das Konto deaktiviert ist oder zu einem bestimmten Zeitpunkt deaktiviert werden soll.

Nach einem Klick auf Weiter gelangen Sie zur Gruppenauswahl für den neuen Benutzer (siehe Abbildung 13.7).

Standardmäßig ist nur die Gruppe users ausgewählt, was dem LDAP-Standard entspricht. Demnach werden alle Nutzer in einer »übergeordneten« Gruppe erstellt und anschließend den weiteren Gruppen zugeordnet.

Abbildung 13.6 Einen neuen Benutzer im LDAP anlegen

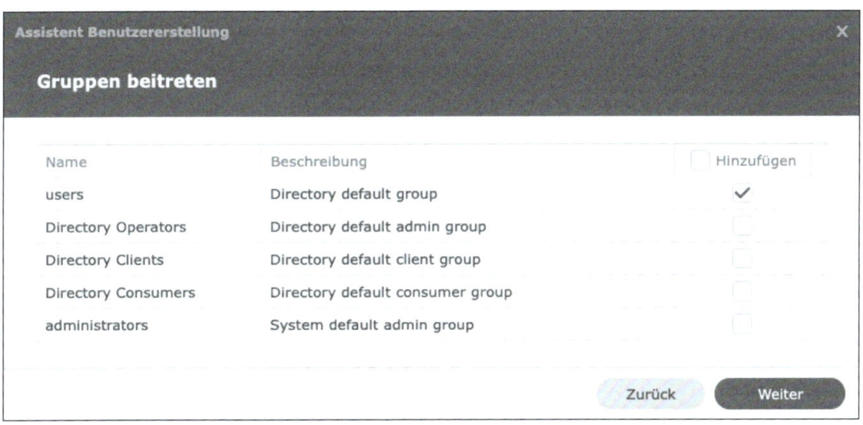

Abbildung 13.7 Auswahl der Gruppen für den neuen Benutzer

Im nächsten Fenster können Sie noch weitere Attribute für den Benutzer vergeben, so wie in Abbildung 13.8 dargestellt. Dies sorgt dafür, dass Benutzer besser verwaltet werden können.

Im letzten Fenster des Assistenten erhalten Sie eine Übersicht aller eingegebenen Werte. Mit einem Klick auf FERTIG wird der Assistent abgeschlossen und der Benutzer angelegt.

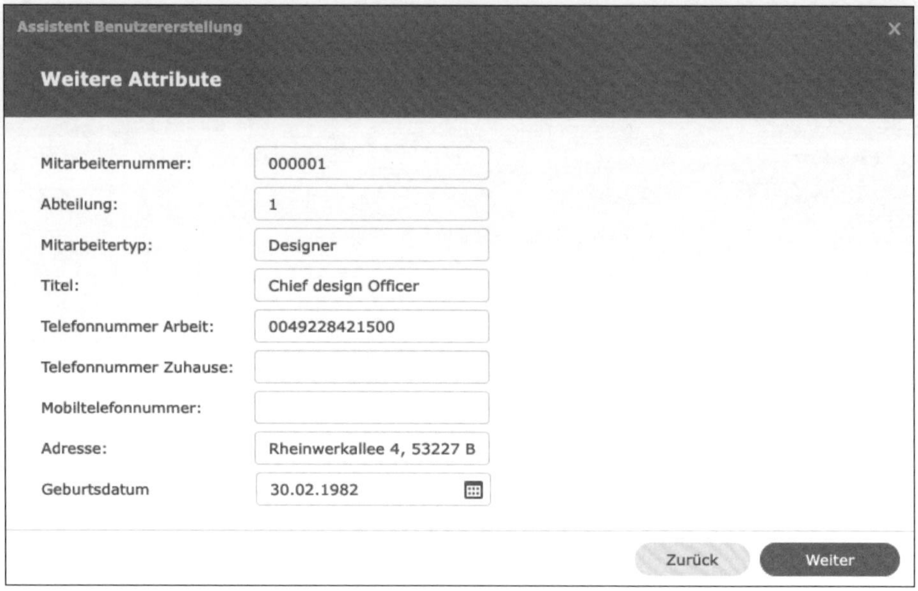

Abbildung 13.8 Weitere Attribute für den neuen Benutzer

Benutzer importieren

Wenn Sie für eine größere Infrastruktur zahlreiche Konten brauchen, ist es natürlich fehleranfällig und umständlich, sich zigmal durch die Menüs zu klicken. Der *LDAP Server* bietet Ihnen daher die Möglichkeit, viele Benutzer auf einmal anzulegen. Dafür müssen Sie ihm die Benutzer nur in Form einer *CSV*-Datei bereitstellen. In diesem Format wird ein Benutzer pro Zeile angelegt. Die unterschiedlichen Werte müssen durch ein Trennzeichen separiert werden. Das Trennzeichen kann das namensgebende Komma sein, ein Semikolon oder aber ein Tab-Zeichen. Welche Trennzeichen Ihre CSV-Datei verwendet, müssen Sie vorab über die Auswahl TRENNZEICHEN bekannt machen (siehe Abbildung 13.9), damit der Importprozess auch funktioniert.

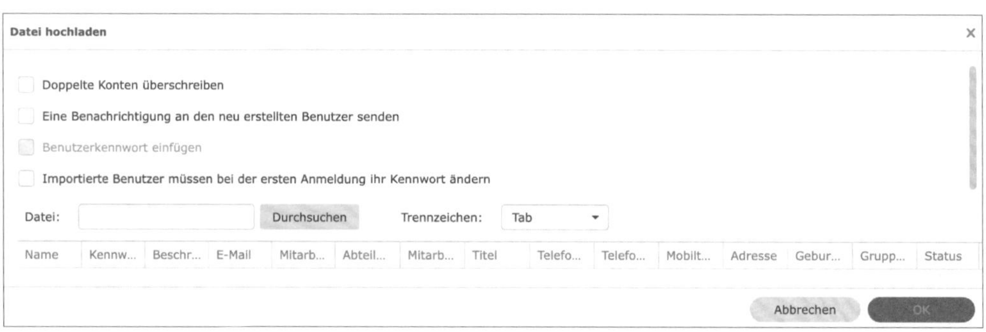

Abbildung 13.9 Upload für den Benutzerimport

Da über diesen Mechanismus auch die Kennwörter eingerichtet werden, sollten Sie immer den Haken bei IMPORTIERTE BENUTZER MÜSSEN BEI DER ERSTEN ANMELDUNG IHR KENNWORT ÄNDERN setzen.

Abschließend sind wir Ihnen noch den Aufbau der CSV-Datei schuldig. Dieser ergibt sich aus der Tabelle aus Abbildung 13.9 und enthält folgende Felder:

1. Name
2. Kennwort
3. Beschreibung
4. E-Mail
5. Mitarbeiternummer
6. Abteilung
7. Mitarbeitertyp
8. Titel
9. Telefonnummer Arbeit
10. Telefonnummer Zuhause
11. Mobiltelefonnummer
12. Adresse
13. Geburtsdatum
    (Format: `YYYY/MM/TT`, z. B. `2019/10/13` für den 13.10.2019)
14. Gruppenname

Bitte beachten Sie zusätzlich noch folgende Format- und Syntaxvorgaben:

- Das Dateiformat muss UTF-8 sein.
- Leere Felder müssen trotzdem angegeben werden, d. h., dass jede Zeile 13 Trennzeichen enthalten muss.
- Felder mit Telefonnummern sind auf 32 Zeichen beschränkt und dürfen nur Zahlen (`0-9`), Gedankenstriche (`-`), Pluszeichen (`+`) und Klammern enthalten.
- Mehrere Gruppen müssen durch Kommas getrennt und als Ganzes in doppelten geraden Anführungszeichen (") angegeben werden, z. B. als `"VPN,Backup,Proxy"`.
- Das Trennzeichen muss im Text maskiert werden, indem das gesamte Feld (analog zu Gruppen) mit geraden Anführungszeichen (") umschlossen wird.

Listing 13.3 zeigt ein einfaches Beispiel:

```
Jerry Maus;KäseKuchen.;CEO;jerry@example.com;2;2;Leitung;;;;;;;
Tom Katze;"Tasse;Milch";CTO;tom@example.com;3;4.1;Technik;;;;;;;
Tweety Bird;GroßKnödel;CVO;tweety@example.com;4;5;Marketing;;;;;;;
```

Listing 13.3 Beispiel-CSV-Datei für den Benutzerimport

Wie Sie sehen, besteht die CSV-Datei aus Listing 13.3 aus drei Benutzern (`Jerry`, `Tom` und `Tweety`). Für die Benutzer wurden nur bei den ersten sieben Feldern Werte hinterlegt. Eine Besonderheit ist das Kennwort von `Tom`: Da es das Trennzeichen (Semikolon) beinhaltet, muss es mit geraden Anführungszeichen umschlossen werden.

Speichern Sie den Inhalt aus Listing 13.3 in die Datei *ldap_users.csv*. Wählen Sie im Fenster aus Abbildung 13.9 als Trennzeichen SEMIKOLON aus, und wählen Sie die Datei über DURSUCHEN aus. Dann sollten Sie das gleiche Ergebnis erhalten wie in Abbildung 13.10. Mit einem Klick auf OK wird der Importprozess gestartet.

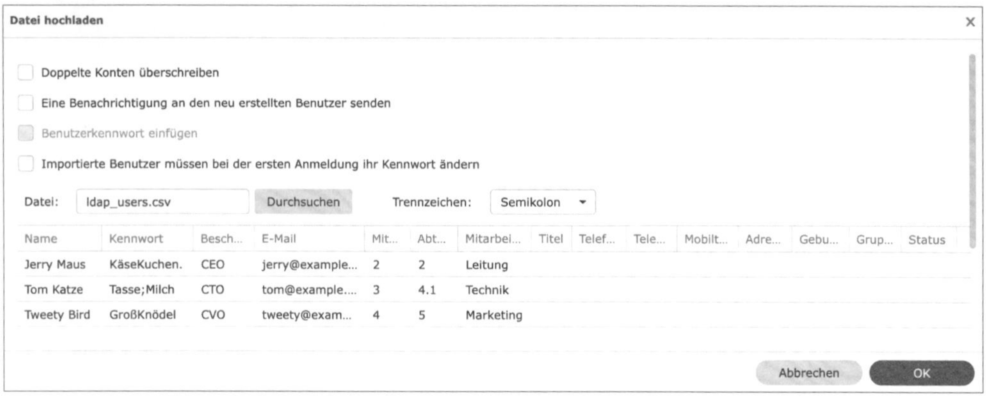

Abbildung 13.10 Importierte Benutzer aus »ldap_users.csv«

Ohne Angabe einer Gruppe!

Wie Ihnen vielleicht aufgefallen ist, wurde in der Beispiel-CSV-Datei keine Gruppe angegeben. Dies ist auch nicht zwingend erforderlich. Standardmäßig werden neue Benutzer immer in die Gruppe `users` aufgenommen.

13.2.3 Gruppe verwalten

Im Gegensatz zu BENUTZER VERWALTEN ist der Menüpunkt GRUPPE VERWALTEN eher spartanisch. Hier können Sie keine gesonderte Konfiguration vornehmen. Eine Gruppe besteht stets aus drei Elementen:

- Name
- Beschreibung
- Mitglieder

Bei der Erstellung einer neuen Gruppe werden Sie nur nach dem Namen und der Beschreibung gefragt. Anschließend müssen Sie die neue Gruppe in der Übersicht auswählen und können dann über den Button MITGLIEDER BEARBEITEN neue Benutzer hinzufügen oder (falls schon welche vorhanden sind) Benutzer entfernen.

13.2.4 Datensicherung und Wiederherstellung

In Menüpunkt DATENSICHERUNG UND WIEDERHERSTELLUNG können Sie eine Sicherung der LDAP-Daten konfigurieren. So gesicherte Daten können hier ebenfalls wiederhergestellt werden.

Datensicherung

Im Abschnitt DATENSICHERUNG können Sie über den Button KONFIGURIEREN eine Sicherung des vollständigen LDAP-Baums einrichten. Dafür müssen Sie zunächst den Zielort angeben. Dazu werden ihnen die freigegebenen Ordner Ihrer DiskStation zur Auswahl angeboten. In dem ausgewählten Ordner wird das Verzeichnis *DirectoryServerBackup* angelegt, in dem dann die Sicherungen (Dateien mit der Endung *SBK*) gespeichert werden.

Anschließend können Sie die Anzahl der Sicherungsversionen festlegen. Standardmäßig ist der Wert auf 10 voreingestellt. Mit dieser Einstellung wird die älteste Sicherung bei der elften Sicherung überschrieben.

Als letzte Konfiguration können Sie noch einen Zeitplan aktivieren und so die Sicherung vollautomatisch durchführen lassen. Sie werden darauf hingewiesen, dass der LDAP-Dienst für die Sicherung gestoppt werden muss und daher auch die Authentifizierung kurzzeitig nicht möglich ist. Wobei das Hauptaugenmerk dabei auf »kurzzeitig« liegen sollte, denn auch in größeren Installationen ist der Backup-Vorgang schnell erledigt. Dennoch sollten Sie den Zeitplan besser nicht auf die »beste Sendezeit« legen.

Sobald Sie ein Ziel angegeben haben, können Sie eine Sicherung starten. Klicken Sie dafür einfach auf SICHERUNG JETZT DURCHFÜHREN.

Wiederherstellung

Zur Wiederherstellung einer Sicherung müssen Sie zunächst die entsprechende Sicherungsdatei auswählen. Diese kann sich auf Ihrer DiskStation (z. B. im zuvor ausgewählten Backup-Ziel) befinden oder lokal auf Ihrem PC. Nach der Auswahl der gewünschten SBK-Datei starten Sie den Vorgang über den Button WIEDERHERSTELLEN.

Vorsicht beim Zurückspielen des Backups

Bevor die Wiederherstellung tatsächlich beginnt, werden Sie noch aufgefordert, zu bestätigen, dass Ihnen bekannt ist, dass alle aktuellen Daten und Konfigurationen jetzt endgültig entfernt und durch die aus dem Backup ersetzt werden. Objekte und

Benutzer, die in der Zwischenzeit angelegt wurden, gehen also verloren. Bestätigen Sie diesen Hinweis. Damit leiten Sie den eigentlichen Wiederherstellungsvorgang ein.

13.2.5 Google Workspace SSO

Den letzten Menüpunkt, GOOGLE WORKSPACE SSO, wollen wir Ihnen nicht vorenthalten, auch wenn er eher exotischer Natur ist. Er bezieht sich jedoch auf einen besonderen Dienst, der nur dann relevant ist, wenn Sie den Dienst *Google Workspace* nutzen. Daher werden wir ihn auch nur kurz anreißen. Falls Sie den *Google Workspace* (vormals *G Suite*) einsetzen und darüber ein *Single Sign-on* (SSO) verwenden, dann können Sie Ihren LDAP-Server zu einem Identitätsanbieter machen.

Diese Konfiguration erfolgt ausschließlich im Google Workspace. Auf Ihrer DiskStation müssen Sie nur noch die Google-Workspace-Domain und die öffentliche Anmelde-URL hinterlegen. Die notwendigen Informationen entnehmen Sie bitte der Google-Dokumentation.

Bitte nicht verwechseln!

Auch wenn über den *Google Workspace* ein *SSO* möglich ist, so werden wir uns im weiteren Verlauf dieses Kapitels noch andere Möglichkeiten anschauen, um ein SSO einzurichten.

13.3 Synology Directory Server: AD auf Ihrem NAS

Ein eigenes einfaches *Active Directory* (AD) können Sie mit dem *Synology Directory Server* im Handumdrehen einrichten. Dabei können Sie allerdings nicht alle Konfigurationsmöglichkeiten direkt auf Ihrer Synology DiskStation vornehmen. Wenn es in Abschnitt 13.3.7 um die Konfiguration über die Gruppenrichtlinien geht, müssen Sie dafür die RSAT (*Windows Remote Server Administration Tools*) auf einem System nutzen, das der Domäne beigetreten ist.

In diesem Abschnitt zeigen wir Ihnen die Einrichtung, die Integrationsmöglichkeiten und liefern darüber hinaus die eine oder andere Hintergrundinformation. Wie bereits beim LDAP müssen wir uns zunächst etwas die Theorie hinter einem AD anschauen.

13.3.1 Theorie: »Bitte ein Bit und zwei AD!«

Was ist genau ein AD, wozu wird es benötigt, und ist es überhaupt sinnvoll, es auf einer DiskStation zu betreiben? All diese Fragen wollen wir nun klären.

Was ist ein AD?

Das *Active Directory* ist der Verzeichnisdienst von Microsoft, über den Ressourcen in einem Netzwerk verwaltet werden können. Die Ressourcen werden dabei als *Objekt* bezeichnet. Die Objekte können Computer, Benutzer, Gruppen, Dateifreigaben oder Dienste darstellen.

Ein AD wird überwiegend im Unternehmensbereich eingesetzt, da sich über es auch Vorgaben und Regularien definieren lassen. Sie setzen es also ein, wenn Sie beispielsweise sicherstellen wollen, dass nur genau definierte User den freigegebenen Ordner *Geschäftsführung* einsehen können, oder wenn Sie sicherstellen möchten, dass auf allen Rechnern ein Antivirenprogramm mit aktuellen Signaturen eingerichtet ist. Üblicherweise geschieht dies in Form von sogenannten *Group Policy Objects* (GPOs) oder auf Deutsch *Gruppenrichtlinien* – ja, ganz recht: Auch die Vorgaben und Einstellungen werden wiederum als Objekte definiert.

Die Administration eines AD kann äußerst komplex werden, da es viele Methoden und Funktionen automatisch bereitstellt und in einer Domänenstruktur betrieben wird. Eine gute Planung ist daher sehr ratsam, denn sonst entwickelt sich ein AD zu einem schwer administrierbaren Alptraum, in dem nicht klar ist, wie unterschiedliche Gruppen, Benutzer, Rechner und Regeln zusammenhängen. »Mal eben« ein AD aufzusetzen ist also keine gute Idee.

Jedes AD kann mit LDAP abgefragt werden, da es ebenfalls den *X.500*-Standard implementiert. Die Open-Source-Umsetzung dieses Standards heißt *Samba*. Sie wird auch von Microsoft unterstützt und läuft »unter der Haube« ebenfalls auf der DiskStation. Wenn Sie bei Problemen im Internet nach Hilfe suchen, kann es gut sein, dass Sie mit dem Suchbegriff »Samba« viel mehr Informationen finden.

Wozu ein eigenes AD betreiben?

Wenn es Ihnen nur um eine zentrale Authentifizierung geht, ist ein AD überdimensioniert. Wenn Sie aber weitere Funktionalitäten einsetzen wollen, z. B. zentral gespeicherte Benutzerprofile oder eine Verwaltung einer ganzen Rechnerflotte mit zentralen GPOs, dann kann der Einsatz eines eigenen AD interessant für Sie sein. Fragen Sie sich am besten, wie viel Aufwand Sie mit wiederkehrenden Admin-Aufgaben haben: Wie oft müssen neue Benutzerkonten angelegt und Passwörter geändert werden? Wie oft laufen Sie zu allen Rechnern in Ihrem Netzwerk und stoßen per Hand Updates an oder ändern Konfigurationen?

Wenn Ihre Antwort »zu oft« lautet, kann Ihnen ein AD Arbeit abnehmen. In allen anderen Fällen wird es durch seine inhärente Komplexität (wahrscheinlich) für mehr Ärger sorgen.

Die DiskStation als Domänen-Controller?

Prinzipiell kann Ihre DiskStation ein AD problemlos betreiben – allerdings nur in einem abgespeckten Umfang, da der Implementierungsschwerpunkt bei der DiskStation eindeutig auf der Authentifizierung liegt und sie nicht alle Funktionen mitbringt. Wenn Sie GPOs ausgiebig nutzen wollen und auf Vorlagen zurückgreifen möchten, sind Sie mit einem »richtigen« Domänen-Controller auf einem Windows Server besser bedient, wobei dann natürlich deutlich höhere Lizenzkosten auf Sie zukommen.

Zusätzlich steigen die Systemanforderungen eines AD an die Hardware proportional zu den verwalteten Objekten: Wenn Ihr Netzwerk wächst und immer mehr Geräte verwaltet werden müssen, dann kann die DiskStation recht schnell in die Knie gehen.

Zusammengefasst: Für kleine und mittelständische Unternehmen ist das AD auf einer DiskStation eine echte, kostengünstige Alternative. Für den Heimbereich ist ein eigenes AD fast immer überdimensioniert – es sei denn, Sie wissen ganz genau, was Sie tun und warum Sie es brauchen. Für große Unternehmen ist eine DiskStation als Domänen-Controller eindeutig unterdimensioniert. Investieren Sie hier unbedingt in einen »richtigen« Server, und sorgen Sie für entsprechende High Availability und Redundanz.

Zudem müssen Sie sich im Klaren sein, dass Ihre DiskStation dann eine zentrale Funktion in Ihrem Netzwerk übernimmt. Wenn beispielweise alle Nutzerprofile dort zentral verwaltet werden (siehe Abschnitt 13.3.6), dann kann sich niemand mehr an einem Rechner anmelden, falls die DiskStation ausfällt und nicht erreichbar ist. Wenn das nicht akzeptabel ist, brauchen Sie mehrere Geräte, damit Redundanz gewährleistet ist.

13.3.2 Installation

Bei Verzeichnisdiensten herrscht strikt das Highlander-Prinzip: Es kann immer nur einen geben!

Daher werden Sie auch bei der Installation des *Synology Directory Servers* über das Paket-Zentrum deutlich darauf hingewiesen, dass Sie den *LDAP-Dienst* verlassen müssen (wenn Sie vorher einen LDAP Server installiert hatten). Das können Sie ganz leicht erreichen: SYSTEMSTEUERUNG • DOMAIN/LDAP • LDAP VERLASSEN. Außerdem muss das Paket *DNS Server* installiert und gestartet sein, denn eine funktionierende DNS-Auflösung ist eine zentrale und unbedingte Bedingung für ein Active Directory. Wenn Sie für diese Voraussetzungen gesorgt haben, läuft die Installation ohne weitere Unterbrechungen durch.

Beim ersten Start wird der Einrichtungsassistent gestartet. Dieser stellt Sie zunächst vor die Wahl (siehe Abbildung 13.11), ob Sie eine Domäne erstellen wollen, ob Sie von einer vorhandenen Domäne hinzufügen, einen schreibgeschützten Domänen-Controller (RODC) hinzufügen oder von einer Windows-Server-Domain migrieren möchten.

In unserem Beispiel richten wir eine neue Domäne von Grund auf ein. Klicken Sie daher zunächst auf EINE DOMAIN ERSTELLEN.

Abbildung 13.11 Die Installationsart festlegen

Anschließend werden Sie aufgefordert, die Eckpunkte zur Domäne anzugeben (siehe Abbildung 13.12).

Durch die Angabe des Domänennamens wird automatisch die ARBEITSGRUPPE (auch *NetBIOS* genannt) gesetzt – diese können Sie zwar anders benennen, davon raten wir Ihnen aber dringend ab, da ansonsten viele Automatismen aus dem Tritt kommen könnten.

Neben dem Domänennamen wird auch direkt das Administrator-Konto konfiguriert. Daher gelten für das KENNWORT auch strenge Regeln. Ihre DiskStation weist Sie bei einem zu schwachen Kennwort darauf hin und stellt Ihnen die entsprechend zu beachtenden Richtlinien dar.

Abbildung 13.12 Die grundlegenden Informationen zur Domäne

Im nächsten Fenster wird kontrolliert, ob Ihre DiskStation alle Voraussetzungen erfüllt. Gegebenenfalls werden Ihnen Details zur Erläuterung angeboten (siehe Abbildung 13.13).

Abbildung 13.13 Kontrolle der Vorbereitungen

Falls Sie auch Ihrer DiskStation eine dynamische Adresse zuweisen lassen, werden Sie den gleichen Hinweis wie in Abbildung 13.13 erhalten, und zwar auch dann, wenn Sie die Adresse auf Ihrem Router für die DiskStation reserviert haben, denn davon weiß die DiskStation ja nichts. Bei einem so zentralen Dienst wie dem Active Directory sollten Sie wirklich immer eine feste IP-Adresse vergeben.

Wenn Sie dies korrigiert haben, werden alle Punkte mit einem grünen Haken versehen und der Erstellung steht nichts mehr im Wege.

Nach der Einrichtung erhalten Sie wie in Abbildung 13.14 noch einen sehr wichtigen Hinweis zu den während der Einrichtung vorgenommenen Änderungen.

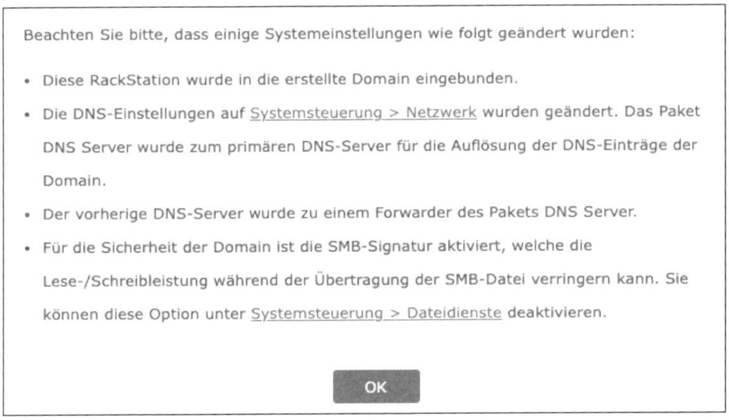

Abbildung 13.14 Hinweis zu angepassten Systemeinstellungen

Damit ist die Installation abgeschlossen. Wenn Sie nun SYNOLOGY DIRECTORY SERVER aus dem Hauptmenü starten, erhalten Sie im Menüpunkt STATUS eine Übersicht über die Domäne und ihre Controller. Zurzeit gibt es nur einen Controller, nämlich Ihre DiskStation (siehe Abbildung 13.15).

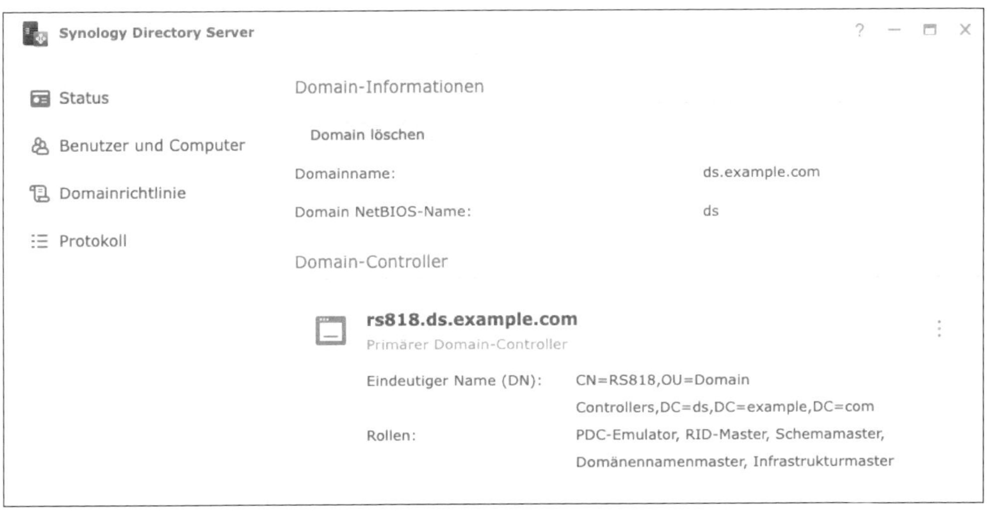

Abbildung 13.15 Statusübersicht

13.3.3 Benutzer und Computer

Über das Menü BENUTZER UND COMPUTER können Sie nicht nur die aktuelle Struktur einsehen, sondern natürlich auch neue Benutzer und Gruppen in Ihrem AD anlegen,

Nein, es handelt sich nicht um eine optische Täuschung! Mit ISDN hätte die Übertragung einer 5-MByte-Datei in der Tat fast eine Minute gedauert.

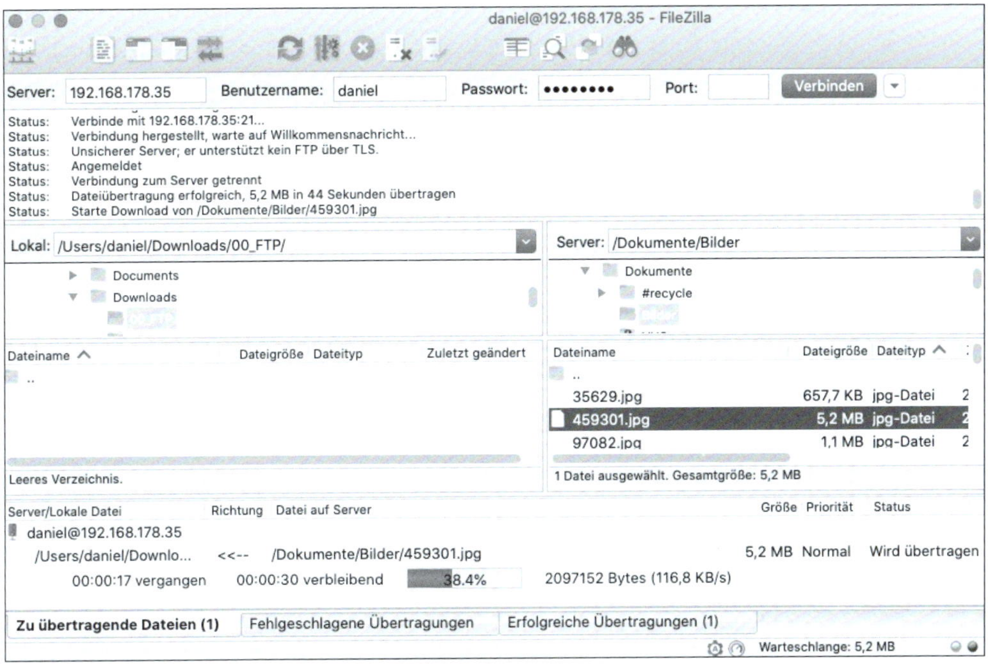

Abbildung 12.9 Beweisführung mit FileZilla: Die Regel funktioniert, die Geschwindigkeit ist mies.

Das Aufräumkommando

Wie wir bereits erwähnt haben, ist es sehr ratsam, am Ende eines Regelwerks aufzuräumen. Dafür sollten Sie eine abschließende Regel erstellen und unter dem Punkt PORTS einfach ALLE auswählen. Damit wird sichergestellt, dass jedwede Kommunikation, die vorher nicht reglementiert wurde, auf jeden Fall erfasst wird. Dies gilt natürlich, um entweder alles zu drosseln oder um alles andere freizugeben.

12.2.4 Bitte hier entlang: statisches Routing

Zu guter Letzt wollen wir Ihnen noch zeigen, wie Sie den Paketen Ihrer DiskStation im Netzwerk den richtigen Weg weisen können. Auch wenn es in kleineren Netzwerken oft nicht notwendig ist oder in größeren Netzwerken diese Aufgabe meistens von einem (oder mehreren) Router erfüllt wird, so ist es trotzdem manchmal hilfreich, »mal eben und per Hand« ein Netz erreichbar zu machen.

vorhandene bearbeiten oder mehrere in einem Schritt importieren. Wenn Sie etwas durch die Struktur navigieren, werden Sie feststellen, dass bereits viele Objekte in Ihrem AD angelegt wurden. Dabei handelt es sich um Standards, die jedes AD besitzt.

Benutzer

Klicken Sie im Kontextmenü des Buttons HINZUFÜGEN auf BENUTZER, um einen neuen Benutzer anzulegen. Im Fenster aus Abbildung 13.16 müssen Sie zunächst die elementaren Angaben zum neuen Benutzer eintragen.

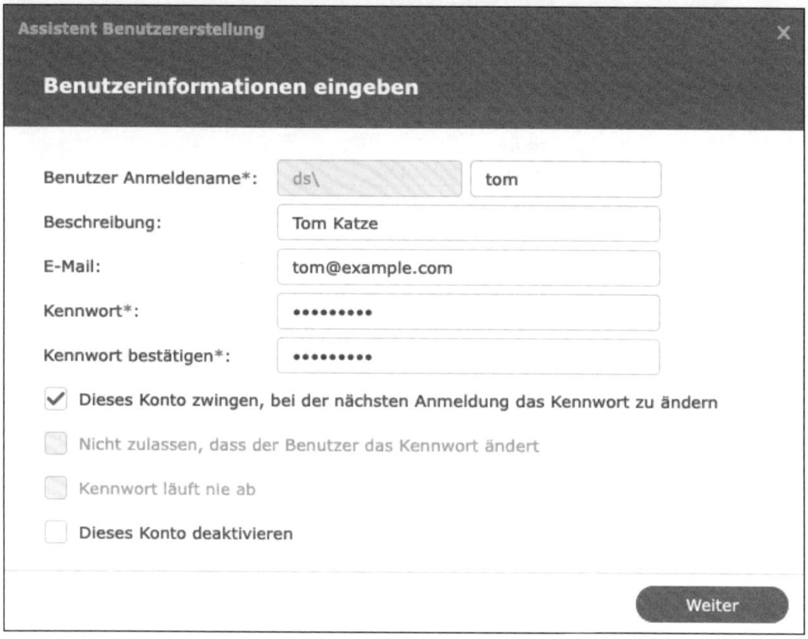

Abbildung 13.16 Benutzerinformationen

Im nächsten Fenster können Sie noch die Gruppen definieren, in denen der neue Benutzer Mitglied sein soll. Standardmäßig sind alle Benutzer Mitglied in der Gruppe `Domin Users` (analog zur LDAP-Gruppe `users`).

Anschließend wird Ihnen eine Übersicht der Einstellungen präsentiert. Mit einem Klick auf FERTIG wird der neue Benutzer angelegt.

Wenn Sie bereits mit einem AD gearbeitet haben, wird Ihnen sicherlich aufgefallen sein, dass nur sehr wenige der Standardattribute bei der Erstellung abgefragt wurden. Diese können Sie natürlich im Nachgang noch ergänzen. Öffnen Sie das Objekt des soeben angelegten Benutzers durch einen Doppelklick auf ihn in der Übersicht oder indem Sie das Objekt anwählen und auf AKTION • BEARBEITEN klicken. In dem Fenster, das sich nun öffnet, können Sie viele weitere Konfigurationen zu dem Benutzer vornehmen.

Gruppen

Wie bei Benutzern können Sie eine neue Gruppe im Kontextmenü des Buttons HINZUFÜGEN erstellen. Allerdings werden Gruppen immer in der Gruppe erstellt, die Sie in der Übersicht ausgewählt haben. Wählen Sie daher zunächst die Gruppe `Users` aus, um darin eine weitere Gruppe zu erstellen. Wie aus Abbildung 13.17 hervorgeht, ist lediglich der Gruppenname ein Pflichtfeld.

Abbildung 13.17 Hier wird die Gruppe »design« erstellt.

Nach einem Klick auf den Button WEITER wird Ihnen noch eine Übersicht der vorgenommenen Eingaben präsentiert, die Sie mit FERTIG bestätigen können. Anschließend wird die neue Gruppe angelegt. Um der Gruppe nun noch Benutzer zuzuordnen, klicken Sie, wie beim Anlegen von Benutzern auch, einfach doppelt auf das Objekt. Alternativ wählen Sie die Gruppe aus und klicken auf AKTION • BEARBEITEN.

In dem Fenster, das sich nun öffnet, können Sie im Reiter ALLGEMEIN die Parameter aus Abbildung 13.18 anpassen und sie dann im Reiter MITGLIEDER hinzufügen. Dafür müssen Sie lediglich den Haken in der Spalte BEITRETEN setzen.

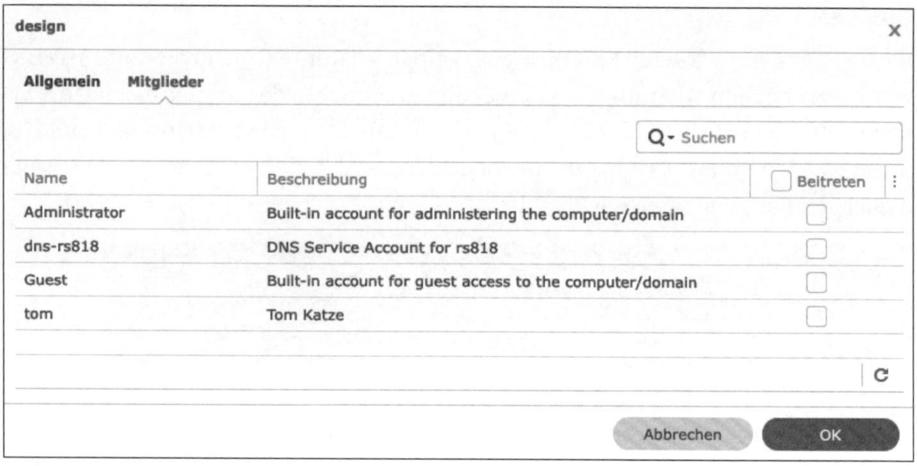

Abbildung 13.18 Mitglieder hinzufügen

Benutzer importieren

Falls Sie eine große Anzahl von Benutzern auf einen Schwung anlegen möchten, dann können Sie dafür die Funktion BENUTZER IMPORTIEREN verwenden.

Wie beim *LDAP Server* auch müssen Sie dafür nur die Benutzer in Form einer CSV-Datei bereitstellen. Die diesem Format wird ein Benutzer pro Zeile angelegt; dabei müssen die unterschiedlichen Werte durch ein Trennzeichen separiert sein. Das Trennzeichen kann das namensgebende Komma sein, ein Semikolon oder aber ein Tab-Zeichen. Welche Trennzeichen Ihre CSV-Datei verwendet, müssen Sie vorab über die Auswahl TRENNZEICHEN bekannt machen, damit der Importprozess auch funktioniert.

Die Funktion arbeitet identisch zu der des *LDAP Servers*, allerdings sehen Sie im *Synology Directory Server* andere Felder:

1. Name
2. Kennwort
3. Beschreibung
4. E-Mail
5. Vorname
6. Nachname
7. Vollständiger Name
8. Profil-Pfad
9. Login-Script
10. Home-Verzeichnis
11. Gruppenname

Bitte beachten Sie zusätzlich noch folgende Format- und Syntaxvorgaben:

- Das Dateiformat muss UTF-8 sein.
- Leere Felder müssen trotzdem angegeben werden, d. h., dass jede Zeile zehn Trennzeichen enthalten muss.
- Mehrere Gruppen müssen durch Kommas getrennt und als Ganzes in doppelten geraden Anführungszeichen (") angegeben werden, z. B. als `"VPN,Backup,Proxy"`.
- Das Trennzeichen muss im Text maskiert werden, indem das gesamte Feld (analog zu Gruppen) mit geraden Anführungszeichen (") umschlossen wird.

Da über diesen Mechanismus auch die Kennwörter eingerichtet werden, sollten Sie immer den Haken bei IMPORTIERTE BENUTZER MÜSSEN BEI DER ERSTEN ANMELDUNG IHR KENNWORT ÄNDERN setzen.

13.3.4 Clients in die Domäne aufnehmen

Sobald die Benutzer- und Gruppenkonfiguration abgeschlossen ist, können Sie Clients in die Domäne aufnehmen. Der Vorgang geht schnell von der Hand; wir beschreiben die Schritte exemplarisch zum Einbinden eines Windows 11-Clients, die Sie mit erhöhten Rechten durchführen müssen:

1. Öffnen Sie auf dem Windows 11-Client die SYSTEMSTEUERUNG.
2. Navigieren Sie zu SYSTEM UND SICHERHEIT • SYSTEM.
3. Klicken Sie unter VERWANDTE LINKS auf DOMÄNE ODER ARBEITSGRUPPE.
4. Wechseln Sie auf den Reiter COMPUTERNAME, und klicken Sie auf ÄNDERN.
5. Wählen Sie unter MITGLIED VON den Punkt DOMÄNE aus, und geben Sie Ihren Domänennamen an.

Bestätigen Sie Ihre Konfiguration anschließend mit einem Klick auf OK. Nach dem Neustart des Computers können Sie sich mit einem Domänenbenutzer anmelden.

13.3.5 Richtlinien

Über den Menüpunkt DOMAINRICHTLINIE können Sie zentrale Vorgaben für Ihr AD festlegen. Zum einen können Sie hier den Umgang mit Kennwörtern vorgeben und zum anderen die Kontosperrung einrichten (siehe Abbildung 13.19).

Die Kennwortrichtlinie

Unter dem Menüpunkt KENNWORTRICHTLINIE legen Sie fest, ob die Kennwörter Ihrer AD-Benutzer ein Verfallsdatum bekommen, und definieren ihre Komplexität. Wählen Sie die Optionen je nach Ihrem Sicherheitsbedürfnis.

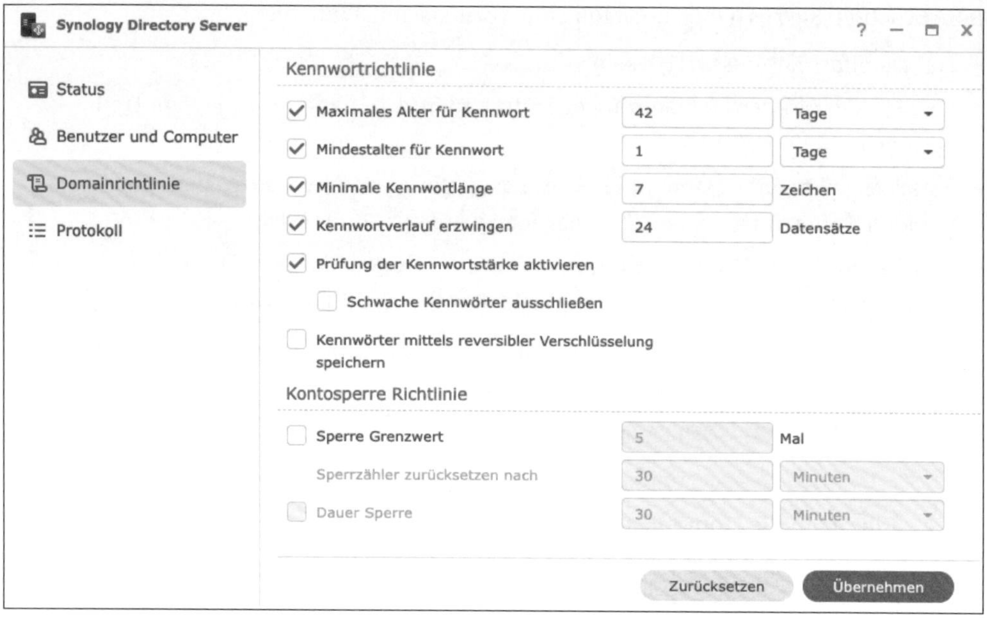

Abbildung 13.19 Domainrichtlinie

Tipp: Besser länger als komplex!

Wir wiederholen an dieser Stelle gerne unseren Apell aus Abschnitt 13.2.2, »Benutzer verwalten«:

In den letzten Jahren hat ein Umdenken stattgefunden. Früher wurde den Benutzern eingetrichtert, dass sie möglichst komplexe Kennwörter benötigen und dass sie diese regelmäßig tauschen sollten. Der neue Ansatz lauter: lieber längere, dafür weniger komplexe Kennwörter und niemals Kennwörter mehrfach verwenden!

Die Kontosperre-Richtlinie

Unter dem Punkt KONTOSPERRE definieren Sie, nach wie vielen Fehlversuchen ein Konto gesperrt werden soll, nach welcher Zeit der Zähler zurückgesetzt wird und ob das Konto nach einer vorgegebenen Zeit automatisch wieder entsperrt werden soll.

Wie auch bei der LDAP-Konfiguration ist es hier sehr empfehlenswert, diese Option zu aktivieren. Andernfalls können Passwörter einfach durchprobiert werden, bis das schwache Passwort irgendeines Nutzers den Zugriff gestattet.

13.3.6 Profile zentral speichern (Roaming-Profile)

Widmen wir uns nun den etwas fortgeschritteneren Konfigurationsmöglichkeiten. Einer der großen Vorteile eines AD besteht zweifelsfrei darin, dass die Benutzerprofile zentral gespeichert werden können. Das ist dann sehr sinnvoll, wenn sich Ihre Benutzer an unterschiedlichen Systemen in Ihrem Netzwerk anmelden wollen. Durch die sogenannten Roaming-Profile (*roaming* ist das englische Wort für »herumwandern«) finden Sie an jedem System Ihr eigenes Profil vor.

Um einem Benutzer manuell ein Roaming-Profil zu verpassen, müssen Sie lediglich die nachstehenden drei Punkte abarbeiten:

1. **Freigegebenen Ordner anlegen**

   Damit die Profile an einem zentralen Ort gespeichert werden, jeder Benutzer aber nur seine Daten einsehen kann und sonst nichts durcheinanderkommt, sollten Sie einen neuen freigegebenen Ordner erstellen. Öffnen Sie dafür SYSTEMSTEUERUNG • FREIGEGEBENER ORDNER, und klicken Sie auf ERSTELLEN • FREIGEGEBENER ORDNER ERSTELLEN. Als Beispiel legen wir den Ordner *roaming* an und belassen alle Werte auf den Voreinstellungen bis auf die Berechtigungen, die automatisch direkt nach dem Anlegen aufgerufen werden.

2. **Berechtigungen anpassen**

   Nach der Einrichtung müssen Sie die Berechtigungen für Ihre Domänenbenutzer einstellen. Wählen Sie dafür zunächst aus dem Auswahlfeld DOMAINBENUTZER aus (siehe Abbildung 13.20).

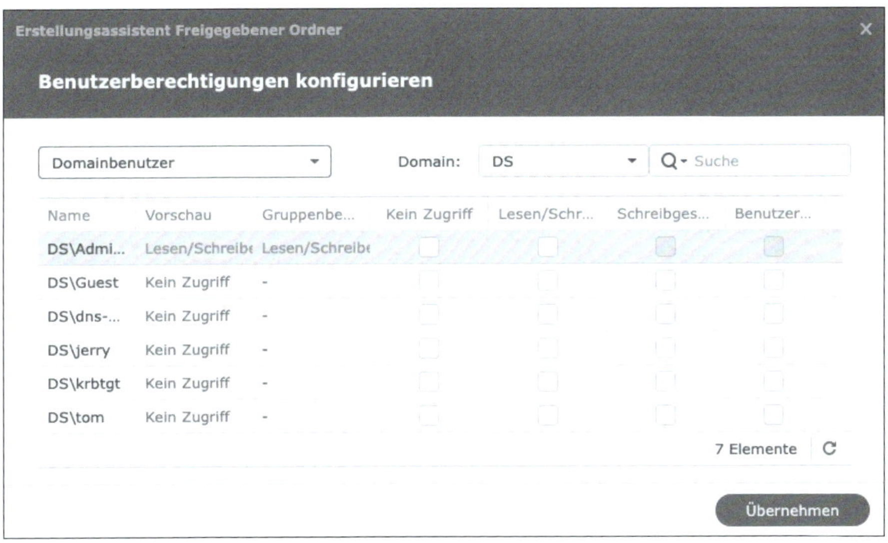

Abbildung 13.20 Berechtigungen anpassen

Nun müssen Sie die benutzerdefinierten Rechte anpassen. Klicken Sie dafür auf eine Checkbox aus der rechten Spalte eines beliebigen Benutzers. Anschließend öffnet sich das Fenster BERECHTIGUNG und direkt danach der *Berechtigungs-Editor* des ausgewählten Benutzers. Schließen Sie den Berechtigungs-Editor zunächst, und löschen Sie alle vorhandenen Freigaben. Diese werden aus den Standardberechtigungen Ihrer DiskStation erstellt und an dieser Stelle nicht benötigt. Erstellen Sie anschließend die Berechtigungen für die nachstehenden Gruppen:

- **Owner**

  Anwenden auf: alle Punkte bis auf *Dieser Ordner*

  Berechtigung: Administration = *Alle*, Lesen = *Alle*, Schreiben = *Alle*
- **Domain Users**

  Anwenden auf: Alle

  Berechtigung: Administration = *keinen*, Lesen = *Alle*, Schreiben = *Ordner erstellen/Daten anhängen*
- **Domain Admins**

  Anwenden auf: Alle

3. **Berechtigung:** Administration = *Alle*, Lesen = *Alle*, Schreiben = *Alle*

   Speichern Sie anschließend die Berechtigungen, und schließen Sie die Konfiguration.
4. **Profilzuweisung**

   Öffnen Sie nun im *Synology Directory Server* das Menü BENUTZER UND GRUPPEN. Öffnen Sie das Bearbeitungsfenster des Benutzers, dem Sie ein Roaming-Profil zuweisen möchten. Wechseln Sie dort in den Reiter PROFIL, und geben Sie dann unter PROFIL-PFAD Folgendes ein:

   ```
   \\<DS-IP>\roaming\%username%
   ```

   Bitte ersetzen Sie den Platzhalter `<DS-IP>` durch die IP-Adresse Ihrer DiskStation (in den Beispielen bisher `192.168.178.37`). Falls Sie dem freigegebenen Ordner einen anderen Namen gegeben haben, müssen Sie diesen natürlich auch noch anpassen. Nach einem Klick auf OK ist die Einrichtung abgeschlossen.

Sobald sich der Benutzer nun erneut an Ihrem AD anmeldet, wird im freigegebenen Ordner ein Roaming-Profil eingerichtet. Dafür wird ein Verzeichnis mit der Syntax *<USER>.v6* angelegt und darunter alles aus dem lokalen Pfad *C:\Users\<BENUTZTER>* gespeichert.

Um weiteren Benutzern ebenfalls ein Roaming-Profil zu spendieren, müssen Sie lediglich den dritten Schritt erneut anwenden. Dieses Vorgehen ist für eine Handvoll von Benutzern noch praktikabel, bei vielen Benutzern oder einer hohen Fluktuation eher weniger. Daher wollen wir Ihnen nun noch erläutern, wie Sie diese Einstellung zentral vornehmen können – dank der Gruppenrichtlinien ist dies nämlich im Handumdrehen erledigt.

Alternative: Benutzer importieren

Wie Sie vielleicht bereits erwarten, können Sie diese Konfiguration natürlich auch in eine CSV-Datei einbinden. Allerdings geht dies nur bei der Ersteinrichtung oder wenn neue Benutzer eingerichtet werden. Bei vorhandenen Benutzern würden Sie z. B. die bereits geänderten Kennwörter überschreiben. Alternativ können Sie die Konfiguration via Gruppenrichtlinie verteilen lassen. Das zeigen wir Ihnen im nächsten Abschnitt im Detail.

13.3.7 Gruppenrichtlinien (GPOs)

Wie wir bereits im vorherigen Abschnitt angedeutet haben, bieten Ihnen die Gruppenrichtlinien eines AD viele Möglichkeiten, um Konfigurationen zentral vorzugeben – darunter z. B. auch die Konfiguration von Roaming-Profilen, die wir in diesem Abschnitt beispielhaft einrichten werden.

Leider stellt der *Synology Directory Server* keine eigene Oberfläche zur Konfiguration bereit. Sie müssen dafür auf die RSAT (*Windows Remote Server Administration Tools*) ausweichen. Diese werden von Microsoft kostenfrei zur Verfügung gestellt.

Installation: RSAT

Die *Windows Remote Administration Tools* können Sie als *Feature* direkt in Windows 11 nachinstallieren. Öffnen Sie dafür die EINSTELLUNGEN, und unter SYSTEM klicken Sie auf OPTIONALE FEATURES. Wählen Sie dort FEATURE ANZEIGEN aus, um die Liste der verfügbaren Features angezeigt zu bekommen. Wählen Sie (mindestens) `RSAT: Tools zur Gruppenrichtlinienverwaltung` aus, und installieren Sie diese auf einem der Clients, die Sie der Domäne hinzugefügt haben.

Die Gruppenrichtlinien bearbeiten

Die Bearbeitung von Gruppenrichtlinien findet in der *Gruppenrichtlinienverwaltung* statt, die Sie auf einem Windows-Rechner unter SYSTEMSTEUERUNG • WINDOWS-TOOLS • GRUPPENRICHTLINIENVERWALTUNG finden. Navigieren Sie nach dem Start zunächst zu GESAMTSTRUKTUR • DOMÄNEN • DS.EXAMPLE.COM • DEFAULT DOMAIN POLICY. Wechseln Sie dort in den Reiter EINSTELLUNGEN, und klicken Sie mit der rechten Maustaste auf eine beliebige freie Fläche, um im Kontextmenü BEARBEITEN auszuwählen (siehe Abbildung 13.21).

Wie so oft führen viele Wege nach Rom. Die serverseitigen Profile können Sie entweder individuell über die Benutzerkonfiguration anpassen oder global über die Computerkonfiguration ändern.

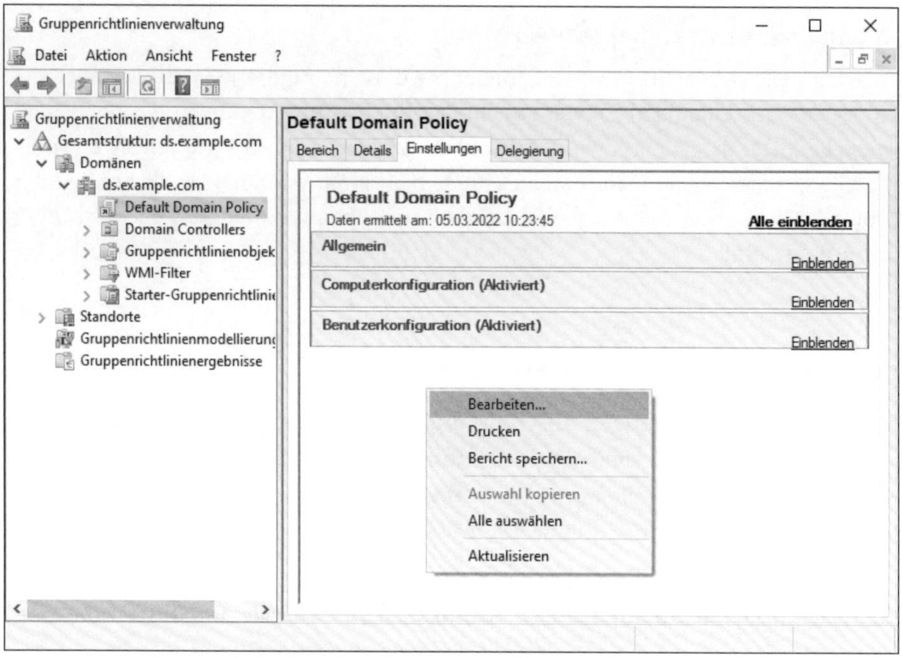

Abbildung 13.21 Gruppenrichtlinienverwaltung

Die erste Variante gibt Ihnen die Möglichkeit, jeden Benutzer einzeln zu konfigurieren. So könnten Sie für einen Benutzer den Ordner *Bilder* serverseitig speichern, für einen anderen Benutzer nur den Ordner *Dokumente* und für einen dritten Benutzer gar keine Ordner.

Bei der globalen Konfiguration wiederum wird die Vorgabe immer angewandt – vor allem auch bei neu angelegten Benutzern. Auch wenn die zweite Variante häufiger vorkommt, stellen wir Ihnen nun dennoch beide Wege vor.

Individuell (Zuordnung pro Ordner)

In dem Fenster *Gruppenrichtlinienverwaltungs-Editor*, das sich nach Ihrem Klick auf Bearbeiten öffnet, müssen Sie erneut zunächst an den Bestimmungsort gelangen. Öffnen Sie dafür das Menü Benutzerkonfiguration • Richtlinien • Windows-Einstellungen • Ordnerumleitung. Öffnen Sie über einen Rechtsklick die Eigenschaften des Ordners *Desktop* (siehe Abbildung 13.22).

In den Eigenschaften müssen Sie nun im Reiter Ziel den Punkt Einstellung auf Standard – Leitet alle Order auf den gleichen Pfad um einstellen (siehe Abbildung 13.23). Im Abschnitt Zielordner stellen Sie die Auswahl auf Einen Ordner für jeden Benutzer im Stammpfad erstellen und geben das Stammverzeichnis in der Syntax `\\<DS-IP>\<ORDNER>` an (im Beispiel nutzen wir `\\192.168.178.37\roaming`).

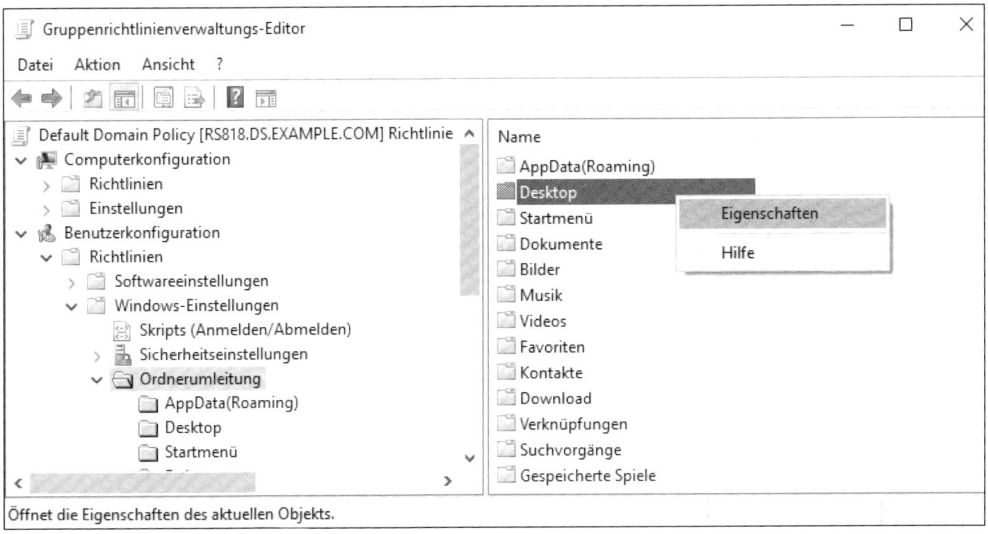

Abbildung 13.22 Ordnerumleitung: »Desktop«

Abbildung 13.23 Die Eigenschaften von »Desktop«

Mit einem Klick auf OK wird die Einrichtung abgeschlossen. Ab jetzt werden alle Inhalte des Desktops von allen Domänenbenutzern zentral gespeichert. Wenn Sie dies auch für die übrigen Ordner des Benutzerprofils einrichten wollen, müssen Sie den letzten Schritt für die jeweiligen Ordner wiederholen.

Global

Um einfach alle Profildaten vollständig serverseitig ablegen zu lassen, können Sie die Konfiguration auch im Bereich COMPUTERKONFIGURATION vornehmen.

> **Nicht doppelt konfigurieren!**
>
> Wie viele andere Systeme auch mag es ein AD nicht gern, wenn Sie ein und dieselbe Konfiguration auf verschiedenen Wegen vornehmen. Doppelte Konfigurationen kommen sich gern ins Gehege und verursachen anschließend merkwürdige Phänomene, die sich nur schwer analysieren und beheben lassen. Falls Sie also die *individuelle Konfiguration* aus dem vorherigen Abschnitt bereits umgesetzt haben, dann sollten Sie diese zunächst wieder zurücksetzen, bevor Sie fortfahren!

Öffnen Sie zunächst die COMPUTERKONFIGURATION • RICHTLINIEN • ADMINISTRATIVE VORLAGEN • SYSTEM • BENUTZERPROFILE, und wählen Sie darin den Punkt PFAD DES SERVERGESPEICHERTEN PROFILS FÜR ALLE BENUTZER FESTLEGEN, DIE SICH AN DIESEM COMPUTER ANMELDEN aus (siehe Abbildung 13.24).

Mit einem Rechtsklick und BEARBEITEN oder einem Doppelklick können Sie die Konfiguration öffnen. Darin müssen Sie lediglich zwei Parameter anpassen. Zum einen müssen Sie die Richtlinie über die Auswahl auf AKTIVIERT setzen, und zum anderen müssen Sie unter OPTIONEN den PROFILPFAD angeben, und dies exakt so wie bereits in der Konfiguration im *Synology Directory Server*: `\\<DS-IP>\<ORDNER>\%username%` (siehe Abbildung 13.25). Nach einem Klick auf OK wird die Richtlinie aktiviert.

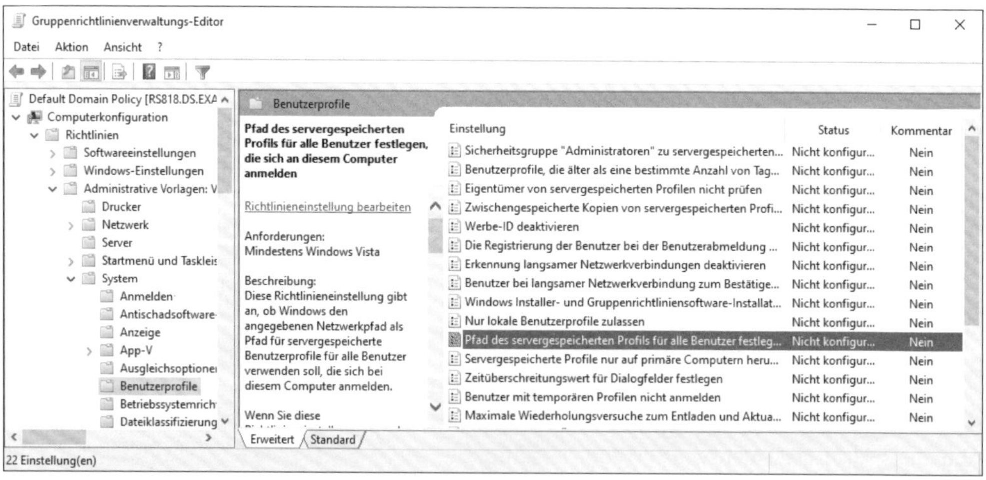

Abbildung 13.24 Die Computerkonfiguration

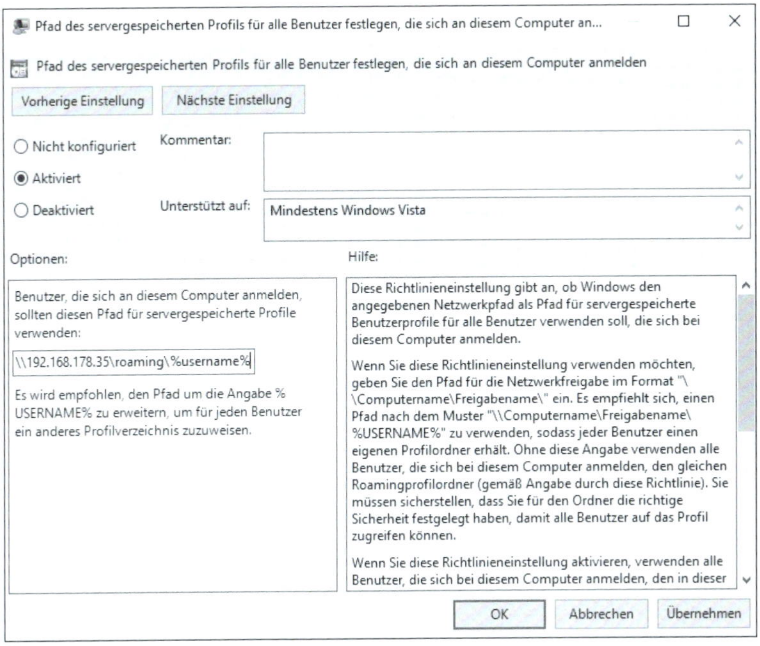

Abbildung 13.25 Den Profilpfad einrichten

13.4 Die DiskStation als Client

Bisher haben wir Ihnen lediglich gezeigt, wie Sie die Verzeichnisdienste auf Ihrer DiskStation installieren und konfigurieren können. Natürlich können die Verzeichnisdienste nicht nur von anderen Systemen oder Programmen genutzt werden, sondern ebenfalls von Ihrer DiskStation selbst.

Mit dieser Konfiguration können Sie zum einen die Authentifizierung auslagern, sodass Ihre Benutzer sich kein weiteres Kennwort für die DiskStation-Dienste merken müssen. Außerdem sparen Sie sich so die redundante Pflege der Benutzer und Gruppen, damit Sie diese nicht doppelt durchführen müssen.

Wie sich eine DiskStation in die Verzeichnisdienste integriert, zeigen wir Ihnen in diesem Abschnitt.

13.4.1 Domain/LDAP

Sowohl beim *LDAP Server* als auch beim *Synology Directory Server* wird die Integration bereits automatisch vorgenommen. Unter SYSTEMSTEUERUNG • DOMAIN/LDAP finden Sie dementsprechend bereits eine Konfiguration vor (siehe Abbildung 13.26), als ob Sie einer Domäne beigetreten wären – was Sie in diesem Menü im Übrigen auch tun können, wenn Sie nicht bereits verbunden sind.

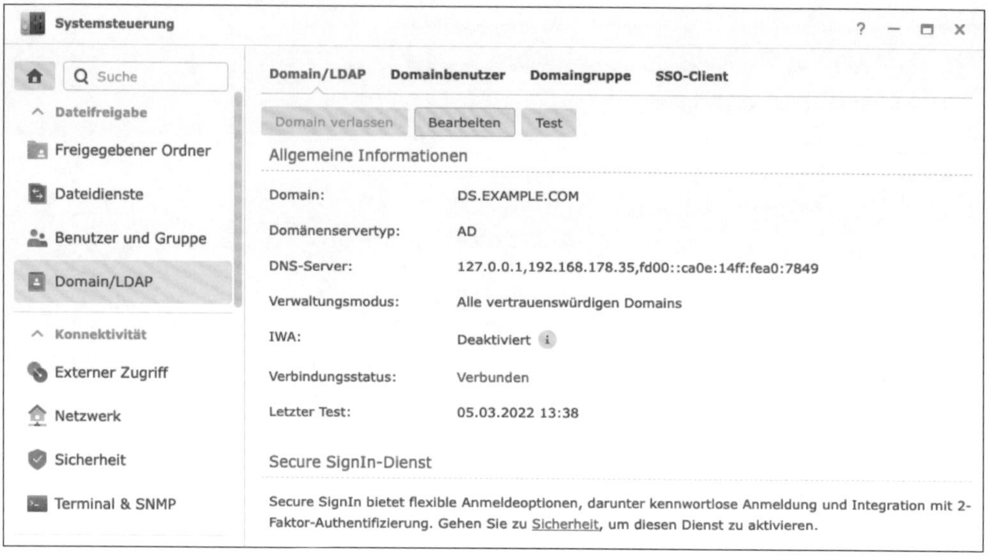

Abbildung 13.26 Übersicht der Konfiguration

Wie Sie in Abbildung 13.26 an dem ausgegrauten Button sehen, können Sie die Domäne nicht verlassen. Das liegt daran, dass in diesem Beispiel die Domäne vom *Synology Directory Server* bereitgestellt wird und daher Ihre DiskStation immer integriert ist.

Über BEARBEITEN können Sie nicht nur die (automatische) DNS-Konfiguration anpassen, sondern auch bestimmen, wie oft die Benutzer und Gruppen mit dem AD abgeglichen werden – standardmäßig erfolgt das jede Stunde. Jede Anpassung zieht einen Funktionstest nach sich, den Sie auch manuell mit dem Button TEST starten können (siehe Abbildung 13.27). Dabei werden alle für den Betrieb notwendigen Parameter geprüft.

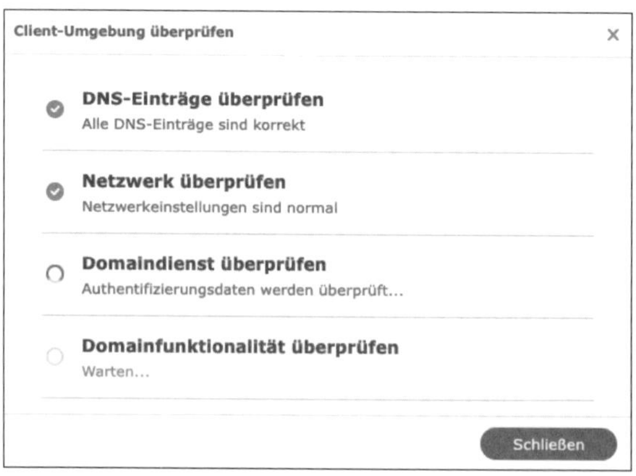

Abbildung 13.27 Prüfung bei Änderungen oder über den Button »Test«

Hinter dem *Secure SignIn-Dienst* verbirgt sich ein Authentifizierungsdienst von Synology, der Ihnen unter anderem auch eine 2-Faktor-Authentifizierung ermöglicht. Die dafür erforderliche Konfiguration sprengt leider den Rahmen dieses Kapitels – wenn Sie nach der Lektüre dieses Kapitels also noch nicht genug Authentifizierungsmöglichkeiten erkundet haben, können Sie sich ja noch dem *Secure SignIn* widmen.

Auf dem Reiter DOMAINBENUTZER erhalten Sie nicht nur eine Übersicht der Benutzer des Verzeichnisdienstes, sondern finden auch zwei wichtige Buttons:

- BENUTZERBASIS
- DOMAIN-DATEN AKTUALISIEREN

Der zweite Button führt genau das aus, was sein Name impliziert: Er sorgt dafür, dass die Domänendaten aktualisiert werden. Auch wenn die Software auf einem System läuft, wird nämlich nicht jede Änderung umgehend in allen Winkeln des Systems bekannt gemacht. Falls Ihnen die Replikation mal nicht schnell genug geht, können Sie mit diesem Button den Vorgang beschleunigen.

Der erste Button hingegen ermöglicht es Ihnen, den vom DSM her bekannten *Home-Dienst* – also das automatische Erstellen eines Home-Verzeichnisses für die Synology-Benutzer – auch für die Domänenbenutzer bereitzustellen.

Sobald Sie einen Benutzer angewählt haben, können Sie dessen Konfiguration über BEARBEITEN anpassen. Allerdings handelt es sich hier um die Synology-Benutzerkonfiguration, also um die Vergabe von Berechtigungen an Ordnern, Anwendungen etc., und nicht um die Konfiguration des Domänenbenutzers.

Der Reiter DOMAINGRUPPE bietet die gleichen Möglichkeiten wie DOMAINBENUTZER, nur für Gruppen angepasst. Und was sich hinter dem Reiter SSO-CLIENT verbirgt, das ergründen wir in Abschnitt 13.5, »Single Sign-on (SSO)«.

13.4.2 Berechtigungen

Standardmäßig haben alle Benutzer die Berechtigung, auf alle Anwendungen zuzugreifen – so können sich Ihre Domänenbenutzer z. B. ad hoc an der DSM-Oberfläche anmelden. Die Berechtigungen an den freigegebenen Ordnern müssen Sie natürlich noch separat einrichten.

Unter SYSTEMSTEUERUNG • FREIGEGEBENE ORDNER können Sie die Berechtigungen bearbeiten. Im Fenster BEARBEITEN können Sie nun nicht nur zwischen internen Systembenutzern, lokalen Benutzern und lokalen Gruppen wählen, sondern auch Domainbenutzern und Domaingruppen Rechte zuweisen. Wir empfehlen Ihnen, die Berechtigungen über Gruppen zu organisieren.

13.5 Single Sign-on (SSO)

Es ist der Wunschtraum vieler passwortgeplagter User schlechthin: einmal anmelden und system- bzw. programmübergreifend Dienste nutzen ohne erneute Authentifizierung! Dies ist mit *Single Sign-on* (SSO) möglich. Leider ist diese Technik äußerst komplex und birgt auch noch viele Untiefen, sodass sie oft nicht zum Einsatz kommt. Wenn Sie mehrere DiskStations im Einsatz haben und über sie mehrere Dienste bereitstellen, dann zeigen wir Ihnen in diesem Abschnitt, wie Sie das Ungeheuer SSO bezwingen können.

13.5.1 Beispiel

Damit Sie unseren Erläuterungen in diesem Abschnitt folgen können, müssen wir Ihnen zunächst das Setup vorstellen.

Wie Sie in Abbildung 13.28 sehen, werden zwei DiskStations betrieben: *rs818.example.com* (kurz RS818) und *ds723.example.com* (kurz DS723). Dabei ist RS818 die primäre DiskStation, die die Datenverbindungen zentral annimmt (*Reverse Proxy*) und auf der der *LDAP Server* und der *SSO Server* laufen. Wenn Sie Dienste im Internet anbieten wollen, müssten Sie auf Ihrem Router (z. B. einer FritzBox) ein Port-Forwarding einrichten, und zwar ausschließlich auf die primäre DiskStation.

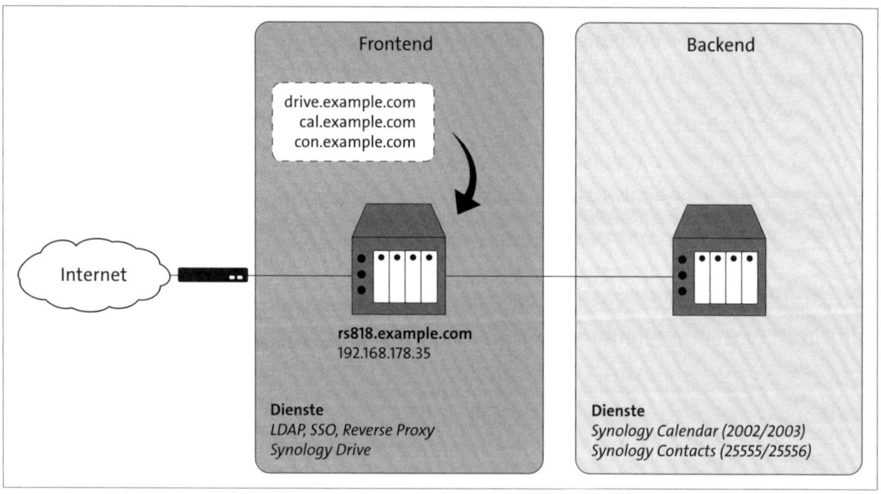

Abbildung 13.28 Aufbau der Beispielumgebung

13.5.2 Voraussetzungen und Vorbereitungen

Damit Sie SSO einsetzen können, müssen Sie zunächst für ein paar Voraussetzungen sorgen:

1. **Gemeinsame Domäne**

   Beide DiskStations müssen in einer gemeinsamen Domäne betrieben werden. Im Beispiel setzen wir dafür einen LDAP-Server ein. Bitte beachten Sie, dass die verwendeten Benutzer natürlich auch berechtigt seien müssen, die Anwendungen einzusetzen, die Sie über SSO absichern wollen. Prüfen Sie dies unter SYSTEMSTEUERUNG • ANWENDUNGSBERECHTIGUNGEN, und fügen Sie gegebenenfalls die Domänengruppen hinzu.

2. **Namensauflösung**

   Damit die Clients in Ihrem Netzwerk die angebotenen Dienste über ihre Namen ansprechen können, müssen sie diese auflösen können. Richten Sie dafür den *DNS-Server* ein, und vergeben Sie (mindestens) folgende Namen in Ihrer Zone – im Beispiel heißt sie *example.com*:

   ```
   rs818.example.com    192.168.178.37
   ds723.example.com    192.168.178.100
   cal.example.com      192.168.178.37
   con.example.com      192.168.178.37
   drive.example.com    192.168.178.37
   ```

   Auch wenn die Dienste `cal.example.com` und `con.example.com` auf der DS723 laufen, müssen die DNS-Namen dennoch auf die primäre DiskStation zeigen, da diese die Verbindungen über den Reverse Proxy annimmt.

3. **Gültige Zertifikate**

   Die Clients in Ihrem Netzwerk benötigen gültige Zertifikate, damit die Authentifizierung ordnungsgemäß durchgeführt werden kann. Falls Sie kein *Let's Encrypt* einsetzen wollen bzw. können (weil die Dienste gegebenenfalls nur im LAN betrieben werden), dann sind selbst signierte Zertifikate eine gute Alternative. Allerdings müssen Sie diese dann an alle Clients ausrollen!

4. **Nur ein Protokoll: HTTPS**

   Beim SSO darf immer nur ein Protokoll verwendet werden – entweder *HTTP* oder *HTTPS*. Bei einer Vermischung kommt es zu äußerst merkwürdigen Phänomenen, die wir uns lieber ersparen wollen. Im Beispiel richten wir daher alles auf *HTTPS* ein.

5. **Anwendungsportal**

   Damit die Dienste über fest definierte Zugänge erreicht werden können, müssen Sie Anpassungen im *Anwendungsportal* vornehmen. Öffnen Sie es dafür über SYSTEMSTEUERUNG • ANWENDUNGSPORTAL • ANWENDUNGEN. Wählen Sie dort die entsprechende Anwendung aus, und klicken Sie auf BEARBEITEN. In dem Fenster, das sich nun öffnet, legen Sie im Abschnitt WEBDIENSTE die benutzerdefinierten Ports für HTTP und HTTPS fest. Bitte richten Sie diese nach den folgenden Vorgaben ein:

RS818

Anwendung	HTTP-Port	HTTPS-Port
Synology Drive	10002	10003

DS723

Anwendung	HTTP-Port	HTTPS-Port
Synology Calendar	20002	20003
Synology Contacts	25555	25556

Sind diese Voraussetzungen erfüllt, können wir uns schon fast an die eigentliche Einrichtung des SSO wagen. Vorher müssen wir uns aber noch um den *Reverse Proxy* kümmern.

13.5.3 Der Reverse Proxy

Damit die Anfragen auch den richtigen Weg finden, müssen wir als Erstes den *Reverse Proxy* konfigurieren, das für die Adressübersetzung zuständig ist und die Anfragen weitergibt. Diesen finden Sie unter SYSTEMSTEUERUNG • ANMELDEPORTAL im Reiter ERWEITERT. Wenn Sie auf den Button REVERSE PROXY klicken, öffnet sich die Konfigurationsoberfläche. Mit einem Klick auf ERSTELLEN können Sie dann neue Regeln erstellen, und zwar so, wie in Abbildung 13.29 dargestellt.

Abbildung 13.29 Anlegen einer neuen Reverse-Proxy-Regel

Für unser Beispiel-Setup müssen Sie drei Regeln mit folgenden Werten einrichten:

1. **drive.example.com**

   Quelle:

   - Protokoll = `HTTPS`
   - Hostname = `drive.example.com`
   - Port = `443`

   Ziel:

   - Protokoll = `HTTPS`
   - Hostname = `localhost`
   - Port = `10003`

2. **cal.example.com**

   Quelle:

   - Protokoll = `HTTPS`
   - Hostname = `cal.example.com`
   - Port = `443`

   Ziel:

   - Protokoll = `HTTPS`
   - Hostname = `ds723.example.com`
   - Port = `20003`

3. **con.example.com**

   Quelle:

   - Protokoll = `HTTPS`
   - Hostname = `con.example.com`
   - Port = `443`

   Ziel:

   - Protokoll = `HTTPS`
   - Hostname = `ds723.example.com`
   - Port = `25556`

Neben den Regeln fehlt jetzt nur noch die Zuordnung der Zertifikate. In SYSTEMSTEUERUNG • SICHERHEIT • ZERTIFIKATE finden Sie nicht nur die installierten Zertifikate, sondern Sie können dort auch die Zuordnung vornehmen. Weisen Sie für die neu angelegten Hostnamen die korrekten Zertifikate zu, und prüfen Sie, ob alle Seiten erreichbar sind. Dafür genügt es schon, im Browser die einzelnen Hostnamen aufzurufen. Sie sollten jeweils mit der Standardanmeldeseite begrüßt werden.

13.5.4 SSO Server

Installieren Sie zunächst auf der primären DiskStation (RS818) das Paket *SSO Server*. Nach dem Starten öffnet sich die eher spartanische Anwendung. Im Menüpunkt Allgemeine Einstellungen müssen Sie zunächst den Kontotyp wählen und die Server-URL festlegen. Über den Kontotyp können Sie festlegen, welche Benutzer sich an Ihrem SSO anmelden dürfen, entweder alle (Domain/LDAP/lokal) oder nur welche aus den Verzeichnisdiensten (Domain/LDAP). Mit der Server-URL legen Sie den sogenannten Identitätsanbieter (IDP) fest – dieser muss im Übrigen in allen Anwendungen gleich hinterlegt werden; ändern Sie diesen nachträglich, müssen Sie also auch alle Anwendungen anpassen. Optional können Sie noch den Anmeldestil konfigurieren (siehe Abbildung 13.30).

Abbildung 13.30 »Allgemeine Einstellungen« von »SSO Server«

Anschließend müssen Sie noch den Dienst im gleichnamigen Menü konfigurieren. Wechseln Sie dort auf Synology SSO, und setzen Sie den Haken bei Synology SSO-Server aktivieren. Die Reiter OIDC und SAML sind nur interessant, wenn Sie zusätzlich noch weitere nicht von der DiskStation bereitgestellte Dienste ebenfalls an Ihren SSO-Server anbinden wollen.

Im Menüpunkt Anwendung kommt es zur eigentlichen Konfiguration, die aber auch erschreckend kurz ausfällt. Über einen Klick auf Hinzufügen können Sie eine neue Anwendung hinzufügen. Bei dieser sogenannten *Anwendung* handelt es sich allerdings nicht um die installierten DiskStation-Anwendungen *Synology Drive*, *Calender* oder *Contacts*, sondern um die Authentifizierungsanwendung. Mit dieser Anwendung legen Sie also fest, auf welche Seite die DiskStation Anwendungen umleiten sollen, um eine SSO-Authentifizierung durchzuführen. In unserem Beispiel übernimmt die primäre DiskStation RS818 diese Funktion, daher sollten Sie die folgenden Werte eingeben:

- **Anwendungsname:** `RS818`
- **Umleitungs-URI:** `https://rs818.example.com`

Nach einem Klick auf FERTIG wird die Anwendung erstellt und für diese eine *Anwendungs-ID* erstellt. Diese ID ist für den nächsten Konfigurationsschritt enorm wichtig – kopieren Sie sich diese also schon mal in den Zwischenspeicher.

> **Copy & Paste**
>
> Keine Sorge, Sie müssen die 33-stellige Hexadezimalzahl nicht abtippen. In der Übersicht gibt es zwar keine Möglichkeit, die Anwendungs-ID zu kopieren, aber wenn Sie die erstellte Anwendung noch mal bearbeiten, klappt es. Auch wenn das Feld nicht danach aussieht, lässt sich mit einem Doppelklick die ID komplett markieren und dann mit Strg+C oder über das Kontextmenü kopieren.

13.5.5 SSO-Client

Da wo ein Server ist, sind die Clients meist nicht weit, und genau diese müssen wir jetzt noch konfigurieren. Öffnen Sie dafür auf beiden DiskStations SYSTEMSTEUERUNG • DOMAIN/LDAP • SSO-CLIENT.

Aktivieren Sie über den Haken bei SYNOLOGY SSO-DIENST AKTIVIEREN zunächst den Dienst. Geben Sie anschließend die folgenden Werte ein:

- **SSO-Server-URL:** `https://rs818.example.com`
- **Anwendungs-ID:** `<ID>`

Natürlich müssen Sie den Platzhalter `<ID>` durch Ihre individuelle ID ersetzen, die Sie zuvor in die Zwischenablage kopiert haben (siehe Abbildung 13.31).

Abbildung 13.31 Konfiguration des »SSO-Client«

Wenn Sie den Haken bei STANDARDPORTBEREICH AKTIVIEREN aus Abbildung 13.30 nicht gesetzt haben, dann müssen Sie im Dialog aus Abbildung 13.31 bei der SSO-SERVER-URL den Port 5001 ergänzen (gesamt: `https://rs818.example.com:5001`). Ja, ganz recht: Die Authentifizierung findet über den Standardadministrationszugang der DiskStation statt.

Auf der DiskStation, auf der der SSO-Server läuft, ist diese Konfiguration im Übrigen bereits automatisch gesetzt worden.

Nachdem Sie diese Konfiguration auf beiden DiskStations durchgeführt haben, ist Ihr SSO einsatzbereit. Wenn Sie jetzt eine Anwendung öffnen, dann wird Ihnen die Anmeldung mittels SSO direkt angeboten. Um die Authentifizierung zu starten, klicken Sie auf das Symbol mit dem Pfeil nach rechts. Anschließend öffnet sich ein Pop-up-Fenster der RS818 und bittet Sie um eine Anmeldung (siehe Abbildung 13.32).

Abbildung 13.32 Anmeldung mittels SSO

Wenn Sie sich erfolgreich authentifiziert haben, können Sie nun zwischen den einzelnen Anwendungen wechseln, ohne sich erneut authentifizieren zu müssen – vorausgesetzt, Sie verfügen bereits über eine gültige Sitzung. Wenn nicht, dann müssen Sie nur erneut auf das Symbol mit dem Pfeil nach rechts klicken. Die Anmeldung passiert im Hintergrund und eine Sitzung wird für Sie erstellt.

Kapitel 14
SAN mit iSCSI

Für die Anwendungsfälle, in denen eine Freigabe über SMB, AFP oder NFS nicht ausreicht, sondern Speicher nativ als Gerät bereitgestellt werden muss, bietet sich der Einsatz von iSCSI (»internet Small Computer System Interface«) an.

Das zentrale Bereitstellen von Speicherplatz ist keine Anforderung der letzten Jahre. Seit Anbeginn des Computerzeitalters wurden dafür unterschiedlichste Lösungen ersonnen. Der absolute Standard ist das *Storage Area Network* (SAN). Dabei wird über ein eigenständiges Netzwerk (meist via Glasfaser) physischer Speicher (also z. B. Festplatten) in logischen Einheiten durch sogenannte LUNs (*Logical Unit Number*) bereitgestellt. Wie Ihre DiskStation ebenfalls Speicher in dieser Form bereitstellen kann, zeigen wir Ihnen in diesem Kapitel.

14.1 Etwas Theorie vorab

Bevor wir die Implementierung beschreiben, wollen wir Ihnen noch einen kleinen Einstieg in die Thematik liefern. Wenn Sie ein alter SAN-Hase sind, dann blättern Sie einfach zu Abschnitt 14.2, »Der SAN Manager«, vor.

Begriffsdefinitionen

Wenn Sie professionell mit Datenträgern arbeiten wollen und Ihr NAS nur der Einstieg in die Welt der SANs, LUNs und anderer Technologien im Unternehmensbereich sein soll, dann müssen Sie einige Abkürzungen, Begriffe und Konzepte kennen. Damit Sie nicht den Überblick verlieren, finden Sie hier eine Auflistung mit Erläuterungen der verschiedenen Begriffe:

- **SAN (Storage Area Network)**
  Netzwerk zur Anbindung von Festplattensubsystemen
- **Disk Array**
  (Fest-)Plattensubsystem; ein Verbund mehrerer physischer Festplatten

- **LUN (Logical Unit Number)**

  Logische Einheit, die physischen Festplattenplatz zu logischem Storage-Platz verknüpft

- **Storage Processor (SP)**

  Anschlusspunkt vom Storage zum Netzwerk, z. B. ein *Fibre-Channel*-Adapter

- **HBA (Host-Bus-Adapter)**

  Erweiterungskarte, die einen *Fibre-Channel*-Anschluss bietet

- **Fibre Channel (FC)**

  Übertragungssystem speziell für Speichernetzwerke mit angepassten Mechanismen für eine serielle und kontinuierliche Hochgeschwindigkeitsübertragung von großen Datenmengen

- **WWPN (World Wide Port Name)**

  Eindeutige Adresse eines *Fibre-Channel*-Geräts (analog zu einer MAC-Adresse eines Netzwerkgeräts), die als 64-Bit-Hexadezimalwert angegeben wird

- **SCSI (Small Computer System Interface)**

  Standardisierte Familie von Protokollen und Schnittstellen für die Verbindung von Peripheriegeräten zu Computern. Wurde hauptsächlich genutzt, um Speichergeräte (Festplatten, Band- oder CD-Laufwerke) anzubinden. SCSI findet man heutzutage aber kaum noch in modernen Systemen. Das Kürzel wird im Übrigen als »Skasi« ausgesprochen oder in Einzelbuchstaben.

- **iSCSI (internet Small Computer System Interface)**

  Erweiterung des *SCSI-Protokolls*, damit dieses über TCP transportiert werden kann. Mit iSCSI werden Sie es in der Praxis meistens zu tun haben, wenn Sie Datenträger verwalten.

- **IQN (iSCSI Qualified Name)**

  Das iSCSI-Pendant zur *WWPN*; identifiziert eindeutig eine *LUN*.

- **Target**

  Ein Target stellt im Kontext von SCSI/iSCSI einen Punkt dar, der den Speicher bereitstellt. Targets bestehen im Hintergrund aus Festplatten, Band- oder optischen Laufwerken. Dabei kann ein Storage mehrere Targets enthalten und diese wiederum mehrere LUNs.

- **Initiator**

  Bezeichnet den Controller, der die Kommunikation steuert – im Kontext von iSCSI wird damit in der Regel der Client bezeichnet.

- **Multipath**

  Bezeichnet das mehrfache Anbinden eines Initiators an ein Target. Damit kann zum einen die Ausfallsicherheit oder auch die Geschwindigkeit erhöht werden.

- **Jumbo Frames**

  Standardmäßig werden Pakete in Ethernet-Netzwerken mit einer Größe von 1.500 Byte übertragen. Für *iSCSI* (und auch für andere Protokolle zur Übertragung großer Datenmengen) ist es aber ratsam, größere Pakete zu versenden, um somit die Anzahl der Pakete und damit gleichzeitig die Latenz zu verringern. Bei *Jumbo Frames* werden Pakete mit einer Größe von 9.000 Byte versendet.

- **Thick Provisioning**

  Manchmal auch als *Fat Provisioning* bezeichnet (engl. für »vollständige Zuweisung«); eine Methode, um LUNs bereitzustellen, bei der der Speicher *direkt alloziert* wird. Das heißt, der Speicher wird direkt belegt und fest zugeordnet.

- **Thin Provisioning**

  (engl. für »schlanke Zuweisung«); eine Methode, um LUNs bereitzustellen, bei der der Speicher *dynamisch alloziert* wird. Das heißt, der Speicher wird nicht direkt bei der Erstellung fest zugeordnet.

- **CHAP (Challenge Handshake Authentication Protocol)**

  Authentifizierungsprotokoll für Punkt-zu-Punkt-Verbindungen. Wird auch häufig bei *PPP (Point-to-Point Protocol)* z. B. für VPN oder *802.1X*-Netzwerkvoranmeldungen eingesetzt. Sorgt bei iSCSI dafür, dass LUNs nicht von allen Geräten des lokalen Netzwerks angesprochen werden können.

Funktionsweise

In einem SAN werden physische Speicher, also Festplatten (HDD) oder Flash-Speicher (SSD), zu logischen Einheiten, den LUNs (*Logical Unit Numbers*), zusammengeschlossen. Diese wiederum werden über einen *Storage Processor* (SP) im Netzwerk bereitgestellt. Clients können sich über zwei Arten mit den SPs verbinden:

- per HBA (*Host-Bus-Adapter*), also über einen Hardware-Anschluss
- per iSCSI (*internet Small Computer System Interface*), also über ein Software-Protokoll

Der *HBA* stellt üblicherweise *Fibre Channel* bereit, ein spezielles glasfaserbasiertes Netzwerk für SAN. Darüber werden die Geräte (LUNs) ein einem autarken Netzwerk mit Übertragungsgeschwindigkeiten von 4, 8, 16 oder 32 Gbit/s bereitgestellt.

Die Zuordnung der LUNs erfolgt dabei über sogenannte WWPNs (*World Wide Port Names*), die als 64-Bit-Hexadezimalzahl angegeben werden. Die WWPNs sind quasi eindeutige Adressen, vergleichbar mit MAC-Adressen im Netzwerkbereich.

Bei *iSCSI* entfällt das autarke Netzwerk, da das Protokoll »einfach« das *SCSI*-Protokoll (die Älteren unter Ihnen werden sich sicherlich an die teure *IDE*-Alternative erinnern) über TCP bereitstellt, also das »normale« Netzwerk nutzt.

Die Zuordnung der LUNs erfolgt über IQNs (*iSCSI Qualified Names*). Diese werden in der Syntax iqn.<YYYY-MM>.<naming-authority>:<unique> erstellt. Der Platzhalter <YYYY-MM> wird dabei durch das Jahr und den Monat der Namensvergabe ersetzt. Der Platzhalter <naming-authoriy> wird meist durch den Internetdomänennamen des Antragstellers in umgekehrter Reihenfolge ersetzt, und der Platzhalter <unique> wiederum ist eine eindeutige Kennzeichnung, die oft aus dem Systemnamen generiert wird, auf den ein 12-stelliger Hexadezimalwert folgt. Ansonsten funktioniert die Bereitstellung wie beim HBA.

Abbildung 14.1 zeigt die einzelnen Komponenten und deren Zusammenspiel.

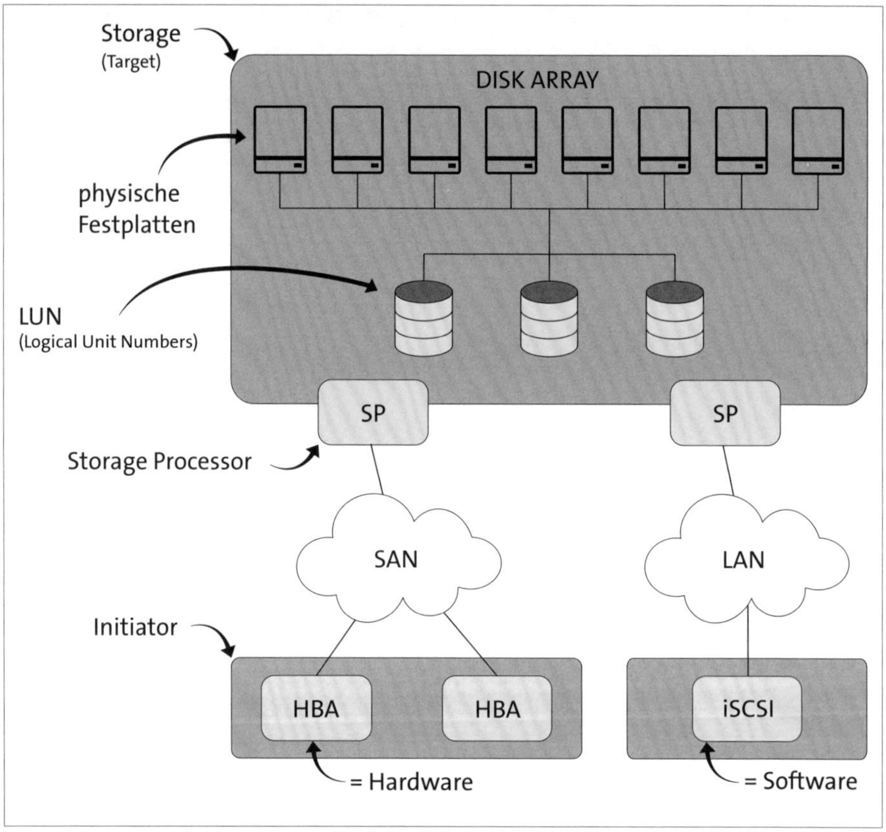

Abbildung 14.1 SAN-Komponenten und ihr Zusammenspiel

Der typische Anwendungsfall ist die zentrale Bereitstellung von Speicherplatz auf Systemen, die diesen baubedingt nicht haben. Zwar kann es auch bei einem normalen Desktop-Rechner nützlich sein, weiteren Speicherplatz zusätzlich zu den bereits eingebauten Festplatten anzuschließen; wirklich sinnvoll lassen sich SANs aber in Szenarien einsetzen, in denen überhaupt keine dezidierten Datenträger vorhanden sind. Denken Sie dabei beispielsweise an Container-Systeme oder an den Virtualisierungsbereich, in dem Speicher als natives Gerät unabhängig vom eigentlichen Container oder der eigentlichen VM benötigt wird. Auch Datenbanksysteme profitieren von Speicherplatz, der via iSCSI über das Netzwerk zugeteilt wird und sich in einem anderen Gerät befindet.

Im weiteren Verlauf dieses Kapitels werden wir Ihnen zeigen, wie Sie mithilfe von iSCSI einem virtuellen Gast auf einer VirtualBox-Installation eine Festplatte bereitstellen können.

Vor- und Nachteile von iSCSI

Zu den Vorteilen von iSCSI gehört eindeutig, dass Sie es ohne zusätzliche Hardware einsetzen können – was auch gleichzeitig ein Nachteil ist, aber dazu gleich mehr. Daher können Sie es direkt einsetzen und mit der bestehenden Netzwerkinfrastruktur loslegen.

Zu den Nachteilen gehört, dass Sie mit iSCSI kein autarkes Netzwerk für die Anbindung des Storage verwenden. So kann »regulärer« Netzwerkverkehr die Geschwindigkeit Ihres Storage beeinträchtigen. Zusätzlich sind Sie an die Limitierungen des Ethernets gebunden – z. B. an Paketgrößen, Routing und somit höhere Latenzen.

Je nach Anwendungsfall ist iSCSI eine gute Alternative (vor allem, weil Sie damit viel Geld sparen können), die Sie auf Standardhardware betreiben können. Zusätzlich können Sie durch die Kapselung in ein eignes VLAN, durch die Zuordnung von separaten Netzwerkschnittstellen (oder sogar durch deren Verbund mit LACP), durch die Datenfluss-Steuerung und durch die Einrichtung von Jumbo-Frames in Ihrem Netzwerk noch viel Performance herauskitzeln.

Wir möchten Ihnen aber nicht verschweigen, dass natürlich aufgrund der physikalischen Grenzen Ihre DiskStation keinen Ersatz für eine hochgezüchtete High-Performance-Storage-Lösung darstellen kann. Wenn Sie Google Konkurrenz machen wollen und genug flotten Speicherplatz brauchen, um YouTube nachzubauen, dann müssen Sie sich nach professionellen Lösungen mit Flash-Speicher und Fibre-Channel-Anbindung umsehen.

14.2 Der SAN Manager

Genug der grauen Theorie, auf geht's in die Praxis. iSCSI wird bei Ihrer DiskStation durch den *SAN Manager* bereitgestellt und verwaltet. Installieren Sie daher zunächst das gleichnamige Paket über das Paket-Zentrum.

Nach der Installation nimmt der SAN Manager sofort seinen Dienst auf. Natürlich sind noch keine LUNs oder iSCSI-Targets definiert – allerdings wird Ihnen im Reiter ÜBERBLICK angeboten, direkt eine LUN zu erstellen (siehe Abbildung 14.2).

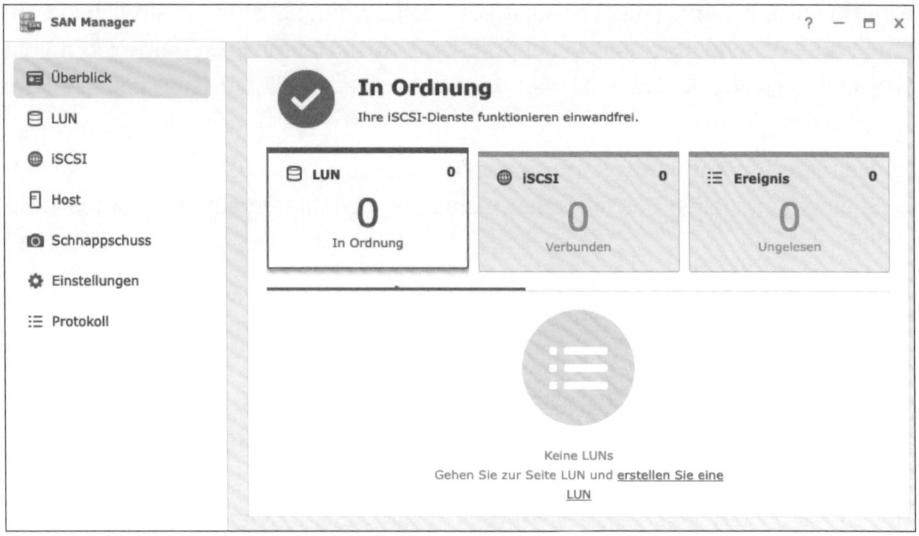

Abbildung 14.2 Überblick direkt nach der Installation

Wenn Sie dem Angebot folgen, öffnet sich der LUN-Erstellungsassistent. Zunächst werden Sie aufgefordert, einen Namen für die LUN (standardmäßig `LUN-<ZAHL>`) sowie eine (optionale) Beschreibung anzugeben. Außerdem müssen Sie den Speicherort auswählen, die Kapazität angeben und die Art der Speicherzuweisung auswählen. Per Default ist stets das THICK PROVISIONING ausgewählt (siehe Abbildung 14.3).

Abbildung 14.3 So erstellen Sie eine LUN.

Auch wenn diese Einstellung etwas mehr Leistung verspricht, so empfehlen wir Ihnen das THIN PROVISIONING (was im Übrigen auch von Synology an einigen Stellen empfohlen wird). Neben der hervorragenden Möglichkeit, Snapshots anzulegen, besteht der Hauptvorteil des Thin Provisioning darin, dass die Kapazität nicht direkt beim Anlegen alloziert wird, sondern nach Bedarf. In den meisten Fällen werden Sie damit viel Platz auf den Volumes sparen.

Wenn Sie Ihre Auswahl getroffen haben, dann werden Sie im folgenden Fenster aufgefordert, das SAN-Protokoll für die LUN auszuwählen (siehe Abbildung 14.4).

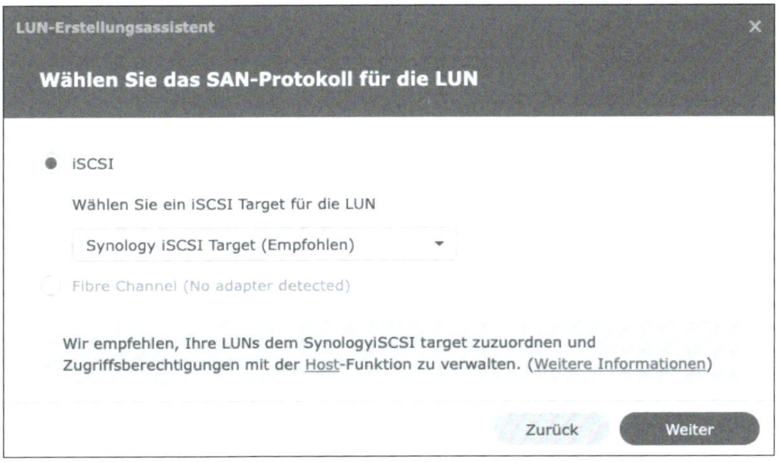

Abbildung 14.4 Auswahl des SAN-Protokolls

Auch wenn wir uns in diesem Abschnitt auf iSCSI konzentrieren, möchten wir Ihnen nicht vorenthalten, dass Sie einige DiskStations auch mit einem HBA zu einem *Fibre-Channel-SAN* aufrüsten können. Folgende Modelle sind dabei mit dem Marvell-HBA *QLogic QLE2692-SR-CK* kompatibel:

- **FS-Serie:** FS6400, FS3600, FS3400, FS1018, FS2017
- **SA-Serie:** SA3600, SA3400, SA3200D
- **XS+/XS-Serie:** RS4021xs+, RS3621xs+, RS3621RPxs, DS1621xs+, RS1619xs+, RS3618xs, DS3018xs, RS18017xs+, RS4017xs+, RS3617RPxs, RS3617xs+, DS3617xsII, DS3617xs

In Abbildung 14.4 sehen Sie den Hinweis, dass Sie besser alle LUNs dem vordefinierten Target *SynologyiSCSI* zuordnen und die Zugriffsberechtigungen mittels Host-Funktion abbilden sollten. Dazu möchten wir einen ganz kurzen Exkurs machen: Ein Storage kann mehrere Targets bereitstellen und diese wiederum können mehrere LUNs bereitstellen. Über die *Hosts* können Initiatoren festgelegt werden, sodass eine feste Zuordnung vom Initiator zu einer LUN hergestellt werden kann – also wie eine ACL (*Access Control List*). Ein Target kann ebenso fest einer Netzwerkschnittstelle zugeordnet werden. So ist es möglich, bei DiskStations mit mehreren Netzwerkschnittstellen die Auslastung homogen zu verteilen bzw. zu verhindern, dass eine LUN Ihre gesamte DiskStation ausbremst.

Wenn so ein Szenario für Sie nicht relevant ist oder wenn Sie LUNs nur in einer 1:1-Beziehung betreiben, dann müssen Sie den empfohlenen Schritt nicht gehen und können in der Auswahl aus Abbildung 14.5 die Option ALLE ZULASSEN beibehalten.

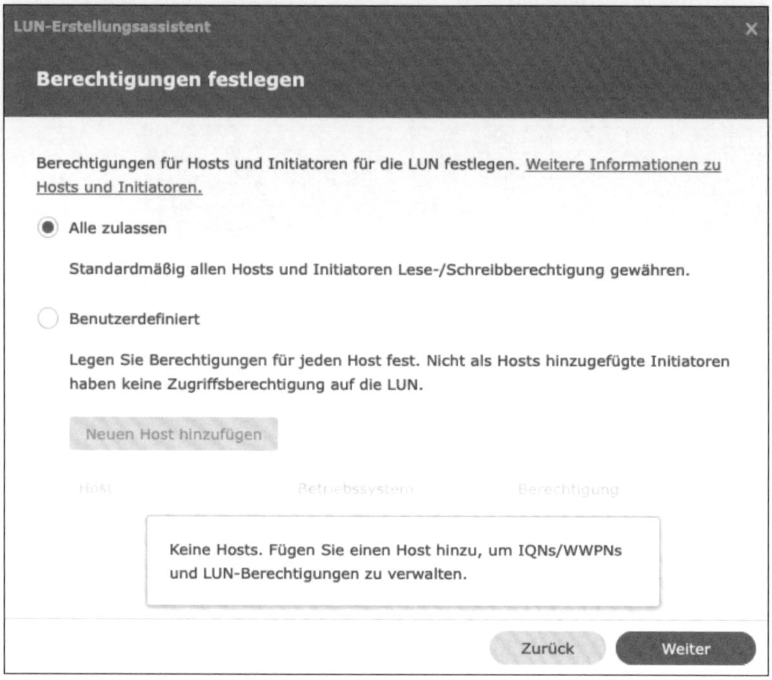

Abbildung 14.5 Berechtigungen festlegen

Anschließend erhalten Sie noch eine Übersicht über die vorgenommenen Einstellungen. Wenn Sie diese bestätigen, wird Ihre LUN angelegt.

14.3 Initiatoren

Nach dem erfolgreichen Anlegen einer oder mehrerer LUNs möchten wir Ihnen noch demonstrieren, wie Sie den so bereitgestellten Speicherplatz einbinden können. Das zeigen wir Ihnen anhand von drei Beispielen:

- Windows (eher untypisch, aber möglich)
- VirtualBox, also eine Einzelplatz-Virtualisierung
- Proxmox VE, also eine zentralisierte Virtualisierung

Für Clients in Ihrem Netzwerk ist es meistens nicht erforderlich, exklusiven Speicher bereitzustellen. Daher ist das Windows-10-Szenario eher untypisch, es lässt sich aber z. B. auch auf einen Windows Server übertragen, falls Sie dort beispielsweise einen File-Server betreiben.

Die Beispiele zu VirtualBox und Proxmox hingegen sind schon gängiger, da viele Virtualisierungslösungen mit externen Speichern arbeiten müssen, da sie Speicher in der benötigten Menge (oft) nicht an Bord haben.

14.3.1 Windows

Um von einem Windows-System aus eine LUN einzubinden, müssen Sie zunächst das Menü unter SYSTEMSTEUERUNG • VERWALTUNG öffnen. Starten Sie dort das Programm iSCSI INITIATOR. Wahrscheinlich erhalten Sie dann den Hinweis, dass der dazugehörige Dienst noch nicht läuft und erst gestartet werden muss.

Wechseln Sie in dem Fenster, das sich nun öffnet, auf den Reiter SUCHE. Klicken Sie dort auf den Button PORTAL ERMITTELN, und geben Sie die IP-Adresse Ihrer DiskStation an. Den Port können Sie auf dem Standardwert 3260 belassen.

Nach der Bestätigung mit OK finden Sie im Reiter ZIELE im Abschnitt ERKANNTE ZIELE (mindestens) den IQN des *Synology iSCSI Target* wieder. Wählen Sie diesen an, und klicken Sie auf den Button VERBINDEN, um die Verbindung aufzubauen. Das Fenster, das nun erscheint, können Sie einfach mit OK bestätigen.

Bisher haben Sie lediglich die iSCSI-Verbindung aufgebaut, jetzt müssen Sie noch die LUN anbinden. Starten Sie dafür erneut die SYSTEMSTEUERUNG • VERWALTUNG. Öffnen Sie dort die Computerverwaltung, und wechseln Sie dort in die Datenträgerverwaltung im Menü auf der linken Seite.

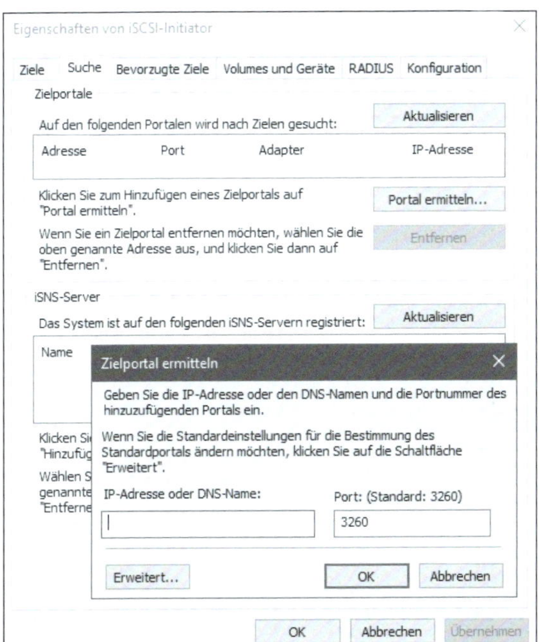

Abbildung 14.6 Die iSCSI-Konfiguration unter Windows 10

Dort müssen Sie zunächst den neuen Datenträger initialisieren, indem Sie einen Partitionsstil wählen:

- **MBR** (Master Boot Record) = alter Stil bis max. 2 TByte Größe
- **GPT** (GUID-Partitionstabelle) = moderner Stil

Nach der Wahl wird Ihnen nun die via iSCSI bereitgestellte LUN zur Auswahl als Datenträger angeboten. Im Beispiel aus Abbildung 14.7 ist das der `Datenträger 2`.

Diesen Datenträger können Sie nun wie eine lokale Festplatte behandeln, obwohl sie über das Netzwerk aus Ihrem NAS eingebunden wird. Nach dem Formatieren können Sie den Datenträger daher wie üblich als Laufwerk einbinden und verwenden.

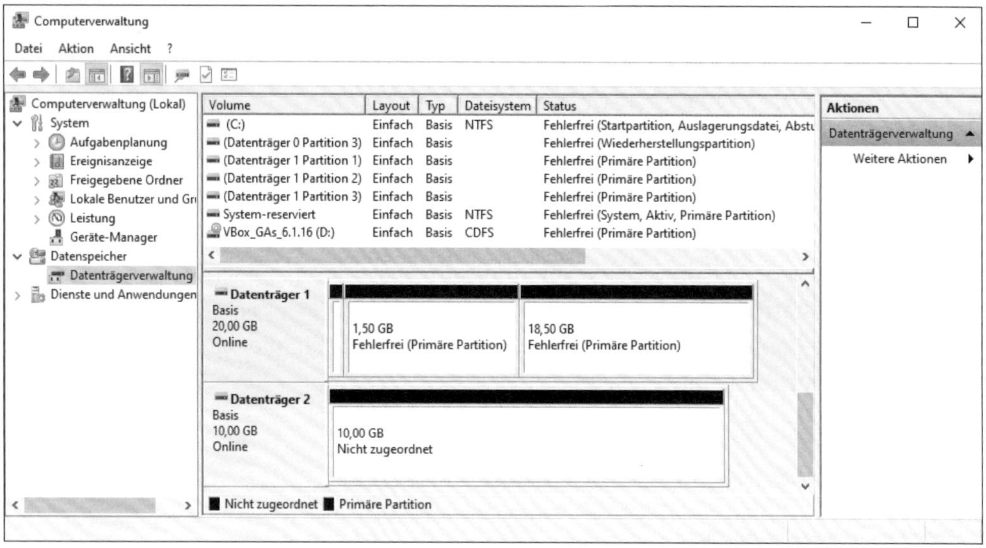

Abbildung 14.7 iSCSI-Datenträger in Windows

14.3.2 VirtualBox

Die Virtualisierungslösung VirtualBox bietet leider keinen Weg über die grafische Oberfläche, um iSCSI-Geräte anzulegen und zu verwalten. Wir müssen daher für die Einrichtung auf die Konsole ausweichen. Aber keine Sorge, die Einrichtung ist bereits mit einem einzigen Kommando erledigt.

Bevor Sie aber das iSCSI-Gerät anlegen können, benötigen Sie eine virtuelle Maschine (kurz VM), da das Gerät fest mit einer VM verknüpft werden muss. In unserem Beispiel haben wir die VM `Ubuntu-20.04` genannt. Grundsätzlich sieht der Aufruf so aus (die Platzhalter stehen in spitzen Klammern):

```
$ VBoxManage storageattach "<VM>" --storagectl "SATA" --port 0 \
  --device 0 --type hdd --medium iscsi --server <DISKSTATION> \
  --target "<IQN>" --tport 3260
```

Listing 14.1 Anlegen eines iSCSI-Geräts (mit Platzhalter)

Die Platzhalter müssen Sie natürlich durch Ihre Werte ersetzen, und sie haben folgende Bedeutung:

- `<VM>` = Name der virtuellen Maschine
- `<DISKSTATION>` = IP-Adresse Ihrer DiskStation
- `<IQN>` = IQN des Targets

Mit den Werten aus unserem bisherigen Beispiel würde das Kommando also so aussehen:

```
$ VBoxManage storageattach "Ubuntu-20.04" --storagectl "SATA" --port 0 \
  --device 0 --type hdd --medium iscsi --server 192.168.178.35 \
  --target "iqn.2000-01.com.synology:rs818.default-target.bef8bff44ce" \
  --tport 3260
```

Listing 14.2 Anlegen des iSCSI-Geräts aus dem bisherigen Beispiel

Anschließend können Sie der VM das neu angelegte Gerät als Festplatte zuweisen. Öffnen Sie dafür die Konfiguration der VM, und wählen Sie den Massenspeicher aus (siehe Abbildung 14.8).

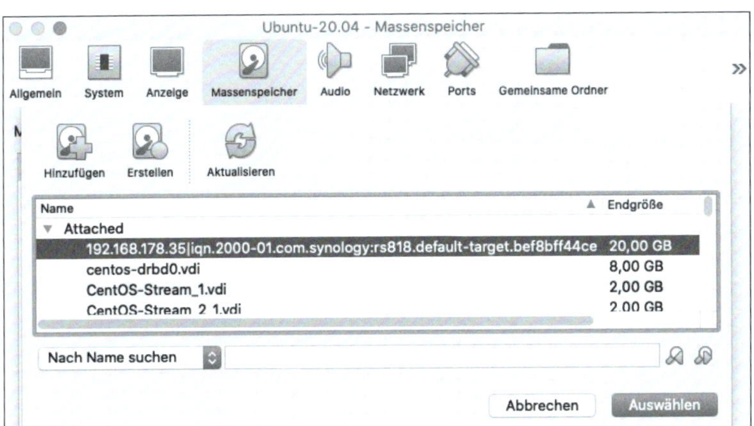

Abbildung 14.8 Auswahl eines iSCSI-Geräts in VirtualBox

Wie Sie sehen, finden sich die Eckdaten des Kommandos (wie die IP-Adresse und die IQN) im Gerätenamen wieder.

14.3.3 Proxmox VE

Die Einrichtung eines iSCSI-Geräts in der auf Debian basierenden Open-Source-Virtualisierungsplattform *Proxmox VE* geht leicht von der Hand. Öffnen Sie dafür einfach das Menü STORAGE, und wählen Sie im HINZUFÜGEN-Menü den Punkt ISCSI aus. Dort müssen Sie nur drei Angaben vornehmen:

- ID = Bezeichnung des Geräts
- PORTAL = IP-Adresse Ihrer DiskStation
- TARGET = IQN

Mit den Werten aus unserem bisherigen Beispiel sehen die Ausgaben so aus wie in Abbildung 14.9.

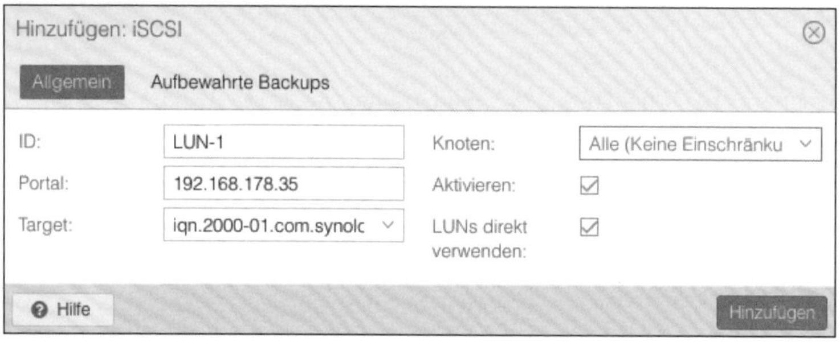

Abbildung 14.9 iSCSI-Gerät hinzufügen in Proxmox VE

Nach einem Klick auf HINZUFÜGEN können Sie Ihren Proxmox-VMs den neuen Speicherplatz auf der DiskStation zuweisen.

14.4 Keine Schnapsidee: Snapshots

Ein großer Vorteil des *Thin Provisioning* ist die Möglichkeit, Snapshots anzulegen. So können Sie von einer LUN ein Abbild erzeugen, das Sie nicht nur einfacher sichern können (da sich während der Sicherung keine Daten mehr verändern können), sondern das sich auch einfach wiederherstellen lässt. Das ist ein absoluter Segen für umfangreiche und zeitkritische Migrationen.

14.4.1 Die manuelle Einrichtung

Im Menü SCHNAPPSCHUSS des DSM können Sie über den gleichnamigen Button mit der Auswahl von EINEN SCHNAPPSCHUSS MACHEN einen Snapshot von der ausgewählten LUN erstellen. Wundern Sie sich nicht, dass ein Snapshot ist in Nullkommanichts erstellt ist, da lediglich eine Markierung im Dateisystem gesetzt wird. Alle Änderungen nach dem Snapshot werden separat abgelegt.

Wenn Ihre LUN zum Zeitpunkt der Erstellung verwendet wird, dann erhalten Sie einen Warnhinweis wie den aus Abbildung 14.10.

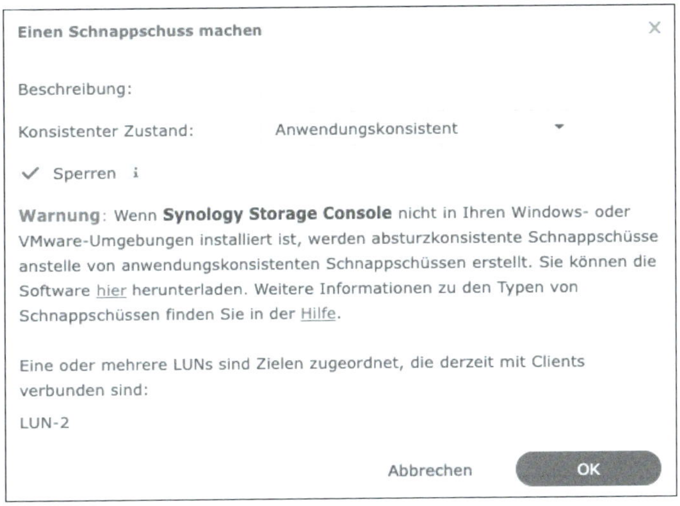

Abbildung 14.10 Warnhinweis bei in Benutzung befindlichen LUNs

Diesen Hinweis erhalten Sie im Übrigen auch, wenn Ihre LUN gar nicht von einem Windows- oder VMware-System verwendet wird. Die beiden Zustandsarten haben folgende Bedeutung:

- **Anwendungskonsistent**

  Hierbei werden alle Daten in den Snapshot aufgenommen. Auf etwaige Schreibprozesse wird gewartet, bis diese beendet sind. Anwendungsprogramme werden pausiert, um sicherzustellen, dass der Snapshot auch konsistent ist. Dafür kommt bei Windows-Servern z. B. der *Microsoft Volume Shadow Copy Service* (VSS) zum Einsatz. Ein anwendungskonsistenter Snapshot setzt eine Softwarekomponente auf der Clientseite zwingend voraus. Ohne diese können Sie nur absturzkonsistente Snapshots nutzen.

- **Absturzkonsistent**

  Bei absturzkonsistenten Snapshots werden lediglich die aktuellen Daten der LUN gesichert, ohne Rücksicht auf aktuell laufende Schreib- oder Verarbeitungsprozesse zu nehmen. Dies können Sie sich analog zu einem Absturz des Systems vorstellen, bei dem ebenfalls nur abgeschlossene Schreibvorgänge nach einem Neustart verfügbar sind – daher auch die Namensgebung.

Sperren!

Wenn Sie den Haken bei SPERREN setzen, dann verhindern Sie damit, dass der so erzeugte Snapshot beim Aufräumen entfernt wird.

14.4.2 Zeitgesteuert

Neben dem manuellen Erstellen von Snapshots können Sie dies auch automatisieren. Dabei können und sollen Sie ein paar Einstellungen vornehmen, damit Ihre Snapshots sich nicht im Nachhinein doch als Schnapsidee entpuppen. Diese Einstellungen stellen wir Ihnen nun im Detail vor.

Zeitplan

Im Menü SCHNAPPSCHUSS können Sie über den Button EINSTELLUNGEN im Reiter ZEITPLAN einen Haken bei SCHNAPPSCHUSS-ZEITPLAN AKTIVIEREN setzen, um die automatisierte Erstellung von Snapshots einzuschalten. Dort können Sie auch unterschiedliche Wiederholungsmöglichkeiten einstellen und damit ziemlich genau festlegen, wie oft Snapshots erzeugt werden sollen.

Bitte übertreiben Sie es nicht! Auch wenn es verführerisch ist, möglichst viele Versionen zu haben, so ist es oft zielführender, andere (oder auch zusätzliche) Mechanismen einzusetzen, um die Datensicherheit zu steigern. Snapshots sind zwar ein probates Mittel für viele Szenarien, aber noch lange nicht für alle!

Aufbewahrung

Wenn Sie die automatische Erstellung von Snapshots aktiviert haben, sollten Sie immer auch die *Aufbewahrungsrichtlinie* aktivieren. Diese stellt nämlich sicher, dass nicht unendlich viele Kopien (oder besser gesagt Snapshots) erstellt werden, sondern dass diese nach den festgelegten Kriterien rotiert werden. Dabei können Sie zwischen drei Arten wählen:

- MAXIMALE ANZAHL

  Hier legen Sie die Anzahl der aufzubewahrenden Snapshots fest. Wird diese Zahl überschritten, wird der älteste Snapshot gelöscht. Dieses Verfahren wird in der Informatik auch als *Last In – First Out* (LIFO) bezeichnet.

- ANZAHL DER TAGE

  Hier können angeben, für wie viele Tage die Snapshots aufbewahrt werden sollen. Ältere Snapshots werden gelöscht.

- ERWEITERTE AUFBEWAHRUNG

  Falls Sie mit den ersten beiden Methoden noch nicht alle Ihre Anforderungen abdecken konnten, dann können Sie mit dieser Auswahl Ihrer Kreativität freien Lauf lassen. Diese Richtlinie arbeitet nach dem *GFS*-Aufbewahrungsmechanismus (*Grandfather-Father-Son,* auch als *Generationenprinzip* bezeichnet). Daher können mit ihr auch Snapshots von verschiedenen Zeitspannen aufbewahrt werden, z. B. wird der jeweils letzte Snapshot der letzten 3 Stunden, 3 Tage, 3 Wochen und 3 Monate aufbewahrt. Dank des Generationenprinzips werden also immer nur die letzten Snapshots aufgehoben, was Ihnen viel Speicherplatz sparen wird.

Nicht vergessen: Sperren!

Wenn Sie manuelle Snapshots erzeugt haben und dabei den Haken bei SPERREN gesetzt haben, dann werden diese Snapshots beim Aufräumen nicht berücksichtigt. Denken Sie also auch daran, von Zeit zu Zeit Ihre manuell erstellten Snapshots aufzuräumen!

Anwendung

Wie wir bereits bei der manuellen Erstellung von Snapshots erwähnt haben, können diese auch anwendungskonsistent erstellt werden. Dies setzt aber eine passende Softwarekomponente auf der Gegenseite voraus. Synology bietet Ihnen hierfür einen Download für Windows- und VMware-Systeme an. Wenn Sie die Software installieren, können Sie in diesem Menü die Zuordnung (*Registrierung* genannt) vornehmen, damit auch die automatisiert erstellten Snapshots anwendungskonsistent sind.

14.4.3 Wiederherstellung

Was nützen die ganzen Sicherungen, wenn Sie diese nicht auch wiederherstellen können? Wie das funktioniert, zeigen wir Ihnen nun an einem einfachen Beispiel.

Zunächst ein ganz wichtiger Punkt: Sie können LUN-Snapshots nur wiederherstellen, wenn die LUNs nicht verwendet werden! Ansonsten weist Ihre DiskStation Sie ausdrücklich darauf hin (siehe Abbildung 14.11).

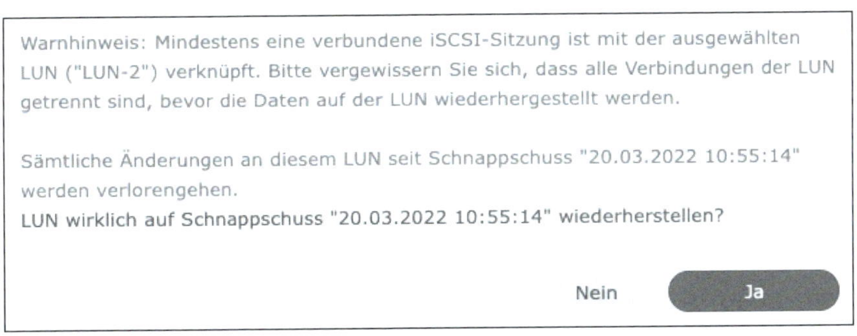

Abbildung 14.11 Warnhinweis bei verbundenen LUNs

Sie erhalten im Übrigen den Warnhinweis auch dann, wenn die LUN gerade nicht verwendet wird. Dieser Hinweis fällt zwar nicht ganz so intensiv aus, ist aber dennoch deutlich:

> *»Sämtliche Änderungen an diesem LUN seit Schnappschuss "<DATUM> <UHRZEIT>" werden verlorengehen.*
> *LUN wirklich auf Schnappschuss »[...]« wiederherstellen?«*

Erst wenn Sie diese Sicherheitsrückfrage mit JA bestätigt haben, wird die Wiederherstellung durchgeführt.

Snapshots können auch von freigegebenen Ordnern erstellt werden

Snapshots können nicht nur von LUNs, sondern auch von freigegebenen Ordnern erstellt werden, sofern Sie das Btrfs-Dateisystem verwenden. Installieren Sie über das Paket-Zentrum die Anwendung *Snapshot Replication*. Auf der Registerkarte SCHNAPPSCHÜSSE legen Sie nun von jedem freigegebenen Ordner über die gleichnamige Schaltfläche manuell einen Schnappschuss an (siehe Abbildung 14.12).

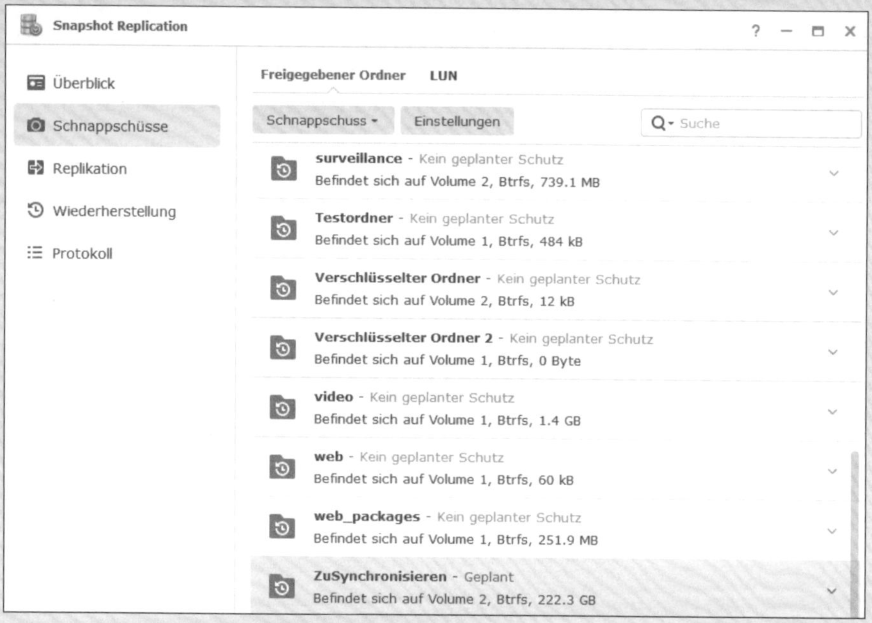

Abbildung 14.12 »Snapshot Replication« erlaubt das Anlegen von Snapshots auch von freigegebenen Ordnern.

Über die Schaltfläche EINSTELLUNGEN können Sie auch einen Zeitplan für die automatische Erstellung einrichten. Auf der Registerkarte WIEDERHERSTELLUNG sehen Sie, wann Snapshots erstellt wurden. Sie können den gesamten Snapshot wiederherstellen oder ihn durchsuchen und einzelne Dateien behandeln. Ansonsten gelten dieselben Ratschläge wie bei der Erstellung von LUN-Snapshots.

14.5 Sonstiges

Neben den bisher gezeigten Funktionen und Möglichkeiten gibt es noch ein paar weitere, die wir Ihnen jetzt noch gern vorstellen möchten.

14.5.1 Klonen

Neben der Möglichkeit, Snapshots zu erstellen, ist die zweite herausragende Fähigkeit von LUNs das Klonen des Speichers. Damit können Sie eine 1:1-Kopie eines Speichers erstellen. Auf diese Weise können Sie z. B. bei Fehlern eine »Sicherung« anlegen, sich zunächst auf die Wiederherstellung des Produktionsbetriebs konzentrieren und später eine intensive und umfangreiche Analyse vornehmen, mit der der Fehler exakt nachgestellt wird.

Im Menü LUN können Sie über den Button KLONEN eine Kopie der ausgewählten LUN erstellen. Dabei werden natürlich die Einstellungen der ursprünglichen LUN übernommen. Das gilt auch für die Beschreibung – die Sie eventuell um den Hinweis ergänzen sollten, dass es sich um einen Klon handelt (siehe Abbildung 14.13).

Abbildung 14.13 So klonen Sie eine LUN.

Der Name wird dabei, solange Sie dem Standardnamensschema folgen, einfach auf die nächste freie Nummer gesetzt. Sobald Sie die Konfiguration mit einem Klick auf KLONEN bestätigen, wird der Klon erstellt und steht Ihnen anschließend als Gerät zur Verfügung.

Da ist aber nicht der einzige Weg, einen Klon zu erstellen. Hat sich ein Fehler eingeschlichen, z. B. über ein Update, und besitzen Sie noch einen Snapshot vom Zustand vor dem fatalen Update, so können Sie auch aus dem Snapshot einen eigenständigen Klon erzeugen. Wechseln Sie dafür einfach in das Menü SCHNAPPSCHUSS und dort über SCHNAPPSCHUSS • SCHNAPPSCHUSSLISTE in die Übersicht der Snapshots. Wählen Sie den funktionalen Snapshot aus, und klicken Sie auf den Button KLONEN. Genau wie beim »regulären« Klonen wird Ihnen jetzt die Konfiguration angezeigt – mit der Einschränkung, dass Sie lediglich den Namen anpassen können.

14.5.2 Defragmentieren

Waren es die guten alten Zeiten in der IT, als Menschen ihre eigenen Maustreiber schreiben mussten, stundenlang Fortschrittsbalken zugeschaut haben und als Dateisysteme regelmäßig defragmentiert werden mussten, um die langen Ladezeiten etwas zu verkürzen? Diese Zeiten sind endlich wieder da!

Bitte sehen Sie uns diesen nostalgischen Scherz nach – aber jeder, der sich daran noch erinnern kann, vermisst das Defragmentieren definitiv nicht.

Beim Defragmentieren werden, wie der Begriff schon vermuten lässt, die verteilten Versatzstücke von Dateien in die korrekte Reihenfolge gebracht und am Stück geschrieben. Dadurch können Lesevorgänge deutlich beschleunigt werden, da der Lesekopf nicht immer von einem Ende der Festplatte zum anderen fahren muss, um die Fragmente zusammenzustellen. Dank moderner Dateisysteme ist dies im Alltag eigentlich nicht mehr erforderlich.

Beim Betrieb von LUNs im Modus *Thin Provisioning* hingegen kann es sinnvoll sein, von Zeit zu Zeit (je nachdem, wie viele Daten Sie auf Ihrer DiskStation so bewegen) eine LUN zu defragmentieren. Bitte beachten Sie dabei aber, dass darunter natürlich die I/O-Leistung während des Prozesses leidet – führen Sie die Defragmentierung also nicht während der Hauptarbeitszeit Ihrer Anwender aus. Und denken Sie auch daran, dass der für den Vorgang benötigte Speicherplatz doppelt so groß sein kann wie der zur Zeit belegte. Das ist jedoch vom Fragmentierungsgrad abhängig, da es darauf ankommt, wie aufwendig es ist, die Daten wieder zusammenzubringen.

14.5.3 Schutzmaßnahmen für SANs

In diesem Abschnitt wollen wir Ihnen noch ein paar Maßnahmen vorstellen und Hinweise zum Schutz Ihrer Daten geben.

Schreiben bei geringer Kapazität

Standardmäßig setzt Ihre DiskStation LUNs in den Status *Geschützt*, wenn auf dem Volume, auf dem sie liegen, weniger als 1 GByte freier Speicherplatz verfügbar ist. Auf LUNs in diesem Status kann nur noch lesend zugegriffen werden. Diese Maßnahme dient dem Schutz der Dateisysteme innerhalb der LUN, da diese bei einem »Überlauf« des Volumes nicht mehr korrekt geschrieben werden könnten und es so zu Fehlern kommen kann.

Im Menü Einstellungen • Allgemein können Sie dieses Verhalten überscheiben, indem Sie den Haken bei Schreiben bei geringer Kapazität aktivieren setzen. Wenn Sie Ihr Volume und die darin befindlichen LUNs exakt geplant haben, sodass es zu keinem Überlauf kommen kann, spricht nichts dagegen, diese Funktion zu aktivieren. Wir möchten Ihnen dennoch davon abraten, da manche noch so exakte Planung in der Wirklichkeit dann noch nicht zu 100 % aufgeht. Planen Sie lieber mehr Puffer ein, und erweitern Sie gegebenenfalls Ihre Volumes, wenn diese vollzulaufen drohen.

Leistungsalarm

Im Menü EINSTELLUNGEN • ALLGEMEIN können Sie einen Ausflug in den *Ressourcen-Monitor* unternehmen (diesen haben wir Ihnen in Abschnitt 7.2, »Den Ressourcen-Monitor nutzen«, im Detail vorgestellt). Dort können Sie nämlich Regeln für Leistungsalarme einrichten, sodass Sie frühzeitig informiert werden, wenn Ihre LUNs nicht so performant sind, wie sie sein sollten. Auf diese Weis können Sie zuverlässig verhindern, von Ihren Usern mit Fackeln und Heugabeln gejagt zu werden.

I/O-Warteschlangentiefe

Da in iSCSI die klassischen SCSI-Befehle »lediglich« über das Netzwerk transportiert werden, gibt es eine Warteschlange, um Schwankungen auszugleichen. Je nachdem, ob die Festplatten oder das Netzwerk schneller arbeiten, ist die Warteschlange leerer oder voller. Verfügen Sie über ein Hochgeschwindigkeitsnetz (10/40-Gigabit-Ethernet oder schneller) und haben Sie Ihrer DiskStation (oder zumindest den Volumes der LUNs) flotte SSDs spendiert, dann sollten Sie darüber nachdenken, die Warteschlangentiefe zu vergrößern, um den I/O-Durchsatz zu erhöhen. Kämpfen Sie andersherum etwas mit hohen Latenzen und der Stabilität, dann kann eine geringere Warteschlangentiefe diese Probleme eventuell lösen. Im Menü EINSTELLUNGEN • ISCSI-DIENST KÖNNEN SIE DIE KONFIGURATION VORNEHMEN.

Global iSCSI CHAP

Falls Sie sich gegen die Methode zur Absicherung über *Hosts* entschieden haben und Ihnen die individuelle Konfiguration einer Authentifizierung (CHAP) zu aufwendig ist, Sie aber dennoch einen gewissen Schutz verwenden wollen, dann können Sie das *Global iSCSI CHAP* verwenden. Wie der Name schon vermuten lässt, ist es eine globale Konfiguration, die sogar die eventuell vorhandenen individuellen Konfigurationen überschreibt.

Im Menü EINSTELLUNGEN • ISCSI-DIENST können Sie die Konfiguration aktivieren und die Anmeldedaten hinterlegen. Diese gelten dann global für alle LUNs und Hosts – quasi eine Anmeldung für alle.

Bei Zugriffsfehlern: Berechtigungen kontrollieren!

Wenn Sie partout nicht auf eine LUN zugreifen können, dann sollten Sie die Berechtigungen kontrollieren. Freundlicherweise bietet Ihnen die DiskStation ein paar Abkürzungen an, solange Sie an die richtigen Stellen schauen.

Haben Sie z. B. die Zugriffe via Hosts eingeschränkt und greifen Sie mit einem unbekannten Initiator (also Host) auf ein Target zu, dann wird Ihnen bereits in der Target-Übersicht angeboten, den neuen Initiator (beziehungsweise Host) anzulegen (siehe Abbildung 14.14).

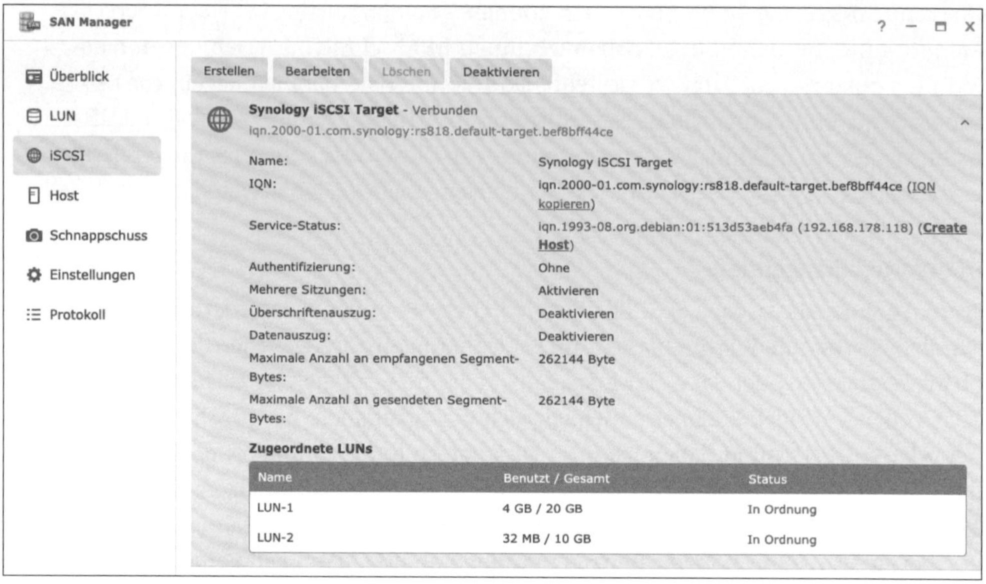

Abbildung 14.14 Host-Einrichtung aus der Target-Übersicht heraus

Die Autoren

Dennis Rühmer

Dr. **Dennis Rühmer** ist promovierter Ingenieur der Elektrotechnik und arbeitet als wissenschaftlicher Mitarbeiter an der TU Braunschweig. Als erfahrener Autor befasst er sich mit allen Themen, die für die Verwaltung eines NAS-Systems wichtig sind: Datensicherung und Streaming, Vernetzung, Linux.

Daniel van Soest

Daniel van Soest arbeitet beim Kommunalen Rechenzentrum Niederrhein (KRZN) in Kamp-Lintfort. Neben dem Schreiben von Büchern und Artikeln für Fachzeitschriften lebt er überschüssige Kreativität in seiner Band »4Dirty5« an der E-Gitarre aus. Er wohnt mit seiner Familie an der Schwelle vom Niederrhein zum Ruhrgebiet.

Index

D

E

F

G

H

I

J

K

L

M

N

O

P

Q

R

S

T

U

V

W

X

Z